中国法院
司法改革年鉴

2021年卷

最高人民法院 编

人民法院出版社

图书在版编目（CIP）数据

中国法院司法改革年鉴. 2021年卷 / 最高人民法院编. -- 北京 : 人民法院出版社, 2023.1
ISBN 978-7-5109-3665-4

Ⅰ. ①中… Ⅱ. ①最… Ⅲ. ①司法制度－体制改革－中国－2021－年鉴 Ⅳ. ①D926-54

中国版本图书馆CIP数据核字(2022)第246378号

中国法院司法改革年鉴（2021 年卷）

最高人民法院　编

责任编辑　丁丽娜
出版发行　人民法院出版社
地　　址　北京市东城区东交民巷 27 号（100745）
电　　话　（010）67550608（责任编辑）　67550558（发行部查询）
65223677（读者服务部）
客服 QQ　2092078039
网　　址　http://www.courtbook.com.cn
E－mail　courtpress@sohu.com
印　　刷　三河市国英印务有限公司
经　　销　新华书店

开　　本　787 毫米×1092 毫米　1/16
字　　数　1020 千字
印　　张　58.5
版　　次　2023 年 1 月第 1 版　2023 年 1 月第 1 次印刷
书　　号　ISBN 978－7－5109－3665－4
定　　价　328.00 元（精装）

总　序

党的十八大以来，在以习近平同志为核心的党中央坚强领导下，新一轮司法体制改革有序推进。经过积极探索与深入实践，中国法院的司法改革取得重大成效，做成了想了很多年、讲了很多年但没有做成的改革。以人民法院组织法和法官法修订为标志，具有“四梁八柱”性质的改革主体框架基本确立，以全面落实司法责任制为核心的新型审判权力运行体系初步形成，以司法公开、立案登记制、一站式多元纠纷解决和诉讼服务体系建设为代表的阳光透明、便民利民司法举措不断深化，以确保人民法院依法独立公正行使审判权为目标的法院组织体系和管理体制不断健全，以审判为中心的刑事诉讼制度改革有序推进，以司法人员分类管理为枢纽的法院人事管理制度逐步完善。人民法院审判质效、队伍能力素质和司法公信力进一步提升，广大人民群众对公平正义的获得感不断增强，中国特色社会主义司法制度日益成熟定型。

党的十九大作出了“深化司法体制综合配套改革，全面落实司法责任制，努力让人民群众在每一个司法案件中感受到公平正义”的重大战略部署，中国法院也应时而进迈入第五个五年改革纲要时期，并且围绕全面落实司法责任制、加强审判监督管理、构建新型审判权力运行机制、完善统一法律适用机制、推进以审判为中心的刑事诉讼制度改革、健全法院机构职能体系和诉讼服务体系、加强互联网司法建设等方面，谋划了新一轮司法改革的路线图和时间表，全面推动改革内容不断拓展、改革方法日渐成熟、改革动力更为强劲、各项制度更为完备。

盛世修典，变革治史。为全面总结和准确记录党的十八大以来人民法院司法改革历程，留存生动实践，凝结宝贵经验，最高人民法院自2013年起，每年编辑出版一卷《中国法院司法改革年鉴》（以下简称年鉴），至今已连续出版八卷。

编辑改革年鉴，记录改革历程，对于全面把握新时代中国法院司法改革的总体背景，系统梳理司法改革的历史脉络，深入研究司法改革的现状和未来，不断推动各项改革举措系统集成、协同高效，具有重大现实意义。改革只有进行时，没有完成时。全面深化司法改革是一个在继承中发展、在发展中创新的过程。年鉴的编辑，既能够为今后推进司法改革提供资料借鉴和参考依据，也能够充分展现司法改革的阶段性成果，成为向党委、人大、政府、政协和社会各界宣介中国法院司法改革的一个重要载体，还能够作为对外交流和学术研究的重要资料，具有实践指引、理论探知和历史文献的价值。

推进司法体制改革对于完善中国特色社会主义司法制度具有深远的历史意义，编辑年鉴正是一次面向改革历程再学习、再改造、再出发的过程。年鉴既总结了党的十八大以来中国法院司法改革的重要成果，又谋划继续深化司法体制综合配套改革，推进审判体系和审判能力现代化，加快建设公正高效权威的社会主义司法制度。每一位法院干警都应当从改革历程中汲取智慧和力量，自觉支持改革、积极拥护改革、勇于投身改革，争做改革的实干家和促进派，为建设中国特色社会主义法治国家的宏伟目标作出应有的贡献。

年鉴编辑工作本非易事，费时费力且须精益求精，旨在对历史负责、对后人负责。在院领导亲切关怀下，最高人民法院司法改革领导小组办公室组成专门的编写工作组，在浩如烟海的资料中爬梳、筛选、提炼，以对事业负责、对历史负责的精神投身其中，力求全面精准权威，深度呈现推进改革的真实样貌。工作组还先后多次组织召开座谈会，充分汲取相关中央单位以及院内各部门、地方法院和专家学者意见。最高人民法院办公厅、政治部、行装局、审管办以及相关审判部门，部分高等院校和科研机构等各方面力量，充分发挥各自优势，以多种形式参与和支持年鉴编辑工作。各地高级人民法院认真总结年度改革进展情况，分析存在问题，并结合当地实际，对下一步工作审慎谋划。年鉴的顺利出版，凝结着许多人的心血和汗水，承载了中国法院人对全面深化司法改革的情感与期盼。

各级人民法院将始终坚持以习近平新时代中国特色社会主义思想为指导，深入贯彻习近平法治思想，增强“四个意识”、坚定“四个自信”、做到“两个维护”，不忘初心、牢记使命、勇于担当、攻坚克难，推进全面深化改革伟大实践向纵深发展，不断提升司法能力、司法效能和司法公信力，以扎实有效的改革成果，为坚持和完善中国特色社会主义制度、推进国家治理体系和治理能力现代化，实现第二个百年奋斗目标、实现中华民族伟大复兴的中国梦提供有力司法服务和保障。

导　言

2021年是中国共产党成立100周年，是“十四五”规划和第二个百年奋斗目标的开局之年，也是推进人民法院“五五改革纲要”的攻坚之年。年初，习近平总书记在中央政法工作会议上指出，各级政法机关要认真贯彻党的十九届五中全会和中央全面依法治国工作会议精神，更加注重系统观念、法治思维、强基导向，切实推动政法工作高质量发展。一年来，人民法院在以习近平同志为核心的党中央坚强领导下，坚持以习近平新时代中国特色社会主义思想为指导，全面贯彻党的十九大和十九届历次全会精神，深入贯彻习近平法治思想，围绕健全审判权力制约监督机制、民事诉讼程序繁简分流、完善四级法院审级职能定位改革试点、构建一站式多元纠纷解决和诉讼服务体系、智慧法院建设、互联网司法等重点改革任务，锐意进取，守正创新，努力推进“五五改革纲要”落实落地，司法体制综合配套改革走深走实。

一、加强组织领导，健全改革总体规划和统筹管理机制

党对司法工作全面领导制度机制更加成熟定型。最高人民法院党组第一时间传达学习党中央重大改革决策，传达学习习近平总书记重要批示指示精神，切实把思想和行动统一到党中央改革决策部署上来。不折不扣贯彻执行重大事项请示报告制度，全年共向中央改革办、中央政法委报送相关改革方案、意见、报告20余份。不断健全党中央决策部署的实施机制，最高人民法院司法改革领导小组先后召开3次会议，审议通过7份改革文件，协调推进“五五改革纲要”落实、改革

试点管理、司法改革宣传等重要改革事项。组织召开贯彻落实政法领域全面深化改革推进会精神专题会议，确保中央有关会议精神、改革任务在人民法院工作中落地见效，切实把党的绝对领导贯穿司法改革工作各领域、全过程。

改革举措规划管理机制不断健全。制定《人民法院2021年司法改革工作要点》及分工方案，拟订106项年度工作重点，明确责任部门和成果形式。根据司法体制改革推进情况和问题，研究起草《关于提请中央有关单位协调解决的重点改革任务清单》，为有效破解政策堵点和落实难点细化“任务书”、明确“路线图”。建立重大司法改革试点工作台账管理和审核备案制度，起草报送《关于加强重大司法改革试点工作规范管理的情况报告》，健全重大改革试点工作归口管理机制。加强改革落实情况分析管理，全面优化升级司改台账系统，健全管理机制，推动改革任务项目化、精准化。完成《最高人民法院牵头中央改革任务和人民法院“五五改革纲要”推进落实情况分析报告》，逐项分析各项任务经验成效、存在的问题困难，推动形成落实改革任务合力，目前140项改革任务过半数已完成。组织召开全国法院司法体制综合配套改革推进会，交流改革经验，总结改革成效，分析存在问题，明确下一步深化改革重点任务。

改革督察总结评估机制效果更加凸显。积极开展党的十八大以来司法体制改革情况评估工作，向中央改革办、中央政法委报送《关于党的十八大以来人民法院深化司法体制改革情况评估报告》，并就最高人民法院贯彻落实中央改革办发布的《关于党的十八届三中全会以来全面深化改革总结评估报告》情况向中央政法委提交报告。按照中央部署，对最高人民法院知识产权法庭成立以来的工作成效组织开展第三方评估。赴湖北、江苏等地实地调研执法司法权力制约监督工作，完成《关于健全完善审判权力制约监督体系的调研报告》报中央政法委。

改革更好服务融入党和国家工作格局。紧扣党和国家中心工作和重大发展战略，积极履行司法服务保障职能。先后围绕服务新发展阶段生态文明建设，海南自由贸易港建设、北京“两区”建设、推动区域协调发展、推动中部地区高质量发展等战略，全面推进乡村振兴和基层社会治理，以及推进知识产权强国战略，制定印发8份司法规范性文件。与香港特别行政区政府律政司签署《关于内地与香港特别行政区法院相互认可和协助破产程序的会谈纪要》，印发《关于开展认可和协助香港特别行政区破产程序工作的试点意见》，完善中国特色区际司法协助体系。积极参与全球治理体系改革，与联合国环境规划署共同举办世界环境司法大会，通过《世界环境司法大会昆明宣言》，凝聚推动构建人与自然生命共同体的广泛共识。积极服务“一带一路”建设，举办海上丝绸之路（泉州）司法合作国际论坛、中国—上合组织国家地方法院大法官论坛、第五届中新法律和司法圆桌会议，与新加坡最高法院签署《关于推进法官继续教育的合作谅解备忘录》《关于法律查明问题的合作谅解备忘录》。

改革系统宣传促进形成更好舆论氛围。印发《关于加强司法改革宣传工作的方案》，坚持推进改革与加强宣传同步推进，系统总结提炼人民法院在党的坚强领导下深化司法改革取得的重要成就。顺利举办首届“人民法院改革创新奖”评选活动，充分调动地方各级法院总结提炼改革经验、创新改革举措积极性。成功开展第四届“羊城杯”司法体制综合配套改革征文活动，继续扩大司法改革专题研究平台品牌效应。组织2020—2021年度改革专项调研课题结项验收，将理论研究与改革实践深度结合。持续编发《人民法院司法改革案例选编》《多元化纠纷解决机制典型经验与实践案例》《司法改革动态》，编写《中国法院司法改革年鉴（2020年卷）》《中国法院多元化纠纷解决机制改革报告（2015—2020）》《劳动争议多元化解工作指南》，及时总结、宣传、推广专项改革经验。

二、坚持权责一致，完善审判权力制约监督机制

审判权力制约监督机制框架更加清晰。深入贯彻落实《中共中央

关于加强新时代检察机关法律监督工作的意见》和中央政法委印发的《关于加强政法领域执法司法制约监督制度机制建设的意见》。进一步落实审判权责清单“分级制定落实、逐级上报备案”工作机制，全国31个高院和新疆生产建设兵团分院已全部完成备案工作。配合中央司法责任制专项督察和政法队伍教育整顿，出版发行《人民法院全面落实司法责任制读本》，全景式描绘司法责任制改革总体框架，说清讲明全面落实司法责任制与严格执行民主集中制的关系，构建有序放权与有效监督相统一的制约监督体系。配合中央政法委制定印发《关于加快推进政法领域执法司法责任体系改革和建设的指导意见》。

案件全流程监督管理机制更加定型。印发《关于完善人民法院专业法官会议工作机制的指导意见》，明确专业法官会议职能定位、审议范围、程序机制和权责分配，加强对各地法院贯彻落实文件规定的政策指导，充分发挥专业法官会议专业咨询平台、监督管理平台、统一法律适用平台功能。印发《关于进一步完善“四类案件”监督管理工作机制的指导意见》，重点规定“四类案件”范围细化、识别流程、监管模式、分案要求、考核机制和平台配套，进一步健全审判权监督管理制度，形成全过程、多主体监督管理格局。印发《关于进一步完善执行权制约机制加强执行监督的意见》，强化执行流程关键节点管理，健全对执行权的监督制约机制，确保公正高效规范善意文明执行。印发《最高人民法院统一法律适用工作实施办法》《人民法院审判业务文件、参考性案例备案工作办法》，统一法律适用工作机制逐步进入实质化运行，全年共审核备案88个审判业务文件、110余个参考性案例。印发《关于推进案例指导工作高质量发展的若干意见》，推动建立将大法官裁判、最高人民法院裁判转化为指导性案例的工作机制，全年发布5批31件指导性案例。

司法责任考核和追究机制落实到位。印发《关于加强和完善法官考核工作的指导意见》，建立系统完备、科学规范、运行有效的法官考核机制，实现考核结果与员额退出机制的有效衔接。配套印发《法官考核中案件权重系数设置样式参考表》，为各地法院制定案件权重系数提供指引和参考。印发《法官惩戒工作程序规定（试行）》，规范法官惩戒委员会组成、违法审判线索受理、调查核实、提请审议、作出惩戒决定及当事法官申诉复核等相关工作的办理程序，指导各地法院科学推进法官惩戒工作。筹备设立最高人民法院法官惩戒委员会，全国31个省区市和新疆生产建设兵团均已设立法官惩戒委员会，北京、辽宁、吉林、黑龙江、山西、江苏、江西、云南等地按照惩戒程序对46名法官实施惩戒。

政法队伍教育整顿促进审判权力监督制约机制建设。最高人民法院充分发挥条线指导、政策供给作用，统筹本级整改与对下指导，制定《关于进一步加强人民法院工作人员离职从业审批监管的意见》《关于进一步完善“四类案件”监督管理工作机制的指导意见》等30余项规范性文件，指导各高院完善重要制度机制350余项，推动形成一批制度成果，促进人民法院纪律作风明显好转，努力建设一支信念坚定、司法为民、敢于担当、清正廉洁的法院队伍。

执行防止干预司法“三个规定”取得预期效果。印发《关于进一步强化日常监督管理严格执行防止干预司法“三个规定”的意见》，实化细化“三个规定”制度要求。组织全国法院开展“三个规定”执行情况“回头看”和突出问题专项整治，深入调研剖析，找准问题症结，堵塞制度漏洞。全国法院47.9万余名干警参加集中申报，基本实现“全员覆盖”。会同最高人民检察院、司法部印发《关于建立健全禁止法官、检察官与律师不正当接触交往制度机制的意见》《关于进一步规范法院、检察院离任人员从事律师职业的意见》，打造严禁不正当接触交往的监管闭环。北京、黑龙江、西藏高院协调司法行政机关和律师协会，共同制定出台相关实施办法，开展法官与律师不正当接触专项整治。针对离职人员或法院工作人员近亲属违规代理案件问题，上海高院、南京中院利用大数据和信息化技术，推动形成对离职人员、干警近亲属从事律师职业名录等信息的自动比对，组织开发代理人自动避让系统，加强实时监控。

三、完善诉讼体系，稳步推进诉讼制度改革

民事诉讼程序繁简分流改革试点成果上升为立法。周强院长向全国人大常委会作《最高人民法院关于民事诉讼程序繁简分流改革试点情况的中期报告》，指导督促各试点法院严格贯彻落实全国人大常委会审议意见。编发试点专刊11期、工作季报4期、《人民法院司法改革案例选编（九）》等，编写出版《民事诉讼程序繁简分流改革试点工作读本》，有序推进试点工作。印发《关于进一步健全完善民事诉讼程序繁简分流改革试点法院特邀调解名册制度的通知》。起草民事诉讼法（修正草案）议案及说明，提交第十三届全国人大常委会第三十一次、三十二次会议两次审议，并于2021年12月24日表决通过，2022年1月1日正式实施，修改后的民事诉讼法将近年来人民法院落实推进的繁简分流、多元解纷等改革成果以立法形式予以确认。

完善四级法院审级职能定位改革试点顺利开局。贯彻落实中央关于完善四级法院审级职能定位改革决策部署，研究制定《关于完善四级法院审级职能定位的改革方案》，于2021年5月经中央深改委审议通过，由中央政法委正式印发。制定中央相关职能部门层面《关于完善四级法院审级职能定位改革的分工方案》，组织召开部际联席会议，推动各项改革任务有效落实。起草《关于授权最高人民法院在该院和部分地区开展四级法院审级职能定位改革试点工作的决定（草案）》议案，提请全国人大常委会作出授权决定。印发《关于完善四级法院审级职能定位改革试点的实施办法》，召开动员部署会议，正式启动试点工作。建立健全试点工作组织实施体系，加强跟踪指导，推动试点工作平稳开局。

一站式多元纠纷解决和诉讼服务体系持续健全。印发《关于深化人民法院一站式多元解纷机制建设推动矛盾纠纷源头化解的实施意见》《关于加快推进人民法院调解平台进乡村、进社区、进网格工作的指导意见》，推动一站式多元解纷向基层、社会、网上、重点行业领域延

伸。截至2021年12月31日，全国法院调解平台入驻调解组织6.1万个、调解员25.4万人。累计在线调解案件1084.3万件。诉前调解成功案件610.5万件。分别与中国人民银行、银保监会、证监会、全国总工会、中小企业协会联合出台在线诉调对接机制合作文件，召开全国法院“总对总”在线诉调对接工作推进会。截至2021年12月31日，10家合作单位共有5627家调解组织、16705名调解员对接或入驻人民法院调解平台，各级法院共委派调解案件215534件，调解成功117790件。印发《关于为律师提供一站式诉讼服务的意见》《关于为跨境诉讼当事人提供网上立案服务的若干规定》，诉讼服务精准化水平明显提高。印发《关于推进行政诉讼程序繁简分流改革的意见》，明确简易程序的适用情形及规则，强化行政争议诉源治理和多元化解，促使审判资源配置更加精准对应人民群众多元解纷需求。

刑事诉讼制度改革不断取得新成果。组织开展全国法院量刑智能辅助系统试点运行工作，会同最高人民检察院印发《关于常见犯罪的量刑指导意见（试行）》，指导全国各高院制定实施细则，进一步规范量刑和量刑建议工作。指导下级法院依法适用刑事缺席审判程序审理外逃被告人职务犯罪案件，推进缺席审判程序落地实践。印发《关于加强减刑、假释案件实质化审理的意见》，确保减刑、假释案件实质化审理公正、高效开展。积极推动国家赔偿法修改纳入全国人大常委会立法规划。

四、科技助力审判，开创互联网司法和智慧法院建设新局面

互联网司法建设实现新发展。印发《人民法院在线诉讼规则》《人民法院在线调解规则》，研究制定人民法院在线运行规则，“中国特色、世界领先”的互联网司法新模式更加成熟定型。进一步深化互联网法院建设，工作重心逐步实现从机制探索、便民利民向输出裁判治理、依法治网等方面转变。推动加强顶层设计和统筹协调。起草《关于互联网法院建设情况及下一步发展规划的报告》报送中央改革办。支持

清华大学设立互联网司法研究院，持续推动司法与科技的深度融合。

智慧法院建设实现新升级。印发《人民法院信息化建设五年发展规划（2021—2025）》，推进建设人民法院信息化4.0版。制定中国移动微法院标准版建设规范，在浙江法院升级上线移动微法院标准版，目前已完成全国23家高院及辖区法院推广应用。建设人民法院互联网统一账户管理中心，向全国法院发布互联网统一身份认证系统技术规范，推进与人民法院四大公开平台和最高人民法院统建的诉讼服务系统对接，整合全国法院诉讼服务系统账号体系，满足人民群众"一次注册、全网通办"的司法需求。

五、巩固改革成果，深化人事机构和经费保障制度改革

积极推进司法人事配套改革。印发《关于在加快推进司法责任体系改革和建设中进一步加强人民法院队伍建设的意见》，深化司法体制综合配套改革、推动法院队伍教育整顿常治长效。会同最高人民检察院印发《关于适用新修订法官法、检察官法第十二条有关规定的答复意见》《关于〈关于招录人民法院法官助理、人民检察院检察官助理的意见〉有关问题的答复意见》，研究起草《法官、检察官单独职务序列规定》，不断完善法院人员分类管理制度。印发《关于建立健全人民法院人员内部交流机制的若干意见》，畅通法院各类人员内部交流渠道，推动内部交流常态化、制度化、规范化。研究起草《司法人事制度改革答复口径（六）》。推动完善法官逐级遴选制度。研究制定《人民法院法官违纪违法退额管理规定（试行）》，完善法官违纪违法与员额退出的衔接适用政策。

优化人民法院组织机构设置。在最高人民法院14个审判部门全面设置综合办公室。设立少年法庭工作办公室，改造设立少年审判指导处，依托巡回法庭成立6个少年法庭巡回审判点，形成"1室+1处+6审判点"的少年法庭运行模式。上线运行最高人民法院"一站式"国际商事纠纷多元化解决平台，积极推动应邀提名及选派干部担任其

他国家国际商事法院（庭）法官工作。设立北京金融法院，在成都中院设立金融法庭，研究起草《关于设立成渝金融法院的方案》报送中央政法委。在昆明铁路运输中院设立环境资源法庭。研究起草《关于完善知识产权法院布局的方案》，支持在沈阳中院、重庆一中院、温州中院设立知识产权法庭，在海口中院、武汉中院设立破产法庭，在北京四中院、成都中院设立国际商事法庭，在苏州中院设立全国首家劳动法庭。

完善司法经费保障机制。会同中央政法委、财政部、最高人民检察院联合印发《关于在推进省以下地方法院、检察院财物统一管理改革中进一步完善经费保障机制的指导意见》，全面推进落实省以下法院财物统管改革。完善诉讼费用管理机制。协调司法部推进《诉讼费用交纳办法》修改工作，向全国人大常委会法工委民法室汇报修改建议稿情况，推动完善诉讼收费制度。

目 录

第一篇 决策部署

第二篇 推进落实

第三篇　文件选编

第四篇　改革报告

第五篇　观点摘编

第六篇 大事记

附 录

第一篇

决策部署

中国共产党第十九届中央委员会第六次全体会议公报

（2021 年 11 月 11 日中国共产党第十九届中央委员会第六次全体会议通过）

中国共产党第十九届中央委员会第六次全体会议，于 2021 年 11 月 8 日至 11 日在北京举行。

出席这次全会的有，中央委员 197 人，候补中央委员 151 人。中央纪律检查委员会常务委员会委员和有关方面负责同志列席会议。党的十九大代表中部分基层同志和专家学者也列席会议。

全会由中央政治局主持。中央委员会总书记习近平作了重要讲话。

全会听取和讨论了习近平受中央政治局委托作的工作报告，审议通过了《中共中央关于党的百年奋斗重大成就和历史经验的决议》，审议通过了《关于召开党的第二十次全国代表大会的决议》。习近平就《中共中央关于党的百年奋斗重大成就和历史经验的决议（讨论稿）》向全会作了说明。

全会充分肯定党的十九届五中全会以来中央政治局的工作。一致认为，一年来，世界百年未有之大变局和新冠肺炎疫情全球大流行交织影响，外部环境更趋复杂严峻，国内新冠肺炎疫情防控和经济社会发展各项任务极为繁重艰巨。中央政治局高举中国特色社会主义伟大旗帜，坚持以马克思列宁主义、毛泽东思想、邓小平理论、“三个代表”重要思想、科学发展观、习近平新时代中国特色社会主义思想为指导，全面贯彻党的十九大和十九届二中、三中、四中、五中全会精神，统筹国内国际两个大局，统筹疫情防控和经济社会发展，统筹发展和安全，坚持稳中求进工作总基调，全面贯彻新发展理念，加快构建新发展格局，经济保持较好发展态势，科技自立自强积极推进，改革开放不断深化，脱贫攻坚战如期打赢，民生保障有效改善，社会大局保持稳定，国防和军队现代化扎实推进，中国特色大国外交全面推进，党史学习教育扎实有效，战胜多种严重自然灾害，党和国家各项事业取得了新的重大成就。成功举办庆祝中国共产党成立100周年系列活动，中共中央总书记习近平发表重要讲话，正式宣布全面建成小康社会，激励全党全国各族人民意气风发踏上向第二个百年奋斗目标进军的新征程。

全会认为，总结党的百年奋斗重大成就和历史经验，是在建党百年历史条件下开启全面建设社会主义现代化国家新征程、在新时代坚持和发展中国特色社会主义的需要；是增强政治意识、大局意识、核心意识、看齐意识，坚定道路自信、理论自信、制度自信、文化自信，做到坚决维护习近平同志党中央的核心、全党的核心地位，坚决维护党中央权威和集中统一领导，确保全党步调一致向前进的需要；是推进党的自我革命、提高全党斗争本领和应对风险挑战能力、永葆党的生机活力、团结带领全国各族人民为实现中华民族伟大复兴的中国梦而继续奋斗的需要。全党要坚持唯物史观和正确党史观，从党的百年奋斗中看清楚过去我们为什么能够成功、弄明白未来我们怎样才能继续成功，从而更加坚定、更加自觉地践行初心使命，在新时代更好坚持和发展中国特色社会主义。

全会提出，中国共产党自一九二一年成立以来，始终把为中国人民谋幸福、为中华民族谋复兴作为自己的初心使命，始终坚持共产主义理想和社会主义信念，团结带领全国各族人民为争取民族独立、人民解放和实现国家富强、人民幸福而不懈奋斗，已经走过一百年光辉历程。党和人民百年奋斗，书写了中华民族几千年历史上最恢宏的史诗。

全会提出，新民主主义革命时期，党面临的主要任务是，反对帝国主义、封建主义、官僚资本主义，争取民族独立、人民解放，为实现中华民族伟大复兴创造根本社会条件。在革命斗争中，以毛泽东同志为主要代表的中国共产党人，把马克思列宁主义基本原理同中国具体实际相结合，对经过艰苦探索、付出巨大牺牲积累的一系列独创性经验作了理论概括，开辟了农村包围城市、武装夺取政权的正确革命道路，创立了毛泽东思想，为夺取新民主主义革命胜利指明了正确方向。党领导人民浴血奋战、百折不挠，创造了新民主主义革命的伟大成就，成立中华人民共和国，实现民族独立、人民解放，彻底结束了旧中国半殖民地半封建社会的历史，彻底结束了极少数剥削者统治广大劳动人民的历史，彻底结束了旧中国一盘散沙的局面，彻底废除了列强强加给中国的不平等条约和帝国主义在中国的一切特权，实现了中国从几千年封建专制政治向人民民主的伟大飞跃，也极大改变了世界政治格局，鼓舞了全世界被压迫民族和被压迫人民争取解放的斗争。中国共产党和中国人民以英勇顽强的奋斗向世界庄严宣告，中国人民从此站起来了，中华民族任人宰割、饱受欺凌的时代一去不复返了，中国发展从此开启了新纪元。

全会提出，社会主义革命和建设时期，党面临的主要任务是，实现从新民主主义到社会主义的转变，进行社会主义革命，推进社会主义建设，为实现中华民族伟大复兴奠定根本政治前提和制度基础。在这个时期，以毛泽东同志为主要代表的中国共产党人提出关于社会主义建设的一系列重要思想。毛泽东思想是马克思列宁主义在中国的创造性运用和发展，是被实践证明了的关于中国革命和建设的正确的理论原则和经验总结，是马克思主义中国化的第一次历史性飞跃。党领导人民自力更生、发愤图强，创造了社会主义革命和建设的伟大成就，实现了中华民族有史以来最为广泛而深刻的社会变革，实现了一穷二白、人口众多的东方大国大步迈进社会主义社会的伟大飞跃。我国建立起独立的比较完整的工业体系和国民经济体系，农业生产条件显著改变，教育、科学、文化、卫生、体育事业有很大发展，人民解放军得到壮大和提高，彻底结束了旧中国的屈辱外交。中国共产党和中国人民以英勇顽强的奋斗向世界庄严宣告，中国人民不但善于破坏一个旧世界、也善于建设一个新世界，只有社会主义才能救中国，只有社会主义才能发展中国。

全会提出，改革开放和社会主义现代化建设新时期，党面临的主要任务是，继续探索中国建设社会主义的正确道路，解放和发展社会生产力，使人民摆脱贫困、尽快富裕起来，为实现中华民族伟大复兴提供充满新的活力的体制保证和快速发展的物质条件。党的十一届三中全会以后，以邓小平同志为主要代表的中国共产党人，团结带领全党全国各族人民，深刻总结新中国成立以来正反两方面经验，围绕什么是社会主义、怎样建设社会主义这一根本问题，借鉴世界社会主义历史经验，创立了邓小平理论，解放思想，实事求是，作出把党和国家工作中心转移到经济建设上来、实行改革开放的历史性决策，深刻揭示社会主义本质，确立社会主义初级阶段基本路线，明确提出走自己的路、建设中国特色社会主义，科学回答了建设中国特色社会主义的一系列基本问题，制定了到二十一世纪中叶分三步走、基本实现社会主义现代化的发展战略，成功开创了中国特色社会主义。

全会提出，党的十三届四中全会以后，以江泽民同志为主要代表的中国共产党人，团结带领全党全国各族人民，坚持党的基本理论、基本路线，加深了对什么是社会主义、怎样建设社会主义和建设什么样的党、怎样建设党的认识，形成了“三个代表”重要思想，在国内外形势十分复杂、世界社会主义出现严重曲折的严峻考验面前捍卫了中国特色社会主义，确立了社会主义市场经济体制的改革目标和基本框架，确立了社会主义初级阶段公有制为主体、多种所有制经济共同发展的基本经济制度和按劳分配为主体、多种分配方式并存的分配制度，开创全面改革开放新局面，推进党的建设新的伟大工程，成功把中国特色社会主义推向二十一世纪。

全会提出，党的十六大以后，以胡锦涛同志为主要代表的中国共产党人，团结带领全党全国各族人民，在全面建设小康社会进程中推进实践创新、理论创新、制度创新，深刻认识和回答了新形势下实现什么样的发展、怎样发展等重大问题，形成了科学发展观，抓住重要战略机遇期，聚精会神搞建设，一心一意谋发展，强调坚持以人为本、全面协调可持续发展，着力保障和改善民生，促进社会公平正义，推进党的执政能力建设和先进性建设，成功在新形势下坚持和发展了中国特色社会主义。

全会强调，在这个时期，党从新的实践和时代特征出发坚持和发展马克思主义，科学回答了建设中国特色社会主义的发展道路、发展阶段、根本任务、发展动力、发展战略、政治保证、祖国统一、外交和国际战略、领导力量和依靠力量等一系列基本问题，形成中国特色社会主义理论体系，实现了马克思主义中国化新的飞跃。党领导人民解放思想、锐意进取，创造了改革开放和社会主义现代化建设的伟大成就，我国实现了从高度集中的计划经济体制到充满活力的社会主义市场经济体制、从封闭半封闭到全方位开放的历史性转变，实现了从生产力相对落后的状况到经济总量跃居世界第二的历史性突破，实现了人民生活从温饱不足到总体小康、奔向全面小康的历史性跨越，推进了中华民族从站起来到富起来的伟大飞跃。中国共产党和中国人民以英勇顽强的奋斗向世界庄严宣告，改革开放是决定当代中国前途命运的关键一招，中国特色社会主义道路是指引中国发展繁荣的正确道路，中国大踏步赶上了时代。

全会提出，党的十八大以来，中国特色社会主义进入新时代。党面临的主要任务是，实现第一个百年奋斗目标，开启实现第二个百年奋斗目标新征程，朝着实现中华民族伟大复兴的宏伟目标继续前进。党领导人民自信自强、守正创新，创造了新时代中国特色社会主义的伟大成就。

全会强调，以习近平同志为主要代表的中国共产党人，坚持把马克思主义基本原理同中国具体实际相结合、同中华优秀传统文化相结合，坚持毛泽东思想、邓小平理论、“三个代表”重要思想、科学发展观，深刻总结并充分运用党成立以来的历史经验，从新的实际出发，创立了习近平新时代中国特色社会主义思想。习近平同志对关系新时代党和国家事业发展的一系列重大理论和实践问题进行了深邃思考和科学判断，就新时代坚持和发展什么样的中国特色社会主义、怎样坚持和发展中国特色社会主义，建设什么样的社会主义现代化强国、怎样建设社会主义现代化强国，建设什么样的长期执政的马克思主义政党、怎样建设长期执政的马克思主义政党等重大时代课题，提出一系列原创性的治国理政新理念新思想新战略，是习近平新时代中国特色社会主义思想的主要创立者。习近平新时代中国特色社会主义思想是当代中国马克思主义、二十一世纪马克思主义，是中华文化和中国精神的时代精华，实现了马克思主义中国化新的飞跃。党确立习近平同志党中央的核心、全党的核心地位，确立习近平新时代中国特色社会主义思想的指导地位，反映了全党全军全国各族人民共同心愿，对新时代党和国家事业发展、对推进中华民族伟大复兴历史进程具有决定性意义。

全会指出，以习近平同志为核心的党中央，以伟大的历史主动精神、巨大的政治勇气、强烈的责任担当，统筹国内国际两个大局，贯彻党的基本理论、基本路线、基本方略，统揽伟大斗争、伟大工程、伟大事业、伟大梦想，坚持稳中求进工作总基调，出台一系列重大方针政策，推出一系列重大举措，推进一系列重大工作，战胜一系列重大风险挑战，解决了许多长期想解决而没有解决的难题，办成了许多过去想办而没有办成的大事，推动党和国家事业取得历史性成就、发生历史性变革。

全会强调，党的十八大以来，在坚持党的全面领导上，党中央权威和集中统一领导得到有力保证，党的领导制度体系不断完善，党的领导方式更加科学，全党思想上更加统一、政治上更加团结、行动上更加一致，党的政治领导力、思想引领力、群众组织力、社会号召力显著增强。在全面从严治党上，党的自我净化、自我完善、自我革新、自我提高能力显著增强，管党治党宽松软状况得到根本扭转，反腐败斗争取得压倒性胜利并全面巩固，党在革命性锻造中更加坚强。在经济建设上，我国经济发展平衡性、协调性、可持续性明显增强，国家经济实力、科技实力、综合国力跃上新台阶，我国经济迈上更高质量、更有效率、更加公平、更可持续、更为安全的发展之路。在全面深化改革开放上，党不断推动全面深化改革向广度和深度进军，中国特色社会主义制度更加成熟更加定型，国家治理体系和治理能力现代化水平不断提高，党和国家事业焕发出新的生机活力。在政治建设上，积极发展全过程人民民主，我国社会主义民主政治制度化、规范化、程序化全面推进，中国特色社会主义政治制度优越性得到更好发挥，生动活泼、安定团结的政治局面得到巩固和发展。在全面依法治国上，中国特色社会主义法治体系不断健全，法治中国建设迈出坚实步伐，党运用法治方式领导和治理国家的能力显著增强。在文化建设上，我国意识形态领域形势发生全局性、根本性转变，全党全国各族人民文化自信明显增强，全社会凝聚力和向心力极大提升，为新时代开创党和国家事业新局面提供了坚强思想保证和强大精神力量。在社会建设上，人民生活全方位改善，社会治理社会化、法治化、智能化、专业化水平大幅度提升，发展了人民安居乐业、社会安定有序的良好局面，续写了社会长期稳定奇迹。在生态文明建设上，党中央以前所未有的力度抓生态文明建设，美丽中国建设迈出重大步伐，我国生态环境保护发生历史性、转折性、全局性变化。在国防和军队建设上，人民军队实现整体性革命性重塑、重整行装再出发，国防实力和经济实力同步提升，人民军队坚决履行新时代使命任务，以顽强斗争精神和实际行动捍卫了国家主权、安全、发展利益。在维护国家安全上，国家安全得到全面加强，经受住了来自政治、经济、意识形态、自然界等方面的风险挑战考验，为党和国家兴旺发达、长治久安提供了有力保证。在坚持“一国两制”和推进祖国统一上，党中央采取一系列标本兼治的举措，坚定落实“爱国者治港”“爱国者治澳”，推动香港局势实现由乱到治的重大转折，为推进依法治港治澳、促进“一国两制”实践行稳致远打下了坚实基础；坚持一个中国原则和“九二共识”，坚决反对“台独”分裂行径，坚决反对外部势力干涉，牢牢把握两岸关系主导权和主动权。在外交工作上，中国特色大国外交全面推进，构建人类命运共同体成为引领时代潮流和人类前进方向的鲜明旗帜，我国外交在世界大变局中开创新局、在世界乱局中化危为机，我国国际影响力、感召力、塑造力显著提升。中国共产党和中国人民以英勇顽强的奋斗向世界庄严宣告，中华民族迎来了从站起来、富起来到强起来的伟大飞跃。

全会指出了中国共产党百年奋斗的历史意义：党的百年奋斗从根本上改变了中国人民的前途命运，中国人民彻底摆脱了被欺负、被压迫、被奴役的命运，成为国家、社会和自己命运的主人，中国人民对美好生活的向往不断变为现实；党的百年奋斗开辟了实现中华民族伟大复兴的正确道路，中国仅用几十年时间就走完发达国家几百年走过的工业化历程，创造了经济快速发展和社会长期稳定两大奇迹；党的百年奋斗展示了马克思主义的强大生命力，马克思主义的科学性和真理性在中国得到充分检验，马克思主义的人民性和实践性在中国得到充分贯彻，马克思主义的开放性和时代性在中国得到充分彰显；党的百年奋斗深刻影响了世界历史进程，党领导人民成功走出中国式现代化道路，创造了人类文明新形态，拓展了发展中国家走向现代化的途径；党的百年奋斗锻造了走在时代前列的中国共产党，形成了以伟大建党精神为源头的精神谱系，保持了党的先进性和纯洁性，党的执政能力和领导水平不断提高，中国共产党无愧为伟大光荣正确的党。

全会提出，一百年来，党领导人民进行伟大奋斗，积累了宝贵的历史经验，这就是：坚持党的领导，坚持人民至上，坚持理论创新，坚持独立自主，坚持中国道路，坚持胸怀天下，坚持开拓创新，坚持敢于斗争，坚持统一战线，坚持自我革命。以上十个方面，是经过长期实践积累的宝贵经验，是党和人民共同创造的精神财富，必须倍加珍惜、长期坚持，并在新时代实践中不断丰富和发展。

全会提出，不忘初心，方得始终。中国共产党立志于中华民族千秋伟业，百年恰是风华正茂。过去一百年，党向人民、向历史交出了一份优异的答卷。现在，党团结带领中国人民又踏上了实现第二个百年奋斗目标新的赶考之路。全党要牢记中国共产党是什么、要干什么这个根本问题，把握历史发展大势，坚定理想信念，牢记初心使命，始终谦虚谨慎、不骄不躁、艰苦奋斗，不为任何风险所惧，不为任何干扰所惑，决不在根本性问题上出现颠覆性错误，以咬定青山不放松的执着奋力实现既定目标，以行百里者半九十的清醒不懈推进中华民族伟大复兴。

全会强调，全党必须坚持马克思列宁主义、毛泽东思想、邓小平理论、“三个代表”重要思想、科学发展观，全面贯彻习近平新时代中国特色社会主义思想，用马克思主义的立场、观点、方法观察时代、把握时代、引领时代，不断深化对共产党执政规律、社会主义建设规律、人类社会发展规律的认识。

必须坚持党的基本理论、基本路线、基本方略，增强“四个意识”、坚定“四个自信”、做到“两个维护”，坚持系统观念，统筹推进“五位一体”总体布局，协调推进“四个全面”战略布局，立足新发展阶段、贯彻新发展理念、构建新发展格局、推动高质量发展，全面深化改革开放，促进共同富裕，推进科技自立自强，发展全过程人民民主，保证人民当家作主，坚持全面依法治国，坚持社会主义核心价值体系，坚持在发展中保障和改善民生，坚持人与自然和谐共生，统筹发展和安全，加快国防和军队现代化，协同推进人民富裕、国家强盛、中国美丽。

全会强调，全党必须永远保持同人民群众的血肉联系，践行以人民为中心的发展思想，不断实现好、维护好、发展好最广大人民根本利益，团结带领全国各族人民不断为美好生活而奋斗。全党必须铭记生于忧患、死于安乐，常怀远虑、居安思危，继续推进新时代党的建设新的伟大工程，坚持全面从严治党，坚定不移推进党风廉政建设和反腐败斗争，做到难不住、压不垮，推动中国特色社会主义事业航船劈波斩浪、一往无前。

全会决定，中国共产党第二十次全国代表大会于2022年下半年在北京召开。全会认为，党的二十大是我们党进入全面建设社会主义现代化国家、向第二个百年奋斗目标进军新征程的重要时刻召开的一次十分重要的代表大会，是党和国家政治生活中的一件大事。全党要团结带领全国各族人民攻坚克难、开拓奋进，为全面建设社会主义现代化国家、夺取新时代中国特色社会主义伟大胜利、实现中华民族伟大复兴的中国梦作出新的更大贡献，以优异成绩迎接党的二十大召开。

党中央号召，全党全军全国各族人民要更加紧密地团结在以习近平同志为核心的党中央周围，全面贯彻习近平新时代中国特色社会主义思想，大力弘扬伟大建党精神，勿忘昨天的苦难辉煌，无愧今天的使命担当，不负明天的伟大梦想，以史为鉴、开创未来，埋头苦干、勇毅前行，为实现第二个百年奋斗目标、实现中华民族伟大复兴的中国梦而不懈奋斗。我们坚信，在过去一百年赢得了伟大胜利和荣光的中国共产党和中国人民，必将在新时代新征程上赢得更加伟大的胜利和荣光！

（来源：《人民日报》2021年11月12日。原标题：中共十九届六中全会在京举行）

中央全面深化改革委员会会议要点（节选）

➢ 中央全面深化改革委员会第十八次会议

中共中央总书记、国家主席、中央军委主席、中央全面深化改革委员会主任习近平2月19日下午主持召开中央全面深化改革委员会第十八次会议并发表重要讲话。他强调，全面深化改革同贯彻新发展理念、构建新发展格局紧密关联，要完整、准确、全面贯彻新发展理念，扭住构建新发展格局目标任务，更加精准地出台改革方案，推动改革向更深层次挺进，发挥全面深化改革在构建新发展格局中的关键作用。

……

会议审议通过了《中央全面深化改革委员会2020年工作总结报告》《中央全面深化改革委员会2021年工作要点》。

会议审议通过了《关于完善重要民生商品价格调控机制的意见》《关于推动公立医院高质量发展的意见》《关于县以下事业单位建立管理岗位职员等级晋升制度的意见》《关于全面加强药品监管能力建设的实施意见》《关于建立健全生态产品价值实现机制的意见》《关于持续防范和整治“村霸”问题的意见》《关于加强诉源治理推动矛盾纠纷源头化解的意见》。

会议指出，过去一年，以习近平同志为核心的党中央深刻把握形势发展变化，充分发挥改革突破和先导作用，将改革作为应对变局、开拓新局的重要抓手，把推动党的十八届三中全会以来部署改革任务的落实同完成“十三五”规划主要目标任务、决胜全面建成小康社会、决战脱贫攻坚紧密结合起来，把防风险、打基础、惠民生、利长远的各项改革有机统一起来，紧紧围绕坚持和完善中国特色社会主义制度、推进国家治理体系和治理能力现代化，以更深层次改革、更高水平开放服务经济社会发展大局，以制度优势应对风险挑战冲击，推动全面深化改革取得重大进展。

会议强调，发挥全面深化改革在构建新发展格局中的关键作用，要围绕实现高水平自立自强深化改革，完善党对科技工作领导的体制机制，推动科技创新力量布局、要素配置、人才队伍体系化、协同化，发挥新型举国体制优势，坚决破除影响和制约科技核心竞争力提升的体制机制障碍，加快攻克重要领域“卡脖子”技术，有效突破产业瓶颈，牢牢把握创新发展主动权。要围绕畅通经济循环深化改革，在完善公平竞争制度、加强产权和知识产权保护、激发市场主体活力、推动产业链供应链优化升级、建设现代流通体系、建设全国统一大市场等方面推出更有针对性的改革举措来，促进各项改革融会贯通、系统集成。要围绕扩大内需深化改革，加快培育完整内需体系，健全区域协调发展体制机制、城乡融合发展体制机制，加快推进以人为核心的新型城镇化，深化土地制度、户籍制度改革，建立健全巩固拓展脱贫攻坚成果同乡村振兴有效衔接机制，健全再分配调节机制，扎实推动共同富裕。要围绕实行高水平对外开放深化改革，深化商品、服务、资金、人才等要素流动型开放，稳步推进规则、规制、管理、标准等制度建设，完善市场准入和监管、产权保护、信用体系等方面的法律制度，加快营造市场化、法治化、国际化的营商环境，推动建设更高水平开放型经济新体制。要围绕推动全面绿色转型深化改革，深入推进生态文明体制改革，健全自然资源资产产权制度和法律法规，完善资源价格形成机制，建立健全绿色低碳循环发展的经济体系，统筹制定2030年前碳排放达峰行动方案，使发展建立在高效利用资源、严格保护生态环境、有效控制温室气体排放的基础上，推动我国绿色发展迈上新台阶。

会议指出，要把加强改革系统集成、推动改革落地见效摆在更加突出的位置。一要有系统观念，提高政治判断力、政治领悟力、政治执行力，主动识变求变应变，强化全局视野和系统思维，加强改革政策统筹、进度统筹、效果统筹，发挥改革整体效应。二要有辩证思维，坚持两点论和重点论相统一，坚持问题导向，立足新发展阶段，解决影响贯彻新发展理念、构建新发展格局的突出问题，解决影响人民群众生产生活的突出问题，以重点突破引领改革纵深推进。三要有创新意识，改革系统集成有的需要从中央层面加大统的力度、集中力量整体推进，有的需要从地方基层率先突破、率先成势，根据实际情况来推动。四要有钉钉子精神，落实落细改革主体责任，抓好制度建设这条主线，既要在原有制度基础上继续添砖加瓦，又要在现有制度框架内搞好精装修，打通制度堵点、抓好制度执行，推动解决实际问题。

……

会议强调，建立生态产品价值实现机制，关键是要构建绿水青山转化为金山银山的政策制度体系，坚持保护优先、合理利用，彻底摒弃以牺牲生态环境换取一时一地经济增长的做法，建立生态环境保护者受益、使用者付费、破坏者赔偿的利益导向机制，探索政府主导、企业和社会各界参与、市场化运作、可持续的生态产品价值实现路径，推进生态产业化和产业生态化。

会议指出，要总结吸收党的十八大以来扫黑除恶专项斗争整治“村霸”等突出问题的成功经验和有效做法，坚持打建并举、标本兼治，严格落实各级党委特别是县乡党委全面从严治党的主体责任，从组织上推动形成防范和整治“村霸”问题长效机制，为全面推进乡村振兴创造安全稳定的社会环境。

会议强调，法治建设既要抓末端、治已病，更要抓前端、治未病。要坚持和发展新时代“枫桥经验”，把非诉讼纠纷解决机制挺在前面，推动更多法治力量向引导和疏导端用力，加强矛盾纠纷源头预防、前端化解、关口把控，完善预防性法律制度，从源头上减少诉讼增量。

……

（来源：《人民日报》2021年2月20日。原标题：习近平主持召开中央全面深化改革委员会第十八次会议强调　完整准确全面贯彻新发展理念　发挥改革在构建新发展格局中关键作用）

➢ 中央全面深化改革委员会第十九次会议

中共中央总书记、国家主席、中央军委主席、中央全面深化改革委员会主任习近平5月21日下午主持召开中央全面深化改革委员会第十九次会议，审议通过了《关于完善科技成果评价机制的指导意见》《关于进一步减轻义务教育阶段学生作业负担和校外培训负担的意见》《深化医疗服务价格改革试点方案》《关于深化生态保护补偿制度改革的意见》《关于在城乡建设中加强历史文化保护传承的若干意见》。

习近平在主持会议时强调，加快实现科技自立自强，要用好科技成果评价这个指挥棒，遵循科技创新规律，坚持正确的科技成果评价导向，激发科技人员积极性。义务教育是国民教育的重中之重，要全面贯彻党的教育方针，落实立德树人根本任务，充分发挥学校教书育人主体功能，强化线上线下校外培训机构规范管理。要强化基本医疗卫生事业公益属性，深化医疗服务价格改革，建立合理补偿机制，稳定调价预期，确保群众负担总体稳定、医保基金可承受、公立医疗机构健康发展可持续，提高医疗卫生为人民服务质量和水平。要围绕生态文明建设总体目标，加强同碳达峰、碳中和目标任务衔接，进一步推进生态保护补偿制度建设，发挥生态保护补偿的政策导向作用。要本着对历史负责、对人民负责的态度，建立分类科学、保护有力、管理有效的城乡历史文化保护传承体系。

……

会议指出，在党中央统一部署下，各有关部门和地区推进生态补偿制度建设，在森林、草原、湿地、荒漠、海洋、水流、耕地等7个领域建立了生态补偿机制，取得积极成效，但仍然存在补偿覆盖范围有限、政策重点不够突出、奖惩力度偏弱、相关主体协调难度大等问题。要围绕加快推动绿色低碳发展、促进经济社会发展全面绿色转型，完善分类补偿制度，加强补偿政策的协同联动，统筹各渠道补偿资金，实施综合性补偿，促进对生态环境的整体保护。要统筹运用好法律、行政、市场等手段，把生态保护补偿、生态损害赔偿、生态产品市场交易机制等有机结合起来，协同发力，有奖有惩，决不能边拿补偿边污染。

……

（来源：《人民日报》2021年5月22日。原标题：习近平主持召开中央全面深化改革委员会第十九次会议强调　完善科技成果评价机制　深化医疗服务价格改革　减轻义务教育阶段学生作业负担和校外培训负担）

➤ 中央全面深化改革委员会第二十次会议

中共中央总书记、国家主席、中央军委主席、中央全面深化改革委员会主任习近平7月9日下午主持召开中央全面深化改革委员会第二十次会议，审议通过了《关于加快构建新发展格局的指导意见》《种业振兴行动方案》

《青藏高原生态环境保护和可持续发展方案》《关于推进自由贸易试验区贸易投资便利化改革创新的若干措施》。

习近平在主持会议时强调，加快构建新发展格局，是我们把握未来发展主动权的战略举措，是为了在各种可以预见和难以预见的惊涛骇浪中增强我们的生存力、竞争力、发展力、持续力，是一场需要保持顽强斗志和战略定力的攻坚战、持久战，要自觉把本地区本部门工作纳入构建新发展格局中统筹考虑和谋划，以更加坚定的思想自觉、精准务实的举措、真抓实干的劲头，推动构建新发展格局取得扎扎实实成效。农业现代化，种子是基础，必须把民族种业搞上去，把种源安全提升到关系国家安全的战略高度，集中力量破难题、补短板、强优势、控风险，实现种业科技自立自强、种源自主可控。要站在保障中华民族生存和发展的历史高度，坚持对历史负责、对人民负责、对世界负责的态度，抓好青藏高原生态环境保护和可持续发展工作。要围绕实行高水平对外开放，充分运用国际国内两个市场、两种资源，对标高标准国际经贸规则，积极推动制度创新，以更大力度谋划和推进自由贸易试验区高质量发展。

……

会议强调，要打牢种质资源基础，做好资源普查收集、鉴定评价工作，切实保护好、利用好。要加强基础性前沿性研究，加快实施农业生物育种重大科技项目，开展种源关键核心技术攻关，扎实推进南繁硅谷等创新基地建设。要强化企业创新主体地位，加强知识产权保护，优化营商环境，引导资源、技术、人才、资本等要素向重点优势企业集聚。要综合运用法律、经济、技术、行政等多种手段，推行全链条、全流程监管，对假冒伪劣、套牌侵权等突出问题要重拳出击，让侵权者付出沉重代价。要加强组织领导，明确各级党委和政府责任，做好长远规划，给予长期稳定支持，加大统筹协调，避免重复建设。

会议指出，党的十八大以来，我们全面开展西藏生态安全屏障、三江源、祁连山等重点区域生态保护修复，加大生态保护补偿和转移支付力度，加快青藏高原基础设施建设，大力推进脱贫攻坚，有效遏制了青藏高原生态恶化趋势，促进了区域持续稳定和快速发展。

会议强调，要坚持保护优先，把生态环境保护作为区域发展的基本前提和刚性约束，坚持山水林田湖草沙冰系统治理，严守生态安全红线。要坚持绿色发展，立足青藏高原特有资源禀赋，找准适宜的经济发展模式，大力发展高原特色产业，积极培育新兴产业，走出一条生态友好、绿色低碳、具有高原特色的高质量发展之路。要坚持以人民为中心，统筹解决好群众关心的就业、收入分配、教育、医疗、养老等问题，引导各族群众树立正确的国家观、历史观、民族观、文化观、宗教观，铸牢中华民族共同体意识。要坚持守好底线，妥善处理、防范化解涉及国家安全的各类风险，切实维护边疆安宁和团结发展的良好局面。

会议指出，党的十八大以来，我们先后部署设立21个自由贸易试验区，形成了覆盖东西南北中的试点格局，推出了一大批高水平制度创新成果，建成了一批世界领先的产业集群，为高质量发展作出了重要贡献。要深入推进高水平制度型开放，赋予自由贸易试验区更大改革自主权，加强改革创新系统集成，统筹开放和安全，及时总结经验并复制推广，努力建成具有国际影响力和竞争力的自由贸易园区，发挥好改革开放排头兵的示范引领作用。

……

（来源：《人民日报》2021年7月10日。原标题：习近平主持召开中央全面深化改革委员会第二十次会议强调　统筹指导构建新发展格局　推进种业振兴　推动青藏高原生态环境保护和可持续发展）

➢ 中央全面深化改革委员会第二十一次会议

中共中央总书记、国家主席、中央军委主席、中央全面深化改革委员会主任习近平8月30日下午主持召开中央全面深化改革委员会第二十一次会议，审议通过了《关于强化反垄断深入推进公平竞争政策实施的意见》《关于改革完善体制机制加强战略和应急物资储备安全管理的若干意见》《关于深入打好污染防治攻坚战的意见》《关于更加有效发挥统计监督职能作用的意见》。

习近平在主持会议时强调，强化反垄断、深入推进公平竞争政策实施，是完善社会主义市场经济体制的内在要求。要从构建新发展格局、推动高质量发展、促进共同富裕的战略高度出发，促进形成公平竞争的市场环境，为各类市场主体特别是中小企业创造广阔的发展空间，更好保护消费者权益。国家储备是国家治理的重要物质基础，要从体制机制层面加强战略和应急物资储备安全管理，强化战略保障、宏观调控和应对急需功能，增强防范抵御重大风险能力。要巩固污染防治攻坚成果，坚持精准治污、科学治污、依法治污，以更高标准打好蓝天、碧水、净土保卫战，以高水平保护推动高质量发展、创造高品质生活，努力建设人与自然和谐共生的美丽中国。要强化统计监督职能，提高统计数据质量，加快构建系统完整、协同高效、约束有力的统计监督体系。

……

会议指出，党的十八大以来，我们围绕反垄断、反不正当竞争，作出一系列重大决策部署，完善公平竞争制度，改革市场监管体制，加强反垄断监管，推进高标准市场体系建设，推动形成统一开放、竞争有序的市场体系。针对一些平台企业存在野蛮生长、无序扩张等突出问题，我们加大反垄断监管力度，依法查处有关平台企业垄断和不正当竞争行为，防止资本无序扩张初见成效，市场公平竞争秩序稳步向好。

……

会议指出，近年来，我们推动污染防治的措施之实、力度之大、成效之显著前所未有。“十四五”时期，我国生态文明建设进入以降碳为重点战略方向、推动减污降碳协同增效、促进经济社会发展全面绿色转型、实现生态环境质量改善由量变到质变的关键时期，污染防治触及的矛盾问题层次更深、领域更广，要求也更高。

会议强调，要保持力度、延伸深度、拓宽广度，紧盯污染防治重点领域和关键环节，集中力量攻克老百姓身边的突出生态环境问题，强化多污染物协同控制和区域协同治理，统筹水资源、水环境、水生态治理，推进土壤污染防治，加强固体废物和新污染物治理，全面禁止进口“洋垃圾”，推动污染防治在重点区域、重要领域、关键指标上实现新突破。要从生态系统整体性出发，更加注重综合治理、系统治理、源头治理，加快构建减污降碳一体谋划、一体部署、一体推进、一体考核的制度机制。要统筹生态保护和污染防治，加强生态环境分区管控，推动重要生态系统保护和修复，开展大规模国土绿化行动，扩大环境容量的同时，降低污染物排放量。要加快推动产业结构、能源结构、交通运输结构、用地结构调整，严把“两高”项目准入关口，推进资源节约高效利用，培育绿色低碳新动能。要深入推进生态文明体制改革，加快构建现代环境治理体系，全面强化法治保障，健全环境经济政策，完善资金投入机制。要加强系统监管和全过程监管，对破坏生态环境的行为决不手软，对生态环境违法犯罪行为严惩重罚。要注意因地制宜、分类施策，体现差别化，不搞一刀切。

……

（来源：《人民日报》2021年8月31日。原标题：习近平主持召开中央全面深化改革委员会第二十一次会议强调　加强反垄断反不正当竞争监管力度　完善物资储备体制机制　深入打好污染防治攻坚战）

➢ 中央全面深化改革委员会第二十二次会议

中共中央总书记、国家主席、中央军委主席、中央全面深化改革委员会主任习近平11月24日下午主持召开中央全面深化改革委员会第二十二次会议，审议通过了《科技体制改革三年攻坚方案（2021—2023年）》《关于加快建设全国统一电力市场体系的指导意见》《关于建立中小学校党组织领导的校长负责制的意见（试行）》《关于让文物活起来、扩大中华文化国际影响力的实施意见》《关于支持中关村国家自主创新示范区开展高水平科技自立自强先行先试改革的若干措施》。

习近平在主持会议时强调，开展科技体制改革攻坚，目的是从体制机制上增强科技创新和应急应变能力，突出目标导向、问题导向，抓重点、补短板、强弱项，锚定目标、精准发力、早见成效，加快建立保障高水平科技自立自强的制度体系，提升科技创新体系化能力。要遵循电力市场运行规律和市场经济规律，优化电力市场总体设计，实现电力资源在全国更大范围内共享互济和优化配置，加快形成统一开放、竞争有序、安全高效、治理完善的电力市场体系。加强党对教育工作的全面领导是办好教育的根本保证，要在中小学校建立党组织领导的校长负责制，把政治标准和政治要求贯穿办学治校、教书育人全过程各方面，坚持为党育人、为国育才，保证党的教育方针和党中央决策部署在中小学校得到贯彻落实。要加强文物保护利用和文化遗产保护传承，提高文物研究阐释和展示传播水平，让文物真正活起来，成为加强社会主义精神文明建设的深厚滋养，成为扩大中华文化国际影响力的重要名片。要支持中关村国家自主创新示范区更好发挥科技资源和制度创新优势，开展高水平科技自立自强先行先试改革。

……

会议指出，党的十八大以来，党中央系统布局和整体推进科技体制改革，科技领域基础性制度基本确立，一些重要领域和关键环节改革取得实质性进展，啃下了不少硬骨头。但是，同新形势新要求相比，我国科技体制仍存在一些突出短板，一些深层次体制机制障碍还没有根本破除。

会议强调，要强化国家战略科技力量，发挥党和国家作为重大科技创新领导者、组织者的作用，构建关键核心技术攻关的高效组织体系，建立使命驱动、任务导向的国家实验室体系，布局建设基础学科研究中心，改革创新重大科技项目立项和组织管理方式，加强体系化竞争力量。要优化科技力量结构，发挥企业在科技创新中的主体作用，推动形成科技、产业、金融良性循环，加速推进科技成果转化应用。要完善科技人才培养、使用、评价、服务、支持、激励等体制机制，加快建设国家战略人才力量，在履行国家使命中成就人才、激发主体活力。要以更大勇气加快转变政府科技管理职能，坚持抓战略、抓改革、抓规划、抓服务的定位，强化规划政策引导，加强对重大科研项目的领导和指导，为企业提供更加精准的指导和服务。要根据任务需要和工作实际向科研单位和科研人员充分授权，建立责任制，立“军令状”，做到有责任、有管理、有监管，用不好授权、履责不到位的要问责，保证下放的权限接得住、用得好。

……

会议指出，支持中关村国家自主创新示范区开展高水平科技自立自强先行先试改革，要瞄准实现高水平科技自立自强最突出的短板、最紧迫的任务，在做强创新主体、集聚创新要素、优化创新机制上求突破、谋创新，加快打造世界领先科技园区和创新高地。改革要拿出更多实质性举措，起到试点突破和压力测试作用，积极探索破解难题的现实路径，注意积累防控和化解风险的经验。

……

（来源：《人民日报》2021 年 11 月 25 日。原标题：习近平主持召开中央全面深化改革委员会第二十二次会议强调　加快科技体制改革攻坚　建设全国统一电力市场体系　建立中小学校党组织领导的校长负责制）

➢ 中央全面深化改革委员会第二十三次会议

中共中央总书记、国家主席、中央军委主席、中央全面深化改革委员会主任习近平12月17日下午主持召开中央全面深化改革委员会第二十三次会议，审议通过了《关于加快建设全国统一大市场的意见》《关于进一步提高政府监管效能推动高质量发展的指导意见》《关于深入推进世界一流大学和一流学科建设的若干意见》《关于加强科技伦理治理的指导意见》《关于推动个人养老金发展的意见》。

习近平在主持会议时强调，发展社会主义市场经济是我们党的一个伟大创造，关键是处理好政府和市场的关系，使市场在资源配置中起决定性作用，更好发挥政府作用。构建新发展格局，迫切需要加快建设高效规范、公平竞争、充分开放的全国统一大市场，建立全国统一的市场制度规则，促进商品要素资源在更大范围内畅通流动。要加快转变政府职能，提高政府监管效能，推动有效市场和有为政府更好结合，依法保护企业合法权益和人民群众生命财产安全。要突出培养一流人才、服务国家战略需求、争创世界一流的导向，深化体制机制改革，统筹推进、分类建设一流大学和一流学科。科技伦理是科技活动必须遵守的价值准则，要坚持增进人类福祉、尊重生命权利、公平公正、合理控制风险、保持公开透明的原则，健全多方参与、协同共治的治理体制机制，塑造科技向善的文化理念和保障机制。要推动发展适合中国国情、政府政策支持、个人自愿参加、市场化运营的个人养老金，与基本养老保险、企业（职业）年金相衔接，实现养老保险补充功能。

……

会议指出，党的十八大以来，党中央组建国家科技伦理委员会，完善治理体制机制，推动科技伦理治理取得积极进展。要坚持促进创新与防范风险相统一、制度规范与自我约束相结合，强化底线思维和风险意识，把科技伦理要求贯穿到科学研究、技术开发等科技活动全过程，覆盖到科技创新各领域，加强监测预警和前瞻研究，及时从规制上做好应对，确保科技活动风险可控。要避免把科技伦理问题泛化，努力实现科技创新高质量发展与高水平安全的良性互动。

……

（来源：《人民日报》2021 年 12 月 18 日。原标题：习近平主持召开中央全面深化改革委员会第二十三次会议强调　加快建设全国统一大市场　提高政府监管效能　深入推进世界一流大学和一流学科建设）

坚持以习近平法治思想为指引
在新起点上奋力谱写全面依法治国新篇章

中共中央政治局委员、中央政法委书记　郭声琨

在全党全国上下深入学习贯彻党的十九届六中全会精神之际，由中央宣传部、中央依法治国办组织编写的《习近平法治思想学习纲要》（以下简称《学习纲要》）正式出版发行。《学习纲要》系统阐释了习近平法治思想的重大意义、丰富内涵、核心要义、精神实质、实践要求，全面反映了习近平新时代中国特色社会主义思想在法治领域的原创性贡献，为广大干部群众深入学习贯彻习近平法治思想提供了重要权威辅助读物。我们要坚持以习近平新时代中国特色社会主义思想为指导，深入学习贯彻党的十九届六中全会精神，以《学习纲要》出版发行为契机，深化对习近平法治思想的理解领悟，聚焦学思用贯通、知信行统一持续用力，切实推动学习贯彻习近平法治思想不断走深走实。

一、充分肯定学习宣传贯彻习近平法治思想取得的阶段性成效，进一步增强深入学习宣传贯彻的自觉性和坚定性

2020 年 11 月召开的中央全面依法治国工作会议，最重要的成果就是顺应党心民心和时代要求，确立了习近平法治思想在全面依法治国中的指导地位。中央全面依法治国委员会明确 2021 年是全面依法治国工作“落实年”，围绕贯彻落实习近平法治思想和中央全面依法治国工作会议精神这一主线谋划和推进各项工作。中央依法治国办加强统筹协调、调查研究和跟进督办。各地区各部门坚决贯彻党中央决策部署，深入推进学习贯彻习近平法治思想和中央全面依法治国工作会议精神落地落实，取得阶段性成效。

一年来，学习宣传习近平法治思想取得新成效，中国特色社会主义法治道路自信更加坚定自觉。编辑出版习近平总书记《论坚持全面依法治国》《习近平法治思想学习纲要》。举办省部级、厅局级干部以及县委书记学习贯彻习近平法治思想专题研讨班，筹办全国政法系统“习近平法治思想大讲堂”，将习近平法治思想纳入党委干部教育培训计划、党校（行政学院）和干部学院教学培训计划，作为国家统一法律职业资格考试重要内容，组织实施进教材、进课堂、进头脑，开展法治工作队伍全战线、全覆盖培训。将学习宣传习近平法治思想作为全民普法的头等大事，纳入“八五”普法规划，推动习近平法治思想走到群众身边、走进群众心里。

一年来，党对全面依法治国的领导得到新加强，党领导全面依法治国的制度机制更加健全完善。中央政治局常委会召开会议，研究加强全面依法治国顶层设计，审议重要法律，谋划法治建设重大战略问题，党领导立法、保证执法、支持司法、带头守法形成制度性安排。深入推进党的领导入法入规，新制定修改的全国人民代表大会组织法、监察官法等法律明确规定坚持党的领导。党政主要负责人履行推进法治建设第一责任人职责压紧压实，省市县党委法治建设议事协调机构全部设立，法治建设领导体制和工作机制进一步完善。

一年来，法治国家、法治政府、法治社会一体建设迈上新台阶，全面依法治国顶层设计更加科学严谨。出台法治中国建设规划、法治社会建设实施纲要和法治政府建设实施纲要，确立了全面依法治国总蓝图、路线图、施工图。推动县级以上党政机关普遍设立公职律师或开展公职律师、法律顾问工作，制定实施加强社会主义法治文化建设的意见，研究制定法治政府建设评价指标体系，推动实现法治建设可量化、可证明、可比较。

一年来，全面推进科学立法、严格执法、公正司法、全民守法干出新成绩，依法治国实践更加成果丰硕。加快推进重点领域、新兴领域立法，制定数据安全法，修改刑法、国防法。法治政府建设纵深推进，组织开展第二批法治政府建设示范创建活动，全面加强行政执法规范化标准化建设。出台关于加强新时代检察机关法律监督工作的意见，加快推进执法司法制约监督和责任体系改革建设，优化四级法院审级职能定位。守法普法不断深化，突出宣传习近平法治思想、突出宣传宪法、突出宣传民法典，推动全民法治素养和道德素质不断提高。

一年来，法治服务和保障高质量发展推出新举措，法治固根本、稳预期、利长远的重要作用更加充分彰显。健全完善公共卫生事件应对法律体系，出台服务保障疫情防控常态化条件下经济社会发展的指导意见，组织开展涉疫矛盾纠纷、公共安全排查研判。积极服务国家重大发展战略，出台海南自由贸易港法、乡村振兴促进法、长江保护法，出台加强雄安新区建设法治保障、支持深圳建设中国特色社会主义法治先行示范城市的意见。助推构建新发展格局，修改反垄断法，强化反垄断和反不正当竞争执法司法，依法保障和服务民营企业健康发展，营造市场化、法治化、国际化营商环境。

一年来，系统谋划解决人民群众反映强烈的法治领域突出问题取得新进展，人民群众获得感幸福感安全感更加具体实在。组织开展专题调研，认真研究解决执法司法人员以权谋私、徇私枉法等人民群众反映强烈的突出问题。全面推行证明事项告知承诺制，清理各类证明事项1万多项。联合印发指导意见，切实维护网约配送员、网约车驾驶员等新就业形态劳动者权益。聚焦校园安全等民生领域痛点堵点，制发检察建议，开展群众信访件件有回复“回头看”专项行动，努力让人民群众感受到法治温暖。

一年来，统筹推进国内法治和涉外法治实现新突破，对外法治工作更加有力有效。运用法治思维、法治方式、法治力量，有效应对挑战、防范风险。开展涉外法律服务示范机构创建活动，我国律师事务所已在35个国家和地区设立150余家分支机构，有效助力“一带一路”建设。深度参与卫生、贸易、数字经济等领域务实合作、机制改革和规则制定，我国国际话语权和影响力不断提升。

一年来，忠诚干净担当的法治工作队伍呈现新风貌，法治工作队伍建设更加扎实深入。出台加强新时代政法干警素质能力培训的指导意见，推动市县级政法机关领导干部交流。召开第十次全国律师代表大会，对新时代律师工作作出全面部署。扎实开展全国政法队伍教育整顿，推动解决了一大批顽瘴痼疾，清除了一批害群之马，政法队伍政治忠诚不断筑牢，干事创业热情有效激发。

这些成绩的取得，根本在于习近平总书记领航掌舵，在于习近平新时代中国特色社会主义思想特别是习近平法治思想的科学指引，在于以习近平同志为核心的党中央坚强领导。我们要把深入学习宣传贯彻习近平法治思想作为一项长期的重大政治任务，认真梳理总结一年来学习宣传贯彻工作的好经验好做法，不断在学深悟透、深信笃行上下功夫，加快建设中国特色社会主义法治体系、建设社会主义法治国家，为新时代党和国家事业发展提供有力法治保障。

二、胸怀“两个大局”、牢记“国之大者”，不断在学习贯彻中深化对习近平法治思想的理解和把握

党的十九届六中全会全面总结党的百年奋斗重大成就和历史经验，深刻揭示了“过去我们为什么能够成功、未来我们怎样才能继续成功”。回顾历史、总结经验，是要用历史映照现实、远观未来，在新的征程上更加坚定、更加自觉地牢记初心使命、开创美好未来。我们要着眼世界百年未有之大变局和中华民族伟大复兴战略全局，深入学习贯彻党的十九届六中全会精神，学好用好《学习纲要》，全面系统准确领会习近平法治思想的重大意义、科学内涵和实践要求，自觉用以武装头脑、指导实践、推动工作。

着力在回顾总结党领导法治建设百年光辉历程中深化理解和把握。建党百年，既是我们党领导人民迎来从站起来、富起来到强起来伟大飞跃的一百年，也是我们党领导人民不断追求法治、探索法治、厉行法治的一百年。习近平法治思想，在继承和发扬优良传统的基础上，对我国社会主义法治建设经验进行提炼和升华，以新的视野、新的认识赋予其新的时代内涵，为中国特色社会主义法治体系和社会主义法治国家建设提供了强大的思想武器。要深入学习贯彻习近平总书记“七一”重要讲话精神，学习《中共中央关于党的百年奋斗重大成就和历史经验的决议》，结合党史学习教育深化对习近平法治思想的理解和把握，坚持学史明理、学史增信、学史崇德、学史力行，坚守法治初心，赓续红色血脉，加强党对全面依法治国的集中统一领导，坚定不移走中国特色社会主义法治道路。

着力在迈向第二个百年奋斗目标新征程中深化理解和把握。经过全党全国各族人民持续奋斗，我们实现了第一个百年奋斗目标，正在意气风发向着全面建成社会主义现代化强国的第二个百年奋斗目标迈进。放眼中华民族伟大复兴战略全局，法治工作部门在服务保障党和国家事业长远发展中肩负更大使命、承担更重责任。习近平法治思想为我们更好发挥法治固根本、稳预期、利长远的重要作用，不断夺取新时代中国特色社会主义新胜利提供了科

学指引。要立足新发展阶段、贯彻新发展理念、构建新发展格局，找准结合点和切入点，筑法治之基、行法治之力、积法治之势，努力以高质量法治保障高质量发展。

着力在巩固和发展“中国之治”中深化理解和把握。我国创造出经济快速发展和社会长期稳定“两大奇迹”，在世界百年未有之大变局和新冠肺炎疫情全球大流行交织的背景下，“中国之治”的成色更足、优势更加彰显，至关重要的一条就是我们坚持以习近平法治思想为指引，始终在法治轨道上推进党和国家各项事业。习近平法治思想深刻阐明了法治在推进国家治理体系和治理能力现代化中的重要作用，把制度建设和法治建设提升到更加突出、更加重要的位置，为在法治轨道上推进国家治理体系和治理能力现代化，不断谱写“中国之治”新篇章提供了行动指南。要坚持顶层设计和法治实践协同推进，不断夯实“中国之治”的制度根基，依法应对重大挑战、抵御重大风险、克服重大阻力、解决重大矛盾，提升法治促进国家治理体系和治理能力现代化的效能。

着力在推进法治为民中深化理解和把握。全面依法治国最广泛、最深厚的基础是人民。习近平法治思想始终坚持法治为了人民、依靠人民、造福人民、保护人民，彰显了真挚的为民情怀，为我们站稳人民立场、用法治保障人民安居乐业指明了前进方向。要始终把人民放在最高位置，以人民群众满意不满意作为法治建设的评判标准，积极回应人民群众新要求新期待，坚持问题导向、目标导向，系统研究谋划和解决法治领域人民群众反映强烈的突出问题，以良法善治守护人民群众高品质生活。

着力在推动构建人类命运共同体中深化理解和把握。当今世界正面临百年未有之大变局，国际环境不稳定不确定因素明显增多。习近平法治思想立足国内国际两个大局，作出坚持统筹推进国内法治和涉外法治的重要论断，为应对全球性挑战、推进全球治理体系变革提供了法治上的解决之道，为推进世界法治文明进步、推动构建人类命运共同体贡献了中国方案、中国智慧。要加快涉外法治工作战略布局，提升涉外执法司法效能，更好维护国家主权、安全、发展利益。要坚定维护以联合国为核心的国际体系，坚定维护以国际法为基础的国际秩序，坚定维护以联合国宪章宗旨和原则为基础的国际法基本原则和国际关系基本准则，推动全球治理变革，推动构建人类命运共同体。

三、坚持以习近平法治思想为指引，奋力开创新时代全面依法治国新局面

习近平法治思想既是重大战略思想，又是重大工作部署。我们要全面贯彻落实党的十九大和十九届历次全会精神，增强“四个意识”、坚定“四个自信”、做到“两个维护”，不断提高政治判断力、政治领悟力、政治执行力，切实担负深化贯彻落实的重大政治责任，认真履职尽责，主动担当作为，进一步发挥职能作用，推动党中央关于全面依法治国的重大决策部署落地落实，为续写“中国之治”新篇章提供有力法治保障。

聚焦学思践悟，持续深入推进习近平法治思想的学习宣传工作。深入学习贯彻习近平法治思想必须常抓不懈、久久为功。抓住“关键少数”，推动建立健全各级党委（党组）理论学习中心组学习习近平法治思想常态化机制，不断深化思想认识、筑牢理论根基。领导干部要带头学习《学习纲要》，提高运用法治思维和法治方式开展工作的本领。加强学习培训，深化市县级法治工作部门全战线、全覆盖培训轮训，加强对有关部门、企事业单位中从事法治工作的人员、法学专业教师的培训，确保掌握习近平法治思想的精髓要义。深化研究阐释，整合法学法律界理论和实践研究力量，深入研究我们党领导人民推进法治建设百年奋斗的历史经验，深入研究习近平法治思想的时代背景、历史贡献、理论特色、实践要求，形成更多高质量的研究成果。抓好宣传解读，建立习近平法治思想宣讲师资库，把习近平法治思想纳入国民教育、干部教育和社会教育体系，综合运用各类媒体和平台加大宣传力度，推动习近平法治思想入脑入心、家喻户晓。

聚焦服务大局，充分发挥法治固根本、稳预期、利长远的重要作用。围绕推进“十四五”时期经济社会发展和实现2035年远景目标，充分发挥法治在治国理政中的全局性、战略性、基础性作用，为经济社会高质量发展提供法治保障。助推构建新发展格局，着眼于畅通国内大循环和国内国际双循环，推动形成全国统一、公平竞争、规范有序的市场体系。健全完善外商投资法配套法规制度，优化外商投资准入、信息报告制度。推进应对气候变化、碳排放权交易立法进程，为实现碳达峰碳中和目标提供法治保障。服务保障国家重大战略，贯彻实施好海南自由贸易港法，完善配套法规政策措施，推进

海南全面深化改革开放。推动出台黄河保护法，促进黄河流域生态保护和高质量发展。强化京冀联动、法治协同，全力支持和保障北京冬奥会的成功顺利举办。建立健全巩固拓展脱贫攻坚成果同乡村振兴有效衔接的法律制度，以法治巩固拓展脱贫攻坚成果，促进乡村振兴。服务数字经济创新发展，完善数字经济治理法律法规和政策制度，强化数字经济领域执法司法，防止平台垄断和资本无序扩张。健全知识产权保护法律法规，加快新领域新业态新应用知识产权保护制度建设，严格落实惩罚性赔偿制度。

聚焦重点任务，真正把法治蓝图转化为法治中国建设的生动实践。推动各地区各部门认真贯彻落实法治中国、法治政府、法治社会建设规划纲要，奋力开创全面依法治国新局面。深入推进重点领域立法，注重发挥人大及其常委会在立法工作中的主导作用，坚持立改废释纂并举，加强重点领域、新兴领域、涉外领域立法，加快完善中国特色社会主义法律体系，以良法促进发展、保障善治。加强和改进行政执法，深化行政执法体制改革，加强省市县乡四级全覆盖的行政执法协调监督工作体系建设，研究制定行政执法监督条例，以及规范行政裁量权基准制定和管理的指导文件，推进严格规范公正文明执法。深化司法体制改革，针对扫黑除恶专项斗争和政法队伍教育整顿反映出的问题，健全完善执法司法制约监督和责任体系，健全完善常态化推进扫黑除恶斗争的制度机制，坚决纠正有案不立、压案不查、有罪不究等执法司法突出问题。大力推进普法工作，组织实施好“八五”普法规划，严格落实“谁执法谁普法”普法责任制，加强青少年法治教育，提高普法针对性和实效性，使法治成为社会共识和基本准则。

聚焦群众期待，切实增强人民群众在法治领域的获得感、幸福感、安全感。推进全面依法治国，根本目的是依法保障人民权益。要坚持以人民为中心，积极回应人民群众对法治建设的新要求新期待，为人民群众办实事、办好事、解难事，用法治保障人民安居乐业。推动完善税收、财政、金融、社会保障领域法律法规，巩固中国特色社会主义基本经济制度，平衡地区发展差距，缩小收入差距，促进共同富裕。深入贯彻民法典，让一切劳动、知识、技术、管理和资本的活力竞相迸发，让发展成果更多更公平惠及全体人民。针对人民群众反映强烈的法治领域突出问题，抓紧落实专题调研提出的各项整治措施，持续抓好年度法治政府建设督察，以解决问题的实际成效取信于民。大力推进公共法律服务均等化，建立健全法律服务资源跨区域流动机制，依法有序扩大法律援助范围，加快推进律师、公证、司法鉴定、仲裁体制机制改革，为人民群众提供更加优质高效便捷的法律服务。

聚焦强基导向，进一步夯实全面依法治国基层基础。全面推进依法治国，推进国家治理体系和治理能力现代化，工作的基础在基层。坚持强基导向，着力解决基层法治建设突出问题，把夯基垒台的工作做得更扎实。加强统筹规划，对加强基层法治建设作出总体安排，切实打通全面依法治国工作落地落实“最后一公里”。加强全面依法治市（县）办公室建设，解决部分地方办公室没有专门机构、有机构没有专职人员等问题，确保专门工作力量、确保高效规范运转、确保发挥职能作用。统筹推进法律法规数据库建设，推进实施全国法治信息化工程，强化全面依法治国人才、科技、信息等各项保障。

聚焦队伍建设，着力建设德才兼备的高素质法治工作队伍。牢牢把握社会主义法治工作队伍的鲜明政治属性，加快推进法治专门队伍革命化、正规化、专业化、职业化，着力建设忠于党、忠于国家、忠于人民、忠于法律的社会主义法治工作队伍，为建设社会主义法治国家提供有力的人才保障。突出政治引领，加强法治专门队伍思想政治建设，加强理想信念教育，深入开展社会主义核心价值观和社会主义法治理念教育，坚决抵制西方“宪政”“三权鼎立”“司法独立”等错误思潮影响，不断打牢高举旗帜、听党指挥、忠诚使命的思想基础。巩固深化教育整顿成果，持续推进政治建设，彻底肃清流毒影响，坚决清除害群之马，不断净化政治生态。健全完善制约监督机制，强化制度执行，促进教育整顿长效化。加强法治人才培养，推动将法治人才培养纳入国家人才总体规划，深化高等法学教育改革，健全法学教育工作者和法治实践工作者之间双向交流机制，加快培养一批政治素质高、通晓国际规则、具有国际眼光和国际视野的涉外法治人才。

深入学习宣传贯彻习近平法治思想，是一项长期的重大政治任务。中央依法治国办将发挥参谋助手作用，切实履行统筹协调、督促检查、推动落实的职责，梳理盘点各项工作任务进展情况，增强紧迫意识，加快工作进度。全面汇总和用足用好专项调研成果，谋划好全面依法治国重点工作。细化地方党政主要负责人履行推进法治建设第一责任人职责清单，推动实现县级以上地方党政主要负责人述法全覆盖，建立考核结果与干部评价相挂钩的工作机制，建立法治督察与纪检监察监督协作配合机制，以全方位的督察考核推进责任落实，确保习近平法治思想和党中央关于全面依法治国决策部署落地生根，以优异成绩迎接党的二十大召开。

（来源：《人民日报》2021年12月13日）

第二篇

推进落实

习近平法治思想领航法治中国阔步向前

中共最高人民法院党组

伟大时代孕育伟大思想，伟大思想领航伟大征程。习近平法治思想是顺应实现中华民族伟大复兴时代要求应运而生的重大理论创新成果，是马克思主义法治理论中国化的最新成果，是新时代全面依法治国的根本遵循和行动指南。习近平法治思想以强大真理力量、独特思想魅力和巨大实践伟力，引领我国社会主义法治建设取得历史性成就、发生历史性变革，为奋力开启法治中国建设新征程提供了强大思想武器。人民法院要坚持以习近平新时代中国特色社会主义思想为指导，深入贯彻习近平法治思想，增强“四个意识”、坚定“四个自信”、做到“两个维护”，牢牢坚持党对司法工作的绝对领导，坚定不移走中国特色社会主义法治道路，坚持服务大局、司法为民、公正司法，不断提高司法质量、效率和公信力，推动新时代人民法院工作高质量发展。

一、深刻认识和把握习近平法治思想的科学内涵和重大意义

党的十八大以来，在以习近平同志为核心的党中央坚强领导下，我们党从关系党和国家前途命运、长治久安的战略和全局高度定位法治、布局法治、厉行法治，把全面依法治国纳入“四个全面”战略布局，统筹推进科学立法、严格执法、公正司法、全民守法，国家治理的法治体系更加完善、法治环境更加优化，全面依法治国取得前所未有的历史性成就。党的十八届四中全会专门研究法治建设，绘就了全面依法治国的宏伟蓝图。中央全面依法治国工作会议确立习近平法治思想在全面依法治国中的指导地位，这在党和国家法治建设史上、马克思主义法治理论发展史上都具有重大意义。

习近平法治思想从历史和现实相贯通、国际和国内相关联、理论和实际

相结合上深刻回答了新时代为什么实行全面依法治国、怎样实行全面依法治国等一系列重大问题，为建设法治中国指明了前进方向。这一重大理论成果凝聚着我们党领导法治建设的经验和智慧，彰显了我们党厉行法治、奉法强国的坚定意志，揭示了中国特色社会主义法治道路、理论、制度、文化的强大生命力和巨大优越性，必将凝聚起全党全国人民坚定不移走中国特色社会主义法治道路的磅礴力量，必将在全面建设社会主义现代化国家新征程上更好发挥法治固根本、稳预期、利长远的保障作用。

习近平法治思想深刻回答了我国社会主义法治建设的一系列重大问题，提出许多创新性理论观点，为发展马克思主义法治理论作出重大原创性贡献。习近平法治思想是当代中国马克思主义、21世纪马克思主义在法治领域的最新理论成果，继承和发展了马克思主义国家和法的学说，标志着我们党对共产党执政规律、社会主义建设规律、人类社会发展规律的认识达到了新的高度。

习近平法治思想扎根中国特色社会主义法治实践沃土，在引领法治中国建设波澜壮阔的进程中充分彰显实践伟力。习近平法治思想擘画了新时代法治中国建设的壮阔蓝图，蕴含着深远战略思维、鲜明政治导向、强烈历史担当、真挚为民情怀，为在法治轨道上推进国家治理体系和治理能力现代化、推动经济社会高质量发展提供了强大思想武器，为应对重大挑战、抵御重大风险、克服重大阻力、解决重大矛盾提供了法治指引，必将引领我国社会主义法治不断迈向良法善治新境界。

习近平总书记统筹国内国际两个大局，提出运用法治和制度规则协调各国关系和利益、坚定维护国际法基本原则和国际关系基本准则、推动全球治理体系朝着更加公平合理的方向发展等重大理论观点，饱含对人类发展重大问题的睿智思考和独特创见。习近平法治思想立足国情又放眼世界，阐述了“中国之治”的法治经验，提出了全球治理的中国主张，为世界各国特别是广大发展中国家走适合自己国情的法治道路提供了有益借鉴，为推进世界法治文明进步、推动构建人类命运共同体贡献了中国智慧和中国方案。

习近平法治思想内涵丰富、体系完整、理论厚重、博大精深，“十一个坚持”深刻回答了事关全面依法治国理论和实践的方向性、根本性、全局性重大问题，明确了全面依法治国的政治方向、重要地位、工作布局、重点任务、重大关系、重要保障。习近平法治思想科学运用辩证唯物主义和历史唯物主义的世界观和方法论，对党的领导和依法治国、政治和法治、依法治国和依规治党、坚持党的领导和确保司法机关依法独立公正行使职权、依法治国和以德治国等一系列重大问题作出深刻论述，廓清思想困惑，指引实践方向，确保法治中国建设沿着正确航向破浪前行。

二、习近平法治思想引领公正司法的生动实践

党的十八大以来，在习近平法治思想科学指引下，依法治国、依法执政、依法行政共同推进，法治国家、法治政府、法治社会一体建设，法治中国建设取得历史性成就，在司法领域不断形成生动实践。

党的领导贯穿依法履职全过程。习近平总书记指出，党的领导是中国特色社会主义法治之魂。习近平总书记连续7年主持中央政治局常委会会议听取最高人民法院党组工作汇报，定向领航新时代人民司法发展。党的绝对领导贯穿人民法院依法履职全过程，全国法院干警将维护核心、绝对忠诚、听党指挥、勇于担当的政治要求铭刻于心、落实于行。

新时代正确司法理念牢固树立。习近平总书记指出，公平正义是司法的灵魂和生命。人民法院坚持以习近平法治思想为指导，树立新时代正确司法理念，教育引导广大法官把“努力让人民群众在每一个司法案件中感受到公平正义”目标记在心里、扛在肩上、落实到行动中。兼顾法理人情，恪守司法良知，积极回应人民群众对公平正义的追求，努力实现案件政治效果、法律效果、社会效果相统一。坚持严格公正司法，坚守防止冤错案件底线，依法纠正聂树斌案、呼格吉勒图案、张文中案等一批冤错案件，让人权司法保障更加有力、产权司法保护更为有效。

司法服务大局能力水平明显提高。习近平总书记强调，更好发挥法治对改革发展稳定的引领、规范、保障作用。人民法院紧扣党和国家工作大局履职尽责，坚定不移贯彻新发展理念，围绕高质量发展、打好三大攻坚战、国家重大战略、优化营商环境、疫情防控等出台一系列司法服务政策，审理一批标志性案件，努力做到经济社会发展到什么阶段、司法工作就跟进到什么阶段，切实履行好维护国家政治安全、确保社会大局稳定、促进社会公平正义、保障人民安居乐业的使命任务。

公正高效权威的社会主义司法制度加快完善。习近平总书记指出，深化司法体制改革，建设公正高效权威的社会主义司法制度，是推进国家治理体

系和治理能力现代化的重要举措。人民法院“四五改革纲要”全面收官，“五五改革纲要”稳步推进，综合配套改革持续深化。司法责任制、法官员额制、人员分类管理、以审判为中心的诉讼制度、司法制约监督、统一法律适用、认罪认罚从宽、民事诉讼程序繁简分流等改革落地见效，司法质量、效率、公信力明显提高，公正高效权威的社会主义司法制度更加成熟定型。

司法弘扬社会主义核心价值观功能充分发挥。习近平总书记指出，要推动把社会主义核心价值观贯穿立法、执法、司法、守法各环节，使社会主义法治成为良法善治。弘扬社会主义核心价值观，不仅要靠教育引导，还要靠制度规范、政策保障。人民法院充分发挥司法裁判惩恶扬善功能，旗帜鲜明保护英烈权益，保护诚实守信，惩治违法失德，引导价值取向，破解长期困扰群众的“扶不扶”“劝不劝”“追不追”“救不救”等法律和道德风险，努力让新时代司法更有力量、更有温度，让全社会充满正气、正义。

中国特色一站式多元纠纷解决和诉讼服务机制基本建成。习近平总书记强调，要加强和创新基层社会治理，坚持和完善新时代“枫桥经验”。人民法院大力推进中国特色一站式多元纠纷解决和诉讼服务体系建设，为群众解决纠纷提供菜单式、集约式、一站式服务，促进矛盾公正、高效、实质性化解。2020年，全国法院受理的诉讼案件数量出现自2004年以来的首次下降。中国法院不仅是司法裁判者，更成为多元化纠纷解决服务提供者，化解矛盾纠纷、服务人民群众能力水平跃上新的大台阶。

执行难问题得到基本解决。党中央要求，完善党政机关支持人民法院执行工作制度，构建“一处失信、处处受限”的信用惩戒大格局，让失信者寸步难行。人民法院坚决打赢为期3年的“基本解决执行难”攻坚战，保障当事人胜诉权益，促进法治建设和社会诚信建设，中国特色执行制度、机制和模式展现巨大优势。

开放动态透明便民的阳光司法机制成熟定型。习近平总书记强调，必须旗帜鲜明反对司法腐败，构建开放、动态、透明、便民的阳光司法机制。人民法院坚持深化司法公开，自觉接受监督，让热点案件审判成为全民共享的“法治公开课”。裁判文书上网公开1.2亿份，庭审直播超过1200万场，审判流程、庭审活动、裁判文书、执行信息四大公开平台成为展现中国司法公正的重要窗口，彰显了中国司法的制度自信。

互联网司法模式走在世界前列。习近平总书记强调，把深化司法体制改革和现代科技应用结合起来，不断完善和发展中国特色社会主义司法制度。近年来，智慧法院建设加快推进，现代科技深度应用，互联网法院在平台建设、技术应用、规则完善、网络治理等方面探索出一批可复制可推广的经验，移动微法院平台引领移动电子诉讼发展潮流。在新冠肺炎疫情防控中，智慧法院成功经受考验，实现“审判执行不停摆、公平正义不止步”，充分体现我国社会主义司法制度的优越性。

中国司法国际公信力、影响力日益提升。习近平总书记强调，坚持统筹推进国内法治和涉外法治。我国涉外司法工作取得积极进展，中外当事人合法权益得到平等保护，越来越多的外国当事人主动选择我国法院管辖。“一带一路”国际商事争端解决机制不断健全，自贸试验区、自由贸易港司法服务举措跟进完善。人民法院坚持深化国际司法交流，讲好中国法治故事，传播好中国法治声音。安全、环境、网络、知识产权等领域司法合作务实开展，发布世界执行大会上海宣言、世界互联网法治论坛乌镇宣言，为推动全球治理变革、推动构建人类命运共同体积极贡献中国法治力量。

三、奋力推动新时代人民法院工作高质量发展

在新征程上，人民法院要不断提高政治判断力、政治领悟力、政治执行力，推动新时代人民法院工作高质量发展，为全面建设社会主义现代化国家开好局起好步提供有力司法保障，以优异成绩庆祝建党100周年。

坚持以习近平法治思想为指导。真学真信笃行习近平法治思想，增强忠诚核心、拥戴核心、维护核心、捍卫核心的思想自觉、政治自觉和行动自觉，切实把“两个维护”体现在依法履职尽责、推进法治建设的实效上。毫不动摇坚持党对司法工作的绝对领导，永葆人民法院政治机关本色，矢志不渝做中国特色社会主义事业的建设者、捍卫者。坚持以人民为中心，继承和发扬“马锡五审判方式”，依法保障人民权益，维护社会公平正义。坚决维护宪法法律权威，维护国家法治统一，坚定不移走中国特色社会主义法治道路。

服务经济社会高质量发展。完整、准确、全面贯彻新发展理念，紧扣“十四五”经济社会发展目标任务，主动服务和融入新发展格局，为经济社会高质量发展提供有力司法保障。统筹发展和安全，贯彻总体国家安全观，推动扫黑除恶常态化，切实维护政治安全、社会安定、人民安宁。积极服务巩

固拓展疫情防控和经济社会发展成果，依法保护和激发市场主体活力。全面加强知识产权司法保护，加大对关键核心技术及新兴产业、重点领域等保护力度，积极服务科技自立自强。推进法治化营商环境建设，健全产权司法保护制度。加强反垄断和反不正当竞争司法，坚决维护市场公平竞争秩序和社会公共利益，引导规范平台经济依法发展，促进营造开放、健康、安全的数字生态。服务国家重大战略实施，提升司法服务水平。坚持强基导向，强化人民法庭建设，更好服务全面推进乡村振兴和基层社会治理。加强海事司法建设，提升涉外司法效能，服务高水平对外开放，坚决维护国家主权、安全、发展利益。

推进审判体系和审判能力现代化。坚持系统观念，深化司法责任制综合配套改革，加强司法制约监督，规范司法权力运行，推动改革系统集成、协同高效。深化以审判为中心的诉讼制度改革，推进民事诉讼程序繁简分流改革，巩固基本解决执行难成果，健全中国特色一站式多元纠纷解决和诉讼服务体系，完善和发展中国特色社会主义司法制度。主动适应数字化变革，健全阳光司法机制，加强互联网法院建设，加快构建中国特色、世界领先的互联网司法模式，让数字技术更好为公正司法赋能。

锻造忠诚干净担当的法院队伍。把开展党史学习教育与政法队伍教育整顿结合起来，教育引导广大干警学党史、悟思想、办实事、开新局，把学习教育成效转化为服务大局、司法为民、公正司法的生动实践。抓好专业化能力建设，加快培养高素质专业化审判人才。提高法官群众工作能力，做到既解决案件“法结”，又化解群众心结。推动队伍教育整顿走深走实，筑牢政治忠诚、清除害群之马、整治顽瘴痼疾、弘扬英模精神，坚持刀刃向内、刮骨疗毒，切实纯洁法院队伍。坚持全面从严治党、从严治院、从严管理，以零容忍态度严惩司法腐败。加强依法履职保护，为敢于担当、秉公司法的干警撑腰鼓劲，让广大干警凝心聚力投身全面依法治国伟大实践。

站在新的历史起点上，人民法院要在习近平法治思想指引下，沿着中国特色社会主义法治道路奋勇前进，充分发挥政治优势、制度优势和科技优势，不忘初心、牢记使命，求真务实、开拓创新，充分发挥审判职能作用，为全面建设社会主义现代化国家、实现中华民族伟大复兴的中国梦作出新的更大贡献。

（来源：《人民日报》2021年5月28日）

最高人民法院工作报告

——2021 年 3 月 8 日在第十三届全国人民代表大会
第四次会议上

最高人民法院院长 周 强

现在，我代表最高人民法院，向大会报告工作，请予审议，并请全国政协各位委员提出意见。

2020 年工作回顾

2020 年是新中国历史上极不平凡的一年。面对世纪疫情和百年变局交织的复杂局面，以习近平同志为核心的党中央团结带领全党全国各族人民攻坚克难、化危为机，砥砺奋进、开拓创新，疫情防控取得重大战略成果，脱贫攻坚战取得全面胜利，全面建成小康社会取得伟大历史性成就，谱写了“两大奇迹”新篇章，充分彰显了党的领导和我国社会主义制度的显著优势。在党中央坚强领导下，在全国人大及其常委会有力监督下，在中央政法委领导下，最高人民法院坚持以习近平新时代中国特色社会主义思想为指导，全面贯彻党的十九大和十九届二中、三中、四中、五中全会精神，认真学习贯彻习近平法治思想，深入贯彻习近平总书记主持中央政治局常委会会议听取最高人民法院党组工作汇报时的重要讲话精神，认真落实十三届全国人大三次会议决议，增强“四个意识”、坚定“四个自信”、做到“两个维护”，坚定不移走中国特色社会主义法治道路，紧紧围绕“努力让人民群众在每一个司法案件中感受到公平正义”目标，坚持服务大局、司法为民、公正司法，忠实履行宪法法律赋予的职责，依法服务统筹推进疫情防控和经济社会发展，各项工作取得新成效。最高人民法院受理案件 39347 件，审结 35773 件，制定司法解释 28 件，发布指导性案例 17 个，加强对全国法院审判工作的监督指导；地方各级人民法院和专门人民法院受理案件 3080.5 万件，审结、执结 2870.5 万件，结案标的额 7.1 万亿元。

一、坚决维护国家安全和社会稳定

贯彻总体国家安全观，坚持宽严相济刑事政策，推进平安中国建设，切实维护政治安全、社会安定、人民安宁。审结一审刑事案件 111.6 万件，判处罪犯 152.7 万人，总体呈现下降态势。

坚决维护国家政治安全。严厉打击境内外敌对势力渗透、破坏、颠覆、分裂活动，依法严惩颠覆国家政权、煽动分裂国家等犯罪，坚决维护国家政治安全特别是政权安全、制度安全。深化反奸防谍斗争，依法严惩间谍窃密犯罪。深化反邪教斗争，依法严惩利用邪教组织破坏法律实施等犯罪。

维护防疫秩序和社会大局稳定。落实依法防控要求，出台司法政策，惩治涉疫犯罪，化解涉疫矛盾。依法快审快结涉疫犯罪案件 5474 件 6443 人，对杀害防疫工作人员的马建国等人依法判处死刑。发布 34 个涉疫典型案例，严惩隐瞒出境史致多人隔离、诈骗援鄂医护人员、假冒慈善机构骗捐、哄抬物价、造谣传谣等犯罪行为，形成有力震慑，维护常态化疫情防控下经济社会秩序。开展涉疫矛盾纠纷集中排查化解专项行动。湖北法院全员下沉抗疫，为武汉保卫战、湖北保卫战取得决定性成果和疫后重振作出积极贡献。依法妥善处置国内外各种涉疫滥诉，坚决维护依法防控秩序，坚决捍卫我国司法主权和国家尊严。审结杀人、抢劫、爆炸、投毒等严重暴力犯罪案件 4.7 万件。深入推进禁毒斗争，审结毒品犯罪案件 6.8 万件。严惩袭警犯罪，维护法治权威。

完成扫黑除恶专项斗争审判执行任务。专项斗争以来，审结涉黑涉恶犯罪案件 33053 件 226495 人，结案率达 99.4%，重刑率达 34.5%。对孙小果、陈辉民、尚同军、黄鸿发等黑恶势力犯罪组织头目依法判处死刑，一批涉黑涉恶犯罪分子受到法律严惩。坚持“打财断血”，依法判处财产刑并追缴、没收违法所得，实际执行到位金额 1373.7 亿元。坚持“打伞破网”，审结公职人员涉黑涉恶保护伞犯罪案件 2668 件。严把案件质量关，努力让每一起案件都经得起法律和历史的检验。通过三年的专项斗争，社会治安明显改善，人民群众安全感显著增强。

维护人民群众生产生活安全。审结重大责任事故、重大劳动安全事故等犯罪案件 2165 件 3384 人，对未取得安全许可证从事生产经营、发现事故隐患不采取措施构成犯罪的依法予以严惩，切实维护群众生产安全。出台食品安全司法解释，斩断食品“黑作坊”生产经营链条，严惩危害食品药品安全犯罪，切实维护舌尖上的安全，依法保障群众用药安全。针对高空抛物、偷盗窨井盖等问题，加大惩治力度，推动综合治理，切实维护群众头顶上、脚底下的安全。审结权健传销案等涉众型经济犯罪案件 1.5 万件，涉及金额 2.9 万亿元，严惩“套路贷”、预付消费诈骗等犯罪，切实维护群众钱袋子安全。审结醉驾等危险驾驶犯罪案件 28.9 万件，依法惩治恶意强行别车、危险竞速飙车等犯罪行为，切实维护群众出行安全。

严惩腐败犯罪。配合国家监委完善监察与刑事司法衔接机制，加大惩治腐败犯罪力度。审结贪污贿赂、渎职等案件 2.2 万件 2.6 万人，其中被告人原为中管干部的 12 人，对赵正永判处死缓、终身监禁，对赖小民判处并执行死刑，彰显了党中央惩治腐败的坚强决心。积极配合反腐败国际追逃追赃工作，审理追逃追赃、没收违法所得等案件 316 件，裁定没收“红通人员”姚锦旗等 164 人违法所得 11.5 亿元和位于多国的不动产，让腐败分子无处藏身、违法所得无处隐匿。

严惩网络犯罪。审结电信网络诈骗、网络传销、网络赌博、网络黑客、网络谣言、网络暴力等犯罪案件 3.3 万件。依法审理陈文雄特大跨境电信诈骗、王艾买卖他人社交平台账号等案件，严惩侵犯公民财产和公民个人信息的犯罪。对拒不履行网络安全管理义务、为信息网络犯罪提供帮助的，一律依法惩治。严惩一批网络黑灰产业链犯罪，决不让网络空间成为法外之地。

加强人权司法保障。制定刑事诉讼法司法解释，细化审理程序，保障诉讼权利，确保无罪的人不受刑事追究、有罪的人受到公正惩罚。坚持罪刑法定、疑罪从无、证据裁判，依法宣告 656 名公诉案件被告人和 384 名自诉案件被告人无罪。坚持实事求是、有错必纠，按照审判监督程序再审改判刑事案件 1818 件，江西、云南法院分别再审改判张玉环、何学光无罪。审结国家赔偿案件 1.8 万件，其中司法赔偿案件 4172 件，决定赔偿金额 2.7 亿元，保障赔偿请求人合法权益。对 41.4 万名轻微犯罪被告人适用非监禁刑，对 1.2 万人免予刑事处罚。会同司法部推进刑事案件律师辩护全覆盖，指定辩护律师 12.2 万人次。刑事诉讼法司法解释明确律师可以查阅作为证据使用的讯问录音录像，为律师依法履职提供充分保障。

二、积极服务高质量发展

坚定不移贯彻新发展理念，紧扣全面建成小康社会目标任务依法履职尽责，审结一审民商事案件1330.6万件、行政案件26.6万件，积极服务构建新发展格局、推动高质量发展。

精准服务“六稳”“六保”。充分发挥司法促发展、稳预期、保民生作用，及时出台审理涉疫民商事、涉外商事海事、执行案件等4个意见，指导各级法院妥善应对疫情引发的诉讼问题。紧急为1386家防疫物资生产企业临时变更财产保全措施，支持扩产抗疫。青岛法院4小时内组织完成听证并裁定解冻资金，使被起诉的呼吸机企业迅速投产运营。苏州、威海、新乡等法院紧急准许处于破产阶段的企业恢复生产，确保紧缺医疗物资供应。针对受疫情影响出现的履约难问题，依法准确适用不可抗力等规则，妥善审理相关合同违约、企业债务、房屋租赁等案件4.3万件。北京、上海、贵州、云南、新疆等法院落实惠企惠民政策，加强府院联动，千方百计帮助企业特别是中小微企业渡过难关，保护和激发市场主体活力。各级法院对2.5万家企业暂缓强制执行措施，在18.1万件民商事案件中采取“活封”等措施，为企业释放资金1631亿元、土地869万亩、厂房3271万平方米，帮扶3.6万家企业复工复产。坚决纠正涉疫就业歧视行为，严禁仅以劳动者曾感染新冠病毒、来自疫情严重地区为由非法解除劳动关系，依法支持并规范共享员工、网络零工等灵活就业，让群众在疫情冲击下就业得到法律保障。

优化营商环境。会同国家发展改革委出台意见，服务新时代加快完善社会主义市场经济体制。加强产权司法保护，依法纠正涉产权刑事冤错案件34件56人。着力营造稳定公平透明、可预期的法治化营商环境，执行合同、司法程序质量等营商环境评估指标继续保持向好。妥善审理涉及行政许可、行政协议等案件，促进优化投资兴业软环境。依法妥善审理涉国有企业改革案件，准确区分国有企业改革与国有资产流失，促进完善国有企业法人治理结构，为国企深化改革提供保障。坚持各类市场主体一律平等，严格区分正当融资与非法集资、合同纠纷与合同诈骗、民营企业参与兼并重组与恶意侵占国有资产等界限，坚决防止把经济纠纷认定为刑事犯罪。与全国工商联建立联系机制，畅通民营企业维权渠道，依法维护民营企业和企业家合法权益。

保护诚实守信。社会主义市场经济是信用经济、法治经济，诚信是社会主义核心价值观的重要内容，是民法典的基本原则。各级法院审理各类合同纠纷案件 886 万件，切实保护诚实守信一方合法权益，弘扬“言而有信”“有约必践”的契约精神。保护“货真价实”，严惩制售假冒伪劣商品行为，严惩网络欺诈、假借“以房养老”坑害老年人等违法犯罪。严惩证券市场虚假陈述行为，该入刑的入刑，当赔偿的赔偿。会同公安部等出台意见，严惩“碰瓷”违法犯罪，四川法院将故意制造交通事故的 9 人碰瓷团伙绳之以法。惩治网络流量造假行为，杭州互联网法院审理手机应用流量劫持案，维护公平竞争的市场秩序。开放司法区块链平台，支持网络著作权人上传作品、保存证据，预防和惩治网络抄袭。会同最高人民检察院出台惩治虚假诉讼意见，严惩利用虚假诉讼逃避债务、非法融资、骗补骗保等行为，对通过捏造事实、伪造证据制造 63 起系列虚假诉讼的某房地产公司顶格处罚 6300 万元。坚持惩戒失信与褒奖诚信并重，建立失信名单分级分类管理和信用修复、正向激励等机制，鼓励自动履行生效裁判，全国 197 万人次失信被执行人主动履行了生效法律文书确定的义务。区分失信与经营风险，深圳法院实施个人破产特区法规，江苏、浙江法院探索个人债务集中清理，为诚信的创业失利者提供重生机会。运用法治手段治理突出的诚信缺失问题，让虚假陈述者付出代价、制假售假者受到惩处、“碰瓷”者落入法网，让诚实守信者受到激励，促进诚信社会建设。

服务创新驱动发展。审结一审知识产权案件 46.6 万件，同比上升 11.7%。出台知识产权民事诉讼证据等 10 个司法解释和规范性文件，进一步方便当事人举证、缩短诉讼周期、降低维权成本、提高赔偿数额，知识产权案件判赔金额同比增长 79.3%，促进形成鼓励自主创新、推动科技进步的法治环境。制定司法解释，落实惩罚性赔偿制度。发挥最高人民法院知识产权法庭集中管辖专利等技术类知识产权上诉案件优势，保护科技创新特别是关键核心技术，维护创新企业正当权益。依法保护科研人员及其发明成果，激发创新活力。严惩盗版抄袭、恶意抢注、“傍名牌”等侵害著作权商标权行为。审理一批涉及非物质文化遗产、中华老字号和文创产业知识产权保护案件，传承中华优秀传统文化，促进文化产业繁荣发展。

促进数字经济健康发展。通过依法公正裁判为数字经济发展和技术创新明晰规则，引导新技术新业态新模式在法治轨道上健康有序发展。合理确定平台责任和行为边界，促进平台经济、共享经济依法规范发展。联合开展网络直播行业专项整治，净化网络生态。审理视频网站付费超前点播案，规范商业模式创新，保护用户合法权益。加强对外卖骑手、快递小哥、网约车司机等新业态从业者合法权益的保护。审理手机软件侵害用户个人信息、人脸识别纠纷等案件，加强个人信息保护，维护数据安全。

服务深化供给侧结构性改革。会同国家发展改革委健全破产制度配套政策。审结破产案件10132件，涉及债权1.2万亿元，充分保护债权人及相关方合法权益。其中，审结破产重整案件728件，盘活资产4708亿元，让532家有发展前景的企业重获新生，帮助48.6万名员工稳住就业。天津、辽宁、重庆、青海法院审理物产集团、沈阳机床、力帆系企业、盐湖股份等破产重整案件，助力企业走出困境，保护上下游产业链和中小投资者权益。

服务扩大内需。支持政府依法行政，维护行政相对人合法权益，妥善化解新型基建、新型城镇化、城市建设、民生工程等领域矛盾。甘肃法院及时化解涉铁路建设土地行政争议，保障银西铁路工程建设。加强消费公益诉讼案件审判，对设置消费陷阱、霸王条款等行为依法追究责任，妥善审理住房、汽车买卖、旅游服务、在线教育等消费纠纷案件，积极营造有利于消费升级的法治环境。

服务决战脱贫攻坚。制定服务“三农”工作意见，规范扶贫领域涉案财物快速返还，妥善化解涉易地扶贫搬迁、贫困群众就业等矛盾纠纷。向困难群众发放司法救助金9.1亿元，防止因案致贫、返贫。依法审理乱占耕地案件，促进治理耕地“非农化”“非粮化”问题。辽宁、吉林、黑龙江法院严惩涉土地、农资违法犯罪，加强农业知识产权保护，依法维护国家粮食安全。新疆法院开展知识产权助力脱贫攻坚南疆行活动，推动“于田沙漠玫瑰”等地理标志应用保护。福建、江西、贵州、陕西等法院创新司法扶贫举措，服务老区苏区脱贫攻坚。

服务金融健康发展。严惩操纵证券期货市场、内幕交易、涉地下钱庄、洗钱等犯罪，严厉打击逃废债行为，服务防范化解金融风险，维护金融市场秩序和国家金融安全。依法严惩违规披露信息、欺诈发行股票等犯罪，对资本市场违法犯罪零容忍。积极参加互联网金融风险整治，严惩网贷平台挥霍出借人资金等违法犯罪。出台证券纠纷代表人诉讼司法解释，完善证券集体诉讼制度。出台服务创业板改革并试点注册制意见，保障资本市场基础性制度改革。加强上海金融法院建设，设立北京金融法院，服务国家金融战略实施。修订民间借贷司法解释，大幅下调民间借贷利率司法保护上限，降低企业融资成本，服务实体经济发展。

服务生态文明建设。践行“绿水青山就是金山银山”理念，审结一审环境资源案件25.3万件，助力打好蓝天碧水净土保卫战。审结环境公益诉讼案件3557件，同比增长82.1%。江苏法院审理向长江非法排污案，让排污者支付5.2亿元环境修复费用和罚金。河南法院审理废酸污染黄河支流案，改变“企业排污、群众受害、政府买单”现象。福建法院加强古厝、廊桥等文化与自然遗产司法保护。广西法院加强巡回审判保护野生动物。贵州法院积极保护传统村落留住乡土文明。西藏法院依法守护雪域高原生态安全屏障。陕西法院用恢复性司法助力修复秦岭生态。青海法院倾力守护中华水塔生态安全。上海、湖北、湖南、四川等法院依法审理涉长江禁渔案件，山西、内蒙古、山东、甘肃、宁夏等黄河流域9省区法院加强环境资源审判协作，保护中华民族母亲河。

服务区域协调发展。围绕长三角一体化发展、黄河流域生态保护和高质量发展、西部大开发、深圳先行示范区建设、浦东高水平改革开放等，研究制定司法服务举措。北京、天津、河北法院加强司法协作，妥善审理涉北京冬奥会、冬残奥会基础设施建设、生态环境保护案件。雄安新区法院积极保障新区重大项目建设。会同国家知识产权局指导上海、江苏、浙江、安徽法院与当地知识产权局共同推进长三角一体化科技创新知识产权保护。广东法院出台三年行动方案，服务粤港澳大湾区建设。吉林法院与辽宁、黑龙江法院共同加强与政府联动化解行政争议，服务新时代东北全面振兴、全方位振兴。重庆、四川法院强化司法协作同城效应，助推成渝地区双城经济圈建设。

服务扩大对外开放。出台服务扩大对外开放意见，平等保护中外当事人合法权益。加强最高人民法院国际商事法庭建设，共聘请来自25国的55位专家、法律工作者担任国际商事专家委员会特邀专家，服务共建“一带一路”高质量发展。完善服务自贸试验区建设举措，制定服务海南自由贸易港建设意见，设立海南自由贸易港知识产权法院。重庆、郑州、成都、西安、兰州法院妥善化解国际铁路联运合同纠纷。广西、云南法院创新巡回审判机制，及时化解边境贸易纠纷。外国当事人主动选择或将国外仲裁变更为我国海事法院管辖，我国海事司法国际公信力日益提升。

三、切实维护人民群众合法权益

坚持以人民为中心的发展思想，践行司法为民宗旨，积极回应人民群众新要求新期待，用法治保障人民安居乐业。

贯彻实施民法典。完成对591件司法解释及相关规范性文件、139个指导性案例的清理工作，废止116件，修改111件，决定对2个指导性案例不再参照适用。这是新中国成立以来最为全面、系统、规范的一次清理，废止了与民法典不一致的规定，保障了民法典施行后法律适用标准统一。重点开展涉及物权、担保、婚姻家庭、时间效力等一批配套司法解释制定工作，解决民法典施行后新旧法律和司法解释衔接适用问题。开展民法典全员学习培训，通过“人民法院大讲堂”等线上线下形式培训干警256万人次。采取以案释法、动漫说法等方式创新普法宣传，以小案例阐述大道理，引导群众增强民法思维，让民法典走进百姓生活。

加强民生司法保障。审结教育、就业、医疗、住房、社会保障等民生案件134.7万件。河北、山西、福建、河南、湖北等法院积极开展根治欠薪专项行动，帮助农民工追回“血汗钱”206.1亿元。依法审理工伤、医保、社会救助等案件，推动解决养老保险参保率低、断保、保险关系转移接续不畅等影响群众切身利益问题。为残疾人诉讼开辟绿色通道，充分保障残疾人合法权益。依法惩治“校闹”行为，维护正常教学秩序。严惩扰医伤医犯罪，依法保障平安医院建设。

加强人格权保护。人格权与每个人息息相关，是民事主体最基本的权利。贯彻民法典，在司法政策中增加申请人格权侵害禁令等规定，畅通人格权救济渠道。审理侵害“两弹一星”功勋于敏名誉权等案件，决不让人民英雄受到玷污，树立崇尚英雄的良好风尚。审理微信群侮辱人格案，坚决制止网络暴力。审理职场性骚扰损害责任案，让性骚扰者受到法律制裁。审理进口冻虾万名消费者信息案，禁止泄露公民个人信息。审理可视门铃侵犯邻居隐私权案，明确安装监控不得侵扰他人生活安宁。通过一系列人格权保护案件的依法公正审理，让人身自由得到充分保障、人格尊严受到切实尊重，充分彰显我国民法典的人民立场和共和国人民的主体地位。

促进和谐家庭建设。审结婚姻家庭案件164.9万件。会同全国妇联等单位深化家事审判改革，完善家事调解、家事调查、心理辅导等制度，保障婚姻自由，促进家庭和谐。签发人身安全保护令2169份，通过发挥司法裁判教育示范功能，探索将家暴防治延伸到婚前、离婚后及精神暴力等情形。山西、辽宁、广西、重庆、宁夏等地法院完善反家暴联动机制，筑牢妇女、儿童、老年人、残疾人免遭家庭暴力的“隔离墙”。依法制裁“强行啃老”、理财骗局等侵害老年人合法权益行为，严惩虐待、遗弃老年人犯罪，弘扬敬老孝老美德，强化养老助老责任。

加强未成年人司法保护。保护未成年人就是保护国家的未来、民族的希望。认真贯彻新修订的未成年人保护法和预防未成年人犯罪法，出台加强未成年人审判工作意见，完善中国特色少年司法制度。依法严惩侵害未成年人犯罪，对挑战法律和社会伦理底线、针对儿童犯下的各种严重罪行决不姑息。再审“百香果女童被害案”，对强奸杀害女童的杨光毅依法改判并执行死刑。坚持最有利于未成年人的原则，安徽、山东、湖南、陕西、兵团等法院推进少年家事法庭建设，确保未成年人得到特殊、优先保护。审理未成年人直播打赏无效案，直播平台全额返还158万元打赏金。对未成年人犯罪，坚持教育、感化、挽救方针，但对主观恶性大、手段残忍、屡教不改的依法惩处。会同全国妇联、共青团中央等开展寒假关爱儿童活动，把法治安全教育送到儿童身边。开展法官进校园、上讲台活动，法院领导干部和法官担任中小学法治副校长、校外法治辅导员，用生动案例帮助青少年增强宪法意识和法治观念，与全社会共同保护未成年人健康成长。

加强涉军维权工作。传承红色基因，巩固拓展涉军维权“信阳模式”“鄂豫皖模式”实践成果，服务国防和军队改革建设，促进军政军民团结。审结破坏军事设施、破坏军婚等涉军犯罪案件633件，审结涉军民商事案件10418件，坚决捍卫军队军人尊严荣誉，维护军人军属合法权益。继续做好涉军停偿下篇文章司法服务工作，依法维护部队正当权益和群众合法利益。会同退役军人事务部等出台意见，加大退役军人司法救助力度。军事法院开通涉军维权平台，结合重大任务排查化解纠纷909件，为部队和官兵挽回损失14.3亿元。内蒙古、海南、西藏等法院主动送法进军营，开辟涉军维权绿色通道。湖南法院加强沟通协调，让西藏戍边战士和家人先行拿到赔偿款，为边防战士提供后方坚强的司法保障。

切实保护和维护港澳台同胞和海外侨胞、归侨侨眷合法权益。审结涉港澳台案件2.4万件，办理涉港澳台司法协助互助案件1.1万件。签署内地与香港相互执行仲裁裁决的补充安排。完善内地与澳门法院民商事案件相互委托送达司法文书和调取证据安排。妥善化解粤港澳大湾区跨境民商事纠纷，维护港澳同胞合法权益。平等保护台胞台企在祖国大陆的合法权益。厦门海事法院发布首份涉台海事审判白皮书。福州平潭、深圳前海、珠海横琴等法院聘请港澳台同胞担任人民陪审员或特邀调解员。审结涉侨案件4675件。会同中国侨联推广涉侨纠纷化解经验，帮助侨胞在线化解跨境纠纷。

四、全面构建一站式多元解纷和诉讼服务机制

继全面实行立案登记制、基本解决执行难之后，着眼破解诉讼难、方便群众诉讼，经过2年奋战，全国法院构建起中国特色一站式多元纠纷解决和诉讼服务机制，为群众解决民商事纠纷提供菜单式、集约式、一站式服务，提供多样化纠纷解决方案和权利救济渠道，促进矛盾纠纷公正、高效、实质性化解。

普遍建立一站式多元解纷机制。坚持把非诉讼纠纷解决机制挺在前面，加强人民调解、行政调解、司法调解联动，强化非诉讼和诉讼对接，积极推动矛盾纠纷源头预防化解。全面应用人民法院调解平台，与全国总工会、公安部、司法部、人民银行、银保监会、证监会等完成“总对总”在线诉调对接，涵盖劳动争议、道交事故、金融保险、证券期货、知识产权等纠纷领域，3.3万个调解组织、16.5万名调解员入驻平台，在当事人自愿基础上开展调解工作，为群众提供菜单式在线调解服务。自2018年2月上线以来，诉前调解成功民事案件数量逐年增长，分别为56.8万件、145.5万件、424万件，其中2020年同比增长了191%。全国人大代表、全国政协委员积极参与矛盾纠纷多元化解，人民法院对接“老马工作室”等代表委员调解工作站，合力化解纠纷。多元解纷机制充分发挥作用，越来越多的矛盾纠纷尚未进入诉讼程序就得到化解。全国法院受理诉讼案件数量在2016年、2019年先后突破2000万件和3000万件关口的情况下，出现2004年以来的首次下降，特别是民事诉讼案件以年均10%的速度持续增长15年后首次下降，充分体现了在各级党委领导下推进一站式多元解纷机制建设，促进矛盾纠纷源头治理、多元

化解的显著成效。会同中央广播电视总台举办7场“一站解纷争”全媒体直播活动，人民日报、新华社等10余家媒体参加“人民法院一站式体验官”基层行，社会反响热烈。

基本建成一站式诉讼服务中心。坚持群众需求导向，让当事人到一个场所、在一个平台就能一站式办理全部诉讼事项。强化诉讼服务中心实质性解纷功能，使大量案件纠纷在诉讼服务大厅通过调解、仲裁、诉讼等方式一站式化解。2020年，诉讼服务中心速裁、快审案件693.3万件，平均审理周期比一审民商事案件缩短53%。化繁为简，以中国移动微法院为统一入口，实现立案、送达、保全、委托鉴定等诉讼事项一网通办。开通全国统一律师服务平台，提供全程线上阅卷、提醒案件排期避让等35项功能，为律师参与诉讼提供便利。推行视频网络申诉，及时解决群众合理合法诉求。强化服务监督管理，通过诉讼服务指导中心信息平台对四级法院诉讼服务一网统管。畅通民意沟通渠道，依托12368诉讼服务热线一号通办功能，帮助群众办理诉讼事务。

实现跨域立案服务全覆盖。跨域立案服务在四级法院及1万多个人民法庭做到全覆盖，累计提供跨域立案服务8.2万件。从“一律敞开大门”到“就近提供服务”，当事人可以选择家门口的中级、基层法院或人民法庭，申请对包括四级法院管辖的案件提供跨域立案服务。全国法院全部开通网上立案功能，网上立案申请超过一审立案申请总量的54%。针对反映有法院年底不立案情况，向全国法院发出立即纠正通知，确保有案必立、有诉必理。

积极参与基层治理。坚持和发展新时代“枫桥经验”，把一站式建设融入党委领导的城乡社会治理体系，发挥基层法院和人民法庭功能，推动社会矛盾综合治理、源头治理。浙江法院助推县级矛盾纠纷调处化解中心建设，湖南法院巧用“五老”调解就地化解矛盾，陕西法院创新“五链共治、法在基层”工作机制，云南法院“阿诗玛”特色调解室为群众提供双语服务，内蒙古法院发扬“蒙古马精神”探索草原特色矛盾化解模式，新疆法院创建101个“枫桥式法庭”，推动提升基层治理法治化水平。深入开展巡回审判，为偏远地区群众提供优质司法服务，把矛盾纠纷化解在林区草场、田间地头，让司法更加便利人民、贴近人民。

五、着力深化司法体制改革

坚持目标导向和问题导向，坚持深化改革与信息化建设紧密结合，不断提高审判执行质效和司法公信力。

深化司法责任制综合配套改革。完善权责一致的审判权力运行机制，补短板、强弱项，确保放权与监督相统一。完善法官员额管理制度和配套保障机制，实现能进能出、良性运行。健全审判权责清单制度，压实院庭长审判监督管理职责，完善“四类案件”识别监管机制，确保制约监督覆盖审判执行全流程、全领域。健全统一法律适用标准机制，建立类案检索初步过滤、专业法官会议研究咨询、审判委员会讨论决定的法律适用分歧解决机制。要求高级法院制定审判业务文件和发布参考性案例必须向最高人民法院备案，防止不同地区审判标准出现不合理差异。

深化诉讼制度改革。根据全国人大常委会授权，15个省区市的305个试点法院推进民事诉讼程序繁简分流改革试点，取得阶段性成效，司法效能明显提升。深入推进以审判为中心的刑事诉讼制度改革，提高证人、鉴定人、侦查人员出庭作证率和案件当庭宣判率，推进庭审实质化。会同最高人民检察院等修订规范量刑程序意见，促进量刑公开公正。依法保障人民陪审员履行审判职责，全国陪审员参审案件247.8万件。深化司法公开，裁判文书上网公开累计1.2亿份，庭审直播累计1159万场，阳光司法机制产生深远影响，受到国内外广泛关注。

坚持司法改革与信息化建设融合。“天平工程”通过竣工验收，智慧法院建设迈上新台阶。疫情期间，智慧法院建设成果充分显现，无接触式诉讼服务广泛应用，当事人足不出户就能参加诉讼，实现“审判执行不停摆、公平正义不止步”。北京、杭州、广州互联网法院在完善诉讼规则、创新技术应用、促进依法治网等方面不断改革探索。健全网上庭审、电子证据、异步审理等规则，保障在线诉讼依法规范进行。在线庭审平均用时36分钟，比线下节约2/3，案件平均审理周期60天，比线下缩短1/4。通过构建中国特色、世界领先的互联网司法新模式，为全球互联网法治发展积极贡献中国方案。

健全解决执行难长效机制。深化执行改革，加强智慧执行，努力兑现当事人胜诉权益。贯彻中央全面依法治国委员会2019年“1号文件”，党委领导的综合治理执行难工作格局不断完善，吉林、河南、四川、西藏、青海、宁夏等省区市出台实施意见，推动从源头解决执行难。持续提升执行信息化智能化水平，网络查控案件 1464.5 万件，网络拍卖成交金额 4027 亿元，同比均有大幅增长。在全国法院部署开展专项执行行动，执行到位拖欠民营企业中小企业账款 181 亿元、涉民生案款 254 亿元、涉金融债权案款 3300 亿元。山东法院对查封土地和海域使用权进行集中清理，释放土地资源 4.9 万亩、海域使用权 3888 公顷。加强全国法院"一案一账号"案款管理机制建设，规范执行案款管理，提高发放效率。加强统一管理、统一指挥、统一协调，强化执行指挥中心实体化运行，加强执行关键节点监督管理，提升执行规范化水平。

通过制度改革和科技变革双轮驱动，助推审判体系和审判能力现代化，司法质量、效率和公信力明显提升。2020 年，全国法院法官人均办案 225 件；各类案件一审后当事人服判息诉率为 89%，二审后达 98.1%；未结案件数、长期未结诉讼案件数分别下降 17.5%和 24.9%；涉诉信访、涉诉进京上访同比分别下降 12.9%和 71.8%；受理执行案件 1059.2 万件，执结 995.8 万件，执行到位金额 1.9 万亿元，同比分别上升 1.7%、4.3%和 8.1%。

六、锻造忠诚干净担当的过硬法院队伍

认真贯彻习近平总书记提出的"五个过硬"要求，加快推进法院队伍革命化、正规化、专业化、职业化建设。

始终把党的政治建设摆在首位。坚持以习近平新时代中国特色社会主义思想武装头脑、指导实践、推动工作，深化习近平法治思想学习教育。深入实施青年理论学习提升工程，举办为期一年的新入院人员学习贯彻习近平法治思想培训班，帮助青年干警扣好从事司法工作的"第一粒扣子"。狠抓巡视整改落实，巩固深化"不忘初心、牢记使命"主题教育成果。深入推进基层党组织组织力提升工程，在全国法院推广党建创新优秀案例。开展向胡国运等先进典型学习活动，全国法院涌现出一大批新时代好法官好干部，458 个集体、703 名个人受到中央有关部门表彰。魏晶晶等 29 名法官因超负荷工作或遭受暴力伤害等原因牺牲在岗位上，他们用执着坚守、奉献牺牲诠释着对党和人民的忠诚、对法治事业的热爱。湖南法院周春梅法官严格执行"三个

规定”，因拒绝说情打招呼遭到歹徒残害，血染法徽，用生命捍卫了司法公正！

提升司法能力。突出实战实用实效导向，让干警在服务和保障抗疫斗争、化解矛盾纠纷、攻坚改革难题中受考验、长才干。认真落实法官法，修订法官教育培训工作条例，培训干警 320.8 万人次，加强实践锻炼和专业训练。推进审判专业化建设，加强涉外、知识产权、互联网等审判人才培养，大力发现培养选拔优秀年轻干部。完善法官任职政策衔接，加强法官员额省级统筹、动态调整，根据地方经济社会发展实际和案件总量科学配置员额法官，解决中西部艰苦边远地区法院人才短缺问题。通过选派干部、培养双语法官、讲师团巡回授课等方式，加强西部及民族地区基层法院队伍建设。

推进党风廉政建设和反腐败斗争。坚持全面从严治党、从严治院、从严管理，严格落实中央八项规定及其实施细则精神，针对审务督察发现的问题，开展司法作风专项整治。对防止干预司法“三个规定”执行情况“回头看”，完善四级法院统一的记录报告平台，实行月报告制度，推动铁规禁令落地见效。按照党中央部署扎实开展队伍教育整顿试点，以零容忍态度清除害群之马。最高人民法院查处本院违纪违法干警 11 人。各级法院查处利用审判执行权违纪违法干警 1550 人，其中追究刑事责任 346 人。以法院系统发生的违纪违法案例为镜鉴，在全国法院深入开展“以案释德、以案释纪、以案释法”警示教育。修订任职回避规定，加强法院督察工作，健全法官惩戒制度，防范和严惩司法腐败，涵养清风正气。

自觉接受人大监督，认真落实十三届全国人大三次会议精神。尊重代表的权利就是尊重人民的权利，围绕代表审议时提出的 1349 条意见建议，加强调查研究，逐项落实，转化为推动法院工作发展的动力和实际成效。比如，针对建立疫后涉企纠纷联调联动机制的建议，加强涉疫法律风险提示，依托一站式平台联动化解矛盾，助力稳企业保就业；针对优化民营企业发展法治环境的建议，完善产权司法保护措施，对接商会调解平台，方便民营企业依法维权；针对加大知识产权刑事司法保护力度的建议，出台办理知识产权刑事案件司法解释，完善知识产权司法保护制度；针对加强妇女儿童司法保护的建议，加大反家暴力度，完善少年司法制度，强化未成年人保护和犯罪预防。在制定重大司法解释过程中，注重听取相关专业领域代表委员的意见建议。向全国人大常委会专题报告加强民事审判工作情况，根据审议意见提高司法服务经济社会发展能力水平。邀请代表参加司法护航长江等视察调研活动。针对 371 件代表建议和代表日常提出的 409 条建议，逐件办理跟踪，认真沟通反馈，推动惩治暴力伤医、保护商业秘密等工作取得积极进展。自觉接受民主监督，办理政协提案 147 件，走访接待全国政协委员 110 余人次。畅通与民主党派、工商联和无党派人士沟通联络，真心诚意听取意见。贯彻监察法，自觉接受监察机关对法院工作人员进行监督。依法接受检察机关诉讼监督，公正审理抗诉案件，认真办理检察建议。广泛接受社会监督，认真听取特约监督员和特邀咨询员意见建议。主动接受舆论监督，加强与新闻媒体互动，共同维护社会公平正义。

各位代表，“十三五”时期，与党和国家事业发展同步，人民法院工作发生深刻变革、实现长足进步。新时代正确司法理念牢固树立，审判体系和审判能力现代化加快推进，司法体制改革和智慧法院建设取得重大进展，开放动态透明便民的阳光司法机制成熟定型，立案难得到解决，“基本解决执行难”目标如期实现，一站式多元解纷和诉讼服务体系基本建成，一批历史形成的重大冤错案件得到依法纠正，全国法院广大干警扎实工作、无私奉献，完成“十三五”规划确定的“司法公信力明显提高”“人权得到切实保障，产权得到有效保护”等目标任务，为平安中国、法治中国建设作出积极贡献。面向“十四五”，最高人民法院正在制定“十四五”专项规划，更好履行新时代新阶段赋予人民法院的职责使命。

人民法院工作的发展进步，根本在于习近平同志作为党中央的核心、全党的核心领航掌舵，在于以习近平同志为核心的党中央坚强领导，在于习近平新时代中国特色社会主义思想科学指引。人民司法事业的新变革新进步，都是习近平法治思想在人民法院的生动实践。实践证明，习近平法治思想是指引中国特色社会主义法治建设的科学指南，党的领导是我国社会主义法治之魂，中国特色社会主义法治道路越走越宽广，前景无限光明。人民法院工作成绩的取得，是全国人大及其常委会有力监督，国务院大力支持，全国政协民主监督，国家监察委员会、最高人民检察院监督，各民主党派、工商联、人民团体、无党派人士民主监督，地方各级党政机关、全国人大代表、全国政协委员、社会各界和广大人民群众关心支持帮助的结果。在此，我代表最高人民法院表示衷心的感谢！

我们清醒看到，人民法院工作还存在不少问题：一是司法理念同新发展理念要求相比存在差距，服务高质量发展水平还需提升。二是司法能力还有不足，对精准服务大局、防范化解风险、满足群众多样化司法需求研究不够，一些案件审判质量效率不高、效果不好，存在机械司法、就案办案问题。三是司法改革系统集成、协同高效有待加强，司法责任制综合配套措施全面落地存在差距。四是司法领域腐败问题仍有发生，有的法官贪赃枉法、徇私枉法，严重损害法治权威。五是队伍建设还有短板，一些法院法官员额不足，一些领域专业化审判人才短缺，尚未形成科学完备的司法人才培养体系，一些法院招人难、留人难问题尚未得到很好解决，一些法院人案矛盾依然突出，司法职业保障需要加强。六是基层基础工作存在薄弱环节，一些地方人民法庭建设存在差距，服务乡村振兴、促进社会治理的能力水平有待进一步提高。对这些问题，我们将在党的领导下，采取有力措施，努力加以解决。

2021年工作安排

2021年和今后一个时期，人民法院要坚持以习近平新时代中国特色社会主义思想为指导，全面贯彻党的十九大和十九届二中、三中、四中、五中全会及中央全面依法治国工作会议、中央政法工作会议精神，认真落实本次大会决议，忠实履行宪法法律赋予的职责，紧扣推动高质量发展主题，准确把握立足新发展阶段、贯彻新发展理念、构建新发展格局要求，更加注重系统观念、法治思维、强基导向，坚持稳中求进、守正创新，推动新时代人民法院工作高质量发展，为全面建设社会主义现代化国家开好局起好步提供有力司法服务。

一是加强政治建设。深入学习贯彻习近平新时代中国特色社会主义思想，真学真信笃行习近平法治思想，增强“四个意识”、坚定“四个自信”、做到“两个维护”。立足“两个大局”，胸怀“国之大者”，对标对表党中央决策部署，不断提高政治判断力、政治领悟力、政治执行力。深入贯彻《中国共产党政法工作条例》，坚持党对司法工作的绝对领导，坚定不移走中国特色社会主义法治道路。

二是积极服务大局。全面贯彻新发展理念，紧扣“十四五”规划和2035年远景目标纲要确定的经济社会发展目标任务，依法履职、精准发力，积极服务常态化疫情防控和经济社会高质量发展。聚焦办好发展和安全两件大事，推动更高水平的平安中国建设，深入推进反渗透反颠覆反间谍反分裂反恐怖反邪教斗争，推动扫黑除恶常态化，依法严惩腐败犯罪，依法惩治网络犯罪，坚决维护国家政治安全和社会大局稳定。全面加强知识产权司法保护，加强知识产权法院建设，加大对“卡脖子”关键核心技术及新兴产业、重点领域、种源等保护力度，服务科技自立自强，服务科技强国建设。加大对红色经典作品的知识产权司法保护力度。加强反垄断和反不正当竞争司法，保护消费者合法权益，维护市场公平竞争秩序和社会公共利益。加强破产审判工作，推动健全便利、高效、有序的市场主体退出制度。完善司法政策，强化司法协作，服务区域协调发展。高标准建设海南自由贸易港知识产权法院、北京金融法院。加大产权司法保护力度，妥善化解生产、分配、流通、消费领域纠纷，服务构建新发展格局。加强对数字经济、互联网、人工智能、无人驾驶等新技术新应用研究，妥善审理相关案件，促进新模式新业态依法规范发展。落实长江保护法等法律法规，保护野生动物，提升生态环境司法保护水平。依法维护国家海洋权益和安全，服务海洋强国建设。加强国际法研究和运用，坚决维护国家主权、安全、发展利益，服务推动构建人类命运共同体。

三是坚持司法为民。切实实施民法典，提升我国民事权利司法保护水平。支持和监督行政机关依法行政。依法妥善审理涉“三农”案件，积极服务巩固拓展脱贫攻坚成果同乡村振兴有效衔接。加强妇女、儿童、老年人、残疾人权益保障。认真落实未成年人保护法和预防未成年人犯罪法，加强最高人民法院少年法庭工作办公室和六个巡回审判点建设，充分发挥少年法庭职能作用，加大法治宣传教育力度，保护未成年人健康成长。加强对“互联网+”模式下新业态从业人员合法权益的保障。加强对医务工作者的司法保护，依法严厉打击医闹和暴力伤医违法犯罪行为。加大涉军维权工作力度，开辟涉军维权绿色通道，落实国防法、退役军人保障法，切实维护国防利益和军人军属合法权益，让军人成为全社会尊崇的职业。推进执行难综合治理、源头治理，加大执行工作力度，健全善意文明执行制度，保持执行工作高水平运行。加强涉诉信访工作，做到件件有回声。加强人民法庭建设，强化革命老区、民族地区、边疆地区、脱贫地区法院基层基础建设，提升基层司法水平，努力做到人民群众的需求到哪里，司法服务就跟进到哪里。

四是严格公正司法。坚持新时代正确司法理念，严格贯彻刑事、民事、行政诉讼法，充分保障当事人诉讼权利。贯彻实施刑法修正案（十一）。依法规范减刑、假释、暂予监外执行工作，坚决查处“纸面服刑”“提钱出狱”。坚持合法自愿原则，能调则调、当判则判。切实保障律师依法履职，构建与律师正当交往、良性互动的关系，共同推动法治进步。统一裁判尺度，提高审判执行质效。加强审判执行工作监督管理，确保公正廉洁司法。充分发挥司法裁判惩恶扬善功能，推动社会主义核心价值观深入人心。

五是深化司法改革。全面深化司法责任制综合配套改革，强化改革主体责任，敢于啃硬骨头，对已经实施的改革加强评估问效，让各项改革举措系统集成、协同高效。加强司法制约监督，规范司法权力运行，完善人员分类管理。健全人民陪审员履职管理和保障机制。深化以审判为中心的刑事诉讼制度改革，健全认罪认罚从宽制度，确保严格依法办案。扎实做好民事诉讼程序繁简分流改革试点经验总结和成果转化。健全中国特色一站式多元纠纷解决和诉讼服务体系。加强互联网法院建设，完善在线诉讼程序规则，创造以人民为中心的更高水平社会主义司法文明。

六是建设过硬队伍。认真开展党史学习教育，铸牢政治忠诚之魂，坚定理想信念。加强专业化能力建设，加快培养储备一批高素质专业化审判人才和后备力量。持之以恒纠治“四风”特别是形式主义、官僚主义。以全面开展队伍教育整顿为契机，刀刃向内、刮骨疗毒，严肃查处失职渎职行为，坚决清除害群之马，对自身存在的问题不遮丑、不护短、不文过饰非，坚决整治顽瘴痼疾，纯洁法院队伍。严格落实防止干预司法“三个规定”等铁规禁令，以零容忍态度严惩司法腐败。坚持严管厚爱结合，加强司法职业保障。自觉接受人大监督、民主监督、人民监督和各方面监督。提高群众工作能力，让每一个法官在各种纷繁复杂甚至尖锐激烈的矛盾面前，敢于担当、敢于碰硬，不回避、不推卸，不徇私情、秉公处理，做定分止争的行家里手，既解决案件的法结，又化解群众的心结，让法安天下、德润人心。

各位代表，做好“十四五”时期人民法院工作，责任重大，使命光荣。我们要更加紧密地团结在以习近平同志为核心的党中央周围，以习近平新时代中国特色社会主义思想为指导，认真贯彻本次会议精神，不忘初心、牢记使命，求真务实、开拓创新，充分发挥审判职能作用，为全面建设社会主义现代化国家、实现中华民族伟大复兴的中国梦作出新的更大贡献，以优异成绩庆祝中国共产党成立100周年！

（来源：《人民法院报》2021年3月16日）

深入学习贯彻习近平法治思想
奋力推动新时代人民法院工作高质量发展

——2021年3月23日在国家法官学院2021年春季开学典礼上的讲话

最高人民法院院长　周　强

在全国两会胜利闭幕不久，全党全国满怀信心投身全面建设社会主义现代化国家新征程之际，我们在国家法官学院举办“全国法院学习贯彻党的十九届五中全会精神和习近平法治思想培训班”及“两援地区法院领导干部培训班”，对于学深悟透习近平法治思想，深入贯彻全国两会精神，奋发有为推动新时代人民法院工作高质量发展，为“十四五”开好局起好步提供有力司法服务，具有十分重要的意义。

2021年是我国现代化建设进程中具有特殊重要性的一年，“十四五”开局，新征程开启，我们党迎来百年华诞，做好今年工作至关重要。今年全国两会是在全面建设社会主义现代化国家开局起步阶段召开的重要会议。两会期间，习近平总书记同代表委员共商国是，发表一系列重要讲话，就立足新发展阶段、贯彻新发展理念、构建新发展格局，推动高质量发展、创造高品质生活作出一系列重要论述，为推进党和国家各项事业发展注入强大信心和力量。大会高度评价党和国家事业取得的新的重大成就，表达了全国人民对习近平总书记和以习近平同志为核心的党中央的衷心拥戴。大会圆满完成各项议程，取得丰硕成果，为实现“十四五”时期经济社会发展良好开局、夺取全面建设社会主义现代化国家新胜利增强了信心、凝聚了力量。会议批准的“十四五”规划和2035年远景目标纲要，全面贯彻党中央关于制定“十四五”规划和2035年远景目标建议精神，实化量化了“十四五”时期经济社会发展主要目标和重大任务。习近平总书记统揽全局、引领航向，以宽广战略眼光和战略思维思考擘画宏伟蓝图。党的主张通过法定程序转化为国家意志，汇聚全党全国各族人民智慧和意愿，成为开启新征程的行动纲领。

3月11日，大会通过关于最高人民法院工作报告的决议，充分肯定最高人民法院工作，同意2021年工作安排并提出明确要求。代表委员对报告和法院工作给予充分肯定，同时提出很多宝贵意见建议。人民法院工作发展进步，是习近平法治思想在人民法院的生动实践，凝结着全国法院和广大干警真抓实干、拼搏奉献的辛勤汗水。各级法院要切实把思想和行动统一到习近平总书记重要讲话和全国两会精神上来，增强“四个意识”、坚定“四个自信”、做到“两个维护”，不断提高政治判断力、政治领悟力、政治执行力，化激励鞭策为奋进动力，凝心聚力投身新时代人民法院工作高质量发展实践，在全面建设社会主义现代化国家新征程上勇于担当、履职尽责，努力为“十四五”时期我国发展开好局起好步提供有力司法服务。

一、准确把握新阶段人民法院工作面临的新形势新任务

习近平总书记多次强调，要胸怀中华民族伟大复兴战略全局和世界百年未有之大变局，牢牢把握“国之大者”，锚定党中央擘画的宏伟蓝图，观大势、谋全局、抓大事。只有真正把法院工作融入党和国家事业大局，才能更加明确方向导向，切实做到经济社会发展到什么阶段，司法工作就跟进到什么阶段，党和国家事业发展到哪里，人民法院司法服务就跟进到哪里。

从党中央决策部署看，习近平总书记在党的十九届五中全会、中央经济工作会议、省部级主要领导干部专题研讨班开班式等场合，深刻分析了当前国际国内形势，强调我国发展仍然处于重要战略机遇期，但机遇和挑战都有新的发展变化，机遇和挑战之大都前所未有，科学分析了我国进入新发展阶段的主要依据和目标要求，为我们认清形势、谋划工作提供了根本依据。在中央全面依法治国工作会议、中央政法工作会议上作出一系列重要指示，强调推进全面依法治国要从把握新发展阶段、贯彻新发展理念、构建新发展格局的实际出发，要更加注重系统观念、法治思维、强基导向，切实推动政法工作高质量发展，为做好当前和今后一个时期人民法院工作指明了方向、明确了主题、提供了根本遵循。“十四五”规划和2035年远景目标纲要、政府工作报告通篇体现贯彻新发展理念、构建新发展格局、推动高质量发展的要

求，描绘了“十四五”乃至更长时期我国发展宏伟蓝图，明确了2021年经济社会发展的总体要求、主要目标和工作部署，为我们精准服务经济社会高质量发展提供了指引。经济社会高质量发展对人民法院工作提出更高要求，也带来更大机遇。特别是纲要第十五篇“统筹发展和安全、建设更高水平的平安中国”、第十七篇“加强社会主义民主法治建设、健全党和国家监督制度”，集中对法治领域工作进行了部署。同时，在多个方面涉及法院工作。比如，加强知识产权司法保护；健全知识产权侵权惩罚性赔偿制度；加强智慧法院建设；依法平等保护民营企业产权和企业家权益；健全产权执法司法保护制度，完善涉企产权案件申诉、复核、重审等保护机制，推动涉企冤错案件依法甄别纠正常态化机制化；建立健全企业破产和自然人破产制度；加强海事司法建设；完善执法司法权力运行监督和制约机制，健全执法司法人员权益保障机制；全面加强人权司法保护；等等。人民法院工作迎来新的重大历史机遇。各级法院要准确把握进入新发展阶段面临的新形势新任务，对新阶段法院使命任务了然于胸，抢抓机遇，勇挑重担，担当作为。

从当前国际形势看，世界百年未有之大变局加速演变，新冠肺炎疫情大流行影响深远，国际环境不稳定性不确定性明显上升。一方面，这次应对疫情全球大流行，“中国之治”与“西方之乱”对比更加鲜明。我国疫情防控取得重大战略成果，成为全球唯一实现经济正增长的主要经济体，脱贫攻坚战取得全面胜利，全面建成小康社会取得伟大历史性成就，谱写了“两大奇迹”新篇章，充分彰显了党的领导和我国社会主义制度的显著优势。法治在服务统筹疫情防控和经济社会发展中发挥重要作用，有力维护了社会大局稳定，促进了复工复产，体现了我国社会主义法治的巨大优越性。人民群众对习近平总书记衷心爱戴，对党的领导和中国特色社会主义制度衷心拥护，对我国社会主义法治充满自信，对中国特色社会主义充满自信。我们要坚定中国特色社会主义道路自信、理论自信、制度自信、文化自信，坚定不移沿着中国特色社会主义法治道路阔步前进。另一方面，世界进入动荡变革期，错综复杂的国际环境带来新矛盾新挑战。各级法院要认清形势、敢于斗争，坚持底线思维，保持战略定力，坚定不移贯彻对外开放政策，加快提升涉外司法效能，有效应对风险挑战，积极为扩大对外开放提供有力司法服务，坚决维护国家主权、安全、发展利益，服务推动构建人类命运共同体。

从代表委员关心关切看，新时代新阶段人民群众对美好生活的期待要求更高。代表委员意见建议反映的是人民群众的关心关切，全国两会期间代表委员热议人民法院一站式建设取得的显著成绩，充分肯定司法保护诚实守信、加强人格权保护、维护群众生产生活安全、保护未成年人健康成长等工作，这充分反映了人民呼声关切。代表委员普遍认为，法院精准服务“六稳”“六保”，以公正司法保障安全稳定，以高效司法护航高质量发展，在大战大考中交出了优异司法答卷；紧盯群众操心事、烦心事、揪心事，高度关注家庭暴力等社会问题，妥善审理高空抛物、冒名顶替上大学、医闹、农民工讨薪难等案件，体现了为民情怀；亮剑不诚信行为，指引诚信、公平的风尚和规则，增强了人民群众对法律的信仰、对法治的信心。同时呼吁，在贯彻新发展理念、构建新发展格局、推动高质量发展中展现新作为、再创新佳绩；巩固解决立案难、诉讼难、执行难成果，建好一站式多元纠纷解决和诉讼服务体系的中国司法品牌；弘扬社会主义核心价值观，让社会充满正能量；等等。当前，代表委员和人民群众对司法工作的关注是前所未有的，要求越来越高。我们是人民法院，要认真虚心听取人民心声，不断改进工作，积极回应人民群众日益增长的多元司法需求，在工作中查找差距、补齐短板，更好发挥审判职能作用，为经济社会高质量发展提供高质量的司法服务，不断实现人民对公平正义的向往。

从庆祝建党100周年要求看，党中央对庆祝活动作出总体部署，安排了一系列重大任务，要按照党中央统一部署抓好落实。在庆祝我们党百年华诞的重大时刻，在“两个一百年”奋斗目标历史交汇的关键节点，党中央作出在全党开展党史学习教育的重大决策。这是党的政治生活中的一件大事，是一项重大政治任务。当前，人民法院工作面临的机遇和挑战都前所未有，要通过扎实开展党史学习教育，振奋全国法院队伍精气神，激发忠诚担当的昂扬斗志，树立公正为民的良好形象，以为群众办实事的实际成效赢得人民信任支持。要传承红色基因，继承和发扬人民司法光荣传统和优良作风，始终做到不忘初心、牢记使命，牢记人民司法从哪里来、人民司法的宗旨是什么。同时，要看到人民法院审判工作也会面临新情况新挑战，我们要打好主动仗，防范风险，化解矛盾，为庆祝党的百年华诞营造和谐稳定的社会环境。

二、围绕高质量发展，必须切实加强党的政治建设

习近平总书记多次强调要把党的政治建设摆在首位，要善于从政治上认识问题、推动工作。党的十八大以来，最高人民法院党组鲜明提出“维护核心、绝对忠诚、听党指挥、勇于担当”的十六字政治要求，带领全国法院加强政治机关建设，引导广大干警把习近平总书记提出的“努力让人民群众在每一个司法案件中感受到公平正义”目标记在心里、扛在肩上、落实到行动中，推动人民司法事业沿着正确方向砥砺前行。实践证明，什么时候党的政治建设抓得紧抓得好，什么时候人民司法事业发展就蓬勃兴旺。只有坚持以党的政治建设为统领，永葆人民法院作为政治机关的鲜明本色，才能赢得人民信任，推动法院工作发展进步。进入新发展阶段，人民法院必须旗帜鲜明加强党的政治建设，不断提高政治判断力、政治领悟力、政治执行力，坚定不移沿着中国特色社会主义法治道路阔步前进。

深化党的创新理论武装，坚定自觉做到“两个维护”。党的十八大以来，习近平总书记作为党中央的核心、全党的核心举旗定向、掌舵领航，带领全党全国人民有效应对重大挑战、抵御重大风险、克服重大阻力、解决重大矛盾，推动党和国家事业取得历史性成就、发生历史性变革。司法工作也取得长足进步，实现新的发展。特别是过去一年，面对各种严峻挑战，习近平总书记领航中国这艘巨轮在惊涛骇浪中劈波斩浪前行，取得了彪炳史册的新的伟大成就。事实证明，重大历史关头，重大考验面前，领导力是最关键的条件，党中央的判断力、决策力、行动力具有决定性作用。实践使我们深刻体会到，坚定维护习近平总书记党中央的核心、全党的核心地位，坚定维护党中央权威和集中统一领导，是我们战胜各种风险挑战，克服各种艰难险阻，不断夺取中国特色社会主义新胜利的根本保证。各级法院要更加自觉做到“两个维护”，坚定信赖核心、忠诚核心、维护核心，切实把“两个维护”体现在履职尽责、做好本职工作的实效上。要增强用党的创新理论武装头脑的政治自觉，深刻感悟习近平新时代中国特色社会主义思想的强大真理力量、独特思想魅力和巨大实践伟力，坚持不懈用以武装头脑、指导实践、推动工作。要深刻领悟党的领导是我国社会主义法治之魂，牢牢坚持党对司法工作的绝对领导，坚定不移走中国特色社会主义法治道路，确保党中央决策部署

在人民法院得到不折不扣贯彻执行。

扎实开展党史学习教育。在全党开展党史学习教育，是以习近平同志为核心的党中央立足党的百年历史新起点、统筹中华民族伟大复兴战略全局和世界百年未有之大变局、为动员全党全国满怀信心投身全面建设社会主义现代化国家而作出的重大决策。我们要深刻领会开展党史学习教育“三个必然要求”的重大意义，按照党中央部署安排，高标准高质量完成学习教育各项任务，抓好结合，务求实效。要通过扎实开展党史学习教育，切实做到学史明理、学史增信、学史崇德、学史力行，教育引导广大法院干警学党史、悟思想、办实事、开新局，凝聚担负新使命、奋进新征程的精神力量。人民司法事业发展史，是光辉党史的重要组成部分，党的初心使命、光辉历程深深映照在人民司法事业发展进程中。从苏维埃临时最高法庭，到陕甘宁边区高等法院，再到新中国成立最高人民法院，党对人民司法的领导贯穿于各个时期司法工作实践。从苏区司法干部甘当公仆、解决群众实际困难，到马锡五审判方式一刻也不离开群众，再到邹碧华、李庆军、胡国运、周春梅、魏晶晶等新时代好法官司法为民的生动实践，人民司法为人民的好传统好作风贯穿始终。我们要传承发扬党的光荣传统和优良作风，用好红色资源特别是人民司法红色资源，激励广大干警从党史中汲取力量、振奋精神，进一步坚定信仰、砥砺品格、锤炼作风、提升能力，在新时代人民法院工作高质量发展中施展才华、建功立业。

以习近平法治思想为指导树立新时代正确司法理念。党的十八大以来，我国社会主义法治建设发生历史性变革、取得历史性成就的实践充分证明，习近平法治思想是指引中国特色社会主义法治建设的科学指南。学习贯彻习近平法治思想，必须发扬理论联系实际的学风，做到真学真信笃行。对法院而言，首先就要端正司法理念，以习近平法治思想武装头脑、指导实践，以习近平法治思想中蕴含的马克思主义立场观点方法指导树立新时代正确司法理念。在树立正确司法理念方面，党的十八大以来，最高人民法院通过司法解释、指导意见和纠正个案等方式加强审判指导，把习近平法治思想真正贯彻到人民法院工作各领域各方面，纠正错误理念，树立新时代正确司法理念。比如，毫不动摇贯彻党和国家的死刑政策，对罪行极其严重、主观恶性极大、民愤极大的犯罪分子坚决依法判处并执行死刑。同时强调要兼顾国法天理人情，对广西的“百香果女童被害案”、辽宁的“活埋工人案”依法再审改判，积极回应人民群众朴素正义观。比如，准确适用刑事附带民事调解制度，坚决防止在社会上传递出“花钱买命”“以钱买刑”等错误导向。认真落实认罪认罚从宽制度，共同维护公平正义，对检察机关量刑建议依法进行审查，确保严格依法办案。比如，落实依法治国和以德治国相结合要求，弘扬社会主义核心价值观，弘扬中华民族传统美德，充分发挥司法裁判惩恶扬善功能，旗帜鲜明表明司法鼓励什么、提倡什么、反对什么，坚决同“和稀泥”做法说不，让全社会充满正气、正义。要不折不扣贯彻习近平法治思想，切实转化为新时代正确司法理念，主动通过工作中发现的问题检视校准在理念上出现的偏差，实现案件政治效果、法律效果、社会效果统一。

三、围绕高质量发展，必须完整准确全面贯彻新发展理念

习近平总书记在多个重要场合对深入贯彻新发展理念涉及的重大理论和实践问题作了精辟论述，强调“新发展理念阐明了我们党关于发展的政治立场、价值导向、发展模式、发展道路等重大政治问题”；“全党必须完整、准确、全面贯彻新发展理念”；“立足新发展阶段、贯彻新发展理念、构建新发展格局，推动高质量发展，是当前和今后一个时期全党全国必须抓紧抓好的工作”。党的十八大以来，人民法院自觉服务和融入大局，坚定不移贯彻新发展理念，围绕三大攻坚战、平等保护产权、供给侧结构性改革、创新驱动发展、区域协调发展、生态文明建设、“一带一路”、海洋强国等重大战略重大部署，出台一批具有影响的司法服务政策，审理一批确立规则导向的标志性案件。最高人民法院巡回法庭、国际商事法庭、知识产权法庭，地方海事法院、知识产权法院、金融法院、互联网法院以及知识产权、环境资源、破产等法庭建设与时俱进，司法服务大局能力水平显著提升。站在新的历史起点，人民法院必须完整、准确、全面理解和贯彻新发展理念，积极服务构建新发展格局、推动高质量发展，并在服务经济社会高质量发展过程中谋划推进法院工作高质量发展。

准确把握和深入贯彻新发展理念。习近平总书记在省部级主要领导干部专题研讨班开班式上对如何把握新发展理念作了深刻论述，强调要从根本宗旨、问题导向、忧患意识把握新发展理念，我们要深入学习领会。要深刻领会把握为人民谋幸福、为民族谋复兴是新发展理念的“根”和“魂”，牢固树立以人民为中心的发展思想，始终做到发展为了人民、发展依靠人民、发展

成果由人民共享，围绕实现全体人民共同富裕积极发挥司法职能作用。要深刻领会把握坚持问题导向精准贯彻新发展理念，围绕切实解决好发展不平衡不充分问题找准找实司法服务举措，以精准司法服务高质量发展。要深刻领会把握增强忧患意识、坚持底线思维的重大意义，把安全发展贯穿法院工作各领域全过程，统筹安全和发展，增强忧患意识，防范风险挑战，着力营造安全稳定的发展环境。贯彻新发展理念是具体的，必须融入司法裁判。我曾经讲过，要坚持用新发展理念统揽法院工作，对不适应、不适合甚至违背新发展理念的认识要立即调整，对不适应、不适合甚至违背新发展理念的行为要坚决纠正，对不适应、不适合甚至违背新发展理念的做法要彻底摒弃。法院系统学习贯彻习近平法治思想，要同完整准确全面贯彻新发展理念结合起来，这样才能更好了解大局、服务大局。

积极服务经济社会高质量发展。新发展理念、新发展格局、高质量发展内在统一、相互关联。人民法院在贯彻新发展理念、构建新发展格局、推动高质量发展上必须要有所作为，也必然大有可为。我们要紧扣“十四五”规划和 2035 年远景目标纲要确定的经济社会发展目标任务，切实找准司法工作精准发力的切入点、结合点。要全面加强知识产权司法保护，服务科技自立自强和创新驱动发展。加大对关键核心技术及新兴产业、重点领域等保护力度。加大对科研人员及其科研成果的保护力度，优化创新创业创造的法治环境。要促进市场化法治化国际化营商环境建设，健全产权司法保护制度，支持国有企业深化改革，平等保护民营企业产权和企业家权益，鼓励企业以恒心办恒业。要加强反垄断和反不正当竞争司法，维护市场公平竞争秩序和社会公共利益。要通过公正裁判推动平台经济规范健康持续发展，加强数据产权、用户数据权益和隐私权保护，强化平台企业劳动保护责任，促进营造开放、健康、安全的数字生态。要围绕深化供给侧结构性改革和扩大内需，强化司法服务供给，加强破产审判工作，推动建立便利、高效、有序的市场主体退出制度，依法妥善审理生产、分配、流通、消费领域纠纷案件，妥善化解新型基建、城市建设、民生工程等领域矛盾，积极服务构建新发展格局。要深入践行绿水青山就是金山银山理念，推动整治生态领域突出问题，促进大江大河生态环境保护修复，加强对人文和自然遗产、传统村落的保护，推动改善城乡环境，加强生态环境治理。要跟进完善司法服务举措，加强专业化审判组织建设，以高水平司法服务促进区域协调发展，保障重大战略实施。

要统筹推进国内法治和涉外法治，加强涉外商事海事审判工作，服务高水平对外开放，加快推进海事司法建设，维护国家海洋权益和安全。要统筹发展和安全，贯彻总体国家安全观，推动扫黑除恶常态化，增强司法服务保障经济安全、公共安全和社会稳定能力，加大对粮食安全、能源资源安全、金融安全、食品药品安全、生物安全、网络安全等领域犯罪惩治力度，切实维护政治安全、社会安定、人民安宁。

谋划推进人民法院工作高质量发展。习近平总书记强调“高质量发展是‘十四五’乃至更长时期我国经济社会发展的主题”，“不只是一个经济要求，而是对经济社会发展方方面面的总要求”。人民法院工作同样要坚定不移走高质量发展之路。首先是要加强政治建设，贯彻新发展理念，扎扎实实做好审判执行工作，提高审判质效和司法公信力。要坚持系统观念。谋划法院工作要通盘考虑各领域各环节，加强前瞻性思考、全局性谋划、战略性布局、整体性推进。比如，刑事审判首先要依法判处，符合法律标准，同时要考虑实践情况，审判时候就要考虑到执行情况，这也是系统观念。要坚持法治思维。任何时候都要坚守法治底线，以事实为根据，以法律为准绳。法院工作离开了法律，公信力就无从谈起，更谈不上高质量发展。要坚持强基导向。必须把抓基层、打基础作为长远之计和固本之策，坚持强基固本，狠抓基层基础，持之以恒夯实基层组织，抓好基础工作，提升基本能力。要加强审判管理。“十三五”时期，司法质量、效率和公信力明显提高，这首先得益于党中央的坚强领导，推动了大环境的改善。也离不开全国法院几十万干警辛勤拼搏、无私奉献以及社会各界关心支持。离不开我们一以贯之狠抓审判执行质效管理。要树牢底线思维。安全是发展的基础，没有安全，发展就不可持续，安全发展理念必须贯穿法院工作始终。要善于从政治的高度观察形势、发现问题、掌控风险。要以大概率思维应对小概率事件，对法院案件审判、安全保卫、舆情应对、队伍管理等工作做好常态化风险管控，坚决守牢安全发展的底线。

四、围绕高质量发展，必须牢牢坚持以人民为中心的发展思想，不断实现人民对公平正义的向往

习近平总书记强调，“要始终把最广大人民根本利益放在心上，坚定不移

增进民生福祉，把高质量发展同满足人民美好生活需要紧密结合起来”。党的十八大以来，我们认真践行司法为民宗旨，从群众最关心的事情做起，最不满意的地方改起，全面实行立案登记制，如期实现基本解决执行难目标，基本建成一站式多元纠纷解决和诉讼服务体系，积极运用司法手段推动解决群众反映强烈的堵点难点痛点问题，人民群众对司法公正的获得感明显增强，对法院工作的满意度明显提升。实践证明，只有始终站稳人民立场，积极回应群众关切，司法工作才能符合民情、体现民意、赢得民心，司法事业才会呈现蓬勃生机和无限活力。进入新发展阶段，人民法院要坚持以人民为中心，积极回应人民群众新要求新期待，着力解决司法领域人民群众反映强烈的突出问题，努力让人民群众在每一个司法案件中感受到公平正义。

依法维护人民群众合法权益和社会公平正义。“十四五”规划和2035年远景目标纲要把“以人民为中心”确定为必须遵循的原则，经济社会发展主要指标中民生福祉类占比超过1/3，为历次之最。民生是人民幸福之基、社会和谐之本，是最大的政治。坚持以人民为中心，要始终以人民呼声为第一信号，抓住人民群众最关心最直接最现实的利益问题，围绕就业、教育、社保、医疗、养老、托幼、住房等民生实事强化司法服务，让发展成果更多更公平惠及全体人民。要切实贯彻实施民法典，提高民事案件审判水平和效率，加强对生命健康、财产安全、交易便利、生活幸福、人格尊严等各方面权利的平等保护，努力让广大人民群众获得感、幸福感、安全感更加充实、更有保障、更可持续。要加强人格权保护，让人身自由得到切实保障、人格尊严受到切实尊重。新时代，人民群众对美好生活的向往更多向民主、法治、公平、正义、安全、环境等方面延伸。要准确把握人民群众新要求新期待，依法保障权利公平、机会公平、规则公平，努力让人民群众感受到更高层次、更实质性的公平，更符合时代特点、法理情相统一的正义，更贴近生产生活、内涵丰富的安全，还要让公平正义提速、触手可及、经得起“围观”。

健全中国特色一站式多元纠纷解决和诉讼服务体系。坚持以人民为中心，一切为了人民，是一站式建设的初衷。推进这项民心工程，绝不是因为案件多了要把案件挡在门外，而是要为人民群众提供多样化纠纷解决方案和权利救济渠道，通过菜单式、集约式、一站式服务，方便群众公正、高效、实质性化解矛盾纠纷。2020年，经过全国法院共同努力，全国法院受理案件3080.5万件，这是2004年以来的首次下降，特别是民事诉讼案件以年均

10%的速度持续增长15年后首次下降。两会期间一站式建设成为代表委员热议话题，用代表委员的话说就是，法院“把困难留给自己，把方便留给群众，把看似不可能变成了可能”。实践证明，中国特色一站式多元纠纷解决和诉讼服务机制是源头预防化解矛盾的有效之举，是方便群众及时高效实现公平正义的制胜之举。中国法院不仅是司法裁判者，而且是多元化纠纷解决服务的提供者，这恰恰体现了中国特色社会主义司法制度的显著优势。在党委领导、政府支持下，全社会共同化解矛盾，这在全世界都是一道亮丽风景线。全国法院一盘棋，共同努力打赢了一场硬仗，构建起中国特色一站式多元纠纷解决和诉讼服务机制，显示出巨大功效。近期，中央全面深化改革委员会通过了《关于加强诉源治理推动矛盾纠纷源头化解的意见》，要认真抓好落实。坚持把非诉讼纠纷解决机制挺在前面，在党的领导下深入推进诉源治理，依靠党委领导、政府支持，依靠社会力量化解矛盾。此外，我们还实现了跨域立案服务全覆盖，大大方便了人民群众。一站式解纷、跨域立案，充分体现了中国特色社会主义司法制度的巨大优越性。各级法院要乘势而上，把健全中国特色一站式多元纠纷解决和诉讼服务体系纳入党史学习教育“我为群众办实事”重要内容，不断提升新时代人民法院化解矛盾纠纷、服务人民群众的能力水平。

切实提高做群众工作的能力。今年报告讲到法官要提高群众工作能力，既解决案件的法结，又化解群众的心结。人民法院是国家审判机关，从工作角度看就是化解矛盾、定分止争的。面对纷繁复杂甚至尖锐激烈的矛盾，广大法院干警要做习近平法治思想的坚定信仰者和忠实实践者，敢于担当、敢于碰硬，不回避、不推卸，不徇私情、秉公处理，既解决案件的法结，又化解群众的心结，真正实现政治效果、法律效果、社会效果的统一。化解群众心结的要求很高，要善于做群众工作，善于化解矛盾。同时要做好舆情工作，回应好人民群众关切。面对舆情，既不能对舆论无动于衷，也不能为舆论所左右，要在众声喧哗中保持法治定力。要提高运用裁判引领社会价值导向的能力，越是社会关注度高的案件越要坚持依法公开，让热点案件审判成为全民共享的法治公开课。要推进社会主义核心价值观融入裁判文书释法说理，让新时代司法更加有力量、有是非、有温度。

五、围绕高质量发展，必须坚持强基导向，充分发挥人民法庭服务全面推进乡村振兴和基层社会治理的重要作用

习近平总书记强调："全面推进依法治国，推进国家治理体系和治理能力现代化，工作的基础在基层。要不断夯实基层基础，加强基层党的领导，引导群众积极参与，带动群众知法、尊法、守法。"党的十八大以来，我们坚持把人民法庭建设作为抓基层、打基础、利长远的工作摆在重要位置，先后召开两次全国人民法庭工作会议，出台政策文件，强化顶层设计，各地法院在党委领导下加大投入力度，优化法庭布局，创新便民机制，强化功能发挥，推动人民法庭服务群众、服务发展、服务治理能力水平稳步提升。2021 年全国高级法院院长会议上，我们将强化人民法庭建设作为 2021 年工作重点来抓。最高人民法院党组还提出，要在党史学习教育中把人民法庭建设作为为群众办实事的重要内容来抓。

从更高站位上认识人民法庭建设的意义。要进一步深化认识，统一思想。人民法庭是化解矛盾纠纷、服务人民群众的第一线，是推进社会治理、促进乡村振兴的最前沿，是巩固基层政权、维护社会稳定的重要主体。目前，全国 3000 多个基层法院设有 10759 个人民法庭，共有 5.3 万余名干警，在化解矛盾纠纷、服务人民群众、促进乡村振兴和基层社会治理方面承担着重要职责，人民法庭工作也直接关系法院工作水平。最高人民法院党组要求，各级人民法院领导干部要大兴调查研究之风，深入人民法庭蹲点调研，直接听取人民群众呼声，直接听取法庭干警意见。现在很多法庭工作做得很好，也很有特色，在基层社会治理中发挥了重要作用，在日常生活中积极为人民群众化解纠纷、排忧解难，在乡村振兴中也大有作为。脱贫攻坚战取得全面胜利后，"三农"工作重心历史性转移到全面推进乡村振兴。人民法庭扎根基层，在服务乡村产业兴旺、生态宜居、乡风文明、治理有效、生活富裕方面大有可为。我到各地调研，看到很多这方面的生动实践。比如，北京房山区连春祥法官扎根基层几十年，用"乡村法官日记"连续记录法庭工作体会，这本日记生动反映了改革开放以来首都乡村日新月异的发展变迁，生动记载着基层法院和人民法庭在乡村建设发展中发挥的积极作用。

一以贯之加强基层组织、基础工作、基本能力建设。我在调研中也看到，

有的地方人民法庭基础条件不好，有的“空心化”情况严重，我们要针对这些薄弱环节，补短板、强弱项。要加强基层组织建设，特别要抓好人民法庭基层党组织建设，充分发挥基层党组织战斗堡垒作用，更好推动强队伍、抓管理、促治理、提效能。要下大气力抓好基础建设，优化人民法庭布局，健全重心下移、力量下沉机制，推进人才、资源向基层倾斜，抢抓智慧法院建设纳入“十四五”规划和2035年远景目标纲要的机遇，提升人民法庭信息化建设水平。要加强基层干警履职保障，千方百计帮助解决实际困难，让大家安心扎根基层、服务群众。要健全支持革命老区、民族地区、边疆地区、脱贫地区法院建设常态化机制，提升审判法庭、人民法庭建设现代化水平。

充分发挥人民法庭功能作用。要围绕全面推进乡村振兴和基层社会治理两个重点，强化人民法庭建设，充分发挥人民法庭功能作用和特色优势。要准确把握全面推进乡村振兴要求，依法妥善化解涉农纠纷，促进乡村产业发展、农村改革、乡村建设、乡村治理，服务建设美丽宜人、业兴人和的社会主义新乡村。要坚持和发展新时代“枫桥经验”，加强同基层党组织、政法单位、群众自治组织、矛盾纠纷调处中心等对接，推动更多法治力量向引导和疏导端用力，促进矛盾纠纷源头化解、多元化解。要大力推广“群众说事、法官说法”“寻乌经验”等经验做法，推动完善自治法治德治相结合的城乡基层治理体系，促进法治乡村建设。要加强法治宣传教育，通过巡回审判、以案说法、送法下乡等活动，带动群众知法、尊法、守法。

六、围绕高质量发展，必须坚定不移深化司法体制改革

习近平总书记在中央全面依法治国工作会议上强调“要深化司法责任制综合配套改革”。党的十八大以来，人民法院始终坚持正确改革方向，以前所未有的广度和深度推进司法体制改革，啃下很多难啃的硬骨头，做成了想了很多年、讲了很多年但没有做成的改革。人民法院“四五改革纲要”全面收官，“五五改革纲要”稳步推进，综合配套改革迈向深入，司法责任制、法官员额制、人员分类管理、司法制约监督、统一法律适用、认罪认罚从宽、案件繁简分流等改革落地见效，解决了一批影响司法公正和制约司法能力的深层次问题，司法质量、效率和公信力明显提高，公正高效权威的社会主义司法制度更加成熟定型。全国法院审判执行质效稳中向好，法官人均办案量从

2016年的104件增长到2020年的225件，执行到位金额从2016年的1.4万亿元增长到2020年的1.9万亿元，涉诉信访、涉诉进京访逐年下降。进入新发展阶段，司法体制改革面临新任务新要求，我们必须坚定不移深化司法体制改革，坚持用改革的思维和办法解决改革中出现的新情况新问题。

推动司法体制改革系统集成、协同高效。随着司法体制改革不断深入，特别是司法责任制改革全面落地，取得阶段性成效，深化改革就是要在此基础上，以系统观念和综合配套思路解决好当前改革中配套举措还不完善、机制衔接还不顺畅、系统集成还不到位等问题，不断增强司法体制改革的系统性、整体性、协同性，推动中国特色社会主义司法制度优势不断转化为助力“中国之治”的治理效能。要更加注重系统观念，把深化改革举措同促进制度集成结合起来，加强制度创新充分联动和衔接配套，推动司法体制改革和智慧法院建设深度融合，提升改革综合效能。要坚持问题导向，紧盯解决突出矛盾和问题，使改革对接发展所需、基层所盼、民心所向，提高司法体制改革的战略性、前瞻性、针对性。要坚持统一性与差异性相结合，落实主体责任，激发基层活力，立足本地实际创造性开展工作，推动质量变革、效率变革、动力变革，不断增强法院工作高质量发展动能。

全面深化司法责任制综合配套改革。中办印发了深化司法责任制综合配套改革意见，最高人民法院出台了实施意见，要不折不扣抓好落实，确保综合配套改革落地见效。要正确认识和处理放权与监督的关系，加强监督不是走回头路，更不是否定司法责任制改革，而是要在更高层次上实现司法权力与责任的平衡、放权与监督的结合、公正与效率的统一。要正确认识和处理法官员额制和人员分类管理的关系。突出法官的主体地位，加强以法官为中心的办案团队建设，让法官集中精力尽好责、办好案。常态化开展员额统筹调配、动态调整、递补和退出工作，完善逐级遴选制度。深化司法人员分类管理，完善各类人员选任、培养、使用、监督机制，畅通内部岗位交流通道，加强司法职业保障。要正确认识和处理违法审判责任追究和依法履职保障的关系。健全法官惩戒制度机制，坚持严肃追责与依法保护相统一、依法及时惩戒与强化履职保障相统一。需要强调的是，员额制改革以来，法官待遇等方面保障日益完善，改革红利逐步释放，广大法官以昂扬向上的精神状态干事创业。要进一步营造关注、支持改革的氛围，让法官能够心无旁骛做好工作，不断提高审判质效和司法公信力。

加强司法制约监督，规范司法权力运行。制约监督的问题，是党中央高度重视的问题，也是人民群众反映强烈的突出问题，这是司法体制改革必须紧盯不放抓紧抓好的重点任务，必须加快构建规范高效的制约监督体系。要健全内部制约监督制度机制，发挥诉讼程序制约监督功能，完善主动接受外部监督机制，提升智能化监督管理水平，加快构建与新型审判权力运行模式相适应的制约监督体系。要落实和完善审判权责清单制度，健全“四类案件”识别监管机制，按照事中监督、全程留痕、组织化行权原则，压实院庭长审判监督管理职责。要完善审判委员会、专业法官会议工作机制，运用科技手段全面推行类案检索，规范自由裁量权，促进法律适用统一。要针对扫黑除恶、队伍教育整顿和热点案事件暴露的突出问题，着力完善制度、堵塞漏洞，严格规范减刑、假释、暂予监外执行，严格落实防止干预司法“三个规定”，完善任职回避等从严管理制度，让司法腐败无处遁形。

七、围绕高质量发展，必须抢抓机遇加强智慧法院建设

习近平总书记强调，“要把深化司法体制改革和现代科技应用结合起来，不断完善和发展中国特色社会主义司法制度”。党的十八大以来，人民法院坚持“一体两翼”工作思路，坚持把司法体制改革和智慧法院建设作为人民法院工作发展的“车之两轮、鸟之双翼”，加快推进审判体系和审判能力现代化。互联网法院在平台建设、技术应用、规则完善、网络治理方面探索出一批可复制可推广经验，移动微法院平台引领移动电子诉讼发展潮流。这次疫情是对法院系统的一次全面压力测试，大家一起努力交出了合格答卷，智慧法院经受住全方位检验，作用得到充分显现。2020 年 2 月 3 日至 2021 年 4 月 9 日，全国法院网上立案 1015 万件、网上开庭 112 万场、网上调解 559 万次，同比分别增长 67％、344％和 156％，电子送达 2946 万次，实现了“审判执行不停摆、公平正义不止步”，这在世界各国法院中独树一帜，充分体现我国社会主义司法制度的巨大优越性。进入新发展阶段，要以智慧法院建设纳入“十四五”规划为重要契机，抢抓“十四五”时期网络强国、数字中国建设重大机遇，在更高起点上全面深化智慧法院建设，努力创造以人民为中心的更高水平社会主义司法文明。

推动建设人民法院信息化 4.0 版。“十三五”时期，我们完成了以数据为

中心的人民法院信息化3.0版建设，面向“十四五”，智慧法院建设的主要任务是建设以知识为中心的信息化4.0版，为更好寻找事实、寻找法律提供科技支撑。要推进智慧法院大脑和司法数据中台建设，抓住数据这个关键，增强数据收集、管理、分析、应用能力，形成数据驱动，推动从智能化向智慧化发展。要加强总体设计，整合优化信息系统，打通“信息孤岛”和“数据壁垒”。要加快完善人民法院“十四五”时期科技创新布局，持续推进人民法院主导的国家重点研发计划项目科研成果的发现、集成和验证，抢抓机遇推动实现智慧法院建设全面升级。

完善互联网司法模式。党的十八大以来，习近平总书记亲自谋划、亲自部署互联网法院建设，中国互联网司法实现了从“跟跑”到“领跑”的转变，中国特色、世界领先的互联网司法新模式已经形成并不断发展完善，这是我国科技发展优势的体现，更是我国政治优势、制度优势的体现。北京、杭州、广州互联网法院积极开展在线庭审，平均用时36分钟，比线下节约2/3，案件平均审理周期60天，比线下缩短1/4，审理了一大批填补空白、树立规则、具有示范意义的互联网案件，在国内外产生广泛影响。面向“十四五”乃至更长时期，我们必须主动适应数字化发展大趋势，在完善互联网司法模式上勇于创新、不断进取。要加强互联网法院建设，探索创新更多可复制可推广的好经验。要主动拥抱5G、物联网、人工智能、云计算、区块链等现代科技，不断拓展技术应用场景，形成落地标准，用先进科技为司法审判赋能。要加快构建系统完备的在线诉讼规则体系，及时总结提炼经验规则，研究在线诉讼中的新情况新问题乃至前沿性问题，加快推进在线诉讼制度化。要在促进网络空间治理法治化上下更大功夫，依法公正审理前沿性、新类型案件，以公正裁判定标尺、明界限、促治理，积极探索网络空间治理方面的司法裁判规则，促进营造开放、健康、安全的数字生态。要讲好中国互联网司法的好故事，不断提升我国在互联网治理领域的国际影响力和话语权，积极为全球互联网法治发展贡献中国智慧中国方案。

健全阳光司法机制。开放、动态、透明、便民的阳光司法机制是党的十八大以来中国司法的一张亮丽名片。司法公开的广度和深度前所未有，以公开促公正树公信作用充分发挥。目前，裁判文书上网公开突破1亿份，庭审直播超过1200万场，审判流程、庭审活动、裁判文书、执行信息四大公开平台成为全社会乃至全球检视中国司法公正的重要窗口，充分展现了中国司法的制度自信。各级法院要充分认识健全阳光司法机制的重大意义，总结成功经验，巩固公开成果，补齐工作短板，纵深推进阳光司法机制建设，推进司法公开向着更广范围、更高层次和更深程度发展，让司法公开的中国司法名片更亮。

八、围绕高质量发展，必须锲而不舍加强过硬法院队伍建设

习近平总书记对各级领导干部提出要求，强调要“不断提高把握新发展阶段、贯彻新发展理念、构建新发展格局的政治能力、战略眼光、专业水平，敢于担当、善于作为，把党中央决策部署贯彻落实好”。党的十八大以来，人民法院过硬队伍建设取得长足进步，队伍能力素质显著提高，涌现出一大批先进典型，展现了新时代人民法官忠于党、忠于国家、忠于人民、忠于法律的政治本色。新时代新阶段人民法院肩负重要使命，必须久久为功推进过硬法院队伍建设，坚持全面从严治党、从严治院、从严管理，以更严标准、更高要求抓好队伍建设管理，确保广大法院干警的思想、理念、能力、作风大踏步跟上新时代新阶段要求。

推动队伍教育整顿走深走实。锻造一支忠诚干净担当的过硬法院队伍，直接关系人民司法事业兴衰成败，直接关系创造更高水平的社会主义司法文明，直接关系人民群众对社会主义法治建设的信心。我们要按照党中央统一部署，以开展队伍教育整顿为契机，抓好筑牢政治忠诚、清除害群之马、整治顽瘴痼疾、弘扬英模精神“四项任务”，切实纯洁法院队伍，确保“刀把子”牢牢掌握在党和人民手中。要围绕政治建设这个首要任务，紧扣忠诚纯洁可靠的根本要求，把队伍教育整顿同党史学习教育紧密结合起来，强化理论武装，提高政治能力。要坚持刀刃向内、刮骨疗毒，对自身存在的问题不遮丑、不护短、不文过饰非，坚决克服怕“揭盖子”、怕得罪人的消极思想，敢于动真碰硬，做到有案必查、有贪必肃、有腐必惩。要加强组织领导，准确把握政策，确保教育整顿取得实效。中国司法有党的领导，有中国特色社会主义制度的巨大优越性，党的十八大以来司法体制改革力度前所未有，智慧法院建设走在世界前列，我们有信心有底气为世界法治文明发展作出更大贡献。但是，如果廉洁这关过不了，公正司法就无从谈起，没有公正司法，何谈高质量发展。廉洁司法是公正司法的基石，必须从廉洁司法、公正司法

抓起，切实建好过硬队伍，为人民法院工作高质量发展提供有力组织保证。

以时不我待的紧迫感抓好专业化能力建设。“十四五”为司法工作带来前所未有的重大机遇，也对法院队伍专业化能力提出新的更高要求。要把专业化能力建设摆到更加重要的位置来抓，突出实战实用实效导向，干什么学什么、缺什么补什么，使广大干警真正跟上新时代步伐。要紧扣“十四五”时期我国发展需要，在知识产权、互联网、涉外等重点领域抓紧培养储备一批高素质专业化审判人才。要大兴调查研究之风，抓紧研究平台经济、人工智能、无人驾驶、反垄断等司法实践新情况新问题。当前，司法工作中的新情况新问题层出不穷，要不断深入研究新情况新问题，提高解决新型疑难纠纷、处理复杂利益博弈的能力。

驰而不息纠治形式主义、官僚主义。学习贯彻习近平法治思想，贯彻落实党中央决策部署，服务“十四五”开好局起好步，关键在一个“实”字。要以马不离鞍、缰不松手的定力，以反复抓、抓反复的韧劲，以钉钉子精神贯彻中央八项规定及其实施细则精神，落实为基层减负规定。要精准贯彻党中央决策部署，坚决杜绝贯彻落实中的形式主义、官僚主义，决不允许光喊口号、不见成效。要在法院系统大力弘扬求真务实、真抓实干、埋头苦干的新风正气，拧紧四级法院抓落实链条，形成一级带一级、层层抓落实的生动局面。

不断提升人民法院教育培训工作水平。党的十八大以来，习近平总书记高度重视干部教育培训工作，作出一系列重要指示，要求“抓好全党大学习、干部大培训”，为开展好干部教育培训工作指明了方向、提供了根本遵循。2020年9月，国家法官学院举行秋季开学典礼，最高人民法院党组贯彻落实党中央决策部署，对创新拓展新时代人民法院教育培训工作提出明确要求。几个月来，国家法官学院坚持以习近平新时代中国特色社会主义思想为指导，深入贯彻习近平法治思想，按照党组部署要求，努力克服疫情带来的不利影响，突出政治统领，推进改革创新，加强自身建设，教育培训等各项工作取得显著成效。希望继续贯彻落实好党中央决策部署，落实好党组要求，更加自觉融入党和国家工作大局、融入法院中心工作，汇聚各方面力量，全面加强教育培训、对外交流、应用法学研究、学院管理建设等工作，朝着建设“国际一流司法学府”和“世界一流司法案例研究中心”目标不断迈进。实现这个目标，必须在理念、机制、队伍等方面多管齐下。一流的学府要有一流的办学理念，要心怀“国之大者”，准确把握立足新发展阶段、贯彻新发展理念、构建新发展格局、推动高质量发展要求，发挥国家法官学院作为国家最高司法学府、案例研究中心、国际法官交流中心的综合优势，积极服务法治中国建设。一流的学府要有一流的经验传承，学院要结合党史学习教育和党史研究，既要认真总结新中国成立以来法院教育培训的成功经验，更要总结传承我们党百年司法教育培训的优良传统。一流的学府要有一流的培训师资，学院既要培养一流的专职教学科研队伍，也要建设一支资深法官、高端专家组成的兼职教师队伍。一流的学府要有一流的管理机制，学院要适应审判体系和审判能力现代化要求，推进学院管理现代化。一流的学府要有一流的科研和教材，学院组织编写《西方错误法治思潮批判》等教材，围绕国家社科重大课题开展研究，是很好的开端，要持续用力做下去。健全科研人员奖励激励机制，为科研人员心无旁骛做科研创造有利条件，让更多优秀科研人才脱颖而出。一流的学府要有一流的培养效果，要规划好初任法官培训、高级法官培训、法院领导培训，助力提升法院干警服务大局、司法为民、公正司法的能力，使国家法官学院成为名副其实的新任法官、高级法官、法院领导干部的家园和成长“摇篮”，不断促进法院干部队伍革命化、正规化、专业化、职业化建设，为推动人民法院工作高质量发展作出贡献。

新征程已开启，新蓝图已绘就。我们要坚持以习近平新时代中国特色社会主义思想武装头脑、指导实践、推动工作，真学真信笃行习近平法治思想，奋发有为推动新时代人民法院工作高质量发展，用扎实司法工作实效服务全面建设社会主义现代化国家开好局起好步，以优异成绩庆祝建党100周年。

（来源：《法律适用》2021年第4期）

坚持以人民为中心　更加注重强基导向
不断提升人民法庭建设水平和基层司法能力

——2021年7月25日在全国高级法院院长座谈会上的讲话

最高人民法院院长　周　强

7月1日，习近平总书记出席庆祝中国共产党成立100周年大会并发表重要讲话。习近平总书记“七一”重要讲话，立足中国共产党百年华诞的重大时刻和“两个一百年”历史交汇的关键节点，回望光辉历史、擘画光明未来，是一篇马克思主义纲领性文献，是新时代中国共产党人不忘初心、牢记使命的政治宣言，是我们党团结带领人民以史为鉴、开创未来的行动指南，为奋进新时代、走好新征程进一步指明了前进方向、提供了根本遵循。当前，全党全国把学习贯彻“七一”重要讲话精神作为一项重大政治任务，迅速兴起学习贯彻热潮，从中我们深刻感受到人民群众对中国共产党发自内心的热爱和拥护，对党和人民领袖习近平总书记发自内心的热爱和拥戴。我们要进一步统一思想、提高认识，深刻领会把握讲话的重大意义、丰富内涵、核心要义、实践要求，坚决响应习近平总书记代表党中央发出的伟大号召，弘扬伟大建党精神，贯彻以史为鉴、开创未来“九个必须”的根本要求，牢记初心使命，坚定理想信念，践行党的宗旨，忠实履行宪法法律赋予的职责，把学习贯彻成果转化为推动法院工作高质量发展的强大动力和实际成效，在新的赶考之路上继续为实现人民对美好生活的向往不懈努力，为全面建设社会主义现代化国家、实现中华民族伟大复兴的中国梦不懈奋斗。

习近平总书记在“七一”重要讲话中庄严宣告，我们实现了第一个百年奋斗目标，在中华大地上全面建成了小康社会，历史性地解决了绝对贫困问题，正在意气风发向着全面建成社会主义现代化强国的第二个百年奋斗目标迈进。我们要从历史与现实、理论与实践、国际与国内的比较中，深刻认识全面建成小康社会的伟大成就和历史意义，深刻认识这在中国共产党历史、中华人民共和国发展史、中华民族复兴史上的重要里程碑意义。全面建成小康社会，向着第二个百年奋斗目标迈进，这是党和国家事业发展新的时空背景和历史坐标，一切工作都要置于其中来思考、谋划和推进，更加坚定自信地向着第二个百年奋斗目标奋进。

2021年以来，习近平总书记在省部级主要领导干部学习贯彻党的十九届五中全会精神专题研讨班、中央农村工作会议、全国脱贫攻坚总结表彰大会以及到各地考察调研时，发表一系列重要讲话，对把握新发展阶段、贯彻新发展理念、构建新发展格局、推动高质量发展，确保全面建设社会主义现代化国家开好局起好步作出重大部署，对巩固拓展脱贫攻坚成果、全面推进乡村振兴、加强基层治理体系和治理能力现代化建设等工作作出重要指示。2021年1月，习近平总书记对政法工作作出重要指示，强调“更加注重系统观念、法治思维、强基导向，推动政法工作高质量发展”。“十四五”规划和2035年远景目标纲要，6月1日起施行的乡村振兴促进法，使党中央关于全面推进乡村振兴、健全城乡基层社会治理体系等决策部署，通过法定程序成为国家意志、国家法律。我们要深入贯彻习近平总书记重要指示精神，立足“两个大局”，胸怀“国之大者”，深刻把握党和国家一系列战略部署的深远考虑和重大意义，更加注重强基导向，采取切实有效措施强力推进人民法庭工作，不断提高基层司法能力水平，为乡村振兴、民族复兴，为推动人的全面发展、全体人民共同富裕取得更为明显的实质性进展提供有力司法服务。

强化人民法庭建设，是深入贯彻习近平法治思想的实际行动，是一项基础性、全局性、战略性工作，既传承人民司法优良传统，又具有鲜明中国特色和时代特征，对提升人民法院化解矛盾纠纷、服务人民群众能力水平，推动新时代人民法院工作高质量发展具有重大意义。2021年，最高人民法院明确要求，各级法院领导班子要到人民法庭蹲点调研，最高人民法院和各级法院班子同志都积极行动，深入人民法庭调研了解情况。在新疆阿勒泰布尔津县调研期间，我到人民法庭驻庭调研，与法庭同志同吃同住、一同参加调解工作，收获很大，深切感受到天山南北对中国共产党、对党和人民领袖习近平总书记的深厚感情，深切感受到天山南北贯彻落实新时代党的治疆方略发生的巨大变化，深切感受到广大人民群众尤其是基层人民群众的司法需求，感受到人民群众希望人民法庭做什么、发挥什么作用。白天，我们进村入户，同基层各界群众、村党支部书记、村委会主任、基层公安干警、司法所所长、村民代表、致富带头人等促膝长谈；晚上，我们同法庭同志一起学习习近平总书记“七一”重要讲话精神，被人民群众在新时代展现的精神风貌深深感染，被基层法庭干警深入群众、扎根基层、奉献基层的精神深深感染。我们要进一步传承红色基因，继承毛泽东等老一辈革命家深入群众、深入基层、深入调查研究的优良作风。在信息技术高度发达的时代，密切联系群众一刻也不能少。

2020 年 11 月 18 日，我们召开第四次全国人民法庭工作会议，郭声琨书记作出重要批示，深刻指出新形势下推进人民法庭工作的指导思想和目标任务，对加强和改进人民法庭工作提出明确要求。第四次全国人民法庭工作会议以来，全国法院认真贯彻落实郭声琨书记重要批示要求，按照最高人民法院部署要求，因地制宜，分类施策，加大投入力度、优化法庭布局、完善保障措施、强化职能发挥，人民法庭建设水平和司法服务能力稳步提升，人民群众获得感、幸福感、安全感不断增强，受到各方面充分肯定。一是思想认识有了新提高。全国法院迅速统一思想行动，把强化人民法庭建设作为更加注重强基导向、集成改革成果的重点工作抓紧抓实。最高人民法院和各级法院院长带头驻庭、院领导深入法庭蹲点调研，大部分高级法院都专门召开会议研究部署辖区人民法庭建设工作。在到各地调研时，深切感受到人民法庭的新变化，尤其是第四次全国人民法庭工作会议以来取得的新成效，人民法庭建设迎来新的勃勃生机。二是服务发展取得新成效。围绕巩固拓展脱贫攻坚成果同乡村振兴有效衔接，各地人民法庭找准司法工作精准发力的切入点，依法妥善化解各类涉农纠纷，在保障农业农村发展、服务深化农村改革、畅通城乡经济循环等方面积极发挥作用。深入贯彻新发展理念，结合当地发展实际，通过专业化法庭或特色巡回审判机制，公正高效审理涉及产业发展、生态保护等案件，促进法治化营商环境建设，服务经济高质量发展。一些法院设立旅游法庭、特色产业法庭、苹果法庭、瓜菜法庭等做法，直接服务当地经济社会发展，受到人民群众欢迎和当地党委政府高度评价。三是服务群众展现新形象。民生司法保障持续加强，依法妥善审理婚姻家庭、劳动争议、人身损害、道路交通、物业纠纷、相邻关系等一大批涉民生案件，强化了权利救济，维护了群众权益。巡回审判辐射力显著增强，依托车载法庭、马背法庭、背包法庭等广泛开展巡回审判，打通了司法服务“最后一公里”。一站式建设和智慧法院建设成果在人民法庭得到集成应用，均等普惠、便捷高效、智慧精准的一站式服务，大大方便了群众化解矛盾纠纷、实现公平正义。四是促进治理取得新进展。紧紧依靠地方党委领导，主动融入城乡基层社会治理体系，推进人民法庭进乡村、进社区、进网格，发挥司法参与、推动、规范和保障作用，提升基层社会治理法治化水平。多元化纠纷解决机制蓬勃发展，驻庭特邀调解组织、调解员数量明显上升，多元化解和司法确认工作明显加强，矛盾纠纷源头预防化解效能明显提高。广泛开展形式多样的法治宣传，推动社会主义核心价值观和法治精神深入人心。五是改革效能得到新提升。司法责任制综合配套改革在人民法庭落地见效，新型审判权力运行机制和审判监督管理机制逐步健全。落实民事诉讼程序繁简分流改革试点，推行“分调裁审”机制改革，提高司法质效。截至2021年6月，全国有10145个人民法庭，共有员额法官17927名、法官助理12765名、书记员20151名。2020年，全国人民法庭受理案件419万件、审结416万件，均约占同期基层法院受理、审结案件的1/4，有的达35%，法官人均办案232件，不少地方超过300件。专业化人民法庭发展迅速，各地新设或加挂了一批专业化法庭，涵盖金融、道交、劳动、家事、物业、旅游、环境等诸多领域，成为人民法庭工作新亮点。六是队伍建设得到新加强。始终把党的政治建设摆在首位，坚持以党建带队建促审判，以基层党建创新引领基层治理创新，扎实开展党史学习教育和队伍教育整顿，人民法庭队伍政治素质和司法能力得到明显提升。加强法官、司法辅助人员、法警配备，通过购买服务强化人力保障，人民法庭人员力量得以充实。党中央表彰全国“两优一先”，全国优秀共产党员刘黎、吕仙华、周淑琴、亓民川，全国优秀党务工作者赵立梅，都是从人民法庭成长起来、扎根基层、奉献基层的先进典型。七是基础建设迈上新台阶。在地方党委领导、政府支持下，全国人民法庭经费和物质装备保障水平都得到明显提升，“十三五”时期法庭经费保障净增长2.22倍。革命老区、民族地区、边疆地区和脱贫地区人民法庭的办公办案条件得到明显改善。全国人民法院基本实现法院专网和互联网全覆盖，实现网上办公办案，城区法庭、城乡结合法庭基本实现科技法庭配备，信息化智能化应用推广迅速，人民法庭科技应用能力水平大踏步赶上时代。党的十八大以来，人民法庭建设取得长足发展，最美的法庭江西婺源江湾法庭，最现代化的法庭浙江桐乡乌镇法庭，还有西藏、青海海拔最高的人民法庭，充分展现了人民法庭建设的新进步。人民法院新闻传媒总社举办的“天平杯·随手拍”活动很受欢迎。法院干警拍摄的云南红河梯田壮美秀丽，反映出乡村振兴取得的新成效；拍摄的“马背法庭”跋山涉水，反映出人民法官深入基层为人民群众提供司法服务的生动实践。

当前和今后一个时期，人民法庭工作的总体思路是：坚持以习近平新时代中国特色社会主义思想为指导，认真学习贯彻习近平总书记“七一”重要讲话精神，深入贯彻习近平法治思想，增强“四个意识”、坚定“四个自信”、做到“两个维护”，紧紧围绕“努力让人民群众在每一个司法案件中感受到公平正义”的目标，更加注重强基导向，坚持以人民为中心，坚持面向农村、面向基层、面向群众，坚持便于当事人诉讼、便于人民法院依法独立公正高效行使审判权、便于人民群众及时感受到公平正义的原则，坚持服务全面推进乡村振兴、服务基层社会治理、服务人民群众高品质生活需要，以明晰功能定位、优化法庭布局、健全运行机制、强化支持保障、加强队伍建设为重点，不断提升人民法庭建设水平和基层司法能力，推动建设更高水平的平安中国、法治中国，为实现“十四五”时期经济行稳致远、社会安定和谐，为实现人民对美好生活的向往、促进全体人民共同富裕，为全面建设社会主义现代化国家提供更加有力的司法服务。

一、坚持以习近平新时代中国特色社会主义思想为指导，深刻认识加强新时代人民法庭工作的重大意义

习近平总书记深刻指出“全面推进依法治国，推进国家治理体系和治理能力现代化，工作的基础在基层”，强调“要不断夯实基层基础”。党的十八大以来，习近平法治思想领航法治中国阔步向前。在党中央坚强领导下，在全面依法治国大背景下，人民法院坚持以人民为中心，站稳人民立场，一仗接着一仗打，为实现人民对公平正义的向往不懈努力。从全面实行立案登记制到基本解决执行难，从全面深化司法体制改革到加快推进智慧法院建设，从深化司法公开到构建一站式多元解纷和诉讼服务体系，我们通过理念创新、制度改革、科技变革，解决了一批群众反映强烈的难点痛点堵点问题，攻克了一批困扰法院多年的顽瘴痼疾，啃下了不少难啃的硬骨头，受到党中央和广大人民群众充分肯定。新时代新征程上，如何推动人民法院工作高质量发

展、更好服务经济社会高质量发展，如何集成司法体制改革成果、让人民群众切实感受到公平正义，如何夯实基层基础、维护党和国家长治久安，是摆在全国法院面前的重大课题，也是最高人民法院党组一直思考的问题。所以，我们要真学真信笃行习近平法治思想，认真贯彻省部级、厅局级政法干部学习贯彻习近平法治思想专题研讨班精神，贯彻落实郭声琨书记在开班式上的重要讲话要求，从理论与实践结合上深入思考，深刻认识更加注重强基导向、强化人民法庭建设的重大意义。

加强新时代人民法庭工作，是厚植党长期执政基层基础的重要环节。习近平总书记强调“要从巩固党的执政基础和维护国家政权安全的高度，深刻认识做好基层治理工作的重要性”，强调“基础不牢，地动山摇。只有把基层党组织建设强、把基层政权巩固好，中国特色社会主义的根基才能稳固”。人民法庭扎根基层、面向群众、服务群众，是基层政权的重要组成部分，是党执政的“神经末梢”之一，在化解矛盾纠纷、维护基层稳定、巩固基层政权方面具有重要作用。必须坚持党的领导，不折不扣贯彻党的路线方针政策，切实提升人民法庭的司法能力、治理能力，推动将我国社会主义的政治优势、制度优势、组织优势更好转化为治理效能，夯实党的执政基础，巩固党的执政地位。

加强新时代人民法庭工作，是服务全面推进乡村振兴的基础工程。习近平总书记指出“全面建设社会主义现代化国家，实现中华民族伟大复兴，最艰巨最繁重的任务依然在农村，最广泛最深厚的基础依然在农村”。在党中央坚强领导下，脱贫攻坚战取得全面胜利。脱贫攻坚取得胜利后，要全面推进乡村振兴，这是“三农”工作重心的历史性转移。人民法庭与乡村有着天然的紧密联系，全国人民法庭中60%以上是乡村法庭，在服务脱贫攻坚中作出积极贡献，积累了宝贵经验。新的征程上，必须紧扣“三农”工作重心历史性转移提出的新任务新要求，更好发挥人民法庭服务“三农”、服务乡村的优势，在促进农业高质高效、乡村宜居宜业、农民富裕富足中体现司法担当，以法治方式服务巩固拓展脱贫攻坚成果、全面推进乡村振兴、加快农业农村现代化。

加强新时代人民法庭工作，是服务基层社会治理的重要路径。习近平总书记指出“推进基层治理体系和治理能力现代化建设，是全面建设社会主义现代化国家的一项重要工作”。党中央、国务院专门出台意见，对加强基层治理体系和治理能力现代化建设作出全面部署。基层治理是国家治理的基石，人民法庭是司法服务基层社会治理的最前沿，在促进基层依法治理方面承担着重要职能。新的征程上，必须坚持和发展新时代“枫桥经验”，发挥人民法庭源头预防化解矛盾的独特优势，紧扣市域、县域治理需求，健全覆盖城乡的司法服务网络，推动健全基层治理体制机制，切实把矛盾化解在基层，维护好社会稳定。

加强新时代人民法庭工作，是服务人民群众高品质生活需要的必然要求。习近平总书记在“七一”重要讲话中强调要“践行以人民为中心的发展思想，发展全过程人民民主，维护社会公平正义，着力解决发展不平衡不充分问题和人民群众急难愁盼问题，推动人的全面发展、全体人民共同富裕取得更为明显的实质性进展”。创造高品质生活，促进人的全面发展和全体人民共同富裕，这是社会主义的本质要求，是人民群众的共同期盼，是党中央在新发展阶段作出的战略部署。人民法庭是司法服务人民群众、维护公平正义的第一线，同时作为司法体系的末梢神经也是维护公平正义的最后一道防线，是人民法院践行以人民为中心的发展思想最生动的实践。新的征程上，必须聚焦服务人民群众高品质生活需要，依法维护人民群众合法权益，维护社会公平正义，更加注重向农村、基层、欠发达地区倾斜，向困难群众倾斜，提供优质司法服务，让公平正义的实现更加普惠均等，让改革发展成果更多更公平惠及全体人民。

加强新时代人民法庭工作，是传承红色司法基因的重要内容。习近平总书记强调：“我们要继续弘扬光荣传统、赓续红色血脉，永远把伟大建党精神继承下去、发扬光大！”人民法庭制度发端于土地革命时期，是人民司法制度的一大创造。新中国成立后，人民法庭制度不断巩固发展，确立了“三个面向”和“两便”原则，在化解矛盾、方便群众、促进和谐方面发挥着重要作用。无论是延安时期的马锡五审判方式，还是新时代的“群众说事、法官说法”，人民司法为人民的优良传统，都与人民法庭紧密联系在一起。时代变迁给人民法庭工作带来深刻影响，但是法庭存在的社会基础没有变，制度优势也没有变。新的征程上，必须传承红色基因，继承人民司法优良传统，坚持和发展人民法庭制度，与时俱进推动改革创新，因时而变、因地制宜，让人民法庭在新时代更好满足人民群众日益增长的司法需求。

二、牢牢把握强化人民法庭建设的历史机遇，与时俱进树立新时代人民法庭工作理念

人民法庭工作要跟上时代、走对路，迎来新的发展活力，首先要从更新理念开始，要形成符合新时代、符合人民期待、符合司法规律的工作理念。

积极回应人民群众新要求新期待，坚持和发展新时代人民法庭工作原则。努力让人民群众在每一个司法案件中感受到公平正义，这是新时代人民法院工作必须紧紧围绕的目标。随着我国社会主要矛盾发生变化，人民对公平正义的需要日益增长，“公平正义”成为人民法庭工作更加突出的目标。随着交通便利化、诉讼服务信息化，“两个便于”在很大程度上得以实现，实践证明“两便”原则是行之有效的。同时，“两便”原则在新的条件下又有新的内涵和要求。所以，人民法庭工作要在坚持便于当事人诉讼，便于人民法院依法独立公正高效行使审判权原则基础上，结合时代特征赋予“两个便于”新的时代内涵、新的实现路径。更重要的是，积极回应人民对高品质生活的需要、对公平正义的向往，将“便于人民群众及时感受到公平正义”作为新时代人民法庭工作的一条重要原则。

积极回应新时代新形势新任务，准确把握新时代人民法庭的功能定位。经济社会发展到什么阶段，司法工作就要跟进到什么阶段。人民法庭工作必须立足新发展阶段，主动融入和服务党和国家中心工作，立足自身优势，找准精准发力的切入点、结合点。新时代人民法庭工作要紧扣“三农”工作重心历史性转移提出的新要求，发挥面向农村的优势，在服务全面推进乡村振兴上下功夫。要紧扣推进国家治理体系和治理能力现代化提出的新要求，发挥面向基层的优势，在服务基层社会治理上下功夫。要紧扣促进人的全面发展和社会全面进步提出的新要求，发挥面向群众的优势，在服务人民群众高品质生活需要上下功夫。人民法庭“三个服务”的职能定位，是时代的要求，人民的呼唤，也是人民法庭自身优势的凸显。凡是有利于做好“三个服务”的就应当坚持，不利于做好“三个服务”的就要加以改进。要深刻把握人民法庭处于服务群众、化解矛盾第一线与守护公平正义最后一道防线的辩证统一关系，有效发挥人民法庭作用，贯通化解矛盾纠纷、守护公平正义的各条“防线”。人民法庭是党和政府密切联系群众的重要桥梁和纽带，要发挥人民

法庭帮助群众化解矛盾纠纷的窗口作用，密切党同人民群众的血肉联系。人民法庭是化解人民群众尤其是基层群众法结和心结的“驿站”，基层群众的很多法结、心结是在人民法庭有效化解的。人民法庭还是乡村现代化产业发展重要的助推器，可以为辖区特色产业发展营造良好的法治环境。比如，通过有效化解旅游纠纷支持乡村旅游发展；通过网上化解纠纷规范乡村电子商务发展，促进农业产业现代化；等等。

积极回应经济社会发展新情况新变化，不断优化新时代人民法庭区域布局。人民法庭的优势在基层，生命力也在基层，必须突出抓基层、强基础、固基本的工作导向，适应新时代要求实现布局优化。要综合考虑统筹城乡发展的现实需要，结合各地实际，区分城区法庭、城乡结合法庭、乡村法庭，分类指导，综合施策，完善法庭布局模式，健全覆盖城乡的有效司法服务网络。要综合经济社会发展程度、人民群众需求、案件数量、辖区面积、人口数量、交通条件、信息化建设状况、服务乡村振兴和基层治理任务等因素，优化人民法庭区域布局，为高质量发展和高品质生活提供精细化、精准化的司法服务。要强化高级法院统筹人民法庭建设的主体责任，主动争取省级党委领导、政府支持，充分调动中级、基层法院积极性，推动把优化人民法庭布局、强化人民法庭建设作为强基固本的重点工作，纳入各级党委政府总体工作格局。

积极回应多元化类型化司法需求，有序推进新时代人民法庭专业化建设。当前，人民法庭专业化建设迎来前所未有的机遇，各地实践亮点纷呈。人民法庭专业化建设，不是简单把法院本部专业审判职能、庭室搬到法庭，而是坚持实事求是、因地制宜，根据区域发展需要、治理需求和自身资源禀赋，实现专业化、精准化司法服务在法庭的提质升级。要区分城乡差异、区域差异，坚持综合性和专业化相结合。在农村地区加强综合性人民法庭建设。在类型化矛盾集中的城区或城乡结合地区，因地制宜探索道交、劳动争议、物业、旅游、少年家事、金融商事等专业化人民法庭建设。在特色产业发展重点区域，可以根据实际探索设立服务特定区域、特色产业的专业化人民法庭。要注意人民法庭专业化功能与传统功能协调发展，专业化建设要更好服务于辖区社会治理和乡村振兴的需要。

三、积极服务全面推进乡村振兴，助推农业农村现代化

“十四五”规划和2035年远景目标纲要对优先发展农业农村、全面推进乡村振兴作出总体部署，这是新发展阶段人民法庭工作的重要使命，也是人民法庭发展的重大契机。

服务乡村产业振兴。要依法促进县域经济发展，妥善处理涉“三农”领域传统纠纷以及休闲农业、乡村旅游、民宿经济、健康养老等新业态纠纷，促进农村一二三产业融合发展，推动建立现代农业产业体系、生产体系和经营体系。要深入贯彻粮食安全战略，积极参加保护种业知识产权专项整治行动，依法服务种业科技自立自强、种源自主可控，助推种业振兴。严厉打击违法占用耕地，促进治理土地“非农化”“非粮化”问题。要依法妥善处理涉及农村土地制度改革、农业农村发展要素保障、城乡经济循环、征地拆迁等案件，保障农业农村改革，促进农业产业发展。人民法庭植根乡村、扎根乡土，嵌入基层治理网格，可以通过巡回审判、法官工作室直接服务、促进农业产业现代化和特色农业发展，在推动乡村产业振兴方面大有作为。

维护农民合法权益。要依法妥善处理涉村民自治纠纷案件，保障农民主体地位，充分尊重农民意愿，保障农民民主权利和其他合法权益。要依法妥善审理涉及农村土地“三权分置”、乡村产业发展等纠纷，落实“资源变资产、资金变股金、农民变股东”改革政策，让农民更多分享产业增值收益。要依法保障进城落户农民农村土地承包权、宅基地使用权、集体收益分配权，促进在城镇稳定就业生活的农民自愿有序进城落户。要推动落实城乡劳动者平等就业、同工同酬，依法保障农民工工资支付和其他劳动权益。

积极参与乡村建设行动。要培育和弘扬社会主义核心价值观，依法妥善处理家事、邻里纠纷，注重矛盾实质性化解、源头化解，依法治理高价彩礼、干预婚姻自由、虐待遗弃家庭成员、封建迷信等不良习气，推动文明乡村建设。要引导依法制定村规民约、居民公约，推进移风易俗，推动创建文明村镇、文明家庭，培育文明乡风、良好家风、淳朴民风。要依法保护农村文化遗产和非物质文化遗产，加强保护历史文化名镇名村、传统村落、民族村寨和乡村风貌，促进优秀传统乡土文化保护和乡村文化产业发展。要深入践行绿水青山就是金山银山理念，会同农业农村、自然资源、生态环境等部门健

全执法司法衔接联动机制，推动国土综合整治和生态修复，加强农业面源污染防治，助推农业生产方式绿色转型，推动解决“垃圾围村”和乡村黑臭水体等突出环境问题，促进改善人居环境，助力建设美丽宜居乡村。

四、积极服务基层社会治理，推动基层治理体系和治理能力现代化

各级法院要深入贯彻党中央、国务院关于加强基层治理体系和治理能力现代化建设的意见，坚持和发展新时代“枫桥经验”，坚持党建引领、重心下移、科技赋能，积极参与城乡基层社会治理，推动提高基层治理社会化、法治化、智能化、专业化水平。

推动健全基层社会治理体系。要积极融入党委领导的基层治理体系，把基层党建创新同基层治理创新结合起来，广泛开展与城乡基层党组织联建共建，强化党建引领基层治理作用，促进完善中国特色基层治理制度。要推广“群众说事、法官说法”“寻乌经验”等做法，依托“街乡吹哨、部门报到”“接诉即办”等基层治理机制，加强与基层党组织、政法单位、自治组织的对接，加强对基层自治组织和群众的法治辅导，推动司法资源向街乡、村镇、社区下沉。要充分运用平安建设考核和创建“无讼”乡村社区等政策制度，推动基层党委政府以更大力度加强矛盾纠纷多元化解机制建设。要发挥基层法院、人民法庭整合社会治理资源、创新社会治理方式的平台作用，加强调解工作指导，引导支持社会力量参与基层治理，全面激发基层社会治理活力。

加强源头预防化解矛盾。要健全预防化解社会矛盾机制，加强多发常见类型化纠纷的源头治理，形成源头预防、非诉挺前、多元化解的分层递进前端治理路径，维护基层社会和谐稳定。要强化人民法庭与当地乡镇街道的衔接，强化与综治中心的协同，充分利用网格化管理机制平台，及时掌握和研判综治矛盾纠纷信息，发挥网格员、特邀调解员作用，从基层源头化解纠纷。要推动基层社会矛盾纳入法治化解决轨道，加强分析研判，对已经形成纠纷的及时研究法律解决方案，对尚未形成纠纷的及时提出法律风险防控预案，对审判执行和涉诉信访中发现的社会问题，及时通过司法建议、大数据研究报告等方式向基层党委政府反馈，服务科学决策，推动依法治理。

推动法治社会建设。要认真贯彻落实法治社会建设实施纲要，落实“八五”普法规划，增强法治宣传教育的针对性和实效性。要通过巡回审判、公

开宣判、以案说法、送法下乡等活动，增强基层干部群众法治观念和依法办事能力，推动形成办事依法、遇事找法、解决问题用法、化解矛盾靠法的法治环境。要加强对基层党员干部、司法工作者、青少年等重点人群的法治宣传教育，提升法治素养，引导群众积极参与、支持和配合基层治理。要充分发挥司法裁判示范引领功能，保护诚实守信，制裁违法失信，推动中国裁判文书网、人民法庭信息工作平台与普法宣传平台对接，积极营造崇法尚德的社会氛围，让社会主义核心价值观和法治精神深入人心。

五、积极服务人民群众高品质生活需要，不断实现人民对公平正义的向往

人民法庭要准确把握人民群众对民主、法治、公平、正义、安全、环境等方面的新需求，着力解决城乡基层群众的急难愁盼问题，更好实现人民对公平正义的向往、对高品质生活的需要。

加强民生司法保障。要切实实施民法典，依法妥善审理婚姻家庭、民间借贷、人身损害赔偿等基层多发案件，畅通权利救济渠道，维护人民群众合法权益。要深化家事审判改革，用好心理辅导干预、家事调查、诉前调解、案后回访等措施。加大对留守儿童、留守妇女、留守老人以及困难群体、特殊人群的司法服务和关爱力度。要坚持能调则调、当判则判、调判结合，最大限度促进矛盾纠纷实质性化解。要依法妥善审理养老育幼、教育培训、就业创业、社会保险、医疗卫生、住房保障等领域案件，促进提高公共服务质量水平，让人民群众有更多获得感。

全面推进一站式建设。要统筹谋划、一体推进人民法庭一站式建设，加快推进一站式建设成果在法庭落地见效，充分发挥一站式集约集成优势。要准确把握立体化、集约化、信息化要求，因地制宜在人民法庭建立诉讼服务站、诉讼服务设施，着力解决一些法庭基本服务功能不健全问题，为城乡基层群众提供均等普惠的便利诉讼服务。要加强特邀调解、委托调解、委派调解工作，推动调解员进法庭、法官进基层全覆盖，健全基层一站式多元解纷网络。要深化案件繁简分流，综合运用督促程序、司法确认程序、小额诉讼程序、简易程序等，优化各类程序规则，提升法庭办案效能。要广泛应用智慧法院建设成果，落实提供跨域立案服务要求，在人民法庭及辖区乡镇街道

综治中心、矛调中心设立自助诉讼服务设备，方便基层群众便捷办理诉讼事务。

坚持和完善巡回审判制度。要继承发展马锡五审判方式，坚持线上线下相结合，充分运用车载法庭、背包法庭等形式，深入村镇、社区、企业、景区、农牧场及交通不便地区，就地立案，就地调解，就地审判，督促就地履行，为基层群众特别是边远地区群众提供优质司法服务。要在人民法庭辖区乡镇街道建立法官联络点，推广"一街镇一法官"等经验机制，完善常态化巡回联络机制，及时帮助群众化解矛盾纠纷、解决法律问题。要通过巡回审判，深入调研基层群众司法需求，充分调动基层群众参与司法、参与治理的积极性。

六、切实提升支持保障水平，夯实人民法庭发展基础

各级法院要把人民法庭建设摆到更加重要的位置，加强组织领导，强化支持保障，"一把手"要亲自谋划推进，确保各项要求部署落到实处，推动人民法庭建设跨上新的台阶。

落实综合配套改革举措。要深化司法责任制综合配套改革，落实执法司法责任体系改革和建设部署，完善审判监督管理机制，坚持放权与监督相统一，提高司法质量、效率和公信力。要落实法官员额制改革要求，结合人民法庭"人案矛盾""人事矛盾"实际，探索符合人民法庭工作特点的审判团队组建和运行模式，充实审判辅助力量，鼓励购买社会化服务。要坚持以案定员、以任务定员，探索在省、市级层面建立员额编制动态调整机制，适当向案件数量多、治理任务重的人民法庭倾斜。要结合四级法院审级职能定位改革要求，推动审判重心进一步下沉，推动编制、员额配置向基层和办案一线倾斜，实现司法资源优化配置。

强化人民法庭建设保障。要立足长远、远近结合，按照科学论证、统筹规划、合理布局原则，进一步加强人民法庭基础设施建设。要区分轻重缓急，有效保障办公办案和辅助用房需求，统一人民法庭外观标识，加强规范化标准化建设，提升业务装备配备水平，改善人民法庭工作条件。要不断提升人民法庭经费保障水平，建立经费正常增长的长效机制。要继续加大对革命老区、民族地区、边疆地区和脱贫地区人民法庭经费保障的政策倾斜力度，充

分用好中央政法纪检监察转移支付资金，帮助解决办案经费保障和物质装备建设等问题。要加强人民法庭安全保卫工作，增强安全意识和风险防范处置能力，完善必要的安防设施装备配备，推动与驻地派出所联防联动，落实“人防、物防、技防”措施。要主动争取地方党委领导政府支持，落实好人民法庭庭长职级待遇和干警工作津贴等政策，切实解决人民法庭在人财物保障方面存在的困难。要将人民法庭信息化建设纳入智慧法院总体规划统筹推进，积极融入智慧城市、智慧社区建设，强化系统集成、数据融合和网络安全保障。

加强人民法庭队伍建设。要坚持以党建带队建促审判，推进人民法庭党支部标准化规范化建设，高质量推进基层党建创新，把党建引领贯穿人民法庭工作全过程。要推动全面从严治党、从严治院、从严管理向基层延伸，严格落实防止干预司法“三个规定”等铁规禁令，完善人民法庭内部管理和日常监督制度，确保公正廉洁司法。要健全与人民法庭功能定位相适应的考评体系，激发基层干警责任感和积极性。服务乡村振兴任务重、参与基层治理效果好的基层法院要先行先试，努力形成可复制、可推广的经验。要鼓励干警扎根基层、深耕基层、奉献基层，探索建立新入职人员派驻法庭、新晋人员到法庭挂职锻炼、人员定期轮岗交流等机制，在干部提拔使用、表彰奖励、晋级晋升等方面向法庭倾斜，让人民法庭真正成为年轻干警的锻炼基地、骨干力量的培养平台、领导干部的成长摇篮。法官到基层人民法庭工作，才能真正接地气，才能了解中国基层的情况，了解人民群众生产生活情况，要善于深入基层学习化解矛盾纠纷的经验方法，在基层一线的实践锻炼中增长才干。要关心关爱基层一线干警特别是艰苦边远地区人民法庭干警，千方百计为基层干警办实事解难事，完善依法履职免责和容错纠错制度，健全受到侵害救济保障和不实举报澄清机制，坚决为依法履职、秉公司法的干警鼓劲撑腰，激励广大基层干警以昂扬精神状态心无旁骛干事创业。

新的征程上，我们要更加紧密地团结在以习近平同志为核心的党中央周围，深入学习贯彻习近平总书记“七一”重要讲话精神，坚决响应党中央伟大号召，坚持以人民为中心，更加注重强基导向，不断提升人民法庭建设水平和基层司法能力，推进人民法院工作高质量发展，为全面建设社会主义现代化国家，实现第二个百年奋斗目标、实现中华民族伟大复兴作出新的更大贡献！

（来源：《法律适用》2021 年第 8 期）

科技创新驱动智慧法院建设
司法服务保障科技创新

——2021年5月16日在“信息技术与法治建设”科学与技术前沿论坛上的讲话

最高人民法院院长　周　强

党的十八大以来，党中央高度重视网络安全和信息化工作，习近平总书记对网络强国、科技强国建设提出一系列新观点、新论断，为加强科技创新指明了前进方向，提供了根本遵循。“十三五”时期，在党中央坚强领导下，在中央政法委领导下，在地方各级党委、政府大力支持下，全国法院开拓进取、攻坚克难，建成人民法院信息化3.0版，形成全业务网上办理、全流程依法公开、全方位智能服务的智慧法院。建成以全国法院一张网为代表的全要素一体化的人民法院信息基础设施；建成世界上最大的司法审判信息资源库，人民法院大数据管理和服务平台汇集案件信息2.18亿件；四大公开平台不断完善，中国裁判文书网公开裁判文书超1.2亿篇，司法公开能力和效果实现历史性突破；深入推进网上办案，全国电子卷宗随案同步生成率达73%；全新的执行信息化体系，实现上下一体、内外联动，为破解执行难提供强大助力；智慧法院在疫情期间大显身手，实现“审判执行不停摆、公平正义不止步”，有效满足群众司法需求，在国内外产生广泛反响，充分体现中国特色社会主义司法制度的优越性。智慧法院建设成果的取得，根本在于习近平新时代中国特色社会主义思想的科学指引，在于以习近平同志为核心的党中央坚强领导，是习近平法治思想引领下中国法院的生动实践。

当前，人工智能、大数据、区块链、5G、AR、VR、超算、星空互联网的发展将对经济社会带来进一步深刻影响，智慧化、数字化成为发展趋势。“十四五”规划和2035年远景目标纲要提出“坚持创新在我国现代化建设全局中的核心地位，把科技自立自强作为国家发展的战略支撑”，专门强调“加强智慧法院建设”，具有重要意义。人民法院要坚持以习近平新时代中国特色社会主义思想为指导，深入贯彻习近平法治思想，认真学习贯彻习近平总书记关于网络强国、科技强国建设的重要论述精神，推动信息技术与法治建设融合促进，依靠科技创新驱动智慧法院建设，通过司法服务保障科技创新，努力创造更高水平的数字正义，为推进法治中国、科技强国建设，实现中华民族伟大复兴的中国梦作出新的更大贡献。

第一，坚持科技驱动，充分运用信息技术不断推进智慧法院建设迈向更高水平。“十四五”时期，人民法院将以司法数据中台、智慧法院大脑、在线法院建设为牵引，大力推进人民法院信息化 4.0 版建设。当前已制定人民法院和最高人民法院信息化建设五年规划，系统推进全国法院信息化建设。下一步要把握司法规律，积聚各类创新资源，把科技创新充分融入审判执行业务各方面、各环节，全面加强智慧审判、智慧执行、智慧服务、智慧管理，为智慧法院建设注入新动力。要坚持系统观念，加强统筹协调、一体推进，促进智能协同、融合集成，有效整合完善各类应用系统，促进信息化建设整体效能发挥。要综合运用信息论、控制论、博弈论等，准确把握信息化时代要求，持续提升审判执行智能化水平。

第二，坚持开放合作，让智慧法院建设更好服务经济社会发展。树立互联网思维，找准信息技术在司法领域的应用场景，不断拓展技术应用维度和深度，以数据驱动和在线服务为重点，提升数据驱动、知识生成和智能服务、司法区块链应用水平，面向各类用户提供精准数据分析和实时全程在线服务。深化司法公开，持续加大司法公开平台建设和整合力度，强化信息共享和业务协同，为社会提供更多优质公共产品。加强司法大数据研究应用，切实提升数据汇集、分析、应用水平，针对社会治理热点难点及群众关心关切深化专题研究，为经济社会发展提供前瞻性参考。深化与高等院校、科研院所、信息企业的合作，创新合作方式，拓宽合作渠道，加强对智慧法院建设关键、共性技术攻关，为智慧法院建设提供理论和智慧支撑。加强智慧法院建设国际交流与合作，借鉴其他国家有益经验，展示中国智慧法院成果，促进世界法治文明发展。

第三，坚持问题导向，深入研究信息技术发展带来的法律问题，让司法助力信息科技发展。信息技术给全球经济社会发展已经带来并将继续带来巨大变化，同时也提出一系列法律问题亟待解决。如加强信息技术知识产权保护，数据权利的界定、归属及保护；加强网络安全，打击网络犯罪、维护网络秩序、保护个人隐私；规范和促进平台经济持续健康发展，既鼓励创新，又防止垄断和不正当竞争；规范新业态，界定共享经济法律属性、法律责任；加强对算法的保护和监督，防止算法歧视，造成数字的不公不义；鼓励人工智能开发，防止其伤害人类。又比如，无人驾驶、人脸识别、暗网、机器人作品知识产权、云计算、云服务等法律和司法问题。只要深入研究并解决好上述信息技术的根本性法律和司法问题，司法就能够保护创新、促进信息技术和数字经济的发展，促进科技向善，更好地造福人类。

第四，坚持规则创新，构建中国特色、世界领先的互联网司法新模式。要把现代科技从工具性运用推向更深层次的规则治理和制度构建，构建更加成熟定型的在线诉讼新模式和在线诉讼、在线调解规则，实现从技术领先到规则领先。要推进在线法院建设，持续深化科技应用，实现审判模式的深刻变革，随时随地提供在线司法服务，尊重法官主体地位，通过大数据驱动、人工智能，发挥制度优势，创造更高水平的数字正义，实现“努力让人民群众在每一个司法案件中感受到公平正义”的目标。

（来源：《人民法院报》2021年5月17日）

在“总对总”在线诉调对接工作推进会上的讲话

（2021年6月23日）

最高人民法院副院长　姜　伟

这次会议是经最高人民法院党组和党组书记、院长周强同志批准召开的。主要任务是：认真贯彻落实习近平总书记重要讲话精神，贯彻落实平安中国建设协调小组《关于加强诉源治理推动矛盾纠纷源头化解的意见》，聚焦“总对总”在线诉调对接工作，交流经验、查找短板，进一步提高认识，明确思路，切实增强在线多元解纷实效。

中央有关部门对这次会议给予大力支持，全国总工会、中国侨联、全国工商联、国家发展改革委、司法部、人力资源和社会保障部、住房和城乡建设部、中国人民银行、中国银保监会、中国证监会、国家知识产权局专门派员出席会议，上海交通大学、西安交通大学、中小企业协会受邀参加会议，在此对各位的到来表示热烈的欢迎！四川省高级人民法院、山西省高级人民法院对这次会议十分重视，作了精心组织安排，在此表示衷心的感谢！会上，最高人民法院立案庭庭长钱晓晨同志对“总对总”在线诉调对接工作情况作了通报，全国总工会、中国侨联、全国工商联、国家发展改革委、中国人民银行、中国银保监会、中国证监会和国家知识产权局有关部门负责同志介绍了本单位推进“总对总”在线诉调对接工作情况。山西、内蒙古、辽宁、吉林、黑龙江、安徽、福建、江西、湖南、四川、贵州、甘肃12家高级人民法院也围绕本地区“总对总”诉调对接经验做法进行了交流，并视频连线一家中级人民法院、一家基层人民法院。这些经验做法对于下一步深入推进“总对总”在线诉调对接工作很有借鉴意义。

2019年以来，在中央有关单位大力支持下，“总对总”在线诉调对接工作取得阶段性成果。一是思想共识基本形成。深刻认识推进“总对总”在线诉调对接工作，健全一站式多元解纷机制，是贯彻落实习近平总书记关于“坚持把非诉讼纠纷解决机制挺在前面”重大决策部署，坚持和完善共建共治共享的社会治理制度，构建源头防控、排查梳理、纠纷化解、应急处置的社会矛盾综合治理机制，建设更高水平的平安中国的有效举措，坚持从推进国家治理体系和治理能力现代化的政治高度，统筹条线解纷力量，集成在线解纷资源，加快构建中国特色在线多元解纷新模式。二是制度建设日益完善。会同全国总工会、中国侨联、全国工商联、公安部、司法部、国家发展改革委、人力资源和社会保障部、中国人民银行、中国银保监会、中国证监会等单位出台20多个多元解纷规范性文件，并就“总对总”在线诉调对接工作，联合全国总工会、中国侨联、全国工商联、知识产权局下发专门通知，中国人民银行、中国银保监会、中国证监会对接通知将陆续下发，与国家发展改革委联合发文正在有序推进，为各地推动工作提供了明确政策依据。三是对接模式逐渐成熟。坚持从实际出发，按照有利于满足群众多层次、多样化解纷需求，有利于最大限度集成解纷资源，有利于实现一站式解纷目标，不断创新对接模式。已有自建平台的，开展系统对接；没有自建平台的，邀请调解组织和调解员线上入驻，构建以人民法院调解平台为主干，纵横联动、开放融合、集约高效的多元解纷大平台，形成内外贯通、上下互联的在线多元解纷机制，最大限度调动各类调解组织和调解员的积极性、主动性，依法高效化解矛盾纠纷。四是解纷主体更加多元。与中央各单位逐一开展对接，不断充实专业性行业性调解队伍，扩大多元解纷“朋友圈”，让更多纠纷通过社会力量调解得到化解。目前，“总对总”对接单位共有3210个调解组织和12145名调解员入驻人民法院调解平台，截至2021年5月31日，调解案件21545件，调解成功率56%。四川法院积极实践，创造了多元解纷的“眉山经验”和诉源治理的“成都实践”，广泛借助社会力量，形成源头治理大网格和在线解纷大超市；山西法院勇于创新，依托调解平台与14家单位进行诉调对接，不断拓展在线多元解纷辐射力，为继续推进这项工作开拓了思路、积累了经验，值得进一步总结推广。

在看到成绩同时，应当清醒认识到，与党中央要求和人民群众期待相比，“总对总”在线诉调对接工作还有不小差距。一是思想认识不到位。有的法院没有从国家治理体系和治理能力现代化的高度认识和谋划工作，对主动参与社会治理，推进在线多元解纷工作认识不足；有的法院认为“总对总”是最高人民法院的事情，与己无关，没有必要跟进开展；还有的法院认为多元解纷是为了解决案多人少问题，本地案件不多，无须“跟风”。二是上热中温下冷现象普遍存在。最高人民法院已经与8家单位建立“总对总”在线诉调对接机制，并将调解组织和调解员录入平台。但地方法院全部推进的廖寥无几，个别地方甚至平台上零案件。已经开展工作的主要集中在部分省（市、区）的部分法院，各地工作发展不平衡、辖区内发展不平衡问题十分突出。三是在线应用成效有待提高。部分地区仍满足于联合制定文件，没有具体落地举措，联而不动、机制空转；有些地区线下工作开展非常好，但没有按照在线诉调对接通知要求通过平台流转，平台展现成效远远不能反映实际工作情况；有的使用自建平台，没有及时跟进统建平台进行提档升级，导致工作衔接不畅，协同不力。四是配套保障需要进一步健全完善。在调解员培训、队伍管理等方面还有不少短板，诉调对接机制需要进一步细化，常态化经费保障还面临不少困难，在线调解工作宣传力度亟待进一步加强，调解大数据分析制度有待建立健全。对这些问题，必须高度重视，采取有力措施加以解决。下面，我讲三点意见。

一、进一步提高政治站位，增强推进“总对总”在线诉调对接工作的自觉性和主动性

党的十八大以来，习近平总书记就加强创新社会治理、矛盾预防化解等工作作出一系列重要指示，强调要把专项治理和系统治理、综合治理、依法治理、源头治理结合起来。党的十九届五中全会通过的《中共中央关于制定国民经济和社会发展第十四个五年规划和二〇三五年远景目标的建议》，对完善各类调解联动工作体系，提升公共服务、社会治理等数字化智能化水平作出具体部署，为创新推进“互联网+多元解纷”工作指明了方向，提供了依据。各级人民法院要主动适应社会主要矛盾新变化，运用信息技术和大数据，创新多元解纷方式，拓宽群众参与社会治理和纠纷解决的广度和深度，更加及时高效化解矛盾纠纷，维护社会稳定。

推进“总对总”在线诉调对接工作，是贯彻落实习近平法治思想的具体实践。习近平总书记强调，坚持在法治轨道上推进国家治理体系和治理能力现代化。这要求在法治轨道上统筹社会力量、平衡社会利益、调节社会关系、

规范社会行为，依靠法治思维和法治方式解决各种社会矛盾和问题。推进“总对总”在线诉调对接工作，通过信息化赋能，打通法院与各部门调解、化解工作的对接渠道，并在程序安排、效力保障、法律指导等方面实现有机衔接，有效发挥司法参与、推动、规范和保障作用，更好引导全社会在法治轨道上主张权利、解决纷争，形成依法预防、依法化解、依法治理的良好法治环境。

推进“总对总”在线诉调对接工作，是开创中国特色在线多元解纷新格局的应然之举。坚持党的集中统一领导、坚持人民当家作主、坚持全国一盘棋、坚持改革创新是我国国家制度和国家治理体系的显著优势。推进“总对总”在线诉调对接工作，紧紧依靠党的领导和制度优势，坚持自治法治德治相结合，按照共建共治共享的总体布局，依托人民法院调解平台，将中央各单位参与社会治理、化解矛盾纠纷职能协同起来，将全社会解纷资源整合起来，将非诉讼与诉讼方式衔接起来，将人民调解、行政调解、行业性专业性调解与司法调解联动起来，构建党委领导、多方参与、社会协同、专群齐动、法治保障的中国特色纠纷解决新格局，全面提升化解矛盾纠纷质效，彰显我国制度优势和治理效能。

推进“总对总”在线诉调对接工作，是坚持以人民为中心的发展思想的迫切需要。习近平总书记强调，要积极回应人民群众新要求新期待，系统研究谋划和解决法治领域人民群众反映强烈的突出问题，不断增强人民群众获得感、幸福感、安全感。推进“总对总”在线诉调对接工作，充分尊重人民群众多层次、多样化解纷需求，针对劳动争议、证券期货、金融保险、道路交通、知识产权、价格争议、商事、涉企、涉侨等类型化纠纷，建立解纷“菜单库”，引入专业调解组织和调解员，提供一站式纠纷解决服务，及时定分止争，让人民群众在解决纠纷过程中感到便捷、高效、权威、受尊重。

推进“总对总”在线诉调对接工作，是促进审判体系和审判能力现代化的长远之策。诉讼爆发式增长与有限司法资源的矛盾并非我国独有。诉讼难是世界性难题。客观地讲，法院不应当是解决纠纷的主要场所。司法是化解矛盾纠纷的必要手段，不是主要手段，更不是唯一手段。推进“总对总”在线诉调对接工作，充分发挥社会多元主体在预防化解矛盾纠纷中的协同协作、互动互补、相辅相成作用，形成矛盾化解“多车道”、多元共治“大舞台”，让大量矛盾纠纷通过更加多元的方式在诉讼前得到解决。对进入法院的纠纷，通过“分调裁审”机制，实现繁简分流、轻重分离、快慢分道，能调则调，当判则判，充分发挥司法在多元解纷体系中的“压舱石”作用，使法院真正回归维护社会公平正义最后一道防线的职能定位，更好地维护群众合法权益。

二、突出四个延伸，纵深推进在线诉调对接工作

习近平总书记强调，要运用大数据提升国家治理现代化水平。人民法院调解平台，作为“互联网+枫桥经验”的创新举措，打破区域、部门和层级信息壁垒，重塑解纷格局，扩大优质低成本解纷服务供给，为老百姓提供一站式在线解纷服务，成为展示中国特色社会主义司法文明的一张亮丽名片。各级人民法院要进一步树立平台思维，深刻认识人民法院参与诉源治理和多元解纷的着力点就是对接，以对接促协同，形合力，强保障，突出“四个延伸”，纵深推进在线诉调对接工作，构建“纵向到底、横向到边”的矛盾纠纷预防化解网络体系。

一要向网上延伸。目前，各地法院建立类型多样调解工作室，邀请各单位调解员采用线下入驻方式开展工作，为到法院的群众提供一站式解纷服务，效果很好。但从长远看，受场地、人员、工作时间等限制，以线下为主的方式开展工作，既不利于最大限度集成调解力量，也无法做到对所有调解案件的动态管理、智能监管。各级人民法院要依托调解平台推进一站式多元解纷工作线上线下融合，做到全部特邀调解组织和调解员入驻平台，全部委派委托工作通过平台流转，全部调解数据在平台汇聚展示。这里强调一点，线下开展多元调解工作，也应当编立诉前调字号，通过平台进行推送。已经线下委派中央各单位调解组织和调解员开展工作的，尽快完成线上补录工作。要加快实现调解平台与其他解纷平台的对接，做到统一入口、自动跳转。一些地方为了推动某类型案件多元化解工作，在调解平台外另建新的解纷平台，平台与平台之间互不相通，群众解决纠纷往往需要来回切换系统，严重影响用户体验感。对此，各高级人民法院要梳理本地区解纷平台建设情况，尽快开展集成融合工作，统一接入人民法院调解平台。要加快自建平台与统建平台的数据共享和业务协同。自建平台与统建平台既要打通数据流，也要打通业务流，对于数据汇聚不全、识别不了，业务跑不通、理不顺等情况，要联合查找原因，制定解决方案，明确整改时间，着力从系统上、源头上解决

“卡脖子”问题，充分释放在线多元解纷活力与效能。

二要向外部延伸。目前，最高人民法院已经与全国总工会、中国侨联、全国工商联、国家发展改革委、中国人民银行、中国银保监会、中国证监会、国家知识产权局建立“总对总”在线诉调对接机制。2021年，还将继续与教育部、司法部、人力资源和社会保障部、住房和城乡建设部、国家卫生健康委等单位，以及中小企业协会等组织开展在线诉调对接工作，积极稳妥推进港澳台侨在线多元解纷工作，扩大调解资源库，实现在线多元调解的全覆盖。各高级人民法院要统筹好“总对总”与“点对点”关系，既按照最高人民法院部署要求，用足用好“总对总”调解资源库，又要结合本地实际，拓展在线诉调对接范围，丰富在线诉调对接实践，打造在线多元解纷的中国品牌。要正确认识党委政府设立的矛调中心等综合性纠纷解决平台与法院诉讼服务中心、调解平台的关系。两者并不矛盾，更不能相互取代，法院既要参与或入驻党委统一建设的解纷平台，也要充分尊重当事人需求，对愿意选择在诉讼服务中心或人民法院调解平台解决纠纷的群众，提供网上网下一站式多元解纷服务。

三要向基层延伸。认真贯彻落实《关于加强诉源治理推动矛盾纠纷源头化解的意见》，充分发挥共建共治共享在基层的作用，加强源头预防、前端化解、关口把控，促进矛盾纠纷在基层就能得到实质性化解。最高人民法院正在起草深化一站式多元解纷机制、推动矛盾纠纷源头化解的实施意见，其中一项就是推动调解平台进乡村、进社区、进网格，充分发挥人民法庭职能作用，将基层治理单位以及网格员、调解员等全部力量集成在调解平台上，及时预测预防风险，排查梳理矛盾，调解化解纠纷，建设人人有责、人人尽责、人人享有的基层社会治理共同体。各高级人民法院要在文件下发后，按照最高人民法院部署，尽快将人民法庭信息录入平台，并在线对接本地区基层治理单位及人员。对于适宜在乡村、社区化解的纠纷开展在线委派，并提供法律指引和司法保障，实现预警、分流、调解、化解、司法确认、进展跟踪、结果反馈、指导督办等全流程在线办理。

四要向重点领域延伸。高度关注矛盾纠纷多发易发领域源头治理和在线多元化解工作。“道交一体化”平台自上线以来，实现了法院与公安交通管理部门、人民调解机构、鉴定机构、保险公司的数据共享和一体办理，统一赔偿标准并向社会公开。目前，3000多家基层人民法院全部应用该平台，累计调解成功案件47.8万件，调解成功率达69%，效果很好。下一步，要进一步推广应用“道交一体化”平台，并在劳动争议、医疗纠纷、金融借贷、消费者权益保护等重点领域建立一体化纠纷解决机制，统一诉前调解与诉讼裁判标准，打通仲裁、鉴定、调解、诉讼等流程，实现一站式化解。天津、福建、江西三家法院要加快推进医疗纠纷在线多元化解试点工作，形成样板。要针对金融、教育、房产、环境、互联网、快递物流等领域矛盾纠纷，应用司法大数据进行分析研判，找准纠纷产生、演变的规律和深层次原因，会同相关部门从源头、传导、转化等关键环节进行防范和治理，有效预防化解纠纷。

三、做好五个结合，确保“总对总”在线诉调对接工作落地见效

开展“总对总”在线诉调对接工作，健全一站式多元解纷机制，是一项立足当前、着眼长远的改革创新举措，需要在解决问题中不断深化，在实践探索中不断完善。各级人民法院要坚持目标导向和问题导向，锻长板、扬优势、补短板、强弱项，更加精准地推进工作，全力以赴把平台用起来，让人员动起来，将质效提上来，推动在线多元解纷工作实现高质量发展，以数字正义推动实现更高水平的公平正义。

一要坚持先行先试与整体推进相结合。从已经对接的8家单位情况看，既有在部分地区先行开展试点的，也有在全国法院整体布局的，这主要考虑了矛盾纠纷数量、调解资源分布、各单位承受能力等综合因素。各级人民法院要根据各单位对接要求，加快推进工作。属于全国总工会、中国人民银行、国家发展改革委价格认证中心等单位试点地区的，各地法院要主动加强与当地部门沟通协调，在合作路径、具体实践等方面建立工作机制，通过平台开展委派委托调解，形成可复制、可推广经验，以点带面推动全国工作。对试点过程中的困难问题，及时进行梳理报告。最高人民法院与相关单位也将加强对试点情况的跟踪评估，对久试无果、工作不力的地区，将取消试点。未纳入试点、但有条件开展工作的地区，可以与本地区相关部门积极探索推进在线诉调对接工作。属于全国铺开的，各地法院要加快推进节奏，用好“送上门”的调解资源，提高在线调解质效。最高人民法院已经将“总对总”在线诉调对接开展情况下发各地法院，各高级人民法院对尚未开展工作的地区，要逐一分析原因，督促尽快“动起来”。最高人民法院将定期下发调解平台应

用质效、“总对总”运行态势分析报告，并发布一站式多元解纷年度白皮书，及时通报各地法院工作开展情况。对推进缓慢、效果不好的地区，将加强跟踪督导力度，仍无改进的，将约谈主要领导，要求说明理由。

二要坚持严格落实要求与加强培训指导相结合。目前，除了证监会因系统升级，需要重新对接外，其余部委调解组织和调解员已经入驻平台或者完成对接，各地法院可以直接委派各部委调解组织开展工作。但从调研情况看，很多地方对于如何开展“总对总”在线诉调对接思路不清晰、路径不了解；一些地方未按照各部委认可名册开展委派工作，导致调解的案件无法汇聚到“总对总”数据中来；也有个别地方存在“挑肥拣瘦”情况，各对接单位调解工作推进不平衡问题十分明显。为了让各地更好掌握在线诉调对接要求，最高人民法院向各高级人民法院印发《加快落实“总对总”在线诉调对接机制的通知》，对统建平台、自建平台、入驻模式、系统对接模式开展工作的路径、操作要求等作了说明，并制作操作视频提供给各地。各级人民法院要认真学习，对分流员、调解员进行专题培训，确保按照要求开展工作。使用自建平台的地区，要尽快将这些调解组织和调解员录入平台，做好系统对接。下一步，最高人民法院将在调解平台上分类设置委派入口，组织开展系列培训，加强对下指导力度，全面促进各地法院提升在线调解能力水平。

三要坚持推进“总对总”与创新“点对点”相结合。目前，入驻调解平台的人员主要有两大类：一是通过“总对总”对接，邀请的调解组织和调解员；二是各地法院自行邀请的特邀调解组织、特邀调解员及其他调解员。今后，还将增加通过“三进”工作入驻的司法联络员、基层综治人员等。各地法院要统筹用好这些调解资源，明确各自调解的重点领域，形成相互补充、相互促进、专群结合的调解资源库，实现调解力量的有效整合和科学配置，更加精准、高效化解纠纷。要根据案件特色、区域特色、民族特色等实际，加强“点对点”对接工作，不断拓展本地区在线多元解纷空间。对本地区多发易发、专业性较强的纠纷，加强与相关部门以及行业协会的对接，发挥专业行业调解员优势，有效化解纠纷。对边境地区、粤港澳大湾区、台胞较多的地区，邀请侨胞、外籍调解员、港澳台调解员入驻平台在线开展工作；对少数民族地区，邀请少数民族调解员参与调解，最大限度赢得当事人信任，提高纠纷解决效率。要认真总结各地法院与矛调中心等综合性纠纷解决平台，以及公安、司法行政、住建、物业、旅游等单位在线诉调对接经验，为继续推动“总对总”诉调对接工作提供实践依据。

四要坚持补足短板弱项与促进长效发展相结合。要围绕一站式多元解纷目标，加快内外平台对接，优化平台功能，实现各解纷平台互联融通、数据流转顺畅、业务协同高效。进一步完善对接机制，畅通在线委派委托、司法确认、立案等渠道，实现全业务全流程的在线办理和反馈。要加强对委派调解案件的精准管理，按照自愿合法原则开展委派工作，严格遵守调解期限，对调解不成的及时转入立案程序，避免久调不决。要加强对入驻调解员的体系化培训，以及专职调解员的培育，为调解员提供有针对性的指导服务。要积极争取经费保障，在商事等领域探索开展市场化调解，推动建立公益性调解与市场化调解并行调解模式。要加强对在线调解工作的宣传。联合各对接单位，采用多种形式，全方位宣传调解平台，让更多当事人选择通过在线方式开展调解。最高人民法院立案庭将联合新闻宣传部门，通过在《人民法院报》开设优秀特邀调解员宣传专栏，组织“我的调解日志”小视频打卡等活动，加大宣传推广力度，充分调动调解员工作积极性。各地法院要创新思路，依托官微、官博等自媒体，组织开展特色宣传活动，营造良好舆论氛围。

五要坚持深化实践与提炼规则相结合。要适应数字化时代特点，按照建成化解案件量最多、调解资源最丰富、诉调对接最顺畅、智能程度最领先、纠纷化解最高效在线解纷平台目标，深化一站式多元解纷工作实践，最大限度集成解纷资源，提升解纷效能，解决好传统线下方式难以解决或者解决不好的问题，使在线调解平台成为方便群众、及时解纷的强大平台。要加强对调解的大数据分析，深度挖掘调解平台数据资源，分析社会矛盾纠纷发展态势和主要特点，为党委政府领导科学决策提供依据。要加强对我国在线多元解纷的理论研究。最高人民法院已经与中国人民大学、上海交通大学共建了第一批研究基地，正在推进第二批研究基地建设，通过充分发挥高等学校智库作用，构建中国特色纠纷解决理论体系。各地法院要加强对一站式多元解纷工作的理论研究，注重总结规则，进一步提炼具有普遍性、规律性、前瞻性的在线调解实践标准，为推动相关立法提供参考。最高人民法院正在起草在线调解规则，对在线调解工作作出具体规定，拟于2021年印发。

最后，再强调一点。一站式建设是事关全局、事关长远、事关根本的一项重要工作，是司法文明新高地、司法为民新景观。最高人民法院党组高度重视，拟于2021年第三季度召开各高级人民法院院长参加的一站式建设工作推进会。会上将对诉源治理、在线多元解纷和涉诉信访三项重点工作作出部署。各高级人民法院要在会议召开前，下大气力推动在线诉调对接工作，进一步总结提炼本地区一站式建设经验做法，突出特色，擦亮亮点，更加充分展示人民法院一站式建设成效。

做好“总对总”在线诉调对接工作，健全中国特色一站式多元解纷机制意义重大。我们要始终坚持以习近平新时代中国特色社会主义思想为指引，深入贯彻习近平法治思想，坚持以人民为中心，开拓创新，奋发有为，不断提升在线多元解纷水平，努力满足人民群众日益增长的司法需求，努力让人民群众在每一个司法案件中感受到公平正义，努力创造更高水平的中国特色的司法文明，以优异成绩庆祝建党100周年。

在最高人民法院国际商事法庭"一站式"国际商事纠纷多元化解平台启动暨民四庭司法研究基地2021年度调研活动上的讲话

（2021年7月22日）

最高人民法院副院长　陶凯元

很高兴盛夏时节相聚古都西安，与大家共同见证最高人民法院国际商事法庭"一站式"国际商事纠纷多元化解平台的启动，共同参加最高人民法院民四庭司法研究基地2021年度调研活动。本次活动是最高人民法院坚持以习近平新时代中国特色社会主义思想为指导，深入学习贯彻习近平法治思想和习近平总书记"七一"重要讲话精神，聚焦服务高水平对外开放和共建"一带一路"、海洋强国等国家重大战略，加强理论研究与司法实务的深度融合，促进涉外商事海事审判高质量发展，推动实现全面依法治国目标的一项重要举措。我代表最高人民法院周强院长，对本次活动的举行表示热烈祝贺！向百忙之中出席这次活动的国际商事专家委员、专家学者、各研究基地的同志、"一站式"机构单位的负责人表示热烈欢迎和衷心感谢！

稍后，我们将举行"一站式"国际商事纠纷多元化解平台的启动活动、15家研究基地颁牌及调研交流活动。下面，我分别就这两项工作提几点意见。

一、依托信息技术、汇聚优质资源，推动"一站式"国际商事纠纷多元化解平台取得实效

"一站式"国际商事纠纷多元化解平台是最高人民法院国际商事纠纷解决机制的一大亮点和特色，构建了诉讼与调解、仲裁有机衔接的多元化纠纷解

决机制，充分体现了协商、多元、互利、共赢的时代精神，并正在向着信息化、国际化、高效便利化的方向稳步发展。

（一）以信息化为依托，充分发挥“一站式”平台便捷高效的优势

为贯彻落实中央关于建立“一带一路”国际商事纠纷解决机制和机构的重大战略部署，2018 年 6 月 29 日，最高人民法院分别在深圳、西安设立第一、第二国际商事法庭。截至目前，国际商事法庭已经受理 18 起案件并审结 8 件；成立国际商事专家委员会，两批选聘来自 25 个国家的 53 名国际商事专家委员。同时，构建诉讼与调解、仲裁有机衔接的“一站式”国际商事纠纷多元化解决机制，首批选定了中国国际经济贸易仲裁委员会、中国海事仲裁委员会、北京仲裁委员会、上海国际经济贸易仲裁委员会、深圳国际仲裁院五家国际商事仲裁机构和中国国际贸易促进委员会调解中心、上海经贸商事调解中心两家国际商事调解机构，特邀 53 名国际商事专家委员以调解员身份加入，为国际商事案件当事人提供“一站式”便捷、高效、低成本的纠纷解决服务。

三年来，最高人民法院大力推进国际商事纠纷解决机制的建设，国际商事法庭进入实质化运行阶段，国际商事专家委员在域外法查明、案件咨询、国际司法交流合作等多个方面发挥了积极作用。由于 53 名国际商事专家委员分布在世界各地，五家国际商事仲裁机构和两家国际商事调解机构分处国内不同地点，“一站式”国际商事纠纷解决机制因信息化平台的搭建显得尤为重要。

党的十八大以来，以习近平同志为核心的党中央对网络强国、科技强国建设提出一系列新观点、新论断，为智慧法院建设提供了根本遵循。“十四五”规划和 2035 年远景目标纲要专门强调“加强智慧法院建设”，充分体现了国家对人民法院审判工作信息化智能化建设的高度重视。“一站式”国际商事纠纷多元化解平台是智慧法院建设不可或缺的组成部分，智慧法院的建设成果为“一站式”国际商事纠纷多元化解平台的信息建设奠定了坚实基础。在最高人民法院立案庭、信息中心等相关部门的大力支持下，在国际商事法庭官方网站设置“一站式”国际商事纠纷多元化解平台，依托最高人民法院诉讼服务网、中国移动微法院、人民法院调解平台、最高人民法院办案系统等现有系统，实现系统对接、数据链接，为中外当事人提供立案、调解、证

据交换、开庭等纠纷解决流程的线上办理，满足当事人便捷、高效、低成本解决国际商事纠纷的司法需求，以高质量高效率的服务吸引更多国际商事主体协议选择最高人民法院国际商事法庭解决纠纷。同时，该平台为当事人在线选择国际商事专家委员、国际商事调解机构、国际商事仲裁机构等解决纠纷提供便利，有力推动国际商事纠纷多元化解决机制的落地见效。

（二）以国际化为引领，充分展现“一站式”平台多元包容的特色

“一带一路”国际商事纠纷解决机制承担着依法妥善化解“一带一路”建设过程中产生的国际商事纠纷、平等保护中外当事人合法权益、努力营造优质法治营商环境的重要职责，同时还承载着为共建“一带一路”高质量发展、实行高水平贸易和投资自由化便利化政策、推动建设开放型世界经济提供有力司法服务和保障的历史使命。

国际化是建设“一站式”国际商事纠纷多元化解平台的应有之义。要坚持开放包容的理念，充分考虑“一带一路”建设参与主体的多样性、纠纷类型的复杂性以及各国立法、司法、法治文化的差异性，积极培育并完善诉讼与调解、仲裁有机衔接的纠纷解决服务保障机制。要进一步扩大“一站式”平台参与主体，探索吸收域外知名国际商事仲裁机构和国际商事调解机构，凸显“一带一路”国际商事纠纷解决机制的国际化特征，增强“一带一路”参与国对我国国际商事纠纷解决机制的认同度。要增进与域外国际商事仲裁机构和调解机构的交流互鉴，推动我国商事规则与国际接轨，逐步提升我国国际商事纠纷解决机制的国际公信力、国际影响力和国际竞争力。

（三）以高效便利化为目标，切实提升“一站式”平台化解纠纷的效能

建设“一站式”国际商事纠纷多元化解平台，基本出发点是依法妥善化解“一带一路”建设过程中产生的国际商事纠纷，依法维护中外当事人合法权益。要以构建公正、高效、便利、快捷且低成本的国际商事纠纷解决机制为目标，切实提升“一站式”平台化解纠纷的效能，满足“一带一路”市场主体的解纷需求。要进一步提高国际商事法庭审判工作质效，通过作出有裁判规则指引作用、有国际影响力的高质量裁判，吸引中外当事人自愿选择中国国际商事法庭解决纠纷。要进一步加强宣传推广力度，让更多从事跨境贸易的中外企业了解“一站式”平台的优势，在对外贸易活动中协商选择最高

人民法院国际商事法庭解决纠纷。在最高人民法院国际商事法庭推动下，中国银行业协会和中国国际商会已经向会员单位下发通知，要求会员单位在进行涉外合同磋商和订立过程中，对于符合最高人民法院国际商事法庭受理条件的案件，可以协商选择国际商事法庭管辖。要加快研究修改《最高人民法院关于设立国际商事法庭若干问题的规定》，结合国际商事法庭定位和实际需要，确定更加合理的管辖范围。在受理国际商事案件过程中，要积极引导当事人选择"一站式"平台中的国际商事专家委员和国际商事调解机构进行调解，同时加强对委托调解工作的规范和保障，为当事人提供优质高效的专业调解服务，增强"一站式"平台的吸引力。要进一步发挥域外法查明平台的作用，进一步完善域外法查明机制和规则，推动实现域外法查明线上办理；完善法律查明资源库和法律数据库，为社会各界和当事人提供法律服务和参考。

"一站式"国际商事纠纷多元化解平台的启动是一个新的起点。我们要敢于实践、勇于探索，不断完善"一站式"平台功能；要密切跟踪平台使用情况，及时修正平台使用过程中出现的问题；要及时回应当事人的司法需求，坚持功能齐全、操作便捷、反应快速、服务到位的高标准，把"一站式"平台建设成为智慧法院的品牌；要让更多的国际商事案件当事人真正享受到信息化带来的便捷与高效，成为最高人民法院国际商事法庭最好的宣传者和推广者。

二、理论与实践深度融合，加强司法研究基地建设，推动涉外商事海事审判工作高质量发展

近年来，最高人民法院民四庭各研究基地聚焦共建"一带一路"、海洋强国等重大战略和高水平对外开放政策，充分发挥科研优势，专注学术研究、开展学术交流、参与法治建设、加强人才培养，为人民法院涉外商事海事审判实践和我国法治建设作出了积极贡献。

——学术研究成果丰硕。各研究基地立足基地定位，聚焦法学理论和司法实务中的前沿问题、难点问题撰写学术论文、出版专业书籍、展开课题研究、编写法律指南、提供决策参考，形成了一大批学术研究成果。与人民法院共同破解司法实践难题，有力推动了涉外商事海事审判工作的发展。去年，

面对严峻复杂的国际疫情对世界经济的严重冲击，为满足人民法院、企业和当事人了解各国有关“不可抗力”的法律规则和相关案例的需求，民四庭委托西南政法大学东盟国家法律研究基地、中国政法大学外国法查明研究基地、深圳蓝海港澳台和外国法律查明研究基地等5家域外法查明研究基地和机构以及部分国际商事专家委员，就全球60多个主要国家和地区以及国际公约、国际惯例中涉及不可抗力等法律规则及相关案例进行梳理汇总，形成了七期研究报告，在国际商事法庭网站刊登，供社会各界、相关企业和司法工作人员参考，引起广泛关注。民四庭在商事仲裁与司法（中国政法大学）研究基地的支持下，发布了《商事仲裁司法审查年度报告（2019年）》，有效促进仲裁司法审查标准的统一。深圳蓝海港澳台和外国法律查明研究基地受民四庭委托，完成了《涉外送达机制研究》《国际和解协议的效力及法院的承认和执行问题研究——以〈新加坡公约〉的相关规定为研究对象》《域外法查明与适用》等多个课题的研究，查找问题症结，提出建议对策。西南政法大学东盟国家法律研究基地就中国与东盟国家WTO争端解决、构建人类命运共同体的中国方案、建设海洋强国等领域开展研究，发表多篇核心期刊论文，多篇要报被中央统战部《零讯》、中国法学会《要报》和《人民日报内参》采纳。

——学术交流广泛深入。各研究基地结合自身法学专业优势和资源优势，举办国内外交流合作论坛、开展法律培训，同时积极派员参加国内外各种研讨会、论证会、论坛，开展实地调研，提升基地研究工作的深度、广度以及影响力。“一带一路”司法研究（上海政法学院）基地开展六场“佘山国际法律—云裳视频论坛”，组织召开了“上合组织国家法官研讨班”，涵盖疫情索赔诉讼、民法典编纂、新加坡调解公约、后疫情时代国际法发展、各国应对新冠肺炎疫情的司法举措等前沿热点法律问题，受到广泛关注。海洋司法保护理论研究基地（上海海事大学）举办“新时代民法典与中国航运保险”系列讲座，邀请法学专家结合保险领域的理论研究和业务实践，讲授民法典热点问题。“一带一路”司法研究中国社会科学院基地举办了“邮轮疫情相关法律问题线上研讨会”“疫情应对中的国际法问题”“当前国际形势与海洋法治发展”等一系列国际研讨会。国际海事法律研究（中山大学）基地赴澳门调研，与澳门行政机关、高等院校和律师事务所就粤港澳大湾区海事法律问题开展深入交流。国际海事司法（广州）基地成功举办“广州海法论坛”“东亚海法论坛”国际学术交流；国际海事司法（浙江）基地与中国社会科学院国际法研究所共同主办第三届海事法治圆桌会议暨海事刑事审判研讨会、海洋生态环境保护法治论坛，进一步扩大了基地品牌效应。

——深度参与法治建设。各研究基地发挥智库功能，积极参与国家立法，关注司法实践中的难点热点问题，推进域外法查明工作和法律数据库建设，加强国际法研究和运用。“一带一路”司法研究（清华大学）基地积极参与外商投资法制定，深度参与中美贸易协定相关法律问题研究并提供法律咨询意见，组织美国对中国抗疫的滥诉违反国际法的视频研讨会、补贴与反补贴规则视频研讨会，积极参加世界贸易组织和国际投资争议解决机制改革的研究。深圳蓝海港澳台和外国法律查明研究基地承建了全国首个“一带一路”大型中文法律数据库；与国内外162家法律服务机构建立了合作关系，搭建了覆盖百余个国家和地区的法律专家资源库，入库个人专家达2400多位。西南政法大学东盟国家法律研究基地加快建设“一带一路”沿线国家和地区法律查明服务中心数据库和服务平台，与东盟国家高等院校建立法律研究和咨询中心，承担中国法、东盟别国法、国际法的培训、咨询、法律援助、法律查明以及司法协助。“一带一路”司法研究（上海政法学院）基地针对该基地重点研究领域—俄罗斯法律研究，启动了“中俄法律翻译工程”，目前第一期研究课题已经结项，翻译俄罗斯法律34部。“一带一路”司法研究（西安交通大学）基地积极开展智库服务工作，与民四庭、第二国际商事法庭、陕西法院以及政府部门积极对接，参与争端解决机制建设、疑难复杂案件分析研判、法律服务业发展，有效拓展了研究基地职能作用。先后通过有关渠道向中央、最高人民法院和有关省部级单位报送智库研究成果10余项。海事法官实践培训（大连海事大学）基地与宁波海事法院合作，共建我国首个“海事司法案例库”，具有以案例查询为基础、类案检索为中心，能自动生成类案检索报告和海事司法大数据分析报告等特色功能，能够为法官、律师、学者等群体在线提供智能、精准、权威、专业的一站式法律解决方案。

——大力加强人才培养。各研究基地结合研究领域，加大法治人才培养力度，设立面向域外国家、港澳台学生的法律人才培养项目，面向国内学生的域外法律、国际司法、国际仲裁法律人才培养项目或课程等。“一带一路”司法研究（清华大学）基地为培养国家高级涉外法治人才，张月姣教授应邀在全国政协法律委员会、全国经贸系统法治工作会议做专题讲座，给工信部系统1000名职工系统授课“国际经贸法律风险与防范”。商事仲裁与司法研究（对外经济贸易大学）基地长期与北京仲裁委员会合作，在对外经济贸易大学开设“仲裁法律前沿与实务”课程，举办“模拟仲裁庭”“国际仲裁论坛”，培养仲裁法律人才。国际海事司法（上海）基地制定人才队伍建设三年规划，出台审判业务专家培养办法，启动“青年海法专才”计划，拓展海事特色教育培训，着力培养海事审判领域的国际化高素质人才队伍和领军人物。

在总结成绩的同时，我们也要看到，各研究基地与民四庭的合作机制还有待进一步加深，有些研究基地的智库作用还没有充分发挥出来，理论研究成果与司法实践之间还存在脱节现象。我们要高度重视这些问题，采取切实举措加以解决。各研究基地要以此次活动为契机，深入贯彻落实习近平法治思想和习近平总书记“七一”重要讲话精神，深入开展合作交流，加强理论研究与司法实践的深度融合，共同推动涉外商事海事审判高质量发展，为实现全面依法治国贡献应有力量。

（一）提高政治站位，用习近平法治思想引领司法研究基地工作

习近平法治思想系统阐述了新时代推进全面依法治国的重要思想和战略部署，是指导新时代全面依法治国的纲领性文件，为加快建设中国特色社会主义法治体系、建设社会主义法治国家指明了方向、提供了根本遵循。民四庭和15家司法研究基地要认真学习贯彻习近平法治思想，深刻领会习近平法治思想的政治意义、理论意义、实践意义和世界意义，把思想和行动统一到习近平法治思想上来，以习近平法治思想武装头脑、指导实践、推动工作。要以习近平法治思想为指引，明确司法理论研究的时代使命、基本要求，研究重点等方向性问题。要紧紧围绕党中央关于全面依法治国重大决策部署，紧盯我国法治建设中的突出问题，比如我国法域外适用法律体系建设问题、涉外法治体系建设和涉外法治人才培养问题、国际商事纠纷解决机制建设问题等，不断加强和深化司法理论研究，形成一批理论联系实际、前瞻性强、指导性好的优秀理论研究成果，为涉外商事海事审判工作创新发展和中国特色社会主义法治体系建设提供有力理论支持。

（二）坚持服务大局，为国家重大战略实施提供有力法治保障

为共建“一带一路”高质量发展、自由贸易试验区和海南自由贸易港建设，海洋强国建设等国家重大战略提供司法服务和保障是涉外商事海事审判

的重要职责使命。加强研究基地建设，也要将这项工作置于国家发展大局中谋划，准确把握国家重大战略的实施对法学研究和司法实践提出的新要求新课题，拓展理论研究的深度广度，不断产出高质量研究成果，用于指导司法实践，推动国家重大战略在法治轨道上有序健康发展。

近年来，最高人民法院相继出台了多份司法政策文件、采取多项务实举措，完善审判机制、提升审判能力，为共建“一带一路”高质量发展、自由贸易试验区和海南自由贸易港建设、海洋强国战略实施提供有力司法服务和保障。各研究基地要加强国家重大战略实施相关法律问题研究，积极参与最高人民法院相关司法政策文件、司法解释的研讨和论证，关注相关国家机关、地方政府推进国家重大战略的制度创新和具体举措，提出有针对性的法律意见建议。要关注人民法院审理的涉“一带一路”、自由贸易试验区、自由贸易港建设的案件以及重大海事案件，展开相关法律问题研究，提出专业理论分析意见，为人民法院作出有规则指引价值，有影响力的裁判提供参考。

（三）发挥智库作用，为法学理论和司法实践深入融合提供智力支持

各研究基地要立足基地定位，充分发挥法治人才、学术资源优势，与民四庭加强配合，紧密结合司法实践，推动司法理论的丰富和发展。

“一带一路”司法研究基地要密切关注中央共建“一带一路”重大战略部署，积极参与最高人民法院国际商事法庭、国际商事专家委员会和“一站式”国际商事纠纷多元化解平台的建设，深入研究“一带一路”国际商事纠纷解决机制及其相关审判制度、程序规则等的理论研究，为最高人民法院国际商事纠纷解决机制的发展提供理论支持。要积极开展“一带一路”国别法律制度和法律动态研究，针对“一带一路”建设对跨国投资治理、数字领域治理、跨国司法协助、跨国货物贸易治理、跨国服务贸易治理等领域法律机制的完善所提出的需求，有针对性地开展专题研究，服务“一带一路”建设在法治轨道上走深走实。要加强我国“走出去”企业法律风险防范问题研究，积极参与“走出去”企业法律咨询和服务体系建设。

域外法查明研究基地要加强与法院系统的涉外审判业务交流，积极开展域外法查明和适用的研究与合作，完善域外法查明机制，为人民法院和社会公众提供高质量的域外法查明服务。要根据自身优势建设特色化外国法或港澳台法律数据库、案例库及相应域外法专家资源库，同时也要加强我国法域

外适用法律体系研究，探索建立面向外国法院、仲裁机构和域外当事人的中国法查明中心。最高人民法院民四庭正在起草关于域外法查明若干问题的司法解释，进一步明确域外法查明的规则，各研究基地要积极参与司法解释相关法律问题的研究，提出建设性意见建议。

海洋司法保护理论研究基地、海事法官实践培训基地、国际海事法律研究基地及国际海事司法研究基地（以下统称为海事司法研究基地）要加强海事司法理论研究，助力国际海事司法中心建设。近年来，以习近平同志为核心的党中央多次就建设海洋强国作出重要指示，并提出构建海洋命运共同体的理念。“十四五”规划和 2035 年远景目标纲要进一步提出要“坚持陆海统筹，发展海洋经济，科学开发海洋资源，保护海洋生态环境，维护海洋权益，建设海洋强国”“加强海事司法建设，坚决维护国家海洋权益”。这对海事司法工作提出了更高要求。各海事司法研究基地要立足各自特点和相对优势，围绕周强院长提出的建设国际海事司法中心目标任务，深入开展海事法律和司法理论研究，为加快推进海事审判体系和审判能力现代化建设，充分发挥海事司法在保护海洋生态环境、推动海洋经济发展、维护国家海洋权益方面的重要作用提供智力支持。要深度参与海商法和海事诉讼特别程序法修改，加强相关问题研究，为完善我国海事法律体系提出建设性意见建议。要关注国际航运中心东移以及我国建设海洋强国所带来的诸如跨境物流服务一体化、智能化港口建设和运行、自由贸易港航运业务开放、国际船舶登记、沿海捎带、船舶融资租赁等新类型案件，从学理上提供专家意见，为相关领域裁判规则完善提供理论支持。

商事仲裁与司法研究基地要深刻认识仲裁在纠纷解决和社会治理体系中的重要作用，积极参与仲裁法修改，以及仲裁相关司法解释的修订，推动仲裁相关法律制度完善；要密切关注我国及域外商事仲裁制度和实践，积极参与人民法院仲裁司法审查制度及相关案例研究，为商事仲裁规范有序健康发展提供智力支持。

（四）拓宽国际视野，为全球治理体系改革贡献中国法治智慧

在经济全球化日益加深、我国对外开放向纵深发展的背景下，加强研究基地工作必须拓展国际视野、树立前瞻思维，紧跟国际研究动态，紧盯理论发展前沿，以更加开放的态度统筹谋划科研工作，推动我国涉外商事海事审

判与我国日益上升的国际地位相适应，助力全球治理体系变革与发展。要认真学习贯彻习近平总书记关于加强国际法研究和运用的重要论述，加强国际法基础理论研究和实践运用，把研究成果应用在推动涉外法治体系建设，推动全球治理体系改革和构建人类命运共同体的生动实践中。要坚持问题导向，加强对平行诉讼、跨境破产、跨境数据流动、主权豁免等国际法前沿问题研究，为涉外法治建设建言献策。要加强国际法治交流合作，举办高层次学术会议、论坛等，积极参加重要国际会议和国际论坛，就各国法治建设和司法实践中共同面临的热点、重点和难点问题进行深度研讨，助力共建“一带一路”，推动经济全球化和贸易投资自由化便利化。要积极参与国际条约制定，在国际投资、贸易、航运规则的形成中发出中国法治声音，在全球治理中阐明中国法治观点，推动构建新型国际关系和人类命运共同体。

同志们，站在中国共产党百年辉煌的重大历史节点上，我们要把学习贯彻习近平总书记“七一”重要讲话精神的成果转化为推动我国法治进程的强大动力，凝心聚力、砥砺前行，努力把最高人民法院“一站式”国际商事纠纷多元化解平台建设成为国际商事纠纷解决的优选地！把民四庭15家司法研究基地打造成为涉外商事海事司法的理论研究高地、法学理论与司法实践深入融合的成果转化高地、高水平涉外法治建设的人才培养高地，为实现全面依法治国作出新的更大的贡献！

牢固树立以人民为中心的司法理念 推动国家赔偿审判和司法救助工作 在新发展阶段实现新发展

——2021 年 10 月 13 日在全国法院国家赔偿审判暨司法救助工作座谈会上的讲话

最高人民法院副院长 陶凯元

在中国共产党百年华诞的光辉之年，也是我国进入新发展阶段、向第二个百年奋斗目标迈进的第一年，我们在吉林长春召开全国法院国家赔偿审判暨司法救助工作座谈会，具有承上启下、继往开来的重要意义。这次会议的主要任务是：坚持以习近平新时代中国特色社会主义思想为指导，深入学习贯彻习近平法治思想和习近平总书记“七一”重要讲话精神，总结杭州会议以来“当赔则赔、应救尽救”“把好事办好”工作理念的落实情况，分析国家赔偿审判和司法救助工作面临的新形势新任务，牢固树立以人民为中心的司法理念，推动国家赔偿审判和司法救助工作在新发展阶段实现新发展。

这次会议的召开得到了吉林省委政法委和锐平书记以及吉林高院党组和徐家新院长的大力支持，会议还邀请了全国人大代表、全国政协委员和最高人民法院特邀监督员及有关专家学者参加，在此一并表示衷心的感谢!

自 2019 年杭州会议以来，全国法院按照新的工作理念要求，忠实履职、积极探索，国家赔偿审判和司法救助工作取得了长足发展。一是人权司法保障更加充分。2020 年至 2021 年 6 月，全国法院依法审结司法赔偿案件 7958 件，决定赔偿金额 4.2 亿元。刑事赔偿进一步提高了精神损害赔偿标准，非刑事赔偿在产权保护方面初见成效；各地法院积极延伸司法职能，在帮助刑事冤错案件受害人融入社会方面进行了大量有益探索。全国法院办理司法救助案件 4.8 万件，发放救助金 11.4 亿元，救助涉案困难群众 5.4 万人。福建、湖南等多地高院在受疫情冲击司法救助资金紧张的情况下，一边设法拓展资金来源，一边致力于对未成年人等特殊人群的精准救助，确保有限资金发挥更大效用。二是国家赔偿审判精细化稳步推进。杭州会议后，全国法院集中力量办大事，按照“三同步”原则依法妥善化解了“五周”案、张文中案、任艳红案、张超案、张玉环案、何学光案、吴春红案、李建功案等一批社会关注度极高的重大刑事冤错赔偿案件，有效实现了政治效果、法律效果和社会效果的统一。江西高院和云南高院从中总结经验、完善机制，得到周强院长的批示肯定。目前，最高人民法院正在进一步总结提炼，计划年底出台司法文件，为重大刑事冤错国家赔偿案件审理提供具体遵循。两年来，最高人民法院先后出台《关于审理国家赔偿案件确定精神损害赔偿责任适用法律若干问题的解释》《关于监狱作为赔偿义务机关的刑事赔偿有关问题的调研会议纪要》，梳理总结长期积累的难点堵点问题，组织全国业务骨干专题攻关，其成果《国家赔偿法实务与裁判观点集成》一书即将面世。各地法院更加重视审判经验的总结。吉林高院每年撰写国家赔偿案件分析报告和案件发改分析报告，加强对下监督指导。浙江高院深入开展2011年至2020年错误执行国家赔偿案件调研，形成《浙江法院错误执行国家赔偿司法审查报告》。山东高院定期召开国家赔偿案件研讨会、编写疑难问题解答和典型案例汇编，强化裁判规则指引。三是司法救助司法化、法治化成效明显。绝大多数法院已将司法救助纳入案件管理。已有26家高院结合省情出台配套细则，规范辖区法院司法救助案件办理。江西、山东、四川、云南、陕西高院出台文件专门规范联动司法救助。吉林高院协调九个相关部门共同出台文件，就司法救助与社会救助衔接明确了各自职责和程序。重庆高院研发上线司法救助智审平台，有力提升司法救助工作规范化水平。甘肃高院出台《甘肃省国家司法救助资金量化标准实施细则》。四是队伍司法能力有所增强。最高人民法院2020年组织的专题培训要求各省主管院长参加，抓住司法能力建设的关键少数，取得良好效果。2021年线上培训两期参训人员达2000人，实现了全国国家赔偿和司法救助队伍的全覆盖。两年来，多地高院结合新法律新解释新政策，开展了国家赔偿和司法救助专题培训。黑龙江高院于2021年5月组织培训，邀请公、检、司等部门参加，在提高法官业务能力的同时，带动相关司法部门的队伍建设，统一国家赔偿法的适用标准，值得提倡。最高人民法院组织第四届全国法院国家赔偿优秀文书暨第二届全国法院司法救助典型案例评选，为队伍提升能力、干事创业提供正面激励。五是宣传引导卓有成效。各级法院注重讲好法治故事，树立国家赔偿司法救助正面形象，彰显党和国家的民生关怀，传递司法温度，引导人民群众理性维权。最高人民法院先后召开新闻发布会，发布人民法院国家赔偿和司法救助典型案例、纪念国家赔偿法施行25周年的典型案例，央视《新闻联播》等媒体进行了深度报道。辽宁高院实行国家赔偿司法审查白皮书年度发布制度。针对国家赔偿和司法救助易于形成舆论热点的情况，各级法院正确对待，在重视社情民意的同时，保持高度政治敏感。两年来，最高人民法院赔偿办共向各地法院发出《国家赔偿与司法救助舆情专报》92期，各地法院高度重视舆情，妥善应对，没有一起案件引起不良炒作。

当前，我国已进入新发展阶段，习近平总书记指出“新发展阶段是我们党带领人民迎来从站起来、富起来到强起来历史性跨越的新阶段”。新发展阶段既是我国推进改革开放事业和全面建成小康社会取得各项成就在量的方面的持续积累，更是社会主义现代化国家建设在质的方面的崭新跃升。新发展阶段对国家治理的方方面面都提出了新的更高要求。对此，我们必须要有清晰准确的判断。一是新发展阶段对加强人权司法保障提出了新的更高要求。人权事业在新发展阶段将达到前所未有的新高度，而国家赔偿审判和司法救助工作在其中具有不可或缺的重要地位。2020年3月，第十三届全国人民代表大会第四次会议通过了《关于国民经济和社会发展第十四个五年规划和2035年远景目标纲要的决议》，将“促进人权事业全面发展”作为进入新发展阶段的目标。2021年6月，国务院新闻办公室首次发表《中国共产党尊重和保障人权的伟大实践》白皮书，将国家赔偿审判和司法救助工作作为一节进行专门论述。我们要对标对表人权保障的更高要求，把人民群众不断提高的司法期待作为改进工作的动力和目标，切实解决人民群众急难愁盼的突出问题，系统谋划推进国家赔偿审判和司法救助工作，把体现人民利益、反映人民愿望、维护人民权益、增进人民福祉落实到赔偿救助工作的方方面面，让人民群众有更多获得感、幸福感、安全感。二是新发展阶段对国家责任体系建设提出新的更高要求。在新发展阶段，构建国家赔偿、国家补偿和司法救助相互配合补充的国家责任体系，既是满足人民群众人权保障的迫切需要，也是国家治理体系现代化的应有之义。从本质上看，以“无救济无权利”为宗旨的国家赔偿与以“生存保障”为目的的司法救助，都是以“国库理论”

“公共负担”理论为法理基础，是化解矛盾、救济受害弱者的国家责任，两者共同铸就公民权利的保护屏障。我们要提高工作的能动性和创新性，以集约化的形式构建“国家责任”的工作格局，避免国家赔偿与司法救助的零和博弈，解决保障不完善、体系不完整、制度“碎片化”等挑战，充分发挥国家责任的应有功能，实现“国家有正义，司法有温度”的目标。三是新发展阶段对国家赔偿和司法救助功能延伸提出新的更高要求。党中央高度重视加强对执法司法活动的监督，习近平总书记强调，要聚焦人民群众反映强烈的突出问题，抓紧完善权力运行监督和制约机制，把严格规范公正文明执法落到实处，不断提高执法司法公信力。2020 年以来，中央两次召开政法领域全面深化改革推进会，对加快推进执法司法责任体系改革和建设作出全面部署，对完善政法部门之间制约监督体制机制、健全法院内部制约监督制度机制提出明确要求。国家赔偿审判承担着裁决司法和行政机关是否承担赔偿责任的重要职能，是对公权力运行的司法审查监督权和损害赔偿救济权的有效结合，在执法司法责任体系中发挥着重要作用。司法救助是中国特色社会主义司法制度的内在要求，不仅帮助困难群众实现生存保障，而且可以反向审视司法权运行存在的不足，有利于各类案件处理的实体公正。我们应秉持“防为上，救次之，戒为下”的理念，克服被动应付的做法，做到以赔促防、以救促管，发挥倒逼和反向审视的功能，从而实现国家赔偿审判和司法救助工作的效益最大化。

对照新发展阶段的更高要求，我们清醒地看到国家赔偿审判和司法救助工作仍有不小差距，主要表现在：各级法院对国家赔偿审判和司法救助工作的重视程度仍有待进一步提高，法律适用体系的精细程度还须加强，赔偿程序与执行程序衔接不畅长期困扰审判实践，司法救助规范化水平亟待提升，有些地方司法救助存在“信访化”现象，队伍司法能力有待进一步加强，等等。下一步，我们要以解决这些问题为突破口，强弱项补短板，推动国家赔偿审判和司法救助在新发展阶段实现新发展。当前和今后一段时期，国家赔偿审判和司法救助工作要重点抓好以下四方面工作。

一、筑牢人民性的思想根基进一步提升司法理念

杭州会议立足新时代对国家赔偿和司法救助的总体要求，针对救济救助不充分不精准的问题，提出了“当赔则赔、应救尽救”“把好事办好”的工作

理念。这一工作理念主要强调两个方面：一是用好用足实体法律的空间，使人民的合法权益得到更优质更充分的保护；二是尽可能排除程序障碍，通过公开透明、便民利民的程序运作，增强人民群众的司法获得感。

全面推进依法治国的根本目的是依法保障人民权益，这是习近平法治思想的精髓之一。国家赔偿和司法救助作为全面依法治国的重要制度，应当始终站稳人民立场，其工作理念在新发展阶段应当注入人民性的灵魂并上升为司法理念。其要义有四个。

一要情系人民。国家赔偿和司法救助是国家兑现人民权利救济、实现损害弥补抚慰的基本方式，是落实宪法尊重和保障人权原则的必然要求。两项工作直接关系人民群众切身利益，本质上是群众工作。“一枝一叶总关情”，如果对人民群众没有感情，水平再高也只能就案办案，无法把工作做到群众心里。习近平总书记深刻指出：“打江山、守江山，守的是人民的心。”要把人民群众当亲人，认真对待他们合法合理的利益诉求。在案件审理范围之内，做到能保护的绝不无动于衷，能保护到十分的就绝不只保护九分。当事人诉求不在案件范围的，也要尽可能延伸服务，引导其申请社会救助，做好善后帮扶；通过法律救济途径难以实现的，要以最大的善意设法抚慰或者耐心释明。各地法院立足国家赔偿延伸服务，帮助刑事冤错案件受害人回归社会做了很多有益探索。湖南高院联合省妇联成立妇女儿童权益保护心理工作站，专门针对妇女儿童申请人开展救助帮扶、心理疏导、关系调适等服务，就是很好的尝试。还有一些法院采取定期回访、心理疏导、法律咨询等方式，探索建立金钱补偿之外的帮扶措施，在修复受损害社会关系、化解社会不稳定因素方面发挥了作用，值得推广。总之，要通过我们的努力，切实解决人民群众在寻求赔偿和救助过程中的急难愁盼问题，让人民群众感受到更多的司法公正和司法温暖。

二要敢于担当。国家赔偿审判和司法救助工作很不容易，存在很多困难和障碍，有些还涉及体制机制问题。按照新发展阶段的要求，我们应当坚持只要是依法应做、有利人民的，都应当付诸行动，而不是止于空谈；不仅要积极地做，还要发挥主观能动性，善作善成。辽宁高院在财政部门过度审查，认为精神损害超出35%的标准于法无据，不同意拨付赔偿款的情况下，积极协调、努力争取，赔偿决定最终得到执行就是成功的范例。目前，国家赔偿决定的执行中，赔偿金逾期支付的问题仍然较为常见，各级法院要高度重视，主动与财政部门沟通，及时向党委政法委汇报，确保国家赔偿决定得到及时执行，解决公平正义“最后一公里”的问题。

三要充分履责。只要人民群众的利益应当保护或者值得保护，各级法院都要立足本职、全力争取。每级法院的职责定位不同，同样一件事情的履责要求也不同。比如，财政部门不执行国家赔偿决定的问题，地方法院努力协调得以执行，就算基本履责。而最高人民法院遇到此类问题就不仅要解决个案，还要从制度和规则层面去研究，检讨现行支付体制是否需要进一步完善。当然，地方法院如果能从制度机制方面进行探索延伸，也是值得提倡的。浙江高院通过与省财政厅协商，建立了重大冤错案件国家赔偿金支付绿色通道，确保多起重大司法赔偿案件顺利执行，经验值得借鉴。

四要系统思维。人民是集合概念，我们在现实中能看到的是只有作为人民组成部分的个人，他们以当事人的方式参与到司法案件当中。作为人民一分子的当事人，其利益主张可能与同样作为人民一分子的其他当事人或者案外人的利益相悖，简单地把当事人的利益当作人民的利益加以保护，显然不符合人民性的要求。这就要求我们在国家赔偿审判和司法救助工作中，要对各种不同利益诉求进行总体分析和权衡。至少要区分法律利益和现实利益、公共利益和私人利益、个体利益和整体利益、眼前利益和长远利益等，对各种利益进行筛选、排序，以提供力道精准、恰如其分的保护。

二、对标国家治理体系现代化要求进一步完善国家赔偿审判

国家赔偿审判是国家责任制度的核心，是国家治理体系的重要组成部分，在新发展阶段，必须按照国家治理体系现代化要求进一步完善。

一要更加彰显权利救济功能。权利救济和权力监督是国家赔偿审判的两个功能，但两者之中，权利救济为主，权力监督为辅。国家赔偿审判对有关公权行为进行合法性审查，是出于权利救济的需要。如果没有赔偿请求人的申请，人民法院不能主动审查。因此，人民法院对有关国家机关的监督与纪检监察等部门依职权主动监督存在本质不同。国家赔偿程序的监督不是全天候的监督，必须要注意与有关执法司法程序相协调的问题。比如，司法解释规定国赔程序在其他司法程序终结后才可以启动，以避免过早介入其他司法程序。当然，在坚持司法谦抑将使受害人求偿无门时，国家赔偿审查也可以

不再谦抑，但此时对公法行为的监督同样出于权利救济的需要。这就是相关司法解释规定程序终结六种例外的原因。国家赔偿审判要把权利救济摆在突出位置，下大力气解决不利于权利救济的堵点难点问题。

二要继续加强程序正当性建设。贯彻落实以人民为中心的司法理念，不仅要做到实质公正，也要做到形式公正，让人民群众感受得到。因此，必须继续加强程序正当性建设。要进一步畅通案件受理机制。针对群众广泛关注的因程序衔接不畅导致国家赔偿案件“形式上立案、实质上不审”的问题，要加强对国家赔偿与刑事诉讼、执行程序等衔接点、时效问题的审查，避免不予受理决定的滥用。要扩大听证、质证程序适用范围。在法律精神所允许的范围内，更多地在国家赔偿案件审理中注入审判者中立、诉争双方平等、第三方有序参与、程序公开透明等诉讼化要素。要充分发挥合议庭作为一级审判组织的职能作用。合理区分合议庭、赔偿委员会、审判委员会讨论决定案件情形，理顺不同审判组织之间的关系。

三要有效运用多元解纷机制。国家赔偿案件尤其是刑事赔偿案件，受害人遭受的损害往往是多方面的，仅靠依法赔偿难以完全弥补。要打开当事人“心结”，实质解决纠纷，离不开有关国家机关和社会各方支持。很多法院在重大刑事冤错国家赔偿案件审理当中利用多元解纷机制，取得了良好效果。吉林高院加强“府院联动”，在多起案件中帮助当事人解决各种具体困难。浙江高院在办理重大刑事国赔案件时组建跨部门的善后工作小组，协调当地职能部门尽可能解决受害人住房、社保、工作、医疗等问题。这些做法效果很好，值得肯定。各级法院要及时总结提炼这方面的经验，善于调动运用各种有利条件和资源，为办理案件提供助力。

四要强化舆情引导。现代化的国家赔偿制度应当有司法定力，既重视舆情又不为舆情左右。各级法院应当建立健全国家赔偿舆情应对机制，加强对重大敏感案件的舆情指导，落实“三同步”要求，提前进行舆情风险评估，制定应对预案。要安排专人负责国家赔偿案件权威信息的公布，与新闻媒体、社会公众进行有效沟通、答疑解惑，杜绝虚假信息和制谣传谣的空间。要在出现舆情后，第一时间明确机构和人员，迅速启动舆情处理机制，跟踪分析舆情内容，提出处置方案，实施舆论正确引导，争取舆论主动权。对于可能引发全国性影响的重大案件，要层报上级法院，做到应对口径、办法上下统一，步调一致。

五要继续推进集中管辖改革。目前，重庆、贵州两地法院按照杭州会议部署敢于探索、先行先试，已经全面开展中级法院委赔案件集中管辖改革试点工作，黑龙江法院已拟定改革试点方案即将推开。下一步，鼓励更多有条件的地方积极探索开展集中管辖改革试点工作，尤其是直辖市法院更应先行一步，为全面评估推进这项工作积累经验。要注意结合法院内设机构改革机遇，主动向当地党委政法委汇报请示，争取支持、推进改革。已经开展改革试点工作的法院，要及时总结经验，完善配套措施，为下一步深化集中管辖改革打下坚实基础。

六要抓住机遇解决长期积累的难题。国家赔偿法实施以来，逐渐涌现出一批难以解决的问题，表明该法在责任体系、赔偿标准、处理程序等各方面，难以满足人民群众充分救济权利的诉求和对公平正义的感受，这些问题也困扰审判实践多年。新发展阶段是国家治理体系现代化提速的阶段，也是彻底解决积累难题，推动国家赔偿审判现代化的难得历史机遇。我们目前的思路是立足当下，着眼长远。从长远来看，必须启动修法。经过两年的调研，最高人民法院赔偿办已经撰写了修法调研报告，经中政委批准后，拟于年底前向全国人大提出修法建议案。立足当下，就是要加强调研指导，继续推进法律规范体系精细化。最高人民法院赔偿办 2021 年的重点工作有刑事涉财、非刑事司法国家赔偿、重大刑事冤错赔偿案件的指导意见等，这些工作要举全国国家赔偿审判之力，需要大家在理论和实践层面贡献智慧和力量。

三、完善平台机制进一步加强司法救助工作规范化建设

司法救助工作以“扶危济困、救急救难”为目的，是人民法院积极作为对涉诉困难群众给予的经济上的特殊帮助，具有很强的政策性。目前，司法救助制度主要的实体和程序问题基本有法可依，但是规范化水平还有待进一步提高。各级法院要严格落实改革要求，健全完善制度机制，加强统筹协调，推动司法救助工作科学发展。

一要理顺司法救助案件的受理。遵循“依职权启动为主、依申请启动为辅”的原则，完善司法救助案件受理与其他承办部门的配合机制，对符合救助条件的及时立案，畅通受理渠道。

二要进一步规范救助范围和救助标准。各级法院要充分发挥司法救助委

员会的作用，准确把握救助条件和范围，重点救助明确规定应予救助的七类人员，审慎适用兜底条款扩大救助对象，确保有限的资金真正用在更加需要救助的群众身上。要充分考虑救助资金实际情况，根据当地经济社会发展的具体情况统一司法救助标准，避免同一法院、同一地区因救助标准差异过大引发新的矛盾，鼓励有条件的法院探索建立司法救助金量化标准。

三要完善救助经费保障机制。杭州会议提出设法解决司法救助资金问题的要求以来，很多地方法院都行动起来，想了很多办法。吉林高院和检察院通过吉林慈善总会向社会募集资金，设立司法救助慈善基金。探索精神值得肯定。下一步，各地法院要主动向党委政法委汇报，积极协调财政部门将司法救助资金列入预算，落实办案机关直接决定案件救助金额的中央改革精神。探索拓宽资金来源渠道，解决救助资金不足难题。需要注意的是，司法救助资金需求量的不可预测性和预算管理效率要求存在矛盾，要结合司法救助的特点，探索建立动态的预算管理机制。同时加强对司法救助工作的监督，避免救助经费的随意使用和简单地追求“花钱买平安”等情况，确保符合条件的困难群众得到司法救助。

四要加快司法救助的信息化建设。近年来，人民法院信息化建设取得历史性进步，但是国家赔偿和司法救助的信息化水平还停留在发展阶段，尤其是司法救助工作，由于有的法院还未实现通过办案平台办理司法救助案件，导致相关数据的统计无法通过人民法院大数据管理和服务平台自动生成。下一步，要充分依托信息技术，将司法救助案件办理流程嵌入办案系统，实现司法救助案件网上立案、网上办理、网上审签文书、全程留痕，提升此项工作的规范化和自动化水平。四川高院开发了司法救助案件信息管理系统，不仅将全省所有司法救助案件纳入办案系统线上办理，而且实现了救助资金线上支付，每季度进行大数据分析通报，经验值得借鉴。对于没有落实司法救助工作改革要求的地区，要开展普遍督查，找准问题，制定措施，推动实现“救助制度法治化、救助案件司法化”的目标。

五要构建司法救助与社会救助的衔接机制。国家司法救助是一种有限的国家救济手段，对于困难群众只起到应急生存照顾的作用。被救助人存在长期困难仍需救济的，或者不是因为诉讼而陷入生活困难的，实现对其的生存照顾需要行政部门合力推动以及社会力量的广泛参与。作为国家保障弱势群体的合法权益的重要法律制度，社会救助是改善民生、健全社会保障体系的重要组成部分。构建司法救助与社会救助的衔接，既可充分发挥国家保障“托底线”的功能，也可防止重复救助，造成社会资源的浪费，还能形成“政府支持、部门负责、相互联动、社会参与”的国家救助保障体系。

四、加强队伍建设进一步提高司法能力

近年来，全国国家赔偿和司法救助队伍的司法能力有了明显提高，但与新发展阶段的要求相比，还有明显的差距，想方设法提高队伍能力是补短板、强弱项的关键一步。

一要完善机构设置。目前，绝大多数高院已经按照杭州会议的要求，设立了专门的国家赔偿办案机构，其中14个高院赔偿办有单独编制；11个高院的辖区中院设立了赔偿办，有16个高院的部分辖区中院还有独立编制，值得充分肯定。但是，有的地方不仅没有设立国家赔偿办案机构，也没有专门从事国家赔偿审判和司法救助工作的法官，制约了两项工作的发展。各高级法院要站在国家治理体系、治理能力现代化的高度，结合自身实际进一步优化和完善国家赔偿审判机构设置。有条件设立专门机构的，要积极争取；条件不具备的，要配备不少于一个合议庭的专职审判人员。中级和基层法院至少要保留一名法官专门从事国家赔偿审判和司法救助工作，并保持人员相对稳定。另外，要科学合理组建国家赔偿审判团队，吸纳具有刑事、民事、行政、执行不同专业背景的审判人员，为提升国家赔偿审判和司法救助工作质效提供坚实的组织保障。

二要理顺工作职能。全国绝大多数高院的司法救助案件已统一归口赔偿办，接近一半的高院已督促所辖中院实现司法救助案件统一归口赔偿办。这意味着国家赔偿与司法救助双重心工作格局已经基本建立，但是在协调发展两大职能方面，还存在不均衡不充分的短板。有的高院两类案件较多，赔偿办专门办理国家赔偿和司法救助案件，审判专业化基础比较扎实。有的高院两类案件较少，赔偿办还办理大量其他类型的案件，工作上只能兼顾必须办理的国家赔偿案件，将司法救助工作当成可干可不干的临时任务，谋划推进少、督促落实弱。各级法院，尤其是各高级法院，要充分考虑国家赔偿和司法救助案件的特点和人才状况，围绕落实双重心工作格局，科学合理确定工作职能，实事求是设定绩效指标，“不以办案绝对数量论英雄”，促进国家赔

偿审判和司法救助工作可持续发展。

三要加强能力建设。要着力提高“政治三力”。始终坚持以习近平新时代中国特色社会主义思想为指导，深入学习贯彻习近平法治思想，扎实开展党史学习教育，增强“四个意识”、坚定“四个自信”、做到“两个维护”，不断提高政治判断力、政治领悟力、政治执行力，确保国家赔偿审判和司法救助工作始终沿着正确方向前进。要增强做群众工作的能力。强化群众观念，坚持群众路线，学会用群众语言释法析理，找准司法为民的结合点、切入点。深入开展“我为群众办实事”实践活动，认真排查和解决国家赔偿审判和司法救助工作中有案不立、应赔不赔、应救不救等人民群众急难愁盼问题。要加强基层基础司法能力。根据基层法院涉赔频率低、人员流动性大的特点，将培训交流机会更多向基层倾斜，帮助基层法院培养国家赔偿审判和司法救助专业化人才，从源头上提升两类案件的办理质量。创新线上线下相结合的培训方式，提升培训效率，深化培训效果。通过研讨、调研、座谈等多种形式，加强业务指导和交流，提升司法能力。要筑牢廉洁自律樊篱。扎实开展第二批法院队伍教育整顿，以自我革命、刮骨疗毒的精神整治顽瘴痼疾、清除害群之马。坚持“当下治”与“长久立”相结合，健全管人管事管权的长效机制。认真开展警示教育，严格执行防止干预司法“三个规定”等铁规禁令，落实廉政风险防控机制，加强对审判权力运行的监督制约，以廉洁司法保障公正司法。

最后，需要特别强调的是，做好新发展阶段国家赔偿审判和司法救助工作，必须始终坚持党的绝对领导，牢固树立大局意识，紧紧依靠地方党委的统筹协调，努力实现政治效果、法律效果和社会效果的有机统一，推动构建国家赔偿和司法救助联动工作格局。

同志们，站在新的历史节点，我们要坚决响应习近平总书记向全党发出的伟大号召，弘扬伟大建党精神，牢固树立以人民为中心的司法理念，以更加坚定的决心、更加昂扬的斗志、更加饱满的精神，接续奋斗、久久为功，推动人民法院国家赔偿审判和司法救助工作在新发展阶段实现新发展。

在人民法院服务和保障长三角一体化发展第一次联席会议上的讲话

（2021 年 5 月 20 日）

最高人民法院副院长、推动长三角一体化发展司法工作小组组长　高憬宏

长三角一体化发展是习近平总书记亲自谋划、亲自部署、亲自推动的重大国家战略，对引领全国经济社会高质量发展、完善我国改革开放空间布局，具有重大现实意义和深远历史意义。最高人民法院党组和周强院长高度重视服务和保障长三角一体化发展工作，多次强调要积极为长三角一体化发展提供优质高效的司法服务和保障。2020 年 11 月，周强院长主持召开推动长三角一体化发展司法工作座谈会并讲话，对人民法院服务和保障长三角一体化发展作出具体部署。

今天，我们召开第一次联席会议，主题是“智慧法院建设和执行工作‘一体化’”，主要任务是：认真学习贯彻习近平总书记关于网络强国、科技强国建设的重要论述精神，深入贯彻党中央关于推进长三角一体化发展的重大决策部署，总结工作成绩和交流经验，研究部署全面推进智慧法院建设和执行工作“一体化”的具体举措，为推动长三角一体化发展提供更加有力的司法服务和保障。

刚才，晓云、道虎、占国、开军同志作了精彩的主旨发言。上海二中院、江苏苏州中院、浙江绍兴中院、安徽合肥中院进行了经验交流，听了很受启发。下面，我就一年来人民法院在服务保障长三角一体化方面开展的工作，结合智慧法院建设与执行工作“一体化”，谈三点意见。

一、全面服务保障长三角一体化发展成绩显著

一年来，最高人民法院和长三角地区各级法院落实党中央决策部署，切实提高服务和保障长三角一体化发展的自觉性、主动性、协同性，立足司法职能，积极探索实践，取得明显成效。

第一，加强顶层设计，完善工作体制机制。2020 年，最高人民法院先后出台《关于为长江三角洲区域一体化发展提供司法服务和保障的意见》《关于为推动长三角一体化发展提供司法服务和保障的实施措施》，对推动长三角一体化发展司法工作进行系统全面部署。2020 年 11 月 5 日，最高人民法院专门成立推动长三角一体化发展司法工作小组，并在第三巡回法庭设立办公室，进一步加强组织领导和统筹协调。11 月 26 日，周强院长亲自为最高人民法院推动长三角一体化发展司法工作小组办公室揭牌，出席推动长三角一体化发展司法工作座谈会并讲话，对人民法院服务保障长三角一体化发展提出了明确要求。上海、江苏、浙江、安徽四地高院党组高度重视，自觉对标对表长三角一体化发展规划纲要和周强院长讲话精神，找准抓实司法服务保障的切入点、结合点、着力点，推动工作衔接融合更加顺畅，工作体制机制更加完善。

第二，紧扣“一体化”“高质量”关键词，服务经济社会发展。长三角地区各级法院自觉把工作融入推进长三角一体化发展的国家战略，充分发挥审判职能作用，聚焦长三角地区经济社会发展重点领域、关键问题，研究出台精准有效的司法政策，为服务保障高质量发展贡献司法智慧成果。例如，组织长三角地区中级法院金融庭长论坛，加强金融审判领域司法协作，促进长三角区域金融司法裁判标准统一；加强破产审判专业化建设，因地制宜构建企业破产处置协调联动机制，大力推进“执行转破产”工作，促进长三角区域产业优化升级；加强环境资源等相关专门法庭建设，深化跨区域管辖制度改革，配合重大国家战略实施，提升长三角地区法院专业化审判水平，等等。这些司法创新举措，对长三角地区经济社会发展起到了重要的推动作用。

第三，护航科技自立自强，服务创新产业体系建设。最高人民法院印发《人民法院知识产权司法保护规划（2021—2025 年）》，召开推进长三角一体化科技创新知识产权保护工作座谈会，会同国家知识产权局指导上海、江苏、

浙江、安徽法院与当地知识产权局共同推进长三角一体化科技创新知识产权保护。深入推进知识产权审判领域改革创新，建立健全知识产权联合保护机制。加强反垄断和反不正当竞争司法力度，坚决维护市场公平竞争秩序和社会公共利益，引导规范平台经济依法发展，促进营造开放、健康、安全的数字生态，防止资本无序扩张。

第四，推进智慧法院建设，促进矛盾纠纷实质化解。务实推进智慧法院建设改版升级，全面提升新时代人民法院化解矛盾纠纷、服务人民群众的能力，以“数字正义”助推实现更高水平的公平正义。2020年9月24日，四地法院共同签署《一站式多元解纷和诉讼服务体系建设司法协作框架协议》，全面建立常态化司法协作工作机制，共同构建多元解纷资源共享机制，强化涉诉信访处置合作机制，合力化解矛盾。协同推进长三角地区智慧法院信息数据资源共享平台建设，以中国移动微法院为基础，积极推行“一网通办”诉讼服务，为当事人提供网上立案等便利诉讼服务；以诉讼服务指导中心信息平台为统领，“一网通管”诉讼机制有效运行。切实强化强基导向，提升基层司法服务水平，为推进长三角地区基层社会治理、服务乡村振兴贡献司法智慧。

二、聚焦主题主线，全面推进智慧法院建设和执行工作“一体化”

党的十八大以来，习近平总书记对网络强国、科技强国提出一系列新观点、新论断，为加强科技创新指明了前进方向，提供了根本遵循。习近平总书记深刻指出，“没有信息化就没有现代化”，强调要“善于运用互联网技术和信息化手段开展工作”，“使互联网这个最大变量变成事业发展的最大增量”。最高人民法院党组和周强院长高度重视智慧法院建设和执行工作，周强院长形象地将智慧法院建设比喻为推动法院工作的车轮和鸟翼，将执行工作看作实现公平正义的最后一公里，并多次强调要实现信息技术与法治建设融合促进，围绕满足审判执行工作需要，构建中国特色、世界领先的互联网司法模式。

基于此，我们根据人民法院服务和保障长三角一体化发展的总体部署和系统规划，在深入调研了解长三角一体化发展司法需求的基础上，将智慧法院建设和执行工作一体化确定为本次会议的主题。确定这个主题，主要考虑有三点：一是推动长三角一体化发展司法工作中，智慧法院建设和执行工作最适合、最便于推进一体化发展，这是我们服务保障长三角一体化发展的最佳切入口和着力点；二是近年来，长三角地区法院不断推进智慧法院建设与执行工作向纵深发展，走在全国法院前列，为智慧法院建设与执行工作“一体化”提供了宝贵经验，对这些在探索实践中积累的经验和智慧，我们要在长三角一体化发展的平台上系统总结，赓续发扬；三是让执行工作全国“一盘棋”在长三角区域创造出更好的经验，为人民群众提供更加高效便捷的服务。我们主题中说执行工作“一体化”，从根本上说，是在强化长三角区域协作的层面进一步完善执行“三统一”体制机制。关于这项主题的重要意义，刚才几位高院院长讲得都很好，我完全同意，因时间关系，我就不再展开论述。希望长三角地区各级法院，立足数字化改革背景和经济社会发展新形势，聚焦智慧法院建设和执行工作一体化主题，以信息化与执行工作深度融合为手段，以一体化为思路，努力打破行政壁垒、强化政策协同，凝聚更强大的合力，更好服务保障长三角一体化发展。

第一，提炼探索经验，助力协同创新。长三角地区法院坚持创新引领，深入研究新情况、新问题，集思广益，积极探索，勇于创新，积累了宝贵经验。上海法院将执行工作融入平安建设考评体系，推动构建跨部门、跨地区、跨行业协同联动机制，织密全方位立体化执行网，智慧执行系统荣获全国“智慧法院十大创新案例”。江苏法院持续推进智慧审判、智慧执行、智慧服务、智慧管理建设，升级“套路贷”虚假诉讼智能预警系统，上线“江苏微解纷”平台；开展涉民生、金融债权等六大专项行动，最大限度实现胜诉当事人合法权益。浙江法院坚持数字化牵引，积极整合优化，建成全省统一办公办案平台，智慧法院综合指数名列全国第一；深入总结推广宁波自动履行正向激励机制、诸暨等地执行“一件事”改革做法，执行工作长效机制进一步健全。安徽法院持续巩固解决执行难，再掀“江淮风暴”执行攻坚新高潮，2020 年执行案件结案率居全国法院第 2 位；推进智慧法院建设与执行工作相结合，将线上执行作为常态化疫情防控下执行主战场，取得积极成效。

在探索创新的基础上，长三角地区法院要进一步对标对表长三角一体化发展定位和功能布局，深入探索共同推进智慧法院建设与执行工作“一体化”的理念机制，为制度创新和实践协同打好理论基础。要更加注重系统观念、法治思维、强基导向，凝聚合力，立足区域实际和工作要求，坚持创新引领，不断提供可复制、可推广的解决方案和先进经验，为长三角一体化发展营造良好法治环境。

第二，利用智慧成果，赋能审判执行。近期，周强院长主持召开最高人民法院网络安全和信息化领导小组2021年第一次全体会议，出席“信息技术与法治建设”科学与技术前沿论坛，围绕深化智慧法院建设发表讲话，提出明确要求。周强院长强调，要扎实推进信息技术与法治建设融合促进，全面深化智慧法院建设，以司法数据中台、智慧法院大脑、在线法院建设为牵引，推进人民法院信息化4.0版建设，促进审判体系和审判能力现代化，推动新时代人民法院工作高质量发展。我们要认真学习、抓好落实。

围绕智慧法院建设与执行工作融合发展，长三角地区法院积极探索，形成了一系列有益经验。比如，上海高院积极推进智慧执行建设，扎实有力推进“执行案件智能辅助功能”“终本案件智能巡查”重点研发任务，通过全流程规范化执行办案平台互联互通，执行各环节数据共有共享，智慧执行、智慧管理、智慧监督有机整合，有效实现了用智慧建设赋能执行工作。又如，浙江高院深化智慧执行，在全省法院统一办公平台上线智慧执行2.0模块，实现全省所有执行案件在同一平台全流程线上办理；借助大数据分析赋能执行指挥工作，通过智慧指挥、统一执行，有效节约执行资源、提升执行质效。

周强院长讲话和各地法院的有益探索为我们利用智慧成果、赋能审判执行提供了可资借鉴的工作思路。下一步，我们要坚持系统观念，加强统筹协调、一体推进，促进智能协同、融合集成，有效整合完善各类应用系统，促进信息化建设整体效能的发挥。要把科技创新充分融入审判执行业务各方面、各环节，全面加强智慧审判、智慧执行、智慧服务、智慧管理，为智慧法院建设注入新动力。要积极融入长三角信息化建设大格局，推进长三角区域智慧法院信息数据资源共享，为跨域诉讼服务和审判执行提供强大数据支撑。要深入推进四地法院执行系统的纵向贯通和横向联网，加快推动执行查控系统对接和执行信息共享平台建设，实现从跨域执行联动向区域一体执行转变。

第三，着眼互联互通，推进执行“一体化”。近年来，长三角地区法院围绕健全解决执行难长效机制，积极探索，大胆创新，形成了诸多务实有效的解决方案。比如，上海法院不断健全本地“点对点”网络查控系统。公积金、社保、机场出行记录等，均实现网上查询；上市公司股票、不动产、车辆等，全部实现网上查封、冻结；与公安部门实现网上查询被查封车辆的轨迹下落等。此外，与市场监督管理部门、税务部门等，形成若干会议纪要或意见，为协助执行添砖加瓦。江苏法院充分运用现代科技，优化完善“854”模式的执行实施方式；研发物联网查封财产监管系统、物联网电子封条和物联网称重系统，实现对被执行财产的“智”监管、“活”查封和“快”处置。浙江高院聚焦当事人解纷“一件事”，“跳出执行看执行”，紧紧依靠党的领导，构建各方参与的综合治理执行难大格局，同时充分发挥“立审执破”全流程各环节功能，切实增强执行效能。安徽高院以协同办案、智能监管、在线公开、云端互动为切入点和着力点，为健全解决执行难长效机制提供了“安徽方案”。

可以看出，在执行工作全国“一盘棋”的大背景下，长三角区域法院的执行工作呈现出以下三个鲜明特点：一是三省一市的高级法院充分发挥推动长三角一体化发展司法工作小组成员单位作用，统领各级法院在一体化平台上对执行工作进行整体谋划，统筹安排；二是法院紧紧依托当地党委政府，在府院联动、内外联动方面积极作为，建立健全法院与各相关部门协作解决执行问题的有效机制；三是智慧法院对执行工作的赋能效果突出，充分发挥长三角地区信息化、智慧法院建设的领先优势，全方位为执行的模式、手段、效果等增添有益助力，提升整体效能。在总结成绩的同时，我们也应看到，我们在执行联动方面，还存在顶层设计的不足，实施效果仍需提高；在智慧法院建设方面，各法院基础设施条件的差异、数据安全的保障问题、地域壁垒的限制等制约信息化建设协作开展的问题仍需进行深入研究并加以解决。下一步，我们要按照《最高人民法院关于深化执行改革健全解决执行难长效机制的意见——人民法院执行工作纲要（2019—2023）》的部署要求，汲取有益经验，强化协同配合，推进长三角地区执行工作“一体化”。要加强跨域指挥、管理、协调的执行智慧体系建设，构建统一完善、运行高效的执行协调和智慧平台，提升复杂环境下执行应对协同处置能力。要加大异地执行协助力度，简化异地执行手续，统一委托执行流程，实现四地法院视频衔接，为远程执行、执行联动、异地执行等提供制度技术保障，推动长三角区域执行在线化、场景化和智能化，让财产变现等工作更加公正高效。要推动建立“执转破”衔接标准一体化机制，统一跨域移送标准，提高“执转破”机制运转效率，为推进“僵尸企业”市场出清提供有力司法保障。要完善跨域信用联合监督、警示、惩戒机制，建立守信激励、失信惩戒信息网上信息管理、共享、互认机制，加快推动长三角区域信息体系建设。

三、强化协同联动，扎实有力推动服务保障举措落地生根

推动智慧法院建设和执行工作“一体化”，为长三角一体化发展提供司法服务和保障，是当前和今后一个时期的重要工作。在这次会议召开前，上海、江苏、浙江、安徽四家高院已共同签署《长三角地区法院执行工作“一体化”备忘录》。四地法院要以备忘录会签为重要契机，进一步加强交流协作，积极推进相关工作，确保将这次会议提出的服务保障措施不折不扣落到实处。

第一，坚持统筹协调。要充分发挥最高人民法院推动长三角一体化发展司法工作小组及其办公室作用，依托联席会议沟通平台，健全日常联络机制，强化四地法院的沟通协调和工作联动，认真研究解决新情况新问题，协同推进智慧法院建设和执行工作“一体化”。要建立健全长三角一体化司法协同工作规划制度，明确短期、中期、长期工作目标和发展路径，定期评估跨域协作效果，狠抓督导落实，确保司法协同工作的有序性、系统性。

第二，增强“一盘棋”意识。要增强大局思维，坚持一体推进和因地制宜相统一，充分发挥四地司法资源和信息技术比较优势，紧扣共建共享，扎实有力推动长三角区域智慧法院建设和执行工作“一体化”。要不断完善共商互动机制，创新沟通交流方式方法，围绕智慧法院建设与执行工作“一体化”等内容加强交流协作，分享改革经验，汇聚工作智慧。要紧紧依靠党委领导，积极争取党委政府支持，强化与相关部门的协作配合，不断凝聚工作合力，推动解决制约智慧法院建设和执行工作“一体化”的行政壁垒等问题。

第三，狠抓贯彻落实。会后，推动长三角一体化发展司法工作小组办公室要系统梳理这次会议的成果，细化任务分工，科学设定完成时限，形成工作台账和分工方案，有计划、有步骤地督导推进落实。各与会高院要认真抓好本次会议精神的贯彻落实，制定具体的工作措施，明确路线图和时间表，确保工作落地见效。

同志们，推动长三角一体化发展是一项长期的系统工程，需要我们持续发力，久久为功。人民法院责任重大、使命光荣。我们要坚持以习近平新时

代中国特色社会主义思想为指导，深入贯彻落实习近平法治思想，忠实履行宪法法律赋予的职责，围绕长三角一体化发展这一重大国家战略，砥砺前行，接续奋斗，为推动长三角一体化实现更高质量发展作出新的更大贡献，以优异成绩庆祝建党 100 周年！

在《最高人民法院关于深入开展虚假诉讼整治工作的意见》新闻发布会上的讲话

（2021年11月9日）

最高人民法院副院长　贺小荣

大家上午好！感谢大家出席新闻发布会。今天，最高人民法院正式对外发布《关于深入开展虚假诉讼整治工作的意见》（以下简称《意见》）。根据发布会安排，由我向各位简要介绍《意见》的起草背景和主要内容。

一、《意见》的起草背景

虚假诉讼败坏社会风气、妨碍公平竞争、损害司法权威、阻碍法治建设，社会影响十分恶劣。党的十八大以来，最高人民法院坚持以习近平新时代中国特色社会主义思想为指导，深入学习贯彻习近平法治思想，坚决贯彻落实党的十八届四中全会精神，加大对虚假诉讼、恶意诉讼、无理缠诉行为的惩治力度，多措并举，重拳整治虚假诉讼，主要开展了以下三个方面工作。

一是建立健全了整治虚假诉讼的制度机制。针对不同时期虚假诉讼的特点，最高人民法院先后下发房地产调控政策下严格审查各类虚假诉讼的紧急通知，制定防范和制裁虚假诉讼的指导意见、进一步加强虚假诉讼犯罪惩治工作的意见，发布民事诉讼法司法解释、民间借贷司法解释、办理虚假诉讼刑事案件司法解释等规范性文件，指导全国法院积极有序开展虚假诉讼整治工作。

二是查处审理了一大批虚假诉讼案件。2017年至2020年，全国法院共查处虚假诉讼案件1.23万件，在黑龙江鸿基米兰房地产开发有限公司执行异议之诉系列虚假诉讼案件中，全部顶格处罚，合计罚款6300万元；共审结涉虚假诉讼刑事案件 2079 件，有力保护了人民群众合法权益。

三是探索积累了整治虚假诉讼的有益经验。最高人民法院在全国法院推广立案辅助系统；浙江法院为虚假诉讼当事人建立失信“黑名单”和“黄名单”，给予 3 年至 5 年信用惩戒；江苏高院研发虚假诉讼智能预警系统，充分利用智慧法院建设成果提升整治质效；北京等地法院通过发布典型案例、邀请人大代表点评等方式，通过小案件讲述大道理，弘扬诉讼诚信。

随着经济社会发展和人民法院整治力度加强，虚假诉讼也呈现出新特点、表现出新花样，为进一步深入整治虚假诉讼，最高人民法院在充分调研、广泛总结实践经验的基础上，根据民法典、刑法、民事诉讼法等规定，制定了《意见》。

二、《意见》的主要内容

《意见》共 24 条，主要规定了以下六个方面的内容。

一是工作总体要求。《意见》第一条强调，整治虚假诉讼是人民法院肩负的政治责任、法律责任和社会责任，要坚持以习近平新时代中国特色社会主义思想为指导，深入学习贯彻习近平法治思想，不断加大虚假诉讼整治力度，大力弘扬诚实守信的社会主义核心价值观。

二是加强甄别查处。虚假诉讼隐蔽性极强，如何甄别至关重要。《意见》第二条至第四条规定了哪些情形属于虚假诉讼，为认定虚假诉讼提供了“标尺”；总结了虚假诉讼八大特征表现，为甄别虚假诉讼提供了指南；列举了十类常见虚假诉讼，为整治虚假诉讼划出了重点。《意见》第六条至第十条构建了贯穿立案、审判、执行全流程的虚假诉讼整治机制。力争不让一个虚假诉讼进来，力保不让一个虚假诉讼出去。

三是整治重点领域虚假诉讼。《意见》第十一条至第十五条规定了执行异议之诉、民间借贷、房屋买卖合同等虚假诉讼易发领域整治工作要求。2017 年至 2020 年，查处执行异议之诉虚假诉讼年均增速高达 61.11%。民间借贷历来是虚假诉讼高发易发领域。2020 年共查处虚假民间借贷纠纷案件 1772 件，占查处的民事虚假诉讼案件的 53.09%。《意见》要求严格审查通过循环转账、“断头息”等方式虚构借贷、虚增本金的违法行为，严守民间借贷利率司法保护上限。近年来，通过虚假诉讼逃避房屋限购、限售政策的现象有所抬头。《意见》规定，为规避调控政策等非法目的，虚构房屋买卖合同关系提起诉讼的，应当认定合同无效；虚构购房资格参与司法拍卖房产的，应当认定拍卖行为无效。

四是严格刑事追责。《意见》对惩治涉虚假诉讼刑事犯罪提出总体从严、打击重点、刑民协同三个方面要求，从严追究虚假诉讼行为人的刑事责任；对群众反映强烈的“套路贷”虚假诉讼违法犯罪保持高压严打态势；在信息沟通、线索移送、查假纠错等方面做好刑民协同，既要打击虚假诉讼，更要依法救济受害人权利。

五是加强队伍建设。打铁还需自身硬。整治虚假诉讼，关键在于造就一支忠诚、干净、担当的法院队伍。《意见》要求，严格落实司法责任制，坚持刀刃向内，对参与虚假诉讼的法院工作人员依规依纪严肃处理，对利用职权与他人共同实施虚假诉讼犯罪的法院工作人员，依法从重处罚。

六是开展系统整治。虚假诉讼是社会不诚信现象的集中体现，需要系统治理。《意见》要求各级人民法院加强与各政法单位沟通配合，形成整治合力；充分利用智慧法院建设成果，争取与征信机构的信息数据库对接，探索构建虚假诉讼“黑名单”制度，助力社会信用体系建设；通过以案释法、风险提示等方式加强法治宣传，培育诚实守信的社会风尚。

下一步，最高人民法院为深入整治虚假诉讼还将制定一系列司法解释和司法政策，进一步扎紧制度的笼子，压缩虚假诉讼存在的空间，实现对虚假诉讼标本兼治，为诚信社会、法治国家建设作出应有贡献。

在全国法院司法体制综合配套改革推进会上的讲话

（2021年12月15日）

最高人民法院副院长　沈　亮

这次会议的主要任务是：认真学习贯彻党的十九届六中全会精神，深入贯彻习近平法治思想，进一步落实政法领域全面深化改革推进会精神和最高人民法院党组的部署要求，交流改革经验，总结改革成效，分析存在问题，明确下一步深化改革的重点任务，推动司法体制综合配套改革更加系统集成、协同高效，奋力推进人民法院工作高质量发展。

12月6日，习近平总书记在主持中央政治局第三十五次集体学习时指出，要深化法治领域改革，围绕让人民群众在每一项法律制度、每一个执法决定、每一宗司法案件中都感受到公平正义这个目标，深化司法体制综合配套改革，加快建设公正高效权威的社会主义司法制度。习近平总书记的重要指示，为我们做好司法改革工作指明了方向、提供了基本遵循。党的十八大以来的改革实践证明，人民法院面临的许多困难和问题，只有靠不断深化改革才能得到有效解决；凡是改革工作做得好的地方，整体工作都呈现出良性发展的态势。周强院长对本次会议高度重视，作出重要批示，充分肯定了2021年司法改革工作取得的进展和成效，对今后一段时期的改革工作提出了明确要求。我们要认真学习，深刻领会，贯彻落实好。各级法院要继续加强对司法改革工作经验的总结提炼和交流互鉴，认真调研分析司法改革过程中出现的新情况新问题，紧密结合各地法院工作实际，积极探索改革创新的新思路、新举措，使出台的各项改革举措成熟定型、落地见效，推动人民法院工作高质量发展。

一、深入践行习近平法治思想，全面总结司法改革成效

2021年以来，全国法院在以习近平同志为核心的党中央坚强领导下，牢记“国之大者”，胸怀“两个大局”，加快推进司法责任体系改革和建设，推动各项改革举措更加有机衔接、协同配套，各方面工作取得新进展、新成效。

一是加强党对司法改革工作的绝对领导。健全对习近平总书记重要指示和党中央重大决策部署贯彻落实督察问效机制。加强重大改革事项请示报告，定期向党中央全面报告人民法院推进司法改革工作情况，推动民事诉讼法修改、开展四级法院审级职能定位改革试点等重大改革事项报请党中央批准后依法施行。认真梳理最高人民法院牵头的中央改革任务和“五五改革纲要”落实情况并形成报告，配合中央改革办、中央政法委开展司法责任制和审判权力制约监督机制落实情况专项督察。加强改革任务统筹实施，充分发挥司法改革领导小组议事协调职能，全面总结党的十八大以来司法改革任务落实情况，梳理形成提请中央有关单位协调解决的重点改革任务清单，建立重大司法改革试点审核备案机制，加强试点归口管理和改革任务台账式管理。

二是司法责任体系框架基本形成。中央关于加强执法司法制约监督机制建设的意见下发后，最高人民法院第一时间印发通知、作出部署。针对司法实践中的突出问题，最高人民法院先后出台了专业法官会议、“四类案件”监督管理的指导意见，完善审判业务文件、参考性案例备案机制，进一步规范最高人民法院统一法律适用工作。开展防止干预司法“三个规定”执行情况“回头看”和突出问题专项整治活动。遵循司法规律，结合审判实际，研究制定法官考核工作指导意见，以及法官惩戒工作程序和法官违纪违法退额管理规定，基本形成涵盖权责配置、权力运行、监督管理、配套保障的司法责任体系框架。

三是诉讼制度改革不断系统化制度化。持续推进民事诉讼程序繁简分流改革试点，向全国人大常委会作试点中期报告，制定印发健全完善试点法院特邀调解名册制度通知，提请全国人大常委会审议民事诉讼法（修正草案）。推动全国人大常委会作出授权决定，启动四级法院审级职能定位改革试点，印发试点实施办法，建立中央相关部门以及最高人民法院内部两个层次的试点工作联席会议机制，试点各项工作正在有序推进之中。全面推开行政诉讼

程序繁简分流改革试点。开展人民陪审员法贯彻实施情况专项督察。推动修改刑事诉讼法司法解释，研究起草监禁刑罚交付执行意见。

四是法院人事制度和组织体系改革纵深推进。前不久，最高人民法院制定印发法院人员内部交流意见，同时，积极配合中组部研究起草法官单独职务序列规定。明确适用新修订法官法第十二条有关规定的政策精神，做好法官法新旧政策衔接。完善法官助理招录管理制度。近期，即将出台《最高人民法院关于在加快推进司法责任体系改革和建设中进一步加强人民法院队伍建设的意见》。推动完善专门法院和专业法庭布局，在沈阳等 9 个中院设立专业化审判机构。

五是一站式多元解纷和诉讼服务体系基本建成。继续延伸一站式服务空间，上线运行律师服务平台、国际商事纠纷多元化解平台。人民法院调解平台实现四级法院 100％应用，并与中国人民银行、银保监会、证监会、全国总工会、中小企业协会会签文件，推动在线诉调机制“总对总”对接。巩固立案登记制改革成果，开发跨境诉讼网上立案系统，全面整治年底不立案问题，依法惩治虚假诉讼。加快申诉“一网通办”改革，建立四级法院统一网上申诉信访平台，推动扩大律师代理刑事申诉试点范围。

六是互联网司法和智慧法院建设成效显著。最高人民法院制定印发《人民法院在线诉讼规则》，对诉讼全流程在线运行相关问题作出规范，线上线下双轨并行、有序衔接的诉讼模式基本形成。互联网法院工作重心逐步从机制探索、技术融合向输出规则、依法治网方面转变。经过新冠疫情的“大考”检验，各地法院数字化水平显著提升，案件繁简甄别、卷宗智能编目、语音识别转录、证据自动核验、法条精准推送等功能在部分法院逐步实现、有序推广。

二、深刻学习领会党的百年奋斗重大成就和历史经验，提炼推广行之有效的司法改革经验

党的十九届六中全会全面总结党的百年奋斗重大成就和历史经验，并形成了我党历史上第三次决议，对推动全党进一步统一思想、统一意志、统一行动，团结带领全国各族人民夺取新时代中国特色社会主义新的伟大胜利，具有重大现实意义和深远历史意义。党的十八大以来，人民法院坚持以习近平新

时代中国特色社会主义思想为指导，深入贯彻习近平法治思想，在推进司法体制综合配套改革的生动实践中，逐渐形成了既符合我国国情、又具有实践效能的司法改革经验。

把党的领导贯穿司法改革始终。一是坚持党的绝对领导，把党管政法、党管干部等重大原则贯穿于司法改革各环节、覆盖司法改革全过程全领域，切实发挥党总揽全局、协调各方的重要作用。二是认真落实重大事项请示报告制度，定期向党中央报告司法改革工作，重大改革方案报经党中央批准后实施，改革推进中的重要问题报请党中央研究解决，改革落实层面的问题及时向同级党委报告。三是发挥党组领导核心作用，健全党组在审判工作中发挥领导作用制度、党组成员依照工作程序参与重要业务和重要决策制度，确保党的路线方针政策和宪法法律正确统一实施。

以理论创新引领重大改革实践。一是坚持审判权的中央事权属性，通过推动地方法院人财物省级统管、设立最高人民法院巡回法庭、探索与行政区划适度分离的司法管辖制度改革，打破诉讼“主客场”现象，确保国家法制统一。二是准确把握全面落实司法责任制与严格执行民主集中制的关系，构建具有中国特色的新型审判权力运行机制，完善审判权力制约监督体系，确保权力与责任平衡、放权与监督结合、公正与效率统一。三是坚持司法资源的合理配置，推动民事、行政诉讼程序繁简分流改革试点，深化四级法院审级职能定位改革试点，推动诉讼收费制度改革，确保司法资源投入与案件复杂程度、所涉利益大小精准适配。四是坚持数字技术与审判工作深度融合，赋予“两便”原则、亲历性原则、对等原则新的时代内涵和落地场景，研究制定在线诉讼规则，逐步形成“中国特色、世界领先”的互联网司法新模式。

用系统观念统筹推进各项改革。一是坚持总体设计与分层规划相结合，对照中央司法改革部署，制定印发人民法院“四五改革纲要”“五五改革纲要”和分工方案，按年度印发司法改革工作要点，将中央关于政法领域全面深化改革、深化司法责任制综合配套改革等决策部署与人民法院司法改革工作一体谋划、一体推进、一体落实。二是坚持前序改革与后续举措相衔接。例如，2015 年印发司法责任制意见后，针对放权不到位、监督不跟进等问题开展专项督察，同步加强院庭长办案和“四类案件”监督管理机制建设，围绕全面落实司法责任制先后印发 22 个制度性文件，及时补足机制短板，研究解决新情况新问题。三是坚持重点任务与配套措施相嵌套。例如，为确保法律统一适用，横向构建专业法官会议、类案强制检索、法律适用分歧解决等机制，纵向完善特定类型案件提级管辖机制、审判业务文件和参考性案例审核备案机制，全面打造“类案检索初步过滤、专业法官会议研究咨询、审判委员会讨论决定”的工作流程。

以制度建设统领各项具体举措。一是坚持重大改革于法有据，民事诉讼程序繁简分流、刑事速裁和认罪认罚从宽、人民陪审员制度改革、四级法院审级职能定位等涉及调整现行法律规定的试点，均在全国人大常委会授权后再开展。二是将行之有效的改革举措及时上升为法律制度，推动将司法责任制、法官员额制、专门法院建设等改革成果写入新修订的人民法院组织法、法官法，推动制定人民陪审员法，将认罪认罚从宽制度改革成果纳入刑事诉讼法，民事诉讼程序繁简分流改革试点成果也即将实现立法转化。三是推动各项改革举措形成系统集成的制度体系。例如，坚持诉非分流与繁简分流相结合，在大力推进诉源治理和一站式建设、推动更多法治力量向引导和疏导端用力的同时，积极推进诉讼程序繁简分流，实现前端化解、后端裁判、简案快审、繁案精审；在推动审判重心进一步下沉的同时，完善提级管辖机制，改革民事、行政再审程序，构建梯次过滤、有序分层的审级制度体系。

在看到成绩的同时，我们也必须清醒认识到，当前司法改革推进中仍存在一些亟待解决的问题。一是思想认识不足，一些法院领导干部认识不到司法改革在破解难题、提升效能方面的重大价值，对改革任务敷衍应付，热衷于表面功夫，审判执行与司法改革“两张皮”的现象依然存在。二是统筹实施不力，一些高级、中级法院对司法改革政策精神领悟不深不透，在统筹谋划、督促落实、挖掘经验、培育典型等方面主体责任落实不到位，在争取有关职能部门支持方面缺乏“请进来”“走出去”的积极性。三是探索创新不够，有的地方法院针对诸如人案矛盾突出等问题，不是从调整诉讼需求、优化资源配置、完善程序机制、强化科技助力等方面想新招、出实招，而是仍然依靠全员加班的“疲劳战术”、仍寄希望于增编加额，突破固有观念和机制束缚，以改革思维、务实举措破解难题的力度不够、思路不活、办法不多。针对上述问题，必须进一步解放思想、实事求是，遵循新时代司法改革方法论，持续加大改革力度。

三、明确下一阶段改革思路，统筹推进重点改革任务

2022年是全面建设社会主义现代化国家、向第二个百年奋斗目标进军的开局之年，也是“五五改革纲要”的关键之年，一些重大改革举措逐步落地，重要改革试点全面推开，重点改革任务实质性推进，做好2022年的工作意义重大。全国法院要全面准确领会党的十九届六中全会精神，深刻领会把握“两个确立”的决定性意义，切实把“两个确立”转化为做到“两个维护”的政治自觉、思想自觉、行动自觉，始终坚持以人民为中心的改革价值观，坚持问题导向、精准施策，坚持系统谋划、协同配套，坚持试点探索、制度提升，坚持督察落实、总结评估，推动司法体制综合配套改革不断取得新成效。2022年司法改革工作要坚持稳字当头，稳中求进。

一是深入推进司法责任体系改革和建设。中央政法委已印发《关于加快推进政法领域执法司法责任体系改革和建设的指导意见》，对健全完善权责清晰、权责统一、监管有效、保障有力的执法司法责任体系作出全面部署、提出明确要求。各级法院要牢牢把握人民法院的政治机关属性，严格落实重大事项请示报告制度，充分发挥党组领导核心作用，加强法院队伍建设，健全重大敏感案（事）件处理的政治把关机制，完善政治风险预防预警和报告处置机制。要细化办案责任，将审判权责清单嵌入日常办案和考核工作，实现权责清单制度化、权重化、标准化、信息化。要突出法官办案主体责任，证据采信、事实认定、法律适用等关键审判环节，必须由法官直接办理。要完善院庭长带头办案责任，推动院庭长优先办理重大复杂敏感、新类型和在法律适用方面有普遍指导意义的案件，健全院庭长办案情况汇集分析、通报机制。要落实各类主体监督管理责任，完善院庭长履行法定监督管理职责的考评、追责机制，充分发挥审判委员会、专业法官会议的监督管理作用。要落实法官考核工作指导意见，科学设置案件权重系数，切实发挥考核“指挥棒”“风向标”作用，完善案件评查、法官惩戒工作程序，按照审判委员会委员、院庭长、法官、审判辅助人员的工作职责和过错程度追究违法审判责任，健全法官违纪违法与员额退出机制。

二是健全完善“四类案件”监督管理机制。前不久，最高人民法院印发了“四类案件”监督管理指导意见。各级法院要按照指导意见要求，结合本

院案件数量、案件结构、法官队伍状况、监督管理需要等，及时制定或修订本院的实施细则，并报上一级人民法院备案。要坚持司法责任制改革方向不动摇，科学合理细分“四类案件”的具体情形，以及适用“四类案件”监督管理措施的案件范围，既防止无限扩大，走“回头路”，也不宜过分限缩，导致“该管的不管”。院庭长要充分履职尽责，把监督管理准备工作做足做充分，根据不同审级、案件类型、社会影响、疑难复杂程度、人员能力素质等具体情况，有针对性地采取适当监督管理措施，确保监督管理实效。要坚持组织化行权和全程留痕原则，健全“四类案件”全流程识别和监督管理机制，完善院庭长监督管理与专业法官会议、审判委员会的工作衔接，确保“四类案件”审判质效。要推动统一法律适用机制实质化运行，各高级法院要尽快建立本辖区法律适用分歧解决机制，并与最高人民法院形成对接，形成上下贯通、系统完备、规范高效的法律适用问题解决体系。要系统梳理生效裁判、提炼编纂裁判规则，推动案件审判及文书制作的规范化、标准化，为类案数据平台建设打好基础。

三是深化民事诉讼制度改革。根据中央改革部署和全国人大常委会授权决定，民事诉讼程序繁简分流改革试点工作将于 2022 年 1 月 15 日结束，新修改的民事诉讼法也将在本月底由全国人大常委会二读审议，通过后将在全国生效施行。此次民事诉讼法修改创新力度大、变革程度深，对民事审判工作将产生深远的影响。民事诉讼法修改后，最高人民法院将下发通知，对贯彻落实、学习培训提出具体要求。同时，还将根据修法内容，尽快研究修改民事诉讼法司法解释，细化程序规范，加强规则指引。各级法院要深刻认识此次修法工作的重大意义，高度关注修法动态，学习研究修法内容，对贯彻落实工作作出系统部署，提前预判民事审判工作的变化，积极优化工作机制，完善工作流程，科学配置司法资源，确保修法内容在司法实践中有效落地。要正确理解此次修法工作的精神内涵，深刻把握诉讼程序繁简分流的本质要求，绝不能以减损司法公正和当事人权利换取审判效率的提升，避免陷入一味“求快求简”的误区，在提升审判效率的同时，要更加注重案件质量和权利保障，不断完善审判权力制约监督机制，真正实现程序正义和实体正义的有机统一。要持之以恒深化民事诉讼制度改革，试点法院要做好总结评估和成果巩固，将试点经验举措上升为制度规范；非试点法院要结合修法内容，充分借鉴试点法院典型做法和有益经验，尽快建立案件繁简识别、程序分流适用、资源统筹调配、案件质量监督管理等工作机制，有效建立案件繁简分流的制度体系。要统筹推进诉源治理机制建设，坚持把非诉讼纠纷解决机制挺在前面，推动一站式多元解纷向基层延伸、向社会延伸、向网上延伸、向重点行业领域延伸。要创新发展新时代“枫桥经验”，提高矛盾纠纷多元化解成效，大力支持各类非诉机制发展，以多种形式、多元渠道，将适宜的矛盾纠纷化解在诉讼之前、法院之外。

四是深入推进四级法院审级职能定位改革。“完善四级法院审级职能定位”是当前改革工作的重中之重，各级法院要切实提高政治站位，全面深刻认识此项改革对优化法院案件结构、加强审级监督制约、统筹配置司法资源、促进法律正确统一适用的重大意义。各高级法院要建立试点实施工作机制，明确责任主体和任务分工，建立统筹管理、数据统计、调研指导、督察问效等各项工作机制，确保试点工作有效落地。要准确把握各项试点任务要求，严格贯彻落实试点实施办法。对于完善案件级别管辖工作，各地法院不得突破现有法律和司法解释规定，随意调整级别管辖标准。对于案件提级管辖工作，各高级、中级法院要完善提级管辖的具体标准、发现机制和识别方式，探索建立当事人申请提级管辖机制。对上提案件应以解决法律适用分歧、打破诉讼“主客场”、明确新型裁判规则为标准和导向，认真审查、审慎提级，既要防止下级法院向上级法院“交矛盾”，也要防止上级法院同下级法院“抢案子”，做到“当提则提”，实现“审理一件，指导一片”的良好效果。对于改革再审申请程序，各高院要进一步完善申请受理、案件分配、报请提审、卷宗移送等工作流程，健全审判监督管理机制，强化廉政风险防控，有效发挥高院再审纠错功能。对当事人已经依法向高院申请再审的案件，不得以引导或强制等方式，向中院“转移”或“下交”再审案件，切实保障当事人合法权益。要积极推进试点配套举措，根据案件规模和结构变化，统筹调配辖区法院编制、员额数量，积极争取地方支持，加大保障力度，实现司法资源投入与审判负荷科学精准匹配。

五是大力推进互联网司法建设。目前，互联网司法建设已经从先行试点、分散探索，迈向系统集成、制度定型阶段。最高人民法院正在研究制定在线调解规则和在线法院规则，将与在线诉讼规则共同构成科学系统的互联网司法制度体系。各级法院要深刻理解互联网司法的基本内涵，紧紧围绕完善在线诉讼模式和规则、加强信息技术与司法融合应用、健全依法治网裁判规则三个方面核心任务，深入推进互联网司法建设。要严格落实在线诉讼、在线调解、在线法院三个规则要求，综合考虑当事人意愿、案件性质特点、信息技术条件等因素，合理准确适用在线审理机制，充分保障当事人选择权和知情权，确保审理方式有效服务于案件质效提升。要坚决摒弃“在线审理”就是“简化审理”的错误认识，不得因为审理方式和环境的改变而违反正当程序原则，确保在线诉讼“降成本不降质量、提效率不减权利”。要大力推进5G、区块链、人工智能等新兴技术在司法场景中有效应用，大力完善各类平台系统，提升数据信息交互度、保障司法运行安全度，解决平台分散、数据壁垒、操作不便等问题，为人民群众诉讼和法官办案提供智能化、一体化、协同化的智慧服务。要健全技术应用规则，遵循技术伦理、坚守技术中立、推动技术向善，严格划定技术边界、保障数据安全，防止因为技术过度介入影响司法公正和中立。要加大互联网案件审判力度，完善互联网案件裁判规则，推动互联网审判更加规范化、专业化、精细化，审理好网络侵权、网络知识产权保护、数据财产权益、互联网竞争秩序、人工智能技术等互联网特性突出的案件，有效明确网络空间交易规则、行为规范、权利边界和责任体系，促进保障数字经济快速健康发展，提升网络空间治理的法治化水平。

六是深化法院人事制度改革。要加强法官员额省内统筹力度，结合繁简分流和审级职能定位改革，重点向人案矛盾突出地区、向中基层法院倾斜。要加强对法官逐级遴选工作效果的调研评估，推动整体优化逐级遴选政策。要完善审判辅助人员管理制度，建立健全法官助理分层培养机制，探索优化对聘用制书记员的管理机制。要持续推进法官单独职务序列管理，推动配套待遇保障政策进一步落实落地。要贯彻落实人员内部交流意见，畅通法院各类人员内部交流渠道，促进人员多岗位培养和锻炼。要强化法官权益保障，健全完善人身安全、名誉保护机制，及时为受到威胁、侮辱、诬告、诽谤的同志撑腰打气、提供有力支持。

过往的成绩来之不易，新的征程已经开启。我们要坚持以习近平新时代中国特色社会主义思想武装头脑，以党的百年奋斗重大成就和历史经验为指引，深入贯彻习近平法治思想，在以习近平同志为核心的党中央坚强领导下，不断发扬经验，及时纠正问题，勇于突破创新，推动制度完善，引领司法体制综合配套改革不断向纵深发展，以优异成绩迎接党的二十大胜利召开。

在全国法院执行工作视频会上的讲话

（2021 年 5 月 19 日）

最高人民法院审判委员会专职委员　刘贵祥

今天，我们召开全国法院执行工作视频会，主要任务是：坚持以习近平新时代中国特色社会主义思想为指导，深入贯彻习近平法治思想，认真贯彻全国“两会”精神，进一步提高执行工作水平，深入开展党史学习教育“我为群众办实事”实践活动，解决人民群众急难愁盼突出问题，不断提升人民群众对执行工作的获得感和满意度，为实现高质量发展提供有力司法服务和保障，以更加优异的成绩迎接建党 100 周年。

“基本解决执行难”阶段性目标如期实现后，执行工作换挡提速、转段攻坚，工作重心进入巩固工作成果、健全长效机制、坚定不移向着“切实解决执行难”目标迈进新阶段。各地法院坚持以政治建设为统领，强化责任担当，以“咬定青山不放松”的精神和重整行装再出发的毅力，全力以赴抓办案，持之以恒抓管理，确保了执行工作良性循环和“3 + 1”核心指标高标准运行常态化，推动执行工作在新时期、新阶段实现了新发展。

一是执行难综合治理源头治理不断深化。推动中央全面依法治国委印发《关于加强综合治理从源头切实解决执行难问题的意见》（中法委发〔2019〕1 号，以下简称“1 号文件”），健全完善“切实解决执行难”制度体系，变一元主体为多元主体，变单一治理为综合治理，变末端治理为源头治理。各地法院深入落实中央全面依法治国委 2019 年“1 号文件”精神，加强沟通协调，推动出台具体实施意见和任务分解方案，充分发挥平安建设考评奖惩机制作用，完善跨部门系统监管和联合惩戒机制，促进综合治理执行难制度化、机制化。

二是解决执行难长效机制不断健全。出台《最高人民法院关于深化执行改革健全解决执行难长效机制的意见——人民法院执行工作纲要（2019—2023)》，规定10个方面主要任务、53项具体工作，为未来五年人民法院执行工作科学发展描绘了蓝图。各地法院对照纲要要求，坚持挂图作战，细化工作方案，狠抓贯彻落实，结合实际创造性开展工作，成效机制建设取得积极进展。四川高院构建"1+N"一体化新型考核机制，推动形成"切实解决执行难"最强合力。江苏法院实现执行指挥中心实体化运行"854"模式迭代升级。在"基本解决执行难"阶段性目标如期实现后，最高人民法院在福建石狮组织召开经验推进会，江苏高院负责同志介绍了江苏执行工作"854"模式。各地法院执行工作有新发展、新特色，周强院长等领导先后对浙江、江西、福建、四川、重庆、湖南、山东、广东等地法院执行工作经验做法作出重要批示，予以充分肯定。山东法院开展涉土地、滩涂案件专项执行，释放大量闲置土地，有力促进了经济社会发展。构建党政机关自动履行生效裁判长效机制，成效明显，特别是预失信决定书制度，实现了法律效果与政治效果、社会效果的有机统一。江西、广东、宁夏等地法院探索自动履行正向激励和信用修复执行机制，取得明显成效。执行局长报告述职、"一案双查"等创新举措全面铺开，"三统一"体制机制不断健全。各地法院补短板意识也明显增强，河南法院在执行规范化上加大工作力度，取得明显成效。总之，全国法院执行工作整体水平显著提升。

三是信息化执行模式持续深化。执行指挥中心综合管理平台各项功能优化升级，网络询价评估系统、"一案一账号"案款管理系统陆续上线运行，"智慧执行"App全面推广使用，执行管理由专网向互联网延伸拓展。持续推进现代信息科技在执行领域的广泛应用、深度应用，全面提升执行信息化、智能化水平，执行管理模式、执行保障模式、执行查控模式、财产变现模式现代化水平不断提升。各地法院在执行信息化建设方面也取得显著成绩，亮点频出。从这些年的执行工作经验看，不断强化执行信息化建设是推动解决执行难的一大法宝。

四是执行规范体系日益完备。民法典正式施行前，最高人民法院对现行有效的48件涉执司法解释逐条进行集中清理，废止6件，修改18件，保留24件，为民法典正确贯彻实施奠定了基础，有效解决了司法解释规定之间的冲突。最高人民法院还首次设立执行研究课题，扎实开展执行理论研究工作，不断丰富和完善"切实解决执行难"理论基础，构建中国特色执行理论和执行制度体系。出台善意文明执行意见、冻结上市公司质押股票意见等。冻结上市公司质押股票意见是人民法院秉持善意文明执行的一个具体体现。经与证监会等部门密切沟通协作，联合出台了冻结上市公司质押股票意见，升级改造了证券登记结算机构系统，进一步规范了执行上市公司质押股票相关工作，强化了善意文明执行理念，依法维护了当事人、利害关系人合法权益，取得了良好效果。此外，民事强制执行法草案起草工作也在有条不紊推进，对消极执行、选择性执行、乱执行等不规范执行行为始终保持严肃整治常态化，执行规范化水平不断提升。

五是一批人民群众急难愁盼问题得到解决。以执行申诉信访办理系统为依托，畅通信访救济渠道，突出信访实质化解，解决了许多人民群众急难愁盼问题，"一级抓一级，层层抓落实"的信访工作格局基本形成。支持地方政府及有关部门依法打击各类违法占用耕地行为，为守住耕地红线、筑牢粮食安全屏障保驾护航。持续加大涉党政机关和国有企业拖欠民营企业中小企业债务案件执行力度，加强与负责清欠工作部门沟通，细化工作措施，保障胜诉民营企业中小企业及时实现权益，营造法治化营商环境。

总的来说，"基本解决执行难"阶段性目标如期实现后，综合治理执行难工作格局不断夯实，执行体制机制不断健全，执行工作能力水平持续提升，执行管理不断加强，执行越来越规范。与此同时，坚持突出执行的强制性，规避执行、抗拒执行、干预执行问题显著缓解。特别是与前几年相比，这一变化尤为明显，是"基本解决执行难"攻坚战的重要成果。各地持续加大执行宣传力度，丰富宣传形式，全社会理解执行、尊重执行、支持执行氛围愈发浓烈，执行工作环境持续改善。

虽然执行工作取得了长足发展，但应清醒看到，一些长期困扰执行工作的难点、痛点、堵点问题仍未根本解决。一是部分地区对执行工作重要性认识不足，重视程度有所减弱。"一把手抓、抓一把手"工作要求落实不到位，执行机构设置和力量配备出现弱化，将"基本解决执行难"期间调入的"精兵强将"调任其他岗位，执行力量配备严重不适应执行工作发展需要，也未达到相关比例要求。二是执行管理"宽、松、软"现象突出，高级、中级法院对下监督管理责任未全面压实。三是作风不正、执行不廉现象时有发生，执行部门仍是廉政风险高发地。四是制度化、机制化、常态化执行联动机制还不健全，综合治理执行难工作大格局仍需大力推进。五是人案矛盾在执行领域更加突出，执行工作能力和水平有待提升。

2021年是“十四五”开局之年，是开启全面建设社会主义现代化国家新征程第一年，也是中国共产党成立100周年，各地法院要坚持以习近平新时代中国特色社会主义思想为指导，真学真信笃行习近平法治思想，不断提高政治判断力、政治领悟力、政治执行力，认真贯彻全国“两会”精神，全面落实“十四五”规划部署，完整准确全面贯彻新发展理念，充分发挥执行职能作用，积极服务构建新发展格局，推动经济社会高质量发展。特别是要结合正在开展的党史学习教育，扎实开展好“我为群众办实事”实践活动，解决人民群众急难愁盼问题，提升人民群众对执行工作的获得感和满意度，这也是今天会议的主题和重点要求。

下面，围绕“我为群众办实事”实践活动，就当前几项重点工作，提几点要求。

一、关于终本问题

近年来，全国法院终本率和终本占结案数比例逐年递增，与2019年同期相比，2020年终本率上升3.24个百分点、终本占结案数比例上升2.16个百分点。

终本案件数量增加，受客观因素影响，如受疫情影响，债务人偿债能力下降；被执行人抗拒执行、规避执行手段更加隐蔽；疫情导致执行受阻，强制执行力度有所减弱等。但与此同时，主观因素影响也不容忽视。虽然最高人民法院出台了一系列文件，严格规范终本案件结案标准和程序，但实践中仍有部分法院出于追求结案率等多重考虑，不合规终本，严重损害了当事人合法权益。

当前，各地正在开展政法队伍教育整顿，有的地方把终本核查作为发现消极执行、选择性执行的重要途径，很有必要。各地法院务必要力戒形式主义、官僚主义，坚决防止为了表面数据好看而弄虚作假。“基本解决执行难”期间，最高人民法院就通过各种方式三令五申，严禁带财产终本，严禁虚假终本，借着这次队伍教育整顿，各地法院要认真总结分析终本率、终本占结案数比例上升的原因，找准对策，对症下药，尽职尽责，持续强化终本案件规范管理，落实穷尽财产调查措施和终本约谈制度，严查虚假终本问题，切实提升人民群众对执行工作的获得感和满意度。发现违规终本要及时督促整改、严肃追责问责。

一要加大“查人找物”力度。现在为数不少的案件已成为纯粹的“办公室办案”，承办人足不出户，点点查控系统，看看反馈结果，发现没什么财产后给申请执行人发个信息简单告知一下，就直接终本结案，大量案件已将查人和线下查控环节取消，这是绝对不行的，绝不能将执行信息化的优势变成应付当事人的理由。特别是广大农村地区，线下查控可以说是执行工作的主战场，要坚持线上线下相结合，严格落实财产查控措施。“基本解决执行难”后，执行案件依旧保持高位运行态势，人案矛盾愈发突出，如北京的几个基层法院人均执行案件上千件，执行干警非常辛苦，但再难也不是违规终本的理由，不是放松要求将“终本当成兜底筐，随便就往里装”的理由。

具体而言，要做到：第一，立案后，要第一时间着手对被执行人财产进行调查，做到“穷尽财产调查措施”，应查尽查。除线上查询外，尤其要加强对申请执行人提供的财产线索以及各信息化系统尚不支持的财产类型的线下查控力度。仅操作系统应付考核，不实际开展工作的，要坚决抓典型予以严肃处理。请各高级法院盯紧这件事情，最高人民法院也将其作为2021年一个工作重点，适时进行抽查。第二，全面、规范使用“总对总”“点对点”等系统进行财产查询，及时查看反馈结果并跟进控制措施，不得在未全面核实的情况下，就认定案件无财产可供执行而终本。江苏南京秦淮区法院在这方面做得不错，请秦淮区法院制作个视频，详细介绍相关工作，各地可学习借鉴。第三，要深挖潜力，采取实地查找、搜查、委托审计调查、悬赏举报等措施，拓展财产查控的深度和广度，也可起到震慑作用。第四，被执行人下落不明的，要用足用好搜查、罚款、拘留等强制措施，坚决打击抗拒执行、规避执行行为。涉嫌犯罪的，依法追究刑事责任。

二要规范财产处置和惩戒工作。现在有不少案件，在已控制财产的情况下终本，各地法院要认真研究分别处理。在先查封被执行人财产的法院，要按程序主动推进财产强制变价程序，不得以申请执行人未申请为由不进行变价。轮候查封但享有优先权的法院，要按程序及时向首封法院商请移送处分权，首封法院也要积极配合，推进处置程序。不得仅以财产设置抵押权等优先权、财产价值大而案件标的额小，或者案件标的额大而财产价值小等原因，不进入变价程序。对此，最高人民法院相关司法解释有明确规定，各地法院要切实负起责任贯彻落实。此外，《最高人民法院关于严格规范终结本次执行程序的规定（试行）》要求，终本前对被执行人限制消费，但未要求必须纳入失信名单，纳入失信名单必须符合司法解释规定情形。失信名单制度对人民法院执行工作起到了巨大推动作用，受到社会各界充分肯定，我们一定要用好，执行过程中要规范。各地法院要坚决贯彻落实善意文明执行理念，审慎采取执行措施，充分考虑法律效果、政治效果、社会效果的统一，不能泛化更不能滥用失信惩戒措施。

三要完善终本案件监管和恢复机制。以终本方式报结的，不仅要在系统中完成规定动作，更要符合各项程序和实质标准，不得因片面追求结案率而弄虚作假，更不能将其变成“抽屉”案脱离监管，损害申请执行人合法权益。以终本方式结案的，要制作并送达终本裁定书，裁定书内容要符合规定，明确告知申请执行人有在一定条件下申请恢复执行的权利。终本后，统查发现财产的，要结合案情尽快恢复执行，依职权查、扣、冻。申请执行人提供财产线索的，执行法院不得冷硬横推、置之不理，要立即安排跟进核查，确有财产可供执行的，要第一时间采取执行措施控制财产并恢复执行。

四要紧盯终本案件质量。要做好监督抽查，抓好问责考核，紧盯终本案件质量，这方面今天就不具体展开讲了。

二、关于财产处置变价问题

网络司法拍卖融合了互联网的特有优势，降低了变现成本，提升了执行效率和效果，基本实现违法违纪“零投诉”，当事人信任，社会各界高度评价。自 2017 年全面推行网络司法拍卖以来，截至 2021 年 4 月底，全国法院共计成功拍卖变卖标的物 81 万件，成交金额 1.55 万亿元，给当事人节约佣金 480 亿元，值得我们引以为豪。如果采取传统拍卖方式，不仅存在效率低、周期长等问题，也存在很大廉政风险，网络司法拍卖，基本斩断了利益链条，去除了权力寻租空间。下一步，我们要重点注意以下几个问题。

一是关于“法拍房”限购问题。近期，有媒体两次反映“法拍房”未执行限购政策，未对竞买人资格加以限定。最高人民法院高度重视，专门下发通知，要求各地法院要严格落实中央“房住不炒”总体要求，“法拍房”原则上要受当地限购政策约束，对于已与当地行政管理部门形成共识的，可维持现状。最高人民法院准备通过司法解释的形式，对竞买人资格审查、以物抵债等问题再作出规定，出台后各地法院要认真贯彻落实。在此之前，各地法院要与国家政策保持一致，不突破红线，妥善处理好“法拍房”限购问题。

二是关于腾退房问题。很多法院在拍卖房产时，往往会在拍卖公告中明确“不负责腾退交付”，拍卖结束了，案子也就了结了，导致后遗症频发，社会关注度很高。对此问题，最高人民法院在相关司法解释和善意文明执行意见中有明确规定和要求，即不得在公示信息中载明“不负责腾退交付”等信息。今天再次强调，人民法院拍卖的是一个干净的房产，尤其在涉及他人非法占有的情形下，必须负责腾退交付，共同维护好法拍公信力和买受人合法权益。当然，对于拟拍卖的房产上有权利负担的，比如房屋租赁权，可以拍卖，但要严格依法进行。

三是关于网拍平台选择问题。各地法院在不断强化反垄断的大背景下，绝不能只用一家网拍平台。在网拍工作开展之初，最高人民法院严格依法选取了5家平台作为网拍平台，并在2018年增加2家，目前名单库中共有7家网拍平台，一个重要目的就是防止某个平台一家独大，防止形成垄断，鼓励更多平台参与竞争，也给人民群众更多选择权。在选取网拍平台时，各地法院切不可诱导当事人选择某一平台，或者指定必须选择某一平台，尤其是不能通过出台文件方式明确某一地区只能用一个平台，不能形成事实上的垄断，这是一个重大原则性问题，各地法院领导务必要把好关。具体到个案，司法解释有非常明确的规定，由申请执行人从名单库中选择，只有在申请执行人不选择或多个申请人无法达成一致的情况下，才允许法院依职权确定平台。各地法院要高度重视，将相关规定贯彻落实到位，对错误做法要立即整改。

四是关于拍辅工作问题。司法拍卖辅助工作和整个司法拍卖是一体的，2019年11月，最高人民法院下发通知，要求各高院因地制宜，尽快制定符合本地实际的拍辅工作管理办法，将相关工作规范起来。目前，除黑龙江、山东、湖北、云南和西藏外，其他高院已按要求出台规则，并开始实施，部分省市拍辅机构名单库已按规则建立起来。请尚未完成上述规定动作的地区，抓紧完成。在规范拍辅工作过程中，要严格防止一家独大情况的出现，形成良性竞争，同时要完善监督管理机制，防止出现利益勾连和输送，损害网拍公信力。

三、关于“一案双查”工作

通过“基本解决执行难”，人民法院执行工作规范化水平有了大幅提升。但摆在我们面前的一个现实问题是，消极执行、选择性执行、乱执行和执行腐败等问题依然存在，执行管理责任落实不到位问题依旧突出。特别是在当前全国政法队伍教育整顿深入开展的大背景下，这一风险愈加凸显。近期，一些法院发生执行干警甚至执行部门主要领导违纪违法事件，令人十分震惊和痛心。现实情况倒逼我们必须持之以恒深入推进执行工作“一案双查”。自2019年9月“一案双查”工作机制正式建立以来，最高人民法院执行局与督察部门密切配合，全力推进这项工作走深、走实。目前，这项工作已逐步在全国范围内铺开，并取得了明显成效。对当事人反映集中的执行人员、执行案件和执行管理等问题，如果我们不自查、不自纠、不自救，不抓早抓小，到了被纪检监察部门查处的时候，后果肯定要比自查严重得多，到时候悔之晚矣。“一案双查”其实就是一项将“大错”扼杀在萌芽状态的重要举措，各地法院务必高度重视，要坚持以党的政治建设为统领，结合正在开展的政法队伍教育整顿和党史学习教育，找准制约执行工作健康发展的顽瘴痼疾，推动解决执行领域突出问题，以零容忍态度整治消极执行、选择性执行、乱执行等不规范执行行为，对违纪违法行为和执行领域司法腐败，发现一起查处一起，决不护短、决不手软。

四、关于“一案一账号”案款管理

2021年年初，最高人民法院执行局下发《关于春节前后进一步做好执行案款清理发放工作的通知》，要求各级法院全面规范使用“一案一账号”案款管理系统，认真清理超期未发放执行案款，及时发放。各高院分别上报了本地区执行案款清理发放情况。根据各高院的报告，截至2021年2月底，全国法院清理发放超期执行案款225.85亿元，涉及案件33.76万件。各地超期未发放执行案款，不管是什么原因，都要高度重视，依法及时清理发放。

这次清理也发现执行案款管理与发放仍存在薄弱环节，一些问题还比较突出。例如，有的法院虽然建设完成“一案一账号”案款管理系统，但未规范使用，审批管理形同虚设，出现违规发放、领取执行案款情况；有的法院执行干警利用系统漏洞，伪造法律文书划转执行案款；有的法院的法庭庭长挪用执行案款从事网络赌博，被多家媒体报道，造成不良影响；有的法院在收到其他法院协助执行通知书，明确要求不得支付执行案款的情况下，仍违规发放，导致执行案款难以追回，给当事人造成损失。在 2021 年 4 月 21 日召开的全国法院执行工作视频会上，最高人民法院明确要求：各地法院要严格规范使用“一案一账号”案款管理系统，落实“一案一账号”与执行案件流程管理系统无缝对接，充分运用信息化手段，加强执行案款常态化动态监管。要全面推进“一案一账号”监管平台应用，依托平台落实四级法院案款分级监管制度，及时预警、督促、纠正问题。要层层落实主体责任，案款发放要严格履行审批程序，做到手续完备、线下和线上手续相互印证。加强立执衔接，执行立案时，必须向申请执行人确认接收案款方式和具体账户，确保案款及时准确发放。要推动各级法院建立执行案款专职监管员制度，加强对异常案款的监管、预警、督导，对案款管理、发放中存在失职渎职行为的，进行“一案双查”。

五、关于执行信访工作

最高人民法院新的执行信访核销标准已下发，信访办理系统也于 2021 年 5 月 7 日作相应调整。5 月 7 日后上报最高人民法院核销的案件，均应适用新的核销标准。在新旧标准衔接适用阶段，可能会有些疑问，比如变动比较大的是取消了“经查问题不属实”和“无理访”两部分内容，即不能再以“经查问题不属实”和“无理访”为由报请核销。这主要是从信访工作特点及要求出发所作的更加科学的分类调整，最高人民法院执行局已将适用新核销标准的培训视频放在指挥平台上，各地法院要认真学习掌握，如有相关问题可集中向高级法院反映，最高人民法院执行局会根据反馈情况作解答和调整。

从监测情况看，最近一些突出问题开始反弹回潮，信访压力增大。例如，消极执行仍是反映最集中的问题，2020 年交办的信访案件中，反映消极执行行为的占比 77.05%，说明消极执行仍是阻碍人民群众司法获得感的顽瘴痼疾。对此，我强调几点：一要有系统思维，强化系统管理、层级管理，抓监督、抓管理、抓落实、抓问责。二要及时开展重复申诉信访案件清理专项活动，各高院要对本辖区长期未执结案件、反复信访未实际解决案件进行清理，建立台账，排查难点，定出计划，真正化解一批执行信访"骨头案"。三要进一步发挥"一案双查"机制作用，对信访反映的突出问题及时启动"一案双查"，以点带面，查一案管一片，提升整体工作。四要坚持实质化解原则，切实保障当事人合法权益。要完善多元化执行信访案件化解机制，坚持多部门联合、系统联动，形成执行信访案件化解最大合力，推动源头治理，着力化解反映长期消极执行、多次多头重复信访、严重超期办理案件，真正增强老百姓在信访案件办理中的获得感。

六、关于"1号文件"贯彻落实工作

中央全面依法治国委2019年"1号文件"，体现了党中央对执行工作的顶层设计，是"基本解决执行难"后开展执行工作的总蓝图，意义重大。据统计，截至2021年5月18日，全国仅有1个省份尚未出台贯彻落实"1号文件"的实施意见。对于已经出台实施意见的地区，"1号文件"各项要求是否已落到实处，执行工作部门协作联动机制是否已建立并常态化开展工作，从源头上切实解决执行难问题是否已取得实效，是否还存在以会议传达会议、以文件落实文件的情况？各地要找差距，高度重视"1号文件"的贯彻落实。2021年5月17日，落实中央全面依法治国委2021年工作任务部署会召开，郭声琨同志出席会议并讲话，强调要紧紧围绕学习宣传贯彻习近平法治思想和中央全面依法治国工作会议精神这一主线，谋划和推进各项工作，明确责任，加强监督，把关于全面依法治国的部署落到实处。近期，中央全面依法治国办专门来函，请最高人民法院协助做好"1号文件"贯彻落实情况调研式督察工作，并由最高人民法院先行开展自查。为全面做好此项工作，最高人民法院已于4月30日下发调研通知，要求各高院和兵团分院采取座谈交流、实地调研、调阅资料等形式，全面收集和整理本省（区、市）及辖区贯彻落实"1号文件"情况，包括主要成效、存在的问题、意见建议和下一步工作打算，形成专题调研报告，于5月20日前报送最高人民法院。各地法院务必高度重视此项调研工作，调研报告重点要放在困难和问题上，特别是执行联动、综合治理方面，需要党委领导、各部门支持的事项，目前落实效果不明显的问题，大家要客观反映上来，最高人民法院将把这些问题报告中央全面依法治国办，推动解决。

七、关于全国法院执行队伍建设

“基本解决执行难”阶段性目标如期实现后，执行队伍领域问题非常突出。一是案多人少矛盾在执行领域尤为突出。2020年全国法院新收首次执行案件超过650万件，加上恢复执行、保全等各类案件，执行案件总数超过1050万件，占法院全部案件总数的35%。但根据统计，全国法院现有在编执行人员占全部在编人员的比例不到15%。而且，执行案件是2020年各类案件中唯一增长的案件类型，人案矛盾在执行领域非常突出。这还仅仅是就案件来说的。事实上，通过“基本解决执行难”，执行工作内容不断扩展，包括执行信息化建设、执行信访、系统管理、舆情监控、执行宣传等综合管理工作。二是执行干警入额没有得到同等对待，员额法官占比明显偏少。这个工作还需要各级法院党组高度重视，协调解决。三是执行人员构成复杂、流动性大。以甘肃为例，全省现有执行人员2581人，其中聘用人员1260人，占比48.8%。由于聘用人员待遇较低，流动性大，培养使用受限，导致适应不了新时代的执行工作。四是新时代对执行工作的素质能力要求越来越高。现代执行工作已发生根本性转变，除传统的民商事执行，已扩展到刑事财产刑执行、行政执行，涉群体性、“打财断血”等特殊案件不断涌现，案件复杂程度越来越高，信息化办案模式对执行干警复合型素质要求也越来越高，执行干警素质能力与新时代执行工作实际需要之间的矛盾突出。

正是由于执行队伍存在上述问题，导致司法责任制很难得到有效落实，内部监督不到位，一些基层法院无法组成专门的执行办案合议庭，合议制作用发挥不好，队伍健康状况堪忧，很多干警都不愿意到执行岗位。执行队伍问题已经成为制约执行工作良性发展的瓶颈性问题，亟待解决。各地法院要进一步提高思想认识和政治站位，切实加强组织领导和统筹协调，始终将解决执行难作为“一把手”工程来抓，全面落实“一把手抓、抓一把手”工作要求，把执行机构和执行队伍建设作为重中之重，常抓不懈，加强执行力量配备，坚决防止松劲懈怠和工作滑坡。要强化考核，每年的平安建设考核中，执行队伍保障都是最高人民法院的重点考核内容，各高级、中级法院要强化对执行队伍保障的考核，深挖内部潜力。要协调党委政府给予执行工作更多支持，加强基层执行队伍保障。地方党委政府支持非常重要，像苏州中院开展的执行体制改革试点，执行工作采取双重领导体制，效果很好，当地党委政府给了很大支持，非常不容易，有兴趣的法院可以向苏州中院了解改革试点情况，学习借鉴。

八、关于严防死守，切实防范和化解执行风险

2021年是中国共产党100周年华诞。面对错综复杂的国际形势，我们要有高度的政治敏感性，切实提高政治判断力、政治领悟力、政治执行力。这里，提几点要求。

一是思想上高度重视风险防范。这绝不是一句空话。要在思想上、内心深处高度重视，对新情况弄不准的，要报请当地党委或者请示上级法院。二是重视源头化解风险。要特别注意严格依法制作裁判文书，注意法律底线。要高度重视网络执行查控系统管理，严禁不规范使用查控系统。新闻宣传要实事求是，不能为了“博眼球”“追热点”而发布夸张甚至不实的宣传信息。三是加强教育培训。强化执行队伍风险防范意识，提升风险防控和应急处突能力。四是加强管理严肃纪律。要服从上级法院的管理、指挥和调度。对于因两地法院存在争议而报上级法院协调的案件，要严格按照上级法院依法作出的协调意见办理，不能自行其是，擅自对协调的案涉财产进行处分，损害当事人合法权益。五是高度警惕个案被炒作。对容易引起炒作的案件，既要严格依法妥善办理，也要提前对可能出现的风险进行预判，防止被恶意炒作。六是高度重视对弱势群体的执行。善待弱势群体，是执行工作坚持以人民为中心发展理念的基本要求。对涉及申请执行人基本生计的执行案件，要用尽用足执行措施，千方百计以最快的速度执行到位，无财产可供执行的，要依法及时救助到位。对以弱势群体为被执行人的案件，要特别注意贯彻善意文明理念，注意执行方式方法的适当性，执行强度的适当性，执行节奏的适当性。要真正贯彻以人民为中心的发展思想，带着对人民群众的深厚感情，以对人民群众负责的高度责任感，以及人民群众易接受的方式方法开展执行工作。总之，各地法院要提高政治站位和工作责任心，严防死守，确保不发生重大执行风险事件。

同志们，解决执行难如逆水行舟，不进则退，须驰而不息，久久为功。

我们要更加紧密团结在以习近平同志为核心的党中央周围，坚持以习近平新时代中国特色社会主义思想为指导，深入贯彻习近平法治思想，持续强化执行综合管理，不断健全解决执行难长效机制，坚定不移向着“切实解决执行难”目标迈进，为实现高质量发展提供有力司法服务和保障，以优异成绩迎接建党 100 周年。

全国高级法院院长会议摘要

➢ 周强：深入学习贯彻习近平法治思想　推动新时代人民法院工作高质量发展

1月10日下午，全国高级法院院长会议在最高人民法院召开，最高人民法院党组书记、院长周强出席会议并讲话。周强强调，要坚持以习近平新时代中国特色社会主义思想为指导，深入学习贯彻习近平法治思想，认真贯彻落实习近平总书记关于政法工作重要指示精神，贯彻落实中央政法工作会议部署，更加注重系统观念、法治思维、强基导向，坚持服务大局、司法为民、公正司法，坚持守正创新、稳中求进，奋力推动新时代人民法院工作高质量发展，为“十四五”开好局、开启全面建设社会主义现代化国家新征程提供有力司法服务，以优异成绩庆祝建党100周年。

会议指出，1月7日，习近平总书记主持召开中央政治局常委会会议，听取最高人民法院党组工作汇报并发表重要讲话，对抓好2021年法院工作作出重要指示。1月9日，习近平总书记对政法工作作出重要指示。习近平总书记的重要讲话和重要指示高屋建瓴、思想深邃、内涵丰富，具有很强的战略性、指导性、针对性，为做好2021年政法工作和法院工作指明了方向、提供了根本遵循。中共中央政治局委员、中央政法委书记郭声琨在中央政法工作会议上发表重要讲话，深刻分析国内外形势新变化，明确了2021年政法工作的指导思想、目标任务、重点工作。各级法院要切实把思想和行动统一到习近平总书记重要讲话和中央政法工作会议精神上来，真抓实干把习近平法治思想贯彻到人民法院工作全过程各方面，转化为服务大局、司法为民、公正司法的生动实践，推动新时代人民法院工作高质量发展，促进经济行稳致远、社会安定和谐。

会议指出，2020年是新中国历史上极不平凡的一年。面对严峻复杂形势和前所未有挑战，在以习近平同志为核心的党中央坚强领导下，在中央政法委领导下，全国法院紧紧围绕党和国家工作大局履职尽责，坚定不移走中国特色社会主义法治道路。一年来，人民法院凝心聚力、攻坚克难，党的科学理论武装走深走实，疫情防控司法应对坚决迅速，服务经济社会发展扎实有力，维护人民权益用心用情，司法体制改革成果巩固拓展，坚持全面从严治党一以贯之，在一场场硬仗中向党和人民交出合格答卷，人民司法事业实现新发展。

会议指出，2020年是“十三五”规划收官之年，五年来，全国法院切实履行职责使命，较好完成“十三五”规划建议确定的目标任务，为平安中国、法治中国建设作出积极贡献。事实充分证明，人民法院工作发生新变革、实现新进步，最根本的在于习近平总书记作为党中央的核心、全党的核心领航掌舵，在于以习近平同志为核心的党中央坚强领导，在于习近平新时代中国特色社会主义思想科学指引。中国特色社会主义法治道路将越走越宽广，法治中国建设前景无限光明。

会议强调，2021年是实施“十四五”规划、开启全面建设社会主义现代化国家新征程的第一年，是中国共产党成立100周年。各级法院要坚持以习近平新时代中国特色社会主义思想为指导，深入贯彻习近平法治思想，全面贯彻党的十九大和十九届二中、三中、四中、五中全会精神，认真贯彻中央经济工作会议、中央全面依法治国工作会议、中央政法工作会议精神，增强“四个意识”、坚定“四个自信”、做到“两个维护”，旗帜鲜明讲政治，牢牢坚持党对司法工作的绝对领导，坚定不移走中国特色社会主义法治道路，紧紧围绕“努力让人民群众在每一个司法案件中感受到公平正义”目标，紧扣推动高质量发展主题，准确把握立足新发展阶段、贯彻新发展理念、构建新发展格局要求，更加注重系统观念、法治思维、强基导向，坚持服务大局、司法为民、公正司法，坚持守正创新、稳中求进，深化司法体制改革和智慧法院建设，锻造过硬法院队伍，以强化人民法庭建设、服务全面推进乡村振兴和基层社会治理为工作重点，奋力推动新时代人民法院工作高质量发展，为“十四五”开好局、开启全面建设社会主义现代化国家新征程提供有力司法服务，以优异成绩庆祝建党100周年。

会议强调，要真抓实干把习近平法治思想贯彻到人民法院工作全过程各方面。要提高政治站位，始终以习近平法治思想武装头脑，把坚持党对司法工作的绝对领导落到实处，把各级法院领导班子建设成为学习践行习近平法治思想的坚强集体，不断提升广大干警做到“两个维护”的自觉性坚定性。要紧密联系实际，在习近平法治思想指引下进一步端正司法理念，在更深层次理解人民法院在国家制度和治理体系中的功能作用，更好履行定分止争、化解矛盾的职能作用。要坚持笃信笃行，全面践行习近平法治思想，牢牢坚持以人民为中心，坚持服务大局，紧紧围绕党中央决策部署履职尽责，把系统观念贯穿工作始终，推动落实法治中国建设与人民法院改革发展同步谋划、同步推进。

会议要求，要贯彻总体国家安全观，坚决维护国家安全和社会稳定。要聚焦办好发展安全两件大事，认真贯彻总体国家安全观，围绕构建大安全格局，推动建设更高水平的平安中国。要巩固深化扫黑除恶专项斗争成果，推动扫黑除恶常态化。要坚持以人民安全为宗旨，依法惩治各类违法犯罪。要贯彻实施好刑法修正案（十一），准确适用关于低龄未成年人犯罪、妨害传染病防治等新规定，切实增强人民群众安全感。

会议强调，要落实立足新发展阶段、贯彻新发展理念、构建新发展格局要求，依法服务高质量发展。要服务创新驱动发展和科技自立自强，全面加强知识产权司法保护，加大对“卡脖子”关键核心技术以及新兴产业、重点领域、种源等知识产权司法保护力度，深化知识产权审判领域改革创新。要加强常态化疫情防控中的司法应对，助力做好“六稳”工作、落实“六保”任务。要认真研究新技术给审判带来的新情况新问题，服务产业数字化、智能化转型和数字经济健康发展，加强数据权利和个人信息保护。要服务构建新发展格局，加强破产审判工作，深化金融审判体制机制改革，深入践行“两山”理念，为区域协调发展提供高水平司法服务。要加强产权和企业家合法权益保护，强化善意文明执行理念，加强司法反垄断和反不正当竞争，营造市场化、法治化、国际化营商环境。要加强涉外商事海事审判工作，加快推进涉外审判体系和审判能力建设，服务高水平对外开放。

会议要求，要深入践行以人民为中心的发展思想，切实维护人民权益。要切实贯彻实施民法典，准确把握民法典的核心要义，大力践行和弘扬社会主义核心价值观，加强对虚拟财产、基因技术、胚胎法律地位等新课题的研究，全面提升我国民事权利司法保护水平。要加强以案释法和法治宣传，让民法典真正走进人民群众心里。要加强民生司法保障，做好涉民生案件审判执行工作，深入推进家事审判改革，妥善化解家庭纠纷。要坚决依法严惩各类侵害未成年人违法犯罪，特别是针对未成年人的杀人、拐卖、强奸等挑战法律和社会伦理底线的重大犯罪，该判处重刑乃至死刑的要毫不手软。要切实加强国家赔偿审判和司法救助工作。要推进执行工作现代化建设，深入推进综合治理源头治理，加强执行规范化建设，提升执行工作智能化水平。要深化一站式多元解纷和诉讼服务体系建设，坚持和发展新时代“枫桥经验”，深化涉诉信访改革，让人民群众享受智慧法院带来的“数字红利”，同时推出多样化服务举措，坚决防止出现人民群众特别是老年人因技术原因无法立案和打官司的情况。

会议强调，要坚持强基导向，强化人民法庭建设，提升基层法院司法水平，积极服务全面推进乡村振兴和基层社会治理。要坚持重心下移、力量下沉，狠抓基层法院建设。要把强化人民法庭建设、服务全面推进乡村振兴和基层社会治理作为2021年工作重点，推动人民法庭工作实现新跨越。要紧扣“三农”工作重心从脱贫攻坚历史性转移到全面推进乡村振兴后的新任务新要求，依法审理各类涉农案件，以司法手段服务巩固和拓展脱贫攻坚成果、全面推进乡村振兴、加快农业农村现代化。要紧扣市域、县域治理需求，发挥人民法庭职能作用，积极参与城乡基层社会治理，提升审判法庭、人民法庭建设现代化水平。

会议要求，要深化司法体制改革和智慧法院建设，推动社会主义司法制度更加成熟定型。要抓好司法体制改革系统集成、协同高效，更加注重系统观念，坚持问题导向、目标导向，科学统筹、整体推进各项改革和信息化建设任务，坚持统一性与差异性相结合，激发基层活力。要全面深化司法责任制综合配套改革，巩固立案登记制改革成果，常态化开展员额统筹调配、动态调整、递补和退出工作，深化最高人民法院巡回法庭制度改革，完善四级法院审级职能定位，深化民事诉讼程序繁简分流改革，深入推进以审判为中心的刑事诉讼制度改革，深入推进认罪认罚从宽制度改革。要加快构建与新型审判权力运行模式相适应的制约监督体系，健全内部制约监督制度机制，完善主动接受外部监督机制，压实院庭长审判监督管理职责，完善审判委员会、专业法官会议工作机制，运用科技手段全面推行类案检索，促进法律适用统一。要在更高起点上全面深化智慧法院建设，推动建设人民法院信息化

4.0版，整合优化信息系统，推进智慧法院数据中台建设，完善四大公开平台，加强互联网法院建设，以数字正义推动实现更高水平的公平正义。

会议强调，要建设德才兼备的高素质法院队伍，为“十四五”时期人民法院工作高质量发展提供有力组织保障。要坚持把党的政治建设摆在首位，围绕中心抓党建、抓好党建促审判，不断提高干警政治判断力、政治领悟力、政治执行力。要把能力建设摆在更加突出位置，着力加强专业化能力建设，完善高层次审判人才培养机制，健全激励保障机制。要坚持全面从严治党、从严治院、从严管理，深入推进党风廉政建设和反腐败斗争，严格落实“两个责任”，驰而不息纠“四风”树新风，严格落实防止干预司法“三个规定”等铁规禁令，坚决以零容忍态度严惩司法腐败。要全面开展队伍教育整顿，精心组织推动，狠抓违纪违法问题查纠，坚决打赢这场刀刃向内、正风肃纪的攻坚战。要广泛开展向先进典型学习活动，激励广大干警秉公司法、担当作为。

最高人民法院党组副书记、常务副院长贺荣主持会议。最高人民法院党组成员、政治部主任马世忠宣读《最高人民法院关于表彰全国优秀法院全国优秀法官全国法院办案标兵的决定》。最高人民法院院领导李少平、姜伟、陶凯元、高憬宏、刘海泉、杨万明、杨临萍、贺小荣、刘贵祥、沈亮，二级大法官张述元出席会议。各高级人民法院、解放军军事法院、新疆维吾尔自治区高级人民法院生产建设兵团分院院长出席会议。中央有关单位、最高人民法院有关部门负责同志参加会议。

（来源：《人民法院报》2021年1月12日）

➢ 周强：坚持以人民为中心　更加注重强基导向　不断提升人民法庭建设水平和基层司法能力

7月25日，全国高级法院院长座谈会在国家法官学院召开，最高人民法院党组书记、院长周强出席会议并讲话。周强强调，要坚持以习近平新时代中国特色社会主义思想为指导，认真学习贯彻习近平总书记“七一”重要讲话精神，深入贯彻习近平法治思想，全面贯彻落实政法领域全面深化改革推进会精神，坚持以人民为中心，更加注重强基导向，不断提升人民法庭建设水平和基层司法能力，推动新时代人民法院工作高质量发展，为全面建设社会主义现代化国家提供更加有力的司法服务。

会议强调，加强人民法庭工作是认真学习贯彻习近平总书记“七一”重要讲话精神，深入贯彻习近平法治思想的重要举措，是传承人民司法优良传统、彰显鲜明中国特色和时代特征的一项基础性、全局性、战略性工作，对提升人民法院化解矛盾纠纷、服务人民群众能力水平，推动新时代人民法院工作高质量发展具有重大意义。要深入贯彻习近平总书记一系列重要指示精神，不折不扣落实党和国家一系列重大部署，把加强人民法庭工作作为关键抓手，不断提高基层司法能力水平，服务乡村振兴、民族复兴，推动人的全面发展、全体人民共同富裕取得更为明显的实质性进展。

会议指出，第四次全国人民法庭工作会议以来，全国法院加大投入力度、优化法庭布局、完善保障措施、强化职能发挥，思想认识有了新提高、服务发展取得新成效、服务群众展现新形象、促进治理取得新进展、改革效能得到新提升、队伍建设得到新加强、基础建设迈上新台阶，人民法庭建设水平和司法服务能力稳步提升，人民群众获得感、幸福感、安全感不断增强。同时，也还存在能力水平不足、发展不平衡、服务乡村振兴和基层治理作用发挥不够等问题。要高度重视，拿出硬招实招，切实加以解决。

会议强调，当前和今后一个时期，人民法庭工作的总体思路是，坚持以习近平新时代中国特色社会主义思想为指导，认真学习贯彻习近平总书记“七一”重要讲话精神，深入贯彻习近平法治思想，增强“四个意识”、坚定“四个自信”、做到“两个维护”，紧紧围绕“努力让人民群众在每一个司法案件中感受到公平正义”的目标，更加注重强基导向，坚持以人民为中心，坚持面向农村、面向基层、面向群众，坚持便于当事人诉讼、便于人民法院依法独立公正高效行使审判权、便于人民群众及时感受到公平正义的原则，坚持服务全面推进乡村振兴、服务基层社会治理、服务人民群众高品质生活需要，以明晰功能定位、优化法庭布局、健全运行机制、强化支持保障、加强队伍建设为重点，不断提升人民法庭建设水平和基层司法能力，推动建设更高水平的平安中国、法治中国，为实现“十四五”时期经济行稳致远、社会安定和谐，为实现人民对美好生活的向往、促进全体人民共同富裕，为全面建设社会主义现代化国家提供更加有力的司法服务。

会议强调，要提高政治站位，把握历史机遇，与时俱进树立新时代人民法庭工作理念，推动改革创新，更好满足人民群众日益增长的司法需求。要积极回应人民群众新要求新期待，深刻把握人民法庭处于服务群众、解决纠纷第一线与守护公平正义最后一道防线的辩证统一关系，有效发挥桥梁、窗口作用，贯通化解矛盾纠纷、守护公平正义的各条“防线”，更好地服务全面推进乡村振兴、服务基层社会治理、服务人民群众高品质生活。要不断优化人民法庭区域布局，积极回应多元化类型化司法需求，因地制宜、有序推进新时代人民法庭专业化建设。

会议强调，要准确把握功能定位，切实发挥新时代人民法庭的重要作用。要积极服务全面推进乡村振兴，依法促进县域经济发展，维护农民合法权益，积极参与乡村建设行动，助力建设美丽宜居乡村，助推农业农村现代化。要积极服务基层社会治理，融入党委领导的基层治理体系，加强源头预防化解矛盾，推动形成办事依法、遇事找法、解决问题用法、化解矛盾靠法的法治环境，促进基层治理体系和治理能力现代化。要积极服务人民群众高品质生活需要，加强民生司法保障，全面推进人民法庭一站式建设，坚持和完善巡回审判制度，为基层群众提供优质司法服务，不断实现人民对公平正义的向往。

会议要求，要切实提升支持保障水平，夯实人民法庭发展基础。要深化司法责任制综合配套改革，探索符合人民法庭工作特点的审判团队组建和运行模式。要加强人民法庭基础设施建设、规范化标准化建设，不断改善人民法庭工作条件。要加强人民法庭队伍建设，推动全面从严治党、从严治院、从严管理向基层延伸。要关心关爱基层一线干警特别是艰苦边远地区人民法庭干警，鼓励干警扎根基层、深耕基层、奉献基层，让人民法庭真正成为年轻干警的锻炼基地、骨干力量的培养平台、领导干部的成长摇篮。

会议对下半年重点工作作出部署，要求各级法院把深入学习贯彻习近平总书记“七一”重要讲话精神作为一项重大政治任务，强化理论武装，坚持人民至上、人民立场，紧扣推动高质量发展主题，统筹发展和安全，毫不放松抓好审判执行工作，扎实推进队伍教育整顿，确保完成全年目标任务，在新的征程上展现人民法院的新担当新作为。

最高人民法院党组副书记、常务副院长贺荣主持下午会议并作总结讲话。最高人民法院党组成员、副院长贺小荣主持上午会议并通报全国人民法庭工作情况。最高人民法院院领导李少平、姜伟、陶凯元、马世忠、刘海泉、杨临萍、沈亮、刘贵祥，各高级人民法院、解放军军事法院、新疆维吾尔自治区高级人民法院生产建设兵团分院主要负责同志出席会议。部分高级人民法院院长在会上汇报人民法庭工作。最高人民法院各单位有关负责同志参加会议。会议期间，与会代表参观了中国共产党历史展览馆。

（来源：《人民法院报》2021年7月26日）

最高人民法院司法改革领导小组会议摘要

➢ 周强在2021年第一次司法改革领导小组会议上强调：完整准确全面贯彻新发展理念　全面深化司法体制改革

2月25日下午，最高人民法院党组书记、院长、院司法改革领导小组组长周强主持召开最高人民法院司法改革领导小组2021年第一次会议。周强强调，要坚持以习近平新时代中国特色社会主义思想为指导，认真贯彻习近平法治思想，完整、准确、全面贯彻新发展理念，坚持守正创新，加强系统集成，实现精准施策，全面深化司法体制改革，推进审判体系和审判能力现代化，为构建新发展格局、推动高质量发展提供有力司法服务，以优异成绩迎接建党100周年。

会议进一步深入学习了习近平总书记在中央全面深化改革委员会第十七次、第十八次会议上的重要讲话精神，传达学习了《党的十八届三中全会以来全面深化改革总结评估报告》，审议通过《2021年人民法院司法改革工作要点》，审议了《关于最高人民法院重大司法改革试点工作规范管理情况的报告》等文件，研究部署司法改革宣传工作。

周强指出，党的十八届三中全会以来，经过夯基垒台、立柱架梁，全面推进、积厚成势，我国各领域基础性制度框架基本确立，全面深化改革取得历史性伟大成就。人民法院全面深化司法责任制及综合配套改革，大力推进阳光司法，不断健全审判权力运行体系，改革取得重要进展，司法质量、效率和公信力显著提升。

周强强调，要深入学习贯彻习近平总书记重要讲话精神，完整、准确、全面贯彻新发展理念，聚焦关键性领域，服务构建新发展格局、推动高质量发展。要以新发展理念指导引领全面深化改革，做到完整把握、准确理解、全面落实，加强前瞻性思考、全局性谋划、战略性布局、整体性推进，加强系统集成、精准施策，切实把新发展理念贯彻落实到司法改革全过程和各领域。要通过全面深化司法改革，围绕增强创新能力、推动平衡发展、改善生态环境、提高开放水平、促进共享发展等重点领域和关键环节，不断提高司法能力水平，推进审判体系和审判能力现代化。

周强要求，要加强组织领导，坚持守正创新，确保司法改革在新发展阶段开好局、起好步。要严格对标对表中央确定的改革任务，以《2021年人民法院司法改革工作要点》为基础，立足全局，突出重点，紧紧牵住司法责任制改革这个“牛鼻子”，大力深化综合配套改革，推动司法改革不断取得新成效。要充分发扬钉钉子精神，坚持目标导向和问题导向，落实落细改革主体责任，有效打通改革过程中的堵点痛点。要结合全面开展政法队伍教育整顿，围绕健全完善司法制约监督体系，持续推进落实审判权责清单制度，严格落实防止干预司法“三个规定”，不断增强司法责任制各项举措的整体效能。要聚焦基础性攻坚性改革，健全一站式多元解纷和诉讼服务体系，深入开展民事诉讼程序繁简分流改革试点工作，在更高起点上深化互联网司法建设，持续推出司法改革新亮点。

周强强调，要加强司法改革宣传，广泛凝聚理解支持参与改革的法治正能量。要高举改革旗帜、凝聚改革意志、弘扬改革精神，充分展现以习近平法治思想指导和推进司法改革的生动实践和巨大成效。要坚持以人民为中心，以人民满意为标准，以人民群众喜闻乐见的方式，讲好法治故事和司法改革故事，不断提升人民群众对司法改革的获得感、满意度。要推动宣传方式优化升级，提高互联网宣传水平，加强亮点发掘提炼，不断提升宣传实效，营造支持改革、理解改革的良好氛围。

最高人民法院院领导贺荣、李少平、马世忠、杨临萍出席会议。最高人民法院司法改革领导小组成员单位负责同志参加会议。

（来源：《人民法院报》2021年2月26日）

➢ 周强在2021年第二次司法改革领导小组会议上强调：坚持守正创新　推进司法改革不断取得新成效

8月25日下午，最高人民法院党组书记、院长、院司法改革领导小组组长周强主持召开最高人民法院司法改革领导小组2021年第二次会议。周强强调，要坚持以习近平新时代中国特色社会主义思想为指导，认真学习贯彻习近平总书记“七一”重要讲话精神，深入贯彻习近平法治思想，严格对标对表中央要求，切实落实全国人大常委会关于授权开展四级法院审级职能定位改革试点工作的决定，推进司法改革向纵深发展，不断取得新的成效。

会议听取审议了《最高人民法院牵头中央改革任务和“五五改革纲要”推进落实情况分析报告》《关于完善四级法院审级职能定位改革试点的实施办法》《关于完善四级法院审级职能定位改革的分工方案》，审议通过《关于“人民法院改革创新奖”评选活动的实施方案》。

周强强调，要严格对标对表党中央部署，准确把握改革阶段性要求，推进“五五改革纲要”深入实施。2021年是实施“五五改革纲要”第三年，改革推进总体进度良好，改革成效不断显现。当前改革正处于承前启后、深入推进阶段，改革举措提档升级、系统集成、精准落地的要求更加凸显。要认真梳理总结党的十八大以来司法改革取得的成果经验，增强持续深化改革的使命感责任感，接续推进各项任务，不断提升改革的系统性、整体性、协同性。要根据改革的阶段性特点，依据形势变化，及时跟进调整，以扎实有力的举措，切实补短板、强弱项，打通堵点、攻克难点，确保各项任务落实落地。要坚持以人民为中心，以人民满意为标准，及时回应人民群众关切，始终保持改革的正确方向。要加强改革的宣传，充分展现改革取得的历史性成就，进一步坚定改革的信心和决心。

周强要求，要坚持守正创新，鼓励担当作为，积极营造改革创新的良好氛围。要坚持顶层设计与基层探索相结合，贯彻落实党中央统一部署，充分发扬基层首创精神，不断推出具有开创性、引领性、标杆性，符合中央要求、符合人民期待、符合司法规律的改革创新举措。要以“人民法院改革创新奖”评选活动为抓手，推动形成改革创新举措不断涌现的制度机制和文化氛围。要落实改革创新主体责任，充分发挥各地高院的关键枢纽作用，加强政策引导、统筹协调和总结推广，推动基层小创新、微创造不断发挥大作用。

周强强调，要坚持稳妥有序，强化协同配套，扎实推进四级法院审级职能定位改革试点工作。要提高政治站位，深刻认识完善四级法院审级职能定位是中央部署的重要改革任务，是深化司法体制综合配套改革的重要举措，对于完善我国诉讼制度、加强审级制约监督体系建设、优化司法资源配置具有重大意义。要认真贯彻全国人大常委会授权决定，确保改革任务不折不扣落实到位、取得实效。要针对改革涉及面广的特点，完善分工方案，强化部门协同联动，促进各项改革举措融会贯通、系统集成。要建立健全综合配套举措，充分发挥改革试点整体效能，做好案件变化的科学测算，合理优化配置审判资源，科学稳妥有序推进改革。

最高人民法院党组副书记、常务副院长贺荣，党组成员、政治部主任马世忠，党组成员、副院长贺小荣、沈亮出席会议。院司法改革领导小组成员单位负责同志参加会议。

（来源：《人民法院报》2021年8月26日）

➢ 周强在2021年第三次司法改革领导小组会议上强调：深入学习贯彻习近平法治思想　推动司法改革不断走深走实

12月29日上午，最高人民法院党组书记、院长、院司法改革领导小组组长周强主持召开最高人民法院司法改革领导小组2021年第三次会议。周强强调，要坚持以习近平新时代中国特色社会主义思想为指导，深入学习贯彻习近平法治思想和党的十九届六中全会精神，全面深化司法体制综合配套改革，推动改革不断走深走实，在新征程上书写司法改革新篇章，促进人民法院工作高质量发展，为全面建设社会主义现代化国家提供有力司法服务，以优异成绩迎接党的二十大胜利召开。

会议进一步深入学习了习近平总书记在中央全面深化改革委员会第二十三次会议上的重要讲话精神，审议听取了《最高人民法院司法改革领导小组2021年工作总结报告》《关于四级法院审级职能定位改革试点工作推进实施情况的报告》。

周强指出，习近平总书记在中央全面深化改革委员会第二十三次会议上的重要讲话，深刻总结分析改革发展中的重大问题，对一系列工作作出重要部署，为人民法院充分发挥审判职能作用，服务高质量发展进一步指明了方向。各级法院要深入学习领会，紧密结合学习贯彻党的十九届六中全会精神，融会贯通习近平总书记在历次中央深改委会议上的重要讲话精神，学深悟透、全面落实，为构建新发展格局、实现高质量发展提供有力司法服务。

周强指出，2021 年，人民法院在以习近平同志为核心的党中央坚强领导下，认真贯彻落实中央政法委部署，推动司法体制综合配套改革系统集成、全面深化，取得明显成效。人民法院结合党史学习教育、政法队伍教育整顿，针对发现的问题补短板、强弱项，以重大项目为抓手不断拓展改革的广度和深度，司法责任制综合配套制度框架更加健全，与新型审判权力运行机制相适应的制约监督机制基本定型，诉讼制度改革取得突破性进展，互联网司法和智慧法院建设开辟新格局，人事机构制度和经费保障制度改革持续深化，各方面制度更加巩固，一些改革举措转化为立法成果，有力推动了中国特色社会主义司法制度更加成熟定型。

周强强调，要深入学习贯彻党的十九届六中全会精神，立足第二个百年奋斗目标，在新征程上书写司法改革新篇章。要增强“四个意识”、坚定“四个自信”、做到“两个维护”，深刻认识“两个确立”的决定性意义，坚定不移走中国特色社会主义法治道路，始终确保司法改革的正确政治方向。要准确把握新阶段司法改革的总体部署和要求，坚持问题导向，增强攻坚意识，严格落实改革主体责任，切实强化组织协调、督促指导和总结评估，确保工作有人抓、进度有人督、责任有人盯、成果有人核，确保各项改革任务落实落地，取得扎实成效。

周强强调，要聚焦重点任务，持续推动重要领域和关键环节改革走深走实。要强化系统观念，健全完善权责清晰、权责统一、监管有效、保障有力的司法责任体系。要正确把握改革目标，层层压实责任，深入推进完善四级法院审级职能定位改革。要认真贯彻落实修改后的民事诉讼法，加强工作衔接，完善配套举措，促进民事诉讼制度改革不断深化发展。要坚持把非诉讼纠纷解决机制挺在前面，持续深化一站式多元纠纷解决机制和诉讼服务体系建设。要积极推动科技创新与法治建设融合发展，不断提升人民法院工作的数字化、网络化、智能化水平。要进一步深化互联网法院建设，加快构建中国特色、世界领先的互联网司法模式。要持续深化法院人事制度改革，加强政策协同，优化员额、编制等资源配置机制，大力强化法官权益保障，为法官依法履职创造良好条件。要加强对司法改革的宣传解读，生动展示司法改革取得的历史性成就，促进对改革政策的正确理解，广泛凝聚共识，形成理解改革、支持改革、参与改革的良好氛围。

最高人民法院党组副书记、常务副院长贺荣，党组成员、政治部主任马世忠，党组成员、副院长贺小荣、沈亮出席会议。院司法改革领导小组成员单位负责同志参加会议。

（来源：《人民法院报》2021年12月30日）

改革推进简讯

➢ 周强：认真贯彻落实习近平总书记重要讲话精神　深入推进司法改革

1月4日上午，最高人民法院党组书记、院长周强主持召开最高人民法院党组会议，传达学习习近平总书记在中央全面深化改革委员会第十七次会议上的重要讲话精神，研究部署贯彻落实措施。周强强调，要坚持以习近平新时代中国特色社会主义思想为指导，认真学习贯彻习近平法治思想，紧紧围绕落实新发展理念、构建新发展格局、推动高质量发展，巩固改革成果，接续推进改革，深入推进新发展阶段司法改革，促进服务大局、司法为民、公正司法，为“十四五”开好局提供有力司法服务，以优异成绩迎接建党100周年。

周强指出，党的十八届三中全会以来，以习近平同志为核心的党中央以前所未有的决心和力度全面深化改革，开启了一场思想理论、改革组织方式、国家制度和治理体系、人民广泛参与的深刻变革，取得历史性伟大成就，许多领域实现历史性变革、系统性重塑、整体性重构，开创了以改革开放推动党和国家各项事业取得历史性成就、发生历史性变革的新局面。习近平总书记的重要讲话深刻总结全面深化改革的成效和经验，围绕党和国家工作大局就接续推进改革提出明确要求，作出重要部署，为推动新发展阶段改革指明了方向、提供了根本遵循，具有重大而深远的意义。全国各级法院要深入学习领会习近平总书记重要讲话精神，准确把握精神要义和具体要求，结合法院实际，不折不扣抓好贯彻落实。

周强指出，在以习近平同志为核心的党中央坚强领导下，在中央政法委领导下，人民法院全面深化司法责任制及其综合配套改革，大力推进阳光司法，不断健全完善中国特色社会主义审判权力运行体系，改革取得突破性进展，有力促进了审判体系和审判能力现代化，司法质量、效率和公信力显著提升。要在巩固深化改革成果基础上，适应新形势新要求，切实坚持问题和需求导向，补短板、强弱项，再接再厉、接续努力，推动新发展阶段司法改革取得更大进展。

周强强调，要坚持以习近平新时代中国特色社会主义思想为指导，把习近平法治思想贯彻落实到司法改革全过程各方面，始终牢牢坚持党的绝对领导，确保司法改革的正确方向。要把司法改革融入党和国家工作大局之中谋划和推进，紧紧立足新发展阶段要求，围绕落实新发展理念、构建新发展格局、推动高质量发展，以改革促工作谋发展，为实现经济行稳致远、社会安定和谐提供更加有力的司法服务。要认真贯彻落实党中央全面深化改革的重大决策部署，在党中央集中统一领导下，按照中央政法委工作要求，严格对标对表，加强组织领导，强化改革督察，确保党中央改革部署在人民法院落实落地、取得实效。

周强强调，要深入研判形势任务，聚焦基础性和重点改革任务，树牢风险意识和底线思维，加强制度创新联动和衔接配套，推进司法体制改革系统集成、协同高效，持续提升改革综合效能。要加强司法制约监督体系改革和建设，规范司法权力运行，深入推进以审判为中心的刑事诉讼制度改革，促进严格公正司法。要深化民事诉讼程序繁简分流改革，坚持和发展新时代“枫桥经验”，全面推进一站式多元解纷和诉讼服务体系建设，加强司法便民利民，促进基层社会治理，不断提高人民群众获得感、幸福感、安全感。要全面深化智慧法院建设，推进现代科技与司法工作深度融合，构建中国特色、世界领先的互联网司法模式。要认真总结上海金融法院的改革建设经验，结合首都功能定位和特点，高起点高标准做好北京金融法院成立工作。要坚持全面从严治党、从严治院、从严管理，深入开展政法队伍教育整顿，严格落实防止干预司法“三个规定”等铁规禁令，推动人民法院队伍建设不断取得新成效。要加强宣传，以人民群众喜闻乐见的方式，生动展现司法改革的显著成效，在全社会营造支持改革、推动改革的良好氛围。

最高人民法院党组副书记、常务副院长贺荣，党组成员、副院长李少平、高憬宏，党组成员、政治部主任马世忠，中央纪委国家监委驻最高人民法院纪检监察组组长、最高人民法院党组成员刘海泉，党组成员、副院长杨临萍、贺小荣出席会议。最高人民法院副院长陶凯元，审判委员会专职委员刘贵祥、沈亮列席会议。

（来源：《人民法院报》2021年1月5日）

➢ 周强：贯彻习近平总书记在中央政治局常委会会议上的重要讲话精神

1月8日上午，最高人民法院党组召开会议，传达学习习近平总书记主持召开中共中央政治局常务委员会会议听取全国人大常委会、国务院、全国政协、最高人民法院、最高人民检察院党组工作汇报时的重要讲话精神，研究部署贯彻落实措施。最高人民法院党组书记、院长周强主持会议并讲话。

会议指出，习近平总书记每年主持召开中央政治局常委会会议听取最高人民法院党组工作汇报，是坚持党中央权威和集中统一领导的重要制度安排，对推动新时代全面依法治国、加快建设社会主义法治国家，对坚持和完善中国特色社会主义制度、推进国家治理体系和治理能力现代化，具有重大意义。习近平总书记的重要讲话对当前和今后工作提出明确要求，体现了以习近平同志为核心的党中央对人民法院工作的高度重视和亲切关怀，为进一步做好新时代人民法院工作指明了前进方向、提供了根本遵循，是对全国法院广大干警的巨大鼓舞和有力鞭策。最高人民法院党组要始终以习近平新时代中国特色社会主义思想为指导，深入学习贯彻习近平法治思想，学习贯彻习近平总书记重要讲话精神，增强“四个意识”、坚定“四个自信”、做到“两个维护”，自觉胸怀“两个大局”，牢牢把握“国之大者”，立足新发展阶段，紧扣贯彻新发展理念、构建新发展格局、推动高质量发展要求，坚持服务大局、司法为民、公正司法，忠诚履职尽责，勇于担当作为，真抓实干把党中央重大决策部署贯彻到司法工作各方面，为“十四五”开好局提供有力司法服务，以优异成绩迎接建党100周年。

会议强调，要牢牢坚持党对司法工作的绝对领导，坚决做到“两个维护”。深刻把握坚持党的领导是中国特色社会主义法治之魂，是沿着中国特色社会主义法治道路前进的根本保证，坚持不懈用党的创新理论武装头脑，真学真信笃行习近平法治思想。坚持党的领导和依法独立公正行使审判权相统一，坚定不移走中国特色社会主义法治道路。增强政治意识，善于从政治上认识问题、推动司法工作，切实提高政治判断力、政治领悟力、政治执行力，始终在思想上政治上行动上同以习近平同志为核心的党中央保持高度一致。

会议要求，要立足新发展阶段，扎实履职尽责。深入贯彻党的十九大和十九届二中、三中、四中、五中全会精神，切实找好着力点、结合点，补齐短板、精准发力，树立新时代正确司法理念，服务经济行稳致远、社会安定和谐。牢牢坚持总体国家安全观，依法严惩渗透颠覆破坏、暴力恐怖、民族分裂、宗教极端等犯罪，坚定捍卫国家政治安全特别是政权安全、制度安全。充分发挥司法在惩治犯罪、定分止争、维护公正等方面的职能作用，依法妥善化解各类矛盾纠纷和风险隐患，推动扫黑除恶常态化，促进建设更高水平的平安中国。正确贯彻实施民法典，加强民生司法保障，切实增强人民群众对公平正义的获得感。全面加强知识产权司法保护，加大知识产权惩罚性赔偿力度，服务创新驱动发展和科技强国建设。依法全面平等保护产权，促进营造市场化、法治化、国际化营商环境。加强国际法研究应用，提升涉外司法效能，推动构建新型国际关系和人类命运共同体。

会议指出，要深化司法责任制综合配套改革，加快推进审判体系和审判能力现代化。坚持系统观念，推动各项改革系统集成、协同高效，充分释放改革整体效能。坚持问题导向，以钉钉子精神狠抓各项改革任务落实，加快推进司法制约监督体系改革和建设工作，确保审判权力规范有序运行。深化智慧法院建设，构建中国特色、世界领先的互联网司法模式，创造更高水平的社会主义司法文明。

会议要求，要认真抓好队伍教育整顿，确保队伍绝对忠诚、绝对纯洁、绝对可靠。严格落实防止干预司法“三个规定”，坚持刀刃向内、刮骨疗毒，以零容忍态度严惩司法腐败，着力营造良好政治生态。深入开展社会主义核心价值观和社会主义法治理念教育，引导法院干警始终做到忠于党、忠于国家、忠于人民、忠于法律。

会议强调，要严格落实全面从严治党主体责任，加强党组自身建设和人民法院党的建设。认真落实新时代党的建设总要求，始终把党的政治建设摆在首位，坚持不懈抓好党组自身建设，严守政治纪律和政治规矩，认真执行民主集中制，不断提升党组凝聚力、战斗力。认真落实新时代党的组织路线，推动机关党建和审判工作深度融合，不断提高人民法院党的建设质量。严格执行中央八项规定及其实施细则精神，锲而不舍抓好人民法院党风廉政建设，坚决防止“四风”问题反弹回潮，激励广大干警保持良好精神状态和工作状态，不断提高服务“十四五”时期经济社会发展能力和水平。

最高人民法院党组副书记、常务副院长贺荣，党组成员、副院长李少平、高憬宏，党组成员、政治部主任马世忠，中央纪委国家监委驻最高人民法院纪检监察组组长、最高人民法院党组成员刘海泉，党组成员、副院长杨万明、杨临萍、贺小荣出席会议。最高人民法院副院长陶凯元，审判委员会专职委员刘贵祥、沈亮，二级大法官张述元列席会议。

（来源：《人民法院报》2021 年 1 月 9 日）

➢ 周强：坚持从政治上认识和抓好人民法院党风廉政建设和反腐败斗争

1 月 25 日下午，最高人民法院党组书记、院长周强主持召开最高人民法院党组会议，传达学习贯彻习近平总书记在十九届中央纪委五次全会上的重要讲话精神，研究部署贯彻落实措施。周强强调，要坚持以习近平新时代中国特色社会主义思想为指导，认真学习贯彻习近平总书记重要讲话精神，深入贯彻落实中共中央政治局常委、中央纪律检查委员会书记赵乐际重要讲话要求，按照中共中央政治局委员、中央政法委书记郭声琨 1 月 25 日会议部署，坚持从政治上认识和抓好人民法院党风廉政建设和反腐败斗争，推动全面从严治党、从严治院、从严管理不断向纵深发展，促进司法为民、公正司法，为实施“十四五”规划、开启全面建设社会主义现代化国家新征程提供有力司法服务。

周强指出，习近平总书记的重要讲话高屋建瓴、思想深邃、内涵丰富、振聋发聩，具有很强的政治性、思想性、指导性，是推进全面从严治党向纵深发展的重要遵循，是深入推进党风廉政建设和反腐败斗争的纲领性文献。全国各级法院要深入学习贯彻习近平总书记重要讲话精神，认真落实郭声琨书记讲话要求，坚决把思想和行动统一到党中央决策部署上来，确保全会部署的任务在人民法院不折不扣落实到位。

周强要求，要旗帜鲜明讲政治，切实增强落实全会部署的思想自觉、政治自觉、行动自觉。要充分发挥全面从严治党引领保障作用，坚定政治方向，保持政治定力，把严的主基调长期坚持下去，以系统施治、标本兼治的理念正风肃纪反腐，持续推动人民法院全面从严治党向纵深发展。坚持全面从严治党首先要从政治上看，不断提高政治判断力、政治领悟力、政治执行力，紧紧围绕“两个维护”强化政治监督，完善全面从严治党制度。要严格落实党风廉政建设“两个责任”，坚持“一岗双责”，切实将正风肃纪反腐与深化改革、完善制度、促进治理贯通起来，不断实现不敢腐、不能腐、不想腐一体推进战略目标。

周强要求，要持之以恒正风肃纪，深入推进人民法院党风廉政建设和反腐败斗争。要进一步巩固“两个坚持”专题教育、“以案释德、以案释纪、以案释法”警示教育和“三个规定”专项整治活动成果，把党对司法工作的绝对领导落到实处，把司法为民、公正司法的要求贯穿法院工作全过程、各方面。要严肃查处司法领域违纪违法行为，坚持反腐败无禁区、全覆盖、零容忍，坚决惩治腐败犯罪，清除“害群之马”。要教育引导法院干警树立正确的世界观、人生观、价值观，筑牢拒腐防变的思想堤坝，做政治信念坚定、遵规守纪的明白人。

周强强调，要健全审判权力运行监督制约机制，确保公正廉洁司法。要全面落实政法领域全面深化改革推进会精神，加快推进执法司法制约监督体系改革和建设，确保执法司法权始终在法治轨道上运行。要坚持司法改革推进到哪里，党的建设和党风廉政举措就跟进到哪里，紧盯“关键少数”、关键岗位，围绕审判权运行各个环节，强化政治监督，抓好重点监督，做实日常监督，切实做到“放权不放任、用权受监督”。要健全完善与全面落实司法责任制相适应的监督制约机制，强化“四类案件”识别监管，严格落实以审判为中心的刑事诉讼制度改革要求，在更高层次上实现司法权力与责任的平衡、放权与监督的结合、公正与效率的统一。要坚持执纪必严、违纪必究，完善问责制度体系，健全防止干预过问案件制度机制，严格执行“三个规定”，持之以恒抓好贯彻落实。要全面加强智慧法院建设，大力推进阳光司法，以信息化手段促进严格公正司法，努力让人民群众在每一个司法案件中感受到公平正义。

周强强调，要充分发挥审判职能作用，进一步巩固发展反腐败斗争压倒性胜利。要坚持以人民为中心的发展思想，立足新发展阶段，为贯彻新发展理念、构建新发展格局、实现高质量发展提供有力司法服务。要深刻把握反腐败斗争新态势，依法严惩不收敛不收手的腐败分子，始终保持对腐败犯罪的高压态势。要坚决打击黑恶势力及“保护伞”，加大对教育医疗、养老社保、扶贫环保等领域腐败惩治力度，切实维护人民群众权益。要结合审判执行工作，深入查找社会治理和行业监管方面的问题，推动健全常态化监督机制，积极促进社会治理。

周强要求，要把政法队伍教育整顿工作作为一项紧迫而重大的政治任务，加强统筹谋划，确保各项任务措施全面落实、取得实效。要落实中央政法委部署，对标对表“绝对忠诚、绝对纯洁、绝对可靠”的要求，敢于刀刃向内，勇于刮骨疗毒，向一切侵蚀党肌体健康的问题开刀。要对“纸面服刑”“提‘钱’出狱”、充当“保护伞”等问题坚决重拳整治，深查执法司法腐败。要将防腐措施与改革举措同谋划、同部署、同落实，形成管人管事管权的长效机制，持之以恒强化队伍建设，让法院队伍始终充满浩然正气、蓬勃朝气、斗争锐气。

最高人民法院院领导贺荣、李少平、姜伟、马世忠、刘海泉、杨万明、杨临萍、贺小荣出席会议，院领导陶凯元、刘贵祥、沈亮列席会议。

（来源：《人民法院报》2021 年 1 月 26 日）

➢ 周强：深入推进全面从严治党从严治院从严管理　锻造新时代过硬法院队伍

2 月 3 日上午，全国法院 2021 年党风廉政建设和反腐败工作视频会议召开，最高人民法院党组书记、院长周强出席会议并讲话。周强强调，要坚持以习近平新时代中国特色社会主义思想为指导，深入贯彻习近平法治思想，认真贯彻落实习近平总书记在十九届中央纪委五次全会上的重要讲话和全会精神，充分发挥全面从严治党引领保障作用，深入推进全面从严治党、从严治院、从严管理，锻造新时代过硬法院队伍，为全面建设社会主义现代化国家开好局、起好步提供有力司法服务，以优异成绩庆祝建党 100 周年。

会议指出，习近平总书记在十九届中央纪委五次全会上的重要讲话，充分肯定过去一年来全面从严治党取得的新的重大成果，深刻阐述全面从严治党新形势新任务，高屋建瓴、思想深邃、内涵丰富，是推进全面从严治党向纵深发展的重要遵循。要深入学习贯彻习近平总书记重要讲话精神，自觉把思想和行动统一到党中央决策部署上来，坚持从政治上认识和抓好人民法院党风廉政建设和反腐败斗争，推动全面从严治党、从严治院、从严管理不断向纵深发展，坚决把全会部署的各项任务不折不扣落实到位。

会议指出，2020年以来，各级法院坚持以习近平新时代中国特色社会主义思想为指导，认真落实十九届中央纪委四次全会部署要求，坚持服务大局、司法为民、公正司法，自觉履行全面从严治党责任，加强过硬法院队伍建设。各级法院不断增强“两个维护”的自觉性和坚定性，狠抓巡视反馈问题整改，推动“三个规定”落实落细，严格落实中央八项规定及其实施细则精神，严肃查处违纪违法行为，强化警示教育、规范权力运行、改进司法作风，依法严惩腐败犯罪，党风廉政建设和反腐败工作取得新进展。

会议指出，2021年是实施“十四五”规划、开启全面建设社会主义现代化国家新征程的第一年，也是中国共产党成立100周年。深入推进全面从严治党、从严治院、从严管理，抓好党风廉政建设和反腐败斗争，意义重大。各级法院要坚持以习近平新时代中国特色社会主义思想为指导，深入贯彻习近平法治思想，认真贯彻落实十九届中央纪委五次全会、中央政法工作会议精神，增强“四个意识”、坚定“四个自信”、做到“两个维护”，旗帜鲜明讲政治，牢牢坚持党对司法工作的绝对领导，坚定不移走中国特色社会主义法治道路，落实新时代党的建设总要求，立足新发展阶段、贯彻新发展理念、构建新发展格局，围绕高质量发展主题，发挥全面从严治党引领保障作用，在法院系统一体推进不敢腐、不能腐、不想腐，锻造新时代过硬法院队伍，为全面建设社会主义现代化国家开好局、起好步提供有力司法服务，以优异成绩庆祝建党100周年。

会议强调，要坚持以习近平新时代中国特色社会主义思想武装头脑、指导实践、推动工作，围绕“两个维护”强化政治监督。要强化科学理论武装，深入学习贯彻习近平新时代中国特色社会主义思想，真学真信笃行习近平法治思想，深入开展社会主义核心价值观和社会主义法治理念教育。

要深刻把握人民法院党风廉政建设和反腐败斗争的政治属性，把讲政治的要求贯穿全面从严治党、从严治院、从严管理全过程。要不断提高政治判断力、政治领悟力、政治执行力，健全贯彻党中央重大决策部署督查问责机制，确保党中央重大决策部署贯彻落实到位。

会议强调，要坚决惩处司法腐败，坚定不移深化人民法院反腐败斗争。要严肃查处违纪违法行为，坚持刀刃向内、有案必查、有贪必肃、有腐必惩，严肃查处问题反映集中、群众反映强烈的司法腐败案件，以零容忍态度惩治司法腐败。要深入开展警示教育，巩固深化“以案释德、以案释纪、以案释法”警示教育成果，教育引导领导干部和广大干警知敬畏、存戒惧、守底线，坚持标本兼治，做实以案促改、以案促治“后半篇文章”。要加大对职务犯罪惩治力度，保持对腐败犯罪的高压态势，坚决打击黑恶势力及“保护伞”，依法审理金融领域、国有企业腐败案件，加大对民生领域腐败惩治力度，并积极提出司法建议，促进社会治理。

会议要求，要强化司法作风建设，坚决落实中央八项规定及其实施细则精神。要强化深度治理，对形式主义和官僚主义毫不妥协、全面检视、靶向纠治，紧盯基层反映强烈的形式主义老问题和新表现，切实深化拓展基层减负工作。要突出纠治重点，严查享乐主义、奢靡之风，驰而不息整治侵害群众利益的不正之风，教育引导广大干警筑牢思想防线、涵养道德操守。要在日常监督基础上，对法院干警纪律作风问题及时核查、及时回应，加大查处力度。

会议强调，要健全审判权运行和监督机制，确保公正廉洁司法。要健全内部监督制约机制，发挥诉讼程序监督制约功能，落实和完善审判权责清单制度，完善审判委员会、专业法官会议工作机制，确保司法改革推进到哪里，党的建设和党风廉政举措就跟进到哪里。要完善司法责任追究制度，发挥审级制度功能，健全法官惩戒机制，建立以办案质量终身负责制和错案倒查问责制为主体的过错责任追究制度。要加大司法公开力度，以公开促廉洁、以透明促公正。要严格落实“三个规定”，采取坚决、管用的措施，加强监督指导，对敷衍塞责的严肃问责。

会议要求，要全面履行管党治党政治责任，推动人民法院党风廉政建设向纵深发展。各级法院党组要认真履行主体责任，强化对下督促指导，充分运用司法巡查、审务督察等形式，破解“双虚化”“两不管”难题。各级法院组织人事、机关纪委、审判管理和督察等部门要加强协调配合，形成工作合力。要自觉接受驻院纪检监察组监督，切实加强法院基层党组织建设，健全完善领导干部权责清单和责任追究典型问题通报制度，加大对失职失责领导干部问责力度。

会议强调，要认真抓好队伍教育整顿，坚决整治法院系统顽瘴痼疾。要认真学习贯彻习近平总书记关于加强政法队伍建设的重要指示精神，确保法院队伍绝对忠诚、绝对纯洁、绝对可靠。要坚持全覆盖、零容忍、长震慑，深查执法司法腐败，坚决清除队伍中的害群之马。要加强组织领导，聚焦违反“三个规定”等突出问题，健全管人管事管权的长效机制，坚决整治顽瘴痼疾。要继续把宣传英模事迹、弘扬英模精神作为主旋律，展现法院队伍时代正气。湖南省高级人民法院审监一庭副庭长周春梅同志严格执行“三个规定”，遭到歹徒残害，血染法袍，用生命捍卫了司法公正，是全国法官学习的楷模。

最高人民法院党组副书记、常务副院长贺荣主持会议。中央纪委国家监委驻最高人民法院纪检监察组组长、最高人民法院党组成员刘海泉传达了十九届中央纪委五次全会精神。最高人民法院院领导李少平、姜伟、陶凯元、高憬宏、马世忠、贺小荣、沈亮出席会议。最高人民法院机关各单位主要负责同志、党务廉政专员、干警代表在最高人民法院主会场及各视频分会场参加会议。地方各级人民法院领导班子成员、内设机构主要负责同志、干警代表以视频方式参加会议。

（来源：《人民法院报》2021年2月4日）

➢ 周强：从党的伟大奋斗历程中汲取智慧力量 促进服务大局司法为民公正司法

2月23日上午，最高人民法院党组书记、院长周强主持召开最高人民法院党组扩大会议，传达学习习近平总书记在党史学习教育动员大会上的重要讲话精神，研究部署贯彻落实措施。周强强调，要坚持以习近平新时代中国特色社会主义思想为指导，深入贯彻习近平法治思想，切实把思想和行动统一到习近平总书记重要讲话精神上来，学党史、悟思想、办实事、开新局，从党的百年伟大奋斗历程中汲取前进的智慧和力量，促进服务大局、司法为民、公正司法，推动新时代人民法院工作高质量发展，以优异成绩迎接建党100周年。

周强指出，在庆祝我们党百年华诞的重大时刻，在“两个一百年”奋斗目标历史交汇的关键节点，在全党集中开展党史学习教育，具有十分重大而深远的意义。习近平总书记的重要讲话，深刻阐述了开展党史学习教育的重要意义，深刻阐明了党史学习教育的重点和工作要求，对党史学习教育进行了全面动员和部署，宣示了新时代共产党人不忘初心、牢记使命的坚定决心，展现了再接再厉把中国特色社会主义事业推向前进的奋进姿态，为我们开展好党史学习教育指明了方向，提供了根本遵循。各级法院要提高政治站位，深化思想认识，深刻学习领会习近平总书记重要讲话精神，用党的奋斗历程和伟大成就鼓舞斗志、明确方向，用党的光荣传统和优良作风坚定信念、凝聚力量，用党的实践创造和历史经验启迪智慧、砥砺品格，奋力开创新时代人民司法事业新局面。

周强强调，要牢牢把握党史学习教育的目标要求、学习内容和重点安排，坚决不折不扣落到实处。要紧紧围绕学懂弄通做实党的创新理论，坚持学习党史与学习新中国史、改革开放史、社会主义发展史相贯通，做到学史明理、学史增信、学史崇德、学史力行，引导广大党员、干部增强“四个意识”、坚定“四个自信”、做到“两个维护”，不断提高政治判断力、政治领悟力、政治执行力。要深刻铭记中国共产党百年奋斗的光辉历程，深刻认识中国共产党为国家和民族作出的伟大贡献，深刻感悟中国共产党始终不渝为人民的初心宗旨，系统掌握中国共产党推进马克思主义中国化形成的重大理论成果，学习传承中国共产党在长期奋斗中铸就的伟大精神，深刻领会中国共产党推进革命、建设、改革的宝贵经验，坚持守正创新抓住机遇，锐意进取开辟新局，为全面建设社会主义现代化国家、实现中华民族伟大复兴中国梦而不懈奋斗。

周强要求，要加强组织领导，确保党史学习教育取得扎实成效，推动人民法院工作高质量发展。各级法院党组要把党史学习教育作为当前一项重大政治任务，切实承担主体责任，坚决抓紧抓好。要充分发挥红色司法资源、模范先进典型作用，引导广大法院干警筑牢信仰之基、补足精神之钙、把稳思想之舵。要把党史学习教育与服务保障党和国家工作大局结合起来，与政法系统队伍教育整顿结合起来，与深入开展“我为群众办实事”实践活动结合起来，切实把学习教育成效转化为司法为民、公正司法的生动实践。要不断提升审判质效，确保严格公正司法，努力让人民群众在每一个司法案件中感受到公平正义。要进一步巩固“基本解决执行难”成果，健全一站式多元解纷和诉讼服务体系，为矛盾纠纷化解提供更加便民利民、智慧智能的方案途径，不断创新完善具有中国特色的纠纷解决和诉讼服务模式。要大力加强人民法庭建设，落实“两便”原则，不断提高专业化水平，进一步夯实基层基础，积极参与社会治理，努力满足人民群众多元司法需求。

最高人民法院院领导贺荣、李少平、姜伟、高憬宏、马世忠、刘海泉、杨临萍、贺小荣出席会议，院领导陶凯元、刘贵祥、沈亮和二级大法官张述元列席会议。院机关各单位负责同志列席会议。

（来源：《人民法院报》2021年2月24日）

➢ 周强：扎实推进教育整顿　建设过硬法院队伍

3月2日上午，最高人民法院召开全国法院队伍教育整顿动员部署会议，最高人民法院党组书记、院长、全国法院队伍教育整顿领导小组组长周强出席会议并讲话。周强强调，要坚持以习近平新时代中国特色社会主义思想为指导，深入贯彻习近平法治思想，认真学习贯彻习近平总书记关于加强政法队伍建设的重要指示和训词精神，贯彻落实全国政法队伍教育整顿动员部署会议精神，紧紧围绕目标任务要求，对标对表精心组织实施，扎实推进教育整顿，建设过硬法院队伍，推进新时代人民法院工作高质量发展，以优异成绩庆祝建党100周年。

周强指出，在全国政法系统集中开展政法队伍教育整顿，是以习近平同志为核心的党中央为建设一支信念坚定、执法为民、敢于担当、清正廉洁的过硬政法队伍，从党和国家事业发展全局高度作出的重大决策部署。开展法院队伍教育整顿，是人民法院旗帜鲜明讲政治、确保队伍忠诚纯洁可靠的必然要求，是人民法院深入学习贯彻习近平法治思想、自觉践行“两个维护”的具体举措，对于人民法院坚持全面从严治党、建设过硬法院队伍，适应新时代形势任务要求、推进法院工作高质量发展具有重要推动作用。各级法院要深刻把握开展法院队伍教育整顿的重大意义，切实增强责任感、使命感，以高度的政治自觉认真抓好这项重大政治任务。

周强强调，要准确把握总体目标要求，坚决完成筑牢政治忠诚、清除害群之马、整治顽瘴痼疾、弘扬英模精神“四项任务”。要把筑牢政治忠诚作为教育整顿的首要任务，教育引导干警自觉用习近平新时代中国特色社会主义思想武装头脑，深化习近平法治思想学习教育，扎实抓好党史学习教育。要把清除害群之马作为教育整顿的关键一环，大力弘扬刀刃向内、刮骨疗毒的自我革命精神，敢于动真碰硬、触及要害，坚持无禁区、全覆盖、零容忍，深化运用监督执纪“四种形态”，严肃查处问题反映集中、群众反映强烈、政治问题和经济问题交织的司法腐败案件，坚决清除害群之马，维护法院队伍肌体健康。要把整治顽瘴痼疾作为教育整顿的重中之重，着力整治顽瘴痼疾，强化治建并举，找准“病灶”、检视“病因”、深挖“病根”，以公开促廉洁、以透明促公正。要把弘扬英模精神作为教育整顿的重要内容，深入开展向邹碧华、李庆军、胡国运、周春梅、魏晶晶等先进典型学习活动，激励广大干警坚守初心使命，争创一流业绩，展现人民法院队伍昂扬向上的精神风貌。

周强要求，要对标对表精心组织实施，扎实抓好学习教育、查纠整改、总结提升“三个环节”。要在学习教育环节突出政治引领，紧扣忠诚纯洁可靠这一根本要求，强化理论武装，深化思想发动，持续深入推进习近平新时代中国特色社会主义思想大学习大讨论，把习近平法治思想学习教育作为重点，有效解决思想根源问题。要在查纠整改环节突出自查从宽、被查从严，促使干警自查自纠，推动问题查摆走深走实，敢于动真碰硬、触及要害，确保查纠整改有真章、见真效。要在总结提升环节突出建章立制、巩固成果，深化问题整改，坚持自我评估和群众评判相结合，“当下治”与“长久立”相结合，促进教育整顿成果长效化。

周强强调，要加强组织领导，确保队伍教育整顿取得扎实成效。各级法院党组要认真履行直接责任，各部门要加强协同、相互配合、形成合力，确保思想发动、自查自纠、组织查处、顽疾整治、机制建立等工作落实到位。要自觉接受中央督导组、地方指导组的督导指导，认真贯彻落实督导指导意见要求，建立健全工作机制，对组织领导不力、工作敷衍应付的，及时督查纠正、约谈问责。要坚持系统观念，加强统筹谋划，把队伍教育整顿与开展党史学习教育、做好审判执行工作、推进执法司法制约监督体系改革紧密结合起来，切实把学习成果转化为服务大局、司法为民、公正司法的实际成效。

最高人民法院党组副书记、常务副院长贺荣主持会议。最高人民法院党组成员、政治部主任、全国法院队伍教育整顿领导小组副组长兼办公室主任马世忠对《法院系统顽瘴痼疾专项整治方案》的内容重点、目标任务和工作措施作了说明。最高人民法院院领导高憬宏、刘海泉、杨临萍、贺小荣、刘贵祥出席会议。全国法院队伍教育整顿领导小组及办公室全体成员、最高人民法院机关各单位主要负责同志及干警代表在最高人民法院主会场及各视频分会场参加会议。各高级人民法院班子成员、队伍教育整顿领导小组及办公室全体成员以视频方式参加会议。

（来源：《人民法院报》2021 年 3 月 3 日）

➢ 周强：从百年党史中汲取力量和智慧　推动人民法院工作高质量发展

4 月 25 日下午，最高人民法院党组书记、院长周强主持召开最高人民法院党组理论学习中心组（扩大）专题读书班集体学习研讨。周强强调，要坚持以习近平新时代中国特色社会主义思想为指导，深入学习贯彻习近平总书记在党史学习教育动员大会上的重要讲话精神，从百年党史中汲取力量和智慧，不断提高政治判断力、政治领悟力、政治执行力，推动人民法院工作高质量发展，为全面建设社会主义现代化国家开好局起好步提供有力司法服务和保障，以优异成绩庆祝建党 100 周年。

按照中央要求和院党组理论学习中心组年度学习计划，此次专题读书班围绕“学党史、悟思想、办实事、开新局，推动新时代人民法院工作高质量发展”主题开展集体学习研讨，最高人民法院党组副书记、常务副院长贺荣领读《中国革命历史是最好的营养剂》，党组成员、副院长李少平领读《以“赶考”的清醒和坚定答好新时代的答卷》。党组成员、副院长姜伟，党组成员、副院长高憬宏，民一庭庭长郑学林在专题读书班上作重点发言。

周强作总结讲话表示，通过集中学习，大家重温了毛泽东同志向全党郑重提出“两个务必”的深邃思想和战略考虑，重温了老一辈革命家的革命精神和优良作风，进一步深刻感悟到习近平总书记高度重视党史学习教育的重大意义，更加增强了用党的创新理论武装头脑、指导实践、推动工作的政治自觉，更加坚定了振奋精神推进服务大局、司法为民、公正司法的使命担当。

周强指出，站在建党百年新的历史起点，在“十四五”开局、新征程开启的关键时刻，我们要大力弘扬老一辈革命家将革命进行到底的精神，发扬谦虚谨慎、不骄不躁、艰苦奋斗的优良作风，保持“赶考”的清醒和坚定，团结带领广大法院干警积极投身建设中国特色社会主义的伟大事业中。要坚持以习近平新时代中国特色社会主义思想为指导，真学真信笃行习近平法治思想，深化党的创新理论武装，树立新时代正确司法理念，把“努力让人民群众在每一个司法案件中感受到公平正义”目标牢牢记在心中、坚定扛在肩上，不折不扣落实到行动中。

周强强调，要紧扣立足新发展阶段、贯彻新发展理念、构建新发展格局要求，推动人民法院工作高质量发展，为全面建设社会主义现代化国家开好局起好步提供有力司法服务和保障。要完整、准确、全面贯彻新发展理念，坚持以人民为中心，深化司法体制改革和信息化建设，提高审判工作质效，加快推进审判体系和审判能力现代化。要加强知识产权司法保护，加大对“卡脖子”关键核心技术以及新兴产业、重点领域知识产权司法保护力度，充分发挥知识产权审判职能作用，服务科技自立自强。要坚持发展和规范并重，通过司法手段依法服务数字经济发展，服务平台经济规范健康持续发展，发挥司法在反垄断和反不正当竞争中的作用，依法保护数据权利、公民隐私权和个人信息。要强化人民法庭建设，以强基固本、司法惠民的真招实招，充分发挥人民法庭在服务巩固拓展脱贫攻坚成果、全面推进乡村振兴、促进基层社会治理的重要作用。要传承红色基因，继承和发扬人民司法优良传统，深入开展“我为群众办实事”实践活动，认真总结中国特色一站式多元纠纷解决和诉讼服务体系建设经验，巩固基本解决执行难成果，加强涉诉信访工作，切实解决群众参与诉讼中的急难愁盼问题，努力实现人民群众对公平正义的向往。要始终牢记“两个务必”，持之以恒加强作风建设，推动队伍教育整顿不断走深走实，驰而不息纠治形式主义、官僚主义，以钉钉子精神贯彻中央八项规定及其实施细则精神，坚持刀刃向内、刮骨疗毒，深入推进党风廉政建设和反腐败斗争，努力建设一支党和人民信得过、靠得住、能放心的过硬法院队伍。

最高人民法院院领导陶凯元、马世忠、刘海泉、杨万明、杨临萍、刘贵祥出席学习研讨。最高人民法院机关和直属单位各党组织书记参加学习。

（来源：《人民法院报》2021 年 4 月 26 日）

➤ 周强：全面深化智慧法院建设　推动人民法院工作高质量发展

5月13日上午，最高人民法院党组书记、院长周强主持召开最高人民法院网络安全和信息化领导小组2021年第一次全体会议。周强强调，要坚持以习近平新时代中国特色社会主义思想为指导，深入贯彻习近平法治思想，认真学习贯彻习近平总书记关于网络强国的重要论述精神，全面深化智慧法院建设，以司法数据中台、智慧法院大脑、在线法院建设为牵引，推进人民法院信息化4.0版建设，促进审判体系和审判能力现代化，推动新时代人民法院工作高质量发展。

会议审议通过《最高人民法院网络安全和信息化领导小组工作报告和下一步工作安排》《最高人民法院信息化建设五年发展规划（2021－2025）》等内容，听取了关于司法数据中台和智慧法院大脑建设以及最高人民法院知识产权法庭电子诉讼探索与实践的汇报等。

周强指出，“十三五”时期，在以习近平同志为核心的党中央坚强领导下，在中央政法委领导下，各级法院开拓进取、攻坚克难，建成人民法院信息化3.0版，推动实现全业务网上办理、全流程依法公开、全方位智能服务。五年来，人民法院诉讼服务、审判执行、司法公开、办公平台等信息化业务应用全面发展，数据管理和服务能力大幅提升，“五网三云”一体化信息基础设施基本建成，全国法院信息安全体系基本形成，质效型运维保障体系实现落地应用，顶层设计不断健全，信息化建设取得新成效、迈上新台阶，展现了人民法院贯彻落实习近平法治思想的生动实践。

周强指出，2021年是“十四五”开局之年，也是全面建设社会主义现代化国家新征程开启之年，智慧法院建设面临前所未有的重大历史机遇。人民法院要坚持以习近平新时代中国特色社会主义思想为指导，深入贯彻习近平法治思想，完整、准确、全面贯彻新发展理念，以司法数据中台、智慧法院大脑、在线法院建设为牵引，推进人民法院信息化4.0版建设，建立健全在线诉讼规则、在线调解规则，努力构建中国特色、世界领先的互联网司法新模式，全面建设在线法院，创造更高水平的数字正义。

周强强调，要全面深化智慧法院建设，加快推进审判体系和审判能力现代化。要坚持以习近平法治思想为科学指引，强化理论武装，切实破解难题、推动工作。要坚持以人民为中心，健全完善中国特色一站式多元纠纷解决和诉讼服务体系，推动人民法院在线调解平台应用，全面推广电子诉讼，提供更加优质高效司法服务，让智慧法院建设成果更多更好惠及人民。要坚持问题导向、目标导向，坚决克服形式主义、官僚主义，以智慧法院建设成果推动解决审判执行中的问题，务求取得实效。要坚持系统观念，加强统筹协调、一体推进，促进智能协同、融合集成，有效整合完善各类应用系统，促进信息化建设整体效能的发挥。要统筹发展与安全，加强网络安全建设，层层压实责任，补短板、强弱项，及时整改问题，确保信息和数据安全。要加强保障，认真梳理信息化项目需求，立足全局、聚焦重点，全力保障重点工程建设，确保信息系统安全可靠运行。要结合深入开展队伍教育整顿，加强党风廉政建设，强化监督执纪，健全制度机制，确保建设廉洁工程。要树立互联网思维，综合运用信息论、控制论、博弈论等，准确把握信息化时代要求，推进人民法院工作高质量发展。要加强智慧法院建设理论研究和宣传阐释，进一步加强司法大数据应用，服务国家治理体系和治理能力现代化。

最高人民法院院领导贺荣、李少平、陶凯元、高憬宏、刘海泉、杨临萍、沈亮出席会议。最高人民法院网络安全和信息化领导小组成员单位有关负责同志参加会议。

（来源：《人民法院报》2021 年 5 月 14 日）

➢ 周强：科技创新驱动智慧法院建设　司法服务保障科技创新

5 月 16 日上午，由最高人民法院、中国科学院联合主办的“信息技术与法治建设”科学与技术前沿论坛在最高人民法院举行，最高人民法院党组书记、院长周强出席开幕式并致辞。周强强调，要坚持以习近平新时代中国特色社会主义思想为指导，深入贯彻习近平法治思想，认真学习贯彻习近平总书记关于网络强国、科技强国建设的重要论述精神，扎实推进信息技术与法治建设融合促进，全面深化智慧法院建设，创造更高水平数字正义，实现“努力让人民群众在每一个司法案件中感受到公平正义”目标，为推进法治中国、科技强国建设，实现中华民族伟大复兴的中国梦作出新的更大贡献。全国人大宪法和法律委员会主任委员李飞出席论坛并致辞。

本次论坛以信息技术助力依法治国为主题。国内信息技术领域、法学研究和实务领域的专家学者围绕科学技术促进依法治国的理念和应用、全面依法治国对信息技术的需求，以及法治建设如何更好促进大数据、人工智能、区块链等技术健康发展等议题，展开深入研讨交流，为推进法治建设和信息技术、数字经济发展建言献策。

周强指出，人工智能、大数据、区块链、5G等新一轮科技发展对经济社会产生深刻影响，智慧化、数字化成为发展趋势。党的十八大以来，以习近平同志为核心的党中央高度重视网络安全和信息化工作，习近平总书记对网络强国、科技强国建设提出一系列新观点、新论断，为加强科技创新指明了前进方向，提供了根本遵循。"十三五"时期，全国法院建成人民法院信息化3.0版，信息基础设施不断完善，网上办公办案深入推进，人民法院大数据管理和服务平台、四大司法公开平台发挥重要作用，形成全业务网上办理、全流程依法公开、全方位智能服务的智慧法院，有力促进了司法为民、公正司法。

周强表示，要依靠科技创新驱动智慧法院建设，通过司法服务保障科技创新。要扎实推动人民法院工作与科技深度融合，以司法数据中台、智慧法院大脑、在线法院建设为牵引，大力建设人民法院信息化4.0版，推进智慧法院建设迈向更高层次，创造更高水平数字正义，助力国家治理体系和治理能力现代化。要坚持科技驱动，准确把握信息化时代要求和司法规律，全面加强智慧审判、智慧执行、智慧服务、智慧管理，坚持系统观念，促进信息化建设整体效能发挥，推进智慧法院建设迈向更高水平。要坚持开放合作，牢固树立互联网思维，拓展技术应用维度和深度，加大司法公开平台建设和整合力度，加强与科研院所、高校等合作，不断深化司法大数据研究应用，让智慧法院建设成果更好服务经济社会发展。要坚持问题导向，聚焦信息技术发展带来的新情况，深入研究信息技术知识产权、网络安全和个人隐私、数据权利、平台发展等领域法律问题，充分发挥人民法院审判职能作用，促进信息技术和数字经济发展。要坚持规则创新，探索更加成熟定型的在线诉讼新模式和在线诉讼、在线调解规则，加强在线法院建设，尊重法官主体地位，推动审判模式深刻变革，着力构建中国特色、世界领先的互联网司法新模式。

李飞在致辞中指出，新一轮科技革命和产业变革正在孕育兴起，及时回应信息技术和数字经济发展带来的新挑战，是法治社会的必然要求。近年来，全国人民代表大会及其常务委员会不断完善信息技术和数字经济相关立法，进一步加强对信息技术变化趋势、发展规律、风险隐患的认识和把握，推动现有法律向数字经济领域延伸。人民法院不断加强智慧法院建设，审判流程、庭审活动、裁判文书、执行信息等网上发布平台相继开通，司法活动更加公开透明，信息技术的广泛应用为司法审判和判决执行效率的显著提升提供了支持和帮助。当前要进一步加强对前沿新兴领域的研究，坚持科学立法、民主立法，用法律保障我国信息技术和数字经济持续健康发展。

最高人民检察院副检察长张雪樵致辞表示，现代科技为法治建设创造了新工具、注入了新动能、描绘了新蓝图。近年来，智慧司法探索改革如火如荼，人民法院广泛推行全流程在线审理、全方位在线公开、全过程智能辅助，让智慧司法的观念深入人心。“十三五”期间，检察机关大力实施科技强检战略，形成了独具特色的科技支撑体系，并将进一步加强智慧检务建设，推动数字时代与法治时代融合发展，为实现“中国之治”贡献科技和法治力量。

中国科学院副院长、党组成员李树深院士在致辞中表示，现代社会中，科学技术与法治建设有着密不可分的关系。科学技术是立法客观性的重要支撑，也是司法公正性的重要保障。信息技术为依法治国提供了新的工具，在造福人民、助力法治的同时，也带来了一系列现实和潜在的法律问题，信息技术的规范发展需要法治给予更好保障。希望本次论坛有利于促进将信息技术的发展与法治建设的需求更好结合起来，为建设世界科技强国和现代化法治强国贡献力量。

最高人民法院党组成员、副院长杨临萍主持论坛开幕式。中国科学院院士、全国人大常委会副秘书长郭雷，中国科学院原党组副书记方新，中国科学院院士吴一戎、王巍、王怀民参加论坛。中国科学院院士梅宏、徐宗本、黄维，以及时建中、周志华、刘艳红、田禾、刘朔、张平、季卫东、王芳、王竹、申卫星、金连文、刘奕群等专家学者参加论坛并发言。

（来源：《人民法院报》2021 年 5 月 17 日）

➤ 周强：深入贯彻习近平法治思想　推动执行工作高质量发展

6月22日上午，最高人民法院党组书记、院长周强在最高人民法院执行指挥中心调研执行工作，研究部署推动执行工作高质量发展。周强强调，要坚持以习近平新时代中国特色社会主义思想为指导，深入贯彻习近平法治思想，坚持以人民为中心，持续巩固拓展“基本解决执行难”成果，向着“切实解决执行难”目标不断迈进，为全面建设社会主义现代化国家开好局起好步提供有力司法服务。

在执行指挥中心，周强听取执行工作汇报，仔细了解执行工作运行态势。三项核心指标情况怎么样？哪类执行案件数量上升较快？非诉执行情况如何？……周强一一询问，并通过人民法院执行质效分析系统，认真查看分析指标数据。周强听取汇报后指出，执行工作是实现公平正义的“最后一公里”，“基本解决执行难”目标如期实现后的两年来，全国法院以更高标准、更严要求、更实举措，巩固工作成果，健全长效机制，深化执行改革，加强智慧执行，推动执行工作保持高水平运行，取得明显成效。

周强强调，当前执行工作进入新的历史发展阶段，面临着新的机遇和挑战。全国各级法院要深入贯彻习近平法治思想，认真贯彻落实中央全面依法治国委员会《关于加强综合治理从源头切实解决执行难问题的意见》，始终坚持以人民为中心，持续巩固拓展“基本解决执行难”成果，推动执行工作高质量发展，向着“切实解决执行难”目标不断迈进。

周强要求，要增强责任感、使命感，牢牢坚持党对司法工作的绝对领导，充分发挥中国特色执行制度、机制和模式的巨大优势，推动党委领导的综合治理执行难工作格局不断完善，促进综合治理、源头治理。要深入研究新形势、新情况，认真总结经验、查摆问题、补齐短板，不断提升执行工作能力和水平，依法保障胜诉当事人及时实现权益。要积极回应社会关切，扎实开展“基本解决执行难”回头看活动，作为党史学习教育“我为群众办实事”实践活动的重要内容，努力攻克一批难啃的“硬骨头”，确保执行工作力度不减、力量不弱、质效不降。要全面提高执行工作科学化、规范化水平，健全解决执行难长效机制，加强对非诉执行问题研究，不断完善司法政策。要加强执行信息化建设，推动执行工作与现代信息技术深度融合，深化区块链技术在执行工作中的全面运用。要加强执行铁军建设，扎实开展党史学习教育和队伍教育整顿，坚持刀刃向内、刮骨疗毒，坚决清除害群之马，确保执行队伍清正廉洁。要加强组织领导，在人力、物力、政策等方面对执行工作给予坚强有力的支持和保障。

最高人民法院党组副书记、常务副院长贺荣，党组成员、政治部主任马世忠，中央纪委国家监委驻最高人民法院纪检监察组组长、最高人民法院党组成员刘海泉，审判委员会专职委员刘贵祥参加调研。最高人民法院有关部门负责同志和执行局干警参加座谈。

（来源：《人民法院报》2021 年 6 月 23 日）

➢ 周强：落实全面从严治党要求　促进巡回法庭改革发展

6 月 25 日下午，最高人民法院巡回法庭党风廉政建设会议召开，最高人民法院党组书记、院长周强出席会议并讲话。周强强调，要坚持以习近平新时代中国特色社会主义思想为指导，深入贯彻习近平法治思想，坚决落实全面从严治党要求，大力加强巡回法庭党的建设，健全廉政风险防控机制，深入推进巡回法庭党风廉政建设和反腐败工作，确保公正廉洁司法，更好发挥巡回法庭职能作用，促进人民法院工作高质量发展。

周强指出，设立最高人民法院巡回法庭，是党的十八届四中全会确定的重大战略部署，是全面依法治国的重要举措。习近平总书记多次对巡回法庭建设作出重要指示，为巡回法庭改革和建设指明了方向，提供了根本遵循。最高人民法院党组坚决落实党中央决策部署，采取有力措施，大力加强巡回法庭建设。各巡回法庭充分发挥司法改革“试验田”“排头兵”作用，在服务党和国家工作大局、推动人民法院改革发展、培养锻炼干部等方面取得突出成效。广大巡回法庭干警克服困难、甘于奉献，涌现出以方金刚同志为代表的一大批先进典型，为人民司法事业发展作出积极贡献。

周强指出，巡回法庭贴近基层、贴近一线，是人民群众“家门口的最高人民法院”，是体现“两个维护”的前沿阵地，工作成效和作风形象直接影响司法权威和司法公信力，直接影响人民群众获得感。要切实增强责任感、使命感，以党的政治建设为统领，加强巡回法庭党的建设，强化理论武装，健全廉政风险防控机制，加强监督管理、推进正风肃纪、夯实基层基础，深入推进巡回法庭党风廉政建设和反腐败工作，破解影响司法公正、制约司法能力的深层次问题，净化政治生态，纯洁干部队伍，确保公正廉洁司法。

周强强调，要狠抓巡回法庭党的政治建设，不断提升干警思想政治觉悟。要以政治建设为根本，强化理论武装，坚定理想信念，始终在思想上、政治上、行动上同以习近平同志为核心的党中央保持高度一致。要旗帜鲜明讲政治，坚定不移贯彻好党中央关于巡回法庭工作决策部署，不断增强做到“两个维护”的政治自觉、思想自觉、行动自觉。要强化政治机关意识，提升政治素养，筑牢思想防线，确保公正用权、依法用权、为民用权、廉洁用权。

周强要求，要加强审判利益风险防控，提升管理精细化水平。要针对巡回法庭工作特点，立足审判运行规律，梳理排查廉政风险，完善审判权力监督制约机制，切实扎紧制度笼子。要完善司法责任追究制度，强化巡回法庭分党组监督管理职责，推动“一案双查”，健全法官惩戒机制。要自觉接受监督，加强纪检监察、审判管理等部门协调配合，推动形成监督合力。要强化对巡回法庭人员分类管理和日常管理监督，对八小时以外和业外活动从严管理、从严监督，让干警习惯在受监督环境下工作，始终保持对“围猎”的高度警觉。

周强要求，要加强巡回法庭党建工作，严格落实全面从严治党责任。要层层压实党建责任，确保将从严治党的要求和压力传导到每一个基层党组织、每一名干警。要以提升组织力为重点，加强巡回法庭党组织建设，不断开创党建工作新局面，增强队伍凝聚力、战斗力。要提高思想政治工作的针对性实效性，坚持严管与厚爱相结合，帮助巡回法庭干警解决实际困难，充分体现组织关怀和温暖，营造巡回法庭良好的工作氛围。要大力弘扬以方金刚同志为代表的巡回法庭干警先进典型的崇高精神，深入学习周春梅等同志先进事迹，永葆对党忠诚的政治本色，坚定法治信仰，忠诚履职尽责。

周强强调，要持之以恒正风肃纪，以零容忍态度严惩司法腐败。各巡回法庭要以队伍教育整顿为契机，大力整治顽瘴痼疾，坚决清除害群之马，确保队伍纯洁。要巩固“以案释德、以案释纪、以案释法”警示教育成果，运用反面典型强化警示教育，增强干警纪律观念，做到知敬畏、存戒惧、守底线。

最高人民法院党组副书记、常务副院长贺荣主持会议。党组成员、政治部主任马世忠，中央纪委国家监委驻最高人民法院纪检监察组组长、最高人民法院党组成员刘海泉分别通报了巡回法庭工作有关情况。院领导李少平、姜伟、陶凯元、高憬宏、杨万明、杨临萍、贺小荣、沈亮出席会议。最高人民法院各单位主要负责同志、党务廉政专员及部分干警在主会场参加会议。各巡回法庭主要负责同志及干警在分会场参加会议。

（来源：《人民法院报》2021 年 6 月 27 日）

➢ 周强：加快推进执法司法责任体系改革和建设　推动新时代人民法院工作高质量发展

7 月 24 日晚，最高人民法院贯彻落实政法领域全面深化改革推进会精神专题会议在国家法官学院召开，最高人民法院党组书记、院长周强出席会议并讲话。周强强调，要坚持以习近平新时代中国特色社会主义思想为指导，认真学习贯彻习近平总书记“七一”重要讲话精神，深入贯彻习近平法治思想，认真贯彻落实中共中央政治局委员、中央政法委书记郭声琨同志在政法领域全面深化改革推进会上重要讲话精神，加快推进执法司法责任体系改革和建设，推动新时代人民法院工作高质量发展，努力让人民群众在每一个司法案件中感受到公平正义。

周强指出，政法领域全面深化改革推进会全面总结 2020 年改革推进会以来政法领域全面深化改革取得的成效，部署加快推进执法司法责任体系改革和建设，具有重要意义。郭声琨书记重要讲话系统阐释习近平总书记关于执法司法责任体系改革和建设的重要指示精神，深刻阐明加快推进执法司法责任体系改革和建设的重大意义和重点任务，对下一步重点工作作出重要部署。各级法院要深入学习领会，不折不扣抓好贯彻落实。

周强指出，2020 年政法领域全面深化改革推进会召开以来，全国法院认真落实改革和建设执法司法制约监督体系重大部署，全面深化司法责任制综合配套改革，党对司法工作绝对领导的制度机制更加健全，司法责任制制度框架基本形成，司法责任制配套保障机制、改革任务实施机制不断完善，各项工作取得新的进展。

周强强调，要深入学习领会习近平总书记关于执法司法责任体系改革和建设的重要指示精神，切实把思想和行动统一到党中央部署要求上来。要紧紧围绕重点任务，科学界定责任、严格落实责任、全面加强保障，全面准确把握执法司法责任体系的内涵，强化责任保障机制建设，健全定责、明责、履责、考责、追责的制度机制体系。要坚持问题导向，针对政法队伍教育整顿、扫黑除恶专项斗争以及在司法改革中暴露出来的问题，通过进一步深化改革来补短板、强弱项、解难题。

周强强调，要完善执法司法责任体系，深化司法体制综合配套改革。要坚持办案责任与监管责任相统一，明确主体办案责任，完善审判权责清单，健全院庭长办案常态化机制，健全“四类案件”识别监管机制，推动新型审判权力运行体系不断完善。要强化审判主体类案同判责任，完善统一法律适用机制体系，健全指导性案例制度。要坚持保护依法履责与准确追责相结合，加快健全违法审判责任追究体系，严格落实防止干预司法“三个规定”。要健全完善司法责任保障体系，落实配套待遇保障政策措施。要统筹推进改革，做好督察评估，加强宣传解读，确保改革系统衔接、落地见效。

最高人民法院党组副书记、常务副院长贺荣主持会议。最高人民法院院领导李少平、姜伟、陶凯元、马世忠、刘海泉、杨万明、杨临萍、贺小荣、沈亮、刘贵祥，各高级人民法院、解放军军事法院、新疆维吾尔自治区高级人民法院生产建设兵团分院主要负责同志出席会议。最高人民法院各单位负责同志，司法改革办公室部分干警参加会议。

（来源：《人民法院报》2021年7月25日）

➢ 周强：深入开展四级法院审级职能定位改革试点　确保取得扎实成效

9月17日下午，最高人民法院召开完善四级法院审级职能定位改革试点动员部署会。最高人民法院党组书记、院长周强出席会议并讲话。周强强调，要坚持以习近平新时代中国特色社会主义思想为指导，深入贯彻习近平法治思想，坚持以人民为中心，全面贯彻落实党中央关于完善四级法院审级职能定位的改革部署要求和全国人大常委会授权决定，聚焦重点难点，积极探索实践，扎实推进试点工作，促进人民法院工作高质量发展，为推进国家治理体系和治理能力现代化作出新的更大贡献。

为深入贯彻落实党中央决策部署和第十三届全国人民代表大会常务委员会第三十次会议作出的《关于授权最高人民法院组织开展四级法院审级职能定位改革试点工作的决定》，最高人民法院即将印发试点实施办法和配套司法解释，正式启动为期2年的试点工作。

周强指出，要提高政治站位，深刻认识改革的重要意义。开展四级法院审级职能定位改革试点，是认真贯彻落实习近平总书记“深化诉讼制度改革，推进案件繁简分流、轻重分离、快慢分道”重要指示精神，践行以人民为中心的发展思想，坚持和创新发展新时代“枫桥经验”的重要举措，对于促进把矛盾纠纷化解在基层、解决在当地，更好地保障人民群众权益、维护社会和谐稳定具有重要意义，是推动把“四级两审制”制度优势转化为治理效能的实践探索。全国人大常委会授权最高人民法院组织开展的这次试点，所涉审级全、涵盖诉讼领域广、系统集成要求高，充分体现了党中央和国家立法机关对人民法院工作的高度重视、关心信任与大力支持。要切实增强责任感、使命感，精心组织实施，确保取得扎实成效。

周强强调，要聚焦重点难点，务求精准施策，切实提升改革整体效能。要通过调整级别管辖标准、完善案件提级管辖机制和再审申请制度，推动各类纠纷分层解决、有效过滤、精准提级，实现四级法院各司其职、各尽其能，更加科学合理地完善资源配置和机构设置。各高级人民法院要配合审判重心进一步下沉，全面调查评估辖区法院的人员编制、案件数量、员额比例、法官人均办案工作量等，推动员额科学动态调整使用。要以民事、行政再审制度改革为契机，理顺立案、申诉审查、审判监督部门和各审判业务部门的职能和关系，统筹调配再审审判资源。要完善提级管辖机制，推动涉及重大国家利益、社会公共利益、具有普遍法律适用指导意义、存在严重外部干预或“诉讼主客场”现象的案件交较高层级法院审理。

周强指出，要坚持以人民为中心，推动人民法院审级设置与群众需求相适应，实现绝大多数事实、法律争议在两审之内实质性解决，努力让司法更加亲民、诉讼更加便民、改革更加惠民，提升人民群众的获得感。试点工作开始后，要做好新政策解读与公告，立案庭等“窗口部门”要完善释明机制，充分尊重当事人的诉讼选择权、知情权、处分权。要进一步完善繁简分流机制，推动简单案件高效、快捷、实质性化解，用好专业化审判资源，确保繁案“审出质量、精出效果”。要加强对案件事实的查明，完善举证质证机制，确保第一审质量，为后续审理夯实事实基础。要用好用足《人民法院在线诉讼规则》等制度成果，畅通不同审级法院、不同审判阶段的在线诉讼机制，真正做到“让数据多跑路，让群众少跑腿”。

周强强调，要加强组织领导，压实主体责任，强化责任担当，形成上下贯通、有序衔接、分工负责的组织实施机制。要积极推动诉讼收费制度改革等配套举措尽快出台，确保各项改革有机衔接呼应、形成制度合力。各高级人民法院要在中央相关政策指导下，积极争取省级组织部门、机构编制部门的支持配合，优化辖区法院的机构人员编制、员额，推动编制、员额配置向基层和办案一线倾斜。要适时开展改革试点评估，广泛听取社会各界意见建议，注重改革试点经验总结，对行之有效并可长期坚持的做法逐步上升为制度规范。

最高人民法院党组副书记、常务副院长贺荣主持会议。最高人民法院党组成员、副院长贺小荣通报了试点工作有关情况。最高人民法院有关部门负责人在主会场参会。最高人民法院巡回法庭、知识产权法庭负责人和各省（区、市）高级人民法院领导班子成员和有关部门负责人在各视频分会场参会。

（来源：《人民法院报》2021年9月18日）

➤ 周强：深化现代科技与法院工作融合　努力创造更高水平的数字正义

9月24日，中华人民共和国首席大法官、最高人民法院院长周强在第十六次上海合作组织成员国最高法院院长会议上以视频方式作专题发言。周强表示，中国最高人民法院愿同与会各方秉持开放包容、合作共赢理念，不断深化务实合作，推进现代科技与法院工作深度融合，提升互联网法治建设水平，努力创造更高水平的数字正义，为推动构建网络空间命运共同体和人类法治文明进步作出积极贡献。

周强表示，互联网发展给人类文明进步带来了千载难逢的发展机遇。中国国家主席习近平多次强调要推动大数据、人工智能等科技创新成果同司法工作深度融合。中国法院深入贯彻习近平法治思想和关于网络强国的重要思想，推动现代科技与法院工作不断融合，全面加强智慧法院建设，积极推进审判体系和审判能力现代化。新冠肺炎疫情发生以来，中国法院运用智慧法院建设成果支持各项业务线上办理，依法保障当事人诉讼权利，实现了“审判执行不停摆、公平正义不止步”。

周强和与会各方分享了中国智慧法院建设的经验做法和取得成效。周强介绍，中国法院着力促进诉讼服务便捷化，构建中国特色一站式多元纠纷解决和诉讼服务体系，各类调解组织、调解员入驻平台在线化解纠纷，通过中国移动微法院小程序、诉讼服务网站、12368 诉讼服务热线等实现诉讼事项一网通办，并设立北京、杭州、广州互联网法院，发布在线诉讼规则，积极探索互联网司法新模式，为适应互联网时代的诉讼制度机制变革贡献中国智慧、中国方案。大力促进审判工作智能化，推行电子卷宗随案同步生成和深度应用，大幅提升卷宗流转效率，通过人工智能技术应用实现案件信息自动回填、法律条文自动推送等辅助应用，研发智能化审判辅助系统“法信”平台，为法官、律师、公众等提供精准的资源检索、智能推送服务。切实推进执行工作高效化，应用互联网技术推动执行模式深刻变革，建成网络查控系统、推行网络司法拍卖、构建联合信用惩戒体系，进一步健全执行工作长效机制，促进社会诚信体系建设。全面加强法院管理精准化，建成人民法院大数据管理与服务平台，为司法统计、司法决策提供全面及时准确的大数据分析服务，为法官办案提供大数据智能应用服务，成立中国司法大数据研究院，提供多样化数据分析服务，为科学决策、社会治理提供有力支撑。

周强表示，中国“十四五”规划和 2035 年远景目标纲要明确提出加快数字化发展，建设数字中国，并将中国智慧法院建设纳入“十四五”规划。中国法院将继续抓住信息化发展带来的历史机遇，全面深化智慧法院建设，着力建设以知识为中心、智慧法院大脑为内核、司法数据中台为驱动的人民法院信息化 4.0 版，加快建设在线法院，实现诉讼制度体系在信息时代的跨越发展，构建中国特色互联网司法新模式，努力创造更高水平的数字正义。

吉尔吉斯共和国最高法院院长巴基罗娃・努尔古莉、巴基斯坦伊斯兰共和国首席大法官古扎尔・艾哈迈德、俄罗斯联邦最高法院院长维亚切斯拉夫・米哈伊洛维奇・列别杰夫，以及印度共和国最高法院、哈萨克斯坦共和国最高法院、塔吉克斯坦共和国最高法院、乌兹别克斯坦共和国最高法院代表等通过视频发言。

（来源：《人民法院报》2021年9月25日）

➤ 周强：切实提高涉外司法质效 服务更高水平对外开放

10月29日上午，最高人民法院党组书记、院长周强在十三届全国政协第55次双周协商座谈会上表示，人民法院要始终坚持以习近平新时代中国特色社会主义思想为指导，深入贯彻习近平法治思想，在以习近平同志为核心的党中央坚强领导下，在全国人大和全国政协监督支持下，深入贯彻落实习近平总书记关于涉外法治工作的系列重要讲话精神，贯彻落实汪洋主席重要讲话精神，认真梳理吸收各位委员提出的意见建议，切实转化运用好会议成果，不断完善工作措施，进一步提高涉外司法质效，为推进更高水平对外开放提供有力司法服务。

周强表示，全国政协就“提高涉外执法司法质效”进行协商座谈，是深入贯彻习近平法治思想，加强社会主义协商民主的重要举措，充分体现了社会主义协商民主的独特优势，对做好新时代人民法院涉外司法工作具有十分重要的意义。

周强指出，人民法院涉外司法工作伴随着我国改革开放进程而发展，特别是党的十八大以来实现了新发展。目前，我国涉外审判覆盖的国家和地区范围不断扩大，境外当事人主动选择中国法院管辖的案件日益增多，我国法院民商事判决得到越来越多国家的承认和执行，在参与国际规则制定中发挥的作用更加凸显，涉外司法国际公信力和影响力持续提升。我国涉外司法制度具有显著特征。一是坚持党的领导，始终把党的领导贯彻到涉外司法全过程各方面。二是坚持以人民为中心的发展思想，始终把实现好、维护好、发展好最广大人民根本利益作为出发点和落脚点。三是坚持统筹发展和安全，始终把涉外司法工作置于改革发展稳定大局中谋划和推进。四是坚持对外开放的基本国策，积极推进司法领域国际交流和务实合作。五是坚持依法平等保护原则，确保中外当事人诉讼地位和诉讼权利平等、法律适用和法律保护平等。

周强表示，人民法院依法履行职责，充分发挥涉外审判职能作用，坚决维护国家主权和安全，服务保障高水平对外开放，营造市场化法治化国际化营商环境，积极参与国际规则制定，完善涉外审判机制，深化国际司法协助与交流合作，涉外司法在服务统筹国内国际两个大局、统筹推进国内法治和涉外法治等方面发挥着重要作用。

周强指出，涉外司法工作当前还面临一些问题和挑战，如涉外司法能力不足，涉外审判人才缺乏，涉外审判应对外部挑战的能力不足、手段不足，对新情况新问题有效应对不够，对一些重大、前沿性的国际法问题研究还有待加强等。人民法院将加快制定一批涉外司法解释，加强最高人民法院国际商事法庭和国际商事专家委员会建设，充分发挥一站式国际商事纠纷解决机制作用，加强涉外司法与行政衔接以及与调解、仲裁联动，加快涉外法治人才培养和储备，加强队伍建设，提高涉外司法能力和水平，深化国际司法交流合作，促进涉外司法质效进一步提升，更好地服务更高水平对外开放。

最高人民法院副院长陶凯元出席座谈会，就与会委员提出的问题进行了交流回应。

（来源：《人民法院报》2021 年 10 月 30 日）

➢ 周强：深入学习贯彻党的十九届六中全会精神　全面提升智慧法院建设水平

11 月 18 日上午，最高人民法院党组书记、院长周强主持召开最高人民法院网络安全和信息化领导小组 2021 年第二次全体会议。周强强调，要坚持以习近平新时代中国特色社会主义思想为指导，认真学习贯彻党的十九届六中全会精神，深入贯彻习近平法治思想，紧紧抓住新一轮科技革命机遇，坚持创新引领，加强应用整合，持续推进司法数据中台、智慧法院大脑、在线法院建设，全面提升智慧法院建设水平，加快推进审判体系和审判能力现代化，为全面建设社会主义现代化国家提供有力司法服务。

会议审议并原则通过《最高人民法院网络安全和信息化领导小组 2021 年重点工作报告及下一步工作安排》《法院系统关键信息基础设施认定规则和清

单编制说明》《智慧法院建设评价指标（2021年版）》等，听取了人民法院在线法院规则及配套信息化标准体系制定和信息系统工程建设、刑事审判信息化建设等情况汇报。

周强指出，2021年以来，在以习近平同志为核心的党中央坚强领导下，在中央政法委领导下，全国法院认真贯彻网络强国战略，大力加强信息化建设，智慧法院建设取得显著进展。最高人民法院制定发布人民法院信息化建设规划，确定了“十四五”时期智慧法院建设的目标、任务、路线图，基本实现信息系统自主化发展，核心应用系统全面升级，构建了智慧法院大脑平台基本框架，信息化综合保障能力进一步提升，法院科技创新工作取得阶段性进展。同时，智慧法院建设在系统使用、智能应用、整合优化、网络安全等方面还面临一些问题和挑战，要进一步通过改革创新和科技手段加以解决。

周强强调，全国各级法院要深入学习贯彻党的十九届六中全会精神，切实把思想和行动统一到习近平总书记重要讲话和全会精神上来，增强责任感使命感，紧紧抓住新一轮科技革命机遇，坚持司法改革和科技变革双轮驱动，发扬成绩，补齐短板，攻坚克难，全面提升智慧法院建设水平，推进新时代人民法院工作高质量发展。要认真学习贯彻习近平总书记关于网络安全工作的重要指示精神，坚决贯彻落实总体国家安全观，进一步加强网络安全工作，堵塞漏洞、压实责任，坚决筑牢人民法院网络信息安全防线。要深入推进司法数据中台和智慧法院大脑建设，强化数据主动推荐服务和深度挖掘应用能力，进一步提升司法链平台基础服务能力。要加快制定出台在线法院规则，加强在线法院配套信息化标准、建设方案等研究，不断完善在线法院配套信息系统。要统筹推进智慧法院应用系统建设，坚持问题和需求导向，加强整合优化，促进应用系统一体化、智能化升级。要大力实施创新驱动发展战略，聚焦战略前沿技术，与科研单位等密切合作、协同研发，积极推进法院科技创新。要贯彻落实中央人才工作会议精神，进一步加强法院信息化人才培养，吸引更多优秀人才投入法院信息化建设。要把党风廉政建设要求嵌入审判执行信息化流程，充分运用科技手段，扎牢不能腐的“数字”铁笼，有效防范廉政风险，促进公正廉洁司法。要加强监督，确保建设廉洁工程。

最高人民法院党组副书记、常务副院长贺荣，党组成员、副院长高憬宏、杨临萍出席会议。中央纪委国家监委驻最高人民法院纪检监察组有关负责同志，最高人民法院网络安全和信息化领导小组成员单位有关负责同志参加会议。

（来源：《人民法院报》2021 年 11 月 19 日）

➢ 周强：促进信息技术与法治建设融合发展

11 月 25 日下午，由最高人民法院、最高人民检察院、科学技术部、司法部、中国科学院、中国工程院联合举办的“区块链在司法领域应用研讨会暨信息技术与法治建设科学与技术前沿论坛”在最高人民法院举行，最高人民法院党组书记、院长周强出席论坛并致辞。周强表示，要坚持以习近平新时代中国特色社会主义思想为指导，深入贯彻习近平法治思想和习近平总书记关于网络强国的重要思想，认真贯彻落实党的十九届六中全会精神，全面深化智慧法院建设，促进信息技术与法治建设融合发展，推进法治中国和科技强国建设，为全面建设社会主义现代化国家作出新的更大贡献。

周强指出，新一轮科技革命带来前所未有的机遇和挑战，区块链技术的集成应用在新一轮科技革命和产业变革中起着重要作用。以习近平同志为核心的党中央高度重视区块链技术应用和发展，积极推进数字中国、智慧社会建设。当前，如何更好运用区块链等技术推动数字化变革、创造更高水平数字正义，促进法治与科技深度融合发展、推动智慧法治建设迈向更高层次成为重要课题。本次论坛以“区块链在司法领域应用”为主题开展深入交流研讨，为进一步推动区块链在司法领域的应用贡献智慧，很有意义。

周强表示，最高人民法院紧紧抓住推进数字中国、智慧社会的重大机遇，充分发挥科技创新引领作用，在有关部门大力支持下，“十三五”期间建成人民法院信息化 3.0 版，形成全业务网上办理、全流程依法公开、全方位智能服务的智慧法院。“十四五”期间，人民法院将坚持科技驱动，以司法数据中台、智慧法院大脑、在线法院建设为牵引，大力推进人民法院信息化 4.0 版建设，推动审判执行、诉讼服务、司法管理全流程智慧运行，促进区块链技术与审判执行业务应用相互牵引、迭代发展。人民法院将深入研究信息技术发展带来的法律问题，加强信息技术知识产权保护，严厉打击网络犯罪，加强对数据权利的界定、归属及保护问题的研究，切实发挥司法在保护创新、服务信息技术和数字经济发展中的重要作用，充分发挥审判职能作用，为实现高水平科技自立自强提供有力司法服务。人民法院将坚持开放合作，进一步深化司法公开，加强与有关部门和科研机构的交流联系，强化信息共享和业务协同，广泛凝聚智慧和力量，共同推进法治中国和科技强国建设。

最高人民检察院副检察长张雪樵致辞表示，区块链以其独特的技术优势，在司法存证、跨部门数据共享互信等司法领域有着很大应用潜力。坚持创新以区块链为代表的新一代信息技术，推动依法治国，助力国家治理，是检察机关的使命责任。我们将积极探索区块链技术在证据存证核验、协同办案、经济监管和公益保护、检察为民服务中的应用，进一步推动部门之间的协同与合作，为实现党的第二个百年奋斗目标，推进国家治理体系和治理能力现代化贡献力量和智慧。

科学技术部副部长张雨东致辞表示，科技部门与司法机关深入开展合作，是落实好完成好习近平总书记一系列重要指示的具体举措，是加快平安中国和法治中国建设，以科技创新促进国家治理体系和治理能力现代化的重要内容。科技部将全力支持智慧司法科技创新工作，切实整合资源，加大研发投入，与司法机关共同推进司法领域创新平台建设，努力探索科技助力司法服务高质量发展新模式，创造更多高质量研究成果和解决方案，为实现司法公平正义提供智力支持和保障。

中国科学院副院长高鸿钧致辞表示，当前，科学技术与法治建设的关系日益紧密，信息技术在法治领域应用如火如荼，“法律+大数据”“法律+AI技术”“法律+区块链”等引领法律行业向着智能化、数据化、移动化、平台化等方向发展，这一过程需要科技界和法律界共同努力，科学与法律跨界交流正当其时。本次论坛的举办，有利于促进区块链技术在司法领域中更好地发挥作用，对于进一步推动信息技术发展与法治建设需求的深度结合具有重要意义。

最高人民法院党组成员、副院长杨临萍主持论坛开幕式。全国人大常委会副秘书长、中国科学院院士郭雷主持论坛第一阶段议程。中国科学院院士、清华大学教授王小云，中国科学院院士、北京航空航天大学教授郑志明，中国科学院院士、中国科学院空天信息创新研究院院长吴一戎分别作了演讲。全国人大代表、最高人民法院特约监督员徐国权，最高人民法院特邀咨询员刘仁文、汤如，以及最高人民法院、司法部、中国工程院有关部门负责同志，部分专家学者参加论坛，围绕区块链在司法领域应用问题进行了讨论。

（来源：《人民法院报》2021 年 11 月 26 日）

➢ 周强：探索创新在线诉讼新模式　推动实现更高水平的数字正义

12 月 3 日下午，在第五届中新法律和司法圆桌会议专题研讨中，中华人民共和国首席大法官、最高人民法院院长周强就“在线诉讼规则”议题作专题发言。周强表示，在线诉讼作为互联网司法的关键内容和重要表现形式，是未来司法审判工作的主要形态和发展方向，希望中新两国法院加强司法交流合作，积极参与世界互联网法治建设，创造更高水平的数字正义，为构建网络空间命运共同体、建设数字丝绸之路贡献司法力量。新加坡最高法院首席大法官梅达顺在该专题发言。

周强表示，中国法院坚持以习近平新时代中国特色社会主义思想为指导，深入贯彻习近平法治思想，紧扣时代脉搏，遵循法治规律，强化规则创新，大力推进新兴技术与司法工作深度融合，推进司法审判质量变革、效率变革、动力变革，促进审判体系和审判能力现代化。新冠肺炎疫情发生以来，中国法院充分运用智慧法院建设成果，通过网络依法及时高效审理各类案件，实现疫情期间“审判执行不停摆、公平正义不止步”。当前，中国法院正在努力构建包含互联网技术深度应用、在线诉讼规则创新、依法治网实体裁判完善三个层次的具有中国特色的互联网司法新模式。

周强介绍了中国法院在互联网司法方面的探索创新。一是创新在线诉讼机制，构建互联网司法新模式。中国法院依托信息技术，重塑传统的线下审理模式和诉讼流程，稳妥推广在线审理机制，在线诉讼适用规模和质量不断提升，实现司法数据全面电子化、诉讼活动全程网络化、司法裁判初步智能化，基本形成线上线下双轨并行、齐头并进、有序衔接的诉讼模式。二是制定在线诉讼规则，推动完善诉讼制度。中国最高人民法院于 2021 年正式发布《人民法院在线诉讼规则》，首次确立了在线诉讼的基本原则、程序规范，首次明确区块链技术存证等新型证据规则等，构建了适用于全国法院、贯穿诉讼全流程、具有法律效力的在线诉讼规则体系，为在线诉讼健康快速发展提供明确规则指引。三是积极参与网络空间治理，促进实现更高水平的数字正义。中国法院充分利用高效便捷的在线解纷程序、精准智能的技术手段，妥善处理新型互联网纠纷，不断加强网络权益司法保护和网络知识产权保护，大力规范网络新兴产业发展，深度参与全球网络空间治理，为全球互联网法治发展积极贡献中国智慧。

梅达顺介绍了新加坡法院以视频形式进行远程听证的相关经验。他表示，新加坡法院目前已全面执行在线诉讼程序，远程作证得到广泛使用。新加坡通过立法，授权法院准许被告人和证人通过视频链接提供证据。法院对远程提供的证据进行有效评估，尽最大可能保持程序完整，使得民事诉讼和刑事诉讼都可以进行远程听证和审判。新加坡法院积极创新，将书面听证与口头听证相结合，在征得当事人同意的情况下，以异步方式进行调解、证据交换、审判等活动，并在州法院开展“异步听证”试点工作，满足了疫情期间诉讼当事人的司法需求，取得了良好的社会效果。新加坡期待与中国法院进一步加强交流、分享经验，推进相关领域的务实合作。

本次会议还讨论了“知识产权案件审理的最佳实践”“制定争端管理新范式，促进‘一带一路’基础设施建设”“‘一带一路’商事领域法律的统一适用”等议题。中华人民共和国二级大法官、最高人民法院副院长陶凯元、杨万明、贺小荣，新加坡最高法院上诉庭大法官兼国际关系主管法官庄泓翔，新加坡最高法院高等法庭法官洪清福、迪达·星吉尔等分别就相关议题发言。

（来源：《人民法院报》2021年12月4日）

➢ 周强：深入贯彻习近平法治思想　加快推进审判体系和审判能力现代化

12月15日，全国法院司法体制综合配套改革推进会召开。会前，最高人民法院党组书记、院长周强对人民法院司法改革工作提出要求强调，要坚持以习近平新时代中国特色社会主义思想为指导，深入贯彻习近平法治思想和党的十九届六中全会精神，深化司法体制综合配套改革，加快推进审判体系和审判能力现代化，促进人民法院工作高质量发展，以优异成绩迎接党的二十大胜利召开。

周强指出，2021 年，人民法院坚持以习近平新时代中国特色社会主义思想为指导，深入贯彻习近平法治思想，以构建公正高效权威的中国特色社会主义司法制度、切实提升人民群众司法获得感为出发点和落脚点，加快推进司法责任体系改革和建设，推动司法体制综合配套改革更加系统集成、协同高效取得重要进展。

周强强调，新时代新征程上，各级人民法院要坚持以习近平新时代中国特色社会主义思想为指导，深入贯彻习近平法治思想和党的十九届六中全会精神，坚定捍卫“两个确立”，坚决做到“两个维护”，牢牢坚持党对司法工作绝对领导，坚定不移走中国特色社会主义法治道路，确保司法改革正确方向。要认真落实习近平总书记在中央政治局第三十五次集体学习时关于深化法治领域改革的重要指示精神，把深化改革攻坚同促进制度集成结合起来，深化司法体制综合配套改革，提升改革整体效能，加快建设公正高效权威的社会主义司法制度。要完善司法制约监督体系，确保审判执行活动各环节全过程在有效制约监督下进行。要坚持以人民为中心，围绕“努力让人民群众在每一个司法案件中感受到公平正义”的目标，以改革思维、务实举措推动解决司法实践中的难点痛点问题，不断增强人民群众在司法工作中的获得感，加快推进审判体系和审判能力现代化，以优异成绩迎接党的二十大胜利召开。

（来源：《人民法院报》2021 年 12 月 16 日）

➢ 贺荣：规范司法行为　强化监督管理　扎实推进人民法院队伍教育整顿

3 月 30 日上午，最高人民法院党组副书记、常务副院长贺荣主持召开全国法院队伍教育整顿领导小组（扩大）会议，专题部署《关于进一步规范司法行为强化监督管理持续纠治司法腐败问题的意见》（以下简称《意见》）贯彻落实工作。贺荣强调，要深入学习贯彻习近平总书记在全国两会期间重要讲话和全国两会精神，贯彻落实十九届中央纪委五次全会部署，按照全国法院 2021 年党风廉政建设和反腐败工作视频会议要求，进一步规范司法行为，强化监督管理，不断推进人民法院党风廉政建设和反腐败斗争向纵深发展。

会议指出，要提高政治站位，深刻认识持续纠治司法腐败问题的现实紧迫性和极端重要性，把贯彻落实《意见》作为开展法院队伍教育整顿的基本内容和重要抓手，坚决惩治司法腐败，确保公正廉洁司法。

会议强调，要按照贯彻落实《意见》的分工方案，从坚定理想信念、完善监督管理、严格规范行为、加大教育整顿、强化惩治力度、完善制度机制六个方面，着力解决突出问题。要认真落实工作机制，准确把握实施步骤和时间安排，对目标任务必须做到“心中有数”。要坚持标本兼治，将集中整治与常态化落实结合起来，着力在管用实用上下功夫，健全相关制度，完善长效机制，清除司法腐败滋生土壤，切实推动《意见》精神真正落实落地。

会议要求，要加强组织领导，强化统筹谋划，坚持问题导向，压紧压实主体责任，把落实《意见》与做好审判执行工作、完善执法司法制约监督体系、开展党史学习教育等紧密结合起来，确保队伍教育整顿取得实效。

最高人民法院党组成员、政治部主任马世忠，中央纪委国家监委驻最高人民法院纪检监察组组长、最高人民法院党组成员刘海泉出席会议。全国法院队伍教育整顿领导小组成员及办公室成员，最高人民法院机关各单位主要负责同志参加会议。

（来源：《人民法院报》2021年4月2日）

➢ 贺荣：全面加强知识产权司法保护　积极服务构建新发展格局

4月23日，2021中国知识产权保护高层论坛在京举行。最高人民法院党组副书记、常务副院长贺荣出席论坛并发表主旨演讲指出，40多年来，中国知识产权司法保护经历了从无到有、从弱到强的发展历程。特别是党的十八大以来，人民法院坚持以习近平新时代中国特色社会主义思想为指导，深入贯彻习近平法治思想，走出了一条具有中国特色的知识产权司法保护之路。

贺荣指出，近年来，我国知识产权司法保护能力和水平明显提升。人民法院自2018年以来年均审结知识产权案件44万件，年均增长21%，知识产权案件判赔金额大幅上升。最高人民法院出台涉及著作权、专利权、商标权、商业秘密保护、惩罚性赔偿等司法解释和司法政策，强化民事司法保护，加大刑事打击力度，有效履行对行政行为的司法审查和监督职能。专门化审判体系建设取得突破性进展，行政执法和司法衔接机制进一步完善，知识产权司法保护国际影响力显著提升，知识产权审判服务党和国家工作大局成效明显。

贺荣表示，进入新发展阶段，人民法院将结合知识产权审判工作，围绕创新在现代化建设全局中的核心地位加强系统研究谋划，紧扣推动高质量发展主题，准确把握立足新发展阶段、贯彻新发展理念、构建新发展格局要求，深化知识产权审判领域改革创新，优化知识产权保护工作机制，积极参与知识产权国际合作，充分发挥知识产权审判职能作用，为创新驱动发展、科技自立自强营造良好法治环境。

论坛期间，贺荣与国家知识产权局局长申长雨进行工作会谈，就健全行政执法和司法衔接机制以及知识产权领域的重点问题深入交换意见。最高人民法院民事审判第三庭、知识产权法庭负责同志参加活动。

（来源：《人民法院报》2021 年 4 月 25 日）

➢ 贺荣：加快建设现代化司法政务体系

5 月 11 日上午，全国法院办公室工作会议在北京召开。最高人民法院党组副书记、常务副院长贺荣出席会议并讲话，强调要认真学习贯彻习近平总书记“5・8”重要讲话精神，深入践行“五个坚持”，以提高政治判断力、政治领悟力、政治执行力为根本，以提升“三服务”工作水平为重心，以强化制度机制和工作方法创新为抓手，以加强党的建设和队伍建设为保障，全面提高司法政务工作科学化、规范化、信息化水平，加快构建服务和融入法院工作高质量发展的现代化司法政务体系。

贺荣指出，办公室是法院运转中枢。党的十八大以来，法院办公室系统深入践行习近平总书记“五个坚持”重要指示精神，按照最高人民法院党组部署，坚持为领导决策服务、为审判执行工作服务、为人民群众和各级法院干警服务，认真履行参谋助手、综合协调、督查保障职责，为人民司法事业发展作出了重要贡献。

贺荣强调，各级法院办公室要认真总结经验，加快构建服务和融入法院工作高质量发展的现代化司法政务体系。要带头践行“两个维护”，不断提高政治判断力、政治领悟力、政治执行力，坚持高度自觉的大局意识，把“两个维护”的要求体现在谋划工作、筹办活动、落实措施、起草文稿、报送材料等各项工作中。要深化司法政务工作改革创新，围绕高质量发展的目标要求，坚持制度变革和科技变革双轮驱动，建设强而有力、严谨规范、真抓实干、开拓创新、科技赋能的办公室，推动司法政务工作科学化、规范化、信息化水平全面提升。要坚持以党建带队建促业务，探索建立符合办公室工作特点的人才选拔和培养机制，建设一支高素质、专业化、复合型的办公室人才队伍。

北京等六个高院围绕办公室建设、公文办理、信息文稿、督查督办、代表委员联络、机要保密等工作在会上作交流发言。

最高人民法院办公厅全体干警和机关各单位负责同志、综合办主任在主会场参加会议。各高级、中级、基层法院分管办公室工作的院领导和办公室干警在分会场参加会议。四级法院办公室除值班留守人员外共 2.8 万人以视频方式参会。

（来源：《人民法院报》2021 年 5 月 12 日）

➢ 贺荣：心系“国之大者”　深化改革创新　加快提升知识产权司法保护能力水平

为进一步做好十三届全国人大四次会议重点督办建议办理，加强知识产权司法保护工作，9 月 3 日下午，最高人民法院召开加强知识产权司法保护专题调研座谈会。最高人民法院党组副书记、常务副院长贺荣出席会议强调，要深入践行习近平法治思想，贯彻落实习近平总书记关于知识产权保护工作的系列重要论述，心系“国之大者”，自觉从构建新发展格局、推动高质量发展、促进共同富裕的战略高度出发，全面加强知识产权审判工作，深化知识产权审判领域改革创新，为知识产权强国战略实施和创新驱动发展提供有力司法服务。

会上，全国人大代表马一德、伊彤、苏荣欢、李亚兰、张珂、黄超、阎建国以及中央有关单位部门负责同志在现场或以视频方式发言，就加强国家层面知识产权上诉审理机构建设、健全知识产权司法保护制度机制和强化人才队伍建设等提出意见建议。贺荣认真听取意见建议，表示将认真梳理研究，狠抓督办落实，把这次座谈会作为完善知识产权司法保护制度机制的重要契机，切实把代表建议转化为加强知识产权司法保护的强大动力和实际成效。

贺荣指出，要深刻认识加强知识产权保护是完善产权保护制度最重要的内容，是提高我国经济竞争力最大的激励，对“国之大者”心中有数，切实加强对“卡脖子”关键核心技术以及新兴产业、重点领域、种源种业等知识产权司法保护，服务高水平科技自立自强。要加强反垄断和反不正当竞争司法，尽快出台反不正当竞争等方面司法解释，及时发布典型案例，立足司法职能明确交易规则、划定行为边界，促进各类市场主体特别是平台企业在法治轨道上规范有序发展。要积极参与全球知识产权治理，深化国际交流合作，依法平等保护中外权利人合法权益，推动提升我国法院在知识产权国际治理领域的话语权和影响力。

贺荣强调，要深刻认识新时代新征程对深化知识产权审判领域改革创新提出的新要求，落实最高人民法院党组要求，及时总结知识产权法庭工作成效，推动健全完善国家层面知识产权案件上诉审理机制。要深入推进“三合一”改革，完善知识产权诉讼制度，健全多元化技术事实查明机制，深化案件繁简分流改革，提高审判质量、效率和司法公信力。要健全行政执法和司法衔接机制，加强协同配合，推动构建知识产权大保护工作格局。要深化党史学习教育，以开展第二批法院队伍教育整顿为契机，进一步筑牢政治忠诚，坚定理想信念，实事求是，担当作为，锻造一支政治坚定、顾全大局、精通法律、熟悉技术、具有国际视野的专门审判队伍。

最高人民法院民事审判第三庭、知识产权法庭负责同志介绍有关工作情况，有关部门负责同志参加座谈。

（来源：《人民法院报》2021 年 9 月 6 日）

➢ 贺荣：依法严格保护知识产权 服务知识产权强国建设

10 月 19 日下午，第十八届上海知识产权国际论坛开幕。最高人民法院党组副书记、常务副院长贺荣出席论坛开幕式并致辞表示，中国法院将继续依法严格保护各类知识产权，平等保护中外当事人合法权益，推动营造开放、公平、公正、非歧视的科技发展环境和市场化法治化国际化的营商环境。

贺荣指出，党的十八大以来，中国法院坚持以习近平新时代中国特色社会主义思想为指导，深入践行习近平法治思想，出台19件司法解释和11件司法政策，成立最高人民法院知识产权法庭和北京、上海、广州以及海南自由贸易港知识产权法院，会同国家知识产权局等部门完善执法司法衔接机制，与世界知识产权组织签署谅解备忘录深化交流合作，切实履行国际条约义务，知识产权司法保护能力和水平大幅提升。

贺荣表示，加强数字经济时代的知识产权司法保护和国际交流合作愈发重要。中国法院将落实中共中央、国务院印发的《知识产权强国建设纲要（2021—2035年）》任务要求，持续加强知识产权审判工作，加强反垄断和反不正当竞争司法，激发全社会创新活力。依法公正高效审理涉外知识产权案件，积极营造法治化营商环境，服务高水平对外开放。深度参与世界知识产权组织框架下的全球知识产权治理，深化务实交流合作，促进创新成果更多更公平惠及和服务各国人民。

会上，上海市高级人民法院与世界知识产权组织仲裁与调解中心签署合作谅解备忘录。

在沪期间，贺荣深入上海市高级人民法院、上海知识产权法院、上海金融法院实地调研，听取全国人大代表、全国政协委员意见建议。贺荣一行还瞻仰了中共一大纪念馆，参观了浦东开发开放30周年主题展。

上海市高级人民法院院长刘晓云参加调研。

（来源：《人民法院报》2021年10月21日）

➢ 贺荣：推动常态化整治执行领域突出问题　更紧更实抓好“回头看”任务落实

12月6日上午，最高人民法院召开全国第二批法院队伍教育整顿执行领域突出问题集中整治情况通报暨“回头看”推进会。最高人民法院党组副书记、常务副院长贺荣出席会议强调，要深入学习贯彻习近平法治思想和党的十九届六中全会精神，按照全国政法队伍教育整顿领导小组部署和最高人民法院党组要求，推动常态化整治执行领域突出问题，更紧更实抓好教育整顿“回头看”各项工作任务落实，确保取得更大实效。

贺荣指出，执行领域突出问题集中整治开展以来，在筑牢政治忠诚，清除害群之马，整治执行不廉、作风不正等突出问题方面取得阶段性显著成效。各级法院要巩固深化已有成果，常态化整治执行领域突出问题，推动执行工作高质量发展。要加强执行权制约监督，落实即将出台的《最高人民法院关于进一步完善执行权制约机制加强执行监督的意见》，健全执行案件监督管理体系和执行权运行机制。要常态化开展终本案件自查与互评，完善“一案一账号”机制，坚决纠治作风不正等问题，以零容忍态度严惩腐败问题。要深入开展“高效为民执行专项行动”，做实做细“我为群众办实事”。要加大执行工作投入力度，完善激励机制，加强人员保障。

贺荣强调，当前，“回头看”要从六方面抓好任务落实。一是深入学习贯彻党的十九届六中全会精神，深刻理解“两个确立”的决定性意义，切实把“两个确立”转化为坚决做到“两个维护”的政治自觉、思想自觉、行动自觉。二是抓牢抓实政治建设，聚焦筑牢政治忠诚，坚决彻底肃清流毒影响，大力弘扬英模精神，激励干警担当作为。三是围绕案件线索查办、督导意见落实、顽瘴痼疾整治等重点狠抓落实，完成一个销号一个。四是加强建章立制和顽疾整治的跟踪问效，推动解决政策实施中的新情况新问题。五是持续加强组织领导和工作统筹，压紧压实各层级主体责任。六是系统总结和巩固拓展教育整顿实践成果、制度成果、理论成果，探索常态化工作机制，推动教育整顿取得更大实效。

中央政法机关督导二组有关同志到会指导。最高人民法院审判委员会副部级专职委员刘贵祥主持会议。陕西省高级人民法院院长李智、四川省高级人民法院院长王树江作交流发言。最高人民法院教育整顿办有关同志、执行局全体干警，各级法院院长及有关负责同志，分别在最高人民法院主会场和各视频分会场参加会议。

（来源：《人民法院报》2021 年 12 月 7 日）

➢ 李少平：深入学习贯彻习近平法治思想 推动试点工作在更高起点上取得新成就

4月7日，民事诉讼程序繁简分流改革试点调研座谈会在江苏南京召开。最高人民法院党组成员、副院长李少平出席会议并讲话。李少平强调，要深入学习贯彻习近平法治思想，深化改革认识、提高政治站位，推进改革试点工作纵深发展，构建完善与民法典相适应的民事诉讼制度，促进国家治理体系和治理能力现代化。

李少平指出，要深刻认识试点工作的重大意义，准确把握试点的根本目标、基本定位和重要功能，有效满足人民群众多元司法需求。要全面贯彻落实全国人大常委会的审议意见，补短板、强弱项，完善试点举措，强化系统集成，推动试点成效进一步巩固提升。

李少平强调，要将推动修改民事诉讼法作为试点工作的重中之重，深入论证研究、加强经验总结、审慎稳妥推进、强化权利保障，确保形成科学合理的修法建议稿，推动民事诉讼制度不断发展完善。各试点地区要完善工作机制，加强统筹督导，健全试点工作推进实施体系，推动试点工作再上新台阶。

全国人大监察和司法委司法室，全国人大常委会法工委民法室相关同志，最高人民法院司改办负责同志，各试点地区高级人民法院及部分试点中级人民法院相关院领导等参加会议。

（来源：《人民法院报》2021年4月8日）

➢ 姜伟：高站位推进中国特色矛盾纠纷源头治理理论研究

6月2日上午，最高人民法院与上海交通大学共建的人民法院矛盾纠纷源头治理研究基地举行揭牌活动，最高人民法院党组成员、副院长姜伟出席并致辞。

姜伟指出，人民法院坚持以习近平新时代中国特色社会主义思想为指导，深入贯彻落实习近平法治思想，全面开展一站式多元解纷和诉讼服务体系建设，积极融入党委领导的诉源治理机制建设，促进基层社会治理从化讼止争向少讼无讼转变，更好满足群众多层次、多样化的司法需求，形成中国特色纠纷解决新模式。设立人民法院矛盾纠纷源头治理研究基地，对于充分发挥高等学校智库作用，梳理总结人民法院预防化解矛盾纠纷实践经验，高站位推进中国特色矛盾纠纷源头治理理论研究，意义重大。

姜伟强调，坚持政治引领，紧紧围绕党中央重大改革部署要求，总结好中国特色纠纷解决体系的理论成果，提炼出具有普遍性、规律性、前瞻性的矛盾纠纷源头治理实践标准，进一步丰富和发展中国特色社会主义法治理论。坚持立足实际，加强对我国社会治理、纠纷解决等工作面临的重大理论和实践问题的研究，推出一批符合中国实际、具有中国特色、解决实践难题的高质量研究成果，更好指导推动司法实践。坚持深化合作，高水平开展双向交流和人才培养工作，为推动中国特色纠纷解决事业提供更加坚实的人才保障。

上海交通大学党委书记杨振斌、上海市高级人民法院院长刘晓云，最高人民法院立案庭及上海交通大学凯原法学院、中国法与社会研究院、中国城市治理研究院有关人员参加揭牌活动。

（来源：《人民法院报》2021 年 6 月 4 日）

➢ 姜伟：推动在线多元解纷工作实现高质量发展

6 月 23 日，“总对总”在线诉调对接工作北片区推进会在山西省太原市召开。这是继 6 月 9 日在四川省成都市召开南片区推进会后又一场工作推进会。最高人民法院党组成员、副院长姜伟发表书面讲话。

姜伟强调，要充分认识推进“总对总”在线诉调对接工作，是贯彻落实习近平法治思想的具体实践，是开创中国特色在线多元解纷新格局的应然之举，是坚持以人民为中心发展理念的迫切需要，是促进审判体系和审判能力现代化的长远之策。要切实增强推进“总对总”在线诉调对接工作的自觉性和主动性，推动在线多元解纷工作实现高质量发展，彰显我国制度优势和治理效能。

姜伟要求，要突出向网上延伸、向外部延伸、向基层延伸、向重点领域延伸“四个延伸”，重塑解纷格局，扩大优质低成本解纷服务供给，构建“纵向到底、横向到边”的矛盾纠纷预防化解网络体系。要坚持先行先试与整体推进相结合、严格落实要求与加强培训指导相结合、推进“总对总”与创新“点对点”相结合、补足短板弱项与促进长效发展相结合、深化实践与提炼规则相结合，全力以赴把平台用起来，让人员动起来，将质效提上来，以数字正义推动实现更高水平的公平正义。

全国总工会、中国侨联、全国工商联、国家发展改革委、教育部、司法部、人社部、住建部、人民银行、银保监会、证监会、国家知识产权局以及上海交通大学、西安交通大学、中小企业协会派员出席，四川省高级人民法院、山西省高级人民法院院领导、其他高级人民法院分管院领导及部门负责同志、最高人民法院立案庭负责同志参加会议。

（来源：《人民法院报》2021年6月24日）

➢ 姜伟：加快建设“法院+行业协会”在线多元解纷新格局

10月13日上午，最高人民法院立案庭与中国中小企业协会举办《关于建立中小企业领域矛盾纠纷在线诉调对接机制合作备忘录》签约活动，最高人民法院党组成员、副院长姜伟出席并致辞。

姜伟指出，最高人民法院坚持以习近平新时代中国特色社会主义思想为指导，深入贯彻习近平法治思想，全面开展一站式多元解纷和诉讼服务体系建设，更好满足群众多层次、多样化的司法需求，形成中国特色纠纷解决新模式。这次与中国中小企业协会合作，加快建设“法院+行业协会”在线多元解纷新格局，将为中小企业提供更加优质、高效、便捷的多元纠纷解决服务，促进中小企业健康发展。

姜伟强调，要紧紧围绕党中央重大改革部署要求，完整、准确、全面贯彻新发展理念，坚持高站位布局、高标准建设、高质量发展，落实把非诉讼纠纷解决机制挺在前面要求，促进“当事人说事”“行业说理”与“法官说法”有机结合，形成符合中小企业特点的一站式多元解纷新模式，为中小企业健康发展营造良好法治环境。要扎实推动第一批试点地区人员入驻工作，加强调解人才培育，扩大在线解纷影响力，努力让在线调解成为服务保障中小企业发展、优化营商环境的“金招牌”。

中国中小企业协会会长李子彬在致辞时表示，最高人民法院与中国中小企业协会的合作意义重大。李子彬强调，中国中小企业协会要增强纠纷调解工作能力提高调解质量和效率，全力参与在线诉调对接工作，与人民法院共同促进中小企业的健康发展。

（来源：《人民法院报》2021年10月14日）

➢ 陶凯元：推动海事商事纠纷解决机制规范化专业化国际化

7月16日，2021中国海事商事仲裁高级别研讨会在北京举行。最高人民法院副院长陶凯元应邀出席会议并致辞。

陶凯元在致辞中指出，海事商事仲裁作为国际通行的纠纷解决方式，是我国社会治理体系中多元化纠纷解决机制建设的重要组成部分，对于高效便捷解决海事商事纠纷，促进贸易投资自由化便利化，营造市场化法治化国际化营商环境，推动国家重大战略实施具有重要意义。加强海事商事仲裁工作，要坚持全局性，增强服务国家全面开放和发展战略的能力。要坚持专业性，提升服务市场经济和市场主体的水平。要坚持国际性，统筹推进国内法治与涉外法治。最高人民法院将继续大力支持海事商事仲裁机构发展和制度创新，加强与仲裁机构的沟通交流与合作，深入实施海事审判精品战略，进一步完善仲裁司法审查机制，创新国际商事纠纷诉讼与仲裁、调解有机衔接机制，扩大中国法治“朋友圈”，推动中国海事商事纠纷解决机制的规范化、专业化、国际化发展。

中国国际贸易促进委员会会长高燕、环太平洋律师协会会长李志强出席会议并致辞。最高人民法院、司法部、中国海事仲裁委员会、清华大学有关负责同志以及境内外多家仲裁机构、律师事务所等机构代表参加会议。

（来源：《人民法院报》2021年7月17日）

➢ 陶凯元：加强信息化建设和理论研究　推动涉外商事海事审判工作高质量发展

7月21日，最高人民法院“一站式”国际商事纠纷多元化解决平台启动活动暨民四庭研究基地调研座谈会在陕西省西安市举行。最高人民法院副院长陶凯元出席座谈会并讲话。

陶凯元在讲话中指出，诉讼与调解、仲裁有机衔接的“一站式”国际商事纠纷多元化解决平台是最高人民法院国际商事纠纷解决机制的一大亮点和特色，充分体现了协商、多元、互利、共赢的时代精神。要以信息化为依托，充分发挥“一站式”平台便捷高效的优势；以国际化为引领，充分展现“一站式”平台多元包容的特色；以实质化为目标，切实提升“一站式”平台化解纠纷的效能，积极推动国际商事纠纷多元化解决机制取得实效。

陶凯元在讲话中充分肯定了近年来最高人民法院民四庭各研究基地为人民法院涉外商事海事审判工作和我国法治建设作出的积极贡献。她强调，加强研究基地建设，要提高政治站位，用习近平法治思想引领研究基地工作；要坚持服务大局，为国家重大战略提供有力法治保障；要发挥智库作用，为法学理论和司法实践深度融合提供智力支持；要拓宽国际视野，为全球治理体系改革贡献中国法治智慧。

西安交通大学副校长荣命哲、中国法学会副会长黄进教授出席活动并致辞。最高人民法院“一站式”国际商事纠纷多元化解决平台机构、最高人民法院民四庭研究基地有关负责同志，以及最高人民法院民四庭、研究室、第六巡回法庭、第二国际商事法庭等部门负责同志参加座谈会。

当天，陶凯元副院长还前往最高人民法院第六巡回法庭、第二国际商事法庭，就国际商事法庭运行机制完善和制度创新相关问题进行调研。陕西省高级人民法院副院长巩富文等陪同调研。

（来源：《人民法院报》2021年7月22日）

➢ 陶凯元：加强国际商事纠纷多元化解决机制建设 支持中国仲裁事业的国际化发展

9月14日，2021中国仲裁高峰论坛暨第二届“一带一路”仲裁机构高端论坛在京召开。最高人民法院副院长陶凯元出席论坛并作主旨演讲，强调加强国际商事纠纷多元化解决机制建设，依法支持和监督仲裁，促进中国仲裁事业国际化发展。

陶凯元强调，中国法院坚持以习近平新时代中国特色社会主义思想为指导，聚焦国际商事纠纷多元化解决机制建设，健全国际商事争端解决机构，不断规范仲裁司法审查，统一司法审查标准，支持仲裁制度创新，促进中国仲裁事业法治化专业化国际化发展。在涉外商事仲裁审查中，中国法院恪守国际条约，尊重国际惯例，准确查明和适用外国法，依法承认和执行外国仲裁裁决，平等保护中外当事人合法权益。

陶凯元指出，仲裁是国际商事纠纷多元化解决机制的重要方式，最高人民法院将继续依法支持和监督仲裁，促进仲裁制度的完善和国际公信力的提升，统筹推进国内法治和涉外法治，助力打造更加友好的国际仲裁法治环境，共同为服务更高水平对外开放和推动高质量共建“一带一路”贡献力量。

中国国际贸易促进委员会会长高燕，全国人大常委会委员、监察和司法委员会副主任委员王胜明，司法部副部长熊选国出席论坛并发表致辞。国际律师协会仲裁专业委员会联席主席 Philippe Pinsolle 发来视频贺词。国内外主要仲裁机构和有关国家法官、仲裁员、律师、学者和工商界人士代表约200人现场参会，来自近40个国家和地区约241.2万人次通过央视频等在线平台关注或收看。

（来源：《人民法院报》2021年9月15日）

➢ 陶凯元：发挥司法服务保障作用 筑牢“一带一路”法治根基

11月12日，中国法治国际论坛（2021）在北京举行。最高人民法院副院长陶凯元应邀出席并致辞。

陶凯元指出，中国法院坚持以习近平新时代中国特色社会主义思想为指导，与“一带一路”沿线国家在打击跨国犯罪、解决跨境纠纷、深化司法协助、推动司法高层互访等方面，取得了丰硕成果。

陶凯元强调，高质量共建“一带一路”，离不开法治的保障作用，需要各国持续提供司法服务和保障。一要坚持多边主义，维护以联合国为核心的国际体系和以国际法为基础的国际秩序。高举国际法旗帜，推动建设互相尊重、公平正义、合作共赢的新型国际关系和国际法治。二要坚持平等保护，维护中外当事人合法权益。坚持依法平等保护原则，充分发挥司法在解决国际经贸纠纷中的重要作用，促进营造市场化法治化国际化营商环境。三要坚持改革创新，发展和完善涉“一带一路”争端解决规则。遵循公认的国际商事规则，创新和丰富国际商事交易规则，构建公正、合理、透明的国际经贸规则体系。四要坚持共商共建共享，不断深化国际司法交流与合作，建设新型国际司法合作平台，开创“一带一路”沿线国家间司法交流合作新局面。

本届论坛由中国法学会主办，中共中央政治局委员、中国法学会会长王晨出席并发表主旨演讲。来自中国、俄罗斯、巴西等20个国家和地区以及国际组织的代表以线上线下相结合方式出席。

（来源：《人民法院报》2021年11月15日）

➤ 高憬宏：推进智慧法院建设　服务保障长三角一体化发展

5月20日，人民法院服务保障长三角一体化发展第一次联席会议以视频会形式召开。最高人民法院党组成员、副院长，最高人民法院推动长三角一体化发展司法工作小组组长高憬宏出席会议并讲话。

高憬宏指出，长三角一体化发展是习近平总书记亲自谋划、亲自部署、亲自推动的重大国家战略，对引领全国经济社会高质量发展、完善我国改革开放空间布局，具有重大现实意义和深远历史意义。一年来，最高人民法院和长三角地区各级法院落实党中央决策部署，紧扣“一体化”“高质量”两个关键词，服务经济社会发展，护航科技自立自强，服务创新产业体系建设，推进智慧法院建设，促进矛盾纠纷实质化解，取得明显成效。

高憬宏强调，长三角地区各级法院要深入贯彻党中央关于推进长三角一体化发展的重大决策部署，立足数字化改革背景和经济社会发展新形势，全面推进智慧法院建设和执行工作“一体化”。要提炼探索经验，助力协同创新，不断提供可复制、可推广的解决方案和先进经验，为长三角一体化发展营造良好法治环境。要利用智慧成果，赋能审判执行，推进长三角区域智慧法院信息数据资源共享、四地法院执行系统的纵向贯通和横向联网。要着眼互联互通，推进执行“一体化”，加强跨域指挥、管理、协调的执行智慧体系建设，推动建立“执转破”衔接标准一体化机制。要强化协同联动，坚持统筹协调，增强“一盘棋”意识，狠抓贯彻落实，切实为长三角一体化发展提供司法服务和保障。

最高人民法院推动长三角一体化发展司法工作小组副组长、上海市高级人民法院院长刘晓云，最高人民法院推动长三角一体化发展司法工作小组副组长、江苏省高级人民法院院长夏道虎，最高人民法院推动长三角一体化发展司法工作小组副组长、浙江省高级人民法院院长李占国，最高人民法院推动长三角一体化发展司法工作小组副组长、安徽省高级人民法院院长董开军先后作主旨发言。上海市第二中级人民法院、江苏省苏州市中级人民法院、浙江省绍兴市中级人民法院、安徽省合肥市中级人民法院进行经验交流。最高人民法院第三巡回法庭负责同志、最高人民法院推动长三角一体化发展司法工作小组成员参加会议。

会前，上海、江苏、浙江、安徽四地高级人民法院共同签署《长三角地区法院执行工作“一体化”备忘录》。

（来源：《人民法院报》2021 年 5 月 21 日）

➢ 高憬宏：以习近平法治思想为统领　开创行政审判工作新局面

2 月 3 日，最高人民法院第三巡回法庭通过远程视频形式召开巡回区第八次行政审判工作座谈会。最高人民法院党组成员、副院长，第三巡回法庭分党组书记、庭长高憬宏出席会议并讲话。

高憬宏指出，各巡回区法院要认真学习领会习近平法治思想，从把握新发展阶段、贯彻新发展理念、构建新发展格局的实际出发，以高度的责任意识推动行政审判工作实现新发展；做好行政审判工作是贯彻习近平法治思想的重要举措，在推进法治国家、法治政府、法治社会一体建设过程中具有不可替代的作用；做好行政审判工作是推进国家治理体系和治理能力现代化的重要抓手，是确保司法公正高效权威的必然要求；做好行政审判工作要以保障人民群众根本权益作为工作的出发点和落脚点，不断增强人民群众获得感、幸福感、安全感。

高憬宏强调，新的历史背景下，人民群众对行政审判工作有了更高期待，人民法院应充分发挥审判职能，积极回应人民群众诉求；要坚持行政案件诉源治理，总结推广新时代的“枫桥经验”，努力从源头减少和预防行政纠纷；要深化府院联动，优化行政调解与行政复议、行政诉讼之间的衔接机制，促进官民关系的和谐；要强化上下良性互动，努力解决诉讼程序空转问题，减少程序上的反复和群众诉累；要推进立案登记机制的完善，优化司法资源的高效配置，助力行政争议的实质性化解。

最高人民法院行政审判庭负责人、第三巡回法庭负责人、巡回区各高级人民法院相关负责同志等参加会议。

（来源：《人民法院报》2021年2月4日）

➢ 马世忠：压实管理责任　强化监督问责　确保人民法院各项工作安全有序运行

2月2日，最高人民法院举办全国法院安全事故案例通报暨警示教育会议，最高人民法院党组成员、政治部主任马世忠出席并讲话。他强调，各级法院要坚持以习近平新时代中国特色社会主义思想为指导，深入学习贯彻习近平法治思想，进一步压实人民法院安全管理工作责任，确保人民法院各项工作安全有序运行，为全国社会大局持续安全稳定贡献力量。

马世忠指出，此次会议通报的安全事故虽属个别，但暴露出的问题应当引起全国法院的警醒，各级法院要引以为戒，切实增强忧患意识、风险意识。要提高政治站位，深刻认识做好法院安全管理工作的重要意义，强化政治担当、使命担当、责任担当，全面预判法院安全管理工作可能遇到的风险挑战，以等不起、坐不住的紧迫感，把各类预案做得实而又实，把各项措施抓得紧而又紧，有力化解各类风险。

马世忠要求，要坚持问题导向，紧盯法院安全管理工作的薄弱环节，狠抓规定执行，优化联防联动，强化日常安全意识教育，筑牢法院安全管理的铜墙铁壁，确保最大限度消除各类安全隐患。要坚持权责统一，强化监督问责，增强问责严肃性，凡发生安全事故的，要严肃追究院领导、相关部门及人员的责任。要深化督促指导，将安全管理工作纳入督察巡查的重要内容。要严管厚爱并举，对法院安全管理工作作出贡献的部门和个人，给予应有的激励。

地方各级人民法院分管警务和法庭工作的院领导，政治、督察、警务等部门主要负责同志以及人民法庭庭长参加会议。

（来源：《人民法院报》2021 年 2 月 3 日）

➢ 马世忠：推动新时代院机关党的建设高质量发展

4 月 8 日上午，最高人民法院召开院机关及直属单位各党组织书记会议，最高人民法院党组成员、政治部主任、机关党委书记马世忠出席会议。他强调，要以习近平新时代中国特色社会主义思想为指导，旗帜鲜明讲政治，切实有效推动院机关党的建设高质量发展，为新时代司法审判工作实现新发展提供坚强保证，以优异成绩庆祝中国共产党成立 100 周年。

马世忠指出，一年来，最高人民法院各党组织的政治功能作用得到充分彰显，组织力提升工程稳步推进，广大党员干部政治机关意识明显增强，理论学习成效明显提升，主体责任落实明显强化。要立足新起点新征程，提高政治站位，进一步增强做好新时代院机关党建工作的责任感、使命感和紧迫感。

马世忠强调，要全力推动院机关党的建设高质量发展，毫不动摇加强政治建设，不断提高政治判断力、政治领悟力、政治执行力。要与时俱进加强思想建设，扎实开展党史学习教育，坚持不懈加强组织建设，切实增强党组织战斗力、凝聚力、向心力、领导力。要持之以恒抓好队伍教育整顿，高标准完成筑牢政治忠诚、清除害群之马、整治顽瘴痼疾、弘扬英模精神“四项任务”，坚决狠刹“四风”，严格规范司法行为，扎实开展警示教育，严惩司法腐败。

马世忠要求，必须牢牢牵住责任制这个“牛鼻子”，压紧压实责任，积极担当作为，做好统筹联动，加强督导检查，形成层层压实党建责任、人人落实党建责任的格局，以责任落实推动各项任务落实。

会议在最高人民法院本部设主会场，在六个巡回法庭设分会场，最高人民法院机关及直属单位各党组织负责同志参加会议。

（来源：《人民法院报》2021年4月9日）

➢ 马世忠：着力建设德才兼备的高素质法院队伍

4月19日，最高人民法院以视频形式召开全国高级法院政治部主任会议，部署2021年法院队伍建设工作。最高人民法院党组成员、政治部主任马世忠出席会议并讲话，强调要以习近平新时代中国特色社会主义思想为指导，深入贯彻习近平法治思想，增强“四个意识”、坚定“四个自信”、做到“两个维护”，着力建设德才兼备的高素质法院队伍，为人民法院工作高质量发展提供坚强组织保证。

马世忠强调，要把开展习近平新时代中国特色社会主义思想学习教育作为长期的重大政治任务，开展全战线、全覆盖的政治轮训，在全国法院掀起学习贯彻习近平法治思想的热潮。要始终把党的政治建设摆在首位，引导干警深刻认识人民法院作为政治机关的鲜明属性，确保队伍建设正确的政治方向。要深入开展党史学习教育，推动人民法院党的建设全面发展。要认真贯彻落实中央部署要求，准确把握目标任务和原则要求，扎实开展全国法院队伍教育整顿，在思想上、政治上、组织上、作风上纯洁法院队伍。

马世忠指出，要深入贯彻落实新时代党的组织路线，牢固树立正确选人用人导向，从严从实管理监督干部。要全面深化法院组织人事制度改革，推进审判体系和审判能力现代化。要以习近平总书记重要训词精神为根本遵循，全面推动人民法院司法警察队伍建设高质量发展。要进一步加强法院政工队伍自身建设，全面提高法院政工干部的思想政治素质、纪律作风素养和政工专业能力。

最高人民法院政治部、督察局、机关党委、离退休干部局负责同志在主会场，国家法官学院、各高院政治部、督察局（室）、机关党委、法官培训机构相关负责同志在各分会场参加会议。

（来源：《人民法院报》2021年4月20日）

➢ 马世忠：确保顽瘴痼疾整治取得扎实成效

5月25日上午，最高人民法院召开全国法院贯彻落实防止干预司法“三个规定”突出问题专项整治工作推进会。最高人民法院党组成员、政治部主任马世忠主持会议并讲话。中央纪委国家监委驻最高人民法院纪检监察组组长、最高人民法院党组成员刘海泉出席会议。

会议通报了2021年1月至4月全国法院新的记录报告平台管理使用及月报告制度执行情况，天津、辽宁、安徽、福建、湖南、广东、四川7个高级法院分管院领导分别介绍了贯彻落实“三个规定”的相关情况。

马世忠指出，2021年以来，全国各级法院深入开展贯彻落实“三个规定”工作，广大干警贯彻落实“三个规定”的思想认识明显提升，严格执行月报告制度的氛围日渐浓厚，记录报告平台联通运行较为顺畅，管理监督的长效长治机制逐步完善。但目前这项工作仍存在差距和薄弱环节，需要认真加以改进，继续下大力气狠抓落实。各级法院要总结目前取得的工作成效和经验，深入查摆制度执行中存在的薄弱环节，完善相关制度机制，确保顽瘴痼疾整治取得扎扎实实的成效。

马世忠强调，严格执行防止干预司法“三个规定”，是中央对人民法院审判执行工作提出的明确要求，是各级法院必须履行的重要政治责任，要提高政治站位，正视差距不足，紧扣目标任务，结合教育整顿，补短板、堵漏洞，进一步增强落实“三个规定”的思想自觉和行动自觉，健全制度机制，完善风险防控，严格监督管理，狠抓制度落地，进一步推进人民法院队伍建设和全面从严治党、从严治院、从严管理工作，为公正廉洁司法提供制度保障。

中央政法委队伍建设指导局负责同志受邀参加会议。全国法院教育整顿领导小组成员、顽瘴痼疾整治专班成员，最高人民法院相关部门负责同志及地方各级法院相关负责同志分别在主、分会场参加会议。

（来源：《人民法院报》2021年5月26日）

➤ 杨万明：深入学习贯彻习近平法治思想　推动巡回区行政审判高质量发展

7月15日上午，最高人民法院第一巡回法庭在广西壮族自治区南宁市召开2021年巡回区行政审判座谈会。最高人民法院党组成员、副院长杨万明出席会议并讲话。

杨万明指出，巡回区各级法院要认真学习贯彻习近平总书记“七一”重要讲话精神，深入学习贯彻习近平法治思想，深刻把握新时期行政审判工作的新使命和新要求，落实行政审判领域改革部署，进一步提升人民法院维护人民利益、服务大局发展、促进依法行政的能力和水平。

杨万明强调，要始终坚持维护人民群众的合法权益，监督和支持依法行政，着力提升行政审判工作服务大局的能力；要努力实现实质性化解行政争议目标，加强诉讼源头治理，坚守公平正义法治生命线；要建设有信仰能战斗的行政审判队伍，为做好新时代巡回区行政审判工作提供更加有力的人才保障和智力支持。

广西壮族自治区高级人民法院院长黄海龙出席会议并致辞。最高人民法院第一巡回法庭有关负责同志、行政主审法官，以及湖南、广东、广西、海南四省区法院相关负责同志参加会议。

（来源：《人民法院报》2021年7月16日）

➤ 杨临萍：中国法院为全球互联网法治发展贡献中国智慧

7月9日，世界人工智能大会在上海开幕，最高人民法院党组成员、副院长杨临萍出席大会法治论坛开幕式并致辞。

杨临萍指出，习近平总书记在庆祝中国共产党成立100周年大会上的讲话中提出要“以中国的新发展为世界提供新机遇”。当前，人工智能正对经济社会高质量发展发挥巨大作用，同时也在积极助力法治现代化建设。中国法院大力推动人工智能等现代科技在司法领域的广泛应用，加强智慧法院建设，深入推进司法公开，建成审判流程、庭审活动、裁判文书、执行信息四大公开平台；建成一站式多元解纷和诉讼服务体系；加强司法大数据管理和分析服务，建成世界最大的司法审判信息资源库。智慧法院建设成果也在新冠肺炎疫情期间大显身手，充分反映了先进信息技术特别是人工智能技术应用推进审判体系和审判能力现代化的突出作用。

杨临萍强调，智能社会发展也需要法治加以规制和引领。研究并解决好与人工智能相关的一系列先进技术的根本性法律问题，规范和引导智能社会良性发展，已经成为法学法律界及社会各界普遍关注的重要方向。中国法院在研究、解决信息技术带来的法律问题方面积极探索，为全球互联网法治发展积极贡献了中国智慧。杭州、北京、广州先后设立互联网法院，推动网络空间治理法治化；最高人民法院发布《人民法院在线诉讼规则》，对在线庭审规则作出全面系统规定。中国法院关于人工智能和互联网应用的探索，为全球互联网法治发展积极贡献了中国智慧。

（来源：《人民法院报》2021 年 7 月 11 日）

➢ 杨临萍：司法服务生态文明建设　推动构建人与自然生命共同体

7 月 12 日，2021 年生态文明贵阳国际论坛在贵阳开幕。最高人民法院党组成员、副院长杨临萍参加开幕式，并在生态文明法治主题论坛上作主旨报告。

杨临萍指出，中国法院深入贯彻落实习近平生态文明思想和习近平法治思想，充分发挥审判职能作用，为生态文明法治建设提供有力司法服务和保障。中国法院坚持以人民为中心，不断增强环境诉讼服务水平，切实维护人民群众环境权益；坚持生态优先，加大生态环境和生物多样性保护，助力人与自然和谐共生；坚持最严密法治，依法严肃追究环境污染、生态破坏行为法律责任，不断加强生态环境法治保障；坚持系统观念，统筹山水林田湖草沙一体化保护和修复，推动生态环境协同治理；坚持服务绿色低碳循环发展，促进生产方式和生活方式全面绿色转型，以司法手段助力实现碳达峰、碳中和目标。

杨临萍表示，中国法院不断创新环境资源审判制度机制，深化环境司法专门化审判机构、专门化司法措施、专门化审判规则建设，在环境资源审判工作中落实公平、共同但有区别的责任及各自能力原则，公平公正惠益分享原则，损害担责原则以及保护和可持续利用自然资源原则，形成了具有中国特色的环境资源审判体系。

杨临萍指出，近年来，中国法院积极开展环境司法国际交流与合作，不断凝聚生态文明法治的国际共识。2021年召开的世界环境司法大会一致通过了由最高人民法院起草的《世界环境司法大会昆明宣言》，为建设清洁美丽世界、构建人与自然生命共同体贡献了中国司法智慧和司法规则。

（来源：《人民法院报》2021年7月13日）

➢ 杨临萍：深入学习贯彻习近平法治思想　为营造清朗网络空间提供有力司法保障

11月19日，首届中国网络文明大会网络法治论坛在北京举行，最高人民法院党组成员、副院长杨临萍出席论坛并致辞。

杨临萍向论坛举办表示祝贺。她指出，习近平总书记向网络文明大会致贺信，让人倍感振奋。此前，习近平总书记就把握数字经济发展趋势和规律、推动我国数字经济健康发展作出重要指示，为进一步完善数字经济治理体系，健全法律法规和政策制度，指明了前进方向，提供了根本遵循。此次论坛以“网络法治文明与个人信息保护”为主题，聚焦法治前沿热点话题，回应“互联网+”背景下社会关切，对于进一步推进网络空间法治化，提升依法治网水平，推动数字经济更好服务和融入新发展格局，具有重要意义。

杨临萍表示，数字经济快速发展给网络法治建设带来前所未有的机遇和挑战。人民法院积极回应时代需要和人民期待，与有关部门通力合作、统筹施策，在加强个人信息保护、促进依法治网等方面不断改革探索。人民法院全面深化智慧法院建设，建设互联网法院，出台在线诉讼规则，出台规范人脸识别应用相关司法解释，审理了一大批具有广泛社会影响的互联网案件，为净化网络空间、促进数字经济依法规范发展作出了积极贡献。最高人民法院愿与与会各方一道，深入贯彻习近平法治思想，认真贯彻落实党的十九届六中全会精神，坚持用党的百年奋斗重大成就和历史经验指引方向、凝聚力量，牢牢把握数字经济时代发展趋势，不断加强对网络空间新情况新问题的研究和应对，共同谱写网络法治文明新篇章。

中央网信办副主任牛一兵、中央政法委副秘书长王洪祥、最高人民检察院副检察长孙谦、司法部副部长熊选国出席论坛并致辞。

（来源：《人民法院报》2021 年 11 月 20 日）

➢ 杨临萍：全面加强生态环境司法保护　开启环境资源审判工作新征程

12 月 10 日，第三次全国法院环境资源审判工作会议以视频方式召开。最高人民法院党组成员、副院长杨临萍出席会议，传达周强院长对环境资源审判工作的要求并讲话。

杨临萍指出，要坚持以习近平新时代中国特色社会主义思想为指导，深入贯彻习近平生态文明思想、习近平法治思想，认真学习贯彻党的十九届六中全会精神，认真落实习近平总书记致世界环境司法大会贺信重要指示精神，坚持党对司法工作的绝对领导，坚持以人民为中心，以构建有中国特色和国际影响力的环境资源审判体系为主线，以深化改革创新为动力，以推进审判专业化建设为抓手，以提升智慧司法水平为支撑，以拓展国际合作交流为平台，全面加强生态环境司法保护，为努力建设人与自然和谐共生的现代化，协同推进人民富裕、国家强盛、中国美丽提供有力司法服务和保障。

杨临萍要求，要牢记“国之大者”，充分发挥审判职能作用，维护国家生态安全，保障人民群众环境权益，服务国家绿色发展大局。要深化改革创新，推动机构运转实质化、集中管辖协同化、环境司法智慧化、司法协作常态化、纠纷解决多元化，着力构建有中国特色和国际影响力的环境资源审判体系。要坚持良法善治，全面准确适用环境资源法律，发挥司法案例示范引领和规则补充作用，加强环境司法理论研究，推动生态环境法律适用规则体系化。强化队伍建设，提升司法专业能力，狠抓纪律作风建设，深化国际合作交流，努力打造一支德才兼备的高素质专业化环境资源审判队伍。

会议宣布了2021年度环境资源审判优秀调研成果和裁判文书评选结果。

部分全国人大代表、全国政协委员、最高人民法院特约监督员及专家学者应邀参加会议。最高人民法院、各高级人民法院相关负责同志参加会议。

（来源：《人民法院报》2021年12月11日）

➢ 贺小荣：将习近平法治思想作为中国特色行政审判的根本遵循

3月18日至19日，中国法学会审判理论研究会行政审判理论专业委员会2020年年会在海南省海口市召开。最高人民法院党组成员、副院长贺小荣出席会议并讲话。海南省人大常委会党组副书记、副主任胡光辉，海南省高级人民法院党组书记、院长陈凤超出席会议。

贺小荣指出，行政审判既是国家治理体系和治理能力现代化的重要组成部分，又是推进国家治理体系和治理能力现代化的重要途径。当前和今后一个时期，全国法院行政审判部门要始终坚持以习近平法治思想为根本遵循，围绕更好发挥行政审判职能作用、助推法治政府建设实现率先突破，有效履职尽责，确保将习近平法治思想贯彻落实到行政审判理论和实践的全过程。要在服务保障党和国家工作大局、维护人民群众合法权益、实质化解行政争议、促进提升行政诉讼制度改革成效上下更大功夫，全面提升行政审判工作质效。

会议期间，贺小荣带队赴海南省澄迈县人民法院老城人民法庭、海口江东新区规划馆、海口市中级人民法院等地调研。

最高人民法院立案庭、行政庭、各巡回法庭、法研所，各高院、兵团分院、解放军军事法院行政庭相关负责同志以及部分专家学者、获奖论文代表等参加会议。与会代表就进一步做好2021年的行政审判工作进行了研讨。最高人民法院行政庭对行政案件管辖改革两部司法解释实施工作进行了部署培训。

（来源：《人民法院报》2021年3月19日）

➢ 贺小荣：加大数据安全司法保护力度　促进数字经济健康快速发展

6月16日，中国政法大学主办的首届数据法治高峰论坛暨中国政法大学数据法治研究院、数据法治学科创新引智基地（111计划）、智慧法治联合实验室揭牌仪式在北京举行，最高人民法院副院长贺小荣出席会议并讲话。贺小荣指出，数据已经成为与土地、劳动力、资本、技术并列的生产要素，要平衡各方利益，促进数字经济健康快速发展。

贺小荣指出，数据法律问题本质上就是法律和科技的相互关系问题。从我国目前的司法实践来看，数据法律问题集中表现在四个方面：数据的产权归属问题、数据处理者侵犯个人隐私问题、大数据集中导致的“杀熟”问题、数据算法合理性的裁量标准问题。

贺小荣强调，目前，人民法院正在研究关于人脸识别引发的相关案件的法律适用问题，密切关注数字经济给司法实践带来的问题与挑战，为公民维护自身的隐私权益提供更加充分的保障。同时，为便于更好地保护公民个人隐私、准确认定案件事实，还需要适当引入过错推定原则，完善举证、质证和证明责任分配规则。在司法实践中，人民法院将以保护消费者合法权益为出发点和落脚点，通过依法减轻消费者举证责任、准确界定“杀熟”行为的性质与责任，更好地保护数字时代的个人权益。此外，尽管我国目前尚无对算法合理性的裁量标准，但为查清案件基本事实，需要将公平伦理的考量因素引入算法之中。可以预见，确立数据算法合理性的司法裁量标准，将是数字经济时代维护公平竞争、实现公平正义的必然路径。

（来源：《人民法院报》2021年6月17日）

➢ 贺小荣：发挥金融审判职能作用　促进金融业高质量发展

10月20日至22日，2021金融街论坛年会在京举行。由北京金融法院作为特邀承办单位的“治理体系与金融安全”平行论坛顺利召开。最高人民法院党组成员、副院长贺小荣出席论坛并致辞。

贺小荣指出，要更好发挥金融民事审判职能，严格实施民法典，依法平等保护金融消费者、投资者及金融机构的合法权益，依法审理涉民营企业相关案件，健全证券集体诉讼制度，积极支持北京证券交易所建设，加大涉平台经济领域案件审理力度，依法维护股、债、汇市场平稳运行，服务保障宏观金融政策的连续性、稳定性和可持续性。要更好发挥金融行政审判职能，支持、监督金融监管机构依法履行监管职责，推动金融行政纠纷的实质化解，促进提高依法行政水平。

贺小荣表示，要进一步完善金融审判工作机制，完善金融司法国际交流协作机制，为推进金融双向开放营造更加良好的法治环境。要积极构建金融工作合力，强化金融审判与金融监管的衔接配合，推进完善金融案件多元化纠纷解决机制，推动形成统一完善的金融法治体系。

据了解，金融街论坛创立于2012年，自2020年起升格为国家级、国际性专业论坛。2021金融街论坛年会主题为“经济韧性与金融作为”，平行论坛版块规模进一步扩大，特别以北京金融法院成立为契机，聚焦金融法治保障，增加议题设置与安排，彰显法治在服务保障国家金融战略实施、促进金融业高质量发展中的担当作为。

（来源：《人民法院报》2021年10月22日）

➢ 沈亮：以党的百年奋斗重大成就和历史经验为指引　推动司法体制综合配套改革不断向纵深发展

12月15日，全国法院司法体制综合配套改革推进会以视频方式召开。最高人民法院党组成员、副院长沈亮出席会议，传达最高人民法院党组书记、院长周强对司法改革工作的批示并讲话。

沈亮指出，2021年以来，全国法院在以习近平同志为核心的党中央坚强领导下，牢记“国之大者”，胸怀“两个大局”，加快推进司法责任体系改革和建设，推动各项改革举措更加有机衔接、协同配套，各方面工作取得新进展、新成效。

沈亮强调，党的十八大以来，人民法院把党的领导贯穿司法改革始终，以理论创新引领重大改革实践，用系统观念统筹推进各项改革，以制度建设统领各项具体举措，形成了一系列既符合我国国情、又具有实践效能的司法改革经验。

沈亮强调，全国法院要认真学习贯彻党的十九届六中全会精神，进一步落实政法领域全面深化改革推进会精神和最高人民法院党组部署要求，推动改革更加系统集成、协同高效。要以党的百年奋斗重大成就和历史经验为指引，始终坚持以人民为中心的改革价值观，坚持问题导向、精准施策，坚持系统谋划、协同配套，坚持试点探索、制度提升，坚持督察落实、总结评估。要健全司法责任体系，完善“四类案件”监督管理机制，深化民事诉讼制度改革，推进四级法院审级职能定位改革，推进互联网司法建设，不断深化法院人事制度改革。

北京、江苏、浙江、江西、广东、重庆、四川 7 家高级人民法院在会上作了经验交流发言。

最高人民法院相关部门负责人在主会场，各高级人民法院、新疆生产建设兵团分院分管司法改革工作的院领导和司法改革职能部门负责人在分会场参加会议。

（来源：《人民法院报》2021 年 12 月 16 日）

➢ 刘贵祥：以司法引领诚信社会建设

3 月 9 日上午，最高人民法院举办 2021 年全国两会《最高人民法院工作报告》系列解读全媒体直播访谈第二场活动。最高人民法院审判委员会副部级专职委员刘贵祥在线解读工作报告，详解人民法院充分发挥审判执行职能作用，弘扬“言而有信”，严惩各种欺诈行为，以司法引导、促进诚信社会建设的工作情况。

一些失信被执行人对生效判决不仅不主动履行，还想方设法规避执行。刘贵祥指出，人民法院针对各种执行失信行为建立了一套行之有效、独具中国特色的执行制度、执行机制、执行模式。首先，充分发挥我国的制度优势、体制优势，形成在党的集中统一领导下，各方面齐抓共管的综合治理、源头治理的工作格局。其次，借助现代信息科技建立覆盖全国及所有财产形式、四级法院都能应用的查控系统，基本实现对被执行人财产的一网打尽，解决查人找物问题。最后，建立有60多个部门参加的信用惩戒体系。通过联合信用惩戒，使失信被执行人“一处失信、处处受限”。此外，通过限制出境、司法拘留等强制措施，加大对严重失信行为的惩戒力度，让失信者心有所戒、行有所敛、违有所惩。截至2020年12月，全国共有751万名失信被执行人迫于信用惩戒压力自动履行了义务，生效法律文书的自动履行率逐年提高，执行难度总体趋缓。

在“基本解决执行难”阶段性目标如期实现后，刘贵祥表示，人民法院将继续加大对刑事涉财产刑案件、行政案件的执行力度，如对渎职类犯罪案件的没收财产、罚金等财产刑执行，在扫黑除恶专项斗争中“打财断血”，打掉涉黑涉恶势力犯罪的经济基础。咬定“切实解决执行难”这一目标不放松、不懈怠，持续发力，久久为功。

在实践中，确实存在执行不能的案件，比如“僵尸企业”，债务还不了，债务包袱又卸不掉，处于僵持状态。从法律上对这些诚实而不幸的债务人有解决的途径吗？对此，刘贵祥表示，人民法院一直高度重视破产审判工作，充分发挥破产制度推动市场出清、优化资源配置，挽救困境企业、促进经济结构调整的作用，依法妥善审理了青海盐湖股份、重庆力帆、天津物产等重大破产重整案件，破产审判服务保障供给侧结构性改革、化解重大风险、推动高质量发展的作用得到充分体现。

虚假诉讼时有发生，严重挑战诚信底线。针对虚假诉讼，人民法院有哪些举措？刘贵祥表示，近年来，人民法院先后出台了多份文件，部署打击虚假诉讼。目前，最高人民法院正在研究制定防范和惩治虚假诉讼的司法解释，明确虚假诉讼的具体情形、处罚措施以及应承担的赔偿责任。同时，在审判执行工作中通过大数据分析、关联案件检索等手段，寻找虚假诉讼行为的规律，精准识别、精准打击。

破产法专家、中国政法大学教授李曙光通过视频连线发表精彩点评。山东广播电视台主持人、快手主播吕素鹏通过视频连线为人民法院工作点赞。

（来源：《人民法院报》2021年3月10日）

➢ 刘贵祥：探索多元解纷新机制 实现社会治理现代化

6月17日，由国家法官学院《法律适用》编辑部、浙江省丽水市中级人民法院主办，青田县人民法院协办的“丽法杯”多元解纷机制及治理现代化主题论坛在丽水中院举行。最高人民法院审判委员会副部级专职委员刘贵祥，浙江省高级人民法院党组书记、院长李占国出席并讲话。丽水市委副书记、政法委书记郎文荣致辞。来自全国四级法院实务界代表、法学教育的专家学者参加论坛。

刘贵祥指出，积极探索多元化解矛盾纠纷新机制，全面提升社会治理水平是当前我国深化改革过程中的重要任务之一，是实现国家治理体系和治理能力现代化的内在要求，是满足人民群众司法需求的重要举措，是实现纠纷分流合理配置司法资源的重要途径。近年来，全国法院坚持把非诉讼纠纷解决机制挺在前面，逐步构建起中国特色一站式多元纠纷解决和诉讼服务机制，让人民内部矛盾能够更快更有效化解。此次主题论坛交流多元解纷经验，探索中国特色纠纷解决和诉讼服务新模式，具有深远意义，全国各级法院要以此为契机，进一步探索和总结好经验、好做法，为中国特色的纠纷解决和治理模式贡献更多的中国方案。

刘贵祥强调，要深刻把握多元解纷及治理现代化的法治化轨道，着眼于人民群众多元的纠纷解决诉求，把各类矛盾纠纷解决方式纳入法治化轨道，促进提升社会治理的法治化水平；要深刻把握多元解纷及治理现代化的专业化趋势，让每一类纠纷都能通过最适合的方式得到解决，让所有当事人都能获得各自需要的、个性化的纠纷解决服务；要深刻把握多元解纷及治理现代化的社会化路径，建立完善“党委领导、司法推动、社会参与、多元并举、法治保障”的多元化纠纷解决工作格局，形成全社会共同参与纠纷解决的强大合力；要深刻把握多元解纷及治理现代化的信息化手段，不断开发大数据采集分析和挖掘应用潜能，实现人工智能技术与纠纷解决机制的深度融合，不断提高纠纷解决机制的智能化水平；要深刻把握多元解纷及治理现代化的国际化前景，提升我国在世界上的发展公信力和国际竞争力，推动中国成为全球治理体系中的重要参与者和践行者。

（来源：《人民法院报》2021年6月19日）

➢ 刘贵祥：为优化中国营商环境创造新的活力

12月17日上午，最高人民法院审判委员会专职委员刘贵祥通过视频在江苏南通“张謇公司治理理念与营商环境优化”研讨会作了讲话。中国法学会党组成员、副会长张苏军作了书面致辞。

刘贵祥说，张謇先生一生实践“实业救国、教育强国”的理想，心系国家，致富思源，义利兼顾，自觉履行社会责任，在近代中国转型期作出了卓越的历史性贡献。

刘贵祥指出，时代的发展要求我们传承和发扬张謇先生忧国忧民的爱国精神、自强不息的奋斗精神、海纳百川的开放精神，将企业发展融入国家建设，把社会责任转化为长久之功，为中国企业家精神注入新的时代内涵，为优化中国营商环境创造新的活力。近年来，南通法院出台“优化营商环境司法行动方案”，推出27条具体优化举措；建立营商环境重点指标日常监测制度；研发支云破产管理系统，提升破产案件办理效率效果。希望南通两级法院以此为契机，为人民法院改革发展、为优化地方营商环境、为促进区域社会治理创新作出更大贡献。

研讨会由江苏省高级人民法院、江苏省法学会指导，南通市中级人民法院、南通市法学会、南通大学、张謇研究中心共同主办。与会代表紧扣张謇企业家精神，围绕张謇公司治理法律理念与营商环境的关系，进行了交流发言和点评。会上还对“张謇公司治理理念与营商环境优化”学术论文获奖情况进行了通报。

（来源：《人民法院报》2021年12月21日）

重要调研活动

➢ 周强在北京金融法院调研：高起点高标准办好北京金融法院 助力国家金融管理中心建设

3 月 18 日上午，北京市、最高人民法院、“一行两会一局”联合到北京金融法院调研，并召开座谈会。市委书记蔡奇，最高人民法院院长周强，中国人民银行行长易纲，中国证监会主席易会满，最高人民法院常务副院长贺荣，中国人民银行副行长、国家外汇管理局局长潘功胜，市委副书记、市长陈吉宁，市委副书记张延昆参加。

北京金融法院 3 月 18 日正式挂牌成立，按照直辖市中级法院单独设置，设立立案庭，审判一、二、三庭，执行局等 7 个内设机构，首批 25 名法官已全部到岗。蔡奇、周强等与会领导先后察看信息中心司法大数据平台及窗口服务区、5G 融法庭等，并向云法庭、数字融合法庭法官询问办案情况，详细了解北京金融法院建设工作，并看望慰问法官。

座谈会上，蔡奇对北京金融法院的成立表示祝贺，对中央有关机关的有力指导、最高人民法院的大力支持、“一行两会一局”的积极协同表示感谢。他指出，设立北京金融法院，是党中央作出的重要决策部署，是服务保障国家金融战略实施、营造良好金融法治环境、促进经济健康发展的重要举措，也是国家金融管理中心功能建设和首都法治建设进程中的一件大事。要深入学习贯彻习近平总书记关于金融工作的重要论述，以高度的责任感使命感，高起点、高标准办好北京金融法院，助力国家金融管理中心建设，推动首都现代金融业高质量发展，推进法治中国首善之区建设迈上新台阶。

蔡奇强调，要有效发挥金融法院审判职能作用，营造与大国首都相匹配的现代金融法治环境。围绕服务实体经济、防控金融风险、深化金融改革三项任务，发挥集中管辖优势，依法妥善审理金融案件，更好服务保障国家金融战略实施。立足国家金融管理中心定位，支持金融监管机构依法行政，提高金融监管透明度和法治化水平。引导规范金融交易，维护金融市场秩序，为金融机构在京发展提供法治支持，加强对中小投资者、金融消费者和金融机构合法权益的保护。围绕北京“两区”建设，依法支持金融服务领域改革创新，为绿色金融、普惠金融、文化金融、数字金融发展提供司法指引。要防范化解金融风险。

蔡奇强调，要积极探索推进审判体制机制创新，着力提升我国金融司法的公信力和影响力。健全司法和金融监管机构常态化沟通机制，打造国家级金融法治协同平台。用好司法大数据，为金融审判和行业监管提供数据支撑。要多出树立金融领域规则标准的典型案例，为全国金融审判工作树立标杆。创新涉外金融审判机制，提升在国际金融纠纷解决中的话语权。加强金融纠纷诉源治理，完善多元化纠纷解决机制。

蔡奇强调，要加强党对金融法院的领导，把政治建设摆在首位，深入开展党史学习教育，健全基层党组织体系，坚持抓党建、带队建、促审判，做到审判的政治效果、法律效果和社会效果有机统一。要大力推进队伍革命化、正规化、专业化、职业化建设，进一步将最优秀的金融审判人才汇聚到金融法院，造就一支既懂法律又懂金融的高素质审判队伍。要加强对金融法院工作的业务指导，市级相关部门和西城区要提供支持和帮助。

周强指出，设立北京金融法院，是以习近平同志为核心的党中央着眼实施国家金融战略、营造良好金融法治环境、促进经济健康发展作出的重大改革部署。在中央有关单位和北京市委、市政府及相关部门大力支持下，北京金融法院建设工作得以顺利推进，正式开始办公。北京市委始终高度重视法治建设和人民法院工作，法治中国首善之区建设开启新篇章。北京金融法院要坚持以习近平新时代中国特色社会主义思想为指导，深入贯彻习近平法治思想，完整、准确、全面贯彻新发展理念，充分发挥金融审判职能作用，服务北京加强国家金融管理中心功能建设，为首都经济社会发展营造良好法治环境。要坚持专业化、国际化、智能化方向，强化科技支撑和司法大数据运用，扎实推进金融审判体制机制改革，完善专业人才培养机制，打造过硬金融审判队伍，努力建设国际一流金融专门法院。

最高人民法院和北京市领导马世忠、魏小东、齐静、殷勇、张家明，市高级人民法院院长寇昉参加。

（来源：《人民法院报》2021 年 3 月 19 日）

➤ 周强在天津法院调研：完整全面准确贯彻新发展理念　为实现高质量发展提供有力司法服务

3 月 25 日至 26 日，最高人民法院党组书记、院长周强在天津调研。周强强调，要坚持以习近平新时代中国特色社会主义思想为指导，深入贯彻习近平法治思想，认真学习贯彻全国两会精神，落实“十四五”规划部署，完整、全面、准确贯彻新发展理念，坚持服务大局、司法为民、公正司法，为实现高质量发展提供有力司法服务，以优异成绩庆祝建党 100 周年。

周强来到天津市滨海新区人民法院诉讼服务中心，在宽敞明亮、整洁有序的大厅里，诉服中心负责人介绍，自全面推行网上立案服务以来，以往熙熙攘攘的大厅变了模样，接待人数从平均每天 300 余人降为不到 50 人，2021 年以来民商事案件已基本实现网上立案。法院立足 12368 热线来电一号通办功能，建立“滨法智服”诉讼服务平台，提供一站式解纷服务，受到群众欢迎。周强充分肯定指出，要牢牢坚持以人民为中心的发展思想，对待群众诉求“马上办”“及时办”，充分运用信息化手段，高效便捷满足人民群众日益增长的多元司法需求。在滨海新区法院中新生态城环境资源中心法庭，周强详细了解案件审理情况，强调要充分发挥人民法庭特色优势，切实加强环境资源司法保护，积极推动生态文明建设和绿色发展。

作为京津冀唯一一家海事法院，近年来，天津海事法院围绕京津冀协同发展战略创新司法举措，大力开展巡回审判，就地预防化解矛盾纠纷。周强现场连线巡回审判庭、曹妃甸审判庭、秦皇岛审判庭，听取工作汇报，亲切问候干警。周强对天津海事法院服务京津冀协同发展，营造良好法治环境的举措和成效予以充分肯定，勉励大家依法履职尽责，不断提高专业化水平，积极推进国际海事司法中心建设，更好地发挥海事审判职能作用，服务海洋强国战略实施和“一带一路”建设。

天津市第一、第二中级人民法院依法审理了一批重大职务犯罪案件，周强看望慰问干警表示，大家不辱使命，圆满完成审判任务，有力推动了反腐败斗争深入开展，要再接再厉，进一步加强锤炼，为人民再立新功。在天津市第一中级人民法院院秀云调解工作室，周强与法官张秀云和律师等深入交流，认真听取意见建议。天津市第二中级人民法院整合行业调解、律师调解、人民调解等解纷力量，为人民群众提供低成本、高效率的多元解纷方案。周强充分肯定指出，要加强探索，进一步健全中国特色一站式多元纠纷解决和诉讼服务体系，坚持把非诉讼纠纷解决机制挺在前面，为人民群众提供更加优质高效的司法服务。

在天津市高级人民法院，周强深入调研诉讼服务、审判执行等工作。在市委领导下，天津建立司法裁判执行联动中心，公安、民政、社保、税务等部门积极参与、配合执行工作，大大提高了司法裁判执行工作效率。周强仔细听取汇报后表示，这是一项十分有益的探索，具有重要意义，要进一步总结经验，推动完善综合治理执行难工作格局，向着"切实解决执行难"目标不断迈进。

调研期间，周强走访了南开大学、天津大学、天津中医药大学等。在天津大学法学院，周强瞻仰了中国共产党早期的重要领导人之一张太雷的塑像。周强表示，要弘扬老一辈革命家优良传统，扎实开展党史学习教育，传承红色基因，牢记初心使命，深入践行司法为民宗旨。天津中医药大学校长、中国工程院院士张伯礼向周强介绍了当前中医药现代化发展取得的新进展。周强表示，人民法院要进一步加强中医药知识产权保护，服务科技自立自强，为促进中医药创新和繁荣发展贡献司法力量。

在天津高院举行的座谈会上，周强指出，天津法院在市委坚强领导下，旗帜鲜明讲政治，深入推进司法改革和智慧法院建设，持之以恒加强队伍建设，服务大局、司法为民、公正司法各项工作取得明显成绩，为天津经济社会发展作出积极贡献，最高人民法院予以充分肯定。

周强强调，要坚持以习近平新时代中国特色社会主义思想武装头脑、指导实践、推动工作，深入贯彻习近平法治思想，扎实开展党史学习教育，筑牢政治忠诚之魂，坚定理想信念，永葆人民法院作为政治机关的政治本色。要认真贯彻全国两会精神，落实"十四五"规划部署，完整、准确、全面贯彻新发展理念，紧扣推动高质量发展主题，为"十四五"开好局起好步提供有力司法服务。要深化司法改革，加强智慧法院建设，不断推动人民法院工作高质量发展。要持续巩固扫黑除恶专项斗争成果，推动扫黑除恶常态化。

要充分发挥人民法庭作用，促进乡村振兴，推进社会治理。要扎实深入开展政法队伍教育整顿，一体推进不敢腐、不能腐、不想腐，以零容忍态度严惩司法腐败，努力建设忠诚、干净、担当的过硬法院队伍。

最高人民法院党组成员、副院长高憬宏，天津市委常委、政法委书记赵飞，市委常委、滨海新区区委书记连茂君，副市长曹小红，北京市高级人民法院院长寇昉，天津市高级人民法院院长李静，河北省高级人民法院院长黄明耀参加调研。南开大学校长、中国工程院院士曹雪涛，天津大学党委书记李家俊，天津大学校长、中国工程院院士金东寒参加有关调研活动。

（来源：《人民法院报》2021 年 3 月 27 日）

➢ 周强在湖南法院调研：深入贯彻习近平法治思想　为奋力建设现代化新湖南提供有力司法服务和保障

3 月 31 日至 4 月 3 日，最高人民法院党组书记、院长周强在湖南调研。周强强调，要坚持以习近平新时代中国特色社会主义思想为指导，深入贯彻习近平法治思想，认真贯彻落实习近平总书记考察湖南时的重要讲话精神，充分发挥审判职能作用，为大力实施“三高四新”战略、奋力建设现代化新湖南，推动中部地区高质量发展提供有力司法服务和保障，为全面建设社会主义现代化国家作出更大贡献，以优异成绩庆祝建党 100 周年。

长沙市中级人民法院发扬红色优良传统，大力加强党建工作，结合党史学习教育，深入开展“我为群众办实事”实践活动，法官走进社区，来到群众身边，倾听诉求、办理案件。周强听取汇报后指出，司法工作成效要让人民群众来检验，要充分运用湖南丰富的红色资源，紧密结合党史学习教育和政法队伍教育整顿，教育引导干警牢记初心使命，坚守法治信仰，以周春梅同志为榜样，忠诚履职尽责，努力让人民群众在每一个司法案件中感受到公平正义。

在长沙县人民法院，周强深入了解诉讼服务、审判执行等工作情况，对法院推行案件繁简分流、探索简易案件速裁程序取得的成效予以充分肯定，指出要通过深化审判机制改革，有效减轻群众诉累，切实方便群众诉讼，为人民群众提供优质高效的司法服务。长沙县人民法院榔梨人民法庭主动融入党委领导的基层综治格局，加强矛盾纠纷多元化解，取得良好效果。周强要求进一步总结经验，切实加强与综治办、司法所等基层组织沟通联动，通过线上线下多种方式，及时化解苗头问题，促进基层治理，服务乡村振兴。长沙知识产权法庭跨区域集中管辖湖南全省专利技术案件和长沙市内知识产权案件，周强来到法庭，看到法庭硬件设施一流，各项工作卓有成效，十分高兴，强调要充分发挥知识产权审判职能作用，审出精品、创出经验，有力服务科技自立自强。

走进株洲市渌口区人民法院家事审判庭，对话式圆桌和“家和万事兴”主题布置，营造出温馨氛围。周强向法官询问婚姻家事案件审理情况，强调要把妇女儿童权益保护放在优先位置，深入推进家事审判改革，坚持法理情相结合，切实维护家庭和谐稳定。株洲市中级人民法院狠抓审判执行工作，建立绩效常态化督办、通报、分析制度，审判质效连续四年领跑全省法院。周强勉励干警发扬改革创新精神，保持良好工作势头，进一步提升司法能力水平，努力创造更加优异成绩。

在郴州市北湖区人民法院诉调对接中心，一位特邀调解员热情洋溢地向周强讲述自己参与调解的体会，周强鼓励她继续发挥好作用，用心用情帮助群众解决“烦心事”“揪心事”，促进矛盾纠纷实质性化解。郴州市中级人民法院积极巩固“基本解决执行难”成果，全市法院“一盘棋”联动执行，形成有效合力。在执行指挥中心，周强现场连线执行干警，了解执行工作情况，强调要坚持依法公正执行，不断增强执行规范化、信息化水平，健全解决执行难长效机制，向切实解决执行难目标不断迈进。

在湖南省高级人民法院，周强与湖南省委书记、省人大常委会主任许达哲调研法院工作，并召开座谈会，与全国人大代表向伟艺、胡春莲、黄河、戴立忠座谈交流。周强表示，在省委坚强领导下，湖南法院坚持服务大局，积极改革创新，大力加强审判执行工作，司法改革、队伍建设等工作走在全国前列，涌现出周春梅等一批坚守法治信仰、严格公正司法的先进典型，最高人民法院予以充分肯定。

周强强调，要坚持以习近平新时代中国特色社会主义思想为指导，深入贯彻习近平法治思想，扎实开展党史学习教育，继承发扬人民司法优良传统，促进服务大局、司法为民、公正司法。

要紧扣推动高质量发展主题，完整、准确、全面贯彻新发展理念，常态化推进扫黑除恶，全面加强知识产权司法保护，着力优化营商环境，深入践行“两山”理念，为经济社会高质量发展提供有力司法服务。要坚持以人民为中心，健全中国特色一站式多元纠纷解决和诉讼服务体系，加强人民法庭建设，深入推进乡村振兴，促进基层社会治理，切实维护群众合法权益。要深化司法体制改革和智慧法院建设，加快推进审判体系和审判能力现代化，不断提高化解矛盾纠纷、服务人民群众的能力水平。要深入开展队伍教育整顿，深入推进党风廉政建设和反腐败斗争，以零容忍态度严惩司法腐败，努力建设过硬法院队伍，确保公正廉洁司法。

许达哲感谢最高人民法院对湖南工作的关心和支持，表示全省上下特别是法院系统要深学笃行习近平法治思想，认真贯彻全面依法治国决策部署，推进全面依法治省，加快建设法治湖南，把依法执政、依法行政、公正司法、全面守法提高到新的水平，为谱写新时代坚持和发展中国特色社会主义湖南新篇章提供坚强法治保障。各级党委要加强对法院工作的领导，旗帜鲜明地支持法院依法履职、公正司法。

调研期间，周强还考察了湖南大学国家超算长沙中心、湖南广播影视集团有限公司、长沙中电软件园、马栏山视频文创园、广汽菲亚特克莱斯勒汽车有限公司、山河智能装备股份有限公司、中车株洲电力机车有限公司等。

最高人民法院党组成员、政治部主任马世忠，省委常委、省委秘书长张剑飞，省委常委、省委政法委书记李殿勋，省委常委、长沙市委书记吴桂英，省高院院长田立文参加调研。

（来源：《人民法院报》2021 年 4 月 6 日）

➢ 周强在四川法院调研：深入贯彻习近平法治思想　为四川高质量发展营造一流法治环境

4 月 7 日至 9 日，最高人民法院党组书记、院长周强在四川调研。周强强调，要坚持以习近平新时代中国特色社会主义思想为指导，深入贯彻习近平法治思想，扎实开展党史学习教育和队伍教育整顿，坚持服务大局、司法为民、公正司法，推进人民法院工作高质量发展，为谱写全面建设社会主义现代化四川新篇章，实现“十四五”开好局、起好步提供有力司法服务和保障，以优异成绩庆祝建党100周年。

四川天府中央法务区是全国首个省级层面推动建设的现代法务集聚区，自运行以来，法律资源集聚优势凸显，服务营商环境效应良好。4月9日上午，成都金融法庭、成都破产法庭、成都互联网法庭、四川大熊猫国家公园生态法庭入驻天府中央法务区正式运行。4家法庭与先前入驻的成都知识产权审判庭，依托四川高院、成都中院、天府新区法院等，构成天府中央法务区的核心司法聚集区。周强和四川省委书记、省人大常委会主任彭清华一同调研法庭建设，考察了天府中央法务区诉讼服务中心、智慧服务平台、中国（四川）知识产权维权援助中心等。周强指出，建设天府中央法务区，是深入践行习近平法治思想，持续优化法治化营商环境，全力推动四川高质量发展的重要举措。人民法院要坚持改革创新，发挥审判职能作用，运用专业法庭优势，为把天府中央法务区建设成为习近平法治思想实践先行示范区，打造立足四川、辐射西部、影响全国、面向世界的一流法律服务高地作出积极贡献，为推进成渝地区双城经济圈建设、开启全面建设社会主义现代化四川新征程提供高水平司法服务。

成都中院建立办案服务保障中心，设立专门小组处理辅助性事务，有效为法官办案减负。周强考察后予以充分肯定，要求坚持系统观念，认真总结经验，充分利用集约化、信息化等手段，不断提升审判工作质效。在成都市郫都区法院互联网法庭，法庭演示了引入新一代信息技术的智能庭审系统、区块链存证技术等，周强认真倾听，仔细询问互联网审判新情况新问题，要求进一步探索创新，健全完善在线诉讼规则，努力创造更高水平的数字正义。广汉市法院优化审判资源配置，实行案件“速裁、简案、繁案”三级分流。周强调研后指出，要不断完善诉讼机制，推动案件繁简分流、轻重分离、快慢分道，让正义提速，为群众解忧。

茂县是我国最大的羌族聚居区，茂县法院把民族文化融入法院建设，设立“石榴籽调解室”，运用车载法庭、旅游巡回法庭等，服务各族群众，及时化解纠纷。周强与干警亲切交流，认真听取羌族全国人大代表王安兰对法院工作的意见建议，强调要紧密结合少数民族特点，加强社会主义法治文化建设，深入践行司法为民，维护民族团结和社会稳定。茂县法院凤仪法庭设立心理工作室，在家事审判中开展心理疏导，为当事人化解心结，取得良好效果。周强详细了解案件审理及反家暴工作情况，要求坚持强基导向，加强法庭建设，促进基层治理，尤其是要充分发挥家事审判职能，切实保护妇女儿童权益，维护家庭和谐稳定。

汶川县法院发挥党建引领作用，加强审判执行工作，服务地震灾后重建和经济社会发展。周强亲切慰问干警，勉励大家继续大力弘扬抗震救灾精神，忠诚履职尽责，为新时代汶川实现新发展作出积极贡献。在汶川法院大熊猫国家公园卧龙法庭，周强调研后强调，要深入践行“两山”理念，加强生态环境司法，坚决筑牢长江、黄河上游重要生态屏障，服务美丽中国建设。

在成都中院，周强召开座谈会，听取四川高院、成都中院工作汇报，与全国人大代表王麒、刘守民、罗佳明、陶勋花、程并强、蔡光洁、魏学峰，全国政协委员仰协座谈交流。周强指出，在省委坚强领导下，四川法院狠抓审判执行工作，坚持服务大局、司法为民、公正司法，司法改革深入推进，队伍建设成效明显，不少工作走在全国法院前列，最高人民法院予以充分肯定。

周强强调，要始终坚持以习近平新时代中国特色社会主义思想武装头脑、指导实践、推动工作，深入贯彻习近平法治思想，完整、全面、准确贯彻新发展理念，紧扣高质量发展主题，充分发挥审判职能作用，为四川经济社会发展和成渝地区双城经济圈建设营造一流法治环境。要更加注重系统观念、法治思维、强基导向，全面深化司法体制改革，推动智慧法院建设转型升级，大力加强基层基础建设，健全完善中国特色一站式多元纠纷解决和诉讼服务体系建设，促进审判体系和审判能力现代化，实现人民法院工作高质量发展。

周强要求，要扎实深入开展党史学习教育和法院队伍教育整顿，持之以恒加强过硬队伍建设。要把党史学习教育与服务保障党和国家工作大局结合起来，与深入开展“我为群众办实事”结合起来，切实把学习教育成效转化为服务大局、司法为民、公正司法的生动实践。要严格对标对表党中央部署，认真开展法院队伍教育整顿，坚持刀刃向内、刮骨疗毒，以零容忍态度严惩司法腐败，努力建设一支党和人民信得过、靠得住、能放心的过硬法院队伍。

调研期间，周强参观了“5·12”汶川特大地震映秀震中纪念馆。

最高人民法院党组成员、副院长李少平，四川省委常委、成都市委书记范锐平，省委常委、政法委书记邓勇，省高院院长王树江分别参加调研。

（来源：《人民法院报》2021年4月10日）

➢ 周强在安徽法院调研：完整准确全面贯彻新发展理念　为创新驱动发展提供有力司法服务和保障

4月14日至16日，最高人民法院党组书记、院长周强在安徽调研。周强强调，要坚持以习近平新时代中国特色社会主义思想为指导，深入贯彻习近平法治思想，完整、准确、全面贯彻新发展理念，坚持服务大局、司法为民、公正司法，扎实开展党史学习教育和队伍教育整顿，充分发挥审判职能作用，为实施创新驱动发展战略、实现科技自立自强，促进高质量发展提供有力司法服务和保障。安徽省委书记、省人大常委会主任李锦斌参加有关调研。

合肥是国家科技创新型试点市，是国家四大科学中心城市之一，创新平台密集，带动了全省科技产业发展。周强考察了中科院量子信息与量子科技创新研究院、科大讯飞公司、安徽陶铝新材料研究院、华瑞赛维5G实验室等，走访了全国人大代表包信和、刘庆峰，了解科技前沿动态，询问司法服务和保障需求。周强指出，坚持创新在我国现代化建设全局中的核心地位，把科技自立自强作为国家发展的战略支撑，是以习近平同志为核心的党中央把握世界大势、立足当前、着眼长远作出的重大战略布局。人民法院要认真贯彻落实习近平总书记关于科技创新的重要论述精神，增强责任感、使命感，找准结合点、切入点，坚持问题和需求导向，大力加强知识产权司法保护，充分发挥审判职能作用，服务创新驱动发展，促进科技自立自强，为加快建设科技强国和现代化强国提供坚强有力的法治保障。

合肥市蜀山区矛盾纠纷多元化解中心汇聚多元解纷资源，10余家行业组织、调解机构入驻，与蜀山区人民法院共建化解矛盾纠纷的“门诊部”。周强走进家事、医疗、道路交通、物业纠纷等各具特色的调解室，与调解员亲切交谈，询问意见建议。看到中心运行良好、成效明显，周强予以充分肯定，强调要坚持把非诉讼纠纷解决机制挺在前面，在党委领导下，充分发挥各方调解力量作用，完善诉调对接机制，构建多元解纷大格局，及时高效化解矛盾纠纷，更好地服务人民群众。

寿县人民法院在党史学习教育中，把加强涉民生案件执行、法官下沉社区“送法上门”作为“我为群众办实事”重要内容，受到群众欢迎。周强听了十分高兴，指出要通过开展党史学习教育，进一步改进工作作风，拿出为群众办实事的硬招实招，以司法为民、公正司法的实效来检验和体现学习教育成果。宿州市埇桥区法院不断完善一站式解纷功能，设立诉前调解、执行事务等服务专区，落实落细司法便民举措。周强调研后指出，司法为民永无止境，要针对群众需求，健全中国特色一站式多元纠纷解决和诉讼服务体系，进一步提高工作质效，为人民群众实质性化解矛盾纠纷提供更加优质高效的司法服务。

淮北市中级人民法院以挂图作战方式推进队伍教育整顿，细化整改清单，层层压实责任。周强详细询问进展，特别是“三个规定”执行情况，要求进一步增强思想自觉，以自我革命的精神，坚持刀刃向内、刮骨疗毒，认真做好查纠整改阶段工作，推动教育整顿走深走实，确保取得实效。淮北市烈山区人民法院烈山法庭加强与妇联、团委等部门联动，推进家事和少年审判工作。周强走进“法官妈妈”牛新华工作室，征询改进少年法庭工作意见建议，强调要进一步加强指导，坚持改革创新，提升司法能力，切实保障妇女儿童权益，维护家庭和谐和社会稳定。

在淮北中院，周强召开座谈会，听取安徽省高级人民法院、淮北中院工作汇报，与全国人大代表任千里、杨杰座谈交流。周强指出，在省委坚强领导下，在省委政法委领导下，安徽法院充分发挥审判职能作用，坚持服务大局、司法为民、公正司法，司法改革、执行攻坚、队伍建设等工作取得明显成效，不少工作走在全国法院前列，涌现出以魏晶晶同志为代表的一批优秀法官，最高人民法院予以充分肯定。

周强强调，要始终坚持以习近平新时代中国特色社会主义思想为指导，深入贯彻习近平法治思想，扎实开展党史学习教育和队伍教育整顿，推动新时代人民法院工作高质量发展，为加快建设美好安徽提供有力司法服务，为推进长三角一体化发展、促进中部地区高质量发展营造良好法治环境。要完整、准确、全面贯彻新发展理念，聚焦服务创新驱动发展、优化营商环境、加强产权和知识产权保护等重点工作依法履职尽责。要坚持以人民为中心，持续推进中国特色一站式多元纠纷解决和诉讼服务体系建设，巩固“基本解决执行难”成果，充分发挥人民法庭在服务基层治理和乡村振兴中的重要作用，切实保障人民群众合法权益。要深化司法体制改革和智慧法院建设，大力加强基层基础建设，加快推进审判体系和审判能力现代化。要坚持全面从严治党、从严治院、从严管理，扎实推进队伍教育整顿，深入开展向魏晶晶同志等先进典型学习活动，筑牢政治忠诚、清除害群之马、整治顽瘴痼疾、弘扬英模精神，努力建设一支党和人民信得过、靠得住、能放心的过硬法院队伍。

调研期间，周强参观了渡江战役纪念馆，强调人民法院广大干警要继承革命优良传统，从党史中汲取力量、振奋精神，进一步坚定信仰、砥砺品格、锤炼作风、提升能力，推动新时代人民法院工作高质量发展。

最高人民法院党组成员、政治部主任马世忠，安徽省委常委、合肥市委书记虞爱华，省委常委、政法委书记张韵声，省高院院长董开军参加有关调研。

（来源：《人民法院报》2021年4月16日）

➢ 周强在最高人民法院诉服中心调研：深入开展“我为群众办实事”实践活动　加强一站式多元纠纷解决和诉讼服务体系建设

4月23日上午，最高人民法院党组书记、院长周强来到最高人民法院诉讼服务中心，调研中国特色一站式多元纠纷解决和诉讼服务体系建设工作。周强强调，要坚持以习近平新时代中国特色社会主义思想为指导，深入贯彻习近平法治思想，扎实开展“我为群众办实事”实践活动，进一步加强中国特色一站式多元纠纷解决和诉讼服务体系建设，推动人民法院工作高质量发展，为全面建设社会主义现代化国家开好局起好步提供有力司法服务和保障，以优异成绩庆祝建党100周年。

周强认真听取工作汇报，仔细了解最高人民法院诉讼服务指导中心信息平台运行情况。信息平台上，各地法院诉讼服务质效数据清晰呈现、一目了然。周强浏览指标数据，察看调解、送达、信访等各平台运行状况，并随机选择部分基层法院，通过视频查看诉讼服务大厅实时运转情况。看到全国法院诉讼服务质效不断提升，各地法院诉讼服务大厅运转有序，周强很高兴，要求紧密结合在党史学习教育中开展的“我为群众办实事”实践活动，采取扎实有效措施，巩固拓展一站式建设成果，更好地服务人民群众。

周强与干警座谈指出，立案庭认真落实院党组部署要求，全面推进中国特色一站式多元纠纷解决和诉讼服务体系建设，矛盾纠纷源头预防化解效果显著，在线多元解纷开创新局面，跨域立案服务改革全面落地，各项工作取得明显成效，人民群众满意度不断提升，最高人民法院党组予以充分肯定。

周强强调，要坚持以习近平新时代中国特色社会主义思想为指导，深入贯彻习近平法治思想，认真贯彻落实习近平总书记关于“把非诉讼纠纷解决机制挺在前面”的重要指示精神，进一步健全中国特色一站式多元纠纷解决和诉讼服务体系建设。要坚持以人民为中心，更加注重系统观念、法治思维和强基导向，紧扣“一站、集约、集成、在线、融合”五个关键词，不断提升新时代人民法院化解纠纷、服务群众的能力水平，努力为人民群众提供方便快捷、智慧精准、低成本、多样化、一站式的诉讼服务。

周强强调，要立足新发展阶段，贯彻新发展理念，按照人民法院工作高质量发展要求，全面推进中国特色一站式多元纠纷解决和诉讼服务体系建设。要在党委领导下，主动融入基层社会治理格局，坚持和发展新时代“枫桥经验”，推动人民法院调解平台进乡村、进社区、进网格，充分发挥人民法庭在促进基层社会治理方面的作用。要健全分层递进一站式多元解纷机制，加大对非诉讼解纷力量的法律指引、类案指导，完善委派调解、司法确认等工作流程，切实发挥司法在程序安排、效力确认、法律指导方面的保障作用。要加强在线多元解纷工作，继续做好与有关单位在线诉调对接工作，发挥平台效应，为群众提供菜单式解纷服务。要加强一站式建设理论研究，总结提炼在线多元解纷和诉讼服务规则，加快构建具有鲜明中国特色、实践特色、时代特色的纠纷解决理论体系。

周强强调，要将健全中国特色一站式多元纠纷解决和诉讼服务体系纳入党史学习教育“我为群众办实事”实践活动的重要内容，结合开展队伍教育整顿，促进提升一站式建设效能。要紧盯人民群众在“打官司”过程中的急难愁盼和堵点痛点问题，以钉钉子精神逐项加以解决，切实为群众办实事、解难题。要坚定不移落实立案登记制要求，进一步畅通群众投诉通道，开通网上立案投诉入口和四级法院网上申诉平台，对群众反映的问题做到件件有核查、件件有着落、件件有回音。要不断提升诉讼服务品质，制定“一次办好”项目清单，对待群众诉求“马上办”“及时办”，坚持线上线下“两条腿”走路，高效便捷满足人民群众日益增长的多元司法需求。要坚持全面从严治党、从严治院、从严管理，深入推进党风廉政建设和反腐败斗争，严格落实防止干预司法“三个规定”等铁规禁令，锻造新时代过硬立案信访和诉讼服务队伍。

最高人民法院党组成员、副院长姜伟主持座谈会。最高人民法院有关部门负责同志参加调研。

（来源：《人民法院报》2021年4月24日）

➢ 周强在山西法院调研：扎实推动法院队伍教育整顿走深走实

5月6日至8日，最高人民法院党组书记、院长周强在山西调研。周强强调，要坚持以习近平新时代中国特色社会主义思想为指导，深入贯彻习近平法治思想，深入开展党史学习教育，扎实推动法院队伍教育整顿走深走实，促进司法为民、公正司法，为山西转型发展提供有力司法服务和保障，以优异成绩庆祝建党100周年。山西省委书记、省人大常委会主任楼阳生参加部分调研。

山西是我国第一个全省域、全方位、系统性的国家级综合配套改革试验区。周强来到山西转型综合改革示范区展厅，就转型发展调研司法服务和保障需求。周强仔细询问了解新技术、新业态在发展过程中遇到的挑战和问题，强调人民法院要牢牢坚持服务大局，立足新发展阶段、贯彻新发展理念，深入加强调查研究，精准对接科技创新过程中的司法需求，切实强化知识产权司法保护，着力营造良好创新生态，服务创新驱动战略实施，促进科技自立自强。要认真贯彻落实《中共中央、国务院关于新时代推动中部地区高质量发展的指导意见》要求，充分发挥审判职能作用，围绕能源革命综合改革试点、综改示范区建设等重大任务，依法履职尽责，为山西转型发展提供有力司法服务和保障，服务和推动中部地区高质量发展。

忻州市中级人民法院加大队伍教育整顿力度，严格对标对表，层层压实责任，深入开展自查自纠和问题整治。周强仔细查看工作台账，询问整改工作进展，特别是“三个规定”落实情况，强调要认真贯彻落实郭声琨书记在贵州考察时的重要讲话精神，围绕政治生态、顽瘴痼疾、群众急难愁盼的突出问题等进行深入排查整治，推动队伍教育整顿不断走深走实。阳泉市中级人民法院以队伍教育整顿为契机，大力加强干警作风建设，按照“五个过硬”要求，不断提高队伍战斗力。周强予以充分肯定，要求通过扎实深入开展教育整顿，筑牢政治忠诚、清除害群之马、弘扬英模精神，切实解决队伍建设中的顽瘴痼疾，以崭新面貌推动新时代人民法院工作发展。要深刻认识廉洁司法是公正司法之基，坚持刀刃向内、刮骨疗毒，以零容忍态度严惩司法腐败，确保队伍绝对忠诚、绝对纯洁、绝对可靠。

周强十分关注各地法院的“一站式”建设，每到一地，都实地考察诉讼服务中心运行情况，与大家进行深入交流，征求意见建议。太原市迎泽区人民法院主动融入党委领导下的综治大格局，庙前人民法庭入驻迎泽区矛盾纠纷多元调解中心，诉调“无缝”对接。五台县人民法院在诉讼服务中心建立音视频调解室，群众足不出户就可解决纷争。平定县人民法院锁簧人民法庭发挥基层法庭优势，线上线下相结合，为群众提供多样化的便利服务。周强充分肯定各地法院探索创新做法，强调要把健全中国特色一站式多元纠纷解决和诉讼服务体系作为党史学习教育“我为群众办实事”的重要内容，作为推动人民法院工作高质量发展的重要抓手，不断提高人民法院化解矛盾纠纷的能力水平，更好地服务人民群众，促进社会治理。

在昔阳县，周强走访了全国人大代表、昔阳县大寨镇大寨村党总支书记郭凤莲，参观大寨党史教育基地和大寨展览馆。昔阳县人民法院坚持以党建工作为引领，大力弘扬大寨精神，狠抓执法办案，审判执行质效指标位居全省法院前列。周强勉励干警，要继续发扬艰苦创业精神，牢记初心使命，依法履职尽责，在新时代再创新业绩。

调研期间，周强瞻仰了徐向前元帅纪念馆，在国家法官学院山西分院参观了山西省高级人民法院党性教育基地。周强表示，要充分运用好山西丰富的红色资源，扎实深入开展党史学习教育，大力弘扬老一辈革命家的崇高品格和革命精神，传承红色基因，发扬优良传统，切实做到学史明理、学史增信、学史崇德、学史力行，促进司法为民、公正司法。

在山西高院，周强召开座谈会，听取院长孙洪山工作汇报，与全国人大代表王娟玲、李桂琴、吕春祥和全国政协委员薛维梁等座谈交流。山西法院拓展12368诉讼服务热线功能，为当事人、法官提供专线沟通渠道，建立涉诉信访处控中心，对信访案件实现数字化精准管理。周强要求认真总结经验，不断加以完善推广。周强表示，山西法院在省委坚强领导下，忠实履行宪法法律赋予的职责，服务大局扎实有力，维护社会稳定成效明显，审判执行、司法改革、队伍建设等工作取得新发展，最高人民法院对山西法院工作予以充分肯定。

周强强调，要坚持以习近平新时代中国特色社会主义思想为指导，深入贯彻习近平法治思想，充分发挥审判职能作用，为“十四五”开好局、起好步提供有力司法服务和保障。要完整、准确、全面贯彻新发展理念，推动扫黑除恶常态化，加强常态化疫情防控中的司法应对，加大对关键领域和核心技术的知识产权司法保护力度，努力营造市场化、法治化、国际化营商环境。要深化司法体制改革和智慧法院建设，加快推进审判体系和审判能力现代化，促进法院工作高质量发展。要扎实推进法院队伍教育整顿，努力建设一支党和人民信得过、靠得住、能放心的过硬法院队伍。

最高人民法院党组成员、副院长杨万明，山西省委副书记蓝佛安，省委常委、太原市委书记罗清宇，省委常委、政法委书记商黎光，省委常委、省委秘书长李凤岐，省高院院长孙洪山等参加调研。

（来源：《人民法院报》2021年5月9日）

➢ 周强在云南法院调研：深入贯彻习近平生态文明思想　全面提升生态环境司法保护水平

5月25日至28日，最高人民法院党组书记、院长周强在云南调研。周强强调，要坚持以习近平新时代中国特色社会主义思想为指导，深入贯彻习近平生态文明思想和习近平法治思想，认真学习贯彻习近平总书记致世界环境司法大会贺信，落实《世界环境司法大会昆明宣言》共识，全面提升生态环境司法保护水平，充分发挥审判职能作用，促进美丽中国建设，服务高质量发展，为构建人与自然生命共同体、共建地球生命共同体提供有力司法服务和保障。

云南生态环境优美，生物多样性居全国之首。云南法院认真贯彻落实习近平总书记关于云南要努力成为生态文明建设排头兵的重要指示精神，加强生态环境司法保护，筑牢绿色发展的法治屏障。周强每到一地，都仔细了解当地生态环境状况，要求法院紧密结合当地环境特点和保护需求，全面提升生态环境司法保护的能力和水平，切实加强环境资源审判工作，守护好绿水青山，促进人与自然和谐共生。澄江市人民法院坚持生态优先、系统观念，依法妥善化解抚仙湖径流区环境整治中的矛盾纠纷，加强环境司法治理，确保抚仙湖一类水质安全。周强强调，抚仙湖生态环境的有效保护，是习近平生态文明思想的生动体现，人民法院要认真贯彻落实“两山”理念，坚持用最严格制度、最严密法治，推动绿色发展，建设美丽家园，让天更蓝、山更绿、水更清、环境更优美。

在红河哈尼族彝族自治州，周强深入调研矛盾纠纷多元化解等工作。红河州专门制定多元化解矛盾纠纷促进条例，自治州中级法院积极发挥一站式平台作用，吸纳多方参与，联动化解矛盾纠纷，取得良好效果。周强予以充分肯定，强调要把法院化解矛盾纠纷工作融入大综治格局之中，充分发挥网格员的作用，加强工作对接，强化源头治理，更加高效、便捷地为群众提供司法服务。蒙自市人民法院依法妥善处理“问题楼盘”处置等难题，有力服务当地经济社会发展，彰显司法担当。周强要求认真总结经验，贯彻新发展理念，立足法院职能，切实找准结合点、切入点，服务推动高质量发展。在个旧市人民法院大屯人民法庭，周强亲切看望慰问干警，勉励大家充分发挥法庭扎根基层、贴近群众的优势，及时了解群众的急难愁盼问题，努力满足群众司法需求，在服务群众中经受锻炼、砥砺才干、施展才华。

昆明市西山区人民法院积极开展在线调解，近一半调解案件在“云解纷”平台上处理，效率大大提升。周强肯定这一经验做法，强调要加强在线多元解纷工作，充分运用信息化手段，方便当事人足不出户化解矛盾纠纷，促进司法便民利民。腾冲市人民法院把诉讼服务延伸到边境一线，在边境口岸设立国门诉讼服务站，为边境居民、跨境游客提供一站式诉讼服务，受到欢迎。周强予以充分肯定，指出要充分发挥涉外、涉侨司法职能作用，打造边境贸易等纠纷快速解决渠道和平台，促进高水平对外开放，服务高质量共建“一带一路”。腾冲市法院固东人民法庭因地制宜，打造体现傈僳族民族特色的“啊米调解”，调解涉少数民族群众纠纷，取得良好效果。周强指出，新时代人民法庭工作大有可为，要依法妥善化解纠纷，切实加强释法明理，真正把公平正义说到群众心坎里，有力维护基层和谐稳定，服务乡村振兴，促进基层治理。

在云南省高级人民法院，周强深入调研审判执行、队伍建设、法院文化等各项工作，并召开座谈会，听取院长侯建军工作汇报，与全国人大代表朱兆云、李树仙、李彪、张慧、郭进等进行座谈交流。

周强指出，近年来，在云南省委坚强领导下，云南法院坚持服务大局、司法为民、公正司法，持续深化司法体制改革，全面推进智慧法院建设，着力打造过硬队伍，各项工作取得新成效，尤其是加强生态环境司法，保护生物多样性，为全国法院发挥了示范作用，最高人民法院对云南法院的工作予以充分肯定。

周强强调，要坚持以习近平新时代中国特色社会主义思想为指导，深入学习贯彻习近平生态文明思想和习近平法治思想，完整、准确、全面贯彻新发展理念，充分发挥审判职能作用，为“十四五”开好局、起好步提供有力司法服务，以优异成绩庆祝建党100周年。要统筹发展与安全，推进扫黑除恶常态化，坚决维护国家安全和社会稳定。要全面加强产权和知识产权司法保护，服务科技自立自强，营造市场化、法治化、国际化营商环境。要坚持以人民为中心，健全中国特色一站式多元纠纷解决和诉讼服务体系，及时高效化解各类矛盾纠纷，不断满足人民群众多元司法需求。要深化司法改革和智慧法院建设，扎实开展党史学习教育和队伍教育整顿，推动新时代人民法院工作高质量发展。要以零容忍态度严惩司法腐败，扎实开展违规违法办理减刑、假释、暂予监外执行案件全面排查整治行动，坚决清除害群之马，建设一支党和人民信得过、靠得住、能放心的过硬法院队伍。

在云南大学法学院，周强与全国人大代表、云南大学党委书记林文勋深入研究，进一步加强人民法院与法学院校、研究机构的联系与合作，贯彻习近平总书记在中国政法大学考察时的重要讲话精神，推动理论联系实际，为推进全面依法治国、建设社会主义法治国家培养更多高素质法治人才。

调研期间，周强就法院工作与云南省委书记、省人大常委会主任阮成发，省委副书记、省长王予波，省委常委、省委秘书长陈舜进行了座谈。

云南省委副书记、省委组织部部长李小三，省委常委、昆明市委书记程连元，省委常委、省委政法委书记刘洪建，省高院院长侯建军参加调研。

（来源：《人民法院报》2021年5月30日）

➢ 周强在新疆法院调研：深入贯彻习近平法治思想 为新疆发展提供有力司法保障

7月7日至10日，最高人民法院党组书记、院长周强在新疆调研。周强强调，要坚持以习近平新时代中国特色社会主义思想为指导，深入贯彻习近平法治思想，认真学习贯彻习近平总书记“七一”重要讲话精神，紧紧围绕新疆社会稳定和长治久安总目标，完整准确贯彻新时代党的治疆方略，充分发挥审判职能作用，为建设团结和谐、繁荣富裕、文明进步、安居乐业、生态良好的新时代中国特色社会主义新疆提供有力司法服务。

乌鲁木齐县人民法院永丰渠人民法庭位于哈萨克牧区，法庭发扬“马背上的法庭”传统，开展巡回审判，在辖区村镇设立便民诉讼服务站，受到群众欢迎。周强调研后予以充分肯定，强调要始终坚持以人民为中心，贯彻群众路线，践行为民宗旨，充分发挥基层法庭扎根基层、贴近群众优势，加强司法便民利民，努力满足人民群众日益增长的多元司法需求。富蕴县人民法院主动融入党委领导的基层综治格局，法官组建微信工作群及时指导帮助基层调解组织化解矛盾纠纷。周强充分肯定这一做法，强调要坚持和发展新时代“枫桥经验”，加强与基层党组织、自治组织等对接，推动形成工作合力，将矛盾纠纷最大限度化解在基层、解决在萌芽状态。

在布尔津县人民法院执行指挥中心，周强突击检查阿勒泰地区法院执行指挥中心实体化运转情况，调研两级法院执行联动机制，勉励广大执行干警再接再厉、久久为功，向着“切实解决执行难”目标不断迈进。布尔津县法院对调解案件卷宗实现电子化归档整理，周强很高兴，指出要全面提高法院工作信息化水平，充分挖掘运用司法大数据在社会治理中的重要价值，为党委政府决策提供科学参考。布尔津县法院贾登峪人民法庭加强对旅游点巡回审判工作，及时为游客和农牧民解决纠纷。周强在贾登峪法庭旁听案件庭审，参与案件调解，并在晚上与自治区高级人民法院、阿勒泰地区中级人民法院、布尔津县法院的党组书记、院长一起参加法庭党小组会，与干警联系思想、工作实际，深入学习习近平总书记“七一”重要讲话精神，强调要坚决按照习近平总书记号召要求，站稳人民立场，坚持人民至上，永远保持同人民群众的血肉联系，把实现好、维护好、发展好最广大人民的根本利益作为一切工作的出发点、落脚点，努力为实现人民对美好生活的向往提供有力司法服务。周强来到布尔津县禾木乡哈纳斯村，走进牧民木屋，与村干部、基层公安干警、司法所所长等促膝长谈、座谈交流，倾听大家畅谈对新时代美好生活的感受，听取对加强法院工作、促进基层治理的意见建议。

新疆维吾尔自治区高级人民法院生产建设兵团分院充分发挥审判职能作用，为兵团维稳戍边、高质量发展发挥了积极作用。在新疆生产建设兵团第十二师中级人民法院，周强深入调研审判执行、队伍建设等情况，看到兵团法院大力加强信息化建设，积极应用以审判为中心的刑事诉讼跨部门智能辅助办案平台，取得良好成效，予以充分肯定，要求认真总结推广。在兵团分院审判法庭新址，周强召开座谈会，听取兵团分院工作汇报，向长期扎根边疆、奉献边疆、建功边疆的兵团法院干警表示亲切问候，指出兵团法院忠诚履职尽责，深化改革创新，狠抓队伍建设，各项工作取得明显成效，要认真总结经验，发扬优良传统，更好发挥审判职能作用，为推进兵团高质量发展提供有力司法服务，为新疆社会稳定和长治久安作出新的更大贡献。

在新疆维吾尔自治区高级人民法院，周强深入调研诉讼服务、审判执行等工作，并召开座谈会，听取新疆高院工作汇报，援疆干部代表作了发言。周强表示，在以习近平同志为核心的党中央坚强领导下，在自治区党委领导下，新疆经济社会发展和民生改善取得巨大成就，实现社会安宁、经济发展、民族和谐，各族群众获得感、幸福感、安全感不断增强。新疆高院在自治区党委领导下，大力加强政治建设，狠抓审判执行工作，深化司法改革和信息化建设，服务大局措施有力，维护社会稳定成效明显，各项工作取得积极进展，有些工作走在全国法院前列，最高人民法院对新疆法院工作予以充分肯定。

周强强调，要把学习贯彻习近平总书记“七一”重要讲话精神作为当前和今后一个时期一项重大政治任务，作为当前理论武装工作的重中之重，切实把思想和行动统一到习近平总书记重要讲话精神上来，弘扬伟大建党精神，做到“九个必须”，以昂扬的精神状态推动新时代人民法院工作高质量发展，为全面建设社会主义现代化国家贡献力量。要完整准确贯彻新时代党的治疆方略，认真贯彻落实第三次中央新疆工作座谈会精神，紧紧围绕新疆工作总目标，充分发挥审判职能作用，服务建设新时代中国特色社会主义新疆。要贯彻总体国家安全观，坚决维护国家安全和社会稳定。要贯彻新发展理念，服务高水平共建"一带一路"，为经济高质量发展营造良好法治环境。要扎实开展党史学习教育，深入开展"我为群众办实事"实践活动，着力解决人民群众急难愁盼和难点痛点堵点问题。要坚持全面从严治党、从严治院、从严管理，认真开展第一批教育整顿"回头看"，精心谋划开展第二批教育整顿，推动队伍教育整顿走深走实，以零容忍态度严惩司法腐败，确保队伍绝对忠诚、绝对纯洁、绝对可靠。

调研期间，周强参观了新疆军区步兵 11 师红军师师史馆，开展党史学习教育。周强表示，要大力弘扬老一辈革命家的崇高品格和革命精神，传承红色基因，赓续红色血脉，以司法为民、公正司法的实际行动和扎实成效检验党史学习教育成果。周强还参观了被称为"功勋矿""英雄矿"的可可托海三号矿及陈列馆，要求广大法院干警学习和弘扬"吃苦耐劳、艰苦奋斗、无私奉献、为国争光"的可可托海精神，忠诚履职、扎实工作、顽强拼搏，在新时代展现人民法官的新担当新作为。

（来源：《人民法院报》2021 年 7 月 11 日）

➢ 周强在中国司法大数据研究院调研：加强司法大数据研究运用　不断提升司法能力和水平

8 月 26 日上午，最高人民法院党组书记、院长周强在中国司法大数据研究院调研。周强强调，要坚持以习近平新时代中国特色社会主义思想为指导，深入贯彻习近平法治思想，贯彻落实新发展理念，坚持服务大局、守正创新，深入推进司法大数据研究和运用，积极推动智慧法院建设，不断提升司法能力和水平，促进人民法院工作高质量发展，服务国家治理体系和治理能力现代化。

中国司法大数据研究院隶属于最高人民法院信息中心，近年来在司法大数据应用、智慧法院设计、司法人工智能研究等方面开展了一系列富有成效的工作，取得重要成果。周强来到中国司法大数据研究院，与管理人员、技术人员亲切交谈，详细了解司法大数据研究运用情况和智慧法院建设最新进展，随后召开座谈会，听取工作汇报，与大家进行深入交流，就下一步工作提出要求。

周强指出，中国司法大数据研究院自成立以来，围绕建设成为世界一流司法大数据研究机构和国内一流智库目标，发挥自身优势，加大研发力度，坚持开拓创新，各项工作迈上新台阶、实现新发展。研究院坚持服务大局，加强司法大数据专题分析研究，为党委政府决策提供重要参考，为司法决策提供重要依据，为推动经济社会发展、促进社会治理发挥了积极作用。研究院加强顶层设计，完善平台建设，推动现代科技在司法领域广泛深度应用，司法数据中台和智慧法院大脑建设取得积极进展，同时为法学研究提供了新工具、新方法、新范式，为中国特色社会主义法学繁荣发展作出积极贡献。

周强强调，要坚持以习近平新时代中国特色社会主义思想为指导，深入贯彻习近平法治思想，贯彻落实新发展理念，坚持守正创新，更好地发挥作用，不断推进智慧法院建设，促进审判体系和审判能力现代化。要坚持服务大局，对标对表“十四五”规划和2035年远景目标纲要，抓住机遇，乘势而上，全面拓展深化司法大数据服务经济社会发展各项工作。要加大攻坚力度，以司法数据中台、智慧法院大脑为牵引，突破技术瓶颈，推进人民法院信息化4.0版建设向纵深发展。要围绕智慧审判、智慧执行、智慧服务、智慧管理，充分挖掘利用司法大数据资源，不断提升智慧法院建设智能化水平。要积极参与互联网法治建设，总结经验、提炼规则，推动在线诉讼规则体系不断健全完善，为互联网司法发展提供中国方案、贡献中国智慧。要立足司法实践，着眼社会需求，发挥司法大数据作为经济社会发展的“风向标”“晴雨表”的作用，准确研判经济运行风险和社会发展动态，服务党委政府决策科学化、社会治理精准化。要加强技术创新、产品创新、管理创新，深入研究区块链等技术在司法领域的应用，进一步拓宽服务领域。要切实增强责任感，采取有力措施，确保信息和数据安全。要大力加强人才培养培训工作，为推动法治中国建设、促进法学理论研究和司法实践发展提供有力支持。

最高人民法院审判委员会专职委员刘贵祥，中国电子科技集团董事长陈肇雄、总经理吴曼青参加调研并出席座谈会。最高人民法院有关单位和中国司法大数据研究院有关部门负责同志参加座谈交流。

（来源：《人民法院报》2021年8月27日）

➢ 周强在河北法院调研：弘扬伟大建党精神 为国家重大战略实施提供有力司法服务

9月7日至10日，最高人民法院党组书记、院长周强在河北调研。周强强调，要坚持以习近平新时代中国特色社会主义思想为指导，深入贯彻习近平法治思想和习近平总书记“七一”重要讲话精神，弘扬伟大建党精神，坚定理想信念，坚持人民至上，守正创新、砥砺奋进，充分发挥审判职能作用，为国家重大战略实施提供有力司法服务，为全面建设社会主义现代化国家作出积极贡献。河北省委书记、省人大常委会主任王东峰参加调研。

张家口市崇礼区是2022年冬季奥运会场馆集中地之一，崇礼区人民法院积极服务冬奥会筹办，依法妥善审理涉冬奥场馆建设案件，与雪场警务站、保险公司、滑雪协会等合作，探索建立“法院+雪场+ X”旅游滑雪纠纷解决机制，及时高效化解纠纷。周强予以充分肯定，要求深入贯彻习近平总书记关于冬奥会筹办工作重要指示精神，认真总结经验做法，不断完善司法举措，为冬奥会筹办提供有力司法服务。在太子城旅游和环境资源保护法庭，周强仔细了解滑雪纠纷解决机制运行情况，要求加强对滑雪等体育类纠纷的特点、规律研究，不断提升办案水平，促进法庭专业化建设。张家口市中级人民法院全面落实市委有关信访工作机制，深入开展护航冬奥信访化解维稳专项工作，“治顽疾、清存量、迎奥运”，取得明显成效。周强勉励法院干警，要始终站稳人民立场，坚持人民至上，努力为人民群众解难题办实事，切实保障人民群众合法权益，争创“我为群众办实事”示范法院。

正定县人民法院紧紧依靠党委领导，融入地方综治格局，吸纳多方力量，大力推进中国特色一站式多元纠纷解决和诉讼服务体系建设，促进矛盾纠纷源头治理和实质性化解。周强强调，要认真总结经验、发扬成绩，促进法院工作高质量发展，努力创造一流业绩，为正定经济社会发展营造良好法治环境。北贾村人民法庭因地制宜加强专业化审判，集中受理全县涉农纠纷案件。周强与法庭干警亲切交谈，详细询问案件受理和多元调解情况，勉励大家发挥深入基层、贴近群众的优势，依法妥善化解各类涉农纠纷，在全面推进乡村振兴、服务基层治理中彰显司法担当。正定县塔元庄村加强基层党组织建设，发展壮大集体经济，从曾经的贫困村发展成为新时代乡村振兴的“排头兵”。周强走访村委会、参观村史馆，表示看了深受鼓舞，要求人民法院切实加强法治保障，巩固拓展脱贫攻坚成果，推进农业农村改革，促进农业产业发展，助力美丽宜居乡村建设。

“顽瘴痼疾查出来几项?”“发现几起干警违纪违法情况?”……周强高度关注各地法院队伍教育整顿情况，每到一地都详细询问整改落实工作。在石家庄市中级人民法院执行指挥中心，周强听取工作汇报，充分肯定“拉网式”集中执行等创新举措，强调要以政法队伍教育整顿为契机，下大气力整治执行领域顽瘴痼疾，坚决清除害群之马，持续深化执行规范化建设。石家庄高新技术产业开发区人民法院大力推进诉调对接中心建设，周强与人民调解员深入交流，询问意见建议，强调要坚持和发展新时代“枫桥经验”，充分发挥各方调解力量作用，完善诉调对接机制，更好地服务人民群众。

调研期间，周强考察了雄安新区建设，要求人民法院加强探索创新，依法履职尽责，为高标准、高质量建设雄安新区提供有力司法服务。

在河北省高级人民法院，周强召开座谈会，听取院长黄明耀工作汇报，与全国人大代表乞国艳、杜彦良、吴相君，全国政协委员韩爱丽座谈，听取对人民法院第二批队伍教育整顿工作意见。河北高院研发自动监督预警平台、终本案件智能核查系统等信息化监督制约平台，实现重点案件、问责追责等全程留痕、智能管理。周强强调，要进一步总结推广经验，健全智慧监管体系，扎牢“数据铁笼”，整治审判执行领域顽瘴痼疾。周强指出，近年来，河北法院在省委坚强领导下，始终坚持服务大局、司法为民、公正司法，加强党建引领，狠抓队伍建设，各项工作取得明显成效，有些工作走在全国法院前列，最高人民法院予以充分肯定。

周强强调，要坚持以习近平新时代中国特色社会主义思想为指导，深入贯彻习近平法治思想，弘扬伟大建党精神，坚定理想信念，坚持守正创新，推进人民法院工作高质量发展。要把学习贯彻习近平总书记“七一”重要讲话精神作为当前和今后一个时期重大政治任务，作为党史学习教育的核心内容和第二批政法队伍教育整顿的首要学习任务，持之以恒加强理论武装。要坚持服务大局，充分发挥审判职能作用，推动国家重大战略实施，为京津冀协同发展、雄安新区规划建设、北京冬奥会筹办等提供有力司法服务。要深化司法改革和智慧法院建设，更加注重强基导向，不断提升人民法庭建设水平和基层司法能力，促进审判体系和审判能力现代化。要扎实推进第二批政法队伍教育整顿，铸牢政治忠诚之魂，坚决整治顽瘴痼疾，坚持刀刃向内、刮骨疗毒，以钉钉子精神抓好查纠整改，推进全面从严治党、从严治院、从严管理向纵深发展，锻造忠诚干净担当的过硬法院队伍。

最高人民法院党组成员、政治部主任马世忠，河北省委常委、石家庄市委书记张超超，省委常委、政法委书记董仚生，省委常委、省委秘书长高志立，省委常委、副省长、雄安新区党工委书记、管委会主任张国华和省高院院长黄明耀等参加调研。

（来源：《人民法院报》2021 年 9 月 11 日）

➢ 周强在北京法院调研：扎实深入开展第二批法院队伍教育整顿　推动新时代人民法院工作高质量发展

9 月 22 日至 23 日，最高人民法院党组书记、院长周强在北京法院调研队伍教育整顿情况。周强强调，要坚持以习近平新时代中国特色社会主义思想为指导，深入贯彻习近平法治思想和习近平总书记“七一”重要讲话精神，持续巩固深化第一批队伍教育整顿成果，深入推进第二批法院队伍教育整顿，筑牢政治忠诚，弘扬英模精神，以自我革命、刮骨疗毒的精神整治顽瘴痼疾、清除害群之马，坚决杜绝年底不立案、不规范执行等问题，切实改进司法作风，提升审判执行质效，推动新时代人民法院工作高质量发展，努力让人民群众在每一个司法案件中感受到公平正义。

延庆区人民法院将队伍教育整顿与服务保障冬奥筹办、做好审判执行工作紧密结合，开展涉冬奥纠纷绿色通道、行业纠纷多元调解等便民利民举措，为群众办实事、解难题。周强在延庆区法院深入调研诉讼服务、审判执行等各项工作，在冬奥场馆实地考察法院支持服务冬奥会和冬残奥会筹办工作情况，听取对司法服务的意见建议。周强强调，要持续巩固深化第一批队伍教育整顿成果，紧紧围绕大局、服务大局，着力解决人民群众急难愁盼问题，以司法为民、公正司法的实际成效检验队伍教育整顿成果，不断增强人民群众的获得感、幸福感、安全感。怀柔区人民法院深挖审判执行领域顽瘴痼疾，狠抓司法作风、违规延长及扣除审限等问题专项整治，积极推动执行“案结款到”，受到群众欢迎。周强认真调研法院队伍教育整顿成果，与法官深入交谈、听取建议，强调要通过队伍教育整顿解决队伍管理、审判执行工作中的突出问题，健全正风肃纪长效机制，锤炼过硬工作作风，促进审判执行质效提升，不断提高司法公信力和人民群众满意度。

周强表示，北京法院在市委坚强领导下，紧紧围绕首都中心工作，切实加强审判执行工作，全面深化司法体制改革和智慧法院建设，坚持不懈抓好队伍建设，全力服务构建新发展格局，服务保障北京“两区”建设，各项工作取得明显成效，不少工作走在全国法院前列，最高人民法院对北京法院工作予以充分肯定。

在怀柔区法院，周强召开座谈会，听取北京市高级人民法院院长寇昉、天津市高级人民法院院长李静、河北省高级人民法院院长黄明耀汇报队伍教育整顿情况，听取全国人大代表顾晋、王全对人民法院第二批队伍教育整顿工作的意见建议。西城区人民法院立案庭庭长张晖、朝阳区人民法院执行局局长周维琦等在会上介绍了巩固立案登记制改革成果、整治执行领域突出问题等工作的经验做法，谈了队伍教育整顿的体会和收获。

周强指出，第二批法院队伍教育整顿开展以来，最高人民法院、各高级人民法院和新疆维吾尔自治区高级人民法院生产建设兵团分院深入贯彻落实习近平总书记关于政法队伍教育整顿的重要指示精神，认真贯彻落实党中央决策部署和全国第二批政法队伍教育整顿动员部署会议精神，突出政治建设、表率作用、建章立制，准确把握中央和省级政法机关特点，认真落实学习教育任务要求，积极深化学习研讨，有序开展查纠整改，各项工作扎实推进。

周强强调，要坚持以习近平新时代中国特色社会主义思想为指导，紧扣忠诚纯洁可靠这一根本要求，坚决整治顽瘴痼疾、清除害群之马，推动队伍教育整顿不断走深走实。要提高政治站位，以更高标准、更严要求抓好政治建设，坚持把学习教育贯穿队伍教育整顿始终，把旗帜鲜明讲政治作为第一要求、把讲忠诚作为第一标准，把队伍教育整顿情况作为“两个维护”的重要检验。要突出表率作用，推进查纠整改要突出彻查“人”和“事”，敢于自我革命、动真碰硬，确保不走过场、不留隐患，防止出现“前紧后松”“下严上宽”。要突出建章立制，发挥最高人民法院和高级法院条线指导作用，扎紧织密“数据铁笼”和“制度铁笼”，多管齐下促进整改成果制度化、规范化、长效化，确保从源头上、根本上解决顽瘴痼疾。要狠抓审判执行领域突出问题整治，加强对执行工作的组织领导、跟踪问效，坚决杜绝执行工作中的不公正、不廉洁、不作为、乱作为等问题，坚决整治年底不立案问题，推动构建更加科学的考核指标体系，持之以恒巩固基本解决执行难工作成果、立案登记制改革成果，切实保障人民群众的合法权益。要坚持系统观念，注重统筹兼顾，进一步统筹好队伍教育整顿和党史学习教育、审判执行等工作，统筹推进查纠整改与建章立制、清除害群之马、选树先进典型、为群众办实事与为基层解难题等工作，建设忠诚干净担当的过硬法院队伍，确保教育整顿取得扎实成效。

最高人民法院党组成员、副院长杨万明，北京市委常委、政法委书记齐静，北京高院院长寇昉，天津高院院长李静，河北高院院长黄明耀等参加调研。

（来源：《人民法院报》2021年9月24日）

➢ 周强在甘肃法院调研：充分发挥审判职能作用　为加快建设幸福美好新甘肃提供有力司法服务

9月28日至29日，最高人民法院党组书记、院长周强在甘肃调研。周强强调，要坚持以习近平新时代中国特色社会主义思想为指导，深入贯彻习近平法治思想和习近平总书记“七一”重要讲话精神，充分发挥审判职能作用，坚持稳中求进、守正创新，扎实深入开展第二批队伍教育整顿，坚决筑牢政治忠诚，切实整治顽瘴痼疾，促进司法为民、公正司法，为加快建设幸福美好新甘肃、不断开创富民兴陇新局面提供有力司法服务。

位于兰州市中心城区的城关区人民法院收案量居全省法院前列，周强来到诉讼服务中心，详细询问案件类型及数量变化情况，对法院与市场监管局、高校等成立诉调对接中心，加强知识产权纠纷诉源治理的经验做法予以充分肯定。周强强调，要大力加强知识产权司法保护，服务创新驱动发展，努力营造市场化、法治化、国际化营商环境。在执行指挥中心，周强听取执行工作汇报，勉励干警再接再厉，以队伍教育整顿为契机，努力锻造过硬队伍，下大力气切实解决群众反映强烈的执行领域存在问题，进一步健全执行工作长效机制，向着“切实解决执行难”目标不断迈进。

在甘肃省高级人民法院，周强深入调研队伍教育整顿和诉讼服务、审判执行等工作情况。甘肃高院设立“代表委员之家”，为代表委员了解和监督法院工作提供便利的平台。周强指出，这是一项很好的创新举措，要总结经验、不断完善，更加自觉主动接受监督，为代表委员依法履职创造良好条件，更好地回应群众关切、改进法院工作。随后周强召开座谈会，听取甘肃高院院长张海波工作汇报，就深入开展队伍教育整顿等认真听取全国人大代表李忠科、郭玫和全国政协委员蔡晓红的意见建议。周强指出，甘肃法院在省委坚强领导下，聚焦高质量发展要求，坚持服务大局，依法履职尽责，狠抓执法办案，扎实推进司法改革，切实加强队伍建设，各项工作取得明显成效，最高人民法院对甘肃法院的工作予以充分肯定。

周强强调，要坚持以习近平新时代中国特色社会主义思想为指导，深入贯彻习近平法治思想，充分发挥审判职能作用，扎实推进服务大局、司法为民、公正司法，为甘肃高质量发展提供有力司法服务。要完整、准确、全面贯彻新发展理念，全面加强知识产权司法保护、生态环境司法保护，加强常态化疫情防控中的司法应对，围绕“一带一路”建设、黄河流域生态保护和高质量发展、推动西部大开发形成新格局等国家重大战略实施，不断完善司法举措，提供有力司法服务。要深入践行司法为民宗旨，切实贯彻实施好民法典，紧盯人民群众急难愁盼问题，持续推进一站式多元解纷和诉讼服务体系建设，加强人民法庭建设，促进司法便民利民。要认真学习贯彻习近平总书记在中央民族工作会议上的重要讲话精神，以铸牢中华民族共同体意识为主线，依法保障各族群众合法权益，以法治思维和法治方式促进铸牢中华民族共同体意识，推动新时代党的民族工作高质量发展。要全面深化司法体制改革和智慧法院建设，深入开展完善四级法院审级职能定位改革试点，促进信息技术与审判执行工作深度融合，加快推进审判体系和审判能力现代化。

周强强调，要扎实深入开展第二批法院队伍教育整顿，坚决筑牢政治忠诚，切实整治顽瘴痼疾，坚决清除害群之马，打造忠诚干净担当的过硬法院队伍，以司法为民、公正司法的实际成效检验队伍教育整顿成果。要把旗帜鲜明讲政治作为第一要求、把讲忠诚作为第一标准，坚决做到维护核心、绝对忠诚、听党指挥、勇于担当。要坚持刀刃向内、刮骨疗毒，敢于自我革命、动真碰硬，切实解决队伍管理、审判执行工作中的突出问题。要坚持标本兼治，实现“当下治”与“长久立”相统一，一体推进不敢腐、不能腐、不想腐，确保法院队伍绝对忠诚、绝对纯洁、绝对可靠。

调研期间，周强考察了《读者》杂志社编辑部，就进一步加强知识产权司法保护、提高文化传播能力等询问意见建议，调研司法服务需求。在兰州大学法学院，周强围绕深入学习贯彻习近平法治思想与教师代表座谈交流。周强表示，要认真贯彻落实习近平总书记在中央人才工作会议上的重要讲话精神，深入贯彻习近平总书记在中国政法大学考察时的重要讲话精神，促进人民法院与法学院校、研究机构的交流与合作，加强理论研究和司法实践融合发展，共同为推动新时代社会主义法治人才培养、推进法治中国建设作出积极贡献。

甘肃省委副书记、省长任振鹤，省委副书记孙伟，省委常委、政法委书记胡焯，省高院院长张海波等参加调研。

（来源：《人民法院报》2021年9月30日）

➢ 周强在陕西法院调研：为谱写陕西高质量发展新篇章提供有力司法服务

10月11日至12日，最高人民法院党组书记、院长周强在陕西调研。周强强调，要坚持以习近平新时代中国特色社会主义思想为指导，深入贯彻习近平法治思想和习近平总书记“七一”重要讲话精神，认真贯彻落实习近平总书记在陕西考察时的重要讲话精神，坚持服务大局、司法为民、公正司法，扎实深入开展第二批法院队伍教育整顿，为谱写陕西高质量发展新篇章提供有力司法服务。陕西省委书记、省人大常委会主任刘国中参加调研。

周强来到迁入新址的最高人民法院第六巡回法庭、第二国际商事法庭，调研法庭工作，与干警座谈交流。周强指出，第六巡回法庭、第二国际商事法庭自成立以来，认真贯彻落实党中央重大决策部署，切实服务党和国家工作大局，狠抓执法办案，坚持守正创新，充分发挥司法改革“试验田”“排头兵”作用，各项工作取得明显成效。要贯彻新发展理念，紧扣巡回区经济社会特点，聚焦西部大开发、黄河流域生态保护和高质量发展等国家战略，做好结合文章，为实现高质量发展营造良好法治环境。要以西安“一带一路”国际商事法律服务示范区建设为契机，加强第二国际商事法庭建设，着力提升国际商事争端解决的国际影响力和竞争力，服务高质量共建“一带一路”。

要在一流工作环境中锻造一流队伍，创造一流业绩，不断提升司法服务的能力水平。

咸阳市法院在地方党委领导下，主动融入基层综治格局，探索“五链共治、法在基层”诉源治理模式，推行党建引领、诉源治理、多元解纷“三三制”工作机制，及时妥善化解矛盾纠纷，取得良好效果。周强来到咸阳市秦都区人民法院，在位于法院诉讼服务中心的区社会治理综合服务中心与法官、调解员等亲切交谈，深入了解机制运转情况。周强指出，这是弘扬新时代“枫桥经验”的创新举措，对于加强市域治理、县域治理具有重要意义，要认真总结完善，始终坚持以人民为中心，充分发挥中国特色社会主义制度优势，在党委领导下，广泛凝聚各方力量，形成工作合力，有效促进社会治理，更好满足人民群众需求。西安市雁塔区人民法院深化民事诉讼程序繁简分流改革，构建专业化审判团队，超过半数案件适用简易速裁程序及时化解，审判质效大幅提升。周强详细了解后予以充分肯定，强调要进一步健全工作机制，合理优化配置司法资源，深入推进案件繁简分流、轻重分离、快慢分道，努力为人民群众提供更加优质高效便捷的司法服务。

在陕西省高级人民法院，周强考察了诉讼服务中心、数据中心等，观看了陕西智慧法院司法数据中台建设演示汇报。在咸阳秦都区法院，周强召开座谈会，听取陕西高院院长李智工作汇报，与全国人大代表郭汶霞、何菲座谈，听取对人民法院队伍教育整顿和审判执行工作的意见建议。周强指出，在陕西省委坚强领导下，陕西法院切实加强审判执行工作，深化司法改革和智慧法院建设，坚持不懈抓好队伍建设，各项工作取得明显成效，最高人民法院予以充分肯定。

周强强调，要坚持以习近平新时代中国特色社会主义思想为指导，深入贯彻习近平法治思想和习近平总书记“七一”重要讲话精神，充分发挥审判职能作用，坚持服务大局、司法为民、公正司法，为谱写陕西高质量发展新篇章提供有力司法服务。要统筹发展与安全，认真贯彻总体国家安全观，常态化开展扫黑除恶斗争，坚决维护国家安全和社会稳定。要全面加强知识产权司法保护，服务创新驱动发展。要深入践行“两山”理念，加强环境资源审判，促进人与自然和谐共生。要坚持依法平等保护中外当事人合法权益，营造市场化、法治化、国际化营商环境，服务高水平对外开放。

周强强调，要扎实深入开展第二批法院队伍教育整顿，坚决筑牢政治忠诚，敢于自我革命、动真碰硬，狠抓顽瘴痼疾专项整治和执行领域突出问题集中整治，坚决清除害群之马，确保法院队伍绝对忠诚、绝对纯洁、绝对可靠。要切实推进解难题办实事工作，着力解决人民群众急难愁盼问题和长期困扰基层法院的突出问题，落实落细整改措施，健全完善制度机制，做到“当下治”与“长久立”相统一，推动新时代人民法院工作高质量发展。

调研期间，周强来到西安交通大学、西北政法大学，与西安交通大学党委书记卢建军、校长王树国和中国科学院院士徐宗本等教师代表进行座谈，与西北政法大学党委书记孙国华、校长杨宗科等深入交流，围绕学习贯彻习近平法治思想，进一步加强人民法院与法学院校、研究机构的联系合作等进行研讨。周强表示，要认真贯彻落实习近平总书记在中央人才工作会议上的重要讲话精神和在中国政法大学考察时的重要讲话精神，充分发挥司法实践优势和学术资源优势，推动理论联系实际，共同培养造就更多优秀法治人才，为法治中国建设作出积极贡献。

刘国中出席在最高人民法院第六巡回法庭、第二国际商事法庭的调研座谈会并讲话。陕西省省长赵一德参加在第六巡回法庭、第二国际商事法庭的调研。

最高人民法院党组成员、副院长杨临萍，陕西省委副书记胡衡华，省委常委、政法委书记庄长兴，省委常委、省委秘书长方红卫，省高院院长李智，西安市市长李明远等参加调研。

（来源：《人民法院报》2021 年 10 月 13 日）

➢ 周强在湖北法院调研：深入学习贯彻习近平法治思想

10 月 16 日至 17 日，最高人民法院党组书记、院长周强在湖北调研。周强强调，要坚持以习近平新时代中国特色社会主义思想为指导，深入贯彻习近平法治思想和习近平总书记“七一”重要讲话精神，传承红色基因，牢记初心使命，始终坚持以人民为中心，坚持服务大局、司法为民、公正司法，充分发挥审判职能作用，为全面建设社会主义现代化国家、实现中华民族伟大复兴的中国梦作出新的更大贡献。

红安县是革命老区，在这里诞生了“中国革命第一法庭”七里坪革命法庭，有着光荣的革命传统和丰富的红色文化资源。红安县人民法院弘扬革命老区精神，加强革命传统教育，将红色司法文化与廉政文化、法院文化有机结合，深入开展党史学习教育和队伍教育整顿，取得良好效果。周强调研后强调，要传承红色基因，赓续红色血脉，坚定理想信念，坚决筑牢政治忠诚之魂，切实巩固第一批法院队伍教育整顿成果，推进新时代人民法院工作高质量发展，以司法为民、公正司法的扎实成效切实体现教育整顿成果，实现“努力让人民群众在每一个司法案件中感受到公平正义”的目标。

黄梅县人民法院五祖人民法庭积极融入党委领导下的综治大格局，针对辖区山地多的特点，因地制宜加强巡回审判、送法下乡，通过驻点法官工作室等及时为群众排忧解难，努力将矛盾化解在诉前、解决在萌芽、消除在基层。周强调研后予以充分肯定，指出要更加注重强基导向，大力加强人民法庭建设，充分发挥人民法庭立足基层、贴近群众的优势，积极参与基层社会治理，促进法治、德治、自治有机结合，有力维护社会和谐稳定，更好地保障人民群众合法权益，服务全面推进乡村振兴。

在中南财经政法大学，周强与校党委书记栾永玉、校长杨灿明和部分法学专家学者座谈，围绕学习贯彻习近平法治思想、加强知识产权司法保护、推进法治人才培养等进行交流研讨。在华中科技大学，周强就进一步加强对科技创新的司法保护和促进科技与司法的融合进行调研，与校长、中国工程院院士李元元和法学院教师等深入交流。周强表示，要深入学习贯彻习近平法治思想，认真贯彻落实习近平总书记在中央人才工作会议和在中国政法大学考察时的重要讲话精神，切实加强人民法院与法学院校、研究机构的交流合作，进一步推动理论联系实际，共同培养新时代高素质法治人才。要认真贯彻落实习近平总书记关于加强知识产权保护的系列重要指示精神，按照《知识产权强国建设纲要（2021—2035年）》部署要求，全面加强知识产权司法保护，聚焦新形势新任务新要求，推进知识产权审判实践和教学科研相互促进、融合发展，共同服务创新驱动发展、建设科技强国。

调研期间，周强瞻仰了黄麻起义和鄂豫皖苏区革命烈士陵园、黄梅革命烈士纪念塔，参观了董必武纪念馆、李先念纪念馆。周强表示，重温党的光辉历史，缅怀革命先辈的丰功伟绩，再次受到深刻的精神洗礼，要始终牢记初心使命，大力弘扬老一辈革命家的崇高品格和革命精神，始终站稳人民立场，深入践行全心全意为人民服务的宗旨，努力创造无愧于时代和人民的新业绩。

周强在调研中强调，要深入学习贯彻习近平法治思想和习近平总书记“七一”重要讲话精神，始终坚持以人民为中心，贯彻落实新发展理念，充分发挥审判职能作用，扎实推进服务大局、司法为民、公正司法。要全面深化司法体制改革和智慧法院建设，健全完善中国特色一站式多元纠纷解决和诉讼服务体系，不断提升人民法庭建设水平和基层司法能力，促进审判体系和审判能力现代化。要推动第二批法院队伍教育整顿不断走深走实，以自我革命的精神，坚持刀刃向内、刮骨疗毒，坚决筑牢政治忠诚、整治顽瘴痼疾、清除害群之马、弘扬英模精神，努力建设忠诚干净担当的过硬法院队伍。

最高人民法院党组成员、政治部主任马世忠，湖北省委常委、政法委书记王艳玲，省高院院长游劝荣等参加调研。

（来源：《人民法院报》2021 年 10 月 18 日）

➤ 周强在江西法院调研：坚持以人民为中心　加强矛盾纠纷多元化解

10 月 18 日，最高人民法院党组书记、院长周强在江西调研。周强强调，要坚持以习近平新时代中国特色社会主义思想为指导，深入贯彻习近平法治思想和习近平总书记“七一”重要讲话精神，始终坚持以人民为中心，深入践行司法为民宗旨，健全一站式多元纠纷解决和诉讼服务体系，推动矛盾纠纷多元化解、实质性化解，切实保障人民群众权益，促进社会和谐稳定。

九江市浔阳区成立浔城多元调解服务中心，建立党委领导下的人民调解、行政调解、司法调解等多元调解服务体系，让人民群众解决纠纷“最多跑一地”，努力实现“小事不出社区，大事不出街道，难事不出城区”。浔阳区人民法院在中心设立法院工作室和巡回法庭，实现“诉调”无缝对接、纠纷一站式解决。周强来到中心，与法官、人民调解员亲切交谈，对这一机制予以充分肯定，指出这是深入践行习近平法治思想，充分发挥中国特色社会主义制度优势的生动实践，是在新时代对“枫桥经验”的创新发展。周强要求，人民法院要在地方党委领导下，积极融入基层社会治理大格局，认真落实《最高人民法院关于加快推进人民法院调解平台进乡村、进社区、进网格工作的指导意见》要求，坚持把非诉讼纠纷解决机制挺在前面，与有关部门形成工作合力，加强诉源治理，及时高效化解纠纷，切实防止小矛盾激化成大问题，努力实现矛盾不上交、平安不出事、服务不缺位，更好地方便人民群众、维护社会和谐。

周强来到九江市中级人民法院诉讼服务中心。整洁明亮的大厅里，立案服务、诉讼引导、执行事务等服务窗口运转井然有序。九江中院将档案管理工作前置，由专人对纸质材料集中扫描并生成电子卷宗，从立案阶段开启无纸化办案。周强予以充分肯定，强调要进一步探索创新、总结经验，加强电子卷宗深度应用，推进全流程智能化办公办案，充分运用信息化手段不断提高工作质效。在电子大屏前，周强观看了江西法院依托12368诉讼服务热线一号通办功能听取群众意见、改进司法服务的工作机制演示。周强要求，要始终坚持以人民为中心，深入开展“我为群众办实事”实践活动，紧盯人民群众在“打官司”过程中的急难愁盼问题和难点痛点堵点问题，以钉钉子精神加以解决，切实加强司法便民利民，更加高效便捷地满足人民群众多元司法需求。九江市濂溪区人民法院威家人民法庭，立足职能、主动作为，定期开展诉讼案件深度分析，针对矛盾纠纷多发领域，及时与辖区各村组织沟通，提供矛盾风险预警预案，服务基层治理。周强调研后表示，这是一项很好的探索，要充分发挥“小法庭”的“大作用”，加强与基层党组织、自治组织等常态化沟通对接，努力形成办事依法、遇事找法、解决问题用法、化解矛盾靠法的法治环境，共同推动矛盾纠纷就地发现、就地调处、就地化解，促进基层治理体系和治理能力现代化。

周强在调研中强调，要坚持以习近平新时代中国特色社会主义思想为指导，深入贯彻习近平法治思想和习近平总书记“七一”重要讲话精神，站稳人民立场、坚持人民至上，贯彻新发展理念，充分发挥审判职能作用，为全面建设社会主义现代化国家提供有力司法服务。要深化司法体制改革和智慧法院建设，不断提升新时代人民法院化解纠纷、服务群众的能力水平。要坚决筑牢政治忠诚，强化自我革命、动真碰硬的决心和意志，深入推进顽瘴痼疾专项整治和执行领域突出问题集中整治，把第二批法院队伍教育整顿抓得更紧更实，确保取得扎实成效。要加强统筹兼顾，把队伍教育整顿与党史学习教育、审判执行工作有机结合，进一步激励法院队伍干事创业、担当履职，确保圆满完成全年审判执行任务，努力让人民群众在每一个司法案件中感受到公平正义。

江西省高级人民法院院长葛晓燕等参加调研。

（来源：《人民法院报》2021 年 10 月 19 日）

➢ 周强在福建法院调研：深入学习贯彻习近平法治思想 为实现高质量发展提供有力司法服务

10 月 25 日至 28 日，最高人民法院党组书记、院长周强在福建调研。周强强调，要坚持以习近平新时代中国特色社会主义思想为指导，深入贯彻习近平法治思想和习近平总书记“七一”重要讲话精神，认真贯彻落实习近平总书记在福建考察时的重要讲话精神，坚持守正创新、稳中求进，贯彻新发展理念，扎实推进服务大局、司法为民、公正司法，为加快构建新发展格局、推动高质量发展，奋力谱写全面建设社会主义现代化国家福建篇章提供有力司法服务。福建省委书记、省人大常委会主任尹力参加调研。

福州市中级人民法院建立习近平法治思想学习宣传馆，深入学习宣传贯彻习近平法治思想。周强在宣传馆认真听取讲解，不时驻足研读。周强表示，习近平法治思想是马克思主义法治理论中国化最新成果，是习近平新时代中国特色社会主义思想的重要组成部分，是全面依法治国的根本遵循和行动指南。学习贯彻习近平法治思想是人民法院的首要政治任务，要进一步建好用好习近平法治思想学习宣传馆，深化学习教育，加强宣传解读，引导广大干警在学懂弄通做实上下功夫，把习近平法治思想贯穿人民法院工作全过程各方面，切实转化为建设社会主义法治国家的生动实践。

福州市鼓楼区人民法院下沉司法力量，法官定期轮流赴辖区各社区驻点开展巡回审判。周强走进位于三坊七巷社区的法官工作室，与值班法官深入交谈，对法院主动融入基层社会治理予以肯定，要求紧紧依靠党委领导，大力弘扬新时代“枫桥经验”，努力实现矛盾纠纷高效化解、就地化解，更好服务基层治理、方便人民群众。台江区人民法院设立福州古厝与文化遗产保护巡回法庭，跨区域管辖福州市辖区内涉文物古建筑民事和行政案件。周强调研后指出，要发挥司法职能作用，充分运用法治思维和法治手段，切实加强文化遗产司法保护，以法治力量守护好历史文脉。

宁德两级法院在诉讼服务中心设立诉非联动中心，加强与妇联、工商联、侨联等部门对接，对类型化案件开展有针对性的诉源治理，取得良好效果。周强在宁德市中级人民法院考察运行情况后强调，要坚持把非诉讼纠纷解决机制挺在前面，进一步健全完善诉调对接机制，促进矛盾纠纷及时、高效、实质性化解。

泉州市民营经济活跃，泉州两级法院着眼优化营商环境，不断完善诉讼服务，努力营造"安商、护商、暖商"的良好氛围。在泉州市中级人民法院，法官向周强介绍了法院建设跨域诉讼平台、多元化解矛盾纠纷等依法惠企举措，周强指出举措很有意义，要求认真总结完善，切实为民营企业和民营经济发展营造良好法治环境，以一流工作业绩服务高质量发展。晋江市人民法院磁灶人民法庭引入商会力量参与调解，设立法商诉调工作室，为涉诉企业"量身定制"矛盾纠纷解决方案。商会调解员向周强介绍了"法院+商会"诉调对接运转模式和成效，周强听了很高兴，要求不断完善工作机制，进一步用好商会调解等平台，积极推进涉企纠纷在线调解、多元化解，提供更加优质便捷的纠纷解决服务。

厦门两级法院立足职能，积极参与和推动金融司法协同中心、知识产权司法协同中心建设，服务经济社会发展。周强来到厦门市中级人民法院、厦门知识产权法庭以及两个司法协同中心，详细了解工作情况，强调要贯彻新发展理念，积极主动对接构建新发展格局提出的司法需求，不断提升金融审判、知识产权审判等专业化审判能力和水平，维护金融市场秩序，服务创新驱动发展。厦门市思明区人民法院滨海人民法庭打造专业化审判团队，高效审理劳动争议案件，受到劳动者和用工单位欢迎。周强要求深入研究新业态劳动纠纷和新型用工关系，大力加强民生司法保障，切实维护人民群众权益。

在福建省高级人民法院，周强听取了福建高院队伍教育整顿工作汇报，观看了福建法院廉政风险防控"清风"系统演示。周强表示，福建高院以信息化手段加强审判管理、推进队伍教育整顿，让风险看得见、问题抓得准、用权管得住，取得明显成效。要运用好信息化建设成果，扎实推进第二批法院队伍教育整顿，及时发现审判执行工作中存在的问题和漏洞，坚决整治顽瘴痼疾。要进一步发挥"清风"系统推动建章立制作用，把握问题导向，坚持"当下治"与"长久立"相结合，不断提高审判管理的信息化、智能化水平，促进提升审判质效和司法公信力。

在厦门中院，周强召开座谈会，听取福建高院院长吴偕林工作汇报，就队伍教育整顿和人民法院审判执行工作，向全国人大代表陈紫萱、舒婷、潘越和全国政协委员柯希平征求意见建议。周强指出，福建法院在省委坚强领导下，坚持服务大局、改革创新，狠抓审判执行工作，深化司法改革和智慧法院建设，各项工作取得新成效，一些工作走在全国法院前列，最高人民法院予以充分肯定。

周强强调，要深入贯彻习近平法治思想和习近平总书记“七一”重要讲话精神，充分发挥审判职能作用，坚持守正创新、稳中求进，扎实推进服务大局、司法为民、公正司法，为奋力谱写全面建设社会主义现代化国家福建篇章提供有力司法服务。要毫不放松抓好审判执行工作，深化司法体制改革，加强智慧法院建设，确保圆满完成全年工作任务。要持续巩固全国法院第一批队伍教育整顿成果，扎实深入开展第二批队伍教育整顿，坚决筑牢政治忠诚、清除害群之马、整治顽瘴痼疾、弘扬英模精神，敢于自我革命、动真碰硬，以更大力度、更实举措推进顽瘴痼疾专项整治和执行领域突出问题集中整治，推动教育整顿不断走深走实，确保法院队伍绝对忠诚、绝对纯洁、绝对可靠。

调研期间，周强参观了宁德市“摆脱贫困”主题展览和晋江经验馆，表示深受教育和鼓舞，强调要传承发扬“滴水穿石”的闽东精神和晋江经验，真抓实干、攻坚克难，奋力推进新时代人民法院工作高质量发展，在全面建设社会主义现代化国家新征程上展现新担当新作为。在厦门大学，周强围绕学习贯彻习近平法治思想、加强法治人才培养等，与厦门大学校长张荣和法学院教师代表等交流研讨，表示要认真贯彻落实习近平总书记在中国政法大学考察时的重要讲话精神，进一步加强人民法院与法学院校之间的交流合作，促进理论与实践相结合，共同推进法治中国建设。在厦门，周强还考察了中央法务区建设情况。

最高人民法院党组副书记、常务副院长贺荣，党组成员、副院长杨万明，福建省委常委、政法委书记罗东川，省高院院长吴偕林等参加调研。

（来源：《人民法院报》2021 年 10 月 29 日）

➢ 周强在山东法院调研：深入学习贯彻党的十九届六中全会精神　为实现高质量发展提供有力司法服务

11月29日至12月1日，最高人民法院党组书记、院长周强在山东调研。周强强调，要坚持以习近平新时代中国特色社会主义思想为指导，深入学习贯彻习近平法治思想和党的十九届六中全会精神，认真贯彻落实习近平总书记考察山东时的重要讲话精神，坚持服务大局、司法为民、公正司法，充分发挥审判职能作用，推动实现高质量发展，为山东全面开创新时代现代化强省建设新局面提供有力司法服务。山东省委书记、省人大常委会主任李干杰参加调研。

青岛市市南区金融产业集聚，市南区人民法院打造“金融e审”平台，以信息化手段推进金融类案智审、快审。在市南区法院金门路人民法庭，法官向周强介绍，使用“金融e审”平台以来，办案周期大幅缩短，审判质效大大提升。周强予以充分肯定，要求认真研究金融纠纷新特点、新变化，进一步加强信息化手段运用，在全程电子化方面下更大功夫，更好方便群众诉讼、提升审判质效。崂山区人民法院在党委领导下，积极主动参与诉源治理，邀请群众工作经验丰富的调解员参与调解，推动构建汇聚人民调解、行政调解、司法调解等各方力量的多元解纷格局，取得良好效果。周强与法官、调解员亲切交谈，勉励大家站稳人民立场、传承红色基因，弘扬新时代“枫桥经验”，切实提高群众工作能力，推动矛盾纠纷就地化解、及时化解，更好为群众办实事、解难题。

济南市历城区人民法院建成集涉诉信访、多元解纷、分调裁审等为一体的多功能诉讼服务中心，不断创新举措，优化司法服务。在诉讼服务中心，周强深入调研，对法院有效化解涉诉信访、聘请专家参与调解、加强未成年人司法保护等工作予以充分肯定。一位当事人对周强说，感谢法院通过诉前化解大量纠纷，有效维护了企业利益，促进了企业发展。周强表示，要坚持把非诉讼纠纷解决机制挺在前面，进一步健全完善一站式多元纠纷解决和诉讼服务体系，探索完善更加便民高效的矛盾纠纷化解机制，为各类市场主体提供优质司法服务，努力营造市场化、法治化、国际化营商环境。

在山东省高级人民法院，周强调研山东法院智慧法院建设情况，观看全流程无纸化网上办案系统演示汇报。随后，周强召开座谈会，听取山东高院院长张甲天工作汇报，与全国人大代表高明芹、李燕、张卫国座谈交流，听取对人民法院审判执行工作、队伍教育整顿的意见建议。周强表示，在省委坚强领导下，山东法院坚持服务大局，积极改革创新，大力弘扬社会主义核心价值观，狠抓审判执行工作，全面深化司法改革和智慧法院建设，切实加强队伍建设，各项工作取得积极进展，不少工作走在全国法院前列，最高人民法院对山东法院工作予以充分肯定。

周强强调，要坚持以习近平新时代中国特色社会主义思想为指导，深入贯彻习近平法治思想，认真学习贯彻党的十九届六中全会精神，牢牢坚持党对法院工作的绝对领导，坚定不移走中国特色社会主义法治道路。要认真贯彻落实郭声琨书记在宣讲全会精神时的讲话要求，把学习宣传贯彻全会精神作为当前和今后一个时期重大政治任务，深刻认识把握“两个确立”的决定性意义，践行初心使命，依法履行职责，做到维护核心、绝对忠诚、听党指挥、勇于担当。

周强强调，要充分发挥审判职能作用，坚持服务大局、司法为民、公正司法，为实现高质量发展提供有力司法服务。要深入贯彻落实习近平总书记在深入推动黄河流域生态保护和高质量发展座谈会上的重要讲话精神，充分发挥环境资源审判职能作用，促进生态环境保护。要加强海事司法建设，服务共建“一带一路”高质量发展，服务海洋强国战略实施。要坚持以人民为中心，不断提升新时代人民法院化解纠纷、服务群众的能力水平，抓实抓好基层法院和人民法庭建设，服务巩固拓展脱贫攻坚成果同乡村振兴有效衔接。要深化司法体制改革和智慧法院建设，加快推进审判体系和审判能力现代化。

周强强调，要扎实开展队伍教育整顿“回头看”，树立教育整顿永远在路上的思想，坚决筑牢政治忠诚，彻底肃清流毒影响，切实整治顽瘴痼疾，大力弘扬英模精神，确保教育整顿取得扎实成效。要把严的主基调长期坚持下去，坚持刀刃向内、刮骨疗毒，以零容忍态度严惩司法腐败，努力锻造忠诚干净担当的过硬法院队伍。要坚决杜绝“年底不立案”问题，深入推进执行领域突出问题集中整治，切实解决人民群众急难愁盼问题和难点痛点堵点问题，不断增强人民群众获得感。

调研期间，周强来到青岛海洋科学与技术试点国家实验室，与全国人大常委会委员、中国科学院院士、实验室主任委员会主任吴立新深入交流，就加强知识产权司法保护、推动海洋强国战略实施等征询意见建议，调研司法服务需求。在山东大学法学院，周强与山东大学党委书记郭新立、校长樊丽明，以及法学院教师学生代表座谈。周强强调，要深入贯彻习近平法治思想，认真贯彻落实习近平总书记在中央人才工作会议和在中国政法大学考察时的重要讲话精神，坚持理论联系实际，深化法院与法学院校、研究机构的交流合作，推动司法实践与教学科研紧密结合，加强对重大、前沿性问题研究，加快社会主义法治人才培养，共同推进法治中国建设。

最高人民法院党组成员、政治部主任马世忠，山东省委常委、济南市委书记孙立成，省委常委、政法委书记林峰海，省委常委、青岛市委书记陆治原，省委常委、省委秘书长刘强，省高院院长张甲天分别参加调研。

（来源：《人民法院报》2021年12月2日）

➢ 周强在广东法院调研：为深入推进粤港澳大湾区建设提供有力司法服务

12月16日至18日，最高人民法院党组书记、院长周强在广东调研。周强强调，要坚持以习近平新时代中国特色社会主义思想为指导，深入贯彻习近平法治思想和党的十九届六中全会精神，认真贯彻落实中央经济工作会议精神，坚持稳中求进工作总基调，完整、准确、全面贯彻新发展理念，充分发挥审判职能作用，服务推动高质量发展，为深入推进粤港澳大湾区建设提供有力司法服务，为全面建设社会主义现代化国家作出积极贡献。

广州互联网法院创立“枫桥E站”网上解纷站点，探索完善“网上案件网上审理”新型审理机制，打造全流程在线诉讼模式，实现“事不出网”化解纠纷。周强深入调研，仔细询问案件审理情况，对法院充分发挥职能作用，切实保护网络著作权、人格权和未成年人权益等工作予以充分肯定。周强强调，要大胆探索创新，健全完善互联网审判新模式，建立引领时代的互联网司法规则，促进互联网空间有效治理，实现数据要素高效有序流通，积极服务数字经济健康发展。

广州市天河区人民法院凤凰人民法庭建立“庭所共建”机制，在党委领导下与司法所加强联动，构建群众家门口的“司法服务链”，共同加强诉源治理，取得良好效果。周强调研后强调，小法庭大有作为，要始终坚持以人民为中心，充分发挥法庭扎根基层、面向群众的优势，积极融入党委领导的基层治理大格局，促进矛盾纠纷源头预防、前端化解。

在珠海市香洲区人民法院，周强走进家事审判法庭，与法官、调解员、心理咨询员等亲切交谈。全国模范法官代敏汇报了法院引入社工帮扶、加强心理疏导、开展多元调解等做法，周强予以充分肯定，指出家庭是社会的细胞，要大力弘扬社会主义核心价值观，深入推进家事审判方式和工作机制改革，依法妥善化解家事纠纷，促进家庭和谐、社会稳定。

为更好服务横琴粤澳深度合作区建设，珠海市横琴新区人民法院日前更名为横琴粤澳深度合作区人民法院，集中管辖珠海市一审涉港澳台、涉外民商事等案件。12 月 17 日上午，周强与广东省委常委、政法委书记张虎共同为更名后的法院揭牌。周强表示，建设横琴粤澳深度合作区是推进粤港澳大湾区发展的重要举措，对于深化改革开放、丰富“一国两制”实践、维护澳门长期繁荣稳定具有重大意义。要坚持高标准、高起点，以高度的政治责任感和历史使命感，坚持改革创新，切实履行职责使命，努力创造一流业绩，为横琴粤澳深度合作区建设提供有力司法服务。

在广东省高级人民法院，周强考察了最高人民法院智慧法院（广东）实验室，调研实验室在诉讼服务、在线庭审、智慧执行等领域的研发情况，对核心技术攻关成果表示肯定，要求进一步发挥实验室重要作用，加强人工智能、大数据、5G 等现代科技手段运用，加快推进现代科技与审判执行工作深度融合，促进审判体系和审判能力现代化，让智慧法院更多更好惠及广大人民群众。

在横琴粤澳深度合作区法院，周强召开座谈会，听取广东省高级人民法院院长龚稼立工作汇报，与全国人大代表孙媛媛、谢坚等座谈交流，听取对人民法院工作的意见建议。

周强表示，近年来，广东法院在省委领导下，坚持服务大局、司法为民、公正司法，狠抓审判执行工作，深化司法改革和智慧法院建设，大力加强队伍建设，各项工作取得明显成效，不少工作走在全国法院前列，最高人民法院对广东法院工作予以充分肯定。

周强强调，要坚持以习近平新时代中国特色社会主义思想为指导，深入贯彻习近平法治思想，牢牢坚持党对人民法院工作的绝对领导，坚定不移走中国特色社会主义法治道路。要把学习贯彻党的十九届六中全会精神作为当前和今后一个时期的重大政治任务，持续兴起学习贯彻热潮。要深刻认识“两个确立”的决定性意义，始终在思想上政治上行动上同以习近平同志为核心的党中央保持高度一致，坚决做到维护核心、绝对忠诚、听党指挥、勇于担当。

周强要求，要认真贯彻中央经济工作会议精神，充分发挥审判职能作用，坚持稳中求进工作总基调，完整、准确、全面贯彻新发展理念，服务高质量发展。要大力弘扬契约精神，促进信用经济、法治经济建设，努力营造市场化、法治化、国际化营商环境。要深刻认识粤港澳大湾区建设的重大意义，深化改革创新，加强粤港澳司法交流与协作，不断提高司法能力水平，为粤港澳大湾区建设提供高质量司法服务，推进深圳先行示范区和横琴、前海两个合作区建设不断取得扎实成效。

周强强调，要深入开展队伍教育整顿“回头看”，牢固树立教育整顿永远在路上的思想，坚决筑牢政治忠诚、彻底整治顽瘴痼疾，以法院队伍的新气象新面貌展现队伍教育整顿成果。要坚决杜绝“年底不立案”问题，深入推进执行领域突出问题集中整治，着力解决人民群众急难愁盼问题和长期困扰基层法院的突出问题。要严格执行防止干预司法“三个规定”等铁规禁令，把严的主基调长期坚持下去，以零容忍态度严惩司法腐败，确保法院队伍绝对忠诚、绝对纯洁、绝对可靠。

调研期间，周强参观了广州实验室，与中国科学院院士徐涛深入交流，就加强知识产权司法保护、服务创新驱动发展听取意见建议。在暨南大学，周强考察法学院建设，强调要认真贯彻落实习近平总书记在中国政法大学考察时的重要讲话精神，在港澳法律、侨务法律和涉外法治研究及涉外法治人才培养等方面作出新的更大贡献，更好服务粤港澳大湾区建设，更好服务更高水平对外开放。

最高人民法院党组成员、副院长杨万明，广东省委常委、政法委书记张虎，省高院院长龚稼立等参加调研。

（来源：《人民法院报》2021年12月19日）

➢ 贺荣在浙江法院调研：深刻认识创新在现代化建设全局中的核心地位 为加快科技自立自强提供有力司法服务

3月25日至26日，最高人民法院党组副书记、常务副院长贺荣在浙江调研强调，要坚持以习近平新时代中国特色社会主义思想为指导，深入贯彻习近平法治思想，聚焦立足新发展阶段、贯彻新发展理念、构建新发展格局要求，全面提升知识产权司法保护能力和水平，为创新驱动发展、科技自立自强营造良好法治环境，为经济社会高质量发展提供有力司法服务，以优异成绩庆祝建党100周年。

贺荣先后来到嘉兴市南湖区人民法院嘉兴科技城人民法庭、杭州互联网法院、浙江省高级人民法院，围绕创新这一主题，就人民法庭信息化建设、互联网司法新模式、浙江全域数字法院建设情况等进行深入交流，强调要总结浙江全域数字法院建设中好的经验做法，深化智慧法院建设，完善互联网司法新模式，加快推进审判体系和审判能力现代化。杭州高新区（滨江）知识产权综合服务中心集中引入涉及知识产权创造、运用、保护、管理、服务等各方面职能的机构，努力实现办理知识产权业务“只进一扇门”“最多跑一次”。贺荣指出，要深刻理解创新在现代化建设全局中的核心地位，充分运用司法手段加强知识产权保护，推动形成强大合力，为企业创新发展、科技自立自强提供有力司法服务。

在杭州市中级人民法院、杭州市上城区社会矛盾纠纷调处化解中心，贺荣深入调研矛盾纠纷多元化解工作，强调要紧紧依靠地方党委领导，坚持和发展新时代“枫桥经验”，健全中国特色一站式多元纠纷解决和诉讼服务体系。要扎实开展党史学习教育，把公正、高效、便捷化解各类矛盾纠纷作为为群众办实事的重要内容，切实把开展党史学习教育与依法履职尽责结合起来。

最高人民法院审判委员会副部级专职委员刘贵祥，浙江省高级人民法院院长李占国分别参加有关调研。

3月26日下午，贺荣出席“澳门特区司法范畴培训班”结业暨深化两地司法合作座谈会并讲话。调研期间，贺荣一行瞻仰了南湖红船。

（来源：《人民法院报》2021年3月29日）

➢ 贺荣在环丹江口水库环境资源审判协作联合调研：加强协同　用最严格司法保护长江流域生态环境

4月28日，环丹江口水库环境资源审判司法协作联合调研活动在湖北十堰丹江口举行。最高人民法院党组副书记、常务副院长贺荣出席活动强调，要强化司法协作，全面加强长江流域生态环境司法保护，为长江经济带高质量发展、美丽中国建设提供有力司法服务和保障。

调研活动中，鄂豫陕三省高级人民法院共同签署了《关于环丹江口水库生态环境保护与修复环境资源审判协作框架协议》。

贺荣强调，签署协作框架协议是深入贯彻习近平生态文明思想和习近平法治思想、贯彻落实长江保护法、深化长江流域环境系统治理的具体体现，是进一步强化长江流域省际法律适用统一的有效举措。要充分认识保护好长江重要库区、核心水源地生态环境的重大意义，在落实“共抓大保护、不搞大开发”要求上，充分发挥司法职能作用，用最严格司法保护长江流域生态环境。要依法审理各类环境资源案件，加大对严重污染流域、库区环境以及破坏生态犯罪行为的惩治力度。要把加强生态环境司法保护与深入开展为群众办实事实践活动结合起来，运用司法手段推动改善环境质量，服务全面推进乡村振兴，促进美丽乡村建设。要加强跨省流域审判协同机制建设，健全司法裁判规则，提升生态环境司法保护能力。要深化流域治理协同联动，探索重点水域、区域一体化保护司法协作机制，加强信息共享，加大三省高级法院之间、法院与行政等部门之间的联动，形成保护合力，提升生态环境治理整体效能。

湖北、河南、陕西高级人民法院院长游劝荣、胡道才、李智，长江水利委员会以及最高人民法院相关部门负责同志参加座谈。会前，贺荣一行还实地调研了丹江口水利枢纽工程。

在鄂期间，贺荣一行调研了红安县人民法院觅儿人民法庭工作，参观黄麻起义纪念馆和七里坪革命法庭旧址。在武汉大学测绘遥感信息工程国家重点实验室了解科创前沿动态和司法服务需求，走访了法学院。在湖北省高级人民法院、十堰市中级人民法院实地调研，并召开座谈会，听取人大代表、政协委员意见建议。湖北省委常委、政法委书记王艳玲，湖北省人大常委会副主任胡志强，武汉大学校长窦贤康分别参加有关调研和座谈。

（来源：《人民法院报》2021年4月30日）

➢ 贺荣在内蒙古法院调研：针对实际　扎实推动法院队伍教育整顿取得实实在在成效

5月13日至14日，最高人民法院党组副书记、常务副院长贺荣在内蒙古就扎实推进法院队伍教育整顿等工作调研时强调，要坚持以习近平新时代中国特色社会主义思想为指导，深入贯彻习近平法治思想，认真贯彻落实党中央决策部署，针对实践中的突出问题，做好统筹结合，层层狠抓落实，推动法院队伍教育整顿走深走实，取得实实在在成效。

贺荣深入中级、基层法院详细了解教育整顿开展情况、遇到的问题以及采取的针对性举措。强调当前教育整顿已进入查纠整改的关键环节，要深化思想教育，紧扣忠诚纯洁可靠这一根本要求，把政治教育、党史教育、英模教育、警示教育与查纠整改结合起来，夯实思想根基，增强思想、政治、行动自觉。要坚持系统观念，统筹落实规定要求和创新举措，按照统一部署集中整治违反防止干预司法“三个规定”、违规违法办理减刑、假释、暂予监外执行等顽瘴痼疾，同时要结合各级法院特点和地方实际将长期未结案、信访积案等审判执行领域反映出的突出问题纳入整治范围，举一反三推动教育整顿取得扎实成效。要落实开门整顿要求，把教育整顿同“我为群众办实事”实践活动结合起来，广泛听取各方面意见建议，着力解决人民群众在诉讼中的急难愁盼和堵点痛点问题。要层层狠抓落实，力戒形式主义、官僚主义，加强与有关部门和政法各单位的协调联动，形成合力，确保法院队伍教育整顿有力有序有效推进。

在呼和浩特市赛罕区人民法院白塔人民法庭，贺荣详细了解矛盾纠纷多元化解情况和干警工作生活实际，强调要因地制宜突出法庭特色和工作侧重点，发扬“马背法庭”精神，充分运用信息化手段，把矛盾纠纷有效防范化解在源头，为基层群众提供便捷高效的司法服务。贺荣走访当地生态科技企业时强调，内蒙古是我国北方重要生态安全屏障，要加强生态环境司法保护，立足司法职能推动山水林田湖草沙一体化保护和修复，服务黄河流域生态保护和高质量发展。贺荣在深入科研单位调研时强调，内蒙古正在加快实施“科技兴蒙”行动，要加强对“卡脖子”关键核心技术以及新兴产业、重点领域、种源等知识产权的司法保护，服务科技自立自强和创新驱动发展。

在内蒙古自治区高级人民法院召开的座谈会上，贺荣认真听取全国人大代表提出的意见建议，并一一作了回应。

内蒙古自治区高院党组书记、院长杨宗仁和自治区党委政法委有关负责同志等参加调研。

（来源：《人民法院报》2021年5月17日）

➢ 陶凯元在北京法院调研：加强“两区”建设工作 为营造市场化法治化国际化营商环境提供司法保障

1月29日，最高人民法院副院长陶凯元到北京调研“国家服务扩大开放综合示范区和自由贸易试验区”建设工作。陶凯元一行参观了丰田汽车金融（中国）有限公司、北京CBD国际人才一站式服务中心、北京仲裁委员会，并与北京市委市政府、北京“两区办”、朝阳区政府、北京仲裁委的相关负责同志及企业代表座谈交流。

陶凯元指出，北京建设国家服务业扩大开放综合示范区和自由贸易试验区，是党中央、国务院作出的重大决策，是新时代推进改革开放的重要战略举措。人民法院要增强大局意识，深刻认识北京“两区”建设的重大意义，准确把握司法服务保障“两区”建设的结合点和着力点，充分发挥审判职能，推动北京高质量发展，建设改革开放新高地。

陶凯元强调，北京“两区”建设要在全国发挥示范引领作用，必须加强法治建设。人民法院要深入学习贯彻习近平法治思想，坚持法治思维，构建“全覆盖”法治保障。特别要积极推进涉外商事审判专业化建设，服务保障贸易投资自由化便利化；要以北京金融法院的成立为契机，创新金融审判机制，营造良好金融法治环境；要加强知识产权审判，服务国际科技创新中心建设；要加强数据权利司法保护，服务全球数字经济标杆城市建设。

陶凯元表示，北京法院要坚持首善标准，完善国际商事纠纷解决机制，加强国际法研究和运用，对标国际一流，拓展国际视野，推动涉外法治人才培养，为营造市场化法治化国际化营商环境提供有力司法服务和保障。

北京市委常委、副市长殷勇，北京市高级人民法院党组书记、院长寇昉，最高人民法院民四庭负责人等陪同调研。

（来源：《人民法院报》2021 年 1 月 31 日）

➢ 陶凯元在广东法院调研：推动涉外商事海事审判工作

4 月 28 日至 30 日，最高人民法院副院长陶凯元赴广东调研涉外商事海事审判工作。

陶凯元指出，推进粤港澳大湾区、深圳中国特色社会主义先行示范区和海洋强国建设，是以习近平同志为核心的党中央作出的重大决策。人民法院要提高政治站位，切实增强服务保障国家重大战略的责任感和使命感。要以习近平法治思想为引领，深刻认识构建新发展格局、实行高水平对外开放对涉外商事海事审判工作的新要求，落实“十四五”规划和 2035 年远景目标纲要中加强海事司法建设的重要部署，找准服务保障国家对外开放重大战略的结合点和着力点。

陶凯元强调，人民法院要坚持改革创新，为营造市场化法治化国际化营商环境提供有力的司法服务和保障。要加强涉外商事海事审判能力建设，健全域外法查明与适用机制，加强国际商事纠纷多元化解决机制建设。要深入实施涉外商事海事审判精品战略，提升我国司法的国际竞争力、影响力和公信力。要加大海洋生态环境的司法保护力度，精准服务海洋强国战略和海洋产业发展。要加强海事审判信息化建设，为国际海事司法中心建设注入科技力量。

调研期间，陶凯元专程赴最高人民法院第一巡回法庭（第一国际商事法庭）、深圳市中级人民法院、广州海事法院、深圳前海合作区人民法院、深圳国际仲裁院、深圳蓝海法律查明和商事调解中心实地考察。全国人大代表邓振龙、杨飞飞、熊晓冬、黎霞参加调研座谈。广东高院院长龚稼立，最高人民法院民四庭、第一巡回法庭相关负责同志等陪同调研。

（来源：《人民法院报》2021 年 5 月 1 日）

➢ 高憬宏在江苏、北京法院调研：立足审判职能　积极推进认罪认罚从宽制度依法有效落实

4月7日至9日，最高人民法院党组成员、副院长高憬宏在江苏、北京法院调研认罪认罚从宽制度实施情况时强调，要坚持以习近平新时代中国特色社会主义思想为指导，深入学习贯彻习近平法治思想，紧紧围绕“努力让人民群众在每一个司法案件中感受到公平正义”目标，立足审判职能，把握正确方向，积极推进认罪认罚从宽制度依法有效落实。

高憬宏一行先后到江苏省扬州市中级人民法院、北京市门头沟区人民法院，听取高院专题工作汇报，观摩认罪认罚案件速裁庭审，并与三级法院代表进行座谈。高憬宏指出，江苏、北京法院高度重视认罪认罚从宽制度落地落实，大力推进，精准把握，效果明显。

高憬宏强调，认罪认罚从宽制度化、法律化，是落实党中央有关改革部署的重大举措。要深刻认识认罪认罚从宽制度化的时代意义，领会立法精神，把握工作要求，确保制度依法准确、统一、有效实施。要区分案件性质，准确把握适用重点，始终坚持宽严相济、罪责刑相适应、证据裁判原则，做到该宽则宽、当严则严，宽严适度，实现政治效果、法律效果和社会效果相统一。各级法院要依法履行审判职责，既要加强配合，又要完善制约，严把事实证据关、定罪量刑关、程序适用关，加强认罪认罚自愿性审查，确保案件依法及时公正处理。要强化沟通协调，凝聚共识，更好发挥认罪认罚从宽制度在促进司法公正、化解社会矛盾、优化司法资源配置、创新社会治理方面的功能作用。

北京市高级人民法院党组书记、院长寇昉参加部分调研。

（来源：《人民法院报》2021年4月13日）

➢ 马世忠在新疆法院调研：砥砺前行、再创佳绩　确保新时代党的治疆方略在法院系统完整准确贯彻

5月11日至14日，最高人民法院党组成员、政治部主任马世忠一行先后

到新疆维吾尔自治区高级人民法院及兵团分院、伊犁州分院、兵团第四师中级人民法院、特克斯县人民法院、乌鲁木齐县人民法院开展调研。通过召开座谈会、实地走访等方式了解法院系统对口援疆、新疆法院党史学习教育、队伍教育整顿、人民法庭建设等工作情况，考察“中国—上海合作组织国家法官交流培训基地、国际司法协助研究基地、司法案例信息研究中心”项目，看望慰问新疆法院干警及援疆干部。

马世忠对新疆法院坚持以党的政治建设为统领、聚焦落实重点工作任务、大力加强干警队伍建设、用好用足援疆政策等方面工作给予了肯定。他指出，要始终把党的政治建设摆在首位，坚持以习近平新时代中国特色社会主义思想为指导，深入贯彻习近平法治思想，贯彻落实党的十九届五中全会和第三次中央新疆工作座谈会精神，不断增强“四个意识”、坚定“四个自信”、做到“两个维护”，推动反恐维稳、扫黑除恶法治化常态化，践行以人民为中心的理念，促进构建共建共治共享的社会治理格局，砥砺前行、再创佳绩，确保新时代党的治疆方略在法院系统完整准确贯彻，以优异成绩庆祝建党100周年。

马世忠强调，要强化理论武装，坚持读原著、学原文、悟原理，抓实抓细党史学习教育，在学懂弄通做实上再有新成效。要增强政治意识，始终把党的政治建设摆在首位，不断提高政治判断力、政治领悟力、政治执行力，在践行“两个维护”上再有新境界。要强化政治担当，始终保持政治定力，强化底线思维，在维护社会稳定中再有新作为。要坚持司法为民，紧贴实际优化司法服务、改进司法作风，在丰富利民举措上再有新突破。要持续锻造队伍，抓好干部培养使用，扎实开展法院队伍教育整顿，在激励担当作为上再有新提升。

（来源：《人民法院报》2021年5月17日）

➢ 马世忠在山西法院调研：提高政治站位 抓好任务落实 确保第二批队伍教育整顿不折不扣落到实处取得实效

9月15日至17日，最高人民法院党组成员、政治部主任马世忠在山西法院调研第二批队伍教育整顿及法院队伍建设。调研期间，马世忠深入山西省高级人民法院诉讼服务中心、融媒体中心、涉诉信访处控平台、国家法官学院山西分院、山西法院党性教育基地，以及太原市中级人民法院、太原市晋源区人民法院、太原市迎泽区矛盾纠纷多元调解中心、长治市武乡县人民法院等进行实地考察，并通过召开座谈会等形式认真听取全国人大代表、全国政协委员意见建议。

调研中，马世忠在听取山西高院第二批队伍教育整顿情况介绍后指出，山西高院落实党中央部署及最高人民法院要求态度坚决，行动有力，措施过硬，教育整顿高起点谋划、高标准组织、高质量推进，取得重要阶段性成果。他强调，党的十八大以来，习近平总书记高度重视政法队伍建设，作出一系列重要指示批示，为我们抓紧抓好教育整顿提供了根本遵循。要深刻认识开展第二批队伍教育整顿的重大意义，进一步提高政治站位，切实增强开展教育整顿的责任感和紧迫感。要聚焦政治忠诚将学习教育贯穿始终，抓好查纠整改整治突出问题，注重建章立制做好总结提升，以更高标准更严要求推进第二批教育整顿走深走实走稳。要压实主体责任，坚持开门整顿，加强宣传引导，做好统筹结合，以强有力的组织领导确保第二批队伍教育整顿不折不扣落到实处取得实效。

在晋期间，马世忠一行还参观了太行干部学院、八路军总部王家峪旧址及八路军太行纪念馆。山西省委常委、政法委书记商黎光，副省长、省公安厅厅长孙洪山会见马世忠一行。山西高院党组书记冯军参加有关调研。

（来源：《人民法院报》2021年9月18日）

➢ 杨临萍在浙江法院调研：努力建设更高水平的智慧法院

4月27日至28日，最高人民法院党组成员、副院长杨临萍赴浙江法院对智慧法院建设工作进行考察调研，实地察看了浙江省高级人民法院、杭州互联网法院、杭州市上城区人民法院基金小镇法庭的智慧法院建设成果。

杨临萍充分肯定了浙江法院的智慧法院建设成效，强调要深入贯彻习近平总书记关于网络强国的重要思想，扎实开展“我为群众办实事”实践活动，按照最高人民法院党组和周强院长具体工作部署，务实推进智慧法院建设改版升级，为全面建设社会主义现代化国家开好局起好步提供有力司法服务和保障，以优异成绩庆祝建党100周年。

杨临萍指出，浙江法院要站在更高起点上积极探索、开拓创新，以智慧法院建设纳入国家“十四五”规划为重要契机，全面深化智慧法院建设。按照最高人民法院党组建设“中国特色、世界领先”的互联网司法模式要求坚定前行，进一步发挥好浙江在中国移动微法院建设应用方面的引领示范作用，主动融入党委政府领导下的诉源治理格局，促进诉调对接实质化，持续提升一站式多元解纷和诉讼服务体系建设水平。要广泛运用智慧法院建设成果，让人民群众切实感受到便民高效。要将信息技术同法院工作深度融合，推动人民法院工作高质量发展，以数字正义助推实现更高水平的公平正义。

浙江高院党组书记、院长李占国陪同调研。

（来源：《人民法院报》2021年4月29日）

➢ 杨临萍在上海法院调研：推进环境资源审判和智慧法院建设工作

7月9日，最高人民法院党组成员、副院长杨临萍先后到上海环境能源交易所、上海金融法院、上海市徐汇区人民法院调研，并召开上海市三级法院环境资源审判工作座谈会。

杨临萍在上海环境能源交易所了解了上海碳交易试点运行情况和全国碳市场建设推进情况。在环资审判座谈会上听取了三级法院对环境资源审判整体情况和典型工作的汇报。杨临萍肯定了上海法院在环境资源审判工作方面取得的成绩，指出，上海各级法院在环境资源审判方面紧紧围绕中心和大局，充分发挥审判职能，积极探索创新环境资源审判方式，为环境资源司法工作积累了有益经验，为生态文明建设提供了有力的司法服务和保障。

杨临萍强调，环境资源审判要深入贯彻习近平生态文明思想和习近平法治思想，坚持绿色发展理念，不断深化对环境资源审判规律的认识，持续提升人民法院环境资源审判工作质效。要持续推进环境资源审判体制机制改革，立足上海生态区域特点，精心审理区域内环境资源案件。要立足于服务保障双碳目标实现，加强对碳交易纠纷的前瞻性研究。要将信息技术融入环境资源审判中，整合构建环境资源审判信息平台，推动法院与行政机关数据共享。要加强环境资源司法宣传，提升环境资源审判的国际传播力。要加强法官队伍培训，进一步提升环境司法能力水平，锻造符合国际化、专业化需求的高素质审判队伍。

同日，杨临萍在上海金融法院和徐汇区法院调研了智慧法院建设工作。指出，上海金融法院、徐汇区法院在智慧法院建设方面进行了积极探索。强调要推进智慧法院数据中台建设，增强数据收集、管理、分析、应用能力。要依据最高人民法院发布的在线诉讼规则，依法推进办案全流程在线支持、全过程智能辅助，构建中国特色、世界领先的互联网司法模式，以数字正义推动实现更高水平的公平正义。

（来源：《人民法院报》2021年7月12日）

➢ 杨临萍在中国司法大数据研究院调研：推进审判体系和审判能力现代化

5月20日，最高人民法院党组成员、副院长杨临萍赴中国司法大数据研究院调研信息化建设工作，实地观看了数助决策、类案智能推送、立案辅助等司法人工智能产品演示，并听取了中国司法大数据研究院工作汇报。

杨临萍肯定了中国司法大数据研究院在智慧法院建设中发挥的作用，强调要深入贯彻习近平法治思想，认真学习贯彻习近平总书记关于网络强国的重要论述精神，按照最高人民法院党组和周强院长关于智慧法院建设的工作部署，以司法数据中台、智慧法院大脑、在线法院建设为牵引，创造更高水平的数字正义，推进审判体系和审判能力现代化。

杨临萍指出，智慧法院建设前景广阔、任务艰巨。中国司法大数据研究院要以智慧法院建设纳入国家“十四五”规划为重要契机，联合更多产学研优势力量，在更大范围内、更高水平上开展技术攻关，深入推进司法规律和技术变革融合，共同推进智慧法院建设再上新台阶。要坚持底线思维，处理好安全和发展的关系，在数据深度应用的同时，确保信息安全，做到协调一致、齐头并进，有效服务经济社会发展大局。

最高人民法院信息中心有关负责同志、中国电子科技集团有关负责人参加调研。

（来源：《人民法院报》2021 年 5 月 21 日）

➢ 杨临萍在浙江法院调研：以数字化改革推动人民法院工作高质量发展

5 月 29 日至 30 日，最高人民法院党组成员、副院长杨临萍在浙江省嘉兴市调研时强调，要坚持以习近平新时代中国特色社会主义思想为指导，大力弘扬“红船精神”，以数字化改革推动新时代人民法院工作高质量发展。

杨临萍先后来到嘉兴市南湖区人民法院嘉兴科技城法庭、桐乡市人民法院乌镇法庭，就人民法庭信息化建设、互联网司法新模式等深入调研。在科技城法庭，杨临萍考察了法院利用信息化深度融入社会矛盾纠纷化解体系建设、智能送达新模式以及云上物证管理平台等，还参观了审判团队办公室，与员额法官亲切交流；在桐乡浓郁的互联网气息里，杨临萍来到乌镇法庭。立足世界互联网大会永久举办地、“三治融合”发源地，该法庭通过融媒屏打造直通社区法庭，让乡贤辅助办案；探索行政法治数智协同机制，倒逼行政行为规范化；主动拥抱新一轮科技革命，努力打造全国首个“未来智能法庭”。

杨临萍指出，嘉兴法院坚持以数字化改革和“未来智能法庭”建设为驱动，努力探索体现时代特征、满足群众需要的新时代人民法庭高质量发展新路子，为加快推动审判体系和审判能力现代化提供了有益经验。

她强调，智慧法院建设是我国实施网络强国战略的重大举措。近年来，我国智慧法院建设取得很大成就，各级法院在信息化建设标准化、系统化、智能化方面迈上新台阶，切实推动和支持了人民法院各项工作快速发展。要在新发展阶段、在更高起点上全面深化智慧法院建设，整合优化信息系统，推进司法数据中台和智慧大脑建设，以数字正义推动实现更高水平的公平正义。

调研期间，杨临萍一行还瞻仰了南湖红船，参观了沈钧儒纪念馆等。

（来源：《人民法院报》2021 年 5 月 31 日）

➢ 贺小荣在黑龙江法院调研：推动新时代人民法庭工作高质量发展

4月23日，最高人民法院副院长、第二巡回法庭庭长贺小荣4月22日到黑龙江调研人民法庭工作，并在23日出席在大庆市召开的全省人民法庭工作经验交流会，对推动新时代人民法庭工作高质量发展提出要求。

贺小荣指出，黑龙江各级法院坚持以习近平新时代中国特色社会主义思想为指导，全省人民法庭的职能定位更加准确，服务大局更加自觉，作用发挥更加充分，制度机制更加健全，布局设置更加合理，基础保障更加完善，干警素质更加过硬，司法为民、公正司法的能力水平稳步提升。

贺小荣强调，人民法庭是人民法院最基层的单位，处于推进社会治理、服务乡村振兴的最前沿，承担着化解矛盾纠纷、维护基层社会稳定、保障和促进社会公平正义的重要职责。

贺小荣要求，做好新形势下的人民法庭工作，要提高政治站位，深刻认识做好新时期人民法庭工作的重要性和必要性；要准确把握形势，认真分析新时期人民法庭工作面临的新机遇新挑战；要明确目标任务，推动新时代人民法庭工作再上新台阶。紧紧围绕“努力让人民群众在每一个司法案件中感受到公平正义”目标，树立正确司法理念，改革法庭工作机制，改进群众工作方法，拓展法庭社会职责，勇于担当、攻坚克难，全力推动新时代人民法庭工作实现新发展。

会上，黑龙江省8个中级、基层法院和人民法庭交流了经验。黑龙江省高级人民法院院长石时态总结了黑龙江省近年来人民法庭工作取得的成绩，并部署做好新时代全省人民法庭相关工作。

最高人民法院第二巡回法庭副庭长祝二军，大庆市委常委、政法委书记陈宏伟出席会议。黑龙江省各中级法院院长、分管人民法庭工作副院长和部分人民法庭庭长参加会议。

（来源：《人民法院报》2021年4月24日）

➢ 刘贵祥在南京法院调研：建立健全执行长效机制

4月19日，最高人民法院审判委员会副部级专职委员、二级大法官刘贵祥到江苏省高级人民法院、南京市秦淮区人民法院视察调研执行工作。在江苏高院执行指挥中心，刘贵祥听取了江苏法院执行工作汇报，就执行指挥中心实体化运行、可视化分析系统、网络司法拍卖等工作进行了深入了解。在秦淮区法院，刘贵祥先后参观了执行事务中心、执行指挥中心，并召开座谈会，听取南京市中级人民法院和秦淮区法院执行工作汇报。江苏高院院长夏道虎陪同调研。

刘贵祥对江苏法院执行工作予以充分肯定，认为江苏法院认真贯彻最高人民法院关于执行工作的部署要求，明确了工作目标由“基本解决执行难”向“切实解决执行难”转变、工作方法由阶段性攻坚战向常态化持久战转变、工作重点由集中力量解决突出问题向建立健全长效机制转变的工作思路，积极创新工作举措，着眼细节，着力实战，执行指挥中心实体化建设更加科学细致，执行流程管理规范化水平持续提升，执行工作模式发生深刻变革，全省法院执行工作在“基本解决执行难”基础上又向前迈进了一大步，很多工作走在了全国法院前列。

刘贵祥强调，党的十八届四中全会明确提出“切实解决执行难”目标。面对新形势、新任务，各级法院要坚持以习近平新时代中国特色社会主义思想武装头脑、指导实践、推动工作，坚持党对人民法院工作绝对领导，认真践行以人民为中心发展理念，以切实解决执行难、实现人民群众合法权益为出发点，持续深化执行改革，提升执行工作实效，努力兑现当事人胜诉权益。江苏法院要继续坚持改革创新的实干精神，在探索和实践执行工作新模式中不断积累可复制、可推广的经验，继续成为全国执行工作的标杆，为实现切实解决执行难贡献江苏智慧。

（来源：《人民法院报》2021年4月21日）

第三篇

文件选编

最高人民法院
关于深入推进社会主义核心价值观融入裁判文书释法说理的指导意见

2021年1月19日　　法〔2021〕21号

为深入贯彻落实中共中央关于进一步把社会主义核心价值观融入法治建设的工作要求，正确贯彻实施民法典，充分发挥司法裁判在国家治理、社会治理中的规则引领和价值导向作用，进一步增强司法裁判的公信力和权威性，努力实现富强、民主、文明、和谐的价值目标，努力追求自由、平等、公正、法治的价值取向，努力践行爱国、敬业、诚信、友善的价值准则，结合审判工作实际，现提出如下意见。

一、深入推进社会主义核心价值观融入裁判文书释法说理，应当坚持以下基本原则：

（一）法治与德治相结合。以习近平新时代中国特色社会主义思想为指导，贯彻落实习近平法治思想，忠于宪法法律，将法律评价与道德评价有机结合，深入阐释法律法规所体现的国家价值目标、社会价值取向和公民价值准则，实现法治和德治相辅相成、相得益彰。

（二）以人民为中心。裁判文书释法说理应积极回应人民群众对公正司法的新要求和新期待，准确阐明事理，详细释明法理，积极讲明情理，力求讲究文理，不断提升人民群众对司法裁判的满意度，以司法公正引领社会公平正义。

（三）政治效果、法律效果和社会效果的有机统一。立足时代、国情、文化，综合考量法、理、情等因素，加强社会主义核心价值观的导向作用，不断提升司法裁判的法律认同、社会认同和情理认同。

二、各级人民法院应当深入推进社会主义核心价值观融入裁判文书释法说理，将社会主义核心价值观作为理解立法目的和法律原则的重要指引，作为检验自由裁量权是否合理行使的重要标准，确保准确认定事实，正确适用法律。对于裁判结果有价值引领导向、行为规范意义的案件，法官应当强化运用社会主义核心价值观释法说理，切实发挥司法裁判在国家治理、社会治理中的规范、评价、教育、引领等功能，以公正裁判树立行为规则，培育和弘扬社会主义核心价值观。

三、各级人民法院应当坚持以事实为根据，以法律为准绳。在释法说理时，应当针对争议焦点，根据庭审举证、质证、法庭辩论以及法律调查等情况，结合社会主义核心价值观，重点说明裁判事实认定和法律适用的过程和理由。

四、下列案件的裁判文书，应当强化运用社会主义核心价值观释法说理：

（一）涉及国家利益、重大公共利益，社会广泛关注的案件；

（二）涉及疫情防控、抢险救灾、英烈保护、见义勇为、正当防卫、紧急避险、助人为乐等，可能引发社会道德评价的案件；

（三）涉及老年人、妇女、儿童、残疾人等弱势群体以及特殊群体保护，诉讼各方存在较大争议且可能引发社会广泛关注的案件；

（四）涉及公序良俗、风俗习惯、权利平等、民族宗教等，诉讼各方存在较大争议且可能引发社会广泛关注的案件；

（五）涉及新情况、新问题，需要对法律规定、司法政策等进行深入阐释，引领社会风尚、树立价值导向的案件；

（六）其他应当强化运用社会主义核心价值观释法说理的案件。

五、有规范性法律文件作为裁判依据的，法官应当结合案情，先行释明规范性法律文件的相关规定，再结合法律原意，运用社会主义核心价值观进一步明晰法律内涵、阐明立法目的、论述裁判理由。

六、民商事案件无规范性法律文件作为裁判直接依据的，除了可以适用习惯以外，法官还应当以社会主义核心价值观为指引，以最相类似的法律规定作为裁判依据；如无最相类似的法律规定，法官应当根据立法精神、立法目的和法律原则等作出司法裁判，并在裁判文书中充分运用社会主义核心价值观阐述裁判依据和裁判理由。

七、案件涉及多种价值取向的，法官应当依据立法精神、法律原则、法律规定以及社会主义核心价值观进行判断、权衡和选择，确定适用于个案的价值取向，并在裁判文书中详细阐明依据及其理由。

八、刑事诉讼中的公诉人、当事人、辩护人、诉讼代理人和民事、行政诉讼中的当事人、诉讼代理人等在诉讼文书中或在庭审中援引社会主义核心价值观作为诉辩理由的，人民法院一般应当采用口头反馈、庭审释明等方式予以回应；属于本意见第四条规定的案件的，人民法院应当在裁判文书中明确予以回应。

九、深入推进社会主义核心价值观融入裁判文书释法说理应当正确运用解释方法：

（一）运用文义解释的方法，准确解读法律规定所蕴含的社会主义核心价值观的精神内涵，充分说明社会主义核心价值观在个案中的内在要求和具体语境。

（二）运用体系解释的方法，将法律规定与中国特色社会主义法律体系、社会主义核心价值体系联系起来，全面系统分析法律规定的内涵，正确理解和适用法律。

（三）运用目的解释的方法，以社会发展方向及立法目的为出发点，发挥目的解释的价值作用，使释法说理与立法目的、法律精神保持一致。

（四）运用历史解释的方法，结合现阶段社会发展水平，合理判断、有效平衡司法裁判的政治效果、法律效果和社会效果，推动社会稳定、可持续发展。

十、裁判文书释法说理应当使用简洁明快、通俗易懂的语言，讲求繁简得当，丰富修辞论证，提升语言表达和释法说理的接受度和认可度。

十一、人民法院应当探索建立强化运用社会主义核心价值观释法说理的案件识别机制，立案部门、审判部门以及院长、庭长等应当加强对案件诉讼主体、诉讼请求等要素的审查，及时识别强化运用社会主义核心价值观释法说理的重点案件，并与审判权力制约监督机制有机衔接。

十二、人民法院应当认真落实《最高人民法院关于统一法律适用加强类案检索的指导意见（试行）》《最高人民法院关于完善统一法律适用标准工作机制的意见》等相关要求，统一法律适用，确保同类案件运用社会主义核心价值观释法说理的一致性。

十三、对于本意见第四条规定的案件，根据审判管理相关规定，需要提交专业法官会议或审判委员会讨论的，法官应当重点说明运用社会主义核心价值观释法说理的意见。

十四、各级人民法院应当定期组织开展法官业务培训，将业务培训与贯彻实施民法典结合起来，坚持学习法律知识、业务技能与社会主义核心价值观并重，增强法官运用社会主义核心价值观释法说理的积极性和自觉性，不断提升法官释法说理的能力水平。

十五、人民法院通过中国裁判文书网、“法信”平台、12368 诉讼服务热线、中国应用法学数字化服务系统、院长信箱等途径，认真收集、倾听社会公众对裁判文书的意见建议，探索运用大数据进行统筹分析，最大程度了解社会公众对裁判文书的反馈意见，并采取措施加以改进。

十六、人民法院应当充分发挥优秀裁判文书的示范引领作用，完善优秀裁判文书考评激励机制，积极组织开展“运用社会主义核心价值观释法说理优秀裁判文书”评选工作，评选结果应当作为法官业绩考评的重要参考。

十七、最高人民法院、各高级人民法院应当定期收集、整理和汇编运用社会主义核心价值观释法说理的典型案例，加强宣传教育工作，进一步带动人民群众将法治精神融入社会生活，培育和营造自觉践行社会主义核心价值观的法治环境。

十八、各高级人民法院可以根据本意见，结合工作实际，制定刑事、民事、行政、国家赔偿、执行等裁判文书释法说理的实施细则，报最高人民法院备案。

十九、本意见自2021年3月1日起施行。

健全服务和保障大局制度体系

最高人民法院
关于人民法院为海南自由贸易港建设提供司法服务和保障的意见

2021年1月8日　　法发〔2021〕1号

为贯彻落实习近平总书记对海南自由贸易港建设的重要指示，全面落实中共中央、国务院印发的《海南自由贸易港建设总体方案》，充分发挥审判职能作用，为加快建设高水平的中国特色自由贸易港提供司法服务和保障，结合人民法院工作实际，制定本意见。

一、解放思想，为海南自由贸易港建设对外开放新高地提供司法服务和保障

1. 深刻认识司法服务保障海南自由贸易港建设的重大意义。稳步推进海南自由贸易港建设，是以习近平同志为核心的党中央着眼国内国际两个大局，为推动中国特色社会主义创新发展作出的重大战略决策。人民法院要准确把握国内国际形势，从贯彻新发展理念、构建新发展格局、推动高质量发展的战略高度，深刻认识海南自由贸易港建设在更高水平开放型经济新体制中的重大意义，充分发挥审判职能，不断提升司法能力，以公正高效的司法服务和保障，推动建设高水平的中国特色自由贸易港。

2. 始终坚持司法服务保障海南自由贸易港建设的基本原则。

——坚持党的领导。以习近平新时代中国特色社会主义思想为指导，坚持党对人民法院工作的绝对领导，坚持中国特色社会主义法治道路，深入学习贯彻习近平法治思想，充分发挥制度优势，把公正司法、司法为民的要求

贯穿人民法院工作全过程，确保司法服务保障海南自由贸易港建设的正确方向。

——坚持改革创新。支持海南法院推进符合司法规律、有利于促进自由贸易港发展的司法体制改革，加强制度集成创新，为海南自由贸易港贸易投资自由化便利化和各类生产要素自由便利流动提供良好法治环境。

——坚持底线思维。积极参与海南自由贸易港风险防控体系建设，充分发挥司法防范和应对重大风险和系统风险的基础性作用，确保海南自由贸易港健康发展。

——借鉴国际法治有益经验。加强国际司法交流合作，学习借鉴域外自由贸易港先进司法经验，对接国际高水平经贸规则，完善涉外民商事法律适用规则体系，推动实现海南自由贸易港建设发展目标。

3. 准确定位司法服务保障海南自由贸易港建设的结合点和着力点。人民法院要紧紧围绕国家赋予海南建设全面深化改革开放试验区、国家生态文明试验区、国际旅游消费中心和国家重大战略服务保障区的战略定位，深刻把握习近平总书记加强制度集成创新的重要指示精神，主动融入海南自由贸易港建设中心工作，充分发挥审判职能，深化司法体制改革，提升改革整体效能，参与智慧海南建设，营造国际一流市场化法治化国际化营商环境，推动形成既有中国特色，又符合海南定位，具有较强国际竞争力和影响力的自由贸易港开放型经济新体制，推动实现到2025年初步建立以贸易投资自由便利为重点的自由贸易港政策制度体系，到2035年成为我国开放型经济新高地，到本世纪中叶全面建成具有较强国际影响力的高水平自由贸易港。

二、推动制度集成创新，完善自由贸易港法治建设体系

4. 完善自由贸易港审判组织体系。加强海南自由贸易港知识产权法院和海南涉外民商事法庭建设。推动国际商事、互联网、金融、破产等专业化审判组织和机制建设，根据案件数量和特点对全岛审判力量进行统一调派、统筹安排。研究建立自由贸易港法官咨询委员会。服务海南自由贸易港对标世界最高水平开放形态、生产要素自由便利流动的特殊需求，优化司法资源配置模式，推动建立突破地域限制的体系完备、布局合理、协同高效的审判组织体系。

5. 调整案件管辖范围。出台调整海南法院案件管辖范围的相关规定，以指定管辖、提级管辖、专门管辖等方式，对涉外民商事、海事、交通运输以及特定刑事案件的管辖进行适当调整。对与我国司法辖区无实际联系的第一审涉外商事案件，当事人可以协议选择海南涉外民商事专门审判机构管辖，但不得违反级别管辖规定。探索由中级人民法院集中管辖辖区内刑事裁判财产性判项的强制执行案件。通过调整案件管辖范围，在海南形成以“特定管辖法院、专门审判机构、专业审判人员”为特征的审判格局，推动海南法院审判体系和审判能力现代化建设。

6. 推动海事审判“三合一”改革。探索通过个案指定管辖方式，推动海口海事法院受理特定海事刑事案件。适度扩大海口海事法院民商事案件受理范围，集中受理国际多式联运合同纠纷及国际航空运输合同纠纷案件，发挥专业审判优势，推动实施高度自由便利开放的运输政策。服务保障国家海洋战略实施，在海口海事法院逐步推动形成以民商事、行政案件为主，涵盖特定刑事案件的海事案件“三合一”专业化审判机制。

7. 推动行政案件异地管辖改革和机制创新。支持海南法院开展行政案件跨行政区域异地管辖改革，全面实行行政案件异地管辖。探索完善行政案件级别管辖标准，科学设置行政案件管辖机制，实现行政案件在中级人民法院和基层人民法院之间的合理分配。探索行政案件简易程序改革，推动行政案件繁简分流改革，提高行政审判效率。

8. 推动涉外民商事审判机制创新。完善国际商事纠纷案件集中审判机制，由海南涉外民商事法庭集中审理涉外、涉港澳台民商事案件。鼓励外籍调解员和港澳台调解员参与纠纷化解，探索选任港澳台居民担任人民陪审员参与案件审理。当事人提交的证据材料系英文且经对方当事人同意的，可以不提供中文翻译件。稳步推进简化域外形成证据的公证认证程序。合议庭评议案件，实行少数服从多数的原则，少数意见可以在裁判文书中载明。探索当事人、律师、公证机构协助送达文书、根据当事人申请作出简易裁判文书等机制。

9. 推动海南建设国际商事纠纷解决中心。支持海南设立市场化运作的国际商事调解组织，开展商事调解业务。支持境外国际仲裁机构在海南自由贸易港设立业务机构开展仲裁业务。支持在自由贸易港区域内注册的企业之间约定在特定地点、按照特定仲裁规则、由特定人员对相关争议进行仲裁。依法支持和保障中外当事人在仲裁前和仲裁中的财产保全、证据保全、行为保全等临时措施的申请和执行。在自由贸易港区域内设立的国际商事调解机构主持达成调解协议的司法确认案件，探索由海南涉外民商事审判机构集中受理和审查。推动海南建设国际商事纠纷解决中心，引入知名国际商事仲裁机构、国际商事调解组织，建立调解、仲裁、诉讼有机衔接的“一站式”国际商事纠纷解决机制。最高人民法院国际商事法庭在海南设立联络点，参与协调指导海南国际商事纠纷解决中心建设相关事宜。

10. 支持海南法院积极推进司法体制改革。支持海南法院深入推进司法体制改革和综合配套改革，优化内设机构、强化人员配备，建立职能划分明确、运行高效顺畅的内设机构体系。支持海南法院建立符合司法规律和自由贸易港发展要求的审判管理机制、法官惩戒机制、司法人员管理机制、司法人才培养机制。支持海南法院加强对洋浦港、博鳌乐城国际医疗旅游先行区等特别政策先行试验区的司法服务和保障，探索建立服务各先行试验区特点和需求的审判机制。

11. 积极配合海南自由贸易港法等法律的立法工作。加强海南自由贸易港法治建设研究，积极参与海南自由贸易港法等相关法律法规的立法调研。根据自由贸易港建设发展的实际需要，研究出台司法解释和司法政策，及时修订、废止与海南自由贸易港法以及开放政策不相符的司法解释和司法政策性文件。

三、发挥审判职能，推动构建与高水平自由贸易港相适应的政策制度体系

12. 保障贸易投资自由便利。依法审理涉货物贸易案件，推动建立“一线放开、二线管住、岛内自由”的货物进出境管理制度，保障以“零关税”为基本特征的自由化便利化制度安排。依法审理涉服务贸易案件，维护跨境服务贸易负面清单制度，落实给予境外服务提供者国民待遇措施，保障以“既准入又准营”为基本特征的自由化便利化政策实施。全面实施外商投资法及其司法解释，落实准入前国民待遇加负面清单管理制度和投资自由制度，服务和保障“极简审批”投资制度，支持建立健全注销便利制度。妥善处理在大幅放开外商投资领域时产生的涉及外资准入限制的适用法律问题，依法

认定外商投资合同效力，平等保护中外投资者合法权益。

13. 加大产权司法保护力度。严格依照民法典等相关法律审理产权纠纷案件，保护公民、法人和非法人组织取得、使用、处分和继承财产等权利，加强对中小企业和中小投资者的保护。依法审理跨境投资、融资担保、不正当竞争和垄断案件，维护公平竞争市场秩序，优化产业链供应链发展环境。依法保护投资人的合法权益，树立讲诚信讲法治的营商环境。支持构建国土空间保护开发新格局，妥善审理涉及政府守信践诺、财产征收征用案件及国有土地使用权证案件，严格界定公共利益，遵循及时合理补偿原则。严格执行刑事法律和司法解释规定，坚决防止利用刑事手段干预经济纠纷，切实维护企业家人身权、财产权及其他各项合法权益，营造公平竞争的市场环境。

14. 保障跨境资金流动自由便利。依法妥善化解金融纠纷，准确认定涉住房租赁金融、房地产投资信托等领域的合同效力，支持科技金融政策、产品和工具创新，支持金融业对外开放政策在海南自由贸易港率先实施。加强与金融监管机构的沟通协调，推进金融风险行政处置与司法应对有机衔接，促进金融市场规范有序健康发展。

15. 促进运输往来自由便利。加强交通运输案件审判专业化建设，妥善审理港口建设、航运金融、船舶和飞机融资金融、货物和旅客运输、跨国邮轮游艇经营、保税油供应、海员权益保护等民商事案件和涉及船舶管理的行政案件，推动建设海南自由贸易港新型航运经营管理体系和海员管理制度，为“中国洋浦港”船籍港建设保驾护航。支持海南试点第七航权开放和运输新业态创新，开展对国际航空中转客货运输和境外航空公司承载海南至第三国（地区）客货运输相关法律问题的研究，为海南自由贸易港建设西部陆海新通道国际航运枢纽和航空枢纽，加快构建现代综合交通运输体系提供有力司法保障。

16. 实行生态环境的最严格保护。立足海南自由贸易港生态文明体制改革样板区、陆海统筹保护发展实践区、生态价值实现机制试验区和清洁能源优先发展示范区的战略定位和目标要求，全面加强环境资源专业化审判工作，依法审理环境污染防治、生态保护、资源开发利用、气候变化应对以及生态环境治理与服务等案件，加强对各类涉及生态环境和自然资源案件的强制执行力度，以法律手段制裁污染环境、破坏生态等违法犯罪行为。加强土地、矿产、水源水流、森林自然资源资产所有权和使用权保护力度，健全自然资源资产产权制度，促进自然资源开发利用效率提升。规范环境民事和行政公益诉讼，完善审判程序，贯彻损害担责原则，及时制止环境侵权，推动生态环境修复。全面加强海洋生态环境司法保护，依法审理海洋自然资源与生态环境损害赔偿诉讼案件，切实维护国家海洋权益和发展利益。支持和监督行政机关依法履职，促进自然资源的合理开发、利用和保护，加大对破坏海洋生态环境犯罪的打击力度，维护自由贸易港生态环境和生态安全。

17. 促进数据安全有序流动。依法审理与数据有关的各类纠纷案件，促进大数据与其他新技术、新领域、新业态深度融合，推动数据要素市场创新发展，依法服务科技创新和数字经济发展。加强数据安全风险防控，打击数据犯罪、网络犯罪，加强对数据确权、数据交易、数据安全和区块链金融等新类型案件的前沿法律问题研究。加强跨境数据流动国际司法合作，积极参与制定跨境数据流动司法裁判标准和规则。依法审理涉及个人信息保护的案件，兼顾法定履职、突发事件、公共监督等公共利益，依法追究侵犯个人信息权利行为人的法律责任。

18. 妥善审理互联网交易纠纷案件。准确把握互联网交易合同订立的特殊规则，依法认定互联网交易中电子合同、预约合同、格式合同的成立生效要件。准确界定电子商务平台运营者、平台内经营者、消费者及知识产权权利人的权利义务关系，依法保障各方当事人合法权益，促进电子商务平台经营活动规范有序、健康发展。加强对数字货币、网络虚拟财产、数据等新型权益的保护，充分发挥司法裁判对新型权益保护的价值引领作用。

四、保障旅游业、现代服务业和高新技术产业充分发展，推动构建现代产业体系

19. 服务国际旅游消费中心建设。加强旅游法庭建设，创新审判模式，建立涉外旅游纠纷集中快审机制，实现便捷高效专业解决旅游纠纷。鼓励专业领域的调解和仲裁机构参与纠纷化解，逐步形成适应旅游新业态新模式的“一站式”多元化解纷机制，推动旅游与文化体育、健康医疗、养老养生等深度融合。依法认定设置旅游消费陷阱等损害消费者权益的不法行为及其法律责任，规范旅游消费市场，保障海南创建国家级旅游度假区和5A级景区。妥善审理涉国际邮轮游艇纠纷案件，支持三亚建设国际邮轮母港。

20. 支持和保障现代服务业有序发展。妥善审理涉航运服务、国际设计、国际教育、国际会展、海洋服务等现代服务业纠纷案件，规范引导服务产业完善经营管理，提高服务水平。加强现代服务业领域前沿法律问题研究，提高服务合同纠纷专业审判能力，促进新型交易模式健康发展。加强现代服务产业市场主体、市场准入、市场交易、市场退出、信用建设等方面的规则指引和权益保护，服务保障海南自由贸易港发展总部经济、引进国外优质医疗资源、允许境外理工农医类高水平大学和职业学校独立办学等服务业对外开放政策制度实施。

21. 加大知识产权司法保护力度。充分发挥海南自由贸易港知识产权法院职能作用，推进知识产权审判“三合一”改革，建立与之相适应的案件管辖制度和协调机制，提升知识产权司法保护整体效能，推动海南自由贸易港建设“一站式”知识产权保护机制和综合性的知识产权保护中心，打造知识产权保护高地。围绕国家重大战略实施和创新驱动发展需要，加大对新兴产业、重点领域、关键核心技术、植物新品种的知识产权司法保护力度，加快探索完善重点领域专利保护规则。加强科技创新成果保护，加大商业秘密民事、刑事司法保护力度，依法制止垄断行为，加快完善互联网领域、数字经济领域的反垄断法适用。加强商业标志权益保护，实施高水平的植物新品种保护地方法规，积极培育有利于引入全球动植物种质资源的法治环境，支持全球热带农业中心建设。完善新业态新领域的知识产权保护，完善物联网、人工智能、区块链、大数据、生物医药等新业态新领域的知识产权保护，服务高新技术产业发展与产业能级提升。推动完善行政执法和司法衔接机制，强化知识产权全链条保护，促进构建大保护工作格局。加强知识产权刑事、民事、行政案件的执行力度，探索知识产权财产性权益的新型执行方法。

五、支持智慧海南建设，打造共建共治共享的社会治理新格局

22. 支持政府深化行政体制改革。依法支持政府机构改革和职能转变。妥善审理政府招商引资、政府特许经营、土地房屋征收等行政协议案件，严格把握政府解除行政协议的条件，切实维护行政相对人合法权益。对于行政机关及其他行使行政管理职能的法定机构未能履行法定职责、自身承诺或者履行不到位，给行政相对人造成实际损失的，行政相对人或利害关系人请求

赔偿或补偿的，依法予以支持。依法审理涉贸易投资、税收、出入境和停居留、户籍、金融、服务、高新技术领域的行政案件，对在案件审理中发现的行政监管制度漏洞或与自由贸易港市场规则有关的行政管理问题，及时提出司法建议，推动有关单位完善管理制度、提升政务服务水平。

23. 构建多元化纠纷解决平台。进一步完善“一站式”诉讼服务和多元解纷平台，推动海南法院诉讼服务中心全面转型升级，为中外当事人提供全方位多元解纷服务。支持多元化纠纷解决机制建设，加强与行业组织、社区组织的诉调对接，充分发挥其在调处行业纠纷和民间纠纷中的重要作用。完善投资者司法服务绿色通道，加强“一站式”司法征信服务平台建设，为中外当事人提供司法征信查询、法律咨询、风险防控建议、投资者权益保护等服务。

24. 助力智慧海南建设。坚持数据驱动原则，推动制定海南法院系统平台技术、数据协同共享和安全标准，实现数据跨单位、跨平台、跨系统全面对接共享和业务协同。服务和保障海南参与全球数字经济交流合作，促进5G、区块链、云计算、物联网、车联网等新一代信息技术的运用。积极探索“区块链+司法”模式，推进司法链在智慧海南建设中的试点应用，完善电子诉讼规则，推动互联网技术与审判方式、诉讼制度深度融合。加大科技装备投入力度，完善对失信被执行人联合信用惩戒体系，健全失信行为信用修复机制，推动自由贸易港社会信用体系建设。积极推动建设智慧公证、智慧司鉴、智慧法援、智慧调解等诉调对接新应用模式，形成覆盖城乡、普惠均等、便捷优质、智能精准的现代公共法律服务体系。积极参与海南法治信息化平台建设，推动司法与立法、执法、守法、普法等方面数据的整合运用，对海南法院在项目建设、专项资金等方面予以扶持，提升法治海南建设的信息化、智能化水平。

六、参与风险防控体系建设，有效防范化解重大风险

25. 依法惩处妨害自由贸易港建设的各类刑事犯罪。严厉打击黑恶势力犯罪、毒品犯罪等妨害社会管理秩序犯罪，营造安全稳定的社会环境。依法惩治各类刑事犯罪，特别是走私、洗钱、逃税、非法集资等涉及海南自由贸易港改革开放重点领域的经济犯罪，维护市场秩序、保持社会稳定。坚持罪

刑法定原则，对市场主体在生产、经营、融资活动中的创新创业行为，只要不违反刑事法律的规定，不得以犯罪论处。根据海南自由贸易港关于贸易自由便利和投资自由便利的法律法规，准确划定虚报注册资本罪、虚假出资罪、抽逃出资罪、逃汇罪、非法经营罪、合同诈骗罪、走私犯罪等法定犯的罪与非罪界限。加强产权刑法保护，坚持对市场主体的平等保护，严格区分经济纠纷与经济犯罪、行政违法与刑事犯罪、民事责任与刑事责任，打造公平透明、可预期的法治环境。

26. 建立健全风险防控机制。牢固树立总体国家安全观，坚持底线思维、增强忧患意识、提高防控能力。加强与行政机关、监管部门协同配合，对接海南社会管理信息化平台，加强司法大数据与行政管理大数据的互联互通，健全风险预测预警预防机制，完善司法协作机制和联防联控机制，协同防范化解重大风险。妥善审理贸易、知识产权、投资、金融、网络和数据、公共卫生和生态等领域重大案件，切实守住风险防控底线。结合国际形势变化特别是南海局势发展情况，对可能存在的海洋主权风险，建立相应的风险应急预警机制，有针对性地开展国际法理论研究。

27. 建立重大敏感案件专项管理机制。进一步完善以案件甄别、防控、化解、处置机制等为重点的重大敏感案件专项管理机制，对政策性强、社会关注度高、裁判结果可能影响面大的案件，纳入专项管理，实时跟踪、稳妥处理。对自由贸易港建设中纠纷多发类型、易发特征、风险环节等及时分析研判，实行实时监测、动态跟踪和及时预警，就纠纷动向和风险防范提出司法建议，为全面推进自由贸易港改革开放提供支持和保障。

七、借鉴国际经验，提升司法保障自由贸易港建设的能力水平

28. 加强调研指导。最高人民法院强化对人民法院服务保障自由贸易港建设工作的总体指导和重点任务的推进落实。加强海南自由贸易港建设过程中司法需求和突出问题的前瞻性调研，总结经验做法、完善政策机制。加强人民法院与有关部门的沟通联络，推进周边区域协作、区港协作和地域协同，统筹协调司法服务保障海南自由贸易港建设工作。不断总结疑难复杂和新类型案件的裁判规则，及时发布国际商事、海事、知识产权、互联网、环境资源等领域专业化审判工作报告，加大司法改革创新举措和典型案事例宣传，

讲好中国特色自由贸易港法治故事、传播中国法治声音，提升司法裁判的国际影响力和公信力。

29. 加强国际司法人才培养。建立健全与高水平自由贸易港相适应的司法人才培养、引进和交流机制，加大贸易、投资、航运、金融、税务、信息数据等领域高层次审判人才培养力度。支持海南法院探索招聘境外人员担任聘用制司法辅助人员。探索高端法治人才跨省域兼职、跨境引进等政策制度创新，抽调全国法院审判专家和人才充实自由贸易港法官培训师资力量，健全自由贸易港法官参加对外交流和涉外培训的保障机制。强化教育培训工作，全面提升法官专业化审判水平，建设一支政治过硬、业务精良、具有国际视野的高素质审判队伍。

30. 推进国际司法协助和交流合作。在海南省高级人民法院试点依据海牙送达公约和海牙取证公约直接向外国中央机关提出司法协助请求，简化跨境文书送达、调查取证等程序，打造便利化诉讼模式。积极探索在互惠基础上相互承认与执行外国法院民商事判决的途径和方式，减少不必要的平行诉讼。恪守国际公约义务，依照《承认及执行外国仲裁裁决公约》承认和执行外国仲裁裁决，严格适用公共政策，便利裁决跨境执行。发挥最高人民法院法官国际交流中心海南基地的国际司法交流合作平台作用，开展援外培训和专题交流。支持筹办博鳌论坛国际司法分论坛，加强与国际成熟自由贸易港司法机构的交流合作，学习借鉴先进经验，不断完善自由贸易港司法体制机制。

最高人民法院
关于为成渝地区双城经济圈建设提供司法服务和保障的意见

2021年1月13日　　法发〔2021〕4号

为深入学习贯彻习近平新时代中国特色社会主义思想，坚持以习近平法治思想武装头脑、指导实践、推动工作，全面贯彻党的十九大和十九届二中、三中、四中、五中全会精神，认真落实以习近平同志为核心的党中央关于成渝地区双城经济圈建设的重大决策部署，充分发挥人民法院审判职能，为成渝地区双城经济圈建设提供高水平的司法服务和保障，结合人民法院工作实际，制定如下意见。

一、切实提高政治站位，增强为成渝地区双城经济圈建设提供司法服务和保障的责任感、使命感

1. 深刻认识成渝地区双城经济圈建设的重大意义。成渝地区双城经济圈建设是以习近平同志为核心的党中央作出的重大国家战略，是构建以国内大循环为主体、国内国际双循环相互促进的新发展格局的一项重大举措，对形成优势互补、高质量发展的区域经济布局，拓展市场空间、优化和稳定产业链供应链具有十分重要的意义。各级人民法院要认真学习习近平总书记关于成渝地区双城经济圈建设的重要指示精神，坚持党对司法工作的绝对领导，坚持中国特色社会主义法治道路，增强“四个意识”、坚定“四个自信”、做到“两个维护”。要深刻领会推动成渝地区双城经济圈建设的总体要求，准确把握“两中心两地”战略定位，坚定不移贯彻新发展理念，忠实履行宪法法律赋予的职责，依法公正高效审理相关案件，为成渝地区双城经济圈建设提

供高水平的司法服务和保障。

2. 准确把握服务保障成渝地区双城经济圈建设的切入点、着力点。坚持“川渝一盘棋”思维，紧紧围绕党中央战略决策部署和《成渝地区双城经济圈建设规划纲要》等有关文件精神，加强与党政机关沟通协调，积极开展成渝地区双城经济圈司法协作，实现资源共享、优势互补、发展互助、合作共赢。坚持法治引领，聚焦经济发展、科技创新、改革开放、生态环境、城市建设、公共服务等重点领域和关键环节存在的司法问题，为打造带动全国高质量发展的重要增长极和新的动力源营造良好法治环境。增强大局意识，坚持能动司法、协同司法，创新司法理念，在协同发展中谋划人民法院工作，不断改革和完善适应成渝地区双城经济圈建设的司法体制机制，对涉及到的司法问题提前预判，早做研究，及时应对，妥善处理，确保政治效果、法律效果和社会效果有机统一。

二、充分发挥职能作用，为成渝地区双城经济圈建设营造良好法治环境

3. 加强刑事审判，维护经济社会安全稳定。坚持罪刑法定、疑罪从无等法律原则，严格办案程序，精准适用刑事法律，深入推进以审判为中心的刑事诉讼制度改革。充分发挥刑事审判职能作用，依法妥善审理涉公共秩序、生产安全、生态环境、知识产权、金融、网络、国际投资、国际贸易、毒品犯罪、电信诈骗等重点领域刑事案件，深入推进平安中国建设。严格区分经济纠纷与经济犯罪，依法慎用刑事强制措施，严格规范涉案财产的保全和处置措施，健全涉产权冤错案件有效防范和常态化纠错机制。推动扫黑除恶常态化，持续深入开展反暴恐反分裂斗争，全力维护社会大局稳定。

4. 加强民商事审判，助推具有全国影响力的重要经济中心建设。充分发挥民商事审判服务保障经济社会高质量发展的作用，助力重庆两江新区、四川天府新区和其他国家级、省级开发区建设发展，协助成渝地区共同建设高标准市场体系，营造市场化法治化国际化一流营商环境。准确贯彻实施民法典，妥善审理各类民商事案件，切实提高审判质效。加强对成渝地区双城经济圈建设过程中产生的涉建设工程、就业创业、劳动争议、社会保障、产品质量、文旅产业、房地产交易等民生领域案件审理，促进公共服务共建共享，

积极服务保障和改善民生，助力富有巴蜀特色的国际消费目的地建设。积极服务供给侧结构性改革，依法妥善审理因科创产业融合发展、高端要素聚集、产业结构调整升级、淘汰落后产能、承接产业转移等引发的案件，设立并充分发挥破产法庭作用，推动建立破产处置协调联动机制，促进两地产业优化升级。进一步加强产权司法保护，依法妥善审理涉信贷、投资、招投标领域的隐性壁垒案件，平等保护民营企业合法权益。

5. 加强金融审判，防范化解重大金融风险。紧紧围绕促进金融服务实体经济、防范化解金融风险、服务和保障金融改革三项任务，充分发挥金融审判职能作用，坚决守住不发生系统性金融风险底线，助力两地共建西部金融中心。依法妥善审理金融借款合同纠纷、互联网金融纠纷、证券、期货交易及票据纠纷等案件，规范资本市场投融资秩序，引导把更多金融资源配置到经济社会发展的重点领域和薄弱环节，更好满足实体经济多样化的金融需求。依法惩治非法集资、逃汇套汇、洗钱等金融犯罪，制裁金融违法违规行为，注意从司法角度发现和防范区域性金融风险，及时向有关部门提出司法建议，维护国家金融安全。妥善审理并加强对涉及金融资产交易平台、股权众筹融资、资产证券化、跨境金融资产交易、新类型担保等新型金融案件的司法研究，明确法律界限，保护金融创新，稳定市场预期。积极支持区域金融改革创新，推动高起点高标准设立金融法院，健全金融审判体系，不断加强金融审判专业化、国际化建设。

6. 加强知识产权审判，推进具有全国影响力的科技创新中心建设。深刻理解和准确把握创新在现代化建设全局中的核心地位，全面加强知识产权审判工作，依法审理各类知识产权案件，切实保护创新成果。进一步加强对高科技、新能源、新领域、知名品牌以及文化创新产业的司法保护，发挥知识产权司法对激发社会创新动力、创造潜力和创业活力的独特保护、促进作用，助力西部科学城、重庆两江协同创新区、中国（绵阳）科技城建设。进一步加大知识产权侵权行为惩治力度，严厉制裁侵害专利、著作权、商业秘密等知识产权的行为，依法制止影响公平竞争市场环境的垄断和不正当竞争行为。依法支持5G、区块链、云计算、物联网、车联网等现代信息技术发展，服务产业数字化、智能化升级和数字经济健康发展，助力“智造重镇”和“智慧名城”建设。充分发挥知识产权专门审判机构的作用，设立知识产权法庭，推动完善区域知识产权快速协同保护机制，推进区域协同创新。

7. 加强环境资源审判，助力具有全国影响力的高品质生活宜居地建设。深入践行绿水青山就是金山银山理念，贯彻落实民法典绿色原则，充分发挥环境资源审判职能作用，推动成渝地区双城经济圈绿色发展，助力重庆重塑“两江四岸”国际化山水都市风貌、成都形成“一山连两翼”城市发展新格局。立足长江流域水生态核心，重点把握长江上游地区水源涵养和水土保持的功能定位，依法审理水环境与水污染案件，推动重点流域、三峡库区生态治理，筑牢长江上游重要生态屏障。坚决执行最严格的生态环境保护制度，加大环境公益诉讼和生态环境损害赔偿案件审理力度，积极稳妥审理绿色金融等新类型案件，推进人与自然和谐共生。集聚有效审判资源，优化审判机制，推进环境资源审判专业化建设，积极探索设立长江上游生态保护法院。推动构建适应区域生态环境治理需要的环境资源案件集中管辖机制，建立跨流域跨区域横向生态保护补偿机制，支持两地深化生态环境保护司法协作。

8. 加强涉外商事海事审判，服务具有全国影响力的改革开放新高地建设。加强涉外审判体系和审判能力建设，完善涉外经贸裁判规则，准确适用国际条约、国际惯例，妥善审理各类涉外民商事案件。尊重并保障中外当事人依法选择管辖法院、适用法律、纠纷解决方式等权利，为中外市场主体提供及时、有效的司法救济。加强对发展贸易新业态新模式、开展服务贸易创新发展试点、建设跨境电商综合试验区相关案件的审判，强化对铁路提单等新类型案件研究，为“一带一路”进出口商品集散中心建设、西部陆海新通道建设提供有力司法保障。充分发挥两地自贸区法院职能作用，助力重庆、四川自由贸易试验区协同开放，支持天府中央法务区建设，助力国际性商事仲裁、调解、认证、鉴定权威机构建设，探索建立商事纠纷多元解决机制。充分发挥武汉海事法院重庆法庭作用，依法审理长江流域国内水路货物运输、港口码头建设等海事海商案件和环境污染案件，支持长江上游航运枢纽建设，推动长江经济带高质量发展。

9. 加强行政审判，支持和监督行政机关依法行政。坚持依法裁判和协调化解并重，促进行政争议实质性化解，避免行政诉讼程序空转，有效保护当事人合法权益。依法审理涉及交通运输、能源水利、市政公用、环境卫生等基础设施建设引发的行政案件，促进行政机关依法行政，助推城市发展由外延扩张式向内涵提升式转变。针对两地协同发展、城乡融合发展、都市圈同城化发展以及两地探索经济区与行政区适度分离改革过程中可能出现的新情况、新问题，加强调研，提前预判，妥善化解因土地征收征用、区域利益分担、行政程序变更等引发的行政争议。建立健全与行政案件管辖改革、行政机构改革相适应的司法行政良性互动新机制，服务保障“放管服”改革。

10. 加强执行工作，助推社会信用体系建设。强化善意文明执行理念，严禁超标的查封、乱查封，维护司法权威和公信力。推动两地执行案件信息共享，强化信息化查控及协助执行网络无缝衔接，进一步完善跨域司法执行联动协作机制。加强跨域指挥、管理、协调的执行指挥体系建设，提升复杂环境下执行应对处置能力。加大异地执行协助力度，简化异地执行手续，统一委托执行流程，扩大委托事项范围，切实提高执行效率。完善跨区域信用联合监督、警示、惩戒机制，建立守信激励、失信惩戒信用管理机制，加快推动信用体系建设。

11. 加强诉讼服务工作，提供优质便捷高效司法服务。坚持和发展新时代“枫桥经验”，把非诉讼纠纷解决机制挺在前面，加强诉源治理，深化“分调裁审”机制改革，促进纠纷多元化解。积极推进诉讼服务中心转型升级，把握集约集成这一关键，深入推进一站式多元解纷和诉讼服务体系建设。全面推行一网通办、一网统管、一号通办、一次通办，完善网上立案、远程立案、集约送达等功能，将线下服务项目全部集成到线上，为当事人提供诉讼便利。进一步提升跨域诉讼服务能力和水平，加快实现诉讼事项跨区域远程办理、跨层级联动办理，实现当事人诉求无差别受理、同标准办理。

三、坚持改革创新，建立健全与成渝地区双城经济圈建设相适应的司法工作机制

12. 深化智慧法院建设，提升司法工作的信息化、智能化水平。加快推进科技手段与司法工作的深度融合，全面深化智慧法院建设，进一步推进审判体系和审判能力现代化。支持两地法院加快提升信息基础设施配置水平、法院专网性能和网络安全防御能力，积极探索运用大数据、区块链等前沿技术，为跨域诉讼、在线庭审、电子送达、执行协作、审判管理等提供强大技术支撑。建立健全电子卷宗随案同步生成和深度应用机制，全面推进审判智能化应用。提高诉讼服务信息查询、信访接待处置、立案快速处理、在线诉讼等工作的信息化水平，切实增强人民群众的获得感。推动两地法院在信息

化软件开发、平台建设、数据管理和大数据应用等方面实现同城化，强化司法信息共享，提高司法信息利用效率。

13. 加强区域司法协同，切实提高司法服务保障水平。牢固树立一体化发展理念，建立健全司法协调联动机制，唱好"双城记"，合力打造区域司法协作的高水平样板。最高人民法院各有关部门加强条线指导，第五巡回法庭充分发挥派驻重庆区位优势，通过定期开展巡回区审判工作集中调研、发布典型案例等方式，积极推动两地开展深层次、宽领域司法合作。支持重庆市高级人民法院、四川省高级人民法院建立健全联席会议机制，推进两地法院日常沟通、协调、会商、联动等工作，重点研究成渝地区双城经济圈建设中的重大司法事项、司法需求、司法政策和重大疑难法律适用问题，促进司法裁判尺度统一。重庆市高级人民法院、四川省高级人民法院要积极参加两地党委领导或政府主导下的多部门会商机制，依法加强与检察机关、公安机关、司法行政机关的协调配合，切实增强工作合力。相关法院要根据工作实际和区位特点，发挥各自优势，加强沟通、互相支持、密切协作，实现资源共用、信息互通、经验互享。

14. 加大人才交流培养力度，进一步促进审判能力现代化。紧紧围绕成渝地区双城经济圈建设的司法需求，以"高精尖缺"为导向，支持和推动两地法院加大金融、破产、知识产权、环境资源、涉外商事海事等领域的审判业务培训力度，积极探索改革人才培养和储备机制，大力培养德才兼备的高素质司法人才。支持和推进两地建立健全以审判业务交流为基础的人才交叉培养协作机制，实现人才资源互通互融。严格规范司法行为，全面落实司法责任制，不断加强纪律作风建设，努力建设一支忠诚干净担当的高素质法院干部队伍。

最高人民法院
关于人民法院为北京市国家服务业扩大开放综合示范区、中国（北京）自由贸易试验区建设提供司法服务和保障的意见

2021年3月22日 法发〔2021〕11号

为深入学习贯彻习近平新时代中国特色社会主义思想，全面贯彻落实习近平总书记在中国国际服务贸易交易会全球服务贸易峰会上的重要讲话精神，充分发挥审判职能作用，为北京市国家服务业扩大开放综合示范区和中国（北京）自由贸易试验区建设（以下简称北京“两区”建设）提供有力司法服务和保障，根据国务院《关于深化北京市新一轮服务业扩大开放综合试点建设国家服务业扩大开放综合示范区工作方案的批复》《中国（北京）自由贸易试验区总体方案》，结合人民法院工作实际，制定如下意见。

一、总体要求

1. 深刻认识司法服务保障北京“两区”建设的重大意义。北京“两区”建设，是党中央、国务院着眼于构建以国内大循环为主体、国内国际双循环相互促进的新发展格局作出的重大决策，是新时代推进改革开放的重要战略举措。人民法院要从政治和全局高度，深刻领会北京“两区”建设在建设更高水平开放型经济新体制中的重大意义。要准确把握国内国际形势，以习近平新时代中国特色社会主义思想为指导，学习贯彻习近平法治思想，落实习近平总书记关于北京工作的系列讲话精神，充分发挥审判职能，推动审判体系和审判能力现代化建设，为建设新时代改革开放新高地提供有力司法服务和保障。

2. 准确把握司法服务保障北京“两区”建设的结合点和着力点。人民法院要精准把握北京“两区”建设的司法需求，主动服务和保障国家重大战略实施，深化司法体制改革，提升改革整体效能，构建“全覆盖”法治保障，营造国际一流法治化营商环境，推动北京在科技创新、服务业开放、数字经济发展等领域形成可复制可推广的经验，助力北京建设既有中国特色，又符合首善之都定位，具有全球影响力的高水平自由贸易试验区，推动实现到2025年初步建立以贸易便利、投资便利为重点的服务业开放政策制度体系，到2030年基本建成与国际高标准经贸规则相衔接的服务业开放体系。北京法院要坚持最高标准、最严要求、最好效果，以高质量的审判工作服务和保障首都高质量发展，在司法体制改革、审判机制创新和审判能力建设等方面发挥示范引领作用。

二、服务保障科技创新，推动北京建设国际科技创新中心

3. 鼓励支持科技创新发展。注重保护涉及国家重大战略需求、重大科研项目和工程、关键核心技术以及优势产业等领域的发明创造，为营造良好创新创业生态、提高科技成果转化效能提供司法服务和保障。加强对量子信息、人工智能、高端芯片、区块链、生物医药、新材料等新科技革命和产业变革前沿领域的司法保护力度，依法保护对经济增长具有突破和带动作用的各类科技成果，总结提炼科技创新司法保护新规则。妥善处理因科技成果权属认定、权利转让、价值确定和利益分配产生的纠纷，支持北京深化科技成果使用权、处置权、收益权改革，开展赋予科研人员职务科技成果所有权或长期使用权试点工作。

4. 强化知识产权审判职能。充分发挥知识产权审判对科技创新的激励和保障作用，加强对发明专利、技术秘密、集成电路布图设计、植物新品种、计算机软件等案件的审理，促进技术和产业不断升级。强化司法反垄断和反不正当竞争，加强商业秘密司法保护，依法制止垄断和不正当竞争行为，维护公平有序的市场环境。积极稳妥推动知识产权质押、保险、证券化等改革试点工作。

5. 加强知识产权审判机制创新。充分发挥北京知识产权法院的示范引领作用，加强知识产权审判庭建设，积极探索符合知识产权案件审判规律的审

理规则、裁判方式，提升知识产权审判工作质效。探索在重点园区设立知识产权巡回审判点。探索开展北京部分基层人民法院管辖计算机软件合同纠纷一审案件的试点工作。完善技术调查官、技术咨询专家、技术鉴定人员、专家辅助人参与诉讼活动的技术事实查明机制，提高技术事实查明的中立性、客观性、科学性。积极推动商标授权确权一审行政案件繁简分流，提高司法审查效率。依法审理专利、商标授权确权行政案件，推动行政审查标准与司法审查标准统一，促进我国知识产权审查质量和效率提升。积极应对知识产权国际平行诉讼，保护我国相关权益人海外知识产权，打造当事人信赖的国际知识产权保护和纠纷解决优选地。

6. 加大对侵害知识产权的惩治力度。加大对知识产权侵权违法行为的惩治力度，贯彻落实知识产权惩罚性赔偿制度，切实提高侵权成本。依法通过证据保全等方式及时固定侵权证据，依法妥善运用诉前行为保全有效保护创新主体合法权益。加大刑事打击力度，有效发挥刑罚惩治和震慑知识产权犯罪的功能。准确认定科技创新的权利边界以及民事纠纷与刑事犯罪的区别，防止利用刑事手段干预经济纠纷，积极营造有利于科技创新的法治环境。

三、助力服务业开放，保障服务业扩大开放综合示范区建设

7. 依法支持重点园区建设。支持行政机关依法规划审批等行政行为，稳妥审理涉园区规划建设的各类民商事案件，保障相关工程顺利进展。正确处理“民宅商用”“一址多照”问题，妥善解决园区建设中涉及的同一地块多种用途问题。在涉及园区土地执行拍卖案件中，充分考虑土地性质和土地规划目的，依法保障园区整体规划建设。

8. 提高金融审判专业化水平。高标准高起点建设北京金融法院，结合区域功能定位和特点，对金融案件实行集中管辖，推进金融审判体制机制改革，专门管辖北京市应由中级人民法院管辖的金融民商事案件和涉金融行政案件，服务保障国家金融管理中心建设。加大金融纠纷多元化解机制建设，推动金融纠纷繁简分流、快慢分道，深化金融案件“分调裁审”机制改革，建立健全要素式审判、代表人诉讼、示范判决机制，推动金融纠纷高效化解。建立健全专家咨询、专家证人、专家陪审机制，提高金融审判的专业性和公信力。建立与金融监管机构的常态化沟通协调机制，加强金融风险行政处置与司法

审判的衔接，形成金融风险防控合力，切实维护国家金融安全。

9. 支持金融服务领域改革创新。积极回应金融服务领域改革创新的司法需求，加大对中外各类金融机构合规经营活动的司法保护力度。依法支持金融服务领域“证照分离”、合格境外有限合伙人试点，逐步放开公开市场投资范围限制，保障和促进金融领域扩大开放。妥善化解融资租赁、保险、支付清算、登记托管、信用证、独立保函等金融纠纷，严格落实金融机构适当性义务，尊重金融监管规定和交易规则，重视交易惯例，支持自律组织的自律措施，营造良好金融法治环境。加强金融案件大数据资源库建设，跟踪研究本外币一体化试点、科创企业跨境融资、私募平行基金、境外投资者投资境内证券、非标准仓单交易等金融领域前沿问题及相关案例，完善金融司法研究机制。

10. 加强消费者合法权益司法保护。妥善审理服务业开放中涉及的产品质量、食品安全、交通、旅游、教育培训、通讯服务等消费者权益保护纠纷案件，加强相关法律适用问题研究，依照民法典、消费者权益保护法、食品安全法、旅游法等相关法律的规定保护消费者合法权益，促进服务业依法有序开放。准确适用惩罚性赔偿制度，遏制恶意侵害消费者权益的经营行为。通过保护消费者合法权益，提升消费者获得感，促进服务业高质量发展。

11. 依法平等保护外商投资合法权益。严格依照民法典等相关法律审理涉及外商的产权纠纷案件，妥善处理涉及外商的公司、买卖、合伙等商事纠纷，引导相关主体完善公司治理、规范经营行为、防范法律风险；合理判断涉及外商投资、商业活动的各类交易模式、交易结构创新的合同效力，营造讲诚信讲法治的营商环境；加强对外商投资企业尤其是中小企业的保护，依法保护投资人的合法权益。

12. 依法审理各类服务合同纠纷。依法审理涉及数字贸易、文化贸易、商务会展、医疗健康、国际寄递物流、跨境金融等产业的服务合同纠纷，助力优化资金、数据、人才、土地等服务业开放发展的要素供给。充分尊重当事人意思自治，准确把握放宽服务业市场准入对合同效力的影响，从严把握合同无效情形，最大限度维护合同效力。依法审理合同违约纠纷，准确适用违约责任规则，引导各类市场主体增强契约意识。正确认定以应收账款、生产设备、原材料、半成品、产品、仓单、商铺租赁权、项目收益权等财产或者财产性权利作为融资担保的新型担保合同的效力，依法妥善审理涉及动产买卖价款抵押权的案件，促进新型交易模式健康发展，增强服务业企业融资能力。

13. 支持行政机关推进服务业开放发展。依法支持行政机关通过无偿资助、业务奖励和补助等方式推进众创空间、创业基地发展，支持行政机关对相关企业的优惠政策试点。依法支持行政机关为保护产权、支持服务业创新发展实施的行政执法行为。依法审理各类行政纠纷案件，畅通服务业市场主体受到违法行政行为侵害时的救济途径，依法纠正侵犯市场主体合法权益的行政行为。

四、支持数字经济发展，推动打造数字经济试验区

14. 加强数据权利司法保护。依法保护权利人对数据控制、处理、受益等合法权益，依法保护数据要素市场主体以合法收集和自身生成数据为基础开发的数据产品的财产性权益。依法审理因数据确权、数据交易、数据服务、数据市场不正当竞争、数据隐私保护等产生的各类案件，加大数字安全和个人隐私保护力度，严惩侵犯个人信息的犯罪行为，为数字经济发展营造竞争中立、开放包容的环境。妥善处理国家安全、国家数据主权、企业数据产权和个人信息保护的关系，以及意思自治与行政监管的关系，为形成数据资源汇集共享、数据流动安全有序、数据价值市场化配置的数据要素良性发展格局提供司法服务和保障。

15. 服务数字经济新业态新模式发展。妥善审理线上教育、在线医疗、远程办公、云上会展等新业态领域的案件，密切关注大数据与交通运输、文化旅游、餐饮服务、现代制造业等领域融合发展引发的新类型案件，促进产业升级，保护消费者合法权益，推动数字经济与实体经济深度融合。加强对5G、大数据平台、车联网等新型数字化基础设施建设、传统基础设施数字化赋能改造和数字经济示范应用场景建设的司法保护，推动北京打造具有国际竞争力的数字产业集群，建设全球数字经济标杆城市。健全完善北京互联网法院审判体制机制，充分发挥互联网司法审判优势，积极推进大数据、人工智能、区块链等新兴科技与司法工作全方位深度融合，完善依法治网裁判规则，服务首都数字经济发展，为国家创新体系建设和新兴产业发展提供司法保障。

16. 支持数字监管创新。依法支持开展数字经济、数字贸易相关管理制度创新。针对数字服务贸易领域商业存在、跨境交付、境外消费、自然人移动等贸易形态设计的跨境数据流动、数据保护能力认证等内容，依法支持管理政策机制创新，营造安全开放的发展新环境。积极参与北京市数据跨境流动安全管理试点工程相关政策的论证，促进数字贸易监管依法合规，推动北京市数字经济治理能力提升，在全国发挥先导和示范作用。

17. 推动健全数字领域政策法规体系。积极参与制定信息技术安全、数据隐私保护、跨境数据流动等重点领域规则，推动完善数据共享规则和标准体系，促进数据资源高效有序流动和深度开发利用。加强对数据确权、数据交易、数据安全和数字金融等新类型案件的前沿法律问题研究，加快完善数据权利司法保护规则。加强跨境数据保护国际司法合作，积极参与全球数字经济和数字贸易规则制定。

五、加强涉外审判体系和审判能力建设，营造国际一流法治化营商环境

18. 深入实施涉外商事审判精品战略。完善涉外商事案件归口集中办理机制，结合北京“两区”建设需求，优化调整涉外商事案件集中管辖范围，提升涉外商事审判专业化水平。完善域外法查明规则，健全域外法律及案例资源库，准确查明和适用国际条约、国际惯例和准据法。准确适用外商投资法律法规，全面实施外商投资准入前国民待遇加负面清单管理制度，服务保障贸易投资自由化便利化和资金、人才等生产要素自由便利流动。进一步完善涉外商事审判机制，探索符合条件的港澳台居民担任人民陪审员参与案件审理，鼓励外籍调解员和港澳台调解员参与纠纷化解。探索根据当事人申请作出简易裁判文书的机制，稳妥推进简化域外证据的公证认证要求，提升涉外司法效能。

19. 加强国际商事纠纷解决机制建设。加强北京法院国际商事纠纷一站式多元解纷中心建设。探索引入国内外知名国际商事仲裁机构、国际商事调解组织，学习借鉴国际一流纠纷解决规则和纠纷解决机构管理经验，打造一流国际商事纠纷解决中心。支持境外知名仲裁及争议解决机构在自由贸易试验区内设立业务机构，就国际商事、投资等领域民商事争议开展仲裁业务。

依法支持和保障中外当事人在仲裁前和仲裁中的财产保全、证据保全、行为保全的申请和执行。支持在自由贸易试验区内注册的企业之间约定在特定地点、按照特定仲裁规则、由特定人员对相关争议进行仲裁。恪守国际公约义务，依照《承认及执行外国仲裁裁决公约》承认和执行外国仲裁裁决。支持国际商事争端预防与解决组织落地运营。

20. 加强国际法研究和运用。充分发挥北京国际法学术研究资源集中的优势和涉外民商事案件类型丰富的特点，加强国际法理论和实务研究，推动国内法治与涉外法治的衔接。加强我国法域外适用法律体系建设相关问题研究，形成一批具有推动法治进程作用、对全国法院有示范效应的标杆性案例。

21. 加强涉外法治人才培养。支持北京法院与相关高校、研究机构积极合作，健全涉外法治人才培养机制。坚持理论与实践相结合，建立挂职学者、法律研修学者和法律实习生制度，探索涉外法治人才培养新路径。建立健全与北京"两区"建设特别是自由贸易试验区建设相适应的国际司法人才培养、引进和交流机制，加大贸易、投资、金融、税务、信息数据等领域高层次审判人才培养力度。加强涉外法治理论和司法实务培训，搭建涉外法治人才的国际交流与实践平台，加快培养一批政治素质过硬、具有全球意识和国际思维、通晓国际法律规则、熟悉相关国家法律法规、善于处理涉外事务的复合型国际化司法人才。

22. 深化国际司法交流合作。加强对"一带一路"国际合作高峰论坛、中国国际服务贸易交易会、高层级科技创新交流合作平台、高水平金融街论坛等在京举行的国家重大外交活动的服务保障工作，推进北京国际交往中心功能建设。加强国际司法交流与合作，积极参与国际司法论坛等活动，增进国际社会对中国司法的了解和认同。加强中国司法制度、司法文化、司法改革、智慧法院建设的对外宣传，讲好中国法治故事，传播中国法治声音。

六、积极参与社会治理，推动区域协同开放

23. 推进审判工作信息化智能化。深化智慧法院建设，积极推进互联网、人工智能、大数据、云计算、区块链、5G 等现代科技在司法领域的深度应用，提升智慧审判、智慧执行、智慧服务、智慧管理水平。依托中国移动微法院、北京云法庭等平台，引导当事人网上立案、开庭、调解，跨区域远程

办理诉讼事项，为跨境诉讼当事人提供网上立案等服务，使中外当事人诉讼更高效、便捷、安全。深入落实市场主体送达地址承诺确认制度，大力推广电子送达，继续推进民事案件繁简分流机制改革，不断提高审判效率，及时化解矛盾纠纷。

24. 加强诉源治理。支持北京“两区”建设地方性立法工作，积极参与立法研究。北京法院要深化“多元调解＋速裁”工作机制，完善司法调解与人民调解、行政调解联动工作体系，强化诉讼与仲裁、调解、公证、行政复议、行政裁决等非诉讼方式有机衔接。依托北京法院12368诉讼服务热线，对接北京市党建引领“街乡吹哨、部门报到”基层治理工作机制，对各街乡党委政府等组织涉及北京“两区”建设的司法服务需求实行“一号受理”“接诉即办”。加强与重点园区基层党委政府、自治组织和调解组织的协调联动，支持重点园区街乡社区群众自治组织依法自治。深入开展“订单式”精准普法，定期发布典型案例，促进规则意识和法治意识提升，营造良好法治氛围。加强风险研判和预警预防，把矛盾纠纷化解在源头、化解在园区。

25. 服务保障京津冀协同发展。妥善处理涉非首都功能疏解的各类纠纷，依法高效办理涉北京城市副中心、河北雄安、滨海——中关村科技园、“轨道上的京津冀”、北京大兴国际机场临空经济区等重点建设的各类案件，加大对环境污染类案件的审理力度，推动完善京津冀区域大气、水和固体废物污染联防联控联治机制，积极参与区域创新链、产业链、供应链布局与政策衔接中的法律论证。加强区域司法协同，进一步健全工作联络机制，不断完善执行联动协作，探索特定类型案件集中管辖或专门管辖，建立健全京津冀法院共同调研协调机制，加强人员培训和法官任职交流工作，为京津冀协同开放提供司法服务和保障。

26. 健全风险防控体系。牢固树立总体国家安全观，坚持底线思维和风险意识，积极参与风险防控体系建设。严厉打击黑恶势力犯罪、毒品犯罪等妨害社会管理秩序犯罪，营造安全稳定的社会环境。依法惩治走私、洗钱、逃税、非法集资等涉及北京“两区”建设重点领域的经济犯罪，维护市场经济秩序。妥善审理贸易、知识产权、投资、金融、网络和数据、公共卫生和生态等领域重大案件，进一步完善以案件甄别、防控、化解、处置等为重点的重大敏感案件风险防控和处置机制，切实守住风险防控底线。完善对失信被执行人联合信用惩戒体系，建立健全失信行为信用修复机制。加强与行政机关、监管部门协同配合，完善司法协作机制和联防联控机制，对北京“两区”建设中纠纷多发类型、易发特征、风险环节等及时分析研判，实行实时监测、动态跟踪和及时预警，就纠纷动向和风险防范向相关部门单位提出司法建议，协同防范化解重大风险。

最高人民法院
关于开展认可和协助香港特别行政区破产程序试点工作的意见

2021年5月11日　　法发〔2021〕15号

为贯彻落实《中华人民共和国香港特别行政区基本法》第九十五条的规定，进一步完善内地与香港特别行政区司法协助制度体系，促进经济融合发展，优化法治化营商环境，最高人民法院与香港特别行政区政府结合司法实践，就内地与香港特别行政区法院相互认可和协助破产程序工作进行会谈协商，签署《最高人民法院与香港特别行政区政府关于内地与香港特别行政区法院相互认可和协助破产程序的会谈纪要》。按照纪要精神，最高人民法院依据《中华人民共和国民事诉讼法》《中华人民共和国企业破产法》等相关法律，制定本意见。

一、最高人民法院指定上海市、福建省厦门市、广东省深圳市人民法院开展认可和协助香港破产程序的试点工作。

二、本意见所称“香港破产程序”，是指依据香港特别行政区《公司（清盘及杂项条文）条例》《公司条例》进行的集体清偿程序，包括公司强制清盘、公司债权人自动清盘以及由清盘人或者临时清盘人提出并经香港特别行政区高等法院依据香港特别行政区《公司条例》第673条批准的公司债务重组程序。

三、本意见所称“香港管理人”，包括香港破产程序中的清盘人和临时清盘人。

四、本意见适用于香港特别行政区系债务人主要利益中心所在地的香港破产程序。

本意见所称“主要利益中心”，一般是指债务人的注册地。同时，人民法院应当综合考虑债务人主要办事机构所在地、主要营业地、主要财产所在地等因素认定。

在香港管理人申请认可和协助时，债务人主要利益中心应当已经在香港特别行政区连续存在六个月以上。

五、债务人在内地的主要财产位于试点地区、在试点地区存在营业地或者在试点地区设有代表机构的，香港管理人可以依据本意见申请认可和协助香港破产程序。

依据本意见审理的跨境破产协助案件，由试点地区的中级人民法院管辖。

向两个以上有管辖权的人民法院提出申请的，由最先立案的人民法院管辖。

六、申请认可和协助香港破产程序的，香港管理人应当提交下列材料：

（一）申请书；

（二）香港特别行政区高等法院请求认可和协助的函；

（三）启动香港破产程序以及委任香港管理人的有关文件；

（四）债务人主要利益中心位于香港特别行政区的证明材料，证明材料在内地以外形成的，还应当依据内地法律规定办理证明手续；

（五）申请予以认可和协助的裁判文书副本；

（六）香港管理人身份证件的复印件，身份证件在内地以外形成的，还应当依据内地法律规定办理证明手续；

（七）债务人在内地的主要财产位于试点地区、在试点地区存在营业地或者在试点地区设有代表机构的相关证据。

向人民法院提交的文件没有中文文本的，应当提交中文译本。

七、申请书应当载明下列事项：

（一）债务人的名称、注册地以及香港管理人所知悉的债务人主要负责人的姓名、职务、住所、身份证件信息、通讯方式等；

（二）香港管理人的姓名、住所、身份证件信息、通讯方式等；

（三）香港破产程序的进展情况和计划；

（四）申请认可和协助的事项和理由；

（五）债务人在内地的已知财产、营业地、代表机构和债权人情况；

（六）债务人在内地涉及的诉讼、仲裁以及有关债务人财产的保全措施、执行程序等情况；

（七）其他国家或者地区针对债务人进行破产程序的相关情况；

（八）其他应当载明的事项。

八、人民法院应当自收到认可和协助申请之日起五日内通知已知债权人等利害关系人，并予以公告。利害关系人有异议的，应当自收到通知或者发布公告之日起七日内向人民法院书面提出。

人民法院认为有必要的，可以进行听证。

九、在人民法院收到认可和协助申请之后、作出裁定之前，香港管理人申请保全的，人民法院依据内地相关法律规定处理。

十、人民法院裁定认可香港破产程序的，应当依申请同时裁定认可香港管理人身份，并于五日内公告。

十一、人民法院认可香港破产程序后，债务人对个别债权人的清偿无效。

十二、人民法院认可香港破产程序后，已经开始而尚未终结的有关债务人的民事诉讼或者仲裁应当中止；在香港管理人接管债务人的财产后，该诉讼或者仲裁继续进行。

十三、人民法院认可香港破产程序后，有关债务人财产的保全措施应当解除，执行程序应当中止。

十四、人民法院认可香港破产程序后，可以依申请裁定允许香港管理人在内地履行下列职责：

（一）接管债务人的财产、印章和账簿、文书等资料；

（二）调查债务人财产状况，制作财产状况报告；

（三）决定债务人的内部管理事务；

（四）决定债务人的日常开支和其他必要开支；

（五）在第一次债权人会议召开之前，决定继续或者停止债务人的营业；

（六）管理和处分债务人的财产；

（七）代表债务人参加诉讼、仲裁或者其他法律程序；

（八）接受内地债权人的债权申报并进行审核；

（九）人民法院认为可以允许香港管理人履行的其他职责。

香港管理人履行前款规定的职责时，如涉及放弃财产权益、设定财产担保、借款、将财产转移出内地以及实施其他对债权人利益有重大影响的财产处分行为，需经人民法院另行批准。

香港管理人履行职责，不得超出《中华人民共和国企业破产法》规定的范围，也不得超出香港特别行政区法律规定的范围。

十五、人民法院认可香港破产程序后，可以依香港管理人或者债权人的申请指定内地管理人。

指定内地管理人后，本意见第十四条规定的职责由内地管理人行使，债务人在内地的事务和财产适用《中华人民共和国企业破产法》处理。

两地管理人应当加强沟通与合作。

十六、人民法院认可香港破产程序后，可以依申请裁定对破产财产变价、破产财产分配、债务重组安排、终止破产程序等事项提供协助。

人民法院应当自收到上述申请之日起五日内予以公告。利害关系人有异议的，应当自发布公告之日起七日内向人民法院书面提出。

人民法院认为有必要的，可以进行听证。

十七、发现影响认可和协助香港破产程序情形的，人民法院可以变更、终止认可和协助。

发生前款情形的，管理人应当及时报告人民法院并提交相关材料。

十八、利害关系人提供证据证明有下列情形之一的，人民法院审查核实后，应当裁定不予认可或者协助香港破产程序：

（一）债务人主要利益中心不在香港特别行政区或者在香港特别行政区连续存在未满六个月的；

（二）不符合《中华人民共和国企业破产法》第二条规定的；

（三）对内地债权人不公平对待的；

（四）存在欺诈的；

（五）人民法院认为应当不予认可或者协助的其他情形。

人民法院认为认可或者协助香港破产程序违反内地法律的基本原则或者违背公序良俗的，应当不予认可或者协助。

十九、香港特别行政区和内地就同一债务人或者具有关联关系的债务人分别进行破产程序的，两地管理人应当加强沟通与合作。

二十、人民法院认可和协助香港破产程序的，债务人在内地的破产财产清偿其在内地依据内地法律规定应当优先清偿的债务后，剩余财产在相同类别债权人受到平等对待的前提下，按照香港破产程序分配和清偿。

二十一、人民法院作出裁定后，管理人或者利害关系人可以自裁定送达之日起十日内向上一级人民法院申请复议。复议期间不停止执行。

二十二、申请认可和协助香港破产程序的，应当依据内地有关诉讼收费的法律和规定交纳费用。

二十三、试点法院在审理跨境破产协助案件过程中，应当及时向最高人民法院报告、请示重大事项。

二十四、试点法院应当与香港特别行政区法院积极沟通和开展合作。

最高人民法院
关于新时代加强和创新环境资源审判工作为建设人与自然和谐共生的现代化提供司法服务和保障的意见

2021 年 10 月 8 日　　　　　　　　　　　　法发〔2021〕28 号

为深入贯彻落实习近平生态文明思想和习近平法治思想，学习贯彻习近平总书记在庆祝中国共产党成立 100 周年大会上的重要讲话精神，党的十九大和十九届二中、三中、四中、五中全会精神，促进“十四五”规划纲要的全面实施，充分发挥人民法院审判职能作用，为构建新时代生态文明制度体系、建设人与自然和谐共生的现代化提供公正、高效的司法服务和保障，制定如下意见。

一、强化政治引领，把握新时代环境资源审判工作的前进方向

1. 坚持以习近平生态文明思想和习近平法治思想为指引。习近平生态文明思想和习近平法治思想是推进国家环境治理体系和治理能力现代化的根本遵循和科学指南。各级人民法院要始终坚持党对环境资源审判工作的绝对领导，增强“四个意识”、坚定“四个自信”、做到“两个维护”，胸怀“国之大者”。要牢固树立以人民为中心的发展思想，努力满足人民群众日益增长的优美生态环境需要。要大力弘扬牢记使命、艰苦创业、绿色发展的塞罕坝精神，深入践行绿水青山就是金山银山的理念，严守尊重自然、顺应自然、保护自然的价值准则，遵循山水林田湖草沙冰一体保护的系统观念，用最严格制度最严密法治保护生态环境。要以共谋全球生态环境治理的国际视野，统筹国内法治与涉外法治，推动构建人类命运共同体和清洁美丽的世界。

2. 把握新时代环境资源审判工作的发展目标。各级人民法院要准确把握新发展阶段、深入贯彻新发展理念、加快构建新发展格局，推动环境资源审判工作在新时代谋新篇、开新局。要围绕建设有中国特色和国际影响力的生态环境司法保护体系的总目标，以更大的决心、更明确的思路、更精准的举措全面加强和创新环境资源审判各项工作，努力推动新时代环境司法理念得到新开拓，审判质效获得新提升，改革创新迈开新步伐，专门化建设取得新成效，服务保障能力实现新进步，国际影响力达到新高度。

3. 找准新时代加强和创新环境资源审判工作的切入点和着力点。各级人民法院要以加强环境司法能力建设为中心，完善案件审判规则，提升审判质效。要以体制机制建设为重点，构建环境资源案件刑事、民事、行政以及立案、执行协同审判大格局，完善预防性、恢复性司法措施，健全公益诉讼制度，丰富多元化纠纷解决方式。要全面落实民法典绿色原则和绿色条款，推动在具体案件审判中的规则转化。要以培育和推广精品案例为抓手，充分发挥案例的规则引领与价值导向功能。要以人工智能、大数据、区块链等信息技术为依托，促进信息技术与环境司法深度融合。要不断深化国际环境司法交流，努力提升环境司法国际话语权和规则引领权。

二、坚持以人民为中心，切实解决人民群众身边突出生态环境问题

4. 助力深入打好污染防治攻坚战。加大对环境污染违法犯罪的惩治力度，严厉打击暗管偷排、跨域倾倒、走私废物以及排污监测数据造假、环境监管失职渎职等突出违法犯罪活动。依法审理涉大气、水、土壤、固体废物以及涉新污染物环境污染民事案件，切实维护人民群众的人身财产权益和环境权益。依法审理涉危险废物、医疗废物处置案件，着力化解涉重点地区危险化学品生产企业“关停转”引发的矛盾纠纷。依法审理涉环境影响评价相关案件，促进环评在防范环境风险中的功能和作用得到有效发挥。

5. 推动城市人居环境持续改善。依法审理涉城市黑臭水体整治案件，严惩向城市河道、湖泊、海湾排污等违法犯罪活动。依法审理涉建设用地土壤污染案件，推动建设用地污染风险管控、污染场地修复，强化责任追究。依法妥善处理污水及垃圾处理场站等设施选址、建设引发的纠纷，防范环保设施二次污染，实现污染物处理客观需要和周边居民对生活环境高品质要求的

有机平衡。依法审理涉城中村、棚户区、老旧小区改造，城市垃圾分类，生态景观建设相关案件，推动绿色城市、森林城市、“无废城市”建设。

6. 服务建设生态宜居的美丽乡村。依法惩治非法占用、污染耕地和渔业水域的违法犯罪行为，保障粮食和重要农产品供给安全。依法审理涉农业面源污染防治案件，提升畜禽粪污、农作物秸秆、农膜、水产附产物等农业废弃物无害化处置和资源化利用水平，助力开展村庄清洁和绿化行动。依法审理涉传统民居、古村落、古建筑保护案件，提升乡村自然景观、人文景观的司法保护水平，助力建设“望得见山、看得见水、记得住乡愁”的美丽乡村。

三、贯彻系统观念，推动构建人与自然生命共同体

7. 强化生态系统综合保护。依法惩治非法采矿采砂、非法侵占河湖、乱砍滥伐、毁林挖草、非法开垦等破坏生态的违法犯罪活动。依法审理涉耕地休耕轮作、封育保护、生态移民、舍饲圈养等生态保护措施相关案件，推动草原森林休养生息。加大山脉、湖泊、湿地保护力度，依法审理涉退耕还林还湿、湿地保护修复工程建设、湿地用途管控相关案件，促进湿地保护水源、调蓄洪水、控制污染、调节气候等功能有效发挥。依法审理涉海岸、海洋工程建设项目以及海岛资源开发利用、海水养殖、围海造田等相关案件，推动建立陆海统筹的海洋生态环境保护修复制度，维护海洋自然再生产能力。

8. 切实维护生物多样性。严厉打击各类破坏野生动植物资源犯罪活动。依法惩治利用网络或以其他方式实施野生动植物及制品非法贸易，非法引进、释放或丢弃外来物种等违法犯罪行为。依法审理涉遗传多样性、物种多样性和生态系统多样性司法保护案件，坚持保护和可持续利用原则，遏制生物多样性丧失和生态系统退化。依法保护珍贵濒危野生动植物栖息地生态环境，护航候鸟安全迁徙。依法审理涉野生动物肇事责任保险案件，保障生物多样性重大工程有序实施。统筹疫情防控与生物多样性司法保护，助推国家生物安全治理能力水平不断提升。

9. 助力打赢长江十年禁渔持久战。严格落实《中华人民共和国长江保护法》，严厉打击“电毒炸”“绝户网”等各类涉渔违法犯罪活动，依法惩治扎巢采卵、挖沙采石，切实保护长江珍贵濒危野生动物。加大对收购、加工、销售、利用非法渔获物的惩治力度，从源头和终端斩断非法捕捞地下产业链。

支持和监督行政机关依法开展“清船”“清网”行政执法活动，妥善处理因收缴、处置“三无”船舶和非法捕捞工具以及涉水产品市场、涉渔餐馆、渔获物市场整治引发的纠纷。依法审理涉渔民转移安置、转产转业相关案件，推动禁渔长效机制不断完善健全，保障长江流域重点水域十年禁渔落到实处。

10. 推动黄河流域生态环境不断改善。坚持共同抓好大保护、协同推进大治理原则，切实保护黄河流域生态环境。依法审理涉黄河源头冰川、高原冻土、高寒草甸、草原、河湖等重要生态系统保护案件，提升黄河上游水源涵养能力。依法审理涉黄河干流和重要支流环境污染案件，支持和监督行政机关依法开展黄土高原退耕还林还草工程建设，助力黄河污染治理和水土保持水平同步提升。依法审理涉黄河中下游三角洲湿地保护、涉水沙关系协调等案件，维护河道管理秩序，促进生态环境持续改善。

11. 保障自然保护地体系建设。加大对国家公园、自然保护区以及地质公园、森林公园、海洋公园、湿地公园等各类自然公园的司法保护力度，依法惩治在自然保护地违法开垦、开发或修筑建筑物以及排污倾废等违法犯罪活动。严格区分核心保护区、一般控制区以及其他区域的功能定位，妥善处理与区域定位不符的开发利用、退出、转型引发的矛盾纠纷，切实维护自然保护地原住民及相关权利人合法权益。依法保障长城、大运河、长征、黄河国家文化公园建设，统筹自然遗迹与人文遗迹、民俗文化一体化保护。

12. 筑牢生态安全司法屏障。依法惩治偷采盗挖泥炭黑土等违法犯罪活动，服务构建黑土地保护系统工程。保障三北防护林等防护林体系建设和国家储备林建设，助推大规模国土绿化行动顺利开展。深入贯彻冰天雪地也是金山银山的理念，依法审理涉青藏高原生态环境保护案件，切实保护好地球第三极生态。依法审理涉京津风沙源治理、三江源生态保护和建设、祁连山生态保护与综合治理、岩溶地区石漠化综合治理等国家重点生态功能区修复保护相关案件，加大对水土流失、土地沙化、石漠化、海岸侵蚀及沙源流失等生态极度脆弱区生态环境的司法保护力度，维护国家生态安全格局。

四、助推能源革命，促进经济社会绿色低碳转型

13. 提高自然资源产权司法保护水平。依法审理涉土地、草原、矿藏、森林、海域等自然资源权属案件，科学划定自然资源所有权、使用权行使边

界，维护全民所有自然资源资产所有者权益。完善自然资源权属争议行政调处与司法审判的衔接，服务构建市场化、多元化的生态保护补偿机制。依法监督自然保护地内自然资源特许经营权审批，统筹协调生态环境保护与资源集约节约开发利用。关注自然资源交易平台化、金融化、信息化趋势，依法审理相关案件，服务构建统一自然资源交易市场。

14. 加大对水资源的司法保护力度。依法审理江河流域水资源保护案件，严惩破坏水环境、水生态，擅自取水、超量取水、破坏性取水等违法犯罪行为。强化对水权确权、取水许可审批、取水计量监管等行政行为的司法监督，依法审理涉水权交易相关案件。妥善处理南水北调工程建设、征地移民引发的矛盾纠纷，确保南水北调工程安全、供水安全、水质安全。将水资源司法保护主动融入长江经济带发展、粤港澳大湾区建设、长三角一体化发展、黄河流域生态保护和高质量发展等区域重大战略，为形成全国统一大市场和畅通的国内大循环提供有力的水资源支撑。

15. 助力实现碳达峰、碳中和目标。准确把握碳排放权、碳汇、碳衍生品等涉碳权利的经济属性、公共属性和生态属性，依法妥当处理涉及确权、交易、担保以及执行的相关民事纠纷。支持和监督行政机关依法查处碳排放单位虚报、瞒报温室气体排放报告、拒绝履行温室气体排放报告义务等违法行为。依法审理国家规定的机关或者法律规定的组织提起的涉碳公益诉讼和生态环境损害赔偿案件，助力形成以风能、太阳能、水能、核能、气能、生物质能等可再生能源为主体的清洁低碳安全高效能源系统。加大对京津冀及周边地区、汾渭平原、长三角地区等重点区域涉能源结构调整案件的审理力度，严格落实减污降碳协同治理。依法审理各类涉受控消耗臭氧层物质违法生产、使用和环境污染案件，助力减少非二氧化碳温室气体排放，有效应对全球气候变化危机。

16. 服务产业结构绿色优化升级。依法妥当处理涉高耗能、高排放企业规划、建设、生产引发的行政纠纷，支持和监督行政机关依法查处未批先建、批建不符等违法行为。加大对高耗能、高排放企业改制、破产和重整案件审判力度，完善市场退出机制。支持和监督行政机关依法履行排污许可监管职责，推动企业按证排污。加大绿色创新知识产权司法保护力度，鼓励清洁生产，推动重点行业和重要领域绿色化改造。支持运用金融工具助力绿色发展，服务构建绿色信贷政策法律体系，推动完善绿色债券发行制度规则，支持保险机构创新绿色保险产品和服务，促进绿色金融市场健康发展。

五、持续深化改革创新，健全环境资源审判制度体系

17. 统一环境资源审判法律适用。坚持最严格制度最严密法治，遵循罪刑法定和罪责刑相适应原则，准确把握各类环境资源刑事犯罪构成要件，正确认定单位犯罪，审慎适用从轻、减轻处罚。贯彻宽严相济的刑事政策，妥当处理发展与保护的关系，努力实现政治效果、法律效果、社会效果、生态效果的有机统一。加强自然资源使用权体系化研究，完善统一涉自然资源相关案件审判的法律适用。准确把握生态环境侵权民事诉讼、公益诉讼、生态环境损害赔偿诉讼属性和功能，构建类型化的生态环境损害责任构成要件体系，完善不同诉讼程序和责任方式的衔接机制。明确惩罚性赔偿制度适用范围，丰富生态环境修复责任方式，规范禁止令适用程序和条件，探索建立环境资源案件专门证据制度，不断健全审判程序和实体规则。

18. 加强专门化制度建设。坚持以前瞻性、全局性、战略性、整体性思维系统推进环境资源审判专门化改革。切实聚焦主责主业，加强环境资源法庭建设，充分发挥机构在专门化制度建设中的基础性作用。完善环境资源刑事、民事、行政案件“三合一”审判模式，确保环境司法理念在不同类型环境资源案件中得到统一贯彻落实。加强与公安机关、检察机关以及环境资源行政主管部门的工作协调，完善异地执行委托衔接、生态环境修复效果评估、环境修复资金管理制度等配套措施，建立全国环境资源审判信息平台。构建具有专门知识的人民陪审员参加环境资源案件审理制度，充分保障人民群众知情权、参与权和监督权。

19. 锻造素质过硬审判队伍。始终把党的政治建设摆在首位，着力提升队伍的政治领悟力、政治判断力、政治执行力，强化纪律作风建设，坚守清正廉洁底线，用真抓实干担当责任、诠释忠诚。全面加强队伍专业能力建设，加大培训力度，培养既精通环境法又熟悉相关经济、社会以及环境科学知识的专家型法官，努力建设一支党和人民信得过、靠得住、能放心的专业化环境资源审判队伍。

20. 深化国际环境司法交流。秉持公平、共同但有区别的责任原则及各自能力原则，公平公正惠益分享原则，损害担责原则，保护和可持续利用自

然资源原则，携手各国加强气候变化及其影响、保护生物多样性、防治环境污染等全球环境危机的司法应对。协力构建环境司法案例、司法经验的多元化共享平台，建立常态化国际环境司法交流互访机制，促进相互借鉴和共享。加大与世界各国、国际组织的合作力度，传播中国环境司法声音，讲好中国环境司法故事，为全球环境司法事业提供中国方案。

最高人民法院
关于加强新时代知识产权审判工作为知识产权强国建设提供有力司法服务和保障的意见

2021年9月24日　　　　　　　　　　　法发〔2021〕29号

为深入贯彻落实《知识产权强国建设纲要（2021—2035年）》和党中央关于加强知识产权保护的决策部署，适应新时代要求，全面加强知识产权司法保护，为知识产权强国建设提供有力司法服务和保障，制定本意见。

一、心怀“国之大者”，准确把握加强新时代知识产权审判工作的总体要求

1. 确保新时代知识产权审判工作始终沿着正确方向前进。坚持以习近平新时代中国特色社会主义思想为指导，持续深入学习贯彻习近平法治思想，全面贯彻党的十九大和十九届二中、三中、四中、五中全会精神，增强“四个意识”、坚定“四个自信”、做到“两个维护”，不断提高政治判断力、政治领悟力、政治执行力，不折不扣贯彻落实习近平总书记关于加强知识产权保护的系列重要讲话精神和党中央决策部署。牢牢坚持党的领导，坚持以人民为中心，坚定不移走中国特色社会主义法治道路。牢牢把握加强知识产权保护是完善产权保护制度最重要的内容和提高国家经济竞争力最大的激励，紧紧围绕“十四五”规划和二〇三五年远景目标，强化系统观念、法治思维、强基导向，增强机遇意识、风险意识，全面提升知识产权司法保护水平。适应新时代要求，立足新发展阶段，完整、准确、全面贯彻新发展理念，自觉融入构建新发展格局、推动高质量发展，为建设知识产权强国提供有力司法服务和保障。

2. 增强做好新时代知识产权审判工作的责任感使命感。坚持把创新作为引领发展的第一动力，树立保护知识产权就是保护创新的理念，深刻认识全面加强知识产权审判工作事关国家治理体系和治理能力现代化，事关推动高质量发展和创造高品质生活，事关国内国际两个大局。自觉践行初心使命，找准司法服务"国之大者"的结合点、切入点，担当作为、改革创新，健全公正高效、管辖科学、权界清晰、系统完备的知识产权司法保护体制，开创新时代知识产权审判工作新局面。

3. 正确把握新时代人民法院服务知识产权强国建设的工作原则。紧紧围绕"努力让人民群众在每一个司法案件中感受到公平正义"目标，坚持以人民为中心，充分发挥知识产权审判职能作用，落实惩罚性赔偿制度，加大对侵权行为惩治力度，切实维护社会公平正义和权利人合法权益。坚持严格保护，依法平等保护中外当事人及各类市场主体合法权益，维护公平竞争市场秩序，服务以国内大循环为主体、国内国际双循环相互促进的新发展格局。坚持公正合理保护，防范权利过度扩张，确保公共利益和激励创新兼得。坚持深化改革，强化信息化技术运用，加快推进知识产权审判体系和审判能力现代化。坚持协同配合，强化国际合作，为全球知识产权治理贡献中国司法智慧。

二、依法公正高效审理各类案件，充分发挥知识产权审判职能作用

4. 加强科技创新成果保护，服务创新驱动发展。充分发挥知识产权审判对科技创新的激励和保障作用，实现知识产权保护范围、强度与其技术贡献程度相适应。充分发挥司法裁判在科技创新成果保护中的规则引领和价值导向职能，总结提炼科技创新司法保护新规则，促进技术和产业不断创新升级。以强化保护为导向，加强对专利授权确权行政行为合法性的严格审查，推动行政标准与司法标准统一，促进专利授权确权质量提升。以实质性解决专利纠纷为目标，建立专利民事行政案件审理工作在甄别统筹、程序衔接、审理机制、裁判标准等方面的协同推进机制，防止循环诉讼和程序空转，有效提高审判效率。

5. 加强著作权和相关权利保护，服务社会主义文化强国建设。充分发挥著作权审判对于优秀文化的引领和导向功能，促进文化和科学事业发展与繁

荣。依法加强“红色经典”和英雄烈士合法权益保护，以法治手段传承红色文化基因，大力弘扬社会主义核心价值观。加大对文化创作者权益保护，准确把握作品认定标准。依法维护作品传播者合法权益，适应全媒体传播格局变化，依法妥善处理互联网领域文化创作及传播的著作权保护新问题。依法审理涉著作权集体管理组织案件，妥善处理维护著作权集体管理制度和尊重权利人意思自治关系，促进作品传播利用。加强遗传资源、传统文化、传统知识、民间文艺等知识产权保护，促进非物质文化遗产的整理和利用。

6. 加强商业标志保护，服务品牌强国建设。提高商标授权确权行政案件审理质量，坚决打击不以使用为目的的商标恶意注册行为，科学合理界定商标权权利边界与保护范围，促进商标申请注册秩序正常化和规范化。强化商标使用对确定商标权保护范围的作用，积极引导权利人持续实际使用商标，发挥商标的识别功能，保护消费者合法权益。制定商标民事纠纷案件司法解释，加强驰名商标、传统品牌和老字号司法保护，依法支持商标品牌建设。完善地理标志司法保护规则，遏制侵犯地理标志权利行为，推动地理标志与特色产业发展、生态文明建设、历史文化传承以及乡村振兴有机融合。

7. 加强新兴领域知识产权保护，服务新领域新业态规范健康发展。准确适用个人信息保护法、数据安全法，加强互联网领域和大数据、人工智能、基因技术等新领域新业态知识产权司法保护，完善算法、商业方法和人工智能产出物知识产权司法保护规则，合理确定新经济新业态主体法律责任，积极回应新技术、新产业、新业态、新模式知识产权保护司法需求。加强涉数据云存储、数据开源、数据确权、数据交易、数据服务、数据市场不正当竞争等案件审理和研究，切实维护数据安全，为数字中国建设提供法治保障。

8. 加强农业科技成果保护，服务全面推进乡村振兴。加大重大农业科技成果保护力度，促进农业生物技术、先进制造技术、精准农业技术等方面重大创新成果的创造。依法严格保护国家种质资源，严厉打击制售假冒伪劣品种、侵犯植物新品种权、种子套牌等行为，强化植物新品种刑事司法保护，提升种业知识产权司法保护水平，有效保障国家种业和粮食安全。创新和加强地方特色农业知识产权司法保护机制，完善保护种业知识产权合作机制，形成保护合力。

9. 加强中医药知识产权保护，服务中医药传承创新发展。依法妥善审理涉中医药领域知识产权纠纷案件，推动完善中医药领域发明专利审查规则，促进提升中医药领域专利质量。加强中医药古方、中药商业秘密、道地药材标志、传统医药类非物质文化遗产司法保护，推动完善涉及中医药知识产权司法保护的国际国内规则和标准，促进中医药传统知识保护与现代知识产权制度有效衔接。

10. 加强反垄断和反不正当竞争司法，维护公平竞争的市场法治环境。严格落实《关于强化反垄断深入推进公平竞争政策实施的意见》，坚持规范和发展并重，依法妥善审理反垄断和反不正当竞争案件。出台反垄断民事纠纷司法解释和反不正当竞争司法解释，发布典型案例，发挥“红绿灯”作用，明确司法规则，规范市场主体行为。加强对平台企业垄断的司法规制，依法严惩平台强制“二选一”“大数据杀熟”等破坏公平竞争、扰乱市场秩序行为，切实保护消费者合法权益和社会公共利益，维护和促进市场公平竞争。强化平台经济、科技创新、信息安全、民生保障等重点领域案件审理和宣传，通过司法裁判强化公平竞争意识，引导全社会形成崇尚、保护和促进公平竞争的市场环境。

11. 加强商业秘密保护，护航企业创新发展。依法加大涉及国家安全和利益的技术秘密司法保护力度，严惩窃取、泄露国家科技秘密行为。正确把握侵害商业秘密民事纠纷和刑事犯罪的界限，完善侵犯商业秘密犯罪行为认定标准。加强诉讼中的商业秘密保护，切实防止诉讼中“二次泄密”，保障权利人依法维权。妥善处理保护商业秘密与自由择业、竞业限制和人才合理流动的关系，在依法保护商业秘密的同时，维护劳动者正当就业创业合法权益，保障企业创新发展，促进人才合理流动。

12. 加强科技创新主体合法权益保护，激发创新创造活力。认真落实科学技术进步法、促进科技成果转化法，加强科技成果有关各项权益的司法保护。依法妥善处理因科技成果权属认定、权利转让、价值确定和利益分配产生的纠纷，准确界定职务发明与非职务发明的法律界限，依法支持以科技成果转化所获收益对职务科技成果完成人和为科技成果转化作出重要贡献的人员给予奖励和报酬，充分保障职务发明人获得奖励和报酬的合法权益。依法积极支持深化科技成果使用权、处置权、收益权改革。规范和促进知识产权融资模式创新，保障知识产权金融积极稳妥发展。依法保护国家实验室、国家科研机构、高水平研究性大学、科技领军企业等国家战略科技力量的名称权、名誉权、荣誉权等权利，依法保护科研人员经费使用自主权和技术路线决定权，从严把握定罪标准，严格区分罪与非罪，避免把一般违法或违纪作为犯罪处理，支持科技创新和研发活动。

三、提升知识产权司法保护整体效能，着力营造有利于创新创造的法治环境

13. 加大对侵犯知识产权行为惩治力度，有效阻遏侵权行为。依法妥善运用行为保全、证据保全、制裁妨害诉讼行为等措施，加强知识产权侵权源头治理、溯源打击，及时有效阻遏侵权行为，切实降低维权成本，提高侵权违法成本，促进形成不敢侵权、不愿侵权的法治氛围。正确把握惩罚性赔偿构成要件，加大知识产权侵权损害赔偿力度，合理运用证据规则、经济分析方法等手段，完善体现知识产权价值的侵权损害赔偿制度。出台知识产权刑事司法解释，加大刑事打击力度，依法惩治侵犯知识产权犯罪。加大对于知识产权虚假诉讼、恶意诉讼等行为的规制力度，完善防止滥用知识产权制度，规制“专利陷阱”“专利海盗”等阻碍创新的不法行为，依法支持知识产权侵权诉讼中被告以原告滥用权利为由请求赔偿合理开支，推进知识产权诉讼诚信体系建设。

14. 健全知识产权多元化纠纷解决机制，创新知识产权解纷方式。切实将非诉讼纠纷解决机制挺在前面，坚持和发展新时代“枫桥经验”，拓展知识产权纠纷多元化解渠道，有效推动知识产权纠纷综合治理、源头治理。依托人民法院调解平台，大力推进知识产权纠纷在线诉调对接机制。建立健全知识产权纠纷调解协议司法确认机制，探索依当事人申请的知识产权纠纷行政调解协议司法确认制度，因地制宜创新知识产权解纷方式，满足人民群众多元高效便捷的纠纷解决需求。

15. 健全行政保护与司法保护衔接机制，推动构建大保护工作格局。积极参与知识产权保护体系建设工程，健全知识产权行政保护与司法保护衔接机制，加强与行政职能部门协同配合。充分发挥司法审查监督职能，促进知识产权行政执法标准与司法裁判标准统一。推动与国家市场监督管理总局、国家版权局、国家知识产权局等部门建立信息资源共享机制，推进最高人民法院与中央有关部门数据专线连接工作，进一步推动知识产权保护线上线下融合发展，促进形成知识产权保护合力。为继续推动西部大开发、东北全面

振兴、中部地区崛起、东部率先发展，深入推进京津冀协同发展、长江经济带发展、粤港澳大湾区建设、长三角一体化发展、黄河流域生态保护和高质量发展、成渝地区双城经济圈建设等国家区域发展战略提供司法服务和保障，提升服务国家重大发展战略水平。

16. 加强涉外知识产权审判，提升知识产权司法保护国际影响力。依法公正审理涉外知识产权案件，平等保护中外权利人合法权益，打造国际知识产权诉讼优选地，积极营造开放、公平、公正、非歧视的科技发展环境和市场化法治化国际化营商环境。妥善处理与国际贸易有关的重大知识产权纠纷，依法妥善处理国际平行诉讼，积极服务国内国际双循环新发展格局，确保案件裁判符合相关国际公约和国际惯例，促进国际贸易合作。深化国际司法交流合作，通过司法裁判推动完善相关国际规则和标准，积极参与知识产权司法领域全球治理，推动全球知识产权治理体制向着更加公正合理方向发展。

17. 加强法治宣传教育，营造促进知识产权高质量发展的人文环境。建立健全最高人民法院指导性案例、公报案例、典型案例等多位一体的知识产权案例指导体系，充分发挥司法裁判的指引示范作用。积极开展知识产权宣传周活动，持续打造中国法院知识产权司法保护状况、知识产权案件年度报告、中国法院10大知识产权案件和50件典型案例等知识产权保护法治宣传品牌，增进社会各界对知识产权司法保护的了解、认同、尊重和信任，厚植尊重创新、保护创新的良好氛围。

四、深化知识产权审判领域改革创新，推进知识产权审判体系和审判能力现代化

18. 加强高水平知识产权审判机构建设，完善知识产权专门化审判体系。推动健全完善国家层面知识产权案件上诉审理机制，加强知识产权法院、知识产权法庭建设，深化司法责任制综合配套改革，推动优化知识产权管辖布局。深入推进知识产权民事、刑事、行政案件“三合一”审判机制改革，构建案件审理专门化、管辖集中化和程序集约化的审判体系。研究制定符合知识产权审判规律的诉讼规范，完善符合知识产权案件特点的诉讼证据制度。推进四级法院审级职能定位改革，深化知识产权案件繁简分流改革，优化知识产权民事、行政案件协同推进机制。推进知识产权案例、裁判文书和裁判

规则数据库深度应用，统一知识产权司法裁判标准和法律适用，完善裁判规则。

19. 加强知识产权审判队伍建设，提升司法服务保障能力。坚持以党建带队建促审判，加强政治建设，筑牢政治忠诚，增强知识产权审判队伍服务大局意识和能力，努力锻造一支政治坚定、顾全大局、精通法律、熟悉技术、具有国际视野的知识产权审判队伍。加强知识产权审判队伍的专业化培养和职业化选拔，健全知识产权审判人才培养、遴选和交流机制，加强高素质专业化审判人才培养，健全知识产权专业化审判人才梯队。完善知识产权领域审判权运行和监督制约机制，确保队伍忠诚干净担当。加强技术调查人才库建设，完善多元化技术事实查明机制，充分发挥知识产权司法保护专家智库作用。加强与科学技术协会和其他科技社团协同合作，提高为科技创新主体提供法律服务的能力水平。

20. 加强智慧法院建设，提升知识产权审判信息化水平。扎实推进信息技术与法治建设融合促进，积极推进互联网、人工智能、大数据、云计算、区块链、5G等现代科技在司法领域的深度应用，全面加强智慧审判、智慧执行、智慧服务、智慧管理，实现信息化建设与知识产权审判深度融合。适应信息化时代发展，探索更加成熟定型的在线诉讼新模式和在线调解规则，积极推进跨区域知识产权远程诉讼平台建设，加强司法大数据充分汇集、智能分析和有效利用。

最高人民法院
关于为新时代推动中部地区高质量发展提供司法服务和保障的意见

2021年12月23日　　法发〔2021〕34号

为认真落实以习近平同志为核心的党中央关于新时代推动中部地区高质量发展的重大决策部署，根据《中共中央、国务院关于新时代推动中部地区高质量发展的意见》，结合人民法院工作实际，制定如下意见。

一、总体要求

1. 提高政治站位，切实增强服务推动中部地区高质量发展的责任感、使命感。坚持以习近平新时代中国特色社会主义思想为指导，全面贯彻落实党的十九大和十九届历次全会精神，深入贯彻习近平法治思想，增强“四个意识”、坚定“四个自信”、做到“两个维护”，坚持以人民为中心的发展思想，围绕立足新发展阶段、贯彻新发展理念、构建新发展格局要求，紧扣在高质量发展中促进共同富裕，坚持稳中求进工作总基调，坚持统筹发展和安全，坚持系统观念、法治思维、强基导向，深刻认识新时代推动中部地区高质量发展的全局性意义，准确把握中部地区功能定位和区位优势，主动对接中部地区司法需求，充分发挥审判职能作用，为新时代推动中部地区高质量发展提供高水平司法服务和保障。

2. 聚焦主要目标，准确把握服务推动中部地区高质量发展的切入点、着力点。坚持目标导向、需求导向，紧紧围绕中部地区高质量发展2025年和2035年主要目标依法履职、精准发力。着力加强对种源种业、先进制造业、新兴产业等领域及关键核心技术知识产权司法保护，保障创新发展。着力促进城乡融合发展，服务区域重大战略实施，保障协调发展。着力加强生态环境司法保护，强化长江、黄河等重点流域生态共保联治，保障绿色发展。着力营造市场化法治化国际化营商环境，服务内陆高水平开放，保障开放发展。着力加强民生司法保障，推动发展成果更多更公平惠及人民群众，保障共享发展。着力完善中部地区法院联动协作机制，推动区域司法服务一体化发展，满足中部地区群众日益增长的司法需求，不断增强人民群众获得感、幸福感、安全感。

3. 依法履职尽责，不断提高服务推动中部地区高质量发展的精准性、协同性。增强大局意识，强化系统观念，注重协同配合，统筹立审执各领域各环节，以人民法院工作高质量发展助推中部地区高质量发展。坚持贯彻总体国家安全观，充分发挥刑事审判职能作用，为中部地区营造安全稳定的社会环境。提升民商事审判质效，切实维护人民群众合法权益和社会公平正义，维护诚实守信、公平竞争的市场秩序。加强行政审判工作，注重实质性化解行政争议，助推法治政府建设。严格公正高效规范执行，坚持善意文明执行理念，推动社会诚信建设。大力推进一站式多元纠纷解决和诉讼服务体系建设，持续深化司法体制改革，加强智慧法院建设，加快推进审判体系和审判能力现代化。

二、服务创新发展，推动构建以先进制造业为支撑的现代产业体系

4. 激励自主创新，全面加强知识产权保护。依法严格保护知识产权，优化知识产权民事、行政和刑事案件审判“三合一”机制，加大知识产权民事侵权判赔力度，依法加强对知识产权行政行为的司法审查，严惩侵犯知识产权犯罪。加大农作物优良品种选育方法和植物新品种权司法保护力度，助推巩固提升中部地区全国粮食生产基地地位。加大传统产业改造升级创新的司法保护力度，支持中部地区能源原材料基地高水平发展。加大先进制造业、战略性新兴产业等领域关键共性技术的司法保护力度，助力提升中部地区现代装备制造及高技术产业基地实力。

5. 支持转型升级，保障供给侧结构性改革。妥善审理涉及承接制造业转移项目新增建设用地的国有土地使用权出让、转让合同纠纷案件，促进承接产业转移园区建设。依法加大节能环保、清洁生产等产业和新兴产业司法保

护力度，促进传统产业向智能化、绿色化、服务化发展，服务保障山西国家资源型经济转型综合配套改革试验区建设和能源革命综合改革试点。依法审慎处理涉企业转型案件，保护市场主体合法取得、使用、处分财产等权利和转型过程中的职工权益。依法审慎处理因承接产业转移、产业结构调整等引发的企业重组、破产等案件，积极适用破产重整、破产和解程序，帮助有挽救价值的企业重焕生机。探索破产案件简易审理机制，及时通过破产清算淘汰落后产能，服务中部地区新旧动能转换和提升产业链水平。

6. 推动产业融合，引导金融服务、数字经济健康发展。依法支持金融服务领域创新，促进金融服务实体经济。妥善审理涉融资、理财等风险高发领域案件，严厉打击金融犯罪，有效防范化解重大金融风险。妥善审理电子商务、在线服务等新业态领域以及大数据与交通运输、文旅餐饮等融合引发的新类型案件，助力打造中部地区数字经济新优势。依法支持研发设计、检验检测等现代服务业和服务型制造业发展，妥善审理技术转化、创新应用中的各类纠纷，促进先进制造业和现代服务业深度融合。

三、服务协调发展，促进增强城乡区域发展协同性

7. 服务城镇建设，提升新型城镇化建设质量。依法审理一体化综合交通体系建设、省际水利工程建设中的各类案件，保障重大项目有序高效推进，服务长江中游城市群、中原城市群建设。依法审理城市更新、城市生态修复、城市功能区建设、市政公用设施、新型基础设施建设以及特色小镇、居住社区建设等引发的民事、行政案件，平等保护各方合法权益，有效化解矛盾纠纷，服务推进城市品质提升。依法保障进城落户农民农村土地承包权、宅基地使用权、集体收益分配权，促进在城镇稳定就业生活的农民自愿有序进城落户。

8. 服务乡村振兴，推进农业农村现代化。贯彻粮食安全战略，落实最严格的耕地保护制度，加大违法占用耕地案件审判执行力度，促进耕地“非农化”“非粮化”依法治理，严惩重要农产品走私、制售伪劣农资等犯罪，保障河南等主产区建设粮食生产核心区，服务推进粮食生产功能区、重要农产品生产保护区和特色农产品优势区建设。妥善化解农村土地“三权分置”纠纷，平等保护农村集体经济组织、承包农户、经营主体合法权益。妥善化解休闲

农业、民宿经济、健康养老等新业态纠纷，支持现代农业产业体系发展壮大。妥善化解农村地区基础设施建设、环境卫生整治等产生的纠纷，推动改善农村人居环境。

9. 加强司法联动，保障区域协同发展。健全中部地区司法联动协作机制，充分发挥最高人民法院巡回法庭协调指导作用，及时分析研判重大司法事项和疑难法律适用问题。积极推动区域司法服务一体化，促进跨域立案服务、执行信息共享、失信联合惩戒、涉诉信访会商。深度融入区域重大战略，加强安徽、江西、湖北、湖南法院与其他沿长江法院工作协调，共同服务长江经济带发展；支持山西、河南法院深度参与黄河流域司法协作，更好服务黄河流域生态保护和高质量发展。

四、服务绿色发展，助力打造人与自然和谐共生的美丽中部

10. 强化生态修复，推动构筑生态安全屏障。深入践行绿水青山就是金山银山理念，依法服务中部地区经济社会发展全面绿色转型，促进人与自然和谐共生。完善预防性、恢复性司法措施，积极运用禁止令、诉前保全等多样化措施，落实以生态环境修复为中心的损害救济制度。贯彻保护和可持续利用自然资源原则，严格执行长江十年禁渔计划，依法严厉打击破坏性开发自然资源的违法犯罪行为。依法促进长江、黄河流域水源涵养能力建设、生态保护和治理，加强南水北调工程沿线水资源保护。以司法手段推动防洪工程设施保护等防洪减灾、防止水土流失综合治理。服务构建以国家公园为主体的自然保护地体系，加强国家生态文明试验区建设司法保障，落实大面积自然生态系统原真性、整体性保护。妥善处理在建设江河生态廊道、推进环境准入和退出过程中引发的纠纷，推动构建多元化生态补偿机制，保障长江中下游、华北平原国土绿化行动顺利进行。

11. 加强污染防治，推动形成绿色生产生活方式。贯彻损害担责、全面赔偿原则，综合运用刑事、民事、行政等多种责任方式，助力深入打好污染防治攻坚战。依法稳妥审理合同资源能源管理、合同节水管理等节能服务类案件，促进生产领域资源物耗减量化及清洁生产。积极开展碳汇交易、生态保护补偿等新兴领域法律适用研究，稳妥审理环境资源税费、环境容量利用权、绿色金融等新类型案件，支持中部地区法院与湖北碳排放交易中心构建

协作机制。积极稳妥审理新能源、新业态相关案件，推动生产、消费、流通、回收等环节绿色化。

五、服务开放发展，促进形成内陆高水平开放新体制

12. 强化涉外审判，推动内陆高水平开放平台建设。依法公正高效审理涉外案件，完善服务举措，创新司法规则，发挥促进制度型开放重要作用，支持中部地区自由贸易试验区、内陆开放型经济试验区等内陆高水平开放平台建设。推动国际商事纠纷多元化解决机制建设，加强诉讼与调解、仲裁的有机衔接。支持商事仲裁机构开展国际商事仲裁，鼓励商事调解机构参与调解国际贸易、投资等纠纷，为中外当事人提供高效、便捷、低成本的纠纷解决服务。支持中部地区与沿海地区及边境口岸合作，深化与“一带一路”沿线国家的国际司法协助，提高办理国际司法协助案件水平。加强涉通道工程、仓储物流等案件审理，服务保障中部地区综合交通运输枢纽地位。完善航运金融、保税油供应等新类型案件审理规则，加强对中欧班列、陆海新通道、综合保税区等相关法律问题研究，及时制定完善司法政策，服务中部地区全面融入共建“一带一路”高质量发展。

13. 坚持平等保护，营造市场化法治化国际化营商环境。依法平等保护各类市场主体，支持大中小企业融通发展，加强对中小企业和中小投资者的保护，注重股东特别是中小股东权益保护，促进公司治理规范化。加强涉企案件经济影响评估，严格规范“查、扣、冻”措施，严禁超标的查封、乱查封，能“活封”的不“死封”，最大限度降低对企业合法正常生产经营的不利影响。支持、监督政府依法行政，妥善审理涉及政府招商引资、特许经营、财产征收征用案件。加强产权司法保护，依法保护企业家人身和财产权益，防止利用刑事手段干预经济纠纷，依法慎用限制人身权和财产权的措施，健全涉企冤错案件甄别纠正常态化机制。加强反垄断和反不正当竞争司法，引导市场主体诚信经营、公平竞争。助力中部地区建设与国际通行规则接轨的市场体系，促进国际国内要素有序自由流动、资源高效配置。依法平等保护中外投资者合法权益，尊重和保障中外当事人依法选择管辖法院、适用法律、纠纷解决方式等权利，为各类市场主体提供及时、有效的司法救济。

六、服务共享发展，维护人民群众合法权益和社会公平正义

14. 切实保障民生，推动发展成果更公平惠及人民群众。牢牢坚持人民至上，正确贯彻实施民法典，加强民生司法保障。妥善化解教育、医疗、就业等民生领域纠纷，加大弱势群体司法保护力度。深入推进少年法庭建设，加大未成年人司法保护力度。健全与学校、社区联动机制，加大对留守儿童、空巢老人、留守妇女等的司法保护力度。坚持和发展涉军维权“信阳模式”“鄂豫皖模式”，加大对国防利益和军人军属合法权益的司法保护力度。服务巩固拓展脱贫攻坚成果同乡村振兴有效衔接，加大对革命老区、脱贫地区的司法支持力度。依法妥善化解涉疫矛盾，严惩涉疫犯罪，精准服务“六稳”“六保”，加大对中部地区特别是湖北省经济社会高质量发展和民生改善的司法支持力度。常态化开展扫黑除恶斗争，依法惩治危害公共安全、生产安全、食品药品安全等违法犯罪，严惩电信网络诈骗、非法集资、“套路贷”、“黄赌毒”等犯罪，努力让城乡更安宁、群众更安乐。

15. 提升服务水平，增加高品质诉讼服务供给。完善“我为群众办实事”长效机制，加强司法便民利民服务，着力解决人民群众“打官司”过程中的急难愁盼问题。深化一站式多元纠纷解决和诉讼服务体系建设，全面推行一站通办、一网通办、一号通办、一次通办，便利群众诉讼。加强智慧法院建设与应用，准确适用在线诉讼规则，升级全流程在线诉讼服务平台。坚持重心下移、力量下沉，提升人民法庭建设水平和基层司法能力。深化案件繁简分流，准确运用小额诉讼程序、简易程序等，降低当事人诉讼成本，提升司法质量效率。推广执行事务中心建设，搭建一站式执行事务服务窗口，为当事人提供高效便捷的司法服务。

16. 多元化解纠纷，协同推进社会综合治理。坚持和完善共建共治共享的社会治理制度，坚持和发展新时代“枫桥经验”，推广“群众说事、法官说法”“寻乌经验”“法官进网格”等有益做法，促进矛盾纠纷源头化解、多元化解、实质性化解。充分运用平安建设考核和创建“无讼”乡村（社区）等政策制度，加强与基层单位、社会团体、调解组织、行业组织等衔接，有针对性开展矛盾风险排查化解，从源头减少涉诉矛盾隐患。推进政府部门信用信息和法院信息共享，推进执行联动机制常态化，防范和惩治虚假诉讼，促

进社会诚信建设。坚持依法治国和以德治国相结合，深入推进社会主义核心价值观融入审判执行工作，积极营造崇法尚德的社会氛围。充分运用巡回审判、以案说法、送法下乡等方式加强法治宣传，增强干部群众法治观念和依法办事能力。

七、健全工作机制，狠抓各项任务落地见效

17. 加强组织领导，形成推动中部地区高质量发展整体合力。牢牢坚持党对司法工作的绝对领导，中部地区法院要积极参加党委领导或政府主导的协作会商机制，及时向党委请示报告重大事项和重要工作，积极争取党委领导和政府支持。自觉接受人大监督和民主监督，加强同人大代表、政协委员沟通联络，积极争取监督支持，广泛凝聚推动工作的合力。最高人民法院各相关部门要加强条线指导，及时总结经验做法，完善司法政策，发布典型案例，推动服务中部地区高质量发展向更深层次、更宽领域发展。中部六省高级人民法院要准确贯彻落实本意见要求，结合实际制定具体实施方案，发挥好指导协调、组织实施作用。中级和基层人民法院要因地制宜提出具体工作举措，狠抓落实，务求实效。

18. 锻造过硬队伍，增强服务大局的司法能力水平。坚持把党的政治建设摆在首位，巩固党史学习教育和队伍教育整顿成果，坚决筑牢政治忠诚，不断提高政治判断力、政治领悟力、政治执行力。加强理想信念教育，深入开展向李庆军、胡国运、周春梅、魏晶晶、杨军等法院英模典型学习活动。加强司法能力建设，积极开展联合培训和业务交流，大力培养符合中部地区高质量发展需要的高素质专业化司法人才。坚持全面从严治党、从严治院、从严管理，加强党风廉政建设和反腐败斗争，严格规范司法行为，努力锻造一支忠诚干净担当的法院铁军，为服务推动中部地区高质量发展提供有力组织保障。

最高人民法院　司法部
关于为律师提供一站式诉讼服务的意见

2020年12月16日　　法发〔2021〕3号

为深入贯彻落实党中央关于深化律师制度改革要求，进一步落实《最高人民法院、最高人民检察院、公安部、国家安全部、司法部关于依法保障律师执业权利的规定》《最高人民法院关于依法切实保障律师诉讼权利的规定》等规定，完善便利律师参与诉讼机制，为律师提供更加优质的诉讼服务，充分发挥律师在全面依法治国中的重要作用，更好地维护人民群众合法权益，制定本意见。

第一条　人民法院为依法执业的律师（含公职律师、公司律师）提供集约高效、智慧便捷的一站式诉讼服务，并为律师助理在辩护、代理律师授权范围内开展辅助性工作提供必要的诉讼服务。

律师助理包括辩护、代理律师所在律师事务所的其他律师和申请律师执业实习人员。

基层法律服务工作者在司法部规定的业务范围和执业区域内参与诉讼活动时，参照本意见执行。

第二条　司法部中国律师身份核验平台（以下简称律师身份核验平台）为律师参与诉讼提供“实时实人实证”的律师执业身份核验服务。

律师通过人民法院线上线下诉讼服务平台办理诉讼事务前，应当自行或者由人民法院依托律师身份核验平台完成身份核验。

第三条　律师身份一次核验后，可以通过人民法院律师服务平台（以下简称律师服务平台）、诉讼服务大厅、12368诉讼服务热线等线上线下方式在全国法院通办各类诉讼事务。

第四条 人民法院建立律师参与诉讼专门通道，为律师提供“一码通”服务。律师可以使用律师服务平台生成动态二维码，通过扫码或者其他便捷方式快速进入人民法院诉讼服务场所和审判法庭。

司法行政机关与人民法院积极推动应用律师电子执业证，支持律师使用律师身份核验平台亮证功能或者律师电子执业证快速进入人民法院，办理各类诉讼事务。

第五条 对于入驻人民法院开展诉讼辅导、调解、法律援助、代理申诉等公益性服务的律师，应当为其设立专门工作场所，提供扫描、打印、复印、刻录等服务。有条件的人民法院可以提供停车、就餐等服务。

第六条 依托12368诉讼服务热线一号通办功能，为律师提供查询、咨询、诉讼事务办理等服务，并将支持律师在律师服务平台查看通过12368诉讼服务热线申请的诉讼事务办理情况。

第七条 积极为律师提供一网通办服务。律师可以通过律师服务平台办理立案、调解、庭审、阅卷、保全、鉴定，申请回避、撤诉，申请人民法院调查收集证据、延长举证期限、延期开庭、核实代理关系等事务，以及在线查收人民法院电子送达材料等，实现诉讼事务在线办理、网上流转、全程留痕。

律师服务平台实时接收律师在线提交的电子材料。受理案件的人民法院对确有核实、归档需要的身份证明、授权委托书或者书证、鉴定意见等需要质证的证据，以及对方当事人提出异议且有合理理由的诉讼材料和证据材料，可以要求律师提供原件。

第八条 进一步完善网上立案工作，为律师提供一审民事、行政、刑事自诉、申请执行和国家赔偿案件的网上立案服务。对不符合要求的材料，做到一次性告知补正事项。对律师通过律师服务平台或者诉讼服务大厅提交电子化诉讼材料的，实行快速办理。

进一步畅通网上交退费渠道，支持通过网银、支付宝、微信等线上支付方式交纳诉讼费用。

第九条 充分发挥律师在预防化解矛盾纠纷中的专业优势、职业优势和实践优势，依托人民法院调解平台加大律师在线调解工作力度，打造党员律师、骨干律师调解品牌。纳入特邀调解员名册的律师，可以接受人民法院委派或者委托，在调解平台上调解案件。律师依法按程序出具的调解协议，当事人可以在线申请司法确认。

第十条 具备在线庭审条件的人民法院，对适宜通过在线方式进行庭审、庭前会议或者询问等诉讼环节的案件，应当为律师提供在线庭审服务。

依托律师服务平台为律师在全国法院参加庭审以及其他诉讼活动提供排期避让提醒服务。对有冲突的排期自动向人民法院作出提醒，律师也可以根据传票等信息在律师服务平台自助添加开庭时间等，主动向人民法院提供需要避让的信息。人民法院根据案件实际审理情况合理排期。

第十一条 加强网上阅卷工作，逐步为律师提供电子诉讼档案在线查看、打印、下载等服务。对依法可以公开的民事、行政、刑事、申请执行和国家赔偿案件材料，律师可以通过律师服务平台申请网上阅卷。

在律师服务平台建立个人案件空间。推进对正在审理中、依法可以公开的案件电子卷宗同步上传至案件空间，供担任诉讼代理人的律师随时查阅。

第十二条 律师服务平台为律师关联可公开的代理案件，提供立案、开庭、结案等节点信息查看服务，方便律师一键获取代理案件的诉讼信息。

第十三条 律师服务平台支持律师通过文字、语音等方式在线联系法官，支持多种格式电子文档批量上传，提供证据网盘以及立案材料指引、诉状模板、诉状助手、诉讼费用计算、法律法规查询等智能工具辅助律师办案。律师还可以根据需要设置个人常用事项导航窗口。

第十四条 律师服务平台在律师账号下设有律师助理账号。每名律师可以申请开通3个律师助理账号，由律师一案一指定并授权使用诉讼材料提交、诉讼费用交纳、案卷查阅以及智能辅助工具等。

律师应当定期管理和更新律师账号及律师助理账号。

第十五条 建立健全律师诉讼权利救济机制。律师可以通过12368诉讼服务热线、律师服务平台对诉讼服务事项进行满意度评价，或者提出意见建议。对律师反映的重大问题或者提出的意见建议由人民法院工作人员及时予以回复。

第十六条 加强律师诚信诉讼建设。对律师在诉讼活动中存在提供虚假材料、故意拖延诉讼、串通调解、滥用诉权、虚假诉讼、规避或者抗拒执行以及其他违反职业道德和执业纪律等行为，或者因管理律师账号及律师助理账号不当造成严重不良影响的，人民法院将限制律师使用律师服务平台相关功能，同时通报许可律师执业的司法行政机关，并将相关信息推送全国律师综合管理信息系统。

进一步完善律师执业监督管理。省级司法行政机关应当建立健全律师执业信息线上采集和更新机制，实时、准确、完整地向全国律师综合管理信息系统汇聚律师执业许可、变更、吊销、注销、受到停止执业处罚和处罚期间等信息，并将律师诚信诉讼情况纳入律师事务所年度检查考核和律师年度考核内容。

第十七条 人民法院与司法行政机关应当为律师在参与诉讼过程中提交的电子材料和律师个人信息等提供安全保障，确保数据在存储和流转等过程中的真实性、有效性和安全性。

第十八条 人民法院、司法行政机关、律师协会应当加强协调配合，建立常态化联席会议工作机制，定期召开会议，充分听取律师对人民法院和司法行政机关的意见建议，及时研究解决诉讼服务过程中律师反映的新情况新问题，不断提升一站式服务律师的能力水平。

最高人民法院
关于为跨境诉讼当事人提供网上立案服务的若干规定

2021年1月22日　　法发〔2021〕7号

为让中外当事人享受到同等便捷高效的立案服务，根据《中华人民共和国民事诉讼法》《最高人民法院关于人民法院登记立案若干问题的规定》等法律和司法解释，结合人民法院工作实际，制定本规定。

第一条　人民法院为跨境诉讼当事人提供网上立案指引、查询、委托代理视频见证、登记立案服务。

本规定所称跨境诉讼当事人，包括外国人、香港特别行政区、澳门特别行政区（以下简称港澳特区）和台湾地区居民、经常居所地位于国外或者港澳台地区的我国内地公民以及在国外或者港澳台地区登记注册的企业和组织。

第二条　为跨境诉讼当事人提供网上立案服务的案件范围包括第一审民事、商事起诉。

第三条　人民法院通过中国移动微法院为跨境诉讼当事人提供网上立案服务。

第四条　跨境诉讼当事人首次申请网上立案的，应当由受诉法院先行开展身份验证。身份验证主要依托国家移民管理局出入境证件身份认证平台等进行线上验证；无法线上验证的，由受诉法院在线对当事人身份证件以及公证、认证、转递、寄送核验等身份证明材料进行人工验证。

身份验证结果应当在3个工作日内在线告知跨境诉讼当事人。

第五条　跨境诉讼当事人进行身份验证应当向受诉法院在线提交以下材料：

（一）外国人应当提交护照等用以证明自己身份的证件；企业和组织应当

提交身份证明文件和代表该企业和组织参加诉讼的人有权作为代表人参加诉讼的证明文件，证明文件应当经所在国公证机关公证，并经我国驻该国使领馆认证。外国人、外国企业和组织所在国与我国没有建立外交关系的，可以经过该国公证机关公证，经与我国有外交关系的第三国驻该国使领馆认证，再转由我国驻第三国使领馆认证。如我国与外国人、外国企业和组织所在国订立、缔结或者参加的国际条约、公约中对证明手续有具体规定，从其规定，但我国声明保留的条款除外；

（二）港澳特区居民应当提交港澳特区身份证件或者港澳居民居住证、港澳居民来往内地通行证等用以证明自己身份的证件；企业和组织应当提交身份证明文件和代表该企业和组织参加诉讼的人有权作为代表人参加诉讼的证明文件，证明文件应当经过内地认可的公证人公证，并经中国法律服务（香港）有限公司或者中国法律服务（澳门）有限公司加章转递；

（三）台湾地区居民应当提交台湾地区身份证件或者台湾居民居住证、台湾居民来往大陆通行证等用以证明自己身份的证件；企业和组织应当提交身份证明文件和代表该企业和组织参加诉讼的人有权作为代表人参加诉讼的证明。证明文件应当通过两岸公证书使用查证渠道办理；

（四）经常居所地位于国外或者港澳台地区的我国内地公民应当提交我国公安机关制发的居民身份证、户口簿或者普通护照等用以证明自己身份的证件，并提供工作签证、常居证等证明其在国外或者港澳台地区合法连续居住超过一年的证明材料。

第六条 通过身份验证的跨境诉讼当事人委托我国内地律师代理诉讼，可以向受诉法院申请线上视频见证。

线上视频见证由法官在线发起，法官、跨境诉讼当事人和受委托律师三方同时视频在线。跨境诉讼当事人应当使用中华人民共和国通用语言或者配备翻译人员，法官应当确认受委托律师和其所在律师事务所以及委托行为是否确为跨境诉讼当事人真实意思表示。在法官视频见证下，跨境诉讼当事人、受委托律师签署有关委托代理文件，无需再办理公证、认证、转递等手续。线上视频见证后，受委托律师可以代为开展网上立案、网上交费等事项。

线上视频见证的过程将由系统自动保存。

第七条 跨境诉讼当事人申请网上立案应当在线提交以下材料：

（一）起诉状；

（二）当事人的身份证明及相应的公证、认证、转递、寄送核验等材料；

（三）证据材料。

上述材料应当使用中华人民共和国通用文字或者有相应资质翻译公司翻译的译本。

第八条 跨境诉讼当事人委托代理人进行诉讼的授权委托材料包括：

（一）外国人、外国企业和组织的代表人在我国境外签署授权委托书，应当经所在国公证机关公证，并经我国驻该国使领馆认证；所在国与我国没有建立外交关系的，可以经过该国公证机关公证，经与我国有外交关系的第三国驻该国使领馆认证，再转由我国驻第三国使领馆认证；在我国境内签署授权委托书，应当在法官见证下签署或者经内地公证机构公证；如我国与外国人、外国企业和组织所在国订立、缔结或者参加的国际条约、公约中对证明手续有具体规定，从其规定，但我国声明保留的条款除外；

（二）港澳特区居民、港澳特区企业和组织的代表人在我国内地以外签署授权委托书，应当经过内地认可的公证人公证，并经中国法律服务（香港）有限公司或者中国法律服务（澳门）有限公司加章转递；在我国内地签署授权委托书，应当在法官见证下签署或者经内地公证机构公证；

（三）台湾地区居民在我国大陆以外签署授权委托书，应当通过两岸公证书使用查证渠道办理；在我国大陆签署授权委托书，应当在法官见证下签署或者经大陆公证机构公证；

（四）经常居所地位于国外的我国内地公民从国外寄交或者托交授权委托书，必须经我国驻该国的使领馆证明；没有使领馆的，由与我国有外交关系的第三国驻该国的使领馆证明，再转由我国驻该第三国使领馆证明，或者由当地爱国华侨团体证明。

第九条 受诉法院收到网上立案申请后，应当作出以下处理：

（一）符合法律规定的，及时登记立案；

（二）提交诉状和材料不符合要求的，应当一次性告知当事人在 15 日内补正。当事人难以在 15 日内补正材料，可以向受诉法院申请延长补正期限至 30 日。当事人未在指定期限内按照要求补正，又未申请延长补正期限的，立案材料作退回处理；

（三）不符合法律规定的，可在线退回材料并释明具体理由；

（四）无法即时判定是否符合法律规定的，应当在 7 个工作日内决定是否立案。

跨境诉讼当事人可以在线查询处理进展以及立案结果。

第十条 跨境诉讼当事人提交的立案材料中包含以下内容的，受诉法院不予登记立案：

（一）危害国家主权、领土完整和安全；

（二）破坏国家统一、民族团结和宗教政策；

（三）违反法律法规，泄露国家秘密，损害国家利益；

（四）侮辱诽谤他人，进行人身攻击、谩骂、诋毁，经法院告知仍拒不修改；

（五）所诉事项不属于人民法院管辖范围；

（六）其他不符合法律规定的起诉。

第十一条 其他诉讼事项，依据《中华人民共和国民事诉讼法》的规定办理。

第十二条 本规定自2021年2月3日起施行。

最高人民法院办公厅
中国证券监督管理委员会办公厅
关于建立“总对总”证券期货纠纷在线诉调对接机制的通知

2021年7月28日　　　　　　　　　　　　法办〔2021〕313号

各省、自治区、直辖市高级人民法院，解放军军事法院，新疆维吾尔自治区高级人民法院生产建设兵团分院；中国证券监督管理委员会各派出机构，各交易所，各下属单位，各协会：

为深入贯彻党中央关于建立共建共治共享社会治理格局的重大决策部署，进一步落实最高人民法院、中国证券监督管理委员会联合印发的《关于全面推进证券期货纠纷多元化解机制建设的意见》（法〔2018〕305号）要求，最高人民法院、中国证券监督管理委员会（以下简称中国证监会）决定建立“总对总”在线诉调对接机制，全面推进证券期货纠纷多元化解工作。现将有关事项通知如下。

一、指导思想

坚持以习近平新时代中国特色社会主义思想为指导，全面贯彻党的十九大和十九届二中、三中、四中、五中全会精神，深入落实党中央、国务院关于强化投资者合法权益保护和完善矛盾纠纷多元化解机制的决策部署，切实发挥证券监管部门在解决证券期货纠纷中的指导协调作用，以及人民法院在多元化纠纷解决机制改革中的引领、推动、保障作用，建立健全证券期货纠纷在线诉调对接机制，全面推进证券期货纠纷多元化解工作，不断满足证券期货投资者多元纠纷解决需求。

二、基本原则

（一）依法公正原则。证券期货纠纷多元化解工作不得违反法律基本原则，不得损害国家利益、社会公共利益和第三人合法权益。

（二）高效便民原则。根据证券期货纠纷特点，灵活确定解纷方式，强化信息技术应用，提升解纷效率，降低投资者解纷成本。

（三）调解自愿原则。充分尊重各方当事人意愿，保障投资者依法行使民事权利和诉讼权利。

三、工作目标

坚持把非诉讼纠纷解决机制挺在前面，充分发挥调解在化解证券期货领域矛盾纠纷中的重要作用，建立有机衔接、协调联动、高效便捷的证券期货纠纷在线诉调对接工作机制，依法及时高效化解大量证券期货纠纷。

四、工作内容

（一）建立“总对总”在线诉调对接机制。最高人民法院与中国证监会共同建立“总对总”在线诉调对接机制，即“人民法院调解平台”（以下简称调解平台）与“中国投资者网证券期货纠纷在线调解平台”（以下简称投资者网平台），通过平台对接方式开展全流程在线调解、在线申请司法确认或出具调解书等诉调对接工作，全面提升证券期货纠纷调解工作的质量和效率。

（二）职责分工。最高人民法院立案庭负责在线诉调对接工作的统筹推进，宣传引导当事人运用调解平台化解证券期货纠纷，对证券期货纠纷调解员开展技术系统培训指导，调解平台的研发运维等；最高人民法院民事审判第二庭负责在线诉调对接工作具体业务流程指导，对证券期货纠纷调解员开展业务培训等。

中国证监会投资者保护局负责统筹证券期货纠纷调解机制建设，制定证券期货纠纷调解政策规范，建立调解组织和调解员名册及相关管理制度，指导调解组织和调解员开展在线调解和诉调对接工作等。中证中小投资者服务中心有限责任公司（以下简称投资者服务中心）负责投资者网平台的日常运行、安全防护和升级优化等工作。

各级人民法院在“总对总”诉调对接机制框架下，积极与中国证监会相关派出机构、会管单位开展诉调对接工作，将符合条件的证券期货调解组织和调解员纳入本院特邀调解名册，引导当事人自愿选择调解方式化解证券期货纠纷，开展委派、委托调解工作，依法及时在线进行司法确认。

中国证监会各派出机构、相关会管单位在“总对总”在线诉调对接机制框架下，负责与相关人民法院开展诉调对接工作，指导对应的调解组织和调解员入驻投资者网平台，组织调解组织和调解员开展在线调解工作。

（三）调解组织和调解员信息的采集和管理。中国证监会投资者保护局负责定期汇总并更新调解组织和调解员信息。中国证监会各派出机构、相关会管单位指导督促各调解组织负责日常管理和信息维护工作。

（四）特邀调解组织和调解员的确认。根据《最高人民法院关于人民法院特邀调解的规定》，中国证监会投资者保护局将符合特邀调解组织条件的调解组织，中国证监会各派出机构、相关会管单位将对应调解组织中符合特邀调解员条件的调解员，通过调解平台推送到相应的人民法院进行确认。人民法院对于符合条件的调解组织和调解员，应当纳入到本院特邀调解名册中，并在调解平台上予以确认。

最高人民法院立案庭、民事审判第二庭与中国证监会投资者保护局共同推动将最高人民法院和中国证监会共同认定的特邀调解组织和调解员纳入各级人民法院特邀调解名册。

（五）在线诉调对接业务流程。当事人向人民法院提交纠纷调解申请后，人民法院通过调解平台向调解组织委派、委托调解案件；调解组织及调解员登录投资者网平台接受委派、委托，开展调解工作；调解完成后将调解结果录入投资者网平台，由投资者网平台将案件信息回传至调解平台，并告知相关法院。当事人也可以直接通过投资者网平台向相关调解组织提交调解申请。

调解组织接受法院委派、委托调解或自行调解成功的案件，调解员组织双方当事人在线签订调解协议或上传调解协议。鼓励双方当事人自动履行。确有必要的，可就达成的调解协议共同申请在线司法确认或者出具调解书，人民法院将在线进行司法确认或者出具调解书；未调解成功的案件由人民法院依据法律规定进行立案或者继续审理。经调解组织线下调解成功的案件，依法能够进行司法确认的，可通过调解平台进行在线司法确认。

人民法院在委派、委托案件前，应当征求当事人同意，并考虑调解组织的专业领域、规模能力、办理范围等因素。调解组织在收到法院委派、委托调解通知后，应在5个工作日内就是否接受委派、委托调解作出回复。

（六）强化在线音视频调解。调解组织和调解员应当积极使用投资者网平台的音视频调解功能开展在线调解工作。各级人民法院要充分利用法院办案系统和调解平台内外连通的便利条件，落实在线委派、委托调解、调解协议在线司法确认、电子送达等工作，为在线音视频调解提供支持和保障。

五、工作要求

（一）建立联席会议制度。建立由最高人民法院立案庭、民事审判第二庭、中国证监会投资者保护局、投资者服务中心共同参与的联席会议制度，定期通报在线诉调对接工作推广应用情况，分析存在的问题，研究制定下一步工作举措。各地由人民法院立案庭牵头，与相关单位和部门建立工作协调和信息共享机制，从具体工作层面部署落实相关工作要求。

（二）建立健全评估激励体系。最高人民法院和中国证监会根据工作实际分别建立调解组织和调解员绩效评估激励体系，从组织建设情况、矛盾纠纷化解数量、调解成功率等方面科学设定评估内容和评估标准，定期形成调解工作质效分析报告。对参与纠纷化解工作表现突出的调解组织和调解员给予表彰和奖励，引导调解组织和调解员优质高效参与证券期货纠纷多元化解工作。

（三）加强培训指导。最高人民法院立案庭、民事审判第二庭、中国证监会投资者保护局，各级人民法院和中国证监会各派出机构、相关会管单位应当建立多层次联合培训机制，不断提高调解员的职业修养、法律素养、专业知识和调解技能。人民法院要大力支持证券监管部门培育并充实调解力量，广泛吸纳证券专业人士担任调解员，为推进证券期货纠纷多元化解工作提供保障。

（四）重视宣传推广。各级人民法院、证券监管部门要加大宣传力度，通过典型案例、普法教育等方式，提高当事人和社会公众对证券期货纠纷多元化解工作的知晓度和信任度，积极引导当事人通过调解方式解决证券期货纠纷，依法理性维权。

各地在落实推进中的经验做法和困难问题，请及时层报最高人民法院和中国证监会。

最高人民法院
关于深化人民法院一站式多元解纷机制建设推动矛盾纠纷源头化解的实施意见

2021年9月9日　　法发〔2021〕25号

为深入贯彻落实《关于加强诉源治理推动矛盾纠纷源头化解的意见》，推动构建源头防控、排查梳理、纠纷化解、应急处置的社会矛盾综合治理机制，促进基层治理体系和治理能力现代化，建设更高水平的平安中国，现就深化人民法院一站式多元解纷机制建设，推动矛盾纠纷源头化解工作提出如下意见。

一、总体要求

（一）指导思想。以习近平新时代中国特色社会主义思想为指导，全面贯彻党的十九大和十九届二中、三中、四中、五中全会精神，深入贯彻习近平法治思想，主动适应社会主要矛盾新变化，紧盯矛盾纠纷产生、发展、演变三个阶段，突出源头预防、前端化解、关口把控重点环节，加强部门联动和统筹协调，促进人民法院工作重心前移、力量下沉、内外衔接，从源头上减少矛盾纠纷产生，减少衍生诉讼案件发生，切实维护社会稳定和安全。

（二）工作原则。坚持党的全面领导，把党的领导贯穿人民法院源头预防和多元化解矛盾纠纷全过程。坚持以人民为中心，充分满足人民群众多层次、多样化的司法需求。坚持和发展新时代“枫桥经验”，促进基层社会治理从化讼止争向少讼无讼转变。坚持系统治理、依法治理、综合治理、源头治理，重塑人民法院前端纠纷解决格局。坚持把非诉讼纠纷解决机制挺在前面，完善诉讼与非诉讼衔接机制，发挥司法在多元化纠纷解决机制中的引领、推动和保障作用。坚持面向实际，因地制宜，分类建设，形成适合地区实际的诉源治理模式。

（三）工作要求。在深化一站式多元解纷机制建设中准确把握人民法院职能定位，既积极参与、主动融入党委领导下的诉源治理工作，发挥专业优势，为非诉讼方式解决纠纷提供司法保障；又认真把好案件"入口关"，对起诉到人民法院的纠纷，发挥主导作用，促进纠纷一站式多元化解。按照自愿、合法原则做好纠纷化解方式引导，对于当事人不同意非诉讼方式解决的，严格落实立案登记制要求，对依法应该受理的案件，有案必立，有诉必理，切实保障当事人诉权。

（四）工作目标。推动人民法院一站式多元解纷向基层延伸，向社会延伸，向网上延伸，向重点行业领域延伸，健全预防在先、分层递进、专群结合、衔接配套、全面覆盖、线上线下的一站式多元解纷机制，做到矛盾纠纷村村可解、多元化解、一网通调，推动将民事、行政案件万人起诉率稳步下降至合理区间。

二、完善人民法院源头化解矛盾纠纷工作格局

（五）建立分类分级预防化解矛盾纠纷路径。深入分析社会矛盾纠纷成因特点，结合市域、乡村、民族、侨乡、边境等地域特点，以及重点行业领域风险点，将人民法院预防化解职能精准延伸到纠纷产生的初始源头、讼争源头，因地制宜、分门别类建立递进式预防化解工作路径，确保矛盾纠纷有效分流、源头化解。

（六）强化人民法院分流对接功能。以诉讼服务中心、人民法院调解平台作为人民法院参与诉源治理、开展分流对接总枢纽，与基层、重点行业领域形成预防化解链条，对起诉到人民法院的纠纷，开展分流引导、诉非衔接、调裁对接、登记立案、繁简分流等工作。

（七）建立健全基层解纷服务体系。在党委领导下，按照"基层预防调处优先、法院提供政策指引、法律指导、资源经验支持、诉讼服务和司法保障"工作思路，构建以基层人民法院及人民法庭为主体，纵向延伸至乡镇（街道）、村（社区），横向对接基层治理单位、基层党组织、公共法律服务中心（站）等，群众广泛参与的多元解纷和诉讼服务体系，形成村（社区）——乡

镇（街道）——基层人民法院及人民法庭三级路径，及时就地预防化解纠纷，就近或者上门提供诉讼服务。创新基层人民法院及人民法庭对村（社区）人民调解的业务指导，强化乡村司法保障。

（八）推动重点行业领域矛盾纠纷预防化解工作。对金融、建筑、教育、物业、环境、消费、房地产、互联网、交通运输、医疗卫生等行业领域多发易发纠纷，积极会同行业主管部门研究源头治理举措，建立信息共享、业务协同和诉非衔接机制，统一类型化纠纷赔偿标准、证据规则等，预防和减少纠纷产生。完善各类调解联动工作体系，形成内部和解、协商先行，行业性专业性调解、仲裁等非诉方式挺前、诉讼托底的分级化解模式。加强行政争议预防化解工作，在党委政法委领导下，与政府职能部门开展制度共建、治理协同、联防联控，多元化解行政争议。合力推进商会调解，支持工商联、商协会调解组织化解涉企纠纷。建立吸纳军地机关共同参与的军民融合发展纠纷协调处理机制。推动退役军人矛盾纠纷预防调处和多元化解工作。

（九）发挥社会各方力量协同作用。拓宽与政府部门对接途径，加大与人民调解、行业专业调解、行政调解、律师调解、仲裁、公证等衔接，邀请人大代表、政协委员、专家学者等社会第三方参与调解、化解，并将符合条件的组织和人员纳入人民法院特邀调解名册。完善群众参与源头预防和多元化解的制度化渠道，创新互联网时代群众参与机制，充分发挥社会力量在释明多元解纷优势、引导诉前调解、宣传调解平台方面作用。

三、创新人民法院源头化解矛盾纠纷方法路径

（十）推动人民法院调解平台进乡村、进社区、进网格。深化“互联网＋枫桥经验”实践，通过在线方式集约集成基层解纷力量，促进矛盾纠纷在基层得到实质性化解。基层人民法院及人民法庭邀请本辖区街道党政领导、派出所、司法所、村（社区）等单位负责人、人民调解员、网格员、五老乡贤、村（社区）法律顾问等入驻人民法院调解平台，对适宜在乡镇（街道）、村（社区）处理的纠纷，通过平台逐级分流至基层组织或人员进行化解、调解，并提供法律指导、在线司法确认、在线立案等服务。乡镇（街道）、村（社区）需要人民法院指导处理的纠纷，可以通过人民法院调解平台在线提出申请，由人民法院协同做好疏导化解和联合调解工作。

（十一）积极入驻一站式社会矛盾纠纷调处化解中心。参与党委政府牵头的一站式社会矛盾纠纷调处化解中心建设，根据中心工作部署及法院职能作用，因地制宜指派诉讼服务、速裁快审团队或者人员入驻中心，指导调解，进行司法确认，开展速裁快审，并提供相配套的便民诉讼服务。

（十二）增强诉讼服务中心多元解纷能力。充分尊重群众到人民法院解决纠纷的意愿，深化“分调裁审”机制改革，在诉讼服务中心设立调解速裁区，配备速裁团队，建立类型化调解工作室或者综合调解室，邀请调解组织或者调解员入驻人民法院，为人民群众诉前调解提供更多选择，方便在一个地方就能解决全部诉讼事项。

（十三）创新密切联系群众有效载体。参与创建无讼村（社区、连队），在乡村街道、企业园区等需求集中的地方建立诉讼服务站点，推广“群众说事、法官说法”“法官进网格”“吹哨报到”“五链共治”等有益做法，加强社会主义法治文化建设，完善示范裁判机制，送法上门，做到办理一案、化解类案、教育一片。健全中级、基层人民法院领导干部与辖区内基层单位挂钩联系、定期下访、包案化解等制度，加强巡回审判，及时就地化解矛盾纠纷。

四、健全人民法院源头化解矛盾纠纷工作机制

（十四）完善司法建议运用机制。深度应用司法大数据，并与其他信息数据资源开展对接，加强对诉讼高发领域、新类型纠纷、涉诉信访案件，以及社会治理动态和热点问题的分析研判，对发现的普遍性、倾向性、趋势性问题提出司法建议，并向有关部门提供大数据分析报告，督促有关部门和企业主动承担出台政策、完善规则、风险评估、合规审查、安全生产等责任。各级人民法院对于本院作出的司法建议，应当进行编号管理，做好落实情况的跟踪指导和效果评估。及时发布类型化纠纷典型案例，以案释法，提高人民群众对纠纷化解结果的预判能力。

（十五）完善矛盾纠纷排查梳理和风险评估机制。主动加强与基层网格、专属网格的网格员沟通联系，有针对性开展排查梳理、纠纷化解等工作，减少涉诉矛盾隐患，预防民事纠纷转为刑事案件。在出台重大司法政策、办理重大敏感案件时，坚持把风险评估作为前置环节，有效预防纠纷，第一时间解决问题、控制事态。

（十六）完善诉讼与非诉讼实质性对接机制。以人民法院调解平台为依托，强化非诉讼与诉讼的平台对接、机制对接、人员对接和保障对接，加强对非诉讼解纷力量的法律指引和业务指导。强化诉前调解与诉前鉴定评估工作对接，打通人民法院调解平台与委托鉴定平台，明确在诉前调解过程中开展鉴定评估的工作流程。进一步完善调解与诉讼材料衔接机制，对特邀调解组织或者特邀调解员在调解过程中形成的送达地址确认、无争议事实等材料，以及关于当事人调解意愿的评价，可以在诉讼阶段使用。规范调解案号编立、使用工作，实现对诉非分流、委派案件全程在线管理。创新诉前调解衍生案件单独管理模式，对诉前调解成功，需要进行司法确认或者出具调解书的案件，以“诉前调确”“诉前调书”号出具法律文书。

（十七）优化联动调解机制。与相关单位建立工作协调和信息共享机制，用足用好最高人民法院“总对总”在线诉调对接调解资源库，加大“道交一体化”平台应用力度，针对道路交通、劳动争议、医疗纠纷、银行保险、证券期货、涉企纠纷、知识产权、教育管理、消费者权益保护、价格争议、国际商事、涉侨涉外等领域纠纷，征得当事人同意后，在线推送各单位调解组织或者调解员进行调解。进一步扩大各地区特邀调解资源库，将更多符合条件的人民调解员、行业性专业性调解组织、律师纳入特邀调解名册。在涉外及涉港澳台民商事案件中，邀请符合条件的外国人或者香港、澳门特别行政区和台湾地区同胞参与调解。建立健全行政争议诉前调解化解机制，鼓励开展先行调解。推动轻微刑事案件诉前和解和第三方化解工作，加强与刑事速裁程序衔接。在商事等领域探索开展市场化调解，推动建立公益性调解与市场化调解并行模式。

（十八）完善诉前辅导分流机制。对到诉讼服务大厅现场或者通过网上立案系统提交诉状或者申请书的当事人，先行通过人工服务或者智能设备评估等方式，开展辅导分流、中立评估、解释疏导等工作。能够通过行政裁决解决的，在登记立案前指引通过行政裁决化解纠纷。适宜调解、和解的，告知诉前调解、刑事和解优势特点，鼓励当事人调解、和解；当事人同意诉前委派调解的，通过人民法院调解平台指派调解组织或者调解员，提供“菜单式”调解服务。案件不适宜调解、当事人已经调解但无法达成调解协议的，依法登记立案，并告知当事人。

（十九）建立健全衍生诉讼案件预防机制。完善调解协议履行保障机制，在诉前调解时加强对当事人履行能力评估，更加注重调解内容可履行性。对促成协议自动履行的调解员，在绩效考评、以案定补等方面给予倾斜。建立健全自动履行正向激励机制，在诉前调解、立案等环节向当事人发放自动履行告知书，探索与有关部门建立诚信履行激励机制。加强立审执各环节释明疏导和调解化解工作，提高审判执行质效，强化涉诉信访源头治理、综合治理，减少上诉、再审和申诉信访案件。

（二十）建立健全虚假诉讼防范和惩治机制。全面应用立案辅助系统，加强对虚假诉讼的精准识别和提前预警。强化民事诉讼中防范惩治虚假诉讼的审判指引，明确民间借贷、买卖合同、执行案件等虚假诉讼多发领域案件的甄别要点、证据审查重点和防范处理措施。对认定存在虚假诉讼行为的，根据情节轻重采取相应强制措施，并向参与实施虚假诉讼的诉讼代理人、鉴定、公证、仲裁等相关组织或人员的主管部门、行业协会或所在单位通报情况，提出依法惩处司法建议。加强与公安、检察机关协作配合，建立线索移送、结果反馈机制，依法合力严惩虚假诉讼。及时发布虚假诉讼惩戒典型案件，引导当事人依法行使诉权。

（二十一）完善诚信诉讼保障机制。建立诚信诉讼承诺制度，引导当事人在诉前调解或者登记立案前填写诚信诉讼承诺。对滥用诉权以及恶意拖延调解、故意不履行调解协议、无正当理由否定已经记载的无争议事实等不诚信行为，探索通过律师费转付、诉讼费用合理分担、赔偿无过错方诉前调解额外支出等方式进行规制。加强对调解员培训指导，提高防范虚假调解能力水平。

五、加强重点领域矛盾纠纷源头化解工作

（二十二）加强疫情等重大突发事件引发矛盾纠纷预防化解工作。做好涉疫情矛盾纠纷源头预防和排查预警工作，针对合同、侵权、劳动争议、医疗损害赔偿、涉外海事海商、涉外商事等受疫情影响较大领域纠纷，在诉前开展多元化解。高度关注就业、教育、社会保障、医疗卫生、食品安全、安全生产、社会治安、住房市场调控等领域因重大突发事件可能引发的诉讼，积极开展预判应对和前端化解工作。

（二十三）加强金融领域矛盾纠纷源头化解工作。高度关注金融借款合同、信用卡、融资租赁、保险、委托理财等金融领域纠纷，会同金融管理部门、金融机构等加强信息共享和数据联通，运用司法大数据为识别合格投资者、建立健全金融产品或服务全流程管控机制等提供支持。建立示范调解机制，鼓励当事人平等协商，自行和解。加大对行业主管部门、行业协会商会等开展金融纠纷集中调解、先行调解的司法保障力度，促进纠纷在诉前批量化解。

（二十四）加强劳动争议源头化解工作。针对劳动争议先行仲裁的特点，加强调解、仲裁与诉讼衔接，依托人民法院调解平台，对接人力资源社会保障相关调解仲裁信息系统，建立调裁诉一体化在线解纷机制，实现劳动争议仲裁前调解与诉前调解的数据资源共享，统一案件处理标准，推动更多调解力量在仲裁前开展调解工作。建立全国性、区域性专家调解资源库，参与化解重大疑难复杂劳动争议。会同工会、人力资源社会保障部门加强对用工企业、劳动者普法宣传，制定推广劳动合同示范文本。

（二十五）加强婚恋家庭矛盾纠纷源头化解工作。与共青团、妇联、公安、民政等部门加强协作，完善婚恋家庭矛盾纠纷信息共享和通报机制，联合开展矛盾排查、普法宣传和以案释法工作。建立婚恋家庭纠纷分级预警化解模式，推动调解前置，加强心理疏导和危机干预，避免矛盾激化升级。建立诉后跟踪机制，预防“民转刑”案件。加大反家暴延伸服务力度，健全家庭暴力受害人人身保护令实施机制。

（二十六）加强知识产权矛盾纠纷源头化解工作。会同知识产权部门，系统分析本地区知识产权领域多发易发纠纷成因特点，推动完善预防性法律法规，加强示范性裁判指引。建立健全知识产权纠纷诉非联动机制，进一步扩大专业性行业性调解队伍，提高在线多元化解质效。创新工作方式方法，推广建立正版图库交易平台等做法，从源头上预防化解互联网著作权等涉网知识产权纠纷。

（二十七）加强互联网纠纷源头治理工作。针对网络金融活动、网络购物等引发的纠纷，会同相关主管部门，构建符合互联网特点的源头治理模式，指导互联网平台建立务实有效的纠纷解决机制，切实降低成诉率。运用区块链技术，将裁判规则、交易规范等嵌入互联网平台，实现风险预警和自动提示，督促诚信履约。加快与互联网平台在线诉非对接，推进源头治理进平台、进网络，形成互联网纠纷分层递进解决机制。

六、强化配套保障

（二十八）加强组织领导。将人民法院参与诉源治理，推动矛盾纠纷源头化解作为“一把手”工程统筹谋划部署。成立院领导牵头、各有关部门参与的领导小组，抓好贯彻落实、重大事项协调、成效评估、对下监督指导等工作。高级人民法院要加强对本辖区法院矛盾纠纷源头治理工作指挥指导，并为地方平安建设工作考核中万人起诉率指标评估提供数据支持。参与诉源治理工作进展情况应当及时向本地区党委政法委进行报告。

（二十九）加强工作保障。在基层诉讼服务站点配备电脑、视频设备等，加强对老年人等特殊群体的指导辅导，方便群众就近办理诉讼事务，就地开展跨区域远程视频调解。在源头预防和多元化解工作中投入更多人员力量。主动争取当地财政部门为特邀调解组织和调解员开展工作提供可持续的经费保障。加大对一站式多元解纷工作宣传，引导更多群众选择多元化方式解决纠纷。

（三十）加强工作管理。严格落实纠纷预防化解工作领导责任制，明确纠纷化解工作的人员、制度和必要条件，完善工作机制和监督评价体系。以“把非诉讼纠纷解决机制挺在前面”为导向，建立科学考核评价机制，将源头预防化解纠纷、诉前调解成功案件量等作为业绩考核评价内容。加强人员管理和培训，提升预防化解矛盾纠纷能力水平。各级人民法院立案信访部门要密切关注最高人民法院诉讼服务指导中心信息平台诉源治理多元解纷质效评估情况，及时督促改进工作。

（三十一）加强信息化保障。加强人民法院调解平台建设，加快与其他相关平台系统对接和数据共享，创新全流程在线源头治理模式，分层递进、“一站式”预防化解纠纷。积极运用大数据、人工智能等信息化手段，实现人民法院参与诉源治理工作数据化、可视化，为促进审判体系和审判能力现代化，辅助党委政府领导科学决策提供支持。

（三十二）加强理论研究和规则提炼。深入开展新时代矛盾纠纷和解决机制体系化研究。各级人民法院应当围绕本地区多发易发纠纷诉源治理中的理论和实践问题，开展多层次、多维度研究，进一步总结我国矛盾纠纷源头预防和多元化解实践成果，进行规则提炼，推动国家层面多元化解相关法律的立法进程，构建体现我国社会主义性质，具有鲜明中国特色、实践特色、时代特色的纠纷解决理论体系和制度体系。

最高人民法院
关于加快推进人民法院调解平台进乡村、进社区、进网格工作的指导意见

2021年9月30日　　法〔2021〕247号

为深入贯彻党中央关于加强基层治理体系和治理能力现代化建设重大部署，落实把非诉讼纠纷解决机制挺在前面要求，坚持强基导向，推动人民法院一站式多元解纷工作向基层延伸，切实把矛盾纠纷解决在萌芽状态、化解在基层。现就依托人民法院调解平台，开展进乡村、进社区、进网格工作提出以下意见。

一、总体要求

1. 工作目标。基层人民法院及人民法庭要坚持党委领导、政府主导，主动融入地方党委政法委建立的基层社会治理大格局，充分发挥职能作用，依托人民法院调解平台（以下简称调解平台），在线对接基层解纷力量，通过“请进来”“走出去”，构建分层递进源头预防化解矛盾纠纷路径，形成“纵向到底、横向到边”基层预防化解纠纷网络，推动矛盾纠纷就地发现、就地调处、就地化解，切实维护社会稳定和安全。

2. 工作载体。以调解平台作为工作载体，通过邀请人员入驻等方式，将基层社会治理资源全部集约到调解平台，做到基层解纷力量全覆盖，实现预警、分流、化解、调解、司法确认、进展跟踪、结果反馈、指导督办等全流程在线办理。

本意见中的基层治理单位包括但不限于基层人民法院及人民法庭辖区内的综治中心、矛调中心、司法所、派出所、工会、妇联、劳动、民政、市场

监管、土地管理、乡镇（街道）、村（社区）等单位。

3. 开展主体。人民法庭负责做好本辖区调解平台进乡村、进社区、进网格工作（以下简称“三进”工作），未设人民法庭的村（社区）、乡镇（街道），由基层人民法院负责开展“三进”工作。

各中级、高级人民法院应当加强对本地区“三进”工作的统筹指导，确保“三进”工作在辖区内实现全覆盖。

二、制度建设

4. 完善入驻平台制度。调解平台增设诉源治理工作模块。基层人民法院或者人民法庭入驻诉源治理工作模块后，负责组织基层治理单位以及专业性行业性调解组织将其管理的调解员、网格员、乡镇（街道）干部、村（社区）干部以及其他基层解纷人员信息录入调解平台。录入的信息主要包括姓名、性别、联系方式、擅长领域、对接的基层人民法院或者人民法庭等。

5. 建立案件分流制度。基层人民法院或者人民法庭根据纠纷数量、人员编制等实际情况，灵活将立案窗口人员或者其他人员作为专（兼）职案件分流员，开展在线诉非分流、案件指派、诉调对接、督促督办等工作。

6. 建立司法联络员制度。邀请基层治理单位、专业性行业性调解组织中与人民法院开展分流对接的人员作为司法联络员，负责排查上报信息、自行或者指定相关人员开展诉前调解、矛盾化解、协助送达、维护基层解纷人员信息等工作。

7. 建立分类分级委派案件制度。对于起诉到人民法院的纠纷，适宜村（社区）处理的，先行引导由辖区内的村（社区）逐级进行化解、调解；适宜在乡镇（街道）综治中心、矛调中心、司法所等基层治理单位处理的，由与人民法院对接的基层治理单位进行化解、调解；适宜专业性行业性调解组织处理的，由与人民法院对接的专业性行业性调解组织进行化解、调解。

8. 完善诉非实质化对接制度。村（社区）、乡镇（街道）等对接单位或者基层解纷人员在化解、调解过程中需要法官参与指导的，可以向人民法院在线提出申请，基层人民法院或者人民法庭通过推送典型案例、进行法条解释、提供法律咨询、“调解员现场调解+法官远程视频参与调解”联合调解、实地参与化解、调解等方式提供法律指导。

9. 建立信息公开制度。在基层人民法院诉讼服务大厅、人民法庭等场所或者调解平台上公开入驻的基层治理单位、专业性行业性调解组织、参与化解、调解的基层解纷人员基本信息、“三进”工作流程、相关诉讼指引等，更加方便当事人参与“三进”工作，自觉接受群众监督。

三、工作开展

10. 案件范围。对于当事人一方或者双方住所地、经常居住地为辖区内村（社区）、乡镇（街道）且适宜化解、调解的纠纷，或者当事人明确表示同意先行化解、调解的纠纷，基层人民法院或者人民法庭可以交由基层治理单位或者基层解纷人员进行化解、调解。涉及专业性行业性领域纠纷的，可以交由专业性行业性调解组织进行化解、调解。

基层人民法院或者人民法庭可以根据本地区矛盾纠纷类型特点，对婚姻家庭、抚养继承、物业纠纷、民间借贷、买卖合同等涉及民生利益的纠纷进行重点分流。

11. 案件流程。基层人民法院或者人民法庭可以在登记立案前，根据自愿、合法原则，通过调解平台进行指派。基层解纷人员及时登录调解平台，确认接受指派，并根据当事人意愿，采取线上或者线下方式开展化解、调解工作。当事人经引导不同意化解、调解，符合受理条件的，依法及时登记立案。

基层人民法院或者人民法庭交由基层治理单位化解、调解的纠纷，在调解平台编“纠纷化解”号。

12. 与村（社区）开展分流对接。对于适宜在村（社区）、乡镇（街道）处理的纠纷，由案件分流员通过调解平台在线分流至村（社区）司法联络员，由司法联络员指定基层解纷人员开展化解、调解工作。化解、调解成功的，应当在调解平台上记录处理结果。经人民调解委员会、特邀调解组织或者特邀调解员调解达成调解协议，且当事人申请司法确认的，向有管辖权的人民法院或者派出的人民法庭在线提出申请。化解、调解不成功的，记录不成功原因，并由村（社区）司法联络员在征得当事人意愿后，推送乡镇（街道）基层治理单位再次化解、调解或者直接退回人民法庭。人民法庭对于退回的纠纷，依法及时登记立案。

13. 与乡镇（街道）基层治理单位开展分流对接。对于村（社区）化解、调解不了且当事人愿意到乡镇（街道）基层治理单位处理的纠纷，以及根据纠纷类型适宜由乡镇（街道）基层治理单位处理的，分流至该基层治理单位司法联络员，由其指定人员进行化解、调解。化解、调解成功的，应当在调解平台上记录处理结果；对依法可以申请司法确认的，在线提出申请。化解、调解不成功的，由基层治理单位司法联络员记录不成功原因后，在线将案件推送至人民法院案件分流员，人民法院应当依法及时登记立案。

14. 与专业性行业性调解组织开展分流对接。对于金融、证券期货、银行保险、知识产权、劳动争议、机动车交通事故责任纠纷等专业性行业性领域矛盾纠纷，由人民法院案件分流员通过调解平台，在线分流至入驻平台的专业性行业性调解组织进行调解。调解成功的，引导鼓励自动履行，当事人依法申请司法确认，可以在线提出；调解不成功的，由专业性行业性调解组织司法联络员将案件退回人民法院，人民法院应当依法及时登记立案。

15. 与其他社会力量开展分流对接。邀请人大代表、政协委员、社区工作者、网格员、律师、法律工作者、法律援助人员、行业协会人员等入驻调解平台，开展化解、调解工作。上述人员能够对应到村（社区）、乡镇（街道）基层治理单位的，由司法联络员指派其开展化解、调解工作；无法对应到村（社区）、乡镇（街道）基层治理单位的，可以以个人名义入驻，并由人民法院案件分流员根据纠纷类型，通过调解平台直接交由其开展化解、调解工作。

16. 严格纠纷化解、调解期限。基层人民法院或者人民法庭指派化解、调解纠纷的，司法联络员应当在3个工作日内登录调解平台确认接收纠纷信息。化解、调解期限为30日，自司法联络员确认接受指派之日起计算。但双方当事人同意延长期限的，可以适当延长，延长时间原则上不超过30日。由村（社区）推送乡镇（街道）继续化解、调解的，化解、调解期限计入总时长。化解、调解期间评估、鉴定的时间，不计入化解、调解期限。

在规定期限内未能达成调解协议或者当事人明确拒绝继续化解、调解的，应当依法及时转入立案程序。

17. 加强预警预防和联调联动工作。司法联络员对于排查出的辖区网格内涉诉矛盾隐患、苗头性问题，认为需要人民法院指导和帮助化解、调解的，应当及时通过调解平台提供给对接的人民法院。需要联动化解、调解的，由人民法院案件分流员根据纠纷类型及时安排有关人员参与工作，并在调解平台上记录处理结果。

18. 强化对网格内基层解纷力量的培训指导。基层人民法院或者人民法庭应当加强对辖区基层解纷力量的法律指导和业务培训，制作常见案件类型调解指引，推送指导性案例，探索建立双向交流机制，支持和规范基层解纷力量在法治轨道上开展纠纷预防化解工作，提升基层社会治理法治化水平。

19. 加强对特殊群体诉讼辅导。对于不善于使用智能手机的老年人、残疾人等特殊群体，充分尊重其在线调解选择权。对于特殊群体选择线上方式化解、调解的，参与纠纷化解、调解的法院工作人员或者基层解纷人员应当帮助、指导其操作使用调解平台，开展化解、调解活动。

20. 发挥司法保障作用。推动司法确认在人民调解委员会全覆盖，实现人民调解司法确认在线申请、快速办理。将符合条件的基层解纷人员纳入特邀调解名册，畅通对接渠道和司法保障途径，促进提升诉前调解吸引力和有效性。

四、配套保障

21. 加强经费保障。各级人民法院要紧紧依靠党委领导，主动争取地方政府的支持，解决在机构、人员、硬件配置等方面的困难，建立持续性财政保障机制，对调解人员给予一定的经费补贴，充分激发社会力量参与纠纷化解工作的活力。

22. 加强沟通联系。密切与基层治理单位、相关调解组织及基层解纷人员的沟通联系，定期召开会议，对于工作开展情况、推进中遇到的困难问题等，共同分析研判，凝聚工作合力。对于基层人民法院及人民法庭协调不了的事宜，上级人民法院应当主动作为，帮助协调解决。

23. 奖惩考核机制。充分发挥考核指挥棒作用，将“三进”工作开展情况纳入基层人民法院及人民法庭考核体系，将法官指导、参与化解、调解的案件量纳入法官绩效考核，将成功化解、调解纠纷数量及质效等作为调解组织或者调解员动态管理的重要指标，进一步激发参与“三进”工作的积极性和主动性。

24. 加大宣传力度。通过报纸杂志、电视网站、微博微信等各类媒体，以及社区走访、普法讲座等活动，全面宣传“三进”工作以及基层解纷人员优秀事迹，积极培育多元解纷观念，引导人民群众主动选择非诉讼方式解决纠纷。

最高人民法院
关于完善人民法院专业法官会议工作机制的指导意见

2021年1月6日　　　　法发〔2021〕2号

为全面落实司法责任制，充分发挥专业法官会议工作机制在辅助办案决策、统一法律适用、强化制约监督等方面的作用，现提出如下指导意见。

一、专业法官会议是人民法院向审判组织和院庭长（含审判委员会专职委员，下同）履行法定职责提供咨询意见的内部工作机制。

二、各级人民法院根据本院法官规模、内设机构设置、所涉议题类型、监督管理需要等，在审判专业领域、审判庭、审判团队内部组织召开专业法官会议，必要时可以跨审判专业领域、审判庭、审判团队召开。

三、专业法官会议由法官组成。各级人民法院可以结合所涉议题和会议组织方式，兼顾人员代表性和专业性，明确不同类型会议的最低参加人数，确保讨论质量和效率。

专业法官会议主持人可以根据议题性质和实际需要，邀请法官助理、综合业务部门工作人员等其他人员列席会议并参与讨论。

四、专业法官会议讨论案件的法律适用问题或者与事实认定高度关联的证据规则适用问题，必要时也可以讨论其他事项。独任庭、合议庭办理案件时，存在下列情形之一的，应当建议院庭长提交专业法官会议讨论：

（一）独任庭认为需要提交讨论的；

（二）合议庭内部无法形成多数意见，或者持少数意见的法官认为需要提交讨论的；

（三）有必要在审判团队、审判庭、审判专业领域之间或者辖区法院内统一法律适用的；

（四）属于《最高人民法院关于完善人民法院司法责任制的若干意见》第24条规定的“四类案件”范围的；

（五）其他需要提交专业法官会议讨论的。

院庭长履行审判监督管理职责时，发现案件存在前款情形之一的，可以提交专业法官会议讨论；综合业务部门认为存在前款第（三）（四）项情形的，应当建议院庭长提交专业法官会议讨论。

各级人民法院应当结合审级职能定位、受理案件规模、内部职责分工、法官队伍状况等，进一步细化专业法官会议讨论范围。

五、专业法官会议由下列人员主持：

（一）审判专业领域或者跨审判庭、审判专业领域的专业法官会议，由院长或其委托的副院长、审判委员会专职委员、庭长主持；

（二）本审判庭或者跨审判团队的专业法官会议，由庭长或其委托的副庭长主持；

（三）本审判庭内按审判团队组织的专业法官会议，由庭长、副庭长或其委托的资深法官主持。

六、主持人应当在会前审查会议材料并决定是否召开专业法官会议。对于法律适用已经明确，专业法官会议已经讨论且没有出现新情况，或者其他不属于专业法官会议讨论范围的，主持人可以决定不召开会议，并根据审判监督管理权限督促或者建议独任庭、合议庭依法及时处理相关案件。主持人决定不召开专业法官会议的情况应当在办案平台或者案卷中留痕。

主持人召开会议时，应当严格执行讨论规则，客观、全面、准确归纳总结会议讨论形成的意见。

七、拟提交专业法官会议讨论的案件，承办案件的独任庭、合议庭应当在会议召开前就基本案情、争议焦点、评议意见及其他参考材料等简明扼要准备报告，并在报告中明确拟提交讨论的焦点问题。案件涉及统一法律适用问题的，应当说明类案检索情况，确有必要的应当制作类案检索报告。

全体参加人员应当在会前认真阅读会议材料，掌握议题相关情况，针对提交讨论的问题做好发言准备。

八、专业法官会议可以定期召集，也可以根据实际需要临时召集。各级人民法院应当综合考虑所涉事项、议题数量、会务成本、法官工作量等因素，合理确定专业法官会议的召开频率。

九、主持人应当指定专人负责会务工作。召开会议前，应当预留出合理、充足的准备时间，提前将讨论所需的报告等会议材料送交全体参加人员。召开会议时，应当制作会议记录，准确记载发言内容和会议结论，由全体参加人员会后及时签字确认，并在办案平台或者案卷中留痕；参加人员会后还有新的意见，可以补充提交书面材料并再次签字确认。

十、专业法官会议按照下列规则组织讨论：

（一）独任庭或者合议庭作简要介绍；

（二）参加人员就有关问题进行询问；

（三）列席人员发言；

（四）参加人员按照法官等级等由低到高的顺序发表明确意见，法官等级相同的，由晋升现等级时间较短者先发表意见；

（五）主持人视情况组织后续轮次讨论；

（六）主持人最后发表意见；

（七）主持人总结归纳讨论情况，形成讨论意见。

十一、专业法官会议讨论形成的意见供审判组织和院庭长参考。

经专业法官会议讨论的“四类案件”，独任庭、合议庭应当及时复议；专业法官会议没有形成多数意见，独任庭、合议庭复议后的意见与专业法官会议多数意见不一致，或者独任庭、合议庭对法律适用问题难以作出决定的，应当层报院长提交审判委员会讨论决定。

对于“四类案件”以外的其他案件，专业法官会议没有形成多数意见，或者独任庭、合议庭复议后的意见仍然与专业法官会议多数意见不一致的，可以层报院长提交审判委员会讨论决定。

独任庭、合议庭复议情况，以及院庭长提交审判委员会讨论决定的情况，应当在办案平台或者案卷中留痕。

十二、拟提交审判委员会讨论决定的案件，应当由专业法官会议先行讨论。但存在下列情形之一的，可以直接提交审判委员会讨论决定：

（一）依法应当由审判委员会讨论决定，但独任庭、合议庭与院庭长之间不存在分歧的；

（二）专业法官会议组成人员与审判委员会委员重合度较高，先行讨论必要性不大的；

（三）确因其他特殊事由无法或者不宜召开专业法官会议讨论，由院长决定提交审判委员会讨论决定的。

十三、参加、列席专业法官会议的人员和会务人员应当严格遵守保密工作纪律，不得向无关人员泄露会议议题、案件信息和讨论情况等审判工作秘密；因泄密造成严重后果的，依纪依法追究纪律责任直至刑事责任。

十四、相关审判庭室应当定期总结专业法官会议工作情况，组织整理形成会议纪要、典型案例、裁判规则等统一法律适用成果，并报综合业务部门备案。

各级人民法院可以指定综合业务部门负责专业法官会议信息备案等综合管理工作。

十五、法官参加专业法官会议的情况应当计入工作量，法官在会上发表的观点对推动解决法律适用分歧、促成公正高效裁判发挥重要作用的，可以综合作为绩效考核和等级晋升时的重要参考因素；经研究、整理会议讨论意见，形成会议纪要、典型案例、裁判规则等统一法律适用成果的，可以作为绩效考核时的加分项。

各级人民法院可以参照前述规定，对审判辅助人员参加专业法官会议的情况纳入绩效考核。

十六、各级人民法院应当提升专业法官会议会务工作、召开形式、会议记录和审判监督管理的信息化水平，推动专业法官会议记录、会议纪要、典型案例等与智能辅助办案系统和绩效考核系统相关联，完善信息查询、裁判指引、自动提示等功能。

十七、各级人民法院应当根据本意见，并结合本院实际，制定专业法官会议工作机制实施细则。

十八、本意见自 2021 年 1 月 12 日起施行，《关于健全完善人民法院主审法官会议工作机制的指导意见（试行）》（法发〔2018〕21 号）同时废止。最高人民法院此前发布的文件与本意见不一致的，适用本意见。

最高人民法院　最高人民检察院　司法部
关于建立健全禁止法官、检察官与律师不正当接触交往制度机制的意见

2021年9月30日　　　　　　　　　　　　司发通〔2021〕60号

第一条　为深入贯彻习近平法治思想，认真贯彻落实防止干预司法“三个规定”，建立健全禁止法官、检察官与律师不正当接触交往制度机制，防止利益输送和利益勾连，切实维护司法廉洁和司法公正，依据《中华人民共和国法官法》《中华人民共和国检察官法》《中华人民共和国律师法》等有关规定，结合实际情况，制定本意见。

第二条　本意见适用于各级人民法院、人民检察院依法履行审判、执行、检察职责的人员和司法行政人员。本意见所称律师，是指在律师事务所执业的专兼职律师（包括从事非诉讼法律事务的律师）和公职律师、公司律师。本意见所称律师事务所“法律顾问”，是指不以律师名义执业，但就相关业务领域或者个案提供法律咨询、法律论证，或者代表律师事务所开展协调、业务拓展等活动的人员。本意见所称律师事务所行政人员，是指律师事务所聘用的从事秘书、财务、行政、人力资源、信息技术、风险管控等工作的人员。

第三条　严禁法官、检察官与律师有下列接触交往行为：

（一）在案件办理过程中，非因办案需要且未经批准在非工作场所、非工作时间与辩护、代理律师接触。

（二）接受律师或者律师事务所请托，过问、干预或者插手其他法官、检察官正在办理的案件，为律师或者律师事务所请托说情、打探案情、通风报信；为案件承办法官、检察官私下会见案件辩护、代理律师牵线搭桥；非因工作需要，为律师或者律师事务所转递涉案材料；向律师泄露案情、办案工作秘密或者其他依法依规不得泄露的情况；违规为律师或律师事务所出具与

案件有关的各类专家意见。

（三）为律师介绍案件；为当事人推荐、介绍律师作为诉讼代理人、辩护人；要求、建议或者暗示当事人更换符合代理条件的律师；索取或者收受案件代理费用或者其他利益。

（四）向律师或者其当事人索贿，接受律师或者其当事人行贿；索取或者收受律师借礼尚往来、婚丧嫁娶等赠送的礼金、礼品、消费卡和有价证券、股权、其他金融产品等财物；向律师借款、租借房屋、借用交通工具、通讯工具或者其他物品；接受律师吃请、娱乐等可能影响公正履行职务的安排。

（五）非因工作需要且未经批准，擅自参加律师事务所或者律师举办的讲座、座谈、研讨、培训、论坛、学术交流、开业庆典等活动；以提供法律咨询、法律服务等名义接受律师事务所或者律师输送的相关利益。

（六）与律师以合作、合资、代持等方式经商办企业或者从事其他营利性活动；本人配偶、子女及其配偶在律师事务所担任“隐名合伙人”；本人配偶、子女及其配偶显名或者隐名与律师“合作”开办企业或者“合作”投资；默许、纵容、包庇配偶、子女及其配偶或者其他特定关系人在律师事务所违规取酬；向律师或律师事务所放贷收取高额利息。

（七）其他可能影响司法公正和司法权威的不正当接触交往行为。严禁律师事务所及其律师从事与前款所列行为相关的不正当接触交往行为。

第四条 各级人民法院、人民检察院和司法行政机关探索建立法官、检察官与律师办理案件动态监测机制，依托人民法院、人民检察院案件管理系统和律师管理系统，对法官、检察官承办的案件在一定期限内由同一律师事务所或者律师代理达到规定次数的，启动预警机制，要求法官、检察官及律师说明情况，除非有正当理由排除不正当交往可能的，依法启动调查程序。各省、自治区、直辖市高级人民法院、人民检察院根据本地实际，就上述规定的需要启动预警机制的次数予以明确。

第五条 各级人民法院、人民检察院在办理案件过程中发现律师与法官、检察官不正当接触交往线索的，应当按照有关规定将相关律师的线索移送相关司法行政机关或者纪检监察机关处理。各级司法行政机关、律师协会收到投诉举报涉及律师与法官、检察官不正当接触交往线索的，应当按照有关规定将涉及法官、检察官的线索移送相关人民法院、人民检察院或者纪检监察机关。

第六条 各级人民法院、人民检察院可以根据需要与司法行政机关组成联合调查组，对法官、检察官与律师不正当接触交往问题共同开展调查。对查实的不正当接触交往问题，要坚持从严的原则，综合考虑行为性质、情节、后果、社会影响以及是否存在主动交代等因素，依规依纪依法对法官、检察官作出处分，对律师作出行政处罚、行业处分和党纪处分。律师事务所默认、纵容或者放任本所律师及“法律顾问”、行政人员与法官、检察官不正当接触交往的，要同时对律师事务所作出处罚处分，并视情况对律师事务所党组织跟进作出处理。法官、检察官和律师涉嫌违法犯罪的，依法按照规定移送相关纪检监察机关或者司法机关等。

第七条 各级人民法院、人民检察院和司法行政机关、律师协会要常态化开展警示教育，在人民法院、人民检察院、司法行政系统定期通报不正当接触交往典型案件，印发不正当接触交往典型案例汇编，引导法官、检察官与律师深刻汲取教训，心存敬畏，不碰底线红线。

第八条 各级人民法院、人民检察院和司法行政机关、律师协会要加强法官、检察官和律师职业道德培训，把法官、检察官与律师接触交往相关制度规范作为职前培训和继续教育的必修课和培训重点，引导法官、检察官和律师把握政策界限，澄清模糊认识，强化行动自觉。

第九条 各级人民法院、人民检察院要完善司法权力内部运行机制，充分发挥审判监督和检察监督职能，健全类案参考、裁判指引、指导性案例等机制，促进裁判尺度统一，防止法官、检察官滥用自由裁量权。强化内外部监督制约，将法官、检察官与律师接触交往，法官、检察官近亲属从事律师职业等问题，纳入司法巡查、巡视巡察和审务督察、检务督察范围。各级人民法院、人民检察院要加强对法官、检察官的日常监管，强化法官、检察官工作时间之外监督管理，对发现的苗头性倾向性问题，早发现早提醒早纠正。严格落实防止干预司法“三个规定”月报告制度，定期分析处理记录报告平台中的相关数据，及时发现违纪违法线索。

第十条 各级司法行政机关要切实加强律师执业监管，通过加强律师和律师事务所年度考核、完善律师投诉查处机制等，强化日常监督管理。完善律师诚信信息公示制度，加快律师诚信信息公示平台建设，及时向社会公开律师与法官、检察官不正当接触交往受处罚处分信息，强化社会公众监督，引导督促律师依法依规诚信执业。完善律师收费管理制度，强化对统一收案、统一收费的日常监管，规范律师风险代理行为，限制风险代理适用范围，避免风险代理诱发司法腐败。

第十一条 律师事务所应当切实履行对本所律师及“法律顾问”、行政人员的监督管理责任，不得指使、纵容或者放任本所律师及“法律顾问”、行政人员与法官、检察官不正当接触交往。律师事务所违反上述规定的，由司法行政机关依法依规处理。

第十二条 各级人民法院、人民检察院要加强律师执业权利保障，持续推动审判流程公开和检务公开，落实听取律师辩护代理意见制度，完善便利律师参与诉讼机制，最大限度减少权力设租寻租和不正当接触交往空间。各级人民法院、人民检察院和司法行政机关要建立健全法官、检察官与律师正当沟通交流机制，通过同堂培训、联席会议、学术研讨、交流互访等方式，为法官、检察官和律师搭建公开透明的沟通交流平台。探索建立法官、检察官与律师互评监督机制。完善从律师中选拔法官、检察官制度，推荐优秀律师进入法官、检察官遴选和惩戒委员会，支持律师担任人民法院、人民检察院特邀监督员，共同维护司法廉洁和司法公正。

最高人民法院　最高人民检察院　司法部
关于进一步规范法院、检察院离任人员从事律师职业的意见

2021年9月30日　　司发通〔2021〕61号

第一条　为深入贯彻习近平法治思想，认真贯彻落实防止干预司法“三个规定”，进一步规范法院、检察院离任人员从事律师职业，防止利益输送和利益勾连，切实维护司法廉洁和司法公正，依据《中华人民共和国公务员法》《中华人民共和国法官法》《中华人民共和国检察官法》《中华人民共和国律师法》等有关规定，结合实际情况，制定本意见。

第二条　本意见适用于从各级人民法院、人民检察院离任且在离任时具有公务员身份的工作人员。离任包括退休、辞去公职、开除、辞退、调离等。

本意见所称律师，是指在律师事务所执业的专兼职律师（包括从事非诉讼法律事务的律师）。本意见所称律师事务所“法律顾问”，是指不以律师名义执业，但就相关业务领域或者个案提供法律咨询、法律论证，或者代表律师事务所开展协调、业务拓展等活动的人员。本意见所称律师事务所行政人员，是指律师事务所聘用的从事秘书、财务、行政、人力资源、信息技术、风险管控等工作的人员。

第三条　各级人民法院、人民检察院离任人员从事律师职业或者担任律师事务所“法律顾问”、行政人员，应当严格执行《中华人民共和国法官法》《中华人民共和国检察官法》《中华人民共和国律师法》和公务员管理相关规定。

各级人民法院、人民检察院离任人员在离任后二年内，不得以律师身份担任诉讼代理人或者辩护人。各级人民法院、人民检察院离任人员终身不得担任原任职人民法院、人民检察院办理案件的诉讼代理人或者辩护人，但是

作为当事人的监护人或者近亲属代理诉讼或者进行辩护的除外。

第四条 被人民法院、人民检察院开除人员和从人民法院、人民检察院辞去公职、退休的人员除符合本意见第三条规定外，还应当符合下列规定：

（一）被开除公职的人民法院、人民检察院工作人员不得在律师事务所从事任何工作。

（二）辞去公职或者退休的人民法院、人民检察院领导班子成员，四级高级及以上法官、检察官，四级高级法官助理、检察官助理以上及相当职级层次的审判、检察辅助人员在离职三年内，其他辞去公职或退休的人民法院、人民检察院工作人员在离职二年内，不得到原任职人民法院、人民检察院管辖地区内的律师事务所从事律师职业或者担任“法律顾问”、行政人员等，不得以律师身份从事与原任职人民法院、人民检察院相关的有偿法律服务活动。

（三）人民法院、人民检察院退休人员在不违反前项从业限制规定的情况下，确因工作需要从事律师职业或者担任律师事务所“法律顾问”、行政人员的，应当严格执行中共中央组织部《关于进一步规范党政领导干部在企业兼职（任职）问题的意见》（中组发〔2013〕18 号）规定和审批程序，并及时将行政、工资等关系转出人民法院、人民检察院，不再保留机关的各种待遇。

第五条 各级人民法院、人民检察院离任人员不得以任何形式，为法官、检察官与律师不正当接触交往牵线搭桥，充当司法掮客；不得采用隐名代理等方式，规避从业限制规定，违规提供法律服务。

第六条 人民法院、人民检察院工作人员拟在离任后从事律师职业或者担任律师事务所“法律顾问”、行政人员的，应当在离任时向所在人民法院、人民检察院如实报告从业去向，签署承诺书，对遵守从业限制规定、在从业限制期内主动报告从业变动情况等作出承诺。

人民法院、人民检察院离任人员向律师协会申请律师实习登记时，应当主动报告曾在人民法院、人民检察院工作的情况，并作出遵守从业限制的承诺。

第七条 律师协会应当对人民法院、人民检察院离任人员申请实习登记进行严格审核，就申请人是否存在不宜从事律师职业的情形征求原任职人民法院、人民检察院意见，对不符合相关条件的人员不予实习登记。司法行政机关在办理人民法院、人民检察院离任人员申请律师执业核准时，应当严格审核把关，对不符合相关条件的人员不予核准执业。

第八条 各级人民法院、人民检察院应当在离任人员离任前与本人谈话，提醒其严格遵守从业限制规定，告知违规从业应承担的法律责任，对不符合从业限制规定的，劝其调整从业意向。

司法行政机关在作出核准人民法院、人民检察院离任人员从事律师职业决定时，应当与本人谈话，提醒其严格遵守从业限制规定，告知违规从业应承担的法律责任。

第九条 各级人民法院、人民检察院在案件办理过程中，发现担任诉讼代理人、辩护人的律师违反人民法院、人民检察院离任人员从业限制规定情况的，应当通知当事人更换诉讼代理人、辩护人，并及时通报司法行政机关。

司法行政机关应当加强从人民法院、人民检察院离任后在律师事务所从业人员的监督管理，通过投诉举报调查、“双随机一公开”抽查等方式，及时发现离任人员违法违规问题线索并依法作出处理。

第十条 律师事务所应当切实履行对本所律师及工作人员的监督管理责任，不得接收不符合条件的人民法院、人民检察院离任人员到本所执业或者工作，不得指派本所律师违反从业限制规定担任诉讼代理人、辩护人。律师事务所违反上述规定的，由司法行政机关依法依规处理。

第十一条 各级人民法院、人民检察院应当建立离任人员信息库，并实现与律师管理系统的对接。司法行政机关应当依托离任人员信息库，加强对人民法院、人民检察院离任人员申请律师执业的审核把关。

各级司法行政机关应当会同人民法院、人民检察院，建立人民法院、人民检察院离任人员在律师事务所从业信息库和人民法院、人民检察院工作人员近亲属从事律师职业信息库，并实现与人民法院、人民检察院立案、办案系统的对接。人民法院、人民检察院应当依托相关信息库，加强对离任人员违规担任案件诉讼代理人、辩护人的甄别、监管，做好人民法院、人民检察院工作人员回避工作。

第十二条 各级人民法院、人民检察院和司法行政机关应当定期对人民法院、人民检察院离任人员在律师事务所违规从业情况开展核查，并按照相关规定进行清理。

对人民法院、人民检察院离任人员违规从事律师职业或者担任律师事务所“法律顾问”、行政人员的，司法行政机关应当要求其在规定时间内申请注销律师执业证书、与律所解除劳动劳务关系；对在规定时间内没有主动申请注销执业证书或者解除劳动劳务关系的，司法行政机关应当依法注销其执业证书或者责令律所与其解除劳动劳务关系。

本意见印发前，已经在律师事务所从业的人民法院、人民检察院退休人员，按照中共中央组织部《关于进一步规范党政领导干部在企业兼职（任职）问题的意见》（中组发〔2013〕18号）相关规定处理。

最高人民法院
关于加强和完善法官考核工作的指导意见

2021年10月12日　　　　法〔2021〕255号

为进一步加强和完善法官考核工作，构建科学合理的法官考核体系，引导、规范、激励法官依法公正高效履行审判职责，推进法官队伍革命化、正规化、专业化、职业化建设，根据《中华人民共和国公务员法》《中华人民共和国法官法》等有关法律法规，按照中央推进司法体制改革精神，结合人民法院工作实际，制定本意见。

一、总则

1. 坚持以习近平新时代中国特色社会主义思想为指导，深入贯彻习近平法治思想，贯彻新时代党的组织路线和干部工作方针政策，着眼构建更加科学合理、更加符合司法规律的考核机制，把政治标准放在首位，突出考核法官做好审判执行工作的实际成效，充分发挥考核“指挥棒”“风向标”的作用，努力建设一支政治过硬、业务过硬、责任过硬、纪律过硬、作风过硬的高素质专业化法官队伍。

2. 法官考核应当根据公务员考核相关规定，立足四级法院审级职能定位，体现法官职业特点和要求，按照干部管理权限、规定的标准和程序，对法官的政治素质、审判工作实绩、职业道德、专业水平、工作能力、审判作风等进行全面考查和综合评价。

干部管理权限不在本院党组的法官考核，按照有关规定办理。

3. 法官考核工作坚持以下原则：

（1）党管干部；

（2）全面、客观、公正、公开；

（3）遵循司法规律，体现职业特点；

（4）聚焦主责主业，突出工作实绩；

（5）定量与定性相结合，平时考核与年度考核相结合；

（6）分级分类，科学高效，考用结合。

4. 人民法院设立法官考评委员会，在本院党组领导下，负责对本院法官的考核工作。法官考评委员会的组成人员为五至九人的单数，一般由本院院长、相关院领导、相关部门负责人和若干法官代表组成，主任由本院院长担任。

法官考评委员会召开会议，应当有全体组成人员的过半数出席，决定事项须经全体组成人员过半数同意。

5. 法官考评委员会的办事机构设在本院组织人事部门。

6. 法官考评委员会主要履行以下职责：

（1）研究制定法官考核工作制度规范；

（2）组织实施法官考核工作；

（3）研究提出法官考核结果建议并提交本院党组审议；

（4）受理对考核结果的复核申请；

（5）其他应当由法官考评委员会负责的事项。

二、考核内容

7. 对法官的考核，以其岗位职责和所承担的工作任务为基本依据，以指标化评价的方式，全面考核德、能、勤、绩、廉各方面，重点考核政治素质和审判工作实绩。

8. 对“德”的考核，主要围绕政治素质和道德品行等设置指标，重点考核深入学习贯彻习近平新时代中国特色社会主义思想，学习贯彻习近平法治思想，坚持党对司法工作的绝对领导、坚持中国特色社会主义法治道路，增强“四个意识”、坚定“四个自信”、做到“两个维护”，提高政治判断力、政治领悟力、政治执行力，遵守政治纪律和政治规矩，自觉抵制西方“宪政民主”“司法独立”“三权鼎立”等错误思潮情况，以及践行社会主义核心价值观，恪守法官职业道德，遵守社会公德、家庭美德和个人品德等情况。法官政治素质考核情况应当记入政治素质档案。

9. 对“能”的考核，主要围绕法律专业水平和工作能力等设置指标，重点考核法律政策运用能力、审判业务水平、法学理论水平、司法实务研究水平，以及防控风险能力、群众工作能力、科技应用能力、舆论引导能力等。

10. 对“勤”的考核，主要围绕精神状态和工作作风等设置指标，重点考核忠于职守，遵守工作纪律，爱岗敬业、勤勉尽责，敢于担当、甘于奉献等情况。

11. 对“绩”的考核，一般以办案业绩和其他工作业绩为主要评价内容，其中对办案业绩的考核，主要围绕办案数量、办案质量、办案效率和办案效果等四个方面设置指标。

（1）对办案数量的考核，应当以结案数量为基础，综合考虑案件类型、审判程序、审级等能够反映案件繁简难易程度和工作量多少的因素，结合审判团队配置情况，合理设置案件权重系数，科学评价不同业务条线、不同岗位法官的实际办案工作量。

（2）对办案质量的考核，以案件发回、改判等情况为基础，充分运用案件质量评查等机制，重点考核法官办案中证据审查、事实认定、法律适用、文书制作、释法说理、裁判结果等情况。

（3）对办案效率的考核，以审限内结案率（包括按规定延长审限）等情况为基础，重点考核案件审理周期以及超过审理期限案件、长期未结案件等情况。

（4）对办案效果的考核，以案件取得的政治效果、法律效果和社会效果等情况为基础，重点考核维护国家安全和社会稳定、维护法律的严肃性和权威性、维护人民群众合法权益、弘扬社会主义核心价值观等情况。

法官参加党和国家中心工作、地方重点工作，参加审判委员会、赔偿委员会、司法救助委员会、专业法官会议讨论案件，办理涉诉信访，开展执行监督，参与诉源治理，开展案件评查、业务指导，开展未成年人案件社会调查、回访帮教等延伸工作，以及参加规范性文件制定、课题研究、案例研编等其他工作的，可以设置相应指标，纳入法官业绩考核范畴。

12. 对“廉”的考核，主要围绕廉洁司法、廉洁自律等设置指标，重点考核遵守廉洁纪律，落实中央八项规定及其实施细则精神，落实防止干预司法“三个规定”等情况。

13. 对于担任领导职务的法官，应综合考虑本单位（部门）人员规模、案件数量、管理任务等因素，区分不同地区、层级、岗位，科学合理确定办案数量标准和办案类型。除前述关于德、能、勤、绩、廉的考核内容外，还应当围绕其履行审核批准程序性事项、综合指导审判工作、督促统一裁判标准、全程监管审判质效、排除案外因素干扰等审判监督管理职责和本单位（部门）办案质效总体情况，以及落实党风廉政建设“一岗双责”、抓党建工作成效等情况，设置相应指标，纳入考核范畴。

14. 考核指标应当按照四级法院审级职能定位，根据不同法院层级、不同业务条线（岗位）特点，分层分类设置。其中，基层人民法院考核指标应重在体现准确查明事实、实质化解纠纷等方面；中级人民法院考核指标应重在体现二审有效终审、精准定分止争等方面；高级人民法院考核指标应重在体现再审依法纠错、统一裁判尺度等方面；最高人民法院考核指标应重在体现监督指导全国审判工作、确保法律正确统一适用等方面。

各级人民法院可以在本意见规定的基础上，结合本院工作实际，对指标设置、考核内容、考核标准、计分规则、分值比重等内容进一步细化，并根据考核情况有针对性地进行调整。

因案件重大疑难复杂、社会影响重大或者有其他特殊情况，需要调整个案指标分值的，经本院法官考评委员会讨论决定后，可以单独调整。

三、考核等次和标准

15. 法官考核实行平时考核和年度考核相结合，采用量化赋分为主、定性赋分为辅的方式进行。

16. 平时考核结果分为好、较好、一般和较差四个等次。年度考核结果分为优秀、称职、基本称职和不称职四个等次。

17. 法官平时考核各等次的评定标准，由各级人民法院根据公务员考核有关规定，结合四级法院审级职能定位和本院实际情况研究确定。

18. 法官年度考核确定为优秀等次的，应当具备下列条件：

（1）思想政治素质高，恪守法官职业道德；

（2）精通审判业务，工作能力强；

（3）工作责任心强，敢于担当作为，审判作风好；

（4）圆满完成年度工作任务，审判工作实绩突出；

（5）清正廉洁。

19. 法官年度考核确定为称职等次的，应当具备下列条件：

（1）思想政治素质较高，遵守法官职业道德；

（2）熟悉审判业务，工作能力较强；

（3）工作责任心强，工作积极，审判作风较好；

（4）能够完成本职工作，审判工作实绩较好；

（5）廉洁自律。

20. 法官有下列情形之一的，年度考核应当确定为基本称职等次：

（1）思想政治素质一般；

（2）能基本遵守法官职业道德，但某些方面存在不足；

（3）审判业务水平一般，工作能力较弱；

（4）责任心一般，工作消极，审判作风方面存在明显不足；

（5）能基本完成本职工作，但办案数量、质量、效率、效果指标得分较低，或者在工作中有较大失误；

（6）能基本做到廉洁自律，但某些方面存在不足。

21. 法官有下列情形之一的，年度考核应当确定为不称职等次：

（1）违反政治纪律和政治规矩，思想政治素质较差；

（2）严重违反法官职业道德，造成不良社会影响；

（3）不担任领导职务的法官无正当理由办案数量指标得分未达到本部门全体法官本年度人均办案数量指标得分的50%；

（4）由本院党组管理的担任领导职务的法官无正当理由办案数量未达到相关规定的最低标准；

（5）因故意或重大过失导致所办案件出现证据审查、事实认定、法律适用错误而影响公正司法等严重质量问题，造成恶劣影响；

（6）办案效率达不到规定要求，办案能力明显不胜任；

（7）工作责任心或审判作风差，多次出现办案效果问题，群众意见较大；

（8）由本院党组管理的担任领导职务的法官违反规定不认真履行审判监督管理职责，造成严重后果；

（9）违反中央八项规定及其实施细则精神，存在不廉洁问题，且情形较为严重；

（10）其他不称职情形。

因工作需要，各高级人民法院可以对前款第（3）、（4）项所列情形进行适当调整。

法官无正当理由不参加年度考核，经教育后仍然拒绝参加的，按不称职确定考核等次。

22. 部门内案件类型差异较大，或者案件体量、法官岗位较为特殊的部门，可由本院考评委员会研究决定其人均办案数量统计标准。

除入额院领导外，法官应当明确在一个审判业务部门参加考核。

23. 法官因短期交流、轮岗、借调、公派学习培训，或者经组织安排参加其他工作等原因，需要核减年度办案任务的，由本院法官考评委员会研究决定。入额院领导需要核减年度办案任务的，应当按规定报上一级人民法院审批。

四、考核的组织实施

24. 平时考核应当合理确定考核周期，一般按照采集考核数据、组织审核评鉴、反馈考核结果等程序进行。

25. 年度考核开展时间为每年年末或者翌年年初，一般按照下列程序进行：

（1）总结述职。法官按照岗位职责、年度目标任务和有关要求对本人工作进行总结，并在一定范围内述职。

（2）组织考评。法官考评委员会组织采集考核数据，进行考核评价，并将指标初评得分反馈法官本人及所在部门核对。

（3）民主测评。对担任本院内设机构领导职务的法官，在一定范围内进行民主测评。根据需要，可以对其他法官进行民主测评。

（4）了解核实。采取个别谈话、实地调研等方式了解核实法官有关情况。根据需要，听取纪检监察部门意见。

（5）确定等次。法官考评委员会在各项指标得分基础上，综合考虑平时考核、个人总结以及所在部门意见等情况，提出考核等次建议，报本院党组审定。

（6）结果公示。对拟定为优秀等次的法官在本院范围内进行公示，公示时间不少于5个工作日。

（7）结果反馈。将考核结果反馈法官本人及所在部门。

26. 法官年度考核以平时考核为基础，年度考核确定为优秀等次的，应当从当年平时考核结果好等次较多且无一般、较差等次的法官中产生。

27. 法官对本人考核结果有异议的，可以按规定向法官考评委员会申请复核。法官考评委员会应当及时处理，并将复核结果告知申请人。

28. 法官有调任、转任、援派、挂职等情形，病、事假累计超过半年，或者受党纪政务处分等特殊情形的，其考核按照公务员考核有关规定办理。

29. 各级人民法院应当定期通报庭长、副庭长的办案任务完成情况，上级人民法院应当定期通报辖区下一级人民法院入额院领导的办案任务完成情况。

30. 各级人民法院党组应当加强对法官考核工作与其他业务考核工作的统一领导，合理归并考核项目和种类，防止多头考核、重复考核。

31. 各级人民法院纪检监察机构应当加强对法官考核工作的监督，对在考核过程中有徇私舞弊、打击报复、弄虚作假等行为的，依照有关规定予以严肃处理。

32. 各级人民法院应当加强考核工作信息化建设，充分运用信息化手段和技术开展法官考核，探索通过办案（办公）平台自动抓取考核数据，提高考核工作质量和效率。

五、考核结果的运用

33. 由本院党组管理的法官的考核结果，作为其公务员考核结果记入本人公务员年度考核登记表。不属于本院党组管理的法官的审判工作实绩等情况，可以按有关规定向党委组织部门反馈。

34. 法官考核结果作为法官等级升降、法官员额退出、绩效奖金分配等的重要依据。

35. 法官年度考核确定为优秀等次的，其参加法官等级晋升时，在同等条件下优先考虑。法官年度考核确定为称职等次的，可以按相关规定参加法官等级晋升。法官年度考核确定为不称职、基本称职等次或者参加年度考核不确定等次的，本考核年度不计算为法官等级晋升的任职年限。

36. 法官年度考核确定为不称职等次，或者连续两年确定为基本称职等次的，应当退出员额。

不属于本院党组管理的法官，具有本意见第 21 条第一款情形之一的，应当退出员额。

37. 法官年度考核确定为优秀、称职等次的，享受当年度奖励性绩效考核奖金。法官年度考核确定为基本称职、不称职等次或者参加年度考核不确定等次的，不享受当年度奖励性绩效考核奖金。

六、附则

38. 各高级人民法院可以根据本意见，结合本地实际制定法官考核具体实施办法，并指导辖区内法院开展法官考核工作。

39. 本意见由最高人民法院政治部负责解释。

40. 本意见自 2022 年 1 月 1 日起施行，此前有关法官考核的规定与本意见不一致的，按照本意见执行。本意见未作规定的，适用公务员考核的相关规定。

最高人民法院
关于进一步完善“四类案件”监督管理工作机制的指导意见

2021年11月4日　　　　法发〔2021〕30号

为加强人民法院司法责任体系建设，健全与新型审判权力运行机制相适应的监督管理体系，进一步完善权责明晰、权责统一、监督有力、制约有效、运转有序的“四类案件”监督管理工作机制，结合人民法院工作实际，提出以下意见。

一、各级人民法院监督管理“四类案件”，应当严格依照法律规定，遵循司法规律，落实“让审理者裁判，由裁判者负责”，在落实审判组织办案主体地位基础上，细化完善审判权力和责任清单，推动实现全过程监督、组织化行权，有效防控各类风险，不断提升审判质量、效率和司法公信力。

二、本意见所称“四类案件”，是指符合下列情形之一的案件：

（一）重大、疑难、复杂、敏感的；

（二）涉及群体性纠纷或者引发社会广泛关注，可能影响社会稳定的；

（三）与本院或者上级人民法院的类案裁判可能发生冲突的；

（四）有关单位或者个人反映法官有违法审判行为的。

三、“重大、疑难、复杂、敏感”的案件主要包括下列案件：涉及国家利益、社会公共利益的；对事实认定或者法律适用存在较大争议的；具有首案效应的新类型案件；具有普遍法律适用指导意义的；涉及国家安全、外交、民族、宗教等敏感案件。

四、“涉及群体性纠纷或者引发社会广泛关注，可能影响社会稳定”的案件主要包括下列案件：当事人或者被害人人数众多，可能引发群体性事件的；可能或者已经引发社会广泛关注，存在激化社会矛盾风险的；具有示范效应、可能引发后续批量诉讼的；可能对特定行业产业发展、特定群体利益、社会和谐稳定产生较大影响的。

五、"与本院或者上级人民法院的类案裁判可能发生冲突"的案件主要包括下列案件：与本院或者上级人民法院近三年类案生效裁判可能发生冲突的；与本院正在审理的类案裁判结果可能发生冲突，有必要统一法律适用的；本院近三年类案生效裁判存在重大法律适用分歧，截至案件审理时仍未解决的。

六、"有关单位或者个人反映法官有违法审判行为"的案件主要包括下列案件：当事人、诉讼代理人、辩护人、利害关系人实名反映参与本案审理的法官有违法审判行为，并提供具体线索的；当事人、诉讼代理人、辩护人实名反映案件久拖不决，经初步核实确属违反审判执行期限管理规定的；有关部门通过审务督察、司法巡查、案件评查、信访接待或者受理举报、投诉等方式，发现法官可能存在违法审判行为的；承办审判组织在"三个规定"记录报告平台反映存在违反规定干预过问案件情况，可能或者已经影响司法公正的。

有关单位或者个人反映审判辅助人员有违纪违法行为，可能或者已经影响司法公正的，参照上述情形监督管理。

七、各级人民法院可以结合本院工作实际，对下列案件适用"四类案件"的监督管理措施：本院已经发生法律效力的判决、裁定、调解书等确有错误需要再审的；人民检察院提出抗诉的；拟判处死刑（包括死刑缓期两年执行）的；拟宣告被告人无罪或者拟在法定刑以下判处刑罚、免予刑事处罚的；指令再审或者发回重审的；诉讼标的额特别巨大的；其他有必要适用"四类案件"监督管理措施的。

八、各级人民法院应当结合本院实际，建立覆盖审判工作全过程的"四类案件"识别标注、及时报告、推送提醒、预警提示机制，明确各类审判组织、审判人员、职能部门的主体责任、报告义务、问责机制。对"四类案件"，应当通过依法公开审理、加强裁判文书说理，接受社会监督。

立案部门在立案阶段识别出"四类案件"的，应当同步在办案平台标注，提示相关院庭长，根据本意见要求确定承办审判组织形式和人员。承办审判组织在案件审理阶段识别出"四类案件"的，应当主动标注，并及时向院庭长报告。院庭长发现分管领域内"四类案件"的，应当提醒承办审判组织及时标注，并要求其报告案件进展情况。审判管理、审务督察、新闻宣传等职能部门在日常工作中发现"四类案件"的，应当及时提示相关院庭长。下级人民法院向上级人民法院移送"四类案件"卷宗材料的，应当在原审纸质卷宗或者电子卷宗中作出相应标注。

对案件是否属于“四类案件”存在争议的，可以按照工作程序层报院庭长决定。案件不再作为“四类案件”监督管理的，撤销相应标注，并在办案平台注明原因。

九、立案阶段识别标注的“四类案件”，可以指定分案。审理“四类案件”，应当依法组成合议庭，一般由院庭长担任审判长，并根据案件所涉情形、复杂程度等因素，综合确定合议庭组成人员和人数。

案件进入审理阶段后被识别标注为“四类案件”的，院庭长可以根据案件所涉情形、进展情况，按权限决定作出下述调整，调整结果应当及时通知当事人，并在办案平台注明原因：

（一）由独任审理转为合议庭审理；

（二）调整承办法官；

（三）调整合议庭组成人员或者人数；

（四）决定由自己担任审判长。

十、院庭长应当根据《中华人民共和国法官法》第九条的规定，针对“四类案件”审理中需要关注和解决的问题，按照职务权限采取以下监督管理措施：

（一）按权限调整分案；

（二）要求合议庭报告案件进展、评议结果；

（三）要求合议庭提供类案裁判文书或者制作类案检索报告；

（四）审阅案件庭审提纲、审理报告；

（五）调阅卷宗、旁听庭审；

（六）要求合议庭复议并报告复议结果，但同一案件一般不得超过两次；

（七）决定将案件提交专业法官会议讨论；

（八）决定按照工作程序将案件提交审判委员会讨论；

（九）决定按程序报请上一级人民法院审理；

（十）其他与其职务相适应的必要监督管理措施。

院庭长在分管领域、职务权限范围内，按工作程序采取上述监督管理措施，或者对下级人民法院审理的“四类案件”依法履行监督指导职责，不属于违反规定干预过问案件。

十一、院庭长对“四类案件”履行监督管理职责时，应当在办案平台全程留痕，或者形成书面记录入卷备查。院庭长对“四类案件”的处理意见，应当在专业法官会议或者审判委员会会议上发表，并记入会议记录，签字确认后在办案平台或者案卷中留痕。院庭长对合议庭拟作出的裁判结果有异议的，有权要求复议，也可以按照工作程序将案件提交专业法官会议、审判委员会讨论。院庭长非经法定程序，不得直接改变合议庭意见。

十二、承办审判组织发现案件属于“四类案件”，故意隐瞒不报或者不服从监督管理的，院庭长可以按权限调整分案。承办审判组织因前述行为导致裁判错误并造成严重后果的，依法承担违法审判责任。

院庭长因故意或者重大过失，对本人依职权发现、承办审判组织主动报告、有关职能部门告知或者系统自动推送提示的“四类案件”，怠于或者不当行使监督管理职责，导致裁判错误并造成严重后果的，依照干部管理有关规定和程序承担监督管理责任。

十三、各高级人民法院应当充分运用智慧法院建设成果，在辖区内完善统一的“四类案件”识别监测系统，探索构建由案由、罪名、涉案主体、涉案领域、程序类型、社会关注程度等要素组成的识别指引体系，逐步实现“四类案件”的自动识别、精准标注、实时提醒、智能监督管理。在立案、调解、庭审、评议、宣判、执行等环节出现“四类案件”对应情形的，系统可以同步标注、推送，提醒审判组织及时报告，提示院庭长依职权监督管理。对承办审判组织应当报告而未报告，应当提交专业法官会议或者审判委员会讨论而未提交的案件，系统可以自动预警并提示院庭长。

十四、本意见所称院庭长，包括进入法官员额的院长、副院长、审判委员会专职委员、庭长、副庭长和其他依法承担监督管理职责的审判（执行）部门负责人。

各级人民法院应当结合审判权力和责任清单，明确院庭长在“四类案件”监督管理工作中的具体职责、对应职权和工作程序。院庭长履行监督管理“四类案件”职责的情况，应当计入工作量，纳入绩效考核评价。

十五、本意见由最高人民法院解释。各级人民法院可以根据本意见，结合本院实际，制定或者修订“四类案件”监督管理实施细则，并报上一级人民法院备案。

十六、本意见自 2021 年 11 月 5 日起施行。之前有关规定与本意见不一致的，按照本意见执行。

最高人民法院
关于进一步完善执行权制约机制加强执行监督的意见

2021年12月6日　　法〔2021〕322号

党的十八大以来，在以习近平同志为核心的党中央坚强领导下，全国法院坚决贯彻落实党的十八届四中全会关于“切实解决执行难”的重大决策部署，攻坚克难，锐意进取，如期实现“基本解决执行难”的阶段性目标，执行工作取得显著成效，人民群众获得感持续增强。但是，执行难在有些方面、有些地区仍然存在，甚至还比较突出。特别是全国政法队伍教育整顿以来执行领域暴露出的顽瘴痼疾和查处的违纪违法案件，反映出执行监督管理不到位，执行权制约机制不完善问题。为全面贯彻落实党中央关于全国政法队伍教育整顿决策部署，进一步规范执行行为，强化对执行权的监督制约，不断清除执行领域的顽瘴痼疾，筑牢不敢腐不能腐不想腐的制度堤坝，确保高效公正规范文明执行，切实维护人民群众合法权益，努力让人民群众在每一个司法案件中感受到公平正义，提出以下意见。

一、始终坚持执行工作正确的政治方向

1. 坚持党的绝对领导。坚持以习近平新时代中国特色社会主义思想为指导，深入贯彻落实习近平法治思想，始终把党的政治建设摆在首位，增强“四个意识”、坚定“四个自信”、做到“两个维护”，不断提高政治判断力、政治领悟力、政治执行力，筑牢政治忠诚，始终在思想上政治上行动上同以习近平同志为核心的党中央保持高度一致。严格落实执行领域重要工作、重大问题和重要事项向上级人民法院党组、地方党委请示报告制度，确保党中

央决策部署在人民法院执行工作中不折不扣贯彻落实。充分发挥党总揽全局、协调各方的领导核心作用，统筹各方资源，构建从源头综合治理执行难的工作格局和常态化工作机制。

2. 突出政治教育。始终把政治建设摆在首位，加强理论武装，提高政治理论修养。深入持久开展理想信念教育，弘扬伟大建党精神，赓续红色司法基因，引导执行干警树立正确人生观、价值观、权力观。深入持久开展宗旨意识教育，坚持以人民为中心，带着对人民群众的深厚感情和高度责任感高效公正规范文明办理好每一个执行案件，切实解决群众观念缺失、“冷硬横推”、“吃拿卡要”等作风不正突出问题。

3. 强化警示教育。以刀刃向内、刮骨疗毒的自我革命精神，彻查执行领域违纪违法案件，清除害群之马，持续保持执行领域反腐倡廉高压态势。有针对性地深入持久开展执行人员纪法教育、警示教育，以案明纪、以案释法、以案促改，促使执行人员知敬畏、存戒惧、守底线，恪守司法良知。坚决杜绝违反“三个规定”、与当事人和律师不正当交往、违规干预过问案件、有令不行有禁不止、以权谋私等执行不廉行为。

4. 压实全面从严治党主体责任。各级人民法院党组要切实担负起执行领域党风廉政建设主体责任。党组书记、院长是本院执行领域党风廉政建设第一责任人，院领导、执行局长根据职责分工履行“一岗双责”，对职责范围内的党风廉政建设负领导责任。各级人民法院党组要定期研究部署执行领域的党风廉政建设工作，强化责任考核，倒逼责任落实。

二、深化审执分离改革

5. 深化审判权与执行权分离。有效发挥审判、破产、国家赔偿程序对执行权的制约作用。执行中的重大实体争议问题，严格按照民事诉讼法及司法解释的规定，通过相应诉讼程序解决，避免违规以执代审。执行中发现企业法人不能清偿到期债务，并且资产不足以清偿全部债务或者明显缺乏清偿能力的，应当暂缓财产分配，及时询问申请执行人、被执行人是否申请或者同意将案件移送破产审查，避免影响各债权人的公平受偿权；对于无财产可供执行的终本案件，要及时启动执转破程序，清理僵尸企业，有序消化终本案件存量。人民法院收到移送破产审查决定书面通知的，应依法中止执行，坚决杜绝在破产案件受理后不配合解除相应保全措施、搞地方保护等现象。执行错误的，依法及时启动国家赔偿程序，完善执行错误案件国家赔偿制度机制，有效及时挽回因执行错误给当事人造成的损失，维护当事人的合法权益。

6. 深化执行裁决权与执行实施权分离。具备条件的人民法院可单独设立执行裁判庭，负责办理执行异议、复议、执行异议之诉案件，以及消极执行督办案件以外的执行监督案件。不具备条件的人民法院，执行异议、复议、消极执行督办案件以外的执行监督案件由执行机构专门合议庭负责审查，执行异议之诉案件由相关审判庭负责审理。充分发挥执行裁决权对执行实施权的制衡和约束作用。

7. 健全事务集约、繁简分流的执行权运行机制。首次执行案件应在立案后或者完成集中查控后，根据查控结果，以有无足额财产可供执行、有无财产需要处置、能否一次性有效执行等为标准，实施繁简分流，实现简案快执、难案攻坚。简易执行案件由快执团队办理，普通案件由以法官为主导的团队办理。做好简易执行案件与普通案件的衔接，简易执行案件无法在既定期限内执结的，应转为普通案件办理。通过对繁简案件分类考核、精准管理，有效避免繁简案件混杂引发的选择性执行问题。

8. 确立专人监督管理制度。建立流程节点自动预警和专人监管的双重管理机制。设专人履行专项监管职责，对案件承办团队是否及时查控财产、发放执行案款、终本案件是否合规等关键节点进行日常核查，及时提示办案人员采取相应措施纠正违规行为，对未采取相应纠正措施的，及时向有关负责同志报告。各级人民法院要对专人监督管理制度制定相应的实施办法。

9. 严格落实合议制度。依照法律和司法解释规定应当合议的事项，必须由合议庭讨论决定，不得搞变通，使合议流于形式。健全专业法官会议制度和审判委员会制度，完善合议庭评议、专业法官会议与审判委员会讨论的工作衔接机制。

10. 制定完善执行权力和责任清单。各级人民法院要根据法律规定和司法责任制要求，制定符合新的执行权运行模式的权力和责任清单，完善“四类案件”管理机制，并嵌入执行案件流程管理系统，实现对履职行为的提醒、留痕、倒查和监督，压实院长、执行局长监管职责，严格落实“谁审批、谁负责”要求。

11. 深化执行公开。进一步优化执行信息化公开平台，将执行当事人、终本案件、限制消费、失信惩戒、财产处置、执行裁判文书等信息向社会全面公开，对依法应当公开的执行流程节点、案件进展状态通过手机短信、微信、诉讼服务热线、手机 App 等及时向案件当事人推送，实现执行案件办理过程全公开、节点全告知、程序全对接、文书全上网，保障当事人和社会公众的知情权、参与权和监督权，让执行权在阳光下运行。广泛开展“正在执行”全媒体直播等活动，凝聚全社会了解执行、理解执行、支持执行的共识。有效解决暗箱操作、权力寻租顽疾。

三、强化执行流程关键节点管理

12. 全面升级执行案件流程管理系统。实现四级法院对执行程序关键节点可视化监管。全面推行全案电子卷宗随案生成、信息自动回填、文书自动生成、执行节点自动提醒、执行过程自动公开、执行风险自动预警、违规操作自动拦截等智能化功能，做到全节点可查询、全进程可预期、全流程可追溯。确保执行程序关键节点信息真实全面准确，确保线下执行与线上系统信息的一致性，彻底堵塞执行程序关键节点信息随意填报、随意改动的技术漏洞。

13. 依法及时查封财产。执行部门收到立案部门移送的案件材料后，必须在 5 个工作日内通过“总对总”“点对点”网络查控系统对被执行人财产发起查询，查询范围应覆盖系统已开通查询功能的全部财产类型。经线上查询反馈被执行人名下有财产可供执行的，应当立即采取控制措施，无法线上采取控制措施的，应当在收到反馈结果后 3 个工作日内采取控制措施。申请执行人或者案外人提供财产线索明确、具体，情况紧急的，应在 24 小时内启动调查核实，经查属实的，应当立即采取控制措施。有效解决消极、拖延执行、选择性执行顽疾。

14. 同步录入财产信息。人民法院必须将全部已查控财产统一纳入节点管控范围，对于通过网络查控系统线上控制到的财产，财产信息同步自动录入执行案件流程管理系统；对于线下查控到的财产，执行人员应当及时将财产信息手动录入执行案件流程管理系统。财产查控信息应及时向当事人推送，彻底消除查控财产情况不公开不透明、规避监管和“体外循环”现象。

15. 严禁超标的查封、乱查封。强制执行被执行人的财产，以其价值足以清偿生效法律文书确定的债权额为限，坚决杜绝明显超标的查封。冻结被执行人银行账户内存款的，应当明确具体冻结数额，不得影响冻结之外资金的流转和账户的使用。需要查封的不动产整体价值明显超出债权额的，应当对该不动产相应价值部分采取查封措施；相关部门以不动产登记在同一权利证书下为由提出不能办理分割查封的，人民法院在对不动产进行整体查封后，经被执行人申请，应当及时协调相关部门办理分割登记并解除对超标的部分的查封。有多种财产的，选择对当事人生产生活影响较小且方便执行的财产查封。

人民法院采取诉讼保全措施，案外人对保全裁定或者保全裁定实施过程中的执行行为不服，基于对标的物享有实体权利提出异议的，人民法院应当依照民事诉讼法第二百二十七条规定处理，切实将案外人权利救济前移。

一方当事人以超标的查封为由提出执行异议，争议较大的，人民法院可以根据当事人申请进行评估，评估期间不停止查封。

16. 合理确定财产处置参考价。财产处置参考价应当通过全国法院询价评估系统确定。人民法院查封、扣押、冻结财产后，对需要拍卖、变卖的财产，应当在30日内启动确定财产处置参考价程序，参考价确定后10日内启动财产变价程序。

双方当事人议价一致的，优先采取议价方式确定财产处置参考价，当事人议价不成的，可以网络询价或者定向询价。无法采取上述方式确定参考价的，应当委托评估机构进行评估。

17. 探索建立被执行人自行处置机制。对不动产等标的额较大或者情况复杂的财产，被执行人认为委托评估确定的参考价过低、申请自行处置的，在可控制其拍卖款的情况下，人民法院可以允许其通过网络平台自行公开拍卖；有确定的交易对象的，在征得申请执行人同意或者能够满足执行债权额度的情况下，人民法院可以允许其直接交易。自行处置期限由人民法院根据财产实际情况、市场行情等因素确定，但最长不得超过90日。

18. 坚持网络拍卖优先原则。人民法院以拍卖方式处置财产的，应当采取网络司法拍卖方式，但法律、行政法规和司法解释规定必须通过其他途径处置，或者不宜采用网络司法拍卖方式处置的除外。

各级人民法院不得在最高人民法院司法拍卖网络服务提供者名单库中进一步限定网络司法拍卖平台，不得干预、替代申请执行人进行选择。

拍卖财产为不动产且被执行人或者他人无权占用的，人民法院应当依法负责腾退，不得在公示信息中载明“不负责腾退交付”等信息。

严格贯彻落实《最高人民法院关于加强对司法拍卖辅助工作管理的通知》，由高级人民法院制定拍卖辅助机构管理办法，建立名单库并规范委托拍卖辅助机构开展拍卖辅助工作。

19. 完善“一案一账号”工作机制和信息化系统。各级人民法院要做到“一案一账号”系统与执行案件流程管理系统对接，全面实现执行案款管理的全流程化和信息化。

历史性执行案件往来款必须于2021年12月30日前全部甄别完毕，在此之后不得出现无法与执行案件对应的不明款。彻底解决款项混同、边清边积顽疾。

20. 完善“一案一账号”工作制度。执行立案时，必须向申请执行人确认接受案款方式和具体账户，以便案款发放准确及时。执行通知书、风险告知书等相关法律文书中必须载明：案件对应的具体账户；被执行人有权拒绝向文书指定账户以外的账户付款；如发现有执行人员指定其他案款交付途径的，可向12368举报。线下扣划时，严禁执行人员将案款扣划至文书指定账户以外的其他账户内。有效解决截留、挪用执行案款顽疾。

21. 推行设立案款专户专用。各级人民法院要协调财政部门为执行案款单独设立执行款专户，形成专户专用，对执行款建立专项管理、独立核算、专款专付的长效机制。

22. 及时发放执行案款。具备发放条件的，执行部门应当在执行案款到账后10个工作日内向财务部门发出支付案款通知，财务部门在接到通知后5个工作日内向申请执行人发放案款。部分案款有争议的，应当先将无争议部分及时发放。有效解决执行案款发放不及时问题。

执行案款发放要严格履行审批程序，层层把关，做到手续完备、线下和线上手续相互印证。对于有法定事由延缓发放或者提存的，应当在法定期限内提出申请，严格履行报批手续。

23. 严格规范失信惩戒及限制消费措施。严格区分和把握采取纳入失信名单及限制消费措施的适用条件，符合失信情形的，纳入失信名单同时限制消费，仅符合限制消费情形的，不得纳入失信名单。

被执行人履行完毕的，人民法院必须在3个工作日内解除限制消费令，因情况紧急当事人申请立即解除的，人民法院应当立即解除限制消费令；在限制消费期间，被执行人提供有效担保或者经申请执行人同意的，人民法院应当在3个工作日内解除限制消费令。被执行人的法定代表人发生变更的，应当依当事人申请及时解除对原法定代表人的限制消费令。

纳入失信名单必须严格遵守法律规定并制作决定书送达当事人。当事人对将其纳入失信名单提出纠正申请的，人民法院应及时审查，及时纠正，不得拖延。案件执行完毕的，人民法院应当及时屏蔽失信信息并向征信部门推送，完善失信被执行人信用修复机制。

探索施行宽限期制度。人民法院可以根据案件具体情况，设置一定宽限期，在宽限期内暂不执行限制消费令和纳入失信名单，通过宽限期给被执行人以警示，促使其主动履行。

24. 严格把握规范终结本次执行程序的程序标准和实质标准。严禁对有财产可供执行的案件以终结本次执行方式结案，严禁因追求结案率而弄虚作假、虚假终本，损害申请执行人的合法权益。

依法穷尽必要的合理的财产调查措施。必须使用“总对总”“点对点”网络查控系统全面核查财产情况；当事人提供财产线索的，应当及时核查，有财产的立即采取控制措施；有初步线索和证据证明被执行人存在规避执行、逃避执行嫌疑的，人民法院应当根据申请执行人申请采取委托专项审计、搜查等措施，符合条件的，应当采取罚款、司法拘留或者追究拒执罪等措施。

执行中已查控到财产的，人民法院应当依法及时推进变价处置程序，不得滥用《最高人民法院关于严格规范终结本次执行程序的规定（试行）》第四条关于“发现的财产不能处置”的规定，不得以申请执行人未申请拍卖为由不进行处置而终结本次执行程序；不得对轮候查封但享有优先权的财产未经法定程序商请首封法院移送处置权而终结本次执行程序。

人民法院终结本次执行程序应当制作执行裁定书并送达当事人。申请执行人对终结本次执行程序有异议的，人民法院应及时受理。严禁诱导胁迫申请执行人同意终结本次执行程序或者撤回执行申请。

四、加强层级指挥协调管理

25. 以信息化为依托，健全“统一管理、统一指挥、统一协调”的执行工作机制。结合人民法院的职能定位，明确各层级监管职责，压实各层级监管责任，依托案件流程管理系统实现各层级法院对关键流程节点齐抓共管，构建“层级分明、责任清晰、齐抓共管”的执行案件监督管理体系。

26. 把执行工作重心下移到中级、基层人民法院，就地化解矛盾、解决纠纷。强化中级人民法院对辖区法院执行工作“统一管理、统一指挥、统一协调”枢纽作用。中级人民法院对基层人民法院执行工作全方位管理、指挥、协调，调配力量、调配案件并进行监督考核；对辖区内跨区域执行案件、一个被执行人涉及多起关联案件、疑难复杂案件等统筹调配执行力量，集中执行、交叉执行、联动执行。

探索建立“区（县）人民法院执行机构接受本级人民法院和中级人民法院执行机构双重领导，在执行业务上以上级执行机构领导为主”的管理体制，使“三统一”管理机制落到实处。

27. 依法及时协调执行争议案件。两个或者两个以上人民法院发生执行争议的，应及时协商解决，协商不成的，应逐级报共同上级人民法院协调解决。上级人民法院应当在1个月内解决争议，提出协调方案，下级人民法院对下达的协调意见必须在15个工作日内有效落实，无正当理由不得拖延。人民法院与检察机关、公安机关及税务、海关、土地、金融、市场管理等执法机关因执行发生争议的，要依法及时协商解决，协商不成的，及时书面报送同级党委政法委或者依法治省（市、区〔县〕）委员会协调，需要报上级人民法院协调有关部门的，应当在5个工作日内报请上级人民法院协调解决。上级人民法院应当在10个工作日内启动与其他部门的协调程序，切实有效解决因部门之间长期不能达成一致意见，久拖不决，损害人民群众合法权益问题。

实行执行案件委托向执行事项委托的彻底转变，强化全国执行一盘棋的理念，健全以执行事项委托为主的全国统一协作执行工作机制。依托执行指挥管理平台，畅通异地事项委托的运行渠道，切实提高事项委托办理效率，降低异地执行成本。

28. 纠正错误执行，防止消极执行。上级人民法院发现下级人民法院错误的执行裁定以及违法、失当、失范执行行为的，应函告下级人民法院自行纠正，或者直接下达裁定、决定予以纠正；对存在消极执行或者疑难重大复杂的案件，上级人民法院应充分运用民事诉讼法第二百二十六条规定，及时督促执行、提级执行或者指令其他法院执行；指令其他法院执行必须坚持有利于及时公正执行标准，严禁以“指令其他法院执行”之名，行消极执行、拖延执行之实。

29. 改革执行监督案件审查程序。当事人、利害关系人对高级人民法院依照民事诉讼法第二百二十五条作出的发生法律效力的复议裁定，认为有错误的，参照《最高人民法院关于完善四级法院审级职能定位改革试点的实施办法》第十一条至第十五条规定办理。

30. 充分发挥执行信访发现执行工作突出问题、解决人民群众“急难愁盼”的工作窗口作用。切实完善四级法院“统一办理机制、统一化解标准、统一解决程序”工作机制，确保接访即办，有错必纠，件件有录入，事事有回应。人民法院收到信访材料后5个工作日内必须录入执行信访办理系统，30个工作日内办结，并将办理结果及时反馈当事人。

31. 切实加强“一案双查”工作。各级人民法院要坚持执行工作“一案双查”制度，加强督察部门与执行部门的协作配合，严格落实《最高人民法院关于对执行工作实行“一案双查”的规定》，将检查案件执行情况与检查执行干警纪律作风情况同步进行，充分发挥“一案双查”的威慑、警示作用。要通过线索受理、涉执信访、日常舆情等途径，探索拓展“一案双查”覆盖领域。督察部门对当事人反映执行行为存在规范性合法性问题，情节较为严重的，应及时转执行部门核查处理。执行部门发现执行人员存在违纪违法问题的，应及时与督察部门会商并依程序移送处理。

32. 健全完善“一案双查”工作机制。各级人民法院要进一步完善督察部门与执行部门的联席会议和会商机制，适时召开联席会议，定期研究会商具体案件。健全完善依法履职保护机制，既要严肃整治消极执行、选择性执行、违法执行、弄虚作假、监管失职、不落实上级人民法院工作部署及意见等行为，确保依法规范公正廉洁执行，及时堵塞执行廉政风险漏洞，又要注重充分保护执行干警正当权益，防范和减少办案风险。

33. 充分发挥巡查督察作用。上级人民法院要加大对下级人民法院监督指导的力度，将执行领域存在的突出问题纳入司法巡查工作范围，适时组织开展执行专项巡查。充分发挥审务督察利剑作用，精准发现执行工作存在的司法作风、执行不规范等问题。对司法巡查、审务督察工作中发现的问题，要明确整改措施、整改期限，逐案整改、逐一销号，切实扭转执行领域违纪违法问题高发态势。

五、主动接受外部监督

34. 主动接受纪检监察专责监督。执行工作中发现的违纪违法线索，应当及时向纪检监察部门移送。纪检监察部门因办案需要，查看调取执行信息系统相关信息，人民法院应当主动积极配合。

35. 主动接受人大监督和民主监督。拓展主动接受人大、政协监督渠道。依法接受和配合人大常委会开展执法检查、专题调研、专题询问，积极争取人大、政协对执行工作的支持。各级人民法院要向人大常委会专题报告执行工作，听取意见建议，及时改进工作。对社会影响较大、群众关注度高的重大案件，邀请人大代表、政协委员参与听证、见证执行。

提升建议、提案办理及相关工作的办理质效。各级人民法院要健全人大代表建议、政协委员提案办理工作机制，加强对建议、提案反映问题的深入调查研究，及时沟通意见，形成有针对性、切实可行的答复意见，切实转化为工作成果有效落实。

36. 主动接受检察机关法律监督。切实落实《中共中央关于加强新时代检察机关法律监督工作的意见》，建立健全“全国执行与法律监督信息化工作平台”，推动建立法检信息共享，畅通监督渠道，与检察机关共同完善执行检察监督机制，使执行检察监督规范化、常态化、机制化。

对重大敏感复杂、群体性及人民群众反映强烈的执行案件，人民法院应主动邀请检察机关监督，必要时可邀请检察机关到现场监督执行活动。

37. 主动接受社会舆论监督。对媒体曝光反映的执行问题，及时核查、及时纠正、及时回应社会关切。

六、加强执行队伍建设

38. 加强执行人员配备。克服“重审判、轻执行”的错误观念，强化执行工作力量配备，确保在编人员占比符合中央文件要求。根据四级法院审级职能定位进一步优化执行资源配置，完善落实“以案定编”“以案定额”的人员编制、员额动态调整机制，根据执行案件任务量足额配备员额法官。严把执行队伍入口关，提高准入门槛，真正将政治强、业务精、作风好的干部充实到执行队伍。畅通执行队伍出口，及时将不适应执行工作发展需要的人员调离岗位，不断优化队伍结构，切实加强对人员配备和保障的监督核查。

39. 加强执行局领导班子建设。坚持德才兼备、以德为先用人标准，选优配强各级人民法院执行局领导班子。积极争取组织部门支持，及时配齐执行局长，增强执行工作领导力量。落实下级人民法院执行局长向上级人民法院报告述职制度。下级人民法院执行部门的主要负责人不称职的，上级人民法院可以建议有关部门予以调整、调离或者免职。

40. 加强执行队伍专业化建设。加强专业培训，开展执行人员分批分类培训和实操考核，对全国法院执行人员全员轮训。建立分级培训和考核工作机制，明确和落实四级法院的培训职责、任务和要求。探索实行上下级法院执行人员双向挂职锻炼制度。

41. 进一步从严管理执行队伍。加强执行队伍党风廉政建设，持续正风肃纪，深入开展规范执行行为专项整治活动，引导执行干警树牢公正、善意、文明执行理念。坚决纠治执行工作中的形式主义、官僚主义以及消极执行、选择性执行、乱执行等行为，以零容忍态度惩治执行领域司法腐败，努力建设一支纪律严明、行为规范、作风优良的执行铁军。健全与执行权力运行体系相适应的廉政风险防控体系，强化“事前预警、事中监控、事后查究”的监督防线。

42. 建立常态化交流轮岗机制。完善执行队伍交流机制，强化权力运行监督制约，执行部门担任领导职务的人员和独立承办案件的执行人员，在同一职位任职满5年的必须交流，其他人员在同一职位工作满10年的必须交流。

43. 健全执行人员激励机制。对执行工作业绩突出的干警要及时提拔任用。完善抚恤优待政策，落实带薪休假、调休轮休、心理疏导等机制，严防执行干警厌烦心理和畏难情绪，不断提高执行干警的职业荣誉感、自豪感。

法官惩戒工作程序规定（试行）

2021 年 12 月 8 日　　　　法〔2021〕319 号

第一章　总　则

第一条　为严格落实司法责任制，促进法官依法行使职权，规范法官惩戒工作，根据《中华人民共和国公务员法》《中华人民共和国公职人员政务处分法》《中华人民共和国人民法院组织法》《中华人民共和国法官法》《关于建立法官、检察官惩戒制度的意见（试行）》等规定，结合人民法院工作实际，制定本规定。

第二条　法官惩戒工作应当坚持党管干部原则；坚持遵循司法规律，体现司法职业特点；坚持实事求是、客观公正；坚持严肃追责与依法保护有机统一；坚持责任与过错相适应，惩戒与教育相结合。

第三条　法官依法履行审判职责受法律保护。非因法定事由，非经法定程序，不受追究。

第四条　法官在履行审判职责过程中，故意违反法律法规办理案件，或者因重大过失导致裁判结果错误并造成严重后果，需要予以惩戒的，依照本规定办理。

第五条　认定法官是否违反审判职责，适用《最高人民法院关于完善人民法院司法责任制的若干意见》等有关规定。

第二章　职责和任务

第六条　人民法院按照干部管理权限对法官涉嫌违反审判职责行为进行调查核实，根据法官惩戒委员会的审查意见，依照有关规定作出是否予以惩戒的决定，并给予相应处理。

法官惩戒委员会根据人民法院调查的情况，负责从专业角度审查认定法官是否存在《中华人民共和国法官法》第四十六条第四项、第五项规定的违反审判职责的行为，提出构成故意违反职责、存在重大过失、存在一般过失或者没有违反职责等审查意见。

第七条 人民法院在法官惩戒工作中履行以下职责：

（一）受理反映法官违反审判职责的问题线索；

（二）审查当事法官涉嫌违反审判职责涉及的案件；

（三）对当事法官涉嫌违反审判职责的行为进行调查；

（四）提请法官惩戒委员会审议当事法官是否存在违反审判职责的行为；

（五）派员出席法官惩戒委员会组织的听证，就当事法官违反审判职责的行为和过错进行举证；

（六）根据法官惩戒委员会的审查意见，作出是否予以惩戒的决定，并给予相应处理；

（七）受理当事法官不服惩戒决定的复核和申诉；

（八）其他应由人民法院承担的惩戒职责。

第八条 最高人民法院和省、自治区、直辖市设立法官惩戒委员会。

法官惩戒委员会委员应当从政治素质高、专业能力强、职业操守好的人大代表、政协委员、法学专家、法官、检察官和律师等专业人员中选任。其中，法官委员不少于半数。

第九条 法官惩戒委员会履行以下职责：

（一）制定和修订法官惩戒委员会章程等相关工作规定；

（二）根据调查、听证、审议的情况，审查认定法官是否存在违反审判职责行为，并提出审查意见；

（三）受理当事法官对审查意见的异议申请，并作出决定；

（四）审议决定法官惩戒工作的其他相关事项。

第十条 法官惩戒委员会不直接受理对法官的举报、投诉。如收到对法官的举报、投诉材料，应当根据受理权限，转交有关部门按规定处理。

第十一条 最高人民法院和省、自治区、直辖市法官惩戒委员会的日常工作，由最高人民法院和各高级人民法院承担督察工作的部门分别承担。

第三章　管辖和回避

第十二条　各级人民法院按照干部管理权限，对本院法官违反审判职责的行为进行调查和惩戒。

第十三条　最高人民法院法官惩戒委员会负责审查最高人民法院提请审议的法官是否具有违反审判职责的行为，并提出审查意见。

省、自治区、直辖市法官惩戒委员会负责审查高级人民法院提请审议的法官是否具有违反审判职责的行为，并提出审查意见。

第十四条　法官惩戒委员会委员有下列情形之一的，应当自行回避，当事法官也有权要求其回避：

（一）本人是当事法官或当事法官的近亲属；

（二）本人或者其近亲属与办理的惩戒事项有利害关系；

（三）担任过本调查事项的证人，以及当事法官办理案件的当事人、辩护人或诉讼代理人；

（四）有可能影响惩戒事项公正处理的其他情形。

法官惩戒委员会主任的回避，由法官惩戒委员会全体委员会议决定；副主任和委员的回避，由法官惩戒委员会主任决定。

第十五条　人民法院参与惩戒事项调查、审查人员的回避，依照有关规定办理。对调查人员的回避作出决定前，调查人员不停止对惩戒事项的调查。

第四章　受理和调查

第十六条　各级人民法院机关纪委或承担督察工作的部门按照干部管理权限受理反映法官违反审判职责问题的举报、投诉，以及有关单位、部门移交的相关问题线索。

人民法院在审判监督管理工作中，发现法官可能存在违反审判职责的行为，需要追究违法审判责任的，由办案部门或承担审判管理工作的部门对案件是否存在裁判错误提出初步意见，报请院长批准后移送机关纪委或者承担督察工作的部门审查。

第十七条　人民法院机关纪委或承担督察工作的部门经初步核实，认为有关法官可能存在违反审判职责的行为，需要予以惩戒的，应当报请院长批准后立案，并组织调查。

第十八条 人民法院在对反映法官违反审判职责问题线索进行调查核实过程中，对涉及的案件裁判是否存在错误有争议的，应当报请院长批准，由承担审判监督工作的部门进行审查或者提请审判委员会进行讨论，并提出意见。

经承担审判监督工作的部门或审判委员会审查，认定当事法官办理的案件裁判错误，可能存在违反审判职责行为的，应当启动惩戒程序。

第十九条 法官涉嫌违反审判职责，已经被立案调查，不宜继续履行职责的，报请院长批准，按照管理权限和规定的程序暂时停止其履行职务。

第二十条 人民法院对法官涉嫌违反审判职责行为进行调查的过程中，当事法官享有知情、申请回避、陈述、举证和辩解的权利。调查人员应当如实记录当事法官的陈述、辩解和举证。

第二十一条 调查结束后，经院长批准，按照下列情形分别处理：

（一）没有证据证明当事法官存在违反审判职责行为的，应当撤销案件，并通知当事法官，必要时可在一定范围内予以澄清；

（二）当事法官存在违反审判职责行为，但情节较轻无需给予惩戒处理的，由相关部门进行提醒谈话、批评教育、责令检查，或者予以诫勉；

（三）当事法官存在违反审判职责行为，需要惩戒的，人民法院调查部门应将审查报告移送本院承担督察工作的部门，由承担督察工作的部门制作提请审议意见书，报院长审批后，按照本规定第二十二条规定的程序，提请法官惩戒委员会审议。

提请审议意见书应当列明当事法官的基本情况、调查认定的事实及依据、调查结论及处理意见等内容。

第二十二条 人民法院按以下程序提请法官惩戒委员会审议：

（一）最高人民法院法官违反审判职责的，由最高人民法院提请最高人民法院法官惩戒委员会审议；

（二）高级人民法院法官违反审判职责的，由高级人民法院提请省、自治区、直辖市法官惩戒委员会审议；

（三）中级人民法院、基层人民法院和专门人民法院法官违反审判职责的，层报高级人民法院提请省、自治区、直辖市法官惩戒委员会审议。

上级人民法院认为下级人民法院提请审议的事项不符合相关要求的，可以要求下级人民法院补充完善，或者将提请审议的材料退回下级人民法院。

第五章 听证和审议

第二十三条 法官惩戒委员会受理惩戒事项后，相关人民法院承担督察工作的部门应当做以下准备工作：

（一）受理后五日内将提请审议意见书送达当事法官，并告知当事法官有权查阅、摘抄、复制相关案卷材料及证据，有陈述、举证、辩解和申请回避等权利，以及按时参加听证、遵守相关纪律等义务；

（二）提前三日将会议议程及召开会议的时间、地点通知法官惩戒委员会委员；

（三）听证前三日将听证的时间、地点通知当事法官和相关人民法院调查部门；

（四）根据当事法官和相关人民法院调查部门的申请，通知相关证人参加听证；

（五）做好听证、审议的会议组织工作。

第二十四条 法官惩戒委员会审议惩戒事项，应当有全体委员五分之四以上出席方可召开。

委员因故无法出席的，须经法官惩戒委员会主任批准。

第二十五条 法官惩戒委员会审议惩戒事项时，应当组织听证。当事法官对人民法院调查认定的事实、证据和提请审议意见没有异议，明确表示不参加听证或无故缺席的，可直接进行审议。

因特殊情况，惩戒委员会主任可以决定延期听证。

第二十六条 听证由法官惩戒委员会主任主持，或者由主任委托副主任或其他委员主持，按照下列程序进行：

（一）主持人宣布听证开始；

（二）询问当事法官是否申请回避，并作出决定；

（三）承担督察工作的部门派员宣读提请审议意见书；

（四）调查人员出示当事法官违反审判职责的证据，并就其违反审判职责行为和主观过错进行举证；

（五）当事法官陈述、举证、辩解；

（六）法官惩戒委员会委员可以就惩戒事项涉及的问题进行询问；

（七）调查人员和当事法官分别就事实认定、当事法官是否存在过错及过错性质发表意见；

（八）当事法官最后陈述。

第二十七条 法官惩戒委员会应当在听证后进行审议，并提出审查意见。

审议时，法官惩戒委员会委员应当对证据采信、事实认定、法律法规适用等进行充分讨论，并根据听证的情况独立发表意见。发表意见按照委员、副主任、主任的先后顺序进行。

第二十八条 法官惩戒委员会审议惩戒事项，须经全体委员三分之二以上多数通过，对当事法官是否构成违反审判职责提出审查意见。

经审议，未能形成三分之二以上多数意见的，由人民法院根据审议情况进行补充调查后重新提请审议，或者撤回提请审议事项。

法官惩戒委员会审议其他事项，须经全体委员半数以上同意。

第二十九条 法官惩戒委员会认为惩戒事项需要补充调查的，可以要求相关人民法院补充调查。相关人民法院也可以申请补充调查。

人民法院应当在一个月内补充调查完毕。补充调查以二次为限。

第三十条 人民法院补充调查后，认为应当进行惩戒的，应重新提请法官惩戒委员会审议。

第三十一条 法官惩戒委员会的审查意见应当书面送达当事法官和相关人民法院。

当事法官对审查意见有异议的，可以自收到审查意见书之日起十日内以书面形式通过承担督察工作的部门向法官惩戒委员会提出。

第三十二条 当事法官对审查意见提出异议的，法官惩戒委员会应当对异议及其理由进行审议，并作出书面决定：

（一）认为异议成立的，决定变更原审查意见，作出新的审查意见；

（二）认为异议不成立的，决定维持原审查意见。

异议审查决定应当书面回复当事法官。

第三十三条 法官惩戒委员会审查异议期间，相关人民法院应当暂缓对当事法官作出惩戒决定。

第六章 处理和救济

第三十四条 法官惩戒委员会经审议，认定法官存在故意违反审判职责行为，或者存在重大过失导致案件错误并造成严重后果，应当予以惩戒的，由人民法院根据干部管理权限作出惩戒决定：

（一）给予停职、延期晋升、调离审判执行岗位、退出员额、免职、责令辞职等组织处理；

（二）按照《中华人民共和国公务员法》《中华人民共和国公职人员政务处分法》《中华人民共和国法官法》《人民法院工作人员处分条例》等法律规定给予处分。

上述惩戒方式，可以单独使用，也可以同时使用。

第三十五条 人民法院依据法官惩戒委员会的审查意见作出惩戒决定后，应当以书面形式通知当事法官，并列明理由和依据。

惩戒决定及处理情况，应当归入受惩戒法官的人事档案。

第三十六条 当事法官对惩戒决定不服的，可以自知道惩戒决定之日起三十日内向作出决定的人民法院申请复核。

当事法官对复核结果不服的，可以自接到复核决定之日起十五日内向上一级人民法院提出申诉；也可以不经复核，自知道惩戒决定之日起三十日内直接提出申诉。

第三十七条 人民法院应当自接到复核申请书后的三十日内作出复核决定，并以书面形式告知申请人。

上一级人民法院应当自受理当事法官申诉之日起六十日内作出处理决定；案情复杂的，可以适当延长，但是延长时间不得超过三十日。

复核、申诉期间不停止惩戒决定的执行。

法官不因申请复核、提出申诉而被加重处理。

第三十八条 上一级人民法院经审查，认定惩戒决定有错误的，作出惩戒决定的人民法院应当及时予以纠正。

第三十九条 人民法院应当将惩戒决定及执行情况通报法官惩戒委员会。

第七章　附　则

第四十条　本规定适用于人民法院履行主体责任，对法官涉嫌违反审判职责的行为进行调查和惩戒。

法官惩戒程序与纪检监察机关对法官涉嫌违反审判职责行为调查处理程序的衔接，按照有关规定办理。

第四十一条　人民法院在办理法官违反审判职责案件过程中，发现法官涉嫌犯罪的，应当及时移送具有管辖权的纪检监察机关或者人民检察院依法处理。

第四十二条　本规定所称法官，是指按照《中华人民共和国法官法》选任并实行员额制管理的法官。

第四十三条　本规定由最高人民法院负责解释。

第四十四条　本规定自印发之日起施行。

最高人民法院
关于推动新时代人民法庭工作高质量发展的意见

2021年9月13日　　　　法发〔2021〕24号

为深入贯彻习近平法治思想，更加注重强基导向，强化人民法庭建设，提升基层人民法院司法水平，更好服务全面推进乡村振兴，服务基层社会治理，服务人民群众高品质生活需要，现就推动新时代人民法庭工作高质量发展提出如下意见。

一、加强新时代人民法庭工作的重要意义和指导思想

1. 重要意义。人民法庭作为基层人民法院的派出机构，是服务全面推进乡村振兴、基层社会治理、人民群众高品质生活需要的重要平台，也是体现中国特色社会主义司法制度优越性的重要窗口。加强新时代人民法庭工作，有利于夯实党的执政基础，巩固党的执政地位；有利于满足人民群众公平正义新需求，依法维护人民群众权益；有利于以法治方式服务巩固拓展脱贫攻坚成果，全面推进乡村振兴；有利于健全覆盖城乡的司法服务网络，促进基层治理体系和治理能力现代化。

2. 指导思想。坚持以习近平新时代中国特色社会主义思想为指导，深入贯彻习近平法治思想，增强“四个意识”、坚定“四个自信”、做到“两个维护”，牢记“国之大者”，坚持党的绝对领导，坚持以人民为中心，坚持强基导向，深刻把握人民法庭处于服务群众、解决纠纷第一线与守护公平正义最后一道防线的辩证统一关系，有效发挥桥梁、窗口作用，推动更高水平的平安中国、法治中国建设，为实现“十四五”时期经济行稳致远、社会安定和

谐，为实现人民对美好生活的向往、促进全体人民共同富裕，为全面建设社会主义现代化强国提供更加有力的司法服务和保障。

二、准确把握新时代人民法庭工作原则

3. 坚持“三个便于”。紧紧围绕“努力让人民群众在每一个司法案件中感受到公平正义”的目标，主动回应人民对美好生活的向往和公平正义新期待，坚持便于当事人诉讼，便于人民法院依法独立公正高效行使审判权，便于人民群众及时感受到公平正义的工作原则，不断弘扬人民司法优良传统和时代价值。

4. 坚持“三个服务”。紧扣“三农”工作重心历史性转移，发挥面向农村优势，积极服务全面推进乡村振兴；紧扣推进国家治理体系和治理能力现代化，发挥面向基层优势，积极服务基层社会治理；紧扣新时代社会主要矛盾新变化，发挥面向群众优势，积极服务人民群众高品质生活需要。

5. 坚持“三个优化”。综合考虑城乡差异，一要优化法庭布局。区分城区法庭、城乡结合法庭、乡村法庭，不断优化人民法庭区域布局。二要优化队伍结构。结合案件数量、区域面积、人口数量、交通条件、信息化发展状况、参与乡村振兴和社会治理任务等因素，建立并实行人员编制动态调整机制。三要优化专业化建设。坚持综合性与专业化建设相结合，实现人民法庭专业化建设更好服务乡村振兴和辖区基层治理需要。农村地区要继续加强和完善综合性人民法庭建设；城市近郊或者城区，可以由相关人民法庭专门或者集中负责审理道交、劳动、物业、旅游、少年、家事、金融商事、环境资源等案件；产业特色明显地区，可以由专业化人民法庭专门负责审理涉及特定区域或者特定产业的案件。

三、积极服务全面推进乡村振兴

6. 服务乡村产业振兴。妥善处理涉“三农”领域传统纠纷以及休闲农业、乡村旅游、民宿经济、健康养老等新业态纠纷，促进农村产业融合发展，推动建立现代农业产业体系、生产体系和经营体系。深入贯彻粮食安全战略，积极参加保护种业知识产权专项行动，依法服务种业科技自立自强、种源自

主可控，助推种业振兴。依法妥善处理涉及农业农村发展要素保障、城乡经济循环、征用征收等案件，保障农业农村改革，促进农业产业发展。

7. 维护农民合法权益。依法妥善审理涉及农村土地“三权分置”、乡村产业发展等纠纷，落实“资源变资产、资金变股金、农民变股东”，让农民更多分享产业增值收益。依法保障进城落户农民农村土地承包权、宅基地使用权、集体收益分配权，促进在城镇稳定就业生活的农民自愿有序进城落户。推动落实城乡劳动者平等就业、同工同酬，依法保障农民工工资支付和其他劳动权益。

8. 推动乡村文明进步。依法妥善处理家事、邻里纠纷，注重矛盾纠纷实质性、源头化解，依法治理高价彩礼、干预婚姻自由、虐待遗弃家庭成员等不良习气，依法打击封建迷信活动，培育和弘扬社会主义核心价值观。依法保护农村文化遗产和非物质文化遗产，加强保护历史文化名镇名村、传统村落、民族村寨，促进优秀传统乡土文化保护和乡村文化产业发展。引导依法制定村规民约，推进移风易俗，推动创建文明村镇、文明家庭。

9. 保护农村生态环境。深入践行“绿水青山就是金山银山”理念，依法妥善审理环境资源案件，会同农业农村、自然资源、生态环境等部门健全执法司法协调联动机制，加强农业面源污染防治，推动国土综合整治和生态修复，推动解决“垃圾围村”和乡村黑臭水体等突出环境问题，助推农业生产方式绿色转型，改善乡村生态环境，助力建设美丽宜居乡村。

四、积极服务基层社会治理

10. 推动健全基层社会治理体系。坚持和发展新时代“枫桥经验”，积极融入党委领导的基层治理体系，充分利用辖区党委组织优势，与城乡基层党组织广泛开展联建共建，推进基层党建创新与基层治理创新相结合，强化党建引领基层治理作用，促进完善中国特色基层治理制度。推广“群众说事、法官说法”“寻乌经验”等做法，依托“街乡吹哨、部门报到、接诉即办”等基层治理机制，推动司法资源向街乡、村镇、社区下沉。充分运用平安建设考核和创建“无讼”乡村社区等政策制度，服务基层党委政府以更大力度加强矛盾纠纷多元化解机制建设。

11. 明确参与基层治理途径。立足人民法庭法定职责，依法有序参与基层社会治理。对没有形成纠纷但具有潜在风险的社会问题，可以向乡镇、社区有关单位提出法律风险防控预案；对已经发生矛盾纠纷的社会问题，可以提出可能适用的法律依据以及相应裁判尺度，但是不宜在诉讼外对已经立案的纠纷提出处理意见；对审判、执行、信访等工作中发现普遍存在的社会问题，应当通过司法建议、白皮书、大数据研究报告等方式，及时向党委、政府反馈，服务科学决策。

12. 加强源头预防化解矛盾。加强辖区多发常见类型化纠纷的源头治理，形成源头预防、非诉挺前、多元化解的分层递进前端治理路径。强化与当地乡镇街道的衔接、与综治中心的协同，充分利用网格化管理机制平台，及时掌握和研判综治矛盾纠纷信息，发挥网格员、特邀调解员作用，促进基层纠纷源头化解。充分运用人民法院调解平台等工作平台，推动人民法庭进乡村、进社区、进网格，广泛对接基层解纷力量，形成基层多元解纷网络，在线开展化解、调解、司法确认等工作。推动人民调解员进人民法庭、法官进基层全覆盖，加强委托调解、委派调解的实践应用，充分释明调解优势特点，引导人民群众通过非诉讼方式解决矛盾纠纷。

13. 加强基层法治宣传。推动建立以人民法庭为重要支点的基层社会法治体系，充分利用专业优势，加强对特邀调解员、人民调解员等在诉前或者诉中开展调解工作的指导，引导支持社会力量参与基层治理。通过巡回审判、公开审理、以案说法、送法下乡等活动，增强基层干部群众法治观念和依法办事能力。发挥司法裁判示范引领功能，推动裁判文书网、人民法庭信息平台与普法宣传平台对接，加强法治宣传教育，推动社会主义核心价值观和法治精神深入人心。

14. 完善相关纠纷审理规则。人民法庭在案件审理过程中，遇到审理依据和裁判标准不明确等类型化问题，可以及时按程序报告。高级人民法院应当依照民法典、乡村振兴促进法等法律规定，对辖区内反映强烈、处理经验成熟的问题以纪要、审判指南、参考性案例等方式及时明确裁判指引。最高人民法院应当适时就重点法律适用问题出台司法解释或者其他规范性文件。

五、积极服务人民群众高品质生活需要

15. 加强民生司法保障。切实实施民法典，依法妥善审理家事、民间借

贷、人身损害赔偿等基层易发多发案件，畅通权利救济渠道，维护人民群众合法权益。深化家事审判改革，用好心理辅导干预、家事调查、诉前调解、案后回访等措施，加大人身安全保护令制度落实力度，保障留守儿童、留守妇女、留守老人以及困难群体和特殊人群的人身安全和人格尊严。依法妥善审理养老育幼、教育培训、就业创业、社会保险、医疗卫生、社会服务、住房保障等领域案件，促进提高公共服务质量水平。维护军人军属合法权益，最大限度把涉军纠纷化解在基层，解决在初始阶段。

16. 提升一站式诉讼服务能力。坚持因地制宜，在人民法庭建立诉讼服务站，在人民法庭及辖区乡镇街道综治中心或者矛盾调解中心设立自助诉讼服务设备，方便当事人随时随地办理诉讼业务。建立健全诉讼服务辅导机制，为人民群众提供在线调解、开庭等事务现场辅导服务。进一步增强人民法庭跨域立案诉讼服务质效，更加方便群众就近起诉、办理诉讼事务。有条件的人民法庭，可以设立视频调解室，提供跨地域视频调解等服务。

17. 完善直接立案机制。推进完善人民法庭直接立案或者基层人民法院派驻立案机制。推进人民法庭跨域立案服务，确保能够作为立案协作端办理跨辖区、跨县、跨市、跨省立案。适应人民法庭辖区主导产业或者中心工作需要，合理确定收案范围。

18. 推进案件繁简分流。积极优化司法确认程序，完善小额诉讼程序和简易程序规则，健全审判组织适用模式，推行在线审理机制，依法综合运用督促程序、司法确认程序、小额诉讼程序、简易程序、独任制审理等，积极推广适用令状式、要素式、表格式等裁判文书，有效降低当事人诉讼成本，提升司法效率，充分保障人民群众合法诉讼权益。

19. 推动解决送达难。发挥数字化时代电子通讯优势，加强电子送达，推行集约化送达方式。发挥基层网格员作用，充分调动网格员积极性，发挥其熟悉社区情况、了解辖区人员信息的优势，综合运用现代和传统手段破解送达难题。

20. 推进直接执行机制。探索部分案件由人民法庭直接执行的工作机制，由人民法庭执行更加方便当事人的案件，可以由人民法庭负责执行。可以根据人员条件设立专门执行团队或者相对固定人员负责执行。案件较多的人民法庭，探索由基层人民法院派驻执行组等方式，提高执行效率，最大限度方便群众实现诉讼权益。人民法庭执行工作由基层人民法院执行机构统一管理，专职或者兼职人员纳入执行人员名册，案件纳入统一的执行案件管理平台，切实预防廉政风险。

六、不断深化新时代人民法庭人员管理机制改革

21. 完善司法责任制综合配套改革。落实独任庭、合议庭办案责任制，完善审判权力和责任清单，健全“四类案件”识别监管机制，落实统一法律适用机制，建立符合人民法庭实际的审判监督管理机制，坚持放权与监督相统一。落实法官员额制改革要求，综合考虑人员结构、案件类型、难易程度等因素，适应繁简分流和专业化建设需要，配强审判辅助力量，探索完善符合实际的审判团队组建和运行模式。

22. 探索建立编制动态调整机制。坚持以案定员、以任务定员，每个人民法庭至少配备1名审判员、1名法官助理、1名书记员、1名司法警察或者安保人员，逐步实现有条件有需求的人民法庭配备3名以上审判员；可以根据辖区面积、人口、案件数量、基层社会治理任务等因素合理调整人员配置。针对部分人民法庭人员编制不足、人民法庭之间办案数量不均的情况，高级人民法院要积极协调地方编制部门，建立省级层面人员编制动态调整机制，基层人民法院要在核定编制内将编制向案件数量多、基层治理任务重的人民法庭倾斜。结合四级法院审级职能定位改革，推动人员编制向基层和办案一线倾斜。

23. 完善干部锻炼培养机制。探索建立基层人民法院新入职人员选派到人民法庭工作锻炼，无人民法庭工作经历的新晋人员尤其是审判人员、审判辅助人员优先到人民法庭挂职锻炼，基层人民法院机关与人民法庭人员之间定期轮岗交流等机制。人民法庭庭长在同一职位工作满一定年限的，应当根据有关规定进行交流。提拔晋升时适度向长期在人民法庭工作的干警倾斜，选配基层人民法院院领导时，具有人民法庭庭长任职经历的人员在同等条件下优先考虑；入额遴选时，具有三年以上人民法庭工作经历的法官助理，同等条件下优先选任；中级人民法院遴选法官，应当接收适当比例具有人民法庭工作经历的法官。积极争取省级人社部门支持，建立聘用制书记员便捷招录机制，推动下放招聘权限，减少招聘环节；积极协调省级有关部门，探索建立聘用制书记员定向培养模式，委托定点学校定向招生、培养，毕业后回

原籍人民法庭工作。

24. 落实人民陪审员选任、参审和保障制度。加强对人民陪审员的日常监督管理，规范选任及退出机制，落实随机抽选为主、个人申请与组织推荐为补充以及年度参审案件数量上限等规定。积极与同级财政部门等研究落实现有政策规定，加大经费投入，规范使用范围，激发人民陪审员参与人民法庭案件审理的积极性。

25. 切实加强履职保障。完善人民法庭干警精准培训机制，设置与人民法庭职能定位相对应的培训内容，全面提升人民法庭干警依法履职能力。因依法履职遭受不实举报的，应当协调有关单位，及时澄清事实，消除不良影响，依法追究相关单位或者个人的责任。人民法庭干警及其近亲属受到人身威胁的，协调当地公安机关采取必要保护措施；认真落实关于依法惩治袭警违法犯罪行为的指导意见，依法加强对人民法庭司法警察的履职保护。推动完善法院因公伤亡干警特殊补助政策。积极落实中央有关因公牺牲法官、司法警察抚恤政策，认真做好“两金”申报、发放和备案工作。鼓励各地法院为人民法庭干警投保工伤保险和人身意外伤害保险。

七、建立健全新时代人民法庭工作考核机制

26. 完善考核内容。探索建立符合人民法庭工作规律的专门考核办法，综合考虑执法办案、指导调解、诉源治理等因素，适当增加诉源治理、诉前调解等考核权重，重点考核“化解矛盾”质效。建立健全与执法办案和参与社会治理职责相适应，区分人员类别、岗位特点的考评体系，制定针对性强、简便易行的绩效考核办法。可以采取定量与定性相结合、量化为主的方式，科学制定和使用量化指标，采用加权测算等计算方法，合理设置权重比例。坚决清理、取消不合理、不必要的考评项目和指标，切实为基层减负，为干警减压。乡村振兴服务任务重、参与基层社会治理好的基层人民法院，可以先行先试。

27. 优化考核指标。执法办案考核应当遵循司法规律，综合考虑案件类型、繁简程度、适用程序、巡回审判等因素，包括办案数量、办案质量、办案效率和办案效果等基本内容。指导调解考核应当充分利用人民法院调解平台数据，通过诉前调解案件占一审立案比、调解案件成功率、调解案件自动

履行率等指标，量化指导调解的数量和效果。加强诉源治理考核，对于法治宣传、法律培训、矛盾纠纷研判通报、司法建议等可以考核次数，对于推动制定村规民约和居民公约、召开综治联席会、重大事项法律风险提示法律意见等，既要考核量化次数，也要考核质量效果。

八、切实提升新时代人民法庭建设保障

28. 加强基础设施建设。高级人民法院要按照科学论证、统筹规划、优化布局的原则，合理安排年度建设计划，力争在“十四五”期间实现人民法庭办公办案和辅助用房得到充分保障，规范化标准化建设得到显著加强，业务装备配备水平得到较大提升，网上立案、电子送达、网上开庭等信息化设施设备配备齐全，信息化建设应用效果进一步强化，人民法庭外观标识完全统一，人民法庭工作生活条件得到较大改善。

29. 加强法庭安保工作。基层人民法院院长是人民法庭安保工作的第一责任人，人民法庭庭长是直接责任人。完善安全防范设施装备配备，每个人民法庭应当配备必要的防爆安检、防暴防护等设备。强化案件风险评估和安全隐患排查，加强防范措施和应急处突演练，落实“人防、物防、技防”措施。加强司法警察部门对人民法庭安保工作的督察指导培训，增强干警安全意识和风险防范处置能力。加强人民法庭与驻地公安派出所联防联动，推动有条件的人民法庭设立驻庭警务室。

30. 完善经费保障制度。推动适时调整人民法庭建设标准，争取省级有关部门加大对人民法庭基础设施经费保障力度，增加对车辆、安保设备、信息化运维等支出投入。持续加大对革命老区、民族地区、边疆地区和脱贫地区人民法庭经费保障的政策倾斜力度，充分运用好有关转移支付资金，帮助解决办案经费保障和物资装备建设等问题。主动争取地方党委政府领导和支持，继续落实好人民法庭庭长职级待遇和干警工作津贴、补贴等政策，切实解决人民法庭在人财物保障方面存在的问题困难。对于已经实施省以下地方法院财物省级统一管理的地区，根据事权与财权相统一的原则，积极争取由当地财政保障人民法庭服务保障辖区经济社会发展的经费，由高级人民法院争取协调省级有关部门根据实际，下放人民法庭新建、维修等经费项目审批权。

31. 加强购买社会化服务的规模化、规范化。结合各地实际，加强人民法庭编外人员配备保障，梳理适合购买社会化服务的事务性工作范围和项目，规范有序开展向社会购买服务，建立健全公开竞标、运营监管、业务培训等制度，所需经费列入年度预算统筹保障。完善事务性工作的集约化管理工作流程，探索组建专业工作团队，集中办理文书送达、财产保全等事务。

32. 加强人民法庭“两个平台”建设。各级人民法院应当强化人民法庭工作平台应用，加强对人民法庭数据的收集、填报、分析和运用，实时监测办案数据，全面掌握人民法庭工作动态，准确研判存在的问题和原因，提高工作针对性、实效性和预见性。加强人民法庭信息平台建设，发动基层人民法院干警特别是人民法庭干警参与宣传工作，及时推送人民法庭工作成效、典型案件，深入挖掘先进典型和感人事迹，加大人民法庭工作宣传力度，全面展现人民法庭干警良好精神风貌和工作作风。人民法庭“两个平台”建设情况应当作为人民法庭工作的考核内容。

九、有效加强新时代人民法庭工作的组织领导

33. 加强党的建设。坚持“支部建在庭上”，实现党的组织和党的工作全覆盖。坚持以党建带队建促审判，推进人民法庭党支部标准化、规范化建设，高质量推进基层党建创新，把党建引领贯穿人民法庭工作全过程。推动全面从严治党、从严治院、从严管理向基层延伸，推动队伍教育管理走深走实，严格落实防止干预司法“三个规定”等铁规禁令，完善人民法庭内部管理和日常监督制度，确保公正廉洁司法。

34. 加强汇报协调。要定期或者不定期就人民法庭工作向当地党委作专题汇报，推动把加强人民法庭工作作为强基导向、乡村振兴、基层治理体系和治理能力现代化等重点工作纳入党委政府总体工作格局，切实解决人民法庭工作实际困难。

35. 健全工作机制。探索地方三级人民法院院长抓人民法庭工作的组织领导思路，切实把人民法庭工作当做“一把手”工程，将法院工作重心下移到基层基础。各级人民法院院领导应当深入人民法庭开展调查研究，高级、中级人民法院院领导应当确定1—2个人民法庭作为联系点，并适时调整，经常性到人民法庭调查研究。强化发挥各级人民法院人民法庭领导小组及其办

事机构的实际作用，加强归口管理，统筹推进人民法庭工作，定期研究解决人民法庭在职能发挥、人财物保障等方面存在的问题困难和解决思路举措，积极推动人民法庭工作融入当地社会治理体制。

本意见自2021年9月22日起实施，之前有关人民法庭的规定与本意见不一致的，按照本意见执行。

最高人民法院
关于办理行政申请再审案件若干问题的规定

法释〔2021〕6号

（2021年3月1日最高人民法院审判委员会第1833次会议通过
2021年3月25日最高人民法院公告公布 自2021年4月1日起施行）

为切实保障当事人申请再审的权利，切实有效解决行政争议，结合人民法院行政审判工作实践，根据《中华人民共和国行政诉讼法》的规定，制定本解释。

第一条 当事人不服高级人民法院已经发生法律效力的判决、裁定，依照行政诉讼法第九十条的规定向最高人民法院申请再审的，最高人民法院应当依法审查，分别情况予以处理。

第二条 下列行政申请再审案件中，原判决、裁定适用法律、法规确有错误的，最高人民法院应当裁定再审：

（一）在全国具有普遍法律适用指导意义的案件；

（二）在全国范围内或者省、自治区、直辖市有重大影响的案件；

（三）跨省、自治区、直辖市的案件；

（四）重大涉外或者涉及香港特别行政区、澳门特别行政区、台湾地区的案件；

（五）涉及重大国家利益、社会公共利益的案件；

（六）经高级人民法院审判委员会讨论决定的案件；

（七）最高人民法院认为应当再审的其他案件。

第三条 行政申请再审案件有下列情形之一的，最高人民法院可以决定由作出生效判决、裁定的高级人民法院审查：

（一）案件基本事实不清、诉讼程序违法、遗漏诉讼请求的；

（二）再审申请人或者第三人人数众多的；

（三）由高级人民法院审查更适宜实质性化解行政争议的；

（四）最高人民法院认为可以由高级人民法院审查的其他情形。

第四条 已经发生法律效力的判决、裁定认定事实清楚，适用法律、法规正确，当事人主张的再审事由不成立的，最高人民法院可以迳行裁定驳回再审申请。

第五条 当事人不服人民法院再审判决、裁定的，可以依法向人民检察院申请抗诉或者检察建议。

第六条 本解释自2021年4月1日起施行。本解释施行后，最高人民法院此前作出的相关司法解释与本解释相抵触的，以本解释为准。

最高人民法院
关于推进行政诉讼程序繁简分流改革的意见

2021 年 5 月 14 日　　　　法发〔2021〕17 号

为深化行政诉讼制度改革，推进行政案件繁简分流、轻重分离、快慢分道，优化行政审判资源配置，推动行政争议实质化解，依法保护公民、法人和其他组织合法权益，支持和监督行政机关依法行政，根据《中华人民共和国行政诉讼法》（以下简称行政诉讼法）及司法解释的规定，结合审判工作实际，制定本意见。

一、一般规定

第一条　人民法院应当严格规范审理复杂行政案件，依法快速审理简单行政案件，完善行政诉讼简易程序适用规则，推动电子诉讼的应用，引导当事人正确行使诉讼权利、依法履行诉讼义务，全面提升行政审判质量、效率和公信力。

第二条　第一审人民法院审理下列行政案件，可以作为简单案件进行审理：

（一）属于行政诉讼法第八十二条第一款、第二款规定情形的；

（二）不符合法定起诉条件的；

（三）不服行政复议机关作出的不予受理或者驳回复议申请决定的；

（四）事实清楚、权利义务关系明确、争议不大的政府信息公开类、履行法定职责类以及商标授权确权类行政案件。

第二审人民法院对于第一审人民法院按照简单案件快速审理的上诉案件，以及当事人撤回上诉、起诉、按自动撤回上诉处理的案件，针对不予立案、驳回起诉、管辖权异议裁定提起上诉的案件等，可以作为简单案件进行审理。

高级人民法院可以探索开展行政申请再审案件繁简分流工作。

第三条 人民法院可以建立行政案件快审团队或者专业化、类型化审判团队，也可以设立程序分流员，负责行政案件繁简分流，实现简案快审、类案专审、繁案精审。

二、促进行政争议诉前分流

第四条 人民法院应当强化行政争议的诉源治理，完善行政诉讼与行政复议、行政裁决等非诉讼解纷方式的分流对接机制，探索建立诉前和解机制，依托司法与行政的良性互动，加强行政争议多元化解及相关平台建设。

第五条 行政诉讼法规定可以调解的案件、行政相对人要求和解的案件，或者通过和解方式处理更有利于实质性化解行政争议的案件，人民法院可以在立案前引导当事人自行和解或者通过第三方进行调解。开展诉前调解应在调解平台上进行，并编立相应案号。

建立非诉讼调解自动履行正向激励机制，通过将自动履行情况纳入诚信评价体系等，引导当事人自动、即时履行调解协议，及时化解行政争议。

第六条 经诉前调解达成和解协议，当事人共同申请司法确认的，人民法院可以依法确认和解协议效力，出具行政诉前调解书。

当事人拒绝调解或者未达成和解协议，符合法定立案条件的，人民法院应当依法及时登记立案。

立案后，经调解当事人申请撤诉，人民法院审查认为符合法律规定的，依法作出准予撤诉的裁定。

第七条 诉前调解中，当事人没有争议的事实应当记入调解笔录，并由当事人签字确认。

在审理过程中，经当事人同意，双方在调解过程中已确认的无争议事实不再进行举证、质证，但当事人为达成和解协议作出妥协而认可的事实或者有相反证据足以推翻的事实除外。

三、健全简易程序适用规则

第八条 人民法院依照行政诉讼法第八十二条第一款规定适用简易程序审理的行政案件，可以向当事人发送简易程序审理通知书，告知审理方式、审理期限等事项。

人民法院依照行政诉讼法第八十二条第二款规定审理其他第一审行政案件，应当征求当事人意见。征求意见可以通过诉讼平台、电话、手机短信、即时通讯账号等简便方式进行。当事人不同意适用简易程序的，应当自收到通知之日起五日内向人民法院提出。期限内未提出异议的，人民法院可以按照简易程序进行审理。

第九条 人民法院适用简易程序审理行政案件，可以根据案件情况，采取下列方式简化庭审程序，但应当保障当事人答辩、举证、质证、陈述、辩论等诉讼权利：

（一）已经通过开庭前准备阶段或者其他方式完成当事人身份核实、权利义务告知、庭审纪律宣示的，开庭时可以不再重复；

（二）庭审直接围绕与被诉行政行为合法性相关的争议焦点展开，法庭调查、法庭辩论可以合并进行。

当事人双方表示不需要答辩期间、举证期限的，人民法院可以迳行开庭，开庭时间不受答辩期间、举证期限的限制。

适用简易程序审理的案件，应当一次开庭审结，但人民法院认为确有必要再次开庭的除外。

第十条 适用简易程序审理行政案件的庭审录音录像，经当事人同意的，可以代替法庭笔录。

第十一条 人民法院适用简易程序审理行政案件，可以简化裁判文书，但应当包含当事人基本信息、诉讼请求、答辩意见、主要事实、简要裁判理由、裁判依据和裁判主文，以及诉讼费用负担、告知当事人上诉权利等必要内容。

第十二条 由简易程序转为普通程序审理的案件，转为普通程序前已经进行的诉讼行为有效，双方当事人已确认的无争议事实，可以不再进行举证、质证。

由简易程序转为普通程序的案件，不得再转为简易程序审理。

四、依法快速审理简单案件

第十三条 人民法院经过阅卷、调查或者询问当事人，认为原告起诉不符合法定起诉条件的，可以迳行裁定驳回起诉，但需要开庭审理查明相关事实的除外。

第十四条 开庭前准备阶段已核实当事人身份、告知权利义务、进行证据交换的，开庭审理时不再重复进行。

开庭前准备阶段确认的没有争议并记录在卷的证据，经人民法院在法庭调查时予以说明、各方当事人确认后，可以作为认定案件事实的依据。

第十五条 复议机关为共同被告的案件，对于复议决定与原行政行为认定一致的事实，对方当事人在庭审中明确表示认可的，人民法院可以简化庭审举证和质证，但有相反证据足以推翻该事实的除外。

第十六条 人民法院对具备下列情形之一的上诉案件，经过阅卷、调查或者询问当事人，对没有提出新的事实、证据或者理由的，可以不开庭审理：

（一）不服一审行政裁定的；

（二）当事人认为一审裁判适用法律法规错误的。

在依法保障当事人诉讼权利的情况下，第二审人民法院可以通过诉讼平台、电话、手机短信、即时通讯账号等简便方式询问当事人，并记录在案，但涉及新的事实或者新证据的除外。

第十七条 人民法院审查申请再审案件，应当依据行政诉讼法第九十一条规定，结合当事人的再审请求及理由进行审查。需要询问当事人的，可以通过诉讼平台、电话、手机短信、即时通讯账号等简便方式进行。

当事人主张的再审事由明显不成立的，或者不符合申请再审条件的，驳回再审申请裁定可以适当简化，但应当包含当事人基本信息、案件由来、申请人申请再审的请求和理由、简要裁判理由、裁判依据和裁判主文等必要内容。

第十八条 依法快速审理的简单行政案件，庭审笔录可以适当简化。相关庭审录音录像应当制作光盘等存储介质，一并入卷归档。

第十九条 对事实清楚、权利义务关系明确、争议不大的政府信息公开、不履行法定职责、不予受理或者程序性驳回复议申请以及商标授权确权等行政案件，人民法院可以结合被诉行政行为合法性的审查要素和当事人争议焦点开展庭审活动，并可以制作要素式行政裁判文书。

要素式行政裁判文书可以采取简易方式，按照当事人情况、诉讼请求、基本事实、裁判理由和裁判结果等行政裁判文书的基本要素进行填写。

第二十条 不同当事人对同一个或者同一类行政行为分别提起诉讼的，可以集中立案，由同一审判团队实行集中排期、开庭、审理、宣判。

第二十一条 人民法院审理简单行政案件过程中，发现案件疑难复杂的，应当及时转为复杂案件进行审理。需要变更合议庭或者审判员的，应当告知当事人。

第二十二条 人民法院、当事人及其他诉讼参与人通过信息化诉讼平台在线开展行政诉讼活动，行政诉讼法没有规定的，可以参照适用民事诉讼法及民事诉讼程序繁简分流的相关规定。

五、附则

第二十三条 本意见自2021年6月1日起施行。

最高人民法院
关于进一步健全完善民事诉讼程序繁简分流改革试点法院特邀调解名册制度的通知

2021年6月16日　　法〔2021〕150号

北京、上海、江苏、浙江、安徽、福建、山东、河南、湖北、广东、四川、贵州、云南、陕西、宁夏等省（自治区、直辖市）高级人民法院：

为深入推进民事诉讼程序繁简分流改革试点工作，健全完善特邀调解制度，有效发挥司法确认程序对推动矛盾纠纷源头化解的保障作用，根据《关于加强诉源治理推动矛盾纠纷源头化解的意见》等文件精神，结合试点工作情况，现就完善试点法院特邀调解名册制度通知如下。

一、充分认识健全完善特邀调解名册制度的重要意义。健全完善特邀调解名册制度，是规范特邀调解工作的重要内容，是优化司法确认程序的必要前提，是落实全国人大常委会授权决定、开展民事诉讼程序繁简分流改革试点的重要配套保障措施，对于贯彻《关于加强诉源治理推动矛盾纠纷源头化解的意见》精神，有效发挥司法在矛盾纠纷多元化解中的引领、推动、规范和保障作用，具有重要意义。试点法院要坚持以习近平新时代中国特色社会主义思想为指导，深入贯彻习近平法治思想，充分认识健全完善特邀调解名册制度的重要意义，结合试点工作实际以及《关于推进民事诉讼程序繁简分流改革试点工作分工方案》《关于进一步完善委派调解机制的指导意见》等文件要求，积极探索完善特邀调解名册工作机制，为加强诉源治理、推动矛盾纠纷源头化解提供有力司法服务和保障。

二、改进名册建立模式。试点法院要认真落实《最高人民法院关于人民法院特邀调解的规定》和《民事诉讼程序繁简分流改革试点实施办法》，针对调解组织、调解员的不同特点，区分特邀调解组织名册和特邀调解员名册，分别管理、统筹使用。

三、明确特邀调解组织入册标准。试点法院可以结合工作实际，参考下列因素确定特邀调解组织的入册标准：（1）有明确法律法规或者政策依据；（2）有明确监督管理机构；（3）持有相关主管机构批准设立的正式文件；（4）有调解组织章程和工作规则；（5）有开展调解工作的经费；（6）有必要数量的专职调解员；（7）未受过刑事处罚、近三年内未受过严重行政处罚和行业处分；（8）不存在其他不宜加入名册的情形。试点法院可以根据特定专业领域的纠纷特点，规定专业调解组织的加入条件。

四、明确特邀调解员入册标准。试点法院可以结合工作实际，参考下列因素确定特邀调解员的入册标准：（1）拥护中国共产党的领导、拥护宪法；（2）遵纪守法、品行端正、热心调解事业；（3）具备从事调解工作所必需的文化水平、法律知识和身体条件；（4）未受过刑事处罚、近三年内未受过严重行政处罚和行业处分、未被列入失信被执行人名单；（5）未加入任何调解组织、以个人名义开展调解工作；（6）不存在其他不宜加入名册的情形。相关主管机构已经建立调解员资质认证制度的，试点法院可以直接将相关资质证明文件作为入册标准。

五、探索优化入册程序。试点法院要坚持调解组织、调解员申请加入和人民法院邀请加入相结合，探索完善符合工作实际的入册程序。充分发挥行政主管部门、群团组织和行业协会商会等负有监督管理职责的主管机构的专业优势，确保入册程序公平公开公正。有条件的法院可以会同相关主管机构审核调解组织、调解员资质，探索实行由主管机构把关推荐、人民法院择优纳入的工作程序，有序扩大纳入特邀调解名册的范围。

六、健全完善名册运行机制。试点法院要完善特邀调解组织、特邀调解员监督管理机制，会同相关主管机构实行“双重管理”。积极为特邀调解组织、特邀调解员开展工作提供必要的支持和保障，加强业务指导，会同相关主管机构开展常态化业务培训。健全完善数据统计、绩效评估等日常管理制度，通过诉讼服务中心、官方网站等渠道公开特邀调解组织、特邀调解员的基本情况、工作绩效、业绩排名等信息，供当事人和社会公众查询、监督。探索将绩效评估与调解补贴阶段性发放、奖励激励等机制挂钩，充分调动特邀调解组织、特邀调解员的工作积极性。

七、推动名册统建共享。试点法院要结合市域社会治理现代化工作进程，推动由上级法院统一建立辖区内各试点法院共享的特邀调解名册，健全完善上下级法院和各试点法院之间的名册信息交流机制，实现上级法院统一建立、统一管理，各试点法院共同使用、共同维护，名册信息及时更新，管理举措及时跟进，提高非诉解纷资源配置效率。

八、提升名册管理信息化水平。试点法院要指定专人负责人民法院调解平台和在线矛盾纠纷多元化解平台的日常维护与管理，及时更新特邀调解名册并向相关主管机构反馈名册变动情况，确保线下线上名册统一。有条件的法院要充分发挥信息平台优势，探索申请入册、资质审核、业务培训、业绩评估、信息公示、奖励激励、违规处理等工作在线运行，推动名册管理与矛盾纠纷在线咨询、在线评估、在线分流、在线调解、在线确认有机衔接，实现多元纠纷化解工作数据化、可视化。

九、优化司法确认案件管辖规则。在市域范围内由上级法院统建名册的试点地区，当事人申请司法确认调解协议的，可以按照民事诉讼法除协议管辖外的其他地域管辖规定，向与争议有实际联系的地点的人民法院提出。符合级别管辖或者专门管辖标准的，向相应的中级人民法院或者专门人民法院提出。接受人民法院立案前委派调解的，向作出委派的人民法院提出。

十、健全违规行为处理机制。试点法院要探索细化违反法律法规和调解职业道德的具体情形，健全违规行为发现、调查、申辩、决定等工作程序，及时、公开、公正处理违规行为。对于在委派、委托调解工作中存在强迫调解、虚假调解、泄露调解秘密、违背调解中立原则以及消极履行工作职责等行为的特邀调解组织和特邀调解员，试点法院可以会同相关主管机构视情节轻重给予警告、通报、除名等处理；情节严重的，依法追究相关组织和人员的法律责任。要及时将处理的事由、依据和结果通报相关主管机构，并就完善监督管理措施发送司法建议。

十一、加强组织领导和工作协同。试点法院要紧紧依靠党委领导、积极争取政府支持、大力推动社会协同，推动将民事、行政案件万人起诉率纳入地方平安建设工作考核，发挥特邀调解名册作用，做大做强非诉讼纠纷解决机制，把矛盾纠纷化解在萌芽状态。积极融入各地一站式社会矛盾纠纷调处化解中心，推动建立财政保障、社会保障、市场化收费相结合的非诉调解经费保障体系，加强信息交流和工作衔接，提升非诉调解工作质效。围绕优化司法确认程序、完善特邀调解配套制度机制，系统总结试点经验成效，整理形成动态信息、改革案例，为推动修改完善有关法律规定、制定配套政策文件提供实践基础。

各试点地区高级人民法院应当收集研判辖区试点法院在特邀调解名册管理工作中遇到的问题，及时通过试点工作月报或者专报形式报告最高人民法院司法改革领导小组办公室。

最高人民法院
关于调整中级人民法院管辖第一审民事案件标准的通知

2021年9月17日　　法发〔2021〕27号

各省、自治区、直辖市高级人民法院，解放军军事法院，新疆维吾尔自治区高级人民法院生产建设兵团分院：

为适应新时代经济社会发展和民事诉讼需要，准确适用民事诉讼法关于中级人民法院管辖第一审民事案件的规定，合理定位四级法院民事审判职能，现就调整中级人民法院管辖第一审民事案件标准问题，通知如下：

一、当事人住所地均在或者均不在受理法院所处省级行政辖区的，中级人民法院管辖诉讼标的额5亿元以上的第一审民事案件。

二、当事人一方住所地不在受理法院所处省级行政辖区的，中级人民法院管辖诉讼标的额1亿元以上的第一审民事案件。

三、战区军事法院、总直属军事法院管辖诉讼标的额1亿元以上的第一审民事案件。

四、对新类型、疑难复杂或者具有普遍法律适用指导意义的案件，可以依照民事诉讼法第三十八条的规定，由上级人民法院决定由其审理，或者根据下级人民法院报请决定由其审理。

五、本通知调整的级别管辖标准不适用于知识产权案件、海事海商案件和涉外涉港澳台民商事案件。

六、最高人民法院以前发布的关于中级人民法院第一审民事案件级别管辖标准的规定，与本通知不一致的，不再适用。

本通知自2021年10月1日起实施，执行过程中遇到的问题，请及时报告我院。

最高人民法院
关于完善四级法院审级职能定位改革试点的实施办法

2021年9月27日　　　　　　　　　　　　　　　法〔2021〕242号

为进一步深化诉讼制度改革，明确四级法院审级职能定位，加强审级制约监督体系建设，实现依法纠错与维护生效裁判权威相统一，推动法律正确统一适用，根据中央全面深化改革委员会审议通过的《关于完善四级法院审级职能定位的改革方案》、第十三届全国人民代表大会常务委员会第三十次会议作出的《关于授权最高人民法院组织开展四级法院审级职能定位改革试点工作的决定》和相关法律规定，结合审判工作实际，制定本办法。

一、一般规定

第一条 各级人民法院应当根据本办法，健全工作衔接机制、完善内设机构设置、优化审判力量配置，在实现审判重心进一步下沉的同时，推动将涉及重大国家利益、社会公共利益和具有普遍法律适用指导意义的案件交由较高层级法院审理，逐步实现基层人民法院重在准确查明事实、实质化解纠纷；中级人民法院重在二审有效终审、精准定分止争；高级人民法院重在再审依法纠错、统一裁判尺度；最高人民法院监督指导全国审判工作、确保法律正确统一适用。通过依法有序开展试点工作，充分发挥四级两审审级制度优势，加快推进审判体系和审判能力现代化，为全面建设社会主义现代化国家提供有力司法服务和保障。

二、完善行政案件级别管辖制度

第二条 下列以县级、地市级人民政府为被告的第一审行政案件，由基层人民法院管辖：

（一）政府信息公开案件；

（二）不履行法定职责的案件；

（三）行政复议机关不予受理或者程序性驳回复议申请的案件；

（四）土地、山林等自然资源权属争议行政裁决案件。

第三条 中级人民法院对于公民、法人或者其他组织以县级、地市级人民政府为被告提起的诉讼，根据本办法第二条不属于本院管辖的，应当及时告知其向有管辖权的基层人民法院提起诉讼；当事人坚持起诉的，可以将案件直接移送有管辖权的基层人民法院。

三、完善案件提级管辖机制

第四条 基层人民法院对所管辖的第一审民事、刑事、行政案件，认为属于下列情形之一，需要由中级人民法院审理的，可以报请上一级人民法院审理：

（一）涉及重大国家利益、社会公共利益，不宜由基层人民法院审理的；

（二）在辖区内属于新类型，且案情疑难复杂的；

（三）具有普遍法律适用指导意义的；

（四）上一级人民法院或者其辖区内各基层人民法院之间近三年裁判生效的同类案件存在重大法律适用分歧，截至案件审理时仍未解决的；

（五）由中级人民法院一审更有利于公正审理的。

中级人民法院对辖区基层人民法院已经受理的第一审民事、刑事、行政案件，认为属于上述情形之一，有必要由本院审理的，应当决定提级管辖。

第五条 中级人民法院对所管辖的第一审民事、刑事、行政案件，认为属于下列情形之一，需要由高级人民法院审理的，可以报请上一级人民法院审理：

（一）具有普遍法律适用指导意义的；

（二）上一级人民法院或者其辖区内各中级人民法院之间近三年裁判生效的同类案件存在重大法律适用分歧，截至案件审理时仍未解决的；

（三）由高级人民法院一审更有利于公正审理的。

高级人民法院对辖区中级人民法院已经受理的第一审民事、刑事、行政案件，认为属于上述情形之一，有必要由本院审理的，应当决定提级管辖。

第六条 本办法所称具有普遍法律适用指导意义的案件，是指法律、司法解释规定不明确或者司法解释没有规定，需要通过司法裁判进一步明确法律适用的案件。

第七条 案件报请上一级人民法院审理的，应当经本院院长批准，至迟于案件法定审理期限届满三十日前报送；涉及法律统一适用问题的，应当经审判委员会讨论决定。

第八条 上级人民法院收到下一级人民法院根据本办法第四条、第五条提出的请求后，由立案庭转相关审判庭审查，并应当在十五日内作出下述处理：

（一）同意提级管辖；

（二）不同意提级管辖。

中级、高级人民法院根据本办法第四条、第五条提级管辖的案件，应当报上一级人民法院立案庭备案。

第九条 上级人民法院决定提级管辖的案件，由检察机关提起公诉的，应当同时书面通知同级人民检察院。

原受诉人民法院收到上一级人民法院同意提级管辖的文书后，应当在十日内将案卷材料移送上一级人民法院，并书面通知当事人；对检察机关提起公诉的案件，应当书面通知同级人民检察院，将案卷材料退回检察机关，并书面通知当事人。

第十条 按本办法提级管辖案件的审理期限，自上一级人民法院立案之日起重新计算。

向上一级人民法院报送期间和上一级人民法院审查处理期间，不计入原审案件审理期限。

四、改革再审程序

第十一条 当事人对高级人民法院作出的已经发生法律效力的民事、行政判决、裁定，认为有错误的，应当向原审高级人民法院申请再审；符合下列情形之一的，可以向最高人民法院申请再审：

（一）再审申请人对原判决、裁定认定的基本事实、主要证据和诉讼程序无异议，但认为适用法律有错误的；

（二）原判决、裁定经高级人民法院审判委员会讨论决定的。

当事人对高级人民法院作出的已经发生法律效力的民事、行政调解书申请再审的，应当向相关高级人民法院提出。

第十二条 当事人根据本办法第十一条第一款第一项向最高人民法院申请再审的，除依法必须载明的事项外，应当在再审申请书中声明对原判决、裁定认定的基本事实、认定事实的主要证据、适用的诉讼程序没有异议，同时载明案件所涉法律适用问题的争议焦点、生效裁判适用法律存在错误的论证理由和依据。

再审申请人提交的再审申请书不符合前款要求的，最高人民法院应当给予指导和释明，一次性全面告知其在十日内予以补正。再审申请人无正当理由逾期未予补正的，按撤回申请处理。

第十三条 最高人民法院应当自收到民事、行政再审申请书之日起三十日内，决定由本院或者作出生效判决、裁定的高级人民法院审查。民事、行政申请再审案件符合下列情形之一的，最高人民法院可以决定由原审高级人民法院审查：

（一）案件可能存在基本事实不清、诉讼程序违法、遗漏诉讼请求情形的；

（二）原判决、裁定适用法律可能存在错误，但不具有法律适用指导意义的。

最高人民法院决定将案件交原审高级人民法院审查的，应当在十日内将决定书、再审申请书和相关材料送原审高级人民法院立案庭，并书面通知再审申请人。

第十四条 原判决、裁定适用法律确有错误，且符合下列情形之一的，最高人民法院应当裁定提审：

（一）具有普遍法律适用指导意义的；

（二）最高人民法院或者不同高级人民法院之间近三年裁判生效的同类案件存在重大法律适用分歧，截至案件审理时仍未解决的；

（三）最高人民法院认为应当提审的其他情形。

最高人民法院对地方各级人民法院、专门人民法院已经发生法律效力的判决、裁定，发现确有错误，且符合前款所列情形之一的，可以裁定提审。

第十五条 高级人民法院对受理的民事、行政申请再审案件，认为原判决、裁定适用法律确有错误，且符合本办法第十四条第一款第一项、第二项所列情形之一，需要由最高人民法院审理的，经审判委员会讨论决定后，可以报请最高人民法院审理。

最高人民法院收到高级人民法院根据前款规定提出的请求后，认为有必要由本院审理的，裁定提审；认为没有必要的，不予提审。

第十六条 当事人向最高人民法院申请再审的，最高人民法院应当向其释明委托律师作为诉讼代理人的必要性。

对于委托律师有困难的再审申请人，最高人民法院应当及时告知其有权申请法律援助。

五、完善最高人民法院审判权力运行机制

第十七条 最高人民法院立案庭和各巡回法庭、知识产权法庭的诉讼服务中心根据法律、司法解释和本办法第十二条的规定收取申请再审材料，确保材料齐全；材料齐全的，交由相关审判庭、巡回法庭、知识产权法庭的审判人员审核。

第十八条 因统一法律适用、审判监督管理等工作需要，最高人民法院相关审判庭和各巡回法庭、知识产权法庭可以向审判管理办公室提出申请，报院长批准后，组成跨审判机构的五人以上合议庭。最高人民法院院长认为确有必要的，可以直接要求就特定案件组成跨审判机构的合议庭，并指定一名大法官担任审判长。

最高人民法院开庭审理具有普遍法律适用指导意义的案件，可以结合案件情况，优化庭审程序，重点围绕案件所涉法律适用问题展开。

第十九条 最高人民法院相关审判庭和各巡回法庭、知识产权法庭认为有必要召开跨审判机构的专业法官会议，研究解决跨部门的法律适用分歧或者跨领域的重大法律适用问题的，可以向审判管理办公室提出申请。

最高人民法院各审判机构或者跨审判机构召开的专业法官会议，涉及法律适用问题的，应当形成纪要，统一送审判管理办公室备案。各审判机构之间存在重大法律适用分歧，经专业法官会议讨论未能解决的，由审判管理办公室呈报院长提交审判委员会讨论。

六、附则

第二十条 本办法第二条、第三条仅适用于北京、天津、辽宁、上海、江苏、浙江、山东、河南、广东、重庆、四川、陕西省（市）高级人民法院辖区内的中级、基层人民法院。

本办法关于中级人民法院的规定，海事法院、知识产权法院、金融法院和铁路运输中级法院等可以参照适用；关于基层人民法院的规定，互联网法院、铁路运输法院等可以参照适用。

第二十一条 各高级人民法院应当根据本办法，结合对应开展的试点工作，制定具体实施方案和相关制度规定，并于2021年11月5日前报最高人民法院备案。

各高级人民法院在制定实施方案、修订现有规范、做好机制衔接的前提下，自本办法实施之日起全面启动试点工作，试点时间两年。2022年7月31日前，各高级人民法院应当形成试点工作中期报告报最高人民法院。

各高级人民法院应当结合试点工作实际，在中央相关政策指导下，积极争取省级组织部门、机构编制部门的支持配合，优化辖区法院的机构人员编制、员额，推动编制、员额配置向基层和办案一线倾斜。关于优化各级人民法院编制机构、法官配备的相关问题，另行规定。

第二十二条 本办法由最高人民法院负责解释。

第二十三条 本办法报全国人民代表大会常务委员会备案，自2021年10月1日起施行。之前有关司法解释、司法指导性文件的规定与本办法不一致的，按照本办法执行。

中级人民法院于本办法实施之前受理的第一审行政案件，实施当日尚未审结的，应当继续审理，并按照相关法律规定作出裁判。

最高人民法院于本办法实施之前受理的民事、行政申请再审案件，实施当日尚未审查完毕的，应当继续审查，并按照相关法律规定作出处理。

最高人民法院
关于认真学习贯彻《全国人民代表大会常务委员会关于修改〈中华人民共和国民事诉讼法〉的决定》的通知

2021 年 12 月 28 日　　　　　　　　法〔2021〕341 号

各省、自治区、直辖市高级人民法院，解放军军事法院，新疆维吾尔自治区高级人民法院生产建设兵团分院：

2021 年 12 月 24 日，第十三届全国人民代表大会常务委员会第三十二次会议审议通过《关于修改〈中华人民共和国民事诉讼法〉的决定》（以下简称民事诉讼法修改决定），修改后的民事诉讼法将于 2022 年 1 月 1 日起施行。为了认真做好修改后的民事诉讼法的贯彻落实和学习宣传工作，现就相关问题通知如下。

一、深刻认识贯彻实施民事诉讼法修改决定的重大意义

民事诉讼法是规范民事诉讼程序的基本规则，是人民法院审理和执行民事案件在程序方面的基本法律依据。此次民事诉讼法修改，是深入贯彻落实习近平法治思想，适应经济社会发展变化，回应人民群众新时代司法需求的重大举措，重点围绕优化司法确认程序、完善简易程序及小额诉讼程序、扩大独任制适用范围、完善在线诉讼及送达规则等方面作出调整，进一步优化了相关程序规则，促进了司法资源合理配置，强化了信息技术应用支撑，有效建立了“繁简分流、轻重分离、快慢分道”的民事诉讼程序体系。此次修法工作，集中体现了民事诉讼程序繁简分流改革试点工作的制度成果，对促进社会公平正义，保障群众合法权益，维护社会和谐稳定，服务新发展格局

将发挥重要作用；对推进全面依法治国，健全完善中国特色社会主义法治体系，促进社会治理体系和治理能力现代化，具有重大而深远的意义。

各级人民法院要切实提升政治站位，充分认识此次民事诉讼法修改的重要意义，认真学习和贯彻落实民事诉讼法修改决定的要求，进一步提升民事审判工作的质量、效率和水平，努力开创民事审判工作新局面。

二、准确把握民事诉讼法修改决定的精神和内容

各级人民法院要正确理解此次民事诉讼法修改的价值取向，始终坚持以维护司法公正为根本要求，做到既提升审判效率，又确保案件质量，在更高层次上实现公正与效率的有机统一。要始终坚持以人民为中心发展思想，积极通过优化司法资源配置，完善程序规则，优化审理机制，加强技术运用，有效满足人民群众公正、高效、便捷解纷的多元司法需求，全面提升人民群众司法获得感。要始终坚持将民事审判工作融入党和国家工作大局，积极促进诉源治理，强化对多元解纷方式的司法保障，推动构建繁简分流、衔接有序、梯次递进的社会治理体系，充分发挥人民法院在社会治理中的功能作用。

各级人民法院要准确把握民事诉讼法修改决定的内容要求，确保各项程序规则在司法实践中正确适用。严格依法受理和审查司法确认申请，坚持按照合法自愿原则开展诉前调解，健全特邀调解制度机制，提升诉前调解质量，切实防止虚假调解和不当确认。依法有序适用小额诉讼程序，优化审理方式，提升审理效率，保证案件质量，强化法官释明告知义务，加强当事人诉讼权益保障，充分尊重当事人程序适用选择权和异议权。正确理解独任制扩大适用的立法意图，根据案件情形和当事人选择，科学精准适用审判组织形式，避免不当扩大独任制适用范围。对“四类案件”均应当适用合议制审理。第二审案件审理应当坚持以合议制为主、独任制为辅，严格把握第二审独任制适用范围和条件，完善审判组织转换机制，强化审判监督管理，确保独任制案件质量。积极有序推广适用在线诉讼模式，尊重和保障当事人对案件审理方式的选择权，严格依照《人民法院在线诉讼规则》开展规则创新、机制创新和技术创新，切实发挥在线诉讼高效、便捷、低成本解纷的功能作用。

三、做好贯彻实施民事诉讼法修改决定的准备工作

各级人民法院要根据民事诉讼法修改决定的具体内容，加强工作部署、科学统筹安排，做好各项准备工作。最高人民法院将加快修改完善民事诉讼法司法解释及相关司法解释，细化完善具体程序规范，强化规则指引。各级人民法院要结合修法内容，科学研判对民事审判工作带来的影响变化，重点围绕案件繁简识别、诉调对接、审判监督管理、司法资源配置、诉讼平台建设等方面，积极完善工作流程机制，加强基础设施建设，优化平台系统，强化技术保障。尤其是前期未纳入民事诉讼程序繁简分流改革试点工作的地区，要充分借鉴试点法院在资源调配、质效监管、配套保障等方面的典型做法和有益经验，健全完善案件繁简分流制度机制，确保民事审判工作在修法前后有序衔接、平稳过渡。

四、做好民事诉讼法修改决定的学习、培训和宣传工作

各级人民法院要把学习民事诉讼法修改决定，作为当前和今后一段时期的一项重点工作，结合疫情防控要求，创新学习培训形式，充分借助智慧法院建设成果，积极开展远程视频授课、在线学习培训等活动。各高级人民法院要利用多种形式，组织对辖区内民事审判人员开展轮训；各中级、基层和专门人民法院要组织民事审判工作人员集中学习、专题研讨，逐条领会条文要求，准确把握立法精神，结合审判具体实践，正确理解条文内容，学深学透、融会贯通。

各级人民法院要加大民事诉讼法新修改内容的宣传力度，积极通过庭审公开、文书说理、发布案例、新闻报道等方式，向社会公众阐明民事诉讼法修改决定的立法精神和条文宗旨，引导社会各方和人民群众正确理解有关民事诉讼规则，树立正确的诉讼观念。

五、做好修改后的民事诉讼法施行后民事案件审理的衔接工作

各级人民法院要做好修改后的民事诉讼法施行后民事案件审理的衔接工

作。2022年1月1日之后人民法院受理的民事案件，适用修改后的民事诉讼法。2022年1月1日之前人民法院未审结的案件，尚未进行的诉讼行为适用修改后的民事诉讼法；依照修改前的民事诉讼法或者最高人民法院《民事诉讼程序繁简分流改革试点实施办法》的有关规定，已经完成的诉讼行为，仍然有效。中级人民法院、专门人民法院对2022年1月1日之后受理的第二审民事案件，可以依照修改后的民事诉讼法的有关规定适用独任制审理。

根据《全国人民代表大会常务委员会关于授权最高人民法院在部分地区开展民事诉讼程序繁简分流改革试点工作的决定》，因民事诉讼法已经修改并即将施行，试点工作于2021年12月31日正式结束。

对于贯彻实施民事诉讼法修改决定过程中遇到的问题和情况，要及时层报最高人民法院。最高人民法院将适时对各高级人民法院贯彻落实民事诉讼法修改决定情况进行专项督查，及时指导各地民事审判工作，确保民事诉讼法正确实施。

人民法院在线诉讼规则

法释〔2021〕12号

（2021年5月18日最高人民法院审判委员会第1838次会议通过
2021年6月16日最高人民法院公告公布　自2021年8月1日起施行）

为推进和规范在线诉讼活动，完善在线诉讼规则，依法保障当事人及其他诉讼参与人等诉讼主体的合法权利，确保公正高效审理案件，根据《中华人民共和国刑事诉讼法》《中华人民共和国民事诉讼法》《中华人民共和国行政诉讼法》等相关法律规定，结合人民法院工作实际，制定本规则。

第一条　人民法院、当事人及其他诉讼参与人等可以依托电子诉讼平台（以下简称“诉讼平台”），通过互联网或者专用网络在线完成立案、调解、证据交换、询问、庭审、送达等全部或者部分诉讼环节。

在线诉讼活动与线下诉讼活动具有同等法律效力。

第二条　人民法院开展在线诉讼应当遵循以下原则：

（一）公正高效原则。严格依法开展在线诉讼活动，完善审判流程，健全工作机制，加强技术保障，提高司法效率，保障司法公正。

（二）合法自愿原则。尊重和保障当事人及其他诉讼参与人对诉讼方式的选择权，未经当事人及其他诉讼参与人同意，人民法院不得强制或者变相强制适用在线诉讼。

（三）权利保障原则。充分保障当事人各项诉讼权利，强化提示、说明、告知义务，不得随意减少诉讼环节和减损当事人诉讼权益。

（四）便民利民原则。优化在线诉讼服务，完善诉讼平台功能，加强信息技术应用，降低当事人诉讼成本，提升纠纷解决效率。统筹兼顾不同群体司法需求，对未成年人、老年人、残障人士等特殊群体加强诉讼引导，提供相应司法便利。

（五）安全可靠原则。依法维护国家安全，保护国家秘密、商业秘密、个人隐私和个人信息，有效保障在线诉讼数据信息安全。规范技术应用，确保技术中立和平台中立。

第三条 人民法院综合考虑案件情况、当事人意愿和技术条件等因素，可以对以下案件适用在线诉讼：

（一）民事、行政诉讼案件；

（二）刑事速裁程序案件，减刑、假释案件，以及因其他特殊原因不宜线下审理的刑事案件；

（三）民事特别程序、督促程序、破产程序和非诉执行审查案件；

（四）民事、行政执行案件和刑事附带民事诉讼执行案件；

（五）其他适宜采取在线方式审理的案件。

第四条 人民法院开展在线诉讼，应当征得当事人同意，并告知适用在线诉讼的具体环节、主要形式、权利义务、法律后果和操作方法等。

人民法院应当根据当事人对在线诉讼的相应意思表示，作出以下处理：

（一）当事人主动选择适用在线诉讼的，人民法院可以不再另行征得其同意，相应诉讼环节可以直接在线进行；

（二）各方当事人均同意适用在线诉讼的，相应诉讼环节可以在线进行；

（三）部分当事人同意适用在线诉讼，部分当事人不同意的，相应诉讼环节可以采取同意方当事人线上、不同意方当事人线下的方式进行；

（四）当事人仅主动选择或者同意对部分诉讼环节适用在线诉讼的，人民法院不得推定其对其他诉讼环节均同意适用在线诉讼。

对人民检察院参与的案件适用在线诉讼的，应当征得人民检察院同意。

第五条 在诉讼过程中，如存在当事人欠缺在线诉讼能力、不具备在线诉讼条件或者相应诉讼环节不宜在线办理等情形之一的，人民法院应当将相应诉讼环节转为线下进行。

当事人已同意对相应诉讼环节适用在线诉讼，但诉讼过程中又反悔的，应当在开展相应诉讼活动前的合理期限内提出。经审查，人民法院认为不存在故意拖延诉讼等不当情形的，相应诉讼环节可以转为线下进行。

在调解、证据交换、询问、听证、庭审等诉讼环节中，一方当事人要求其他当事人及诉讼参与人在线下参与诉讼的，应当提出具体理由。经审查，人民法院认为案件存在案情疑难复杂、需证人现场作证、有必要线下举证质证、陈述辩论等情形之一的，相应诉讼环节可以转为线下进行。

第六条 当事人已同意适用在线诉讼，但无正当理由不参与在线诉讼活动或者不作出相应诉讼行为，也未在合理期限内申请提出转为线下进行的，应当依照法律和司法解释的相关规定承担相应法律后果。

第七条 参与在线诉讼的诉讼主体应当先行在诉讼平台完成实名注册。人民法院应当通过证件证照在线比对、身份认证平台认证等方式，核实诉讼主体的实名手机号码、居民身份证件号码、护照号码、统一社会信用代码等信息，确认诉讼主体身份真实性。诉讼主体在线完成身份认证后，取得登录诉讼平台的专用账号。

参与在线诉讼的诉讼主体应当妥善保管诉讼平台专用账号和密码。除有证据证明存在账号被盗用或者系统错误的情形外，使用专用账号登录诉讼平台所作出的行为，视为被认证人本人行为。

人民法院在线开展调解、证据交换、庭审等诉讼活动，应当再次验证诉讼主体的身份；确有必要的，应当在线下进一步核实身份。

第八条 人民法院、特邀调解组织、特邀调解员可以通过诉讼平台、人民法院调解平台等开展在线调解活动。在线调解应当按照法律和司法解释相关规定进行，依法保护国家秘密、商业秘密、个人隐私和其他不宜公开的信息。

第九条 当事人采取在线方式提交起诉材料的，人民法院应当在收到材料后的法定期限内，在线作出以下处理：

（一）符合起诉条件的，登记立案并送达案件受理通知书、交纳诉讼费用通知书、举证通知书等诉讼文书；

（二）提交材料不符合要求的，及时通知其补正，并一次性告知补正内容和期限，案件受理时间自收到补正材料后次日重新起算；

（三）不符合起诉条件或者起诉材料经补正仍不符合要求，原告坚持起诉的，依法裁定不予受理或者不予立案；

当事人已在线提交符合要求的起诉状等材料的，人民法院不得要求当事人再提供纸质件。

上诉、申请再审、特别程序、执行等案件的在线受理规则，参照本条第一款、第二款规定办理。

第十条 案件适用在线诉讼的，人民法院应当通知被告、被上诉人或者其他诉讼参与人，询问其是否同意以在线方式参与诉讼。被通知人同意采用在线方式的，应当在收到通知的三日内通过诉讼平台验证身份、关联案件，并在后续诉讼活动中通过诉讼平台了解案件信息、接收和提交诉讼材料，以及实施其他诉讼行为。

被通知人未明确表示同意采用在线方式，且未在人民法院指定期限内注册登录诉讼平台的，针对被通知人的相关诉讼活动在线下进行。

第十一条 当事人可以在诉讼平台直接填写录入起诉状、答辩状、反诉状、代理意见等诉讼文书材料。

当事人可以通过扫描、翻拍、转录等方式，将线下的诉讼文书材料或者证据材料作电子化处理后上传至诉讼平台。诉讼材料为电子数据，且诉讼平台与存储该电子数据的平台已实现对接的，当事人可以将电子数据直接提交至诉讼平台。

当事人提交电子化材料确有困难的，人民法院可以辅助当事人将线下材料作电子化处理后导入诉讼平台。

第十二条 当事人提交的电子化材料，经人民法院审核通过后，可以直接在诉讼中使用。诉讼中存在下列情形之一的，人民法院应当要求当事人提供原件、原物：

（一）对方当事人认为电子化材料与原件、原物不一致，并提出合理理由和依据的；

（二）电子化材料呈现不完整、内容不清晰、格式不规范的；

（三）人民法院卷宗、档案管理相关规定要求提供原件、原物的；

（四）人民法院认为有必要提交原件、原物的。

第十三条 当事人提交的电子化材料，符合下列情形之一的，人民法院可以认定符合原件、原物形式要求：

（一）对方当事人对电子化材料与原件、原物的一致性未提出异议的；

（二）电子化材料形成过程已经过公证机构公证的；

（三）电子化材料已在之前诉讼中提交并经人民法院确认的；

（四）电子化材料已通过在线或者线下方式与原件、原物比对一致的；

（五）有其他证据证明电子化材料与原件、原物一致的。

第十四条 人民法院根据当事人选择和案件情况，可以组织当事人开展在线证据交换，通过同步或者非同步方式在线举证、质证。

各方当事人选择同步在线交换证据的，应当在人民法院指定的时间登录诉讼平台，通过在线视频或者其他方式，对已经导入诉讼平台的证据材料或者线下送达的证据材料副本，集中发表质证意见。

各方当事人选择非同步在线交换证据的，应当在人民法院确定的合理期限内，分别登录诉讼平台，查看已经导入诉讼平台的证据材料，并发表质证意见。

各方当事人均同意在线证据交换，但对具体方式无法达成一致意见的，适用同步在线证据交换。

第十五条　当事人作为证据提交的电子化材料和电子数据，人民法院应当按照法律和司法解释的相关规定，经当事人举证质证后，依法认定其真实性、合法性和关联性。未经人民法院查证属实的证据，不得作为认定案件事实的根据。

第十六条　当事人作为证据提交的电子数据系通过区块链技术存储，并经技术核验一致的，人民法院可以认定该电子数据上链后未经篡改，但有相反证据足以推翻的除外。

第十七条　当事人对区块链技术存储的电子数据上链后的真实性提出异议，并有合理理由的，人民法院应当结合下列因素作出判断：

（一）存证平台是否符合国家有关部门关于提供区块链存证服务的相关规定；

（二）当事人与存证平台是否存在利害关系，并利用技术手段不当干预取证、存证过程；

（三）存证平台的信息系统是否符合清洁性、安全性、可靠性、可用性的国家标准或者行业标准；

（四）存证技术和过程是否符合相关国家标准或者行业标准中关于系统环境、技术安全、加密方式、数据传输、信息验证等方面的要求。

第十八条　当事人提出电子数据上链存储前已不具备真实性，并提供证据证明或者说明理由的，人民法院应当予以审查。

人民法院根据案件情况，可以要求提交区块链技术存储电子数据的一方当事人，提供证据证明上链存储前数据的真实性，并结合上链存储前数据的具体来源、生成机制、存储过程、公证机构公证、第三方见证、关联印证数据等情况作出综合判断。当事人不能提供证据证明或者作出合理说明，该电子数据也无法与其他证据相互印证的，人民法院不予确认其真实性。

第十九条 当事人可以申请具有专门知识的人就区块链技术存储电子数据相关技术问题提出意见。人民法院可以根据当事人申请或者依职权，委托鉴定区块链技术存储电子数据的真实性，或者调取其他相关证据进行核对。

第二十条 经各方当事人同意，人民法院可以指定当事人在一定期限内，分别登录诉讼平台，以非同步的方式开展调解、证据交换、调查询问、庭审等诉讼活动。

适用小额诉讼程序或者民事、行政简易程序审理的案件，同时符合下列情形的，人民法院和当事人可以在指定期限内，按照庭审程序环节分别录制参与庭审视频并上传至诉讼平台，非同步完成庭审活动：

（一）各方当事人同时在线参与庭审确有困难；

（二）一方当事人提出书面申请，各方当事人均表示同意；

（三）案件经过在线证据交换或者调查询问，各方当事人对案件主要事实和证据不存在争议。

第二十一条 人民法院开庭审理的案件，应当根据当事人意愿、案件情况、社会影响、技术条件等因素，决定是否采取视频方式在线庭审，但具有下列情形之一的，不得适用在线庭审：

（一）各方当事人均明确表示不同意，或者一方当事人表示不同意且有正当理由的；

（二）各方当事人均不具备参与在线庭审的技术条件和能力的；

（三）需要通过庭审现场查明身份、核对原件、查验实物的；

（四）案件疑难复杂、证据繁多，适用在线庭审不利于查明事实和适用法律的；

（五）案件涉及国家安全、国家秘密的；

（六）案件具有重大社会影响，受到广泛关注的；

（七）人民法院认为存在其他不宜适用在线庭审情形的。

采取在线庭审方式审理的案件，审理过程中发现存在上述情形之一的，人民法院应当及时转为线下庭审。已完成的在线庭审活动具有法律效力。

在线询问的适用范围和条件参照在线庭审的相关规则。

第二十二条 适用在线庭审的案件，应当按照法律和司法解释的相关规定开展庭前准备、法庭调查、法庭辩论等庭审活动，保障当事人申请回避、举证、质证、陈述、辩论等诉讼权利。

第二十三条 需要公告送达的案件，人民法院可以在公告中明确线上或者线下参与庭审的具体方式，告知当事人选择在线庭审的权利。被公告方当事人未在开庭前向人民法院表示同意在线庭审的，被公告方当事人适用线下庭审。其他同意适用在线庭审的当事人，可以在线参与庭审。

第二十四条 在线开展庭审活动，人民法院应当设置环境要素齐全的在线法庭。在线法庭应当保持国徽在显著位置，审判人员及席位名称等在视频画面合理区域。因存在特殊情形，确需在在线法庭之外的其他场所组织在线庭审的，应当报请本院院长同意。

出庭人员参加在线庭审，应当选择安静、无干扰、光线适宜、网络信号良好、相对封闭的场所，不得在可能影响庭审音频视频效果或者有损庭审严肃性的场所参加庭审。必要时，人民法院可以要求出庭人员到指定场所参加在线庭审。

第二十五条 出庭人员参加在线庭审应当尊重司法礼仪，遵守法庭纪律。人民法院根据在线庭审的特点，适用《中华人民共和国人民法院法庭规则》相关规定。

除确属网络故障、设备损坏、电力中断或者不可抗力等原因外，当事人无正当理由不参加在线庭审，视为“拒不到庭”；在庭审中擅自退出，经提示、警告后仍不改正的，视为“中途退庭”，分别按照相关法律和司法解释的规定处理。

第二十六条 证人通过在线方式出庭的，人民法院应当通过指定在线出庭场所、设置在线作证室等方式，保证其不旁听案件审理和不受他人干扰。当事人对证人在线出庭提出异议且有合理理由的，或者人民法院认为确有必要的，应当要求证人线下出庭作证。

鉴定人、勘验人、具有专门知识的人在线出庭的，参照前款规定执行。

第二十七条 适用在线庭审的案件，应当按照法律和司法解释的相关规定公开庭审活动。

对涉及国家安全、国家秘密、个人隐私的案件，庭审过程不得在互联网上公开。对涉及未成年人、商业秘密、离婚等民事案件，当事人申请不公开审理的，在线庭审过程可以不在互联网上公开。

未经人民法院同意，任何人不得违法违规录制、截取、传播涉及在线庭审过程的音频视频、图文资料。

第二十八条 在线诉讼参与人故意违反本规则第八条、第二十四条、第二十五条、第二十六条、第二十七条的规定，实施妨害在线诉讼秩序行为的，人民法院可以根据法律和司法解释关于妨害诉讼的相关规定作出处理。

第二十九条 经受送达人同意，人民法院可以通过送达平台，向受送达人的电子邮箱、即时通讯账号、诉讼平台专用账号等电子地址，按照法律和司法解释的相关规定送达诉讼文书和证据材料。

具备下列情形之一的，人民法院可以确定受送达人同意电子送达：

（一）受送达人明确表示同意的；

（二）受送达人在诉讼前对适用电子送达已作出约定或者承诺的；

（三）受送达人在提交的起诉状、上诉状、申请书、答辩状中主动提供用于接收送达的电子地址的；

（四）受送达人通过回复收悉、参加诉讼等方式接受已经完成的电子送达，并且未明确表示不同意电子送达的。

第三十条 人民法院可以通过电话确认、诉讼平台在线确认、线下发送电子送达确认书等方式，确认受送达人是否同意电子送达，以及受送达人接收电子送达的具体方式和地址，并告知电子送达的适用范围、效力、送达地址变更方式以及其他需告知的送达事项。

第三十一条 人民法院向受送达人主动提供或者确认的电子地址送达的，送达信息到达电子地址所在系统时，即为送达。

受送达人未提供或者未确认有效电子送达地址，人民法院向能够确认为受送达人本人的电子地址送达的，根据下列情形确定送达是否生效：

（一）受送达人回复已收悉，或者根据送达内容已作出相应诉讼行为的，即为完成有效送达；

（二）受送达人的电子地址所在系统反馈受送达人已阅知，或者有其他证据可以证明受送达人已经收悉的，推定完成有效送达，但受送达人能够证明存在系统错误、送达地址非本人使用或者非本人阅知等未收悉送达内容的情形除外。

人民法院开展电子送达，应当在系统中全程留痕，并制作电子送达凭证。电子送达凭证具有送达回证效力。

对同一内容的送达材料采取多种电子方式发送受送达人的，以最先完成的有效送达时间作为送达生效时间。

第三十二条 人民法院适用电子送达，可以同步通过短信、即时通讯工具、诉讼平台提示等方式，通知受送达人查阅、接收、下载相关送达材料。

第三十三条 适用在线诉讼的案件，各方诉讼主体可以通过在线确认、电子签章等方式，确认和签收调解协议、笔录、电子送达凭证及其他诉讼材料。

第三十四条 适用在线诉讼的案件，人民法院应当在调解、证据交换、庭审、合议等诉讼环节同步形成电子笔录。电子笔录以在线方式核对确认后，与书面笔录具有同等法律效力。

第三十五条 适用在线诉讼的案件，人民法院应当利用技术手段随案同步生成电子卷宗，形成电子档案。电子档案的立卷、归档、存储、利用等，按照档案管理相关法律法规的规定执行。

案件无纸质材料或者纸质材料已经全部转化为电子材料的，第一审人民法院可以采用电子卷宗代替纸质卷宗进行上诉移送。

适用在线诉讼的案件存在纸质卷宗材料的，应当按照档案管理相关法律法规立卷、归档和保存。

第三十六条 执行裁决案件的在线立案、电子材料提交、执行和解、询问当事人、电子送达等环节，适用本规则的相关规定办理。

人民法院可以通过财产查控系统、网络询价评估平台、网络拍卖平台、信用惩戒系统等，在线完成财产查明、查封、扣押、冻结、划扣、变价和惩戒等执行实施环节。

第三十七条 符合本规定第三条第二项规定的刑事案件，经公诉人、当事人、辩护人同意，可以根据案件情况，采取在线方式讯问被告人、开庭审理、宣判等。

案件采取在线方式审理的，按照以下情形分别处理：

（一）被告人、罪犯被羁押的，可以在看守所、监狱等羁押场所在线出庭；

（二）被告人、罪犯未被羁押的，因特殊原因确实无法到庭的，可以在人民法院指定的场所在线出庭；

（三）证人、鉴定人一般应当在线下出庭，但法律和司法解释另有规定的除外。

第三十八条 参与在线诉讼的相关主体应当遵守数据安全和个人信息保护的相关法律法规，履行数据安全和个人信息保护义务。除人民法院依法公开的以外，任何人不得违法违规披露、传播和使用在线诉讼数据信息。出现上述情形的，人民法院可以根据具体情况，依照法律和司法解释关于数据安全、个人信息保护以及妨害诉讼的规定追究相关单位和人员法律责任，构成犯罪的，依法追究刑事责任。

第三十九条 本规则自 2021 年 8 月 1 日起施行。最高人民法院之前发布的司法解释涉及在线诉讼的规定与本规则不一致的，以本规则为准。

人民法院在线调解规则

法释〔2021〕23号

（2021年12月27日最高人民法院审判委员会第1859次会议通过
2021年12月30日最高人民法院公告公布　自2022年1月1日起施行）

为方便当事人及时解决纠纷，规范依托人民法院调解平台开展的在线调解活动，提高多元化解纠纷效能，根据《中华人民共和国民事诉讼法》《中华人民共和国行政诉讼法》《中华人民共和国刑事诉讼法》等法律的规定，结合人民法院工作实际，制定本规则。

第一条　在立案前或者诉讼过程中依托人民法院调解平台开展在线调解的，适用本规则。

第二条　在线调解包括人民法院、当事人、调解组织或者调解员通过人民法院调解平台开展的在线申请、委派委托、音视频调解、制作调解协议、申请司法确认调解协议、制作调解书等全部或者部分调解活动。

第三条　民事、行政、执行、刑事自诉以及被告人、罪犯未被羁押的刑事附带民事诉讼等法律规定可以调解或者和解的纠纷，可以开展在线调解。

行政、刑事自诉和刑事附带民事诉讼案件的在线调解，法律和司法解释另有规定的，从其规定。

第四条　人民法院采用在线调解方式应当征得当事人同意，并综合考虑案件具体情况、技术条件等因素。

第五条　人民法院审判人员、专职或者兼职调解员、特邀调解组织和特邀调解员以及人民法院邀请的其他单位或者个人，可以开展在线调解。

在线调解组织和调解员的基本情况、纠纷受理范围、擅长领域、是否收费、作出邀请的人民法院等信息应当在人民法院调解平台进行公布，方便当事人选择。

第六条 人民法院可以邀请符合条件的外国人入驻人民法院调解平台，参与调解当事人一方或者双方为外国人、无国籍人、外国企业或者组织的民商事纠纷。

符合条件的港澳地区居民可以入驻人民法院调解平台，参与调解当事人一方或者双方为香港特别行政区、澳门特别行政区居民、法人或者非法人组织以及大陆港资澳资企业的民商事纠纷。

符合条件的台湾地区居民可以入驻人民法院调解平台，参与调解当事人一方或者双方为台湾地区居民、法人或者非法人组织以及大陆台资企业的民商事纠纷。

第七条 人民法院立案人员、审判人员在立案前或者诉讼过程中，认为纠纷适宜在线调解的，可以通过口头、书面、在线等方式充分释明在线调解的优势，告知在线调解的主要形式、权利义务、法律后果和操作方法等，引导当事人优先选择在线调解方式解决纠纷。

第八条 当事人同意在线调解的，应当在人民法院调解平台填写身份信息、纠纷简要情况、有效联系电话以及接收诉讼文书电子送达地址等，并上传电子化起诉申请材料。当事人在电子诉讼平台已经提交过电子化起诉申请材料的，不再重复提交。

当事人填写或者提交电子化起诉申请材料确有困难的，人民法院可以辅助当事人将纸质材料作电子化处理后导入人民法院调解平台。

第九条 当事人在立案前申请在线调解，属于下列情形之一的，人民法院退回申请并分别予以处理：

（一）当事人申请调解的纠纷不属于人民法院受案范围，告知可以采用的其他纠纷解决方式；

（二）与当事人选择的在线调解组织或者调解员建立邀请关系的人民法院对该纠纷不具有管辖权，告知选择对纠纷有管辖权的人民法院邀请的调解组织或者调解员进行调解；

（三）当事人申请调解的纠纷不适宜在线调解，告知到人民法院诉讼服务大厅现场办理调解或者立案手续。

第十条 当事人一方在立案前同意在线调解的，由人民法院征求其意见后指定调解组织或者调解员。

当事人双方同意在线调解的，可以在案件管辖法院确认的在线调解组织和调解员中共同选择调解组织或者调解员。当事人同意由人民法院指定调解组织或者调解员，或者无法在同意在线调解后两个工作日内共同选择调解组织或者调解员的，由人民法院指定调解组织或者调解员。

人民法院应当在收到当事人在线调解申请后三个工作日内指定调解组织或者调解员。

第十一条 在线调解一般由一名调解员进行，案件重大、疑难复杂或者具有较强专业性的，可以由两名以上调解员调解，并由当事人共同选定其中一人主持调解。无法共同选定的，由人民法院指定一名调解员主持。

第十二条 调解组织或者调解员应当在收到人民法院委派委托调解信息或者当事人在线调解申请后三个工作日内，确认接受人民法院委派委托或者当事人调解申请。纠纷不符合调解组织章程规定的调解范围或者行业领域，明显超出调解员擅长领域或者具有其他不适宜接受情形的，调解组织或者调解员可以写明理由后不予接受。

调解组织或者调解员不予接受或者超过规定期限未予确认的，人民法院、当事人可以重新指定或者选定。

第十三条 主持或者参与在线调解的人员有下列情形之一，应当在接受调解前或者调解过程中进行披露：

（一）是纠纷当事人或者当事人、诉讼代理人近亲属的；

（二）与纠纷有利害关系的；

（三）与当事人、诉讼代理人有其他可能影响公正调解关系的。

当事人在调解组织或者调解员披露上述情形后或者明知其具有上述情形，仍同意调解的，由该调解组织或者调解员继续调解。

第十四条 在线调解过程中，当事人可以申请更换调解组织或者调解员；更换后，当事人仍不同意且拒绝自行选择的，视为当事人拒绝调解。

第十五条 人民法院对当事人一方立案前申请在线调解的，应当征询对方当事人的调解意愿。调解员可以在接受人民法院委派调解之日起三个工作日内协助人民法院通知对方当事人，询问是否同意调解。

对方当事人拒绝调解或者无法联系对方当事人的，调解员应当写明原因，终结在线调解程序，即时将相关材料退回人民法院，并告知当事人。

第十六条 主持在线调解的人员应当在组织调解前确认当事人参与调解的方式，并按照下列情形作出处理：

（一）各方当事人均具备使用音视频技术条件的，指定在同一时间登录人民法院调解平台；无法在同一时间登录的，征得各方当事人同意后，分别指定时间开展音视频调解；

（二）部分当事人不具备使用音视频技术条件的，在人民法院诉讼服务中心、调解组织所在地或者其他便利地点，为其参与在线调解提供场所和音视频设备。

各方当事人均不具备使用音视频技术条件或者拒绝通过音视频方式调解的，确定现场调解的时间、地点。

在线调解过程中，部分当事人提出不宜通过音视频方式调解的，调解员在征得其他当事人同意后，可以组织现场调解。

第十七条 在线调解开始前，主持调解的人员应当通过证件证照在线比对等方式核实当事人和其他参与调解人员的身份，告知虚假调解法律后果。立案前调解的，调解员还应当指导当事人填写《送达地址确认书》等相关材料。

第十八条 在线调解过程中，当事人可以通过语音、文字、视频等形式自主表达意愿，提出纠纷解决方案。除共同确认的无争议事实外，当事人为达成调解协议作出妥协而认可的事实、证据等，不得在诉讼程序中作为对其不利的依据或者证据，但法律另有规定或者当事人均同意的除外。

第十九条 调解员组织当事人就所有或者部分调解请求达成一致意见的，应当在线制作或者上传调解协议，当事人和调解员应当在调解协议上进行电子签章；由调解组织主持达成调解协议的，还应当加盖调解组织电子印章，调解组织没有电子印章的，可以将加盖印章的调解协议上传至人民法院调解平台。

调解协议自各方当事人均完成电子签章之时起发生法律效力，并通过人民法院调解平台向当事人送达。调解协议有给付内容的，当事人应当按照调解协议约定内容主动履行。

第二十条 各方当事人在立案前达成调解协议的，调解员应当记入调解笔录并按诉讼外调解结案，引导当事人自动履行。依照法律和司法解释规定可以申请司法确认调解协议的，当事人可以在线提出申请，人民法院经审查符合法律规定的，裁定调解协议有效。

各方当事人在立案后达成调解协议的，可以请求人民法院制作调解书或者申请撤诉。人民法院经审查符合法律规定的，可以制作调解书或者裁定书结案。

第二十一条 经在线调解达不成调解协议，调解组织或者调解员应当记录调解基本情况、调解不成的原因、导致其他当事人诉讼成本增加的行为以及需要向人民法院提示的其他情况。人民法院按照下列情形作出处理：

（一）当事人在立案前申请在线调解的，调解组织或者调解员可以建议通过在线立案或者其他途径解决纠纷，当事人选择在线立案的，调解组织或者调解员应当将电子化调解材料在线推送给人民法院，由人民法院在法定期限内依法登记立案；

（二）立案前委派调解的，调解不成后，人民法院应当依法登记立案；

（三）立案后委托调解的，调解不成后，人民法院应当恢复审理。

审判人员在诉讼过程中组织在线调解的，调解不成后，应当及时审判。

第二十二条 调解员在线调解过程中，同步形成电子笔录，并确认无争议事实。经当事人双方明确表示同意的，可以以调解录音录像代替电子笔录，但无争议事实应当以书面形式确认。

电子笔录以在线方式核对确认后，与书面笔录具有同等法律效力。

第二十三条 人民法院在审查司法确认申请或者出具调解书过程中，发现当事人可能采取恶意串通、伪造证据、捏造事实、虚构法律关系等手段实施虚假调解行为，侵害他人合法权益的，可以要求当事人提供相关证据。当事人不提供相关证据的，人民法院不予确认调解协议效力或者出具调解书。

经审查认为构成虚假调解的，依照《中华人民共和国民事诉讼法》等相关法律规定处理。发现涉嫌刑事犯罪的，及时将线索和材料移送有管辖权的机关。

第二十四条 立案前在线调解期限为三十日。各方当事人同意延长的，不受此限。立案后在线调解，适用普通程序的调解期限为十五日，适用简易程序的调解期限为七日，各方当事人同意延长的，不受此限。立案后延长的调解期限不计入审理期限。

委派委托调解或者当事人申请调解的调解期限，自调解组织或者调解员在人民法院调解平台确认接受委派委托或者确认接受当事人申请之日起算。审判人员主持调解的，自各方当事人同意之日起算。

第二十五条 有下列情形之一的，在线调解程序终结：

（一）当事人达成调解协议；

（二）当事人自行和解，撤回调解申请；

（三）在调解期限内无法联系到当事人；

（四）当事人一方明确表示不愿意继续调解；

（五）当事人分歧较大且难以达成调解协议；

（六）调解期限届满，未达成调解协议，且各方当事人未达成延长调解期限的合意；

（七）当事人一方拒绝在调解协议上签章；

（八）其他导致调解无法进行的情形。

第二十六条 立案前调解需要鉴定评估的，人民法院工作人员、调解组织或者调解员可以告知当事人诉前委托鉴定程序，指导通过电子诉讼平台或者现场办理等方式提交诉前委托鉴定评估申请，鉴定评估期限不计入调解期限。

诉前委托鉴定评估经人民法院审查符合法律规定的，可以作为证据使用。

第二十七条 各级人民法院负责本级在线调解组织和调解员选任确认、业务培训、资质认证、指导入驻、权限设置、业绩评价等管理工作。上级人民法院选任的在线调解组织和调解员，下级人民法院在征得其同意后可以确认为本院在线调解组织和调解员。

第二十八条 人民法院可以建立婚姻家庭、劳动争议、道路交通、金融消费、证券期货、知识产权、海事海商、国际商事和涉港澳台侨纠纷等专业行业特邀调解名册，按照不同专业邀请具备相关专业能力的组织和人员加入。

最高人民法院建立全国性特邀调解名册，邀请全国人大代表、全国政协委员、知名专家学者、具有较高知名度的调解组织以及较强调解能力的人员加入，参与调解全国法院有重大影响、疑难复杂、适宜调解的案件。

高级人民法院、中级人民法院可以建立区域性特邀调解名册，参与本辖区法院案件的调解。

第二十九条 在线调解组织和调解员在调解过程中，存在下列行为之一的，当事人可以向作出邀请的人民法院投诉：

（一）强迫调解；

（二）无正当理由多次拒绝接受人民法院委派委托或者当事人调解申请；

（三）接受当事人请托或者收受财物；

（四）泄露调解过程、调解协议内容以及调解过程中获悉的国家秘密、商业秘密、个人隐私和其他不宜公开的信息，但法律和行政法规另有规定的除外；

（五）其他违反调解职业道德应当作出处理的行为。

人民法院经核查属实的，应当视情形作出解聘等相应处理，并告知有关主管部门。

第三十条 本规则自2022年1月1日起施行。最高人民法院以前发布的司法解释与本规则不一致的，以本规则为准。

第四篇

改革报告

北京法院

2021 年，在北京市委坚强领导和最高人民法院正确指导下，北京市法院坚持以习近平新时代中国特色社会主义思想为指导，深入学习贯彻习近平法治思想，不断深化司法体制综合配套改革，努力让人民群众切实感受到公平正义就在身边。

一、推进改革的主要做法

2021 年，按照中央、北京市委和最高人民法院部署，北京市法院深入推进司法体制综合配套改革。

一是提高政治站位，站稳司法改革政治立场。把党的政治建设摆在首位，以政治建设引领司法改革，确保司法改革的正确方向。坚持以习近平新时代中国特色社会主义思想为指导，深入学习贯彻习近平法治思想，认真学习贯彻党的十九大和十九届历次全会精神，扎实开展党史学习教育和政法队伍教育整顿，忠实履行宪法法律赋予的职责，增强“四个意识”、坚定“四个自信”、做到“两个维护”。

二是坚持全市法院司法改革统筹规划、整体推进。2021 年，市高院按照中央、市委、最高人民法院有关改革的部署安排，制定了全市法院 2021 年司法改革工作要点，根据工作要点细化形成《北京法院 2021 年司改台账》，明确责任单位与任务完成时间。年中，市高院召开全市法院司法改革推进会，听取汇报并对下半年全市法院改革工作进行再动员。全年，针对工作要点的落实情况开展两次专项督办，确保责任单位认真贯彻落实。

三是围绕服务大局、以人民为中心推进司法改革。深化知识产权审判领域改革创新，制定《知识产权民事诉讼证据规则指引》，在中关村科技园、怀柔科学城、中日创新合作示范区、中德产业园设立知识产权巡回审判庭，依法服务保障国际科技创新中心、全球数字经济标杆城市建设。成立北京国际商事法庭，设立国际商事纠纷一站式多元解纷中心、环球度假区一站式多元解纷中心，服务保障“两区”建设。制定《关于推动诉讼执行全流程提速服务市场化法治化国际化营商环境的意见》，落实无纸化网上立案等35项具体改革举措，服务保障优化营商环境。在17家基层法院挂牌“少年法庭”或“少年家事庭”，深化人身损害赔偿标准城乡统一试点，与公安、交通、经信等部门加强执行联动协作，深化“夜间法庭”试点等，依法保护人民群众合法权益，回应人民群众需求。

二、改革主要进展情况

根据市高院《北京法院2021年司改台账》，全市法院认真贯彻落实。目前，除了推进审执分离体制改革、深化与行政区划适当分离的司法管辖制度、深化高级、中级法院系统内设机构改革、推动北京铁路运输中级法院改革、制定法官等级特别选升办法5项任务需中央、最高人民法院、市委统一部署之外，其余改革任务均已按照要求完成。

一是高起点高标准设立北京金融法院，推进金融审判领域体制机制改革创新。着力风险预警预防，创新金融审判治理机制；聚焦审判实践，创新金融案件办理机制；优化北京金融法院建设运行机制；健全审判权运行，提升金融审判专业化能力；共建金融司法风险预警“冒烟指数”，审结标的额超亿元案件179件。

二是构建促进和监督“三个规定”严格执行的体制机制。健全完善落实“三个规定”“三逢三必”制度机制，建立“一把手工程、双方向发力、三嵌入宣传”机制，会同相关单位共同规范法官、律师执业行为。

三是健全完善诉源治理工作机制。积极争取党委领导，探索构建司法服务基层社会治理响应机制，主动延伸司法职能，培育和促进多元调解力量发展壮大，纠纷诉前化解率达34.9%。

四是深入推进民事诉讼繁简分流改革试点。小额诉讼程序适用率为12.5%，小额诉讼平均审理期限比法定审限缩短25天，简易程序平均审理期限不到法定审限的一半，基层法院调解成功与速裁结案共411906件。发布全国首批《委托司法鉴定评估规范指南》，平均周期缩减至30天以内。全市法院基本形成一审“独任制为主、合议制为辅”，二审“合议制为主、独任制为辅”的审判组织格局。

五是进一步加强内部监督制约机制建设。制定《关于强化民商事案件审判内部监督的实施意见》等11个审判监督文件，召开审委会300余次，院庭长审结案件348022件，占总结案数的37.7%。推进合议制度、类案检索、副卷管理等制度规定建设，推动解决不同中级法院辖区法院裁判尺度不统一问题，确保司法公正。

六是开展北京法院审级职能定位改革。制定审级职能定位改革细则，全市法院主动适应级别管辖调整，强化审级监督作用，提高审判监督和提级审理案件审判质量，完善配套衔接机制，充分发挥改革举措系统集成效能，保障群众诉讼权益。

七是深入推进以审判为中心的刑事诉讼制度改革。落实庭审实质化，证人、鉴定人出庭作证率明显提升。扎实推进认罪认罚从宽制度实施。全面开展减刑、假释、暂予监外执行案件倒查30年排查整治工作，切实推动减刑假释案件审理规范化。制定暂予监外执行案件审判规程和合议规则，会签《北京市暂予监外执行规定实施细则（试行）》，规范暂予监外执行案件办理。

八是深化智慧法院建设。编制北京法院信息化建设五年发展规划，北京云法庭、微信小程序案件空间、阶梯式民间借贷计算系统等5个创新案例，获全国政法智能化建设“智慧法院创新案例”奖。完善全流程在线诉讼，网上立案率达71.2%，在线庭审率达67.4%，持续居全国法院首位。深化电子卷宗随案同步生成和深度应用，实现金融、知识产权、管辖权异议等部分类型案件全流程无纸化办案，有力推进全节点信息化监督管理。

三、存在的问题和困难

一是司法制约监督机制还要进一步完善。司法制约监督机制建设是司法改革的重要内容，也是公正司法、司法为民的重要保障。目前，人民法院已经建立了院庭长监督管理职责、审判权运行、司法责任制等一些系列制约监督工作制度。在这些制度的基础上，还需要继续完善相关工作机制，保障制度落地，切实发挥制约监督的作用。

二是法院审级职能定位改革还需要不断深入推进。四级法院职能定位改革试点工作已于2021年启动，但目前不少工作还处于探索阶段。提级管辖机制、再审程序改革后的运行机制、相关配套机制等还未有效运行，审级职能定位改革的具体抓手还不明确，广大法官、社会群众对审级职能定位改革还有些认知不清，改革的成果还不是很丰富。这些都需要通过审级职能定位改革不断深入推进进行解决。

三是矛盾纠纷化解与诉源治理工作还要继续加强。诉源治理工作总体发展还不均衡，党政主导诉源治理格局还需要继续完善，纠纷解决尚未真正从法院向前“延伸”到社会，在诉讼之前、法院之外的化解纠纷机制，还难以满足群众的多元解纷需求。民事案件中还需继续推进繁简分流、轻重分离、快慢分道，进一步提高纠纷解决的质效。民事诉讼法修改后，有些工作标准还不明确，有的制度运行还不顺畅，修法红利还未完全释放。

四是司法事务管理的集约化、社会化、信息化还需要继续加强。人民法院当前案多人少的压力已经十分突出，除了通过调配办案资源、繁简分流等改革外，完善司法事务管理工作也是提升司法质效的重要抓手，北京法院做了大量探索。随着审判实践和科技的发展变化，还需要继续加强此方面的有益探索。

五是专业化审判建设还要不断探索推进。互联网法院的管辖规则和职责定位还有待明确。现行规则易产生管辖争议，部分案由不适合由互联网法院审理，部分涉及互联网治理的案由未纳入互联网法院管辖范围。北京四中院作为跨区划法院，“跨区划”特点不够显著，案件管辖范围有待优化明确。北京知识产权法院、北京金融法院作为专业法院，在促进高科技产业、数字产业发展，依法支持金融监管、促进金融服务实体经济等方面，还有不断探索的空间。涉外审判方面，还需要不断完善涉外案件的管辖，加强涉外审判人才的培养，服务保障国际交往中心建设。

四、下一步工作打算

一是进一步完善司法制约监督工作机制。落实全面从严治党主体责任，把党的政治建设摆在首位，深入学习贯彻习近平新时代中国特色社会主义思想和习近平法治思想。强化法院各级党组织管党治党政治责任，健全责任链条，强化责任担当，用好问责利器，推动主体责任一贯到底。落实防止干预司法“三个规定”，健全内部监督管理机制。完善自觉接受外部监督制约机制，依法依规自觉接受人大监督、民主监督、群众监督和舆论监督，贯彻落实人民陪审员法，保障人民群众有效参与和监督司法。继续加强对民商事案件、执行权的制约监督，严格规范自由裁量权，优化升级类案检索信息化平台，制定细化对“四类案件”的监督管理，严格落实对合议庭成员一体追责制度，严格落实随机分案制度。

二是深入推进审级职能定位改革试点工作。坚持上下联动、一体推进，重点加强提级管辖、再审程序顺畅运行等工作，围绕高级法院、中级法院、基层法院的职能定位明确工作抓手，完善数据统计、考核、培训、宣传等配套机制，同时加强对改革试点工作的督促检查，重点改革事项的督办，定期对改革情况进行汇总评估，及时纠偏，保证改革试点工作切实取得实效。

三是继续加强矛盾纠纷化解与诉源治理工作。用好用足民事诉讼法修法红利，明确相关标准，加大司法确认工作力度，提高小额诉讼程序适用比例，切实将矛盾纠纷化解在前端，化解在基层。推动“多元调解+速裁”工作制度化、定型化，完善诉前调解流程设置、节点时限、工作标准，优化调解速裁岗位职能、人员设置，进一步提高调解成功率，实现“多元调解+速裁”工作提档增效。进一步优化12368热线“一号响应”诉源治理工作机制，快速精准回应各类基层社会治理主体在预防化解矛盾纠纷过程中提出的司法需求，基层法院、人民法庭建立与辖区党委政府常态化的诉源治理精准对接机制，切实实现矛盾纠纷就地化解、源头预防。

四是推进司法事务集约化、社会化、信息化管理。建立专门工作平台，组建专业工作团队，集中办理文书送达、财产保全、执行查控等事务，梳理适合购买社会服务的辅助事务范围和项目，规范有序开展向社会购买服务。进一步推广人工智能、司法区块链、5G等前沿技术在司法工作中的应用，全力对接市政法办案智能管理系统的建设应用，全面提升语音识别技术在庭审语音同步转录中的应用效能，开展电子卷宗全流程无纸化办案模式改革试点，推进“电子档案为主、纸质档案为辅”的案件归档方式，打造全国领先的在线诉讼体系。

五是继续加强专业化审判建设。推动明确互联网法院作为专门法院的职能定位，进一步明确涉互联网案件的管辖和审查标准、优化案件管辖范围，有针对性地规制“网上案件”对传统案件地域管辖制度的冲击。研究优化北京四中院案件管辖范围，完善职能定位。加大对“卡脖子”关键核心技术、重点领域、新兴产业的知识产权司法保护，积极促进数字产业规范发展。依法保护金融消费者、投资者和金融机构合法权益，助力防范化解金融风险，服务国家金融管理中心功能建设。研究完善涉外案件管辖，加强人才教育培训，推动北京国际商事法庭高水平运行。

（来源：北京市高级人民法院）

天津法院

2021年，天津法院坚持以习近平新时代中国特色社会主义思想为指导，深入学习贯彻党的十九大、十九届历次全会精神和习近平法治思想，坚持党对政法工作的绝对领导，坚定不移走中国特色社会主义法治道路，认真落实中央、天津市委以及最高人民法院部署要求，弘扬伟大建党精神，把握新发展阶段、贯彻新发展理念、构建新发展格局，不断深化司法体制综合配套改革，努力满足人民群众对司法的新需求新期待，提升人民群众的获得感、幸福感、安全感，为加快建设社会主义现代化大都市提供有力司法服务和保障。

一、推进改革的主要做法

一是把党的领导坚决落实到司法改革全过程。学深悟透做实习近平法治思想，坚持党对司法工作的绝对领导，坚定不移地走中国特色社会主义法治道路，大力加强法院党的政治建设，不断提高政治判断力、政治领悟力、政治执行力，增强“四个意识”、坚定“四个自信”、做到“两个维护”。严格贯彻政法工作条例，充分发挥党组在推动司法改革过程中把方向、管大局、保落实的领导作用，及时向天津市委、市委政法委请示报告全市三级法院审级职能定位改革等重大改革事项，自觉接受政治督查。持续以党建带队建促审判，把落实中心工作、重大任务作为检验党建质效的试金石，出台《推进机关党建和审判工作深度融合的意见》，落实支部建在庭上、党小组建在审判团队上，发挥好党建引领保障作用。

二是将责任落实全面覆盖到各个环节。印发《天津市高级人民法院2021年司法改革工作要点》，明确提出7个方面30项举措，对建立审判权新型监督制约体系、进一步落实庭审实质化等改革任务作出部署。制定《关于贯彻落实〈关于加强政法领域执法司法制约监督制度机制建设的意见〉的任务台账》等重大司改事项的任务台账，细化改革事项的工作内容、责任主体、进展节点，以台账式管理促进司法改革工作规范化、标准化、精准化。将各级法院党组履行改革主体责任、研究部署改革工作等司法改革落实情况纳入全市法院系统绩效考评内容和评分标准中，结合政法队伍教育整顿工作开展司法改革成效自查与督查工作，督促责任部门针对发现的问题分析原因，制订整改方案，限期整改，确保各项司法改革任务落实落地。

三是让创新理念有机融入改革探索。积极开展司法改革示范亮点推进工作，鼓励全市各级法院积极拓宽视野，勇于创新、力求实效，其中《健全完善知识产权审判机制》《打造互联网金融解纷新样板》等2项改革亮点受到市委政法委通报表扬。认真总结司法改革实践成果，编发司法改革专刊22期，介绍全市法院有关司法改革的创新经验，形成浓郁的改革创新氛围。加大司法改革调研力度，坚持以问题为导向，开展各类司法改革主题调研活动，注重发现、研究问题，不断探索符合人民期待的创新举措。

二、改革主要进展情况

一是构建新型审判权力制约监督机制。印发《天津市高级人民法院关于进一步加强审判权力制约监督制度机制建设的实施意见（试行）》，构建与新型审判权力运行模式相适应的制约监督制度机制，确保司法公正高效权威。严格执行合议庭工作制度，推动合议庭成员交叉阅卷、参加庭审、案件评议、文书签署等制度的落实，确保合议庭成员平等参与、共同审理、充分评议、独立发表意见，努力解决“合而不议”“陪而不议”问题，强化合议庭内部的制约监督机制。严格落实《审判监督管理权力和责任清单》《天津法院重点案件监督管理办法》，搭建监督管理技术平台，压实院庭长监督管理主体责任。充分运用自动化管理手段，加强案件流程管理，对各类案件的主要办案流程进行跟踪、监控和动态管理，将重要节点嵌入信息化办案平台，实现已完成事项全程留痕、待完成事项提示催办、将到期事项定时提醒。加强审限管理，建立审限监管系统，通过自动标记、短信提醒等方式对案件审限自动预警，对审限变更实现线上审批，全程留痕。

二是发挥知识产权服务保障创新功能。全市法院2021年依法审结涉小米科技、字节跳动、“蒙奇奇”商标权等各类知识产权案件11413件，为打造天津知识产权保护高地提供了坚实有力的司法保障。制定《关于为创新驱动发展提供知识产权司法保障的若干意见》，充分发挥天津知识产权法庭跨区域集中管辖技术类案件对科技创新的积极推动和促进作用；召开加强知识产权保护促进天津高质量发展专题座谈会，主动对接企业司法需求；加大惩罚性赔偿适用力度，发布天津知识产权司法保障创新驱动发展十大典型案例，激发创新创造活力。统筹组织全市法院集中开展“4·26世界知识产权日”系列宣传活动，持续发布天津法院知识产权司法保护白皮书和司法保护典型案例，不断提升知识产权司法保护影响力。

三是为优化营商环境提供有力的司法保障。与工商联加强涉民企纠纷化解机制建设，设立“法官商会调解室”，畅通民营企业维权渠道，服务民营经济健康发展。运用司法手段促进市场主体优胜劣汰，审结破产案件928件，化解不良资产2651.81亿元，妥善安置职工1.13万人。法院牵头的“执行合同”“办理破产”等指标在国家营商环境评价中被评为标杆指标，“招财宝”买卖合同纠纷案入选2021年度全国法院十大商事案例。监督支持行政机关依法履职，审结涉违建拆除、征地拆迁、招商引资等行政案件9659件，以协调方式化解1038件。各级行政机关认真落实行政诉讼法，负责人出庭率达93.64%，同比上升22.24个百分点。

四是持续深化以审判为中心的刑事诉讼制度改革。印发《关于刑事诉讼中侦查人员出庭的工作指南（试行）》，明确侦查人员出庭的启动、发问和询问等程序，充分保障出庭侦查人员的人身安全。推动庭审实质化，证人、鉴定人等出庭作证上升73.91%。完善认罪认罚案件自愿性审查机制，进一步规范认罪认罚的告知程序，强化对认罪认罚后果的释明，进一步规范对认罪认罚的审查程序，强化对认罪自愿性的审查，通过检查督查、旁听庭审、调阅开庭视频等方式，对认罪认罚案件进行评查，确保认罪认罚案件实现公正和效率的有机统一。

五是健全“分调裁审”机制。坚持以人民为中心，创新司法便民利民惠民机制，健全多元化纠纷解决机制，持续深化“分调裁审”机制改革，大力推进繁简分流，加大简易程序和小额诉讼程序的适用，全市法院案件平均审执天数缩短4.97天。以“一次办好”为目标，升级改造9家法院诉讼服务中心，推动诉讼服务事项一网统管、一号通办、一站式解决。推出20项司法便民利民举措，打造“院庭长直通车”“滨法智服”“社区法苑”等一批司法服务特色品牌。主动融入党委领导、政府主导的市域社会治理和基层社会治理，选派素质高、能力强、经验丰富的干警进驻三级近300家社会矛盾纠纷调处化解中心，与行政机关、人民调解组织对接，强化释法明理和初访化解。广泛开展法官下基层、进社区、进企业活动，在街镇、社区、重点企业以及消费、道交、劳动、卫生等纠纷多发领域设置法官联络站，加强对非诉纠纷解决组织的指导，激活基层解纷网络，从纠纷源头减少诉讼增量。采取“请进来”与“走出去”相结合的方式，整合优质调解资源，开展诉前纠纷联合化解，全市法院设立家事、金融、道交、物业等98个类型化专业化调解室，邀请1200名特邀调解员进驻法院开展调解工作，共同编织大调解网络，全面提升调解专业化水平。建立繁简分流信息化平台，实施“智能算法+人工识别”的案件繁简分流模式，充实优化速裁队伍，推进速裁文书要素式改革，深入推动案件繁简分流，提升审判效率。

六是扎实开展四级法院审级职能定位改革试点。成立四级法院审级职能定位改革试点领导小组。为推动改革试点有序开展，市高院党组审议通过了《天津法院关于完善四级法院审级职能定位改革试点的实施方案》，对改革试点涉及的审判资源配置、司法督察、新闻宣传、考核、评估总结等8项任务进行了细化分工，明确了完成时限。对《最高人民法院关于完善四级法院审级职能定位改革试点的实施办法》逐条进行细化，制定实施细则，进一步完善行政案件级别管辖制度、案件提级管辖机制和民事、行政案件再审程序。对改革可能涉及的问题开展全面调研，及时跟踪改革试点开展情况，对遇到的新情况新问题及时研究解决。试点以来，各项工作运行平稳，效果良好。

七是完善全方位立体化监督体系。印发《严格执行防止干预司法“三个规定”责任清单及任务分解》等文件，实现全市法院“三个规定”记录报告平台联网运行，并定期对全市法院落实防止干预司法“三个规定”记录报告情况进行通报，推动制度落地落实。与市检察院、市司法局、市律师协会联合制定印发《关于进一步规范法官、检察官与律师接触交往行为的实施意见》，健全沟通交流机制，完善彼此尊重、平等相待、相互支持、相互监督、正当交往和良性互动的新型关系。做深做实基层监督，研究修订了《关于在全市法院内设机构设立兼职廉政监察员的实施细则（试行）》，扎实推动部门兼职廉政监察员一线监督作用。与派驻纪检监察组建立全面从严治党协作配合机制、执行领域“双联双评”联动监督机制，联合开展监督，形成监督合力。依法接受检察机关法律监督，办理抗诉案件221件，依法改判36件。认真听取特约监督员意见建议，加强与新闻媒体互动，广泛接受社会监督，共同维护公平正义。

八是深入推进法院机构改革和队伍建设。积极推动开展法官逐级遴选工作，9名基层法院法官遴选到中级法院工作。加大加强司法督察工作，三级法院监察室统一更名为督察室，并明确工作职责。在市高院民事审判第一庭加挂环境资源审判庭牌子，在3个基层法院加挂少年法庭牌子，强化专门法庭审判职能。

九是加强智慧法院建设与运用。强化智慧法院建设顶层设计，印发《天津法院信息化建设五年发展规划（2021－2025）》，为"十四五"期间建成人民法院信息化4.0版划定路线图。强化智慧法院建设聚焦全方位服务审判执行。面对新冠疫情，市高院迅速组织升级、调试互联网法庭，保障全市法院利用互联网法庭云上开庭。为配合扫黑除恶案件顺利审理和执行，积极与看守所、监狱管理局沟通协调，组织视频大联调，实现远程开庭、提讯。积极与最高人民法院相关平台对接，上线信息查询系统，法官足不出户即可查询律师信息等案件信息。强化智慧法院建设紧贴人民群众需求，组织研发"保管款一案一账号"系统，解决保管款账户中不明款项无法按时发放的难题。搭建电子诉讼平台和移动微法院，为社会公众提供全链条、一站式互联网电子诉讼服务，全面实现互联网立案、交费、庭审、阅卷。

三、存在的问题和困难

一是中级、高级法院法官助理的成长机制需进一步完善。根据现有政策，中级、高级法院法官助理成长为法官的主要途径是前往基层法院入额，入额后只有通过逐级遴选方有可能重返中级、高级法院。导致中级、高级法院法官助理的职业前景不明确，一定程度上影响了法官助理职位在公务员招考及遴选过程中的吸引力。

二是全市法院审判力量的配置需进一步优化。2021年10月1日启动的四级法院审级职能定位改革，上调了中级法院管辖民事案件的数额标准，下调了四类行政案件的一审管辖级别，将部分中级法院管辖的民事、行政案件下放至基层法院审理，使得审判重心进一步下沉，造成基层法院面临案件量增加和案件疑难复杂程度提升的双重挑战，优化审判力量成为影响四级法院审级职能改革成效的重要制约因素。

四、下一步工作打算

一是切实加强对司法改革工作的组织领导，确保改革取得实效。对标对表中央《关于政法领域全面深化改革的实施意见》、市委全面深化改革委员会任务台账、最高人民法院“五五改革纲要”等各项改革部署，严格按照目标要求和完成时限积极推动落实，切实增强深化改革的使命感、责任感，不断提升改革的系统性、整体性、协同性。聚焦统筹推进诉源治理机制建设、健全案件繁简分流制度、完善法律统一适用机制、健全完善“四类案件”监督管理机制、深化法院人事制度改革等重点难点改革任务，持续发力，久久为功。定期开展司法改革成效摸底工作，对已经落地见效的，鼓励进一步优化完善、扩大成效，对进度滞后的，督促加快节奏、加大力度，确保高质量完成各项改革任务。

二是深入推进司法责任制改革，确保司法公正高效权威。细化司法办案责任，规范法官办案权责、司法辅助人员辅助司法权责、院庭长带头办案责任，严格院庭长、审判委员会、监察部门以及上级法院对审判执行工作的监督指导责任。健全司法责任落实机制，进一步明确追究司法责任的有关程序和要求，严格落实法官考核工作指导意见，切实发挥考核“指挥棒”“风向标”作用。

三是有序开展四级法院审级职能定位改革试点工作，不断完善四级法院审级职能定位。严格按照《最高人民法院关于完善四级法院审级职能定位改革试点的实施办法》，以及市高院印发的配套实施方案和实施细则，进一步完善衔接机制。加强调研，对试点中遇到的重大问题及时妥善解决，确保改革试点部署要求落地落实。进一步优化资源配置，统筹优化各级法院的员额法官及司法辅助人员配置，推动向基层和办案一线倾斜。加大对试点的督导力度，对试点工作开展情况进行督察指导，全面掌握试点工作进展，压实全市各级法院落实改革的主体责任。

（来源：天津市高级人民法院）

河北法院

2021年，在省委坚强领导和最高人民法院正确指导下，在各相关部门的大力支持下，河北法院坚持以习近平新时代中国特色社会主义思想为指导，深入学习贯彻习近平法治思想，不断深化司法体制综合配套改革，努力让人民群众在每一个司法案件中感受到公平正义。

一、推进改革的主要做法

2021年，按照中央、最高人民法院、省委部署，河北法院坚持把司法改革作为重要政治任务，切实优化组织领导，一体推进司法体制综合配套改革，推动各项重大改革部署落地生根。

一是落实主体责任。省高院三次召开司法改革领导小组会议，专题谋划司法改革工作。审议并通过《全省法院2021年度司法改革工作要点及分工方案》，传达贯彻省委政法委司法协调小组全体会议暨司法改革领导小组第十二次会议主要精神，确保中央、最高人民法院以及省委司法改革决策部署得到不折不扣落实。

二是突出建章立制。出台《河北省高级人民法院法官及审判辅助人员权力和责任清单》《关于加快推进在线调解和诉调对接工作的通知》等系列司改相关文件，与省委政法委联合制定下发《关于完善外部监督制约机制的意见》，从制度层面推进司法改革。

三是加强制约监督。深入贯彻中央、省委政法领域全面深化改革推进会精神，建立自动监督预警平台，强化信息化监管手段应用。按照中央、最高人民法院、省委部署，以内外监督相结合的方式，构建司法制约监督体系，进一步实现司法公正。

四是强化督察问效。积极配合中央政法委司改专项督察和省委巡视，结合政法队伍教育整顿活动，针对教育整顿查找出的问题，明确责任、限期整改，确保打通司改难点阻点。

二、改革主要进展情况

全省法院以全面落实司法责任制为方向，以省委综合配套改革任务台账为抓手，推动改革不断向纵深发展。2021年度省委确定改革任务16个，已全部完成。

（一）不断完善审判权力运行机制，司法权责更加明晰

一是细化审判权力和责任清单。制定印发《河北省高级人民法院法官及审判辅助人员权力和责任清单》，科学界定法官及审判辅助人员的职责和权限，打造“有权必有责”的司法权运行机制。

二是推动统一法律适用。修订完善《审判委员会工作规则（试行）》《关于完善专业法官会议工作机制的实施意见》，建立健全“类案检索初步过滤、专业法官会议研究咨询、审判委员会讨论决定”制度框架。印发《河北省高级人民法院关于参阅案例工作的规定（试行）》，共发布4批参阅性案例，进一步统一全省法院裁判标准。

三是推进四级法院审级职能定位改革。制定《四级法院审级职能定位试点实施方案》和《四级法院审级职能定位试点实施细则》，加快谋划推进案件提级管辖、改革再审程序、统筹调配审判资源、完善机构职能等重点任务。

（二）建立完善司法制约监督体系，司法权运行更加规范

一是强化司法权运行监督。创新研发“河北法院自动监督预警平台”，自动提取汇总审判流程、案件评查等15个系统数据，实现重点案件、节点等“七个看得见”，保定中院率先上线运行，受到最高人民法院周强院长、马世忠主任批示肯定，并被全国政法队伍教育整理领导小组办公室以简报形式推广。

二是加强审判质效监督。进一步健全案件评查工作机制，省法院成立5个专门的案件评查团队，不断加大案件评查力度；对发还改判等案件开展重点评查，对长期未结案件实行常态化评查，其中三年以上长期未结案件由省

高院直接评查，并首次开展院长案件评查工作。2021年，省高院直接评查案件546件，党组书记、院长黄明耀评查三年以上长期未结案件5件、发回重审及改判案件12件。

三是健全法官惩戒机制。成立河北省法官惩戒委员会，制定《河北省法官惩戒委员会章程》《关于法官惩戒工作程序规定（试行）》，推进法官惩戒工作落地落实。

四是压实集体监督责任。修订《审判委员会工作规则（试行）》和《关于完善专业法官会议工作机制的实施意见》，进一步明确审判委员会和专业法官会议工作职责，规范工作机制。

五是发挥考核评价的“指挥棒”作用。制定完善全省法院审判质效考核评价办法和年度考核实施办法，把党风廉政建设和反腐败工作纳入绩效考核内容，改进完善审判质量评估体系，将年度考核改为季度考核，按比例构成全年考核成绩，实现各法院审判工作均衡发展和审判质效良性循环。

（三）深化司法人员分类管理，队伍专业化素质不断增强

一是持续推进法官员额管理工作。2021年以来为211名中级、基层法院人员办理纳入员额管理手续；开展符合入额条件人员情况摸底，进一步摸清中级、基层法院人员底数；办理557名法官的退额，实现员额队伍有进有出。积极与省委编办对接，协助省委编办开展调研论证，科学配置机构及人员，同时，协调为秦皇岛中院、廊坊中院增加编制，缓解两个法院超编现象严重问题。

二是探索建立员额递补机制。在员额法官遴选时一并确定递补人选，截至2021年12月，共递补员额法官80名。推进法官员额动态管理，结合最高人民法院四级法院审级职能定位改革，按照省级统筹、总量控制、以案定额、倾斜基层、总体稳定、按需调整的原则，进一步完善员额动态调整机制。

（四）深化诉讼制度改革，司法效能不断彰显

一是推进以审判为中心的刑事诉讼制度改革。全省三级法院对庭前会议作用的认识普遍提高，一审案件的当庭宣判率明显提高，证人人身安全得到进一步保障，指导雄安新区法院联合新区党群工作部对《关于开展刑事案件律师辩护全覆盖试点工作的实施方案》进一步细化，提高刑事案件律师辩

护率。

二是深化“分调裁审”机制改革。不断推进民事案件繁简分流改革，全面部署上线并推广应用繁简分流与速裁系统，适时发布全省法院小额诉讼程序标的额通知，推动速裁程序、小额诉讼程序和简易程序在全省法院普遍适用，2021年以来，全省法院适用速裁程序、小额诉讼程序和简易程序审理案件共计58.51万件，案件平均审理时长同比减少6.64天。

三是积极优化环境审判机制。加快雄安新区环境审判专业化建设，在安新县法院设立白洋淀环境资源法庭基础上，积极筹建雄安新区中院环境资源审判庭。确立邢台中院为环境审判“四合一”归口模式试点法院并成功验收，进一步完善环境资源审判跨区县集中管辖制度。

四是积极完善知识产权审判机制。全省中级法院已初步实现知识产权“三合一”审理；积极适用知识产权惩罚性赔偿制度，推广知识产权类型化快审机制，知识产权案件审理周期进一步缩短；高质量服务河北自贸试验区建设，发布《关于为中国（河北）自由贸易试验区建设提供司法服务和保障的实施意见》，引导全省法院为河北自贸试验区建设发展提供优质司法服务和保障。

五是积极完善未成年人审判机制。截至2021年12月，全省法院共成立少年法庭176个，实现少年法庭基层法院全覆盖，形成上下统一归口管理的未成年人审判组织机构体系。

六是深化执行机制改革。坚持系统观念，明晰执行架构，重组办案流程，建成“集约化、专业化、精细化、公开化和智能化”的智慧执行河北模式。构建综合治理体系，推动建立雄安新区执行工作委员会，初步构建执行工作长效机制。

（五）推进一站式多元解纷和诉讼服务体系建设，人民群众司法感受不断提升

一是优化矛盾纠纷多元预防调处化解综合机制。加快推进在线调解和特邀调解，与省知识产权局、省司法厅和省侨联对接并联合下发通知，将相关调解组织和调解员录入在线调解平台，推进知识产权纠纷、涉侨纠纷诉调对接工作进一步完善。持续推进人民法院调解平台“冀时调”平台深度运用，推动矛盾纠纷在线多元化解，截至2021年12月，“冀时调”已汇聚863家特

邀调解组织、7089名特邀调解员参与调解，全省法院在线分流诉前调解民事案件53.4万件，占一审立案比例为74.86%，调解成功率为68.17%。

二是试点先行不断优化诉讼服务质量。推动基础条件较差的法院采取新建、改扩建、租赁等多种方式实现诉服中心改造升级。目前，全省190家法院的诉讼服务中心均可线上线下为当事人提供立案、查询、联系法官、保全、鉴定等多种诉讼服务。优化跨域立案服务，以衡水法院为试点开展申请再审跨域立案改革，稳步推进跨域诉讼服务再上新台阶。以石家庄中院为省级改革试点，探索推进审判执行辅助事务工作集约化、社会化服务管理。

（六）推进智慧法院建设，审判体系和审判能力现代化水平不断提高

充分运用河北智慧法院建设成果，保障全省法院办公和审判执行工作疫情期间不停顿、不断点。不断推进信息化系统研发建设，自主研发卷宗智能分页编码系统、“套路贷”虚假诉讼预警系统、纯互联网环境的网上庭审系统、涉密网办公系统，不断优化智慧法院河北品牌。

三、存在的问题和困难

全省法院司法改革在取得一定成绩的同时，还存在一些影响改革创新和推动落实的体制性障碍、制度性梗阻和实践性痛点，需要全面总结分析、认真研究解决。

第一，审判权力制约监督体系方面。一是现有的监督管理机制操作性不强，院庭长依规监督管理与违规干预过问的界限有待明确。二是统一法律适用机制有待进一步落实。法律适用分歧解决机制的实质化运行不足，类案检索制度因缺乏平台支撑难以落地，类案自动推送的精准化程度远未达到实践应用标准。

第二，诉讼制度改革方面。以审判为中心的刑事诉讼制度改革仍需深化。虽然召开庭前会议的案件数量有所增加，但总体数量并不多。证人、鉴定人、侦查人员、有专门知识的人出庭率，有所提升，但总体仍然不高。

第三，改革协同配套方面。一是部分中级、基层法院贯彻落实司法改革政策不到位，上级法院对下管理监督和业务条线指导上还存在薄弱环节。二是人员分类管理机制尚需进一步完善。书记员、法官助理等司法辅助人员不

够稳定，部分新进人员素质偏低，司法辅助人员专业化建设及保障机制亟待加强。三是多元解纷协同和保障机制不够健全。部分地区因缺乏专项调解经费，不能最大限度吸纳社会力量参与调解，或者无法形成调解长效激励机制。部分地区法院与党委政府解纷工作协同不畅，出现多头调解、重复调解现象。四是智慧法院建设和在线诉讼推进不均衡。信息化平台建设分散，“数据壁垒”现象仍然存在，平台数据安全性有待进一步增强。

四、下一步工作打算

河北法院将继续深入抓好整改落实，进一步巩固深化已有改革成果，紧紧依靠党的领导，解决司法体制综合配套改革中的实际问题，在新起点上，以更高站位、更大力度推动司法改革不断向纵深发展。

一是进一步完善司法制约监督机制。探索将审判权责清单嵌入办案平台。严格落实院庭长办案和监督责任，健全院庭长办案常态化机制。认真落实《最高人民法院关于进一步完善“四类案件”监督管理工作机制的指导意见》，制定工作细则，确保“四类案件”监管在全省法院落地见效。完善统一法律适用机制，创新完善类案同判机制，健全类案检索平台。

二是进一步推进四级法院审级职能定位改革。合理确定各级法院职权配置、案件管辖和机构设置，充分发挥审级制度诉讼分流、有效监督和资源配置的功能作用。加强对省高院及三级法院受理案件数量及员额法官人数的动态监测，优化高、中、基层法院的机构人员编制、员额法官配置，推动编制、员额配置向基层和办案一线倾斜。做好改革涉及刑事、民事、行政案件的审判管理工作，切实加强对改革涉及案件的实时监测，增加统计模块，为评估改革成效、优化员额配置等工作提供技术支持。

三是加快推进省以下法院人财物统一管理改革。根据财政部等四部门联合下发的《关于在推进省以下地方法院、检察院财物统一管理改革中进一步完善经费保障机制的指导意见》，结合本省实际情况，统筹推进全省人财物统管改革，完善全省法院经费保障机制。

四是进一步深化一站式多元解纷和诉讼服务体系建设。深入学习宣传《河北省多元化解纠纷条例》，确保条例各项内容落地落实。完善诉非衔接机制，加强特邀调解和在线调解工作。加快推进诉讼服务中心提档升级，优化跨域诉讼服务。进一步配齐配强诉服中心特别是速裁团队人员力量，选派业务好、工作能力强、办案效率高的法官充实速裁团队，为当事人提供更加优质高效的解纷服务。

五是进一步落实诉讼制度改革要求。深化落实“三项规程”，健全认罪认罚从宽制度，实现惩治犯罪和保障人权相统一。深化民事案件繁简分流，迅速落实新修改的民事诉讼法，完善配套机制，切实提高审判质效。深化知识产权、环境资源等案件集中管辖功能作用。以模式创新为抓手，完善雄安执行工作管理制度体系，打造雄安执行新模式。

六是进一步加大信息化介入的力度、深度与广度。制定完善河北智慧法院建设“十四五”规划，强化与其他政法部门的信息共享与业务协同，加强规划设计、体系完善、标准规范和创新研发。深化移动微法院建设，认真执行《人民法院在线诉讼规则》，构建系统完备的在线诉讼规则体系。推动电子卷宗随案同步生成和深度应用，提升司法大数据智能化水平。

（来源：河北省高级人民法院）

山西法院

2021年，在省委的坚强领导、省人大及其常委会的有力监督和最高人民法院的正确指导下，在省政府、省政协等各方面关心支持下，山西法院坚持以习近平新时代中国特色社会主义思想为指导，深入学习贯彻习近平法治思想，忠实履行职责使命，认真贯彻落实最高人民法院和省委关于深化法院司法体制综合配套改革的各项决策部署，积极构建公正高效审判责任体系，努力让人民群众在每一个司法案件中感受到公平正义。

一、推进改革的主要做法

2021年，按照中央、省委和最高人民法院部署，省高院在全省法院一体推进司法体制综合配套改革，着力完善各项改革举措努力实现有机衔接、协调配套。

一是坚持党对司法改革工作的绝对领导。全省法院深入践行习近平法治思想，全面贯彻落实习近平总书记重要指示和中央、省委重大决策部署，全面加强法院政治建设，把党管政法、党管干部等重大原则贯穿于司法改革各环节，覆盖司法改革全过程、全领域。

二是紧紧围绕中心工作和打造政治过硬队伍推进司法改革。围绕服务高质量发展，进一步强化知识产权全链条保护，助力企业防范化解法律风险，不断优化营商环境，坚决筑牢生态安全司法屏障。以全面提升全省法院干警政治能力为目标，举办院长政治轮训班，组织开展习近平总书记“七一”重要讲话精神和习近平法治思想大学习大讨论，持续兴起学习贯彻党的十九届六中全会精神热潮，进一步筑牢高举旗帜、听党指挥、忠诚使命的思想根基。

三是建立改革台账统筹推进改革落地见效。为确保深化司法体制综合配套改革的各项任务落地见效，列出由法院牵头或参加的重点改革任务清单，建立《全面深化改革重点任务台账》，精心组织部署，明确职责分工，严格时间节点，做好协调配合，在改革系统集成、协同高效、纵深发展上下功夫，每季度梳理总结进度及成效，积极稳妥推进各项改革任务落地见效。截至2021年底，除完善法院组织结构体系等5项改革任务需上级统一部署或由其他政法单位牵头外，由省高院牵头的重点改革任务已全部完成并形成成果。

二、改革主要进展情况

（一）围绕服务高质量发展推进改革

一是精准服务综改示范区建设。设立山西转型综改示范区法院，集中管辖示范区内的涉企纠纷、知识产权、破产重整等民商事案件，着力强化山西中部城市群发展南引擎的司法服务和保障。

二是强化知识产权全链条保护。与省检察院、省市场监督管理局、综改示范区管委会共同建立知识产权保护示范基地，会同省知识产权局联合出台《关于加强知识产权保护协作的意见》，协助组建山西省知识产权纠纷人民调解委员会，建立在线调解机制，在省知识产权保护中心设立巡回审判庭。

三是积极打造法治化营商环境。严厉打击破坏市场秩序、不正当竞争等违法行为。省高院成立山西省破产管理人协会，组织制定《企业破产案件管辖操作指引》《关于破产管理人名册与管理人分组管理的实施细则》，进一步完善企业破产启动与审理配套机制，稳慎审理破产案件，淘汰落后产能，有力服务保障新旧动能转换和提升产业链水平。

四是助力企业防范化解法律风险。制定《全省法院包联企业服务方案》，各级法院领导干部主动对接、调查走访包联企业，开展“访企业、提建议、促发展”等送法进企业活动，提供更加精细化、优质化司法服务。与省国资委联合建立省属企业法律风险防控平台，为省属企业提供预警提示、问题反馈、在线推送调解案件、发出司法建议服务，促进企业提高防范风险、依法治理能力。编制《金融机构常见法律风险及防范》手册，对金融借款等4个方面20个法律风险点进行提示并提出防范措施，切实有效防控金融风险、维护交易安全。

五是坚决筑牢生态安全司法屏障。深入践行“两山”理念，联合多部门制定出台《服务保障黄河流域生态保护和高质量发展加强协作的意见》，全面拓展司法保护范围，先后在汾河入黄口、恒山自然保护区、平陆黄河湿地等地建立3个生态环境司法保护基地，设立万荣、浑源2个环境资源法庭以及云冈文化保护法庭、黄河万家寨库区生态保护巡回法庭，创新探索“保护基地+专业法庭”服务保障模式，有效提升生态环境司法保护专门化水平。

（二）围绕司法责任体系建设推进改革

一是实化审判权力监督制约机制。完善和落实审判人员权力清单、合议庭工作细则，进一步厘清审判人员、辅助人员的权力和责任界限，做到科学配权、履职有据、权责明晰。完善《院庭长审判监督管理办法》，落实“四类案件”监督管理工作机制，严格落实院庭长监督管理职责和带头办案制度，全省法院院庭长办理案件占结案总数近一半。完善审判委员会、专业法官会议工作细则，强化集体监管责任；制定强化类案检索工作办法，进一步统一法律适用，切实推动类案同判。

二是完善审判质效监督管理机制。强化审级监督，对二审和再审案件严把事实关、法律关、证据关，依法审结申诉和申请再审案件5500余件，依法裁定再审900余件。制定《关于对发回重审、指令再审、提审、改判案件加强监督管理的规定》，全省法院9月至11月发回重审率环比呈下降趋势。制定《执行工作“一案双查”实施细则》，强化执行监督，提高执行办案质效。

三是建立智慧审判执行管理机制。积极推动智慧法院建设，优化升级数字化、网络化案管平台，实现案件办理全流程智能提醒、同步监管，有力提升审判质效。全面加快“一案一账号”案款系统改造升级，研发并上线运行全国首个执行案款信息监管平台，全面构筑执行案款规范管理的“数据铁笼”。

四是构建繁简分流速裁快审机制。积极推进“分调裁审”改革，建立健全速裁快审快执机制，基层法院均建立速裁审判团队，综合运用督促程序、司法确认、小额诉讼、简易程序等方式实现繁简分流、轻重分离、快慢分道，让审判执行进一步提速。全省法院全年一审案件简易程序适用率同比上升3.76个百分点，案件平均审理时间缩短至45.6天。

（三）坚持以人民为中心推进改革

一是加强现代化诉讼服务体系建设。坚持以人民为中心的发展思想，紧盯人民群众在“打官司”过程中的急难愁盼问题，推行全省统一适用诉讼事项告知书、建成全省统一诉讼费退费平台、开通“律绿通”应用系统、建设电子诉讼档案管理平台，切实解决诉讼费“退费难”“退费慢”、诉讼参与人查阅诉讼档案难等问题。深化智慧法院建设和应用，构建疫情防控常态化“非接触式”诉讼服务模式，实现了现场立、自助立、网上立、跨域立“三位一体”多样化立案，努力为人民群众提供普惠均等、便捷高效、智能精准的诉讼服务。2021年，全省法院网上立案、跨域立案、办理网上业务数量同比均有显著提高。

二是积极拓展山西多元解纷平台功能。与省委政法委、工会、共青团、妇联等多个部门解纷平台实现对接，汇聚6291名网格员和1274名工会、共青团、妇联调解员的专业力量，实现了平台互联互通、资源联动联调、治理共建共享，矛盾纠纷调解从“线下跑”到“网上办”，调解效率和调解效果实现双提升。2021年，全省法院共调解案件18万余件，调解成功率达75.1%。山西法院诉服质效考核指标保持在全国法院前列，诉源治理、多元解纷单项指标位居全国第一，并在最高人民法院专题会议上推广了经验做法。

三是深化家事审判方式改革。阳泉中院以婚姻家庭纠纷五色预警工作为牵引，强化并推动婚姻家庭纠纷预防化解机制创新、源头推动、多元联动、机构队伍、基层基础5项工作的开展情况，坚决维护妇女、儿童、老年人、残疾人等合法权益。最高人民法院周强院长批示：“山西省阳泉市创新开展婚姻家庭纠纷五色预警处置成效明显，值得总结推广。”

四是大力弘扬社会主义核心价值观。全省法院积极落实《最高人民法院关于深入推进社会主义核心价值观融入裁判文书释法说理的指导意见》，进一步规范和加强裁判文书释法说理，以公正裁判树立行为规则，引领社会风尚。省高院与省电视台联合录制“法官说民法典”系列节目，在新媒体开设“法官说法典亮乡村”栏目，用生动的案例大力弘扬社会主义核心价值观。

三、存在的问题和困难

一是思想认识不足，一些法院领导干部对司法改革认识尚不到位，对司法改革政策精神领悟不深不透，主体责任落实不到位，在争取有关职能部门支持方面积极性不高，存在等靠的思想。

二是系统集成、协同高效方面还存在短板，在统筹谋划、督促落实、挖掘经验、培育典型等方面力度不够，审判执行与司法改革“两张皮”的现象依然存在。

三是探索创新还有提升空间，以改革思维、务实举措破解难题的办法不多、思路不活。例如：有的地方法院针对诸如人案矛盾突出等问题，不能从调整诉讼需求、优化资源配置、完善程序机制、强化科技助力等方面想新招、出实招，而是仍然依靠全员加班的“疲劳战术”，仍寄希望于增编加额。

四、下一步工作打算

2022年，山西法院将坚持以习近平新时代中国特色社会主义思想武装头脑，以党的百年奋斗重大成就和历史经验为指引，深入贯彻习近平法治思想，大力弘扬伟大建党精神，遵循新时代司法改革方法论，深入推进司法体制综合配套改革，以优异成绩迎接党的二十大胜利召开。

一是深入推进司法责任体系改革和建设。严格落实中央政法委《关于加快推进政法领域执法司法责任体系改革和建设的指导意见》，牢牢把握人民法院的政治机关属性，严格落实依法审理、舆论引导、社会面管控“三同步”工作机制，细化办案责任，完善院庭长带头办案责任，落实各类主体监督管理责任，健全违纪违法员额退出机制。

二是健全完善“四类案件”监督管理机制。科学合理细分“四类案件”的具体情形，有针对性地采取适当监督管理措施，健全“四类案件”全流程识别和监督管理机制，推动统一法律适用机制实质化运行，建立辖区法律适用分歧解决机制。

三是深化民事诉讼制度改革。建立案件繁简识别、程序分流适用、资源统筹调配、案件质量监督管理等工作机制，统筹推进诉源治理机制建设，推动一站式多元解纷向基层延伸、向社会延伸、向网上延伸、向重点行业领域延伸。

四是深入推进四级法院审级职能定位改革。按照最高人民法院部署，明确高级法院、中级法院、基层法院责任主体和任务分工，准确把握各项试点任务要求，严格贯彻落实试点实施办法，完善案件级别管辖、提级管辖，改革再审申请程序。

五是大力推进互联网司法建设。推动在线诉讼、在线调解、在线法院建设，大力完善各类平台系统，提升数据信息交互度，保障司法运行安全度，完善在线诉讼模式和规则。

六是深化法院人事制度改革。加强法官员额省内统筹力度，积极争取相关部门支持，实现司法资源投入与审判负荷科学精准匹配。持续推动法官单独职务序列配套待遇保障政策落地。落实人员内部交流意见，畅通人员内部交流渠道。强化法官权益保障，完善审判辅助人员管理制度。

（来源：山西省高级人民法院）

内蒙古法院

2021 年，在自治区党委坚强领导和最高人民法院正确指导下，在各相关部门的大力支持下，内蒙古自治区法院坚持以习近平新时代中国特色社会主义思想为指导，深入学习贯彻习近平法治思想，不断深化司法体制综合配套改革，努力让人民群众在每一个司法案件中感受到公平正义。

一、推进改革的主要做法

2021 年，按照中央、自治区党委和最高人民法院部署，自治区高院在全区法院一体推开司法体制综合配套改革。

一是高度重视，加强部署研究。切实履行党组主体责任，确保党的领导统领司法改革全领域、贯穿司法改革全过程，司法改革任务落实始终与中央、自治区党委的安排部署保持高度一致。通过制发《内蒙古自治区高级人民法院 2021 年司法改革工作要点及分工方案》，出台具体任务台账，明确责任分工、时间表和路线图，确保改革任务稳步推进。

二是结合实际，紧抓贯彻落实。立足部门职能，条线统筹全区法院开展各项改革任务，司法改革制度体系初步形成，新型审判权运行机制基本完善，司法为民工作机制不断健全，智慧法院建设取得长足进步。

三是强化督导，落实具体责任。制定司法改革督查办法，建立联系点工作制度，定期开展进展情况调研及核查工作，对任务落实情况进行系统梳理和总结评估。对成熟的做法进行总结推广、形成制度，对正在推进的工作进一步加大力度，对需要加强的措施，及时补齐短板，确保各项改革落地见效。

二、改革主要进展情况

全区法院以全面落实司法责任制为核心，以自治区党委综合配套改革任务台账为抓手，推动改革不断向纵深发展。

（一）严格落实防止干预司法“三个规定”

严格实施“三个规定”记录报告，联通最高人民法院新的“三个规定”记录报告平台，推动全区法院严格落实“三个规定”记录报告工作，建立落实“三个规定”情况月报告制度，做到人员填报全覆盖。2021年，全区法院通过“三个规定”记录报告平台累计填报过问交往信息2498条，接触交往信息288条。通过强化督促指导，深入查摆违反“三个规定”突出问题，针对工作中存在的查究整改力度不大、进展缓慢等问题，及时向相关中院院长发送督促函，督促全区法院认真落实“三个规定”相关要求，坚决清除“零报告”“零查处”。

（二）切实做好涉法涉诉信访案件化解工作

把提高信访案件化解率作为重要政治任务谋划推进，通过领导包案、督导检查、专项整治等方式逐案研判分析。全力化解涉诉信访问题，开展集中治理涉诉重复信访、化解信访积案专项工作，推动解决内蒙古大商城案件等重复上访案件616件。中央第八巡视组交办的5598件信访案件，去重后3737件，全部办结，化解3389件，化解率约为90%；“信访积案、重复访案件专项化解”活动中，中央信访联席办交办的679件，化解634件，化解率为93.37%；最高人民法院交办102件，上报100件，上报率为98.04%。教育整顿举报平台中，全区法院举报平台涉法涉诉重点信访案件364件，全部完成查评。截至2021年底，化解348件，化解率为95.6%。查实52件，查否261件，部分查实部分查否34件，其他17件。

（三）完善监管措施，推动统一法律适用机制不断完善

制定相关制度，完善事前监督，提前对审判执行工作予以规范。首创编撰《人民法院审判程序指引丛书》，编写《裁判规则指引参考》，强化对下案

件指导，为中级、基层法院审判工作提供机制支撑和组织保障。围绕审判工作事前、事中、事后三个环节，出台院庭长办案管理规定、“四类案件”监督管理办法、案件质量评查等10项制度，实现审判监督制约机制闭环管理，制度成效初显。全区法院院庭长办理案件50.1万件，占结案总数的57.8%；院庭长依法履行审判监督管理职责，监督“四类案件”1.2万件；组织全区法院评查近三年来发回重审、改判案件，对确有错误的案件依法提起再审予以纠正。加强执行制约监督机制建设，出台执行权责清单、执行款物管理规定等规范性文件，推进执行指挥中心实体化运作，实现执行案件全节点可监控、全流程可追溯、全过程强监管。

（四）落实审判权责清单制度

进一步完善制度建设，制发《内蒙古自治区高级人民法院机关审判权责清单（试行）》，明确各类审判人员权责内容和履职要求，厘清责任归属，为院庭长依法监管案件提供制度依据。强化审判监督管理机制，改变传统“盯人盯案”监督模式，制发《全区法院“四类案件”监督管理办法》，进一步细化院庭长审判监督管理权的程序规则及管理边界。2021年，自治区高院登记监管“四类案件”323件，全区中级、基层法院登记监管“四类案件”11632件。以信息技术手段赋能，在自治区高院机关启动试运行“四类案件”监管系统，对“四类案件”实施全流程、全留痕监管，确保监督到位。

（五）深化以审判为中心的刑事诉讼制度改革

积极推进常见刑事案件裁判指引制定工作，全面梳理全区近五年相关案件，总结归纳审判实践中常见问题及裁判规则。严格执行“三项规程”（即庭前会议规程、非法证据排除规程、法庭调查规程），充分发挥庭前会议作用，其中针对涉黑案件一审召开庭前会议比例超过六成。通过与侦查机关、检察机关案件会商，不断加大审判引导侦查、检察力度，全面贯彻控辩对抗实质化要求，实现全区法院在刑事审判阶段律师辩护全覆盖。不断健全和完善侦查人员、证人、鉴定人出庭作证制度。2017年至2021年底，全区证人、侦查人员出庭案件共超过500件，出庭作证案件量较改革前显著提升。

（六）持续加强诉源治理，推动矛盾纠纷源头化解

推进一站式多元解纷和诉讼服务机制建设。探索“法院+”联调共治新模式，主动融入党委领导的社会治理体系，自治区高院与工会、工商联、金融机构等8家单位共建在线联动、梯次解纷机制，线上汇集调解组织1290个、调解员2100名，推动类型化纠纷诉前调解全流程线上办理，诉前调解14.3万件，成功率达77.3%。全区339个人民法庭依托人民法院调解平台进乡村、进社区、进网格，链接906个基层治理单位、936个流动诉讼服务点，实现化解矛盾、司法服务、平安建设在基层，提升群众获得感、安全感。提档升级诉讼服务，搭建网上立案、调解、缴退费、送达、鉴定、保全、12368热线及律师服务等10个平台，全年提供各类诉讼服务90余万件次，三级法院诉讼案卷全部实现数字化。实现诉讼服务“主动办”“跨域办”“自助办”，极大便利了群众诉讼。

（七）深入开展政法队伍教育整顿

紧紧围绕“筑牢政治忠诚、清除害群之马、整治顽瘴痼疾、弘扬英模精神”四项任务，强化政治引领，准确把握、接续推进两批次教育整顿。以警示教育为抓手，教育干警以反面典型为镜鉴，举一反三，自省自警，筑牢拒腐防变的思想和道德防线。营造学习英模、崇尚英模、争当英模的良好氛围，选树了“北疆楷模”王爱林等一批英模和先进个人，举办英模事迹巡回报告会12场次。深化顽疾整治，紧盯老百姓“最急”的有案不立顽疾不放松，紧盯老百姓“最难”的执行难顽疾不放松，紧盯老百姓“最愁”的案件久拖不决顽疾不放松，紧盯老百姓“最盼”的司法公正诉求不放松，开展“院长带头下基层、我为群众办实事”活动。突出建章立制，完成了整治执行领域突出问题、减刑假释案件实质化审理、虚假诉讼、年底不立案、违规违法超审限、规范自由裁量权等6个调研报告；出台22项第二批教育整顿建章立制任务清单。

（八）推动队伍正规化、职业化、专业化建设

一是完善盟市、旗县法院领导班子和领导干部管理机制。强化干部队伍统一管理的制度机制建设，加强对自治区级以下领导干部的管理规范，推动

基层法院领导班子交流调整，推动全区法院逐步建立起符合本地区、本院特点的干部交流长效机制。

二是法官员额增补及退出实现常态化，法官助理职务序列全面建立。对全区47个收案数量较少的法院核减员额75个，将其充实到42个人案矛盾突出的法院，完成员额动态调整。制发《内蒙古自治区法官员额退出实施办法（试行）》，形成进退有序的常态化选任退出机制。建立法官助理和书记员职务序列等级，全区大部分法院已完成法官助理和书记员等级的套改和晋升工作。

三是完善艰苦边远地区政法干警招录政策。将全区法院年度公务员招录计划的近80%岗位向基层审判一线倾斜。2021年上半年，全区法院通过公务员招考共计招录175名政法干警，2021年下半年，共补录116名，全年招录计划的80%补充到审判一线，逐步缓解艰苦边远地区基层法院案多人少问题。

三、存在的问题和困难

在刑事诉讼制度改革方面。一是司法理念有待提高。个别法院、法官存在对以审判为中心、庭审实质化的认识不到位，因不敢判无罪而疑罪从轻等做法，无罪判决难的问题仍然存在。二是证人、鉴定人、侦查人员出庭率偏低。实践中，部分侦查人员、鉴定人尚未克服传统观念和心理障碍，缺乏出庭的积极性及出庭作证应对经验，仍存在以侦查人员书面说明代替出庭作证的情况；另外，虽现有规定已对证人出庭作证经费予以保障，但报销程序相对复杂，而现有硬件配套设施尚不能实现远程作证、隐蔽作证，对证人的人身保护尚无成熟有效的操作方案，尤其是黑恶势力犯罪、暴力犯罪案件的关键证人出于保护自身安全考虑，不敢出庭作证。

在人事制度改革方面。一是司法体制综合配套改革在协同性、协调性上有待进一步加强。法官单独序列等级单轨制造成选拔任用领导干部存在断档情况，按照目前行政职级选任条件，当法院领导班子换届或班子成员出现空缺时，绝大部分法官都将因条件不满足而无法提任，造成法院干部队伍的断档和员额法官晋升空间上的限制。二是遴选法官相关保障机制方面，根据改革政策，高级、中级法院首次入额的员额法官必须到基层任职，高级、中级法院员额法官的来源渠道只有从下级法院逐级遴选。基于此，很多干警选择继续在高级、中级法院担任法官助理而不入额。从基层法院遴选员额法官到上级法院任职，其配偶调动、子女入学、住房等问题因缺少相关配套政策难以解决。

四、下一步工作打算

接下来，内蒙古高院将切实担负主体责任，继续加强调研和对下指导，贯彻落实司改总体要求，紧盯存在的问题，在系统集成、协同高效上持续发力，加大力度解决制度落实问题，加快推进进展缓慢任务，确保司法体制改革全面落实到位。

一是进一步提高智慧法院建设水平，巩固提升一站式多元解纷和诉讼服务体系建设成果，持续升级完善立案、调解、庭审、保全、鉴定、送达等全流程在线诉讼服务平台，落实人民法院在线诉讼、在线调解、在线运行制度机制。

二是按照系统集成、协同高效的要求，在人员管理、干部提拔使用、司法人员职业配套保障等方面，提供更明确的顶层设计政策，进一步明确分工、强化责任，加强业务条线在各自改革任务中的部署、指导和督促工作，充分发挥业务线条专业化作用。

三是建立和健全符合裁判要求的证据规则。结合近年来审判实践，针对实践中争议较大、反映问题较突出、案件数量较多的刑事案件制定证据标准指引，将证据裁判的标准关口前移至侦查阶段，既能够确保案件质量，又可节约补充证据及补查补正期限，提高审判效率。

四是完善证人出庭制度及保障措施，提高证人出庭率。以信息化建设为契机，探索在部分法院试点建设证人作证配套硬件设施，包括证人席、变音、遮挡等设施。区分证人、鉴定人、侦查人员和专家证人出庭情形，细化证人出庭必要性审查标准，确保重大刑事案件的关键证人“应出尽出”。

（来源：内蒙古自治区高级人民法院）

辽宁法院

2021年，辽宁法院在省委的坚强领导下，在最高人民法院有力指导和大力帮助下，以习近平新时代中国特色社会主义思想为指导，深入贯彻习近平法治思想，坚持党对法院工作的绝对领导，忠实履行宪法和法律赋予的职责，不断深化司法体制综合配套改革，现将改革情况汇报如下。

一、推进改革的主要做法

一是以全局谋划为基，“一盘棋”布局。认真贯彻最高人民法院司法改革工作要点，在辽宁省委高位引领下，锚定“上台阶、创一流”的工作定位，迅速形成落实方案、拉单建账细化部署，通过“抓改革”实现“顾大局、护民生、强质效、重基层、提素能”的精准破题，取得了“内提质效、外树公信”的良好成效。

二是以系统集成为向，“工程化”推进。聚焦改革重点领域，不断完善以司法责任制为核心的审判权监督制约体系，推动有序放权与有效监管有机统一；持续深化以四级法院审级职能定位改革为抓手的诉讼制度改革，确保各类纠纷分层过滤、各级法院各尽其能；扎实推进以强基工程为重点、以青年干部成长工程和“审学研”一体化机制建设为动能的组织体系和人事制度改革，系统集成效应持续释放。

三是以精细管理为翼，“专精实”落实。不断健全管理制度体系，教育整顿期间制定完善949项规章制度，以制度强管理；不断健全审判管理机制，构建一体化、精细闭环管理模式，以管理提效能；积极创新以法官为主体的信息化建设、研发、应用一体机制，升级诉讼服务、强化智能辅助、优化智能监管，以科技促提升。贯通式管理、数字化支撑、全流程回告式管理机制改革纵深发展。

二、改革主要进展情况

一是加强司法队伍政治建设。贯彻落实《中国共产党政法工作条例》，始终将政治过硬作为选人用人的首要标准，把政治立场、政治能力、政治品质放在首位。严明党的政治纪律和政治规矩，健全落实常态化政治督察、综治督导、纪律作风督查巡查等制度。贯彻落实《辽宁省高级人民法院政法工作重大事项请示报告实施细则》，向省委和最高人民法院党组报告103次。认真落实中办《党委（党组）意识形态工作责任制实施办法》，建立意识形态工作联席会议制度。扎实开展政法队伍教育整顿工作，坚决落实省委和最高人民法院巡视整改意见，制定整改措施132条，建立长效机制81项，全力推动巡视整治清仓见底、常治长效。

二是构建闭环制约监督体系。针对司法权分散行使监管不到位实际，结合教育整顿发现的问题，明确41项司法权力制约监督内容，列出269项行权指引，发布61个警示案例，细化履职行为、划定履职红线、突出案例警示，构建具有辽宁特点的司法制约监督体系，确保有序放权和有效监督相统一。紧盯有重大影响、疑难复杂的“四类案件”，落实院庭长严格把关、节点控制、集体行权、全程留痕。全省监管“四类案件”总数29181件，其中省高院690件，规范自由裁量权行使。落实院庭长办案制度，明确办案类型、办案指标和考核办法，院庭长办案469861件，同比上升18.83%。

三是推动四级法院审级职能定位改革试点工作。深刻认识改革试点工作的重大意义，迅速召开试点改革部署会，明确改革要求、内容及目标。结合辽宁实际，构建“1+3”工作体系，完善11项配套保障机制。紧紧依靠省委、省政府，争取各方支持。第一时间向省委汇报改革试点工作内容及需要省委协助解决的困难和问题，根据省委批示，向省委改革办汇报改革试点工作进展情况，并就空编下放、人员动态调整、内设机构调整等方面问题进一步争取省委编办支持，确保试点改革顺利推进。以示范地区、示范法院为抓手，引领推动全省改革工作。确定沈阳中院、大连中院、朝阳中院为全省改革试点示范法院，3家中院分别确定2至3家基层法院为本辖区改革试点示范法院，要求各示范法院在不突破现有法律和司法解释规定的前提下，聚焦改革重点难点任务，确定改革创新项目，形成一批可复制、可推广、有创新、能够反映辽宁实际的示范经验，通过以点带面，狠抓重点，提高改革质效，打造辽宁品牌。

四是扎实开展诉讼制度改革。针对全省法院诉讼制度改革工作系统推进不足问题，成立省高院刑事、民事、行政诉讼制度改革专班，强化顶层设计和组织推动。积极推进以审判为中心的刑事诉讼制度改革，严格执行“三项规程”，庭审实质化改革初见成效。强力推进刑事认罪认罚改革，落实宽严相济刑事政策，适用认罪认罚44753件。完善四类重大疑难复杂案件院庭长承办和监管、类案强制检索、专业法官会议和跨审判领域专业法官会议集体把关机制，统一法律适用和裁判尺度，提升裁判水平，努力做到“繁出精品”。

五是推进员额制改革。积极推进法官职业权利保障，落实员额法官绩效等政策，释放改革红利。开展员额法官增补、递补和动态调整工作，2021年全省法院遴选员额法官265个，基层法院入额226个。省委政法委、省委组织部、省高院、省检察院、省人社厅联合制定印发《辽宁省法院检察院聘用制书记员管理制度改革实施方案（试行）》，聘用制书记员管理制度改革取得实质性进展。协助省财政厅对全省法院聘任制书记员薪酬保障进行精准测算，稳定司法辅助力量。推动法官单独职务序列改革。推进晋升一级高级法官1人、三级高级法官43人。认真落实《全省法院法官员额退出工作实施办法》等制度规定，办理100名员额法官确认手续、357名员额法官退出员额手续，形成员额法官能进能出的常态化机制。加大干部调整配备交流力度。省高院机关交流33名干警，外部交流11人，内部交流22人。

六是全力推动一站式多元解纷和诉讼服务体系建设。深入贯彻《最高人民法院关于建设一站式多元解纷机制一站式诉讼服务中心的意见》，突出集约、集成、在线、融合、便捷五个关键，持续推动“两个一站式”提档升级。推动诉讼服务升级。落实“一次办、马上办、网上办”要求，网上立案199046件、跨域立案4782件，最大限度实现“一次不用跑”。集约送达686607次，一站式诉讼退费71123笔5.3亿元，以最简洁的方式一体化处理道路交通事故纠纷21568件，为有需求的当事人答疑解惑100200件，让群众切身感受到诉讼便捷高效。推动诉源治理升级。坚持和发展新时代“枫桥经验”，主动融入党委领导下的诉源治理大格局，大力推动法院调解平台进乡村、进社区、进网格，全省267个人民法庭入驻人民法院调解平台。聘任特邀调解员2814人，与1104个单位建立诉调对接机制。诉前调解案件288982

件，调解成功率为67.41%。诉调对接工作在最高人民法院在线诉调推进会上介绍经验。

七是营造法治化营商环境。构建“3+5+1”工作体系。树牢“人人都是营商环境，案案都是试金石”理念。坚持刀刃向内，开展三个专项整治。清结超审限积案12429件，返还胜诉退费1.3亿元，清理发放超期未发执行案款42.3亿元，严肃追责问责52人。找准切入点，开展五个专项活动。开展依法保护涉市场主体人身财产安全活动，宣告无罪3件4人，采取取保候审、判处非监禁刑171人，依法纠正涉产权刑事冤错案件5件7人；开展涉特殊主体执行积案清理活动，清理积案555件，到位金额12.2亿元；开展行政争议实质性化解活动，审结案件28267件，服务深化“放管服”改革，以法治化营商环境视角发布行政审判白皮书，助推法治政府建设；开展知识产权司法保护活动，打造知识产权司法保护高地；开展办事办案反映问题“三个不用找关系”活动，让企业有实实在在的获得感。着眼更高水平的司法保护，开展涉企案件生产经营影响评估。秉持善意、文明、谦抑司法理念，出台涉企案件生产经营影响评估办法，将司法行为对市场主体生产经营的影响降至最低。通过“活封”“活扣”及财产置换盘活资产671.6亿元，依法不采取或暂缓采取信用惩戒措施40487件，持续向外界传递辽宁法院倾力打造法治化营商环境的强烈信号。

八是加强智慧法院建设。聚焦智慧法院深度应用，推动司法审判和审判管理提质增效。加强应用研发，新建智慧法院实验室，探索以法官为主体或法官深度参与的信息化建设、研发、应用新机制。推进智能辅助办案系统建设。打造涉企案件评估管理平台，开发建设信访联动平台，完成“发改再”案件评析管理平台、审判态势分析系统和审判精细化管理平台建设。深度应用电子卷宗系统、电子签章、远程提讯、互联网庭审等信息化手段，促进办案提速。建立辽宁法院大数据分析研判平台，助力办案提质。实现类案智能检索、裁判文书智能分析，助力法官精准适用法律。辽宁法院互联网综合业务平台、庭审云平台入选2021年全国智慧法院创新案例，智慧法院建设整体水平跃居全国第6位，不断满足人民群众对公平正义的新要求。

三、存在的问题和困难

一是改革创新意识和水平有待强化。部分法院对于改革任务的落实和推进还存在担当意识不够、破题能力不足、首创意识不强等情况，革旧创新的条框过多导致对于司法改革认识度不高、参与性不足、执行力不强，各地区法院在改革过程中攻坚破局的决心、能力和作为上尚不均衡。

二是改革的系统性、协同性有待进一步增强。在持续推进司法体制改革过程中，如何处理好关联性改革协同关系仍有待进一步探索。如人事制度改革过程中，艰苦边远地区法院招人难，留人也难，队伍年龄结构相对老化，干部向上流动通道狭窄，干事创业热情不足，人员流失严重。人员分类管理改革也需进一步完善，司法辅助人员、司法行政人员编制、职数相互独立测算，造成人员管理碎片化及基层法院职数过少。省市法院的法官助理到基层入额面临待遇差距及其他现实问题，导致入额动力不足，需进一步理顺和健全保障机制。

三是部分基层法院内设机构编制过少制约专业化审判开展。在四级审级职能定位改革试点工作推进过程中，发现不少基层法院因受内设机构编制限制，没有设置专门的行政审判庭。比如，沈阳市全市15家基层法院仅有3家法院设置了专门的行政审判庭，难以对行政案件开展专业化审判，制约了行政审判质量的有效提升。部分基层法院内设机构编制过少，也导致民商事审判的专业化与扁平化管理之间产生冲突，在基层法院全面推动构建“诉前调解、快审速裁、专业审判”的分层递进的纠纷解决体系存在一定障碍。

四、下一步工作打算

一要坚持党的绝对领导。深入贯彻习近平法治思想，将党的政治建设摆在首位，坚持以党的政治建设统领法院各项工作，不断增强“四个意识”、坚定“四个自信”、做到“两个维护”。深刻认识和把握“两个确立”的决定性意义，不断激发广大干警的工作干劲和热情。

二要坚持服务发展大局。自觉将审判工作放到全省工作大局中谋划推进，确保中央、省委部署要求在全省法院工作中得到不折不扣地贯彻落实。以推动实现“三个不用找关系”为抓手，转观念、改作风、见行动，充分发挥法治固根本、稳预期、利长远的保障作用。

三要坚持深化司法改革。全力做好四级法院审级职能定位改革试点工作和三大诉讼制度改革工作。加快推进执法司法制约监督体系和司法责任体系改革和建设，坚持守正创新，担当作为，推动基层小创新、微创造不断发挥大作用，以实实在在的改革成效，不断释放司法改革红利。

四要坚持为民公正司法。坚持强基导向，着力解决基础要素瓶颈问题，不断提升基层法院和人民法庭司法水平。全面深化一站式多元解纷和诉讼服务体系建设，切实解决群众参与诉讼的难点、堵点和痛点问题。深化智慧法院建设，进一步发挥大数据在审判管理中的作用，助推审判质效的不断提升。

五要坚持打造过硬队伍。配合省委编办对基层法院政法专项编制进行动态调整。继续对艰苦边远地区县（市）法院法官助理招录执行放宽政策。树立教育整顿永远在路上的思想认识，巩固深化政法队伍教育整顿成果，不断提高法院干警的政治素质和业务素质。持续推进法院审学研一体化机制建设，加强年轻干部和领军人才培养，努力建设一支党和人民信得过、靠得住、能放心的铁一般的法院队伍。

吉林法院

2021年，吉林法院坚持以习近平新时代中国特色社会主义思想为指导，深入学习贯彻习近平法治思想，全面贯彻落实中央政法委、最高人民法院和省委改革部署，围绕“推动吉林法院高质量发展实现新突破”工作目标，坚持“抓落实、抓督导、抓研究、抓宣传”工作思路，推进司法体制改革更加系统集成、协同高效。

一、推进改革的主要做法

一是强化方向引领。组织召开省高院司法体制改革领导小组会议，传达学习习近平总书记关于全面深化改革的重要讲话和重要指示精神，分析研判当前改革工作面临的新形势新任务，引导全省各级法院坚定改革方向，把握阶段特征，保持改革韧劲，推进工作落实。

二是强化主体责任。围绕最高人民法院关于司法改革工作部署和全省政法领域改革重点任务，制定年度全省法院司法改革工作要点和任务台账，提出6个方面30项具体改革任务，夯实主体责任，明确时间节点，强化联动落实，确保各项改革精细谋划、精准发力、精实推进。

三是强化督察问效。主动对照中央政法委关于政法领域改革专项督察反馈情况，结合最高人民法院工作要求，部署开展司法体制改革专项督察，系统评估近年来全省法院推进改革的成效经验和存在的短板弱项，形成专项报告，提出推进举措，抓好整改落实。

四是强化成果提炼。健全完善改革典型案例、改革动态信息常态化报送机制，进一步畅通工作沟通和信息报送渠道，组织开展全省法院优秀司法改革案例评选活动，编发《全省法院司法改革精品案例》，切实推进改革成果集成。

二、改革主要进展情况

一是着力构建精准有力的司法保障体系。持续推进法治化营商环境建设专项行动，确定年度29项工作任务62项具体措施，在国家营商环境评价中，省高院牵头主抓的三项指标取得较好成绩，两项指标获评全国标杆称号。出台《暖企惠企安企六项新措施》。与省工商联建立联动协作工作机制并召开服务民营企业座谈会。持续开展涉产权和企业家权益冤错案件甄别纠正专项行动。与省市场监管厅联合印发《关于建立知识产权纠纷在线诉调对接机制的意见》，在长春知识产权法庭开展技术调查官制度试点。制定《关于为加快建设生态强省提供司法保障的意见》，联合11家省直部门成立全国首个“省级环境治理司法协同中心”。制定《关于规范企业破产案件管理人选任与监督工作办法（试行）》，提升破产案件办理质效。推动金融纠纷多元化解，实现人民法院调解平台与中国金融消费纠纷调解网互联对接。制定《关于办理涉民营企业刑事案件羁押必要性审查的规定》，对25人依法变更强制措施。推进延边东北亚区域国际商事争端解决中心建设，建立“诉+调+审”涉外商事纠纷多元解纷平台。围绕建设长春中央法务区，统筹推进“五庭一院”建设。构建长春现代化都市圈司法协作机制。与省政府、省检察院联合召开2021年联席会议，推动府院联动机制由个案协调、事后化解向源头预防、前端治理延伸，2021年全省行政争议协调化解中心受理案件2562件，成功化解1739件，化解率为67.8%。府院联动工作入选“庆祝建党100周年”省委全面深化改革优秀案例。

二是着力构建科学完备的制约监督体系。对照吉林省贯彻落实《中国共产党政法工作条例》46项任务清单和28项配套制度，组织开展自查自纠和专项督察。连续出台关于完善审判权力制约监督体系和规范法官自由裁量权行使意见，着力推进司法责任体系改革和建设。推动法官惩戒委员会实质化运行，对5名法官提出惩戒意见。严格执行防止干预司法“三个规定”，制定落实《关于在办案环节严格执行“三个规定”的实施办法》。司法透明度指数评估连续六年稳居全国前列，省高院居全国法院首位。夯实院庭长监督管理责任，“四类案件”实际监管率达98.1%。健全覆盖各审判执行领域的案件质量评查机制。推进审判工作标准化建设，研发应用微信小程序“法官E办案”。实施审判执行质效稳固提升工程，全省法院审判执行质效持续稳居全国前列，整体结案率和案件结收比均居全国第1，整体结案率连续28个月稳居全国前5；执行工作22项质效指标全部进入全国前9；诉讼服务质效居全国第4。

三是着力构建公正高效的诉讼制度体系。深化以审判为中心的刑事诉讼制度改革，制定《吉林省常见多发刑事案件基本证据标准》《办理醉驾型危险驾驶案件若干问题的意见》，统一裁判标准和法律适用。深化民事、行政诉讼制度改革，加强繁简分流、速裁快审、分调裁审机制建设，全省法院一审案件简易程序适用率达90.2%，诉前调解案件占一审新收民事案件的58.4%，调解成功率87.7%。制定《关于落实裁执分离制度进一步规范非诉执行案件程序的实施办法（试行）》。强化执行工作“三统一”管理，制定《进一步规范非诉执行审查案件程序实施办法》《进一步规范“一案一账号”执行案款管理规定》。出台《关于进一步加强新时代未成年人审判工作的指导意见》，在全省69家中级、基层法院挂牌少年法庭。全面推行全流程无纸化办案，全省法院网上诉讼同比提升28.8%。完成13个区块链司法应用场景建设，“易执行”线索智能分析平台项目入选2021年全国政法智能化建设智慧法院十大创新案例。省高院被确定为国家区块链创新应用试点。召开全省智慧法院建设珲春现场会，部署全面推进吉林智慧法院建设转型升级，周强院长予以批示肯定。吉林省智慧法院建设在全国法院整体排名中实现了由2018年第13位到2019年第7位、再到2020年第3位的连续跃升，迈入全国第一方阵。

四是着力构建便捷多元的司法供给体系。出台《关于常态化开展扫黑除恶斗争的指导意见》，配套制定16项常态化机制，构建“1+16+N”制度体系。发起设立吉林省司法救助慈善基金，与省检察院、省民政厅等联合出台关于国家司法救助与社会救助相衔接的两个意见，最高人民法院在吉林省召开工作会议推广经验。推进“双平台＋根治欠薪”专项行动，速审速执农民工讨薪维权案件3299件，为4343名农民工追讨欠薪5480.6万元。集中开展涉诉信访积案化解攻坚行动，成功化解信访积案1373件，化解率达96.1%，实现国家重大会事期间“零非访”工作目标。坚持“请进来、走出去”，各地法院诉调中心全部入驻或接入本地综治中心或矛调中心。研发升级审判服务“好差评”系统，创新设置“办不成事”反映窗口。建立“法官进网格”工作机制，以基层法院和人民法庭为单元，全面对接辖区基层网格，推进基层社会治理创新。全力打造半小时诉讼服务圈，203个人民法庭、428个巡回审判点将全部实质化运行，吉林省人民法庭建设工作在全国创造先进经验。

五是着力构建保障有力的组织人事体系。组织开展全员政治轮训，举办习近平法治思想、党史学习教育等系列专题培训27期，累计参训干警22.9万人次。全省法院队伍教育整顿取得阶段性成果，两批队伍教育整顿顺利通过检查验收，法院政治生态持续优化，顽瘴痼疾整治取得实效，纪律作风不断加强。部署开展“响应党的伟大号召、发扬伟大建党精神、争取更大光荣”主题实践活动。推进实施队伍建设“先锋工程”，组织开展“四个十”评选表彰。修订《吉林省法官遴选委员会工作规则》，全省法院增补员额法官292名。完善法官等级择优选升机制，择优选升晋升一级高级法官、二级高级法官6名。强化司法人员履职保护，各级法院均成立法官权益保障委员会，与公安机关广泛建立联动对接机制。与吉林大学签署《合作框架协议》，共同推进法治人才培养。围绕破解部分法院尤其是基层法院“招人难”“留人难”开展专题调研，周强院长予以批示肯定。

三、存在的问题和困难

一是思想认识有待提升。一些法院“等靠要”思想还比较严重，片面强调人案矛盾、保障不足等客观因素，运用改革思维和方法解决问题的意识不足、能力不强。

二是监督管理有待加强。个别法院在落实院庭长办案、履行监管职责方面有打折走样现象，有的干警对执行“三个规定”的相关政策把握不准，填报“三个规定”记录报告平台走过场。

三是协调机制有待优化。尚未构建起系统完善的改革推进机制，沟通协调、督察指导、成果转化、宣传解读等工作缺乏章法，导致有的改革项目共识凝聚不够、推进合力不强、落实效果较差。

四、下一步工作打算

一是以政治为引领，加强党对司法改革的绝对领导。认真落实习近平总书记关于改革必须保持政治坚定性的重要指示精神，切实提高政治判断力、政治领悟力、政治执行力，把党的领导体现在司法改革工作的全过程各方面。

二是以改革促发展，服务吉林全面振兴全方位振兴。坚持服务大局的改革导向，正确处理改革与发展的关系，加快推进审判体系和审判能力现代化，为吉林高质量发展提供有力司法服务。

三是以监督保公正，推进司法责任体系改革和建设。深入贯彻政法领域全面深化改革推进会精神，把加强审判权力制约监督摆到更加突出的位置，全面落实“让审理者裁判，由裁判者负责”。

四是以创新提质效，构建公正高效的诉讼制度体系。巩固深化诉讼制度改革成果，认真贯彻实施新修订的民事诉讼法，加强繁简分流、速裁快审机制建设，持续推进制度创新、释放程序效能、激发改革活力。

五是以人民为中心，提供高效多元的便民诉讼服务。推动构建集约高效、智慧便捷的诉讼服务体系，完善多元解纷机制，发挥人民法庭功能，全面推进诉源治理，让人民群众共享司法改革成果。

六是以科技为支撑，建设吉林法院信息化4.0版。贯彻落实珲春会议精神，不断推动人工智能、区块链等现代科技与司法工作深度融合，全面推进以电子卷宗为基础的智能化办案，健全完善线上线下融合的电子诉讼新模式。

七是以队伍为根本，落实人员分类管理各项政策。完善法官遴选制度，构建进出有序的员额动态管理机制，探索组建新型办案团队，深化司法人员分类管理改革，持续优化资源配置、激发队伍活力。

（来源：吉林省高级人民法院）

黑龙江法院

2021年，黑龙江法院在黑龙江省委坚强领导和最高人民法院正确指导下，坚持以习近平新时代中国特色社会主义思想为指引，深入学习贯彻习近平法治思想，全面落实司法责任制，大力推进司法体制综合配套改革，建立以执法司法制约监督为核心的司法责任体系，较好地完成了各项改革任务，取得了可喜成绩。

一、推进改革的主要做法

2021年，按照中央、最高人民法院和省委部署，省高院在政法队伍教育整顿背景下，加大改革力度，深挖顽瘴痼疾，以问题为导向，制度建设为主线，不断革故鼎新、改柱张弦。

一是强化组织领导，完善制度建设。省高院成立司法改革领导小组，由党组书记、院长石时态同志任组长，党组副书记、常务副院长王中明同志任副组长。全年共组织召开5次院党组会，传达学习上级改革精神，专题研究推进改革工作。召开司法改革专题工作会议1次，听取立案、刑事、审管、干部和督察等职能部门改革工作情况汇报，指出问题和不足，研究下一步改革举措。对全省法院整治违法“超审限”问题、整治长期未结诉讼案件问题、整治执行不规范问题、贯彻落实“三个规定”情况和法院队伍“四化”建设等问题进行书面调研并形成调研报告，进一步深挖顽瘴痼疾、强化执法司法制约监督。先后出台《关于进一步加强减刑、假释、暂予监外执行案件监督指导工作的意见》《黑龙江省法院工作人员及近亲属禁业清单》等40余项规章制度。

二是实行台账管理，推动改革落实。根据中央办公厅、最高人民法院、省委深改委、省委社改办等出台的相关文件，结合法院系统承担的改革任务，逐项制作相关台账。《省委全面深化改革委员会2021年工作要点》明确重点改革任务40项，其中省高院承担2项，现已全部完成，完成率100%。《省委深改委社会体制改革专项小组2021年重点工作任务台账》明确改革任务28项，其中省高院承担9项，现已全部完成，完成率达100%。《省委政法委书记领衔抓“深化执法司法制约监督体系改革”任务台账》明确改革任务20项，其中省高院承担9项，现已全部完成，完成率达100%。《贯彻落实2020年全省政法领域全面深化改革推进会精神任务台账》明确改革任务80项，其中，省高院承担52项，现已完成51项，完成率达98.08%。

三是编报典型案例，推广先进经验。组织全省法院参加黑龙江全面深化改革“建党百年百案例”征集评选活动，共征集优秀司法改革案例20余篇，经筛选后向省委深改办推荐5篇，其中肇东法院《加速构建现代体系　深入推进多元解纷　全力做实做细基层治理“大文章”》入选全省“建党百年百案例”；组织全省法院参加最高人民法院第十一批司法改革案例征集活动，共征集优秀司法改革案例30余篇，经筛选后向最高人民法院推荐4篇。省高院报送的《黑龙江高院出台实施意见　着力构建“五位一体”司法责任体系》司改案例被最高人民法院信息简报采用并在《人民法院报》头条刊登；指导绥化中院撰写的《压实“五个责任”全面推进司法责任体系改革和建设》司改案例，在全省政法领域全面深化改革推进会上作交流发言。

四是抓好宣传工作，做好政策解读。2021年，省高院内网“司法改革”栏目，共更新司改动态9篇，司改案例7篇，工作通知3篇，工作通报1篇，司改文件9篇。同时，结合“我为群众办实事”活动，针对法院干警比较关注的完善法官考核机制、绩效奖金发放、四级法院审级职能定位改革等内容进行政策解读，共发布政策解读13篇，受到广大法院干警的好评。编写《黑龙江省三级法院审级职能定位改革季报》1期，记录当前全省法院案件提级管辖机制和再审程序改革试点运行情况，介绍省高院最新改革举措和工作动态。

二、改革主要进展情况

黑龙江高院牢牢把握维护公平正义这一司法核心价值追求，以全面落实司法责任制为核心，以深化司法责任制综合配套改革为抓手，不断健全完善以执法司法制约监督为核心的司法责任体系，推动司法质量、效率和公信力全面提升，以看得见、可感受的公平正义，让人民群众有更多的司法获得感。综合梳理最高人民法院、省委相关部署，确定了72项年度改革措施，其中完成71项，完成率达98.61%。

一是聚焦“控权”，健全司法权力运行制度机制。把对司法权运行监督作为司法改革的关键。制发严格案件审限管理、法律适用分歧解决等15个指导意见，变对案件的审批式监管、事后监督为全流程监管、实时动态监督，做到全程留痕、可追溯；完善审判权责清单制度，健全“四类案件”监管机制，压实落细院庭长办案和监督管理双重职责，院庭长办案数占结案总数的44.4%；加强新型审判组织建设，组建各类审判团队748个，并将审判团队作为办案质效监管考评的独立责任单元；健全统一法律适用机制，制定出台各类案件指导意见66个，促进裁判尺度统一。健全外部监督机制，上线“诉讼参与人满意度评价系统”，收到诉讼参与人评价10.9万条，其中满意评价10.8万条。2017年以来常态化举办“公众开放日”1.6万期，59.9万名社会各界人士走进法院，让司法权在阳光下运行，让法官在监督下办案。

二是聚焦“督责”，健全司法责任追究制度机制。细化绩效考核办法，建立审判庭、审判团队、法官三级并行的绩效考核机制，做到奖优罚劣、权责统一。利用大数据对全省159家法院和5366名法官审判质效在内网实时动态排名，每个法院、每名法官对自己办理案件的数量、质量一目了然。完善法官惩戒制度，制发法官惩戒工作规则，规范责任认定，加大错案甄别与责任追究力度，有29人被追责。制定《关于加强审判管理强化均衡结案的意见》，重点解决年底突击结案问题；制定《关于严格案件审限管理的若干规定（试行）》，重点解决超审限问题；制定《关于减刑、假释案件实质化审理的推进意见（试行）》，重点解决“减假暂”问题。制定《黑龙江省法官惩戒工作办公室工作规则（试行）》和《黑龙江省法官惩戒暂行办法》，明晰违法审判责任范围、责任承担、责任豁免、责任追究，科学划定依法监管和违规干预过问的界限，做到责任与过错相适应、惩戒与教育相结合、追责与保护相统一，做到失职必问责、滥权必追责。

三是聚焦“激励”，健全司法职业保障制度机制。组织全省法院918名干警参加第4批法官入额遴选考试，最终确定直接入额人选519人；至第4批遴选结束，累计取得递补资格、待入额人选共计482人，有效补充了全省法院审判工作力量。修订完善法官等级晋升评定、法官遴选、任职交流、职业待遇保障等制度，制定《黑龙江省高级人民法院审判绩效考核细则（试行）》《全省法院严格执行防止干预司法“三个规定”责任追究和履职保护办法（试行）》，着力解决改革配套政策落实不及时、司法保障不到位、激励作用发挥不明显等问题。积极推动省委政法委召开专题会议，协调北大荒集团、省人社厅、省财政厅等单位为农垦法院退休人员办理社保上线，相关人员退休金在“七一”建党100周年前全部足额发放。

四是聚焦“提效”，健全司法质效评价制度机制。启动三级法院审级职能定位改革试点，完善案件提级管辖机制，改革再审程序，强化审级监督指导。优化工作绩效考核机制，建立实施流动红旗和喜报制度，进一步激发全省法院干警争先创优意识。健全审判权责清单，建立“四类案件”监管系统，从严管控案件审限，压实院庭长审判监督管理职责。坚持全省法院管理制度和业务制度系统集成、双轮驱动，编撰完成《龙法之治·黑龙江法院管理制度》姊妹篇——《龙法之治·黑龙江法院裁判指引》，包含办案指导意见66个，促进全省法院统一裁判尺度、准确法律适用。同时，不断巩固深化教育整顿成果，坚持“当下治”与“长久立”相结合，在省级层面新建、修订各项管理制度45项。完善案件质量评查、审判流程管理、审判团队组建、类案和关联案件检索等制度，制定《关于当事人评价法院案件质效实施办法》《全省“打官司不求人”示范法院创建评定管理办法（试行）》《关于建立和完善法律适用分歧解决机制的实施细则》，强化审判流程管理和履职指引，注重工作写实，定期严格“考责”，激励干警严格“履责”，推动实现绩效考评科学化、组织架构扁平化、法律适用统一化、审判流程标准化。

五是聚焦“强技”，健全司法科技运用制度机制。把数字科技作为司法改革的保障，完善智能化辅助办案和监督管理、数据集中管理、网络安全管理、信息化建设等，加快推进全省法院一体化信息平台转型升级，上线黑龙江法院管理系统4.0版，把办案和监管嵌入平台之中，着力解决信息化应用程度不高、系统重复建设、数据不兼容问题，实现“应用整合集成+全域数据融合，智审、智执、智服、智管”，减轻干警负担，提升工作效率。全面深化智慧法院建设，利用数字科技对诉讼服务进行全方位全链条改造，实现全业务网上办理、全流程依法公开、全方位智能服务。疫情防控期间，实现无接触式诉讼服务广泛应用。网上立案15.4万件、缴费54.6万次、阅卷1.1万件、开庭3.3万次、调解6.1万次、鉴定7156件。拓展数字科技跨域诉讼服务范围，办理跨域立案5312次、电子送达47.5万次，让人民群众充分享受互联网司法带来的便利。

三、存在问题和困难

一是改革意识不强，思想认识上存在误区。比如，有的法院领导在优化资源配置、多元化解纠纷、案件繁简分流上改革意识不强、办法不多、措施不力，认识不到司法改革在破解难题、提升效能方面的有效作用，没有为分流解决纠纷想实招，而是一味靠“白+黑”“5＋2”来抢时间、提效率，片面“求快求简”，以致案件上诉率、上访率、发回重审率、改判率持高不下。

二是争先创优意识不强，探索创新不够。与全国先进法院相比，黑龙江省一些法院在改革方面缺乏主动性、积极性和创造性，特别是在总结经验、应用信息化技术等方面还有很大差距。有的法院对改革经验定位不够精准，工作亮点不够突出，好的做法总结不够全面，司改创新案例在最高人民法院很少被采用。

三是四级法院审级职能定位改革试点推进缓慢。截至目前，全省尚无提级管辖案件，中级法院层面存在“中梗阻”，对改革任务敷衍应付，推进不够有力，在省级层面统筹实施不力，缺少制度性工作机制，以致工作浮于表面，改革效果不够明显。

四、下一步工作打算

一是深化四级法院审级职能定位改革。推进知识产权和环境资源案件审理“三合一”，健全完善案件提级管辖案件的识别机制和报请再审案件的甄别筛选机制，调整省法院审判业务部门工作职能，强化对下工作指导，做好改革试点中期总结评估工作。

二是强化司法监督管理。出台《关于加强司法制约监督制度机制建设的实施意见》，制定“四类案件”监管实施细则，构建“权责利效技”五位一体司法责任体系，完善法官绩效考评办法，建立容错免责机制，严格司法责任追究。

三是健全完善分调裁审机制。开展民事案件繁简分流和审判团队运行情况调研，针对存在的突出问题，研究解决对策，进一步优化资源配置，减少当事人诉累，提升审判工作质效。

四是加强和规范在线诉讼。组织开展“三大在线”规则调研，研究解决诉讼、调解和运行中存在的突出问题，通过细化流程规则、加强诉讼引导、完善系统平台，探索构建从立案到执行的全流程在线诉讼模式，提高全省法院在线立案率，电子送达适用率，在线庭审适用率。

（来源：黑龙江省高级人民法院）

上海法院

2021年，上海高院以习近平新时代中国特色社会主义思想、习近平法治思想为指引，根据中央、市委、最高人民法院部署要求，按照“抓重点、补短板、重协调，推动法院工作高质量发展”的工作思路，针对改革推进中需要重点关注和解决的问题，研究制定了关于改革的实施意见及任务分解表，明确了牵头责任部门，各项改革任务均有序推进，取得显著成效。2021年，全市法院全年共受理各类案件88万件、审结87万件，同比分别上升9.5%和8.9%；12个月以上未结案件同比下降28.9%；92.9%的案件经一审即息诉，经二审后的息诉率为98.7%；上海法院有7件案例入选《最高人民法院公报》，占全国的38.9%，位居第1。

一、推进改革的主要做法

一是加强改革设计规划。市高院制定《关于进一步深化审判权力制约监督体系改革的实施意见》及其任务分解表、《关于进一步优化民事诉讼程序繁简分流改革试点工作的实施要点》及其任务分解表，设计推进改革的路线图和时间表，扎实有序推进各项改革任务。市高院综配改革领导小组加强对改革任务的统筹协调、督促落实，各牵头责任部门抓好所属任务的推进落实、对口指导等工作，如期保质完成既定目标。

二是强化改革推进落实。一方面，强化审判权力监督制约体系改革、民事诉讼程序繁简分流改革试点等重点改革任务之间的统筹兼顾和系统集成，协同推进；另一方面，加强信息技术与改革任务间的深度融合，将改革要素嵌入审判管理监督、考核队建等法院工作的方方面面，重塑流程、健全规则、提质增效。加强现代科技与司法工作深度融合，制定相关指导意见，统一网上办案的流程规则，打造全流程网上办案体系，极大地方便法官办案和当事人诉讼。

三是加强政策解读和宣传引导。对外，通过上海法院官网及微信公众号等，及时发布改革相关政策文件及改革案例，加大对当事人、律师等社会公众的宣传力度，提升改革的认同度、支持度。对内，在及时转发最高人民法院相关解读文件，并制发相关理解适用问答的基础上，制定出台《关于开展民事调解协议司法确认程序试点工作的实施细则》《关于完善全流程网上办案体系促进审判高质量发展的指导意见》等10余项规定，为改革举措推进提供细化指引。

二、改革主要进展情况

（一）强化三项新的重大任务法治保障

1. 加强自贸试验区法治保障

加强自贸试验区特别是临港新片区的相关法治保障工作。认真贯彻《上海法院服务保障临港新片区建设的实施意见》，派驻法官入驻临港新片区涉外争议一站式法律服务中心，努力为中外当事人提供优质的诉讼和法律服务。指导浦东新区法院自贸区法庭完善涉外商事纠纷一站式解纷平台，取得较好效果。自贸区法庭被最高人民法院评为全国法院涉外商事海事审判工作先进集体。落实服务浦东新区改革开放再出发专项司法意见，主动对接国际通行规则，加强涉自贸区案件专业化审判，支持境内外仲裁机构开展涉外仲裁，自贸区法庭服务保障对外开放入选全国法院“新时代人民法庭建设典型案例”。

2. 完善科创板法治保障机制

一是建立健全涉科创板上市企业证券纠纷案件集中管辖机制。加强金融审判专业化建设，启动对《关于上海金融法院案件管辖范围的实施细则（试行）》的修订工作。审理全国首例证券虚假陈述普通代表人诉讼案、涉“维好协议”认可和执行香港法院判决案等一批具有规则导向意义的金融纠纷案件，有效规范和引导金融交易行为。

二是加强法治化营商环境建设。发布《推进法治化营商环境建设专项行动计划4.0版》，就保护市场主体权益、推进诉讼流程再造、完善立审执衔接机制等方面出台61项改革举措，积极营造国际一流法治化营商环境。在2020年国家营商环境评价中，上海法院“解决商业纠纷耗时”和“破产法律框架质量指数”均获得满分。围绕产权司法保护，加强企业家合法权益保护，发布为企业家创新创业营造良好法治环境第三批典型案例，让企业放心经营、安心发展。完善破产案件集中管辖机制，强化破产审判力量配备，优化破产案件繁简分流、“执转破”程序衔接等审判机制，审结破产、清算案件数同比上升105%，审理破产、清算案件数同比上升94.4%，清理债务845.4亿元，盘活资产169.3亿元，让危困企业脱困重生、僵尸企业快速出清。

三是协调推进长三角区域法治合作机制建设。深入推进长三角司法协作，沪苏浙皖四地高院会签《长三角地区法院执行工作“一体化”备忘录》，健全异地执行协作、执行数据共享、联合信用惩戒等工作机制。上海海事法院、上海知识产权法院、上海金融法院、嘉定法院分别与长三角地区相关法院签署专项合作协议，为长三角一体化发展提供精准司法服务和保障。吴曼诉华澳国际信托公司财产损害赔偿纠纷案等3件案例入选人民法院服务和保障长三角一体化发展典型案例。

（二）优化司法权力运行体系

1. 优化审判权力运行机制，健全司法机关内部监督机制

围绕正确处理好放权与监督的关系，制定实施《关于进一步深化审判权力制约监督体系改革的实施意见》，持续加强专业法官会议、审判团队、权责清单等配套机制建设，集流程监督、制度监督和信息化监督三个层次为一体的新型审判权力制约监督体系进一步完善。落实院庭长办案常态化机制，充分发挥院庭长带头办理重大疑难案件和对重大案件的监督管理作用，全市法院院庭长办案19.7万件。修订《专业法官会议规定》，对重大疑难复杂、群体性纠纷、合议庭意见有分歧等8大类案件进行“专家会诊”，全市法院召开专业法官会议1.6万次，同比上升82.6%，意见采纳率达99.2%。优化完善上海法院审判业务一体化支持平台、法律适用疑难问题网上咨询系统，制定类案办案要件指南累计31个，促进法律适用统一。

2. 积极推进繁简分流改革试点工作和审判机制改革

积极推进民事诉讼程序繁简分流改革试点，强化小额诉讼程序适用，创新探索小额诉讼程序约定前置程序，审结小额诉讼案件16.7万件，平均审理

期限15天。完善简易程序适用，探索适用令状式、要素式、表格式等简式裁判文书，简易程序适用率为83.6%。完善二审独任制适用，改革试点经验被最高人民法院收入民事诉讼程序繁简分流改革试点系列展示案例。最高人民法院周强院长对上海法院报送的在线诉讼、多元纠纷化解等4个改革案例分别作出批示，充分肯定上海法院的改革试点成效。积极推进四级法院审级职能定位改革试点，制定试点工作实施方案及任务分解表，建立联席会议、沟通联络、释法指导、台账管理等工作制度，完善适法统一机制、审判权力制约监督、审判资源配置等配套机制，合理调整一审民事行政案件管辖标准，完善案件级别管辖、提级管辖、再审程序改革等制度，推动审判重心进一步下沉，强化高级、中级法院审级监督作用。

（三）完善队伍建设管理体系

1. 完善执法司法人员分类管理制度

一是完善司法人员分类管理制度。在全市法院统一建立“以量定额”的员额动态调整机制，引导审判力量向办案一线集中、向人案矛盾突出的法院倾斜。制定《上海法院优秀中青年法官轮岗锻炼工作的实施意见》，进一步规范法院系统人员轮岗交流程序。进一步探索分类考核。制定法官助理、书记员、司法警察和司法行政人员五类人员绩效考核办法，并将季度绩效考核结果按比例折算分数，作为择优选升、逐级遴选的重要依据。

二是推进落实法官逐级遴选。在全国率先启动法官助理遴选初任法官、初任法官到基层法院任职、法官逐级遴选工作。截至目前，已分5批从法官助理中遴选初任法官656人，并完成逐级遴选法官调任、法律职务任命等工作。

2. 完善政法干警职业保障制度

一是健全完善法官权益保障公法联动机制。建立信息互通机制，通过与公安机关建立信息互通机制，提高突发事件应急处置效率。建立行动互联机制，通过与公安机关联防联动，共同采取教育训诫、动态追踪和安防稳控等综合措施，有效解决法院单方面惩戒措施局限、难以有力震慑违法行为人等问题。

二是探索建立法官网络名誉维护联动协同机制。与市委网信办建立网络综合处置协同机制，加入上海重大网络事件综合协调处置机制平台，依法依规集中清理网络空间侵害法官名誉信息。开展侵害法官名誉权网络信息核查工作，通过上海法院舆情预警监测系统实时检索，及时梳理涉嫌侵害法官名誉权的网络信息，经核查不存在违纪违法情况的，及时出具网络信息不实的核查结论，并推动法官网络名誉权保护常态长效。

（四）深化矛盾纠纷多元化解机制

深入推进一站式多元解纷机制建设，升级上海法院一站式多元解纷平台，延伸拓展“市一区一街镇”三级诉调对接网络，“横向”对接全市17家非诉讼争议解决中心、6400多家人民调解组织和金融、经贸、航运、知产等行业调解组织，“纵向”下沉街道乡镇和基层村居，打造“线上受理、线上调解、线上确认”全流程网上纠纷化解新模式。全市法院通过一站式多元解纷平台委派委托调解案件11万余件，调解成功3.5万件。建立特邀调解组织和调解员名册，受理司法确认申请6320件，裁定确认有效率达99.2%。认真贯彻《上海市促进多元化解矛盾纠纷条例》，与市司法局联合制定《关于探索实行调解程序前置试点的实施办法》，在全国率先开展家事、小额债务、消费者权益、劳动争议等纠纷调解程序前置试点工作。制定《关于推动新时代上海法院人民法庭高质量发展的实施意见》，推广诉讼服务站、法官联络点等机制，积极探索符合超大城市治理需求的人民法庭建设，全市人民法庭共审结、调解民商事案件8.9万件。

（五）深入推进解决执行难问题

持续深化“基本解决执行难”成果，集中开展强制腾退、查扣车辆、案款清理、涉民生等执行专项行动，保持执行力度只增不减，努力把胜诉权益兑现为“真金白银”。全年共执结案件18.9万件，执行到位金额504.2亿元，同比分别上升16.3%和32.9%，首次执行案件法定期限内执结率等核心指标位居全国法院前列。强化执行联动机制，将解决执行难纳入平安建设考评，与市公安局、市场监管部门、保险机构、外卖平台等单位在车辆信息查询、地址信息查询、限制失信企业随意变更法定代表人、执行人身保险财产利益等方面开展联动协助，全面推进查、控、扣一体化建设。1件案件入选最高人民法院依法惩戒规避和抗拒执行典型案例。加强执行监督管理，严格落实执行案件“一案双查”，制定《关于开展执行领域突出问题集中整治专项行动工作方案》，开展执行条线顽疾整治行动。

（六）完善科技支撑体系

1. 推进现代化诉讼服务体系建设

一是提升诉讼服务效能。制定《上海法院诉讼服务中心接待工作规范》，设置“诉讼服务智慧舱”，全面升级网上诉讼服务平台，上线上海法院12368智能语音2.0版，为当事人提供自助立案、线上保全、在线庭审等全流程诉讼服务。积极推进跨域网上立案，探索开展在线异步诉讼，推动案件跨地域、跨时空调解和审判，为当事人节省成本、提供便利。全面运用立案智能审查系统，对符合立案条件、审查期限满7日的案件和调解满2个月的诉调案件由系统自动转为立案共2.1万件，切实保障当事人诉权。

二是加强互联网、区块链等现代科技与司法工作的深度融合。积极推进全流程办案体系工作。制定实施《关于完善全流程网上办案体系促进审判高质量发展的指导意见》，统一网上办案的流程规则，打造涵盖起诉、庭审、文书制作、宣判等30多个节点的全流程网上办案体系，实现案件网上办理、审判智能辅助、诉讼全程监督，大大方便法官办案和当事人诉讼。网上立案72.8万件，81%以上案件做到“网上立、掌上立”。随机分案模式持续完善，随机分案率达92.9%，同比增长10个百分点，减少分案环节人为因素。庭审记录改革深入推进，以录音录像和音字转换替代传统手工笔录庭审18.1万场，有效节省人力资源。电子卷宗单套制归档改革全面推进，累计电子归档34.3万件，市高院顺利通过国家档案局等部门电子卷宗单套归档改革国家级试点验收，并获评“上海市示范数字档案室”称号。

2. 推动执法司法信息系统深度应用

一是推广应用上海刑事案件智能辅助办案系统。全力推进系统融合工作，上海刑事案件智能辅助办案系统的证据标准指引、智能辅助阅卷、单一证据校验、证据链审查及政法协同等功能已完成模块化适配改造，并深度融合至新版审判系统；网上换押一体化平台已完成主体功能开发及区块链技术集成，公检法办案人员可使用一体化平台制作、移送换押证，并可在移送节点进行数据上链、存证、校验；构建基于市高院中心平台的数据统计分析模块，完成提请批准逮捕、移送审查起诉、一审公诉三类案件的基础数据表构建，为系统运行提供运营数据支撑。

二是推广应用民商事、行政智能辅助办案系统。继续加强系统应用推广。在智能编目应用方面，上海三级法院均已上线，2021年平均扫描案件约5180件/天，扫描卷宗约149207张/天，平均约29张卷宗/案件。在庭审辅助应用方面，共有922个案件使用庭审提纲辅助生成功能，使用率为0.73%。完善要件标签的关联，目前已完成道路交通事故责任纠纷、海上通海水域运输合同纠纷、侵犯作品信息网络传播权纠纷、计算机软件开发合同纠纷等案由要件标签的关联。

三、存在的问题和困难

一是各项重点任务的推进深度、落实力度、见效程度仍然存在差异，抓进展、抓落实的力度有待进一步提高。如何运用司法公信力评估结果进一步提高改革举措的针对性、精准性，提高人民群众对改革成效的认可度和满意度，仍需研究落实。

二是改革任务的系统性、协调性还有待进一步增强。一些关联度高、耦合性强的改革举措衔接不够，改革系统集成、协同高效有待进一步增强，综合效能有待进一步提升。

三是重点改革项目的亮点挖掘、经验推广有待进一步加强。作为中央确定的全国首批司法体制改革试点地区和全国唯一的综配改革试点地区，上海法院如何继续发挥“先行先试”的优势，建立健全成果转化机制，推动形成更多可复制、可推广的经验，仍需进一步研究落实。

四、下一步工作打算

2022年，上海法院将以习近平新时代中国特色社会主义思想为指导，深入贯彻习近平法治思想，全面贯彻党的十九大和十九届历次全会精神，全面对标中央、市委、最高人民法院的重大改革决策部署，切实履行法院职责使命，着力聚焦巩固改革成果，在深化司法改革上打造新亮点，以新担当、新作为推动法院工作高质量发展。

一是以全面提升司法公信力为目标，加快构建与新型司法权力运行机制相适应的司法责任体系，进一步完善审判权力制约监督体系，对已经实施的改革加强评估问效，推动各项改革举措系统集成、协同高效。

二是加强法律适用标准化建设，进一步推进类案裁判思路、裁判方法、司法尺度统一。

三是持续开展四级法院职能定位改革试点，优化诉讼分流、职能分层和资源配置，加强审级制约监督体系建设，探索形成可复制可推广的试点经验。

四是深化智慧法院建设，持续完善全流程网上办案体系，全面推进电子卷宗随案同步生成、在线庭审、庭审记录改革、电子送达、归档单套制、智能辅助办案系统运用，推动执法办案全流程、系统性再造。

（来源：上海市高级人民法院）

江苏法院

2021年，江苏法院按照中央、省委和最高人民法院的部署要求，始终坚持以习近平新时代中国特色社会主义思想为指导，深入学习贯彻习近平法治思想，深入推进司法体制综合配套改革，全面深化高质量司法，为江苏省实现“十四五”发展和现代化建设良好开局作出了积极贡献。省高院在全国法院司法体制综合配套改革推进会上作经验交流发言。

一、推进改革的主要做法

一是坚持改革正确政治方向。深入学习习近平法治思想，通过党组会、党组理论学习中心组集中学习等形式常态化开展学习，将习近平法治思想作为各级各类培训班的必修内容，确保政治培训常态化和全覆盖。严格执行《中国共产党重大事项请示报告条例》，制定落实重大事项请示报告制度实施办法，对司法改革重大事项及时向省委和省委政法委请示报告。

二是加强司法改革调查研究。围绕审判权制约监督、规范自由裁量权行使等深入开展调研。省高院承担了最高人民法院2021年度司法研究重大课题《新时代人民法院工作高质量发展研究》，最高人民法院2021—2022年度司法改革专项调研课题《人民法院推进“五五改革纲要”情况实证分析研究》。1篇调研报告被省委政法委评为2021年度全省政法调研报告一等奖，2篇被评为优秀奖。

三是注重督察问效。2021年3月至4月，省高院司改办根据最高人民法院督察评估通报，开展司法改革专项督察，赴南京、苏州、宿迁、徐州等地中级、基层法院进行实地督察调研，其他各地法院对司法改革推进情况组织自查并形成自查报告，查找突出问题，及时进行整改，提升整改落实效果，推进重点改革举措落到实处。

四是注重总结推广司法改革“江苏经验”。向省委改革办、最高人民法院积极报送司法改革典型案例，1 篇案例被最高人民法院《人民法院司法改革案例选编》采用，5 篇案例被最高人民法院《司法改革动态》采用，7 篇案例被省委政法委《江苏政法》采用。

二、改革主要进展情况

（一）全面落实司法责任制

一是完善审判权力运行体系。各中级法院结合自身实际，根据省高院出台的《关于办案人员权力和责任清单的规定》（以下简称《规定》），细化完善办案人员权力和责任清单。2021 年 10 月，在全省法院开展对《规定》落实情况的专项督查，省高院司改办实地走访苏州、常州等地中级、基层法院，对办案人员权责清单落实情况进行实地督察，并形成了自查报告。

二是落实违法审判责任追究和法官惩戒机制。省法官惩戒委员会切实履行工作职责，推进法官惩戒工作实质化运行。2021 年 12 月 15 日组织召开省法官惩戒委员会第二次会议，对 5 名法官涉嫌违反审判职责的案件进行审议。

三是落实“三个规定”工作机制。坚持动真碰硬，针对违规过问、说情打招呼情况，开展违反“三个规定”专项整治，广大干警“逢问必记”意识普遍增强；排查近 30 年来“减假暂”案件 80 余万件，依法纠正违规违法案件 77 件。连云港中院作为最高人民法院顽瘴痼疾整治联系点，创新机制落实防止干预司法“三个规定”，取得明显成效，受到周强院长肯定。

（二）科学推进人员分类管理

一是推进法官员额制改革。完成 2021 年全省法院法官入额遴选工作，确定入额人选 288 名，递补入额人选 81 名。全省法院现有法官 6963 人，占中央政法专项编制总数的 38.24%。严把法官入额、退额标准，全省法院共有 443 人退出员额。

二是完善司法辅助人员招录、管理机制。开展法官助理省级统一招录工作，2021 年全省共招录法官助理 414 人。在苏州中院等 4 家中院、苏州市姑苏区法院等 8 家基层法院开展法官助理分阶培养改革试点工作，科学规划法官助理职业发展路径，为法官队伍遴选储备人才。深化书记员管理制度，2021 年全省法院统一公开招录聘用制书记员 795 名，经费全额纳入财政预算保障。

三是落实司法人员职业保障。加强与地方有关部门会商，推动法官单独职务序列相关配套保障政策落地见效。目前，在推动落实女法官退休年龄、医疗待遇、差旅待遇及公务交通补贴等保障政策上，省高院已经全部落实，正在推动落实与法官单独职务序列相配套的退休政策。

（三）深入推进诉讼制度改革

一是推进民事诉讼程序繁简分流改革。省高院在南京、苏州中院试点工作基础上，形成《关于民事诉讼法及其司法解释修改建议稿》及起草说明，为民事诉讼法和相关司法解释修改工作贡献“江苏智慧”。苏州中院在全国率先制定电子诉讼规则，获最高人民法院主要领导批示肯定。深化“分调裁审”机制改革，全面上线繁简分流智能识别系统。推行类案示范性判决，简化裁判文书制作，着力打造“无纸质卷宗+无书记员”、要素式、令状式、表格式、分离式裁判文书。推进速裁快审无纸化办案，全省 100%的基层法院实现速裁快审无纸化。全面推进集中送达机制建设，打造“收转发”一体化集中送达平台，通过“信息跑路+邮政跑腿”模式破解送达难，全省法院电子送达成功率达 85%以上。

二是深化以审判为中心的刑事诉讼制度改革。推进庭审实质化，落实“三项规程”，严格证明标准，加大力度推动证人、鉴定人、侦查人员出庭作证。参与推动政法大数据平台建设，与省检察院、公安厅等部门会签《江苏政法业务协同刑事案件电子卷宗单轨制应用工作规范（试行）》，实现公检法卷宗网上流转、相关文书网上送达，提升审判效率。开展繁简分流背景下庭审方式改革相关问题专题调研，进一步落实庭审实质化。赴省律师协会走访调研，就值班律师提供法律帮助、律师辩护、量刑建议协商、认罪认罚自愿性权利保障等问题进行沟通，推进认罪认罚从宽制度正确有效实施。

三是深化民事执行体制机制改革。迭代升级执行指挥中心“854”模式，打造“更快、更强、更高”现代化执行体系，执行结案平均用时从 176 天缩短到 80 天。与沪、浙、皖高院建立执行一体化司法协作机制，提升跨域执行办理质效。确定苏州、宿迁两市为执行管理体制改革试点法院，最高人民法院周强院长、刘贵祥专委对《苏州法院执行管理体制改革试点方案》《苏州法院推进“两管一控”数字化执行实现执行模式“第二次跨越”》两次批示肯定。在南京、苏州、徐州全市法院范围内开展“与个人破产制度功能相当的改革试点”工作。

四是推进环境资源“9+1”审判机制建设。省高院在世界环境司法大会上作主题发言，向世界有力彰显江苏环境资源审判改革成果。制定贯彻长江保护法具体实施意见，采取14项措施，加大长江流域司法保护力度。泰州市人民检察院诉王小朋等59人特大非法捕捞长江鳗鱼苗公益诉讼案入选最高人民法院第31批指导性案例，并入选联合国环境规划署第二批十大环境资源典型案例，在联合国环境规划署网站发布，有力传播中国环境司法声音、提升中国环境司法形象。妥善审理非法捕捞致中华鲟死亡案件，成为《世界环境司法大会昆明宣言》后首个产生重要影响的示范案例，得到最高人民法院主要领导批示肯定。

（四）深化司法责任制综合配套改革

一是开展四级法院审级职能定位改革试点工作。省高院制定审级职能定位改革试点的实施细则和实施方案，建立健全联席会议、季报、联络人等工作机制。2021年12月3日，召开全省法院审级职能定位改革试点工作推进会，部署推进全省法院改革试点工作。向最高人民法院报送第一期改革试点季报，在《江苏法院简报》设置审级职能定位改革试点专刊，刊发试点推进中的经验做法、对策建议等。

二是深化诉源治理。创新发展新时代“枫桥经验”，法官进网格参与化解纠纷59.2万起。深化一站式多元解纷，强化诉讼与非诉讼衔接，诉前成功解纷37.3万起，同比增长85.7%。针对办案中发现的社会治理问题隐患，发送司法建议1524份，向党委政府报送专项报告821份。苏州法院创设全国首个县域基层治理司法指数，促进行业和基层治理。

三是深化智慧法院建设。运用科技手段提升审判质效，努力创造更高水平数字正义。健全电子证据、线上开庭规则，在线庭审10.7万场、在线调解19.1万件、网上查控165.1万件次。江苏法院在智慧法院评价中居全国第2位，入选国家区块链创新应用试点。在省委政法委“全省政法工作优秀创新成果”评选中，“江苏法院最严格知识产权司法保护工作”获特等奖，“‘一体两翼'切实解决执行难苏州方案""南通法院支云庭审系统"获二等奖,"'无讼淮安·一码解纷'智调平台"获三等奖。

四是服务高水平对外开放。制定服务保障对外开放工作纪要,设立南京、连云港自贸试验区法庭和徐州淮海国际港务区法庭,与国际商事调解、仲裁机构合作构建调解、仲裁、诉讼有机衔接的一站式纠纷解决机制,依法平等保护各类市场主体和中外当事人合法权益。南京海事法院推出服务"一带一路"14项措施,高效化解海事海商纠纷,4起案件当事人主动选择或将国外仲裁变更为南京海事法院管辖,海事司法国际影响力持续提升。苏州国际商事法庭建立中立评估调解和外国法查明机制,适用埃塞俄比亚法律判决一起跨境股权纠纷案,得到该国行政部门直接认可和执行,有效维护了我国投资人海外权益。完善涉台审判工作机制,淮安中院设立全省首个涉台纠纷调处中心,在央视《海峡两岸》等媒体被广泛报道。

三、存在的问题和困难

一是改革措施的系统性协同性有待增强。审级职能定位改革试点工作推进过程中,如何既提高基层法院的审判质效,提升中级法院服判息诉率,又同步完善审判资源配置、机构改革等配套举措,需要进一步加强。

二是法官与审判辅助人员配比存在结构性矛盾。中央《关于深化司法责任制综合配套改革的意见》规定,严格控制编制外法官助理。但以中央政法编制招收法官助理无法满足实践现实需求,客观上加大了法官的工作量负担,加剧了人案矛盾。

三是审判监督管理有待进一步加强。院庭长案件管理办法已制定出台,院庭长权责清单进一步明确,但如何将管理职责嵌入案件管理系统,如何提升监督管理制度的刚性约束,将监督管理要求落实到审判执行工作,需要进一步研究解决。统一法律适用方面,目前最高人民法院和多地法院已制定类案检索规定,但缺乏统一的、智能化的检索平台,导致类案检索时推送的类案数量多,智能分析不足,需要法官作进一步甄别。

四、下一步工作打算

2022年，江苏法院将深刻领会、准确把握中央、省委、最高人民法院接续推进司法责任制综合配套改革、执法司法制约监督体系改革、执法司法责任体系改革和建设的部署要求，更加注重系统观念、法治思维和强基导向，狠抓改革举措落实，推进审判体系和审判能力现代化建设。

一是坚持权力与责任相统一，认真执行办案人员权责清单制度，优化院庭长监督管理方式，完善审判绩效考核机制，健全完善新型审判权力运行体系。

二是坚持办案与指导相衔接，贯彻执行类案强化检索报告制度，完善法律适用分歧解决机制，完善审判业务指导方式，促进法律适用标准统一。

三是坚持履责与追责相结合，健全法官惩戒工作机制，完善提请审查、审议决议、权利救济等程序规则，加强司法惩戒与纪检监察的程序衔接，持续推进法官惩戒制度实质性运作，健全完善违法审判责任追究体系。

四是坚持责任与保障相匹配，完善法官员额退出管理机制，认真落实职业保障制度，探索建立法官助理分阶培养体系，健全完善司法责任保障体系。深化诉讼制度改革，深入推进繁简分流，优化审判资源配置，推动人案矛盾有效缓解。

（来源：江苏省高级人民法院）

浙江法院

2021年，浙江高院在最高人民法院有力指导下，坚持以习近平新时代中国特色社会主义思想为指导，深入学习贯彻习近平法治思想，三位一体统筹推进全面深化改革、数字化改革、高质量发展建设共同富裕示范区改革工作，改革工作取得新进展、新进步，有力牵引推动全省法院各项工作创新发展。“移动微法院”获评人民法院首届“改革创新奖”，浙江高院连续3年获评省委全面深化改革考评优秀单位，6个改革项目荣获首届“浙江省改革突破奖”，“浙江全域数字法院”改革被浙江列入数字化改革七个重大标志性成果之一。

一、推进改革的主要做法

一是强谋划督落实，拧紧改革“责任链”。对标对表最高人民法院年度司法改革工作要点和省委全面深化改革工作计划，组织召开全省法院司法改革工作推进会，落细落实制定全省法院司法改革工作要点，年初确定的40项司法改革工作要点均已完成或取得阶段性成效。

二是找主轴盯主线，激发改革“动力源”。坚持以数字化改革为牵引，全面推进“浙江全域数字法院”改革，分两批确定74个重点改革项目，改革思路和实践成果先后得到最高人民法院周强院长、省委袁家军书记等领导批示肯定。

三是提韧劲增毅力，敢啃改革“硬骨头”。紧紧抓住司法责任制改革“牛鼻子”，深入推进司法制约监督和责任体系改革，着力提升“四类案件”监管和专业法官会议制度效能，连续4年开展司法质量监督大检查并严格落实责任追究，以队伍教育整顿为契机扎实推进8项多跨工作建章立制，高质量完成省人大常委会专题审议司法制约监督体系改革工作，权责清晰、权责统一、监管有效、保障有力的司法责任体系加速形成。

四是抓重点扣中心，抢抓改革“新机遇”。高质量完成民事诉讼程序繁简分流改革试点，稳步推进四级法院审级职能定位改革试点，就知产、破产、执行等领域改革积极向中央和最高人民法院争取改革授权，根据省委部署全面推进“共享法庭”改革，确保重大改革接续涌现、递次推进。

五是重培育挖亮点，培育改革“金名片”。做好与最高人民法院、省委改革部门的沟通对接，积极推报改革先进经验和典型案例，认真组织开展司法改革“微创新”示范案例和“十大最佳在线诉讼”等推选活动，全省法院9个案例入选《人民法院司法改革案例选编》和最高人民法院《司法改革动态》，位居全国第1。

二、改革主要进展情况

（一）以数字化改革为牵引，打造数字时代司法工作新模式

一是全面推进“浙江全域数字法院”改革。迭代升级一体化办案办公平台，制定“浙江全域数字法院”改革理论和制度创新行动方案，大力推进工作流程、诉讼规则、组织架构、治理体系重塑性变革，努力打造全生命周期司法平台、全时空在线司法服务、全流域智能司法模式、全方位变革司法制度的现代化法院。浙江智慧法院建设综合指数蝉联全国第1。

二是全面推进“共享法庭”改革。争取省委省政府出台《关于全面加强“共享法庭”建设健全“四治融合”城乡基层治理体系的指导意见》，依托数字化手段，将司法触角延伸到镇街、村社等社会治理最末端，把调解指导、纠纷化解、线上诉讼、普法宣传、基层治理等服务送到群众家门口，努力打造一站式诉讼服务、多元解纷、基层治理的最小支点。全省设立“共享法庭”19770家，指导调解23792件次，化解纠纷13654件，网上立案18676件，在线诉讼9800件次，普法宣传3719场，调解培训1093场，助力形成与共同富裕相适应的基层治理格局。

三是创新推进执行“一件事”综合集成改革。打造浙里执行“一件事”应用，以不动产司法拍卖“一件事”为突破点，横向对接自然资源、住建等10余个部门业务系统，纵向贯通省、市、县、乡、村5个层级，实现不动产

拍卖过户“一门联审、一网通办、一次办结”。2021 年 3 月启动以来，累计处置不动产 4600 余宗，涉及金额 124.5 亿元，司法拍卖用时缩短 40%以上，平均办证用时由改革前的 20 天缩短至 2 天，最短 1 小时。

四是迭代推进智能辅助审判应用。上线运行“凤凰金融智审 3.0”，在 10 个地区、23 家法院试点，审理各类金融纠纷案件 3788 件，涉及标的额 7.01 亿元，平均审理时间缩短 39.4%。“版权 AI 智审”“行政非诉智审”“危险驾驶智能审判”“买卖合同智审”相继上线，助力打造类型案件“智能辅助、快办快审、快审快结”司法新模式。

五是协同推进政法一体化办案系统建设。会同省政法各单位深化政法机关办案一体化工作机制，完成二审再审、换押、审前调查、看守所减刑假释、检察监督、暂予监外执行协同等功能的开发建设，积极推进民事、行政抗诉协同，持续提升一体化办案系统运行效能。

（二）以司法责任制改革为重点，加快构建规范高效司法制约监督体系

一是深化完善人员分类管理改革。常态化开展法官遴选和递补工作，递补员额 41 人。稳步深化逐级遴选工作，三家中院及宁波海事法院面向全省法院遴选员额法官 13 名，衢州法院在员额遴选业绩考核环节探索“模拟庭审”模式，推动考准考实入额法官能力水平。出台《浙江省法院法官员额周转管理办法（试行）》，完成 5 个地区 7 个员额动态调整，向 8 个法院调配周转员额 14 名。

二是加快推进司法制约监督和责任体系改革。出台《关于进一步健全完善审判权力制约监督体系的意见》，向省人大常委会报告全省法院推进司法制约监督体系改革和建设情况，并接受专题询问。认真贯彻落实中央、省委加强新时代检察机关法律监督工作相关意见，并向省委报送工作落实情况。开发法官与律师代理案件动态分析监测系统，强化律师代理异常情况监督。上线裁判文书制作和上网 2.0 模块，实现对裁判文书强制智能校对和文书上网规范管理。严格落实防止干预司法“三个规定”，配套出台 4 项工作制度，为依法公正办案提供有效保障。

三是健全案件全生命周期质量管控体系。出台《关于全面构建案件质量管控体系的若干意见》，健全完善二审、再审随案评查制度，常态化开展长期未结案清理，连续 16 个月保持“长期未结案在同期未结案数的占比不超过

0.5%”的低位运行态势。完善“四类案件”监督管理机制，累计纳入平台监管25354件，发送监督意见13687条，发送进展报告12340条。

四是健全完善法律统一适用机制。深度运用类案和关联案件智能推送和裁判偏离度智能预警，发送“类案智推”58万份、“案件偏离度分析”226份，全省法院“类案推荐”案由准确率达68%。宁波海事法院建设上线全国海事司法案例库平台。嘉兴中院建立跨审级跨地域法律适用统一机制，引入资深法官、法学专家等104人，为疑难复杂案件和类型化案件审理提供咨询意见。

五是推进司法领域当事人“一件事”改革。以矛盾纠纷源头解决、实质解决、一次性解决为导向，开展“程序空转”专项治理。以一审案件为基准，上诉、再审、提审、执行等案件为衍生，引入“程序比”指标，全节点精细化管控。宁波法院推进审判领域“当事人一件事”集成改革，努力以最少的程序解决“一起纠纷”。

（三）以诉讼制度改革为抓手，助力提升审判体系和审判能力现代化水平

一是深化诉源治理“浙江模式”。积极助推“信访打头、调解为主、诉讼断后”县级矛调中心建设，进一步完善预防和化解行政争议机制。全省法院新收案件较2019年下降7.1%，是2021年全国唯一收案下降省份，万人成讼率降至81.8%，有效推动基层治理从化讼止争向少诉无讼转变。

二是深化以审判为中心的刑事诉讼制度改革。贯彻“三项规程”，稳步提高“四类人员”出庭率，持续推动落实庭审实质化。全省法院共通知2384名证人、鉴定人、有专门知识的人、侦查人员出庭作证，“四类人员”出庭率较2020年提高0.35个百分点。

三是高质量完成民事诉讼程序繁简分流改革试点。牵头5家高院起草民事诉讼法及相关司法解释修订建议稿，出台省级层面试点操作规程，形成工作指引70余条，宁波法院试点经验在最高人民法院《司法改革动态》试点专刊刊发。

四是全面启动审级职能定位改革试点。召开全省法院试点工作动员部署会，印发试点实施方案和实施细则，坚持以当事人权益保护为第一导向，科学确定内部工作分工，确保改革试点工作按时全面启动、稳妥有序推进。丽

水中院在全市法院开展行政案件全域智治集成改革，提升行政纠纷实质性化解水平。

五是积极推进审判辅助事务集约化改革。将扫描编目、文书送达等48项同质共性的事务性工作进行合理剥离分流，归纳形成17项集约处理核心辅助事务，实现由“一人包案到底”到“数人同时办一案”的模式转变，已在10个地区60家法院实现辅助事务跨区域、跨层级集中办理，材料流转时间缩减一半以上，立案信息录入时间减少50%以上，书记员工作量减少近30%。

三、存在的问题和困难

一是人员分类管理改革有待进一步深化。法官退出员额后如何确定职级层次亟待明确，高级、中级法院法官助理到基层入额政策尚不明确，法官助理到基层入额意愿普遍不强。干部交流转任不够顺畅，审判辅助力量不足问题仍较突出。

二是执法司法制约监督体系有待进一步完善。办案政治风险的防范、预警、评估机制不够健全，裁判文书制作、上网工作仍存在不规范现象，院庭长监督管理职责落实还不够到位，内部监督还存在薄弱环节。

三是相关配套制度机制有待进一步集成。执法司法责任体系有待进一步健全，二审、再审的审级监督功能有待进一步强化，“四类案件”监管、类案检索等相关配套制度实质化运行有待提升。

四、下一步工作打算

一是抓组织，进一步加强改革工作组织领导。建立健全全省法院重大改革项目“一本账”管理制度，实现全面深化改革、数字化改革、共同富裕示范区重大改革任务整体贯通、一体推进。继续部署开展司改“微创新”示范案例评选活动，让小创新汇聚大能量、“微改革”成就大事业。

二是抓重点，积极推进实施重大改革项目。深化“浙江全域数字法院”改革，构建“全域数字法院智慧大脑”，打造系列重大标志性应用，推动流程再造、制度重塑、理论创新。稳步推进四级法院审级职能定位改革试点，出台试点工作配套文件，确保试点取得实效。深化以审判为中心的刑事诉讼制度改革，高质量完成省人大常委会专题审议工作。全面推进“共享法庭”建设，推动形成全面覆盖、功能完备、运行高效的“共享法庭”布局和运行体系。

三是抓深化，深入完善人员分类管理制度。健全员额法官遴选制度，探索开展高院员额递补工作，完善高院法官助理到中级、基层法院入额工作制度，推动综合部门与业务部门双向交流。加强司法雇员队伍建设，推动法院事业编制专门面向司法雇员招录工作，畅通司法雇员职业发展通道。

四是抓监督，着力深化司法制约监督和责任体系改革建设。健全案件质量管控体系，细化完善“四类案件”监管制度，全面建立审判权责清单，制定审判辅助人员权责清单。健全法律统一适用制度机制，完善法律适用不一致问题的监测、反馈和公开机制，加强审判业务文件制定和备案工作，不断提升司法制约监督效能。

（来源：浙江省高级人民法院）

安徽法院

2021年，在省委坚强领导和最高人民法院正确指导下，在各相关部门的大力支持下，安徽法院坚持以习近平新时代中国特色社会主义思想为指导，深入贯彻习近平法治思想，不断深化司法责任制综合配套改革，努力让人民群众在每一个司法案件中感受到公平正义。

一、推进改革的主要做法

2021年，按照中央、省委和最高人民法院部署，省高院在全省法院一体推进司法体制综合配套改革。

一是坚持党对司法改革工作的领导。坚持以习近平法治思想武装头脑，加强习近平法治思想学习研讨，把讲政治的要求贯穿司法改革工作始终，确保党中央决策部署和习近平总书记重要指示批示在法院不折不扣落到实处，把衷心拥护“两个确立”、忠诚践行“两个维护”体现到司法为民、公正司法的实际行动上。制定贯彻《中国共产党政法工作条例》12条举措，落实省高院党组向省委请示报告重大事项清单，向省委专题报告全省法院深化司法责任制综合配套改革情况。加强党组对执法办案工作的领导，坚持党组定期研究执法办案，定期听取审判委员会工作汇报，党组成员全员列席审判委员会等制度。

二是加强司法改革工作研究部署。认真落实中央《关于深化司法责任制综合配套改革的意见》及安徽省分工方案、最高人民法院实施意见，结合全省法院工作实际，制定年度司法改革工作要点和任务分解方案，推动各项改革任务在全省法院落地落实。及时召开省高院司法体制改革领导小组会议，通报改革任务进展情况，靶向施策解决具体问题。召开全省中级法院院长会议，制发全省法院2021年工作要点，对司法改革工作作出重点部署。

三是突出司法改革经验集成。加强司法改革经验总结和成果推广，着力提升安徽法院司法改革工作在全国法院的影响力。合肥中院建设跨部门大数据办案平台入选最高人民法院《人民法院司法改革案例选编》，司法责任制改革背景下院庭长案件监督管理存在问题的原因分析及对策建议、安徽法院三个维度发力促进党建责任制和司法责任制融合见效、拓展人民法庭职能积极助推乡村振兴等经验做法被最高人民法院司法改革领导小组办公室《司法改革动态》刊发。举办全省法院首次优秀司法改革案例和信息评选活动，共评选6篇优秀司法改革案例和6篇优秀司法改革信息。

二、改革主要进展情况

全省法院以全面落实司法责任制为核心，以省委综合配套改革台账为抓手，推动改革不断向纵深发展。省委确定的55项综合配套改革任务均取得实质性进展，突出抓好以下6个方面任务落实。

（一）完善司法责任体系

一是健全审判权力运行体系。落实法官审判权力和责任清单、合议庭、专业法官会议、审判委员会工作规则等制度，强化审判委员会委员亲历性，审判委员会讨论决定重大疑难案件11448件。二是推进院庭长办案常态化。实行全省法院院庭长办案月通报，督促院庭长发挥办案示范、引领作用。全省法院院庭长审执结案件749748件，占结案总数的48.97%。三是完善违法审判责任认定和责任追究机制，修订安徽法院法官员额退出实施办法，对违纪违法、业绩不达标法官按程序退出员额。全省法院受理案件1690346件，办结案件1621678件，结案率居全国法院第3位；生效裁判服判息诉率达98.07%，高于全国法院平均值0.35个百分点。

（二）加强司法制约监督

一是强化院庭长案件监管职责。修订院庭长个案监督管理办法，完善“四类案件”全过程识别监管机制，院庭长依职权监管案件8401件。二是启动四级法院审级职能定位改革。强化审级监督、审判监督，审结二审案件78515件、再审案件3728件。三是持续强化均衡结案管理。结合工作实际，制定落实审级职能定位改革试点的实施细则和推进审级职能定位改革试点的实施方案。把均衡结案作为案件管理的基本要求，严格审限管理，法定审限内结案率99.9%，1年半以上长期未结案件同比下降42.61%。

（三）深化一站式多元解纷和诉讼服务体系建设

一是强化网上立案、跨域立案。在构建“当场立、自助立、网上立、就近立”模式基础上，依托移动微法院等平台网上立案270898件、提供跨域立案服务4414件。二是坚持有案必立、有诉必理。当场立案率连续3年达98%以上，对年底不立案零容忍，落实预警、投诉、督导、约谈等机制，发现一起、问责一起。三是深化诉调对接。与省总工会等9家省直单位建立在线诉调对接机制，推进人民法院调解平台进乡村、进社区、进网格，在线调解案件393169件，同比增长34.3%。安徽法院诉讼服务质效2.0+版得分，居全国法院第3位；省高院得分居全国高院第1位。四是把加强诉源治理作为法院参与社会治理的主要任务。出台参与诉源治理推动矛盾纠纷源头化解工作意见，提出25项工作举措。总结推广合肥市蜀山区矛盾纠纷多元化解中心经验，得到最高人民法院周强院长批示肯定。

（四）深化诉讼制度改革

一是深化以审判为中心的刑事诉讼制度改革。严格依法准确适用认罪认罚从宽制度，一审刑事案件认罪认罚适用率达82.23%。落实认罪认罚从宽制度和速裁程序改革，严格执行死缓案件二审开庭审理规定。联合省检察院规范23种常见犯罪量刑，促进量刑公平公正。二是持续深化民事诉讼程序繁简分流改革试点，在金融借款合同等案件中实行要素式审理，自试点启动至2021年12月，试点法院适用简易程序审结案件161239件。推广民事诉讼程序繁简分流改革试点成果，全省法院适用小额诉讼程序、简易程序、速裁程序审结案件664704件，平均审理天数37.82天。三是推进行政诉讼案件繁简分流工作。完善行政争议诉前调解机制，促进行政争议实质性化解，建立出庭应诉通知书制度，自2021年6月起全省行政机关负责人出庭应诉率达到并保持100%。

（五）深入推进执行长效机制建设

一是开展执行长效机制建设提升年活动。突出执行工作强制性，持续巩固深化“江淮风暴”执行攻坚成果，围绕改进执行审查类案件办理、执行款物管理、执行作风等，建立健全16项制度机制。二是深化执行联动机制建设。会同省公安厅升级完善人员查询、车辆查控、布控管理等功能，联合省边防总队实现限制出境线上办理，与省自然资源厅强化不动产查控协作，33个市、县不动产中心实现在线控制。三是突出执行强制性。出台执行案件强制措施适用规定，确保攻坚标准不降、强制力度不减。组织开展基本解决执行难“回头看”、冬季执行攻坚等专项行动，执结涉民生案件50401件、涉金融债权案件21665件、涉党政机关案件1211件、涉民营企业案件17056件。四是加强财产处置变现。常态化开展“6·18”“11·11”网络司法拍卖活动，成交金额21.8亿元，同比增长93.3%，为当事人节约佣金4.46亿元。全省法院发放执行案款377.19亿元，同比增长34.14%，努力兑现当事人胜诉权益。

（六）统筹推进各项综合配套改革

一是完善司法人员分类管理。集中遴选员额法官115名，有序推进员额法官等级晋升、择优选升和法官助理、书记员职级套改。二是认真抓好“三个规定”新的记录报告平台应用。落实填报情况定期通报制度，实现人人填报、月月汇总，共记录报告信息3887条。三是持续加强智慧法院建设。制定信息化建设“十四五”发展规划，加强法信平台、类案智推等系统应用，智能语音庭审系统使用率达90.59%，同比上升15个百分点，全省22家法院电子卷宗同步扫描应用率达100%。

三、存在的问题和困难

一是诉源治理工作合力尚未完全形成。2021年，安徽法院新收诉讼案件同比增长17.67%，民商事案件万人成讼率同比上升27.05%。有的地方党委和政府重视不够，认为遇事找法就是把矛盾推到法院；各类调解组织处于各自分散和各自为战的状态，工作力量难以整合，基层治理单位入驻人民法庭调解平台仅408家，低于全国平均水平。

二是全省法官员额空缺不能及时遴选、递补。受理案件总量持续攀升，员额法官人均办案数同比增长11.33%，办案压力继续加大，法官员额遴选启动不在省高院，不少基层法院多有反映。

三是涉诉信访稳控化解压力较大。近年来，全省法院受理案件数持续增长，年均增幅达15.4%，随之带来涉诉信访案件大幅增长，2021年全省法院共办理来信来访27793件次，同比增长27%。审级职能定位改革后，审判业务条线指导任务更加繁重，再审审查案件大幅增长，涉诉信访工作压力进一步加大。

四、下一步工作打算

2022年，全省法院将坚持以习近平新时代中国特色社会主义思想为指导，全面贯彻落实党的十九大和十九届历次全会精神，深入贯彻习近平法治思想，认真落实中央及最高人民法院、省委部署要求，围绕巩固提升审判执行质效，持续深化司法改革，确保各项改革任务落地见效。

一是推进法院审级职能定位改革试点工作。制定和落实省高院民事审判部门职能调整方案，优化人员配备。制定提级管辖工作指引，明确提级管辖案件范围、程序。改革再审程序，明确当事人申请再审材料流转过程，规范民事、行政申请再审案件报请最高人民法院提审的工作流程。建立对疑难复杂案件类型化、条线化指导制度，指导中级、基层法院依法公正高效审理案件。

二是完善审判权运行制约监督机制。压实院庭长案件监管职责，中级、基层法院院长原则上每年至少监管1件有重大影响的个案。完善法律统一适用机制，探索组建跨业务部门专业法官会议，加强类案智能推送，发布第十批参考性案例。加强对保全、委托鉴定、评估、拍卖等程序性事项的监管，研究制定财产处置工作意见，修订拍卖辅助机构管理办法。

三是巩固拓展繁简分流改革试点工作成果。推进小额诉讼程序、简易程序、速裁程序适用率同比增长5%左右。制定民事简单案件推行要素式审判方式规则，对金融借款合同纠纷等8类案件实行要素式审判。

四是深化执行改革。制定符合新的执行权运行模式的权力和责任清单，规范执行权力运行。深化执行团队和执行流程改革，实现简案快执、难案攻坚。完善执行联动机制，做好与省自然资源厅不动产线上查控试点推广试用、与省数据资源局系统对接试点等工作。规范建设执行服务中心（执行大厅、窗口），为当事人提供信访接待、材料收转、立案审查等一站式服务。推广“司法+辅拍+金融”模式，扩大网拍标的金融服务覆盖面。

五是深化诉源治理。针对民间借贷、劳务合同等重点领域矛盾纠纷开展专项化解活动。加强人民法院调解平台“三进”工作，稳步提升基层治理单位入驻平台数和调解化解纠纷数。委派“总对总”对接单位调解的非知识产权案件数占非知识产权类诉前调解案件数比例达3%以上，委派“总对总”对接单位调解的知识产权案件数占知识产权类诉前调解案件数比例达30%以上。将司法确认案件自动履行率纳入诉源治理考核，一体推进诉源治理和执源治理。

六是推动法官员额配置向基层和办案一线倾斜。在2022年员额法官遴选中，全面推行法官员额市级统筹。健全新入职人员派驻法庭、常态化轮岗交流等机制。

（来源：安徽省高级人民法院）

福建法院

2021年，在省委坚强领导和最高人民法院正确指导下，福建法院坚持以习近平新时代中国特色社会主义思想为指导，深入贯彻习近平法治思想，深化司法体制综合配套改革，努力让人民群众在每一个司法案件中感受到公平正义。全省法院审结各类案件98.45万件，员额法官人均结案244.22件。加强行政诉权保护、“智慧破产”新模式等做法得到最高人民法院周强院长批示肯定，首创跨域立案诉讼服务模式获评首届“人民法院改革创新奖”。

一、推进改革的主要做法

一是强化政治引领，把牢改革方向。坚持推进司法改革与党史学习教育、政法队伍教育整顿及“再学习、再调研、再落实”活动有机结合，牢牢坚持党的领导，牢记“两个确立”、做到“两个维护”，坚定改革正确方向。

二是强化统筹协调，抓好全盘推进。深入实施《福建法院深化司法体制综合配套改革实施方案》，制定年度工作要点，分解细化66项改革任务。省高院先后10余次召开党组与司改领导小组联席会议，单独或联合有关部门出台38份司法改革文件，逐一推动改革任务落实。

三是强化调研督导，促进成果转化。完善常态化督促落实机制，组织开展“审判权运行制约监督体系改革与建设”课题调研，转化为《关于进一步加强案件审理期限管理的若干规定（试行）》等10多项成果。

四是强化协同创新，打造特色亮点。总结评估13个首批司法协同创新项目，确定10个第二批司法协同创新项目，推广11个民事诉讼程序繁简分流试点创新经验做法。积极参加首届“人民法院改革创新奖”评选活动，开展“2021年度十大改革创新举措”评选。厦门法院运用司法链智能合约场景打造“智慧破产”新模式，最高人民法院周强院长批示要求推广。

二、改革主要进展情况

（一）健全完善司法服务保障制度机制

一是优化法治化营商环境工作机制。推出营商环境升级行动“三个一批”27项举措，出台17条措施服务保障福州都市圈发展。建立金融案件大数据资源库，指导厦门法院成立全国首个破产公共事务中心，推动破产事务一站式集约办理。厦门被指定为内地与香港特别行政区相互认可和协助破产程序的全国首批三个试点地区之一。

二是健全知识产权司法保护工作机制。出台知识产权技术调查官工作规则和管理办法，与省知识产权局签订《知识协同保护合作框架协议》，在泉州、南平、宁德设立巡回审判点（庭）。开通福建知识产权协同保护“知创中国”线上平台，建立省级技术调查人才库和人才共享机制。

三是完善生态司法保护工作机制。设立福建法院生态环境审判实务研究基地、武夷山国家公园司法保护实践基地，探索“生态司法+林长制”“生态司法+碳汇银行”协同机制，创新全国首例“碳汇贷”金融产品，联合有关部门建立全国首个蓝碳司法保护与生态治理研究中心。

四是深化拓展涉台司法工作机制。出台接收台湾地区青年学生实习意见等制度。首次以线上方式跨海峡审理涉台民事案件。在全国法院率先出台司法惠台59条措施等入选首届“福建省十大法治事件”。连续13届成功举办海峡两岸司法实务研讨会。

五是完善服务保障更高水平开放工作机制。承办海上丝绸之路（泉州）司法合作国际论坛。落实海丝中央法务区总体建设方案，湖里法院“厦门自贸区法庭”网站及“全在线诉讼平台”作为首批子模块入驻“海丝中央法务区·云平台”。

（二）健全完善便民利民司法制度体系

一是深化一站式多元解纷和诉讼服务体系建设。出台加强立案工作提升服务质效意见等，完成福建移动微法院标准版建设。三明中院司法服务标准化入选全国首批社会管理和公共服务综合标准化试点13个典型案例。将跨域诉讼服务优化升级至 3.0 版 86 个项目，出台 19 条措施提升立案服务质效。

二是深化诉源治理减量工程建设。将诉源治理纳入法院和法官绩效考核范围。与 28 个部门和行业协会建立诉调衔接机制，诉前调解案件 28.76 万件。诉源治理和诉非联动工作得到省委尹力书记批示肯定。省高院在最高人民法院“总对总”在线诉调对接工作推进会（南片区）作经验介绍。

三是深化家事审判机制改革。联合相关部门制定《关于为离婚案件当事人出具离婚证明书的若干规定》《关于加强反家庭暴力工作制度建设的通知》及《人身安全保护令工作意见（试行）》。

四是深化执行工作现代化建设。印发《关于规范全省法院执行案件标准化流程的通知》，推广执行通知事项前置做法。开展“红白黑”名单制度试点工作，实现诚信二维码向发改局推送。与省公安厅推进联动扣押被执行人车辆工作。

（三）健全以司法责任制为核心的审判权力运行体系

一是优化司法办案工作机制。完善案件分配机制，健全院庭长办案常态化机制。全省院庭长结案 38.3 万件，同比上升 8.52%。落实审判委员会例会制度，完善与专业法官会议的衔接工作机制。

二是推进审判监督制约体系建设。出台“四类案件”监督管理规定，印发福建法院案件质量评查办法和评定标准，推动各流程闭环智能监管。优化廉政风险监督平台“清风”系统，将廉政风险点从 70 个增加至 89 个。“清风”系统、执行条线顽疾整治做法被全国教整办推介。

三是推进适法统一和质效统一体系建设。优化“闽法问道”平台，建立“案例指导库”“类案指南库”“纪要指引库”“裁量基准库”，落实和完善类案检索、案例指导等制度。

四是推进审判辅助事务集约化。创新打造福建司法集约送达“185”模式，实现与邮政集团送达服务 100%全覆盖。最高人民法院周强院长给予充分肯定，认为“福建司法送达集约服务做到了‘集约、高效、专业’，走在全国前列”，中国邮政全国推广福建集约送达服务模式。

五是健全法官权益保障和法官惩戒机制。规范执行督察检查工作，及时核查澄清对干警的不实举报。严格区分办案质量瑕疵责任与违法审判责任，理顺法官惩戒调查与纪检监察调查、法官惩戒委员会审查程序与纪检监察审查程序的关系。

（四）着力完善人民法院组织体系和机构职能体系

一是推进完善审级职能定位改革。制定实施福建法院试点方案和实施细则，稳步推进四级法院审级职能定位改革试点工作。

二是推进审判专业化建设。创新适用“执破直通”机制，指导福州中院协同推动“中国贵谷”案件平稳转入重整计划执行阶段。优化环境资源审判机构设置和布局，出台加强新时代未成年人审判工作的实施意见等，实现全省法院少年法庭全覆盖。

三是深化推进司法行政管理改革。推行“诉讼费缴退无须来院办理”诉讼费网上办理管理平台，实现全流程线上退费。全省67个法院完成资产上划工作。

（五）持续完善诉讼制度和审判工作机制

一是深化刑事诉讼制度改革。联合省检察院印发常见犯罪量刑指导意见实施细则。建立法院与看守所常态对接机制，福建省成为率先实现看守所远程视频庭审全覆盖的四个省份之一。进一步规范减刑、假释工作，出台规范暂予监外执行工作意见。

二是深化民事诉讼制度改革。在全省范围内全面推开人身损害赔偿标准城乡统一试点。圆满完成民事诉讼程序繁简分流改革试点工作，湖里法院“全流程在线诉讼，让打官司更便利”被最高人民法院作为试点成效系列展示典型案例推介。

三是深化行政诉讼制度改革。创新建立“五位一体”以庭代训常态化新机制。与省委政法委等联合出台意见打击虚假诉讼、恶意诉讼。建立和完善涉海、城乡建设等领域司法与行政多元协作机制。修订司法救助工作细则，推动各中院成立司法救助委员会。

（六）健全人民法院队伍管理制度体系

一是深化法官员额制改革。完善员额法官选任机制，实现法官等级晋升常态化，递补员额法官46名，因退休、调动等退额203名，厦门、莆田中院开展法官逐级遴选工作。落实法官退休养老金政策。

二是健全司法人员轮岗交流机制。落实《最高人民法院关于建立健全人民法院人员内部交流机制的若干意见》，在市县法院开展内部岗位交流，高院从下级法院遴选16名法官助理。

三是规范审判辅助人员管理。统一招录聘用制书记员705名。规范聘用制书记员日常管理，规范聘用经费使用。完成司法警察执法勤务职级晋升等工作。

四是加强司法素能建设。修订审判专家管理办法，制定调研人才管理办法，评选首批全省法院调研人才36人。常态化举办“闽法课堂”、发布闽法微课，持续开展年度精品庭审、文书、案例、司法建议评选工作。

（七）全面加强智慧法院建设

出台《福建法院信息化基础设施建设技术标准规范汇编》和《福建省基层法院和人民法庭信息化基础设施建设参考指引（2021版）》。加强电子卷宗随案生成和深度应用，推进无纸化办案办公，完善电子档案生成和管理工作机制，推广运用全省法院司法警务平台。厦门中院警务管理信息系统获国家版权局著作权登记证书。建设全省法院司法数据中台和智慧法院大脑福建节点，与省纪委建立快速查询信息共建共享协作工作机制。福建司法“数助治理”白皮书得到省委尹力书记批示肯定。

三、存在的问题和困难

看到成绩的同时，必须清醒认识到，全省法院司法改革仍存在短板和不足。

一是改革的系统协同有待提升，各地法院领导重视程度和推进力度不一，审判执行与司法改革“两张皮”现象依然存在。

二是案多人少矛盾亟待解决，全省法院受案量持续大幅增长，人案矛盾特别是审判辅助力量不足问题较为突出，司法办案压力与日俱增。

三是审判权力制约监督体系不够健全，法官惩戒制度还不完善，司法不严格、不统一、不规范等问题仍然存在。

四是法官单独职务序列配套待遇还未完全落实，领导职务与法官等级尚未明确衔接对应关系，影响干部交流任职。

五是省级财政安排的年度预算和中央转移支付资金仅能保障日常业务装备配备更新需要，省以下法院基础设施大中修项目经费保障不够到位，相关审批程序不通畅，亟待沟通理顺，等等。

四、下一步工作打算

下一步，福建法院将坚持以习近平新时代中国特色社会主义思想为指导，深入贯彻习近平法治思想，提高政治站位，坚定改革信心，勇于突破创新，推动新时代司法体制改革不断取得新成效，以优异成绩迎接党的二十大胜利召开。

一要深化司法改革系统集成协同高效。更加注重系统观念，注重改革的针对性和有效性，坚持系统谋划、精准施策，协同配套、总结提升，推动司法改革取得新成效。

二要深化司法责任制体系改革和建设。全面落实《福建法院深化司法体制综合配套改革实施方案》，加快司法责任体系和制约监督体系建设，规范自由裁量权，不断提高审判质量效率和司法公信力。

三要深化诉讼制度和审判机制改革。深化以审判为中心的刑事诉讼制度改革，深化四级法院审级职能定位改革试点，正确实施修改后的民事诉讼法。深化一站式多元解纷和诉讼服务体系建设，统筹推进行政诉讼、金融、破产、知识产权、涉台、生态、家事、少年等领域改革。

四要深化智慧法院建设与应用。加强互联网司法和在线诉讼制度建设，推进类案智推、量刑规范化、智能辅助办案和无纸化移动办公办案，提升“一网通办”能力。

（来源：福建省高级人民法院）

江西法院

2021年，在省委正确领导和最高人民法院精心指导下，在各相关部门的关心支持下，江西法院坚持以习近平新时代中国特色社会主义思想为指导，全面贯彻党的十九大和十九届历次全会精神，深入学习贯彻习近平法治思想和习近平总书记视察江西重要讲话精神，聚焦“作示范、勇争先”目标要求，对标中央、省委和最高人民法院改革部署，开展“争创一流走稳前列，推进发展争做标杆”活动，继续坚持以改革创新推动法院工作高质量发展，充分发挥基层首创精神，全省法院司法责任制综合配套改革取得新进展。

一、推进改革的主要做法

一是高度重视，坚持高位推动。江西高院持续将深化司法改革确定为全省法院重点工作，根据中央、最高人民法院和省委改革部署，制定2021年改革工作要点和计划，出台《贯彻全国政法领域全面深化改革推进会精神工作措施任务清单》等文件，明确责任领导、承办部门、落实单位和进度安排，对改革任务进行台账管理。

二是协同推进，加强系统集成。注重各项改革之间的整体关联、层次结构，准确把握司法改革与审判执行业务“一体两面”关系，坚持一体推进，注重司法改革与审判业务相融互促，实现审判权力与责任平衡、放权与监督结合、公正与效率统一。

三是抓好落实，强化经验总结。根据最高人民法院及省委政法委要求，全面回顾总结十八大以来江西法院司法体制改革落实情况，认真梳理改革亮点及制度成果，分析困难和问题并积极研究对策。对照中央巡视反馈有关问题，认真整改落实。结合政法队伍教育整顿建章立制工作，推动《江西省高级人民法院法官审判权力和责任清单》等30余项制度文件出台。

四是不懈创新，打造亮点品牌。“审判 e 管理”入选年度智慧法院典型案例，获评首届“人民法院改革创新奖”。创新推出赣法民意中心，得到全国政法队伍教育整顿领导小组办公室充分肯定。环境资源审判“江西模式”、人民法庭工作、“四类案件”监管、一站式建设、执行流程集约化改革等工作在全国法院会议上作经验介绍。受邀参加世界环境司法大会并作经验介绍，向世界展示江西生态环境司法的生动实践。打造“赣法廉韵”系统，强化智能化监督。

二、改革主要进展情况

全省法院以全面落实司法责任制为核心，以省委综合配套改革任务台账为抓手，推动改革不断向纵深发展。省委确定的 6 项综合配套改革任务全部完成。

（一）深化审判权力运行及监管机制改革

一是突出制度建设。结合政法队伍教育整顿建章立制工作，突出深化司法办案运行及司法权力制约监督制度机制建设，先后出台《关于进一步强化监督管理不断完善审判执行权力监督制约机制的工作意见》《关于加强发回重审、指令再审案件监管意见》《江西省高级人民法院法官审判权力和责任清单》等系列制度规范，不断完善组织化行权和监管机制。

二是落实组织化行权。强化对审判委员会、专业法官会议运行情况的检查备案制度，畅通完善类案及关联案件检索初步过滤、专业法官会议研究咨询、审判委员会讨论决定流程机制，落实组织化行权与监管要求。

三是促进裁判尺度统一。出台《江西省道路交通事故损害赔偿项目计算标准》《全省法院刑事一审判决书叙事释法说理的指引（试行）》等文件，加强条线业务指导；出台《关于做好参考性案例工作的实施办法》《关于规范审判业务文件制定工作的实施办法》，加强和改进全省法院的案例工作以及业务文件制定工作，发布全省首批参考性案例，强化类案及关联案件检索，建立健全统一法律适用机制。

（二）全面深化“审判 e 管理”

深化智慧法院建设，积极探索审判管理与信息技术融合新路径，不断完善审判权力运行制约监督机制，全面深化“审判 e 管理”，常态化运用“发改再”平台、“四类案件”平台、长期未结案件监管平台等“审判 e 平台”开展案件质量、效率和效果监管。以信息化、可视化、精细化管理促审判质效提升、裁判尺度统一。2021 年累计监管 18 个月以上长期未结案件 683 件、“四类案件”8876 件、发回改判案件 5739 件，组织评析评查 909 件。“审判 e 管理”优秀创新案例入选《法治蓝皮书：中国法院信息化发展报告》《中国电子政务年鉴》年度智慧法院典型案例及首届“人民法院改革创新奖”。

（三）全面推进一站式多元解纷和诉讼服务体系建设

一是创建赣法民意中心。在 12368 一号通办基础上创设赣法民意中心，集意见受理、问题督办、回访反馈于一体，覆盖从立案、审判到执行的各环节，畅通群众诉求反映渠道，极大方便了群众对纠纷化解的全流程监督。运行以来共接待处理群众线上线下诉求 13.8 万余个，办结满意度达 98%，做法受到省委领导两次批示肯定，全国教整办专刊予以推介，并入选中国社科院司法制度法治蓝皮书。

二是深化一站式建设。重点从融入基层治理、促进行业纠纷化解、健全服务体系三个方面发力，着力健全完善江西特色解纷与服务格局。全省法院诉讼服务中心入驻 137 个党政综合治理中心，建立了“五心合一”“浔城调解”“社区 e 法通”等工作机制；融合推进人民法庭和一站式建设工作，依托人民法庭打造一站式解纷“前哨”，因地制宜深化“寻乌经验”；与省司法厅、住建厅、工商联等 13 个部门建立常态化联络沟通机制，有效推动劳动争议、医疗纠纷、金融纠纷、民营企业欠款纠纷快速化解等专项工作落地运行；强化诉讼服务中心的诉调分流对接枢纽功能，引入各类调解室 355 个，入驻调裁团队 344 支，以一站服务保障一站解纷。

（四）加强破产专业化审判机制建设

一是夯实专业力量。全省各中级、基层法院均成立了破产审判工作领导小组，组建了专门的破产审判合议庭或审判团队，南昌中院经省编办批准设立清算与破产审判庭，破产专业审判力量得以有效加强。2021年全省法院受理破产案件188件，其中执行移送破产审查受理74件，盘活资产28.3亿元，重整企业13家，帮助稳住员工就业11121人。破产审判工作得到最高人民法院周强院长的批示肯定，要求总结推广江西的经验做法。

二是加强制度建设。出台《加大执行转破产审判工作力度服务优化营商环境的实施意见》，深入推进“执转破”工作；下发全省法院破产审判工作考核办法、督查督办规定、破产案件折算办案工作量通知等文件，编发破产审判工作通报、周报、优化营商环境专刊等，强化对下监督指导；出台企业破产案件管理人选任、管理与监督工作办法及考核办法，加强对管理人依法履职的监督指导、管理考核，构建法院与管理人协调配合框架。

三是加强府院联动。推进省级企业破产处置府院联动机制建立，在97个市、县，建立府院联动机制，构建府院处置企业破产新格局；联合省市场监督管理局、税务局、银行等单位，分别出台关于优化破产企业注销和变更登记办理、便利办理涉税事项、企业账户管理、信用修复及金融支持等事项的意见，进一步加强企业破产处置的制度化、规范化。

（五）深化执行联动，持续完善综合治理执行难大格局

印发《关于深入推进全省综合治理执行难工作的通知》，不断深化“党委领导、政法委协调、人大监督、政府支持、法院主办、部门联动、社会参与”的执行难综合治理工作大格局，得到最高人民法院肯定并在《执行动态》刊载推介；加强与执行联动机制成员单位信息互通和工作协作，会同省民政厅、住建厅、公安厅、检察院等单位联合下发《关于做好被执行人丧失履行能力的涉民生执行案件困难申请执行人社会救助工作的通知》《关于执行被执行人住房公积金账户余额若干意见》《办理拒执犯罪刑事案件有关问题解答》等系列文件，促进综合治理执行难格局制度化、机制化。进一步完善网络执行查控系统，与省自然资源厅、省农业农村厅、省林业局等部门探索建立不动产及矿业权、林权等准用益物权网络化查控协作机制，进一步拓宽司法网络查控系统的覆盖范围。建立基层治理执行难机制，依托基层综治中心，将协助执行工作纳入基层社会治安综合治理网格化管理的内容，建立基层综治网格员协助送达、查找当事人、协查财产线索、督促履行、化解涉执信访、开展执行宣传等工作机制。建立平安建设考评预扣分机制，压实各地综治考核

责任。

（六）完善法院人员分类管理制度

一是健全员额动态调整机制。出台《江西省法官员额动态调整指导意见（试行）》，已完成2021年度入额遴选考试工作，共计遴选员额法官248名，递补员额25名，本次遴选后，全省员额法官总量达到3507名，占中央政法专项编制数总量的35.42％。对2021年以来各中院上报的退额人员进行集中批复，已批复退额149人。

二是加强内部轮岗交流。有计划地对省高院机关及南昌铁路运输中级法院两级法院的干部进行交流轮岗，全年完成5批39人次的交流轮岗。出台《关于机关干部交流轮岗的暂行规定》，进一步引导促进不同岗位、不同职务序列人员之间的合理流动。稳步推进聘用制书记员全省统一招聘。

三、存在的问题和困难

一是监督管理机制与司法权力运行模式变化的协同性有待提高。院庭长监督管理职能作用需要进一步发挥，专业法官会议等组织化行权效果还不够理想，通过智能化监管来防范司法风险的精准性、有效性仍有待增强。

二是人员分类管理及配套制度有待完善。各类别司法人员交流任职制度有待完善，员额动态调控尚未达到预期效果，司法资源配置不均衡的问题仍然存在，法官单独职务序列改革有待进一步深化。

三是解决问题的能力有待提升。针对诸如人案矛盾突出等问题，在调整诉讼需求、优化资源配置、完善程序机制、强化科技助力等方面的力度不够、办法不多。

四是在统筹谋划、督促落实、挖掘经验、培育典型等方面工作落实还不够到位，工作成效有待提升。

四、下一步工作打算

一是贯彻落实政法领域全面深化改革推进会部署，加快推进执法司法责任体系改革建设。强化政治责任，细化办案责任，突出法官主体责任，严格监管责任，健全责任落实机制。

二是深化执法司法制约监督体系改革。加强党组对执法司法工作的领导监督，进一步完善审判执行权力运行机制和监督机制，依法支持配合检察机关法律监督工作，不断健全执法司法社会监督体系。

三是深入推进四级法院审级职能定位改革。准确把握试点任务要求，建立健全试点实施工作机制，深入推进案件级别管辖、提级管辖、再审申请程序改革，完善试点配套举措，确保试点工作有效落地。

四是深化民事诉讼制度改革。落实好新修改的民事诉讼法，统筹推进诉源治理，扎实推进一站式多元解纷，提高矛盾纠纷多元化解成效，有效建立案件繁简分流制度体系。

五是深化法院人事制度改革。加强法官员额省内统筹力度，结合繁简分流和审级职能定位改革，重点向中基层法院、人案矛盾突出地区倾斜。完善法官单独序列管理、逐级遴选、辅助人员管理、内部交流等制度机制，强化法官权益保障。

（来源：江西省高级人民法院）

山东法院

2021年，山东法院坚持以习近平新时代中国特色社会主义思想为指导，深入贯彻习近平法治思想，在最高人民法院的有力指导和省委的坚强领导下，锚定“走在前列、全面开创”“三个走在前”总遵循、总定位、总航标，把加快推进司法体制改革和建设作为增强“四个意识”、坚定“四个自信”、做到“两个维护”的生动实践，各方面工作取得新进展、新成效。全省法院新收案件193万件，结案184.5万件，办案质效持续提升，主要指标走在全国法院前列，人民群众司法获得感进一步增强。

一、推进改革的主要做法

2021年，按照中央、省委和最高人民法院部署，省高院推进全省法院司法体制综合配套改革的主要做法包括以下方面。

一是领导高度重视，加强研究部署。省高院党组高度重视司法体制改革工作，严格落实中央、省委和最高人民法院改革任务，将重点改革任务确定为“一把手”工程，由院长担任司法体制改革推进工作领导小组组长，全面推进改革工作。

二是分层分类推进改革、压实责任。加强改革协同配套措施，压实改革责任，明确各职能部门为改革具体责任主体。加强对改革项目的调度、日常督导，定期专项总结，不间断地梳理改革进展、制约因素、推进计划等，并按时向最高人民法院、省委报送改革落实情况，推动改革不断向纵深发展。

三是注重经验总结，加大宣传力度。总结提炼改革经验，创新改革措施，人民法庭建设、民事诉讼繁简分流改革试点、全流程网上办案等工作获得最高人民法院周强院长批示肯定。开展系统性宣传，组织第二届全省法院年度司法改革十大典型案例评选活动，充分调动各级法院、广大干警积极性和主动性。

二、改革主要进展情况

全省法院以全面落实司法责任制为核心，结合最高人民法院、山东省委印发的相关文件要求，共制定改革任务28项，已全部完成或阶段性完成。

（一）构建权责统一的新型审判权运行机制

一是完善审判执行制约监督机制。出台20项法官审判职责、22项院庭长监督管理职责清单，做到放权与监督统一平衡。进一步落实院庭长办案制度，主要办理涉黑涉恶、破产、重大职务犯罪等案件，院庭长办结案件122.6万件，占结案总数的59.3%。

二是落实员额动态管理制度。遴选产生员额法官建议人选442名，推荐法官递补人选129人，共有11名高院、中院法官助理到下级法院入额。落实员额退出制度，共有521名法官退出员额。加强法官员额省级统筹，持续向基层法院和办案一线倾斜，基层法院核定员额职数比例由35%提高到38%，实际配备比例达40%至50%的有32个，达50%以上的有5个。

三是完善统一法律适用机制。进一步完善审判委员会、专业法官会议工作规则，加强对下业务指导，出台进一步提升审判质量15条措施，高标准建设精品案例规则库，着力推进“类案同判”，确保法律正确统一适用，统一裁判尺度，增强司法公信力。

（二）围绕中心大局，为经济社会高质量发展提供有力司法保障

一是持续优化法治化营商环境。细化持续深入优化营商环境的12条配套措施，落实加强知识产权审判领域改革创新的12条实施意见，健全完善府院联动、执破衔接等机制，在全国营商环境指标评价中，淄博、济南、青岛3个城市入选全国“办理破产”指标标杆城市，办理破产3项（次）二级指标获得满分。

二是服务保障黄河流域生态保护和高质量发展。出台服务保障黄河流域生态保护和高质量发展的意见，在黄河三角洲、基层黄河河务局等地设立巡回审判庭20个，推进集中管辖改革，由济南铁路运输两级法院集中管辖黄河

流域跨设区市的环境资源民事、行政案件，集中优质审判资源，加强黄河流域生态环境司法保护。

三是服务保障“一带一路”和上合示范区、自贸试验区建设。协调推进中国—上海合作组织国家法官交流基地的选址、设立、揭牌等工作，努力打造上合组织成员国司法交流合作平台。举办中国—上合组织国家首次地方法院大法官论坛，7个上合组织成员国的60余名地方法院法官参会，促进了上合组织成员国互联互通、交流互鉴，最高人民法院周强院长、省委李干杰书记出席论坛开幕式并给予高度评价。

（三）健全以人民为中心的便民司法制度体系

一是推进一站式多元解纷和诉讼服务体系建设。坚持把非诉讼纠纷解决机制挺在前面，推动将万人起诉率通报到乡镇街道，促进矛盾纠纷源头预防化解。出台进一步规范调解名册管理的17条意见，健全特邀调解名册制度，各类纠纷诉前调解成功率同比上升33.7%。全省法院诉讼服务中心均具备多元解纷、分调裁审、立案服务、审判辅助、涉诉信访、法治宣传“六大功能”，实现“一次办好”“一地办好”。全省法院收案同比下降11.3%，为全国降幅最大省份，诉讼服务质效评估居全国第1位。

二是优化人民法庭布局，为基层社会治理提供有效保障。制定优化人民法庭职能布局19条指导意见和推进人民法庭工作12条实施意见，推进乡村法庭综合化，城镇法庭专业化，专设法庭特色化改革，充分发挥人民法庭在社会治理体系和治理能力现代化中的独特作用。2022年以来，全省人民法庭收案36.3万件，结案33.3万件，同比分别下降1.3%、2.7%。

三是深入推进常态化解决执行难。完善综合治理执行难工作大格局，推动不动产、股权、其他投资权益等查询、查封、解封省内跨域“一网通办”。确保胜诉当事人合法权益，坚持分类执行、因案施策，健全完善执行联动、执行威慑、执行转破产等机制，执行到位金额达1506.1亿元，同比上升2.7%。强化指挥中心实体化运行，加强统一管理、统一指挥、统一协调，全省法院指定执行、提级执行1.8万件，一批疑难案件得到及时执结。

（四）积极推进诉讼制度改革

一是完成全国人大常委会授权的民事诉讼程序繁简分流改革试点。试点以来，积极探索司法确认、小额诉讼程序、简易程序、二审独任制审判、电子诉讼等改革，小额诉讼程序、简易程序适用率分别为24.1%、90.9%，一审、二审独任制适用率分别为96.5%、88.6%，及时总结经验，试点成果被新修改的民事诉讼法吸纳。最高人民法院周强院长对省高院推进繁简分流改革试点予以批示肯定。

二是推进四级法院审级职能定位改革试点。省高院成立改革试点工作专班，党组会多次专题研究，制定试点工作实施方案和具体规定，细化改革任务举措，明确30家基层法院作为重点联系法院，全省各级法院联动推进，不断优化审判资源配置，受理下沉案件1446件，努力为健全完善中国特色社会主义司法制度作出贡献。

三是创新方式方法，确保民法典正确贯彻实施。围绕民法典统一正确实施，开展贯彻实施民法典“五个一百”活动，主动融入诉源治理大格局，加强财产权保护，不断增进人民福祉。加强与不动产登记部门的沟通，解决“办证难”问题，清理涉房地产过户案件459件，涉及3052套房产、面积达33万平方米，惠及2996户群众。

（五）不断深化智慧法院建设和应用

一是持续深化网上立案，民间借贷、劳动合同等25类常见民事案由诉状自动生成，二审立案一键上诉，执行立案一键触发，上诉案件周转时间由过去的平均57.8天下降至12.3天，网上立案申请平均处理周期为13.5小时。

二是优化完善全流程无纸化网上办案系统，设置15个节点对审判流程进行精准化、可视化管控，实现司法制度与信息化有机结合，提升中国特色社会主义司法制度的核心竞争力。

三是积极应用智能辅助办案系统，开展线上证据交换9万件、互联网庭审17.4万件，裁判文书网上生成率达90.5%。开发智能回访系统，当事人及其代理人回复信息71.4万条，涉及案件28.7万件，保障当事人的监督权。

三、存在的问题和困难

一是政治站位需要进一步提高。部分法院对司法改革的重要性认识需要提升，对改革目标、定位的把握上尚有偏差，不能系统、整体性地看待改革，没有站在完善中国特色社会主义司法制度的高度去认识。

二是推进改革的力度有待进一步加大。四级法院审级职能定位工作需要进一步推进；智慧法院建设的成果需要进一步深化；审判权运行监督制约机制还不完善；法官履职和权益保障有待加强；绩效考核和“能进能出”的员额动态机制需进一步落实。

三是改革关联协同和系统集成举措有待加强。在改革推进过程中，存在着统筹谋划、督促落实、挖掘经验、培育典型力度不够的问题，改革系统集成、协同配套还需进一步加强，以改革思维、务实举措破解难题的力度不够、思路不活、办法不多。

四、下一步工作打算

一是进一步统一思想深化认识。提高政治站位，全面准确领会党的十九届六中全会精神，深刻领会把握“两个确立”的决定性意义，聚焦“三个走在前”，切实增强深化司法体制综合配套改革的责任感、使命感和紧迫感。

二是稳步推进审级职能定位改革试点工作，三级法院联动形成一整套制度机制，努力让绝大多数案件在中级、基层法院公正高效审结，事实、法律争议在两审之内实质性解决。

三是深入推进司法体制综合配套改革，加强审判监督管理，压实院庭长职责，落细“四类案件”监督管理机制，落实组织化行权、全程留痕等原则，强化司法制约监督。

四是加强智慧法院建设，严格落实在线诉讼规则、在线调解规则和人民法院在线运行规则要求，更好释放“数字红利”。加大全流程无纸化网上办案系统应用力度，确保在线诉讼“降成本不降质量、提效率不减权利”，努力创造更高水平的数字正义。

五是深入推进改革系统集成和协同高效。进一步加强组织领导，加大改革推进和经验总结力度，统筹推进全省法院各项改革工作。强化责任落实，加强沟通协调，确保改革落地见效。

（来源：山东省高级人民法院）

河南法院

2021年，河南法院坚持以习近平新时代中国特色社会主义思想为指引，坚决贯彻落实中央、省委、最高人民法院改革决策部署，取得良好成效。

一、推进改革的主要做法

全省法院持续健全司法改革组织领导制度，强化改革领导小组职能。省高院党组严格落实主体责任，健全党组常态化学习及研究重大事项机制，带头学习中央政法工作会议、政法领域全面深化改革推进会、最高人民法院落实政法领域全面深化改革推进会等会议精神，全面把握改革部署要求，健全完善三级法院沟通联络制度、重大事项请示报告制度、调研指导制度、督察考核制度等，确保改革任务落地见效。

一是明晰工作要点分工，细化落实改革要求。坚持问题导向和目标导向，落实中央政法委《关于加强政法领域执法司法制约监督制度机制建设的意见》和最高人民法院实施意见，结合省委全面深化改革委员会工作要点，找准主要问题，明确司法改革重点任务。年初制定下发《2021年全省法院司法改革工作要点及分工方案》，明确具体改革事项35项，逐一确定责任分工，明确时间节点和完成时限，建立起任务明晰、权责明确的改革任务清单。

二是层层压实责任，推动改革任务进展。针对重点改革任务，建立联络员机制，压实责任到人，定期督促进展，项目化推进实施；出台《全省中级法院工作综合评价办法（试行）》，持续完善对中级法院改革综合评价体系，将执法司法制约监督体系建设、多元解纷机制改革、行政争议实质性化解等纳入综合评价范畴，细化评价指标，加强考评通报，推动重点改革任务在全省中级、基层法院落实落地。

三是结合法院队伍教育整顿活动，提升改革任务成效。梳理司法改革工作中存在的突出顽瘴痼疾，制定专项整治方案，督促各中级法院针对整改台账列出的司法权制约监督体系不完善、权责清单待健全等8个重点方面切实整改。突出建章立制，充分发挥省级法院制度供给、对下指导功能，着力开展包括执法司法制约监督体系建设、司法责任体系建设等重点改革任务在内的长效机制建设，制定出台司法改革文件20余个；配套完善正风肃纪、干警素质能力提升等机制建设，为确保高质量完成改革任务提供制度保障。

四是加强改革经验总结，推广改革任务成果。健全改革调研信息报送机制，充分挖掘提升改革亮点经验，不断拓展报送平台，定期向最高人民法院、省委改革办报送优秀改革案例，积极组织参与全国法院改革案例征集评选活动，完善省高院改革工作信息平台应用。推出了省高院一体化推进“人、案、权”制约监督体系建设、焦作中院“府院联动”机制建设、洛阳中院打造递进式商事纠纷多元化解模式等10余个优秀改革经验，2项改革工作受到最高人民法院周强院长肯定，多项经验被最高人民法院、省委推广。

二、改革主要进展情况

（一）坚持服务大局，创新司法服务保障体制机制

一是创新服务保障自贸试验区建设机制。起草《中国（河南）自由贸易试验区法律服务体系建设专项2.0版升级方案)》，加强对全省涉自贸区法院审理涉及自贸区新经济形态、商业模式、产业领域案件监督指导，指导郑州中院联合河南贸促会、郑州仲裁办等成立郑州国际商事纠纷多元解决中心。洛阳法院递进式多元化解商事纠纷模式、郑州法院“互联网+诉讼”新模式分别被评为河南自贸区最佳实践案例，洛阳法院“点对点即时查询被告信息”做法入选全国自贸区制度创新典型案例。

二是探索新型环境资源审判体系。出台服务保障黄河、淮河等大江大河、南水北调工程沿线生态保护实施系列文件，建立河南省以黄河流域、淮河干流、南水北调工程沿线（“两横一纵”）环境资源案件集中管辖、其他区域非集中管辖、重点生态功能区设立专门环资审判法庭的新型环境资源案件管辖模式；积极推进铁路运输法院改制，推进设立郑州环境资源法庭；深化黄河流域环境资源案件集中管辖，加强专门审判机构建设，健全司法协作，召开

专题新闻发布会，发布8起典型案例。

三是建立健全破产案件府院联动机制。积极推进省级府院联动机制建设，起草关于建立企业破产工作协调联动机制的意见；与省银保监局、人民银行郑州中心支行、省地方金融监管局、省税务局等部门分别联签加强对破产重整企业金融支持、企业破产程序涉税问题处理等文件，指导郑州等9市建立健全破产府院联动机制平台。

四是深入推进知识产权民事、刑事、行政案件“三合一”审判机制改革。落实人民法院知识产权司法保护规划（2021—2025年），出台全面加强知识产权司法保护20项措施，发布河南法院知识产权司法保护白皮书和10大典型案例，实行郑州、洛阳等7市辖区内由1至2家基层法院集中管辖，其他省辖市由中级法院集中管辖，促进案件集中高效审理。

（二）深化司法责任制改革，加强制约监督机制和司法责任体系建设

一是完善制约监督体系机制。制定健全完善司法权制约监督体系工作指引，严格立结案节点统一管理，规范院庭长办理发回重审、指令再审、提审等疑难复杂案件，完善分案及通报考评机制，院庭长全年办理发回重审、指令再审、提审案件9163件。优化“四类案件”监管平台，建立院庭长监督履职分析通报制度，全年平台标记案件17712件。出台规范发回重审、改判、指令再审案件办理意见，上线发回重审、改判、指令再审案件监管平台；音视频联网三级法院庭审、诉服窗口，即时监控司法作风、审判质效。完善自觉接受外部监督制约机制，向省人大专项报告工作、接受质询，积极办理提案建议；出台全面支持派驻纪检监察组履行监督责任意见；向省检察院开放办案数据，落实邀请省市县检察长列席审委会机制，采纳检察建议启动再审408件，审结检察机关抗诉案件769件；落实人民陪审员法，17021名人民陪审员参审案件125608件；常态化开展邀请群众旁听庭审活动，76万余名群众受邀走进法院。

二是加强司法责任体系建设。及时修订完善法官、法官助理、书记员权责清单及院庭长监督管理权责清单，三级法院全面建立健全审判权责清单制度。持续完善合议庭、专业法官会议、审委会职责，出台法律适用分歧解决机制实施细则，深化案例工作“一十百工程”，上线关联案件、类案智能推送和裁判偏离度预警系统；构建“类案检索初步过滤、专业法官会议研究咨询、

审判委员会讨论决定”机制。严格审判责任追究，开展司法顽疾大整治，着力整改办案超审限、司法不规范等问题；完善案件评查机制，由查案推动查人、查事，对涉及程序不规范、文书瑕疵、数据造假等问题进行党政纪处分；严查重处违规违纪违法人员。

三是健全廉政风险防控体系。出台落实防止干预司法“三个规定”实施办法，建立如实填报记录人员保护机制、填报情况动态分析、定期监测机制。出台全省法院正风肃纪“十个严禁”、规范法官与律师接触交往规定、离任人员提醒谈话制度等文件；联合市场监管、税务等部门对干警经商办企业、参股借贷及配偶、子女等从事经营活动等行为定期排查；上线离职人员违规从业信息筛查系统，实现自动风险识别和拦截。

（三）完善人员分类管理制度，加强履职保障

一是健全员额法官遴选及管理制度。建立员额递补机制，2021 年确定首批递补人选 21 名；积极推进从律师和法学专家中公开遴选法官，组织郑州市金水区法院和高新区法院公开遴选。修订法官员额退出交流实施办法，全年因违纪违法退额 20 人、业绩考核不达标退额 3 人。起草市县两级法院领导干部交流轮岗工作建议方案，组织中级、基层法院针对领导班子成员、关键岗位和重点职位人员积极开展干部交流轮岗工作。推进政法专项编制动态调整，推动从 3 个法院调出 14 名政法编制分配给郑州高新区法院等 5 个法院。

二是规范审判辅助人员和司法行政人员管理。与省检察院、省财政厅、省人社厅等联合出台《河南省法院、检察院聘用制书记员管理制度改革实施办法（试行）》，着力解决书记员招录管理和配备问题。制定《院机关综合部门人员到业务部门结对辅助办案实施办法（试行）》，首批择优选择 18 名综合部门人员到审判业务部门结对辅助办案。

三是依法加强履职保障。制定省法官权益保障工作流程，健全工作机制；出台进一步加强关心关爱激励干警担当作为的意见，落实法官单独职务序列待遇保障，完善安保工作机制，集中汇聚三级法院视频监控、访客登记数据，探索与公安机关建立联防联动机制，加强法官履职安全保障。

四是健全绩效考核制度。区分人员岗位类别，建立法官、法官助理、司法行政人员、司法警察绩效考核、书记员工作量化考核制度，细化考核标准；创建“画像可视化系统”，及时分析考核评价标准、审判管理指标。

（四）深化司法体制综合配套改革，优化司法资源配置

一是健全诉源治理机制。推动将矛盾纠纷多元预防化解条例纳入 2021 年地方立法规划，开展立法调研并起草条例代拟稿；主动融入市域社会治理体系，推动将民事行政万人起诉率纳入省平安建设考核；出台人民法庭参与基层治理工作指引，推进调解平台进乡村、进社区、进网格；深化一站式多元解纷机制建设，与省直单位建立价格争议、金融保险、知识产权、劳动争议等“总对总”在线诉调对接机制。

二是深化繁简分流改革。指导郑州、洛阳法院圆满完成民事诉讼程序繁简分流改革试点任务，为民事诉讼法修改提供实践样本和立法建议。构建“门诊式”审判格局，健全繁简分流、程序衔接、简案回流等机制，130 余家法院在诉讼服务中心设立速裁团队，标记速裁法官 2317 名，分流速裁快审案件 58.7 万件，平均审理期限为 34.5 天。

三是深化以审判为中心的刑事诉讼制度改革。严格落实庭审实质化，加强“三项规程”培训，加强与省检察院会商，死缓二审案件一律开庭审理；指导郑州中院适用刑事缺席审判程序审理外逃被告人程三昌贪污案，推进缺席审判程序落地实践；完成减假暂案件排查整治，出台减刑假释案件实质化审理意见；起草适用认罪认罚从宽制度实施细则；全省 126 个看守所全部建成专用视频提讯室与最高人民法院直连，9911 起案件通过河南政法跨部门大数据办案平台线上流转；深化刑事案件律师辩护全覆盖，全年共为 4.2 万件适用普通程序审理刑事案件指定辩护，较试点前增长近 3 倍。

四是建立健全行政争议实质性化解机制。成立市级行政争议实质性化解平台 10 个、县级平台 67 个，焦作法院推进府院联动经验受到最高人民法院周强院长批示肯定。出台行政案件示范性诉讼的指导意见，推进系列性、群体性行政争议化解。严格落实行政机关负责人出庭应诉工作规定，2021 年行政机关负责人出庭应诉率同比上升 17.3 个百分点。

五是加强智慧法院建设。制定司法数据中台方案，优化智慧诉服，上线“律师一码通”服务，优化集中送达平台应用，电子诉讼应用总量居全国第 2。优化智慧办案，电子卷宗收集、查阅、应用、归档、移送全链条在线流转，互联网开庭总数居全国第 4。优化智慧管理，建设智评、智管、智享数据管理平台。迭代更新基础设施建设和系统应用维护，信创工程核心软件适

配改造完成，实现跨省网络安全互查和省公安厅网络安全互查。智慧法院建设位于全国法院第一方阵。

六是推进落实省以下法院人财物统管。2021 年 1 月起正式启动省以下法院人财物统一管理，省市县三级法院均为省财政一级预算单位，配合有关部门做好中级、基层法院人员上划和完善编制、干部统管机制等工作。

三、存在的问题和困难

一是推动改革系统集成、协同高效存在不足，结合河南实际推出的改革举措效果还不够突出，创新性、推广性不足。

二是司法责任体系建设尤其是在制度落实落细上需进一步加强，如不同岗位类别人员的职责权限需进一步精确细化；法院内部监督机制与接受外部监督机制衔接配套需健全；审判委员会统一法律适用和监督指导职能需强化；法官惩戒制度供给不足，惩戒工作未实质性运行；等等。

三是法官逐级遴选尚未开展，高级、中级法院法官助理到下级法院入额尚未落实。

四是案件受理数量依然位于高位，如何深化诉源治理成效、解决人案矛盾问题、提升案件质效仍是亟待解决的重要问题。

五是省以下法院人财物统管改革效能未充分发挥。

四、下一步工作打算

一是持续创新完善服务大局工作机制，全面推行知识产权审判“三合一”改革；规范环境资源刑事、民事、行政案件“三审合一”归口管理；创新完善行政审判服务法治政府、法治河南建设新机制；推动破产府院联动机制完善落实；完善司法数据常态化分析反馈机制，服务保障社会治理和经济社会发展。

二是深入推进司法责任体系改革和建设，完善政治风险预防预警和报告处置机制；提升制约监督智能化水平，完善落实“四类案件”监督管理机制，优化发改指案件平台系统，强化审判执行信息化日常监管预警；加强内外部监督衔接，健全落实法官与律师互评机制，健全法官惩戒机制，实质性开展法官惩戒工作。

三是深入推进四级法院审级职能定位改革试点，优化行政案件级别管辖标准，完善再审申请程序和立案标准，健全案件移送管辖和提级审理机制，加强试点跟踪研判，完善机构设置、人力资源调配等配套机制。

四是持续深化人员分类管理改革，落实员额法官逐级遴选，适时开展上级法院法官助理到下级法院参加入额遴选工作，完善员额法官绩效考核办法、工作量折算办法，建立容错纠错机制。

五是推进诉讼制度改革，贯彻落实新修改民事诉讼法，总结推广郑州、洛阳试点改革经验；推动行政争议的源头预防和实质性化解；加大人民陪审员制度落实力度；加强未成年人审判专业化建设。

六是加强智慧法院建设，着力建设司法数据中台，积极推进全面打通信访、立案、审判、执行、破产等信息化应用系统，提升执行工作信息化水平，推进涉诉信访智能化管理。

（来源：河南省高级人民法院）

湖北法院

2021年，在省委坚强领导和最高人民法院正确指导下，在各相关部门的大力支持下，湖北法院坚持以习近平新时代中国特色社会主义思想为指导，深入学习贯彻习近平法治思想，不断深化司法体制综合配套改革，努力让人民群众在每一个司法案件中感受到公平正义。

一、推进司法改革的主要做法

按照中央、省委和最高人民法院部署，省高院在全省法院一体推开司法体制综合配套改革。

一是坚持党的领导。深入学习贯彻习近平总书记关于司法体制改革的一系列重要指示精神，深刻领悟"两个确立"的决定性意义，增强"四个意识"、坚定"四个自信"、做到"两个维护"。坚持党对司法工作的绝对领导，深入贯彻《中国共产党政法工作条例》，认真落实重大事项请示报告制度，牢牢把握改革正确政治方向。深入学习贯彻全国政法领域全面深化改革推进会和最高人民法院司法改革领导小组会议精神，准确把握改革阶段性要求，推进"五五改革纲要"深入实施，把会议精神转化为过硬、实在的举措，推动各项改革部署要求在湖北法院系统落实落地。

二是认真落实司法改革主体责任。院党组始终将全面深化改革作为重要政治责任和重点工作任务，认真学习贯彻中央全面深化改革委员会会议精神，深入学习贯彻全国政法领域全面深化改革推进会精神，严格对标对表党中央部署和省委要求，结合实际研究部署落实措施，强化调研督导和评估问效，推动各项改革任务在湖北法院落实落地。省高院党组书记、院长游劝荣率队赴江苏、上海、浙江三地法院，就一站式建设、信息化建设、司法责任制落实、案件质量管理等开展学习考察交流，推进湖北法院在深化改革方面解放思想、对标先进、突破瓶颈。

三是抓好改革统筹推进。抓好改革系统集成、协同高效，就深化司法责任制综合配套改革、加快推进审判权力制约监督体系建设，加强调研论证，建立责任清单和落实机制，压紧压实改革责任链条。大力推动重点改革项目落实落地，将深入推进民事诉讼程序繁简分流改革试点申报纳入省委全面深化改革年度项目，着力推进四级法院审级职能定位改革试点，以重点突破带动整体推进。扎实抓好改革“回头看”，对党的十八大以来各项司法改革任务落实情况进行系统梳理、全面评估，总结经验、查找短板、深化改革。

二、改革主要进展情况

全省法院以全面落实司法责任制为核心，推动改革不断向纵深发展。

一是围绕大局改革创新，助力湖北高质量发展。开展“法治化营商环境建设提升年”活动，以案件化、制度化、程序化、信息化推进涉企案件经济影响评估制度落地落实，配套制定刑事、民事、行政审判及执行领域服务法治化营商环境司法工作指引，形成全方位保护和服务市场主体的制度体系。大力整治涉企司法顽瘴痼疾，严肃清查年底不立案、久审不决、久拖不执等影响营商环境的26项突出问题。贯彻实施长江保护法，推动设立长江生态法院，推进长江流域十年禁渔司法行动，会同河南、陕西高院开展环丹江口水库生态环境保护司法协作，组织省内法院建立汉江流域环境资源审判协作机制，凝聚共抓大保护司法合力。积极争取省人大常委会支持，推动出台《关于充分发挥人民法庭作用促进基层社会治理的决定》，为基层治理体系治理能力现代化建设提供法治保障，联合武汉大学建立湖北制度型开放法治保障创新基地，助力打造内陆开放“新沿海”。

二是全面落实司法责任制改革，构建权责统一的新型审判权运行机制。全面修订《全省法院司法责任制工作指引》，研究制定加强审判权力制约监督的指导意见，进一步完善审判权责清单，压实院庭长审判监督管理职责，健全“四类案件”识别监管机制，规范审判流程节点管理，深化随机分案、法律适用分歧解决等制度机制，推行专业法官会议、类案强制检索制度，打造全覆盖的监督体系。落实重要岗位、重要环节廉政风险防控制度，组织516名员额法官轮岗交流，对471名业务部门负责同志易岗任职。主动接受外部专业监督，就接受检察机关法律监督、发挥律师对审判权的制约监督作用出台司法文件，落实检察长列席审判委员会制度，邀请辩护律师到审判委员会陈述意见，提升监督实效，确保司法公正。深入推进司法公开，全年在互联网发布裁判文书322518篇，庭审直播70376场，省高院被评为全国“优秀直播法院”。

三是创新多元解纷机制，提升诉讼服务能力。坚持把非诉讼纠纷解决机制挺在前面，推动构建由党政主导、各方调解力量联合入驻的实体化多元解纷平台，实现矛盾纠纷“一站式接收、一揽子调处、全链条解决”。打造“法院+工会”“法院+妇联”等“1+N”多元解纷模式，将人民调解、行业调解、律师调解等社会解纷力量汇聚到诉调对接平台，全省三级法院均启用人民法院调解平台，861个调解组织、4650名调解人员入驻参与调解，调解案件306662件，调解成功率达72.41%。构建集约高效、便民利民的现代化诉讼服务体系，推进诉讼服务大厅、诉讼服务网、诉讼服务热线、巡回审判相互融合、连为一体，实现网上立案、跨域立案全覆盖，移动微法院一网通办、12368一号通办，送达、保全等主要对外服务事务全流程在线，建成应用“收转发e中心”系统，努力为群众提供便捷高效服务。

四是深化繁简分流改革试点，提升审判质效水平。根据全国人大常委会授权决定和最高人民法院工作部署，在武汉地区有关中级、基层法院推进实施民事诉讼程序繁简分流改革试点任务。完善“特邀调解+司法确认”机制，试点法院纳入名册特邀调解组织120个、特邀调解员448名，诉前委派调解化解纠纷67918件。准确把握适用标准，简化诉讼文书、办理流程，完善适用机制，试点法院简易程序、小额诉讼案件平均审理时长分别减至59天、30天，显著提升司法效能。主动适应互联网时代要求，积极运用电子诉讼新模式，试点法院在线立案197453件，在线庭审13936件，电子送达894394次，努力为群众提供更加优质、高效、便捷的诉讼服务。

五是统筹推进综合配套改革，健全司法职业保障机制。健全法官员额管理机制，新遴选员额法官329名、递补56名，并招录270名法官助理，及时补充办案力量。协调相关部门从湖北籍脱贫户子女中招录培养雇员制书记员100名，服务巩固脱贫攻坚成果，解决书记员队伍稳定问题。落实司法人员职业保障制度，开展法官等级确定、按期晋升和择优选升工作，积极推进全省法院司法警察执法勤务警员职务序列改革工作。完善法院经费保障机制，推进落实《关于进一步调整完善省以下法院检察院经费保障机制的意见》。

六是健全完善人民法院机构职能体系，推进四级法院审级职能定位改革。制定《关于在完善四级法院审级职能定位改革试点期间调整案件分配规则的若干规定》，对高院、中院二审生效案件的再审处理机制等重要程序问题进行了详细规定，确保改革试点稳妥有序推进。印发《关于进一步规范立案工作及强化司法便民措施的意见（试行）》，就进一步规范立案工作及强化司法便民措施提出了意见，严格规范再审案件立案、再审案件调卷、执行随机分案工作。

七是深化诉讼制度改革，促进司法公正高效。深入推进以审判为中心的刑事诉讼制度改革，严格贯彻“三项规程”，依法适用认罪认罚从宽制度和刑事速裁程序，推动建立申诉案件律师代理制度，进一步落实庭审实质化。深入推进未成年人刑事案件集中管辖试点工作，在全省96家法院成立少年法庭，召开少年审判工作新闻发布会并发布典型案例，出台《未成年人犯罪记录封存实施办法》，呵护青少年健康成长。优化知识产权三合一审判机制，着力完善技术事实查明机制，聘请24名知识产权审判咨询专家，促进提高审判质效和公信力，助力将湖北打造成为知识产权争端解决“优选地”。进一步推进行政诉讼集中管辖，破解部门垄断和地方保护。深化环境资源审判专业化专门化建设，在全省建立16个专门环境资源审判庭和104个审判团队，构建起“1+5+10+N”的环境资源专门化审判体系，为湖北省绿色崛起保驾护航。

八是推动智慧法院建设与司法改革深度融合。建成湖北特色的人民法院信息化3.0版，整合审判执行平台、司法管理平台、公众服务平台、政务协同平台、应用支撑平台。建设、运用电子卷宗随案同步生成和深度应用项目、智能辅助办案中心项目，集成各类优质审判资源，发挥审判辅助功能。深化移动微法院建设、应用，推进在线调解、在线诉讼，构建智慧诉服体系。建设运用大数据管理和服务中心，强化数据集中管理和共享交换，提升大数据智能化服务水平。与高校合作共建司法信息化创新研究中心，促进提升智慧审判和网络舆情大数据治理能力，推进智慧法院建设迈上新台阶。

三、存在的问题和困难

一是理论学习不足，离学深悟透习近平新时代中国特色社会主义思想的要求还有较大差距，运用习近平法治思想指导审判工作的能力还有待提高。

二是思想不够解放，司法观念转变不能适应新发展理念的要求，机械司法、就案办案现象仍然严重存在，营造法治化营商环境的办法不多、措施不力、落实不够、成效不显著。

三是参与社会治理的能力不足，诉源治理和依法化解各类矛盾纠纷的水平不高。

四是基层基础薄弱，四级法院审级职能定位改革后，基层法院案多人少矛盾愈发尖锐。

五是司法体制综合配套改革部分政策措施落实还不平衡，审判权力制约监督机制还不够完善，以改革思维破解难题的办法不多，探索创新还不够，系统集成、协同高效的改革成效发挥还不够。

六是运用现代科技赋能审判执行工作有待加强，智慧法院建设还需持续优化升级。

七是党风廉政建设和反腐败斗争形势依然严峻复杂，作风不正、违规办案问题仍时有发生。

针对上述问题，我们将进一步解放思想、实事求是，遵循新时代深化改革方法论，持续加大改革力度，争取各方支持，努力推动解决。

四、下一步工作打算

下一步，全省法院将坚持以习近平新时代中国特色社会主义思想为指导，深入学习贯彻习近平法治思想，贯彻落实党的十九届六中全会精神，把坚持“两个确立”转化为坚决做到“两个维护”的政治自觉、思想自觉、行动自觉，统筹推进各项改革任务在湖北法院落地落实，不断提升司法质量、效率和公信力。重点抓好以下改革任务。

一是自觉接受党的全面领导监督。坚持党对司法工作的绝对领导，认真落实《中国共产党政法工作条例》，完善和落实重大事项请示报告制度，牢牢坚持司法工作、司法改革的正确政治方向。

二是深入推进司法责任制改革和建设。进一步细化办案责任，实现权责清单制度化、权重化、标准化、信息化。健全“四类案件”全流程识别和监督管理机制，推动统一法律适用机制、法律适用分歧解决机制实质化运行。落实各类主体监督管理责任，完善法官考核和惩戒工作机制，健全法官违纪违法与员额退出机制。

三是深化诉讼制度改革。以审判执行制度为抓手，深入推进以审判为中心的刑事诉讼制度改革，深化民事诉讼制度改革，落实新修改的民事诉讼法。继续推动一站式多元纠纷解决机制建设，完善群众参与矛盾化解的制度化渠道，建立普惠均等、便捷高效、智能精准的纠纷解决服务体系。

四是深入推进四级法院审级职能定位改革。准确理解并严格按照《最高人民法院关于完善四级法院审级职能定位改革试点的实施办法》持续推进试点改革工作，着力完善案件级别管辖、案件提级管辖、细化再审申请程序。根据级别管辖调整情况，推动审判重心进一步下沉，构建梯次过滤、层级相适的案件分布格局。努力探索并完善案件提级管辖工作机制，细化报请申请再审提审案件的具体情形和判断标准，将具有规则意义、涉及重大利益、有利于打破“诉讼主客场”的案件交由较高层级法院审理。做好改革试点的配套制度工作，将案件提级管辖和报请再审工作纳入考评指标，做好改革的监测、指引、提炼、转化和反馈工作，加强改革成效的宣传工作和审判业务的指导工作。

五是进一步完善人员分类管理和职业保障制度。在省级范围内统筹管理、合理分配、动态调整法官员额，常态化开展法官逐级遴选和增补工作。进一步完善法官单独职务序列管理、审判辅助人员管理、人员内部交流、法官权益保障等机制。积极争取支持，努力提升法院经费保障和基层基础建设水平。

六是大力推进互联网司法建设。推进在线诉讼、在线调解、在线法院规则贯彻落实，加强互联网案件审判。充分发挥新兴技术在司法场景中的应用，进一步建设和完善相关系统，全面支撑在线诉讼、在线调解、在线法院，打造便捷化、在线化、一体化服务平台。

（来源：湖北省高级人民法院）

湖南法院

2021 年，湖南法院在省委的坚强领导和最高人民法院的正确指导下，坚持以习近平新时代中国特色社会主义思想为指导，深入学习贯彻习近平法治思想，紧紧围绕努力让人民群众在每一个司法案件中感受到公平正义的目标，全面深化司法体制综合配套改革，取得了较好成效。

一、推进改革的主要做法

2021 年，湖南法院高度重视司法改革工作，严格落实改革主体责任，狠抓中央、最高人民法院和省委改革部署的落实落地。

一是加强组织领导。省高院党组将学习习近平总书记重要讲话和中央政法委、最高人民法院、省委等会议文件精神作为每周例会重要议题，2021 年专题研究司法改革工作 30 余次，省高院田立文院长就深入推进司法体制综合配套改革，积极推进全省法院审级职能定位改革等进行了部署。紧密结合开展政法队伍教育整顿活动，制定出台司法改革文件 26 件，印发《司法改革领导小组 2021 年工作要点》《关于完善审级职能定位改革试点的实施办法》等，明确目标任务、责任部门和完成时限，将改革完成情况纳入全省法院司法绩效考核。

二是加强调查研究。积极协调推动省编办印发《省以下法院政法专项编制动态调整有关事项的通知》，探索建立全省法院政法专项编制动态调整机制。深入开展司法改革调研督察，省高院和湘潭中院承担的最高人民法院“专业法官会议制度运行情况的实证研究”专项改革课题获评优秀，3 篇司法改革论文荣获全国法院论文竞赛一等奖，积极推动调研成果转化。

三是加强经验推广。编辑印发《司法改革动态》6 期，及时向最高人民法院、省委等报送改革经验材料 30 余篇。最高人民法院编发的《司法改革动态》刊发 4 篇司改经验和 1 篇问题建议，省委编发的《改革简报》2 次发专刊推介4家法院的改革经验，张家界永定区法院旅游速裁改革经验入选“湖南省基层改革探索100例”等。

二、改革主要进展情况

（一）积极服务“三高四新”战略实施

一是创新商事审判工作机制。建立大要案集约式办案机制，发挥示范判决作用，建立涉众型金融纠纷系列案件报备制度和联动机制。

二是健全破产案件高效办理机制。加强对下业务指导和培训，加快破产审判团队专业化建设，联合省税务局、省财政厅等下发《关于便利企业破产涉税事项办理 助推营商环境优化的意见》等4个文件，从省级层面降低企业破产处置的制度性成本。

三是健全环境资源审判机制。部署开展推进长江洞庭湖保护开展环境资源审判利剑专项行动，严格惩处违反长江禁渔、河道采砂行为。联合省自然资源厅、省检察院出台《关于加强自然资源资产行政执法、审判与检察监督工作的意见》，建立环境资源庭（法庭）21个。

四是完善知识产权审判服务保障创新发展机制。细化惩罚性赔偿的适用条件，明确举证责任、赔偿基数的计算方法，推进知识产权惩罚性赔偿制度落地见效。探索建立类型化知识产权纠纷案件诉前调解程序和在线调解机制。

五是健全涉外商事审判机制。制定《涉外商事审判工作指引》，加强全省法院仲裁司法审查案件报核工作和涉外案件归口审查机制。

（二）全面落实以人民为中心的司法理念

一是深化一站式多元解纷和诉讼服务体系建设。深化“分调裁审”机制改革，全省法院组建调解速裁团队352个，速裁快审案件占比超过85.8%，简易程序适用率超过90%。推进收转发平台深度应用，有力破解送达难题。全面启用统一12368诉讼服务热线，实现全省法院来电一号通办。全面加强信访信息系统、网上保全系统、委托鉴定系统应用。扎实开展“我为群众办实事”实践活动，出台《关于在诉讼过程中进一步优化适老服务的指导意见（试行）》等文件。

二是深化多元化纠纷解决机制改革。配合省人大出台《关于加强诉源治理 推动矛盾纠纷源头化解的决议》，全省法院现代化诉讼服务中心全部建成，多元解纷区、诉前调解室实现全覆盖，指导基层法院在乡镇（街道）及纠纷多发区域成立诉源治理工作站 1518 个，参与化解当地纠纷 18 万余件，办理调解协议司法确认 1.8 万余件。全面推广人民法院调解平台和湖南移动微法院应用，2021 年累计开展音视频调解 11.9 万余件。湖南省万人成诉案件数量为全国最低，省高院在全国法院“总对总”在线诉调对接工作会上作经验发言。

三是完善案件分配机制，推进审判辅助事务集约化、社会化管理。出台《关于完善案件分配机制的实施办法》，深入推进案件繁简分流。将诉讼材料收转、文书送达、材料扫描、12368 诉讼服务热线等审判辅助工作集约化管理，推动有关部门与邮政、电信、移动、联通等相关机构签订社会购买服务合作协议。

四是努力构建化解执行难长效机制。落实统一管理、统一指挥、统一协调的执行工作机制。协调省委依法治省办出台《关于加强综合治理从源头切实解决执行难问题的实施意见》。成立了“执转破”工作领导小组，推动建立“立案－审判－执行－破产”全流程新体系。重点整治执行案款台账底数不清、审批支付不规范、长期挂账不发放等问题，规范“一案一账号”系统应用。加大“一案双查”力度，主动从案件办理、信访、督导、舆情、执行管理等工作中发现交办“一案双查”线索 51 条。推进执行信息化建设，进一步健全执行查控体系，规范网络司法拍卖辅助工作，推出面向社会公众和当事人的“智慧执行”App。推行分段集约执行模式，推广长沙“闪信+”送达、电子封条等执行工作经验做法。

（三）推进以司法责任制为核心的审判权力运行机制建设

一是完善审判权力和责任清单。推动职责清单和履职指引嵌入办案平台。

二是进一步健全完善独任法官、合议庭办案制度机制。发现存在合而不议、事后补合议笔录、伪签笔录等情形的，及时予以通报并责令纠正。

三是优化审判团队组建。部分中级、基层法院结合实际组建速裁团队及专业化审判团队，取得了良好成效。

四是健全院庭长直接办理和监督管理“四类案件”机制。定期通报院庭长办案情况，明确院庭长应当带头办理重大、疑难、复杂案件，通过参与办案更好地履行监管职责。

五是完善统一法律适用机制。出台《关于协同推进类案强制检索机制共同维护司法公正的意见（试行）》等，进一步完善关联案件和类案检索机制，促进法律统一适用。制定《关于完善专业法官会议工作机制的实施细则（试行）》等，建立审判委员会讨论决定、专业法官会议讨论的案件裁判要旨及分析研究报告制度，定期发布参考性案例。

六是完善法官惩戒制度。制定《关于审判瑕疵和违法审判的认定及责任追究办法（试行）》《关于法官惩戒与党纪、政务处分程序衔接工作机制的实施意见（试行）》等，推动法官惩戒实体化运行。

七是健全落实“三个规定”工作机制。发布违反“三个规定”典型案例的通报，全省法院共处理违反“三个规定”干警917人次。省高院在贯彻落实防止干预司法“三个规定”推进会上作经验发言。

八是健全廉政风险防控体系。制定《关于防范和惩戒诉讼掮客维护司法公正工作机制的实施意见（试行）》等，汇编印发《党风廉政建设制度选编》，确保全省法院人手一册，增强干警廉政意识，助推顽疾整治深入开展。

（四）深入推进诉讼制度改革

一是推进庭审实质化。严格落实庭前会议、非法证据排除、法庭调查“三项规程”，为庭审集中高效进行提供有效保障，全省法院重大复杂案件开庭审理时间明显缩短。

二是健全证人出庭作证制度。严格落实定案证据庭审质证制度，进一步健全和落实侦查人员、证人、鉴定人员出庭作证制度，刑事案件出庭作证率进一步提升。强化律师执行权利保障，全力推进刑事法律援助工作。

三是推进认罪认罚从宽制度改革。会同省检察院、省公安厅制定《湖南省适用认罪认罚从宽制度实施细则》，严格把握被告人认罪认罚的自愿性。

四是规范减刑、假释、暂予监外执行。开展未收押未收监集中清理专项行动和暂予监外执行专项整治行动，下发《关于全省法院暂予监外执行不合格、瑕疵案件限期整改的通知》。

五是加强新时代人民法庭建设。出台《关于加强人民法庭建设规范人民法庭管理的意见》，制定《全省人民法庭布局优化方案》，推进全省法院院领导驻庭调研工作，最高人民法院周强院长批示肯定了湖南省法院驻庭调研做法。建立针对人民法庭工作特点的专门考核体系，改革做法入选最高人民法院案例。

六是深化一审行政案件集中管辖改革。行政审判质量、效率和公信力有所提升，行政机关败诉率逐步上升，在海口会议上介绍了经验。

（五）健全法院队伍监督管理制度

完善法官员额管理机制。出台《员额法官递补工作实施方案》，及时递补64名员额法官，制定《湖南省法官员额退出实施办法（试行）》，健全违纪违法惩处与员额退出衔接机制，2021年以来全省法院退出员额法官171名。推进政法专项编制动态管理，推动省委编办调整编制139个。完善法官职业保障制度，实现法官职级晋升常态化，认真落实法官助理、书记员、司法警察和综合管理类人员职务与职级并行配套政策，健全与工作绩效挂钩的考核机制，完善考核方式方法，统筹开展平时考核、年度考核、专项考核、任期考核，全方位、多渠道了解干部。

（六）加强智慧法院建设

在数字法院系统中嵌入类案推送等功能，开展数据中台建设、典型案例研究等相关工作合作，完成全省法院一看守所远程提讯系统建设，湖南移动微法院整合，升级诉讼服务的诸多功能。推进电子卷宗自动编目、网上阅卷、法律文书辅助生成、电子档案自动生成等深度应用，积极探索电子卷宗为主、纸质卷宗为辅的无纸化办案方式。

三、存在的问题和困难

一是部分法院司法资源配置不合理。2012年以来，中央政法专项编制尚未根据实际情况进行动态调整、合理分配，法院人员编制等资源配置不合理，全省法院员额法官人均结案数最多的15家法院达300件以上，最高的达600件，人均结案数低于100件的有12家法院。部分基层法院的政法编制法官助理缺口大，员额法官后备人才青黄不接，司法供给侧结构性矛盾突出。

二是审判工作专业化建设有待进一步加强。中央和最高人民法院对进一步加强新型专业化审判团队建设提出了明确要求，部分法院仍然实行大循环随机分案办案，专业化审判团队建设尚未全面落实，不同审判业务庭审理的同一类型案件或同一当事人的系列案件等，均出现了裁判标准不一致的现象。

三是部分法院落实改革任务不到位。部分法院在落实改革任务时存在文件落实文件、制度落实制度现象，改革部署在中级、基层法院落实得怎么样，缺乏跟踪督察和评估问效。如文山会海现象反弹回潮，院庭长忙于参加会议和审批文件，非审判事务负担繁重，普遍存在办简单案、挂名办案等现象，尚未实现院庭长直接审理和监督管理“四类案件”的有机统一。

四、下一步工作打算

一是建议最高人民法院出台加强人民法院审判业务专业化建设的指导意见。随着审级职能定位改革的深入推进，保证法律统一适用的要求越来越高。加强专业化审判团队建设，实现案件审理类型化、审判团队专业化、法官队伍职业化的有机统一，是确保上下级法院统一法律适用，努力让人民群众在每一个司法案件中感受到公平正义的内在要求和迫切需要。建议研究制定加强人民法院审判业务专业化建设的指导意见，参照大学、医院等专业化建设的模式，明确要求各级法院实行类案分配、类案审判、类案讲评、类案监督、类案指导，促进审判专业化建设与法官职业化发展的有机统一。

二是建议积极推动中央政法委和中央编办建立中央政法专项编制合理分配、动态调整机制。近10年来，人民法院的收案数量大幅增长，特别是经济发达地区案多人少矛盾非常尖锐，而某些政法单位编多人多案少现象明显，司法资源配置不合理问题突出。推动中央政法专项编制的合理分配、动态调整，把有限的政法专项编制精准投入到人案矛盾突出单位，全面优化司法资源配置，是努力化解部分政法单位和城区法院案多人少矛盾的根本举措，是优化法治营商环境、满足人民群众司法需求的迫切需要，请党中央高度重视，提上议事议程。

三是建议对各地法院落实改革任务情况开展一次专项督察。重点检查各地落实中央、最高人民法院重要改革任务、改革文件的情况等，敢于动真碰硬，敢于监督问责，确保各项改革任务不折不扣地落实落地，努力提升司法改革的整体效能，不断增强人民群众的获得感。

（来源：湖南省高级人民法院）

广东法院

2021 年，广东法院坚持以习近平新时代中国特色社会主义思想为指导，深入贯彻习近平法治思想，全面贯彻党的十九大和十九届历次全会精神，在更高站位、更深层次、更宽领域推进改革，紧扣制度建设主线，深化司法责任制配套措施，7 项改革经验被最高人民法院推广，广州中院涉港澳案件授权见证平台改革案例入选最高人民法院《人民法院司法改革案例选编》，深圳中院破产制度综合改革举措获评首届“人民法院改革创新奖”。

一、推进改革的主要做法

一是坚持高位推进。旗帜鲜明加强党对司法改革工作的绝对领导，健全习近平总书记重要指示和党中央重大决策部署贯彻落实的督察问责机制，修订“第一议题”制度，完善政治要件办理闭环机制，确保改革正确方向，确保习近平总书记和中央改革工作部署不折不扣落到实处。把司法改革作为“一把手”工程，持续压实党组主体责任、“一把手”第一责任和司法改革领导小组领导责任，改革方案须提交司法改革领导小组或者审判委员会会议讨论，主要领导同志亲自谋划重点改革工作，亲自把关重要改革文件，建立下级法院改革措施报备和督察制度，推动拧紧一级抓一级、层层抓落实责任链条。

二是坚持整体统筹。省高院党组审议通过《2021 年全省法院司法改革工作要点》，聚焦审判执行工作高质量发展短板弱项，谋划 20 个重点领域改革任务，推动新型知识产权法律保护试点等纳入省委创造性引领性改革任务清单。健全分类指导、分类施策机制，强化“协同化”机制建设，围绕破解审判执行工作难点及人民群众司法需求痛点，实施“抓示范促改革惠民生”改革培育计划，围绕司法责任制改革、公正高效诉讼制度改革、惠民司法改革、服务“双区”建设、服务高质量发展等5个方面，指导21个地市116家法院培育打造100个改革示范项目。改革项目由省高院对口部门一对一指导，实行项目化管理，明确预期目标、时间表、路线图，有效发挥改革激励效应和示范带动效应，促进全省法院改革工作系统集成、协同高效。

三是坚持精准发力。聚焦改革重点难点问题，深入开展“大学习、深调研、真落实”活动，完善党组重点调研课题制度，确定6个方面17个重点调研课题，由党组书记牵头抓总、院领导分别牵头完成，形成健全监督管理职责清单、建设全省法院司法案例数据库等一批解决问题、改进工作的实招硬招。扎实开展“我为群众办实事”“我为基层解难题”活动，改进网上法院、掌上法院应用体验，大力推广网上立案、网上调解、网上开庭模式，加强切实解决执行难长效机制建设，着力健全完善司法便民利民的机制措施。

四是坚持重点突破。主动对表国家、省委重大战略，将新型知识产权司法保护、完善市场主体救治和退出机制、金融审判机制创新、促进粤港澳大湾区、深圳先行示范区以及横琴、前海两个合作区规则机制衔接对接等方面，纳入创造型引领型改革项目重点攻坚，支持广州、深圳、珠海等地法院主动承担、深入培树，促进广东省在重点新兴领域率先突破、积厚成势。聚焦跨部门改革事项推进难题，积极争取各级党委政府和有关部门支持，注重制度、机制、措施和资源的系统集成，形成茂名司法惠民服务中心、深圳南山跨部门办案平台等改革成果。聚焦改革发展不平衡难题，健全改革联动机制，建立“一核一带一区”法院司法协作机制，指定不同地区、不同层级法院探索不同类型的改革样本。

五是坚持制度牵引。结合推进政法队伍教育整顿，把制度建设贯穿司法改革各环节，出台《完善制度机制建设工作方案》，明确5类39项重点制度清单，及时用制度巩固改革成果。聚焦审判执行工作突出问题，研究制定《政法领域全面深化改革专项整改工作方案》，提出38条整改措施，明确整改时限和责任部门，推动从制度上破解司法责任落实不到位、审判执行不规范、同案不同判等问题。

二、改革主要进展情况

一是坚持党的领导制度体系持续健全。制定《党组执行政法工作条例办法》，把党管政法工作重大原则贯彻于司法改革各环节、覆盖各领域全过程。加强“一把手”和领导班子督责机制建设，健全党组在审判执行中发挥领导作用、党组成员依照工作程序参与重要业务和重要决策制度。坚持党管干部原则，严格政治标准选人用人，认真履行省高院党组协管职责，制定《关于加强基层人民法院队伍建设的意见》，把政治标准摆在首位，严格按“五个过硬”配强中级、基层法院院长人选。推荐新任和交流任职15名中院院长、83名基层法院院长，各地新增98个法官员额86%分至基层法院。定期开展法官入额选拔、退额补任，率先探索法官员额递补机制，37名优秀法官逐级遴选担任上级法院法官，273名初任法官到基层法院任职。

二是司法责任制度体系进一步完善。紧盯审判流程风险隐患，制定《广东省高级人民法院审判组织职责清单》《广东省高级人民法院审判人员职责清单》，规范4类审判组织和8类审判人员职责，科学配置权力，严格履职指引。健全院庭长办案示范机制，院庭长直接办理大案要案新案99.2万件，占全部办结案件的35.2%。完善“四类案件”识别监督管理规则，确保“放权不放任、用权受监督”。制定《严格执行防止干预司法“三个规定”工作指引》，进一步厘清依法监督管理与不当干预过问案件的界限。全面落实类案强制检索，制定案件评查工作实施办法，建立个案评查和发回重审、改判案件评查机制，组织评查各类案件1.7万件，把类案检索、类案借鉴和类案同判作为办案刚性指标纳入考核评价体系和法官业绩档案。建立中级、基层法院参阅案例备案机制，智能辅助生成各类文书约109万份，类案智推8万余次，促进法律适用标准统一。加强法官惩戒与纪检监察工作衔接，完善法官惩戒工作规程。进一步加强执法司法监督合力，联合省检察院完善民事执行活动法律监督协调工作机制，完善“减假暂”组织诊断工作程序，规范代表委员关注案件办理机制。

三是诉讼制度改革稳步推进。持续深化以审判为中心的刑事诉讼制度改革，联合省检察院、省公安厅制定《广东省命案积案取证指引》，落实律师辩护全覆盖，刑事二审案件开庭同比上升72.4%。顺利完成民事诉讼程序繁简分流改革试点，印发关于优化司法确认程序等6个工作指引，86.3%的民商事一审案件以简易程序、小额诉法程序审结，办案周期缩短一半。深化一站式多元解纷和诉讼服务体系建设，支持深圳开展行政诉讼体制改革，率先实现将部分涉外或涉港澳台一审行政案件调整由基层法院管辖。组织开展四级法院审级职能定位改革试点，印发试点工作实施方案和实施细则，完善三级法院“统一部署、统一实施、统一指导”机制，完善案件提级管辖标准和程序机制，省高院率先依职权提级审理6宗新型知识产权案件，实现良好开局。

四是创新型引领型改革不断出新。主动对标国家战略，制定服务保障粤港澳大湾区和深圳先行示范区建设两个三年行动方案，推进深圳和横琴法院拓展审判职能综合改革，在知识产权保护、破产审判、跨境商事审判等领域形成可推广可复制经验20项，在重点新兴领域改革率先突破、率先成势。制定涉标准必要专利审判指引，首次确立中国法院对标准必要专利全球许可费率的管辖权。发布为创业板改革并试点注册制提供司法保障意见。推进破产制度改革试点，推动深圳出台全国首部个人破产法规《深圳经济特区个人破产条例》，达成深港推动跨境破产协作框架。深入推进知识产权审判“三合一”改革，制定适用知识产权惩罚性赔偿制度办案指引，“欧普”商标案等入选全国首批惩罚性赔偿典型案例，在腾讯诉微时空不正当竞争案中首次引入证据妨碍规则。扎实推进智慧法院建设，持续拓展5G、区块链、人工智能等新兴技术在司法领域的应用。深化广州互联网法院改革，发布全国首个在线庭审规定等规范性文件13份，审结“借名直播纠纷案”等一批全国首案，92个案例入选中国互联网司法十大案例、全国法院百个优秀庭审等。

三、存在的问题和困难

广东法院改革工作蹄疾步稳、走在全国前列，但对标对表中央部署和人民群众的新期待新要求，还存在不少问题和短板。

一是服务国家战略推进改革有待进一步强化。粤港澳大湾区、深圳先行示范区以及前海、横琴两个合作区改革示范引领作用有待进一步充分发挥，深圳和横琴法院拓展审判职能综合改革进展较慢，知识产权保护、破产审判、跨境商事审判等领域创造型引领型改革经验总结推广不够，重点新兴领域改革有待率先突破、率先成势。

二是司法责任制改革仍需持续攻坚。统一法律适用机制有待完善，“四类案件”监督管理操作性不强，各办案环节的衔接和监督仍有短板。参考性案例培育工作有待进一步加强，全面统一裁判标准这个难关仍需继续攻克。院庭长依法行使监督管理权与不当干预过问案件界限需要进一步细化。

三是审级职能定位改革试点推进力度有待加强。对提级管辖案件判断标准研究不够深入，具体识别标准操作性不够强，全省法院提级管辖数量较少，规则确立意义大、审判示范效果好、人民群众获得感强的案件不多。再审机制改革进展较慢，报请再审提审案件标准和流程有待细化。

四是改革举措系统集成、协同高效仍需久久为功。在诉源治理、案件繁简分流、以审判为中心的刑事诉讼制度改革、编制全省统筹等方面跨部门协同配合力度有待进一步加强。在新冠肺炎疫情持续冲击下，各类重大案件风险增加，在加强部门协同防范化解重大案件风险上仍有短板。

四、下一步工作打算

2022年是进入全面建设社会主义现代化国家、向第二个百年奋斗目标进军新征程的重要一年，全省法院将以习近平新时代中国特色社会主义思想为指导，深入贯彻习近平法治思想，深入开展深刻领悟“两个确立”决定性意义、坚决做到“两个维护”主题教育和“两个坚持”专题教育，以更高标准、更实措施、更大力度深化司法责任制综合配套改革，不断提升司法效能，全力以赴为党的二十大胜利召开创造安全稳定的政治社会环境。

一是健全改革领导和组织实施机制。认真贯彻落实中央改革部署，围绕省委“1+1+9”工作部署，强化省高院司法改革领导小组牵头抓总职责，压实主体责任，加强督察问效，确保工作成效。加强改革系统集成，强化改革协同联动机制，深入实施“抓示范促改革惠民生”改革培育计划，开展“广东法院改革创新奖”评选活动，健全分类指导、分类施策和改革激励机制。加强“一核一带一区”法院司法协作，加大对欠发达地区改革政策倾斜和指导培育力度。

二是纵深推进司法责任体系改革和建设。聚焦审判权运行监督和制约关键环节，将审判权责清单嵌入办案平台，优化院庭长、法官履责考评机制，努力实现司法责任落实无死角、全覆盖。健全法律适用分歧解决机制，建立类案和关联案件检索刚性约束机制，加强案例培育、指导、筛选、发布工作，切实统一裁判尺度。

三是系统集成诉讼制度改革成果。扎实推进四级法院审级职能定位改革试点，有序推进案件逐步下沉及司法资源优化配置，出台案件提级管辖标准和程序机制指导意见，努力实现中级、基层法院定分止争、高级法院依法纠错和统一裁判尺度的改革目标。贯彻实施新修正的民事诉讼法，持续深入推进案件繁简分流、快慢分道，不断提升司法效能。继续深化以审判为中心的诉讼制度改革，推动量刑规范化改革精准落地，健全冤错案件防范和常态化纠错机制。

四是发挥“双区”和两个合作区改革引领作用。主动对标国家战略，抓住建设“双区”和两个合作区建设等重大历史机遇，加快谋划推动一批创造型引领型改革项目，切实发挥重大改革关键牵引作用，争取在重点新兴领域改革率先突破、率先成势。加快推进横琴、深圳法院拓展审判职能综合改革，推动司法规则衔接等试点授权实施。积极推动深圳国际商事争议解决中心、粤港澳大湾区司法研究平台建设，充分依托粤港澳大湾区司法案例研究基地，健全跨境商事纠纷多元化解机制，拓展深化粤港澳司法协作交流。

广西法院

2021 年，广西法院坚决贯彻落实党中央司法体制综合配套改革决策部署，在最高人民法院监督指导和自治区党委坚强领导下，坚持以习近平新时代中国特色社会主义思想为指导，深入学习贯彻习近平法治思想和习近平总书记对政法工作、广西工作重要指示批示精神，深入推进司法体制综合配套改革，加快落实司法改革各项任务，以改革促审判执行提质增效，以改革推动法院工作高质量发展。

一、推进改革的主要做法

2021 年，按照中央、自治区和最高人民法院的部署，自治区高院深入推进落实全区法院司法体制综合配套改革措施。

一是坚持高位推进与基层需求相结合。自治区高院党组高度重视司法改革工作，召开全区法院院长会议统一部署，多次召开党组会、司法改革领导小组会推进落实改革任务，印发 2021 年度改革要点，共涉及 25 个方面工作，作为全区法院推进改革的指引。以问题为导向，结合政法队伍教育整顿，从审判执行堵点难点、人民群众关注的痛点盼点出发，积极探索，强化改革措施，全区法院共整改顽瘴痼疾 4078 个。开展“我为基层解难题”活动，采取制定“减假暂”案件证据审查指引、实行聘用人员招录权下放、为当事人开具裁判生效证明等措施，推动长期困扰基层工作的 15 个难题得到有效解决。

二是统筹推进和重点突破相结合。改革推进过程中，抓住司法制约监督制度机制建设这一重点，对标对表改革目标任务，扭住工作短板，突出成效评价，在重点突破中推动系统集成改革。特别针对政法队伍教育整顿中暴露出来的顽瘴痼疾，结合司法制约监督体制机制改革，推进各项制度改革完善，全区市县两级法院出台规章制度 1923 项，自治区高院、北海海事法院、南宁铁路两级法院制定有关强化制约监督、审判管理、涉诉信访终结、规范与律师交往及离职人员从业等制度65项，有效扎紧制度篱笆，各项制约监督机制更加完善。

三是机制创新和科技支撑相结合。准确把握司法规律和时代特征，着眼理念更新、机制创新、制度创新、实践创新，深化智慧法院建设，有效优化法院职权、人力资源配置，集约化事务管理，大数据自动分析，实现审判管理效能整体提升。升级全区法院档案管理系统，完善封面自动生成、卷宗一键归档、网页信息归档、电子档案上链存证、智能借阅等智能化功能；通过卷宗电子材料上链存证验证，保障电子卷宗的完整性、统一性和安全性，为无纸化办案奠定基础，全区法院电子材料存证验证数据量已达11.7万份。

四是压实责任与激励履职相结合。广西各级法院党组认真落实改革主体责任，一把手亲自带头抓改革，做到重要改革亲自部署、重大改革方案亲自把关、重点环节亲自协调、落实情况亲自督察，层层传导责任，“审级职能定位改革”被自治区党委深化改革委员会列入年度重点改革项目，“完善法官遴选、逐级遴选制度”“完善认罪认罚从宽制度”被列入年度面上改革任务，均按照时间节点完成相关改革制度机制出台任务，广西高院改革创新工作获区直机关专项绩效考评一等等次。健全激励考核评价体系，科学制定2021年度绩效计划，开展2021年度个人绩效管理试点，充分调动广大干警的积极性，有力推动各项改革任务落实落细。

五是推进改革与服务经济社会高质量发展相结合。坚持把推进司法改革同服务党和国家工作大局结合起来，加强整体谋划布局。发挥破产重整救治功能，推进企业破产处置府院联动机制，国有优质资产得以盘活。依托最高人民法院法官国际交流中心广西基地，开展对东盟国家当事人电子双语公告送达试点，与广西贸促会建立涉外商事纠纷诉调对接机制，服务优化外商投资环境。贯彻落实习近平总书记视察广西“4·27”重要讲话精神，推动建立漓江流域、北部湾海域生态环境保护协作机制、联动中心和巡回法庭，共同保护山清水秀的生态环境。妥善审理一起非法围填海域行政处罚纠纷案，依法支持行政机关处罚决定，维护国家海岸线安全和海域生态平衡，并入选最高人民法院指导性案例。

二、改革主要进展情况

广西法院以全面落实司法责任制为核心，以最高人民法院、自治区党委全面深化改革委员会部署的改革重点任务为目标，加强改革攻坚。自治区深改委部署法院的四项面上改革任务中，除健全法官惩戒制度待最高人民法院出台有关制度后再推进外，其他改革已如期完成并取得成效。

（一）推进司法制约监督体系改革和建设，提高司法公信力

一是加强审级监督。严格落实最高人民法院有关四级法院审级职能定位改革试点要求，出台广西法院改革试点实施方案及其细则，落实案件级别管辖调整，完善再审申请程序和立案标准，完善民事、刑事、行政案件提级管辖制度机制，逐步构建梯次过滤、层级相适的案件分布格局。上级法院加强对下级法院的审级监督指导，制定发回重审、改判、指令再审案件分析通报及反馈相关规定，规范发改案件反馈流程，促进案件质量提升。

二是推进全区法院统一法律适用制度机制建设。加强类案与关联案件检索信息化建设。法官可依托办案系统、档案系统、法信类案检索等平台，检索最高人民法院指导性案例、全国其他省份案例及自治区内类案案例。建立示范性判决机制，自治区高院出台民间借贷、买卖合同等47类案件纠纷的裁判指引，统一类型化案件和系列案件的裁判尺度。建立类案同判工作机制，自治区高院制定规范审判业务文件、参考性案例编制备案审查工作制度，推动司法裁判标准及法律适用的统一。健全专业法官会议、审判委员会统一法律适用制度。经审判委员会讨论，自治区高院发布了知识产权侵权损害、城镇房屋租赁合同、环境公益诉讼等审判指南及裁判指引等文件10余份以及涉建设工程分包合同纠纷、涉技术服务合同纠纷等案件纪要12份。

三是压实院庭长监管职责。出台“四类案件”监管实施细则等制度，上线运行“四类案件”监督管理系统，配置“四类案件”自动识别规则14条。全年全区法院共有4936件案件纳入“四类案件”监督管理，实现监督管理全程留痕。出台《关于贯彻落实防止干预司法“三个规定”的实施细则（试行）》，持续推动“三个规定”落实落细。试运行广西法院廉政风险防控系统，促进廉政风险早发现、早预警、早处置，进一步织密筑牢制度笼子。

四是加强审判流程标准化建设。制定案件流转管理规定，推动形成以调阅电子卷宗为主、移送纸质卷宗为辅的无纸化阅卷模式，缩短案件流转周期。建立审判管理和纪律监督相衔接的内部监督机制，出台《关于建立审判管理部门与督察部门联动工作机制的意见（试行）》，强化审判监督管理。着力构建完善案件质量评查体系，坚持常规评查、重点评查、专项评查相结合，全年共随案评查案件 60539 件。

五是持续深化人事制度改革。实施全区员额法官统筹分类微调，印发《关于全区中基层法院法官员额动态调整的工作方案》，以市（中级法院）为单位对全区 12 个市法院的员额法官比例进行了首次调整。坚持法官员额向基层、向人案矛盾突出的地区倾斜，建立员额法官编制和员额法官比例“双动态”调整机制，着力解决人案区域性不均结构性矛盾。2021 年广西法官人均办结案件 216.8 件，同比增加 18.3 件；法定审限内结案率同比上升 3.66 个百分点；一审服判息诉率为 88.4%，上升 2.94 个百分点；再审案件发改率下降 8.39 个百分点。落实员额遴选、逐级遴选制度，遴选员额法官（含递补）240 名，完成 176 人确认法官职务、328 人退出法官员额工作。首次开展法官逐级遴选工作，共逐级遴选法官 9 名。

（二）推动一站式多元解纷和诉讼制度改革，有效提升司法效能

一是健全诉源治理多元解纷机制，纠纷化解更多样。健全完善在线诉调对接机制，自治区高院与有关部门联合印发多元化解工作实施意见，推进知识产权、民营经济纠纷、消费者权益保护、劳动争议等涉民生领域类型化矛盾纠纷多元化解。打造少数民族特色解纷品牌。全区 14 个地市法院全部落实“一村一法官”制度，普遍设立法官工作室、法官联络点，吸纳特邀调解组织 1127 家、特邀调解员 2644 名。全年调解纠纷 229023 件，调解成功 160226 件，成功率为 69.96%；其中，诉前调解 207638 件，诉前调解占一审民商事案件的 40.39%。河池市都安县法院“两中心两制度”创新模式，入选全国社会治理创新典范。

二是强化“分调裁审”机制，一站解纷更快捷。推进案件繁简分流、轻重分离、快慢分道。当事人同意诉前调解的，运用调解平台及时调解，不愿调解的，及时登记立案。加强速裁快审团队建设，对简单案件依法适用简易程序或小额诉讼程序从简从快办理。全年诉前调解纠纷 110447 件，适用简易

程序审结案件415640件，78.7%的一审案件通过简易程序快速办结。

三是深化诉讼制度改革。深化以审判为中心的刑事诉讼制度改革，落实量刑规范化实施工作，联合自治区检察院出台关于常见犯罪的量刑指导意见相关实施细则。优化案件诉讼管辖制度，贺州市探索知识产权案件下放平桂区法院集中管辖，中院受理的一审民商事案件大幅下降。推动部分一审行政案件下沉基层法院管辖，解决行政案件"倒金字塔"问题。进一步健全少年法庭工作机制，出台《关于加强新时代未成年人审判工作的实施意见》。广西125家法院挂牌成立少年法庭，拥有131个少年审判团队及292名少年审判员额法官，将涉未成年人的刑事、民事、行政案件全部纳入少年法庭审理范围。积极推进环境资源、知识产权"三合一"改革，提升诉讼整体效能，有力支持环境资源和知识产权保护工作大局。

（三）结合政法队伍教育整顿，推进制度机制创新发展

一是注重长效长治，推进制度建设。广西法院坚持"当下治"与"长久立"，针对政法队伍教育整顿中暴露出来的顽瘴痼疾，推进各项制度改革完善。全区市县两级法院出台规章制度1923项。自治区高院、北海海事法院、南宁铁路两级法院制定有关强化制约监督、审判管理、涉诉信访终结、规范与律师交往及离职人员从业等制度65项，有效扎紧制度篱笆，各项制约监督机制更加完善。

二是聚焦群众急难愁盼，强化改革措施。全区法院全部完成整改顽瘴痼疾4078个。开展"年底不立案"专项整治。出台立案工作"六要六不准"，严禁有案不立；开展执行领域突出问题集中整治，全区法院清理发放超期执行案款成效位居全国前列。制定执行工作12项承诺、严防超标的查封9项措施，推动执行工作健康发展。开展"我为基层解难题"活动，解决基层法院工作中的难点堵点问题，拓展基层法院干警职业上升通道。采取制定"减假暂"案件证据审查指引、实行聘用人员招录权下放、优化审判绩效考核机制、为当事人开具裁判生效证明等措施，推动长期困扰基层工作的15个难题得到有效解决。

（四）围绕中心工作抓改革，服务保障经济社会高质量发展

一是围绕营造市场化法治化国际化营商环境抓改革。与金融监管部门建

立联动机制，推进金融纠纷诉调对接，强化金融纠纷源头治理。推进落实企业破产处置府院联动机制，379家国有“僵尸企业”实现出清目标，国有优质资产得以盘活。深化司法服务优化营商环境改革举措，全区法院商业纠纷解决总耗时压缩至148天，比自治区要求少52天。加强产权保护，自治区高院出台《关于在刑事诉讼中涉民营企业审判工作指引》，指定梧州市藤县等法院试点推进以清单为载体诉讼模式的刑事涉案财物处置工作，积极探索解决涉案财物边清边积的顽瘴痼疾。

二是围绕服务保障民生抓改革。深入推行“尽可能一次性解决纠纷”，将案件关联问题一并解决。自治区高院与贵港市政府协调，妥善调解一起涉及多方、争议多年的合同纠纷案件，一揽子解决了当事人多个诉求，受到各方好评。持续深化家事审判改革，健全诉调对接平台，近六成家事案件通过调解撤诉方式结案，促进家庭和睦、社会和谐。依法审理食品、药品、环境等领域公益诉讼案件，保护食品药品消费安全和生态环境安全。加强新时代人民法庭建设，构建既有综合性法庭，又有金融、家事、旅游、边贸、生态环境等专业法庭的新布局。因地制宜创建“沃柑法庭”“云享法庭”等特色法庭，推广巡回审判、车载审判等方式，把司法服务触角延伸至群众身边。

（五）深化智慧法院建设，推进司法事务集约化、社会化、信息化

一是坚持服务法官办案，电子卷宗“智审”落地见效。探索电子卷宗广西模式，推行电子卷宗“人工+智能”深度加工服务模式。在全区确定16个法院试点“无纸化办案”，积极开展智能阅卷、案件信息自动回填、类案智能检索、一键生成文书、一键电子送达、一键电子归档等深度应用建设。试点审判辅助事务集约化建设。贺州市八步区法院率先上线司法辅助全流程外包，该院2021年案件审理天数缩短了15天左右，通过流水式集中外包作业，规范了工作流程，提高了工作效率和质量。自治区高院“云上法院”入选全国“2021政法智能化建设创新案例”。

二是坚持以人民为中心，“智服”让群众诉讼更便捷。研发诉讼费管理系统，支持当事人在线办理缴费、退费、减免缓申请、下载电子票据等业务，让当事人打官司“一次不用跑”变成现实。完善广西电子法院和移动微法院，升级电子阅卷、案件生效证明、网上信访等功能，让当事人便捷办理在线诉讼。2021年广西法院共网上立案266604件，跨域立案4556件；在线音视频

调解 90597 件；电子送达率达 69.9%，实现诉讼服务跨区域远程办理、跨层级联动办理，减轻了群众诉累。推广应用律师服务平台，自治区高院与律师事务所设立“5G 诉讼服务工作室”，将服务窗口“前移”延伸至律所，打造“诉讼服务小超市”，运用“5G +”网络技术完成全流程庭审活动。升级委托鉴定系统，支持当事人在网上发起鉴定申请和补充材料，实现鉴定工作全流程监管，大幅缩短了鉴定时长。

三、存在问题和困难

一是司法制约监督体制机制和司法责任体系建设还不够完善。加快构建与新型执法司法权力运行机制相适应的执法司法责任体系，是一项基础性和具有牵引作用的重大改革。广西法院审判权力运行相关体系虽已经建立，但监督制约机制不够健全，对解决新型审判监督管理机制建设中的新情况新问题研究不够，调研水平有待进一步提高。

二是法院审级职能定位改革还需进一步加快推进。审级职能定位改革试点已于 2021 年 10 月启动，自治区高院虽然已出台相关方案和细则，但大部分工作还相对落后，部分法院对改革要求未充分吃透，改革意识不强。相关配套制度出台工作进展缓慢，案件提级管辖的具体标准有待进一步细化，“下放上提”机制衔接还不够顺畅。

三是统一法律适用制度机制有待进一步健全。法律适用分歧的发现、甄别、备案和报送机制还不够完善，司法实践中“类案不同判”的情况依然存在，通过案例指导工作制度统一法律适用标准的作用发挥不够。

四是实质性化解矛盾纠纷的工作压力持续增强。审级职能定位改革后，大量案件向基层法院下沉，诉源治理的压力不断增大，案多人少的矛盾进一步突出，且在诉源治理工作中，尚未形成全社会共同参与的合力，联动机制存在联而不动的现象，法院在诉源治理工作方面独木难支，诉源治理成效不明显。

五是队伍建设需要进一步增强。部分法院干警年龄结构呈“两头大中间小”的现状，出现青黄不接结构断层现象；聘用制书记员工资待遇较低，呈现流动性大、稳定性低的特点，书记员队伍整体业务技能长期处于较低水平，司法行政人员和法官助理晋升途径狭窄。

四、下一步工作打算

一是扎实推进四级法院审级职能定位改革。按照最高人民法院四级职能定位改革试点要求，统筹推进广西法院审级职能定位改革实施方案、实施细则及相关的配套制度的落实，健全司法执法制约监督机制，充分发挥各级法院职能优势，健全司法责任体系制度，提升全区法院整体司法能力，提高全区法院审判质效和司法公信力。

二是着力完善执法司法责任体系改革和建设，深化配套制度机制改革。坚持政治责任、办案责任与监管责任相统一，强化防范政治风险，细化院庭长和法官、辅助人员权责清单，压实院庭长和部门监管责任，加快形成新型审判权力运行体系。

三是着力健全法律适用统一制度机制，促进裁判尺度统一。建立法律适用分歧解决机制相关细则，健全法律适用分歧的发现、申请、启动、审查和解决工作流程，构建多层次、立体化法律适用分歧解决机制。健全案例指导检索、案件监督评查制度，推动全区法院裁判尺度的统一。

四是着力深化服务保障司法改革措施，提升改革实效性。进一步深化人员分类管理改革，科学设置员额法官比例，坚持向一线和基层倾斜，推动审判重心下沉，使员额配置实现动态平衡；推动完善审判辅助人员管理制度，健全法官助理、书记员管理办法，建立完善法官助理、书记员招录、管理、考核、保障长效机制。

五是着力加大服务大局改革制度措施的协同性、系统性，推动经济社会高质量发展。在党委统一领导下，继续深入推进诉源治理、优化营商环境等制度机制改革，统筹优化各方资源，推动改革向纠纷源头预防化解延伸，营造良好的法治化环境。深化一站式多元解纷和诉讼服务体系改革建设，深入推行“尽可能一次性解决纠纷”。深化“分调裁审”机制改革，提升基层人民法院立体式、多层次、实质化解纷能力水平，不断推进公正高效权威司法制度建设。

（来源：广西壮族自治区高级人民法院）

海南法院

2021年，在中央、海南省委的正确领导和最高人民法院的有力指导下，海南法院坚持以习近平新时代中国特色社会主义思想为指导，深入贯彻习近平法治思想，牢牢把握“更加有力服务自贸港建设、加快建设自贸港人民法院”工作主线，不断深化司法体制综合配套改革，积极推进自贸港法院审判体制机制创新，有序推进司法改革各项工作。

一、推进改革的主要做法

一是落实改革主体责任。省高院党组认真贯彻落实全国和全省政法领域全面深化改革推进会精神和中央、省委改革工作部署，多次通过召开党组会议、改革专题会议等形式，研究重要改革事项，推进全省法院改革工作。全省各级法院党组主动履职，做深做实做细改革部署。

二是融入大局谋划改革。坚决扛起为自贸港建设提供司法服务和保障的重大职责，将司法改革与自贸港法院建设相结合，确立创新自贸港法院组织、审判体制机制、审判管理机制等适应自贸港法院建设需要的改革措施，推动海南知识产权法院揭牌、破产法庭设立、涉外民商事纠纷多元化解机制构建等一批重大改革落地，充分有力展示自贸港建设的法院担当。

三是突出重点完善改革。对照“五五改革纲要”等重要改革文件确立的改革任务，查弱补短，查漏补缺，围绕推进司法制约监督体系和责任体系改革和建设，结合政法队伍教育建章立制，着力在规范和加强“四类案件”监管、统一法律适用、案件质量评查、绩效考核等方面完善制度机制，全面深化落实司法责任制。

四是督办落实改革任务。建立年度改革任务台账，逐项明确责任领导、责任部门和完成时限，推动落实改革部署并取得成效。将最高人民法院、海南省出台的有关政法领域全面深化改革、执法司法制约监督制度机制建设的实施意见等改革文件中涉海南法院的任务进一步分解并细化措施，按要求报告进展，跟踪推动改革落地见效。

二、改革主要进展情况

省高院坚持将执法司法责任体系改革和建设、自贸港法院审判体制机制创新和司法责任制综合配套改革等统筹推进，推动改革系统集成，协同高效。

（一）党对法院工作的领导监督机制不断完善

紧紧围绕中央、省委决策部署，始终坚持把党管政法、党管干部等重大原则贯穿于司法改革推进各环节、覆盖司法改革实施全领域。

一是健全落实政治监督机制。印发《中共海南省高级人民法院党组贯彻落实〈中国共产党政法工作条例〉实施细则》，推动重大事项请示报告等制度机制在法院落实。研究制定《海南法院落实政治轮训制度实施细则》，推动加强法院队伍政治建设。严格落实党管干部原则，在遴选任命、提拔晋升等工作中严把政治关。

二是完善党组领导监督法院各项工作的制度机制。出台《中共海南省高级人民法院党组议事规则》，完善党组领导监督审判执行工作制度机制，加强党组对审判委员会工作的领导，确保党的路线方针政策和宪法法律统一正确实施。

（二）审判权运行机制进一步完善

一是完善案件分配机制。出台《海南法院分案管理实施办法（试行）》，在全省范围推动严格执行随机分案为主、指定分案为辅、指定分案留痕的分案规则。

二是完善专业法官会议工作机制。出台《海南省高级人民法院专业法官会议工作机制实施细则（试行）》，建立专业法官会议人才库，规范专业法官会议讨论程序等，建立专业法官会议与审判委员会的衔接机制，推动专业法官会议切实发挥辅助办案决策、统一法律适用、强化制约监督、确保案件质量、维护司法公正等方面的作用。

三是完善院庭长审判监督管理机制。研究出台《海南法院院庭长审判监督工作规范（试行）》，明确监督范围，确立监督方式，规范监督程序、压实监督责任，促进提升案件质量，维护司法公正廉洁。

四是完善案件质量评查监督机制。修订完善《海南法院案件实质性评查办法（试行）》，出台《海南省高级人民法院案件质量监督专员制度（试行）》，成立案件评查委员会，推动案件评查规范化、专门化、常态化，推动深入开展以案促改。

五是推动落实防止干预司法“三个规定”。进一步细化完善防止干预过问案件“三个规定”的实施细则，增强规定可操作性。同时，按照最高人民法院要求启用新的记录报告平台，切实规范记录报送工作，推动全省法院严格执行“三个规定”，实现应报尽报，促进审判权依法独立公正行使。

六是完善统一法律适用机制。出台《关于完善海南法院统一法律适用标准工作机制的实施办法》《关于规范类案强制检索制度的实施办法》《关于加强和规范海南自贸港类案裁判指引工作的意见》，建立健全统一法律适用工作机制、类案强制检索机制和类案裁判指引制度，促进统一裁判尺度。

（三）自贸港法院制度集成创新有序推进

贯彻落实习近平总书记关于“自由贸易港建设要把制度集成创新摆在突出位置”的重要指示，以服务自贸港和推进自贸港法院建设为导向，推进司法体制机制创新。

一是加强自贸港法院建设顶层制度设计。协助最高人民法院出台《关于人民法院为海南自由贸易港建设提供司法服务和保障的意见》，制定《海南自由贸易港法院建设五年规划（2021－2025年）》，就自贸港法院发展目标、实现路径和审判体系建设等做好顶层制度设计。

二是围绕服务自贸港建设积极推动审判执行制度机制改革创新。目前全省法院已有知识产权法院建设、涉外民商事审判机制建设、多元化纠纷解决机制建设、刑事裁判财产性判项集中执行改革、一站式司法征信服务平台建设等多项制度创新成果纳入海南自贸港制度创新案例。

（四）诉讼制度改革持续深化

围绕努力让人民群众在每一个司法案件中感受到公平正义的目标，持续深化审判机制和执行体制改革，实现司法公正，维护社会公平正义。

一是深化刑事审判改革。落实以审判为中心的刑事诉讼制度改革，推进庭审实质化。推进未成年人审判专业化，组建专门合议庭、专业化审判团队，推行少年法庭“三合一”综合审判制度，切实加强未成年人司法保护。与省检察院联合建立海上刑事案件个案指定管辖制度，积极协助最高人民法院制定海事法院集中管辖海上刑事案件的相关意见，推动海事审判“三合一”改革全面落地。

二是深化民事审判改革。开展全省法院人身损害赔偿纠纷案件统一赔偿标准试点工作，出台《关于统一全省人身损害赔偿纠纷案件赔偿标准的意见（试行）》，促进案件赔偿标准、法律适用统一，让农村户籍受害人得到公平受偿，切实提高公民人身权利保障水平。健全海洋生态环境资源公益诉讼机制，与省检察院、省自然资源和规划厅、省生态环境厅等联合发布《关于建立海洋生态环境资源公益诉讼工作协作机制的意见》，建立常态化沟通协作机制，审结首例海洋环保民事公益诉讼案件。

三是深化行政审判改革。继续在全省开展行政案件跨行政区域异地管辖改革，推行“轮转式”管辖为主、集中管辖为辅的异地管辖模式，有力促进行政案件依法公正审理。全面落实“让利不让地”司法政策，健全实质性化解行政争议的审理机制，推进支持政府依法行政与保障行政相对人合法权益相统一。

四是深化执行体制改革。在省委政法委协调下，认真落实省委全面依法治省委员会印发的《关于加强综合治理从源头切实解决执行难问题的实施意见》，推动建立联席会议制度，形成全省综合治理执行难大格局。出台执行考核工作规定，落实下级法院执行局长向上一级法院报告述职制度，建立执行工作“统一领导、统一管理、统一指挥、统一协调”机制。

五是推进知识产权审判改革。出台《关于海南自由贸易港知识产权法院案件管辖衔接若干问题的意见》《关于全面加强知识产权司法保护工作的意见》，健全知识产权审判制度机制，着力提升知识产权审判能力，激励和保护创新，为海南自由贸易港建设对外开放新高地提供司法服务和保障。

（五）综合配套改革不断完善

坚持系统观念，以问题为导向，不断完善配套制度机制，推动改革形成整体效应。

一是不断完善一站式多元解纷和现代化诉讼服务体系建设。在完成诉服中心升级改造的基础上，实现海南诉服平台建设统一对接最高人民法院统建平台，完善“一中心十平台”体系建设，实现了诉讼事务由线下到线上、由人工到智能、由分散到集约的转变。在全国法院诉讼服务质效动态考核中，省高院长期名列全国高院第1，全省法院稳居前10名。

二是推动“分调裁审”机制改革。完善工作规程，实现根据要素对案件进行智能分流和速裁审判功能。全省法院通过调解+速裁程序办理的案件占一审民事案件的比例超过60%，平均办案周期比一审普通民事案件缩短了49天。

三是健全风险防控司法应对机制。建立实施“三级法院统一联动、院长亲自主抓”的立审执一体化风险性案件工作处置机制，切实加强金融、房地产等领域案件的风险排查应对，成功化解和有序推进了多个重要领域和重点项目的风险化解。最高人民法院周强院长评价海南法院在防范风险中“发挥了不可替代的作用”，省委、省政府主要领导称赞海南法院“在风险防控中作出了重要贡献”。

四是完善法官统筹调配和遴选机制。省高院积极发挥省级统筹、动态调整员额的作用，以有利于审判工作为原则，在开展法官遴选工作时，统筹分配员额向基层法院和案件量大的法院倾斜。开展首次省高院向中级、基层法院逐级遴选法官工作，激发下级法院法官工作动力。开展中级、基层法院遴选法官工作，及时补充审判力量。

五是完善绩效考核和奖金分配机制。不断修改完善绩效考核办法，对办案和综合调研等工作进行全面考核，规范考核程序，推进考核工作精细化，最大限度保障公平公正，使考核结果和奖金分配真正反映工作实绩，充分调动干警工作积极性，更好地发挥绩效考核指挥棒作用。

六是以“三化”建设推进管理创新。推动《海南法院标准化、规范化、信息化建设的实施方案》落实，集中开展制度的立改废工作，以“三化”建设为载体，用科学管理、体制创新突破法院所面临的难点堵点，大力推进审判管理与行政管理创新，实现审判系统从“十个一键”到“一键通”的转变，有力促进自贸港法院现代化建设。

三、存在的问题和困难

一是思想认识有待提高。部分同志对司法改革的全面性、深刻性认识不足，只关注选任入额、职务职级、待遇保障等方面改革举措，而对强化制约监督、全面落实司法责任制等长远性、深层次体制机制问题关注和研究不够。

二是推进司法改革的整体性、协同性不高。高级法院的改革工作目前主要由改革办承担，而其他部门主动参与配合不够。中级、基层法院“等靠要”思想比较严重，缺乏对改革创新的探索和试点，以点带面形成改革示范效应欠缺。

三是审判权运行机制仍不够完善。审判权责不够清晰明了，院庭长不敢监管、不善监管仍然存在，智能化监管手段不足。

四是执法司法责任体系改革和建设需要大力推进。司法责任如何认定，违法审判责任如何追究等还需要进一步研究。虽然已出台法官惩戒制度，但未实质性启动，法官惩戒制度有待深入。

五是配套改革仍需完善。内设机构改革和审判团队建设需要进一步推动，法官员额动态管理机制需要进一步完善。

六是改革创新人才力量培养不够，还没有推动形成一批热爱改革、钻研改革的人才队伍，制约了改革工作水平提升。

四、下一步工作打算

海南法院将认真贯彻落实全国和全省政法领域全面深化改革推进会精神，以推进执法司法制约监督体系和责任体系建设为重点，不断完善综合配套改革，推动全省法院司法改革工作取得新的成效。

一是深入贯彻习近平法治思想，深入学习领会习近平总书记关于执法司法责任体系改革和建设的重要指示精神，抓好全国和全省政法领域全面深化改革推进会工作部署的落实，谋划部署和推进好全省法院司法改革工作。

二是进一步完善新型审判权运行机制。加快研究完善审判权责清单。健全院庭长办案常态化机制，健全“四类案件”识别监管机制，继续完善和落实统一法律适用机制。

三是加快完善审判责任追究机制。深入研究完善违法审判责任追究的相关制度机制，完善和落实法官惩戒制度机制，推动法官惩戒工作实质开展。

四是完善司法责任保障机制。完善法官员额统筹调配、动态管理机制，完善法官遴选机制和考核评价机制，进一步推动完善配套待遇保障措施，完善依法履职免责和容错纠错机制，健全受到侵害救济保障和不实举报澄清机制。

五是加大改革的整体协同推进力度。加强统筹协调，充分调动改革积极性，压实改革主体责任，跟踪推动改革任务落实，确保改革成效。

（来源：海南省高级人民法院）

重庆法院

2021年，重庆法院认真贯彻中央、市委、最高人民法院改革精神和要求，落实最高人民法院重点改革任务、市委《全面深化改革委员会2021年工作要点》《2021年司法体制改革专项小组重点任务及分工方案》，围绕年初制定的《2021年司法体制改革、全面依法治市重点任务分解方案》，持续深化创新制度、机制建设，6项司法服务保障全市高质量发展大局重点任务、11项推进依法治市重点任务、18项司法体制改革重点任务、7项完善执法司法监督制约机制重点任务全面同步有序推进，部分改革项目取得了显著成效。

一、推进改革的主要做法

（一）加强对改革工作的组织领导

调整充实以院长任组长，其他党组成员、5个中院院长任副组长的司法体制改革领导小组，明确领导小组承担全面学习中央、中央深改委、中央政法委、最高人民法院和重庆市委等发布的司法改革政策要求，统筹推进全市法院司法体制改革工作，督促各项改革落地见效等职责职能。设立领导小组办公室发挥落实落地、上下联动、内外互动、督察评估等职能，落实领导小组各项工作安排。召开6次司法体制改革领导小组会议，研究讨论推动专门法院建设、强基导向六项工作、四级法院审级职能定位改革试点等重大改革事项。

（二）建立健全台账式闭环管理模式

年初制定《2021年司法体制改革、全面依法治市重点任务分解方案》，在服务保障全市高质量发展大局、推进依法治市、深化司法责任制改革、加强执法司法监督制约等方面确定42项重点改革任务，明确工作目标、内容及责任单位、完成时限，确保改革工作有序推进。建立季度工作台账，每季度统计各项任务推进进度、取得成效，及时督促检查任务落实情况，确保改革真正落到实处。

（三）完善改革宣传推广机制

落实司法体制改革典型案（事）例收集、筛选、发布机制，发布改革典型案（事）例2批20件。建立健全改革信息工作机制，创办《重庆法院司法体制改革工作专刊》，编发全市法院司法体制改革推进情况、重大改革措施、重大改革试点开展情况、中基层法院优秀改革案（事）例等内容，编发3期专刊。两江新区（自贸区）法院《加强行业协同共治　确保在线庭审活动规范有序》的改革案例入选最高人民法院《人民法院改革案例选编》。南川区法院《推进人民法庭示范点建设　为乡村振兴提供全面服务保障》被最高人民法院司法改革领导小组办公室《司法改革动态》刊发推广。

二、改革主要进展情况

（一）深化司法改革，服务全市高质量发展大局

一是加强成渝地区双城经济圈建设司法保障。积极落实《成渝地区双城经济圈司法协作框架协议》，2022年2月，成渝两地高院、知识产权局联合签订知识产权保护合作机制备忘录。两地自贸区法院联合发布《知识产权纠纷行为保全申请指引（试行）》《知识产权纠纷行为保全审查指引（试行）》，构建成渝地区知识产权保护一体化发展与大保护工作格局。自成渝两地法院深度开展司法协作以来，重庆与四川各级法院已签订司法协作框架协议80余份，涵盖诉讼服务、生态保护、执行联动、智慧法院建设等多个领域，基本实现司法协作全覆盖。对标中央关于成渝地区双城经济圈建设规划，在市委领导下积极争取国家布局设立相关专门法院。多次赴京向最高人民法院、中国人民银行等中央部委汇报，拟定金融法院设立方案，提请市委常委会审议并按程序报最高人民法院。2022年2月28日，全国人民代表大会常务委员会作出设立成渝金融法院的决定，服务和保障成渝地区双城经济圈建设。

二是优化营商环境依法保护民营企业和企业家合法权益。制定实施《重庆法院2021年对标国际规则优化法治化营商环境工作方案》，明确32项重点工作任务，持续深入推进优化营商环境工作。在市委改革办统筹下，将重庆法治化营商环境司法评估指数体系纳入20个重点推广项目，经验材料向中央相关部委报送。目前，指数体系已在全市法院推广实施。发布民营经济司法保护典型案例2批20件、知识产权典型案例10件，持续加强民营经济司法保护。开展“执行合同”指标工作情况督察，发布督察情况通报，切实督促任务落地见效。

三是服务保障内陆开放高地建设发展。与市财政局、市商务委、市金融监管局等部门联合制定《关于加快重庆市多式联运“一单制”发展指导意见》，积极探索多式联运规则制度创新。主办首届西部陆海新通道法治保障论坛，聚焦西部陆海新通道法治保障和涉外法律人才培养，开展深入交流、研讨，共同助力重庆内陆开放高地建设。两江新区（自贸区）法院与西南政法大学“中国—东盟法律研究中心”合作建设东盟国家法律查明平台，联合发布《陆海新通道沿线国家法律查明机制指引》，为境内外市场主体提供高水平的双向法律查明和咨询服务。两江新区（自贸区）法院涉外商事诉讼、仲裁与调解一站式纠纷解决机制创新、知识产权纠纷诉源治理新模式、探索构建东盟国家法律查明和适用机制3项制度创新入选中国（重庆）自由贸易试验区十佳制度创新案例，其中一站式纠纷解决机制入选国务院自由贸易试验区工作部级联席会议发布的第四批“最佳实践案例”。

四是司法服务保障生态文明建设。贯彻落实长江保护法，在全国率先制定实施《关于充分发挥审判职能作用为长江十年禁渔提供司法服务保障的意见》，保护长江流域水生生物多样性和水域生态环境安全，保障长江十年禁渔顺利有序开展。在最高人民法院、联合国环境规划署共同主办的世界环境司法大会上，市高院李永利院长作专题发言。在最高人民法院组织的环境资源审判集中调研座谈会上，就环境资源审判工作作交流发言。3起案件入选最高人民法院长江流域生态环境典型案例和人民法院环境资源典型案例。与市检察院共同规范公益诉讼案件二审程序和刑事附带民事公益诉讼程序，将涉及公共安全、互联网公益保护、文化遗产和国家尊严保护领域案件纳入公益诉讼范围。

五是深化服务保障民生领域改革。制定实施《关于全面加强强基导向六项工作深入推进“我为群众办实事”实践活动的意见》，全面深入推进强基导向六项工作。建设“人民法院老马工作室”和“代表委员联络站”两个平台支点。在全市法院诉讼服务中心设立“人民法院老马工作室”，引导权威社会调解力量入驻法院，带动一站式多元解纷工作高质量发展。在全市法院诉讼服务中心开辟代表委员驻院联络场所，服务代表委员更好履职。目前，全市法院代表联络站均已挂牌成立，首批共邀请570名代表委员入站开展工作。建立“一街镇一法官”和“一庭两所”两项联动机制。全市基层法院共派1116名法官，定点联系全市1093个乡、镇、街道、园区、重点企业，实现法官对接街道、乡镇、园区与司法服务基层“两个全覆盖”。联合市公安局、市司法局出台专门意见，建立覆盖全市人民法庭、派出所、司法所的矛盾纠纷联调机制，促进基层矛盾纠纷化解一体联动和协同共治。进一步加强对全市法院人民法庭工作的指导，建立市高院院领导定点联系人民法庭工作机制，明确院领导定点联系的具体法庭、目标任务和工作要求，推动新时代全市法院人民法庭工作高质量发展。“一街镇一法官”机制得到中央依法治国办、全国政法队伍教育整顿办、最高人民法院推介肯定。夯实车载便民法庭和远程共享法庭两个科技支撑。推出3.0版数字化、智能化、便捷化的车载便民法庭，全面整合和提升诉讼服务、巡回审判、法治宣传等功能。渝北、合川、铜梁、万州、梁平、涪陵、黔江、渝中、江津、巴南10家法院车载便民法庭2022年投入使用。全面推广远程共享法庭，推出跨法院专网、互联网的线上线下一体化审理方案，建成纵横联结、内外互通的网上法庭，为人民群众提供高效远程诉讼服务。车载便民法庭建设工作在全国高级法院院长座谈会上，受到最高人民法院周强院长肯定。

（二）深化司法责任制改革，加强执法司法制约监督

一是深化人员分类管理改革。健全员额法官遴选机制。修订《重庆市法官遴选委员会章程》，完成委员改选增补工作。制定实施《递补机制实施办法》，健全完善员额法官递补机制。制定实施《2021年法官遴选工作实施方案》，开展新一轮法官遴选。

健全司法辅助人员管理。落实《机关派遣制工作人员管理规定》，定期开展院机关聘用（派遣）制工作人员季度绩效考核工作。推动将法院警务辅助人员纳入地方立法，完善法院警务辅助人员管理。制定实施《干警业绩评价

系统建设方案》，启动开发干警业绩评价系统，促进干警业绩评价更加智能、全面、准确。

规范司法人员行为。贯彻执行“三个规定”月报告制度，将“三个规定”执行情况纳入专项检查范围。制定实施《对配偶父母子女从事律师职业的法院领导干部和审判执行人员实行任职回避的实施细则》，严格主动信息填报和任职回避要求。制定实施《关于规范全市法院工作人员近亲属从事经营性活动禁业清单》，严格规范司法行为。

二是全面落实司法责任制。加强审判监督管理。推进《加强和完善院庭长案件监督管理实施意见（试行）》等审判监督管理制度的落地实施，制发《法官审判权力和责任清单》，依托典型案件动态台账，进一步强化院庭长对“四类案件”的个案监督管理。制定实施《关于进一步严格落实审理期限制度的规定》，严格规范民商事案件延长、扣除审限程序，严厉整治一年以上未结积案问题。与市检察院出台工作联席会议纪要，围绕环境资源案件管辖、公益诉讼、虚假诉讼监督、再审检察建议、加大拒执罪打击力度等重要事项达成共识，健全监督制约机制，加强全面协作。

完善统一法律适用机制。制定实施《进一步规范二审改判、发回重审案件判后分析机制的规定》，加大各类典型案例发布力度，先后发布全市十大典型案例，重庆法院民事、商事、知识产权保护、行政、环境资源审判典型案例 5 批，以及涉及民营经济司法保护、社会主义核心价值观、网络空间治理等主题的典型案例 16 批，统一指导司法实践。重庆金江印染有限公司、重庆川江针纺有限公司破产管理人申请实质合并破产清算案入选最高人民法院第 29 批指导性案例。优化专业法官会议机制，强化专业法官会议研究裁判意见分歧，调整、确立新型裁判规则的职能。重庆法院专业法官会议改革工作，被中央司法体制改革领导小组作为可复制推广的改革经验发文推广。在最高人民法院专题调研统一法律适用工作情况中，跨部门专业法官会议机制获最高人民法院贺荣常务副院长肯定批示，并呈请周强院长阅示。

加强执行工作监督管理。制发《进一步严格规范减刑、假释、暂予监外执行备案审查案件报送材料的通知》，规范减刑、假释、暂予监外执行备案审查工作。制发《严格落实原县处级（含）以上职务犯罪罪犯减刑、假释案件归档流程的通知》，规范对原县处级职务犯罪罪犯裁定减刑、假释的审查备案流程。扎实开展全市法院执行条线专项整治行动，推进执行案款清理和重点执行案件评查工作，着力解决案卷管理不规范、财产处置效率低、不符合规定结案等执行顽疾。按照执行人员“558”轮岗制度规定，根据权限分批有序推进全市法院执行条线跨部门跨地域轮岗交流。

健全办案质效评估严格责任追究。修订《2021年区县法院目标管理绩效考核实施办法》，采取“3+2”考核指标体系，设党建目标、职能绩效目标、基础保障目标3大类绩效评估指标，加强对审执质效等全面工作的科学评估。进一步优化惩戒委员会的设置和组成，有序开展市法官惩戒委员会委员换届工作。全面开展各业务条线重点案件评查，共有41家法院954起案件277人被追究审判质量瑕疵责任。

（三）统筹推进各项诉讼制度改革

一是稳步推进四级法院审级职能定位改革试点。组织全市三级法院召开动员部署会。结合重庆法院实际，制定实施改革方案，确定16项重点改革任务，逐一明确责任部门、人员、完成时限。根据案件级别管辖、再审案件办理程序改革要求，重点加快对案件提级管辖、再审申请案件办理程序等机制的优化完善，就人员配置、内设部门职责优化等工作进行部署，确保改革试点保障到位。加强专门法庭建设，重庆知识产权法庭于2021年6月16日正式挂牌成立。制定实施加强新时代未成年人审判工作的实施意见和任务分解方案，在全市法院全面建立未成年人司法保护“四个一”工作机制，累计开展“小公民法律课堂”活动800余次，选聘224名法院干警作为各中小学校兼职法治副校长，加强未成年人司法保护与教育。未成年人司法保护工作得到全国政协陈晓光副主席充分肯定。

二是进一步加强和创新诉源治理工作。制定《关于加强诉源治理推动矛盾纠纷源头化解的实施意见》，并积极推动市平安办转发实施。提请市委平安办将万人成讼率、类型化案件立案数、法院委托（派）案件调解成功数与立案数之比纳入平安重庆建设考核。全面推广在线司法确认机制，与工商联、侨联、市总工会等建立在线诉调对接关系。全市法院诉前调解案件228336件，调解成功120268件，调解成功率为52.67%。通过在线调解平台委托委派调解案件246906件，居全国第9位，调解案件平均办理时长18.96天。严格落实网上立案机制，制定实施《重庆法院网上立案实施细则》《关于严格落实网上立案工作要求切实提升立案工作质效的通知》，全市法院共审核网上立案申请447220件，网上立案总量305179件，居全国第9位。深化立案登记制改革要求，制定实施《关于建立立案受理工作投诉处理机制的规定》，发布《立案实务指南》《民商事案件管辖指引》，满足人民群众司法需求。

三是深化繁简分流机制改革。制定实施《进一步深化民事案件繁简分流的工作指引》，推动案件繁简分流、轻重分离、快慢分道。开展构建行政争议化解中心和推进繁简分流试点工作，推动行政诉讼案件繁简分流和行政争议实质化解。与市公安局、市司法局联合制定《全面建立“一庭两所”矛盾纠纷联调机制的意见》，推进解纷力量下沉。

四是深化以审判为中心的刑事诉讼制度改革。常态化实施认罪认罚从宽制度，适用率持续稳中有升。全市法院适用认罪认罚从宽制度审结刑事一审案件18209件，占同期刑事一审结案数的92.4％。进一步支持刑事案件律师辩护全覆盖试点，积极与市司法局沟通协调，就刑事案件律师辩护全覆盖实务开展调查研究，共同完善律师辩护全覆盖工作机制。与市检察院、市公安局、市国安局、市司法局共同制定实施《重庆市法律援助值班律师工作实施细则》，加强对犯罪嫌疑人、被告人合法诉讼权利的司法保障。大力推行律师服务平台网上应用，重庆法院律师服务网上立案24722件。

五是深化智慧法院建设。制定实施《重庆法院信息化建设与实施五年规划（2021—2025）》，明确建设“全渝数智法院”目标，系统谋划、统筹协调、突出重点，深化重庆智慧法院建设。形成“12368”建设架构，细化39项具体建设任务，涵盖党务、业务、政务等法院工作方方面面。重点推进强基导向运行服务管理平台、干警业绩评价系统、诉讼服务系统、服务优化营商环境平台、裁判文书、庭审综合管理平台等项目建设和优化。

三、存在的问题和困难

一是在深化司体制改革服务发展大局上，创新措施尚有不足，还需进一步提升创新意识，结合法院工作推出更多具有全国影响力的服务发展大局的改革举措。

二是人员分类管理、司法责任制改革制度、机制仍不够完善，还需不断健全、优化。如审判团队标准化建设不够深入、法官惩戒委员会实体化运行尚未落地、法官业绩评价机制不够精细。

三是其他司法体制综合配套机制建设还需进一步加快跟进。四级法院审级职能定位改革实施后，与之相适应的解决案多人少矛盾、优化司法资源配置的有效举措需健全完善，强基导向六项工作需切实增强运行实效，信息化、智能化水平需尽快提升，助力各项改革措施运行。

四、下一步工作打算

一是增强司法改革服务保障高质量发展举措。对标中央关于成渝地区双城经济圈建设规划，加快推动金融法院建设，进一步探索长江上游生态保护法院建设，为数字经济、金融服务、知识产权、生态保护提供专业化司法保障。贯彻落实国务院《关于开展营商环境创新试点工作的意见》，全面落实与法院工作相关的创新举措，助力重庆深入开展营商环境创新试点工作。创新司法服务保障重庆内陆开放高地建设和生态文明建设，助力地方高质量发展。

二是持续深化司法责任制改革。落实全市法院审判权责清单，压实院庭长审判监督管理职责。完成审判团队标准化建设改革，在灵活设置审判团队基础上，规范审判团队设置及运行，同一法院承担类似审判职能的审判庭的团队应保持基本一致。结合各项改革任务目标，健全办案质效考核评价机制。细化健全干警业绩评价机制，搭建业绩评价系统，实现业绩评价精细化管理。加快推动法官惩戒委员会实体化运行，健全法官责任追究体系。落实好法官职业保障各项待遇，推动建立惩治损害法官权益行为的过硬机制。

三是积极开展四级法院审级职能定位改革试点。按照改革试点要求，尽快制定实施相关制度，完善上级法院提级管辖制度、再审审理程序，确保改革程序运行规范、高效。根据级别管辖、再审程序等改革变化情况，适时推出人员配置、机构调整相关举措，确保各项保障措施切实到位。督促落实繁简分流实施细则等规定，提升实质性纠纷解决实效。建立健全对改革试点工作的评估指标，纳入中级、基层法院审判执行工作评估体系，督促改革试点有序开展。尽快开发、上线四级法院审级职能定位改革试点管理平台，辅助科学决策，提升改革试点管理效能。

四是落实强基导向夯实基层基础。充分用好两个平台支点，加强对基层法院驻院调解员的业务指导、日常培训和履职保障，依托代表委员联络站及时收集社情民意，提高满足广大人民群众司法需求的精准度、务实度。积极用活两项联动机制，完善“一街镇一法官”的联系法官机制，提升对接法官联系方式公开公示实效。增强人民法庭在地方党委领导下与派出所、司法所“两所”的工作联系，合力开展诉前调解，大力推广应用在线调解平台，让乡镇群众纠纷就近得到实质化解。持续用足两大科技支撑，加快5G车载便民法庭3.0版配备进度，积极开展车载便民法庭走基层进社区活动。推广云上共享法庭，加快实现全域应用，完善跨法院专网、互联网的线上线下一体化审理模式，搭建纵横联结、内外互通的网上法庭，释放电子诉讼红利。

五是推动现代科技与司法体制改革深度融合。落实《重庆法院信息化建设与实施五年规划（2021－2025)》，增强信息化建设对服务助力司法体制改革的支撑作用。在提升诉讼服务、健全司法责任制监督制约管理、支持强基导向六项工作、推进四级法院审级职能定位改革试点、完善干警业绩评价管理等改革任务上，尽快推动系统研发、平台建设，严格按照时间表推进涉改革工作信息化项目的建设和优化，助力改革措施全面升级，取得更好更大的改革成效。

（来源：重庆市高级人民法院）

四川法院

2021年，在省委坚强领导和最高人民法院正确指导下，在各相关部门的大力支持下，四川省法院坚持以习近平新时代中国特色社会主义思想为指导，深入学习贯彻习近平法治思想，紧扣高质量发展主题，更加注重系统观念、法治思维、强基导向，不断深化司法体制综合配套改革，各项改革工作取得新成效、展现新作为。

一、推进改革的主要做法

按照中央、省委和最高人民法院部署，省高院在全省法院一体推开司法体制综合配套改革。

一是强化决策部署。为推动全省法院司法改革工作系统集成、精准落地，省高院以强化组织领导、协同推进为着力点，层层压实主体责任，不断拓展改革深度和广度，统筹推进民事程序繁简分流改革试点、四级法院审级职能定位改革试点、司法责任体系建设等改革工作。注重改革全局设计，省高院司改领导小组确定23项司法改革重点任务，召开6次会议研究部署、有序推进全省法院改革工作。

二是强化制度建设。结合四川法院实际，省高院以重大改革试点为关键抓手，完善改革方案、加强配套衔接，制定《民事诉讼程序繁简分流改革试点完善小额诉讼程序实施细则》《完善四级法院审级职能定位改革试点实施方案》《完善行政案件级别管辖制度的配套规定》等改革文件，夯实改革工作制度根基。

三是强化督导落实。建立改革工作总台账，抓好重大事项跟踪督办，按季度4次通报全省法院改革任务进展情况，及时向最高人民法院、省委政法委报告改革推进情况。通过实地调研、走访座谈、召开片区会等方式，开展四级法院审级职能定位改革、民事诉讼程序繁简分流改革等专项调研，督导检查改革落实情况，掌握和解决改革工作中的问题和困难，确保改革任务落地落实。

二、改革主要进展情况

全省法院围绕“努力让人民群众在每一个司法案件中感受到公平正义”目标，持续深化司法体制综合配套改革，强化制约监督，化解纠纷和服务群众的能力更强、成色更足、底色更暖，人民群众的司法获得感显著提升。天府中央法务区荣获中国改革2021年度省级特别案例，全链条监管改革成效荣获首届“人民法院改革创新奖”，在线诉讼改革案例入选最高人民法院《人民法院司法改革案例选编》，诉源治理改革经验在全国法院司法改革推进会上作经验交流发言。

（一）完善以司法责任制为核心的新型审判权力运行体系

省高院制定或者修订《关于审判监督与审判责任追究衔接机制的规定》《四川省法官行为负面清单（试行）》《四川省法官惩戒工作办法（试行）》等18个司法责任制改革文件，完善与新型审判权力相适应的制约监督体系和司法责任体系。强化审判权力监督制约，细化审判人员权责清单，明晰权力运行边界；修订审判质效及审判管理工作考核方案、绩效考核实施细则及配套文件，严格案件审限管控，强化顺畅收案、均衡结案，促进法定审限内快速结案；开展“万案大评查”，纳入“四类案件”监管8.40万件；推进裁判尺度统一，建立法律适用分歧解决机制，加强类案及关联案件强制检索和结果运用，类案检索158.38万件。严格审判责任追究，单设四川省法官惩戒委员会，首批惩戒违反审判职责法官5人，确保有序放权、有效监督。

（二）完善司法服务保障大局制度体系

一是服务天府中央法务区建设。高起点推动天府中央法务区建设，入驻运行天府新区法院和金融、互联网法庭等审判机构，成功争取最高人民法院增设第五巡回法庭成都审判点和国际商事法庭，集聚“一点”“五院+”“五庭+”高能级司法资源，助力打造国际化一流法律服务高地。

二是服务成渝地区双城经济圈建设。争取最高人民法院出台司法服务意见，联合发布典型案例 46 件，建设“云上共享法庭”，开展跨域立案、代为送达、委托执行 5.01 万件次，联动化解川渝高竹新区涉企纠纷，双城协同提高司法服务效能。探索统一建设工程领域法律适用，妥善审理成渝中线高铁、天府国际机场等重大项目建设案件 2.30 万件，标的额达 680.20 亿元，双翼护航“蜀道难”变“巴蜀通”。举办西部自贸司法协同创新论坛，共同制定自贸区货物买卖合同纠纷诉讼指引，双圈助力打造内陆开放新高地。

三是助推法治化营商环境建设。出台《关于全面加强知识产权司法保护服务保障创新驱动引领高质量发展的意见》，加大知识产权司法保护力度，在天府软件园、绵阳科技城等设立 12 个知识产权巡回法庭，保护社会创新成果。全国首判操纵证券市场的大股东赔偿股民损失案件，妥善保障中小投资者合法权益。推动成立四川省破产管理人协会，依法审理破产案件 536 件，帮助 88 家企业重生。

四是促进生态环境保护和绿色发展。深入践行“两山”理念，成立四川大熊猫国家公园生态法庭，集中管辖 7 地 20 县环境资源案件，建立审判咨询专家库，提升环境资源审判专门化水平。深化省内外司法协作，推出沱江流域“纽扣法庭”、峨眉山“云上金顶”等品牌，推进长江黄河上游一体化保护。与四川联合环境交易所等探索碳达峰、碳中和法治保障机制，服务绿色低碳发展。贯彻恢复性司法理念，建立 63 个司法修复实践基地，引入“削填引种”、劳务代偿等模式，最大限度修复被破坏的生态环境。

（三）全面推进一站式多元解纷和诉讼服务体系建设

一是深化一站式多元解纷。创新发展新时代“枫桥经验”，认真落实《四川省纠纷多元化解条例》，推动建立 109 个诉源治理中心，与省工商联建立商会调解机制，联合综治中心、司法所等打造无讼乡村（社区），做实矛盾纠纷源头预防和前端化解。优化在线调解平台，完善先行调解、诉调对接等工作机制，集成律师、仲裁等调解资源，建强速裁快审团队，完善道路交通纠纷、物业纠纷等类型化调解机制，实现“集约化解纷”。2021 年全省法院调解案件 21.53 万件，将大量矛盾纠纷化于萌芽、止于诉前。会同省民宗委、司法厅等推广建立“石榴籽”调解室 117 个，配备专兼职调解员 513 名，高效化解纠纷 6080 件，维护民族地区社会和谐。

二是完善诉讼服务体系建设。固守人民立场，全面推进诉讼服务中心实质化，让人民群众有保障、有遵循、有温暖。健全诉讼服务大厅、诉讼服务网、12368热线、巡回办理“厅网线巡”立体化诉讼服务渠道，集齐立案、保全、委托鉴定等多项诉讼服务，实现“一站式全办”。完善“互联网+诉讼公共服务”体系，全省法院网上立案46.47万件、网上送达91.93万件，52个法院推出24小时自助诉讼服务，12368诉讼服务热线转接成功35.16万次，成功率达84%，实现诉讼服务“零时差”。

（四）扎实推进四级法院审级职能定位改革

省高院强化改革试点主体责任，出台试点实施方案和细则及5个配套文件，构建起系统化、立体化的制度体系。召开全省法院试点工作推进会，全面部署推进案件级别管辖、提级管辖、再审程序三大改革任务，积极探索“5+N”改革创新举措，建立健全任务台账、数据统计、季度报告、专刊编发、试点调研等工作管理机制。经过试点实际运行，全省法院已初步构建梯次过滤、分层解决的案件分布格局。2021年10月至12月，下沉至全省基层法院的民事案件349件、行政案件404件；全省提级管辖案件40件；省高院受理再审审查民事案件2813件、行政案件1247件。

（五）深化民事诉讼程序繁简分流改革

全省法院从新时代群众多元解纷需求出发，扎实有序推进各项试点工作，实现案件繁简分流、轻重分离、快慢分道，为全国试点积极贡献四川方案。从制度上提升效能、激发活力，省高院和各试点中院陆续出台37份核心文件，把5大改革试点内容细化为26项改革措施；激活创新动能，探索形成全链条式司法确认、“智慧法院·成都模式”、独任制“一体多维”监管体系等改革经验做法。推动试点经验上升为立法成果，省高院牵头西部片区民事诉讼法修法工作，提出修法建议26条，全国人大常委会审议通过修改民事诉讼法的决定，共16条，其中有14条采纳了上述修法建议。本年度试点期间（即2020年1月15日至2021年12月31日），全省各试点法院特邀调解组织、特邀调解员分别增长至284个、1858名，较试点前分别上升101.43%、121.38%；累计适用小额诉讼程序审结118055件，适用率由试点前的6.28%提升至24.31%；试点基层法院一审独任制适用率为89.78%，试点中院二审独任制适用率为 31.27%；累计在线立案 669787 件、在线庭审 21427 件，适用率分别为 53.27%、8.41%；电子送达累计适用案件共 622408 件，适用率达 50.26%。

（六）完善队伍建设管理体系

推进法官遴选制度改革，实施法官员额统筹管理、动态调整，全省三级法院跨地域、跨审级遴选员额法官，审判资源配置持续优化。2021 年全省共遴选法官 356 名，54 个法院 75 人采用递补机制遴选为员额法官。落实员额退出制度，对自愿申请、退休、考核不达标等 16 种情形实行员额退出，完成 738 人退出员额工作，实现员额“有进有退”“进退有序”。推动省以下政法专项编制动态调整改革，服务四级法院审级职能定位改革试点，切实破解中级、基层法院案多人少的现实困境。

（七）深化智慧法院建设和互联网司法模式

省高院编制《四川法院信息化建设五年发展规划（2021－2025）》，推进智慧法院迭代升级。在常态化疫情防控背景下，广泛应用“非接触式”诉讼服务，完善四川微法院功能，建成 2650 个科技法庭，全省法院在线庭审 6.43 万件次、网上调解 15.61 万件，“指尖诉讼”更加便利。完善律师服务平台，开庭排期冲突自动避让 2.6 万次、证据提交一键上传 19.42 万份，司法服务更加人性化。深化司法大数据研究运用，汇聚案件数据 178 万条，形成中医药产业法律保护建议等报告 242 份，为科学决策提供参考。加强成都互联网法庭建设，研发可全自助诉讼的 5G“微法亭”，打造“一人云庭审”在线诉讼模式，荣获 2021 全国政法智能化建设创新案例。

三、存在的问题和困难

一是区域改革工作发展不平衡。各地改革工作差异性明显，整体上发展不平衡。部分地区改革推进落实有力，各方面工作均显现良好态势。部分地区囿于理念滞后、人才匮乏、执行不力、创新不足等因素，改革任务进度推进缓慢，或者按部就班、缺乏亮点。

二是改革思想认识需要进一步提高。部分中级、基层法院仍然存在“等靠要”思想，如在推进省级财物统管、审级职能定位等改革中，主动思考谋划不足，对需要本级落实的改革任务，也希望由上级法院出台统一方案。

三是改革系统性、整体性需要进一步加强。四级法院审级职能定位改革是近段时间改革的重中之重，对如何以此为重要抓手，“以点带面”推动改革系统集成、协同高效，需要进一步研究和实践，以增强整体联动和互补效益。

四是信息技术与改革任务之间需要进一步融合。信息化建设仍然存在“不好用”“建而不用”等问题，与改革预期存在一定差距。新兴信息技术在司法场景中的深度应用还需进一步拓展，技术在更高层次上赋能改革的目标还有提升空间。

四、下一步工作打算

下一步，省高院将坚持用习近平新时代中国特色社会主义思想武装头脑，以习近平法治思想为指引，认真贯彻落实中央、省委和最高人民法院的改革部署，持续深化司法责任制综合配套改革，统筹协调做好各项改革工作。

一是加快推进司法责任体系改革和建设。细化审判人员正面、负面权力清单和履职指引制度，将审判权责清单嵌入日常办案、案件质效评估等工作系统，实现对各项审判权责的规范化、标准化、信息化管理。落实院庭长办案机制，完善案件质量评查、绩效考核和法官惩戒程序衔接机制，推动法官惩戒制度实质化运行。

二是深化民事诉讼制度改革。系统部署新修改的民事诉讼法的贯彻落实和学习宣传工作，准确把握修法内容，确保各项程序规则在司法实践中正确适用。做好新民事诉讼法施行后民事案件审理的衔接工作。

三是扎实推动审级职能定位改革试点。深入推进各项试点工作，探索推进“5+N”改革创新举措。优化办案系统，实现试点数据一键提取、提级管辖自动预警。完善案件分配机制，推动下沉案件和再审案件繁简分流。

四是大力推进互联网司法建设。拓展信息技术在司法领域的应用场景，推动多平台资源整合。完善互联网案件裁判规则，完善数据产权、数据隐私等司法保护机制，服务数字经济健康发展。

五是深化人事制度改革。落实法官逐级遴选、员额动态调整、员额退出、违纪违法退额管理制度。完善审判辅助人员管理制度，探索优化对聘用制书记员的管理机制。落实最高人民法院新修订的法官单独职务序列规定，进一步优化法官单独职务序列管理。

（来源：四川省高级人民法院）

贵州法院

2021年，在贵州省委的坚强领导下，在最高人民法院的有力指导下，贵州法院始终坚持服务大局、司法为民、公正司法，深入推进司法体制综合配套改革，全面落实司法责任制，强力推进智慧法院建设，努力让人民群众在每一个司法案件中感受到公平正义。

一、推进改革的主要做法

第一，坚持系统谋划，扎实有序推进。始终确保在党的领导下推进改革，专题向省委请示服务保障围绕“四新”主攻“四化”新思路，专门向省委政法委汇报参与社会治理新举措。始终确保党组统揽抓改革，研究四级法院职能定位改革等任务的部署落实，各级法院领导坚持重大改革亲自部署、重大事项亲自过问、重大任务亲自督促。

第二，坚持统筹结合，完善制度机制。更加注重系统观念、法治思维、强基导向，严格贯彻落实《2021年人民法院司法改革工作要点》。深入开展政法队伍教育整顿，将政法队伍教育整顿和司法体制改革工作有机融合，全省法院建立完善制度机制1816个，其中省法院建立完善制度机制110个。

第三，坚持问题导向，破解重点难点。聚焦改革重点、难点、堵点问题，省法院领导班子成员到基层法院调研司改情况100余次。围绕乡村振兴、基层社会治理现代化等主题成立12个调研课题组，形成调研报告12个。完成中央政法委布置的司法红色基因调研任务，《从瑞金传承而来的法治红色基因》调研报告获最高人民法院周强院长批示肯定。

第四，坚持科技赋能，深化智慧应用。坚持以司法体制改革和智慧法院建设作为法院工作的“两翼”，以实用、好用、管用为目标，推动贵州法院智慧法院建设应用，围绕办案方式、监督方式等制度改革与科技应用做好结合文章。

二、改革主要进展情况

（一）紧扣中心大局，健全服务高质量发展的司法保障机制

一是高质量服务构建新发展格局。制定《关于充分发挥审判职能高质量服务“三大”战略行动的意见》《关于充分发挥审判职能高质量服务贵州“四化”建设的意见》，服务保障贵州“一二三四”战略落实。制定《关于以民商事审判为抓手高质量服务保障全省新形势下防范化解金融风险工作的意见》，为化解地方债务风险、金融机构风险、开展P2P平台清理、供销社股金服务组织清理、重点房地产企业清理处置提供司法保障。

二是高质量服务巩固拓展脱贫攻坚。出台《全面推进乡村振兴加快农业现代化司法服务和保障的意见》《关于为全面推进乡村振兴加快农业农村现代化提供司法服务和保障的意见》等，服务巩固脱贫攻坚成果和乡村振兴战略实施，得到最高人民法院周强院长批示肯定。深化人民法庭参与基层社会治理职能改革，已有430个各类调解组织、1266名调解员入驻人民法庭，累计调解、司法确认案件32000余件。

三是高质量服务保护优良生态环境。出台提升生态环境司法保护意见，推进34个环境资源专门法庭实质化运行。赤水河沿岸6家基层法院签订《长江上游酱香型白酒产业带特殊生态环境跨区域司法保护协作意见》，为建设“世界酱香白酒核心产区”提供有力保障。探索少数民族地区独有原生态文化司法保护机制，发出全国首份传统古村落保护令。

四是高质量服务优化法治化营商环境。制定服务省委“强省会”战略、产业大招商战略的实施意见。推动建立企业破产处置府院联动机制，全要素优化升级破产审判工作，破产审判工作更加专业化、规范化、联动化。进一步优化知识产权集中管辖布局，1件案例入选国家版权局十大典型案例，1件案例入选最高人民法院50大典型案例。

（二）践行为民宗旨，完善以人民为中心的司法便民利民体系

一是加强民生司法保护。推动建立药品安全行政执法与刑事司法衔接工

作机制，严惩食药环领域违法犯罪。建立绿色通道快速处理涉农民工讨薪案件，制定保障农民工工资支付的行政执法与刑事司法衔接机制。建立人身安全保护令联合工作机制，依法维护妇女儿童权益。出台《贵州省国家司法救助实施办法》，推动司法救助案件从行政审批模式向司法案件办理模式改革的成果制度化。

二是加强多元解纷机制建设。推动省委政法委出台《关于加强诉源治理工作的意见》，万人起诉率考核指标落地见效并进一步优化。建立一站式民营企业涉诉信访接访处访机制，切实处理民营企业反映的涉诉信访事项。贵州法院"联合各方促诉源治理、联办便民促诉前调处、联审息讼促诉讼化解"即"三联三促"助力法治社会建设的经验做法，获最高人民法院在全国推广。最高人民法院周强院长作出重要批示肯定贵州高院诉源治理工作。

三是加强现代化诉讼服务体系建设。升级改造12368诉讼服务热线和平台功能，在全省各中级法院全面开通12368诉讼服务热线一号通办分平台，接通率高于全国平均水平。挂牌运行1683个"法院立案邮政便民服务中心"，实现全省乡镇全覆盖。探索设立线上线下联动、全市送达一张网的集约送达服务中心，实现平均送达时长1.85天。

四是深化切实解决执行难工作机制改革。建立省法院与市州法院结对的执行督查专员制度，定期通报指标完成情况，督促整改落实，实现实际执行到位金额592.96亿元，实际执行到位率位列西南第1。建立无财产可供执行案件上网公示制度，接受社会监督，提升执行公信力。制定切实解决执行难的30项具体举措，获得最高人民法院周强院长、刘贵祥专委专门批示肯定。

（三）落实司法责任，推进服务大局司法为民公正司法能力提升

一是提升司法制度化水平。出台《"十四五"时期司法工作发展规划》，建立深化综合配套改革20项举措。制定《关于完善院庭长审判监督管理职责的规定》，全面深化"1+N+N"审判团队建设。出台人民陪审员参审工作规程，积极保障和规范人民陪审员参审权利。建立贵州法院面向中央司法警官学院毕业生便捷招录法警的工作机制，聚力缓解基层法院警力紧张。

二是提升司法规范化水平。坚持以消除瑕疵案件为目标，出台《关于案件评查司法标准的参考意见》，深入开展瑕疵案件专项治理，瑕疵案件占比为2.03%，较2020年下降2.67个百分点，案件质量明显提升。开展长期未结

案件专项整治活动，实现全省法院 18 个月以上长期未结案件同比减少 28 件。制定案件问责追责办法等司法责任机制，全过程推动各环节规范化监督管理。

三是提升司法智能化水平。全面推进“无纸化办公办案”。全省 99 家法院全部开展全流程无纸化办案，实现上诉案件平均移送天数减少 14 余天、案件平均审理天数减少约 10 天。扎实推进电子卷宗随案同步生成。全省法院电子卷宗覆盖率为 97.28%，位列全国第 4。上线运行贵州法院党风廉政建设智慧监督平台，逐步构建全省法院党风廉政建设“大监督”格局。最高人民法院周强院长两次批示肯定。

三、存在的问题和困难

一是统一法律适用机制还不完善。类案的发现机制还不健全，类案强制检索的智能化还不高，类案法律适用分歧解决机制仍处在探索阶段，专业法官会议和审判委员会的作用还没有发挥出来。

二是配套改革任务落实还不到位。员额法官选拔任用、权益保障等方面配套政策、工作机制还不健全，“人案矛盾”带来的法官办案压力、身心健康问题等还没有从根本上破题解决。

三是司法制约监督机制还不健全。政法机关之间分工负责、相互配合、相互制约的机制有待落实落细。内部监督的威力有待进一步发挥。外部监督的渠道仍然存在不丰富、不畅通的问题。

四、下一步工作打算

一是推动统一法律适用机制实质运行。健全完善各项衔接机制，探索建立法律适用分歧解决机制，形成上下贯通、系统完备、规范高效的法律适用问题解决体系。

二是深入推进司法制约监督机制完善。坚持推进改革和调研指导并重，稳步推进四级法院审级职能定位改革。加强审级监督制约、统筹配置司法资源对刑事、行政和执行案件在省级层面实行全程归口管理，健全“四类案件”全流程识别和监督管理机制。

三是全面落实司法责任制。健全完善权责清晰、权责统一、监管有效、保障有力的司法责任体系。推进法官惩戒委员会实质化运行，严密司法责任体系，严格司法责任落实，坚决杜绝管理缺位问题的发生。

（来源：贵州省高级人民法院）

云南法院

2021年，在省委坚强领导和最高人民法院正确指导下，在各相关部门的大力支持下，云南法院始终坚持以习近平新时代中国特色社会主义思想为指导，全面贯彻落实党的十九大及十九届历次全会精神，严格对标中央、省委、最高人民法院关于司法改革重要决策部署，秉持全局观念和系统思维，积极谋划推进改革系统集成、协同高效，持续有力推动司法体制综合配套改革向纵深发展，改革进程按下快进键，跑出加速度，整体工作取得新成效，呈现新亮点，实现新发展。

一、推进改革的主要做法

2021年，按照中央、省委和最高人民法院部署，省高院通过强领导、建机制、明责任、重谋划、严督导，在全省法院切实推进司法体制综合配套改革落实落地、见底见效。

一是坚持以党的领导统领改革。建立党组会议“第一议题”制度，第一时间传达学习贯彻习近平总书记全面深化改革重要讲话、重要指示精神和中央、省委、最高人民法院重大决策部署，深刻把握党和国家发展大局、决战决胜脱贫攻坚、常态化疫情防控等形势下改革重点任务和重大举措，推动司法改革不断推进。省高院成立了以院党组书记、院长为组长的省高院司法改革领导小组，各中级、基层法院相应成立司法改革领导小组，切实把方向、管大局、促落实。全年召开2次司法改革领导小组会议，传达学习相关司法改革工作会议精神并研究贯彻落实意见，研究审议司法改革工作要点和任务分工方案，部署和指导督导司法改革工作任务落实落地。

二是坚持以上率下破解改革难题。全省各级法院党组、各司法改革领导小组牢牢把握全面深化司法改革的方向、标准、尺度、关键，将改革作为重中之重、纳入年度工作要点突出抓好。省高院积极履行对下指导职责，制定下发《2021年度全省法院司法体制改革工作要点和任务分工方案》，各级法院积极强化改革主体责任，分管院领导、各地各部门主要负责同志以改革的思路和办法，领衔解决突出问题，打通关节、疏通堵点，有效推动一批重点、难点改革拓点扩面、落实落地。

三是坚持以钉钉子精神推动改革落地见效。构建完善省高院司法改革领导小组统筹协调、分管院领导分块抓总、牵头部门主要实施、参与部门各尽其责、司法改革领导小组办公室协调督促的工作格局，省高院制定路线图、时间表、任务书，全省法院形成上下贯通、横向联动、逐级督察的工作落实机制。梳理报送2017年以来全省法院司法改革重点任务、在实践中探索形成突破性改革创新成果，“云南法院聚焦‘权、案、绩、人’打造领导干部审判业绩考评监管体系”改革案例先后被中央、最高人民法院和省委社会体制改革办采用，入围最高人民法院首届“人民法院改革创新奖”评选投票环节，在全省政法单位改革推进会上作交流，形成了司法改革的“云南经验”“云南特色”。

二、改革主要进展情况

全省法院以全面落实司法责任制为核心，以省委综合配套改革任务台账为抓手，推动改革不断向纵深发展。2021年全省法院74项改革任务中，除未纳入当年度验收任务的10项外，61项已完成，3项正在推进并已取得实质性进展，待中央出台指导意见后完成。

一是司法责任制落实机制更加健全。严格落实“让审理者裁判，由裁判者负责”，出台深化司法责任制综合配套改革贯彻落实方案等文件，制定并落实《法官审判权力和责任清单（试行）》《云南试点法院审判权力清单》等制度，健全专业法官会议制度，完善统一法律适用机制。加强“四类案件”的识别监管，落实《云南法院“四类案件”监督管理办法》，细化“四类案件”监管范围、发现机制、启动程序和监管方式。修订印发《全省中级法院领导干部审判业绩考核办法》，将领导干部办案情况考核权上提一级，通过以考促管、考管一体、联考联管，推进司法责任制要求与执法司法制约监督同步落实，领导干部办案质效和司法公信力稳步提升，考核经验被中央、最高人民法院等单位主办的刊物刊载。

二是诉讼制度机制不断优化。开展法院审级职能定位改革工作，及时成立工作专班，研究制定云南法院完善审级职能定位改革实施方案及实施细则，梳理形成再审程序运行机制情况报告，着力创新改革诉讼制度，以扎实有力举措确保改革工作开局平稳有序。贯彻落实习近平总书记考察云南重要讲话精神，联合制定《办理妨害国（边）境犯罪案件证据收集及审查指引》等11类案件办理指引，完善刑事速裁程序和认罪认罚从宽制度，在全省推广刑事案件律师辩护全覆盖工作，以审判为中心的刑事诉讼制度改革深入推进。开展民事诉讼程序繁简分流改革试点，探索“一二三六”工作模式，努力形成一批体现中央精神、结合地方实际、符合司法规律的“繁简分流+多元解纷”试点新模式。探索实行环境民事公益诉讼案件、知识产权案件集中管辖及“三合一”审理模式和跨行政区划集中管辖行政案件，推进家事审判等诉讼制度改革。

三是民生司法服务体系逐步完善。结合党史学习教育和队伍教育整顿，深入推进“我为群众办实事”实践活动，出台《关于进一步加强和规范立案诉服工作的二十条措施》，切实解决变相限制立案、人为抬高立案门槛等10大类损害当事人诉权等问题。依托“云解纷”调解平台构建一站式多元解纷机制，推进一站式诉讼服务中心转型升级，“官渡模式”“西山经验”等多元解纷经验在全国、全省法院得到推广，诉讼服务中心建设走在全国前列。坚持强基导向，召开全省人民法庭工作会议，印发《关于进一步加强人民法庭工作的若干意见》等文件，找准人民法庭在乡村振兴、基层治理中的独特定位，将诉源治理作为人民法庭工作的重要考核指标，把更多的矛盾纠纷解决在诉前，力争实现全省民商事案件数量回落的拐点。

四是执法司法制约监督更为有力。结合全省法院工作实际，对前期改革经验做法进行全面总结梳理，印发《云南法院落实司法责任制履职指引》，实现全省法院系统履职指引从无到有的重大突破，系省级政法单位中首家建立的履职指引，获省委政法委高度肯定。严格落实防止干预司法“三个规定”，启用记录报告平台，落实月报告制度、问题反向追溯机制，真正实现“三个规定”常态化监督管理。探索建立法官惩戒与纪检监察和组织人事程序衔接机制，印发《关于人民法院向纪检监督机关移送问题线索工作的实施意见》，法官惩戒委员会先后对4名法官违反审判职责行为作出审查意见，成为全国范围内惩戒委员会进入实质化运行的第三个省份，获最高人民法院肯定。

五是队伍建设管理效能日渐提升。先后联发《云南省各级人民法院人员分类管理办法》等文件，持续推进法官、司法辅助人员职务序列改革。联合出台《云南省法官检察官等级升降办法》《云南省法官检察官逐级遴选工作办法》等，健全法官员额统筹管理、动态调整及退出机制，推动法官等级按期晋升和择优选升定期化、常态化落实。稳步实施公务员职务与职级并行制度，督导全省法院开展各类别公务员职级套转晋升工作。探索政法编制省级统筹、动态调整机制，探索完善聘用制书记员、司法警察编队管理等队伍建设管理制度，司法资源配置更加优化。

三、存在的问题和困难

一是在改革思想认识上还有差距。思想认识、工作理念、思维模式还没有完全跟上形势要求，对司法制约监督、统一法律适用、违法审判责任追究等长远性、深层次体制机制改革关注不够、思考不多，破难题解新题的动力不足、方法不多。

二是落实改革举措成效还有差距。部分改革仅完成了“物理整合”，还未产生“化学反应”，如新型审判权力运行机制还不够健全，赋权放权步伐较快、明责追责相对滞后，员额法官的补员和退出不够及时等。

三是改革协同性联动性还有差距。改革推进程度、完成程度、见效程度参差不齐，改革衔接协调不畅、配套跟进不足、形成合力不强等问题仍然存在。

四是改革整体效能还有差距。全省法院存在司改政策“碎片化”、改革效能不够系统化、司法责任落实还不到位等问题。

四、下一步工作打算

2022年全省法院将坚持稳中求进工作总基调，以强作风、重落实、提效能为导向，持续推进审判体系和审判能力现代化，从严从细从实抓好防风险、保安全、护稳定、促发展各项工作，奋力推进新时代人民法院工作高质量发展，以实际行动迎接党的二十大胜利召开。

一是坚持党的绝对领导，持续坚定改革信心。始终坚持党对法院工作的绝对领导，以习近平新时代中国特色社会主义思想和习近平法治思想武装头脑、指导实践、推动工作。结合党的二十大召开，迅速兴起学习热潮，切实把学习成果转化为真抓实干的精气神和忠诚干净担当的实际行动，确保圆满完成司法改革任务。

二是聚焦改革主业主线，突出重点协同推进。围绕贯彻新发展理念、构建新发展格局、推动高质量发展，在营造市场化法治化国际化营商环境、服务深化供给侧结构性改革、加强生态环境保护、服务区域协调发展战略等方面，继续发挥好司法职能。持续推进审级职能定位改革，将统一法律适用机制深度融入审级监督指导全过程。加快构建司法责任体系和制约监督机制，聚焦有权必有责、用权必担责、失职必问责、滥权必追责的制度安排，建立完善定责、明责、履责、考责、追责的全省法院执法司法制约监督体系，进一步提升执法司法质效和公信力。

三是加强改革系统集成，总结升华经验成效。牢固树立改革一盘棋思想，聚焦建章立制，持续加大司法改革系统集成机制建设，以综合配套改革促进司法责任制全面落实，切实增强改革系统性、整体性、协同性，打通条块分割的“肠梗阻”，破除改革顺畅高效的“最后一公里”。强化司法改革案例报送和经验提炼推广，健全司法改革动态填报机制，持续加大优秀改革案例、经验信息的发掘提炼和宣传报送，强化改革政策解读和宣传引导，推动全省法院改革工作再上新台阶。

四是坚持从严治党治警，强化改革履职素能。坚持全面从严治党从严治警，坚持严的主基调，巩固深化党史学习教育和队伍教育整顿成果，驰而不息正风肃纪反腐，严格落实防止干预司法“三个规定”等铁规禁令。注重提升干警司法专业能力、群众工作能力、科技应用能力和社会沟通能力，使各类人员各司其职、各尽所能，确保司法工作队伍能力素质与司法体制改革要求相适应。发挥好法官遴选委员会、惩戒委员会作用，健全员额法官进退机制，形成法官职业良性发展机制。持续加强作风纪律建设，持续开展司法巡查和审务监督，加强对执行中央八项规定精神、司法作风、日常管理、履行职责等情况的监督检查，持之以恒纠治“四风”和司法作风突出问题，锻造忠诚干净担当的工作队伍。

（来源：云南省高级人民法院）

西藏法院

2021年，在西藏自治区党委坚强领导和最高人民法院正确指导下，西藏法院坚持以习近平新时代中国特色社会主义思想为指导，深入学习贯彻习近平法治思想，增强“四个意识”、坚定“四个自信”、做到“两个维护”，不断深化司法体制综合配套改革，努力让人民群众在每一个司法案件中感受到公平正义。

一、推进改革的主要做法

2021年，按照中央、自治区和最高人民法院部署，西藏法院一体推开司法体制综合配套改革。

（一）不断提高政治站位，加强研究部署

坚持党对法院工作的绝对领导，自觉对标党中央的部署和要求，进一步树牢改革思维，坚定改革信念，将法院司法改革工作同把握新发展阶段、贯彻新发展理念、融入新发展格局紧密联系起来。始终站在深化司法责任制综合配套改革有利于增强人民群众获得感，提升司法质效和公信力，有利于健全完善公正高效权威的中国特色社会主义司法制度，有利于服务保障党和国家发展大局的高度上认识改革，推进工作。

一是不断加强理论学习，确保改革正确方向。以理论学习中心组会议、党组会议以及改革专题会议等形式，多层次多角度地传达学习2021年中央全面深化改革委员会六次会议精神、传达学习郭声琨书记在全国政法领域全面深化改革推进会上的讲话精神和周强院长在最高人民法院贯彻落实政法领域全面深化改革推进会精神专题会议上的讲话精神等，准确把握改革正确方向，遵循改革主基调，突出改革重点任务。

二是不断加强组织领导，确保工作力度不减。院党组书记、院长切实履行“一把手”责任，亲自过问、部署改革工作。2021年，共召开1次全区法院司法改革推进会和5次司法改革领导小组专题会议，高度重视、高位部署全区法院改革工作。

三是认真谋划年度重点工作，有序推进各项任务的落实。认真贯彻落实中央、自治区关于推进执法司法责任体系改革和建设的工作部署，根据《中共西藏自治区委员会全面深化改革委员会2021年工作要点部署任务落实台账》和最高人民法院年度改革工作要点，结合西藏法院工作实际，研究制定《2021年西藏法院司法改革工作要点》《西藏法院2021年深化司法责任制综合配套改革的任务措施》，共细化制定34项年度重点改革任务。

（二）借力政法队伍教育整顿，推动建章立制

2021年是党史学习教育活动年，是政法队伍教育整顿年，亦是西藏自治区“政治标准要更高、党性要求要更严、组织纪律性要更强”的“三更”学习教育年。在专项活动工作量和受案量大幅增长的情况下，为确保年度重点改革任务的落实，自治区高院党组及时调整工作策略，统筹谋划、科学布局、精准施策、精细施工，把落实好司法改革各项工作任务与开展好党史学习教育、队伍教育整顿和抓好审判执行主责主业等各项工作同安排、同落实。

一是注重统筹结合，正确处理好司法改革与队伍教育整顿之间的关系。将司法改革年度未落实任务纳入政法队伍教育整顿“顽疾”整治，传导压力，落实责任，着力推动2021年度改革任务的完成；将司法改革制度建设这一主线和队伍教育整顿建章立制这一环节无缝对接，推动建立和完善制度机制，有力增补了制度机制缺失的短板弱项问题。

二是突出改革驱动，正确处理好司法改革与审执中心工作的关系。通过进一步构建矛盾纠纷多元化解、完善审判权力运行机制、推动智慧法院建设等改革措施，着力破解制约司法能力和效率的难题，提升审判质量和效率。2021年全区法院受案量在同比增长51.87%的情况下实现结案率同比上升46.48%。

（三）不断加强改革经验总结，开展改革调研

一是坚持问题导向，开展专题研究。采取领导分片驻点包干形式，重点

围绕执行领域突出问题、枉法裁判、规范法官裁量权行使、年底不立案和虚假诉讼等问题广泛开展专题调研工作，形成专题调研报告7篇，针对性地制定出台相关制度文件4项。

二是结合工作实际，做好请示汇报。2021年向自治区党委政府报送《西藏自治区高级人民法院2020年度改革情况报告》《关于进一步加强政法领域执法司法制约监督体系建设的报告》等10余份关于改革工作的专题报告，进一步做好改革的沟通汇报工作，争取支持。

二、改革主要进展情况

全区法院深化司法责任制综合配套改革，以年度改革工作要点为抓手，推动改革不断向纵深发展，确定的34项改革措施中，除15项需要常态化推动实施外，其他全部完成并形成制度机制40余项。

（一）持续推进落实以人民为中心的便民司法举措

一是一站式多元解纷和诉讼服务体系建设进一步优化。落实诉讼服务“一站、一网、一号”通办要求，“七位一体”的诉讼服务平台全面建成；全面实现网上缴费、网上阅卷、网上保全、跨域立案、网上立案等诉讼服务“一网通办”，拓展疫情防控常态化审执工作新模式，全年全区法院网上立案8977件、跨域立案767件、网上调解6721件；进一步完善12368热线实质性办事功能，实现诉讼咨询、案件查询、联系法官等全方位诉讼服务，新增12368诉讼服务投诉举报功能，确保立案渠道畅通。

二是高效便民司法服务渠道进一步拓宽。成立集约送达中心，印发《关于诉讼文书集约送达的若干规定（试行）》，在全区法院全面推行诉讼文书集约送达，着力破解“送达难”“送达周期长”问题；全面开通老弱病残孕、农民工等特殊人群诉讼服务绿色通道；充分发挥车载科技流动法庭优势作用，为辖区内行动不便的孤寡老人、残疾人、长期卧床病人等特殊群体开展上门立案、上门送达法律文书、上门调解、上门调查、简易案件上门判决等暖心贴心司法诉讼服务。

三是矛盾纠纷化解能力进一步提升。坚持和发展新时代“枫桥经验”，坚持把非诉讼纠纷解决机制挺在前面，积极推动万人成诉率纳入平安建设考评体系，推进司法调解与人民调解、行政调解、行业调解联动，促进矛盾纠纷源头化解、多元化解；坚持调解优先，提升诉讼服务中心实质解纷功能，全区共设立146个调解室，诉前化解矛盾纠纷6014件，办理司法确认案件1159件，调解结案10877件；开展调解员和调解组织进乡村、进社区、进网格活动，有效促进诉源治理和矛盾纠纷多元化解，实现点线面结合、城乡全覆盖的司法服务网络；与区住建厅等8家单位联合印发《关于建立多元解纷机制的实施意见（试行）》，积极引入各类调解组织92个，聘请特邀调解员429名。

（二）持续完善以司法责任制为核心的审判权力运行机制

一是进一步修改完善党组议事规则、审判委员会议事规则、院庭长监督管理办法、法官及辅助人员职责和权限清单、案件评查办法、司法巡查、审务督察等制度机制，落实院庭长监督管理“四类案件”职责，不断加强审判执行制约监督体系建设。持续实行院庭长办案情况定期通报制度，2021年全区法院院庭长办案占受案量的32.81%。

二是积极落实《最高人民法院关于完善人民法院专业法官会议工作机制的指导意见》，修改完善《民事专业法官会议工作机制实施细则（试行）》《刑事专业法官会议工作机制实施细则（试行》。

三是严格执行《最高人民法院关于规范高级人民法院制定审判业务文件编发参考性案例工作的通知》，进一步统一法律适用，研究制定《制定审判业务文件、编发参考性案例工作办法（试行）》，落实审判业务文件和参考性案例备案机制。

四是研究制定《关于规范法官裁量权行使　保障裁判尺度统一的工作意见（试行）》，以智慧法院建设为平台，推行类案和新类型案件强制检索制度，进一步推动裁判尺度统一。

五是制定完善《西藏法院法官惩戒工作办法》《贯彻落实防止干预司法“三个规定”实施细则（试行）》《关于贯彻落实〈关于建立健全禁止法官与律师不正当接触交往制度机制的意见〉的实施细则》等制度机制，建好防止干预司法“防火墙”，保障干警依法履职。

（三）持续推进诉讼制度改革

一是研究制定常见刑事案件证据指引、“三项规程”实施意见、出庭作证规程、律师辩护全覆盖工作实施办法、“病残孕”罪犯的刑罚交付执行工作机制等配套制度规范10余项，持续深入推进以审判为中心的刑事诉讼制度改革。

二是探索开展“分流+调解+速裁+快审”机制改革，积极探索民事诉讼繁简分流改革。

三是以加强执行指挥中心实质化运行为抓手，制定出台《西藏自治区人民法院执行局分段执行实施办法（试行）》《关于临时布控列（撤）控失信被执行人配合工作机制》等制度机制8项，不断健全解决执行难长效机制。持续推进执行难综合治理源头治理。开展执行领域突出问题集中整治，在新收案件增幅达75.36%的严峻形势下，“3+1”核心指标保持平稳运行，6项指标排名全国前5位。

四是制定出台《生态环境损害赔偿诉讼程序指引》，为全区法院生态环境损害赔偿案件程序制定工作指引，护航国家生态文明高地创建，提升生态环境司法保护能力。

（四）持续健全人员分类管理和职业保障制度

一是积极开展全区法院第三批入额遴选和聘用制书记员招录等工作，推动法官遴选工作常态化和聘用制书记员补录工作常态化。

二是研究制定《西藏法院法官员额退出实施办法（试行）》《西藏法院法官员额动态调整管理办法（试行）》，进一步畅通员额进退渠道，确保员额向案件量多的法院倾斜、向基层倾斜。

三是研究制定《关于保护司法人员依法履行法定职责的实施办法》，不断强化依法履职保护，充分发挥法官权益保障委员会的作用。

四是研究制定《西藏自治区高级人民法院三类人员内部交流机制》，积极推进司法人员交流，畅通交流渠道，促进司法人员多岗位培养和锻炼。

五是进一步修改完善《法官、法官助理、书记员审判执行绩效考核办法（试行）》，进一步完善考核方式，优化考核指标，建立科学的、公正的、突出实绩的考核评价机制。

（五）持续加强智慧法院建设

按照最高人民法院明确的“十四五”建成信息化 4.0 版的信息化建设目标，持续推进信息化 4.0 版建设，整合优化现有系统和平台，强化软硬件建设成果应用，持续加快推进智能审判支持、庭审语音识别、电子卷宗随案同步生成等应用系统。2021 年，完成智慧法院及配套项目建设和信创项目建设；全区法院互联网法庭覆盖率达 60％至 70％；在高院层面基本建成业绩考核系统；统一界面登录功能初步实现，各类办公办案系统在统一页面进行展现；司法大数据中心、电子卷宗应用、类案检索和智能推送、文书辅助生成等功能框架基本建成；全区法院干警信息化应用水平得到较大程度提高。

（六）探索开展四级法院审级职能定位改革

按照《最高人民法院关于完善四级法院审级职能定位改革试点的实施办法》，结合西藏法院实际，制定《西藏法院关于四级法院审级职能定位改革试点工作的实施方案》并印发全区法院实施。在全区法院全面开展调整民事案件级别管辖、完善案件提级管辖机制、改革再审程序等改革试点工作。

三、存在的问题和困难

随着司法体制改革的深入推进，西藏法院改革工作存在发展不平衡、衔接协调不到位、配套跟进不足等问题。

一是对司法审判怎样更全面服务大局工作思考研究还不够深入、司法改革措施还不够精准，运用改革解决审判执行工作中的难点赌点问题的能力有待进一步提升。

二是借力信息化建设解决人案矛盾、队伍力量薄弱等问题还需持续发力。

三是审判执行工作发展不平衡，与各族群众日益增长的司法需求不相适应，社会解纷融入一站式多元解纷和诉讼服务体系建设，助力基层社会治理新格局能力有待提升。

四是对于中级、基层法院改革的精细施工、精准发力的指导有待进一步加强。

五是省级财物统管改革进展缓慢，推进难度较大。

四、下一步工作打算

2022年，西藏法院将持续坚定信心、强化担当、狠抓落实，扎实推进“五五改革纲要”实施，把各项改革任务不折不扣落到实处，依法服务和保障新时代推进西部大开发形成新格局，依法服务和保障新时代社会主义现代化新西藏。

一是抓好统筹协调，确保改革协同高效，系统集成。进一步凸显“综合配套”这一改革要求，将人员、组织、职能、技术等多种改革因素纳入整体工作中予以考量，真正实现多步骤、多方面、多领域改革任务协同并进的良好工作局面。进一步加大司法改革的调查研究力度和政策宣讲力度，加大对下条线指导力度，确保全区法院司法改革步调一致。

二是抓牢改革重点任务，进一步强化落实。紧紧围绕司法责任体系改革和建设，深入推进四级法院审级职能定位改革、案件繁简分流改革、智慧法院建设等重点改革任务，进一步完善激励惩戒机制，将司法改革任务落实情况纳入审务督察、司法巡查重点内容，将司法改革落实情况纳入业绩考核内容，压实工作责任，务实工作举措，确保各项改革任务有效落实。

三是抓细改革关键环节，着力提升服务大局能力。坚持和发展“枫桥经验”，充分发挥人民法院在矛盾纠纷多元化解中的作用，持续健全完善诉调对接、联动调解、第三方参与矛盾化解的平台建设，发挥好司法确认程序功能，推进案件繁简分流改革，持续深化一站式诉讼服务中心建设，抓细从源头上减少诉讼增量方面的改革关键环节，有效解决诉讼增量带来的人案矛盾、工作发展与人民群众多元需求不相适应的矛盾，推动更高水平的平安西藏建设，更好服务法治西藏建设。

四是抓住改革“硬骨头”，进一步强化责任担当。突出问题导向，进一步加大对改革难点堵点问题的分析研究力度和请示汇报、沟通协调力度，积极争取当地党委政府和各部门对法院司法改革工作的支持力度，充分借鉴兄弟省市法院的改革成功经验，补短板、强弱项，着力推动西藏法院司法改革难点、赌点问题得到有效解决。

（来源：西藏自治区高级人民法院）

陕西法院

2021年，在陕西省委坚强领导和最高人民法院有力指导下，陕西法院坚持以习近平新时代中国特色社会主义思想为指导，认真贯彻习近平法治思想，遵循“分清轻重缓急、坚持内紧外推，以改革精神做好改革工作”思路，以制度建设为主线，以督促落实为抓手，注重统筹协调，强化指导督导，全面落实中央和省委重大改革部署，为全省法院审判执行等各项工作提供改革动能。

一、推进改革的主要做法

一是加强改革组织领导，推进重大改革部署。省高院党组坚持把改革摆在重要位置，切实履行改革主体责任，及时研究解决改革中的困难问题，确保各项改革扎实有序推进。省高院党组专题研究四级法院审级职能定位、民事诉讼程序繁简分流改革试点工作，分别成立改革试点领导小组、制定改革实施方案、任务分解等制度机制，稳步推动改革试点。紧抓政法队伍教育整顿和省委巡视省法院党组工作契机，部署对党的十八大以来陕西法院推进司法体制改革工作进行全面评估，对党的十九届四中全会以来中央和省委重点改革部署推进情况进行重点评估，特别是围绕执法司法制约监督体系、执法司法责任体系改革和建设工作进行专题评估，查找短板、剖析原因、研究对策，梳理提出9个方面问题、6个方面原因分析及7个方面改进措施，并细化列出问题清单、整改内容、完成时限。

二是强化改革统筹协调，研究重点改革任务。结合最高人民法院、省司法改革专项小组年度工作要点，省高院党组研究制定2021年度《司法改革任务及责任分工方案》，从健全审判权制约监督机制、创新诉讼制度机制、深化综合配套改革等方面提出25项重点任务，逐项明确任务内容、落实责任，完成时限，做到任务有部署、落实有要求；建立改革任务清单制度、项目管理，加强重点改革任务的日常跟踪、协调、督促，实行月度跟进、季度提示、节点督促，确保各项改革任务如期推进。

三是强化指导督导考核，确保任务落地见效。省高院党组坚持把司法改革纳入全省法院“纵向有进步、横向有进位”专项工作，作为各位院领导班子成员开展调研督导的必备内容、规定动作，推动形成一级抓一级、层层抓落实的改革氛围。省高院李智院长带队到西安、咸阳、榆林等地调研改革推进情况，专题听取民事诉讼程序繁简分流改革试点、四级法院审级职能定位改革试点有关事项；分管司法改革工作的范思泓副院长组织审管办、司改办先后对发改案件通报反馈机制、法院辅警管理等进行专题调研；其他领导班子成员及各改革任务责任部门也常态化开展调研指导。西安等中级法院实行党组成员一对一包抓基层试点法院。省高院把重点改革事项列入年度目标任务考评范围，发挥考核评价作用，进一步明确改革导向、营造改革氛围。

二、改革主要进展情况

全省法院认真贯彻落实政法领域全面深化改革推进会精神，以执法司法制约监督体系、执法司法责任体系改革和建设为重点，突出抓好制度建设和中央及省委重点改革任务。省法院选编的汉中中院“建设司法鉴定管理平台创新在线司法鉴定工作新机制”改革经验入选最高人民法院《人民法院司法改革案例选编》。

（一）健全完善审判权制约监督机制

一是研究制定《关于进一步加强审判权力制约监督工作的实施意见》，进一步健全完善审判权制约监督机制体系。

二是指导督导全省中级、基层法院结合本院实际制定完善各类司法人员审判权力和责任清单制度，全省三级法院审判权责清单制度全面建立。

三是修订《专业法官会议工作机制实施细则》，明确细化专业法官会议讨论案件类型及运行机制，完善其与审判委员会衔接机制，进一步发挥专业法官会议功能作用。

四是印发《审判业务文件参考性案例备案工作实施办法》，集中清理废止与民法典精神相悖的办案指导文件和办理减刑、假释、暂予监外执行案件制度文件，研究发布参阅案件案例、民商事优秀案例34件，促进裁判认识和尺度统一。

（二）夯实落实司法责任

一是严格执行独任法官、合议庭办案责任制规定、各类人员权责清单等制度，不断夯实主体责任，全面落实“让审理者裁判，由裁判者负责”。

二是每季度对全省中级、基层法院入额院长办案数量、类型进行通报，推动院庭长办案常态化、规范化。

三是推动将“四类案件”监督管理纳入院庭长权责清单、专业法官会议讨论范围，压实“四类案件”监督责任。

四是强化审级监督指导，制定《民事再审申请案件严格适用指令再审工作办法》《加强和改进案件审限管理意见》，印发民事公益诉讼案件上下级沟通指导通知，落实发改案件信息通报跟踪督办机制，全省法院1月至12月一审判决案件发改率为3.79%、生效案件发改率为0.12%，分别同比下降0.78、0.03个百分点；员额法官人均结案243件，同比上升34.25%，案件平均审理期限61天，同比缩短8天，执法办案总体呈现质效双升、动能增强的良好态势。

（三）扎实推进重大改革任务

一是扎实推进民事诉讼程序繁简分流改革试点，制定《小额诉讼程序民事案件识别规则》《适用普通程序独任审理民事案件指引》等制度指引，统筹采取完善机制、调研指导、专项督导、座谈交流、月度通报等方式重点扎实推进5项主要任务、重点指标，调研论证并提出民事诉讼法及相关司法解释修法建议32条。西安试点法院“推进小额诉讼程序与要素式庭审、要素式裁判文书相结合”工作机制被写入最高人民法院改革试点中期报告，灞桥法院“24小时自助法院”获评“2021年度数字西安建设优秀成果和最佳实践案例”。

二是统筹开展四级法院审级职能定位改革，研究制定陕西省法院改革试点工作实施方案、实施细则，从组织领导和工作机制、主要任务和责任分工、实施保障和总结评估等方面作出具体部署安排，对移送管辖、提级管辖程序和标准进行细化，明确改革试点施工图。

三是完善少年审判工作机制，印发《关于加强未成年人审判工作的实施意见》，协调省委编办新设35个少年法庭，推动团省委等开展“红领巾法学院”未成年人法治教育实践活动，发布7件未成年人司法保护典型案例，集中开展秋季学期“开学法治第一课”宣讲活动，织密未成年人权益司法保护网。

四是印发《关于在全省人身损害赔偿类民事纠纷案件中统一适用城镇居民人身损害赔偿标准的意见（试行）》，全面推行人身损害赔偿标准城乡统一试点，助力城乡融合发展、乡村振兴战略实施。

（四）持续优化诉讼机制

一是积极推进一站式诉讼服务体系建设，扩建改造省法院诉讼服务中心并优化功能单元，整合移动微法院和调解、保全、鉴定等10个平台系统，全面推行网上立案、跨域立案，增设12368诉讼服务热线专人专席、服务功能，打造诉讼服务一站通办、一网通办、一号通办。

二是积极推动矛盾纠纷多元化解，制定《关于对接综治中心深化矛盾纠纷多元化解的意见》，组织特邀调解、矛盾纠纷一站式化解专项培训，推动构建资源共享的诉源治理格局。安康、商洛等地法院推动党委（政法委）将诉源治理纳入党委统一领导的市域综治体系，《人民法院报》专题报道了咸阳法院“五链共治”工作机制。

三是深化案件繁简分流，制定《关于二审民商事案件速裁快审工作指引》，推动中级法院全面建立二审民商事案件速裁团队并统一辖区基层法院速裁工作机制。推动执行实施案件繁简分流机制改革与执行指挥中心实体化运行的深度融合，由执行指挥中心根据网络查控、案件类型等情况，对执行实施案件繁简分流并集约办理相关事务性工作，确保大量简单案件快速执结。

四是深化以审判为中心的刑事诉讼制度改革，对全省法院适用认罪认罚从宽制度进行专项调研督导，调研起草故意杀人（伤害）案件证据标准和证人、鉴定人出庭规则（征求意见稿），推动庭审实质化运行。

五是制定完善民商事案件适用简易程序规则、简易程序（含小额诉讼程序）要素式裁判文书样式，规范优化民事案件审理机制，提高案件审判效率。

六是推进环境公益诉讼改革，审议通过《关于生态环境损害赔偿协议司法确认案件和生态环境损害赔偿诉讼案件审理指南》，印发《环境资源审判机构受案范围（试行）》，与省检察院联合出台在公益诉讼工作中贯彻民法典精神会议纪要，强化秦岭、黄河流域生态环境司法保护。选送的三原县人民检察院诉三原县大程镇人民政府未履行环境保护和污染防治法定职责行政公益诉讼案入选联合国环境规划署典型案例。

七是推进完善执行工作机制，在全省推进“一案一账号”和执行案款管理工作机制规范化，指导西安中院、榆林中院、汉中中院开展执行团队化管理改革，分别与省检察院、西安市住房公积金管理中心建立执行联动机制实施办法，推动破解执行难题。

（五）不断深化综合配套改革

一是印发陕西省人民法庭布局调整优化方案、标准化规范化建设评估标准，调整优化布局、拓展服务领域、健全制度机制，推进全省人民法庭标准化规范化建设。全省 19 个人民法庭被评定为示范法庭、60 个人民法庭被评定为达标法庭，安康市旬阳县赵湾法庭获评最高人民法院“新时代人民法庭建设案例”。

二是积极协调省委编办，推动解决 49 个中级、基层法院的 90 名审判委员会专职委员职数职级配置问题。

三是向省委政法委、省人大常委会报送《关于将全省法院系统辅警纳入地方立法事项加强统一管理的请示》，积极推动辅警管理规范化。

四是配合修订陕西省《法官遴选委员会章程》《法官惩戒委员会章程》，完成陕西省法官遴选委员会、惩戒委员会成员推荐及组成工作；配合省法官遴选委员会制定并组织实施 2021 年度遴选工作方案，严格按照程序和标准开展员额遴选资格核验、笔试等工作，计划遴选法官 279 名。

五是落实员额动态调整和退出实施办法，推动落实上级法院到下级法院遴选入额和“缺三备一”递补机制，指导榆林中院、西铁中院在核定员额范围对 70 名员额法官进行统筹配置，促进人案均衡。

六是落实司法人员职业保障制度，启动一级高级法官择优选升，推动常态化开展三级高级法官、四级高级法官选升晋升，选升高级法官 142 名、晋升法官等级 387 人，激发队伍活力。

七是加大法官助理和司法辅助人员培养力度，协调党委组织、编制管理等单位，统筹使用法院空编为中级基层法院招录法官助理 291 人、其他人员

130 人；协调启动聘任制书记员补充招录工作，补录聘用制书记员 384 人。

八是推动落实《关于进一步推动解决法院检察院人财物统管改革后有关问题专题会议纪要》，法官退休年龄、公务交通补贴、出差标准等政策基本落实，清理分流安置中央政法专编“挤占”人员 561 人，法院系统非公占编问题基本解决。

九是协调省财政厅争取中央和省委转移支付资金 4.66 亿元，将执法执勤用车更新纳入转移支付范围并更新车辆 96 台，对 96 个中级、基层法院中央和省委转移支付资金使用，基建债务化解等调研指导；协调省财政厅将基层人民法庭修缮纳入转移支付范围，争取省发改委拨付“两庭”建设省级配套资金 2997 万元。

十是制定《〈人民法院工作人员近亲属禁业清单〉实施办法》，严格落实防止干预司法“三个规定”，2021 年全省法院在平台记录报告内外部过问、接触交往等信息 2233 条。

三、存在的问题和困难

一是人案矛盾更加普遍突出。2021 年全省法院受理案件数达 106.17 万件，员额法官人均结案数达 243 件，均创历史新高，部分基层法院年度人均办案量突破 600 件。与此同时，全省法院严格落实中央“严格控制机构编制增加”管理规定，人员配备没有增加，法官办案压力激增，法官工作量已经达到或超过饱和状态。

二是法官助理严重短缺。全省法院一方面内挖潜力、将符合条件的人员转为法官助理，另一方面外拓渠道、在人员招录时优先补充法官助理，全省现有法官助理和员额法官配比仅为 0.5∶1，平均 2 名法官才能配备 1 名法官助理，审判辅助力量明显不足。

三是改革配套机制有待完善。各级法院普遍面临案多人少压力，对法官调入需求大，对法官调出阻力大，法官员额市域范围动态调整机制有待全面推进；受工作压力、个人家庭因素等影响，上级法院法官助理到下级法院首次入额的意愿不高，法官助理培养机制有待探索；审判岗位的干警交流到非审判岗位情形较多，而行政部门符合法官资格的交流到审判部门相对较少，人员内部交流轮岗机制有待拓宽。

四是执法司法制约监督体系、责任体系有待健全。院庭长监督、法官会议制度等内部监督机制在工作实践中衔接不够，一些基层法院员额编制较少，合议庭成员与业务庭员额法官高度重合，专业法官会议机制功能作用不能有效突显；基层法院“四类案件”的识别标准不够统一，院庭长履行监督管理职责的效能有待进一步提升。

五是诉源治理整体推进仍显滞后。当前多元纠纷化解和诉源治理机制取得积极进展，但源于案多人少的压力，法院对诉源治理需求相对更为迫切、主动，参与单位协同发力相对不足，距离把非诉讼纠纷解决机制挺在前面还有差距。

四、下一步工作打算

2022年，陕西法院将坚持以习近平新时代中国特色社会主义思想为指导，坚持习近平法治思想根本遵循，认真贯彻中央、省委政法工作会议和全国高级法院院长会议改革部署，加强系统谋划、督察落实、总结评估，推动改革系统集成、协同高效、纵深推进，为全省法院工作高质量发展提供改革动能力量，以优异成绩迎接党的二十大胜利召开。

一是健全完善执法司法制约监督体系，持续健全完善审判权力权责清单制度，严格落实办案主体责任，构建权责清晰、权责一致、监督有序、制约有效的审判权力运行机制。

二是健全完善“四类案件”监督管理，结合《最高人民法院关于进一步完善“四类案件”监督管理工作机制的指导意见》，制定陕西省法院实施意见，进一步准确界定范围，优化监督管理，做到全程留痕。

三是推进四级法院审级职能定位改革试点，把准试点要求，完善工作机制，优化案件结构，统筹配置资源，促进法律正确统一适用。

四是正确实施修正后民事诉讼法，认真抓好新法的学习贯彻，推广前期试点法院成熟经验、机制，推动非试点法院尽快建立繁简分流制度体系。

五是深化司法体制综合配套改革，统筹推进诉源治理机制建设，推进人身损害赔偿标准统一改革试点，深化法院人事制度改革，加强全省法院基层基础建设。

（来源：陕西省高级人民法院）

甘肃法院

2021年，在中央、省委的坚强领导和最高人民法院的正确指导下，在相关各部门的大力支持下，在院党组的具体指导下，省高院认真贯彻落实中央和省委决策部署，深入学习贯彻习近平法治思想，不断深化司法体制综合配套改革，全面落实政法领域改革工作任务，各项改革接续推进、积厚成势，司法质效和公信力不断提高。

一、推进改革的主要做法

一是领导重视，压实推进。配合省委司改办参加2次省委司法体制改革专项小组会议，审议改革文件，督促改革任务贯彻落实。根据省委司改办《2021年甘肃省政法领域改革任务台账》，确定省高院2021年度14项改革举措，明确责任部门及完成时限，力求精准落地、新旧兼顾、接续发力。一年来，省高院共出台涉改革文件40余份，各相关部门多措并举，推动打造全方位深层次的法院司法领域改革新格局。

二是建章立制，与时俱进。出台《2021年全省法院司法改革工作要点》《2021年全省法院司法改革工作任务分解方案》《甘肃法院完善四级法院审级职能定位改革试点工作实施方案（试行）》等一系列制度机制文件，在习近平法治思想的指导下，不断与时俱进，推动各项新的改革系统集成、落地见效，全面提升服务保障新发展格局的能力和水平。

三是督察总结，强化评估。2021年3月初，省高院由司改办牵头与相关职能部门组成调研组，深入全省14个市州开展调研，召开座谈会了解各地改革推进情况，现场解答热点难点问题，对全省改革情况及有待省级层面推动解决的重点问题进行系统梳理，向院党组进行汇报。同年5月底，根据调研情况，省高院起草了《关于全面深化司法改革加强审判权执行权监督工作的报告》，省十三届人大常委会第二十四次会议听取了该项报告，常委会对报告工作一致认可并表示赞同。以中央组织开展党的十八大以来司法体制改革评估为契机，对甘肃省各级法院进行全方位、多角度盘点总结，向省司改办报送了《党的十八大以来甘肃法院司法体制改革情况自评报告》。同年 12 月，省委改革办委托兰州大学对全省法院开展量刑规范化改革第三方评估，省高院司改办与院量刑规范化领导小组办公室积极协调配合，顺利完成第三方评估工作。

四是注重宣传，激发活力。《甘肃省法院构建“4321”监督制约体系》一文刊登在省委政法委《政法动态》“司法改革专刊”第一期，同时还被中央政法委《长安杂志》选登。《定西：让“诉前司法确认机制”焕发崭新活力》参与首届“人民法院改革创新奖”评选，全国共有 15 项改革创新举措参与评选。各改革相关部门也通过甘肃高院门户网、“甘肃高院”微信公众号等两微一端新媒体，宣传推广改革新成果新成就，不断增强改革活力。

二、改革主要进展情况

全省法院以全面落实司法责任制为核心，以省委综合配套改革台账为抓手，推动改革不断向纵深发展，根据《2021 年甘肃省政法领域改革任务台账》目标任务，改革重点任务完成情况如下。

一是完善权力运行配置。省高院制定了《全省法院司法人员审判职责和权限清单》等配套制度，明确院庭长、员额法官各自的职责，细化法官助理、书记员等司法辅助人员及司法行政人员权力清单，推动建立有权必有责、用权受监督、失职要问责的监督制约机制。制定执行案件督察督办、司法网络拍卖、执行约谈、治理消极执行行为等规范性文件，建立全方位执行工作监督机制。结合不同审级、不同功能、不同诉讼阶段的特点，组建新型审判团队，赋予审判团队绩效评价、监督管理等职权，全面落实司法责任制。目前，权责明晰、监督有序、配套齐全的审判权执行权制约监督体系已初步建立，促使放权更有序、监督更有效。

二是规范“四类案件”监管。省高院出台《关于加强全省法院院庭长审判监督管理的指导意见》，厘清院庭长审判监督管理权责界限，细化“四类案件”为 34 种具体情形，明确“四类案件”发现机制、启动程序、监管方式和责任追究等，确保“四类案件”精准识别不遗漏。建立自动甄别、分级监管、全面覆盖、全程留痕的网上监管机制，切实解决院庭长监管思想顾虑及重大案件请示报告不规范、不及时等问题，推动院庭长监管职责从“纸上条文”变为“实际操作”。

三是完善员额遴选机制。省高院配合修订《省法官、检察官遴选委员会章程（试行）》《省法官、检察官遴选工作办法（试行）》《省法官、检察官遴选委员会工作规则（试行）》，设立非常任委员库，委员由人大、政协、法检、法学会、律师协会等单位推荐，法律实践经验丰富，政策理论业务水平高，具有广泛代表性。将专业把关的面试时间扩展到15分钟，面试成绩折算为总分的25%，纳入百分制计算，增强遴选考试的科学性、规范性。无故不参加面试者禁考一年。按空缺员额1∶1.5的比例确定进入面试人选，扩大面试推荐比例。待法院再次出现空额时，按照遴选公示的递补人选排序依次递补，直到下次遴选工作开始。构建起员额随缺随补、法官队伍发展的良性循环机制。制定印发《关于全省法官员额动态调整的实施方案》，开展法官员额动态调整，均衡办案量，推动高级、中级法院员额下沉，推动市域内员额横向动态调整，通过挂职等方式缓解案多人少矛盾，最大限度地实现员额、案件量相匹配。

四是加强绩效激励考核。省高院出台《全省法院法官、审判辅助人员绩效考核评价指导意见》《全省法院法官、审判辅助人员绩效考核奖金分配办法》，按照司法人员分类管理原则合理设定考核指标、考核主体和评价等次。建立与工作性质、履职尽责、奖金发放相联系的绩效考核评价体系。依托审判质效管理平台，采集办案法官的各项指标，为法官业绩考核提供数据支撑，实现管案与管人的有机结合。同时，充分发挥绩效考核的导向作用，把考核结果作为评优选先、选拔任用、等级晋升的重要依据，实现业绩评价与员额退出机制、监督制约机制、激励机制的有效衔接。

五是发挥“两会”职能作用。不断健全完善审判委员会、专业法官会议制度，改进“两会”工作机制和议事规则，缩减审判委员会讨论案件范围，规范审判委员会研讨范围和会务流程，强化审判委员会总结审判经验、加强审判管理、研究审判工作重大事项的职能。严格落实检察长列席审判委员会制度，近三年，全省各级法院共邀请同级检察长及其相关工作人员列席审委会1172次，充分保障检察机关依法履行法律监督权。省高院出台《专业法官会议工作规则》，明确专业法官会议的职能定位，在对复杂疑难案件精准把脉的基础上，有效发挥专业法官会议咨询议事、司法经验总结、监督类案统一法律适用和裁判规则、审判委员会前置过滤等作用。

六是强化案件流程管理。以健全完善信息化审判管理制度为基础，以强化信息技术应用助推信息化办案方式的养成为动力，以建立信息化审判运行工作机制为抓手，积极打造“数字法院业务应用系统”一体化办案平台，切实强化对案件审理的程序监控和节点管理，明确各个环节的标准、要求、责任，做到节点不遗漏，全程有监控。依托执行案件办案平台、“一案一账号”系统，加大对财产查控、案款发放等49项执行流程节点和重点环节的监督管理，实现对执行案款的全方位、多环节、多层级及时跟踪监管。针对“拖延办案”“消极执行”“隐性超审限”“随意变更审限”等突出问题，制定《全省法院结案管理办法》，建立案件催办、督办制度，实行审限提示与预警，规范延长、扣除案件审限的审批手续和备案制度，严控超审限案件。近三年，全省法院法定审限内结案率持续上升，2021年结案率达99.7%，同比上升0.09个百分点。

七是落实“三个规定”制度。建立领导干部干预司法活动、插手具体案件处理，司法机关内部人员过问案件，以及司法人员与当事人、律师、特殊关系人、中介组织接触交往等“三个规定”情况月报告和“零报告”制度，将相关信息在案卷和办公办案平台全程留痕，为防止法院内外部人员插手过问案件筑起“隔离网”和“防火墙”，为司法人员依法独立公正行使审判权执行权提供制度保障。通过自我加压、自我约束，坚决杜绝办理关系案、人情案、金钱案。

八是设立法官惩戒委员会。2021年2月24日，组织召开甘肃省法官惩戒委员会成立大会，审议通过《甘肃省法官惩戒委员会工作规则（试行）》《甘肃省法官惩戒工作办公室工作规则（试行）》，设立甘肃省法官惩戒工作办公室，惩戒工作实现常态化运行。2021年12月14日，最高人民法院印发《法官惩戒工作程序规定（试行）》。省高院将其作为参考指引，对确认违法审判责任启动程序、违法审判责任追究调查程序、惩戒委员会听证审议程序三个方面继续进行细化规范，建立健全惩戒流程，确保法官惩戒工作规范运行。

九是规范自由裁量权行使，发挥典型案例参考作用。以政法队伍教育整顿为契机，对法院系统规范自由裁量权行使进行专项调研，制定整治任务台账，出台《关于规范自由裁量权行使的意见（试行）》，统一法律适用标准，解决“同案不同判”问题，确保司法公正。发布2021年度全省法院十大典型案件，涵盖刑事、民事、行政、执行等案件类型，进一步发挥参考性案例统一法律适用、类案同判的作用，为审判人员办案提供规则指引。

十是完善一站式多元解纷建设。多措并举稳步推进立案登记、诉讼材料收转、咨询服务等工作，出台一窗通办工作规范等文件，使诉服中心成为民众走进司法感受便捷服务的第一窗口。针对年底不立案的问题，多次部署、调研，下发关于坚决整治年底不立案问题的通知，召开全省中级法院立案庭长工作会议，层层压实责任、逐级传导压力，切实保障年底登记立案工作公正高效开展，努力满足人民群众的诉讼需求，全省法院各级诉服中心成为展现法院新作为的创新基地。

三、存在的问题和困难

一是个别地方在科学配置法官员额、建立新型审判团队、落实院庭长办案责任等方面还存在打折走样的问题。

二是一些法院院庭长在处理有效放权和有力监督的关系上仍存在模糊认识，不敢监管、不愿监管、不善监管，以及重事后监督、轻事前监督和事中监督的现象不同程度存在。

三是部分法院对发回重审、改判的案件没有认真分析总结，对案件质量监督把控不够系统、准确。

四是一些法院案件质量评查标准、绩效考核指标设定不尽合理、不够科学，可操作性不强等。

四、下一步工作打算

一是持续完善审判权制约监督制度机制建设。抓好审判权责清单、院庭长办案、“四类案件”监管等制度有效落实，制定法院司法责任体系建设任务清单，建立政法领域执法司法责任体系，构建上下贯通、执行有力的层级监督体系。

二是完善四级法院审级职能定位改革。完善案件提级管辖制度，改革再审程序，分析研判改革调整后中级、基层法院案件数量及类型变化，做好对下指导，督促中级法院进行优化调整，确保立案工作平稳有序，加强审判业务专题培训，不断提升基层法院法官办案水平，实现三级法院分类施策、发挥各自职能，形成监督合力。

三是协同推进其他改革工作。深入推进一站式多元解纷和诉讼服务体系建设，健全落实认罪认罚从宽制度，开展良好营商环境护航行动。贯彻落实修改后的民事诉讼法，促进司法资源合理配置，强化信息技术支撑，建立繁简分流、轻重分离、快慢分道的民事诉讼体系。

（来源：甘肃省高级人民法院）

青海法院

2021年，在最高人民法院有力指导和省委坚强领导下，青海法院坚持以习近平新时代中国特色社会主义思想为指导，深入贯彻习近平法治思想，全面贯彻党的十九大和十九届历次全会精神，围绕努力让人民群众在每一个司法案件中感受到公平正义这一目标，深化司法体制综合配套改革，推动司法体制改革更加系统集成、协同高效，有力促进全省法院工作高质量发展。

一、推进改革的主要做法

2021年，按照中央、省委和最高人民法院部署，省高院牢固树立司法体制改革一盘棋思想，紧密结合客观实际，突出补短板、强弱项，一体推进综合配套改革，确保各项改革举措落实落地。

一是高度重视，加强研究部署。省高院党组高度重视司法体制综合配套改革工作，严格对标对表党中央、省委、最高人民法院决策部署，着眼全省经济社会发展大局，研究部署年度改革任务，共确定六类26项改革任务清单，持之以恒推进各项司改工作。

二是精心安排，明确工作职责。及时优化调整司法改革领导小组及其办公室人员结构，按照年度改革工作的重点和方向增减相关部门工作人员，确保“专业的人干专业的事”。印发年度司法改革工作要点，明确各项重点改革任务牵头部门、责任领导、责任人和完成时限，进一步压实工作责任。主动申请省委改革办，将全省法院法官员额动态调整机制改革作为省高院张泽军院长牵头的“一把手”工程纳入省内重要改革事项，最终高质量完成任务。

三是有机结合，提升改革质效。坚持将党史学习教育、政法队伍教育整顿与司法改革有机结合，通过调查研究、自查自纠，纠正司法改革偏向，把脉综合配套弱项，通过建章立制，补足短板，改进作风。认真梳理改革经验成果，编印《全省法院司法体制改革五年文件汇编（2015—2020）》，为各级法院明确改革政策、提供权威解读创造条件。

四是真抓实干，健全工作机制。针对年度司法改革任务台账，坚持每月在内网对各部门改革任务进展情况进行通报，对进展较慢的改革任务及时督促落实，不断增强改革工作合力。同时，坚持将重点改革任务与省委目标（绩效）考核任务有机结合，发挥考核指挥棒作用，推动形成全省法院特别是机关各牵头部门改革工作同频共振、协调一致的生动局面。

五是强化督导，加大宣传力度。组织专门力量深入西宁、海东等部分中级、基层法院督察员额动态调整等改革任务的贯彻落实情况，并以此为契机深入宣讲有关改革政策。形成固定的信息报送制度，对已取得较大成效的改革任务进行深挖细探，提炼改革经验编撰成司改专刊并积极推广。

二、改革主要进展情况

（一）健全执法司法制约监督机制

一是持续推进审判监督管理。深入贯彻落实政法领域全面深化改革推进会精神，积极推进司法制约监督体系改革和建设工作。强化院庭长监督管理职责，依据《院庭长审判管理与监督权力清单》，进一步健全落实法官、法官助理、书记员等各岗位职责清单、权力清单和履职指引制度，形成环环相扣、权责明晰的办案流程，厘清依法监督管理与不当干预过问案件的界限。

二是严格落实“三个规定”。严格执行最高人民法院出台的防止干预司法“三个规定”及其实施办法，印发《人民法院“三个规定”记录报告平台操作指南》，建立常态化情况通报机制。健全对如实记录人员的保护和激励机制，打消干警填报顾虑，坚决杜绝各级法院“零填报”现象长期存在。研究起草《青海省高级人民法院廉政监察员制度》，推动人民法院廉政监察工作有序开展。

（二）健全完善司法人员分类管理机制

一是实现法官员额动态调整。严格落实最高人民法院制定下发的《省级以下人民法院法官员额动态调整指导意见（试行）》，根据审判实际需求在全省法院范围内开展法官员额统筹调配，提升员额配置的精准度，最大限度实现审判资源的最佳效能。制定印发《法官员额动态调整实施办法》。进一步明确调整主体、厘清调整依据、创新调整方式、规范调整程序，为今后全省法院员额调整配置管理奠定良好的制度基础。

二是健全绩效考核工作机制。印发《法官绩效考评办法（试行）》《审判辅助人员绩效考评办法（试行）》《司法行政人员绩效考评办法（试行）》，采用通用标准件概念，建立固定系数、案由系数、浮动系数计算办案量，搭建绩效考核管理平台，将权重系数嵌入信息管理系统，实现基本考核数据"一键提取"。将公务员平时考核融入绩效考核系统，确保将考核工作干在平时。坚持考评结果与奖金分配、表彰奖励、选人用人、职级晋升等挂钩，真正建立能者上、优者奖、平者让、庸者下、劣者汰的选人用人工作机制。

三是开展法官遴选工作。积极协调省法官检察官遴选委员会启动开展第五批初任法官遴选工作，充分运用法官员额动态调整改革成果，从符合条件的法官助理中及时遴选初任法官，增补法官队伍，法官力量向案件数量大的办案一线倾斜，统筹推荐拟入额人选189名，其中152名拟在各基层法院入额，占拟入额人选总数的80.49%，有效缓解部分地区案多人少矛盾，同时，探索建立员额法官递补机制，对应下一次遴选工作启动前本院员额法官自然减员数，公示递补人选8名，为破解基层法院法官断档问题提供了坚强的组织保障。

（三）持续推进司法体制综合配套改革

一是健全多元化纠纷解决机制。按照一站式多元解纷和诉讼服务体系建设要求，积极完善诉讼与非诉讼解纷方式分流对接机制，加强在线诉非分流和诉调对接工作，与省金融管理局、省总工会、省银保监局、省发改委价格认证中心完成初步对接，建立健全线上线下诉前联动调解机制，明确程序衔接细则，促进诉前高效化解纠纷。进一步加强人民法院调解平台应用指导，通过督导检查和业务培训，指导基层法院做好矛盾纠纷诉前高效化解。

二是推进全省法院执行体制机制改革。省高院研究制定《关于刑事案件涉财产部分审判、执行的指南》《关于网络司法拍卖辅助工作管理办法》《加强终结本次执行程序案件管理办法》《关于执行款管理办法》等制度文件，开展以终本、终结方式结案的首次执行案件的评查工作和执行案款清理工作，加大对违规查封、评估、拍卖等执行行为的整治，切实提高执行质效。开展执行领域突出问题集中整治专项行动。结合执行领域存在的 6 大突出问题和细化确定的 26 项具体问题，逐项核查整治。

三是探索建立民商事案件送达新机制。结合青海法院实际，依据最高人民法院电子诉讼新规定，完成人民法院送达平台委托送达对接工作。借鉴先进法院做法，突出信息化优势，起草《青海法院民商事案件送达规则》。进一步指导中级、基层法院全面推广使用人民法院送达平台，运用信息化手段实现让群众少跑腿，让数据多跑路，切实推动解决人民法院送达难问题。

四是进一步理顺省以下法院财物省级统管机制。根据省财政厅下发的各项资产管理制度要求，结合当前全省法院固定资产管理实际，制定完善全省法院内部资产管理制度。不断完善省以下法院经费保障和常态化绩效监管体制，积极落实绩效评价管理工作，建立全方面、全过程、全覆盖的绩效管理体系，做好部门重点项目绩效评价工作，按要求报送绩效管理目标和报告，坚持以绩效结果为导向，提高财政资金资源配置效率和使用效能。省高院、西宁市中院及“青南三州”法院等 21 家法院率先尝试采取信息化手段代理记账系统管理模式，不断提高“青南三州”法院财政财务规范化管理水平，有效解决了基层法院财务人员匮乏等实际问题。探索利用“互联网+区块链”技术，梳理制度体系，形成服务标准，切实提高财务工作效率。

（四）深入推进智慧法院建设

一是深化司法大数据应用。建设全省减刑假释数据库，提升减刑假释信息化办案平台智能化水平，实现瑕疵提升等功能，提高减刑假释规范化水平，确保减刑假释案件审理在阳光下进行，最大限度地保障人民群众的知情权和监督权。

二是加强科技办案手段应用。持续发布每日电子卷宗通报，以通报的形式倒逼全省法院电子卷宗内容完整、管理规范。贯彻落实《案件卷宗限期归档办法（试行）》，推进电子卷宗随案同步生成和深度应用。印发《关于试行电子档案检查前置的通知》《电子卷宗随案同步生成和深度应用管理规范（试行）》，安排专人负责案件结案归档前置检查，着力提高电子档案归档率。

三是推广应用便民高效服务模式。完善涉法涉诉信访在互联网的受理和反馈机制，严格全面录入信访案件信息，建立涉诉信访网上受理和反馈机制，实现涉诉信访“有访必录，有录必全”。推进司法救助审批服务平台建设，组织开展全省法院司法救助平台应用业务培训，实现该平台在政法系统上线推广使用，进一步促进司法救助工作公开透明高效。

四是有效改革案件卷宗借阅和流转方式。结合青海省法院电子档案与电子卷宗应用实际，探索在立案大厅成立扫描中心，结合云柜使用，全面推动电子卷宗流转，立案时严格落实同步生成电子卷宗，方便网上阅卷。完善电子档案和卷宗系统，制定《电子诉讼档案网上阅卷暂行规定》，为当事人、律师、检察官等网络阅卷提供依据。

三、存在的问题和困难

一是落实司法责任不够深入。落实司法责任制是一项永恒课题，也是一项综合性课题，虽然前期建立了审判权力监督制约、院庭长监督管理、廉政风险防控等机制，但相关配套改革需要进一步细化深化，如对审判委员会制度改革后的定位认识不到位，在总结审判经验、统一裁判尺度的功能方面作用发挥不充分；院领导带头办理重大疑难案件的示范、引领作用发挥不够明显等。

二是审级职能定位改革亟须深化。改革试点工作开展以来，虽然出台了实施细则并作了部署和督察，但总体而言还处于探索阶段。提级管辖的识别发现机制及程序需要进一步细化完善，再审审查与再审审理衔接机制需要进一步健全，基层创新的主动性和积极性还需要进一步激发和引导，改革的经验总结和成果转化需要进一步提炼。

三是部分改革举措的协同性不足。一些关联度高、相互制约的改革举措推进不同步，改革的系统性不够强。比如以审判为中心的刑事诉讼制度改革，需要进一步加快跨部门数据交换平台建设；人员分类管理和内设机构改革后，受职务职级核定等因素影响，中级、基层法院综合行政部门人员晋升空间受限，相关配套举措有待跟进等。

四是法院队伍建设面临新的挑战。法官队伍“断档”“断层”问题持续存在，聘用制书记员素质参差不齐，待遇普遍不高，队伍不稳定；基层法院行政工作人员偏少，难以服务保障审判执行工作；中高级法院符合入额条件的法官助理对到基层法院入额的政策存在较大抵触心理，意愿不强，“降级入额”等新问题日益凸显，在一定程度上影响了干部队伍的稳定，这些都需要通过改革的途径予以解决。

四、下一步工作打算

2022 年青海法院将继续深入贯彻落实最高人民法院关于司法体制改革工作部署，保持改革定力，持续推进青海法院司法改革工作。

一是提高认识，持续深化改革。始终把党的政治建设放在首位，始终坚持以习近平新时代中国特色社会主义思想为指导，持续深入学习贯彻习近平法治思想，深刻领悟“两个确立”的决定性意义，不断提高政治判断力、政治领悟力、政治执行力。坚决落实中央改革要求，全面深入推进司法体制综合配套改革。层层传导压力，加强改革督导检查，把抓紧落实改革新任务与查缺补漏、巩固提升相结合，两手抓、两不误。

二是突出重点，不断创新方法。各项司改任务从面上看，基本落实到位，但司法责任制改革、新型司法权运行机制、审级职能定位改革等重点改革任务依然任重道远，还需持续加大协同力度，一体推进。比如，法官、法官助理、书记员的职责分工有待进一步完善，院庭长的监督管理有待强化等问题，都需要结合实际、创新方法，通过改革的途径予以解决。

三是聚焦问题，持续深化改革。专题研究案件调解处理的方式方法，制定民商事案件调判结合指导性意见。大力推进三江源、青海湖、祁连山等生态法庭建设，积极探索具有中国特色、国际影响力的环境司法青海模式。研究细化当场立案、网上立案、自主立案、跨域立案的具体操作程序和规则。继续开展年底不立案问题专项治理活动，让人民群众切实感受到公平正义就在身边。

四是锚定目标，经常总结完善。改革的目标导向是解决问题，改革的节奏需要稳步推进，其中很重要的一点就是需要经常性地回顾总结、不断完善，这也是发展的内在要求，更是事物具有两面性的必然要求。坚持群众工作方法，通过适当方式主动接受群众对司法改革的监督评判，搜集意见建议。针对时代发展出现的新情况新问题、前期改革中不彻底不到位的问题等，经常性分析研究，及时完善解决。

（来源：青海省高级人民法院）

宁夏法院

2021年，在自治区党委坚强领导和最高人民法院正确指导下，宁夏法院坚持以习近平新时代中国特色社会主义思想为指导，深入学习贯彻习近平法治思想，不断深化司法体制综合配套改革，认真落实中央、自治区党委和最高人民法院部署的各项改革任务，切实整改落实自治区督察调研反馈的问题，取得了阶段性成效。

一、推进改革的主要做法

2021年，按照中央、自治区党委和最高人民法院部署，自治区高院在宁夏法院一体推开司法体制综合配套改革。

一是坚持系统评估。宁夏高院党组专题研究，分类对改革事项进行评估，对中央深改委、自治区深改委安排部署的21件改革任务建立清单，对其中14件已完成的规范类改革任务加强“日常监管”，对7件改革任务中已经完成的161项改革事项“划勾消号”，对正在协调推进的32项改革事项明确“落地节点”，充分实现对改革事项的全面梳理和系统评估，为各项改革任务推进落实奠定坚实的基础。

二是坚持联动推进。将改革工作与接受自治区党委巡视、队伍教育整顿紧密结合，与巡视整改和整治顽瘴痼疾共同推进，与开展“七大提升行动”同频共振，切实加强高级法院各职能部门之间、高级法院与各中级、基层法院之间、高级法院与改革其他责任单位之间的联动配合，抓住推进司法责任制和强化司法权力制约监督这一“牛鼻子”，协同推进其他改革事项落地见效。

三是坚持重点突破。加强对重点改革事项的督查，通过重点督察推动改革难点、痛点问题取得实质性突破。如对司法权力制约监督改革中存在的院庭长“不会管”“不敢管”“不愿管”问题，加强调查研究，形成《院庭长对“四类案件”实施监督管理工作的调研报告》，提出进一步推进制度落地的意见建议。例如，针对环境资源案件集中管辖改革后案件审理机制不健全的问题，加强对下审判工作的指导，出台2项规范性文件，就案件受理及审理程序进行了规范。

二、改革主要进展情况

宁夏法院以全面落实司法责任制为核心，全面梳理和系统评估党的十八届三中全会以来党中央和自治区党委部署的改革任务，严格对照自治区党委督察通报反馈的问题，聚焦自治区党委政法委在改革成效评估中指出的问题和列出的改革任务，逐项建立台账，着眼全面、聚焦重点、协调推进，全力推动各项改革任务取得实效。

一是构建内部监督体系。出台《关于完善司法责任体系深化审判权力制约监督机制改革的实施意见》，制定《加强合议庭工作职责办法》《院庭长审判监督管理办法》《加强案件审限管理的工作指引》《发回重审、指令再审案件监督管理办法》等相关配套制度，以构建责任体系为目标实现“指引式”监督。修订《宁夏法院审判权责清单》，划定办案人员权力边界，以明晰权责配置为基础推进“清单式”监督。甄别重点案件类型，研发“四类案件”管理系统，以特殊案件管控为抓手实施“定点式”监督。制定《办案责任追究办法》，完善法官业绩考核评价，以严格追责为依托开展“评价式”监督。出台落实防止干预司法“三个规定”实施办法、院庭长落实防止干预司法“三个规定”正面清单以及法官、检察官与律师、基层法律服务工作者交往正面清单、负面清单，运用直报系统记录报告759条，以如实填报为手段进行“严管式”监督。

二是推进繁简分流改革试点。积极履行主体责任，认真落实对下指导沟通机制、月报制度，积极探索完善程序规则和制度机制，持续拓宽解纷渠道、完善解纷方式，不断优化司法资源配置模式，切实激发制度活力和司法效能，确保银川地区改革试点工作有序推进。银川中院将二审适用独任制审理的案件纳入院庭长监督范围、参照“四类案件”标准实行常态化监管的做法得到最高人民法院充分肯定。深入总结试点工作经验成效，提炼试点程序规则，主持研究起草宁夏法院关于民事诉讼法修改建议稿，为顺利推动民事诉讼法修改贡献了宁夏智慧。

三是推进环境资源类案件集中管辖改革。银川铁路运输法院选配精干力量组建专业团队，设立巡回审判点，筑牢绿水青山司法保护前沿阵地。建设生态修复示范与司法教育“两基地”，传播恢复性司法理念，打造生态保护宁夏法院样本。推进技术专家智库建设，建立涉环境资源重大刑事案件会商制度，专业化审判能力不断提升。构建省域间司法协同共治新模式，中卫中院联合甘肃、内蒙古法院签订审判协作框架协议，推动形成黄河流域生态环境司法保护强大合力。

四是统筹重点改革任务。跟进印发《关于完善四级法院审级职能定位改革试点实施方案》《关于完善四级法院审级职能定位改革试点实施细则》，完善提级管辖机制、改革再审程序，稳妥推进改革试点。持续推进以审判为中心的刑事诉讼制度改革，准确适用认罪认罚从宽制度，研究制定23个常见罪名的量刑指导意见实施细则，建立认罪认罚制度实施情况专项统计工作机制，落实值班律师值岗制度。优化司法资源配置，制定《宁夏法院法官员额递补工作办法（试行）》，落实编制、员额动态管理，首次实施法官逐级遴选和员额递补机制，首批法官助理到基层法院遴选入额，全年新任法官89人。联合印发意见建立道路交通事故损害赔偿纠纷“网上数据一体化处理”工作机制，建立联席会议制度，全面运行道路交通事故损害赔偿纠纷“网上数据一体化处理”平台，积极引导当事人通过在线平台化解纠纷。探索辅助事务外包新模式，初步建立起“公证机构参与、邮政集约送达、劳务派遣外包”的金字塔型司法辅助事务外包框架。

三、存在的问题和困难

一是部分改革事项推进不均衡，未完全形成工作合力。如自治区“两办”印发的《关于加快推进失信被执行人信用惩戒体系建设支持人民法院解决执行难问题的意见》和《关于进一步完善多元解纷机制加强诉源治理的实施意见》两份改革文件，涉及区、市、县众多部门，任务多、责任主体多，不同部门重视程度、工作难度、落实力度均存在差异，一些改革事项存在“统不起来、落不下去”的问题，还有一些改革事项涉及的平台对接、人员保障、经费保障等问题的协调落实也存在较大困难；如在推进“僵尸企业”出清过程中，还存在工作联动机制尚不健全的情况，尤其是破产费用不足的案件，法院没有专项经费，案件的审理工作难以实质性启动和展开。

二是人员分类管理改革存在困难。人员分类管理后，法官与其他人员经济待遇和生活待遇差别较大，且法官等级不受职数限制实行按期晋升，司法行政人员在职数限额内晋升职务和职级，司法行政岗位吸引力大幅减弱，原在行政岗位有审判资格的人员普遍期望向审判岗位流动。法官、审判辅助人员与司法行政人员之间的交流政策虽已出台，但实际工作中促进交流的方法不多、破解交流难题的措施不多、成效不明显。同时，人员分类管理后，法院司法行政人员发展空间相对狭窄，没有建立与党政机关干部广泛交流任职的通道，大量优秀的司法行政人员由于没有法律职业资格，只能在法院系统有限的内设机构轮岗，导致司法行政人员发展后劲不足。

三是部分改革事项缺少顶层文件支撑。如高级、中级法院内设机构改革，最高人民法院明确要求内设机构改革工作自上而下进行，但目前最高人民法院相关改革工作方案仍未下发，因此，此项改革工作还无法推进实施。

四、下一步工作打算

一是稳妥推进完善四级法院审级职能定位改革试点。按照最高人民法院统一安排部署，认真落实自治区高院出台的《关于完善四级法院审级职能定位改革试点实施方案》《关于完善四级法院审级职能定位改革试点实施细则》，通过完善提级管辖机制、改革再审程序，逐步推动实现“基层人民法院重在准确查明事实、实质化解纠纷，中级人民法院重在二审有效终审、精准定分止争，高级人民法院重在再审依法纠错、统一裁判尺度”，充分发挥四级两审审级制度优势，加快推进宁夏法院审判体系和审判能力现代化。

二是深化巩固民事诉讼程序繁简分流改革试点经验。深入总结提炼银川两级试点法院在改革试点期间形成的好经验好做法，建立健全具有宁夏法院特点、符合宁夏法院实际的制度机制，为民事诉讼法修改后全面推行民事诉讼程序繁简分流奠定良好基础。

三是持续深化环境资源类案件集中管辖改革。对宁夏环境资源类案件集中管辖工作进行全面调研，加强与自治区、邻近省（区）相关职能部门以及地方党委、政府的协调沟通，进一步加大人员、经费、基础建设等保障事项的落实力度，探索建立跨区域协作制度机制、自然资源管理与司法保护协作协同新机制，健全环境公益诉讼与生态损害赔偿制度的衔接机制，规范完善生态环境损害赔偿诉讼的审判规则。

四是积极推进人员分类管理改革。推动自治区党委、政府修订完善《各级人民法院、检察院聘用制书记员管理办法》，制定完善《宁夏法院聘用制书记员管理考核细则》，有针对性地开展法院文化建设，努力拓宽聘用制书记员上升渠道，切实解决保障不到位、机制不健全、归属感不强、职业前景不明朗等问题。协同自治区检察院、自治区司法厅推动《法院、检察院、司法系统警务辅助人员管理办法（送审稿）》审定通过，切实推进《宁夏回族自治区公安机关警务辅助人员条例》在法院系统参照落实，加强人民法院警务辅助人员的招聘、保障和管理。

（来源：宁夏回族自治区高级人民法院）

新疆法院

2021年，新疆法院坚持以习近平新时代中国特色社会主义思想为指导，深入贯彻习近平法治思想，在自治区党委的坚强领导和最高人民法院监督指导下，以优异成绩向党的百年华诞献礼为主线，以党史学习教育和队伍教育整顿为牵引，以强作风、重落实、提效能为导向，聚焦党中央改革决策部署和最高人民法院、自治区党委改革工作安排，圆满完成各项工作任务。全年共受理案件66.89万件，审执结60.62万件，自治区高院本级受理5820件、审执结5271件，结案率、结收比均位居全国前列。人民法庭、综源治理、以保促执等一批新疆经验在全国推广。

一、推进改革的主要做法

一是坚持政治引领，压实改革主体责任。始终把党的政治建设放在首位，积极推动党建责任制与司法责任制相融互促，健全完善常态化政治学习、督察督办等工作机制，将党中央、自治区党委和最高人民法院关于改革的相关文件精神、会议要求作为党组理论学习中心组学习主要内容，并纳入督办重点事项；深入贯彻落实《中国共产党政法工作条例》，严格执行重大事项请示报告制度，累计向自治区党委、最高人民法院专题汇报改革事项10余次，确保党的领导贯穿司法责任制综合配套改革全过程各方面。

二是聚焦重点难点，系统谋划改革任务。围绕最高人民法院和自治区党委年度改革重点，立足地区实际，制定下发《2021年深化司法责任制综合配套改革的任务措施》《落实政法领域执法司法制约监督制度机制建设的任务书》，明确责任领导、任务分工和完成时限，纲举目张，推动各项改革精准发力。司改办突出抓好台账精细化管理，按月跟踪问效，确保有人抓、有人管、有落实。

三是强化督促指导，扎实推进改革落实。创新“改革考评+帮助指导”鞭策助推模式，注重科学分类、精准有效，优化改革考评体系，全方位评估改革成效；持续做好对下指导，采取线上线下相结合，12个对下指导组分片包联、上下捆绑、一体问效，“下沉式”把脉、“点穴式”问诊、“对症式”开方，确保把问题找准、找实，靶向精准整改，引领全疆法院方向一致、目标一致、步调一致。

四是鼓励探索创新，因地制宜培树亮点。坚持分类推进、差异化实施，指导全疆法院重点围绕服务保障经济高质量发展、知识产权审判领域改革创新和执行难综合治理及源头治理等方面挖掘培育特色改革亮点，得到自治区党委充分肯定；同时，按照边推进边总结边提升的工作思路，充分发挥改革案例示范引领作用，在全疆刊选、上报改革案例经验百余个，其中，自治区高院创新服务保障经济高质量发展经验被《新疆全面深化改革工作简报》刊发推广；喀什地区疏勒县法院善意文明执行经验得到最高人民法院周强院长的批示肯定，并被最高人民法院《司法改革动态》和《新疆全面深化改革工作简报》采编推广。

二、改革主要进展情况

（一）持续深化司法责任制，加快构建新型审判权力制约监督体系

一是坚持有序放权和有效监督相结合，采取循序渐进的放权模式，以规范化制度化压实院庭长监管职责，立足区域案件和队伍实际，修订完善《案件签署权力备案清单》，制定下发《关于强化院庭长监督管理的实施办法》，通过“人工+智能”双重识别，全年累计监管案件3610件。

二是完善院庭长办案常态化，严格执行院庭长办案数量和类型要求，重点办理“四类案件”、发回重审等案件，每季度对办案数量和类型进行考评通报。2021年，全疆法院院庭长办案40.2万件，占结案总数的41.35％，院庭长带头办理重大疑难复杂案件的示范引领作用得到有效发挥。

三是全面推进法律统一适用，进一步强化统一法律适用机制实质化运行，定期对各分中院专业法官会议、审判委员会和类案检索情况进行分析通报；加强审判经验梳理总结，制定出台知识产权、建设工程施工合同、民间借贷

等类案实务问答等办案指导性文件，确保类案同判，统一辖区法律适用。

（二）全面落实人员分类管理和职业保障制度改革，不断提升司法队伍活力

一是完善员额管理制度，组织常态化员额选任，建立增补工作机制，在核定总量内科学合理调整全疆员额配比，向人案矛盾突出的 9 家法院调配中央政法编制 50 个。

二是完善审判辅助人员管理制度，强力推动落实放宽法官助理招录政策，有效解决南疆地区法官助理短缺问题；健全法官助理分层培养机制，继续深化与清华大学、西北政法大学等高校的合作，建立法学教师、法律院校学生等人员到法院交流、实习、担任法官助理的制度机制。

三是健全职业保障制度，按期晋升常态开展，择优选升稳步推进，地方法院择优选升一级、二级高级法官 21 人，自治区高院本级开展按期晋升 20 人次，择优选升 3 人，有效打通了法官的职业发展通道。

（三）巩固深化一站式建设成果，多元化满足群众司法需求

一是坚持和发展新时代“枫桥经验”，重心前移、力量下沉，持续推动更多法治力量向引导和疏导端用力，指导形成以 30 个基层法院、125 个中心法庭辐射带动 142 个巡回法庭、1200 个法官工作站、便民服务四位一体多元解纷服务网，与基层组织纠纷联调、问题联治，推动 49.5％的矛盾吸附在当地、化解在前端，源头治理的效应日益显现。

二是下大力气巩固立案登记制改革成果，建立动态监测预警和投诉举报处置机制，通过明察暗访、调度通报、责任追究等方式，全面畅通立案渠道，当场立案率超过 95％，网上立案率达 74.69％，跨域立案 2177 件；集中部署 12368 服务热线，制定一站式办理清单，为老年人、残疾人等特殊群体提供个性化服务，为生活困难群众缓减免诉讼费 1549.91 万元，发放救助款 1439.6 万元，用便捷高效的诉讼服务实现群众少跑腿、少费心。

（四）深入推进以审判为中心的刑事诉讼制度改革，着力优化刑事司法资源配置

一是严格罪刑法定原则，修订常见犯罪量刑指导意见实施细则，排除非法证据 26 案，宣告 16 人无罪，准予检察机关撤回起诉 56 件，对 4172 名被

告人判处缓刑、管制或免予刑事处罚。

二是认真贯彻宽严相济刑事政策，完善刑事案件速裁程序和认罪认罚从宽制度，对案件事实清楚、证据充分的轻微刑事案件和犯罪嫌疑人、被告人自愿认罪认罚的，推广适用速裁程序、简易程序或者普通程序简化审理，2021年全区认罪认罚从宽制度适用率达78.38％。

三是加快构建常见多发刑事案件基本证据标准，根据自治区党委政法委部署要求，从乌鲁木齐市中院、巴州中院、克拉玛依市中院等抽调一线刑事审判业务骨干组成专班，立足刑事审判工作实务，起草形成《刑事案件基本证据标准》，明确69类106种常见刑事案件证据标准，有力提升了刑事审判工作规范化、标准化水平。

（五）大力加强智慧法院建设，切实提升司法公共服务水平

推进信息化4.0版建设，整合优化信息系统，建立司法大数据中心、信息化推进与应用考核平台，实现互联网法庭全覆盖，形成全业务网上办理、全流程依法公开、全方位智能服务格局，信息平台应用覆盖率接近100％。积极构建立体化智能化诉讼模式，移动微法院访问量577.72万人次，在线调解46.58万次，云间庭审1.6万次，电子送达78.84万次，维吾尔语庭审同步翻译准确率高达95％；公开裁判文书21.09万份，直播庭审2.55万次。

三、存在的问题和困难

一是对改革阶段性特征认识不足。随着法官职级的晋升、工资制度等的落实，部分干警改革热情减退，认为改革已经“差不多”了，对司法责任体系建设、强化审判制约监督等长远性、深层次问题关注不够，部分法院改革职能部门统筹协调作用弱化。

二是改革系统性协同性不强。当前司法责任制综合配套制度框架更加健全，与新型审判权运行机制相适应的制约监督机制基本定型，但改革成果应用的系统集成、协同高效方面仍有待加强，如信息化与审判监督管理融合程度不够，专业法官会议与合议庭、审判团队衔接运行机制不畅等问题依然存在。

三是重要领域关键环节推进力度不够。主要表现在审级职能定位改革方

面，根据最高人民法院要求，虽已下发细化落实方案，但提级管辖、再审程序改革等相应配套机制不够健全完善，导致改革效果不明显、任务推进缓慢。

四是先行先试创新不足。部分法院改革的积极性主动性不高，落实改革任务习惯于“跟着走”“照着做”，探索创新不够，缺乏对地方改革工作成效的总结提炼，没有从提升治理体系和治理能力高度，形成可复制可推广的制度机制性经验。

四、下一步工作打算

一是进一步加强党的领导。将讲政治贯穿改革工作始终，建立健全贯彻习近平总书记重要指示批示精神、党中央重大决策部署、最高人民法院和自治区党委工作安排督察督办制度机制；严格落实请示报告制度，定期向最高人民法院、自治区党委报告改革工作情况，及时协调解决审级职能定位改革、人财物统管改革中遇到的难点堵点，确保改革方向不偏离、措施不走样。

二是进一步强化系统集成。主动对标最高人民法院、自治区党委改革部署，准确把握改革阶段性要求，充分整合多元纠纷、审判权制约监督、法律适用统一、判后答疑等制度效能，推动构建立审执全链条贯通、一体化协同联动的工作格局。

三是进一步优化考评指导。牢固树立正确政绩观，“精简瘦身”考评指标，加大对司法案例、裁判文书等优秀改革产品的考评力度，持续推动改革成果转化。完善对下帮助指导机制，定期收集梳理基层改革难点，靶向施策、量身定制提升计划，着力扬优势、补短板、强弱项，确保各项改革任务有序推进落实。

四是进一步加强探索创新。将司法改革融入大局中去谋划，着眼于提升新疆法院审判体系和审判能力现代化，分类推进、差异化实施，指导全疆法院围绕服务服务保障法治化营商环境、审级职能定位改革、民事诉讼繁简分流等方面，梳理总结地方特色改革经验，打造新疆法院改革样本。

（来源：新疆维吾尔自治区高级人民法院）

新疆生产建设兵团法院

2021年，在兵团党委坚强领导和最高人民法院正确指导下，在各相关部门的大力支持下，兵团各级法院坚持以习近平新时代中国特色社会主义思想为指导，深入学习贯彻习近平法治思想，不断深化司法体制综合配套改革，努力让人民群众在每一个司法案件中感受到公平正义。

兵团各级法院共受理案件102994件，同比上升57.83%，结案94759件，同比上升51.81%，收结案数均创历史新高。在全国法院第三十三届学术讨论会上共有21篇论文获奖，首获一等奖1篇，获奖数量和等级均创历史新高。建成并全面应用兵团跨部门智能办案平台，得到最高人民法院周强院长的充分肯定。

一、推进改革的主要做法

2021年，按照中央、最高人民法院和兵团党委部署，兵团各级法院深入推进司法体制综合配套改革。

一是强化“四个突出”。明确各级法院党组推进司法改革的政治责任，以突出改革思维、突出兵团特色、突出重点工作、突出党组监督等为抓手，强力推进司法改革工作责任制和“一把手”负责制。

二是狠抓“五个落实”。以提高认识抓落实、聚焦任务抓落实、细化措施抓落实、改进作风抓落实、完善考核抓落实为载体，积极探索打造独具兵团特色的司法改革新路和精品工程。

三是切实解决“瓶颈”问题。健全完善司法廉洁监督制约机制，全力提升审执质效和基层司法能力，强化基层基础性调研，加强顶层设计，切实发挥制度机制效应。

四是强化“清单式”监管。建立清单式常态化跟踪监管和定期通报制度，探索完善定向定点指导监督新路径，强化问责整改，推动实现司改绩效考核常态化。

二、改革主要进展情况

（一）全面推进各项改革，服务保障兵团经济社会高质量发展

健全刑事审判机制。持续深化严打专项行动，实现严打整治机制常态化。制定《重大（敏感）案事件（故）社会稳定风险评估工作机制》《常态化开展扫黑除恶斗争实施意见》《关于审理“减假暂”案件加强监督管理的规定》，推动扫黑除恶常态化。审执联动提升“黑财清底”指标进展，推进“扫黄打非”等专项工作，有力维护兵团社会大局稳定。

服务构建新发展格局。制定《关于如何确定兵团团场企业法人资格注销后生产经营性债权债务承接主体的审判指南》等，完善破产重整、清算、和解机制，加强知识产权司法保护，深化环资审判“三合一”归口审理改革，完善公益诉讼办案程序，积极营造法治化营商环境，助力乡村振兴发展。

（二）创新便民利民机制，健全以人民为中心的便民司法制度体系

推进一站式诉讼服务体系建设。各级法院全部建成诉讼服务中心，升级全流程在线诉讼服务平台，开通运行跨域立案、律师服务、委托鉴定、送达保全系统，完善12368诉讼服务热线实质性办事功能。制定《关于民事调解协议司法确认程序的实施细则（试行）》，与兵团司法局联合下发《关于做好律师服务平台上线运行后服务保障工作的意见》。落实“一团一法官”工作机制，建立195个法官工作室。

深化多元化纠纷解决机制改革。主动融入市域社会治理格局，将诉源治理纳入师市和垦区两级综治中心“五位一体”建设，实现与网格化服务管理平台的对接。中级、基层法院全部开通综治视联网，在连队、社区等设立多元解纷联动工作站。与司法局等部门联合下发《关于做好“诉调对接”工作的实施意见》等，建立诉调对接中心42个、调解室72个，对接各类调解组织175个，中级、基层法院建立律师调解工作室34个，形成“法官+人民陪审员+人民调解员+N”的基层多元解纷机制。

（三）加强执法司法监督，健全以司法责任制为核心的审判权力运行体系

深化司法责任制综合配套改革。组建新型审判团队，健全办案责任制，完善专业法官会议与独任庭、合议庭、审判委员会工作衔接机制。制定《审判人员权责清单》《兵团法院“四类案件”监督管理办法（试行）》《兵团法院长期未结诉讼案件监督管理办法》等，推进院庭长办案制度化规范化常态化。

深入推进政法领域全面深化改革。制定执法办案权责清单，强化院庭长办案监管责任。制定《谈心谈话制度》，推进院庭长履行“一岗双责”。制定《关于改进分案工作的若干规定》《关于规范民商事审判监督指导的规定》《关于进一步加强执行监督的意见》等，强化执法司法规范化建设。

推进制约监督制度机制改革。制定完善《严禁干警违规经商办企业违规从事营利活动的规定》《关于惩治干警违规参股借贷的规定》《关于惩治离任法官违规从事律师职业充当司法掮客的暂行规定》《关于落实防止干预司法“三个规定”及记录报告制度的实施细则》等24项制度，建立完善各层级制约监督、明责定责、问责追责的制度体系机制。

完善统一法律适用机制。健全审判业务文件和参考性案例备案机制，完善指导性案例制度，健全案例报送、筛选、发布、评估和应用机制。制定《关于完善统一法律适用的实施细则（试行）》，健全统一法律适用、法律分歧解决、类案强制检索机制，推进类案检索平台建设，推动形成上下贯通、系统完备、规范高效的统一法律适用工作体系。

推进执行工作机制改革。优化执行权配置，开展集中执行改革试点工作，探索中级、基层法院“两统一”执行管理新模式。制定《关于进一步加强执行监督的意见》，健全执行监督体系。深化执行联动机制建设，建立“执行+保险”联动合作模式。开展执行领域突出问题集中整治专项行动，严格规范终本程序审查，推进“一案一账号”监管平台应用。

（四）推进四级法院审级职能定位改革，健全完善人民法院机构职能体系

建立各级法院审级改革工作专班。制定《关于完善四级法院审级职能定位改革试点实施方案》《关于完善审级职能定位改革试点工作的实施细则》

等，修订民事、行政案件级别管辖制度，改革民事、行政再审申请程序和标准，探索建立当事人申请提级管辖机制，强化跟踪督导，开展定向定点跟踪调研督导。推动试点相关数据统计工作常态化。

深化内设机构改革，顺利完成兵团三级法院内设机构改革任务。健全完善审判组织职能，制定《兵团法院专业法官会议工作规则)》，探索建立审判委员会讨论重大疑难复杂案件转化为示范性案例制度。

（五）健全完善诉讼制度机制，积极推进审判体系和审判能力现代化建设

深化刑事诉讼制度改革。推进落实认罪认罚从宽制度，健全“三项规程”，完善证人出庭作证、指定辩护、法律援助等制度机制。严格规范“减假暂”办案监管，推进减刑假释案件实质化审理。升级刑事案件智能辅助办案系统，最高人民法院周强院长专门批示在全国法院推广。

深化民事诉讼制度改革。推进民商事案件级别管辖、提级管辖机制改革，完善“特殊类型案件”处置机制，深化民事诉讼程序繁简分流改革试点，规范办案程序，大力推进繁简分流实体化运行，全面提升诉前调解、小额诉讼、司法调解确认工作质效，简易程序适用率、司法调解协议确认率明显提升，办案周期进一步缩短。

健全完善再审制度改革。制定《关于规范民事申请再审案件审查工作若干问题的规定》，健全“上级法院提审为主，指令下级法院再审为辅”的启动再审模式，完善指令再审、发回重审案件跟踪督办制度。探索完善向最高人民法院申请再审案件律师强制代理制度，健全指令再审、发回重审案件跟踪督办制度。

深化行政诉讼制度改革。完善行政案件级别管辖制度，深化行政诉讼程序繁简分流改革，探索扩大行政案件简易程序适用范围。建立兵团法院与兵团行政机关行政审判与环境资源案件联席会议制度，推动建立多元化解行政争议新格局。与兵团自然资源局等部门制定《兵团生态环境资源行政执法与司法审判联席会议制度》，推动环境行政执法与司法审判衔接。

深化互联网司法建设。制定《关于完善跨域立案、远程庭审、在线调解等便民利民司法服务的规定》《“兵法 e 诉”应用工作规则》，建成并上线运行兵团移动微法院、人民法院调解平台、人民法院委托鉴定平台、人民法院调

解平台、全国道路交通事故一体化处理平台、兵团法院 12368 诉讼服务热线等 6 个平台，受到人民群众的一致好评。

（六）健全司法队伍管理制度体系，积极打造忠诚干净担当的政法铁军

深化人事制度改革。探索建立员额编制省级统筹和动态调配机制。顺利推进中、基层法院内设机构改革。深化法官单独职务序列改革，落实配套待遇及职务职级并行制度。修订完善《法官员额退出实施办法》《人员交流和挂职锻炼实施办法》《绩效考核办法》等。会同兵团党委组织部和兵团检察院联合制定《关于印发〈兵团法官检察官逐级遴选办法（试行）〉的通知》，会同兵团检察院联合制定《关于兵团法院、兵团检察院面向律师和法学专家公开选拔法官和检察官的实施细则》。推动完善人民陪审员法配套制度，完善人民陪审员法官指引机制。

（七）全面加强智慧法院建设，不断提升智能化监管能力水平

制定《兵团法院信息化五年发展规划（2021－2025）》《“智慧兵法 4.0”工作方案》，“兵法 e 诉”办案系统和“兵法 e 事”办公系统在三级 44 院全面上线应用。推进在线诉讼，移动微法院网上立案缴费、网上开庭、证据交换、电子送达、网上调解率大幅提升。推进诉服平台和道交一体化平台的建设应用。建成涉案财物管理、“法信”查询应用、类案检索等 10 余个平台，全面提升审判执行工作智能化监管能力。

三、存在的问题和困难

一是司法改革工作发展不平衡，“上急下缓”、地区差异、督促落实等方面还存在一些问题。基层法院疲于应对办案压力，部分改革任务无法按计划完成，中级法院活动多或少存在“不推不动、不督不改”等现象。

二是推进改革工作力度需要进一步增强，部分重点改革任务推进落实不到位，系统性、集成性、协调性还存在一定差距。繁简分流、小额诉讼、简易程序适用、调解协议司法确认等改革举措推进落实差异较大，二审适用独任制和简易程序在司法实践中还存在一些较大争议。

三是案多人少、编制不足问题仍然突出，人财物省级统管改革涉及面广、牵涉部门多，编制、财政等部门沟通协调阻力大。中级法院之间、基层法院之间员额法官津贴差异较大，有的法院员额法官津贴比行政人员绩效奖金发放标准低，甚至出现“倒挂”现象，在一定程度上挫伤了一线办案员额法官的积极性。

四是司法改革工作监督制约措施还需进一步加强，高级法院统筹辖区司法改革工作的“指挥棒”作用需要进一步显现。司法改革工作监管考核等配套机制需要进一步完善。

四、下一步工作打算

一是提高政治站位，突出改革思维，增强各级法院党组推进司法改革工作的责任感和紧迫感。抓好“一把手”担责履责，采取司法改革工作专项述职、专题报告、专门约谈等方式，加大监管问责问效力度，层层传导压力，全力推进各项改革。

二是统筹谋划全局，突出兵团特色，全面推进落实各项司法改革任务。坚持调研先行，摸透基层实情，正确把握基层所急所盼所缺。加强顶层设计，扬长避短，勇于实践创新，积极推出一批符合兵团实际、可操作性、可复制的司法改革典型经验。

三是把握关键环节，突出重点工作，切实解决当前制约审判执行工作高质量发展的“瓶颈”问题。围绕提升办案质效和人民群众满意的目标，加强立案、审判、执行等重点环节监督，强化均衡结案、落实便利诉讼，补短板、强弱项，切实以改革成效推动各项工作提速增效。积极争取最高人民法院和兵团党委政法委的大力支持和高位推动，力争年内解决人财物统管等一批改革难题。

四是强化监督考核，突出党组监督，切实把司法改革重点工作责任压实压细。健全司法改革工作责任体系，制定分工方案，层层分解任务，确保权责明晰，狠抓问效问责，切实提升各级法院党组领导改革、引领改革、推进改革的能力。

五是强化“五个落实”。一要通过提高认识抓落实。加强对中央、最高人民法院、兵团党委政法委关于司法改革工作部署的学习研究，教育引导全体干警树牢信心和增强勇气。进一步明确方向目标任务和责任。二要聚焦任务目标和清单式管理抓落实。积极推进司法改革工作精细化管理，强化过程监督与效果监督，确保各项部署及时落地见效。三要细化措施抓落实，健全完善“清单式”“台账式”监管措施，健全纪检与督察部门联合通报、督促整改督导问效机制。四要通过改进作风抓落实。坚持求真务实，切实在司法改革工作中落实“马上办、立即办、事不过夜抓紧办”的工作要求。五要完善绩效考核机制来落实。将司法改革工作纳入分院及各中级、基层法院工作考核体系，完善奖罚激励措施，坚决以制度责任的刚性制约手段确保各项改革任务的完成。

新的一年，兵团各级法院将全力打造兵团法院司法改革“精品工程”，为开创兵团法院各项工作新局面，迎接党的二十大胜利召开交上一份让党和人民满意的答卷。

（来源：新疆维吾尔自治区高级人民法院生产建设兵团分院）

第五篇

观点摘编

大法官述要

在习近平法治思想指引下 沿着中国特色社会主义法治道路奋勇前进

最高人民法院院长 周 强

2020年11月16日至17日召开的中央全面依法治国工作会议首次提出习近平法治思想，明确习近平法治思想在全面依法治国工作中的指导地位，在党和国家法治建设史上具有划时代的里程碑意义。人民法院要坚持以习近平新时代中国特色社会主义思想为指导，在习近平法治思想指引下沿着中国特色社会主义法治道路奋勇前进，为全面建设社会主义现代化国家、实现中华民族伟大复兴的中国梦提供有力司法服务。

一、深刻认识习近平法治思想的政治意义、理论意义、实践意义、世界意义

习近平法治思想贯穿着坚定理想信念、鲜明人民立场、敏锐战略眼光和宏大全球视野，从历史和现实相贯通、国际和国内相关联、理论和实际相结合上，深刻回答了新时代为什么实行全面依法治国、怎样实行全面依法治国等时代课题，为深入推进全面依法治国、加快建设中国特色社会主义法治体系、建设社会主义法治国家指明了方向。习近平总书记高度重视在实践中运用和发展马克思主义，坚持马克思主义立场观点方法，坚持从中国实际出发，结合活生生的法治实践，根据客观形势发展，不断创造新的理论，提出了一系列新的科学论断和观点，为发展马克思主义法治理论作出了重大原创性贡献。习近平法治思想是对我国社会主义法治建设实践的科学总结和理论升华，

以新的视野、新的认识赋予其新的时代内涵。我们要深入学习领会习近平法治思想的重大意义和原创性贡献，在学懂弄通做实上下功夫，切实统一思想、统一意志、统一行动。

（一）深刻认识习近平法治思想的政治意义。党的十八大以来，习近平总书记从党和国家事业发展全局高度定位法治、布局法治、厉行法治，深刻阐明全面依法治国在治国理政中的全局性、战略性、基础性地位。制度建设和法治建设被提到更加突出重要的位置，中国特色社会主义法治理论和实践跃上新的历史高度，为创造“两大奇迹”提供了有力法治保障，彰显了中国共产党领导和中国特色社会主义制度的巨大优越性。明确习近平法治思想在全面依法治国工作中的指导地位，有利于加强党对全面依法治国的集中统一领导，有利于保证全面依法治国的正确政治方向，有利于凝聚推进法治中国建设的磅礴力量，有利于在统筹推进“四个伟大”实践中、在全面建设社会主义现代化国家新征程上更好发挥法治固根本、稳预期、利长远的保障作用。我们要始终沿着习近平法治思想指引的方向，增强坚守法治、厉行法治的政治定力，坚持不懈深化全面依法治国实践，为全面建设社会主义现代化国家提供有力法治保障。

（二）深刻认识习近平法治思想的理论意义。习近平总书记以马克思主义政治家、思想家、战略家的深刻洞察力和理论创造力，深入回答事关我国社会主义法治建设的一系列重大问题，丰富和发展了马克思主义法治理论，从法治领域深化了对共产党执政规律、社会主义建设规律、人类社会发展规律的认识，开辟了中国特色社会主义法治理论和实践新境界。习近平法治思想是马克思主义法治理论中国化的最新成果，是对马克思主义国家和法学说的继承和发展，是当代中国马克思主义、21世纪马克思主义在法治领域的最新理论成果。恩格斯深刻指出：“马克思的整个世界观不是教义，而是方法。它提供的不是现成的教条，而是进一步研究的出发点和供这种研究使用的方法。”习近平法治思想在法治理论上作出许多重大突破、重大创新、重大发展，为发展马克思主义法治理论作出了重大原创性贡献。我们要坚持把习近平法治思想作为引领新时代法治中国建设的思想旗帜，准确把握科学理论体系，自觉运用好蕴含其中的科学认识论、方法论，不断从理论和实践的结合上取得新成果。

（三）深刻认识习近平法治思想的实践意义。习近平法治思想是对党领导法治建设丰富实践和宝贵经验的科学总结，是根植于新时代全面依法治国实践产生的思想理论成果，为中国特色社会主义法治体系和社会主义法治国家建设提供了强大思想武器。党的十八大以来，我国社会主义法治建设发生历史性变革、取得历史性成就，充分展现出习近平法治思想的强大真理力量、独特思想魅力和巨大实践伟力。特别是习近平总书记对推进司法体制改革、深化司法公开、维护司法公正等工作多次作出重要指示，倾注了大量心血，推动做成想了很多年、讲了很多年但没有做成的改革，为加快建设公正高效权威的社会主义司法制度、推进国家治理体系和治理能力现代化提供了科学指引、注入了强大动力。事实证明，有习近平同志作为党中央的核心、全党的核心领航掌舵，有习近平法治思想科学指引，中国特色社会主义法治道路必将越走越宽广。我们要运用好这一伟大思想理论成果，把握实践要求，推动全面依法治国决策部署在人民法院不折不扣落到实处，建设更高水平的法治中国。

（四）深刻认识习近平法治思想的世界意义。习近平总书记着眼“两个大局”，统筹推进国内法治和涉外法治，强调法治在推进全球治理体系变革中的重要作用，提出运用法治和制度规则协调各国关系和利益、坚定维护国际法基本原则和国际关系基本准则、推进全球治理规则民主化法治化等一系列重大理论观点。习近平法治思想体现了继承性和创新性相结合、立足国情与放眼世界相统一的鲜明特色，饱含对世界法治文明发展时代课题的睿智思考和独特创见，用科学理论逻辑和雄辩有力事实，彰显了中国特色社会主义法治道路的显著优越性，为构建人类命运共同体、推进世界法治文明进步贡献了中国智慧和中国方案。习近平总书记多次强调，全面推进依法治国必须走对路。实践证明，中国特色社会主义法治道路具有独特优势和强大生命力，为世界各国特别是发展中国家走适合自己国情的法治道路提供了有益借鉴。我们要坚持以习近平法治思想为指引，胸怀中华民族伟大复兴战略全局和世界百年未有之大变局，坚定不移走中国特色社会主义法治道路，努力建设更高水平的社会主义法治文明。

二、习近平法治思想深刻回答了中国特色社会主义法治道路中的系列重大问题

中国特色社会主义法治道路是前人没有走过的路，在上下求索的历史进

程中，面临着一些必须正确把握的重大理论和实践问题。习近平法治思想以辩证唯物主义和历史唯物主义为重要基础，深刻回答了社会主义法治建设系列重大问题，指引前进航向，廓清思想困惑，为推进全面依法治国提供了基本遵循。

（一）关于党的领导和依法治国的关系。党的十八大以来，习近平总书记在一系列重要讲话中系统阐述了党的领导与依法治国的关系。党的领导是中国特色社会主义法治之魂，是我们的法治同西方资本主义国家的法治最大的区别。党的领导和依法治国是统一的，社会主义法治必须坚持党的领导，党的领导必须依靠社会主义法治。党领导人民制定宪法法律，领导人民实施宪法法律，党自身要在宪法法律范围内活动。这就要求人民法院牢牢坚持党的绝对领导，坚持党的领导、人民当家作主、依法治国有机统一，运用法治思维和法治手段巩固党的执政地位，保证人民当家作主，保证党和国家长治久安。

（二）关于政治和法治的关系。党和法的关系是政治和法治关系的集中反映。习近平总书记指出，法治当中有政治，没有脱离政治的法治。党的领导是中国特色社会主义最本质的特征，把党的领导贯彻到依法治国全过程和各方面，是我国社会主义法治建设的一条基本经验，也是党和法关系的要害所在。这就要求人民法院深刻理解三个“本质上”的重要论述，坚持通过法定程序把党的主张转化为正确的司法理念和司法政策，推动党中央决策部署在司法工作中得到贯彻落实，确保党中央政令畅通、令行禁止。

（三）关于依法治国和依规治党的关系。依法治国首先是依宪治国，依法执政首先是依宪执政。习近平总书记指出，要坚持依法治国与依规治党有机统一。我们党要履行好执政兴国的重大职责，必须依据党章从严治党、依据宪法治国理政。要发挥依法治国和依规治党的互补性作用，确保党既依据宪法法律治国理政，又依据党内法规管党治党、从严治党。这就要求人民法院必须始终坚持全面从严治党、从严治院，对宪法法律和党规党纪保持敬畏之心，牢固确立纪法红线不能触碰、纪法底线不能逾越的观念，确保公正廉洁司法。

（四）关于党的领导和依法独立行使审判权的关系。保证司法机关依法独立公正行使职权是我们党的明确主张。习近平总书记指出，党对政法工作的领导是管方向、管政策、管原则、管干部，不是包办具体事务，不要越组代庖，领导干部更不能借党对政法工作的领导之名对司法机关工作进行不当干预。人民法院要全面贯彻《中国共产党政法工作条例》，严格落实重大事项请示报告制度，发挥好党组把方向、管大局、保落实的作用。同时，要坚持依法独立行使审判权，严格落实防止干预司法“三个规定”，坚持严格公正司法，主动作为，担当尽责，切实履行人民法院的职责任务。

（五）关于依法治国和以德治国的关系。马克思主义认为，法与道德都属于上层建筑范畴，都是国家治理中不可缺少的要素。习近平法治思想深刻阐明法与道德在国家治理中的相互作用，强调法安天下、德润人心，坚持依法治国和以德治国相结合，实现法治和德治相辅相成、相得益彰；提出法律有效实施有赖于道德支持，道德践行也离不开法律约束。法治和德治不可分离、不可偏废，国家治理需要法律和道德协同发力。这就要求人民法院把道德要求贯彻到法治建设中，兼顾国法天理人情，在审判执行工作中大力弘扬社会主义核心价值观，发挥司法审判惩恶扬善的功能。要通过贯彻实施民法典、解决执行难等，加强对失德失信行为的惩戒，促进完善守法诚信褒奖机制和违法失信惩戒机制，运用法治手段解决道德领域突出问题。

（六）关于市场经济和法治环境的关系。法治既是市场经济的内在要求，也是其良性运行的根本保障。习近平总书记指出，法治是最好的营商环境，社会主义市场经济本质上是法治经济。这体现了马克思主义关于法与经济基础的相互作用原理。人民法院要准确把握坚持依法治国、依法执政、依法行政共同推进，法治国家、法治政府、法治社会一体建设的布局，促进市场在资源配置中起决定性作用和更好发挥政府作用的有机统一，发挥法治固根本、稳预期、利长远的保障作用。要维护公平竞争、规范有序的市场体系，依法平等保护各类市场主体产权和合法权益，严惩侵犯产权犯罪，坚决纠正涉产权冤错案件，营造更加稳定公平透明、可预期的法治化营商环境。

（七）关于改革和法治的关系。改革与法治如鸟之两翼、车之两轮。习近平总书记指出，凡属重大改革都要于法有据。在整个改革过程中，都要高度重视运用法治思维和法治方式，发挥法治的引领和推动作用；要坚持在法治下推进改革，在改革中完善法治。这就要求人民法院坚定不移推进司法体制改革，加快推进审判体系和审判能力现代化。同时以落实“十四五”时期重大发展战略任务为牵引，紧扣贯彻新发展理念、构建新发展格局、推动高质量发展，为改革和发展提供有力司法服务和法治保障。

（八）关于疫情防控和法治的关系。面对突如其来的新冠肺炎疫情，习近平总书记强调，要从立法、执法、司法、守法各环节发力，全面提高依法防控、依法治理能力，为疫情防控工作提供有力法治保障。各级政法机关闻令而动，积极履职，依法服务统筹推进疫情防控和经济社会发展工作。抗疫斗争有力彰显了我国国家制度和国家治理体系的优越性，也凸显了法治在推进国家治理体系和治理能力现代化中的重要作用。人民法院要学习弘扬伟大抗疫精神，在党中央集中统一领导下，坚持依法应对重大挑战、抵御重大风险、克服重大阻力、解决重大矛盾，在法治轨道上推进国家治理体系和治理能力现代化。

（九）关于继承和创新的关系。古往今来，中华民族之所以在世界上有地位、有影响力，靠的是中华文化的强大感召力和吸引力。习近平总书记指出，要传承中华优秀传统法律文化，从我国革命、建设、改革的实践中探索适合自己的法治道路。人民法院要积极传承中华法系优秀思想和理念，善于将明德慎罚、以和为贵等中华优秀传统法律文化智慧融入新时代审判工作，与时俱进挖掘“马锡五审判方式”等革命文化的时代价值，坚持发展社会主义先进文化。要以历史和现实为镜，既借鉴国外法治有益成果，又决不照搬别国的模式和做法，推动完善中国特色社会主义法治体系，发展面向现代化、面向世界、面向未来的中国特色社会主义法治文化。

（十）关于国内法治和涉外法治的关系。习近平总书记指出，要坚持统筹推进国内法治和涉外法治，加快涉外法治工作战略布局，协调推进国内治理和国际治理，更好维护国家主权、安全、发展利益。这就要求人民法院强化涉外审判工作，充分发挥国际商事法庭作用，加强国际法研究和运用，坚定维护以联合国为核心的国际体系，坚定维护以国际法为基础的国际秩序，充分运用司法手段开展斗争，坚决维护国家主权、尊严和核心利益，为推动全球治理和国际法规则制定贡献中国方案。

三、以习近平法治思想武装头脑、指导实践、推动工作，坚定不移走中国特色社会主义法治道路

习近平法治思想科学内涵集中体现为“十一个坚持”：坚持党对全面依法治国的领导是我国社会主义法治之魂；坚持以人民为中心是中国特色社会主义法治的本质要求；坚持中国特色社会主义法治道路是建设社会主义法治国

家的唯一正确道路；坚持依宪治国、依宪执政是建设社会主义法治国家的首要任务；坚持在法治轨道上推进国家治理体系和治理能力现代化是国家治理领域一场广泛而深刻的革命；坚持建设中国特色社会主义法治体系是推进全面依法治国的总抓手；坚持依法治国、依法执政、依法行政共同推进，法治国家、法治政府、法治社会一体建设是对全面依法治国的工作布局；坚持全面推进科学立法、严格执法、公正司法、全民守法是推进全面依法治国的重要环节；坚持统筹推进国内法治和涉外法治是维护国家主权、安全、发展利益的迫切需要；坚持建设德才兼备的高素质法治工作队伍是推进全面依法治国的基础性工作；坚持抓住领导干部这个“关键少数”是实现全面依法治国目标任务的关键所在。全体法院干警要吃透基本精神，把握核心要义，增强“四个意识”、坚定“四个自信”、做到“两个维护”，始终做习近平法治思想的坚定信仰者和忠实实践者，把习近平法治思想贯穿审判执行工作全过程各方面，不断转化为建设社会主义法治国家的生动实践，努力让人民群众在每一个司法案件中感受到公平正义。

（一）高举习近平法治思想旗帜。党的十八大以来，我国社会主义法治建设之所以发生历史性变革、取得历史性成就，归根结底是因为在习近平法治思想科学指引下，走出了一条中国特色社会主义法治道路。法治中国建设要在新时代实现更大发展，必须凝聚在习近平法治思想旗帜下，坚持党的领导、人民当家作主、依法治国有机统一。毫不动摇把党对司法工作的绝对领导贯彻到人民法院依法履职全过程，充分发挥我国社会主义的政治优势、制度优势，把讲政治和讲法治有机统一起来，确保法院工作正确政治方向。毫不动摇坚持人民民主专政的国体和人民代表大会制度的政体，发扬人民司法光荣传统和优良作风，更加自觉接受人民监督，充分发挥人民陪审员作用，保障人民依法有序参与司法。始终以人民呼声为第一信号，依法保障人民权益，维护社会公平正义，促进人的全面发展。毫不动摇坚持在法治轨道上推进国家治理体系和治理能力现代化，坚决维护宪法法律权威，维护国家法治统一，充分运用法治思维和法治方式保障权益、化解矛盾、维护稳定，立足司法推动社会主义法治不断迈向良法善治新境界。

（二）忠实履行宪法法律赋予的职责。习近平总书记多次强调，政法机关要履行好维护国家政治安全、确保社会大局稳定、促进社会公平正义、保障人民安居乐业的职责任务。学习贯彻习近平法治思想，要深刻领会蕴含其中的实践品格和担当精神，依法正确履职，在全面建设社会主义现代化国家新征程上展现新作为。始终把法院工作置于党和国家工作大局中谋划推进，围绕“十四五”时期经济社会发展主要目标，充分发挥职能作用，为实现经济行稳致远、社会安定和谐提供有力司法服务。全面加强知识产权司法保护，加强反垄断、反不正当竞争司法，营造市场化法治化国际化营商环境，积极为国家重大战略提供高水平司法服务。围绕统筹发展和安全，贯彻总体国家安全观，依法惩罚犯罪、保护人民，推动扫黑除恶常治长效，建设更高水平的平安中国。

（三）全面深化司法体制改革。党的十八大以来，在习近平总书记亲自指挥、亲自部署下，司法体制改革推进力度之大、变革程度之深、取得成果之多前所未有。党的十八届三中全会提出，要深化司法体制改革，加快建设公正高效权威的社会主义司法制度。党的十八届四中全会强调公正是法治的生命线，围绕保证公正司法部署了一系列改革任务。一项项改革举措落地见效，推动司法公信力明显提高。“十四五”时期我国将进入新发展阶段，改革又到了一个新的关头。习近平总书记强调要继续推进法治领域改革，解决好立法、执法、司法、守法等领域的突出矛盾和问题。这为全面深化司法体制改革提供了根本遵循。要坚持系统观念，坚持问题导向，在巩固、提升、创新、发展上下更大功夫，着力解决好司法领域突出矛盾和问题，推动改革系统集成、协同高效。深化司法责任制综合配套改革，加强司法制约监督，规范司法权力运行，深化以审判为中心的诉讼制度改革，切实巩固“基本解决执行难”成果，全面推进一站式多元解纷和诉讼服务体系建设。在更高水平上推进审判体系和审判能力现代化，为巩固和发展“中国之治”提供有力司法服务。

（四）加快推进智慧法院建设。习近平总书记强调，要坚持以公开促公正、树公信，构建开放、动态、透明、便民的阳光司法机制。强调要把深化司法体制改革和现代科技应用结合起来，不断完善和发展中国特色社会主义司法制度。疫情期间智慧法院大显身手，2020年2月3日以来，全国法院共在线立案650万件、在线开庭78万次、在线调解323万次，同比分别增长62%、729%和195%，电子送达1815万次，实现了“审判执行不停摆、公平正义不止步”，这是习近平法治思想在人民法院的生动实践，在世界各国法院中独树一帜，充分体现了中国特色社会主义司法制度的优越性。“十四五”时期，网络强国、数字中国建设加速推进，为智慧法院转型升级提供了重大契机。人民法院必须抢抓机遇，推进人工智能、大数据、区块链、5G等现代科技与司法工作深度融合，让科技为司法赋能。不断增强对现代科技的适应力、掌控力、驾驭力，在保障新业态新模式健康发展、推进网络空间治理法治化方面取得更大成效。健全阳光司法机制，加强互联网法院建设，推进移动电子诉讼应用，着力构建中国特色、世界领先的互联网司法模式，创造更高水平的数字正义。

（五）努力锻造过硬法院队伍。习近平总书记强调，要按照政治过硬、业务过硬、责任过硬、纪律过硬、作风过硬的要求，努力建设一支信念坚定、执法为民、敢于担当、清正廉洁的政法队伍。深化全面依法治国实践，必须有一支过硬队伍。坚持把党的政治建设摆在首位，坚持用习近平法治思想武装头脑，加强理想信念教育，深入开展社会主义核心价值观和社会主义法治理念教育，引导广大干警永葆忠于党、忠于国家、忠于人民、忠于法律的政治本色。坚持全面从严治党、从严治院、从严管理，加强司法能力建设，以零容忍态度严惩司法腐败，确保法院队伍绝对忠诚、绝对纯洁、绝对可靠。加强依法履职保护，为敢于担当、秉公司法的干警撑腰鼓劲，凝心聚力投身全面依法治国伟大实践。

新时代新阶段，我们要在习近平法治思想指引下，汇聚法治中国建设磅礴力量，沿着中国特色社会主义法治道路奋勇前进，充分发挥政治优势、制度优势、科技优势，创造更高水平的社会主义司法文明，为世界法治文明进步贡献中国智慧、中国方案。

（来源：《求是》2021年第5期）

认真学习贯彻习近平总书记“七一”重要讲话精神　为全面建设社会主义现代化国家提供有力司法服务

最高人民法院院长　周　强

2021年7月1日上午，在全国亿万人民瞩目下，在国际社会广泛关注下，庆祝中国共产党成立100周年大会在天安门广场隆重举行。胸怀千秋伟业，恰是百年风华。这是一次鼓舞人心、指引方向的大会，一次坚定信念、凝聚伟力的大会，一次以史为鉴、开创未来的大会，在我们党的历史上、中华民族发展史上、世界社会主义发展史上都具有重大而深远的意义。在大会现场，我们深刻感受到人民群众对中国共产党发自内心的热爱和拥护，对党和人民领袖习近平总书记发自内心的热爱和拥戴。

习近平总书记在大会上发表重要讲话，立足中国共产党百年华诞的重大时刻和“两个一百年”历史交汇的关键节点，回望光辉历史、擘画光明未来，是一篇马克思主义纲领性文献，是新时代中国共产党人不忘初心、牢记使命的政治宣言，是我们党团结带领人民以史为鉴、开创未来的行动指南，具有重大政治意义、理论意义、实践意义。习近平总书记以豪迈的自信、昂扬的壮志，向全世界庄严宣告我们实现了第一个百年奋斗目标，在中华大地上全面建成了小康社会，极大激发了中华民族和全体中华儿女强烈的民族自豪感和自信心。习近平总书记站在统筹中华民族伟大复兴战略全局和世界百年未有之大变局的时代高度，以深邃的历史眼光、宏阔的历史视野、强烈的历史担当，深情回顾我们党一百年来团结带领全国各族人民开辟的伟大道路、创造的伟大事业、取得的伟大成就，要求全党继续弘扬光荣传统、赓续红色血脉，永远把伟大建党精神继承下去、发扬光大，提出以史为鉴、开创未来“九个必须”的根本要求，向全体党员发出为党和人民争取更大光荣的伟大号召。讲话贯通历史、现实、未来，贯通伟大斗争、伟大工程、伟大事业、伟大梦想，高屋建瓴、视野宏阔、思想深邃、内涵丰富、催人奋进，通篇闪耀着马克思主义的真理光辉，把我们党对共产党执政规律、社会主义建设规律、人类社会发展规律的认识提升到了新高度，为奋进新时代、走好新征程指明了前进方向、提供了根本遵循，必将凝聚起全党全国各族人民为全面建设社会主义现代化国家、实现中华民族伟大复兴的中国梦不懈奋斗的磅礴伟力。

各级人民法院要坚持以习近平新时代中国特色社会主义思想为指导，把学习贯彻习近平总书记“七一”重要讲话精神作为当前和今后一个时期一项重大政治任务，在全国法院迅速兴起学习宣传贯彻热潮，增强“四个意识”、坚定“四个自信”、做到“两个维护”，切实把思想和行动统一到习近平总书记“七一”重要讲话精神上来，深刻领会和把握讲话的重大意义、丰富内涵、核心要义、实践要求，坚决响应习近平总书记向全体党员发出的伟大号召，永远保持同人民群众的血肉联系，始终同人民想在一起、干在一起，风雨同舟、同甘共苦，忠实履行宪法法律赋予的职责，继续为实现人民对美好生活的向往不懈努力，为全面建设社会主义现代化国家、实现中华民族伟大复兴的中国梦不懈奋斗。

一、深刻领会把握党团结带领人民不懈奋斗的光辉历程和伟大成就，坚定不移走中国特色社会主义道路

习近平总书记“七一”重要讲话深情回顾了党团结带领人民百年奋斗创造的四个伟大成就，引发全党同志和全国人民的强烈共鸣，强调中国共产党团结带领中国人民英勇顽强奋斗，“中华民族任人宰割、饱受欺凌的时代一去不复返了”，“中华民族迎来了从站起来、富起来到强起来的伟大飞跃，实现中华民族伟大复兴进入了不可逆转的历史进程”，表达了全党、全军、全国人民的共同心声，令人心潮澎湃、倍感振奋。我们要深刻领会党团结带领人民开辟的伟大道路、创造的伟大事业、取得的伟大成就，深刻认识红色政权来之不易、新中国来之不易、中国特色社会主义来之不易，深刻认识中国共产党为什么能、马克思主义为什么行、中国特色社会主义为什么好。要深刻领会党的十八大以来党和国家事业取得的历史性成就、发生的历史性变革，深刻理解中华民族迎来了从站起来、富起来到强起来的伟大飞跃，实现中华民

族伟大复兴进入了不可逆转的历史进程，更加紧密地团结在以习近平同志为核心的党中央周围，依法履职尽责，积极担当作为，更加自觉地服务保障党和国家事业发展。要深刻领会全面建成小康社会的伟大成就和历史意义，深刻认识这是中国共产党历史、中华人民共和国发展史、中华民族复兴史上的一个重要里程碑，坚定全面建成社会主义现代化强国的必胜信念，充满自信地为实现第二个百年奋斗目标继续努力。要深刻领会一百年来党领导人民进行革命、建设和改革积累的宝贵经验，深刻理解党在百年奋斗中得出的历史结论，坚定信仰信念，坚定前进方向，毫不动摇把党的历史经验传承好、发扬好，奋力推进新时代人民法院工作高质量发展。

二、大力弘扬伟大建党精神，牢牢坚持党对司法工作的绝对领导

习近平总书记“七一”重要讲话第一次鲜明提出了“坚持真理、坚守理想，践行初心、担当使命，不怕牺牲、英勇斗争，对党忠诚、不负人民”的伟大建党精神，郑重宣示：“我们要继续弘扬光荣传统、赓续红色血脉，永远把伟大建党精神继承下去、发扬光大!”全党全国人民喜庆党的百年华诞，集中展现了我们党百年奋斗的苦难辉煌历程，形成了同庆百年华诞、共铸历史伟业的浓厚氛围和强大声势。我们党一经诞生，就把为中国人民谋幸福、为中华民族谋复兴确立为自己的初心使命，为之不懈奋斗，付出巨大代价和牺牲，这在全世界的政党中很难找到第二个。习近平总书记强调“没有中国共产党，就没有新中国，就没有中华民族伟大复兴”。我们要深刻领会历史和人民选择了中国共产党，中国共产党领导是中国特色社会主义最本质的特征，是中国特色社会主义制度的最大优势，是党和国家的根本所在、命脉所在，是全国各族人民的利益所系、命运所系。要深刻领会伟大建党精神的深刻内涵和时代意义，深刻认识伟大建党精神是中国共产党的精神之源，更好地赓续共产党人精神血脉，永远把伟大建党精神继承下去、发扬光大，做到坚持真理、坚守理想，践行初心、担当使命，不怕牺牲、英勇斗争，对党忠诚、不负人民。要牢记“国之大者”，胸怀“两个大局”，不断提高政治判断力、政治领悟力、政治执行力，毫不动摇坚持党对司法工作的绝对领导，坚定不移走中国特色社会主义法治道路。

三、全面贯彻习近平新时代中国特色社会主义思想，坚定自觉做到“两个维护”

习近平总书记深刻指出，“中国共产党为什么能，中国特色社会主义为什么好，归根到底是因为马克思主义行”，强调“以史为鉴、开创未来，必须继续推进马克思主义中国化”。一个民族要走在时代前列，就一刻不能没有理论思维，一刻不能没有思想指引。历史上，中华民族的无数仁人志士为了拯救民族危亡寻找过其他的道路，寻找过其他的理论，但都以失败而告终。党的百年奋斗历程用铁一般的事实证明，在中国只有马克思主义能行，只有社会主义才能救中国，只有中国特色社会主义才能发展中国，只有坚持和发展中国特色社会主义才能实现中华民族伟大复兴！马克思主义深刻改变了中国，中国也极大丰富了马克思主义，马克思主义的命运早已同中国共产党的命运、中国人民的命运、中华民族的命运紧紧连在一起。改革开放以来，我们经历了包括意识形态领域在内的很多考验，一段时期西方错误思潮带来不小的影响和冲击。实践反复证明，任何时候我们都要坚持马克思主义，推进马克思主义中国化，有了马克思主义的指导，有了马克思主义中国化最新理论成果的指导，我们就能无往而不胜，中国特色社会主义就能够不断从胜利走向胜利。党的十八大以来，我们党牢牢坚持马克思主义基本原理，坚持把马克思主义基本原理同中国具体实际相结合，坚持用马克思主义观察时代、把握时代、引领时代，形成了习近平新时代中国特色社会主义思想，这是马克思主义中国化的最新理论成果，是引领中国、影响世界的当代中国马克思主义、21世纪马克思主义，在当代中国、在21世纪的世界展现了强大真理力量。我们要全面贯彻习近平新时代中国特色社会主义思想，切实用以武装头脑、指导实践、推动工作，坚决做到维护核心、绝对忠诚、听党指挥、勇于担当。

四、始终坚持人民立场、人民至上，坚定不移践行司法为民宗旨

习近平总书记强调“江山就是人民、人民就是江山，打江山、守江山，守的是人民的心”，号召全体党员“牢记初心使命，坚定理想信念，践行党的宗旨，永远保持同人民群众的血肉联系，始终同人民想在一起、干在一起，

风雨同舟、同甘共苦，继续为实现人民对美好生活的向往不懈努力，努力为党和人民争取更大光荣!”学习贯彻习近平新时代中国特色社会主义思想，人民立场贯穿始终，体现了我们党全心全意为人民服务的根本宗旨，彰显了人民是历史的创造者、人民是真正英雄的唯物史观。6月28日，人民日报刊发《江山就是人民 人民就是江山——习近平总书记关于以人民为中心重要论述综述》，系统梳理了习近平总书记关于坚持人民至上、坚持以人民为中心的一系列重要论述。我们要坚持全心全意为人民服务的根本宗旨，坚持以人民为中心的发展思想，一切为了人民、一切依靠人民，积极回应人民群众关切，把坚决维护好、实现好、发展好最广大人民的根本利益作为司法工作的根本出发点和落脚点。要认真学习贯彻习近平总书记在“七一勋章”颁授仪式上的重要讲话精神，坚定信念、践行宗旨、拼搏奉献、廉洁奉公，努力让人民群众在每一个司法案件中感受到公平正义。要大力加强司法便民利民工作，努力提供优质高效便捷的司法服务，切实维护人民群众合法权益、维护社会公平正义，不断满足人民群众日益增长的多元司法需求，密切党同人民群众的血肉联系，不断巩固党长期执政的群众基础。要坚持法治为了人民、依靠人民、造福人民、保护人民，深入开展“我为群众办实事”实践活动，着力解决人民群众急难愁盼问题和难点痛点堵点问题，不断满足人民群众对民主、法治、公平、正义、安全、环境等日益增长的需求。要深入贯彻党的群众路线，切实保障和发挥人民主体地位，保障人民参与、监督司法的权利，使司法工作深深扎根于人民群众之中。

五、深刻把握坚持和发展中国特色社会主义的总体布局和战略布局，凝心聚力投身新时代全面依法治国伟大实践

习近平总书记强调要“统筹推进‘五位一体’总体布局、协调推进‘四个全面’战略布局，全面深化改革开放，立足新发展阶段，完整、准确、全面贯彻新发展理念，构建新发展格局，推动高质量发展，推进科技自立自强，保证人民当家作主，坚持依法治国，坚持社会主义核心价值体系，坚持在发展中保障和改善民生，坚持人与自然和谐共生，协同推进人民富裕、国家强盛、中国美丽”。中国特色社会主义是历史发展的必然结果，中国特色社会主义道路是当代中国大踏步赶上时代、引领时代发展的康庄大道。我们要切实

履行好维护国家政治安全、确保社会大局稳定、促进社会公平正义、保障人民安居乐业的职责任务，为统筹推进“五位一体”总体布局、协调推进“四个全面”战略布局提供有力司法服务。要坚持围绕中心、服务大局，完整、准确、全面贯彻新发展理念，围绕立足新发展阶段、构建新发展格局、推动高质量发展要求，充分发挥审判职能作用，服务经济社会高质量发展。要围绕服务高水平科技自立自强，全面加强知识产权司法保护，加大对关键核心技术及新兴产业、重点领域等保护力度，优化创新创业创造的法治环境。要健全产权司法保护制度，推动市场化、法治化、国际化营商环境建设。要坚持社会主义核心价值体系，在司法裁判中践行弘扬社会主义核心价值观，坚决捍卫英烈合法权益，反对历史虚无主义，保护诚实守信，惩治违法失德，以公正裁判引导树立正确社会价值导向。要坚持人与自然和谐共生，深入践行绿水青山就是金山银山理念，完善中国特色生态环境司法保护体系，推动整治生态领域突出问题，促进大江大河生态环境保护修复，服务美丽中国建设。

六、坚持敢于斗争、善于斗争，永葆共产党人的“斗争精神”

习近平总书记指出，“敢于斗争、敢于胜利，是中国共产党不可战胜的强大精神力量。实现伟大梦想就要顽强拼搏、不懈奋斗”，强调“今天，我们比历史上任何时期都更接近、更有信心和能力实现中华民族伟大复兴的目标，同时必须准备付出更为艰巨、更为艰苦的努力”。在前进道路上，我们面临的风险考验只会越来越复杂，甚至会遇到难以想象的惊涛骇浪。我们要敢于斗争、善于斗争，增强忧患意识，树立底线思维，贯彻总体国家安全观，统筹发展和安全，切实维护政治安全、社会安定、人民安宁，积极推进更高水平的平安中国、法治中国建设。要正确认识、处理敌我矛盾和人民内部矛盾，强化责任担当，依法惩罚犯罪、保护人民，妥善化解人民内部矛盾，切实维护社会稳定，维护人民利益。要深刻认识我国社会主要矛盾变化带来的新特征新要求，深刻认识错综复杂的国际环境带来的新矛盾新挑战，坚持愈是艰险愈向前的英雄气概，善于化解矛盾，勇于攻坚克难，不断提高应对风险、迎接挑战、化险为夷的能力水平。

七、认真贯彻习近平外交思想，积极服务推动构建人类命运共同体

习近平总书记强调，“新的征程上，我们必须高举和平、发展、合作、共赢旗帜，奉行独立自主的和平外交政策，坚持走和平发展道路，推动建设新型国际关系，推动构建人类命运共同体，推动共建‘一带一路’高质量发展，以中国的新发展为世界提供新机遇”。当前，世界百年未有之大变局加速演变，和平与发展仍然是时代主题，但国际环境不稳定性不确定性明显上升，新冠肺炎疫情大流行影响广泛而深远。我们要坚持统筹推进国内法治和涉外法治，加快提升涉外司法效能，积极服务推进更高水平对外开放，更好维护国家主权、安全、发展利益。要加强国际法研究运用，深化国际司法交流合作，积极为人类法治文明进步贡献中国经验、中国方案，立足司法职能推动全球治理变革，更好服务推动构建人类命运共同体。要加强国际传播能力建设，讲好中国法治故事，传播好中国法治声音，助力展示真实、立体、全面的中国。

八、切实增强全面从严治党永远在路上的政治自觉，深入推进全面从严治党、从严治院、从严管理

习近平总书记深刻指出，“我们党历经千锤百炼而朝气蓬勃，一个很重要的原因就是我们始终坚持党要管党、全面从严治党，不断应对好自身在各个历史时期面临的风险考验，确保我们党在世界形势深刻变化的历史进程中始终走在时代前列，在应对国内外各种风险挑战的历史进程中始终成为全国人民的主心骨!”勇于自我革命，从严管党治党，是我们党最鲜明的品格。我们要牢记打铁必须自身硬的道理，坚持以党建带队建促审判，全面加强法院系统党的建设，不断把全面从严治党、从严治院、从严管理推向深入。要坚持以党的政治建设为统领，扎实开展党史学习教育，深入开展社会主义核心价值观和社会主义法治理念教育，用好红色资源，传承红色基因，弘扬人民司法优良传统，坚决筑牢政治忠诚之魂，确保做到忠于党、忠于国家、忠于人民、忠于法律。要着力建设德才兼备的高素质干部队伍，把专业化能力建设摆到更加重要的位置来抓，增强法院队伍改革创新精神和群众工作能力，深

入研究解决经济社会发展新情况新问题，解决新型疑难纠纷，平衡复杂利益关系，不断实现人民对公平正义的向往。要坚持改革创新，全面深化司法体制改革和智慧法院建设，加快实现审判体系和审判能力现代化。要坚定不移推进党风廉政建设和反腐败斗争，扎实开展队伍教育整顿，坚持刀刃向内、刮骨疗毒，坚决清除害群之马，整治顽瘴痼疾，以零容忍态度严惩司法腐败，以廉洁司法确保公正司法。要驰而不息纠治形式主义、官僚主义，弘扬求真务实、真抓实干、埋头苦干的新风正气，坚持严管厚爱相结合，加强依法履职保护，激励广大法院干警以昂扬的精神状态和扎实的工作作风投身全面建设社会主义现代化国家新征程。

新的征程上，人民法院要在中国共产党的坚强领导下，坚定自信地踏上实现第二个百年奋斗目标新的赶考之路，坚决响应党中央伟大号召，牢记初心使命，依法履职尽责，努力创造无愧于党、无愧于人民、无愧于时代的新业绩，为深入推进全面依法治国、加快建设社会主义法治国家，为实现第二个百年奋斗目标、实现中华民族伟大复兴的中国梦作出新的更大贡献！

（来源：《中国审判》2021 年第 16 期）

认真学习贯彻党的十九届六中全会精神在新时代新征程上奋力推进人民法院工作高质量发展

最高人民法院院长　周　强

11月8日至11日，党的十九届六中全会在北京胜利举行。这是在党成立一百周年的重要历史时刻，在党和人民胜利实现第一个百年奋斗目标、全面建成小康社会，正在向着全面建成社会主义现代化强国的第二个百年奋斗目标迈进的重大历史关头，召开的一次十分重要的会议。习近平总书记所作的工作报告、说明和重要讲话，高屋建瓴、总揽全局、内涵丰富、思想深邃，闪耀着马克思主义真理光芒，为新时代坚持和发展中国特色社会主义伟大事业进一步指明了方向。全会审议通过的《中共中央关于党的百年奋斗重大成就和历史经验的决议》（以下简称《决议》），坚持辩证唯物主义和历史唯物主义的方法论，坚持马克思主义唯物史观和正确党史观，聚焦总结党的百年奋斗重大成就和历史经验，突出中国特色社会主义新时代这个重点，是一篇光辉的马克思主义纲领性文献，是科学社会主义的权威教科书，是新时代中国共产党人牢记初心使命、坚持和发展中国特色社会主义的政治宣言，是以史为鉴、开创未来、实现中华民族伟大复兴的行动指南。党的十九届六中全会全面总结党的百年奋斗重大成就和历史经验并形成决议，对推动全党进一步统一思想、统一意志、统一行动，团结带领全国各族人民夺取新时代中国特色社会主义新的伟大胜利，具有重大现实意义和深远历史意义，必将汇聚起坚定历史自信、创造历史伟业的磅礴力量。

学习宣传贯彻习近平总书记在党的十九届六中全会上重要讲话和全会精神，是当前和今后一个时期的重大政治任务。各级人民法院要坚持以习近平新时代中国特色社会主义思想为指导，深入学习宣传贯彻习近平总书记在党的十九届六中全会上重要讲话和全会精神，增强“四个意识”、坚定“四个自信”、做到“两个维护”，大力弘扬伟大建党精神，持续兴起学习宣传贯彻热潮，自觉把法院工作置于民族复兴进程中谋划和推进，为实现第二个百年奋斗目标、实现中华民族伟大复兴的中国梦提供有力司法服务。

一、全面准确学习领会党的十九届六中全会精神，切实把思想行动统一到习近平总书记重要讲话和全会精神上来

深入学习贯彻习近平总书记在党的十九届六中全会上重要讲话和全会精神，对于全党坚持唯物史观和正确党史观，从党的百年奋斗中看清楚过去我们为什么能够成功、弄明白未来我们怎样才能继续成功，从而更加坚定自觉地践行初心使命，在新时代更好坚持和发展中国特色社会主义具有重大深远意义。人民法院要充分认识深入学习贯彻习近平总书记在全会上重要讲话和全会精神的重大意义，深入学习领会，把握精神实质，不断增强政治责任感和历史使命感，做到学深悟透、融会贯通。

（一）深刻领会把握“两个确立”的决定性意义。“两个确立”是历史和时代的选择，是党和国家的历史幸运、时代幸运，是总结党的百年奋斗特别是新时代伟大实践得出的重大历史结论，是体现全党共同意志、反映人民共同心声的重大政治判断。要切实把“两个确立”转化为坚决做到“两个维护”的政治自觉、思想自觉、行动自觉，坚定不移把做到“两个维护”作为首要政治任务。

（二）深刻领会把握党的十九届五中全会以来党和国家事业取得的新的重大成就。党的十九届五中全会以来，以习近平同志为核心的党中央统筹国内国际两个大局，统筹疫情防控和经济社会发展，统筹发展和安全，成功办好一件件大事要事喜事，坚决战胜前进道路上一个个风险挑战，推动党和国家各项事业取得了新的重大成就，全面建设社会主义现代化国家新征程迈出了坚实一步，中华民族复兴伟业抵达了新的历史高度。实践证明，有以习近平同志为核心的党中央领航掌舵，有全党全军全国各族人民团结一致，任何艰难险阻都阻挡不了中国人民的前进步伐，任何风险挑战都阻挡不了中华民族伟大复兴的历史进程。

（三）深刻领会把握全面总结党的百年奋斗重大成就和历史经验的重大意

义。总结党的百年奋斗重大成就和历史经验，是在建党百年历史条件下开启全面建设社会主义现代化国家新征程、在新时代坚持和发展中国特色社会主义的需要；是增强政治意识、大局意识、核心意识、看齐意识，坚定道路自信、理论自信、制度自信、文化自信，做到坚决维护习近平同志党中央的核心、全党的核心地位，坚决维护党中央权威和集中统一领导，确保全党步调一致向前进的需要；是推进党的自我革命、提高全党斗争本领和应对风险挑战能力、永葆党的生机活力、团结带领全国各族人民为实现中华民族伟大复兴的中国梦而继续奋斗的需要，充分体现党牢记初心使命、永葆生机活力的坚强意志和坚定决心，充分体现党深刻把握历史发展规律、始终掌握党和国家事业发展的历史主动和使命担当，充分体现党立足当下、着眼未来、注重总结和运用历史经验的高瞻远瞩和深谋远虑。

（四）深刻领会把握党领导人民百年奋斗创造的“四个伟大成就”。一百年来，我们党团结带领全国各族人民为争取民族独立、人民解放和实现国家富强、人民幸福而不懈奋斗，书写了中华民族几千年历史上最恢宏的史诗，创造了“四个伟大成就”。要从党领导人民百年奋斗创造的“四个伟大成就”，深刻领悟党的领导是党和国家事业兴旺发达的根本保证，是战胜一切困难和风险的定海神针，没有中国共产党，就没有新中国，就没有中华民族伟大复兴。

（五）深刻领会把握马克思主义中国化的三次飞跃。从马克思主义中国化的三次飞跃中，深刻领悟中国共产党推进马克思主义中国化一脉相承又与时俱进的理论品质，坚持用马克思主义的立场、观点、方法观察时代、把握时代、引领时代。要深刻领悟习近平新时代中国特色社会主义思想是当代中国马克思主义、21 世纪马克思主义，是中华文化和中国精神的时代精华，准确把握“十个明确”，更加坚定自觉地用习近平新时代中国特色社会主义思想武装头脑、指导实践、推动工作。

（六）深刻领会把握新时代中国特色社会主义的伟大成就。党的十八大以来，以习近平同志为核心的党中央在新时代作出一系列关键抉择，推动党和国家事业取得历史性成就、发生历史性变革，彰显了中国特色社会主义的强大生机活力，党心军心民心空前凝聚振奋，为实现中华民族伟大复兴提供了更为完善的制度保证、更为坚实的物质基础、更为主动的精神力量，中华民族迎来了从站起来、富起来到强起来的伟大飞跃。新时代中国特色社会主义的伟大成就来之不易，彰显了习近平新时代中国特色社会主义思想的强大真理力量和磅礴实践伟力。要在对新时代中国特色社会主义伟大成就的自豪感中，进一步坚定信心、振奋精神，以更加昂扬的姿态奋进新征程、建功新时代。

（七）深刻领会把握党的百年奋斗历史意义和历史经验。党的百年奋斗历史意义的概括，既立足中华大地，又放眼人类未来，体现了中国共产党和中国人民、中华民族的关系，体现了中国共产党和马克思主义、世界社会主义、人类社会发展的关系，贯通了中国共产党百年奋斗的历史逻辑、理论逻辑、实践逻辑。要深刻领悟党对中国人民、对中华民族、对马克思主义、对人类进步事业、对马克思主义政党建设所作的历史性贡献，进一步深化对共产党执政规律、社会主义建设规律、人类社会发展规律的认识，增强身为共产党人的自豪感、责任感、使命感，坚定不移听党话、跟党走，矢志不渝为党的伟大事业而奋斗。“十个坚持”的历史经验，深刻揭示了党和人民事业不断成功的根本保证，深刻揭示了党始终立于不败之地的力量源泉，深刻揭示了党始终掌握历史主动的根本原因，深刻揭示了党永葆先进性和纯洁性、始终走在时代前列的根本途径。要进一步增强历史自信和历史自觉，在推动人民法院工作高质量发展的实践中学习好、传承好、发扬好党的宝贵历史经验。

（八）深刻领会把握以史为鉴、开创未来的重要要求。要牢记中国共产党是什么、要干什么这个根本问题，深刻把握党的初心使命、性质宗旨、理想信念和奋斗目标，始终服务于党的历史使命、服务于国家政治任务、服务于人民根本利益，努力创造无愧于党、无愧于人民、无愧于时代的新业绩。

二、全面贯彻习近平总书记在全会上重要讲话和全会精神，积极为全面建设社会主义现代化国家提供有力司法服务

全会通过《决议》，对新时代更好坚持和发展中国特色社会主义、向着实现第二个百年奋斗目标进军发出动员令。人民法院要围绕统筹推进“五位一体”总体布局和协调推进“四个全面”战略布局，以更高站位更大决心更实举措为党和国家事业发展提供有力司法服务。

（一）围绕坚持和加强党的全面领导，坚决筑牢政治忠诚之魂。坚持不懈强化习近平新时代中国特色社会主义思想的理论武装，深刻体悟贯穿其中的

马克思主义立场观点方法，不断提高运用马克思主义分析和解决问题的能力。夯实做到“两个维护”的思想根基，增强做到“两个维护”的政治自觉，始终忠诚核心、拥护核心、跟随核心、捍卫核心。自觉站稳政治立场，把准政治方向，提高政治能力，严格遵守党的政治纪律和政治规矩，牢记国之大者，善于从政治上观察和处理问题，善于在司法工作中创造性贯彻落实党中央大政方针和决策部署。

（二）围绕统筹发展和安全，积极推进更高水平的平安中国建设。坚持贯彻总体国家安全观，严厉打击敌对势力渗透、破坏、颠覆、分裂活动，坚定维护国家政权安全、制度安全、意识形态安全，坚决维护社会大局稳定。妥善化解新形势下人民内部矛盾，依法严厉打击严重危害人民群众生命财产安全的违法犯罪，准确适用认罪认罚从宽制度，预防化解矛盾风险。坚持惩罚犯罪与保障人权相统一，常态化开展扫黑除恶斗争，加强对粮食安全、能源资源安全、金融安全、生物安全等领域犯罪惩治和风险预防化解，加大对破坏社会秩序犯罪的惩治力度，不断增强人民群众安全感。

（三）围绕立足新发展阶段、贯彻新发展理念、构建新发展格局，依法服务经济社会高质量发展。坚持创新在我国现代化建设全局中的核心地位，全面提升知识产权司法保护水平，规范和促进数字经济发展，服务高水平科技自立自强。加强反垄断和反不正当竞争司法，健全产权司法保护制度，依法平等保护民营企业产权和企业家权益，激发和保护各类市场主体活力，着力营造市场化法治化国际化营商环境。依法服务深化供给侧结构性改革，充分发挥破产重整拯救危困企业制度工具功能。跟进区域重大战略和区域协调发展战略，因地制宜完善司法政策，为国家重大战略实施提供高水平司法服务。

（四）围绕促进共同富裕，切实维护人民群众合法权益和社会公平正义。牢牢坚持人民至上理念，始终把实现好、维护好、发展好最广大人民根本利益作为司法工作的出发点和落脚点，正确处理效率和公平的关系，完善司法理念和司法政策，把促进共同富裕体现在司法工作各个领域。坚持“两个毫不动摇”，助力发挥好公有制经济在高质量发展中的主体作用，发挥好民营经济在创造财富、提供就业、推动创新创业中的生力军作用。加强劳动者权益保障，保护新业态从业人员合法权益，维护劳动者公平就业权利。依法保护中小投资者合法权益。依法保障农民集体和个人增值收益、股权收益、资产收益，助推农村要素市场化配置改革，支持集体经营性建设用地和宅基地制度改革，保障土地经营权有序流转，维护进城落户农民合法权益。依法妥善审理涉税案件，更好发挥税收调节作用。依法促进完善更加公平的社会保障体系，强化司法救助与社会救助协同联动，支持促进公益事业发展。加强民生司法保障，依法保障人民平等参与、平等发展权利，切实维护权利公平、机会公平、规则公平。

（五）围绕坚持社会主义核心价值体系，积极服务社会主义文化强国建设。坚持马克思主义在意识形态领域的指导地位，坚定文化自信，严格落实意识形态工作责任制，旗帜鲜明同西方“宪政”“三权鼎立”“司法独立”等错误思潮作斗争。大力践行和弘扬社会主义核心价值观，深入推进社会主义核心价值观融入裁判文书释法说理，以公正裁判树立行为规则、引领社会风尚。旗帜鲜明保护红色资源，加大对红色经典传承、英烈合法权益的司法保护力度。依法保护文化和自然遗产、非物质文化遗产，传承弘扬中华优秀传统文化，依法保障文化事业和文化产业健康发展，促进社会主义文化繁荣。

（六）围绕坚持人与自然和谐共生，全面提升生态环境司法保护水平。深入践行“绿水青山就是金山银山”的理念，坚持用最严格制度最严密法治保护生态环境，依法严惩污染环境、破坏生态犯罪，服务经济社会发展全面绿色转型。加强生物多样性司法保护，助力实现碳达峰碳中和目标，助推长江、黄河等大江大河生态保护和系统治理，强化预防性、恢复性司法理念，加强生态环境公益诉讼，筑牢生态安全司法屏障。

（七）围绕推动构建人类命运共同体，统筹推进国内法治和涉外法治。坚定不移贯彻对外开放的基本国策，坚持依法平等保护原则，加快提升涉外司法效能，完善“一带一路”国际商事争端解决机制，更好服务高水平对外开放。围绕自贸试验区、自由贸易港建设等国家重大部署强化司法服务，充分发挥司法促进制度型开放的作用。加强国际法研究和运用，深化国际司法交流合作，加强涉外司法人才培养储备，为推动构建人类命运共同体贡献法治力量。

三、坚定不移走中国特色社会主义法治道路，推动公正高效权威的社会主义司法制度更加成熟定型

党的十八大以来，习近平法治思想在引领法治中国建设波澜壮阔的进程

中充分彰显实践伟力，全面依法治国取得举世瞩目的重大成就。新时代新征程上，人民法院要坚持贯彻全面依法治国基本方略，坚定不移沿着中国特色社会主义法治道路奋勇前进，加快推进新时代人民法院工作高质量发展，为续写“两大奇迹”新篇章、开辟“中国之治”新境界提供有力司法服务。

（一）真学真信笃行习近平法治思想。习近平法治思想是当今时代最现实、最鲜活的马克思主义法治理论，要在学深悟透做实习近平法治思想上持续用力，使党的创新理论成为推进法治建设的强大思想武器。认真落实法治中国建设“一规划两纲要”，积极促进深化全面依法治国实践。坚持党的领导、人民当家作主、依法治国有机统一，充分发挥党的百年奋斗形成的理论优势、政治优势、组织优势、制度优势和密切联系群众优势，更好彰显中国特色社会主义法治道路优越性。

（二）始终把党的政治建设摆在首位。牢记党的领导是中国特色社会主义法治之魂，毫不动摇坚持党对司法工作的绝对领导，永葆人民法院政治机关本色。认真落实重大事项请示报告条例和政法工作条例，健全对党中央重大决策部署在人民法院贯彻落实情况的监督检查机制，确保党中央政令畅通、令行禁止。旗帜鲜明加强党的政治建设，教育引导法院干警坚定历史自信，坚守理想信念，恪守法治精神，始终做到忠于党、忠于国家、忠于人民、忠于法律。

（三）牢固树立新时代正确司法理念。坚持以习近平法治思想为指导树立新时代正确司法理念，坚持人民至上，站稳人民立场，切实纠正偏离人民立场、机械司法、就案办案等错误做法，坚持严格公正司法，兼顾社会公理和人之常情，充分尊重人民群众朴素感情和公平正义观念，努力实现最佳的法律效果、政治效果、社会效果。坚决同“和稀泥”做法说不，为全社会立“明规则”、破“潜规则”，让遵法守纪者扬眉吐气，让违法失德者寸步难行，让全社会充满正气、正义，让新时代司法更有力量、有是非、有温度。

（四）深化司法体制改革。巩固深化司法责任制、立案登记制、一站式多元纠纷解决和诉讼服务体系建设等改革成果。坚持公正高效规范文明执行，健全解决执行难长效机制，确保胜诉当事人合法权益及时兑现。抓紧推进执法司法责任体系改革和建设、四级法院审级职能定位改革、以审判为中心的刑事诉讼制度改革等重大改革任务落地见效。坚持用改革的思维和办法解决改革中出现的新情况新问题，站在建设更高水平的社会主义政治和法律文明高度，努力在更高层次上实现权力与责任平衡、放权与监督结合、公正与效率统一。

（五）全面加强智慧法院建设。主动融入网络强国和数字中国建设，持续推进现代科技与司法审判深度融合，以司法数据中台和智慧大脑建设为牵引，不断深化智慧法院建设和成果运用。深化和规范司法公开，不断完善动态、开放、便民、透明的阳光司法机制。加快完善中国特色、世界领先的互联网司法模式，全面推进在线诉讼规则适用，积极研究制定在线调解规则和在线法院规则，推动现代科技从工具性运用向更深层次规则治理和制度构建迈进，适应数字化变革，为人民创造更高水平的数字正义。

（六）切实提升基层司法能力。坚持强基导向，加强新时代人民法庭工作，切实提升人民法庭建设水平和基层司法能力，努力做到群众需求在哪里，司法服务就要跟进到哪里。准确把握“三个便于”工作原则和“三个服务”功能定位，不断优化人民法庭区域布局，有序推进人民法庭专业化建设，增强人民法庭司法能力、治理能力、服务能力，推动服务全面推进乡村振兴、服务基层社会治理、服务人民群众高品质生活需要取得实实在在成效。加强基层法院和人民法庭建设保障，着力解决体制机制、物质经费、人员队伍等方面实际困难，切实改善基层工作条件。

（七）认真落实全过程人民民主。坚持人民主体地位，深入推进司法民主建设，依法保障人民有序参与、监督司法。认真贯彻落实人民陪审员法，切实保障人民陪审员依法履职。自觉接受人大监督、民主监督和各方面监督，充分发挥人民代表大会制度巨大优越性和社会主义协商民主的独特优势，切实加强和改进人民法院工作。坚持在人民法院工作各领域各环节践行全过程人民民主要求，使我国社会主义司法制度更好体现人民意志、保障人民权益、激发人民创造。

（八）坚持全面从严治党、从严治院、从严管理。发扬我们党的伟大自我革命精神，增强全面从严治党永远在路上的政治自觉，以党建带队建促审判，锻造忠诚干净担当的过硬法院队伍。巩固深化党史学习教育成果和队伍教育整顿成效，教育引导干警进一步筑牢政治忠诚、坚定理想信念、锤炼过硬本领，不断提高在新时代履职尽责的能力水平。把严的主基调长期坚持下去，驰而不息正风肃纪反腐，严格落实防止干预司法“三个规定”等铁规禁令，一体推进不能腐、不敢腐、不想腐，以廉洁司法保证公正司法。不断巩固队伍教育整顿成效，让人民群众切实感受到法院队伍经过教育整顿洗礼后展现出的新气象新作为。

新时代新征程上，人民法院要坚决响应党中央号召，更加紧密地团结在以习近平同志为核心的党中央周围，全面贯彻习近平新时代中国特色社会主义思想，勿忘昨天的苦难辉煌，无愧今天的使命担当，不负明天的伟大梦想，紧紧围绕“努力让人民群众在每一个司法案件中感受到公平正义”工作目标，坚持司法为民、公正司法工作主线，在新时代新征程上奋力推进人民法院工作高质量发展，为全面建设社会主义现代化国家、夺取新时代中国特色社会主义伟大胜利、实现中华民族伟大复兴的中国梦作出新的更大贡献，以优异成绩迎接党的二十大召开！

（来源：《中国审判》2021年第23期）

坚持以人民为中心
努力让人民群众在每一个司法案件中
感受到公平正义

最高人民法院院长 周 强

习近平法治思想是当代中国马克思主义法治理论、21世纪马克思主义法治理论。党的十八大以来，习近平法治思想以强大真理力量、独特思想魅力和磅礴实践伟力，领航法治中国阔步向前，指引我国社会主义法治建设发生历史性变革、取得历史性成就。习近平法治思想本质上是人民的理论，人民性是最鲜明特征，人民立场是贯穿始终的根本政治立场。人民法院要深入学习贯彻习近平法治思想，增强“四个意识”、坚定“四个自信”、做到“两个维护”，始终站稳人民立场，坚持以人民为中心，一切为了人民、一切依靠人民，依法保障人民权益，努力让人民群众在每一个司法案件中感受到公平正义。

一、习近平法治思想中的人民立场

习近平总书记指出，“江山就是人民、人民就是江山，打江山、守江山，守的是人民的心”，强调“全面依法治国最广泛、最深厚的基础是人民，必须坚持为了人民、依靠人民”。习近平法治思想深刻回答了法治建设为了谁、依靠谁的重大问题，科学指明了新时代全面依法治国的根本立场。司法工作要站稳人民立场，坚持以依法保障人民权益为根本目的，以维护社会公平正义为生命线，始终把实现好、维护好、发展好最广大人民根本利益作为永恒的出发点和落脚点。

（一）党的领导是中国特色社会主义司法制度的本质特征，是维护最广大人民根本利益的根本保证。习近平总书记指出“党的领导是我国社会主义法治之魂，是我国法治同西方资本主义国家法治最大的区别”。为什么讲党的领导是中国特色社会主义司法制度的本质特征，坚持党的领导是习近平法治思想人民立场的体现，这是由党的理想信念、性质宗旨和初心使命决定的。马克思、恩格斯在《共产党宣言》中指出“无产阶级的运动是绝大多数人的、为绝大多数人谋利益的独立的运动”。人民立场是马克思主义政党区别于其他政党的显著标志，我们党作为马克思主义政党，党性和人民性从来都是统一的。中国共产党领导是历史的选择、人民的选择。党的领导是党和国家的根本所在、命脉所在，是全国各族人民的利益所系、命运所系，是全面依法治国的题中应有之义。新时代法治中国建设实践充分证明，只有牢牢坚持党的领导，人民当家作主才能充分实现，人民根本利益才能得到有效维护，让人民群众在每一个司法案件中感受到公平正义的目标才能不断实现。

（二）人民性是中国特色社会主义司法制度的本质属性，实现好、维护好、发展好最广大人民根本利益是我国司法工作的出发点和落脚点。习近平总书记强调要“把体现人民利益、反映人民愿望、维护人民权益、增进人民福祉落实到全面依法治国各领域全过程”。我国实行人民民主专政的国体和人民代表大会制度的政体，一切权力属于人民，人民在依法治国中的主体地位是我国国体和政体的本质体现，这决定了我国司法机关必须坚持司法为民。必须明确“为了谁”的问题。坚持一切为了人民，全心全意为人民服务，始终以满足人民群众法治需求、促进人的全面发展和社会全面进步为根本价值归属。必须明确“依靠谁”的问题。马克思主义认为人民群众是历史的创造者，要尊重群众、相信群众、依靠群众，列宁强调“生气勃勃的创造性的社会主义是由人民群众自己创立的”。必须坚持人民主体地位，一切依靠人民，广察民情、广纳民意、广聚民智，使司法工作深深扎根于人民群众的创造性实践中。必须明确“我是谁”的问题。毛泽东同志在《论人民民主专政》中鲜明指出人民民主专政下司法机关的政治属性和人民属性，强调“我们现在的任务是要强化人民的国家机器，这主要地是指人民的军队、人民的警察和人民的法庭，借以保护国防和保护人民利益”。从新中国成立时起，公安、检察院、法院前面都有“人民”二字，人民性是我国司法机关的鲜明属性。

（三）中国特色社会主义法治道路是中国特色社会主义司法制度坚持人民立场的唯一正确道路。习近平总书记强调“中国特色社会主义法治道路，是社会主义法治建设成就和经验的集中体现，是建设社会主义法治国家的唯一正确道路”。推进全面依法治国，维护人民根本利益，决不能掉入西方“宪政”“三权鼎立”“司法独立”的陷阱，必须坚定不移走中国特色社会主义法治道路。毫不动摇坚持党的绝对领导。党的领导和社会主义法治是一致的。《中国共产党政法工作条例》为坚持和加强党对政法工作的绝对领导提供了基本遵循，要严格贯彻执行《中国共产党政法工作条例》，真正把党的领导优势转化为治理效能，保证党的路线方针政策和党中央决策部署在司法工作中得到全面贯彻和有效执行。毫不动摇坚持人民当家作主。人民法院、人民检察院都是由人大产生、对人大负责、受人大监督，这是人民当家作主的重要制度安排。新时代人民司法工作发生深刻变革、取得长足发展，离不开各级人大、政协的监督支持，离不开各级人大代表、政协委员的参与、推动、监督，充分体现了人民代表大会制度、政治协商制度、中国特色社会主义司法制度的优越性。毫不动摇坚持分工负责、互相配合、互相制约的原则。分工负责、互相配合、相互制约的体制机制，有利于确保党中央决策部署得到不折不扣贯彻落实，有利于保障人民权利、维护社会公共利益和人民根本利益，有利于保证准确有效地执行法律、保障国家法治统一。在坚持和拓展中国特色社会主义法治道路这个根本问题上，要有自信、有底气、有定力，坚持党的领导、人民当家作主、依法治国有机统一，以法治保障全过程人民民主，让社会主义法治的优越性更加彰显。

（四）人民立场是中国特色社会主义司法制度的红色基因，是一以贯之的传统和底色。习近平总书记强调“要教育引导全党大力发扬红色传统、传承红色基因，赓续共产党人精神血脉”。回顾党领导法治建设的历史，就是一部为了人民、依靠人民、造福人民、保护人民的奋斗史。新民主主义革命时期，党领导人民制定了《中华苏维埃共和国宪法大纲》以及大量法律法令，规定和保障了工农劳苦大众应有的权利，极大调动了人民积极性。毛泽东同志指出，真心实意为群众谋利，解决群众的生产、生活问题，是苏维埃法制工作的出发点和归宿。我们党还创造了依靠群众、调查研究、就地解决、调解为主的“马锡五审判方式”，受到边区群众欢迎。毛泽东同志1943年为边区先进模范题词，评价马锡五同志“一刻也不离开群众”。1944年，习仲勋同志在边区绥德分区司法工作会议上发表题为《贯彻司法工作的正确方向》的讲话，指出“司法工作是人民政权中的一项重要建设，和其他行政工作一样，是替老百姓服务的。这样，就要一心一意老老实实把屁股坐在老百姓这一方面，坐得端端的”，“假如有一个司法人员，仍然是‘断官司’‘过堂’板起面孔，摆起架子，叫人家一看他，是个‘官’，是个‘老爷’，那就很糟糕”。这些话对今天的司法工作也很有现实意义，如果我们把自己当作“官”高高在上，或深居办公室、不接地气，最终就会脱离群众，我们的工作就可能背离党的宗旨。新中国成立后，我们废除了压迫人民、愚弄人民的司法制度，建立了依靠人民、联系人民和便利人民的司法制度，与旧中国有本质区别。这在废除西方列强在华领事裁判权上体现得尤为明显。领事裁判权是中国沦为半殖民地半封建社会的重要体现，无论是所谓“观审特权”还是“会审公廨”，都是列强在旧中国司法特权的表现，严重破坏中国司法主权完整，是百年屈辱。尽管1943年领事裁判权在法律形式上被废除了，但事实上列强司法特权在旧中国依然存在。新中国彻底废除西方列强在中国的特权，外国人在中国为非作歹而不受中国法律惩处的时代一去不复返。人民法院坚决维护国家司法主权，坚持严格公正司法，触犯我国法律无论国籍一律依法予以惩处，彰显党和国家维护人民利益、维护人民生命财产安全的坚定决心。一切为了人民，一切依靠人民，人民司法优良传统历久弥新，要继续弘扬光荣传统，传承红色基因，赓续红色血脉。

（五）保障人民权益、维护人民利益，是贯穿我国法治工作总任务和基本原则的鲜明主线。习近平总书记多次强调，政法工作要履行好维护国家政治安全、确保社会大局稳定、促进社会公平正义、保障人民安居乐业的职责任务。马克思主义认为，法具有阶级性和社会性，履行政治统治职能和社会公共职能。政法工作的职责任务集中反映了政治统治职能和社会公共职能，贯穿了人民性这一鲜明主线。从法治工作基本原则看，以人民为中心得到全面体现。比如，坚持正确区分、处理两类不同性质的矛盾。要求准确把握司法机关作为人民民主专政的国家政权机关性质，把惩治犯罪、保护人民、定分止争、化解矛盾作为司法为民的重要方式，做到既稳准狠打击敌人、震慑犯罪，又及时妥善化解人民内部矛盾，依法保障人民权益。坚持围绕中心、服务大局。党和国家工作大局与人民根本利益高度统一，推进党和国家事业发展，根本上就是为了增进人民福祉、促进人的全面发展。经济社会发展到什么阶段，司法工作就要跟进到什么阶段。必须紧紧围绕贯彻新发展理念、构建新发展格局、推动高质量发展，找准司法工作精准发力的切入点、结合点，更好发挥法治固根本、稳预期、利长远的保障作用。紧紧围绕促进全体人民共同富裕提供有力司法服务，加强民生司法保障，维护市场公平竞争，保障人民平等参与、平等发展权利，切实维护权利公平、机会公平、规则公平。坚持法律面前人人平等。我国社会主义法治追求的平等是真正的平等，不是对少数人的平等，而是对全体人民的平等。所有公民都能受到法律的平等保护，任何人触犯法律都要平等受到处罚，决不允许出现“法外之民”，决不允许法外开恩。这与西方资本主义国家建立在资本之上的平等有着本质不同。马克思在论述资产阶级法院、法官的阶级本质时指出“如果认为在立法者偏私的情况下可以有公正的法官，那简直是愚蠢而不切实际的幻想!”强调资产阶级的法官“只能够丝毫不苟地表达法律的自私自利，只能够无条件地执行它。在这种情形下，公正是判决的形式，但不是它的内容。”坚持依法治国和以德治国相结合。法安天下、德润人心，是我国社会主义法治汲取中华传统法律文化中德刑相辅、礼法并用等思想精华形成的鲜明特征。司法工作要积极运用法治手段解决道德领域突出问题，通过“小案件大道理”，破解长期困扰群众的“扶不扶”“劝不劝”“追不追”“救不救”等法律和道德风险，用有力量、有是非、有温度的新时代司法回应人民期盼。

总的讲，我们要深刻领会和把握习近平法治思想中的人民立场，贯彻“十一个坚持”，坚定不移走中国特色社会主义法治道路，努力创造出体现以人民为中心的、优于西方“宪政民主”“三权鼎立”“司法独立”的政治和法律文明，为人类文明提供中国方案。

二、新时代坚持以人民为中心的司法实践

党的十八大以来，在习近平法治思想指引下，全面依法治国实践取得重大进展，科学立法、严格执法、公正司法、全民守法全面推进。习近平法治思想中的人民立场在司法领域不断形成生动实践，司法为民、公正司法从理念到实践都取得了新成效。

一是进一步明确司法工作的目标。习近平总书记强调要“努力让人民群众在每一个司法案件中感受到公平正义”，要求“所有司法机关都要紧紧围绕这个目标来改进工作”。促进社会公平正义是司法工作的核心价值追求。2013年，最高人民法院党组就把习近平总书记提出的“努力让人民群众在每一个

司法案件中感受到公平正义”确定为法院工作目标，一切工作都紧紧围绕这个目标开展，不仅要求悬挂在全国法院办公场所和人民法庭最显著位置，更重要的是教育引导每一名干警记在心里、扛在肩上、落实到行动中，用实际行动不断实现人民对公平正义的向往。

二是进一步明确司法工作的主线。习近平总书记指出“公平正义是司法的灵魂和生命”，强调“推进公正司法，要坚持司法为民，改进司法工作作风。法律不应该是冷冰冰的，司法工作也是做群众工作”。这些重要论述深刻指明了司法为民、公正司法的工作主线。党的十八大以来，人民法院紧扣主线推动工作。一方面，对群众深恶痛绝的事零容忍、对群众急需急盼的事零懈怠。严厉打击侵害群众合法权益的违法犯罪，努力推动解决群众反映强烈的“头顶上”“脚底下”“针尖上”等安全问题。切实解决老百姓打官司过程中的急难愁盼问题，通过热情服务努力做到既解决案件“法结”，又解开群众“心结”。另一方面，坚持严格公正司法，以对法律负责、对人民负责、对历史负责的态度处理每一起案件，捍卫宪法法律尊严，维护社会公平正义。依法办理夏俊峰案、张扣扣案等重大敏感案件，不为各种纷繁所扰，不为各种噪音所惑，不为各种压力所阻，在众声喧哗中保持法治定力，坚决维护党和人民利益、维护社会稳定、维护法治权威。

三是进一步明确新时代正确司法理念。习近平总书记指出，“要树立正确法治理念，把打击犯罪同保障人权、追求效率同实现公正、执法目的同执法形式有机统一起来，坚持以法为据、以理服人、以情感人，努力实现最佳的法律效果、政治效果、社会效果”。人民法院坚持以习近平法治思想为指导树立新时代正确司法理念，切实纠正偏离人民立场、机械司法、就案办案的错误做法。比如，刑事领域强调兼顾国法天理人情，依法再审改判百香果女童被害案、老板填埋掉坑工人致死案等一批广受关注的案件，积极回应人民群众朴素正义观。准确适用刑事附带民事调解制度，坚决防止在社会上传递出“花钱买命”“以钱买刑”等错误导向，防止司法与人民群众公平正义观背道而驰。民事领域大力弘扬社会主义核心价值观，坚决捍卫英烈合法权益，依法保护诚实守信，坚决同“和稀泥”做法说不，让全社会充满正气、正义。依法审理狼牙山五壮士案，通过判决狠刹历史虚无主义歪风，坚决捍卫英雄事迹和尊严荣光，坚决捍卫党和人民军队的光荣历史，坚决捍卫英烈背后代表的民族情感、共同记忆、社会公共利益。行政审判强调“到位不越位”，行政不能干预司法，司法也不能代替行政，促进行政争议实质性化解，促进法治政府建设，维护人民群众合法权益。坚持以新时代正确司法理念指导司法实践，主动通过工作中发现的问题检视校准在理念上出现的偏差，实现案件法律效果、政治效果、社会效果统一。

四是进一步深化司法体制改革。习近平总书记高度重视司法体制改革，强调“司法体制改革必须为了人民、依靠人民、造福人民”，亲自谋划、亲自部署，引领司法体制改革以前所未有的广度和深度向前推进。政法战线坚持正确改革方向，敢于啃硬骨头、涉险滩、闯难关，做成了想了很多年、讲了很多年但没有做成的改革。人民法院“四五改革纲要”全面收官，“五五改革纲要”稳步推进，综合配套改革持续深化。司法责任制、法官员额制、人员分类管理、以审判为中心的诉讼制度、司法制约监督、统一法律适用、认罪认罚从宽、民事诉讼程序繁简分流、四级法院审级职能定位等改革逐步落地，司法质量、效率和公信力明显提高，公正高效权威的社会主义司法制度更加成熟定型。《中国共产党简史》指出“经过新一轮司法改革，新的司法管理体制、司法权力运行机制逐步形成，公平正义成为新时代的鲜亮底色”。

五是进一步完善司法为民服务体系。习近平总书记指出，“政法机关承担着大量公共服务职能，要努力提供普惠均等、便捷高效、智能精准的公共服务”。人民法院积极创新司法便民利民惠民机制，推行网上立案、自助立案等便民服务，健全多元化纠纷解决机制，完善巡回审判制度，推广车载法庭、移动背包科技法庭，切实方便群众诉讼。推进家事审判改革，会同全国妇联等单位建立联席会议制度，妥善化解家事矛盾，维护家庭和谐，呵护孩子健康成长。2019 年以来，人民法院全面推进一站式多元纠纷解决和诉讼服务体系建设，建立在线调解平台，通过一站式、集约式、菜单式服务，为群众提供多样化纠纷解决方案和权利救济渠道，促进矛盾公正、高效、实质性化解。老百姓到法院打官司，就像到超市购物一样方便，可以自主选择纠纷化解方式，非常便利。中国法院逐步从过去单纯以诉讼方式化解纠纷，转变为多元纠纷解决方案提供者，化解矛盾、服务群众的能力水平跃上新台阶，充分体现以人民为中心、维护人民利益的要求。

六是进一步加强忠诚干净担当的过硬法院队伍建设。习近平总书记指出，“要按照政治过硬、业务过硬、责任过硬、纪律过硬、作风过硬的要求，努力建设一支信念坚定、执法为民、敢于担当、清正廉洁的政法队伍”。党的十八大以来，我们大力弘扬英模精神，教育引导干警坚定理想信念、坚守法治精神、践行为民宗旨、恪守职业良知。从法院系统来看，涌现出邹碧华、方金刚、李庆军、胡国运、周春梅、魏晶晶、杨军等一大批新时代公正为民的先进典型。邹碧华同志在司法改革中敢啃硬骨头，甘当“燃灯者”，生动诠释了一名共产党员对党和人民事业的忠诚。周春梅法官因严格执行“三个规定”，多次拒绝为同学的案子说情打招呼，被残忍杀害，血染法徽，用生命践行了法治信仰。总的看，法院队伍展现出维护核心、绝对忠诚、听党指挥、勇于担当的政治品格，人民群众切实感受到新时代人民法院队伍的新气象。

党的十八大以来，我国社会主义法治建设取得的历史性成就是习近平法治思想的生动实践，是以人民为中心的发展思想和人民立场在法治领域的具体体现，反映了中国特色社会主义司法制度的巨大优势，反映了与西方司法制度的本质不同。

一是更加注重法律效果、政治效果、社会效果的统一。我国社会主义法治追求三个效果统一，这是我们司法制度优越性的重要体现。有些案件裁判，单从法律条文看似乎没问题，但不符合党和国家政策导向，不符合人民群众公平正义观，根本上讲也不符合立法精神。因为党的政策和国家法律都是人民根本意志的反映，本质上是一致的。比如，破产审判领域，着眼服务供给侧结构性改革，强调不能就案办案，要尽可能帮助有发展前景的企业走出困境，稳住职工就业，保护上下游产业链和中小投资者权益，维护社会稳定。一些重大破产重整案件取得很好效果，受到党委政府肯定，企业、职工、群众拥护。执行领域，在坚持依法严格公正执行、保障胜诉当事人合法权益基础上，强调善意文明执行，依法审慎适用强制措施，最大限度降低对企业生产经营的不利影响。三个效果统一，是党的领导、人民当家作主、依法治国有机统一在司法实践中的具体要求，对不折不扣贯彻党中央决策部署，密切党同人民群众血肉联系，意义重大。

二是更加注重程序公正与实体公正的统一。我国社会主义法治强调的司法公正，是程序公正与实体公正相统一，是实质的公正、真正的公正。党的十八届四中全会部署推进以审判为中心的诉讼制度改革，就是要发挥好审判特别是庭审在查明事实、认定证据、保护诉权、公正裁判中的重要作用，促使办案人员树立办案必须经得起法律检验的理念，通过法庭审判的程序公正实现案件裁判的实体公正，防范冤错案件发生，促进司法公正。我国社会主义司法坚持以事实为根据、以法律为准绳，追求事实认定符合客观真相、办案结果符合实体公正、办案过程符合程序公正，确保案件处理经得起法律和历史检验。而西方所谓的司法公正本质上是为金钱、为资本服务的。在西方国家一些案件中，往往能够看到以程序正义为名，无视受害者权益，忽略公众感受，是典型的司法不公。马克思早就指出资本主义社会的公平正义，是以形式上的平等掩盖事实上的不平等。

三是更加注重公正与效率的统一。习近平总书记多次强调，要建设公正高效权威的社会主义司法制度。我国社会主义司法制度既强调严格公正司法，也注重提高司法效率。围绕提高司法效率，我们持续深化诉讼制度改革，健全认罪认罚从宽制度，推进民事诉讼程序繁简分流改革试点，充分释放司法效能，促进矛盾公正高效化解。相较而言，一些国家并没有审限要求，案件积压成为常态。提高司法质效对改善营商环境具有重要意义，因为缩短了诉讼时间，对当事人来讲大大节省了诉讼时间和成本，对市场经济来讲大大提高了经济运行效能。近年来，人民法院在提高司法质量、效率和透明度方面狠下功夫，推出一系列改革举措，着力营造稳定公平透明、可预期的法治化营商环境，为我国全球营商环境排名提升作出积极贡献。

四是更加注重惩罚犯罪与保障人权的统一。习近平总书记指出，“所谓公正司法，就是受到侵害的权利一定会得到保护和救济，违法犯罪活动一定要受到制裁和惩罚”。党的十八大以来，人民法院坚持贯彻总体国家安全观，依法惩治犯罪、保障人权，推动更高水平的平安中国建设。我国成为世界上最有安全感的国家之一，其中很关键的一条，就是落实惩罚犯罪与保障人权相统一。我们坚持严格公正司法，坚守防止冤错案件底线，依法纠正了呼格吉勒图案、聂树斌案、张玉环案等一批重大冤错案件，以及张文中案等涉产权冤错案件，让人权司法保障更加有力、产权司法保护更为有效，让正义最终得以伸张。惩罚犯罪和保障人权，是人民群众安全感的一体两面。社会主义司法就是要坚持以人民为中心，确保无罪的人不受刑事追究、有罪的人受到公正惩罚。

五是更加注重解决人民群众难点痛点堵点问题、回应人民群众关切。党的十八大以来，人民法院聚焦群众反映强烈的难点痛点堵点问题，一仗接着一仗打，扎扎实实解决实际问题。人民群众反映立案难问题，我们就着力解决立案难。2015 年，按照党的十八届四中全会部署，全面实行立案登记制，做到有案必立、有诉必理，为群众依法维权敞开大门。在此基础上，全面推行跨域立案服务，破解群众异地诉讼不便问题。从全面实行立案登记制，到跨域立案服务全覆盖，立案难真正成为历史。人民群众反映执行难问题，我们就着力解决执行难。在党中央坚强领导下，我们从 2016 年开始，利用三年时间，坚决打赢了“基本解决执行难”这场攻坚战，形成了中国特色执行制度、机制和模式，促进了法治建设和社会诚信建设。实际上，国外也有执行难，但这个难题要由当事人自己解决。很多国家要求债权人自己查找、提供债务人财产线索，当事人自己承担执行费用。当事人没有财产可供执行的案件，大部分不能进入执行程序，要通过破产制度解决或作为商业风险由当事人自己承担。在我国，为最大限度保护人民群众合法权益，法院主动查人找物，财产网络查控、司法网络拍卖还大大提高兑现当事人胜诉权益的效能。司法网络拍卖公开透明，有效预防了司法腐败。中国特色执行制度、机制和模式，突显了我国社会主义司法制度的人民性、优越性。

六是更加注重司法与舆论的良性互动。在信息时代，人人都有摄像机，人人都是麦克风，司法活动时刻处在公众视野里、媒体聚光灯下。对法院来讲，小案件也可能引发大舆情。司法审判既不能对舆论无动于衷，也不能为舆论所左右，只有这样才能把司法为民宗旨真正落到实处。实践证明，越是社会高度关注、存在巨大争议的案件，人民法院越要坚持依法公开公正审理，让群众全面了解案情，了解司法裁判依据，努力形成全社会最大公约数，让热点案件成为全民共享的法治公开课，促进提高全社会法律意识。面对舆情，法治的定力、公开的自信来自哪里？根本上来自习近平法治思想的理论武装，来自坚定党的立场、人民立场。反之，偏离人民立场，脱离人民群众，就会犯方向性的错误。

七是更加注重人民参与、监督司法活动。列宁指出，“人民的代表参加法庭，毫无疑问是民主的开端”。资本主义的司法是所谓“精英司法”，我国社会主义司法是人民司法，两者泾渭分明。人民是全面依法治国的主体和力量源泉，人民参与、监督司法活动的权利应当受到保障。过去，受理念、技术等因素制约，人民群众参与渠道以及公开范围都很有限，对司法工作有很多不了解甚至不理解。现在，人民群众参与、监督司法活动的途径、方式、渠道都发生了深刻变化，广度深度前所未有。制度层面，会同司法部推进人民陪审员制度改革，扩大陪审员职责，推进陪审员倍增计划。人民陪审员法已经颁布实施，这是我国历史上第一部关于人民陪审员制度的法律，是保障公民民主权利、推进司法民主建设新的里程碑。实践层面，推动司法公开向着前所未有的纵深拓展，努力让暗箱操作没有空间，让司法腐败无法藏身，让公平正义以人民群众看得见摸得着的形式实现。开放动态透明便民的阳光司法机制已经形成，建成审判流程、庭审活动、裁判文书、执行信息四大公开平台，成为展现中国司法公正的重要窗口，彰显了中国司法的制度自信。

八是更加注重司法审判与现代科技的深度融合。习近平总书记强调，“没有信息化就没有现代化”，“要推动大数据、人工智能等科技创新成果同司法工作深度融合”。司法工作不能脱离时代，信息化时代离开了信息化，司法为民就不可能实现。人民法院主动拥抱现代科技，推动智慧法院建设上了一个大台阶。这不是为了摆样子，也不是为了自己方便，而是为了更加方便群众诉讼、更好实现公正司法、更好维护人民权益。疫情防控期间，智慧法院大显身手，实现了“审判执行不停摆、公平正义不止步”，充分体现党的领导下我国社会主义司法制度的优越性。建设互联网法院是拥抱现代科技的一项战略举措，北京、杭州、广州互联网法院在平台建设、技术应用、规则完善、网络治理等方面，形成许多全球领先的经验。2021 年 6 月，人民法院在线诉讼规则正式出台，在全球法治领域率先确立了在线诉讼规则，为全球互联网法治发展提供了中国方案。当前，人工智能、大数据、区块链、5G、AR、VR、超算、星空互联网的发展，带来新的机遇和挑战。必须抢抓机遇、拥抱科技，适应数字化变革为人民创造更高水平的数字正义，更好实现和维护人民根本利益。

三、正确处理新形势下人民内部矛盾

随着我国社会主要矛盾变化，人民群众对美好生活的向往更多向民主、法治、公平、正义、安全、环境等方面延展。如何让坚持人民立场不沦为空喊口号？如何让维护人民利益真正落地、不走偏？关键是要围绕社会主要矛盾变化带来的新特征新要求，坚持问题导向，深入研究新情况解决新问题，正确处理好新形势下人民内部矛盾，处理好人民内部矛盾的一些重要关系问题。

（一）正确处理眼前利益与长远利益关系。人民群众利益有眼前利益和长远利益之分，必须统筹好。比如，征地拆迁问题。为了改善人民生活、发展地区经济、建设发展城市，有时不得不征地拆迁。征地拆迁必须严格依法进行，要处理好行政执法效率和保障被拆迁人合法权益的关系，这是典型的眼前利益和长远利益关系。我国土地制度具有巨大优势，制度红利全民享有，因为土地归国家和集体所有，党和国家可以根据人民长远利益需要，部署高速公路、高铁、机场等基础设施建设。中国14亿多人口的大国，若是为了眼前利益不拆迁，机场不能修，高铁不能建，社会主义现代化何以实现，人民群众对高品质生活的美好愿望何以实现。具体到司法工作，特别是在涉及公共基础设施、民生重大项目建设的案件中，就要处理好眼前利益和长远利益关系。首先，基于长远利益考量，不能不拆迁。同时，被拆迁人利益要依法保护到位。我们党和政府的态度是鲜明的，政策是一贯的，那就是征地拆迁要补偿到位，最大限度保护人民群众的眼前利益、具体利益，让人民群众享受到土地红利。司法实践中还要善于做好群众工作，把道理跟老百姓讲明白，争取人民群众理解支持。

（二）正确处理少数与多数、局部与整体关系。少数人利益与多数人利益、局部利益与整体利益的冲突，在司法实践中经常出现。一些法院审理的老旧小区加装电梯案件非常典型。低楼层住户不同意加装，较高楼层住户则诉至法院。人民法院准确适用民法典规定，依法判决支持高层住户，这类案件虽小，但导向意义很大。我国是社会主义国家，鲜明主张维护绝大多数人利益。民法典确立了有利生产、方便生活、团结互助、公平合理的相邻关系处理原则，同时强调少数人合法权益也要予以充分保护。如果低楼层住户因加装电梯造成损失，比如遮挡采光、影响出行、产生噪声等，有权要求高层住户予以补偿。司法实践中有很多类似问题，应当公平合理处置，不能因为局部、少数人利益影响整体、多数人利益，也不能忽视、牺牲少数人、个别人正当利益。

（三）正确处理个人与集体的关系。中国历来讲求集体主义，集体主义精神在中国历史长河中源远流长，在人民生活实践中处处可见。集体主义强调国家利益、社会整体利益与个人利益的辩证统一，既肯定集体利益高于个人利益，主张只有在集体中，个人才能获得全面发展；同时也重视和保障个人正当利益。“天下兴亡、匹夫有责”就是这种集体主义的直观表达，要求我们处理好个人与社会、个人自由与责任担当的关系。抗疫斗争中铸就的伟大抗疫精神，就是对集体主义精神的一次生动诠释。在党中央统一部署、统一指挥下，全国人民坚决服从抗疫大局，自觉把支持抗疫作为分内之事、应尽职责，大家把个人冷暖、集体荣辱、国家安危融为一体，风雨同舟、众志成城，取得抗击疫情斗争重大战略成果。政法机关坚决落实依法防控要求，惩治涉疫犯罪，化解涉疫矛盾，维护社会稳定，为全国抗疫筑牢法治防线。医务人员舍小家为大家，武汉人民识大体顾大局，都是集体主义的彰显。同时，我们坚持生命至上，全力救治每一名患者，出台一系列关爱医务人员、保障困难群众生活、助力企业纾困的政策措施，生动体现了党和国家对个人正当利益的尊重与保障。反观一些西方国家片面强调个人自由，致使疫情一再反复，公众生命健康得不到保障、经济社会秩序无法有效恢复。抗疫实践充分证明，集体主义能行，中国能行。

（四）正确处理公共利益与私人利益关系。公共利益和私人利益对立统一，两者的冲突及其解决一直是比较棘手的问题。比如，数字领域的公益和私益处理问题。2012 年修改的民事诉讼法规定公益诉讼制度，为有效维护社会公共利益提供了制度保障。党的十八届四中全会以来，人民法院依法审理检察机关和社会组织提起的英烈保护、环境保护等公益诉讼案件，加大公共利益保护力度，弘扬社会主义核心价值观。近年来，随着信息技术快速发展，大数据应用让社会更安全、出行更方便、生活更便捷，促进了公共利益，同时也带来个人信息安全、国家信息安全等问题，这对妥善处理公共利益和个人利益关系提出了新挑战。2021 年 7 月，最高人民法院出台人脸识别民事案件司法解释，对群众反映强烈的滥用人脸识别说“不”，同时高度重视平衡公共利益与私人利益。在依法保护自然人人脸信息的同时，明确规定使用人脸识别信息不承担民事责任的情形，比如为应对突发公共卫生事件、为维护公共安全等。同时注重惩戒侵权行为和鼓励数字经济发展的平衡，既保护个人信息，又保护人脸识别技术合法使用，通过规范信息收集、处置行为促进数字经济健康发展。新技术应用带来的一系列伦理道德风险和法律问题，大量涉及公益和私益平衡问题。司法裁判要努力平衡好，实现技术运用与风险防范、伦理道德、社会价值的良性互动。

（五）正确处理公权与私权关系。司法权作为国家公权力的重要组成部分，如何处理好公权与私权关系是需要深入思考的问题。这包括两个方面，一方面，不能怠于行使公权，要以公权行使保护人民利益，“决不允许对群众的报警求助置之不理，决不允许让普通群众打不起官司”；另一方面，公权行使要有边界，不能超越法定权限行使公权，“决不允许滥用权力侵犯群众合法权益，决不允许执法犯法造成冤假错案”。民法典就是一部民事权利的宣言书，对处理好公权和私权关系有重要意义。人民法院要准确适用民法典，及时充分救济受侵害的民事权益，依法严肃处理侵犯人民群众合法权益的行为，有力维护最广大人民根本利益，切实增强人民群众获得感、幸福感、安全感。

（六）正确处理权利保护和权利救济关系。司法是加强权利保护的重要途径，但并非万能的，有的时候光靠司法很难实现全面的权利救济，需要通过法律援助、司法救助、社会救助等途径，需要发挥村委会、居委会等基层自治组织作用，共同解决当事人在权利救济方面遇到的实际困难。这在国家赔偿领域十分常见，依照法律可能只能赔偿一定数额，但是还可以依靠政治优势、依靠基层组织，给予符合条件的当事人适当救济或救助。此外，一些严重暴力犯罪案件中，被害人多因不法侵害致伤、致残甚至致死，被害人及其家庭生活陷入困难，造成巨大悲痛。司法可以依法判处刑罚并判令赔偿，但是很多时候被告人缺乏足够赔偿能力，被害人及其家属很难得到有效赔偿，权利无法获得全面救济。这就需要发挥法律援助、司法救助、社会救助的作用，努力让他们切实感受到社会主义的关怀和温暖。

（七）合理平衡不同利益、不同诉求。当今社会，利益多元化越来越明显，法院处理的纠纷就是不同利益的博弈，一个司法决策往往牵涉各方利益。因为矛盾各方都是人民群众，这就需要司法在不同利益、不同诉求间做好平衡，平等保护各方当事人合法权益。最高人民法院出台的很多司法解释，都是在与社会互动中寻求最大公约数。比如，关于夫妻共同债务的司法解释。2003年婚姻法司法解释针对的是反映强烈的“假离婚、真逃债”现象，规定夫妻一方以个人名义所负债务原则上属夫妻共同债务，解决了夫妻双方规避债务的行为，对保护债权人权益和维护市场交易安全起了重要作用。随着经济社会发展，夫妻一方伪造或与第三人虚构债务，尤其是夫妻一方在外赌博、挥霍，使另一方“被负债”现象屡见不鲜。所以2018年又出台审理夫妻债务司法解释，平衡保护各方当事人合法权益，明确夫妻共同债务要由双方共同签名的原则，相关处理规则最终被民法典吸收，从根本上解决了这个问题。再比如，社会高度关注的民间借贷司法解释，也是不同利益平衡的问题。降低利率保护上限，有利于降低中小微企业融资成本，减少债务人履约不能，引导规范民间借贷健康发展。但也不是越低越好，否则借款人借不到钱，甚至会让民间借贷转向地下，实际利率可能更高。这些都体现了不同群体、不同阶层、不同行业有不同利益诉求。制定司法政策、审判执行案件，首先要坚决贯彻党中央决策部署，严格依法办事，同时要平衡好各方利益，否则就不能实现好、维护好、发展好最广大人民根本利益。要始终站稳人民立场，从人民群众根本利益、长远利益、整体利益进行全方位平衡把握。

四、新时代新征程上践行司法为民宗旨的时代要求

新的征程上，坚持司法为民、维护公平正义面临新的时代要求。人民法院要贯彻以史为鉴、开创未来的“九个必须”，弘扬伟大建党精神，加快推进新时代人民法院工作高质量发展，更好践行司法为民宗旨，不断实现人民对公平正义的向往。

（一）高举思想旗帜，真学真信笃行习近平法治思想。习近平总书记强调：“中国共产党为什么能，中国特色社会主义为什么好，归根到底是因为马克思主义行！”习近平法治思想是当今时代最现实、最鲜活的马克思主义法治理论，我们要坚持用以武装头脑、指导实践、推动工作，使党的创新理论成为推进法治建设的强大思想武器。坚持把习近平法治思想贯穿司法工作各领域全过程，增强“四个意识”、坚定“四个自信”、做到“两个维护”，不断提高政治判断力、政治领悟力、政治执行力，坚定理想信念，筑牢政治忠诚，毫不动摇坚持党的绝对领导，坚定不移走中国特色社会主义法治道路。自觉把党的百年奋斗形成的理论优势、政治优势、组织优势、制度优势和密切联系群众的优势发挥好，切实把党的领导和依法独立公正行使审判权统一起来，把讲政治和讲法律统一起来，把依法治国和以德治国统一起来，把制度改革和科技变革统一起来，努力创造更高水平的社会主义司法文明，推动新时代法治中国建设迈向新境界。

（二）把握方向遵循，更加注重系统观念、法治思维、强基导向。习近平总书记强调要“更加注重系统观念、法治思维、强基导向，切实推动政法工作高质量发展”，这为新时代政法事业发展指明了前进方向，提供了根本遵循。系统观念蕴含着马克思主义立场观点方法，要求加强前瞻性思考、全局性谋划、战略性布局、整体性推进。坚持用系统观念看司法与大局工作关系，

始终把司法工作置于党和国家大局、国内国际两个大局中进行前瞻性思考，把司法工作同厚植党长期执政的群众基础紧密结合起来。坚持用系统观念看审判权与其他权力的关系，牢固树立一盘棋思维，推动健全侦查权、检察权、审判权、执行权相互配合的体制机制。坚持用系统观念指导法院工作改革发展，综合考虑立案、审判、执行是一个整体，努力做到各环节统筹协调、协同高效。法治思维就是要增强法治观念，善于运用法治思维和法治方式深化改革、推动发展、化解矛盾、维护稳定、应对风险。理念层面，坚决破除超越法律的特权思想，纠正重权力轻权利、重管理轻治理的思想误区，杜绝以言代法、以权压法、逐利违法、徇私枉法。方法层面，坚持运用法治精神、法律原则、法律规范分析、判断、处理社会问题和群众诉求，既避免法律虚无主义，又克服就案办案、机械司法。强基导向尤其突显人民立场，因为群众法治需求在基层，司法工作的重心也应当在基层。人民法庭是化解矛盾、服务群众的第一线，是促进乡村振兴、创新社会治理的最前沿，是维护社会稳定、巩固基层政权的基础力量。必须更加注重强基导向，切实提升人民法庭建设水平和基层司法能力，努力做到群众需求在哪里，司法服务就要跟进到哪里。

（三）坚持双轮驱动，推进司法工作质量变革、效率变革、动力变革。习近平总书记强调，“要继续推进法治领域改革，解决好立法、执法、司法、守法等领域的突出矛盾和问题”。新的征程上，要坚持正确改革方向，以提高司法公信力为根本尺度，以制度改革和科技变革为动力，更好为群众解忧、让正义提速。坚定不移深化司法体制改革，坚持用改革的思维和办法解决改革中出现的新情况新问题，努力在更高层次上实现权力与责任平衡、放权与监督结合、公正与效率统一。坚定不移深化智慧法院建设，让老百姓维护权益、实现公平正义更加高效便捷。注重推动现代科技从工具性运用向更深层次规则治理和制度构建迈进，为世界法治发展贡献中国经验、中国方案。

（四）坚持规则创新，统筹推进国内法治和涉外法治。习近平总书记指出，“法治是国家核心竞争力的重要内容”，要求加快涉外法治工作布局。当前，国际竞争越来越体现为制度之争、规则之争，必须加快涉外法治工作战略布局，以法律规则的确定性应对外部环境和风险挑战的不确定性。加快提升涉外司法效能，依法平等保护中外当事人合法权益，积极为高质量共建“一带一路”、为高水平对外开放提供有力司法服务，坚决维护国家主权、安全、发展利益。加强国际法研究运用，恪守国际条约，发挥司法在解决国际争端中的作用，坚定维护以国际法为基础的国际秩序，积极服务推动全球治理变革。深化国际司法交流，扩大国际司法协助覆盖面，在安全、环境、网络、知识产权等领域广泛开展务实司法合作，服务推动构建人类命运共同体。重视涉外法治人才培养，努力培养一支政治立场坚定、具有国际视野、通晓国际规则、能够参与国际实务的涉外法治人才队伍。加强国际传播能力建设，讲好中国法治故事，传播好中国法治声音，不断提升中国司法的国际公信力、影响力，助力展示真实、立体、全面的中国。

（五）锻造过硬队伍，确保队伍忠诚纯洁可靠。习近平总书记强调，要推进法治专门队伍革命化、正规化、专业化、职业化，确保做到忠于党、忠于国家、忠于人民、忠于法律。总的看，过硬法院队伍建设取得显著成就。同时也要清醒认识到，全面从严治党永远在路上。党性不纯、作风不正、司法腐败是背离人民立场、脱离人民群众最大的危险之一。法院系统查处一批违纪违法的腐败分子，他们以权谋私、徇私枉法，严重影响了司法公正和法治权威，根本上是理想信念出了问题，忘记了初心使命，背离了党和人民，最终走向了违法犯罪的深渊，给党和人民的司法事业造成了极坏影响。当前，人民法院党风廉政建设和反腐败斗争任重道远，既有存量问题，也有增量问题，形势依然严峻。队伍教育整顿查处了一批害群之马，解决了一批顽瘴痼疾，完善了执法司法制约监督体系，弘扬了清风正气。实践证明，党中央作出开展政法队伍教育整顿的重大决策，高瞻远瞩、英明果断、完全正确，顺应民心民意。我们要以扎实开展队伍教育整顿为契机，全面正风肃纪、反腐强警，驰而不息推进党风廉政建设和反腐败斗争，确保法院队伍忠诚纯洁可靠。只有真正做到廉洁，才能永葆忠诚为民的政治本色，才能把人民立场贯彻到工作各方面。要大力弘扬求真务实、真抓实干、埋头苦干的新风正气，提高群众工作能力、增强群众工作本领，凝心聚力投身全面依法治国伟大实践，在新时代新征程上更好维护人民根本利益。

新的征程上，人民法院要更加紧密地团结在以习近平同志为核心的党中央周围，深入学习贯彻习近平法治思想和习近平总书记“七一”重要讲话精神，牢记初心使命，坚定理想信念，践行党的宗旨，依法履职尽责，永远保持同人民群众的血肉联系，继续为实现人民对美好生活的向往不懈努力，为全面建设社会主义现代化国家、实现中华民族伟大复兴作出新的更大贡献。

（来源：《民主与法制专刊》2021 年第 2 期）

深入学习贯彻习近平法治思想
以人民法院工作高质量发展服务
经济社会高质量发展

最高人民法院常务副院长　贺　荣

习近平总书记在2021年全国两会期间参加青海代表团审议时强调，立足新发展阶段、贯彻新发展理念、构建新发展格局，推动高质量发展，是当前和今后一个时期全党全国必须抓紧抓好的工作。以人民法院工作高质量发展服务经济社会高质量发展，是人民法院在新发展阶段的重要历史使命和鲜明工作主题。各级人民法院要坚持以习近平新时代中国特色社会主义思想为指导，深入学习贯彻习近平法治思想，紧扣立足新发展阶段、贯彻新发展理念、构建新发展格局要求，推动新时代人民法院工作高质量发展，以更高水平的审判执行工作更好服务经济社会高质量发展。

推动新时代人民法院工作高质量发展，必须身体力行习近平法治思想，深刻理解和准确把握新发展阶段、新发展理念、新发展格局和高质量发展的核心要义，更加注重系统观念、法治思维、强基导向，不断研究解决人民法院工作中面临的新情况新问题。

深刻理解当前所处的新发展阶段。新发展阶段是我国发展新的历史方位，是经过几十年积累、站到了新的起点上的社会主义初级阶段中的一个新阶段，是从第一个百年奋斗目标向第二个百年奋斗目标进军的新阶段，是我们党带领人民迎来从站起来、富起来到强起来历史性跨越的新阶段。人民法院工作必须紧扣新发展阶段实际，把握新发展阶段矛盾变化，立足新发展阶段目标任务，在更加注重高质量发展、更加注重共同富裕、更加注重人的全面发展、更加注重人与自然和谐共生、更加注重制度完善、更加注重为全球治理贡献中国智慧、中国方案以及更加注重化危为机、逆势而进等方面切实发挥好司法职能作用。制定司法政策、审判执行案件必须符合新发展阶段的历史定位和基本国情，不能冒进，更不能脱离实际、急于求成。

完整、准确、全面贯彻新发展理念。新发展理念是创新、协调、绿色、开放、共享的系统理论体系，回答了关于发展的目的、动力、方式、路径等一系列理论和实践问题，阐明了我们党关于发展的政治立场、价值导向、发展模式、发展道路等重大政治问题。完整、准确、全面贯彻新发展理念，既是新发展阶段经济社会发展的工作要求，是我国现代化建设的指导原则，也是十分重要的政治要求。对人民法院来讲，最重要的是从根本宗旨上把握新发展理念，坚持以人民为中心，把满足人民日益增长的美好生活需要作为奋斗目标，努力让人民群众在每一个司法案件中感受到公平正义。

积极服务构建新发展格局。以国内大循环为主体、国内国际双循环相互促进的新发展格局是我国经济现代化的路径选择，是重塑我国国际合作和竞争新优势的战略抉择。新发展格局的根本出发点还是发展，是要实现更高质量、更有效率、更加公平、更可持续、更为安全的发展，其核心动能是科技创新，战略支点是高质量发展，实践路径是开放形态的国内国际双循环。构建新发展格局离不开法治的根本保障。人民法院制定司法解释和司法政策、审理合同纠纷、办理破产案件、攻坚执行难、加强知识产权保护等工作，要努力在促进解决经济循环中的堵点、断点问题上下功夫，畅通各类生产要素流动，更好实现企业优胜劣汰和资源高效配置，更好服务高水平自立自强，有力促进高水平对外开放。

坚持以推动高质量发展为主题。高质量发展是能够满足人民日益增长的美好生活需要的发展，是体现新发展理念的发展，是创新成为第一动力、协调成为内生特点、绿色成为普遍形态、开放成为必由之路、共享成为根本目的的发展。进入新发展阶段，发展中的矛盾和问题集中体现在发展质量上，只有通过高质量发展，才能解决前进中的问题。人民法院也要通过高质量发展来解决面临的问题和困难，遵循发展规律，加快推进审判体系和审判能力现代化，不断提升满足人民群众新要求新期待的司法能力。

人民法院工作高质量发展，既包括服务经济社会高质量发展，也包括实现自身高质量发展，二者有机统一、相辅相成。一方面，人民法院只有在服务经济社会高质量发展过程中才能更好实现自身高质量发展；同时，人民法院只有在实现自身高质量发展过程中，不断提升服务大局、司法为民、公正司法的能力和水平，才能更加有力地服务经济社会高质量发展。人民法院工作高质量发展的基本内涵和要求，主要可以从七个方面来把握。

第一个方面：看政治能力强不强。

习近平总书记在中央党校（国家行政学院）中青年干部培训班开班式上强调，干部特别是年轻干部要提高政治能力、调查研究能力、科学决策能力、改革攻坚能力、应急处突能力、群众工作能力、抓落实能力，在干部干好工作所需的各种能力中，政治能力是第一位的。政治能力就是把握方向、把握大势、把握全局的能力，就是辨别政治是非、保持政治定力、驾驭政治局面、防范政治风险的能力。法治工作是政治性很强的业务工作，也是业务性很强的政治工作。人民法院首先是政治机关，提升政治能力，是人民法院工作高质量发展的第一要求。坚决做到“两个维护”。新中国成立70多年来，尤其是党的十八大以来，我们党领导人民创造了世所罕见的经济快速发展和社会长期稳定“两大奇迹”。特别是在复杂国际形势下，在抗击疫情斗争中，中国之治与西方之乱形成鲜明对比，充分彰显了党的领导和我国社会主义制度的显著优势。广大干警要深入学习贯彻习近平法治思想，深刻体悟“两个维护”的极端重要性，更加坚定道路自信、理论自信、制度自信、文化自信，牢记党的领导是我国社会主义法治之魂，坚定不移走中国特色社会主义法治道路。不断提高政治判断力、政治领悟力、政治执行力。要在增强政治敏锐性和政治鉴别力上下功夫，自觉抵制西方“宪政”“三权鼎立”“司法独立”等错误思潮，对容易诱发政治风险的敏感因素、苗头性倾向性问题，做到眼睛亮、见事早、行动快。要强化底线思维、问题导向和责任意识，在坚决杜绝贯彻落实中的形式主义、官僚主义问题上采取硬招实招，确保党中央令行禁止、政令畅通。善于用政治眼光分析、处理司法领域案事件。讲政治从来都是具体的，否则就成了空洞的口号。要善于把政治考量、法治思维和社会效果有机统一起来，坚持在讲政治和抓业务的深度融合上下功夫。把旗帜鲜明讲政治和坚守法治思维结合起来，切实解决讲政治和抓业务“两张皮”问题。出台重要司法解释和司法政策、推动重大改革举措、处理重大敏感案件，都要注重实事求是、分析研判，实现三个效果有机统一，避免机械主义、教条主义。

第二个方面：看服务大局实不实。

习近平总书记反复强调，对“国之大者”要心中有数。融入大局、服务大局、保障大局是人民法院工作高质量发展的应有之义。人民法院看问题、作决策、抓工作必须自觉胸怀“国之大者”，深刻领会什么是党和国家最重要的利益、什么是最需要坚定维护的立场，不断提高把握新发展阶段、贯彻新发展理念、构建新发展格局的政治能力、战略眼光、专业水平。其中，关键要抓住一个“实”字、落在“实”处，把党中央决策部署不折不扣落实到审判执行工作中。紧扣“十四五”规划和2035年远景目标纲要提出的各项任务提供司法服务和保障。“十四五”规划和2035年远景目标纲要中，除单独分设第十五篇“统筹发展和安全、建设更高水平的平安中国”、第十七篇“加强社会主义民主法治建设、健全党和国家监督制度”集中对法治领域工作进行部署外，其他很多内容也涉及人民法院工作。比如，“加强知识产权司法保护”“健全知识产权侵权惩罚性赔偿制度”“加强智慧法院建设”“健全产权执法司法保护制度”“加大反垄断和反不正当竞争执法司法力度”“建立健全企业破产和自然人破产制度”“加强海事司法建设”等。各级人民法院要找准工作着力点、结合点，敢于担当、善于作为，对标对表各项目标任务履职尽责。积极服务科技自立自强。深刻认识创新在我国现代化建设全局中的核心地位，围绕服务创新，在审判执行工作方方面面持续发力，尤其要加强知识产权司法保护，加大对关键核心技术及新兴产业、重点领域等知识产权的保护力度，激励市场主体提升自主创新能力，为科技自立自强营造良好法治环境。健全产权司法保护制度，平等保护民营企业产权和企业家合法权益，营造市场化法治化国际化营商环境。服务区域协调发展。围绕京津冀协同发展、雄安新区建设、长三角一体化发展、长江经济带发展、黄河流域生态保护和高质量发展、粤港澳大湾区和深圳先行示范区建设、浦东高水平改革开放、新时代东北全面振兴、中部地区崛起、西部大开发、成渝地区双城经济圈建设等战略，完善司法政策和工作机制，以扎扎实实工作成效，服务国家重大战略实施。

第三个方面：看司法为民优不优。

习近平总书记指出，推进全面依法治国，根本目的是依法保障人民权益。坚持以人民为中心是中国特色社会主义法治的本质要求。推动人民法院工作高质量发展，要始终恪守为民情怀，以人民满意不满意作为评判标准，不断为群众提供更加优质的司法服务，努力让人民群众在每一个司法案件中感受到公平正义。党的十八大以来，人民法院立足司法为民、公正司法，全面实行立案登记制、攻坚“基本解决执行难”、建立一站式多元解纷和诉讼服务机制、建设智慧法院等，就是努力解决群众最关心最直接最现实的问题，让人民群众有更多获得感、幸福感、安全感。准确把握社会主要矛盾变化和特点，不断满足人民群众的新要求新期待。随着我国社会主要矛盾已经转化为人民日益增长的美好生活需要和不平衡不充分的发展之间的矛盾，人民群众在民主、法治、公平、正义、安全、环境等方面有了新的更高需求，必须不断调整工作理念，采取务实举措，积极回应人民群众关切。其中，要高度重视民法典贯彻实施工作，加强对生命健康、财产安全、交易便利、生活幸福、人格尊严等各方面权利的充分保护，依法保障人民权益。加强民生司法保障。紧盯人民群众在教育、就业、医疗、社会保障、生态等方面更高层次的公平正义需求，做好涉民生案件审判执行工作。深入推进家事审判改革，加快完善人身安全保护令制度，推动健全防范家庭暴力、保护人身安全的制度机制。深入实施新修订的未成年人保护法、预防未成年人犯罪法，认真落实最高人民法院加强新时代未成年人审判工作意见，确保未成年人权益依法得到切实有效保护，促进未成年人健康成长。

第四个方面：看审判质效高不高。

习近平总书记在中央全面依法治国工作会议上强调，公平正义是司法的灵魂和生命。实现人民法院工作高质量发展，要坚持把促进社会公平正义作为核心价值追求，全面提升审判质效，提高司法公信力，真正发挥司法的示范引领作用，让法治观念更深入人心。裁判文书是审判执行工作最重要的产品，是法律规定适用于具体法律关系、解决具体纠纷的鲜活实践，是社会公众感受司法活动、监督司法行为、了解法律规则、接受法治教育的重要载体，直接体现司法理念，反映案件办理质效。目前，中国裁判文书网已公布文书近1.2亿篇，访问总量超过600亿次，用户覆盖210多个国家和地区，成为全球最大的裁判文书资源库，裁判文书质量的重要性越发凸显。但在实践中，文书质量仍然存在一些问题。各级人民法院要狠抓审判管理，充分发挥审判委员会、专业法官会议作用，加强类案强制检索、法律适用分歧解决、指导性案例等机制应用，切实统一法律适用。要健全裁判文书质量管理长效机制，规范文书公开工作，确保裁判文书质量经得起“围观”和检验。在裁判文书说理方面，既要充分释明法理、阐明事理，也要言于当言、止于当止，要根据实际情况繁简得当，简案略说、繁案精说，做到依据明确、逻辑清晰、凝练准确，努力实现定分止争，服务全面依法治国。

第五个方面：看发展动能足不足。

习近平总书记反复强调，要坚持以改革创新为根本动力。所谓发展动能，物理上是指运动着的物体所带有的能量，社会学上就是指通过改革和创新所激发出的内生动力。推动高质量发展，必须向改革创新要动力，发挥重要动力源作用，努力实现质量、效率、动力的“三大变革”。对人民法院工作来说，实现高质量发展，制度机制创新与科技创新有如车之两轮、鸟之双翼，必须持续狠抓司法体制机制改革和智慧法院建设。深化司法体制机制改革。坚持系统观念、目标导向、问题导向和结果导向，紧盯解决突出矛盾和问题，尊重司法规律，科学统筹、整体推进各项改革任务，让各项改革举措系统集成、协同高效。加强司法制约监督，规范司法权力运行，着力解决制约司法效能的突出问题，提升司法公信力。深化智慧法院建设。“十四五”规划和2035年远景目标纲要明确提出“加强智慧法院建设”，这既是对党的十八大以来人民法院智慧法院建设成果的充分肯定，也是未来持续深化智慧法院建设的重大历史机遇。“十四五”时期，各级人民法院要紧紧抓住5G、人工智能、大数据、区块链、云计算等新技术应用，不断推动智慧法院建设取得新成果、实现新发展。要围绕发展和安全，切实强化安全要求，确保系统安全、信息安全、数据安全。要强化实用导向，在确保安全的前提下，努力实现各类业务系统的数据共享和交互，实现上下级法院之间、与其他政法单位之间案件的全流程在线办理、卷宗在线流转，同时为广大人民群众提供及时精准的法律咨询、诉讼预期和风险评估服务等。要强化人工智能应用，为法官查明事实、调解纠纷、审理案件、执行判决提供智能化、智慧化辅助。要坚持顶层设计与基层创新相结合，强化管理，科学整合最高人民法院、地方各级人民法院应用系统，防范廉政风险。同时，注重总结推广各地成功经验做法。

第六个方面：看基层基础牢不牢。

习近平总书记强调，全面推进依法治国，推进国家治理体系和治理能力现代化，工作的基础在基层；要不断夯实基层基础，加强基层党的领导，引导群众积极参与，带动群众知法、尊法、守法。目前，全国有3000多个基层法院、10759个人民法庭，绝大部分案件、人员都在基层。基层法院特别是人民法庭扎根基层、面向群众、服务群众，在巩固政权、化解矛盾、促进基层治理、满足群众需求，推进更高水平的平安中国建设等方面发挥着重要作用。只有坚持强基导向，持续加强基层基础建设，才能夯实人民法院工作高质量发展的根基。加强人民法庭建设。最高人民法院已经明确将强化人民法庭建设、服务全面推进乡村振兴和基层社会治理作为 2021 年工作重点。各级人民法院要抓实抓好基层法院和人民法庭建设，切实提升基层司法能力和水平，以司法手段服务巩固拓展脱贫攻坚成果同乡村振兴有效衔接。要优化人民法庭布局，因地制宜确定法庭特色和工作侧重点，健全重心下移、力量下沉机制，推进人才、资源向基层倾斜。健全巡回审判机制，线上线下同向发力，切实方便人民群众。健全支持革命老区、民族地区、边疆地区、脱贫地区法院建设常态化机制，提升审判法庭、人民法庭建设现代化水平。积极服务基层社会治理。坚持和发展新时代“枫桥经验”，紧紧依靠地方党委领导，主动融入和促进基层社会治理，更好发挥司法在社会治理中的参与、推动、规范和保障作用，深化和创新多元化纠纷解决机制，把矛盾纠纷有效防范化解在源头。强化同基层党组织、政法单位、群众自治组织、矛盾纠纷调处中心相关工作机制衔接，加强协同，形成合力。推广“群众说事、法官说法”“寻乌经验”等经验做法，推动完善自治法治德治相结合的城乡基层治理体系。力戒形式主义、官僚主义。以钉钉子精神贯彻中央八项规定及其实施细则精神，落实为基层减负规定。紧盯基层反映强烈的老问题和形式主义新表现，提高识别隐形变异形式主义的能力，结合实际拿出实招硬招，做到源头治理与问题整改并重。大兴调查研究之风，找准解决突出问题的办法，拧紧四级法院抓落实的链条，形成一级带一级、层层抓落实的良好局面。

第七个方面：看队伍建设硬不硬。

习近平总书记多次强调，要按照政治过硬、业务过硬、责任过硬、纪律过硬、作风过硬的要求，努力建设一支信念坚定、执法为民、敢于担当、清正廉洁的政法队伍。推动人民法院工作高质量发展，离不开一支过硬的法院队伍。各级人民法院要认真贯彻“五个过硬”要求，建设一支德才兼备的高素质法院队伍，大力推进队伍的革命化、正规化、专业化、职业化。旗帜鲜明把党的政治建设摆在首位。推动学习宣传贯彻习近平法治思想走深走实，教育引导广大干警深刻体悟习近平法治思想的强大真理力量、独特思想魅力和巨大实践伟力，对中国特色社会主义法治道路和公正高效权威的社会主义司法制度更加充满信心，坚决把增强“四个意识”、坚定“四个自信”、做到“两个维护”落实到审判执行工作中。扎实开展党史学习教育。坚持把学习党史同总结经验、观照现实、推动工作结合起来，同依法履职尽责结合起来，同解决实际问题结合起来，深入开展“我为群众办实事”实践活动，在办实事解难题上出硬招实招。立足法院工作实际，把健全中国特色一站式多元纠纷解决和诉讼服务体系、健全解决执行难长效机制、加强人民法庭建设、服务全面推进乡村振兴和基层社会治理等作为为群众办实事的重要内容，切实解决人民群众在“打官司”过程中的急难愁盼问题、堵点痛点问题。切实加强专业化能力建设。引导干警树立新时代正确司法理念，改进教育培训工作，努力让广大干警思想、理念、能力跟上新时代步伐，胜任新时代司法工作要求。大力加强金融、知识产权、破产、涉外、海事等审判领域人才培养，完善高层次审判人才培养机制，以正确用人导向引领干事创业导向，为实现人民法院工作高质量发展提供坚实人才保障。持之以恒深入推进党风廉政建设和反腐败斗争。按照中央要求扎实开展队伍教育整顿，把党史学习教育与队伍教育整顿结合起来，围绕政治生态、顽瘴痼疾、群众急难愁盼的突出问题深入排查整治，推动教育整顿取得实实在在的实践成果、制度成果、理论成果，切实改进工作作风，纯洁法院队伍。坚持全面从严治党、从严治院、从严管理，严格落实防止干预司法“三个规定”等铁规禁令，以零容忍态度严惩司法领域的腐败问题，完善审判权运行和监督机制，确保公正廉洁司法。坚持严管与厚爱相结合，严格管理是最大的爱护，要通过日常严管形成自我约束的自觉性，同时加强对干警思想状况和工作生活的关心关爱，帮助干警解决思想困惑和生活中的实际困难，调动和激发工作的积极性主动性。

在中国共产党迎来百年华诞的历史时刻，各级人民法院要紧密地团结在以习近平同志为核心的党中央周围，不忘初心、牢记使命，担当尽责、砥砺奋进，推动新时代人民法院工作高质量发展，以扎实工作成效为全面建设社会主义现代化国家开好局起好步提供有力司法服务和保障。

（来源：《人民司法》2021 年第 13 期）

人民法院互联网司法的建设与发展

最高人民法院副院长　李少平

党的十八大以来，以习近平同志为核心的党中央牢牢把握信息化时代的重大历史机遇，加快推进网络强国战略，将互联网发展作为推进改革开放和现代化建设事业的重要支撑，信息技术和互联网产业取得了显著发展成就。

习近平总书记深刻指出，“没有信息化就没有现代化”，强调要“善于运用互联网技术和信息化手段开展工作”，“使互联网这个最大变量变成事业发展的最大增量”。2020年12月7日中共中央印发的《法治社会建设实施纲要（2020—2025年）》，也提出要完善“互联网+诉讼”模式，推动科技创新成果同司法工作深度融合，对“依法治理网络空间”作出专门要求。

互联网时代的全面到来，对司法工作带来了前所未有的机遇和挑战。近年来，人民法院坚持以习近平新时代中国特色社会主义思想为指导，紧扣时代脉搏，遵循法治规律，探索推动审判方式、诉讼制度、司法裁判与互联网技术深度融合，积极回应互联网时代社会法治需求，促进网络空间治理法治化。

2017年8月18日，最高人民法院院长周强在杭州互联网法院挂牌仪式上首次提出“互联网司法”的概念，强调“要积极探索互联网司法新模式、新经验，为全球互联网治理作出积极贡献”。2019年12月4日，最高人民法院发布《中国法院的互联网司法》白皮书，进一步诠释了互联网司法的含义，全面总结了近年来互联网司法建设的成果和经验。2020年10月15日，周强院长在第十三届全国人民代表大会常务委员会第二十二次会议上，正式提出“构建中国特色、世界领先”的互联网司法模式建设目标，人民法院互联网司法建设迈入全新阶段。

近年来，互联网司法建设已经得到长足发展，但目前在理论和实践层面，对互联网司法的内涵还存在不同认识；对互联网司法与互联网法院、在线诉讼、智慧法院等概念的联系与区别需进一步厘清；对互联网司法建设的路径有待系统梳理；对未来的发展方向需作出系统规划。这些既是重要现实问题，也是重大理论问题，亟待予以回应和解决。

一、互联网司法的基本内涵

互联网司法的内涵，并非来源于理论预设或官方界定，而是在司法实践的不断探索中得以丰富和发展起来的。随着人民法院信息化建设加速推进，审判流程从线下转移到线上，数据信息从纸面转移到“云端”，人民法院的案件审理模式，当事人参与诉讼的方式，以及诉讼程序规则都发生了深刻变化。与此同时，随着互联网的日益普及，各类互联网纠纷日渐增多，人民群众互联网司法需求更加强烈，对人民法院互联网审判工作提出了更高的要求和期待，亟待司法作出积极回应，有效完善互联网案件裁判规则体系。上述模式和规则的有机统一，就是我们所说的互联网司法。

互联网司法大致包括三部分内容：一是与互联网技术深度融合的审判模式。即传统审判流程在互联网上的升级改造、信息技术在司法场景中的融合应用，如跨域立案、在线缴费、电子送达、区块链存证、智能类案推送等。二是体现互联网特点的在线诉讼制度。即以在线诉讼为核心，构建起的一套电子诉讼规则和证据规则。包括：在线诉讼的适用范围和条件；从起诉立案到宣判执行的程序要求；电子化材料的效力；区块链存证的审核规则；电子送达适用范围、条件和生效标准等。三是确立互联网依法治理的实体裁判规则。互联网司法的核心价值，就是要及时妥善审理新型的互联网纠纷，针对各类发生于互联网、证据产生于互联网、后果呈现于互联网的新类型互联网纠纷，确立和完善裁判规则，强化司法裁判的引领示范作用，有效维护网络空间秩序，保障数字经济快速健康发展，促进网络空间治理法治化。

总体而言，互联网司法是一个融合互联网技术深度应用、在线诉讼程序规则、依法治网实体裁判的司法模式、规则集合和制度体系。要深刻理解互联网司法的内涵，还需要与相关概念作出清晰区分。

第一，互联网司法不等于互联网法院。互联网法院属于互联网司法建设中组织机构建设范畴，一定程度上代表了互联网司法的发展高度。但互联网司法并不专属于互联网法院，随着实践经验的积累和规则体系的完善，互联网司法的任务和要求已逐步拓展辐射到所有法院，是人民法院司法工作的重要组成部分。

第二，互联网司法不等于在线诉讼。在线诉讼是相对于线下诉讼的一种新型诉讼方式，侧重于如何通过技术实现诉讼的网络化，以及通过程序规范实现在线诉讼制度化，是互联网司法的重要表现形式。但互联网司法并不限于在线诉讼，它关注的不仅仅是诉讼活动本身，还包括技术与司法运行的全方位融合，以及审理特定互联网纠纷而形成的实体裁判规则。

第三，互联网司法不等于智慧法院建设。智慧法院建设侧重于技术层面对法院工作的全方位改造，包含了智慧服务、智慧审判、智慧执行、智慧管理等四个方面，目标是支持全业务网上办理，实现全流程审判执行要素依法公开，面向法官、诉讼参与人、社会公众和政务部门提供全方位智能服务。

智慧法院和互联网司法既有联系又有区别，两者都注重技术与司法的融合应用，着力实现技术对法院形态和司法运行的结构性重塑；两者的区别在于，互联网司法除了关注技术应用、平台搭建与机制创新外，还涉及诉讼程序和实体裁判规则体系的完善与建构，关乎程序公正和实体公正。

二、互联网司法的发展路径

人民法院互联网司法建设所走的是一条顺应时代大势、立足司法职能、面向群众需求、遵循司法规律的科学发展道路，总体上按照统筹规划、试点先行、逐步推广、制度定型的改革思路有序推进。

最高人民法院将互联网司法建设纳入司法体制改革的整体规划，“五五年改革纲要”明确了互联网司法建设的总体方向、主要领域、关键举措和实施步骤。在做好顶层规划的同时，积极鼓励基层探索创新，组织开展相关试点，总结提炼先进经验和成熟做法，稳妥有序地逐步推广，推动互联网司法建设体系化、制度化、规范化。

（一）价值取向：坚持以人民为中心的发展思想

人民法院推进互联网司法建设根本目的在于不断满足人民群众互联网时代司法新需求，通过创新司法模式，重塑审判流程，优化便民机制，完善裁判规则，有效降低群众诉讼成本，丰富解纷渠道方式，提升案件审理效率，维护群众网络空间合法权利。

例如，我们推进的一站式多元解纷和诉讼服务体系，就是互联网司法建设的重要成果之一。人民法院依托互联网和信息技术，打造一站式诉讼服务和多元解纷平台，集成整合多项服务内容和多方解纷力量，提供跨域立案、纠纷解决、诉讼咨询、信息查询、费用缴纳、材料提交、涉诉信访等29项在线诉讼服务，实现当事人“最多跑一次”，甚至“一次都不用跑”。

又如，人民法院推进在线诉讼新模式，坚持以“合法自愿”“权利保障”为基本原则，充分尊重当事人的诉讼方式选择权，保障其在线诉讼中的知情权和程序利益处分权，统筹兼顾不同群体的诉讼能力和实际需求，确保在线诉讼“降成本不降质量、提效率不减权利”。

（二）探索主体：由集中管辖法院向全国法院拓展

为确保互联网司法发展积极稳妥、平稳有序，自2015年起，我们在互联网产业集中、信息化基础较好、互联网审判经验相对丰富的地区和法院，先行探索互联网司法新模式。

2015年4月，浙江省高级人民法院率先在辖区法院开展电子商务网上法庭试点，集中审理网络支付纠纷、网络著作权纠纷、网络交易纠纷等案件。2017年8月和2018年9月，先后成立杭州、北京、广州互联网法院，首次以整体法院为平台和载体全方位深化互联网司法建设。三家互联网法院在在线审理、平台建设、诉讼规则、技术运用、网络治理等方面作出了积极探索，取得良好效果，为互联网司法模式的拓展和深化提供了可复制可推广的有益经验。截至2020年底，三家互联网法院共受理互联网案件25.17万件，审结24.18万件，在线立案申请率为99.98%，全流程在线审结21.11万件，在线庭审平均用时28分钟，案件平均审理周期约61天，相比传统审理模式，分别节约时间约为3/4和1/5。

2018年以来，天津、上海、湖北、江苏、四川、福建、贵州等地法院，充分借鉴互联网法院经验，结合辖区内互联网纠纷和互联网产业特点，积极组建互联网审判庭、合议庭或审判团队，科学设置组织机构，集中优质审判资源、探索在线诉讼模式，加大互联网案件审判力度，不断丰富互联网司法的实践样本，为互联网司法模式的全面推开奠定了良好基础。

2020年以来，随着人民法院信息化建设3.0版基本建成，中国移动微法院平台在全国法院搭建完成，特别是2021年6月《人民法院在线诉讼规则》的正式发布，标志着互联网司法模式已在全国法院全面推开，意味着人民法院互联网司法建设已从“分散探索”迈入“统一推进”的全新历史阶段。

（三）司法模式：由人工线下封闭向线上开放智能转变

传统司法模式下，司法活动和诉讼方式呈现出时间线单一、场景封闭、全人工主导的特点。近年来，通过推进互联网司法建设，人民法院司法模式逐步向时间线开放、诉讼场景多元、多方参与交互、线上线下有机融合的方向转变。

一是全面推进数据信息电子化。人民法院大力推进电子卷宗同步生成和深度运用，依托数据信息技术，将传统纸质的、实体的卷宗材料和司法信息全部转化或者生成为电子数据信息，形成可沉淀、可挖掘、可复现、可追溯、可核验的司法大数据信息，为司法运行模式的转型升级和实体裁判公正提供数据基础。截至2020年底，全国已有3256家法院建成了电子卷宗随案同步生成系统，占所有法院总数的93%以上，73%以上的案件随案生成电子卷宗。

二是有效实现诉讼活动在线化。我们在部分法院前期探索基础上，积极稳妥推广在线诉讼模式，特别是2020年突如其来的新冠肺炎疫情，使得人民群众在线诉讼需求全面提升，倒逼了在线诉讼加速推进。最高人民法院全面总结提炼各地的探索经验，制定出台《人民法院在线诉讼规则》，首次构建了适用于全国法院，贯穿诉讼全流程，具有司法解释效力的在线诉讼规则体系，实现了在线诉讼模式规范化、定型化、制度化。

自2020年1月1日至2021年5月31日，全国法院在线立案1219.7万件，在线立案占全部立案数的28.3%；在线开庭128.8万次；电子送达3383.3万次，占总送达次数的37.9%，建成科技法庭4万余个，具备庭审录音录像、庭审证据在线展示、庭审语音自动识别、庭审活动自动巡查等功能，全国法院在线诉讼适用规模和质量不断提升，线上线下双轨并行诉讼模式已基本形成。

三是稳妥推进司法裁判智能化。人民法院依托云计算、大数据、区块链、机器学习等信息技术，积极开发各类智能化办案辅助平台，不同程度实现了立案风险主动拦截、案件繁简甄别分流、电子卷宗文字识别、语音识别转录、案件智能画像、庭审自动巡查、证据自动核验、法条及类案精准推送、文书自动生成、文书瑕疵纠错、裁判风险偏离度预警等智能辅助功能，有效减轻了司法人员工作负担，促进审判质效大幅提升。

例如，最高人民法院牵头建设“法信”平台，汇聚法律法规、司法文件、案例、学术成果等法律知识资源，为法官办案提供全面、便捷的智能检索、智推服务。截至2020年底，“法信”平台注册用户数为129.3万余人，平台总访客量2560万人次，总浏览量2.99亿人次。最高人民法院委托河北法院研发智审系统，探索利用人工智能技术辅助法官快速生成诉讼文书和裁判文书，截至2020年底，智审系统在河北190家法院使用，服务1.4万名法官，累计生成3400余万份文书，其中辅助制作裁判文书250余万份。此外，上海法院还研发了裁判文书大数据智能分析系统，实现对裁判文书中61项要素的智能分析，推进文书智能化纠错，提升司法公信力。截至2020年底，上海法院共分析裁判文书64万余篇，瑕疵占比29.44%，2020年比2019年瑕疵占比降低12.65%。

我们在大力推进司法智能化的同时，明确了智能化技术作为“裁判辅助”的基本定位，注重规范技术应用规则，划定技术应用边界，强化法官裁判主体地位，确保技术应用适度有序，安全可控，普惠平等。

（四）工作重心：由机制创新向规则确立演进

互联网司法发展起步阶段，工作重点是紧跟技术发展趋势，探索在线诉讼机制，强化技术应用，促进司法便民利民。随着互联网产业与经济社会发展深度融合，互联网司法的工作重心已经从机制探索、平台建设向确立规则、完善制度等方面拓展提升，其核心功能更加侧重于完善互联网专门化审判体系，公正高效处理新型互联网案件，促进网络空间依法治理。

近年来，以互联网法院为代表的各地法院不断完善专业化审判机制，提升互联网案件审判水平，从初期普遍审理网络著作权、网络借贷、网络购物、网络侵犯人格权等一般性、大批量的互联网纠纷，逐步发展到审理涉及网络基础设施安全、算法规制、数据权属交易、网络平台治理等新类型、疑难复杂和互联网特性突出的案件。

比如，北京互联网法院审理的全国首例“暗刷流量案”，有力打击网络黑色产业，保护公平竞争的网络营商环境。杭州互联网法院审理的全国首例大数据权属案，确立了数据资源确权、流通、交易的行为规范。广州互联网法院审理的“网络传销行政复议案”中，支持行政监管部门依法查处以新型网络营销为名进行网络传销的行为，有效净化互联网市场环境。

各地法院通过不断丰富和完善互联网领域裁判规则，有效探索确立了公共数据、虚拟财产、数字货币、智能作品等为新客体的保护标准；依法规范直播带货、付费点播、知识分享等新兴业态；严厉打击暗刷流量、不当采信、网络刷单、空包洗钱等网络灰黑产业，有效维护网络空间秩序，有力推动了数字经济、数字产业创新发展。

三、互联网司法的未来发展方向

当前互联网司法发展还面临着一些障碍和瓶颈。比如传统诉讼理念有待进一步转变，互联网法院设置模式有待进一步优化，信息技术与司法融合应用模式还有待进一步探索，互联网裁判规则体系有待进一步完善，等等。着眼未来，人民法院还需要从以下几个方面提升互联网司法建设水平。

一是加大探索创新力度，继续发挥互联网法院引领示范作用。持续深化互联网法院建设，积极推动前沿科技在互联网法院先行先试，使互联网法院成为新技术、新机制的“孵化器”和“试验田”。未来，我们将进一步完善互联网法院设置模式，优化案件管辖范围，聚焦审理具有规则确立意义的互联网案件，推动确立其专门法院地位，发挥互联网法院在网络空间治理领域的“头雁效应”，推动网络空间治理法治框架更加成熟完善。

二是全面提升科技应用水平，推动司法审判模式整体性变革。“十四五”时期，人工智能、大数据、区块链、5G等现代信息技术将得到更加广泛的应用，互联网司法建设步入关键时期、迎来全新机遇。最高人民法院将进一步加强谋划、科学布局，加快推进人民法院信息化4.0版建设，拓展前沿科技的司法应用场景，大力完善各类平台系统，增强平台功能集成度，提升数据信息交互度、保障司法运行安全度，为人民群众提供智能化、一体化、协同化和自主化的智慧法院服务，为法官“寻找事实，寻找法律”提供更加有力的科技支撑，推动形成以数字化为基础、以网络化为载体、以智能化为支撑的“智慧司法”体系。

三是完善专业化审判机制，积极输出网络空间治理裁判规则。互联网社会既是共享社会，也是风险社会；数字经济既是创新经济，也是法治经济，未来社会对互联网司法的需求将日趋强烈，对规则治理也将提出更高要求。一方面，互联网司法要向规范化、专业化、精细化方向发展，更加注重以个案裁判明确网络空间交易规则、行为规范、权利边界和责任体系，引导和规范网络新经济新业态发展，提升网络空间治理的法治化水平；另一方面，我国互联网司法要成为推动国际性互联网治理规则和治理模式发展的重要平台。在跨境交易、数据权利、平台责任、网络侵权等领域，积极输出裁判规则，推动形成国际标准和准则，增强我国互联网空间的规则制定权和国际话语权，为提升全球互联网治理水平，构建网络空间人类命运共同体贡献中国方案和司法智慧。

四是加强改革系统集成，完善互联网司法建设配套举措。互联网司法建设是一个系统工程，需要加强改革的系统集成，着力做好以下三个方面的配套：第一，健全互联网审判制约监督机制，依托信息技术进行智能化监管，实现对审判工作的监督管理全线贯通、全程留痕、动态可视。第二，完善互联网司法配套制度规则，研究制定诉讼平台管理和在线诉讼技术标准等配套规范，进一步完善技术应用规则，保障技术安全、确保平台中立。第三，加强互联网司法人才培养，健全科技人才和法律人才融合培养机制，全面提升审判业务能力、科技应用能力、改革创新能力，努力建设一支政治过硬、业务精湛、具有国际视野的高素质互联网司法人才队伍，为互联网司法长远发展奠定坚实基础。

（来源：《人民法院报》2021 年 9 月 16 日）

数字经济发展呼唤数据权利保护类法律

最高人民法院副院长　姜　伟

习近平总书记指出："要制定数据资源确权、开放、流通、交易相关制度，完善数据产权保护制度。"数据已成为重要的生产要素和企业的核心资产，数据的共享、整合成为大势所趋。数字经济迫切需要法律保驾护航，数据属性迫切需要创新法律规范，司法实践迫切需要明确法律依据。

当前，以信息技术和数据资源作为关键要素的数字经济蓬勃发展，并成为推动各国经济高质量增长的重要动能。加强数字治理，为建设数字经济强国提供制度保障是国家立法的当务之急。我国立法机关正在综合考量国家安全、信息保护、数据产权等需求，分类分步完善关于数据的法律制度体系。着眼于维护国家安全、防范社会风险、保障个人信息权利，我国已颁行电子商务法、网络安全法等法律，正在审议数据安全法、个人信息保护法等法律草案。但是，关于数据资源的产权保护、企业经营者的利益保障、鼓励数据开放应用的法律尚不完备，需要把握好数据安全与数字经济发展之间的动态平衡。按照"急用先行"的原则，在数据安全法、个人信息保护法即将出台的前提下，我们建议将数据权利特别是数据产权保护类法律尽快列入立法计划并及时出台，建立既维护国家安全，也保护个人信息权利，又保护数据使用者权利的数据保护制度。

权属或产权问题是数据资源化背景下社会各界最为关注的问题之一。我们在调研中发现，因数据的权属不明确，有三个问题困扰有关企业。一是创新难，数据企业之间爬取数据、滥用数据的现象普遍存在，甚至形成灰色产业，小型企业担心数据安全，不愿将数据接入云平台共享，一些企业研发创新动力明显不足。二是交易难，因数据价值缺乏统一评估标准，需要逐一谈判，数据交易成本高。而且，对企业交易数据是否需要原始数据全部所有人同意、对衍生数据企业是否可以自主交易等问题尚无定论，交易企业可能面临诉讼风险。有人预测，个人信息保护法出台后，数据企业被诉的风险将增大。三是维权难，数据平台遭到侵权的问题时有发生。司法实践中，对数据侵权纠纷案件，因现有法律没有保护数据的具体条款，原告主张权利的举证难度大，法院只能将非独创性数据视为企业财产利益、竞争优势，适用反不正当竞争法第二条的一般条款，只能保护企业的部分权益，难以全面、及时、有效保护数据企业的正当利益。所以，关于数据权属等产权问题，亟须相关法律明确规范。

数字经济迫切需要法律保驾护航。健全数据产权制度，有利于发挥数据在我国经济社会发展中的基础资源作用和创新引擎作用，促进数字经济发展，保障数字经济的持久繁荣。大数据的价值在于流动。鼓励数据流动、数据利用需要秩序，更需要法律保障。《中共中央关于制定国民经济和社会发展第十四个五年规划和二〇三五年远景目标的建议》明确提出："建立数据资源产权、交易流通、跨境传输和安全保护等基础制度和标准规范，推动数据资源开发利用。"在信息化时代，需要建立一个安全、有序的数据流通环境。建立一套关于数据产权的法律规则，规范数据的权属、使用、交易、共享机制，有利于激发市场主体的创新活力，促进数据开放、流动、共享。

数据属性迫切需要创新法律规范。人工智能、大数据对经济社会的影响是颠覆性的，数据生成是全新的生产方式，治理数据问题必须更新观念、创新制度。数据形态与现有法律客体的形态和性质均有不同，其权利主体是多元的，权利内容是多样的，涉及个人信息、企业利益、政府资源、国家安全、数据主权等多重维度，不宜简单地套用传统的物权规范，将数据所有权绝对化，不能将数据所有权赋予一个主体完全拥有，由其自由处分。虽然数据权利问题比较复杂，一些重大问题也需要充分论证，但数据作为一种新型财产权利，已是理论界和实务界的共识。法律需要根据数据的属性特点建立数据产权制度，破解"个人数据与企业产权"的矛盾，平衡"数据安全与数据利用"的冲突。数据产权界定是数据要素有效配置的基础。需要对各种类型数据合理确权，解决数据属谁所有、数据如何使用、数据收益归谁等问题，厘清数据主体的权利边界和责任义务，有效解决大数据产业发展面临的数据确权、数据定价、数据安全、数据增值与数据协作的问题，健全全过程、各环节的数据权利保护制度。

司法实践迫切需要明确法律依据。在现行法律框架内，因法律尚未明确数据的具体权利，导致企业一些数据权利难以得到有效保护。目前，法院依据知识产权法、反不正当竞争法等可以对企业部分数据提供财产权利保护，但是，知识产权难以保护缺乏独创性的数据；数据库侧重于保护开发或构建数据库的投资，更多的是保护“库”，而非数据；反不正当竞争法重视对主体行为的规制和市场秩序的维护，并不确定数据的相关权利。民法典总则编第一百二十七条规定：“法律对数据、网络虚拟财产的保护有规定的，依照其规定。”其表明了法律保护数据权利的鲜明态度，问题是目前缺少保护数据产权的专门法律规范。后续立法应细化数据权利保护规则，落实这个原则性规定，为司法裁判提供依据。

（来源：《人民法院报》2021年1月7日）

加强数字法治　为数字中国建设保驾护航

最高人民法院副院长　姜　伟

数字经济发展、数字社会治理呼唤加强数字法治。我们要坚持以习近平新时代中国特色社会主义思想为指导，不断完善数字法治体系；适应数字中国和法治中国建设的新要求，不断推进数字法学理论创新；充分发挥审判职能作用，探索为数字中国建设提供保障的数字正义机制。

习近平总书记高度重视数字中国建设，指出："数字技术正以新理念、新业态、新模式全面融入人类经济、政治、文化、社会、生态文明建设各领域和全过程，给人类生产生活带来广泛而深刻的影响。"数字中国对法治建设也提出更高要求。数字经济发展、数字社会治理呼唤加强数字法治。

坚持以习近平新时代中国特色社会主义思想为指导，不断完善数字法治体系。党中央提出要"迎接数字时代，激活数据要素潜能，推进网络强国建设，加快建设数字经济、数字社会、数字政府，以数字化转型整体驱动生产方式、生活方式和治理方式变革"。按照"法治化规范数字化、数字化赋能法治化"的总体要求，为助力数字中国建设，必须健全数字法治体系，为数字经济发展、数字中国建设保驾护航。一要加强数据法治，健全数据法律体系。要统筹数据安全与数字发展，既强化数据安全保障，也注重数据权益维护。我国已出台数据安全法、个人信息保护法等基础性法律，要将数据安全的制度优势转化为数字治理的实践效果。我们还要不断完善数据法律体系，善于运用法治方式推进数字技术创新应用，有效维护各类社会主体的数字权益，建立以"数据权利"为核心的法律规范体系，科学合理地确定数据各主体的权利义务关系，规范数据使用、交易、收益等基本问题，依靠法治解决新产业新业态新模式带来的新问题新矛盾新纠纷。二要加强网络法治，提高网络空间治理水平。网络空间是数字中国建设的重要场景。当前互联网发展跃升到全面渗透、跨界融合的新阶段。习近平总书记多次强调“互联网不是法外之地”。党的十八大以来，我国坚持依法治网，加快网络立法进程，出台了网络安全法等一批法律法规，网络空间法治化持续推进，但与数字中国、法治中国的要求相比，网络法治建设的任务仍然十分繁重，我们要推动依法管网、依法办网、依法上网，确保互联网在法治轨道上健康运行。三要加强人工智能法治，推进数字化与法治化相互融合。人工智能是数字中国建设的重要驱动力量，是当前国际竞争的新焦点。习近平总书记强调，加快发展新一代人工智能是事关我国能否抓住新一轮科技革命和产业变革机遇的战略问题。发展人工智能，法治不能缺位。人工智能法治一方面要用法治化规范数字化，确保人工智能在安全可靠可控的轨道上健康发展，另一方面也要用数字化赋能法治化，促进人工智能与法治建设深度融合，在法治领域应用人工智能，提高数字法治的智能化，为人民群众提供智慧便捷高效的法律服务。

适应数字中国和法治中国建设的新要求，不断推进数字法学理论创新。数字中国建设是以习近平同志为核心的党中央作出的重大战略部署。习近平总书记指出：“问题是创新的起点，也是创新的动力源。只有聆听时代的声音，回应时代的呼唤，认真研究解决重大而紧迫的问题，才能真正把握住历史脉络、找到发展规律，推动理论创新。”数字时代的法治建设要认真贯彻落实习近平法治思想，在数字法治实践中总结成熟经验，不断创新发展数字法学理论体系。从事网络、信息、人工智能法治工作的专家学者，特别是法学院校、科研机构、研究组织，有条件有能力更有责任结合数字经济、数字社会、数字政府建设实践情况，集中力量研究数字技术给法治建设带来的新要求新问题新挑战，提炼出能适应数字中国建设需求的新概念新命题新论断，研究数字法治的基础理论问题，推出新方法新机制新平台，加快构建中国特色的数字法学理论体系。

充分发挥审判职能作用，探索为数字中国建设提供保障的数字正义机制。当前，世界百年变局和世纪疫情交织叠加，数字中国建设为我国数字法治的发展带来独特的历史机遇。人民法院的审判工作要顺应信息化、数字化、网络化、智能化发展趋势，以数字正义为数字中国建设保驾护航。在党中央的领导下，我国在世界最早成立了互联网法院，最先出台在线诉讼规则，审理了大量涉数字经济新类型案件，通过公正司法及时规范新技术新业态新模式的有序发展，为推动数字经济高质量发展作出了重要贡献。周强院长强调：

“推进现代科技与法院工作深度融合，提升互联网法治建设水平，努力创造更高水平的数字正义。”人民法院要紧紧围绕数字中国建设，推进科技创新和司法改革的深度融合，建立健全多元化、数字化、智能化的纠纷解决机制，共同探索适应数字时代需求的诉讼规则、裁判规则和调解规则，不断优化数字时代的司法供给，努力创造更高水平的数字正义，努力让人民群众在每一个司法案件中感受到公平正义。

（来源：《人民法院报》2021年11月1日）

凝聚共识　推进认罪认罚从宽制度深入有效实施

最高人民法院副院长　沈　亮

完善刑事诉讼中认罪认罚从宽制度，是党的十八届四中全会作出的一项重大改革部署。2016年7月，习近平总书记主持召开中央全面深化改革领导小组第二十六次会议，审议通过《关于认罪认罚从宽制度改革试点方案》，为改革指明了方向。在各级党委统一领导和政法各单位共同努力下，从2016年9月立法授权试点到2018年10月修法确立推行，从部分地区先行试点到在全国范围内实施，改革严格依法、稳妥推进，落地见效。从全国法院来看，认罪认罚从宽制度总体运行平稳有序，案件数量、比例稳步上升。2020年，全国法院审结认罪认罚案件79.5万件，占同期审结全部刑事案件的71.3%，审判质效明显提升，在依法及时惩治犯罪、加强人权司法保障、优化司法资源配置、促进社会和谐稳定、维护社会公平正义方面取得了显著成效。同时，在具体操作上还存在个别把握不够到位、协调不够顺畅的问题。认罪认罚从宽制度，是中国特色社会主义刑事司法制度的重大创新，是贯穿侦诉辩审各环节的系统工程，需要在实践中不断探索、发展完善。各级人民法院要坚持以习近平新时代中国特色社会主义思想为指导，深入学习贯彻习近平法治思想，紧紧围绕“努力让人民群众在每一个司法案件中感受到公平正义”工作目标，立足审判职能，准确把握制度定位、适用原则、发展方向，凝聚共识、形成合力，积极推进认罪认罚从宽制度依法有效实施，为建设更高水平的平安中国、法治中国作出新的贡献。

一、深刻认识认罪认罚从宽制度的时代意义

2016年8月，最高人民法院院长周强代表“两高”向全国人大常委会就

试点授权决定草案作说明时指出，要更好发挥认罪认罚从宽制度的功能作用，在更高层次上实现公正与效率相统一。准确把握此项制度的价值蕴含和功能定位，是制度正确实施、发挥优势作用的基本前提。认罪认罚从宽制度，是实体规范和程序保障一体构建的刑事法律制度，其基本精神是对认罪认罚案件区别对待、分流处理，实体从宽、程序从简，推动宽严相济刑事政策制度化和深化发展。这是在践行全面依法治国、加快推进社会治理现代化的时代背景下，以更好满足社会多元司法需求、更好回应人民群众对司法公正期盼为导向，在更高层次上实现司法公正与效率相统一、惩罚犯罪与保障人权相统一的制度探索，具有重大的时代意义和实践价值。

认罪认罚从宽制度化，是更好适应犯罪态势变化、提升治理效能的重要举措。随着平安中国、法治中国建设深入推进，我国社会治安形势持续好转，严重危害社会治安的犯罪案件呈现下降趋势，同时，社会治理创新发展、刑事立法日趋完善，特别是危险驾驶等多发违法行为犯罪化，轻微刑事案件占比大幅增加。全国法院判处三年有期徒刑以下刑罚的案件比例，近几年都在80%以上。如果不因应立法发展和犯罪态势变化，对犯罪分子仍不加区分地一律羁押、监禁、走普通程序，不仅实现不了立法意图，而且可能造成短期自由刑“交叉感染”，增加司法成本和社会治理成本，也不利于国家的长治久安。以认罪认罚从宽为抓手，对刑事案件分流处理、区别对待，实体上落实宽严相济、坦白从宽，对自愿如实认罪、真诚悔罪认罚的犯罪嫌疑人、被告人，特别是对民间矛盾引发的轻罪罪犯、过失犯、未成年犯等依法从宽处理，确保轻罪轻刑、罚当其罪，更好发挥刑罚教育矫治功能，让罪犯有机会改过、有出路自新，更好改造、回归社会，可以最大限度地减少社会对立面，促进社会和谐稳定和国家长治久安；同时，程序上推进繁简分流、轻重分离、快慢分道，合理配置司法资源，提升诉讼效率和犯罪治理效能，是刑事司法领域加快推进社会治理现代化的有益探索。

认罪认罚从宽制度化，是落实宽严相济刑事政策、加强人民司法保障的有效途径。宽严相济是党和国家长期坚持的基本刑事政策，从自首从宽、坦白从宽到认罪认罚从宽制度，是宽严相济刑事政策在刑法、刑事诉讼法中的系统整合和一体实现。我国刑法自颁布之日起即规定了自首从宽制度，明确犯罪以后自首的，可以从轻或者减轻处罚，犯罪较轻的，可以免除处罚；刑法修正案（八）进而规定坦白从宽制度，明确犯罪嫌疑人如实供述自己罪行的，可以从轻处罚，避免特别严重后果发生的，可以减轻处罚；刑法修正案（九）对贪污贿赂犯罪的坦白从宽作了进一步细化和延伸，明确对自愿认罪，真诚悔罪，积极退赃，避免、减少损害结果发生的，可以依法从轻、减轻或者免除处罚。最高人民法院出台的《关于常见犯罪的量刑指导意见》，对自首、坦白、退赃退赔等情节，都规定了相应的处理原则和从宽幅度。刑事诉讼法针对认罪案件规定了简易程序与刑事和解程序，2018 年修法增设的速裁程序，也是针对认罪认罚轻罪案件设计的诉讼程序。将这些规定系统整合为认罪认罚从宽制度并确立为刑事诉讼法的重要原则，在政策导向、实体处理、程序保障上，全面完善认罪认罚从宽的制度规范，鼓励、保障真正有罪的犯罪嫌疑人、被告人，在获得有效法律帮助的前提下自愿认罪认罚，从而更好落实宽严相济、坦白从宽，释放刑事政策和刑事法律效能。同时，将被告人认罪认罚作为案件分流的程序条件，充分尊重其诉讼主体地位和程序选择权，并保障被害方的有效参与，切实加强人权保障。

认罪认罚从宽制度化，是推进以审判为中心的刑事诉讼制度改革、促进司法公正的必然要求。以审判为中心的刑事诉讼制度改革，是促进刑事司法公正、有效防范冤错案件的必由之路。通过对认罪认罚案件分流处理，推进繁简分流层次化、精细化、体系化，构建普通程序、简易程序、速裁程序有序衔接的多层次诉讼体系，简案快办，繁案精办，实现诉讼程序与案件难易、刑罚轻重相适应，符合我国司法实践需要和刑事诉讼制度发展规律，有利于优化司法资源配置，促进庭审实质化，推进以审判为中心的诉讼制度改革，进一步完善中国特色刑事诉讼制度体系。

认罪认罚从宽制度化，是我国刑事政策法律发展和司法实践经验的总结提炼；是在我国刑事诉讼法律框架内，在推进以审判为中心的刑事诉讼制度改革背景下，进一步在实体上落实宽严相济、在程序上推进繁简分流、提升刑事司法效能的重大举措；是中国特色社会主义刑事司法制度的有机组成，绝不是国外辩诉交易制度的简单翻版。从制度定位上看，认罪认罚从宽的根本目的是落实宽严相济、促进司法公正，避免“坦白从宽、牢底坐穿，抗拒从严、回家过年”的错误导向。被告人只是通过认罪认罚争取从宽，而不是就定罪量刑进行讨价还价。而国外的辩诉交易，检察官与犯罪嫌疑人、被告人可以就诉讼结果进行协商处分、交易还价，以避免诉讼风险。从适用标准上看，认罪认罚从宽制度，坚持以事实为根据、以法律为准绳，贯彻证据裁判要求，是否从宽及从宽的具体幅度，都要依据法律规定和政策要求来把握。而国外的辩诉交易，赋予检察官较大自由裁量权，有的案件从宽幅度具有较大的不确定性。从职权配置上看，认罪认罚案件的定罪量刑，对检察机关提出的量刑建议，人民法院要在严格审查的基础上依法作出裁判。而国外的辩诉交易，法官对交易结果一般只进行形式审查。只有准确把握两者间的本质区别，才能正确理解适用认罪认罚从宽制度。

二、准确把握认罪认罚从宽制度适用重点和原则

试点启动前期调研时，曾有一些同志对认罪认罚从宽制度存在顾虑，担心会出现证据把关不严、量刑把握不准、宽严繁简失当、放纵犯罪乃至造成错案等问题。为此，“两高三部”在先后出台的《关于在部分地区开展刑事案件认罪认罚从宽制度试点工作的办法》《关于适用认罪认罚从宽制度的指导意见》和最高人民法院在相关工作部署会中反复强调，贯彻认罪认罚从宽制度，一定要准确把握适用重点，始终坚持宽严相济、坚持罪责刑相适应、坚持证据裁判、坚持公检法三机关配合制约四项原则，为认罪认罚从宽制度的稳妥推进提供了基本遵循和有力保障。深入落实认罪认罚从宽制度，解决改革中出现的问题和分歧，都要准确把握适用重点和适用原则，确保案件审判政治效果、法律效果和社会效果相统一。

要准确把握适用重点。对于相对轻罪的案件及一些过失犯罪、未成年人犯罪案件，社会危害不大且案情明了，具备从宽条件的，要用好用足认罪认罚从宽制度，促进涉案矛盾及时化解和社会和谐稳定。对于严重危害国家安全、公共安全、严重影响人民群众安全感的案件，对于社会普遍关注、群众反映强烈的重大敏感案件，对于被告人主观恶性深、人身危险性大的案件，该重判的要坚决依法重判，决不能不加区分、简单一律从宽。对于案情复杂或者蕴藏着复杂因素的案件，不能简单化处理。

要贯彻宽严相济刑事政策。认罪认罚从宽制度，是宽严相济刑事政策的具体化、制度化。要区分不同性质的犯罪，实行区别对待，该宽则宽，当严则严，确保宽严有据、宽严得当。需要强调的是，对于认罪认罚的犯罪嫌疑人、被告人，法律规定是“可以”依法从宽处理，要依据事实和法律综合考量，避免片面从严、一味从宽两种错误倾向。对于犯罪性质恶劣、情节后果

严重，认罪认罚不足以从轻处罚的，必须依法严惩。对于当事人自行达成和解谅解的案件，人民法院也要认真审查，具有前述严重情节的，严格依法处理。

要遵循罪责刑相适应原则。对认罪认罚的被告人量刑，要根据犯罪的事实、性质、情节和对社会的危害程度，综合考虑认罪认罚的具体情况，依法确定是否从宽及从宽幅度，确保量刑与罪责大小相匹配，宽严适度、罚当其罪。一方面，要看罪行的严重程度。对罪行较轻、人身危险性较小的初犯、偶犯，从宽幅度可以大一些；罪行较重、人身危险性较大的，以及累犯、再犯，则要依法从严掌握。另一方面，要看认罪认罚的主动性、及时性、稳定性、全面性，是否确有悔罪表现，以及对司法机关及时侦破案件的作用，来决定从宽的具体幅度。对于检察机关提出的量刑建议明显偏离罪责刑相适应原则、影响法律统一适用的，即便被告人、辩护人和被害人没有提出异议，人民法院也应当认真审查、依法裁判，确保量刑公正，维护法律权威。

要坚持证据裁判原则。坚守“事实清楚，证据确实、充分”的法定证明标准，无论被告人认罪与否、刑罚轻重，都应当适用统一证明标准，不能因为被告人认罪，就降低证明标准，对本应疑罪从无的案件按认罪认罚从宽简单处理。同时，也要防止对本可定罪的案件，因办案人员工作不到位、责任心不强、业务水平不高，而轻易作为疑案处理或者在量刑上留有余地，放纵犯罪分子。要注意把握被告人认罪对取证、举证、认证的影响：一方面，认罪口供是定案的直接证据，真实、自愿、合法的口供，可以大大增强内心确信；另一方面，也不能单靠口供，该补查的不补查，该把关的不把关，防止出现过分倚重口供定案的现象。

要坚持公检法三机关配合制约原则。公检法三机关之间分工负责、互相配合、互相制约，是我国刑事诉讼法的一项基本原则，是准确有效执行法律的基本保证。贯彻认罪认罚从宽制度，公检法三机关配合制约的关系没有变化，控辩审三方的职能配置和诉讼格局没有变化，人民法院对案件质量审查把关的职责要求没有变化。侦查权、检察权、审判权仍是由公检法三机关分别依法行使，定罪量刑作为审判权的核心内容，具有专属性，检察机关的量刑建议仍然属于程序职权，是否适当、是否采纳，要由人民法院依法裁判。各级人民法院要忠实履行宪法法律赋予的刑事审判职责，在分工负责的基础上加强配合、完善制约，严格依法办案，切实把好事实证据关、法律适用关、审判程序关，保障无罪的人不受刑事追究、有罪的人受到公正惩罚。

三、积极推进认罪认罚从宽制度依法有效实施

认罪认罚从宽制度，是公正高效司法的中国方案，是刑事司法领域落实全面依法治国、健全社会公平正义法治保障、加快推进国家治理体系和治理能力现代化的重大举措。各级人民法院要立足审判职能，把握正确方向，凝聚各方力量，积极推进认罪认罚从宽制度依法有效实施。

牢牢把握改革正确方向。促进社会公平正义、增进人民福祉，是全面深化改革的出发点和落脚点。最高人民法院院长周强多次强调，深化司法体制改革，要紧紧抓住公正司法这条生命线，让人民群众对公平正义有更多获得感。深化认罪认罚从宽制度改革，要牢牢把握公正司法、司法为民工作主线，以更好满足人民群众对司法正义新期待新要求为基本取向，找准工作的切入点和着力点。要牢牢把握以审判为中心的刑事诉讼制度发展方向，这是严格公正司法的必然要求，是实现“努力让人民群众在每一个司法案件中感受到公平正义”工作目标的必然要求，是制度行稳致远、取得预期成效的根本保证。

切实履行法定审判职责。发挥好刑事审判对侦查起诉的制约引导作用，发挥好人民法院维护公平正义最后一道防线的把关作用，从事实认定、证据采信、定罪量刑、程序适用等方面，严格依法进行审查，确保每一个认罪认罚案件依法公正处理。

一是严格规范诉讼程序。准确把握速裁、简易程序适用条件，避免一味从“简”求“快”。完善速裁程序运行机制，北京、西安、青岛等地探索的全流程简化模式，天津、南京等地建立的“一步到庭”模式，都是有益尝试，各地法院可以互相借鉴学习，继续整合、探索完善，强化职能衔接，提升办案质效。要落实庭审实质化，发挥庭审对查明事实、保护诉权、公正裁判的决定性作用，特别是要重点对认罪认罚自愿性、真实性和定罪量刑关键事实、关键证据进行审查核实，避免庭审流于形式。发现案件事实不清、证据不足或者被告人不再认罪认罚，依法应当转换程序的，要及时转换程序审理。

二是完善案件审理机制。全面审查认罪认罚案件事实的真实性、被告人认罪认罚的自愿性、程序适用的正当性和量刑建议的适当性。完善量刑建议审查机制，对于检察机关提出的量刑建议，人民法院既要充分尊重，又要严

格依法审查；对于事实清楚，证据确实、充分，指控罪名准确，量刑建议适当的，人民法院应当依法采纳；对于量刑建议明显不当的，应当告知检察机关调整，检察机关不予调整或者调整后仍然明显不当的，人民法院应当依法及时作出判决。

三是切实保障当事人权利。要充分保障被告人的各项诉讼权利和实体权利，与司法行政机关加强协调，支持值班律师依法履职，保障被告人获得及时、充分、有效的法律帮助，确保其知悉法律后果、自愿认罪认罚。上诉权是被告人的基本诉讼权利，要切实予以保障。对于被告人认罪认罚后又提出上诉的，二审法院要坚持全面审查，区分不同情形，严格依照刑事诉讼法的规定分别作出裁判。对于原判认定事实和适用法律正确、量刑适当的，应当裁定驳回上诉、维持原判，不能仅仅因为被告人上诉、检察机关就此抗诉，就认为一审判决确有错误、量刑不当而改判加重刑罚。同时，也要保障被害人的有效参与，充分听取其意见，将双方是否达成调解和解等作为量刑的重要考虑因素，依法保护被害人权益。

协同有效发挥制度功能作用。认罪认罚从宽制度实施，涵盖实体、程序、工作机制多个方面，涉及公检法司等多个部门，是一项系统性、整体性很强的工作。改革启动以来，各地法院紧紧依靠党委政法委领导，协调解决工作难题，取得了积极成效。如江苏、辽宁等地法院协调有关部门，专门出台意见，细化量刑建议形式、说理、调整的标准和程序，规范认罪认罚案件办理协作、信息通报机制，推动工作有效开展；杭州、福清等地探索值班律师转任辩护人机制，对可能判处三年有期徒刑以上刑罚的被告人，指派值班律师提供辩护服务，提升法律援助的针对性和实效性。改革越深入，越要注意协同。各级人民法院要进一步加强与公安机关、检察机关、司法行政机关等部门的沟通协调，增强共识、凝聚合力，切实解决实施中出现的问题和困难，更好发挥认罪认罚从宽制度的功能作用，为维护社会安定和谐、公平正义提供有力司法服务和保障。

（来源：《人民法院报》2021年7月22日）

参加民法典编纂是时代交付的职责与光荣

最高人民法院审判委员会专职委员　刘贵祥

2020 年 5 月 28 日 15 时 08 分，十三届全国人大三次会议高票表决通过了《中华人民共和国民法典》（以下简称民法典）。这开创了我国法典编纂的先河，宣告中国的“民法典时代”正式到来，具有里程碑意义。民法典编纂工作的顺利完成，是学习贯彻习近平法治思想的一次生动实践。坚持党对全面依法治国的领导，坚持以人民为中心，坚持中国特色社会主义法治道路，坚持全面推进科学立法、严格执法、公正司法、全民守法等习近平法治思想的重要内涵，对民法典编纂工作起到了巨大指导作用。民法典 7 编、1260 条，每一字、每一条都闪耀着中国特色、民族精神和时代价值的光芒。最高人民法院作为民法典编纂工作的参加单位，坚持以习近平新时代中国特色社会主义思想为指导，认真学习贯彻习近平法治思想，努力对各级人民法院在司法实践中积累的实务经验和审判智慧进行提炼总结，并推动将其融入民法典编纂之中，作出了中国司法应有的贡献。

一、盛世修典——积极参与民法典编纂工作

法典是时代精神的法律表达。举凡一个国家在走向繁荣强盛、文明进步的关键节点，均会将编纂法典作为重要的法治建设工程，以呼应时代精神，推进发展事业。伟大的时代，诞生伟大的法典，这是人类法制发展史上的一个基本规律。而在所有法典中，民法典关系着市场经济的基本运行规则、关系着人民生活的基本行为准则和切身利益，被称之为“社会生活的百科全书”。因此，编纂出一部高水平的民法典，就成为新中国几代法律人的夙愿，成为法治现代化的一个重要标志。

党的十八大以来，以习近平同志为核心的党中央顺应实践发展要求和人民群众期待，把编纂民法典摆上重要日常。2014年，党的十八届四中全会作出《关于全面推进依法治国若干重大问题的决定》，其中将编纂民法典作为一项重大的立法任务予以部署。根据党中央的工作部署，民法典的起草工作由全国人大常委会法制工作委员会牵头，最高人民法院、最高人民检察院、国务院法制办、中国社会科学院、中国法学会为参加单位。

2015年1月23日，全国人大常委会法制工作委员会召开民法典编纂工作座谈会。这是一次十分重要的会议。在这次会议上，最高人民法院等五家参加单位就编纂民法典的指导思想、民法典的体系、民法典的立法技术、民法典编纂的组织工作四个问题进行了深入讨论，形成了许多共识，在很多方面为成功编纂民法典打下了较为坚实的基础。特别是，在把握我国立法传统、参酌世界各国民法典立法体例的基础上，充分考虑到成文法的逻辑性和体系性问题，正视我国现有民事法律体系中尚无民法总则这一挑战，一致认为我国民法典还是应该采取总分结合的结构。这就意味着，我国民法典编纂不是简单地将现有民事单行法进行汇编，还包括创制民法总则、补齐相应体系短板的艰巨任务。当然，这次会议也不可能对所有问题都形成共识，一些重要问题，例如在立法技术上，是采取整体推进方式，还是先出台民法典总则编，再分步推出各分编，与会代表意见不尽一致，需要留待下一步的研究讨论。

2015年3月20日下午，全国人大常委会法制工作委员会组织召开第二次会议，研究启动民法典编纂暨民法总则立法工作。此次会议成立了由全国人大常委会法制工作委员会牵头，五家单位参加的民法典编纂工作协调小组，标志着民法典编纂工作正式启动。在会前反复调研论证的基础上，这次会议作出了关于民法典编纂的路线图与时间表。全国人大常委会法制工作委员会向各参与单位明确民法典编纂分两个阶段：第一个阶段先制定民法总则，力争2017年上半年完成；第二个阶段将系统整合各民事法律制度，使整个民法体系能够形成一个有机整体，计划在2020年完成。

作为民法典编纂工作协调小组的参加单位之一，最高人民法院高度重视民法典编纂工作，在2015年5月，即专门成立了最高人民法院民法典编纂工作研究小组和办公室，由院领导担任组长、副组长，各民事审判庭的庭长和业务骨干参加，统一协调推进最高人民法院负责的民法典编纂相关工作。

在参加民法典编纂工作的过程中，最高人民法院按照中央和民法典编纂工作协调小组的要求，始终坚持正确政治方向，坚持人民属性，注意把握三个特色：第一，中国特色，民法典要立足于中国实际，要回答中国之问；第二，实践特色，民法典要从中国的实践出发，解决当代中国的实践问题；第三，时代特色，民法典要回应21世纪我们所面临的现实问题。在此基础上，全面总结、系统提炼人民法院民商事审判的经验与智慧，为民法典编纂作出人民法院应有的独特贡献。这是党和人民对最高人民法院参加民法典编纂工作的期许，也是最高人民法院的职责与光荣。

可以说，在整个民法典编纂期间，不管是对民法典的指导思想、编纂原则、总体架构，还是对民法典的重点内容、重点条文等，最高人民法院都是按照上述思路开展研究，积极建言，提交成果的。例如，2016年3月30日，最高人民法院就民法总则制定工作向全国人大常委会法制工作委员会的复函中，提出了九个方面的建议，其中包括：第一，加强民法总则立法的时代特色。在吸收中国几千年来的优秀法律文化成果的同时，充分体现中国共产党带领全国人民为“两个一百年”奋斗目标、为实现中华民族伟大复兴中国梦而不懈努力的时代特征；既要重视对传统民事权利的保护，又要反映“互联网+”时代的新型民事权利；中国民法典不但应成为中国特色社会主义法治建设的标志性成果，而且应当成为人类法制史上继19世纪法国民法典、20世纪德国民法典诞生以来，21世纪具有里程碑意义的伟大立法。第二，民法总则应当反映绿色发展理念，确立民事主体保护环境，节约资源，促进人与自然和谐发展的理念。第三，在具体内容上，建议增加民事责任专章；完善监护制度，建立亲权监护为主、国家监护保障的监护制度，等等。

又例如，开始各分编的编纂后，最高人民法院于2018年两次致函全国人大常委会法制工作委员会，对六个分编提出近300条意见和建议。所有的意见和建议，无不是充分调研、总结实践后的结晶。2018年4月至5月，最高人民法院就分别在西安、太原、济南、南京、德阳召开了人格权编、婚姻家庭编、继承编、侵权责任编、物权编以及合同编等多场调研座谈会，邀请了全国人大常委会法制工作委员会民法室、专家学者、地方法院代表参加会议。其间，小组办公室收集整理编辑材料50万余字，邀请会议代表300余人。2019年7月至9月，最高人民法院又分别在上海、贵州、哈尔滨召开民法典分编二次审议稿调研会。会议对民法典分编二次审议稿中的重点疑难问题进行了梳理，听取全国各高级人民法院民商事审判专家对民法典分编二次审议稿的意见，汇集意见和建议近500条。

二、明确导向——弘扬社会主义核心价值观

法律的价值导向至关重要。在长期的工作实践中，人民法院深切体会到社会主义核心价值观之于民商事审判的重要性。因此，最高人民法院提出民法典要充分体现社会主义核心价值观的建议。

在起草民法总则前后一段时间里，社会上发生了一系列案件，引发各方面广泛关注和群众热烈讨论。这些案件背后折射出的法律问题，被群众精炼地概括为"扶不扶""劝不劝""追不追""救不救""管不管"等法律及道德之问。

2018年8月，在苏州发生了"小偷逃逸跳水溺亡案"。张某到某工地偷电缆，被倪某等三名工人发现。在倪某等对张某进行追赶的过程中，张某跳入工地附近河中，并不顾劝阻向河水深处走去，倪某等立即选择报警。张某坚持走向河水深处，最终溺亡。之后，张某的家属起诉倪某等三人要求承担赔偿责任。

无独有偶，关于见义勇"追"，还发生过这样一个案例。张某驾驶摩托车与他人追尾相撞，被撞者受伤倒地，张某逃离。朱某开车路过，见状便开车追赶张某。张某慌不择路，在穿越铁轨时撞上火车身亡。张某的亲属将朱某告上法庭索赔60万元。

引起社会更大关注的是"电梯吸烟劝阻案"。段某在小区电梯内吸烟，医生杨某进行劝阻。二人发生语言争执，走出电梯后，仍有语言争执，被物业人员劝阻。段某情绪激动，心脏病发作猝死。段某家属起诉杨某赔偿40余万元。

这些案件之所以引起社会广泛关注与热议，原因在于见义勇为或维护社会公义的举动，与相对方死亡这一后果之间，看似具有了事实上的引起与被引起的因果关系，死者家属据此要求赔偿。人们在急切地观察，见义勇为或维护社会公义者，究竟要不要承担责任，或者说法律对其确定的责任边界究竟在哪里；另外，尤为重要的是，如果依法本不用承担责任，法院会不会因为担心死者家属闹访而采用"和稀泥"的做法，让见义勇为者承担部分赔偿责任。因此，妥善审理这些案件，考验着司法者对侵权责任构成要件的正确

理解和对社会主义核心价值观的准确把握，关系着司法价值导向。

经过认真细致的审理，对于上述三个典型案件，人民法院均判决驳回了死者家属的赔偿请求。相关判决从见义勇为者没有过错，见义勇为与相对方死亡后果之间没有法律上的因果关系等角度，进行了深入的法理剖析。在“小偷逃逸跳水溺亡案”中，法院判决认为在张某盗窃逃逸时，倪某等三人的追赶行为并无不当。在张某跳入河中后，倪某等三人劝导张某上岸，张某明确表示拒绝并向河水深处游去，倪某立即选择报警。倪某三人对张某欠缺游泳能力无从知晓，且三人水性不佳，不应苛求三人下河施救。故倪某等三人行为未超过必要、合理的限度，无明显过错，应驳回张某家属的赔偿请求。在朱某驾车追赶肇事者一案中，法院判决认为，交通肇事发生后，车辆驾驶人应当立即停车、保护现场、抢救伤者，张某交通肇事逃逸行为违法。朱某作为普通公民，挺身而出，制止正在发生的违法行为，属于见义勇为，应予以支持和鼓励。张某被火车撞击死亡与朱某的追赶行为不存在因果关系，遂驳回原告的诉讼请求。在“电梯吸烟劝阻案”中，法院判决认为，杨某的劝阻行为目的合法，劝阻方式理性、和平，并无不当，与段某的死亡结果不存在法律上的因果关系，遂驳回原告诉讼请求。

上述案例，传递出法不苛求正义者过重的注意义务这一强烈信号，让“谁能闹谁有理”“谁横谁有理”“谁受伤谁有理”等“和稀泥”的做法，在法律面前无从藏身，让司法有力量、有是非、有温度，让群众有温暖、有遵循、有保障，鼓励了正义行为，弘扬了社会主义核心价值观。

除了上述类型的案件之外，在一个时期，一些侮辱英烈人格的言论，在报刊和网络上时有发生，引起人民群众的极大愤慨，有的也形成了民事案件。例如，2013 年 11 月 8 日，洪某在一份杂志上发表了《“狼牙山五壮士”的细节分歧》，以“历史考据”“学术研究”为幌子，主观臆断，捏造事实，企图达到抹黑“狼牙山五壮士”英雄形象和名誉的目的，引发了极大争议。

洪某的文章发表后，“狼牙山五壮士”后人葛长生、宋福保于 2015 年 8 月 25 日向北京市西城区人民法院起诉，请求判令洪某停止侵权、公开道歉、消除影响。2016 年 6 月、8 月，北京市西城区人民法院和北京市第二中级人民法院一审、二审均判决洪某败诉，让其承担了应该承担的法律责任，有力遏制了丑化、侮辱英烈的歪风邪气，得到社会广泛好评。

一滴水，能折射太阳光辉；一桩案，能彰显价值导向。人民法院在司法实践中弘扬社会主义核心价值观的清醒自觉与不懈努力，充分发挥了司法引领良好社会风尚的作用，也在一定程度上为在民法总则中增加弘扬社会主义核心价值观的有关规定培植了共识基础。民法典总则编在第一条开宗明义，把弘扬社会主义核心价值观作为立法目的之一；总则编第一百八十五条则明确规定了“侵害英雄烈士等的姓名、肖像、名誉、荣誉，损害社会公共利益的，应当承担民事责任”，被称为“英烈条款”。

三、回应关切——坚持以人民为中心的发展思想

民法典是一本社会百科全书，从生老病死到衣食住行，方方面面它都会涉及，与每个人休戚相关。因此，民法典必须坚持以人民为中心，把人民愿望置于首位，充分反映人民利益诉求，积极回应群众重大关切。这是民法典编纂的一个基本原则。最高人民法院在参加民法典编纂过程中，贯彻以人民为中心的发展思想，立足法院审判职能，从为民司法的丰富实践中，敏锐感知、准确把握人民群众对民法典编纂有什么样的要求与期待，认真总结、积极贡献司法实践中解决民生难题的经验，推动其上升为法律制度。

近年来，为改善人民居住条件，住宅楼越建越高，这是现代文明的一个体现。但随之而产生的高空抛物问题，却成为社会关注焦点和民生痛点。有这样一个典型案件：严某中午酒后和他人一起在小区住宅楼25层走廊打牌并与牌友产生争吵。酒劲上头的严某气冲冲地掀翻并砸烂牌桌，然后拎起椅腿扔向窗外，正好砸中楼下散步的张某手臂。经鉴定，张某构成一级轻伤。在这类案件的处理中，依据侵权责任法的规定，建筑物的住户只要不能证明自己不是加害人，就要共同承担责任。依此规定来处理，虽然一定程度上能够保护受害人利益，但很多时候却让真正的责任人得以逃避责任，让无辜的住户担责，有人批评其是现代法上的“连坐”。因为真正的责任人可能得以逃避或减轻责任，该规定在实施效果上可能无法有效震慑、阻遏高空抛物。经过大量的司法实践，人民法院认识到，此类案件的症结在于仅凭当事人之力往往无法查清责任人。为此，最高人民法院建议在民法典中规定公权力机关的介入调查义务，只有经调查仍无法确定具体加害人时，才由所有的可能加害人共同补偿。最终，民法典第一千二百五十四条第三款规定，发生高空抛物致害的，公安等机关应当依法及时调查，查清责任人。这就切实减轻了无辜

住户的调查举证义务，并有利于及时锁定真正的责任人，有效阻遏高空抛物，守护群众“头顶上的安全”。

在此类高空抛物案件中，物业服务企业是否应当承担侵权责任往往也是争议焦点。2016 年 10 月 4 日，受害人卜某某在驾驶电动自行车行驶至一饭店门口的人行道时，被高空坠落的红砖砸中头部死亡。公安机关经排查，无法确认加害人。法院经审理，除判决有关住户承担补偿责任外，还因物业公司未尽物业管理义务而判决其承担过错赔偿责任。此案被收录进最高人民法院发布的典型案例，确立了物业公司如果未尽管理义务，则应对高空抛物受害人承担赔偿责任的审判尺度。这些司法实践，直接为民法典的有关立法提供了借鉴。民法典第一千二百五十四条第二款规定，物业服务企业等建筑物管理人未采取必要的安全保障措施的，应当承担未履行安全保障义务的侵权责任。

如何认定夫妻共同债务，也曾经是高度敏感的涉民生法律难题。1980 年的婚姻法对夫妻共同债务只是原则性规定：“离婚时，原为夫妻共同生活所负的债务，以共同财产偿还”。但是在实践中，如何认定夫妻共同债务，是一个很有争议的问题，而且这种争议涉及的并不仅仅是法理问题，还有复杂的社会问题。

在 21 世纪的第一个十年，“假离婚、真逃债”的案例屡见报端，对于债务人将财产转移到配偶名下后办理假离婚以逃债的做法，债权人十分愤慨，社会各界也都表示了很大的关注。为了解决这一突出问题，2003 年 12 月最高人民法院发布了《关于适用〈中华人民共和国婚姻法〉若干问题的解释（二）》，其中第二十四条规定：“债权人就婚姻关系存续期间夫妻一方以个人名义所负债务主张权利的，应当按夫妻共同债务处理……”这一规定，简洁明快，有效解决了认定夫妻共同债务难的问题，切断了不诚信债务人利用“假离婚”逃债的路径。但是，社会形势是不断地发展变化着的。实践中又出现了另外一种问题趋势，即夫妻一方在婚姻存续期间因为个人挥霍、赌博等原因背负了大量债务，甚或与他人恶意串通虚构债务，致使不知情的另一方在离婚时背负沉重债务。这强烈冲击着人们对婚姻的信心和对公正的企盼。

为缓解这一问题，最高人民法院于 2017 年 2 月发布《关于适用〈中华人民共和国婚姻法〉若干问题的解释（二）的补充规定》，对前述规定打上了“补丁”，明确夫妻一方与第三人串通虚构债务或在违法犯罪活动中背负的债务，第三人主张权利的，人民法院不予支持。打上这一“补丁”十分必要，但人民法院在实践中注意到，夫妻一方往往很难举证有关债务是另一方与第三人串通虚构的债务或在违法犯罪活动中背负的债务。在问题导向的指引下，为从根本上解决问题，最高人民法院又于2018年1月发布《关于审理涉及夫妻债务纠纷案件适用法律有关问题的解释》，核心精神是规定夫妻双方共同签字或者夫妻一方事后追认等共同意思表示所负的债务，以及夫妻一方在婚姻关系存续期间以个人名义为家庭日常生活需要所负的债务，才可被认定为夫妻共同债务。这一规则，既可以有效防止以“假离婚”方式逃废债务，又可以防止夫妻一方在不知情的情况下无辜背负沉重债务负担，产生了较好的实践效果，因此，最终被纳入为民法典的第一千零六十四条。

除上述例子之外，人格权单独成编、规定居住权等制度创新中，也吸收了人民法院的司法经验，凝结着中国司法实践的智慧，反映出人民群众的心愿与呼声。

四、服务发展——以新发展理念为引领

民法典全面规范民事关系，在经济、文化、社会、生态文明和家庭生活等领域，都发挥着基础规范作用，是社会主义市场经济运行的法律基石，是国家治理能力现代化的重要依托。为更好发挥基石和依托作用，民法典的编纂过程也是自觉贯彻落实创新、协调、绿色、开放、共享的新发展理念的过程。最高人民法院在参加编纂工作中，自觉以新发展理念为指引，深入总结人民法院立足审判职能贯彻新发展理念、服务高质量发展的司法经验，并转化为具体的立法意见和建议。

在民法典各分编中，物权编与合同编是民商事活动的基本规范，其中，担保制度因横跨物权和合同两大领域，蕴含的问题往往十分复杂，如何合理地规定好担保制度，是民法典编纂中的一个难题。特别是，对于经济生活中涌现出的让与担保等新型担保方式要不要规定，一时间成为高热度的焦点问题。事实上，早在物权法的起草过程中，这一问题就已经被提出，物权法草案曾专设一章规定让与担保，但2007年3月通过的物权法删除了这一章。然而在实践中，特别是在信托业务中，存在大量类似让与担保的商业模式，并产生较多纠纷。人民法院审理这类案件时缺乏相应的法律依据，以至于出现

了裁判尺度不一的问题：有的按照让与担保的传统法理来处理，有的则简单地按物权法中禁止流质契约的原则，对让与担保作无效处理。此外，世界银行在营商环境评估中，把当事人设立让与担保后，最终能否实现担保权作为一项重要的评估指标，因此，是否认可让与担保的法律效果，还会影响对我国营商环境的评估结果。鉴于前述情况，最高人民法院严格遵守物权法有关精神及规定，秉持新发展理念，2019 年 11 月发布的第九次《全国法院民商事审判工作会议纪要》，以创新、开放的态度，对让与担保的司法处理作出了贴合实际的规定：当事人约定让与担保的合同原则上有效，当事人根据约定已经完成财产权利变动的公示方法的，债权人请求参照担保物权的规定优先受偿的，人民法院应当支持。这一规定在司法实践中收到了较好效果。

因此，在民法典物权编、合同编的编纂过程中，最高人民法院建议要为新型担保预留制度空间，并明确规定让与担保制度。立法部门高度重视最高人民法院的相关建议，经过反复研究论证，最终在民法典中作出了富有智慧与前瞻性的规定设计：首先，在民法典第三百八十八条中规定“担保合同包括抵押合同、质押合同和其他具有担保功能的合同”，这就从法律上明确担保合同并不仅限于抵押合同与质押合同，为司法实践中依法解决让与担保纠纷留下了制度空间；其次，在民法典第四百零一条、第四百二十八条中，对物权法禁止流质契约的规定进行了重大修改，规定当事人约定流押、流质条款的，债权人不能直接获得担保财产的所有权，而只能依法就担保财产优先受偿。这样巧妙的制度设计，既坚持了禁止流押、流质的基本法理，又为实现让与担保制度的核心功能铺平了道路，是贯彻新发展理念的一次生动实践。

保理合同也属于近年来交易中运用较为普遍的一种具有担保功能的合同，但对其一直存在较大争议，故在民法典合同编的编纂中，最初并未规定保理合同。在 2019 年 11 月全国人大宪法和法律委员会组织的讨论中，最高人民法院基于对民商事审判实务的深入分析和对金融新业态的深入调研，强烈呼吁对保理合同进行专章规定，并提出了较为充分的论证理由和典型案例。这引起全国人大宪法和法律委员会等有关部门的高度重视，并要求最高人民法院就保理合同问题草拟相关条款。最高人民法院在前期充分调研的基础上迅速草拟并提交了民法典保理合同专章建议稿。全国人大常委会法制工作委员会就此专门组织赴天津等地深入调研，广泛征求各方面意见，几经修改，终于将保理合同一章纳入民法典讨论稿中，并最终获得通过。可以想见的是，民法典对担保制度的创新，必将在相关经济领域更好地发挥担保制度功能，进一步促进高质量发展。

众所周知，民法典的一个立场就是鼓励和维护交易，弘扬契约精神，这是民法典能担负起促进市场繁荣和经济发展功能的一个重要原因。从法律的视角观之，交易的通常载体是合同，因此，鼓励和维护交易在很大程度上就体现在对当事人自愿签订的、没有违反法律规定的合同效力的认可与维护。合同一经合法签订，就受法律保护，擅自毁约者要承担法律责任，这已经是一个常识性的认知了。但问题在于，当事人违法签订的合同，是也受法律保护，还是一概应被认定为无效？对合同“违法性”问题的认识，在我国的法治实践中几经变迁。1987 年 1 月 1 日实施的民法通则第五十八条规定，违反法律或公共利益的合同无效，但未对“法律”进行界定。司法实践中多从广义的角度理解“法律”，不管合同违反的哪一层级的法律，也不管违反的是什么性质的法律规范，一概认定无效。在一些判决中，甚至将违反一些根本不属于法律范畴的规范性文件的合同都认定为无效。20 世纪 90 年代前后，在诉讼中被人民法院认定无效的合同占很大的比例。有人或许会认为，不管是哪个层级的规定，民事主体都应该予以尊重，如果签订的合同违反了规定，就应该被认定为无效。这种观点只看到了问题的一方面。问题的另一方面是，一些不诚信守约的当事人，在自己不想履行合同时，往往会从复杂的“规则丛林”中选取一条于己有利的规定，主张已经签订的合同因违反了该规定而无效，以达到逃避违约责任的目的。1999 年实施的合同法，充分关注到了实践中的这一现象，故在其第五十二条第五项中，严格限制了合同因违法而无效的范围，规定只有违反“法律、行政法规的强制性规定”的合同，才能被认定为无效，而不再将违反规章、地方法规作为认定合同无效的依据。这是立法关于合同效力制度的一个重大发展变化，对于纠正实践中滥用合同无效规则发挥了重要作用。

但是，随着社会主义市场经济的发展，审判实践遇到的大量诉讼案件表明，如果不区分情况，将所有违反法律、行政法规的强制性规定的合同一律认定为无效，也可能产生对诚信守约当事人不公的后果。这一问题也引起法学理论界的关注，许多学者经研究认为，应将强制性规定进一步区分为效力性强制性规定和管理性强制性规定，前者影响合同效力，后者则不影响合同效力。最高人民法院 2009 年发布的《关于适用〈中华人民共和国合同法〉若干问题的解释（二）》吸收了法学理论研究的成果，在其第十四条规定：合同法第五十二条第五项规定的“强制性规定”，是指效力性强制性规定。显然，该司法解释把导致合同无效的强制性规定进一步限缩为效力性强制性规定。随后，法院在审理合同纠纷案件时，对违法合同效力的判断开始注意区分效力性强制性规定与管理性强制性规定，如果合同违反的是管理性强制性规定，一般不会被认定为无效。但新的问题随之而来，无论是在理论上还是在实践中，对如何具体区分效力性强制性规定与管理性强制性规定有时很难形成共识，或者说很难形成一个具有可操作性的区分标准，由此造成了裁判尺度不一的问题。在民法典编纂过程中，围绕如何把这种区分在立法中合理表述出来的问题，最高人民法院建议不直接采纳效力性规定与管理性规定的区分，而应代之以其他更为合理的表述，并提出了相应的具体建议。立法部门经反复斟酌，多次研究，最终在民法典第一百五十三条第一款规定：“违反法律、行政法规的强制性规定的民事法律行为无效。但是，该强制性规定不导致该民事法律行为无效的除外。”这一规定表明，合同违反法律、行政法规的强制性规定，一般应认定无效，但例外情况下可认定有效。至于哪些情况属于例外情况，鉴于强制性规范的复杂性，立法没有给出答案，留待审判实践中根据具体情况去判断。显然，这一规定相较于合同法有关规定更加科学，更加符合实际，对指引人民法院区分强制性规定的不同情况以认定合同效力具重要意义，有利于发挥民法典鼓励和维护交易的作用。

关于合同效力，在日常生活中还有一类比较特别的合同，那就是按照法律、行政法规的规定，需要有关机关审批的合同。例如，签订购买商业银行、证券公司、保险公司5%以上股权的合同，依法须报经相关主管部门批准。与前述问题类似的一个问题就是，如果依法须报经有关机关审批的合同，当事人没有报批的话，该合同的效力如何？对此，简单的回答也是一律认定为无效。但这种简单的回答，在复杂的现实面前，同样会让公平正义遭遇难解的尴尬。人民法院民商事审判经常遇到这样的案例：签订合同后，一方当事人本应向行政部门履行报批手续，但其并没有诚实地按照约定去办理报批，而是徘徊观望，目的是待价而沽，判断随着情况的变化，履行合同对自己是否有利，有利的，就去履行报批手续，反之，则不再履行报批手续。对方当事人对其不诚信履约行为起诉的，其还会振振有词地抗辩称：“合同因未办理审批手续而无效，对我没有约束力！”这显然是十分荒谬的。

为了妥善解决此类问题，就必须对应报批而未报批的合同效力作出有力的法理回答和明确的法律规定。人民法院对此也有一个艰辛的探索过程。1999年12月最高人民法院发布的《关于适用〈中华人民共和国合同法〉若干问题的解释（一）》第九条规定，依法应当办理批准手续而未办理的，应认定为合同未生效。但对于合同未生效与合同无效究竟有何差别，并未给出答案，国内外法学理论界对此也是莫衷一是。针对这种情况，最高人民法院2009年4月发布的《关于适用〈中华人民共和国合同法〉若干问题的解释（二）》第八条试图有所作为，明确规定：不履行报批、登记义务的行为属于违背诚实信用原则的行为，应当承担缔约过失责任。这一规定让不诚信履行报批手续的当事人无法轻松躲避责任，当然是一种进步，但是，熟悉民法的人都知道，缔约过失责任的赔偿范围比违约责任的要小很多，不足以让恶意违约者付出应有的代价，其打完“两害相权取其轻”的算盘后，依然会选择不履行报批手续。

对公平正义的执着驱使着人民法院继续探索研究，最终得出了这样的认识：未生效合同不同于无效合同，无效合同是欠缺合同有效要件，对双方没有任何约束力；而未生效合同已具备合同有效要件，只是欠缺法律规定的特别生效条件，在行政部门未明确不予审批前，对双方当事人具有约束力，任何一方不得随意解除、撤销、变更合同；同时，未办理批准手续，虽然合同未生效，但不应影响合同中关于一方当事人履行报批义务约定的效力，其拒绝履行义务，可判决其履行，或判令其承担相应的违约责任。这一认识一下子解开了困扰理论和实务界多年的“未生效合同之谜”，引起了业内人士的强烈共鸣。最高人民法院2010年发布的《关于审理外商投资企业纠纷案件若干问题的规定（一）》采纳了上述认识，对外商投资领域应报批而未报批合同的效力作了合理规定。在民法典编纂过程中，上述成果得到高度重视，并被写入民法典的第五百零二条，确立了“合同中报批义务条款独立生效”规则。这既是对我国审判实践经验的总结，也是我国合同理论的一项重要创新。

依法生效的合同，应当严守。但是如果出于不可归责于双方当事人的原因，作为合同基础的客观情况发生了非当事人所能预见的根本性变化，以致按原合同履行显失公平的，是否可以允许当事人变更或解除合同？这就涉及民法典中的情势变更制度。长期以来，情势变更制度在我国民法上是付之阙如的。但人民法院在司法实践中，从公平公正处理案件，切实服务经济社会发展的立场出发，一直在尝试运用情势变更原则来解决问题，认为由于不可归责于双方当事人的原因，作为合同基础的客观情况发生了非当事人所能预见的根本性变化，以致按原合同履行显失公平的，可以根据当事人的申请，按情势变更原则变更或解除合同。在妥善解决2003年非典疫情引发的合同纠纷、2008年国际金融危机引发的合同纠纷以及2020年新冠肺炎疫情引发的合同纠纷中，情势变更原制度均显示出了巨大价值。人民法院适用情势变更制度的司法实践，为中国民法正式确立情势变更制度做好了实践与认识准备，因此，在民法典编纂中，大家对民法典规定情势变更制度的争议较小，其较为顺利地被规定在了民法典的第五百三十三条。可以说，情势变更制度将会是民法典在法律领域应对、化解经济社会发展的风险挑战，公平保护当事人权益的一项重要工具。

翻阅民法典，读到的其实是一部缩微的中国特色社会主义法治发展史，是中国民法理论界与实务界协力服务保障国家经济社会发展大局的奋斗史。其中的许多条文，看似理所当然，实则是历经几十年法治实践，随着国家发展理念的发展完善而逐步形成的。“看似寻常最奇崛，成如容易却艰辛”。民法典是一部充分贯彻落实新发展理念，浸润着鲜明时代特征和新阶段发展特点的民法典。

五、法贵必行——全力推进民法典正确实施

“法律的生命在于实施”，而民法典贯彻实施的关键，又在于通过司法活动使文本上的权利义务真正走进生活中。

2020年5月29日下午，中共中央政治局就“切实实施民法典”举行第二十次集体学习，习近平总书记发表重要讲话。习近平总书记强调，要切实推动民法典实施，以更好推进全面依法治国、建设社会主义法治国家，更好保障人民权益，并对加强民事司法工作、提高办案质量和司法公信力、及时完善相关民事司法解释、统一民事法律适用标准等提出明确要求。最高人民法院深入学习习近平法治思想，坚决贯彻落实习近平总书记重要讲话精神，于2020年6月4日专门成立民法典贯彻实施工作领导小组，由最高人民法院党组书记、院长周强同志担任组长，党组副书记、常务副院长贺荣同志担任常务副组长，全力抓好民法典学习贯彻和实施准备工作。

民法典贯彻实施工作领导小组一成立，很快就制定了《“切实实施民法典”任务分解表》，明确了各项贯彻落实方案、牵头部门、配合部门和完成时限，下发《最高人民法院关于认真学习和贯彻〈中华人民共和国民法典〉的通知》。

在具体工作方面，首先是全面开展民法典的学习培训。为此，最高人民法院开办了“人民法院大讲堂”。2020年6月29日，周强同志在“人民法院大讲堂”作了民法典首场宣讲辅导，深刻阐释了民法典的重大意义，为全国法院干警牢牢把握民法典的核心要义，全面准确贯彻民法基本原则，在审判执行工作中落实以人民为中心的发展思想提供了重要指导。贺荣同志等院领导、著名民法学家王利明教授和孙宪忠教授等先后专题讲授民法典相关内容。截至2020年12月，“人民法院大讲堂”已举办12场民法典专题讲座，四级法院的20余万干警全程参加学习培训。

开展司法解释的清理和制定工作，是最高人民法院贯彻民法典的重中之重。最高人民法院民法典贯彻实施工作领导小组在全国人大常委会法制工作委员会的指导和支持下，组织精兵强将，对中华人民共和国成立以来的591件司法解释及相关规范性文件进行全面清理。清理结果具体包括三种情况：与民法典规定一致的共364件，未作修改、继续适用；对标民法典，需要对名称和部分条款进行修改的共111件，经修改颁布后自2021年1月1日施行；决定废止的司法解释及相关规范性文件共116件，自2021年1月1日失效。

所废止的116件司法解释及相关规范性文件包括两种情况：一是只废不立，直接废止，共计89件。这类司法解释有的属于发布时间较为久远，已经不适应新时代的经济社会发展要求。有的属于其内容已经被民法典及相关法律、新制定的司法解释吸收或替代，可以直接援引民法典及相关法律、司法解释的规定解决。比如，1990年发布的《关于银行工作人员未按规定办理储户挂失造成储户损失是否承担民事责任问题的批复》，相关问题可以直接援引民法典关于违约责任、侵权责任的规定解决。二是“废旧立新”共计27件。其中，有24件在废止的同时，重新制定了相应司法解释，于2021年1月1日与民法典同步实施。另有3件废止之后，需要进一步调研论证，待成熟时再予发布实施。在已经重新制定的司法解释中，有关于适用民法典时间效力的，有关于适用民法典担保制度的，有关于适用民法典婚姻家庭编和适用民法典继承编的，有关于劳动争议和建设工程施工合同的，基本上覆盖了民法典实施后所需要解决的最紧迫的司法实务问题。

同时，我们还对《民事案件案由规定》进行了修改。按照民法典规定的新制度，增加声音保护、个人信息保护、申请人格权侵害禁令、居住权、保理合同等案由，用以规范和指导民事审判工作。

民法典的编纂已成为历史，民法典的实施将更加波澜壮阔。参与民法典的编纂，是时代赋予的光荣，扎实做好民法典贯彻实施工作，是义不容辞的责任。未来，最高人民法院将坚持以习近平新时代中国特色社会主义思想为指导，认真学习贯彻习近平法治思想，深入贯彻落实习近平总书记关于切实实施民法典的重要讲话精神，进一步提升司法能力水平，确保民法典统一正确实施，为全面建设社会主义现代化国家提供有力司法服务。

（来源：《文史资料选辑》第 175 辑）

《最高人民法院关于完善人民法院专业法官会议工作机制的指导意见》的理解与适用

刘 峥 何 帆 马 骁

2021年1月6日，最高人民法院印发了《最高人民法院关于完善人民法院专业法官会议工作机制的指导意见》（以下简称《指导意见》），进一步完善了专业法官会议的组织形式、人员组成、讨论范围、召开程序、议事规则、衔接机制、配套保障等工作机制。为便于各级人民法院正确理解贯彻《指导意见》，现就其制定背景、适用原则和重点问题说明如下。

一、《指导意见》的制定背景

2015年印发的《最高人民法院关于完善人民法院司法责任制的若干意见》（以下简称2015年《责任制意见》），明确人民法院可以建立专业法官会议，为审判组织正确理解和适用法律提供咨询意见。司法责任制改革全面推开后，各级人民法院均配套建立了专业法官会议机制。

2018年12月，最高人民法院在总结各地经验基础上，印发《最高人民法院关于健全完善人民法院主审法官会议工作机制的指导意见（试行）》（以下简称2018年《试行意见》），为健全完善专业法官会议机制提供初步政策指引。

经过两年多的试行，各级人民法院积累创建了许多有益经验，并在司法实践中发挥了积极作用，但也存在制度定位不准、程序运行不畅、参加人员无序、意见质量不高、讨论规则不完善、绩效考核不配套、意见效力不确定、成果转化不及时等问题。

2019年以来，为推动法律正确统一适用，最高人民法院先后就完善审判委员会制度、建立法律适用分歧解决机制、加强类案检索运用、完善统一法律适用标准工作机制印发指导意见，不断健全完善专业法官会议与司法责任制其他配套制度的衔接机制。

2020年7月印发的《最高人民法院关于深化司法责任制综合配套改革的实施意见》，进一步将“类案检索初步过滤、专业法官会议研究咨询、审判委员会讨论决定”作为新型审判权力运行体系的基础制度框架。

为进一步激发专业法官会议的制度效能，健全新型审判权力运行机制，推动司法责任制全面落实落地，最高人民法院经深入调研，并广泛征求意见，制定印发《指导意见》。

《指导意见》以问题为导向，结合司法责任制综合配套改革的部署要求，优化调整了2015年《责任制意见》和2018年《试行意见》部分规定，创建增设了必要的配套规则。《指导意见》印发后，2018年《试行意见》同时废止。此前发布的文件与《指导意见》不一致的，适用本《指导意见》。

二、《指导意见》的适用原则

作为司法改革政策性文件，《指导意见》包含一些原则性、授权性规定，各级人民法院可以结合审级职能定位、受理案件规模、内部职责分工、法官队伍状况、监督管理需要等，制定专业法官会议工作实施细则。制定实施细则时，应当遵循以下原则。

一是区分审级，分层适用。《指导意见》虽然面向全国法院，但四级法院审级职能定位、案件数量结构存在差异，对专业法官会议的功能需求也各有侧重。《指导意见》对部分问题作出确定性规定，有的则作出相对弹性规定，例如，《指导意见》第四条明确，专业法官会议讨论案件的法律适用问题或与事实认定高度关联的证据规则适用问题，必要时也可以讨论其他事项。中级、基层人民法院由于侧重化解矛盾纠纷、定分止争，可以更多讨论具体个案中的法律适用或证据规则适用问题，推动绝大多数案件在两审之内公正、高效解决。高级以上人民法院由于侧重统一裁判尺度、监督指导下级法院，应当以研究讨论具有审判指导价值或裁判规则意义的法律适用问题为主，并将会议成果作为研究制定司法指导性文件的重要参考。所涉议题既可源自本院审理的具体个案，也可以是业务条线或下级法院存在较大分歧的类型化案件。

二是因地制宜，灵活设置。除审级职能外，各地法院在人员案件规模、内设机构设置、法官队伍状况等方面也存在差异，适用原则性、授权性规定时，应当结合自身实际，选择最有利于发挥专业法官会议功能的适用方式，不宜“一刀切”。例如，《指导意见》第二条提出，各级人民法院可以在审判专业领域、审判庭、审判团队内部组织召开专业法官会议，必要时也可以跨审判专业领域、审判庭、审判团队召开。司法实践中，一些“小体量”法院法官基数较少，有的甚至未设庭室，可以视情组织召开全院法官参与的专业法官会议。此外，内设机构改革后，一些“大体量”法院已出现“百人大庭”，这种情况下再以审判庭为单位召开专业法官会议，既可能因启动程序繁复，影响工作效率，又因为参会人数众多，也难以形成相对明确的结论意见。这种情况下，法院可以根据实际情况，选择走“专精路线”，按审判专业领域或组织相关审判团队召开，提高议事效率，避免议而不决。

三是问题导向，稳妥务实。由于专业法官会议机制兼具辅助办案决策、统一法律适用、加强审判监督管理等功能，对于“开不开”“何时开”“开几次”等问题的把握，应当以解决问题、务求实效为导向，主要看是否有利于解决合议庭内部、审判组织之间或院庭长在履行审判监督管理职权过程中产生的意见分歧，是否有利于推动法律正确统一适用，是否有利于最大程度上推动案件结果公平公正、令人信服，是否有利于案件得到公正高效审理，而并不是说专业法官会议开得越多越好、越早越好。例如，对于专业法官会议何时召开，《指导意见》第九条未列明确时限，只要求预留合理、充足的准备时间，提前将讨论所需的报告等会议材料送交全体参加人员，以进一步提高参会人员讨论的质量。至于如何理解“合理、充足”，需要具体情况具体分析，综合考虑法官工作负担、议题复杂程度、参会人员范围等因素，既不仓促上会，也不过分提前。

三、正确适用《指导意见》需要把握的重要问题

（一）关于制度定位

把握专业法官会议的制度定位，必须将其置于中国特色社会主义审判权

力运行体系下统筹考虑。《指导意见》第一条开宗明义，明确了“专业法官会议是人民法院向审判组织和院庭长（含审判委员会专职委员，下同）履行法定职责提供咨询意见的内部工作机制”。换言之，专业法官会议既非法定审判组织，亦非法定诉讼程序，只是嵌入审判权力运行体系的内部机制或咨询平台。具体而言，包含三重制度属性。

一是辅助决策。一方面，专业法官会议讨论形成的意见，仅供审判组织作裁判或院庭长行使审判监督管理职权时参考，不能越位成为决定案件结果的依据。司法实践中，一方面，独任庭、合议庭若有充足理由，可以不受专业法官会议讨论意见约束，按照司法责任制要求独立作出判断；另一方面，即使专业法官会议讨论意见与独任庭、合议庭一致，院庭长也可以根据审判监督管辖权限，按程序将案件提请审判委员会讨论。在这里，还是要明确严格落实独任庭、合议庭办案责任制，充分发挥法官在办案工作中的主导性作用，确保院庭长切实履行审判监督管理职责。

二是咨询参考。专业法官会议提供的只是咨询意见，而非决定性意见。按照“权责一致”原则，审判责任仍应归由承办案件的审判组织承担；院庭长履行审判监督管理职权不力的，也应承担相应责任。因此，审判组织不能以“案件经专业法官会议讨论”为由推卸办案责任，院庭长也不能因专业法官会议提供了咨询意见而放弃应有的监督把关之责。当然，对于因案外因素或谋取利益，在专业法官会议上故意发表错误意见的行为，同样应当承担纪法责任，但并非违法审判责任。

三是全程留痕。新型审判权力运行体系的重要特点，是落实组织化、公开化的行权原则，客观展现权力运行全过程，实现“办案者受监督、监督者有制约”。专业法官会议的意见虽然仅供参考、咨询之用，但在整个审判权力运行过程中，有着重要的枢纽作用，是推动审判组织复议、院庭长监督、审判委员会讨论的关键节点，绝非可有可无。各级人民法院必须规范专业法官会议的运行机制，确保会议全程留痕、内容入卷备查。这不仅有利于提升主持人、参加人员的责任意识和发言质量，也有利于会议成果转化。

（二）关于意见效力

基于上述制度定位，《指导意见》第十一条对专业法官会议讨论意见的效力作了适度区分：经专业法官会议讨论的“四类案件”，独任庭、合议庭应当及时复议；专业法官会议没有形成多数意见，独任庭、合议庭复议后的意见与专业法官会议多数意见不一致，或者独任庭、合议庭对法律适用问题难以作出决定的，应当层报院长提请审判委员会讨论决定。对于“四类案件”以外的其他案件，专业法官会议没有形成多数意见，或者独任庭、合议庭复议后的意见仍然与专业法官会议多数意见不一致的，可以层报院长提请审判委员会讨论决定。

这么规定的主要考虑是：对于“四类案件”，如果专业法官会议经讨论没有形成多数意见，说明案件本身的疑难性、复杂性已达到应当提请审判委员会讨论决定的程度；如果独任庭、合议庭复议意见与专业法官会议多数意见仍不一致，说明分歧较大、难以调和，由审判委员会讨论决定为宜；如果独任庭、合议庭经复议后对法律适用问题仍然难以作出决定，也适合提请审判委员会讨论决定。至于“四类案件”之外的案件，院庭长可以综合考虑案件复杂程度、监督管理需要，决定是否将案件提请审判委员会讨论决定。

（三）关于组成人员

《指导意见》第三条第一款中规定，专业法官会议由法官组成。换言之，凡是员额法官，均为专业法官会议的组成人员，均有参加专业法官会议的权利，不宜另外设立门槛，把一部分法官排除在外。例如，规定仅资深法官、高级法官或审判业务专家可以参加专业法官会议，明确仅列入专业法官会议人员库的法官可以参会等。这些做法都是不妥当的。考虑到部分法官确实有业务专长或专门知识，可以设立法官人才库，优先安排他们参加相关议题的会议。

当然，所有法官都有权利参加专业法官会议，并不意味着所有会议要由全体法官参加。按照《指导意见》，各级人民法院可以结合所涉议题和会议组织方式，兼顾人员代表性和专业性，明确不同类型会议的最低参加人数，确保讨论质量和效率。

为确保讨论效果，“最低参加人数”一般不宜低于五人。参加会议的具体人员，可以由主持人商相关审判组织、审判团队后确定，综合考虑法官排庭时间、审判业务专长、统一法律适用、审判监督需要等因素，但不得为控制多数意见而故意排除观点不同者参会。

（四）关于列席人员

《指导意见》第三条第二款规定："专业法官会议主持人可以根据议题性质和实际需要，邀请法官助理、综合业务部门工作人员等其他人员列席会议并参与讨论。"

实践中，除法官助理以及研究室、审判管理办公室等综合业务部门工作人员外，"其他人员"可以包括人民陪审员、专家学者或具有专门知识的人员。专家学者列席，可以就复杂、疑难、新类型法律适用问题发表意见，促进法学理论与司法实务良性互动；有专门知识的人员列席，可以就专业问题发表意见、回答询问，帮助法官对专业问题形成适当理解，澄清不当认识。由于专业法官会议以讨论待决案件为主，会议议题、案件信息和讨论情况属于审判工作秘密，列席人员也应当严格遵守保密纪律，不得向无关人员泄露。

（五）关于讨论范围

《指导意见》第四条第一款列举了五类应当提交专业法官会议讨论的情形。征求意见过程中，部分地方法院建议进一步细化讨论范围，逐项列举"改判""发回""再审""抗诉"或"拟判处死刑或无罪""新类型""拟确立新的裁判标准"等具体情形。经研究，"四类案件"已足以涵盖各类需要提交会议讨论的情形，仅从程序角度逐项列举，恐会加重部分法院的会议负担，也不符合专业法官会议机制设立初衷。

值得注意的是，2015 年《责任制意见》第八条曾规定，合议庭认为所审理的案件因重大、疑难、复杂而存在法律适用标准不统一的，可以将法律适用问题提交专业法官会议讨论。当时的主要考虑是，对于独任庭审理的案件，发现存在重大、疑难、复杂法律适用问题的，应优先将独任制转为合议制，充分发挥合议制作用，不宜直接提交专业法官会议讨论。

随着司法责任制深入推进，一些案件尽管不符合"独转合"条件，但为确保不同独任庭、审判团队之间的法律统一适用，并为独任庭形成内心确信提供参考，有必要赋予独任庭将案件提交专业法官会议的权利。尤其是民事诉讼程序繁简分流改革试点推开后，一审民事普通程序案件、部分第二审民事案件均可以适用独任制，上述需求在试点法院更为迫切。因此，《指导意见》明确，独任庭认为需要提交讨论的，应当建议院庭长提交专业法官会议讨论。

（六）关于主持人职责

《指导意见》第五条明确了担任不同类型专业法官会议的主持人范围，第六条对主持人的职责作出了规定。主持人同时也是会议召集人，主要由院庭长担任，负有审查上会申请的职责。实践中，专业法官会议的讨论质量，很大程度上取决于主持人是否能够恪尽职责。

为防止法官产生依赖心理，避免专业法官会议负担过重，主持人对于法律适用已经明确，专业法官会议已经讨论且没有出现新情况，或者其他不属于专业法官会议讨论范围的上会申请，应当及时驳回，并按照审判监督管理权限督促独任庭、合议庭依法及时处理相关案件。

（七）关于类案检索报告

征求意见过程中，各地法院普遍反映，提交专业法官会议讨论的情况各异，应区分个案具体情形，决定是否制作类案检索报告，不宜一律要求类案检索。《指导意见》在第七条第一款中明确，只有当案件涉及统一法律适用问题时，独任庭、合议庭才应当说明类案检索情况，确有必要的再制作类案检索报告，以求符合案件审理需要，避免“为检而检”的形式主义，并合理减轻一线法官工作负担。

（八）关于与审判委员会的衔接

《最高人民法院关于深化司法责任制综合配套改革的实施意见》第九条中明确规定：“对于依法应当提请审判委员会讨论决定、但不存在内部分歧的案件，可以不提交专业法官会议讨论”。《指导意见》第十二条细化了可以直接提请审判委员会讨论的情形：（1）依法应当由审判委员会讨论决定，但独任庭、合议庭与院庭长之间不存在分歧的；（2）专业法官会议组成人员与审判委员会委员重合度较高，先行讨论必要性不大的；（3）确因其他特殊事由无法或者不宜召开专业法官会议讨论，由院长决定提请审判委员会讨论决定的。

作出上述规定的主要考虑是：第一，符合办案实际。一些地方法院提出，一些案件依法必须提请审判委员会讨论，但合议庭内部，或者合议庭与院庭长之间并不存在分歧，如拟判处死刑的案件、人民检察院抗诉案件等。各地法院普遍建议将这类案件直接提请审判委员会讨论，以提升办案效率。第二，减少流转环节。一些“小体量”法院的专业法官会议组成人员与审判委员会委员重合度较高，一律要求专业法官会议先行讨论只会徒增办案环节。第三，兼顾特殊情形。鉴于专业法官会议并非法定办案环节，可以不作刚性要求。

（九）关于绩效考核

主持或参加专业法官会议不属于办案，不计入办案数量，但是，高质量的发言对于充分发挥专业法官会议作用、推动案件公正高效审理具有重要意义。为鼓励法官积极参与、贡献智慧，法官参加专业法官会议的情况应当计入工作量，并作为绩效考核、等级晋升的参考，将专业法官会议当作培养、发掘优秀审判人才的重要平台。

因此，《指导意见》第十五条明确，法官在会上发表的观点对推动解决法律适用分歧、促成公正高效裁判发挥重要作用的，可以综合作为绩效考核和等级晋升时的重要参考因素；经研究、整理会议讨论意见，形成会议纪要、典型案例、裁判规则等统一法律适用成果的，可以作为绩效考核时的加分项。

健全完善专业法官会议工作机制是全面落实司法责任制的重要组成部分。《指导意见》印发后，各级人民法院要充分发挥专业法官会议专业咨询平台、统一法律适用平台、审判监督管理平台的功能作用，完善实施细则，加强协同配合，确保运行顺畅，不断提升审判质量、效率和司法公信力。

（来源：《人民法院报》2021 年 1 月 14 日）

社会主义核心价值观融入裁判文书释法说理的几点思考

刘　峥

2021年1月19日，最高人民法院印发《最高人民法院关于深入推进社会主义核心价值观融入裁判文书释法说理的指导意见》（以下简称《意见》），现就《意见》所涉重点问题说明如下。

一、《意见》制定的背景

社会主义核心价值观是社会主义价值体系的内核，体现社会主义核心价值体系的根本性质和基本特征，也是全体人民在价值观念上的"最大公约数"。培育和弘扬社会主义核心价值观，是国家治理体系和治理能力的重要内容。中央先后印发《关于培育和践行社会主义核心价值观的意见》《关于进一步把社会主义核心价值观融入法治建设的指导意见》等，要求把社会主义核心价值观贯彻到依法治国、依法执政、依法行政实践中，落实到立法、执法、司法、普法和依法治理各个方面，要求人民法院"用司法公正引领社会公正"。党的十九届五中全会以及《法治社会建设实施纲要（2020－2025年）》也提出，要以社会主义核心价值观引领文化建设，用法律的权威来增强人们培育和践行社会主义核心价值观的自觉性。

按照中央相关部署要求，最高人民法院先后印发《关于在人民法院工作中培育和践行社会主义核心价值观的若干意见》《关于在司法解释中全面贯彻社会主义核心价值观的工作规划》等规范性文件，发布三批弘扬社会主义核心价值观典型案例等，坚持将司法为民、公正司法与大力弘扬社会主义核心价值观有机结合，在人民法院工作中全面贯彻社会主义核心价值观。2019

年，人民法院“五五改革纲要”提出要完善社会主义核心价值观深度融入审判执行工作的配套机制，确保人民法院的司法解释、司法政策、裁判规则发挥价值引领功能，深入推进社会主义核心价值观融入审判执行工作。

人民法院是国家审判机关，裁判文书是司法裁判的“最终产品”，裁判文书释法说理是否恰当、充分、透彻，直接关涉司法裁判的权威性和公信力。2018年，最高人民法院印发《关于加强和规范裁判文书释法说理的指导意见》，进一步规范和完善裁判文书释法说理工作。近年来，各级人民法院积极探索运用社会主义核心价值观释法说理，公正审理了一系列具有影响力的典型案件，得到社会各界的普遍赞誉。在司法实践中，仍有部分法官存在对社会主义核心价值观融入裁判文书释法说理认识不统一、运用不规范，“不会用”“不愿用”“用不好”等问题，一定程度上影响了司法裁判的公信力和权威性。任何国家的司法裁判中，都或多或少体现了本国的主流价值观，有的是通过立法形式体现出来的，有的是在典型案例中反映的，而司法裁判就是在认定事实和适用法律的过程中，将主流价值观融入具体的案件裁判之中。《意见》针对我国司法实践中存在的上述问题，从规范意义上作出进一步细化、明确，澄清或者校正理论和实务两个层面的认识误区和实践偏差，对各级人民法院和广大法官在个案裁判中作出方向和方法上的指引。

二、《意见》所涉重点问题

（一）明确基本定位

《意见》按照中央下发的相关文件精神，坚持符合司法工作规律要求，避免引发“以核心价值观替代或者优先法律进行司法裁判”的误读和疑虑。在《意见》中突出强调“法官在法律框架内运用社会主义核心价值观释法说理”这一基本定位，进一步理顺社会主义核心价值观与法律规则的内在统一关系。如第一条就明确规定了“忠于宪法法律……深入阐释宪法法律所体现的国家价值目标、社会价值取向和公民价值准则”。第五条明确规定，突出依法依规，即先行释明法律规定，再结合法律原意，运用社会主义核心价值观进一步释法说理，以强调司法裁判的稳定性、权威性和人民群众的可接受度。

（二）确定案件范围

针对司法实践中不少法官不知道哪些案件应当强化运用社会主义核心价值观释法说理的问题，结合中央相关文件精神和部分典型案例，综合考量社会关注度、争议度、案件主体以及是否存在道德评价、具有行为规范和价值引领导向等因素，《意见》第四条确定了六类应强化释法说理的重点案件。在确定重点案件时，着重考虑到这六类案件的社会关注度高、影响较大，对于社会风气和社会秩序的型构具有较为明显的引导作用，且在法律解释中可以上升到价值观念、道德规范层面，更加有利于在司法个案中实现法律效果与社会效果的有机统一。针对上述六类案件，由于具体案情的复杂性和差异性，《意见》倡导性地要求法官强化运用社会主义核心价值观释法说理，给法官在多元价值评判、复杂利益平衡裁量以及社会主义核心价值观培育、引领、践行等方面提供释法说理指引，预留了以小案例讲述大道理的空间。

（三）细分释法说理情形

《意见》第五条至第七条以“法律规定与社会主义核心价值观”的逻辑关联为切入点，分三种情形释法说理，为法官提供相对明确的实践指引，解决法官“不会用”的问题：一是有裁判依据的，先依法释明，再运用社会主义核心价值观围绕法律依据阐释理由。二是民商事案件无规范性法律文件作为裁判直接依据的，除了按照民法典相关规定，可以适用习惯以外，法官还应当以社会主义核心价值观为指引，以最相类似的法律规定作为裁判依据。需要说明的是，根据民法典第十条规定以及刑事、行政案件裁判规则，《意见》第六条将案件范围限定为“民商事案件”。三是案件涉及多种价值取向的，法官应当依据立法精神、法律原则、法律规定以及社会主义核心价值观进行判断、权衡和选择，确定适用于个案的价值取向，并在裁判文书中详细阐明依据及其理由。

（四）规范释法说理方法

为了指引、规范法官运用社会主义核心价值观解释法律，提高广大法官运用社会主义核心价值观释法说理的能力水平，解决“精准用”的问题，《意见》第九条总结归纳司法实践和法学界普遍采用和认同的四种解释方法，即文义解释、体系解释、目的解释和历史解释，既规定解释方法运用的次序，又针对不同案件情形提供适当的解释方法，确保同类案件运用社会主义核心价值观释法说理的科学性和统一性。同时，要求法官使用简洁明快、通俗易懂的语言，讲求繁简得当，丰富修辞论证，提升司法裁判的法律认同、社会认同和情理认同。

（五）完善相应配套机制

针对法官“不愿用”的问题，除加强业务培训、发挥典型案例和优秀裁判文书的引领作用、加大法治宣传力度等，《意见》明确了四项配套机制。一是案件识别机制。《意见》要求探索建立强化运用社会主义核心价值观释法说理的案件识别机制，立案部门、审判部门以及院长、庭长等应当加强对案件诉讼主体、诉讼请求等要素的审查，及时识别强化运用社会主义核心价值观释法说理的重点案件，并与审判权力制约监督机制有机衔接。二是类案统一机制。《意见》要求法官积极通过类案检索等制度，统一法律适用，确保同类案件运用社会主义核心价值观释法说理的一致性。三是审判监督管理机制。对于《意见》第四条规定的案件，根据审判管理相关规定，需要提交专业法官会议或审判委员会讨论的，法官应当重点说明运用社会主义核心价值观释法说理的意见。四是文书反馈及改进机制。《意见》第十五条规定：人民法院通过中国裁判文书网、“法信”平台、12368诉讼服务热线、中国应用法学数字化服务系统、院长信箱等途径，认真收集、倾听社会公众对裁判文书的意见建议，探索运用大数据进行统筹分析，尽可能了解社会公众对裁判文书的反馈意见，并及时作出相应改进。

（来源：《法治日报》2021年2月24日）

《人民法院在线诉讼规则》的理解与适用

刘　峥　何　帆　李承运

2021年5月18日，《人民法院在线诉讼规则》（以下简称《规则》）经最高人民法院审判委员会第1838次会议审议通过，并于2021年8月1日施行。《规则》共三十九条，明确了在线诉讼的法律效力、基本原则、适用条件，内容涵盖在线立案、调解、证据交换、庭审、宣判、送达等诉讼环节，首次从司法解释层面构建形成系统完备、指向清晰、务实管用的在线诉讼规则体系。《规则》的正式印发，是人民法院深入学习贯彻习近平法治思想的重要成果，对于进一步规范在线诉讼，保障当事人诉讼权利，便利人民群众诉讼，提升审判质量效率，推动形成“中国特色、世界领先”互联网新司法模式，具有重大而深远的意义。现就《规则》起草背景、主要思路和司法实践中应当注意的重点问题说明如下。

一、《规则》的起草背景和主要思路

“探索构建适应互联网时代需求的新型管辖规则、诉讼规则，推动审判方式、诉讼制度与互联网技术深度融合”是《人民法院第五个五年改革纲要（2019—2023）》确定的重点改革任务。近年来，人民法院主动适应互联网时代发展要求，回应人民群众公正、高效、便捷、多元解纷的司法需求，稳妥有序地推进完善案件在线审理机制。杭州、北京、广州三家互联网法院利用先发优势，探索构建全流程在线审理机制，推动大数据、区块链、人工智能等新技术在审判执行领域深度运用。各地法院依托“中国移动微法院”诉讼平台，逐步推广适用在线诉讼，实现审判模式转型升级。尤其在新冠肺炎疫情防控期间，在线诉讼大显身手，实现了“审判执行不停摆，公平正义不止步”，为统筹推进疫情防控和经济社会发展作出了积极贡献。

自2018年以来，最高人民法院先后制定印发《关于互联网法院审理案件若干问题的规定》（以下简称《互联网法院司法解释》）、《民事诉讼程序繁简分流改革试点实施办法》（以下简称《试点实施办法》）和《关于新冠肺炎疫情防控期间加强和规范在线诉讼工作的通知》，指导相关法院开展在线诉讼实践。但总体上看，上述文件主要针对特定法院、特定时期和特定诉讼环节，还未形成适用于全国法院、覆盖诉讼全流程、效力层级较高的在线诉讼规则。

各地法院尽管积累大量经验，但也存在在线诉讼效力不确定、规则不明确、标准不清晰、程序不统一、操作不规范等问题。因此，最高人民法院在深入开展调研论证，全面总结互联网司法实践成果基础上，研究制定了《规则》，作为全国法院开展在线诉讼的主要依据。

《规则》的主要起草思路是：

一是坚持人民性，充分回应互联网时代人民群众司法需求。随着移动互联网技术日益普及，人民群众普遍期待司法诉讼更加数字化、网络化、便捷化，推动提升审判效率、降低诉讼成本，同时，也担心诉讼权益在参与在线诉讼过程中受到减损。《规则》针对上述情况，既充分发挥在线诉讼灵活、简便、全天候、易操作等优势，又坚持以当事人同意为基本前提，尊重和保障当事人诉讼模式选择权和程序利益处分权，实现提升司法效能和保障人民群众合法诉讼权益相统一。

二是注重规范性，科学构建人民法院在线办案程序。《规则》聚焦突破制度性障碍，旨在明确在线诉讼法律效力、填补规则空白、统一行为标准、细化程序规范。同时，考虑到互联网技术发展迅速，一些诉讼领域仍有探索创新余地，《规则》也注重保持制度弹性，表述上适当“留白”，不追求面面俱到，对于一些新技术应用领域的问题，可由各地法院结合审判实际、技术发展情况持续探索、细化完善。

三是彰显时代性，积极适应技术与司法融合应用发展要求。《规则》积极推动和有效规范新技术与诉讼程序的融合发展。针对区块链存证、非同步审理机制、在线法庭设置、电子送达、电子卷宗等前沿问题，依法确认法律效力、明确审核规则、划定适用边界，并就维护数据信息安全，确保技术中立和平台中立提出要求。

二、关于在线诉讼的内涵和效力

《规则》第一条明确了在线诉讼的内涵和效力。在效力方面，在线诉讼活动与线下诉讼活动具有同等法律效力。在在线诉讼内涵方面，应当注意把握好以下三个问题。

一是关于在线诉讼的表现形式。在线诉讼包括从立案到执行的各个诉讼环节，但不要求所有流程均必须在线办理。实践中，司法案件各有其特点，有的适宜在线解决，有的适合线下审理，必须遵循规律、实事求是。无论是“全部诉讼环节在线”，还是“部分诉讼环节在线”，或者“部分当事人线上，部分当事人线下”，都属于在线诉讼的表现形式。

二是关于在线诉讼的网络载体。在线诉讼可以通过互联网或专用网络两种方式进行。对于民事、行政等案件，在线诉讼活动主要在互联网上完成，人民法院应当在确保数据和系统安全的前提下，实现内外网系统数据互通。对于刑事案件，在线诉讼一般通过专用网络进行，以满足刑事案件审理的技术保障要求。

三是关于在线诉讼的开展方式。在线诉讼活动主要依托电子诉讼平台开展。考虑到目前全国法院信息化建设规模、进程尚不均衡，《规则》中的“诉讼平台”还是一个泛指概念，既包括最高人民法院统一指导建设的电子诉讼平台，也包括各地法院结合工作需要自行建设的平台，是各类服务于在线诉讼工作平台的集合。未来，随着智慧法院建设不断深入，电子诉讼平台也将逐步向规范化、系统化、一体化发展。

三、关于在线诉讼的基本原则

《规则》第二条确立了在线诉讼“公正高效”“合法自愿”“权利保障”“便民利民”“安全可靠”五个基本原则，作为开展在线诉讼总体要求。“公正高效”是在线诉讼的根本特征，目的是利用信息技术，提升审判质量效率，更快更好地实现公平正义；“合法自愿”是在线诉讼的适用前提，当事人有权自主选择线上或者线下诉讼模式，但不得不当干预和影响其他诉讼主体的选择权；“权利保障”是在线诉讼的核心要求，人民法院应当帮助当事人更加充分、便捷、及时地行使各项诉讼权利，不能为求简便而减损当事人权利；“便民利民”是在线诉讼的价值取向，基本出发点是为当事人提供诉讼便利，降低诉讼成本，统筹兼顾不同群体的诉讼能力和司法需求，提供差异化、精准化的在线诉讼服务；“安全可靠”是在线诉讼的基础保障，各类信息技术的运用必须符合司法规律和技术伦理，保障数据信息安全，避免因技术不当使用或平台利益关联，影响司法公正性和公信力。

四、关于在线诉讼的适用范围

《规则》第三条明确在线诉讼的适用案件范围，根据该条规定，各类民事、行政、非诉和执行程序案件，只要符合适用条件，均可采取在线方式办理。但是，考虑到刑事案件涉及侦查、检察、审判机关的协调衔接，在证据规格、权利保障、数据安全方面也有特殊要求，在线诉讼应当依法审慎稳妥推进，主要适用于案情简单、程序简便或者因疫情防控等特殊原因不宜线下审理的刑事案件。因此，《规则》第三条第二项将这类案件的范围限定为“刑事速裁程序案件，减刑、假释案件，以及因特殊原因不宜线下审理的刑事案件”，并在第三十七条作出专门规定。

《规则》第三条第五项是在线诉讼适用案件范围的兜底条款，即“其他适宜采取在线方式审理的案件”。司法实践中，对于哪些属于“适宜采取在线方式审理”案件，人民法院可以结合当事人意愿、案件性质、复杂程度、证据情况等因素作出综合判断。例如，部分国家赔偿案件，如果不存在重大敏感因素，当事人自身又有在线诉讼需求的，也可以在线办理。

五、关于在线诉讼的适用条件

《规则》第三条、第四条、第五条、第六条对在线诉讼的适用条件以及线上线下两种审理方式的转换作出规定。适用在线诉讼需要满足三个条件。

（一）当事人同意适用在线诉讼

按照《规则》确定的合法自愿原则，在线诉讼是为当事人参与诉讼的方式提供更多选择，并不具有强制性，所以应当以当事人主动选择或者同意为前提。实践中需注意以下四个方面。

一是关于“当事人同意”的方式。《规则》对当事人同意的方式未作具体限制，实践中至少可以包括：主动作出在线诉讼行为、口头同意、在诉讼平台确认同意、线下书面同意等。只要是当事人的真实意思表示，并可以留痕追溯，均是作出同意的有效方式。

二是关于“当事人同意”的效力范围。当事人关于是否同意在线诉讼的意思表示，原则上仅对自身产生效力。一方当事人不同意在线诉讼，不影响其他方当事人选择在线诉讼的权利，案件可以采取“半在线”方式审理。考虑到司法实践的复杂性，《规则》对调解、证据交换、询问、听证、庭审等诉讼环节作出特殊安排，明确一方当事人有权在上述诉讼环节中，要求其他方当事人线下参审，但应当提出合理理由。经人民法院审查，其理由成立的，可以将相应诉讼环节转为线下进行，便于人民法院查明事实、适用法律。

三是关于“当事人同意”后又反悔的处理。《规则》明确当事人同意适用在线诉讼后可以作出反悔，但需满足三个条件：第一，反悔应当在开展相应诉讼活动前的合理期限内提出。考虑到不同诉讼环节的准备时间存在差异，《规则》未对“合理期限”作出“一刀切”式的规定，可由各地法院具体细化或者审判组织根据案件情况确定。第二，反悔需通过申请方式提出，并经人民法院审查同意。第三，反悔不得基于恶意诉讼目的，如果能够认定当事人反悔是为了故意拖延诉讼或者增加对方当事人诉讼成本的，人民法院可以不予批准。

四是关于“当事人同意”的法律后果。《规则》第六条明确，当事人同意适用在线诉讼后，如果既不申请转为线下审理，又其他无正当理由，无故不作出相应诉讼行为或不参与在线诉讼活动的，人民法院应参照线下诉讼对应情形作出处理，以确保在线诉讼的严肃性和规范性。例如，当事人无正当理由逾期在线举证的，人民法院应当根据民事诉讼法第六十五条，《最高人民法院关于适用〈中华人民共和国民事诉讼法〉的解释》（以下简称《民事诉讼法司法解释》）第一百零二条，确定是否采纳该证据，并可予以训诫、罚款；当事人无正当理由不按时参加在线庭审或者擅自退出，视为“拒不到庭”或者“中途退庭”，人民法院可以视为撤诉或者缺席审理。

（二）案件适宜在线审理

案件是否适用在线诉讼，人民法院需要结合案件性质、特点、证据类型、社会关注度等各方面因素，综合作出判断。需要注意的是，实践中需区分考虑是所有诉讼环节均不适用在线方式，还是部分诉讼环节不宜在线开展。例如，对于涉及国家安全、国家秘密、重大涉外、涉港澳台案件，一般应当全案线下审理；而对当事人人数众多、案件疑难复杂、证据繁多、审理耗时长的案件，庭审环节一般应当在线下开展，而此类案件的立案、调解、送达等环节可以在线完成。线上线下有序融合衔接，才应当是在线诉讼的主流和常态。

（三）具备相应技术能力和条件

开展在线诉讼需以人民法院具备技术条件和当事人具备技术应用能力为前提。各级法院应当坚持实事求是，结合自身技术条件，稳妥有序推进在线诉讼，并不要求“一步到位”、追求“应上尽上”，更不能“强上硬上”。实践中，人民法院应当结合实际情况，对当事人的在线诉讼能力作出判断，综合考虑当事人年龄、职业、身体状况、知识背景、所处地域、上网条件、通讯设备、操作能力等因素，准确判断当事人是否具备参与在线诉讼的能力与条件，合理确定案件审理方式。

六、关于在线诉讼的主要程序规则

（一）身份认证规则

《规则》第七条明确了在线诉讼身份认证规则。相比线下诉讼，在线诉讼数字化、网络化的特点，更容易引发人们对诉讼主体身份真实性问题的关注，因此必须强化在线身份认证程序，实践中应注意以下三个方面。

一是在认证方式上。应当主要通过证件证照在线比对、身份认证平台认证等方式验证身份。实践中，部分法院通过对接公安部门人口信息系统，采取人脸识别方式验证身份。采取这一验证方式的，应当严格遵守国家关于人脸识别的法律法规要求，充分履行告知义务，并征得当事人明确同意。

二是在认证环节上。身份认证是在线诉讼的前提，应当在开展诉讼活动前即有效完成。身份认证时，可以同步告知在线诉讼权利义务和法律后果，征求当事人对是否同意在线诉讼及具体适用环节的意见。针对调解、证据交换、庭审等需多方参与的重要诉讼环节，应当再次认证身份，确保诉讼主体身份准确无误，诉讼行为合法有效。

三是在认证效力上。身份认证具有固定诉讼主体和诉讼行为效力的作用。初次身份认证的效力，及于之后各个诉讼环节，被认证人也因此负有妥善保管诉讼平台账户密码的义务。但是，如果能够证明存在诉讼平台系统错误或者诉讼平台账号被盗用的，“视为被认证人行为”的效力可被推翻，以充分保障当事人诉讼权利。

（二）电子材料提交规则

电子材料是开展在线诉讼的基础要素。《规则》第十一条明确了电子材料的主要类型和提交方式。从内容上看，电子材料分为诉讼文书材料和证据材料。从表现形式上看，电子材料分为三种类型：一是诉讼主体直接在电子诉讼平台中录入的电子文本，即在线填写起诉状、答辩状、代理意见、案件要素信息等。二是线下实体材料经过扫描、翻拍、转录等方式进行数字化处理后形成的材料，也被称为电子化材料。形成方式是对线下已经形成书面起诉状、答辩状、代理意见、书证等材料作电子化处理后，直接上传至诉讼平台。三是材料本身即是以电子数据形式存在的，如电子合同、网络购物表单、网络支付凭证等。如果存有上述电子数据的数据平台已对接人民法院诉讼平台，可以直接将电子数据导入诉讼平台。当事人是提交电子材料的主要义务人。如果提交电子化材料确有困难的，人民法院可以通过卷宗扫描等方式，帮助当事人将线下材料转化为电子化材料。同时，人民法院应当通过完善系统设置、细化操作指引、畅通数据传输等方式，尽可能为当事人提交电子材料提供司法便利。

（三）电子化材料的效力与审核规则

线下诉讼模式下，诉讼材料和证据材料一般要求提交原件原物，特定情形下可以提交复印件，而在线诉讼如果要求一律提交原件原物，则既不利于案件在线审理，还将加重当事人诉讼负担。因此，《规则》第十二条、第十三条明确了电子化材料“视同原件”效力及审核规则，实践中需要注意三个方面。

一是关于电子化材料“视同原件”的效力内涵。《规则》第十二条主要解决电子化材料的形式真实性问题，其效力范围仅限于当事人不必再另行提供纸质原件，并不意味着电子化材料必然具备证据能力和证明力，对证据内容的真实性、合法性、关联性问题，还需作专门判断。

二是关于电子化材料“视同原件”的限制。电子化材料“视同原件”的效力既不是当然的，也不是绝对的。首先，电子化材料需以人民法院审核通过为前提，未经法院审核不得在诉讼中直接使用。其次，电子化材料“视同原件”效力具有相应限制条件。如果存在形式真实性存疑、内容格式不够规范清晰、不符合档案管理规定等情形的，仍应当提供原件。

三是关于电子化材料的审核规则。电子化材料本身具有易篡改的特点，为确保其形式真实性，人民法院需审核电子化材料与原件原物的一致性。考虑到电子化材料审核技术性较强，审核更多需要借助外部力量和其他程序完成，具体包括：对方当事人认可、公证机构公证、先行诉讼活动确认、在线或线下比对等。需要说明的是，上述方式只是帮助审判组织审核电子化材料的指引性规则，如果审判组织认为即便采取上述举措，也不足以确保材料形式真实性的，应当要求当事人提供线下实体材料。

（四）区块链存证的效力及审查规则

在线诉讼模式下，证据的存在形态、表现形式、呈现方式等与线下诉讼模式有较大不同。《规则》第十四条至第十九条对在线诉讼证据问题作出集中规定，一方面，明确了在线证据交换方式，确立了同步和非同步两种在线证据交换的效力和程序要求；另一方面，明确了在线证据的审查认定规则。《规则》第十三条明确了在线诉讼证据审查的总体要求和法律依据。考虑到目前我国诉讼法律和相关司法解释已对电子证据审查认定作出了较为系统完备的规定，《规则》对一般性电子证据审查规则不再作重复性列举。

《规则》第十六条至第十九条对区块链存证的司法认定问题作出专门规定。近年来，公证机构、第三方存证平台等大力推广区块链技术存证，涉区块链纠纷日益增多。同时，由于效力和审核规则不明，区块链存证领域存在过度夸大区块链证据效力、误导当事人存证，以及混淆法院内部区块链技术应用与区块链存证的界限，利用法院背书等乱象，亟待予以规范。因此，《规则》进一步规范了区块链技术的司法应用，促进区块链存证行业有序发展，有效解决取证难、认证难问题。关于该问题，有四个方面需要注意。

一是关于区块链存证的性质。目前，我国诉讼法上尚无“区块链证据”这一证据类型，所以《规则》未采用这一表述，而是从技术特征角度将之描述为“通过区块链技术存储的电子数据”，其在性质上属于电子数据。需要指出的是，区块链基于自身技术特点，一般情况下并不存储电子数据内容本身，所存储的是经过加密运算所得的哈希值，并经由对哈希值的核验，判断电子数据本身是否被篡改。

二是关于区块链存证的效力。区块链技术基于自身链式数据结构、分布式存储和加密机制等技术特点，能够很大程度上保障数据上链后难以篡改，为人民法院认定证据真实性提供技术支撑。因此，《规则》第十六条明确：“当事人作为证据提交的电子数据系通过区块链技术存储，并经技术核验一致的，人民法院可以认定该电子数据上链后未经篡改，但有相反证据足以推翻的除外。”该规定实际上确立了区块链存储数据的真实性推定效力，但由于区块链技术并不能确保上链存储前的数据必然是客观真实的，因此该推定规则的效力范围仅限于“上链后未经篡改”，并非直接确认区块链存储数据的完整真实性。

三是关于区块链存证的真实性审核规则。虽然区块链技术本身具有防篡改的优势和特点，但这种技术保障并非绝对的，区块链技术的底层架构、共识机制、节点数量和分布，以及存证主体的合法性、存证所依赖的软硬件系统乃至存证技术规范等因素，均可能影响上链后数据的真实性。

基于《规则》第十六条的推定规则，数据上链存储后的真实性是可推翻的，如果对方当事人提出异议，并提供证据证明或者说明理由的，人民法院应当审查数据上链后的真实性。审查内容包括存证平台的主体的合法性和妥当性、存证硬件系统的安全清洁性和可靠可用性、存证技术和过程的规范性和有效性等方面。

考虑到上述审查内容技术性较强，审判组织主要通过分配证明责任，经当事人举证质证、陈述辩论、听取专家辅助人意见、进行专业鉴定等环节和方式，综合各方意见作出判断。

四是关于上链前数据的真实性审查。区块链技术并不能保证上链存储前数据的客观真实性，若当事人提出异议，人民法院应当审查。第一，关于真实性审查的启动条件。考虑到区块链存证本身即是证据保全的一种方式，提交证据一方已完成举证和说明义务，因此，启动上链前数据真实性审查，不仅需要一方当事人提出异议，还应当要求其提供证据证明或说明理由。人民法院也可以根据案件情况主动进行真实性审查。第二，关于数据真实性审查的内容和方式。结合电子数据真实性审查的一般规定以及区块链技术存储的特点，审判组织应当着重审查数据的具体来源、生成机制和存储过程，是否有公证机构公证、第三方见证等程序保障，以及能否有关联数据或证据与之印证。第三，关于证明责任分配。当事人对上链前数据真实性提出异议，并提供证据或者说理由的，人民法院应当将证明责任分配给提供区块链存储数据的一方当事人，由数据持有方提供证据证明或说明证据的真实性，不能有效证明或者作出合理说明的，由其承担不利法律后果。

（五）非同步审理机制

《规则》第二十条规定，“经各方当事人同意，人民法院可以指定当事人在一定期限内，分别登录诉讼平台，以非同步的方式开展调解、证据交换、调查询问、庭审等诉讼活动”，首次确认了“非同步审理”机制效力，明确了“非同步审理”机制的适用环节、条件、方式和限制条件。实践中需要注意以下三个问题。

一是关于“非同步审理”的含义。“非同步审理”是将原来需要各方诉讼主体在同一时空共同完成的诉讼活动，由各方诉讼主体依托诉讼平台，在一定时间范围内分别完成，并统一汇集至诉讼平台，利用信息技术可记录留痕、可查询追溯的特点，打破时空限制，提供诉讼便利。“非同步审理”不等于“书面审理”，在线提交书面材料或录入相关信息只是其中一种方式，根据相关诉讼环节的需要，也可以采取音频、视频等方式完成“非同步审理”。

二是关于非同步审理的条件。“非同步审理”虽然具有低成本、便捷性方面的优势，但是在审理的效率性、互动性上有所欠缺，实践中应当以同步审理为主，非同步审理为辅，一般适用于当事人不便集中参与诉讼活动，或者人民法院司法资源紧张的情况。由于非同步审理方式涉及各方当事人程序利益，应当以各方当事人均同意为前提。同时，人民法院具有采取“非同步审理”方式的决定权，应当根据当事人需求、案件情况、审理进程等因素综合确定。

三是关于非同步庭审的适用。“非同步庭审”是在特定情形下的一种特殊庭审形式，需要严格把握适用条件、范围和方式。在适用条件上，需以同步庭审确有困难，当事人主动申请且各方当事人均同意，案件的主要事实和证据不存在争议为前提条件。在适用范围上，限于小额诉讼程序或者民事、行政简易程序案件。适用方式上，需通过录制视频方式，按照庭审程序环节进行，不得采取书面方式审理。

（六）在线庭审规则

在线庭审是在线诉讼的核心环节。《规则》第二十一条至第二十七条对在线庭审的适用情形、庭审活动、庭审纪律、庭审公开、证人出庭等问题作出了全面系统的规定。实践中，需重点把握以下四个方面。

一是关于在线庭审适用情形。《规则》调整了《民事诉讼法司法解释》关于在线庭审仅限于简易程序案件的规定，原则上其可适用于各类适宜线上审理的民事、行政案件以及刑事速裁程序案件。《规则》在积极拓展在线庭审适用范围的同时，也严格规范适用的情形，明确了不适用在线庭审的七种情形，主要包括：当事人主观上不愿意、客观条件不具备、案件本身不适宜三种类型。在线庭审适用应当以便利当事人诉讼、便于案件审理为原则，实践中需坚持“当用则用”，并非“能用尽用”，庭审方式应当服务于案件审理的质量和效果。

二是关于在线庭审方式和程序。《规则》所指的在线庭审，既包括各方诉讼主体均在线参与庭审，也包括部分当事人在线，部分当事人在线下的庭审形式。在线庭审必须在诉讼平台上进行，采取视频方式开庭，而不得采取电话、书面等方式。在线庭审的程序应当依照法律和司法解释确定的诉讼环节和程序进行，总体上与线下庭审程序相一致，并应当充分保障当事人各项诉讼权利，不得因庭审方式的不同而减损当事人诉讼权利。

三是关于在线庭审纪律。在线庭审应确保庭审活动的庄重严肃性。一方面，在线庭审应当遵守《人民法院法庭规则》的相关规定，线下庭审中的纪律性要求、禁止性规定和行为规范，对在线庭审同样适用；另一方面，《规则》结合在线庭审的特点，对庭审纪律作出特殊规定。对于非因技术等客观原因，当事人不参加庭审或者擅自退出的，可视为“拒不到庭”或者“中途退庭”，并按相关情形处理。需要注意的是，考虑到在线庭审易受到技术因素影响，当出现不按时到庭、脱离庭审画面、庭审音频及视频静止等情形时，不宜直接认定违反庭审纪律，人民法院有必要先作出提示、警告，要求其说明理由。

四是关于证人在线出庭。我国诉讼法律及相关司法解释均规定，证人作证应当出庭，特定情形下证人可以采取视听传输技术方式作证。在线诉讼模式下，证人在线出庭也属于出庭作证的一种形式，关键是要解决证人不得旁听案件和不受他人诉讼指挥的问题。因此，《规则》第二十六条规定，“证人通过在线方式出庭的，人民法院应当通过指定在线出庭场所、设置在线作证室等方式，保证其不旁听案件审理和不受他人干扰”。在目前技术条件下，尽管不能完全赋予证人自由选择在线出庭场所的权利，但可以通过指定相对便利的在线出庭场所，解决在线出庭时证人中立性问题。例如，实践中部分法院与街道、社区合作建设专门的在线庭审工作室、证人作证室等，未来还可以探索证人就近选择人民法院数字法庭在线出庭作证。

（七）电子送达规则

《规则》第二十九条至第三十二条明确了电子送达的总体机制、适用条件、适用范围和生效标准等。实践中需把握好以下四个方面。

一是关于电子送达的适用条件。《规则》坚持以“当事人同意”作为电子送达的前提，同时对“同意”的方式予以拓展，建立了电子送达“默示同意”规则，将同意扩展至事前的约定、事中的行为和事后的认可，在充分保障当事人诉讼权利基础上，鼓励和引导当事人选择电子送达，稳妥有序扩大电子送达的适用。

二是关于电子送达适用文书范围。电子送达的文书范围应该严格遵守现行法律规定，除经全国人大常委会授权开展民事诉讼程序繁简分流改革试点的法院外，其他法院尚不能电子送达判决书、裁定书、调解书。目前，最高人民法院正根据试点情况，积极推进民事诉讼法修改工作。各地法院需根据修法情况，在有明确法律依据之后，才能电子送达裁判文书。

三是关于电子送达的主要方式和平台载体。为确保电子送达规范性和便捷性相统一，《规则》明确了电子送达发出端应当是人民法院统一的送达平台，确保送达过程可查询、可验证、可追溯，形成有效的电子送达凭证。电子送达的到达端可以是多样化的电子地址，包括受送达人的电子邮件、即时通讯账号、诉讼平台的专用账号等。

实践中要注意避免分散和多头送达，同一内容材料原则上只应采取一种送达方式，以便确定送达生效时间，便于当事人行使后续诉讼权利。《规则》同时明确了人民法院电子送达的附随职责，适用电子送达后应尽量通过短信、电话、即时通讯工具等方式作出提示和通知，以充分保障当事人知情权，提升电子送达有效率。

四是关于电子送达的生效标准。《规则》明确了两种送达生效标准和情形：对于当事人主动提供或确认的电子地址，采取“到达主义”；对于人民法院向主动获取的受送达人电子地址进行送达的，采取“收悉主义”。关于“收悉主义”的适用，首先，应把握“收悉主义”的两个适用条件：一是需满足当事人已同意适用电子送达，只是未提供有效电子送达地址或者提供的地址有错误；二是应当向能够确认为受送达人本人的电子地址送达，如经过实名认证的、曾经完成过有效送达的、近期内活跃使用的电子地址等。人民法院对此应有一个查明和判断过程，而非向任意一个可获取的电子地址送达。其次，应把握“收悉主义”的送达生效时间。既然采取“收悉”主义，就不宜再将“到达特定系统”作为送达生效时间，而应当以“确认收悉”的时间点作为标准。具体包括：回复收悉时间、作出相应诉讼行为时间、系统反馈已阅知时间。上述时间点均存在时，应当以最先发生的时间作为送达生效时间，这种判断标准既符合受送达人接受信息的客观状况，也有利于及时确定送达效力，开展后续审判工作。

七、关于妨害在线诉讼的处罚

《规则》第二十八条集中规定了违反在线诉讼程序要求，实施妨害在线诉讼行为的处罚规则。在主观方面，行为人应当存在故意，即在知道或者应当知道相关禁止性要求，或者在人民法院提示、警告后仍不改正的。在客观方面，行为人主要是违反了《规则》关于在线调解、在线庭审环境、在线庭审纪律、证人在线出庭、在线庭审公开的相关禁止性要求，存在披露传播调解过程和内容、扰乱庭审秩序、证人旁听案件庭审、违法违规录制传播庭审过程等行为。在处罚依据上，上述行为均应视为妨害诉讼的行为，按照诉讼法律和司法解释的相关规定，根据情节轻重，处以训诫、责令退出法庭、罚款、拘留等处罚，构成犯罪的，依法追究刑事责任。

八、关于刑事案件在线审理

《规则》充分考虑到刑事案件的特殊性，针对刑事案件在线诉讼的适用条件、适用环节、庭审要求等方面作出专门规定。在适用条件上，人民法院对符合《规则》第三条第二项规定的刑事案件，在征得公诉人、当事人、辩护人同意的基础上，可以采取在线方式审理。刑事案件与民事、行政案件存在一定差异，除当事人外，作为控方的公诉人和具有独立诉讼权利的辩护人均是重要的诉讼主体，享有相应的程序利益，因此适用在线诉讼应当征得其同意。在适用环节上，刑事案件在线审理主要适用于讯问被告人、开庭审理、宣判环节。《规则》关于立案、证据交换、证据认定、送达、签名等诉讼活动的规定，原则上均不适用于刑事案件。在庭审要求上，《规则》区分被告人、罪犯是否在押的不同情形，分别明确在线出庭的具体场所和方式。刑事案件的诉讼主体原则上不得在非指定场所以外的地点在线出庭，以确保刑事案件在线审理的规范性、严肃性和可操作性。

九、关于在线数据信息保护

在线诉讼需高度重视和防范数据信息安全风险。因此，《规则》对在线诉讼数据信息保护作出专门规定，总体上确立了人民法院对在线诉讼数据信息的权利主体地位，明确了各方主体对在线诉讼数据信息的保护义务和责任追究的法律依据，切实加大对数据安全和个人信息保护力度，保障在线诉讼安全、规范、有序运行。

十、关于《规则》的效力范围

《规则》印发前，最高人民法院部分司法解释、司法指导性文件已有关于在线庭审、电子化材料提交、电子送达等方面的规定。《规则》结合审判工作实际，优化完善了上述规定。因此，之前印发的司法解释、司法指导性文件中的在线诉讼规定与《规则》不一致的，应当以《规则》为准。

需要明确的是，案件适用在线诉讼的，可依据《规则》调整适用《民事诉讼法司法解释》《最高人民法院关于民事诉讼证据的若干规定》（以下简称《民事证据规定》）的部分规定，具体包括：《民事诉讼法司法解释》第一百一十一条第一款、第一百三十六条、第一百三十九条，《民事证据规定》第十一条、第六十一条。《规则》与《互联网法院司法解释》之间不存在替代关系，《互联网法院司法解释》继续有效，但《规则》对《互联网法院司法解释》相关规定作了进一步细化调整的，互联网法院应当适用《规则》的规定。

（来源：《人民司法》2021年第19期）

《最高人民法院关于完善四级法院审级职能定位改革试点的实施办法》的理解与适用

刘 峥 何 帆

为贯彻落实中央全面深化改革委员会审议通过的《关于完善四级法院审级职能定位的改革方案》和第十三届全国人民代表大会常务委员会第三十次会议作出的《关于授权最高人民法院组织开展四级法院审级职能定位改革试点工作的决定》(以下简称《授权决定》),最高人民法院2021年9月27日印发《关于完善四级法院审级职能定位改革试点的实施办法》(以下简称《试点实施办法》)。现就《试点实施办法》的起草背景、基本思路、主要内容和推进实施中需要把握的重点问题说明如下。

一、《试点实施办法》的起草背景和基本思路

(一)起草情况

"明确四级法院职能定位"是中央《关于政法领域全面深化改革的实施意见》确定的重要改革任务,相关工作要求也被列入《法治中国建设规划(2020—2025年)》。为完成上述任务,经深入调研论证,最高人民法院向中央提交了相关改革方案稿。2021年5月,中央全面深化改革委员会审议通过了《关于完善四级法院审级职能定位的改革方案》(以下简称《审级改革方案》),并于6月由中央司法体制改革领导小组印发。

针对四级法院审级职能定位不清、案件自下而上过滤分层功能不足等问题,《审级改革方案》提出完善民事、行政案件级别管辖制度,完善案件管辖权转移和提级审理机制,改革民事、行政申请再审标准和程序,完善诉讼收

费制度，健全最高人民法院审判权力运行机制等重大改革举措。其中，关于完善行政案件级别管辖制度，改革民事、行政申请再审标准和程序两项内容涉及调整适用相关法律。按照中央关于“重大改革必须于法有据”的要求，2021年8月17日，最高人民法院提请全国人大常委会授权在最高人民法院和北京、天津、辽宁、上海、江苏、浙江、山东、河南、广东、重庆、四川、陕西12个省、直辖市组织开展为期两年的试点。8月20日，全国人大常委会作出《授权决定》，批准开展试点，同意试点法院在试点期间调整适用民事诉讼法第一百九十九条、行政诉讼法第十五条和第九十条。

（二）文件性质

《授权决定》作出后，部分诉讼法律条文在试点法院暂时调整适用。为确保各项诉讼活动能够按照《审级改革方案》有序开展，有必要制定《试点实施办法》，作为确定行政案件级别管辖标准、完善民事与行政案件向最高人民法院申请再审标准和程序的法律依据。《试点实施办法》部分内容来自立法授权，经最高人民法院第1846次审判委员会讨论通过，并报全国人大常委会备案，是指导试点法院工作的重要规范性文件。之前有关司法解释、司法指导性文件的规定与其不一致的，按照《试点实施办法》执行。

（三）基本思路

完善四级法院审级职能定位是一项系统工程，必须确保各项改革举措配套协同、相得益彰、形成合力。《审级改革方案》确定的基本思路是：

一是既“放下去”又“提上来”，推动纠纷自下而上有效过滤、精准提级。通过完善民事案件级别管辖标准，逐步实现第一审民事案件主要由基层人民法院审理、少量由中级人民法院审理。同时，科学确定金融法院、知识产权法院、海事法院等专门人民法院第一审民事案件的级别管辖标准，确保其充分发挥服务保障党和国家重大战略的功能。按照案件可能受地方因素影响的程度，合理确定以县级、地市级人民政府为被告提起的第一审行政案件的管辖范围。在实现审判重心下沉的同时，通过完善提级管辖的标准和程序，推动具有规则意义、涉及重大利益，以及有利于打破“诉讼主客场”、地方保护主义的案件进入较高层级法院审理。

对于“放下去”的案件，并非“一放了之”，而是综合考虑下级人民法院的人员编制、审判能力和案件压力，通过参与诉源治理、强化繁简分流、调整编制员额、优化资源配置，打造基础坚实的第一审，实现绝大多数案件在基层、中级人民法院公正高效审结，事实、法律争议在两审之内实质性解决。对于“提上来”的案件，充分发挥较高层级人民法院熟悉辖区审判情况、抗外部干预能力强等优势，配套完善繁案精审、类案同判、风险防控、案例转化机制，逐步实现“审理一件，指导一片”，强化其示范、指导意义。

二是既“调结构”又“定职能”，不断优化最高审判机关受理的案件类型。从收案类型、诉讼机制、审理方式、权力运行上，进一步凸显最高人民法院作为最高审判机关的宪法地位。优化调整向最高人民法院申请再审的案件范围，完善最高人民法院再审提审的标准和程序。通过审理特定类型的案件，充分发挥最高人民法院在法制统一、监督指导、政策制定和社会治理方面的职能。建立最高人民法院裁判直接转化为指导性案例的工作机制，推动相关裁判成为优化司法解释制定方式和内容，以及修改、废止司法解释的重要渊源。

三是既“做优化”又“强配套”，通过诉讼制度改革带动机构机制更科学。通过调整四级法院案件结构，构建梯次过滤、层级相适的案件分布格局，推动实现基层人民法院重在准确查明事实、实质化解纠纷；中级人民法院重在二审有效终审、精准定分止争；高级人民法院重在再审依法纠错、统一裁判尺度；最高人民法院监督指导全国审判工作、确保法律正确统一适用。

在上述工作基础上，进一步完善与审级职能相匹配的编制、员额配备和机构设置。对于向最高人民法院申请再审的案件，逐步探索建立律师强制代理制度，配套完善相应的法律援助机制。推动修订《诉讼费用交纳办法》，探索建立申请再审案件预收费制度，充分发挥诉讼收费制度的杠杆调节作用，遏制滥诉行为，减少群众讼累。

《试点实施办法》是落实《审级改革方案》的文件之一，但内容上更侧重诉讼制度安排。涉及机构编制调整、完善诉讼收费制度、完善民事案件级别管辖制度、完善法律适用分歧解决机制等方面的内容，有的需要会同中央有关职能部门协同推进，有的需要研究制定专门规范性文件，相关问题另行规定。

二、《试点实施办法》的主要内容

（一）完善行政案件级别管辖制度

按照行政诉讼法第十五条第一项的规定，对县级以上地方人民政府所作的行政行为提起诉讼的第一审行政案件，由中级人民法院管辖。实践中，部分行政案件虽以县级以上地方人民政府为被告，但审理难度不大，基本不存在地方干预，由基层人民法院管辖，更有利于实质性化解矛盾纠纷。

根据《审级改革方案》和《授权决定》，《试点实施办法》第二条规定："明确下列以县级、地市级人民政府为被告的第一审行政案件，由基层人民法院管辖：（一）政府信息公开案件；（二）不履行法定职责的案件；（三）行政复议机关不予受理或者程序性驳回复议申请的案件；（四）土地、山林等自然资源权属争议行政裁决案件。"

根据行政诉讼法第十八条第二款的规定，除地域管辖外，对上述四类案件还可以实行跨行政区划管辖，交由集中管辖相关行政案件的基层人民法院审理。即使某些案件因其他因素不宜由基层人民法院审理，按照《试点实施办法》第四条确立的提级管辖标准，还可以根据行政诉讼法第二十四条第二款报请中级人民法院审理，兼顾案件特点和当事人诉求，充分保障当事人合法权益。

实践中，对于因土地房屋征收、征用、补偿、责令停产停业、吊销相关证照等对当事人合法权益可能产生较大影响的行政行为引起的第一审行政案件，仍由中级人民法院管辖，确保案件能够得到公正审理。但是，在确定案件级别管辖时，必须严格按照《最高人民法院关于正确确定县级以上地方人民政府行政诉讼被告资格若干问题的规定》（法释〔2021〕5号），准确理解"谁行为，谁被告"的被告确定规则。

（二）完善案件提级管辖机制

由于三大诉讼法规定的"重大影响""重大、复杂"等案件级别管辖标准相对抽象，各级人民法院确定民事案件级别管辖的标准主要是诉讼标的额，刑事案件主要是罪名与刑罚类别，行政案件主要是作出行政行为机关的级别。

实践中，一些具有规则意义或可能存在“诉讼主客场”现象的案件，受诉讼标的额等因素影响，难以进入较高层级法院审理范围。因此，在推动审判重心下沉的同时，更有必要完善上述“特殊类型案件”的提级管辖机制，这也是优化高级、最高人民法院案件结构、实现上下级法院审级良性互动的关键环节。

关于案件提级管辖机制，民事诉讼法第三十八条第二款、刑事诉讼法第二十四条、行政诉讼法第二十四条第二款均有规定。最高人民法院印发的《关于规范上下级人民法院审判业务关系的若干意见》（法发〔2010〕61号）也曾就相关机制运行提出要求。《试点实施办法》第四条至第十条在三大诉讼法相关规定的框架下，进一步明确了“特殊类型案件”的识别标准和“自下而上流转”的操作流程。

一是明确“特殊类型案件”的标准。将“特殊类型案件”划分为五种情形。其中，第一、二种仅适用于基层人民法院交中级人民法院审理案件的范围（以下简称“基层→中级”），第三、四、五种既属于“基层→中级”范围，也属于中级人民法院交高级人民法院审理案件的范围（以下简称“中级→高级”）。“中级→高级”的案件由高级人民法院一审后，第二审法院就是最高人民法院，有必要设置更为严格的提级管辖条件。前述五种情形分别是：

1. 涉及重大国家利益、社会公共利益，不宜由基层人民法院审理的案件。一些案件诉讼标的额或影响力不大，但裁判结果可能影响到重大国家利益、社会公共利益，由中级人民法院把握政策、衡量利益、统筹协调，在审级安排上更为稳妥。这里的“重大”利益与“不宜由基层人民法院审理”是并列关系，实践中应统筹考虑相关利益的涉及广度、关联深度、覆盖群体、政策依据、政策制定部门和案件审理难度等多重因素，综合判断是否应当上提至中级人民法院管辖。

2. 在辖区内属于新类型，且案情疑难复杂的案件。考虑到我国幅员辽阔，案件分布差异较大，这里的“新类型”仅限于“辖区内”，即在相关基层人民法院或其上一级人民法院辖区内属于新类型，且案情疑难复杂的案件。例如，一些涉及互联网新业态、金融创新产品的案件，在沿海和经济发达地区基层人民法院较为常见，但在中西部部分地区属于新类型疑难案件。这类案件交由当地中级人民法院一审，既可以为辖区其他基层人民法院未来审理类似案件作出示范，也便于高级人民法院、最高人民法院在后续上诉、再审程序中及时发现新情况、新问题。如果案件仅属不常见的新类型，但案情相对简单、审理难度不大的，可以仍由基层人民法院管辖。

3. 具有普遍法律适用指导意义的案件。主要指法律、司法解释规定不明确或者司法解释没有规定，需要通过司法裁判明确法律适用的案件，这也是最适宜以提级管辖方式交由较高层级人民法院审理的案件类型。审理这类案件，有利于最高人民法院、高级人民法院根据经济社会发展形势，及时填补法律漏洞、解决法律分歧、确立裁判规则。相关裁判也可以成为筛选、确定、废止指导性案例或参考性案例的重要素材。

实践中，可能出现最高人民法院印发的司法解释、司法指导性文件制定时所依据的客观情况发生重大变化，继续适用明显有违公平正义的情况。对于这类案件，也可以报请上一级人民法院审理，但地方各级人民法院和专门人民法院在处理相关案件时，不得对司法解释、司法指导性文件的效力作出否定性评价。最高人民法院通过审理这类案件，可以同步考虑是否修改、废止相关司法解释、司法指导性文件。

4. 上一级人民法院或者其辖区内同级人民法院之间近三年裁判生效的同类案件存在重大法律适用分歧，截至案件审理时仍未解决的案件。这里的“上一级人民法院”，是指在审判工作上有直接监督关系的上级人民法院。实践中，上一级人民法院不同审判机构作出的裁判，可能存在“类案不同判”现象。如果不尽早统一，将令辖区法院无所适从。此外，辖区同级人民法院之间对同类案件的处理，有时也存在重大法律适用分歧，相关裁判若被上一级人民法院一并维持，将不利于法律统一适用，也严重影响司法形象和公信力。明确上述案件可以提级管辖，有利于发挥下级人民法院对上一级人民法院的制约功能，也可以督促上级人民法院更加注重本院及辖区各法院的法律统一适用情况，及时解决法律适用分歧。之所以强调“近三年”，是根据法律修改完善、法治统一进程确定的合理界限，实践中可以从案件受理之日起算。

5. 由中级人民法院或高级人民法院一审更有利于公正审理的案件。主要指受地方因素影响较大，又或存在“诉讼主客场”现象，基层人民法院或中级人民法院不宜行使管辖权的案件。这类案件由更高层级法院审理，有利于防止外部干预，提升司法公信力。需要指出的是，《试点实施办法》之所以未在条文中使用“诉讼主客场”“跨行政区划”等表述，是因为这类情况较为复杂，不能仅从跨地域等单一要素判断。例如，同样是当事人跨省、自治区、直辖市的案件，既可以是电商购物纠纷，也可以是外来投资纠纷，而前者一般不存在地方干预现象，所以不宜把当事人分处数地的情况都称为“诉讼主客场”。

二是健全案件提级管辖的流转程序。按照《试点实施办法》，下级人民法院对所管辖的第一审案件，认为属于“特殊类型案件”，可以报请上一级人民法院审理。上一级人民法院也有权主动提级管辖认为有必要由本院审理的案件。对于“下报上”的案件，应当经本院院长批准。涉及法律适用的问题，应当由院长提请审判委员会讨论后，再决定是否报请上一级人民法院审理；涉及其他问题的，可以由院长在充分听取相关审判组织意见后视情决定。值得注意的是，上述考虑都是围绕是否“提级”展开的，不包含有管辖权的人民法院因特殊原因不能行使管辖权，需要报上级人民法院指定其他同级人民法院管辖的情况。

为避免过分迟延，“下报上”案件至迟应当于案件法定审理期限届满三十日前报送，一般不得延长审限后再报。案件已开庭审理的，提级管辖应更加慎重，并做好对当事人的释明工作。试点之初，提级管辖主要依托下级人民法院报请。下一步，有条件、有基础的人民法院可以探索建立当事人申请提级管辖机制，发挥当事人的监督作用，但必须注意与级别管辖异议机制相区别，防止权利滥用。

尽管试点鼓励“特殊类型案件”向上流转，但实践中仍应注重发挥金融法院、知识产权法院等专门人民法院、互联网法院在专门管辖和集中管辖方面的优势，由这类法院优先审理新类型、规则型案件，充分发挥其示范作用。

三是完善案件提级管辖的处理方式。案件提级管辖后，可以经上诉、再审程序，由更高层级法院审理。上一级人民法院收到“下报上”的请求，由立案庭转相关审判庭审查后，应当在十日以内作出同意或不同意提级管辖的决定。之所以强调转“相关审判庭”审查，是因为对于案件在辖区内是否属于“新类型”或“具有普遍法律适用指导意义”，具体承担对下审判监督指导职责的审判庭更熟悉情况，由其审查更有利于精准、高效地就是否提级管辖作出判断。

为便于高级人民法院、最高人民法院及时了解“特殊类型案件”的流转情况，中级人民法院、高级人民法院提级管辖的案件，应当报上一级人民法院立案庭备案，并定期转相关审判庭知晓。对于具有普遍法律适用指导意义的案件，如果中级人民法院审查后，认为有必要再报请高级人民法院管辖的，报送程序上要从严把握，一般应经最高人民法院批准。案件在上下级人民法院之间的流转，不宜占用审理期限，所以提级管辖案件的审理期限，自上一级人民法院立案之日起重新计算。向上一级人民法院报送期间和上一级人民法院审查处理期间，不计入原审案件审理期限。

按照目前的诉讼文书样式要求，下级人民法院报请上一级人民法院提级管辖的，使用请示；上级人民法院依报请决定案件由自己审理的，民事案件使用裁定书，刑事、行政案件使用决定书；不同意的，民事案件使用批复，刑事、行政案件使用决定书。上级人民法院依职权决定审理提级管辖的，民事、行政案件使用裁定书，刑事案件使用决定书。试点期间，各级人民法院可沿用上述文书样式处理相关案件。

（三）改革再审程序

根据民事诉讼法第一百九十九条、行政诉讼法第九十条，当事人的再审申请原则上“上提一级”受理。由于立法未进一步细分再审申请对应的法院层级和标准，一些案件终审生效后，败诉当事人不考虑裁判对错，仅因“上提一级”增加了改变生效裁判的可能性，就随意申请再审。这样既不利于维护生效裁判权威，也占用了最高人民法院、高级人民法院大量司法资源。近年来，最高人民法院受理申请再审案件数量快速增长，民事、行政申请再审收案数从2016年的8884件陡升至2020年的22383件，再审申请驳回率一直在90%以上，存在较严重的“程序空转”现象。

在就《审级改革方案》征求意见期间，有关部门、专家学者普遍认为，现行诉讼法关于“再审之诉”的有限再审制度设计总体符合我国国情，但有必要从两个层面加以完善：一是建立对随意提起再审申请的制约机制，防止滥诉行为因“低门槛”“零成本”而放任失序，过分挤占公共资源，影响生效裁判既判力和真正有“纠错”需求者的权益。二是充分凸显最高人民法院作为最高审判机关的宪法地位，适当区分向高级人民法院申请再审和向最高人民法院申请再审的标准和程序，明确最高人民法院的再审提审标准，逐步实现“择案而审”，更加聚焦于监督指导全国审判工作、确保法律正确统一适用的核心职能。

《审级改革方案》充分吸收上述建议，提出了针对性举措：一是完善最高人民法院民事、行政再审申请审查程序；二是对于向最高人民法院申请再审的案件，逐步探索建立律师强制代理制度；三是探索建立申请再审案件预收费制度，对于生效裁判经审查确实存在错误而启动再审程序的，可以退还已交纳的申请再审受理费，配套完善减、免、缓交诉讼费用措施。

《试点实施办法》第十一条至第十六条根据《审级改革方案》和《授权决定》，调整了民事诉讼法、行政诉讼法关于再审申请原则上“上提一级”的规定，进一步完善了向最高人民法院申请再审的标准和程序。

一是调整向最高人民法院申请再审案件的范围。试点工作启动后，当事人对高级人民法院作出的民事、行政生效裁判，认为有错误的，应当向高级人民法院申请再审。符合下列情形之一的，才可以向最高人民法院申请再审：(1) 再审申请人对原判决、裁定认定的基本事实、主要证据和诉讼程序无异议，但认为适用法律有错误的案件；(2) 原判决、裁定经高级人民法院审判委员会讨论决定的案件。

作出上述调整的主要考虑是：党的十八大以来，随着新型审判权力运行机制更加成熟定型，“三个规定”铁律逐步发力生威，高级人民法院的再审纠错能力有显著提升。对于因民事诉讼法第二百条、行政诉讼法第九十一条规定的涉及事实认定、证据采信、诉讼程序、贪赃枉法方面的事由申请再审的案件，由原审高级人民法院另行组成合议庭审查，不存在“自审自纠”风险，也更有利于发挥高级人民法院熟悉辖区情况、便于查证事实、统筹协调各方、实质化解纠纷的优势。当然，如果原判决、裁定是由审判委员会讨论决定的，就不宜再由高级人民法院自行审查纠正。

必须强调的是，当事人对中级人民法院、专门人民法院作出的民事、行政生效判决、裁定，认为有错误的，仍可以根据民事诉讼法第一百九十九条、行政诉讼法第九十条向高级人民法院申请再审，不得参照适用《试点实施办法》第十一条的内容。各高级人民法院不得以任何形式调整向本院申请再审的案件范围，也不得将应由本院审查的申请再审案件交辖区中级人民法院、专门人民法院审查。

根据《试点实施办法》第十一条第一款第一项向最高人民法院申请再审的案件，必须同时满足两个条件：一是再审申请人对原判决、裁定认定的基本事实、主要证据和诉讼程序无异议；二是认为适用法律有错误。这里的“无异议”，是指对原判决、裁定认定的基本事实、认定事实的主要证据、适用的诉讼程序没有异议。如果事实、证据、程序存在问题，即便是有新的证据，也较适宜由原审高级人民法院审查纠正。这里的“适用法律有错误”与《试点实施办法》第十四条、第十五条的“适用法律确有错误”，都包含行政案件中适用法规有错误的情形。关于哪些情形属于“法律适用确有错误”，《最高人民法院关于适用〈中华人民共和国民事诉讼法〉的解释》（法释〔2015〕5号，以下简称《民诉法司法解释》）第三百九十条已作明确，行政案件亦可参照。

为了便于最高人民法院立案庭和各巡回法庭、知识产权法庭诉讼服务中心及时高效审核再审申请材料、精准研判案件所涉法律问题，《试点实施办法》第十二条强化了对再审申请书的形式要求。当事人在民事、行政再审申请书中，除了应提供《民诉法司法解释》第三百七十八条和《最高人民法院关于行政申请再审案件立案程序的规定》（法释〔2017〕18号）第七条要求载明的事项外，还应声明对原审事实、证据、程序问题没有异议。同时，再审申请书还应载明案件所涉法律适用问题的争议焦点、生效裁判适用法律存在错误的论证理由和依据，必要时还可以附类案检索报告。再审申请书不符合前述要求的，最高人民法院应给予充分指导和释明。再审申请人无正当理由逾期未予补正的，可以按撤回申请处理。

考虑到实践中多数再审申请人并不具备提炼法律问题、论证法律错误的能力，《试点实施办法》第十六条要求最高人民法院立案庭、诉讼服务中心等“窗口部门”应当向当事人释明委托律师作为诉讼代理人的必要性，提升前端工作效能。

二是建立将申请再审案件交高级人民法院审查的机制。实践中，一些事实认定、证据使用或程序适用方面的问题，会直接影响到对法律关系的认定。即便是法律适用方面的错误，在法律适用指导意义上也有“有无”和“强弱”之分，不宜全部由最高人民法院审查纠正。《试点实施办法》第十三条第一款明确了将民事、行政申请再审案件交原审高级人民法院审查的两类情形。

1. 案件可能存在基本事实不清、诉讼程序违法、遗漏诉讼请求情形的。主要指案件事实、程序有明显缺失或瑕疵，且与能否认定适用法律错误存在前提或因果关系。例如，在融资性贸易中，原审本应通过追加当事人方式来认定是借贷还是买卖，但因为未追加当事人，根据两方当事人的合同内容只能定性为买卖，导致出现定性错误。此外，有的问题看似涉及事实认定，其实是举证责任分配规则适用问题，在决定是否交原审高级人民法院审查时必须格外慎重。

2. 原判决、裁定适用法律可能存在错误，但不具有法律适用指导意义的。主要指所涉法律适用错误比较明显，但不具备规则意义，没有必要由最高人民法院审查纠正的案件。例如，在民法典正式施行之前，就直接适用其作为裁判依据的案件。这类适用已经失效或尚未施行的法律，以及明显违反法律适用规则的低级错误，适宜由原审高级人民法院自行纠正。

由于向最高人民法院申请再审的范围已经调整，试点工作开始后，最高人民法院在决定是否将行政申请再审案件交原审高级人民法院审查时，应当按照《试点实施办法》第十三条第一款确定的标准作出决定，不宜再扩大范围。为防止工作对接不畅，最高人民法院决定将案件交原审高级人民法院审查的，应当在十日内将决定书、再审申请书和相关材料送原审高级人民法院立案庭，而非相关审判庭或审判监督庭。

三是明确最高人民法院应当提审的案件范围。试点工作开始后，由最高人民法院裁定再审的案件，应当以提审为原则，以指令再审为例外。《试点实施办法》第十四条第二款明确了最高人民法院应当裁定提审案件的范围，即原判决、裁定适用法律确有错误，且符合下列情形之一的：

1. 具有普遍法律适用指导意义的。原审案件第一审已因法律适用问题提级管辖的，更应特别关注。

2. 最高人民法院或者不同高级人民法院之间近三年裁判生效的同类案件存在重大法律适用分歧，截至案件审理时仍未解决的。主要包括两类案件：(1) 最高人民法院内部各审判机构之间存在“类案不同判”情形的；(2) 不同高级人民法院之间的重大法律适用分歧需要解决并统一的。高级人民法院生效裁判与最高人民法院同类案件生效裁判存在重大法律适用分歧的，也可以纳入再审提审范围。

3. 最高人民法院认为应当提审的其他情形。主要指根据案件所涉利益、社会影响和个案情况，更适宜由最高人民法院提审的案件，如存在严重外部干预或“诉讼主客场”现象的案件。

为便于最高人民法院监督指导全国法院的审判工作，《试点实施办法》第十四条第二款规定了特殊情况下依职权提起再审的情形。最高人民法院对地方各级人民法院、专门人民法院已经发生法律效力的判决、裁定，发现确有错误，且属于前述应当提审情形之一的，有权根据民事诉讼法第一百九十八条第二款、刑事诉讼法第二百五十四条第二款、行政诉讼法第九十二条第二款之规定，裁定提审。前述“判决、裁定”，包括民事、刑事和行政裁判。

四是完善高级人民法院对申请再审案件的审查处理程序。实践中，一些案件依法应当向高级人民法院申请再审，或者因原审事实认定、证据采信、诉讼程序存在问题，不符合向最高人民法院申请再审的条件。根据《试点实施办法》第十五条的规定，高级人民法院在审查过程中，认为原判决、裁定适用法律确有错误，且符合最高人民法院再审提审标准的，经审判委员会讨论决定后，可以报请最高人民法院审理。之所以要求“经审判委员会讨论决定”，既是为了确保上报程序的严肃性，也有利于高级人民法院全面、审慎地考虑案件所涉问题和报送的必要性。

试点开始后，以下三类民事、行政案件，高级人民法院经审判委员会讨论决定后，可以报请最高人民法院审理：一是辖区中级人民法院或专门人民法院作出生效裁判，当事人依法向高级人民法院申请再审的案件。二是高级人民法院作出生效裁判，当事人根据《试点实施办法》第十一条向原审高级人民法院申请再审的案件。三是当事人向最高人民法院申请再审，最高人民法院初步审核后，决定交高级人民法院再审审查的案件。这类案件“下交”后，是否还能报请最高人民法院再审，存在两种意见：第一种意见认为，最高人民法院既已决定交高级人民法院审查，再允许后者报请前者审理，有程序反复之嫌，实践中不应准许。第二种意见认为，最高人民法院决定将案件交高级人民法院审查，只是初步审核之后的判断，不排除高级人民法院在审理过程中，又发现适宜由最高人民法院审理的情形，允许报请在制度设计上更为周延。而且，相关申请经高级人民法院审判委员会讨论决定，程序上也足够慎重，应当允许。经认真研究，我们同意第二种意见。

由于上述案件由高级人民法院报请，并经过审判委员会讨论，最高人民法院收到请求后，不再重复启动再审审查程序，认为有必要由自己审理的，可以直接裁定提审，反之则作出不同意提审的批复。

（四）完善最高人民法院审判权力运行机制

试点工作全面启动后，最高人民法院受理的民事、行政案件数量、类型将发生较大变化，对特殊类型案件的审核识别、审判组织的组成人员、新设程序的监督管理、法律分歧的协调解决都有新的更高要求，有必要进一步完善审判权力运行机制。《试点实施办法》第十七条至第十九条在配套举措方面作出下述安排。

一是完善申请再审案件初步审核机制。最高人民法院应当自收到民事、行政再审申请书之日起三十日内，决定由本院或者作出生效判决、裁定的高级人民法院审查。因此，有必要就再审申请材料的审核分工、衔接机制作出安排。

最高人民法院立案庭以及各巡回法庭、知识产权法庭的诉讼服务中心负责收取申请再审材料，并根据相关法律、司法解释和《试点实施办法》第十二条的规定进行形式审查，确保材料齐全。材料齐全的，交相关庭室的审判人员进一步审核。审核人员在法官助理协助下，根据《试点实施办法》第十三条的规定，就案件是否交相关高级人民法院审查提出意见。审核人员认为案件所涉法律适用问题有必要提交专业法官会议讨论的，可以按程序提出申请。下一步，应通过完善案件分配办法、团队组建方式、定期轮岗机制，综合运用院庭长监督管理、专业法官会议、审判委员会等关键制度，做好节点风险防控，坚决防止“案件入口”发生违纪违法问题。

二是完善跨审判机构的合议庭组成机制和专业法官会议机制。确定最高人民法院再审提审标准的一个重要考虑，就是看案件是否有利于解决最高人民法院内部不同审判机构之间、不同高级人民法院之间的重大法律适用分歧。对于前一类案件，较理想的审判组织形式是由相关审判庭、巡回法庭的审判人员组成跨审判机构的五人以上合议庭，通过共同审理、参与合议，充分凝聚共识，推动解决跨部门的法律适用分歧或者跨领域的重大法律适用问题。最高人民法院院长认为确有必要的，可以直接要求就特定案件组成跨审判机构的合议庭，并指定一名大法官担任审判长。

除完善合议庭组成形式外，还可以通过召开跨审判机构的专业法官会议解决前述问题。按照《最高人民法院关于完善人民法院专业法官会议工作机制的指导意见》（法发〔2021〕2号），跨审判机构的专业法官会议可以由院长或其委托的副院长、审判委员会专职委员、庭长主持，主要研究讨论有必要在各审判机构、审判专业领域之间统一法律适用的案件。

《试点实施办法》第十八条、第十九条明确由最高人民法院审判管理办公室具体组织开展相关工作。除相关审判组织主动申请、主管院庭长依职权提出建议外，审判管理办公室也可以依托当事人、其他诉讼参与人反映人民法院法律适用不一致问题机制，适时启动召开跨审判机构的专业法官会议。经跨审判机构专业法官会议讨论未能解决的法律适用问题，审判管理办公室可以呈报院长提交审判委员会讨论。

三是完善最高人民法院案件审理方式。试点工作开始后，最高人民法院开庭审理的案件将更加注重解决法律适用问题。由于绝大多数案件当事人对原审事实、证据均无异议，举证、质证环节也会视情压缩。因此，合议庭可以结合案件情况，优化庭审程序，重点围绕案件所涉法律适用问题的争议焦点展开，逐步形成适合最高审判机关职能定位和案件特点的庭审模式。

三、需要重点说明的几个问题

（一）关于《试点实施办法》内容的适用范围

《试点实施办法》第二十条明确了本办法的适用范围。本次试点是严格按照中央全面深化改革委员会审议通过的《审级改革方案》开展的。其中，涉及调整适用现行法律制度的举措，需要全国人大常委会作出授权才能组织开展。但是，《审级改革方案》确定的试点举措，并不局限于《授权决定》内容。所以，《试点实施办法》部分内容仅适用于《授权决定》限定的地区，部分内容则适用于各级人民法院。例如，《试点实施办法》关于提级管辖的内容（第四条至第十条）并未突破现行法律，地方各级人民法院和专门人民法院均可适用。试点期满后，若实践证明可行，可以推动形成其他制度成果。但是，按照《授权决定》，关于行政案件级别管辖调整的内容（第二条、第三条），仅适用于北京、天津、辽宁、上海、江苏、浙江、山东、河南、广东、重庆、四川、陕西省（市）高级人民法院辖区内的中级人民法院、基层人民法院。

需要明确的是，关于再审制度改革的内容（第十一条至第十六条），适用于最高人民法院和各高级人民法院，而非仅局限于上述12省市。主要考虑是：按照《授权决定》，最高人民法院此次也是试点法院，而试点内容主要是完善向最高人民法院申请再审的标准和程序，如果仅适用于个别省份，就会导致部分地区当事人仍按民事、行政诉讼法关于“上提一级”的规定申请再审，部分地区当事人则按《试点实施办法》确定的标准和程序申请再审，而最高人民法院及其巡回法庭、知识产权法庭也将不得不按两套标准、两种模式、两类文书处理申请再审案件。这种“双轨制”运行模式既不利于政策统一执行，也无法真正实现优化最高人民法院案件结构、运行模式和职能定位的试点效果。

综上，试点工作开始后，当事人对全国各高级人民法院的生效民事、行政裁判，认为有错误的，应当向高级人民法院申请再审。符合《试点实施办法》第十一条规定的，才可以向最高人民法院申请再审。同时，最高人民法院也将配套完善将申请再审案件交相关高级人民法院审查机制、受理高级人民法院报请提审工作机制。

（二）关于法律问题与事实问题的剥离与区分

完善四级法院审级职能定位改革的一个重要目标，是推动具有规则意义和法律适用价值的案件由较高层级法院审理。《试点实施办法》第四条至第六条、第十一条、第十四条所列举的案件类型，主要也是有助于统一法律适用、解决适用分歧的案件。上级人民法院通过提级管辖或再审提审审理这类案件，作出裁判示范、解决适用分歧后，相关案件可以仍按级别管辖标准确定审理法院。

需要说明的是，《试点实施办法》第十一条第一款第一项将向最高人民法院申请再审的案件限定为“再审申请人对原判决、裁定认定的基本事实、主要证据和诉讼程序无异议，但认为适用法律有错误的”案件，并不意味着向最高人民法院提起的再审之诉将是“法律审”。“法律审”是建立在三审终审制基础上，对未生效裁判所涉法律适用问题的审理。而向最高人民法院申请再审的案件，绝大多数已经历两个审级审理，并由高级人民法院裁判生效，再审审查或审理实际考虑的是是否有错、如何纠错的问题。《试点实施办法》结合最高人民法院、高级人民法院职能定位，基于便利群众诉讼和法院审查的考虑，将对原审事实、证据、程序问题的审查工作交予高级人民法院完成，最高人民法院主要负责审查法律适用问题，裁定提审后，仍是依法全面审理。

我国司法传统上，一般很少将事实认定问题和法律适用问题剥离考虑。实践中，法律适用问题常与事实认定问题依附交织，甚至互为因果，难以抽象出单纯的法律适用问题。党的十八大以来，关于专业法官会议制度、审判委员会制度、人民陪审员制度的相关改革举措，已就如何从具体案件中提炼、剥离法律适用问题作出探索，并形成人民法院组织法第三十七条第一款第二项、人民陪审员法第二十二条等制度成果。《试点实施办法》实施后，各级人民法院应在总结前期经验基础上，在严格遵循司法规律的前提下，明确哪些关于证据认定、程序适用的问题可以转化为法律适用问题，进一步完善法律适用问题的识别、提炼和统一机制。

（三）关于高级人民法院再审审判力量的配置

目前，各高级人民法院的再审审判权力运行机制差异较大。有的是由申诉审查庭审查再审申请，裁定提审后转审判监督庭审理；有的是由立案庭直接转相关审判庭审查，裁定提审后由原合议庭继续审理。试点工作开始后，高级人民法院作出的已经发生法律效力的民事、行政判决、裁定，绝大多数将由其自行审查纠正。由于许多案件专业性较强，如果一律要求由高级人民法院审判监督庭或原审判庭之外的审判机构审理，将给人员调配带来一定困难。为确保试点工作平稳推进，《试点实施办法》未作硬性要求。高级人民法院审查本院裁判生效的案件，应当依法另行组成合议庭，裁定再审的可以由该合议庭继续审理。

试点启动后，各高级人民法院应当根据申请再审案件任务量的变化，结合贯彻落实《最高人民法院关于进一步做好行政申请再审制度改革相关配套工作的通知》（法〔2021〕141号），统筹确定如何调配审判资源、完善机构职能，并报最高人民法院备案。要以这次试点为契机，理顺立案庭、申诉审查庭、审判监督庭和各审判业务部门的职能和关系，避免出现再审审查、审理与对下审判业务指导脱节的现象。

（四）关于新类型裁判文书样式

由于试点确立了高级人民法院报请提审、最高人民法院依报请裁定提审、决定交相关高级人民法院审查等新程序，为便于操作，此次随《试点实施办法》同步印发了试点所涉新类型裁判文书样式，供最高人民法院、高级人民法院在试点工作中使用。试点工作结束后，根据法律修改情况使用相应的裁判文书样式。

（来源：《人民司法》2021年第31期）

《最高人民法院关于进一步完善“四类案件”监督管理工作机制的指导意见》的理解与适用

刘　峥　何　帆　马　骁　李熠星

2021年11月，最高人民法院印发《关于进一步完善“四类案件”监督管理工作机制的指导意见》（以下简称《指导意见》），细化完善“四类案件”认定标准，健全对“四类案件”的全过程识别标注、全流程监督管理、全平台技术保障机制。《指导意见》对于加快推进司法责任体系改革和建设，完善审判权力制约监督体系具有重要意义，为便于各级人民法院正确理解适用，现就《指导意见》的起草背景、总体思路和重点内容说明如下。

一、起草背景和总体思路

党的十八大以来，人民法院全面落实司法责任制，坚持有序放权与有效监督相统一，不断健全完善与新型审判权力运行机制相适应的制约监督体系，取得一系列制度成果。

最高人民法院2015年9月印发的《关于完善人民法院司法责任制的若干意见》（以下简称《责任制意见》），建立了对“四类案件”的个案监督管理模式。即对于“涉及群体性纠纷，可能影响社会稳定的；疑难、复杂且在社会上有重大影响的；与本院或者上级法院的类案判决可能发生冲突的；有关单位或者个人反映法官有违法审判行为的”四类案件，院庭长有权要求承办审判组织报告案件进展和评议结果，视情将案件提交专业法官会议、审判委员会讨论，且必须全程留痕。

最高人民法院2018年印发的《关于进一步全面落实司法责任制的实施意见》、2020年印发的《关于深化司法责任制综合配套改革的实施意见》，均就完善“四类案件”的监督管理机制作出要求。

近年来，各级人民法院不断深化司法责任制综合配套改革，司法质量、效率和公信力明显提升，但是，随着政法队伍教育整顿工作逐步深入，也暴露出实践中存在的一些问题：一是有的法院怠于或放松对“四类案件”的监督管理，重点不聚焦，履职不到位，责任不落实；二是有的法院仅把“四类案件”监督管理视为院庭长职责，全过程覆盖、多主体参与力度不够；三是有的法院不当扩大“四类案件”范围，变相恢复案件审批制；四是有的法院未有效区分依法监督管理与违规过问干预的界限，院庭长对依法履责顾虑多、动力少，方法不足；五是配套机制不健全，平台建设、分案机制、考核机制与“四类案件”监督管理需要不匹配，没有形成合力。

为有效破解上述问题，最高人民法院严格按照政法队伍教育整顿工作要求，经深入调研，并广泛征求意见，研究起草了《指导意见》。《指导意见》的起草主要依循以下总体思路。

一是坚持司法责任制改革方向不动摇，对“四类案件”范围只作优化、不再扩大，重申组织化行权、全程留痕原则，防止改革走“回头路”。

二是坚持问题导向、实践导向，重点围绕“四类案件”范围细化、识别流程、监管模式、分案要求、考核机制和平台配套问题，既解决共性难题，又考虑地域、审级差异，避免政策“一刀切”。

三是坚持系统集成、协同高效，与专业法官会议制度、审判委员会制度和四级法院审级职能定位改革试点实施办法的基本精神保持协调一致。

二、重点内容

（一）关于“四类案件”的范围界定

根据实践应用情况和监督管理需要，《指导意见》第二条适当优化调整了2015年《责任制意见》第24条规定的“四类案件”范围：将“疑难、复杂且在社会上有重大影响的”，调整为“重大、疑难、复杂、敏感的”；将“涉及群体性纠纷，可能影响社会稳定的”，调整为“涉及群体性纠纷或者引发社会广泛关注，可能影响社会稳定的”；将“与本院或者上级人民法院的类案判决可能发生冲突的”，调整为“与本院或者上级人民法院的类案裁判可能发生冲突的”。

上述调整的主要考虑在于：一是案件的疑难、复杂程度，并不必然与其社会影响成正比，重大、敏感案件也有必要加强监督管理；二是影响社会稳定的案件并不局限于群体性纠纷，有的社会关注度较高，如处理不当，也可能激化社会矛盾，波及社会稳定，必须预先做好防控；三是部分不予受理、管辖权异议、中止或者终结诉讼的裁定，也涉及法律统一适用，不宜将“类案”局限于“判决”。

（二）关于“四类案件”的识别标准

征求意见过程中，部分法院建议以列举形式，逐项明确“四类案件”的具体识别标准，方便司法实践中直接适用。我们认为，各级法院人案规模、案件类型、审级职能差异较大，对“四类案件”的范围确定既不宜过于宽泛，也不能过于具体，总体上应有利于实践操作和全过程监督。所以，《指导意见》第三条至第六条以概括方式，明确了认定“四类案件”时应当考虑的因素。

第一，“重大、疑难、复杂、敏感”的案件主要包括下列案件：涉及国家利益、社会公共利益的；对事实认定或者法律适用存在较大争议的；具有首案效应的新类型案件；具有普遍法律适用指导意义的；涉及国家安全、外交、民族、宗教等敏感案件。其中，“具有普遍法律适用指导意义的”案件，主要指法律、司法解释规定不明确或者司法解释没有规定，需要通过司法裁判进一步明确法律适用的案件。“对事实认定或者法律适用存在较大争议的”案件，主要指人民法院受案和审理过程中，侦查、公诉机关或者社会舆论对案件定性、处理存在较大争议的案件。合议庭内部有分歧意见，不能视为“存在较大争议”。

第二，“涉及群体性纠纷或者引发社会广泛关注，可能影响社会稳定”的案件主要包括下列案件：当事人或者被害人人数众多，可能引发群体性事件的；可能或者已经引发社会广泛关注，存在激化社会矛盾风险的；具有示范效应、可能引发后续批量诉讼的；可能对特定行业产业发展、特定群体利益、社会和谐稳定产生较大影响的。

实践中，一些案件虽然所涉“人数众多”，如物业纠纷、涉及同一保险公司的交通事故责任纠纷等，但多数属于简单系列案，不存在群体性事件或激化社会矛盾风险，不宜认定为“四类案件”。

第三，“与本院或者上级人民法院的类案裁判可能发生冲突”主要包括下列案件：与本院或者上级人民法院近三年类案生效裁判可能发生冲突的；与本院正在审理的类案裁判结果可能发生冲突，有必要统一法律适用的；本院近三年类案生效裁判存在重大法律适用分歧，截至案件审理时仍未解决的。之所以明确“近三年”，是为了合理确定相关案件的范围，具体时间可以从案件受理之日起算。

第四，“有关单位或者个人反映法官有违法审判行为”的案件主要包括下列案件：当事人、诉讼代理人、辩护人、利害关系人实名反映参与本案审理的法官有违法审判行为，并提供具体线索的；当事人、诉讼代理人、辩护人实名反映案件久拖不决，经初步核实确属违反审判执行期限管理规定的；有关部门通过审务督察、司法巡查、案件评查、信访接待或者受理举报、投诉等方式，发现法官可能存在违法审判行为的；承办审判组织在“三个规定”记录报告平台反映存在违反规定干预过问案件情况，可能或者已经影响司法公正的。

需要强调的是，对法官违法审判行为的反映、投诉和举报，须实名提出并提供具体线索，经人民法院初步核实后，认为可能或者已经影响司法公正的，才能纳入“四类案件”监督管理，实践中不能仅因存在投诉、举报就启动相关措施，干扰法官依法履职。

（三）关于适用“四类案件”监督管理措施的案件范围

实践中，一些案件虽然不属于“四类案件”范围，但在案由、罪名、诉讼标的或诉讼程序上具有一定特殊性，有必要适用“四类案件”的监督管理措施。因此，《指导意见》第七条明确，各级人民法院可以结合本院工作实际，对下列案件适用“四类案件”的监督管理措施：本院已经发生法律效力的判决、裁定、调解书等确有错误需要再审的；人民检察院提出抗诉的；拟判处死刑（包括死刑缓期两年执行）的；拟宣告被告人无罪或者拟在法定刑以下判处刑罚、免予刑事处罚的；指令再审或者发回重审的；诉讼标的额特别巨大的；其他有必要适用“四类案件”监督管理措施的。

下一步，各地法院可以结合本院人员、案件、审级实际，对照上述范围，综合考虑哪些类别的案件可以适用《指导意见》第十条确定的“四类案件”

监督管理措施，并纳入院庭长和审判组织权责清单。但是，在确定范围时，应立足司法规律，聚焦于应当或者可以提交审判委员会讨论的案件，不能任意扩大范围。

（四）关于“四类案件”全过程识别机制

《指导意见》第八条要求各级人民法院结合本院实际，建立覆盖审判工作全过程的“四类案件”识别标注、及时报告、推送提醒、预警提示机制，并分阶段明确了立案部门、承办审判组织、院庭长和审判管理、审务督察、新闻宣传等职能部门的识别责任、报告义务和标注机制。

下级人民法院向上级人民法院移送“四类案件”卷宗材料的，应当在原审纸质卷宗或者电子卷宗中作出相应标注，以便上级人民法院及时研判是否需要在二审、再审阶段将其纳入“四类案件”监督管理。上级人民法院识别判断时，应当结合审级实际和案件阶段性情况，综合考虑案件是否还有必要继续标注为“四类案件”。

对是否属于“四类案件”存在分歧的，按照工作程序，层报相关院庭长解决。具体由哪一级负责人决定，可以根据案件性质和职务权限确定，不宜都报院长。例如，合议庭内部存在分歧的，报庭领导决定；不同职能部门之间存在分歧的，报院领导决定。涉及法律适用问题的，也可以提请专业法官会议讨论。对于已标注为“四类案件”，后因案情或形势发生变化，相关情形不再存在的，可以撤销标注，但应当在办案平台注明原因。

（五）关于“四类案件”的分案机制和审判组织

《指导意见》第九条规定，立案阶段识别标注的“四类案件”，可以指定分案。审理“四类案件”，应当依法组成合议庭，一般由院庭长担任审判长，并根据案件所涉情形、复杂程度等因素，综合确定合议庭组成人员和人数。案件进入审理阶段后被识别标注为“四类案件”的，院庭长可以根据案件所涉情形、进展情况，决定由独任审理转为合议庭审理。有必要由人民陪审员参与审理的，可以依照人民陪审员法第十四条至第十六条确定合议庭组成人员和人数。

之所以强调“四类案件”应当由合议庭审理，主要考虑是：既已列入“四类案件”，强化监督管理，应当有配套的组织和程序保障。随着民事诉讼程序繁简分流改革不断深化，独任制适用范围将进一步扩大，强调“四类案件”由合议庭审理，不会给基层、中级人民法院带来过重负担。另外，明确由合议庭审理，并一般由院庭长作为审判长，有利于审慎认定“四类案件”，避免不当标注或任意扩大范围，实现审判资源与监督管理重心精准适配。

（六）关于“四类案件”的监督管理形式

《指导意见》第十条以“列举＋兜底”形式，规定了院庭长可以采取的监督管理措施：按权限调整分案；要求合议庭报告案件进展、评议结果；要求合议庭提供类案裁判文书或者制作类案检索报告；审阅案件庭审提纲、审理报告；调阅卷宗、旁听庭审；要求合议庭复议并报告复议结果，但同一案件一般不得超过两次；决定将案件提交专业法官会议讨论；决定按照工作程序将案件提交审判委员会讨论；决定按程序报请上一级人民法院审理；其他与其职务相适应的必要监督管理措施。

院庭长在分管领域、职务权限范围内，按工作程序采取上述监督管理措施，或者对下级人民法院审理的“四类案件”依法履行监督指导职责，不属于违反规定干预过问案件。

院庭长可以按照分管领域、职务权限，紧密结合“四类案件”审理过程中需要关注和解决的问题，有针对性地使用一种或几种监督管理措施，确保监督管理资源投入与案件重大、疑难、复杂、敏感程度相适应，平衡好依法加强监督管理与尊重审判组织办案主体地位之间的关系。院庭长对采取相应监督管理举措有分歧的，按工作程序层报院长决定。

（七）关于组织化行权模式

《指导意见》第十一条重申了全程留痕、组织化行权的要求。院庭长对“四类案件”履行监督管理职责时，应当在办案平台全程留痕，或者形成书面记录入卷备查。这里的“留痕”，包括在办案平台或者纸质材料上勾选、批注、圈阅，或者以视频音频等形式记录，只要能够完整、准确体现监督管理的主体和内容即可。需要强调的是，院庭长对“四类案件”的具体处理意见，应当在专业法官会议或者审判委员会会议上发表，并记入会议记录，签字确认后在办案平台或者案卷中留痕。

院庭长对合议庭拟作出的裁判结果有异议的，有权要求复议，也可以按照工作程序将案件提交专业法官会议、审判委员会讨论。院庭长非经法定程序，不得直接改变合议庭意见，也不得明示或暗示合议庭接受自己的意见。

（八）关于完善《指导意见》配套机制

《指导意见》第十二条至第十五条规定了“四类案件”监督管理的配套机制，主要包括以下内容。

第一，关于责任机制。针对“四类案件”发现报告和监督管理权责划分不够清晰等问题，《指导意见》进一步明确了审判组织和院庭长的义务。承办审判组织发现案件属于“四类案件”，故意隐瞒不报或者不服从监督管理的，院庭长可以按权限调整分案。

承办审判组织因前述行为导致裁判错误并造成严重后果的，依法承担违法审判责任。院庭长因故意或者重大过失，对本人依职权发现、承办审判组织主动报告、有关职能部门告知或者系统自动推送提示的“四类案件”，怠于或者不当行使监督管理职责，导致裁判错误并造成严重后果的，不属于违法审判责任，但应当依照干部管理有关规定和程序承担监督管理责任。

第二，关于信息化平台建设。《指导意见》明确将各高级人民法院作为信息化平台的建设主体，要求各地充分运用智慧法院建设成果，在辖区内完善统一的“四类案件”识别监测系统，探索构建由案由、罪名、涉案主体、涉案领域、程序类型、社会关注程度等要素组成的识别指引体系，逐步实现“四类案件”的自动识别、精准标注、实时提醒、智能监督管理，改变传统“盯人盯案”的监督管理模式。各地应充分整合利用好现有的信息化平台，防止重复建设，提升平台效能。

第三，关于绩效考核机制。调研过程中，许多院庭长表示，按照目前的考核机制，如果没有参与合议庭审理，对“四类案件”的监督管理不能视为“办案”，也无法计入案件数量，但相关工作占用时间精力较多，也额外增加了责任，建议在绩效考核中予以考虑。

《指导意见》第十四条规定了相关内容，即院庭长履行监督管理“四类案件”职责的情况，应当计入工作量，纳入绩效考核评价。最高人民法院 2021 年 10 月 12 日印发的《关于加强和完善法官考核工作的指导意见》第 13 条也专门明确，对于担任领导职务的法官，应当围绕其履行审核批准程序性事项、综合指导审判工作、全程监管审判质效等审判监督管理职责情况，设置相应指标，纳入考核范畴。

第四，关于制定实施细则。考虑到各级法院情况差异比较大，《指导意见》没有具体细分院长、副院长、审判委员会专职委员、庭长、副庭长、审判团队负责人在“四类案件”监督管理中的职责权限，只是要求各级法院应当结合审判权力和责任清单，明确院庭长在“四类案件”监督管理工作中的具体职责、对应职权和工作程序，具体可以在实施细则中明确。各级人民法院可以根据《指导意见》，结合本院实际，制定或者修订“四类案件”监督管理实施细则，并报上一级人民法院备案。

（来源：《人民司法》2021年第34期）

代表、委员言论摘选

➢ 全国人大代表马善祥：做精做细司法为民的“最后一公里”

马善祥代表认为，2020 年是特殊的一年，虽然疫情带来很大的负面影响，但各级法院积极发挥主观能动性，克服重重困难，利用在线诉讼、跨域立案等智慧法院建设成果，不断推进一站式多元解纷和诉讼服务体系建设，司法为民的“最后一公里”得以不断完善。

一站式多元解纷和诉讼服务体系建设是一项系统性、综合性工程，人民法院必须把握好诉讼服务的精准性、协同性和实效性，持续深入开展精准、便捷、高效的司法服务，切实提升新时代一站式多元解纷和诉讼服务水平。为此建议：

一是要充分利用智慧法院的建设成果，在线诉讼服务是顺应时代发展的必然产物，不能只是在疫情背景下被动推广，而要继续加码发力，让更多当事人足不出户体验到便捷的线上司法服务。

二是要充分发挥社会力量参与多元解纷工作，司法审判压力日益巨大，而人民群众的司法需求也呈明显增长趋势，“老马工作室”发挥调解员力量参与纠纷调解，一定程度上可以化解矛盾、减轻司法压力，下一步要继续探索社会力量参与纠纷化解的形式和方式，形成多元解纷的工作合力。

三是要抓好诉讼服务中心的智能化、标准化、便捷化建设，畅通诉讼服务大厅、诉讼服务网络、移动终端应用、诉讼服务热线、巡回办理等多种渠道，坚持立体化、全方位服务导向，为当事人提供一站通办的诉讼服务，最大限度满足群众多元司法需求。

（来源：《人民法院报》2021 年 3 月 5 日）

➢ 全国人大代表阎建国：建议尽快建立国家知识产权法院

知识产权司法保护是全国人大代表、九三学社中央委员、九三学社法律委员会主任、北京市信利律师事务所首席合伙人阎建国在履职过程中一直关注的领域。今年全国两会，他提出了关于尽快建立国家知识产权法院的建议。

2019年1月1日，最高人民法院知识产权法庭正式挂牌办公。阎建国在调研、研讨过程中充分了解并肯定最高人民法院知识产权法庭的成绩。“最高人民法院知识产权法庭作为司法改革的新生事物，实现‘国家层面知识产权案件上诉审理机制’改革目标落地。两年来，最高人民法院知识产权法庭积极作为，技术类知识产权案件的裁判标准得到有效统一，审判质量效率大幅提高，司法公信力和国际影响力明显提升。”

阎建国表示，最高人民法院知识产权法庭作为最高人民法院内设机构，在两年的实践中也出现一些问题：职责定位有偏差、自身保障压力大、工作统筹受局限。“32家高级人民法院和44家中级人民法院均作为一审法院接受最高人民法院知识产权法庭的业务指导和审级监督，新的统筹机制过于扁平和分散，统筹质效有待提高。”

为深化知识产权审判领域改革，进一步健全知识产权专门化审判体系建设，阎建国认为有必要设立国家知识产权法院。

“设立国家知识产权法院符合中央决策、符合相关法律、符合国际大势。综观世界主要法域的知识产权专门法院，几乎无一例外地采取‘国家层面、高等法院、二审为主、统一规则’的设立思路和模式。实践证明，该模式既实现了专利效力判断与侵权判断两大诉讼程序的无缝对接，又可维持普通法院体系的正常运转，成效显著。”阎建国说。

（来源：《人民法院报》2021年3月6日）

➢ 全国政协委员皮剑龙：规范和完善法院网络庭审工作

新冠肺炎疫情防控期间，全国法院充分运用智慧法院建设成果，将司法服务从线下搬到线上，确保了审执工作的及时开展。

“对比传统庭审，网络庭审更加便捷。但是网络庭审在我国仍处于起步阶段，亟待有关部门予以规制和完善。”全国两会前夕，全国政协委员、北京金台律师事务所主任皮剑龙接受记者采访时表示，今年他将在提案中关注网络庭审的规范问题。

履职以来，皮剑龙深入关注法治议题。今年他带来的9个提案涵盖网络庭审、公益诉讼、数字经济、金融安全、数据监管、公共服务保障等多个领域的法律法规制定。

皮剑龙表示，当前全国各地的网络庭审实践仍处于摸索阶段，相关网络庭审规则主要由各地探索建构，有必要制定统一的制度性规范和系统、精准的实践指引，明确网络庭审的定义、基本原则、适用范围、认证方式、举证方式、送达方式、审判流程等内容，探索与之相适应的审判机理与审判方式。此外，应对民事诉讼法、刑事诉讼法、行政诉讼法等诉讼法律体系及配套的民事、证据、公证法律体系进行相应修改，明确网络庭审的基本法律地位和具体应用方式，解决远程立案、网络开庭的合法性问题。

同时，皮剑龙还建议，有关部门应及时制定相应政策，推动加强国家和社会力量对法院信息化设施的投入。在人才培养上，也应高度重视对法院队伍的教育培训，适应互联网司法的新形势和新要求，为网络庭审的进一步推广适用做好保障工作。

（来源：《人民法院报》2021年3月7日）

➢ 全国人大代表刘平：整合社会资源　丰富解纷渠道

日前，全国人大代表、海洋石油富岛有限公司化肥二部副总经理刘平接受记者采访。对于法院多元化解纠纷工作，他表示印象深刻。

“特别是多元化解民商事纠纷的工作。”刘平说，去年海南出台了《海南省多元化解纠纷条例》，根据条例，海南法院与司法厅等部门签订建立矛盾纠纷多元化解机制合作协议，聘请国际专家参与，充实多元化解纠纷工作的人才储备，并与10家境内外仲裁调解机构签约，完善诉裁协调对接工作机制。“此举建立了涉外民商事纠纷在线多元化解平台，构建了国际商事纠纷多元化解机制，有利于服务自贸港建设大局，营造法治化、国际化、便利化营商环境。”

刘平认为，人民法院广搭平台、凝聚力量，将大量矛盾纠纷及时就地化解在诉前，化解在基层，有利于维护社会和谐稳定，建设更高水平的平安中国。“这是对习近平总书记‘把非诉讼纠纷解决机制挺在前面，从源头上减少诉讼增量’指示精神的深入贯彻。”

最后，刘平建议，海南法院应进一步加大宣传力度，让社会公众更加了解多元化解纠纷工作，引导公众更加高效便捷地解决所遇到的纠纷与矛盾。“与此同时，希望法院加强经验总结，推出更多多元解纷的优秀案例。”

（来源：《人民法院报》2021年3月7日）

➢ 全国人大代表胡春霞：优化司法人力资源配置解决人案矛盾

“这几年来，我多次到人民法院调研，能够感受到人民法院在公正司法、信息化建设、队伍建设等方面进步很大。”全国人大代表胡春霞接受记者采访时说道。

2021年是中国共产党成立100周年，是“十四五”的开局之年，胡春霞希望人民法院继续深入贯彻党的十九大精神，努力开创法院工作新局面；充分发挥审判职能作用，服务改革发展稳定大局；坚定不移深化司法改革，奋发有为推动工作创新；持续加强法院队伍建设，确保公正高效廉洁司法；结合实际加强业务学习培训，多层次提升司法能力；完善法院文化建设，营造健康向上的司法生态；自觉接受人大监督、政协民主监督和社会各界监督，努力提高司法为民水平；加大法治宣传力度，增强人民群众司法获得感。

同时，胡春霞还建议人民法院进一步优化司法人力资源配置，解决人案矛盾，促进审判质量、效率和公信力的提升。

（来源：《人民法院报》2021年3月8日）

➢ 全国人大代表蔡培辉：支持法律专家和律师在线调解

十三届全国人大三次会议上，全国人大代表、富丽（香港）国际集团投资有限公司董事局主席蔡培辉提出：“近年来，因人案矛盾突出，人民法院积极推进多元化纠纷解决方式。但目前占法律界近80%比例的法学专家、学者及律师并未实质性参与多元解纷。”为此，他提出关于最高人民法院支持法律专家在线调解的建议。

最高人民法院在对此建议的答复中表示，人民法院始终重视发挥专家学者、律师等法律界人士在矛盾纠纷预防化解中的专业优势和职业优势，为其开展矛盾纠纷化解打通制度渠道、构建参与机制。一是我国很早就建立了专家学者、律师参与矛盾纠纷化解的机制。二是我国在立法层面建立了司法确认制度，为专家学者、律师开展纠纷调解提供法律保障。三是为贯彻落实中央改革部署，最高人民法院持续细化和健全专家学者、律师参与调解的程序规则。四是专家学者、律师等接受人民法院委派、委托进行纠纷调解的实践已经较为成熟。

互联网改变了人们的行为方式，也必然会改变纠纷处理方式。人民法院积极推动专家学者、律师等以在线方式开展调解。一方面，加强顶层设计，在线调解平台建设有序推开；另一方面，鼓励探索创新，呈现多点开花良好局面。在顶层设计和司法政策的指引支持下，人民法院不断加大调解平台建设对接力度。

针对建议中提到的“支持‘和讼’调解平台高质量、可持续发展”，最高人民法院在答复中表示，“和讼”民商法律专家在线调解平台的建立和持续发展既是汇聚全国法律专家、学者开展矛盾纠纷在线多元化解的有益探索和尝试，也体现了对人民法院工作的大力支持。从鼓励多元解纷、促进多元共治的角度出发，最高人民法院将继续在中央的统一部署下，在党委政府的支持下，发挥司法的引领、推动和保障作用，积极培育多元解纷力量。

“专家解纷对化解复杂疑难案件意义重大。”蔡培辉表示，“相信在线调解平台会蓬勃发展，实现多元解纷的最佳效果。”

（来源：《人民法院报》2021 年 3 月 8 日）

➢ 全国人大代表汪其德：积极发挥法庭在基层社会治理中的作用

人民法庭是法院和人民群众接触的最前沿，是矛盾纠纷化解、群众感受公平正义的第一线。“发挥好基层法院和法庭作用，才能为群众提供更加便捷的司法服务。”全国人大代表、四川省南江县五郎黄羊养殖专业合作社理事长汪其德认为，法庭在基层社会治理中发挥着重要作用，要为乡村振兴战略提供有力司法保障。

汪其德在接受采访时表示，基层人民法院，特别是人民法庭作为化解矛盾纠纷、调整利益关系、维护社会公平正义的前沿阵地，肩负着创新社会治理、促进社会和谐稳定的重要使命，是维护农村社会稳定和经济发展的重要力量。

如何灵活参与基层社会治理，发挥好法庭在基层社会治理中的重要作用？汪其德认为，运用好多元化纠纷解决机制是一剂良方。例如：通过纠纷调解、普法宣传等方式，不断加快完善矛盾纠纷分层递进化解机制，将大部分矛盾纠纷化解在诉前、审前环节；利用丰富的案例资源，通过公开审判、巡回办案等活动，引导人民群众自觉守法、遇事找法、解决问题靠法；将社会主义核心价值观融入审判执行工作中，挖掘典型案件的文化内涵，引导人民群众的向善风气，筑牢人民群众对法律的情感和信仰。

（来源：《人民法院报》2021年3月9日）

➤ 全国政协委员朱山：智慧法院赋能阳光司法

今年是“十四五”开局之年，智慧法院建设步入转型升级关键时期。“智慧法院在疫情期间大显身手。”来自全国首个大数据综合试验区的全国政协委员、贵州贵达律师事务所主任朱山对贵州司法的大数据综合运用印象深刻。

“以信息化建设为抓手，贵州法院对履行司法职能、审判赋能进行了很多探索。特别是疫情以来运用网络办案，便民服务措施又上升了一个台阶。”朱山称，疫情期间，贵州法院将各类诉讼活动从线下搬到线上，实现从立案、审判到送达、执行的非接触式服务，让人民群众获得了安全、便捷的诉讼体验。

通过实地调研，朱山欣喜地发现，近年来，依托贵州作为国家大数据综合试验区的发展优势，贵州法院打造了智慧服务、智慧审判、智慧执行和智慧管理四个平台，强力推动和探索信息技术与诉讼服务、统一送达和内部监督的深度融合，把人工智能作为审判工作现代化的大战略、大引擎，庭审直播率等关键指标都位于全国前列，效果显著。

朱山表示："希望这项工作继续优化、全面深化，加快推进人民法院信息化 4.0 版建设，为实现审判体系和审判能力现代化提供有力的科技支撑。"

（来源：《人民法院报》2021 年 3 月 9 日）

➤ 全国人大代表岳喜环：推进诉源治理　提升调解合力

岳喜环代表非常关注最高人民法院工作报告中关于推动社会矛盾综合治理、源头治理的内容。在调研过程中，其了解到，安徽省泗县人民法院积极开展多元化解矛盾纠纷工作，充分发挥"五老"乡贤和基层组织中调解干部们化解民事纠纷的作用，因地制宜地将特邀调解和司法调解相结合，尽力减少诉讼。

岳喜环建议，诉源治理作为社会治理的一项系统工程，要突出抓好各职能部门之间的协调配合问题，以协调促进协作，提升调解合力，推进诉源治理统筹发展；要加强各种调解方式的协调对接，促进基层调解与专业调解的有机融合；要运用互联网大数据等技术手段来建立矛盾纠纷调解信息平台，促进业务工作、调解经验、案例分析等方面的信息共享；要加强对调解工作人员业务能力、调解技能的培训；要充分运用各类媒体，广泛宣传诉源治理中调解成功的典型案例。

（来源：《人民法院报》2021 年 3 月 9 日）

➤ 全国人大代表兰念瑛：加强多元解纷　便利群众诉讼

兰念瑛代表认为，周强院长所作的工作报告文风实、数据硬、例证好，十分接地气，特别是关于一站式多元解纷和诉讼服务体系建设方面干货多，很好地回应了基层群众的司法诉求，体现了人民法院便民利民的朴实情怀。

近些年来，人民法院加快推进诉讼服务信息化建设，特别是 2020 年最高人民法院全力推进一站式多元解纷和诉讼服务体系建设，远程立案、在线调解等网上诉讼服务平台更加完善，很多地方法院包括江西省抚州市东乡区人民法院建立了 24 小时"自助法院"，极大地方便了群众诉讼。以往山区群众

“怎么写诉状”“诉讼流程怎么走”“开庭时有事来不了法庭”等问题，很多在网上得到了解决。与此同时，人民法院紧贴民心民意，将多元解纷嵌入诉讼服务全过程，凝聚社会合力把矛盾纠纷解决在基层和萌芽状态，既避免了矛盾升级，又促进了社会和谐，确实了不起。

（来源：《人民法院报》2021年3月9日）

➢ 全国人大代表李清泉：服务创新驱动发展成效显著

最高人民法院工作报告全面回顾了2020年主要工作，2020年各级人民法院努力推进司法为民、公正司法，积极推进法治国家、法治政府、法治社会建设，成效显著。

2020年各级人民法院审结一审知识产权案件46.6万件，同比上升11.7%。深圳大学设有最高人民法院知识产权司法保护理论研究基地，许多老师也在参与这方面的理论研究和司法服务工作。由于这个原因，李清泉代表对知识产权审判的重要性和复杂性有所了解。所以，仅就知识产权审判服务创新驱动发展战略来说，人民法院确实取得了非常了不起的成绩。

对于最高人民法院工作报告，李清泉印象非常深刻的一点是大量采用典型案例。通过接地气的案例和司法故事，不仅体现了以案明德、以事明理的思维，也让人民群众真切感受到人民法院在保护老百姓的合法权益、维护社会公平正义方面的努力是看得见的、摸得着的，从而增强了人民群众对法院的信心，提升了全社会的法治信仰。

（来源：《人民法院报》2021年3月9日）

➢ 全国人大代表谢德体：护航绿色发展　彰显担当作为

谢德林代表认为，最高人民法院工作报告思路清晰，全面客观，部署2021年工作针对性强，体现出了人民法院高度的政治自觉、强烈的责任担当和扎实质朴的作风，他完全赞同这份报告。

过去一年，人民法院坚定不移贯彻新发展理念，充分发挥审判职能，服务经济社会高质量发展，尤其是在环境资源审判工作方面有担当有作为。作为全国人大代表，谢德林参与了重庆市第一中级人民法院组织的保护母亲河增殖放流全媒体直播活动，切身感受到人民法院在司法保护生态环境方面做了大量工作，进行了许多有益的探索和创新，为生态环境保护和推动绿色发展提供了有力的司法服务和保障。

谢德林希望人民法院持续优化环境资源审判工作机制，加强长江流域各省市之间的司法协作，统筹推进长江司法保护审判制度的衔接配套机制，切实贯彻实施好长江保护法，推动环境资源审判工作再上新台阶。

（来源：《人民法院报》2021 年 3 月 9 日）

➢ 全国人大代表王刚：资源倾斜基层 提升审执水平

王刚代表认为，每一年的最高人民法院工作报告都会给代表们带来惊喜，今年也不例外。在此前多次视察、调研法院工作过程中，他发现基层法院案件标的额小，但案件量大且非常琐碎。而与之相伴的是基层法官人手少、素质参差不齐，导致了人案矛盾困难局面。要想实现“努力让人民群众在每一个司法案件中感受到公平正义”的目标，这一矛盾必须得到切实解决。在这次报告里，他很高兴看到法院终于找到了破解之道。继全面实行立案登记制、“基本解决执行难”之后，全国法院构建起中国特色一站式多元解纷和诉讼服务机制，为人民群众提供了多样化纠纷解决方案和权利救济渠道，促进矛盾纠纷公正、高效、实质性化解。王刚建议最高人民法院在继续完善一站式建设的同时，也能考虑把人力财力和科技手段等资源向基层法院倾斜，进一步提升基层审判执行工作水平。

（来源：《人民法院报》2021 年 3 月 9 日）

➢ 全国人大代表李静：弘扬法治精神 彰显司法力量

“最高人民法院工作报告坚持以习近平新时代中国特色社会主义思想为指导，深入贯彻习近平法治思想，主题鲜明，数据翔实，案例鲜活，是一个有法治力量、民生温度的好报告。”3 月 9 日下午，全国人大代表、天津市高级人民法院院长李静在审议最高人民法院工作报告时说道。

李静认为，过去一年，最高人民法院指导全国法院依法服务统筹推进疫情防控和经济社会发展，各项工作取得新成效。一是依法严惩颠覆国家政权、煽动分裂等犯罪，深入推进扫黑除恶专项斗争，持续打击腐败犯罪，人民群众安全感更有保障。二是坚持在法治轨道上惩治涉疫情犯罪、化解涉疫矛盾、推进疫后治理，为抗疫斗争取得重大战略成果提供有力司法保障。三是坚持立足新发展格局，贯彻新发展理念，发挥审判职能，服务保障三大攻坚战、科技创新、改革开放等重大战略实施。四是全面推进一站式多元解纷和诉讼服务体系建设，群众诉讼更加便捷高效，司法获得感得到显著提升。五是综合配套改革全面深化，司法制约监督有效加强，繁简分流改革效能充分释放，互联网司法取得新成果，司法质量、效率和公信力得到有效提升。六是以党的政治建设为统领，打造忠诚干净担当的法院队伍。

（来源：《人民法院报》2021年3月10日）

➤ 全国人大代表杨宗仁：体现司法力度　饱含司法温情

3月9日，全国人大代表、内蒙古自治区高级人民法院院长杨宗仁在审议最高人民法院工作报告时表示，报告通篇贯彻了习近平新时代中国特色社会主义思想和习近平法治思想，主题鲜明、内容丰富，实事求是地总结了2020年工作，彰显了我国社会主义司法制度的巨大优势。报告部署今年的工作重点突出、措施有力，积极回应了人民群众对司法工作的新期待。

杨宗仁说，过去一年，在以习近平同志为核心的党中央坚强领导下，最高人民法院指导各级人民法院认真学习贯彻习近平法治思想，向党和人民交出合格答卷。一站式多元解纷和诉讼服务体系基本建成，实现全国法院受理诉讼案件数量自2004年以来的首次下降，尤其是民事案件以年均10％的速度持续增长15年后首次下降。反映在内蒙古法院，全年新收民事一审案件数同比下降14.4％，充分体现了诉源治理、多元解纷的显著成效，生动践行了习近平总书记“把非诉讼纠纷解决机制挺在前面”的要求和以人民为中心的发展思想。报告中提到的“可视门铃侵犯邻居隐私权案”“百香果女童被害案”“未成年人直播打赏无效案”等一件件生动的案例，体现出司法的力度，饱含着司法的温情，为进一步加强社会主义精神文明建设贡献了司法智慧。

（来源：《人民法院报》2021 年 3 月 10 日）

➢ 全国人大代表夏道虎：彰显为民情怀　激发奋进力量

“‘两高’工作报告，都是紧扣中心大局、弘扬法治精神、彰显为民情怀、激发奋进力量的好报告。”全国人大代表、江苏省高级人民法院院长夏道虎在审议“两高”工作报告时表示。

夏道虎认为，在极不平凡的 2020 年，全国法院紧紧围绕“努力让人民群众在每一个司法案件中感受到公平正义”目标，坚持服务大局、司法为民、公正司法，知重负重、拼搏担当，忠实履职尽责，交出了一份出色答卷。一是聚焦中心大局，以强烈的使命担当依法护航高质量发展，发挥法治固根本、稳预期、利长远的保障作用更加凸显。二是坚持人民至上，以真挚的为民情怀推动创造高品质生活，着力满足人民群众更高层次、更丰富内涵的司法需求。三是强化多元化解，一站式多元解纷和诉讼服务体系基本建成，全国法院受理诉讼案件数量自 2004 年以来首次出现下降。四是勇于开拓创新，以开阔的思路理念深化司法体制改革，审判执行质效和司法公信力持续提升。五是狠抓自身建设，以严实的纪律作风锻造过硬的法院队伍，切实防范司法腐败，涵养清风正气，革命化、正规化、专业化、职业化队伍建设加快推进。六是助力良法善治，人民司法事业发生深刻变革、实现长足进步。

（来源：《人民法院报》2021 年 3 月 10 日）

➢ 全国人大代表吴偕林：彰显政治担当　牢记责任使命

“最高人民法院工作报告政治站位高、工作思路清、举措成效实，是一份立意高远、回应民声、弘扬法治的好报告。我完全赞成。”3 月 9 日，全国人大代表、福建省高级人民法院院长吴偕林在审议最高人民法院工作报告时表示。

吴偕林认为，一年来，最高人民法院工作具有五个方面的特点：一是把握根与魂，政治方向坚定不移。坚持以习近平新时代中国特色社会主义思想作为根本遵循，牢牢把握党的领导是中国特色社会主义法治之魂。二是把握稳与保，服务大局坚决有力。紧紧围绕高质量发展要求，坚持稳中求进，为统筹疫情防控和经济社会发展提供有力司法服务保障。三是把握供与需，司法为民坚持不懈。及时回应人民群众持续增长、日益多元的司法需求，努力让人民群众的获得感成色更足、幸福感更可持续、安全感更有保障。四是把握创与进，深化改革坚韧不拔。持续加强司法领域的机制创新和科技创新，深化推进司法改革和信息化建设，促进司法质量效率和公信力显著提升。五是把握严与实，队伍建设坚毅前行。把全面从严治党、从实治院管队的要求贯穿党建队建全过程，努力建设一支德才兼备的高素质法院队伍。

（来源：《人民法院报》2021年3月10日）

➢ 全国人大代表李智：坚定政治方向　坚持人民立场

3月9日下午，全国人大代表、陕西省高级人民法院院长李智在审议最高人民法院工作报告时表示，报告通篇贯彻习近平新时代中国特色社会主义思想，全面贯彻落实党的十九大和十九届二中、三中、四中、五中全会精神，体现出高度的政治自觉、深厚的人民情怀、强烈的使命担当和务实的工作作风。

李智说，过去一年，最高人民法院工作具有以下鲜明特点：一是积极主动服务大局，坚决维护国家安全和社会稳定，依法维护防疫秩序，助力打赢脱贫攻坚战，着力服务创新驱动发展，有力服务保障高质量发展。二是始终坚持司法为民，聚焦人民群众日益增长的多元司法需求，推进跨域立案全覆盖，基本建成一站式多元解纷和诉讼服务体系。三是大力弘扬社会主义核心价值观，运用法治手段保护诚实守信、维护公平正义，让人民群众感受到法治的温暖和力量。四是切实加强人权保障，坚持惩罚犯罪与保障人权相统一，深入推进以审判为中心的刑事诉讼制度改革。五是持续推进提质增效，坚持司法改革和信息化建设双轮驱动，司法质量、效率和公信力明显提升。六是不断强化队伍建设，持续深化全面从严治党、从严治院，队伍建设成效明显。

（来源：《人民法院报》2021年3月10日）

➢ 全国人大代表马一德：用知产审判引领价值取向

“知识产权”，无疑是全国人大代表、中国科学院大学公管学院教授马一德履职中出现最多的关键词。

作为知识产权领域的专家，他在参加人民法院相关活动时，总是思考这些问题：怎么树立知识产权司法公信力？如何通过统一裁判树立司法权威？

马一德多次参加重大知识产权案件的旁听、交流，视察最高人民法院知产法庭建设成果，深入调研我国知识产权审判前沿工作，为人民法院统一知识产权案件裁判尺度提出切实有效的建议。此外，他充分结合专业知识，向人民法院提供商标类、技术类纠纷的参考案例。为了推动我国知识产权审判走向全球化、紧跟世界审判前沿，他积极作为，提出多项建议，助力最高人民法院知识产权法庭培养一支具有全球化视野的知识产权审判团队。

“人民法院严格保护知识产权，用审判引领价值取向，很好地树立起司法权威。”看到人民法院强化知识产权审判工作的成果，马一德给予肯定。

（来源：《人民法院报》2021 年 3 月 10 日）

➢ 全国人大代表许志晖：一站式建设为正义加速

“3 月 4 日，最高人民法院正式宣布人民法院一站式多元解纷和诉讼服务体系基本建成，这是一个了不起的成绩。”全国人大代表，广东省茂名市委书记、市人大常委会主任许志晖说。他非常关注人民法院的一站式建设工作，在接受记者采访时表示，推进一站式多元解纷和诉讼服务体系建设，是贯彻落实习近平总书记关于加强和创新社会治理、坚持和完善新时代“枫桥经验”重要指示精神的重要举措，是以人民为中心的发展思想在人民法院的生动实践。

在许志晖看来，一站式建设广受各地好评的主要原因，是其抓住了“基层”这个关键：治理重心在基层，治理重点在服务。许志晖介绍，近年来，茂名市两级法院以深入推进市域治理现代化为契机，顺应时代和人民群众对司法的新要求新期待，打破传统司法服务模式，建立党委领导、政府保障、法院主导、多方联动的工作机制，为群众提供家门口的便捷高效司法服务。

“坚持和发展新时代‘枫桥经验’永远在路上。”许志晖说，这需要党委政府和人民法院更加注重纠纷系统治理、综合治理和源头治理，不断推动司法资源下沉基层，发挥其在服务基层社会治理、推进法治乡村建设、营造安全稳定环境等方面的重要作用，探索构建更开放共享、多元共治的解纷新机制。

（来源：《人民法院报》2021年3月10日）

➤ 全国人大代表孙雨飞：切实感受司法工作成绩

近日，全国人大代表、大庆油田第四采油厂第一油矿北三采油队采油地质工孙雨飞接受记者采访时表示，三年来，她多次参加最高人民法院、黑龙江省高级人民法院等各级法院组织的视察、调研、庭审、公众开放日等活动，切实感受到各级法院在执行工作、智慧法院建设、司法改革等方面都取得了实实在在的成绩。

孙雨飞用5个词概括了对法院工作的总体感受：庄严、规范、严谨、智慧、创新。特别是智慧法院建设，给她留下了最深刻的印象。孙雨飞在视察法院工作时看到，各级法院运用先进的信息技术打造了执行指挥中心、诉讼服务自助一体化设备、统一电子送达平台、智慧审判法庭等。

孙雨飞表示，智慧法院建设的成果切实减轻了当事人的诉讼负累，增强了审判工作的公开透明度，真正实现了阳光司法。

孙雨飞还谈到了最高人民法院开发的“人民法院掌上联络室”，认为这个平台使得人民法院和人大代表之间的联系更加紧密了。孙雨飞表示，作为一名油田基层的人大代表，她会一如既往地支持和关注法院工作，做好法治宣传，促进人民群众和人民法院紧密联系。

（来源：《人民法院报》2021年3月10日）

➢ 全国人大代表王树江：强化司法保障 服务精准有效

3月9日，全国人大代表、四川省高级人民法院院长王树江在审议最高人民法院工作报告时表示，最高人民法院工作报告展示成绩丰富翔实，分析问题客观到位，工作打算思路清晰，是一篇质量高、分量重、诚意足的报告。

王树江表示，报告主要体现以下成效：一是践行“两个维护”坚决有力。把政治引领要求落实到维护国家安全、社会稳定的不懈努力中。新冠肺炎疫情发生后，强化司法保障，有效发挥法治的最佳稳定器作用，服务“六稳”“六保”成绩斐然。二是服务高质量发展精准有效。全面贯彻落实新发展理念，以一系列务实有效的司法举措、一个个精准审慎的司法裁判凝聚起强大的司法智慧、司法力量，为高质量发展保驾护航。三是深化司法为民亮点纷呈。围绕公平正义新期待，强化民生权益司法保障，大力弘扬社会主义核心价值观，司法有力量、有温度，更加深入人心。围绕便捷高效新需求，找准一站式多元解纷和诉讼服务体系建设这一关键点，以人民为中心的中国特色纠纷解决和诉讼服务模式加速形成。四是推进法院建设卓有成效。持续深化司法体制改革，不断完善互联网司法模式，着力加强自身政治建设、能力建设、廉洁建设，审判体系和审判能力现代化实现稳步推进。

（来源：《人民法院报》2021年3月11日）

➢ 全国人大代表刘妍清：在疫情防控中彰显司法担当

“面对突如其来的新冠肺炎疫情，人民法院在依法严厉打击涉疫犯罪，妥善处理民商事纠纷的同时，推进‘智能云上开庭’，积极开展送法进企业活动，有力维护了大局安全稳定。做好疫情防控工作，离不开司法的保驾护航。”全国人大代表、湖南兵器跃进机电公司科技开发部项目负责人刘妍清为人民法院抗疫工作点赞。

刘妍清表示，人民法院统筹疫情防控与审判执行主责主业，凝心聚力，共克时艰。以湖南省永州市两级法院为例，2020年，他们全力打击涉疫犯罪，依法审结暴力伤医、造谣传谣等涉疫情犯罪52件73人；利用自助立案、远程办案和监所视频提审，开展网上立案、开庭和在线调解案件总数超过2万件。她建议，人民法院要通过开展常态化法治宣传、公布典型案例等，让企业家们学法懂法、知法守法，提高风险防范意识，引导中小企业规范健康发展。

（来源：《人民法院报》2021年3月11日）

➢ 全国人大代表里赞：在基层社会治理中发挥巨大作用

全国人大代表、民革中央委员里赞表示，2020年11月，最高人民法院与香港特别行政区政府律政司在广东深圳签署了《关于内地与香港特别行政区相互执行仲裁裁决的补充安排》，他受邀参加了这次活动。通过这场活动，他对最高人民法院在全面依法治国战略布局下开展的具体工作有了更深入的了解。香港基本法制定以后，最高人民法院在积极推进"一国两制"实施中做了大量工作，体现了国家最高司法机关的主动担当和积极创新。

里赞说，近年来，全国各级人民法院与人大代表的沟通在不断加强。其所在的四川省高级人民法院和四川省成都市中级人民法院举办了一系列活动，经常主动邀请代表参与其中，并联合各民主党派和人大代表进行座谈，既体现了人民法院对人大代表意见建议的重视，又为代表履职提供了便利。

这几年，里赞多次参与法院系统尤其是基层法院在司法改革中的创新活动。"基层法院在诉源治理方面做了大量探索，在基层社会治理进程中发挥了巨大作用。"里赞说。

（来源：《人民法院报》2021年3月11日）

➢ 全国政协委员石红：用司法暖阳照亮扶贫之路

"近年来，湘西州法院系统把精准扶贫作为头等大事，充分发挥审判职能作用，提交了一份精准扶贫的精彩答卷。"全国政协委员、湖南省湘西土家族苗族自治州政协副主席石红表示。

石红说，人民法院充分发挥审判职能作用，依法快速审理基础设施建设、产业扶贫中发生的各种纠纷和涉及移民搬迁、征地拆迁、社会保障等行政诉讼案件，结合少数民族贫困地区实际情况积极开展民族特色巡回审判，为贫困当事人缓、减、免诉讼费580余万元，用司法的暖阳照亮了扶贫之路。

石红表示，在法院全体干警的身上，她看到的是敢教日月换新天的担当精神、不破楼兰终不还的攻坚精神、俯首甘为孺子牛的奉献精神。她要为他们点赞喝彩！

石红希望人民法院不断巩固脱贫攻坚成果，全面推进乡村振兴，为全面建设社会主义现代化新湘西开好局、起好步作出应有贡献。

（来源：《人民法院报》2021年3月11日）

➢ 全国人大代表伊彤：优化科技创新法治环境

全国人大代表、北京科学研究中心主任伊彤十分关注科技企业创新发展环境。通过与科技企业负责人座谈、走访企业等，她发现，我国目前的商誉环境存在一些问题：针对科技企业的商誉诋毁行为越来越多，并形成了公关利益链；大量长期存在的商誉诋毁行为，影响了我国科技创新的整体形象；商誉诋毁行为违法成本过低。

2020年全国两会上，伊彤带来了关于进一步完善商誉保护立法的建议，内容主要包括：针对法人名誉权等问题开展相关的配套司法解释工作，明确商誉保护的举证责任、过错标准、责任承担方式的具体内容；扩大反不正当竞争法中商誉侵权主体的范围，将现有的限于有竞争关系的经营者扩大至一般主体。

2020年4月，最高人民法院发布《关于全面加强知识产权司法保护的意见》，专门就举证责任作了明确规定，包括完善举证责任分配规则、举证妨碍排除制度和证人出庭作证制度，拓宽电子数据证据的收集途径，准确把握电子数据规则的适用，依法支持当事人的证据保全、调查取证申请等内容。2020年11月16日，最高人民法院发布《关于知识产权民事诉讼证据的若干规定》，对知识产权民事诉讼中问题较为突出的证据提交、证据保全、司法鉴定以及诉讼中的商业秘密保护等作出规定。

司法实践中不少人认为，不应当将存在竞争关系作为认定构成不正当竞争的必要条件。第四次全国法院知识产权审判工作会议指出，竞争关系并非认定不正当竞争或者提起不正当竞争之诉的条件。最高人民法院正在加快研究制定反不正当竞争法司法解释，将结合当前市场竞争发展实际，对上述问题作出明确和完善。

对于最高人民法院的答复，伊彤表示满意，并将答复内容反馈给相关企业。

此外，伊彤还关注到我国在知识产权专利纠纷方面存在诉讼周期长、专利长期处于不稳定状态、司法公信力受到挑战等问题。她告诉记者，今年两会带来了关于变更涉及侵权纠纷诉讼的专利权无效宣告程序的建议。

（来源：《人民法院报》2021年3月12日）

理论观点摘编

专题一：健全以人民为中心的诉讼服务制度体系

题目：《论公共法律服务与诉讼服务体系的制度协同》

作者： 杨凯

出处：《中国法学》2021 年第 2 期

摘要： 公共法律服务和诉讼服务体系近年来都在积极探索基层社会矛盾纠纷化解之道，但两种服务体系各自主导的纠纷解决机制在单独应对基层治理难题时，都面临着制度梗阻和运行机制不畅等问题，亟待通过制度协同方式来共同培育优化多元化纠纷解决机制。两种服务体系制度协同的理论基础在于其制度建构目标相同、化解纠纷环节相扣、服务供给标准相近。通过制度协同可促进两种服务体系纠纷解决机制协同运转，进一步整合政法公共服务资源，形成全覆盖的公共法律服务体系和社会矛盾纠纷化解关口有效前移的诉源治理体系。

题目：《新时代行政审判因应诉源治理之道》

作者： 章志远

出处：《法学研究》2021 年第 3 期

摘要： 诉源治理观嵌入行政审判过程之中，既是坚持党对人民法院工作绝对领导的政治体现和人民法院纾解行政审判工作困境的现实需求，也是中国特色行政审判制度从单纯权力监督制约模式转向兼顾权力互动模式的真实写照。在以有效调控行政诉讼增量为目标的政策参与型诉源治理格局中，人民法院通过扮演参与者和分流者角色追求诉讼的源头治理。在以根除行政争议产生土壤为目标的法治规范型诉源治理格局中，人民法院通过扮演主导者和裁判者角色追求诉求的源头治理。人民法院行政审判活动依法因应诉源治理理想局面的形成，尚需从行政诉讼法上诉讼目的条款内涵延展、诉前调解合法性补强、繁简分流程序规范、一并解决民事争议条款扩容、变更判决适用范围适度拓宽等方面予以推动，以加快行政审判制度全面融入法治一体建设的历史进程。

题目：《作为诉源治理机制的行政调解：价值重塑与路径优化》

作者：王聪

出处：《行政法学研究》2021年第5期

摘要：行政调解具有其他调解制度所不具备的独特比较优势，新时代国家试图使行政调解重现生机，发挥其作为常规性解纷机制的诉源治理功能。但囿于立法阙如、“诉讼中心主义”观念、“压力型维稳体制”等诸多因素掣肘，行政调解面临合法性不足、权威性流失等多重困境，行政机关在纠纷解决防线上整体退缩。为使行政调解摆脱制度困境，提升治理效能，应当重塑行政调解的价值，对其进行法治化重构，尽快制定行政调解法，明确调解范围、规范调解程序、提高调解协议效力、完善“三调联动”机制、推动调解社会化，促进政府与社会良性合作。这既是完善中国特色多元化纠纷解决机制的必由之路，亦是面向美好生活的应然之需。

题目：《诉源治理视域下人民法院参与社会治理现代化的功能要素和路径构建》

作者：杜前、赵龙

出处：《中国应用法学》2021年第5期

摘要：审判体系和审判能力现代化作为国家治理体系和治理能力现代化的重要组成部分，必然要求人民法院在立足审判职能的基础上主动参与社会治理，但对终端诉讼化解功能的过度依赖、矛盾纠纷多元化解协同功能机制性不足、社会秩序引导功能客观弱化等因素，影响人民法院参与社会治理现代化的实效性。社会治理作为对社会事务、社会组织、社会生活进行引导、规范的过程，社会治理现代化的三要素应当被赋予新的时代内涵，即合作协同的现代化治理理念形塑、多元共治的现代化主体格局搭建、社会治理的现代化保障方式支撑。面对日益复杂的矛盾纠纷，人民法院参与社会治理现代化的路径，应以“诉源共治—非诉化解—诉讼终结”矛盾纠纷化解体系的构建为进路，健全矛盾纠纷预防网络体系和“漏斗式”矛盾纠纷多元化解机制，从而形成人民法院参与社会治理现代化的新格局。

题目：《论优化司法确认程序》

作者： 刘敏

出处：《当代法学》2021 年第 4 期

摘要： 司法确认程序属于非讼程序，司法确认程序的价值取向在于满足当事人的多元解纷需求和实现司法效率；优化司法确认程序的目的在于引领、推动和保障非诉讼调解的发展。在民事诉讼程序繁简分流改革过程中，人民法院就优化司法确认程序进行了一系列探索，积累了一些实践经验。为实现司法确认程序的价值目标，我国有必要进一步优化司法确认程序。为此，我国应当完善司法确认程序启动方式，完善调解协议审查内容、审查方式以及司法确认裁定瑕疵救济程序，完善诉前调解制度以拓展司法确认程序的适用，完善审判质效指标体系以提升人民法院委派诉前调解和司法确认的积极性。

专题二：健全开放、动态、透明、便民的阳光司法机制

题目：《司法大数据在中国法院的应用与前景展望》

作者： 孙晓勇

出处：《中国法学》2021 年第 4 期

摘要： 人民法院积极适应信息技术革命，推动建立司法大数据管理和服务平台，在服务司法审判实践、提升审判管理质效、建立阳光司法机制、深化应用法学研究、助力科学决策等方面进行了积极有益探索。同时，司法大数据的应用也面临一些挑战，应进一步加强对数据的利用和管理，提升数据处理能力和数据质量，重视法律和数据技术复合型人才培养。未来的司法大数据应用，将秉持“服务司法实践、服务公众需求、服务社会发展”的理念，立足于提升司法大数据应用效能，朝着“使法院更健康，使法官更健康，使社会更健康”的趋势发展，在助力提升审判体系和审判能力现代化水平以及社会协同治理能力、优化社会治理模式方面发挥更大作用。

题目：《司法公信力的本质属性及其对评估指标的影响》

作者： 孟祥沛

出处：《政治与法律》2021 年第 12 期

摘要： 学者们对于“司法公信力”的含义和本质属性的解读可以归纳为

客观说、主观说和混合说三种类型。从文义解释、目的解释、我国国家性质的要求以及“司法公信力”一词的渊源等角度考虑，采用主观说较为妥当。司法公信力的主观属性决定了主观指标在司法公信力评估体系中的重要地位，司法公信力评估应当全部采用或者主要采用主观指标。司法公信力评估并不排斥客观指标的应用，但要把握好主次关系，防止客观指标的滥用和误用。基于司法公信力的主观属性，司法公信力评估的目的是了解“社会公众对司法信不信”，而不是“司法工作好不好”，司法公信力的高低是多元因素叠加影响的结果。

题目：《社会主义核心价值观融入司法裁判的机制研究》

作者：祖鹏、李冬冬

出处：《法律适用》2021年第2期

摘要：发挥司法裁判的价值引领功能，是人民法院践行社会主义核心价值观的重要途径之一。在审理个案纠纷时，社会主义核心价值观融入司法裁判是通过价值权衡的过程实现的。法官首先要开示法律规范自身的价值取向，然后通过开放性的裁判规则引入社会主义核心价值观，再结合个案情形，在两者之间进行价值权衡，进而得出符合社会主义核心价值观的裁判结果。

题目：《庭审直播是否影响公正审判？——基于西部某法院的实验研究》

作者：唐应茂、刘庄

出处：《清华法学》2021年第5期

摘要：本文采用实验方法，对西部某基层人民法院2020年11月所有庭审案件进行随机抽样，确定直播案件和不直播案件，构造庭审直播的实验组和对照组。在此基础上，本文对两组案件视频进行分析，测量反映诉讼参与人行为的客观指标（如语速和基频），比较直播组和不直播组诉讼参与人客观行为指标是否存在差异、差异程度如何。研究发现，在存在直播的情况下，当事人的语速显著放慢，法官和诉讼代理人语速则没有显著变化，而所有主体的基频（反映说话人音调高低）范围显著缩小。这些发现表明，庭审直播促使当事人在庭审中更加谨慎，减少所有主体在庭审中的极端情绪和行为；具有较多直播经验的法官和诉讼代理人则不会受到直播的过多影响。这都说明庭审直播没有对审判公正性造成干扰。

题目：《限度与深化：大数据在司法审判中的融合应用研究》

作者： 大数据在司法审判中的融合应用研究课题组

出处：《中国应用法学》2021年第2期

摘要： 大数据在优化审判能力、提升司法质效、推动司法改革、强化司法监督、服务社会决策等方面取得了明显成效，但是，由于思维理念、技术算法、规范建设、人才储备等多方面原因，也存在数据质量不高、应用成效不够、信息安全不强以及片面推崇技术万能主义等问题。对此，要坚持以维护法院审判主体地位为司法限度，坚持以工具主义定位及审慎理性推广为应用原则，让司法大数据在未来的融合应用进程中“有所为有所不为”，从数据质量、应用质效、信息安全、思维理念、技术算法、规范建设、人才培养等维度予以改进深化。此外，还应重点关注大数据在涉少数民族地区、重大公共事件（新冠肺炎疫情防控）、重大疑难复杂等特殊案件司法审判中的突出效用、存在问题以及发展前景，以期大数据在司法审判中得到更好的融合应用。

专题三：健全以司法责任制为核心的审判权力运行体系

题目：《院庭长监督特定类型案件的路径转型与程序优化》

作者： 卢祖新

出处：《人民司法》2021年第1期

摘要： 司法实践中，对院庭长监督权正当性的误读、审判权与监督权界限难以把握、监督权行使制度设计尚不完善等，导致院庭长履行特定类型案件监督职能面临困境。为破解这一困境，应以规范监督权运行程序为主线，以清单式管理方式，根据审判管理需求变化，合理拟定并细化监督案件范围，防止监督权异化为行政干预；遵循审判监督管理的效率原则，明晰和完善特定类型案件发现识别和审查机制，并根据案件类型特点制定差异化的监督方式。在配套机制方面应明确追责机制、强化信息留痕、建立标准化办案机制和完善院庭长办案制度，提升监督的整体效能，促成院庭长审判职能、监督管理职能的有机融合。

题目：《法官责任制度的双重逻辑与价值衡量》

作者：贺宁

出处：《法制与社会发展》2021年第1期

摘要：法官责任制度蕴含着“保障法官依法独立行使职权”的司法技术逻辑与“令人民群众满意”的政治逻辑，二者在某些案件中会呈现明显的张力。法院作为法官责任制度的实施主体，需要在双重逻辑之间进行价值衡量。法院为了追求安定和谐的治理效果，一方面，通过层级化管控使风险在组织内部降到最低，另一方面，当风险发生时，以政治理性优先的方式对法官进行问责处理。这样的做法不仅加深了法院治理的难度，还可能引发新的司法公信力问题，所以，需要通过完善法官声誉认同机制以及加强法院信息化管理与科层式管理之间的互动融合，适当调试法官责任制度的双重逻辑，以达致一种衡平的状态。

题目：《我国法官裁判责任的追究限度》

作者：郭延军

出处：《法学评论》2021年第4期

摘要：在追责语境下，裁判错误就是裁判违法。新修订的法官法缩小了对法官裁判错误的追责范围，这主要体现在将“重大过失”增加为追究过失裁判错误之法律责任的条件，但责任形式仍然包括宪法相关法责任和刑事责任。按照审判独立和审判监督平衡的原理，我国应进一步限缩法官裁判责任：一是对法官过失裁判错误的追责应以宪法相关法责任为限，不宜追究刑事责任；二是随着法官职业素质的提高和法官审判职业内外的活动得到有效监督，对法官过失裁判错误追究宪法相关法责任宜采取谦抑态度。

题目：《审判瑕疵责任追究的检视和优化》

作者：李琴

出处：《人民司法》2021年第31期

摘要：司法实践中的审判瑕疵内涵界定、评价指标、认定程序、结果运用等存在不同程度的混乱。审判瑕疵责任基础是瑕疵案，责任主体包括法官和合议庭成员、审判委员会委员、院庭长、法官助理等，瑕疵行为涵盖案件实体方面和程序方面。审判瑕疵评价指标设置应具有司法属性，删除事务性、技术性、法官不可控指标。强化案件瑕疵评查主体的专业性，保障责任主体的申辩、异议权，完善责任认定和追责机制。同时，可确立“一般问题”“一般瑕疵”“严重瑕疵”的瑕疵等级和对应责任形式，增强瑕疵责任配置的科学性。此外，注重发挥审判瑕疵责任评定的规范、指引作用，实现司法活动的规范性和司法监督管理的合理性。

题目：《论法官惩戒主体的中立性——以中立性的双重内涵为切入点》

作者： 白冰

出处：《法商研究》2021 年第 1 期

摘要： 合理确定法官惩戒主体，对法官惩戒制度的科学构建至关重要。法官惩戒主体的中立性具有双重内涵，即组织层面的机构中立与职能层面的控审分离。只有在组织层面和职能层面分别实现机构中立与控审分离，惩戒主体的中立性才有切实的保障。我国目前的法官惩戒委员会方案在机构中立上取得了重要成果，但在职能层面距离实现控审分离目标仍存在相当的差距。未来应当降低法官惩戒委员会的行政化色彩，法官惩戒委员会成员的来源应多元化，法官惩戒委员会的作用应实质化。

题目：《量刑自由裁量权的边界：集体经验、个体决策与偏差识别》

作者： 吴雨豪

出处：《法学研究》2021 年第 6 期

摘要： 在量刑规范化改革中，如何在赋予法官自由裁量权的前提下，将“案件由谁审理”这一因素所导致的量刑偏差控制在合理限度内，是理论和实务要解决的问题。一种可行的方案是，将法官个体的刑罚裁量与法官量刑集体经验进行对比，对靠近集体经验量刑的法官的自由裁量权采取肯定和尊重的态度，而对量刑显著偏离集体经验的法官的量刑决策进行识别并纠正其偏差。基于北京地区五类案件近 5 万份刑事判决书，对盗窃、诈骗、抢劫、故意伤害和交通肇事案件的刑罚裁量展开实证研究后发现：“案件由谁审理”这一变量能够解释 5%至 11%的量刑差异；大多数法官的量刑结果在集体经验附近浮动，只有少部分法官的量刑结果显著偏离集体经验；更有少部分法官在多个罪名的刑罚裁量中均出现量刑偏差。量刑结果显著偏离集体经验的法官应成为自由裁量权规制中重点关注的对象，尤其是在多个罪名的刑罚裁量中均出现偏差的法官。量刑自由裁量权的规制方案，彰显了大数据与算法在量刑规范化改革中的应用前景，在引入“算法的程序控制”理念的前提下，具有推广价值。

题目：《论同案同判拘束力的性质》

作者： 泮伟江

出处：《法学》2021年第12期

摘要： 同案同判的拘束力，指的是同案中前案对后案的拘束力。多数法律实证主义者认为，只有实证法规则具有规范拘束力，而同案同判并不具有法律上的拘束力，只有道德上的说服力。也有学者认为，同案同判是正确适用规则的自然效果，因此同案产生同判的拘束力，仅仅是一种认识上的假象。本文通过区分客观时间和内在时间，并在内在时间观的框架下理解同案同判的拘束力问题，认为同案同判的时间拘束力不是指在客观中立时间观的框架中“前案”决定“后案”，而是指在法律系统内部以之前/之后区分为基础的内在时间的认知图示中，将对已发生的“前案”的记忆和对尚未发生的未来“后案”的预期，作为决策条件而对当前个案裁判所形成的影响和制约。

题目：《类案检索在何种意义上有助于同案同判？》

作者： 孙海波

出处：《清华法学》2021年第1期

摘要： 类似案件应类似处理，是形式正义原则在司法裁判领域中的根本要求。实践中同案不同判的现象时有发生，案例指导制度设计的初衷就是要解决裁判不统一的问题。在司法责任制改革的背景下，类案检索机制是最高人民法院统一裁判尺度的新举措。它有助于法官发现可能的类案，然而真正具有实质相似性的类案依然取决于实践者的理性证成，类案检索并不能直接取代类案判断。类案参考性价值的发挥依赖于能否精准地提炼裁判规则，指导性案例的裁判规则受形式权威性和实质权威性的双重保证，其他普通类案裁判规则的规范性主要源自判决的实质正确性和合理性。对于检索到的指导性案例应当参照，其他案例所蕴含的裁判规则出现冲突时，宜交由法官综合考量加以定夺。类案检索仅在有限的意义上有助于同案同判，过分夸大这一机制的价值乃至将其神化的观点是不可取的。

题目：《类案裁判规则的规范化与标准化探究》

作者： 许娟、苗运卫

出处：《中国应用法学》2021年第3期

摘要： 类案裁判的推行，旨在统一法律适用标准和规范同类案件裁判尺度。在司法实践中类案裁判面临着类案检索、比对参照和智能辅助方面的挑战。解决问题需要就类案裁判规则的规范化、标准化进行研究。规范化规则分为规范检索范围与步骤、规范分析角度与工具、规范异议讨论机制。本文通过探索规范化规则，提出构建标准化规则的对策建议，包括类案检索中的案例筛选和分类规则、比对参照中的比对方法和因素考量规则、智能辅助中的理念梳理和机制构建规则。

题目：《类案裁判的适法标准和规范机制研究》

作者： 北京市第三中级人民法院课题组

出处：《中国应用法学》2021年第3期

摘要： 类案裁判规范化、标准化建设对于统一法律适用，克服“类案不同判”现象的发生具有重要意义。参考西方区别技术理论的类案识别方法论，即类案识别三步法是类案识别的初步机制，类案裁判标准化建设以类比论证为基础，以类案识别思维导图为具体实现路径。预防—识别—发现—决策—反馈—纠正全流程机制系实现类案裁判规范化的依托机制。智慧法院信息化建设则是类案裁判规范化、标准化的技术保障。探索构建全国法院类案大数据统一平台势在必行。

题目：《死刑案件量刑阶段的轻刑推定原则》

作者： 姚莉

出处：《中国法学》2021年第2期

摘要： 在死刑量刑程序中，由于无罪推定原则失去了适用的前提，使得一系列程序保障和证据规则缺乏继续存在的基础。但死刑案件在量刑阶段的轻刑推定原则，可以防止量刑权的滥用，保障量刑中立，并为量刑问题上的疑点分配提供指南。尤为重要的是，轻刑推定原则有助于在死刑程序中建立一套以量刑程序为中心的程序正义理论。

专题四：完善人民法院组织体系和机构职能体系

题目：《跨行政区划法院改革的合宪性制度通道》

作者： 程雪阳

出处：《法律科学》2021年第4期

摘要： 开展跨行政区划法院改革探索对于完善我国的司法制度意义重大。从合宪性分析和制度落实的角度来看，我国现行宪法所建立的专门人民法院制度可以为这一项改革提供有效的制度通道，因此，人民法院组织法应当通过专门人民法院制度来落实中央所确定的改革目标，而不是径直在该部法律中增加跨行政区划法院这一新的法院类型。当然，目前的专门人民法院制度与实践并不完全符合现行宪法的规范要求，因此应当着力从合宪性角度对其进行理论反思和制度完善，并以此为基础来完善我国的专门人民法院制度。

题目：《互联网法院案件管辖范围的优化方案》

作者： 姜颖、李文超

出处：《人民司法》2021年第19期

摘要： 互联网法院案件管辖范围是由《最高人民法院关于互联网法院审理案件若干问题的规定》确立的。从当时情况看，北京和广州互联网法院还未设立，究竟哪些案件适合在线审理、哪些案件具有规则意义，还有待实践检验。当前，从推动网络空间治理法治化的设立目标看，一方面，互联网法院从设立起即从便民诉讼角度，审理了一大批适宜在线审理的简单案件；另一方面又从规则之治层面，就许多具有依法治网意义的新类型案件作出了示范性裁判。但仍存简易批案过多挤占司法资源，专业性、技术性较强的规则案件偏少，案件管辖范围不清晰，司法统计不够科学合理等实践问题，亟须建立起以互联网特性突出、专业性强、技术性高的案件为主体的管辖范围，从而推动互联网法院所辖案件由“大而全”向“专而精”发展，在更高层面、更专领域、更新赛道发挥作用。

题目：《中国国际商事法庭建设发展路径探析》

作者： 张新庆

出处:《法律适用》2021 年第 3 期

摘要: 一个国家国际商事法庭的建设发展，离不开本国固有的历史背景、文化底蕴、经济社会现状和国家发展规划。本文以当前有关国家国际商事法庭发展状况为背景，从国家驱动、国家资源和国际合作三个层面，探讨各国建设实践的得与失，反思当前学术界简单拿来主义倾向，提出深化研究我国国际商事法庭建设的内涵式发展路径。

题目:《中国国际商事法庭管辖权研究》

作者: 朱怡昂

出处:《法律适用》2021 年第 7 期

摘要: 在各国争相建立国际商事争端解决机制的背景下，世界竞争格局正在形成，管辖权的扩张是提升机构竞争力的有利前提。囿于国际商事法庭的设立依据以及设立初期的保守规定，我国国际商事法庭的管辖权存在诸多不足。国际商事案件的正确认定是国际商事法庭国际本位回归的先决条件，或为“一带一路”国际投资争端的解决提供可行路径。最低诉讼标的额、实际联系的取消可以取得公信力、影响力以及资源置换的倍增效应。提级管辖权作为设立初期的主要受案依据，规范的行使标准以及对当事人程序权利的保护可以为国际商事法庭的发展奠定良好声誉。

题目:《行政法院的中国试验——基于 24 万份判决书的研究》

作者: 马超、郑兆祐、何海波

出处:《清华法学》2021 年第 5 期

摘要: 长期以来，来自地方政府的不当干预被认为是中国行政诉讼举步维艰的重要原因。为克服这一困扰，党的十八届四中全会以后，最高人民法院探索由刚刚从铁道部转隶并相对独立于地方政府的铁路运输法院承担部分行政审判任务。这一举措可视为建立“行政法院”的试验。本文通过 2015 年至 2019 年全国法院 23.8 万份一审行政判决书，以原告胜诉率为指标，对这一改革的实际效果进行评估。与描述性统计呈现的初步印象相反，铁路法院改革取得了一定成效。进一步多层次回归分析显示，审判结果因法院级别和被告级别而异。具体来说，铁路基层法院相较同级普通法院能够更好地保护原告权益，铁路中级法院整体效果并不显著；在面对行政层级比自身更高的被告时，两者均未表现出相对于同级普通法院的优势。这一结果表明，改革法院管理体制可以在一定程度上改善行政审判状况，但改革效果仍然受制于法院在国家治理体系中所处的位置。

题目：《论“中央事权—省级统管”模式及完善》

作者： 蒋惠岭

出处：《政法论丛》2021 年第 3 期

摘要：“中央事权—省级统管”是当前司法改革中正在建设的司法体制新模式，涉及国家结构、事权划分、权力实现方式、司法规律等重大理论问题，也涉及司法改革的政策、实施等操作性问题。我国单一制的国家结构决定了司法权的中央事权属性，但终因司法权的实现方式与事权属性不相匹配而引发不少误解，需要澄清。同时，可以考虑将“省级统管”升级为“两级分管”，即中央管理最高人民法院和高级法院，省管理中级法院和基层法院，以实现公正独立行使审判权的最佳效应。

题目：《行政诉讼管辖改革指导思想的实践创新》

作者： 韦冉

出处：《中国应用法学》2021 年第 4 期

摘要： 我国行政诉讼管辖改革的主要任务是防止地方政府对当地法院特别是基层人民法院审理行政案件进行不当干预，其主导思想是实现司法管辖与行政区划的适度分离。近几年，由于社会政治经济迅速发展变化，行政案件数量审级分布倒挂严重、行政争议实质性化解与管辖设计存在内在矛盾、基层审判组织趋向弱化等问题日益突出。2021 年 3 月，最高人民法院发布《关于正确确定县级以上地方人民政府行政诉讼被告资格若干问题的规定》和《关于办理行政申请再审案件若干问题的规定》，实质上已着手对行政案件管辖制度进行完善。行政诉讼管辖改革指导思想需要更新，推动司法管辖向行政区划和基层法院适度回归进行转变。这种回归，适应改革新形势新任务，有利于优化四级法院职能定位和审级制度，有利于提升实质性化解行政争议能力，有利于实现地方人大权力完整性。新的管辖改革指导思想，可以考虑在异地管辖改革中保留选择管辖的权利，将中级法院管辖的简易程序案件交由基层法院管辖，并有限恢复行政案件下移管辖制度。

题目：《行政案件集中管辖制度的比较分析与模式选择》

作者：郭娟

出处：《中国应用法学》2021 年第 4 期

摘要：从 2013 年开始，全国部分地区开始试点行政案件的集中管辖制度。从六年多的试点工作来看，各地做法不一，出现多种集中管辖模式。其中普通法院集中管辖模式最常见。行政案件集中管辖制度虽然是行政案件管辖的重大突破，去除了行政诉讼的主客场弊端，最大限度地保证了行政诉讼的去行政化、去地方化，但是无论采取何种集中管辖模式，都会出现集中管辖法院的审判压力增大、非集中管辖法院行政审判职能的弱化、法院司法成本与当事人诉讼成本的增加的共性问题。在选取集中管辖法院时，要对员额法官办案系数、一审行政案件数、行政审判能力、交通便利程度进行综合考量；在具体措施上，要创新行政审判工作新机制、在人财物上对集中管辖法院适当倾斜。

专题五：健全顺应时代进步和科技发展的诉讼制度体系

题目：《奋力推进互联网司法行稳致远》

作者：刘峥

出处：《人民司法》2021 年第 13 期

摘要：近年来，最高人民法院顺应时势之变，将司法体制改革和智慧法院建设作为法院工作发展的“车之两轮、鸟之双翼”，加快推进智慧审判、智慧执行、智慧服务、智慧管理建设，互联网司法建设取得了长足进步，不仅得到广大人民群众和司法人员的接受与认可，也在世界范围内产生了积极影响和广泛认同。前不久，中央发布的《法治社会建设实施纲要（2020—2025年）》提出要完善“互联网+诉讼”模式，将加强网络空间治理和互联网司法建设提升到国家战略层面作出部署，互联网司法建设适逢前所未有的发展机遇。互联网司法建设是一项系统工程，目前，还需要夯实技术基础、强化系统集成、创新工作机制、明确诉讼规则，推动互联网司法实现新的跨越。一是清晰划定技术应用的边界。二是构建互联网案件专门化审判格局。三是进一步夯实信息化建设基础。四是健全复合型司法人才培养模式。

题目:《互联网法院异步审理模式与直接言词原则的冲突与协调》

作者: 陶杨、付梦伟

出处:《法律适用》2021年第6期

摘要: 异步审理模式作为新兴“互联网+”审判模式，构成了对传统诉讼理论的挑战。从表面上看，突破庭审同一时空维度限制的异步审理模式与强调法官亲历、证据原始、口头辩论、对席审判的直接言词原则存在冲突。但就直接言词原则设立的深层次价值取向而言，如果异步审理模式在合理限度内发挥其效用，二者间的矛盾就并非不可调和。正确看待异步审理模式与直接言词原则的关系，探索异步审理模式的适用边界与完善路径，对于减少诉讼活动的程序性障碍，平衡司法裁判公平、效率的两大价值追求，具有深远意义。

题目:《互联网法院的审理模式与庭审实质化路径》

作者: 自正法

出处:《法学论坛》2021年第3期

摘要: 互联网法院作为网络思维、网络技术与现代司法深度融合的产物，不仅有效提升了网络纠纷解决的效率，便利了诉讼参与人，而且开启了网络纠纷治理的专业化与法治化之路。考察三地互联网法院的审理方式可知，现行审判方式存在两种模式，即同步审理模式与异步审理模式，两者在案件处理类型、庭审方式、证据交换等方面存在差异，但是否意味着摒弃了以庭审为中心的审判方式呢？以调查问卷、实地调研所采集数据为研究基础，通过STA－TA多变量逻辑回归模型分析可知，互联网法院审判网络案件应坚持以庭审为中心，采取“简案简审、繁案精审”。对于简单的网络纠纷案件，可采用异步审理模式简易、快捷地审结案件；对于重大、疑难、有争议的网络纠纷案件，且当事人选择使用同步审理模式进行的，应坚持以庭审为中心，调整庭前会议与庭审之间的关系，强调事实调查在网络法庭、证据展示在网络法庭、裁判说理在网络法庭，要求关键证人和鉴定人出庭等，实现有限司法资源的最优化配置。

题目:《互联网刑事案件管辖制度研究》

作者: 田圣斌

出处:《政法论坛》2021年第3期

摘要: 随着互联网技术的发展,"互联网+"与其他产业深入融合,很多新兴事物、新营销方式不断出现。互联网技术的发展推动了现代社会经济发展与社会进步,然而也产生了负面效应,衍生出如网络毒品犯罪、色情犯罪、电信诈骗、洗钱等犯罪行为。这些犯罪行为因互联网传播范围广、证据收集难、受害者众多等因素,对传统管辖制度是巨大的挑战。在互联网时代,传统刑事管辖制度已无法满足互联网现实需要,正确处理互联网犯罪案件管辖冲突,应确定以实际危害优先、兼顾司法效率的原则,同时应加强国际司法合作。

题目:《刑事远程审判的实践样态与理论补给》

作者: 陈卫东、崔永存

出处:《中外法学》2021年第6期

摘要: 历史沿革和实证数据表明,刑事远程审判的发展具有一定的内生性和自主性,其应用前景可期;其案件覆盖能力和程序延展空间可观,但应用对象以简单、认罪案件为主,程序适用上以低成本程序为主。在历经十余载的自主探索和一年多的应激适用后,刑事远程审判形成了具有初步模式化特征的实践样态,取得了一些积极成效,但也暴露出"权力导向"的结构偏恃和关乎程序正当性的诉讼纷争。庭审方式的变革虽已触及诉讼程序内核,但刑事远程审判的主体运行框架依然是传统的诉讼规则体系,与之相匹配的远程诉讼程序规则亟待建立。在梳理和总结刑事远程审判的实践样态、特征与运行规律的基础上,应当及时完成理论补给,包括明确程序定位、强化法律规制,以缓解实践、制度与理论之间的割裂、紧张关系。

题目:《后疫情时代的在线诉讼:路向何方》

作者: 左卫民

出处:《现代法学》2021年第6期

摘要: 在后疫情时代,在线诉讼的实践运行样态较疫情发生初期显现出较大变化。实证考察发现,其主要表现为适用率整体下降、适用范围相对缩小，阶段型适用模式逐渐取代原有全流程型为主导的适用模式等。由此可见，在线诉讼的适用深受疫情形势变化的影响，当疫情趋于缓和时，在线诉讼的适用率便开始缩减。据此，我们易将在线诉讼仅视为配合疫情防控需要的权宜之计，但事实上，在线诉讼实践的效果性及运行机制的完整性都决定了其本身所具有的独立性，这在一定程度上意味着其可能成为未来司法实践中的主流。至于我国在线诉讼的远景，或许不应采取域外学者认为的颠覆性进路，而应当以司法实践者的需求为导向并始终秉持一种积极、审慎的态度，在不断试错的基础上稳步前进。

题目：《刑事在线庭审的实践观察、法理检视和规则修缮》

作者：余剑、潘自强

出处：《人民司法》2021年第25期

摘要：《人民法院在线诉讼规则》对刑事在线诉讼的适用范围、诉讼环节进行了较为严格的规定，同时也为实践留出了探索的空间。刑事在线庭审的价值主要在于提高审判效率和保障庭审安全，同时也要正视在线庭审对刑事诉讼参与各方的权利减损、对直接言词等正当程序的挑战、庭审仪式感和庭审教化功能的弱化等方面的质疑。有鉴于此，需要对刑事在线庭审的实践探索进行总结，找寻刑事在线庭审的价值意蕴和合法性基础，通过反复检视在线庭审的诉讼效率与刑事审判的诉讼正义之间的价值追求，进一步探究和完善刑事在线庭审的适用范围及庭审规则。

题目：《电子诉讼中的证据偏在及其破解进路》

作者：王从光

出处：《法律适用》2021年第5期

摘要：电子诉讼是信息技术不断发展的产物。信息技术助力电子诉讼的同时，不仅加剧了电子诉讼的结构性偏在，还衍生出电子诉讼的知识性偏在。尽管电子诉讼的本质依然是诉讼，但忽视电子诉讼证据偏在的新意涵，不仅会阻碍电子诉讼的顺利推行，还背离电子诉讼的设立本旨。当前，针对电子诉讼证据偏在的理论应对主要包括文书提出义务、证明责任减轻、证据开示义务等方案。但这些方案与现有法律制度及司法实务均存在抵牾之处。这一困境的破解应立基于事案解明协力理论，回归电子诉讼及其证据来源本身。

从实质解释主义的视角，电子化证据可适用强制性协力的文书提出模式，电子数据则适用自愿性协力的证据提出模式，这不仅可以弥合现有法律制度的不周延之处，也可在辩论主义基本程序法理基础上确保电子诉讼行稳致远。

题目：《疫情防控常态化背景下民事电子诉讼制度之完善》

作者： 李经纬

出处：《法律适用》2021 年第 5 期

摘要： 电子诉讼将民事诉讼行为的场域由传统法院的实体物理空间迁徙到线上，进而改变了部分民事诉讼行为的方式，但并未重构民事诉讼基本理论及规则。疫情防控常态化背景下，牢牢把握互联网技术为民事诉讼实践创新带来的机遇，全面推广和完善电子诉讼方式，已经成为众望所归、大势所趋的选择。本文致力于论述如何打通电子诉讼运行实践中的程序阻滞点；完善电子诉讼场域下当事人的诉权保障措施；利用电子诉讼公开化及司法数据集约化优势建立纠纷预防机制，以期对电子诉讼功能的更好发挥有所裨益。

题目：《电子送达当事人同意原则的检视与完善》

作者： 韩学艳、王旺

出处：《人民司法》2021 年第 25 期

摘要： 当事人同意原则承载着协调技术与司法、程序效益与程序公正的使命，是包括电子送达在内的在线诉讼的基本原则。传统诉讼背景下的当事人同意原则是静态的、封闭的，不能兼顾不同在线诉讼形式程序保障要求的差异，造成电子送达实践与当事人同意原则脱节甚至背离。构建体现动态平衡理念的当事人同意原则，是常态化推进电子送达的必然选择，主要内容是根据不同在线诉讼形式的程序保障需求，动态调整诉讼效益与程序公正之间的关系，方式是从事前同意向事后异议转变，基础是建设统一电子送达平台、赋予法官自由裁量权、完善异议机制建设等。

题目：《中国特色审级制度的形成、完善与发展》

作者： 何帆

出处：《中国法律评论》2021 年第 6 期

摘要： 本文以审级制度改革为例，结合此次四级法院审级职能定位改革试点，归纳建构审级理论的中国视角，梳理四级两审制的形成和完善过程，在回应相关问题的同时，提出深化审级制度改革的新战略，展望中国特色审级制度的发展前景。

题目：《我国四级法院审级职能定位改革的规范与技术进路》

作者： 梁平

出处：《政法论丛》2021 年第 6 期

摘要： 2020 年 8 月 20 日全国人大常委会授权最高人民法院开展四级法院审级职能定位改革试点，其中，“四级法院审级职能定位”属于新提法，是法院审级与法院职能的组合，大体上包括初审管辖权配置、几审终审制、事实审与法律审等方面。应当在科学界定各级法院职能的基础上，综合考量当事人权利救济、诉讼机制社会效用、司法效益最优配置等因素，针对各层级法院各审级的案件分布不合理状况，对审级制度以及案件审理机制进行改革。具体可分为规范进路和技术进路两种方式，前者是通过修改基本法律规范来推进和巩固改革成果，后者则是最高人民法院在基本法律框架内进行技术性调整，基于法律规范的相对稳定性，适宜采取“技术—规范”的改革进路，实现四级法院职能在理论应然、法律规范、司法实践这三个维度上的高度统一。

题目：《我国四级法院审级职能定位改革的发展方向》

作者： 宋朝武

出处：《政法论丛》2021 年第 6 期

摘要： 四级两审制的法院体系设计契合我国的实际国情，实现了公正与效率的适度融合，有效地推进了诉讼分流与资源配置的合理展开。然而，平行式的柱形结构存在未能妥当实现法院职能分层的制度性缺陷。有必要汲取现代国家的法院审级制度建构原理，重新定位四级法院的审级职能，构筑金字塔型的四级法院审级结构。在推行四级法院审级职能定位改革的过程中，应当坚持实现四级法院职能分层、合理配置司法资源和重大改革于法有据的基本原则。最高人民法院应当转换角色，督促落实下放第一审民事行政案件管辖权、完善提级管辖制度、改变当事人申请再审原则、强化最高人民法院的统一适用法律功能等多项内容，推动改革的深度发展。

题目:《繁简分流改革背景下的民事诉讼程序设置研究》

作者: 王韶华、李军波

出处:《中国应用法学》2021年第4期

摘要: 现行立法中，民事一审诉讼程序采取“简易程序—普通程序”二元模式，其中普通程序起到了通则作用。新修订的民事诉讼法虽然规定了小额诉讼程序，但作为简易程序项下的“更简”模式，仅有一个条文。随着人民法院二十余年繁简分流程序制度改革的推进，各类民事一审诉讼案件占比发生了很大变化，简易程序、小额诉讼程序大大挤占了普通程序适用空间，普通程序的适用比例甚至低于简易程序项下的小额诉讼程序。“简易程序—普通程序”二元立法模式已不能适应司法实践之需求，重构小额、简易、普通三者并列的民事一审诉讼程序，实现简易、小额诉讼的“普通化”，普通程序的“特别化”，同时架构“分流、调解、速裁、精审”有机衔接工作机制，对推动建设分层递进、繁简结合、衔接配套的繁简分流制度具有重要制度意义。

题目:《小额诉讼程序救济方式的反思与重构》

作者: 李浩

出处:《法学》2021年第12期

摘要: 我国的小额诉讼程序长期处于法官不敢用、当事人不愿用的状态，一审终审后败诉方只能以申请再审的方式寻求救济是造成该程序被虚置的主要原因。在民事诉讼程序繁简分流改革试点中，小额案件的标的额标准大幅度提高，小额诉讼程序的适用率大为提升，以判决方式处理小额案件的数量明显增多。为解除法官与当事人对适用小额诉讼程序的后顾之忧，使该程序真正得到这两种诉讼主体的认同，有必要在本轮民事诉讼法修改中调整该程序的救济方式。宜将申请再审的救济方式改为赋予不服裁判的当事人向原审法院提出异议的权利。在当事人提出异议后，由原审法院组成合议庭适用普通程序对案件重新审理并作出裁判。

题目:《繁简分流改革视域下完善小额诉讼程序研究——以N市与S市试点法院为重点》

作者: 李浩

出处：《当代法学》2021年第4期

摘要：为解决小额诉讼程序适用率长期低迷的问题，民事诉讼程序繁简分流改革试点将完善小额程序纳入改革的范围。民事诉讼法规定的适用方式是法定适用，适用率的高低取决于法定适用的状况。法定适用率低的主要原因在于基层法院法官担心一审终审的小额程序会带来涉诉信访。在各项改革措施的综合作用下，法定适用率有了明显的提高，但当事人合意适用的状况依然不理想。小额案件的金额标准大幅度提升和小额案件的程序进一步简易化后，应当更加重视对当事人的程序保障。改变败诉当事人只能通过审判监督程序寻求救济的做法，赋予当事人更有效的救济手段，才能够从根本上解决法官不愿意依职权适用和当事人不愿意合意适用的问题。

题目：《民事速裁程序构建原理——兼及民事诉讼繁简分流改革的系统推进》

作者：吴英姿

出处：《当代法学》2021年第4期

摘要：最高人民法院早有把速裁程序建设为一种独立的诉讼程序的意图。但现有改革思路未能跳出简易程序的框架，且囿于现行法的规定，速裁程序的独立性尚未证成。独立速裁程序正式制度化的前提，是揭示其不同于简易程序的本质特征。速裁程序与略式程序有很高的适配性。可运用略式程序基本原理，以当事人对实体问题没有争议为前提，在审理程序、裁判效力性质、程序保障及救济途径等方面构建独立的速裁程序规则。以速裁程序构建为抓手，系统推进民事诉讼繁简分流改革，有助于提高改革的系统集成效应。

题目：《扩大独任制适用范围改革试点的主观认知分析——以1631份问卷调查为样本》

作者：四川省成都市中级人民法院课题组

出处：《人民司法》2021年第16期

摘要：为深化民事诉讼制度改革，推进案件繁简分流、轻重分离、快慢分道，经全国人大常委会授权，2020年1月中旬最高人民法院启动了民事诉讼繁简分流改革试点。其中，扩大独任制适用范围改革试点，是对我国现行审判组织模式的一次重大改革，对法官审判习惯、当事人诉讼方式、相关理论研究都会产生较大影响。四川省成都市中级人民法院作为试点法院之一，就独任制改革的相关问题针对多方主体进行了问卷调查。本文以此次调查中收回的1631份有效问卷作为样本，分析把握各主体对独任制改革的主观认识，为改革试点规则的制定提供参考意见。

题目:《知识产权民事诉讼程序繁简分流改革的实践检视及完善路径——以南京法院知识产权审判实践为样本》

作者: 姚志坚、柯胥宁

出处:《人民司法》2021年第19期

摘要: 近年来，随着我国创新驱动发展战略的实施与民众知识产权保护意识的增强，法院审理的知识产权诉讼案件数量持续增长，法官人均办案压力不断增加，案多人少的矛盾在知识产权审判领域十分突出，知识产权维权诉讼周期长问题已经成为影响司法保护效果的重要因素。2019年，习近平总书记在中央政法工作会议上指出，要深化诉讼制度改革，推进案件繁简分流、轻重分离、快慢分道。为贯彻落实习近平总书记重要指示精神，同年12月，全国人大常委会授权最高人民法院在部分中基层法院和专门法院开展民事诉讼程序繁简分流改革试点。在此背景下，有必要对知识产权审判领域开展繁简分流改革的制度价值与实践成果进行评估，分析问题并进一步探索完善路径。

题目:《行政诉讼繁简分流的制度逻辑》

作者: 章志远

出处:《东方法学》2021年第5期

摘要: 从法定的行政诉讼简易程序设计到行政诉讼繁简分流改革，中国特色行政审判制度展现出自我完善的司法品格。作为实现简案快审、繁案精审诉讼格局的基本理念，行政诉讼繁简分流是司法践行创新社会治理要求、回应行政争议实质性化解社会期待、优化行政审判资源科学配置的必然选择。行政诉讼繁简分流的规范构造既包括简易程序改造和繁案精审补强等存量制度的优化，也包括诉前分流机制增设、案件繁简分流标准厘清、简案快审程序增设和标准诉讼采行等增量制度的规范。行政诉讼繁简分流改革要处理好程序简化与诉权保障、诉讼改革与绩效评价之间的辩证关系，实现诉讼制度改革在法律属性与政治属性间的平衡。

题目：《认罪认罚从宽的类型化与制度体系的再梳理》

作者：施鹏鹏

出处：《比较法研究》2021年第5期

摘要：“认罪认罚”在实体法、程序法、证据法及恢复性司法等不同的论域中具有不同的理论意涵，具体而言，可区分为四种不同类型的认罪认罚从宽，分别为：刑事实体法层面的认罪答辩、程序简约化层面的认罪答辩、作为证据补强的认罪答辩以及被告人与被害人的刑事和解。我国的认罪认罚从宽制度事实上将“认罪”作为程序繁简分流的唯一关键要素，而未区分程序面向的认罪认罚从宽和实体面向的认罪认罚从宽。这导致立法、理论与实践出现了不同维度的混同。实践表明，程序面向的认罪认罚有进一步完善的空间，实体面向的认罪认罚作为程序机制意义不大，协商性司法是重要的繁简分流程序机制，但并非唯一，可考虑设立更多类型的特殊程序，提高诉讼效率，节约司法资源。

题目：《法官参与认罪认罚案件具结活动的模式和法律制度前瞻》

作者：赵恒

出处：《政治与法律》2021年第1期

摘要：在认罪认罚从宽制度深化适用的背景下，探索法官参与控辩双方具结活动的改革方案，不仅可以产生多维的法治价值，而且已经具备现实的试点基础。在域外，部分国家和地区对于法官介入认罪协商的态度，经历了从反对到支持的转变过程。这可以为我国开展有关工作提供有益的借鉴。未来一段时期，我国在总结试点探索经验的基础上，有必要建立健全法官参与认罪认罚案件具结活动的规范方案，其基本思路是采取二元进路的方式，区分对待法官在审前、审判阶段具结活动中的权能地位，并辅之以司法责任制度、值班律师制度、证据开示制度、集中具结与视频具结制度等配套措施。

题目：《论我国量刑协商机制的非对称性问题》

作者：陈文聪

出处：《法学论坛》2021年第6期

摘要：量刑协商机制的确立，是认罪认罚从宽制度得以实施的重要保障。但这一机制存在着明显的非对称性问题，这不仅表现在检察机关的诉讼地位、协商能力和所掌握的信息具有绝对的优势，还表现在检察机关可以对法院判决施加更强大的影响力。这种非对称性问题的形成，具有多方面的原因，主要包括检察机关的特殊诉讼地位，认罪认罚从宽制度对诉讼双方的内在激励机制存在明显不足，被追诉人的诉讼主体地位难以得到保障，以及实体法对司法人员的宽缓量刑幅度存在较大的限制。要解决这些问题，就需要对法律援助制度、量刑协商方式、被追诉人诉讼地位等方面，作出一些必要的变革。

题目：《认罪认罚从宽制度中的诉辩关系》

作者：魏晓娜

出处：《中国刑事法杂志》2021 年第 6 期

摘要：中国刑事诉讼中的诉辩关系由职权主义原则所塑造，并以控辩平等原则为缓冲。认罪认罚从宽制度引入控辩协商因素后，对控辩平等提出了更高的要求。作为子系统的认罪认罚从宽制度与作为其生存环境的刑事诉讼母系统之间，由于主导原则的不同，两相掣肘，导致认罪认罚从宽实践中诉辩关系有时会发生变形。我国刑事诉讼制度追求法律适用的统一性，据此建立全面的上诉制度，被告人享有几乎不受限制的上诉权。认罪认罚从宽案件追求个案处理的妥当性，客观上要求对上诉审查施加一定的限制。由于引入认罪认罚从宽制度并未相应改变上诉制度，实践中出现被告人滥用上诉权的现象，检察机关形成以抗诉应对上诉的共识与行动，出现诉辩冲突的表象。治理被告人滥用上诉权，不建议直接限制被告人的上诉权，未来可以通过立法修改，加大上诉风险，促使被告人谨慎上诉。

题目：《认罪认罚案件中的控审冲突及其调和》

作者：韩轶

出处：《法商研究》2021 年第 2 期

摘要：在认罪认罚从宽制度全面推行之后，由于检察机关与审判机关对 2018 年刑事诉讼法第二百零一条的规定存在不同的解读，因此引发了认罪认罚案件中的控审冲突。以近年来认罪认罚案件中出现的 60 个一审和二审控审冲突判例为样本进行分析，可以发现检察机关与审判机关的主要争议点是量刑协议是否从宽幅度过大。虽然审判机关在整体上对检察机关的量刑建议具有一定的容错性，但是当一审审判机关未采纳量刑建议时，检察机关与审判机关就有可能发生冲突。认罪认罚案件控审冲突的背后，存在着检察机关与审判机关在刑事诉讼中的价值选择和地位之争。正视认罪认罚从宽制度的激励性规范价值，坚持和维护以审判为中心的诉讼制度改革，保持国家求刑权的谦抑、慎用精准量刑建议和抗诉，加强控审机关的对话、提升量刑建议的说理性，是符合认罪认罚从宽制度逻辑的调和控审冲突的思路。

题目：《认罪认罚从宽制度中法检权力的冲突与协调》

作者：陈明辉

出处：《法学》2021年第11期

摘要：现行刑事诉讼法第二百零一条对认罪认罚从宽制度的设计，在诉讼法学界引起了巨大争议。相当一部分学者认为刑事诉讼法第二百零一条要求法院“一般应当采纳”检察机关量刑建议的规定，导致检察机关侵犯了法院的审判权。也有不少人认为，检察院的量刑建议没有侵犯法院的审判权。从我国宪法、人民法院组织法和人民检察院组织法的规定来看，检察权包括了公诉权和法律监督权两方面的内容，刑事审判权则包括定罪权和量刑权这两项核心权能。量刑建议最初只是检察院改进公诉方式的一道工作程序，但在认罪认罚从宽制度中，量刑建议转变为对法院具有约束力的权力。对此，有必要对“一般应当采纳”条款进行合宪性限缩，准确界定量刑建议对法院的约束力载体。法检机关可充分利用“互相配合”原则，在工作制度和工作方式上协调法检关系，让量刑建议无须权力化也能取得良好效果。

题目：《强制辩护制度之类型化分析与本土化实践——以认罪认罚从宽制度为切入点》

作者：刘奕君

出处：《当代法学》2021年第6期

摘要：强制辩护制度是国家对特定范围内的被追诉人获得律师帮助权的保障，主要针对“经济困难”“量刑标准”“行为能力缺陷”“缺席审判”“简易程序”五种情况而设。在认罪认罚从宽案件中落实强制辩护制度，可以保障被追诉人认罪认罚的自愿性，增强被追诉人的协商能力，弥补检察官客观义务之局限，巩固“对抗+审判”的诉讼结构，以及防范协商性事实错误。认罪认罚案件中强制辩护的实现应以值班律师为主体，强化值班律师作为辩护人的职能定位，明确值班律师享有会见权、阅卷权等基本权利，允许值班律师转换为委托辩护人或法律援助辩护指定律师。

题目：《刑事辩护全覆盖制度应然状态及其实现途径》

作者：周玉华

出处：《中国刑事法杂志》2021 年第 6 期

摘要：刑事辩护全覆盖是维护刑事司法公正的重要举措。法律援助法由十三届全国人大常委会于 2021 年 8 月审议通过，该法为刑事辩护全覆盖创造了有利条件。对国际司法文件和域外法律援助立法的考察，发现刑事辩护全覆盖的应然状态有三个特征：程序上要覆盖审判前、审判中、审判后全阶段；对象上不仅包括犯罪嫌疑人、被告人，也包括受害人、证人等；适用罪名上应尽量涵盖所有罪名，或者至少涵盖可能判处三年以上有期徒刑的重罪。近年来，法律援助事业发展态势良好，对象逐渐扩大，主体和援助方式逐渐增多，经费增速明显，但由于起点较低，目前与刑事辩护全覆盖应然状态相比较，在覆盖的诉讼阶段、覆盖的对象、犯罪类型等方面，尚存较大的进步空间。在法律援助法的实施过程中，我国应着力从提高法律援助经费保障水平，做好值班律师制度到刑事辩护律师制度的过渡、转化，灵活掌握经济困难的审核标准，创新法律服务模式，适时修订刑事诉讼法等五个方面，逐步实现刑事辩护全覆盖。

题目：《我国刑事缺席审判程序中的异议权》

作者：邵劭

出处：《中国法学》2021 年第 5 期

摘要：2018 年刑事诉讼法增设缺席审判程序，赋予外逃型缺席审判的罪犯要求法院重新审理的异议权，以满足引渡的需求，并弥补可能的公正性缺失。事实上，异议权的设置虽然对引渡有一定的积极作用，但引渡的需要并不足以单独说明异议权设置的正当性。异议权的正当性更多源于其权利救济功能、对裁判可接受性的促进作用以及与出庭的“权利+义务”属性的契合性。异议权的设置应遵循一些基本规则，包括恪守异议权作为权利救济途径的根本定位、坚守公正与效率动态平衡的底线。我国有关异议权的内容不尽合理，可从异议权适用的案件范围、异议的理由、异议权的行使期限、效力、异议后的重新审理程序等方面进一步完善。

专题六：健全人民法院人员分类管理和职业保障制度体系

题目：《转型中国法官薪酬与遴选制度的微观激励基础》

作者：艾佳慧

出处：《法制与社会发展》2021年第6期

摘要：以一种法官薪酬水平和法官遴选标准相互配合补充的制度组合视角观察，现代工商社会应该在法官管理制度中确定并落实高遴选标准和高薪酬水平的“双高”标准。改革开放四十多年来，中国法官的薪酬与遴选呈现出一种二元制度结构，即在法官薪酬水平与行政级别挂钩的基础上，虽然对法官的初次遴选越来越强调法官的专业化和职业化，但法院内部的职务晋升呈现出强烈的行政化和关系依附性特征。在市场经济条件下，正是法官薪酬的地方化和行政化导致了比较严重的法官流失现象。由于法官高薪的制度前提必然是对法官高标准的严格遴选，在实践中，入选标准多元化和法官薪酬的双重分配机制使法官员额制改革还有进一步完善的制度空间。

题目：《改革开放以来法官任免年龄规定考》

作者：刘忠

出处：《环球法律评论》2021年第6期

摘要：法律规则结构建立后，并不能完全摆脱个人意志、情绪的影响。司法裁决是三段论过程，对于作为小前提的事实问题的裁断，依赖于法官个人的内心体验。因此，法官年龄对于司法结果具有重要影响。法官年龄主要不是认知问题，而是政治主题。认知意义上对于法官年龄的注意，在政治上被充分吸收。在美国，为评估、检测候选联邦法官的政治可靠性，选定的手段之一是拉长候选人经历，提高法官初任年龄是基本做法。而由于特殊政体所导致的法官终身任职，造成联邦法官普遍高龄。这为美国司法带来许多弊病。当代中国的基本干部政策是年轻化。这避免了法官过度高龄造成的不利后果。基于比较法视野和当代中国经验，在司法改革中，如何区分普通法官和不同职务职级的法官，设定不同的任免年龄，政策设计者逐渐有了更丰富的认识。法官年龄作为一个微观制度成分，对于建立良好制度，实现内部激励等方面具有基础意义。

题目：《法学教育与新工科人才培养相融合之路径探索》

作者： 常立飞

出处：《当代法学》2021 年第 1 期

摘要： 当前，我国高等工程教育正处于深化改革的探索之中，其核心是构建多学科、多专业、多领域相交融的“新工科”，以培养新一轮科技革命和产业新业态所需要的复合型高端工程科技人才。长期以来，我国工程教育体系相对单一，使其培养的人才已满足不了新形势发展的迫切需要；其中因法学教育缺位，使得法学给予工科人才的必要教育和积极影响难以形成。新工科的构建，为法学教育融入工程教育提供了难得的契机。法学教育在新工科人才的培养中具有重要作用，有助于新工科人才树立社会主义人权观、掌握必要的国内外法律知识并具备规则思维。目前，法学教育在新工科人才培养中面临的现实问题，主要反映在教育观念存在误区、课程设置不合理、社会实践资源利用率低等方面。相应地，推动法学教育与新工科人才培养相融合的对策主要包括转变育人观念、科学合理地设置课程体系、打造校内外协同育人基地等。

题目：《人民法院经费保障面临的形势与对策研究》

作者： 唐虎梅

出处：《人民司法》2021 年第 4 期

摘要： 法院经费保障是人民法院履行法定职责和实现自身发展的重要基础。2009 年实行新的政法经费保障体制以来，人民法院经费保障水平取得了跨越式提高，为各级人民法院提供了雄厚的物质基础，有力地支持和推动了审判执行各项工作的完成、司法改革的深化和各项事业的发展。随着新时代人民法院工作的新发展、经济进入新常态、国家治理体系的新变化，人民法院经费保障面临着新形势和新任务，对经费保障工作提出了新挑战，需要认真研究探索、积极主动应对、着力加以解决。

题目:《省级统管后法院经费保障机制再造》

作者: 范丽思

出处:《人民司法》2021年第22期

摘要: 当前社会治理体系中，人民法院在国家治理中的功能和角色已从具体纠纷的解决者转变为社会治理法治化的推动者，司法事权属性已由地方事权转变为中央事权。法院功能定位的转变要求建立与之相匹配的、符合司法权运行规律的经费保障机制。2014年开始的省级统管改革拉开了本轮经费保障机制改革序幕，但经过五年的试点实践，省级统管并没有达到“去地方化”“去行政化”“均衡司法供给力”等既定目标。基于此，有必要反思省级统管改革工具失效的原因，厘定法院经费保障机制的应然内涵，考量影响改革工具选择的环境变量，重新装载改革“工具箱”。在省级统管的基础上，构建因循司法规律和财政管理规律的法院经费保障机制，有效治理司法权运行中面临的财政资源问题，助推我国社会治理法治化、现代化。

题目:《司法人员人身权益保障的制度完善》

作者: 陆伟、韩文江

出处:《人民司法》2021年第34期

摘要: 我国社会正处于转型期和各类矛盾纠纷的多发期，法院作为解决矛盾纠纷的最后一道防线，每年受理的案件数持续保持高位，法官年均办案数逐年提升。在繁重的审判工作压力下，不少法官长期处于亚健康状态。同时，对法官等司法人员的人身侵害事件也时常发生，更有甚者对法官近亲属实施侵害，不仅危害了司法人员的身心健康，也严重影响了人民法院的审判工作秩序，更破坏了司法公信力和权威。在司法人员履职安全保障机制不断完善的情况下，侵害行为仍屡禁不止，恶性突发性伤害事件不断发生，值得我们进一步思考。

题目:《加强法官职业安全保障的路径探索》

作者: 许宏林

出处:《人民司法》2021年第34期

摘要: 随着经济社会的飞速发展，人民群众对司法的诉求呈现多元化、新异化、快捷化，人民法院审判任务日益繁重，案多人少的矛盾进一步凸显，加之新类型案件不断涌现，造成人民法院在审判执行中的风险不断加大，隐患时有爆发。人民法官作为裁判者，承担着神圣的职责，同时也处在社会矛盾的风口浪尖，直面利益对抗、矛盾交织、情感瞬变，所面临的职业安全风险越来越高。如何保障法官人身权益，值得我们进一步思考。

专题七：建设现代化智慧法院应用体系

题目：《AI法官的时代会到来吗——基于中外司法人工智能的对比与展望》

作者：左卫民

出处：《政法论坛》2021年第5期

摘要：随着人类社会开始迈入人工智能时代，人工智能在司法实践中的运用逐步显现。在域外，COMPAS等AI裁判在一些边缘性司法决策活动中崭露头角。在我国，人工智能在审判决策环节的运用虽然尚未得见，但辅助性使用已现端倪。从整体而言，无论是域外还是国内，由于社会认同、技术发展与司法伦理等多重障碍，AI法官的运用在中短期内都较难全面、深刻地推行。从长远来看，AI法官的运用前景如何仍然具有不确定性，取决于诸多因素，包括社会对人工智能的合理预期与认同、从数据和算法层面切实推动司法人工智能技术发展、适配的司法伦理规则构建等。

题目：《互联网司法的概念、特征及发展前瞻》

作者：李占国

出处：《法律适用》2021年第3期

摘要：互联网司法是信息化浪潮下互联网与司法融合发展的产物，是“司法互联网化”和“互联网司法化”双重过程的结果。与传统司法相比，互联网司法呈现出诉讼活动在线化、当事人账号化、诉讼规则现代化、法院电子化、审判智能化、网络治理司法化等新特征，并跨越了技术、组织、程序法、实体法等不同领域，需要重构具有自身特点的法理基础。未来，互联网与司法双向赋能，机遇与挑战并存，特别是司法程序的正当性、互联网法院的定位、人工智能的司法应用及限度、网络社会治理等问题，攸关司法发展甚至人类命运，需要得到法学界和实务界的共同关注。

题目：《推进互联网司法建设的四个重点》

作者： 刘峥

出处：《学习时报》2021 年 10 月 27 日

摘要： 互联网司法的内涵和举措是一个包含了“技术、程序和实体”三个维度的系统性工程。日新月异的信息技术在诉讼活动各领域、各环节全方位应用，随之诉讼规则也发生相应变化，互联网案件的裁判对数字产业、线上经济、网络空间产生规则引导作用。推进互联网司法，要完善技术与司法深度融合的发展路径，遵循法治原则和司法规律，严守法律边界与程序需求，坚持安全可控的前提和基础，坚持技术平等普惠原则。推进互联网司法，要构建互联网案件专门化审判体系，深入认识互联网案件的类型特点，完善互联网法院案件管辖范围，构建互联网案件专门化审判格局。推进互联网司法，要强化互联网司法的基础配套建设，夯实信息化建设基础，夯实理论研究基础，夯实人才培养基础。

题目：《移动电子诉讼的司法实践及其限度——以中国“移动微法院”为例》

作者： 胡昌明

出处：《中国应用法学》2021 年第 2 期

摘要： 智慧法院是时代的需要，也是法院实现公平正义，提升司法效率的需要。近年来，移动电子诉讼发展迅猛，以移动微法院为代表的移动电子诉讼模式克服了此前智慧法院建设中的一些不足，使信息化服务当事人、服务法官、服务诉讼全流程。在司法实践中，移动微法院规范了审判和执行行为，降低了当事人诉讼成本，提高了审判执行效率，有效解决了沟通难问题，使司法更加阳光透明，并且为远程诉讼提供了便利，在新冠疫情期间发挥了巨大作用。在移动微法院从个别法院试点向全国法院推广的过程中，也应当看到移动电子诉讼在适用诉讼主体、案件类型和诉讼环节中的局限性，关注其在运行中功能运用、适用范围、统一标准、数据互通以及诉讼规则方面的瓶颈，促使中国移动电子诉讼在将来发挥更大的作用。

题目：《全流程无纸化办案的理论思考与应用探索》

作者：郭伟清

出处：《中国应用法学》2021 年第 2 期

摘要：传统纸质办案模式在人工智能时代的应用空间被极大压缩，存在着流转不便利、使用受限制、技术难助力等局限。全流程无纸化办案可以对诉讼各要素进行电子化和数据化改造，从而提升司法效率，保障司法公正，推动审判体系和审判能力现代化。然而，全流程无纸化办案是个新命题，各地法院在改造过程中，存在形式主义、唯技术论、数据闭环等主客观因素引起的误区。为此，需要在理论层面确立司法规律与信息化规律并重、诉讼效率与诉讼公正并重、数据开放与数据安全并重等改造坐标；在实践层面架构起以全流程的应用场景、多面向的应用主体、深度嵌入的应用模式为核心的“2W1H”应用模型。在此基础上，通过内外互通的数据共享、电子送达的深度落实、数据安全的保护等，助力“信息技术”与“司法审判”的深度融合，充分释放科技司法的潜能。

题目：《民事诉讼智能化：挑战与法律应对》

作者：张卫平

出处：《法商研究》2021 年第 4 期

摘要：随着智慧法院建设作为我国司法改革的主要内容及法院系统建设和发展的重点，民事诉讼智能化在过去信息化、电子化的基础上有了更大的投入和更多的实践。智能化技术在民事诉讼领域的应用，对传统的民事诉讼方式乃至诉讼观念、诉讼文化、法庭文化等都产生了极大的影响，也因此对以传统民事诉讼为规范对象的民事诉讼制度带来了挑战。民事诉讼法必须对司法智能化潮流予以积极回应，要按照民事诉讼法的目的、民事诉讼的价值追求和基本原则规范智能化在民事诉讼中的应用，引导智能化技术为实现民事诉讼法的目的和民事诉讼的价值追求服务，推动民事诉讼法在此过程中转型升级成为具有现代精神和内涵的民事诉讼法。

题目：《司法人工智能融入司法改革的难题与路径》

作者：魏斌

出处：《现代法学》2021 年第 3 期

摘要：司法人工智能融入司法改革是新一代科学技术推动司法改革的新范式，它为提升司法改革质效、提高司法能力、推进司法公开、坚持司法为民和公正司法提供了智能化解决方案。司法人工智能融入司法改革的法理表达是“数字正义”，它运用法治思维和法律方法为司法改革提供适用的理论解释和方法论支持。然而，司法人工智能面临着公正和效率价值的失衡，实践上仍难以满足司法改革的需求，技术上存在算法不可解释和过拟合的瓶颈，还缺乏精细化评估司法改革成效的科学方法。未来路径需要从顶层设计上构建多维司法价值均衡发展的科学理论，研发遵循司法规律的智能化应用，建立以司法人员为中心的人机协同机制，构建司法改革成效评估的科学方法，制定司法人工智能的伦理规范，探索适应司法数字化改革的诉讼制度。

题目：《智慧司法的法理反思与应对》

作者：魏斌

出处：《政治与法律》2021年第8期

摘要：智慧司法进入了全面应用的阶段，也产生了新的实践问题。智慧司法之法理反思直面实践问题背后的本质，从本体论视角批判性分析法律代码化、审判模式重塑和审判权嬗变等困境。从方法论视角反思“同案同判”、道德推理和价值判断、法律预测等法律方法的功能替代效应。从技术视角反思智慧司法自身面临的大数据挖掘难题、算法偏见和其他技术瓶颈。法理反思不是为限制智慧司法，而是探究问题背后的深层次原因，启发找到解决问题的思路和方案。法理反思的价值在于引导智慧司法理解法理，遵循司法规律，满足司法实践的需求，使之与法律人的思维和方法相适应，推动人工智能等新科技与法律的深度融合。

题目：《民事诉讼事实认定的智能化》

作者：王琦

出处：《当代法学》2021年第2期

摘要：事实认定是司法裁判的起点，随着人工智能在司法领域的渗透，民事诉讼事实认定的智能化成为一个值得研究的问题，其基本原理是具备事实认定知识的机器对民事证据作出合法律性、合逻辑性的判断，从而自动查明案件事实。但由于民事诉讼证明标准的抽象性、层次性，证明规则需要价值判断或解释等，现阶段民事诉讼事实认定的智能化还面临着诸多困境。实现民事诉讼事实认定智能化的可能路径是：建立事实认定流式大数据知识库，使机器具有完备的法律知识；强化法官事实认定隐性知识的显性化，使该知识成为机器可识别的编码语言；推进算法研发，提高事实认定的精准度。

题目：《增“智”以增“质”：法院分案系统的优化》

作者：毛乃颉、孙森淼

出处：《人民司法》2021 年第 10 期

摘要：分案系统的优劣影响着案件审理的公正与效率、审判资源的配置以及整个法院的办案生态。本文以 B 市法院使用的分案系统为样本进行研究，发现当前分案系统机械低效，存在规则单一、案件差异简单化、法官差异模糊化、人工调节风险大、过度倚重结案数的问题，难以实现法官与案件的最佳匹配，无法达到最佳审判质效，造成追求速度的办案生态。本文从法院在案件审理过程中管理机构与参与者之间的博弈关系与以案件存量为中心的流程结构两个角度，分析影响审判质与量的内因，进而提出利用多因子考量的分案机制实现法院与法官激励相容。在建设智慧法院背景下，尝试利用自然语言处理技术自动提取、识别案件信息和法官信息，实现对案件与法官进行画像，基于画像提高分案精确度，减轻人为分案压力，并通过协同过滤技术进行分案推荐，提高人案匹配度，同时设置双向反馈机制，通过法官偏好反馈和审判质效反馈优化分配方案，最终实现审判质效的提高。

题目：《智能司法中的伦理问题及其应对》

作者：罗洪洋、李相龙

出处：《政法论丛》2021 年第 1 期

摘要：人工智能使用于司法涉及突出的伦理问题，智能司法与司法伦理既有紧密关系又有紧张关系。司法公正的一个很重要因素是证据的获取，证据的获取与知识智慧有很大的关联性，人工智能使用于司法在证据获取等方面具有相对于人工的以下优势：准确性、重复性、快速性、抉择性、无私性。智能司法与司法伦理的紧张关系是指智能司法可能损害司法公正：算法歧视对司法伦理的冲击、改变司法公正的性质和法官主导地位、大数据和机器人出错、人工智能本身没有价值判断。对紧张关系下的司法伦理恶性风险需要未雨绸缪，作出预案：认清人工智能司法的伦理缺位，加强伦理审查；控制对人工智能司法的期望值，巩固法官于司法系统中的主导地位；规制算法歧视，保护当事人的人格权。

题目：《司法裁判人工智能化的正当性》

作者： 彭中礼

出处：《政法论丛》2021 年第 5 期

摘要： 人工智能技术的飞速发展，为司法裁判人工智能化提供了必要的技术支撑。在司法裁判智能化趋势中，让智能机器代替人，赋予智能机器主体权威，是保证司法裁判智能化正当性的主体基础；司法裁判智能化遵循逻辑规则，是保证司法裁判智能化正当性的逻辑基础；司法裁判智能化遵循正当法律程序原则，是保证司法裁判智能化正当性的程序基础；司法裁判智能化强调裁判结果的合法性与合理性，是保证司法裁判智能化正当性的结果基础。从司法裁判的智能化辅助，到司法裁判的智能化有限参与，最后到智能化的全面实现，司法人工智能的应用保证了司法裁判的正当性，是司法现代化的重要彰显。

题目：《智慧司法的中国创新》

作者： 刘品新

出处：《国家检察官学院学报》2021 年第 3 期

摘要： 智慧司法是人类法律文明跃迁的当代探索。新时代中国已经出现了由智慧法院、智慧检务等承载的司法大变局，各种主要创新得到了重要政策文件及重大科研专项的支持，并特别致力于推动现有法律制度的根本性改进。如此由国家力量主导的现实样态，构成一种“中国创新”。透过现象看本质，其理论逻辑在于我国是以智慧司法创新为法治中国建设强力赋能，实践进路在于我国倡导将司法体制改革与智慧司法创新密切耦合。展望未来，我国应当在坚持特色的基础上强化优化创新方略，包括转轨立法推动范式、夯实国家整体布局与健全“双轮驱动”机制，以加速该创新走向成熟。

题目：《智能司法的辅助决策模型》

作者： 高翔

出处：《华东政法大学学报》2021 年第 1 期

摘要： 辅助裁判模型是智能司法基础理论的核心内容。智能司法辅助裁判模型的理论工具应实现由“法律逻辑+人工智能”向“法律逻辑+诉讼法哲学+人工智能”的转变，使智能司法辅助裁判可真正融入司法实践。司法人工智能遵循“法律本体库—要件解构与标注—自然语义识别与深度学习—司法人工智能”的生成路径。智能司法辅助裁判模型是以要件事实论为指引建立待决案件信息与法律本体库的匹配关系，达致匹配度要求后输出裁判结果的过程。法律选择及解释模型、诉讼证明模型、证据能力评价模型与证据推理模型具有不同的作用机理、功能定位与适用范围，需进行精细化构建，为法官裁判提供新的分析工具与辅助参考。

题目：《智慧法院建设的理论基础与中国实践》

作者： 李鑫

出处：《政法论丛》2021 年第 5 期

摘要： 智慧法院是一个从国家顶层战略设计中提炼和凝结出的概念，被理解为一种新的法院运作形态，具有网络化、智能化、规范化和公开化等特征。智慧法院建设的主要目标是提升司法效率、共享法律知识和法律方法、加强监督管理有效性、提升司法能力等。智慧法院建设有着社会驱动力、政策驱动力和技术驱动力等多重推动，经历了信息化基础建设、司法大数据建设和司法人工智能建设三个阶段。目前，智慧法院建设存在着规划虚置化、建设碎片化等问题，在未来建设中应以司法业务本位、审判执行本位和法院整体本位为原则，通过加强与外部系统的连接与协同、司法与技术的融合、提升数据质量、将应用进行整合等途径做好智慧法院建设的实践。

题目：《数据治理：审判体系与审判能力现代转型跃迁之道——以技术类知识产权数据的一体化司法应用为中心视角》

作者： 周蓉蓉

出处：《中国应用法学》2021 年第 1 期

摘要： 大数据、云计算、人工智能、区块链等信息技术高速发展推动社会的现代化变迁，传统认知和司法技能难以适应现代信息技术迅速迭代带来的创新要求，成为制约审判体系和审判能力现代化转型的瓶颈。数据治理成为应用法学的主要研究渠道和研究方法，驱动着法治建设的现代转型跃迁。在法治建设中以数据治理体系嵌入智审模式有助于破解困扰智慧法院建设的现实难题。应在知识产权司法审判体系现有规章制度基础上创新并优化风险评估制度，明确治理目标、规则体系、权责划分、具体措施，优化元数据管理、数据质量管理、主数据管理、数据生命周期管理体系，通过业务流程整合提升数据安全性与完整性，以技术类知识产权机构管理一体化司法应用为抓手，加强文化、规范、程序等综合保障，推进我国知识产权审判体系与审判能力现代化转型。

题目：《线上审判方式中信息与数据安全问题研究》

作者：邓恒、杨雪

出处：《中国应用法学》2021年第1期

摘要：科技创新和信息化发展助力我国智慧法院建设取得显著成果，无纸化办案、云上法庭诉讼渐成常态。建设智慧法院的核心意义是提高司法公信力，而法院的信息和数据安全对司法公正影响举足轻重。目前，我国线上审判方式的推进使法院信息安全环境发生了巨大变化，这可能也会引发更多因素威胁到法院的信息安全，具体包括网络传输风险、第三方泄露、人为风险、建设失衡等。对此，人民法院应正确把握科技与司法公开、企业与法院两大关系，建立数据风险分配机制，增强网络安全防护，加强法院人才建设，完善救济制度，保障法院信息安全。

题目：《论大数据驱动的司法体制综合配套改革》

作者：罗玮、王禄生

出处：《中国应用法学》2021年第2期

摘要：员额制改革中员额的动态调整与统筹管理、司法系统省级统管中人财物的科学分配、司法责任制改革中办案质量的精准监管是司法体制综合配套改革的重要组成部分。本质而言，这些配套需求共同指向的是司法工作量和办案质量的精准评估。现阶段关于工作量的测算与办案质量的评估系统多以案件数量与裁判结果为核心而展开，科学性与精准性有待提升。下一阶段应借助大数据技术的数据挖掘、人物画像、案件画像、结果预测、偏离预警等方面的应用，建构自动、实时、动态、精准的司法工作量与办案质量评估体系，辅助司法体制综合配套改革的实现。

题目：《区块链技术在司法领域的应用探索与实践——基于北京互联网法院天平链的实证分析》

作者：伊然

出处：《中国应用法学》2021年第3期

摘要：区块链基于密码技术、分布式计算和链式数据结构构建了分布式账本，提供在弱中心/多中心下的账本共识信任基点，以密码学方式保证链上数据的不可篡改和不可伪造。本文基于互联网诉讼模式需求背景下，以北京互联网法院天平链为例，探索区块链技术在司法领域的应用机制与路径。

第六篇

大事记

一月

6日，最高人民法院印发《关于完善人民法院专业法官会议工作机制的指导意见》（法发〔2021〕2号）。

6日，最高人民法院党组印发《关于进一步强化日常监督管理严格执行防止干预司法“三个规定”的意见》（法组〔2021〕4号）。

7日，中共中央政治局常务委员会召开会议，听取最高人民法院等党组工作汇报，中共中央总书记习近平主持会议并发表重要讲话。

8日，最高人民法院印发《关于人民法院为海南自由贸易港建设提供司法服务和保障的意见》（法发〔2021〕1号）。

9日至10日，中央政法工作会议在京召开。会议强调，要坚持以习近平新时代中国特色社会主义思想为指导，深入贯彻习近平法治思想，坚持党对政法工作的绝对领导，坚持以人民为中心的发展思想，坚持稳中求进工作总基调，更加注重系统观念、法治思维、强基导向，奋力推动政法工作高质量发展，努力建设更高水平的平安中国、法治中国，为“十四五”开好局起好步创造安全稳定的社会环境，以优异成绩庆祝建党100周年。

10日，中共中央印发《法治中国建设规划（2020—2025年）》。

10日，全国高级法院院长会议在最高人民法院召开，最高人民法院党组书记、院长周强出席会议并讲话。周强强调，要坚持以习近平新时代中国特色社会主义思想为指导，深入学习贯彻习近平法治思想，认真贯彻落实习近平总书记关于政法工作重要指示精神，贯彻落实中央政法工作会议部署，更加注重系统观念、法治思维、强基导向，坚持服务大局、司法为民、公正司法，坚持守正创新、稳中求进，奋力推动新时代人民法院工作高质量发展，为“十四五”开好局、开启全面建设社会主义现代化国家新征程提供有力司法服务，以优异成绩庆祝建党100周年。

14日，最高人民法院召开新闻发布会，与司法部联合发布《关于为律师提供一站式诉讼服务的意见》（法发〔2021〕3号）。同时，人民法院律师服务平台当日正式上线。

14日，最高人民法院副院长李少平陪同全国人大常委会委员、全国人大监察和司法委员会主任委员吴玉良到北京市西城区人民法院调研民事诉讼程序繁简分流改革试点工作。

19 日，最高人民法院印发《关于深入推进社会主义核心价值观融入裁判文书释法说理的指导意见》（法〔2021〕21 号）。

20 日，十三届全国人大常委会召开第二十五次会议，最高人民法院院长周强就《关于设立北京金融法院的决定（草案）》作说明。

22 日，最高人民法院副院长杨临萍参加全国人大常委会召开的长江保护法实施座谈会。

22 日，最高人民法院印发《关于为跨境诉讼当事人提供网上立案服务工作的若干规定》（法发〔2021〕7 号）。

二月

3 日，最高人民法院向北京市高级人民法院印发《〈关于设立北京金融法院的方案〉的通知》（法〔2021〕35 号）。

4 日，最高人民法院副院长李少平、审判委员会专职委员沈亮参加《关于适用〈中华人民共和国刑事诉讼法〉的解释》新闻发布会。

19 日，中共中央总书记、国家主席、中央军委主席、中央全面深化改革委员会主任习近平主持召开中央全面深化改革委员会第十八次会议并发表重要讲话。习近平强调，全面深化改革同贯彻新发展理念、构建新发展格局紧密关联，要完整、准确、全面贯彻新发展理念，扭住构建新发展格局目标任务，更加精准地出台改革方案，推动改革向更深层次挺进，发挥全面深化改革在构建新发展格局中的关键作用。

20 日，党史学习教育动员大会在北京召开。中共中央总书记、国家主席、中央军委主席习近平出席会议并发表重要讲话。习近平强调，在全党开展党史学习教育，是党中央立足党的百年历史新起点、统筹中华民族伟大复兴战略全局和世界百年未有之大变局、为动员全党全国满怀信心投身全面建设社会主义现代化国家而作出的重大决策。全党同志要做到学史明理、学史增信、学史崇德、学史力行，学党史、悟思想、办实事、开新局，以昂扬姿态奋力开启全面建设社会主义现代化国家新征程，以优异成绩迎接建党 100 周年。

20 日，最高人民法院召开新闻发布会，发布人民法院调解平台应用成效和《中国法院的多元化纠纷解决机制改革报告（2015—2020）》，系统介绍在线多元调解的应用成效和人民法院多元化纠纷解决机制改革成果。

25日，最高人民法院党组书记、院长、院司法改革领导小组组长周强主持召开最高人民法院司法改革领导小组2021年第一次会议。周强强调，要坚持以习近平新时代中国特色社会主义思想为指导，认真贯彻习近平法治思想，完整、准确、全面贯彻新发展理念，坚持守正创新，加强系统集成，实现精准施策，全面深化司法体制改革，推进审判体系和审判能力现代化，为构建新发展格局、推动高质量发展提供有力司法服务，以优异成绩迎接建党100周年。

25日，最高人民法院副院长杨临萍参加《关于贯彻〈中华人民共和国长江保护法〉的实施意见》新闻发布会。

27日，十三届全国人大常委会第二十六次会议举行第一次全体会议，听取最高人民法院关于民事诉讼程序繁简分流改革试点情况的中期报告，最高人民法院院长周强作报告表示，民事诉讼程序繁简分流改革试点取得阶段性成效。

27日，全国政法队伍教育整顿动员部署会召开。

28日，最高人民法院副院长李少平列席十三届全国人大常委会第二十六次会议分组审议最高人民法院院关于民事诉讼程序繁简分流改革试点情况的中期报告。

三月

1日，最高人民法院办公厅印发《〈关于加强司法改革宣传工作的方案〉的通知》（法办〔2021〕75号）。

2日，最高人民法院召开全国法院队伍教育整顿动员部署会议。

2日，最高人民法院举行少年法庭工作办公室成立大会。为进一步加强新时代少年法庭审判工作，最高人民法院经研究决定，设立最高人民法院少年法庭工作办公室，并在最高人民法院六个巡回法庭分别设立最高人民法院少年法庭巡回审判点。

4日，最高人民法院召开新闻发布会，宣布人民法院一站式多元解纷和诉讼服务体系基本建成，诉讼服务迈入现代化发展新阶段。

9日，最高人民法院向北京市高级人民法院印发《关于同意设立北京金融法院的批复》（法〔2021〕64号）。

16日，最高人民法院党组书记、院长周强与广东省委常委、政法委书记张虎座谈，研究司法服务粤港澳大湾区、深圳建设中国特色社会主义先行示范区建设工作。

16日，最高人民法院印发《关于北京金融法院案件管辖的规定》（法释〔2021〕7号）。

16日，最高人民法院印发《2021年人民法院司法改革工作要点》（法〔2021〕72号），对2021年人民法院司法改革工作作出总体规划。

18日，北京金融法院正式挂牌成立。北京市委、最高人民法院、“一行两会一局”联合到北京金融法院调研，并召开座谈会。北京市委书记蔡奇、最高人民法院院长周强、中国人民银行行长易纲、中国证监会主席易会满等参加。

22日，最高人民法院印发《关于人民法院为北京市国家服务业扩大开放综合示范区、中国（北京）自由贸易试验区建设提供司法服务和保障的意见》（法发〔2021〕11号）。

25日，最高人民法院印发《关于办理行政申请再审案件若干问题的规定》（法释〔2021〕6号）。

26日，京津冀司法协作座谈会在天津市高级人民法院召开，最高人民法院党组书记、院长周强出席会议并讲话。周强强调，要坚持以习近平新时代中国特色社会主义思想为指导，深入贯彻习近平法治思想，认真贯彻落实习近平总书记关于京津冀协同发展的重要讲话和指示批示精神，充分发挥审判职能作用，为推动京津冀协同发展提供有力司法服务。

26日，最高人民法院副院长李少平在四川成都参加刑事审判工作座谈会并讲话。

四月

6日，最高人民法院办公厅印发《人民法院审判业务文件、参考性案例备案工作办法》（法办〔2021〕133号）。

7日，最高人民法院副院长李少平在江苏南京参加民事诉讼程序繁简分流改革试点调研座谈会并讲话。

7日，最高人民法院副院长高憬宏在江苏省扬州市中级人民法院参加认罪认罚从宽制度实施情况调研座谈会。

13日，最高人民法院党组书记、院长周强与上海交通大学校长林忠钦一行座谈智慧法院研究院建设工作。

14日，中国社会科学院法学研究所、社会科学文献出版社联合主办的2021年度《法治蓝皮书·中国法院信息化发展报告》发布暨智慧法院建设研讨会在江苏省南通市举行。

21日，最高人民法院印发《关于修改〈关于上海金融法院案件管辖的规定〉的决定》（法释〔2021〕9号）。

21日，最高人民法院办公厅印发《最高人民法院知识产权案件年度报告（2020）》（法办〔2021〕142号）。

22日，最高人民法院印发《人民法院知识产权司法保护规划（2021—2025年）》（法发〔2021〕14号）。

28日，最高人民法院党组副书记、常务副院长贺荣在湖北十堰出席湖北、河南、陕西三省高级人民法院环丹江口水库环境资源审判司法协作联合调研活动。

27日至28日，最高人民法院副院长杨临萍在浙江杭州调研智慧法院建设工作。

五月

11日，最高人民法院印发《关于开展认可和协助香港特别行政区破产程序试点工作的意见》（法发〔2021〕15号）。

13日，最高人民法院召开网络安全和信息化领导小组2021年第一次全体会议。最高人民法院党组书记、院长、院网络安全和信息化领导小组组长周强主持会议并讲话。周强强调，要坚持以习近平新时代中国特色社会主义思想为指导，深入贯彻习近平法治思想，认真学习贯彻习近平总书记关于网络强国的重要论述精神，全面深化智慧法院建设，以司法数据中台、智慧法院大脑、在线法院建设为牵引，推进人民法院信息化4.0版建设，促进审判体系和审判能力现代化，推动新时代人民法院工作高质量发展。

14日，最高人民法院印发《关于推进行政诉讼程序繁简分流改革的意见》（法发〔2021〕17号）。

16日，由最高人民法院、中国科学院联合主办的“信息技术与法治建设”科学与技术前沿论坛在最高人民法院举行，最高人民法院党组书记、院长周强出席开幕式并致辞。周强强调，要坚持以习近平新时代中国特色社会主义思想为指导，深入贯彻习近平法治思想，认真学习贯彻习近平总书记关于网络强国、科技强国建设的重要论述精神，扎实推进信息技术与法治建设融合促进，全面深化智慧法院建设，创造更高水平数字正义，实现“努力让人民群众在每一个司法案件中感受到公平正义”目标，为推进法治中国、科技强国建设，实现中华民族伟大复兴的中国梦作出新的更大贡献。

18日，最高人民法院印发《关于内地与香港特别行政区相互执行仲裁裁决的补充安排》（法释〔2021〕13号）。

20日，最高人民法院常务副院长贺荣陪同香港终审法院首席法官张举能一行参访北京互联网法院、最高人民法院知识产权法庭，并就深化内地与香港知识产权司法保护合作、智慧法院建设等进行座谈交流。

20日，最高人民法院副院长高憬宏通过视频参加人民法院服务保障长三角一体化发展第一次联席会议并讲话。

21日，中共中央总书记、国家主席、中央军委主席、中央全面深化改革委员会主任习近平主持召开中央全面深化改革委员会第十九次会议。

25日，最高人民法院召开全国法院贯彻落实防止干预司法“三个规定”突出问题专项整治工作推进会。

26日，最高人民法院、联合国环境规划署共同主办的世界环境司法大会在云南昆明开幕，主题为“发挥司法作用，促进生态文明：共建地球生命共同体”。国家主席习近平致贺信。习近平主席指出，地球是我们的共同家园，世界各国要同心协力，抓紧行动，共建人和自然和谐的美丽家园。中国坚持创新、协调、绿色、开放、共享的新发展理念，全面加强生态环境保护工作，积极参与全球生态文明建设合作。中国持续深化环境司法改革创新，积累了生态环境司法保护的有益经验。中国愿同世界各国、国际组织携手合作，共同推进全球生态环境治理。

26日，最高人民法院副院长姜伟参加中国人民大学召开的人民法院纠纷解决研究基地揭牌活动暨在线多元调解研讨会。

31日，最高人民法院印发《智慧法院建设评价报告（2020年）》（法〔2021〕137号）。

六月

1日，最高人民法院办公厅、中华全国总工会办公厅联合印发《关于加快推进劳动争议纠纷在线诉调对接工作的通知》（法办〔2021〕215号）。

2日，最高人民法院副院长姜伟在上海市参加最高人民法院与上海交通大学共建的人民法院矛盾纠纷源头治理研究基地揭牌仪式并讲话。

2日，最高人民法院印发《法院电子诉讼档案目录技术规范等21项信息化标准》（法〔2021〕138号）。

3日，最高人民法院印发《关于进一步做好行政申请再审制度改革相关配套工作的通知》（法〔2021〕141号）。

4日，最高人民法院举行新闻发布会，发布《中国环境资源审判（2020）》及2020年度人民法院环境资源典型案例。

9日，最高人民法院副院长姜伟在四川成都参加全国法院（南片区）“总对总”在线诉调对接推进会并讲话。

10日，最高人民法院副院长陶凯元在江苏南京参加全国法院涉外商事海事审判工作座谈会并讲话。

11日，十三届全国人大常委会委员、财政经济委员会主任委员徐绍史一行到最高人民法院调研人民法院实施企业破产法工作，最高人民法院党组书记、院长周强出席座谈会并讲话。周强表示，要坚持以习近平新时代中国特色社会主义思想为指导，深入贯彻习近平法治思想，切实加强破产审判工作，充分发挥审判职能作用，为深化供给侧结构性改革、构建新发展格局、推动高质量发展提供有力司法服务。

11日，最高人民法院副院长杨临萍在中国人民大学参加司法助力碳达峰碳中和专题研讨会并讲话。

16日，最高人民法院印发《人民法院在线诉讼规则》（法释〔2021〕12号）。

16日，重庆知识产权法庭在重庆市第一中级人民法院正式揭牌成立。

16日，最高人民法院副院长贺小荣参加中国政法大学主办的首届数据法治高峰论坛暨中国政法大学数据法治研究院、数据法治学科创新引智基地、智慧法治联合实验室揭牌活动并讲话。

16日，最高人民法院印发《关于进一步健全完善民事诉讼程序繁简分流改革试点法院特邀调解名册制度的通知》（法〔2021〕150号）。

17日，最高人民法院副院长李少平参加《人民法院在线诉讼规则》新闻发布会。

22日，最高人民法院党组书记、院长周强在最高人民法院执行指挥中心调研执行工作，研究部署推动执行工作高质量发展。周强强调，要坚持以习近平新时代中国特色社会主义思想为指导，深入贯彻习近平法治思想，坚持以人民为中心，持续巩固拓展“基本解决执行难”成果，向着“切实解决执行难”目标不断迈进，为全面建设社会主义现代化国家开好局起好步提供有力司法服务。

29日，最高人民法院党组书记、院长周强出席刑事审判工作座谈会并讲话。周强强调，要坚持以习近平新时代中国特色社会主义思想为指导，深入贯彻习近平法治思想，坚持以人民为中心，树立正确司法理念，推动新时代刑事审判工作高质量发展，更好发挥刑事审判职能作用，为建设更高水平的平安中国、法治中国提供有力司法服务。

七月

7日，最高人民法院常务副院长贺荣主持召开四级法院审级职能定位改革第一次部际联席工作会议。

9日，中共中央总书记、国家主席、中央军委主席、中央全面深化改革委员会主任习近平主持召开中央全面深化改革委员会第二十次会议。习近平在主持会议时强调，加快构建新发展格局，是我们把握未来发展主动权的战略举措，是为了在各种可以预见和难以预见的惊涛骇浪中增强我们的生存力、竞争力、发展力、持续力，是一场需要保持顽强斗志和战略定力的攻坚战、持久战，要自觉把本地区本部门工作纳入构建新发展格局中统筹考虑和谋划，以更加坚定的思想自觉、精准务实的举措、真抓实干的劲头，推动构建新发展格局取得扎扎实实成效。

16日，苏州劳动法庭揭牌活动在江苏省苏州市中级人民法院举行。苏州劳动法庭是最高人民法院批复设立的全国首家专业化劳动法庭，承担着为全省、全国法院劳动审判专业化改革探路的重任。

21 日，最高人民法院“一站式”国际商事纠纷多元化解决平台启动活动暨民四庭研究基地调研座谈会在陕西省西安市举行。

24 日，中共中央政治局委员、中央政法委书记郭声琨在政法领域全面深化改革推进会上强调，要坚持以习近平新时代中国特色社会主义思想为指导，深入贯彻习近平法治思想和习近平总书记“七一”重要讲话精神，增强“四个意识”、坚定“四个自信”、做到“两个维护”，不断提高政治判断力、政治领悟力、政治执行力，巩固政法队伍教育整顿成果，加快推进执法司法责任体系改革和建设，进一步提升执法司法质效和公信力，推动新时代政法工作高质量发展，为实现全面建成社会主义现代化强国目标提供有力执法司法保障。

24 日，最高人民法院贯彻落实政法领域全面深化改革推进会精神专题会议在国家法官学院召开，最高人民法院党组书记、院长周强出席会议并讲话。周强强调，要坚持以习近平新时代中国特色社会主义思想为指导，认真学习贯彻习近平总书记“七一”重要讲话精神，深入贯彻习近平法治思想，认真贯彻落实中共中央政治局委员、中央政法委书记郭声琨同志在政法领域全面深化改革推进会上重要讲话精神，加快推进执法司法责任体系改革和建设，推动新时代人民法院工作高质量发展，努力让人民群众在每一个司法案件中感受到公平正义。

25 日，全国高级法院院长座谈会在国家法官学院召开，最高人民法院党组书记、院长周强出席会议并讲话。周强强调，要坚持以习近平新时代中国特色社会主义思想为指导，认真学习贯彻习近平总书记“七一”重要讲话精神，深入贯彻习近平法治思想，全面贯彻落实政法领域全面深化改革推进会精神，坚持以人民为中心，更加注重强基导向，不断提升人民法庭建设水平和基层司法能力，推进新时代人民法院工作高质量发展，为全面建设社会主义现代化国家提供更加有力的司法服务。

27 日，以“创造以人民为中心的更高水平司法文明”为主题的第六届海峡两岸暨香港澳门司法高层论坛以在线方式举行。

28 日，最高人民法院办公厅、中国证监会办公厅联合印发《关于建立“总对总”证券期货纠纷在线诉调对接机制的通知》（法办〔2021〕313 号）。

八月

16日，全国第二批政法队伍教育整顿动员部署会议召开。

18日，最高人民法院召开全国第二批法院队伍教育整顿动员部署会议。

18日，最高人民法院印发《关于学习贯彻落实〈中共中央关于加强新时代检察机关法律监督工作的意见〉〈关于加强政法领域执法司法制约监督制度机制建设的意见〉的通知》（法〔2021〕202号）。

20日，十三届全国人大常委会第三十次会议表决通过了全国人大常委会关于授权最高人民法院组织开展四级法院审级职能定位改革试点工作的决定。

23日，最高人民法院、最高人民检察院印发《关于适用新修订法官法、检察官法第十二条有关规定的答复意见》（法〔2021〕212号）。

25日，最高人民法院党组书记、院长、院司法改革领导小组组长周强主持召开最高人民法院司法改革领导小组2021年第二次会议。周强强调，要坚持以习近平新时代中国特色社会主义思想为指导，认真学习贯彻习近平总书记“七一”重要讲话精神，深入贯彻习近平法治思想，严格对标对表中央要求，切实落实全国人大常委会关于授权开展四级法院审级职能定位改革试点工作的决定，推进司法改革向纵深发展，不断取得新的成效。

30日，中共中央总书记、国家主席、中央军委主席、中央全面深化改革委员会主任习近平主持召开中央全面深化改革委员会第二十一次会议。

九月

3日，最高人民法院常务副院长贺荣参加最高人民法院加强知识产权司法保护专题调研座谈会并讲话。

9日，最高人民法院印发《关于深化人民法院一站式多元解纷机制建设推动矛盾纠纷源头化解的实施意见》（法发〔2021〕25号）。

13日，最高人民法院队伍教育整顿工作汇报会召开，传达学习习近平总书记重要指示精神和党中央决策部署，听取最高人民法院队伍教育整顿工作汇报。中央政法机关督导二组组长、甘肃省政协主席、党组书记欧阳坚出席并讲话，最高人民法院党组书记、院长、院队伍教育整顿领导小组组长周强主持会议并作工作汇报。

13日，最高人民法院副院长沈亮参加全国人大监察和司法委员会全体会议，汇报推动民事诉讼法修改工作进展情况。

13日，最高人民法院印发《关于推动新时代人民法庭工作高质量发展的意见》（法发〔2021〕24号）。

14日，最高人民法院副院长陶凯元出席2021中国仲裁高峰论坛暨第二届“一带一路”仲裁机构高端论坛并作主旨演讲。

17日，最高人民法院召开完善四级法院审级职能定位改革试点动员部署视频会议，最高人民法院党组书记、院长周强出席并讲话。周强强调，要坚持以习近平新时代中国特色社会主义思想为指导，深入贯彻习近平法治思想，坚持以人民为中心，全面贯彻落实党中央关于完善四级法院审级职能定位的改革部署要求和全国人大常委会授权决定，聚焦重点难点，积极探索实践，扎实推进试点工作，促进人民法院工作高质量发展，为推进国家治理体系和治理能力现代化作出新的更大贡献。

17日，最高人民法院党组书记、院长周强出席中国法院家事审判网上线工作视频会，启动中国法院家事审判网并讲话。

17日，最高人民法院审判委员会专职委员刘贵祥参加“强化执行权监督制约　加强执行信息化建设”协调推进会。

17日，最高人民法院印发《关于调整中级人民法院管辖第一审民事案件标准的通知》（法发〔2021〕27号）。

23日，最高人民法院党组书记、院长周强出席第四届京津冀司法论坛开幕式并讲话。

24日，最高人民法院印发《关于加强新时代知识产权审判工作为知识产权强国建设提供有力司法服务和保障的意见》（法发〔2021〕29号）。

27日，最高人民法院印发《关于完善四级法院审级职能定位改革试点的实施办法》（法〔2021〕242号）。

28日，最高人民法院院长、中华司法研究会会长周强在甘肃敦煌出席最高人民法院、国家民族事务委员会、中华司法研究会共同主办的第三届中华司法研究高峰论坛暨法治文化与司法实践研讨会开幕式并讲话。

30日，中华人民共和国首席大法官、最高人民法院院长周强通过视频出席第十一届亚太地区国际法律论坛开幕式并致辞。周强表示，中国最高人民法院愿同与会各方进一步加强司法交流互鉴，推动各领域合作迈上新台阶，取得更多建设性成果，为推动共建“一带一路”高质量发展、构建人类命运共同体作出积极贡献。

30日，最高人民法院、最高人民检察院、司法部印发《关于建立健全禁止法官、检察官与律师不正当接触交往制度机制的意见》（司发通〔2021〕60号）。

30日，最高人民法院、最高人民检察院、司法部印发《关于进一步规范法院、检察院离任人员从事律师职业的意见》（司发通〔2021〕61号）。

30日，最高人民法院印发《关于加快推进人民法院调解平台进乡村、进社区、进网格工作的指导意见》（法〔2021〕247号）。

十月

8日，中共中央政治局委员、中央政法委书记、全国政法队伍教育整顿领导小组组长郭声琨在全国第二批政法队伍教育整顿工作推进会上强调，要深入学习贯彻以习近平同志为核心的党中央决策部署，增强“四个意识”、坚定“四个自信”、做到“两个维护”，进一步增强政治责任感和工作紧迫感，加大力度如期推进重点工作，把第二批教育整顿抓得更紧更实。

8日，最高人民法院印发《关于新时代加强和创新环境资源审判工作为建设人与自然和谐共生的现代化提供司法服务和保障的意见》（法发〔2021〕28号）。

8日，最高人民法院办公厅、中国人民银行办公厅联合印发《关于建立金融纠纷在线诉调对接机制的通知》（法办〔2021〕394号）。

9日，最高人民法院党组书记、院长、院队伍教育整顿领导小组组长周强出席全国第二批法院队伍教育整顿顽瘴痼疾专项整治暨执行领域突出问题集中整治推进会并讲话。

9日，最高人民法院政治部主任马世忠主持召开全国法院2021年督察工作视频会并讲话。

12日，最高人民法院印发《关于加强和完善法官考核工作的指导意见》（法〔2021〕255号）。

13日，最高人民法院院长周强与全国政协常委、社会和法制委员会驻会副主任吕忠梅一行座谈双周协商会“提高涉外执行司法质效”相关工作。

13 日，最高人民法院副院长姜伟参加《关于建立中小企业领域矛盾纠纷在线诉调对接机制合作备忘录》签约活动并致辞。

13 日，最高人民法院副院长陶凯元在吉林长春参加全国法院国家赔偿审判暨司法救助工作座谈会并讲话。

18 日，最高人民法院党组书记、院长周强在江西省九江市浔阳区浔城多元调解服务中心调研。

19 日，最高人民法院院长周强列席十三届全国人大常委会第三十一次会议，就民事诉讼法（修正草案）作说明。

19 日，最高人民法院常务副院长贺荣到上海知识产权法院、上海金融法院调研，出席第十八届上海知识产权国际论坛开幕式并致辞。

19 日，最高人民法院副院长沈亮在江西省高级人民法院调研刑事审判及四类案件监管工作。

21 日，最高人民法院副院长贺小荣参加北京金融法院承办的 2021 年金融街论坛“治理体系与金融安全”平行论坛并致辞。

22 日，最高人民法院副院长姜伟以视频方式参加第四届清华大学世界法治论坛。

22 日，最高人民法院副院长沈亮听取十三届全国人大常委会第三十一次会议分组审议最高人民法院提交的民事诉讼法（修正草案）。

26 日，最高人民法院主办的海上丝绸之路（泉州）司法合作国际论坛在福建泉州开幕。中华人民共和国首席大法官、最高人民法院院长周强出席论坛开幕式并致辞表示，希望传承和发扬丝路精神，深化“一带一路”沿线国家交流合作，广泛凝聚共识，加强交流互鉴，为高质量共建“一带一路”、构建人类命运共同体提供有力司法服务。

十一月

1 日，最高人民法院副院长陶凯元参加中国——新加坡国际商事审判案例大讲坛开幕式并致辞。最高人民法院审判委员会专职委员刘贵祥参加中国——新加坡国际商事审判案例大讲坛闭幕式并致辞。

1 日，最高人民法院办公厅、中共中央台湾办公室秘书局向各高级人民法院、台办印发《关于建立“总对总”涉台纠纷在线诉调对接机制的通知》（法办〔2021〕427号）。

2日，最高人民法院副院长高憬宏参加《人民法院服务和保障长三角一体化发展司法报告》暨典型案例新闻发布会。

3日，最高人民法院院长周强陪同中共中央政治局委员、全国人大常委会副委员长王晨同志在最高人民法院调研知识产权审判工作，并主持召开调研座谈会。

3日，最高人民法院副院长沈亮主持召开完善四级法院审级职能定位改革第一次联席工作会议并讲话。

4日，最高人民法院院长周强陪同中共中央政治局委员、全国人大常委会副委员长王晨同志在北京知识产权法院调研。

4日，最高人民法院印发《关于进一步完善“四类案件”监督管理工作机制的指导意见》（法发〔2021〕30号）。

4日，最高人民法院印发《关于建立健全执行信访案件“接访即办”工作机制的意见》（法〔2021〕277号）。

5日，最高人民法院副院长陶凯元在福建厦门参加海丝中央法务区启动暨首届论坛并致辞，并在厦门海事法院调研。

9日，最高人民法院副院长沈亮参加全国人大宪法和法律委员会第183次全体会议，听取审议民事诉讼法（修正草案）。

10日，全国人大宪法法律委、监司委、全国人大常委会法工委共同组织开展民事诉讼法（修正草案）征求意见座谈会。

11日，最高人民法院印发《关于在民事诉讼中防范与惩治虚假诉讼规则工作指引（一）》（法〔2021〕287号）。

12日，最高人民法院院长周强出席中央司法体制改革领导小组第十次会议。

12日，最高人民法院副院长陶凯元参加中国法学会举办的中国法治国际论坛并致辞。

13日，最高人民法院印发《最高人民法院统一法律适用工作实施办法》（法〔2021〕289号）。

16日，最高人民法院常务副院长贺荣参加第七届金砖国家国际竞争大会开幕式。

16 日，最高人民法院印发《关于建立健全人民法院人员内部交流机制的若干意见》（法〔2021〕295 号）。

18 日，最高人民法院召开网络安全和信息化领导小组 2021 年第二次全体会议。最高人民法院党组书记、院长、院网络安全和信息化领导小组组长周强主持会议并讲话。周强强调，要坚持以习近平新时代中国特色社会主义思想为指导，认真学习贯彻党的十九届六中全会精神，深入贯彻习近平法治思想，紧紧抓住新一轮科技革命机遇，坚持创新引领，加强应用整合，持续推进司法数据中台、智慧法院大脑、在线法院建设，全面提升智慧法院建设水平，加快推进审判体系和审判能力现代化，为全面建设社会主义现代化国家提供有力司法服务。

18 日，最高人民法院向各高级人民法院和本院各单位印发《关于认真学习宣传贯彻党的十九届六中全会精神的通知》（法〔2021〕299 号）。

19 日，最高人民法院副院长杨临萍参加首届中国网络文明大会开幕式及主论坛。

20 日，民事诉讼法修正草案二审稿提请十三届全国人大常委会第三十二次会议审议，草案二审稿全面总结民事诉讼程序繁简分流改革试点工作经验，从人民群众的解纷需求出发，在充分尊重和保障当事人诉讼权利的基础上，就司法实践中存在的突出问题，进一步优化司法资源配置，提升司法效能。

23 日，最高人民法院办公厅向各高级人民法院、知识产权法院、具有技术类知识产权案件管辖权的中级人民法院印发《关于全面开展技术类知识产权案件电子化上诉移送工作的通知》（法办〔2021〕473 号）。

25 日，最高人民法院党组书记、院长周强出席最高人民法院、最高人民检察院、科学技术部、司法部、中国科学院、中国工程院联合举办的区块链在司法领域应用研讨会暨信息技术与法治建设科学与技术前沿论坛并致辞。最高人民法院副院长杨临萍主持论坛开幕式。

25 日，最高人民法院副院长沈亮在北京互联网法院调研。

26 日，全国人大常委会法工委召开民事诉讼法立法前评估会。

十二月

3 日，中华人民共和国首席大法官、最高人民法院院长周强出席中国—

新加坡首席大法官工作会谈及第五届中新法律和司法圆桌会议。新加坡首席大法官梅达顺出席并致辞。

3日，最高人民法院审判委员会专职委员刘贵祥参加执行案件流程管理系统电子卷宗深度应用及智能化升级测评结果汇报会。

6日，最高人民法院印发《关于进一步完善执行权制约机制加强执行监督的意见》（法〔2021〕322号）。

8日，最高人民法院审判委员会专职委员刘贵祥参加最高人民法院民事审判第二庭破产审判研究中心（北京）研究基地揭牌仪式并致辞。

8日，最高人民法院印发《法官惩戒工作程序规定（试行）》（法〔2021〕319号）。

10日，最高人民法院副院长沈亮在清华大学调研协商支持设立互联网司法研究机构事宜。

14日，最高人民法院印发《关于为新时代推进西部大开发形成新格局提供司法服务和保障的意见》（法发〔2021〕32号）。

15日，最高人民法院副院长沈亮参加全国法院司法体制综合配套改革推进会，传达最高人民法院党组书记、院长周强同志对司法改革工作的批示并讲话。

15日，最高人民法院印发《关于在加快推进司法责任体系改革和建设中进一步加强人民法院队伍建设的意见》（法〔2021〕328号）。

17日，最高人民法院与澳门特别行政区在广东珠海签署《关于进一步加强司法法律交流合作的会谈纪要》，最高人民法院院长、国家首席大法官周强和澳门特别行政区行政长官贺一诚出席签署活动。

17日，最高人民法院印发《关于修改〈最高人民法院关于仲裁司法审查案件报核问题的有关规定〉的决定》（法释〔2021〕21号）。

21日，最高人民法院副院长沈亮列席十三届全国人大常委会第三十二次会议分组审议民事诉讼法（修正草案）。

22日，最高人民法院党组书记、院长周强与来院调研智慧法院建设的中国工程院院长李晓红一行座谈并讲话。

22日，最高人民法院副院长姜伟参加中国法学会“推进中国特色社会主义法治体系建设”座谈会筹备通气会。

22日，最高人民法院副院长沈亮列席全国人大宪法和法律委第192次全体会议。

22 日，最高人民法院向各高级人民法院、本院各单位印发《关于推进案例指导工作高质量发展的若干意见》（法〔2021〕294 号）。

23 日，最高人民法院常务副院长贺荣参加北京市领导“解决群众急难愁盼问题”调研活动。

23 日，最高人民法院副院长杨临萍参加推动长江经济带发展领导小组全体会议，召集有关人员讨论有关司法解释起草工作。

23 日，最高人民法院印发《关于为新时代推动中部地区高质量发展提供司法服务和保障的意见》（法发〔2021〕34 号）。

24 日，十三届全国人大常委会第三十二次会议通过《全国人民代表大会常务委员会关于修改〈中华人民共和国民事诉讼法〉的决定》。

27 日，中华人民共和国首席大法官、最高人民法院院长周强与越南共产党中央政治局委员、中央书记处书记、最高人民法院院长阮和平举行视频会议。

27 日，最高人民法院政治部主任马世忠与最高人民检察院有关部门负责同志座谈“统一设置法官、检察官权益保障委员会”相关事宜。

27 日，最高人民法院印发《关于生态环境侵权案件适用禁止令保全措施的若干规定》（法释〔2021〕22 号）。

28 日，最高人民法院副院长陶凯元参加北京国际商事法庭揭牌活动。

28 日，最高人民法院印发《关于认真学习贯彻〈全国人民代表大会常务委员会关于修改《中华人民共和国民事诉讼法》的决定〉的通知》（法〔2021〕341 号）。

29 日，最高人民法院党组书记、院长、院司法改革领导小组组长周强主持召开最高人民法院司法改革领导小组 2021 年第三次会议并讲话。周强强调，要坚持以习近平新时代中国特色社会主义思想为指导，深入学习贯彻习近平法治思想和党的十九届六中全会精神，全面深化司法体制综合配套改革，推动改革不断走深走实，在新征程上书写司法改革新篇章，促进人民法院工作高质量发展，为全面建设社会主义现代化国家提供有力司法服务，以优异成绩迎接党的二十大胜利召开。

30 日，最高人民法院院长、首席大法官周强主持召开最高人民法院审判委员会全体会议，审议并原则通过人民法院在线运行规范性文件。

30 日，最高人民法院印发《人民法院在线调解规则》（法释〔2021〕23 号）。

附　录

附录一：司法改革相关文件目录

1. 最高人民法院、司法部关于为律师提供一站式诉讼服务的意见

法发〔2021〕3 号 / 2020. 12. 16 公布 / 2020. 12. 16 施行

2. 最高人民法院关于完善人民法院专业法官会议工作机制的指导意见

法发〔2021〕2 号 / 2021. 01. 06 公布 / 2021. 01. 12 施行

3. 最高人民法院关于人民法院为海南自由贸易港建设提供司法服务和保障的意见

法发〔2021〕1 号 / 2021. 01. 08 公布 / 2021. 01. 08 施行

4. 最高人民法院关于为成渝地区双城经济圈建设提供司法服务和保障的意见

法发〔2021〕4 号 / 2021. 01. 13 公布 / 2021. 01. 13 施行

5. 最高人民法院关于深入推进社会主义核心价值观融入裁判文书释法说理的指导意见

法〔2021〕21 号/2021. 01. 19 公布/2021. 03. 01 施行

6. 最高人民法院关于为跨境诉讼当事人提供网上立案服务的若干规定

法发〔2021〕7 号 / 2021. 01. 22 公布 / 2021. 02. 03 施行

7. 最高人民法院关于人民法院为北京市国家服务业扩大开放综合示范区、中国（北京）自由贸易试验区建设提供司法服务和保障的意见

法发〔2021〕11 号 / 2021. 03. 22 公布 / 2021. 03. 22 施行

8. 最高人民法院关于办理行政申请再审案件若干问题的规定

法释〔2021〕6 号 / 2021. 03. 25 公布 / 2021. 04. 01 施行

9. 人民法院审判业务文件、参考性案例备案工作办法

法办〔2021〕133 号 / 2021. 04. 06 公布 / 2021. 04. 25 施行

10. 最高人民法院关于开展认可和协助香港特别行政区破产程序试点工作的意见

法发〔2021〕15号 / 2021.05.11公布 / 2021.05.11施行

11. 最高人民法院关于推进行政诉讼程序繁简分流改革的意见

法发〔2021〕17号 / 2021.05.14公布 / 2021.06.01施行

12. 最高人民法院办公厅、中华全国总工会办公厅关于加快推进劳动争议纠纷在线诉调对接工作的通知

法办〔2021〕215号 / 2021.06.01公布 / 2021.06.01施行

13. 最高人民法院关于进一步健全完善民事诉讼程序繁简分流改革试点法院特邀调解名册制度的通知

法〔2021〕150号 / 2021.06.16公布 / 2021.06.16施行

14. 人民法院在线诉讼规则

法释〔2021〕12号 / 2021.06.16公布 / 2021.08.01施行

15. 最高人民法院办公厅、中国证券监督管理委员会办公厅关于建立"总对总"证券期货纠纷在线诉调对接机制的通知

法办〔2021〕313号 / 2021.08.20公布 / 2021.08.20施行

16. 最高人民法院关于深化人民法院一站式多元解纷机制建设推动矛盾纠纷源头化解的实施意见

法发〔2021〕25号 / 2021.09.09公布 / 2021.09.09施行

17. 最高人民法院关于推动新时代人民法庭工作高质量发展的意见

法发〔2021〕24号 / 2021.09.13公布 / 2021.09.22施行

18. 最高人民法院关于调整中级人民法院管辖第一审民事案件标准的通知

法发〔2021〕27号 / 2021.09.17公布 / 2021.10.01施行

19. 最高人民法院关于加强新时代知识产权审判工作为知识产权强国建设提供有力司法服务和保障的意见

法发〔2021〕29号 / 2021.09.24公布 / 2021.09.24施行

20. 最高人民法院关于完善四级法院审级职能定位改革试点的实施办法

法〔2021〕242号 / 2021.09.27公布 / 2021.10.01施行

21. 最高人民法院、最高人民检察院、司法部关于建立健全禁止法官、检察官与律师不正当接触交往制度机制的意见

司发通〔2021〕60号 / 2021.09.30公布 / 2021.09.30施行

22. 最高人民法院、最高人民检察院、司法部关于进一步规范法院、检

察院离任人员从事律师职业的意见

司发通〔2021〕61号 / 2021.09.30公布 / 2021.09.30施行

23. 最高人民法院关于新时代加强和创新环境资源审判工作为建设人与自然和谐共生的现代化提供司法服务和保障的意见

法发〔2021〕28号 / 2021.10.08公布 / 2021.10.08施行

24. 最高人民法院办公厅、中国人民银行办公厅关于建立金融纠纷在线诉调对接机制的通知

法办〔2021〕394号 / 2021.10.08公布 / 2021.10.08施行

25. 最高人民法院关于加强和完善法官考核工作的指导意见

法〔2021〕255号 / 2021.10.12公布 / 2022.01.01施行

26. 最高人民法院关于加快推进人民法院调解平台进乡村、进社区、进网格工作的指导意见

法〔2021〕247号 / 2021.10.30公布 / 2021.10.30施行

27. 最高人民法院关于进一步完善"四类案件"监督管理工作机制的指导意见

法发〔2021〕30号 / 2021.11.04公布 / 2021.11.05施行

28. 最高人民法院统一法律适用工作实施办法

法〔2021〕289号 / 2021.11.13公布 / 2021.12.01施行

29. 最高人民法院关于进一步完善执行权制约机制加强执行监督的意见

法〔2021〕322号 / 2021.12.06公布 / 2021.12.06施行

30. 法官惩戒工作程序规定（试行）

法〔2021〕319号 / 2021.12.08公布 / 2021.12.08施行

31. 最高人民法院关于在加快推进司法责任体系改革和建设中进一步加强人民法院队伍建设的意见

法〔2021〕328号 / 2021.12.15公布 / 2021.12.15施行

32. 最高人民法院关于推进案例指导工作高质量发展的若干意见

法〔2021〕294号 / 2021.12.22公布 / 2021.12.22施行

33. 最高人民法院关于为新时代推动中部地区高质量发展提供司法服务和保障的意见

法发〔2021〕34号 / 2021.12.23公布 / 2021.12.23施行

34. 最高人民法院关于认真学习贯彻《全国人民代表大会常务委员会关

于修改〈中华人民共和国民事诉讼法〉的决定》的通知

法〔2021〕341号 / 2021.12.28公布 / 2021.12.28施行

35. 人民法院在线调解规则

法释〔2021〕23号 / 2021.12.30公布 / 2022.01.01施行

附录二：司法改革相关文献目录

一、著作类

1. 边慧亮：《以审判为中心诉讼制度改革视野下的刑事诉讼法律关系研究》，法律出版社 2021 年版。

2. 蔡颖慧：《专家证人制度研究》，经济科学出版社 2021 年版。

3. 陈在上：《审判中心主义视域下被追诉人取证能力强化机制研究》，法律出版社 2021 年版。

4. 程相锋主编：《审判管理理论与实践》，中国人民公安大学出版社 2021 年版。

5. 崔永东主编：《以审判为中心的诉讼制度改革研究》，人民出版社 2021 年版。

6. 杜前主编：《互联网司法实践与探索（杭州互联网法院）》，人民法院出版社 2021 年版。

7. 顾永忠、肖沛权：《"以审判为中心"与刑事辩护研究》，法律出版社 2021 年版。

8. 广东省高级人民法院编：《审判体系和审判能力现代化与行政法律适用问题研究——广东法院第 32 届学术讨论会获奖论文集》，羊城晚报出版社 2021 年版。

9. 江丁库主编：《个人破产法律实务》，法律出版社 2021 年版。

10. 李麒、杨世宁主编：《新时代多元化纠纷解决机制的观念与实践》，山西人民出版社 2021 年版。

11. 刘灿华：《认罪认罚从宽制度改革研究》，中国社会科学出版社 2021 年版。

12. 刘贵祥主编：《审判体系和审判能力现代化与行政法律适用问题研究——全国法院第32届学术讨论会获奖论文集》，人民法院出版社2021年版。

13. 刘军、潘丙永：《认罪认罚从宽制度规范化研究》，知识产权出版社2021年版。

14. 茆荣华主编：《智慧法院建设实践与探索（上海篇）》，人民法院出版社2021年版。

15. 茆荣华主编：《上海法院类案办案要件指南》，人民法院出版社2021年版。

16. 潘牧天、孙彩虹：《司法体制改革视域下环境公益诉讼制度研究》，法律出版社2021年版。

17. 齐延平主编：《刑事司法改革与基本权利保障》，中国政法大学出版社2021年版。

18. 石经海：《量刑的个别化原理》，法律出版社2021年版。

19. 石经海主编：《量刑研究：重大司法改革下的量刑建议探索》，社会科学文献出版社2021年版。

20. 孙福辉主编：《智慧法院优秀案例选编》，人民法院出版社2021年版。

21. 孙福辉主编：《智慧法院标准体系和评价体系》，人民法院出版社2021年版。

22. 谭世贵等：《依法独立行使审判权检察权保障机制研究》，中国人民大学出版社2021年版。

23. 万春主编：《法不能向不法让步：正当防卫类案纵横》，中国检察出版社2021年版。

24. 王新建：《检察机关适用认罪认罚从宽制度研究》，法律出版社2021年版。

25. 肖沛权：《刑事司法改革问题研究》，中国政法大学出版社2021年版。

26. 谢遵振：《公司法律纠纷类案精要与实务指引》，法律出版社2021年版。

27. 许建峰、孙福辉、陈奇伟：《智慧法院体系工程概论》，人民法院出版社 2021 年版。

28. 薛艳华：《中国环境公益诉讼制度构造研究》，中国社会科学出版社 2021 年版。

29. 颜宇丹、刘京柱：《房地产纠纷案例述评——类案裁判规则深度解析》，中国法制出版社 2021 年版。

30. 杨宇冠主编：《深化司法体制改革研究》，人民法院出版社 2021 年版。

31. 虞浔：《中国司法体制改革研究——以上海为视角》，上海人民出版社 2021 年版。

32. 张祥伟：《认罪认罚从宽制度研究》，中国政法大学出版社 2021 年版。

33. 最高人民法院编：《中国法院的多元化纠纷解决机制改革（2015—2020）》，人民法院出版社 2021 年版。

34. 最高人民法院政治部、最高人民法院司法改革领导小组办公室编：《人民法院全面落实司法责任制读本》，人民法院出版社 2021 年版。

35. 最高人民法院司法改革领导小组办公室编：《民事诉讼程序繁简分流改革试点工作读本》，人民法院出版社 2021 年版。

36. 最高人民法院司法改革领导小组办公室、中华全国总工会法律工作部编：《劳动争议多元化解工作指南》，人民法院出版社 2021 年版。

二、期刊类

1. 艾佳慧：《转型中国法官薪酬与遴选制度的微观激励基础》，载《法制与社会发展》2021 年第 6 期。

2. 白冰：《论法官惩戒主体的中立性——以中立性的双重内涵为切入点》，载《法商研究》2021 年第 1 期。

3. 北京市第三中级人民法院课题组：《类案裁判的适法标准和规范机制研究》，载《中国应用法学》2021 年第 3 期。

4. 曹磊、刘晓燕：《类案检索应用的困境与破解——以助力法官裁决及文书撰写为视角》，载《中国应用法学》2021 年第 5 期。

5. 常立飞：《法学教育与新工科人才培养相融合之路径探索》，载《当代法学》2021 年第 1 期。

6. 陈明辉：《认罪认罚从宽制度中法检权力的冲突与协调》，载《法学》2021 年第 11 期。

7. 陈实：《认罪认罚案件量刑建议的争议问题研究》，载《法商研究》2021 年第 4 期。

8. 陈卫东、崔永存：《刑事远程审判的实践样态与理论补给》，载《中外法学》2021 年第 6 期。

9. 陈文聪：《论我国量刑协商机制的非对称性问题》，载《法学论坛》2021 年第 6 期。

10. 程雪阳：《跨行政区划法院改革的合宪性制度通道》，载《法律科学》2021 年第 4 期。

11. 大数据在司法审判中的融合应用研究课题组：《限度与深化：大数据在司法审判中的融合应用研究》，载《中国应用法学》2021 年第 2 期。

12. 邓恒、杨雪：《线上审判方式中信息与数据安全问题研究》，载《中国应用法学》2021 年第 1 期。

13. 董秀军、张海亮：《执行内分改革的实践探索与路径突破——以唐山试点经验为样本的考察》，载《中国应用法学》2021 年第 1 期。

14. 杜前、赵龙：《诉源治理视域下人民法院参与社会治理现代化的功能要素和路径构建》，载《中国应用法学》2021 年第 5 期。

15. 范丽思：《省级统管后法院经费保障机制再造》，载《人民司法》2021 年第 22 期。

16. 高翔：《智能司法的辅助决策模型》，载《华东政法大学学报》2021 年第 1 期。

17. 郭娟：《行政案件集中管辖制度的比较分析与模式选择》，载《中国应用法学》2021 年第 4 期。

18. 郭伟清：《全流程无纸化办案的理论思考与应用探索》，载《中国应用法学》2021 年第 2 期。

19. 郭延军：《我国法官裁判责任的追究限度》，载《法学评论》2021 年第 4 期。

20. 韩学艳、王旺：《电子送达当事人同意原则的检视与完善》，载《人民司法》2021 年第 25 期。

21. 韩轶：《认罪认罚案件中的控审冲突及其调和》，载《法商研究》2021 年第 2 期。

22. 何帆：《中国特色审级制度的形成、完善与发展》，载《中国法律评论》2021 年第 6 期。

23. 贺宁：《法官责任制度的双重逻辑与价值衡量》，载《法制与社会发展》2021 年第 1 期。

24. 胡昌明：《移动电子诉讼的司法实践及其限度——以中国“移动微法院”为例》，载《中国应用法学》2021 年第 2 期。

25. 蒋惠岭：《论“中央事权—省级统管”模式及完善》，载《政法论丛》2021 年第 3 期。

26. 江苏省高级人民法院课题组、李荐：《我国个人破产制度立法模式的选择》，载《中国应用法学》2021 年第 5 期。

27. 姜颖、李文超：《互联网法院案件管辖范围的优化方案》，载《人民司法》2021 年第 19 期。

28. 李浩：《繁简分流改革视域下完善小额诉讼程序研究——以 N 市与 S 市试点法院为重点》，载《当代法学》2021 年第 4 期。

29. 李浩：《小额诉讼程序救济方式的反思与重构》，载《法学》2021 年第 12 期。

30. 李经纬：《疫情防控常态化背景下民事电子诉讼制度之完善》，载《法律适用》2021 年第 5 期。

31. 李琴：《审判瑕疵责任追究的检视和优化》，载《人民司法》2021 年第 31 期。

32. 李烁：《论失信联合惩戒的合法性及其补强——以〈对失信被执行人实施联合惩戒的合作备忘录〉为样本的分析》，载《中国法律评论》2021 年第 1 期。

33. 李鑫：《智慧法院建设的理论基础与中国实践》，载《政法论丛》2021 年第 5 期。

34. 李占国：《互联网司法的概念、特征及发展前瞻》，载《法律适用》2021 年第 3 期。

35. 李振杰：《困境与出路：认罪认罚从宽制度下的量刑建议精准化》，载《华东政法大学学报》2021 年第 1 期。

36. 梁平：《我国四级法院审级职能定位改革的规范与技术进路》，载《政法论丛》2021 年第 6 期。

37. 刘敏：《论优化司法确认程序》，载《当代法学》2021 年第 4 期。

38. 刘品新：《论区块链证据》，载《法学研究》2021 年第 6 期。

39. 刘品新：《智慧司法的中国创新》，载《国家检察官学院学报》2021 年第 3 期。

40. 刘奕君：《强制辩护制度之类型化分析与本土化实践——以认罪认罚从宽制度为切入点》，载《当代法学》2021 年第 6 期。

41. 刘奕群、吴玥悦：《信息化与智能化：司法语境下的辨析》，载《中国应用法学》2021 年第 2 期。

42. 刘峥：《奋力推进互联网司法行稳致远》，载《人民司法》2021 年第 13 期。

43. 刘忠：《改革开放以来法官任免年龄规定考》，载《环球法律评论》2021 年第 6 期。

44. 陆伟、韩文江：《司法人员人身权益保障的制度完善》，载《人民司法》2021 年第 34 期。

45. 卢祖新：《院庭长监督特定类型案件的路径转型与程序优化》，载《人民司法》2021 年第 1 期。

46. 罗洪洋、李相龙：《智能司法中的伦理问题及其应对》，载《政法论丛》2021 年第 1 期。

47. 罗玮、王禄生：《论大数据驱动的司法体制综合配套改革》，载《中国应用法学》2021 年第 2 期。

48. 马超、郑兆、何海波：《行政法院的中国试验——基于 24 万份判决书的研究》，载《清华法学》2021 年第 5 期。

49. 毛乃赜、孙森森：《增“智”以增“质”：法院分案系统的优化》，载《人民司法》2021 年第 10 期。

50. 孟祥沛：《司法公信力的本质属性及其对评估指标的影响》，载《政治与法律》2021 年第 12 期。

51. 牟绿叶：《人民陪审员参与刑事审判的上诉审构造》，载《当代法学》2021 年第 4 期。

52. 泮伟江：《论同案同判拘束力的性质》，载《法学》2021 年第 12 期。

53. 彭中礼：《司法裁判人工智能化的正当性》，载《政法论丛》2021 年第 5 期。

54. 天宝：《我国流域环境司法保护的转型与重构》，载《东方法学》2021 年第 2 期。

55. 邵劭：《我国刑事缺席审判程序中的异议权》，载《中国法学》2021 年第 5 期。

56. 施鹏鹏：《认罪认罚从宽的类型化与制度体系的再梳理》，载《比较法研究》2021 年第 5 期。

57. 四川省成都市中级人民法院课题组：《扩大独任制适用范围改革试点的主观认知分析——以 1631 份问卷调查为样本》，载《人民司法》2021 年第 16 期。

58. 宋朝武：《我国四级法院审级职能定位改革的发展方向》，载《政法论丛》2021 年第 6 期。

59. 孙海波：《类案检索在何种意义上有助于同案同判?》，载《清华法学》2021 年第 1 期。

60. 孙皓：《量刑建议的"高采纳率"误区》，载《中外法学》2021 年第 6 期。

61. 孙晓勇：《司法大数据在中国法院的应用与前景展望》，载《中国法学》2021 年第 4 期。

62. 唐虎梅：《人民法院经费保障面临的形势与对策研究》，载《人民司法》2021 年第 4 期。

63. 汤维建、胡守鑫：《个人破产制度构建中的理论分歧、共识与反思——基于 571 份调查问卷的实证研究》，载《中国应用法学》2021 年第 5 期。

64. 唐应茂、刘庄：《庭审直播是否影响公正审判？——基于西部某法院的实验研究》，载《清华法学》2021 年第 5 期。

65. 陶杨、付梦伟：《互联网法院异步审理模式与直接言词原则的冲突与协调》，载《法律适用》2021 年第 6 期。

66. 田力男：《远程侦查讯问程序问题研究》，载《中国刑事法杂志》2021 年第 5 期。

67. 田燕梅、徐恺、魏建：《法院判决的影响因素——当事人资源与诉讼能力的中介效应》，载《清华法学》2021 年第 5 期。

68. 田圣斌：《互联网刑事案件管辖制度研究》，载《政法论坛》2021年第3期。

69. 王聪：《作为诉源治理机制的行政调解：价值重塑与路径优化》，载《行政法学研究》2021年第5期。

70. 王从光：《电子诉讼中的证据偏在及其破解进路》，载《法律适用》2021年第5期。

71. 王刚：《认罪认罚案件量刑建议规范化研究》，载《环球法律评论》2021年第2期。

72. 王琦：《民事诉讼事实认定的智能化》，载《当代法学》2021年第2期。

73. 王韶华、李军波：《繁简分流改革背景下的民事诉讼程序设置研究》，载《中国应用法学》2021年第4期。

74. 王肃之：《规范指导视域下类案检索的智慧化》，载《法律适用》2021年第9期。

75. 王迎龙：《认罪认罚从宽制度中的控审构造》，载《中国刑事法杂志》2021年第6期。

76. 魏斌：《司法人工智能融入司法改革的难题与路径》，载《现代法学》2021年第3期。

77. 魏斌：《智慧司法的法理反思与应对》，载《政治与法律》2021年第8期。

78. 韦冉：《行政诉讼管辖改革指导思想的实践创新》，载《中国应用法学》2021年第4期。

79. 魏晓娜：《认罪认罚从宽制度中的诉辩关系》，载《中国刑事法杂志》2021年第6期。

80. 吴英姿：《民事速裁程序构建原理——兼及民事诉讼繁简分流改革的系统推进》，载《当代法学》2021年第4期。

81. 吴雨豪：《量刑自由裁量权的边界：集体经验、个体决策与偏差识别》，载《法学研究》2021年第6期。

82. 吴元元：《人民调解员的制度角色考》，载《中国法学》2021年第4期。

83. 许宏林：《加强法官职业安全保障的路径探索》，载《人民司法》

2021 年第 34 期。

84. 许娟、苗运卫：《类案裁判规则的规范化与标准化探究》，载《中国应用法学》2021 年第 3 期。

85. 徐珉川：《论公共数据开放的可信治理》，载《比较法研究》2021 年第 6 期。

86. 杨凯：《论公共法律服务与诉讼服务体系的制度协同》，载《中国法学》2021 年第 2 期。

87. 姚莉：《死刑案件量刑阶段的轻刑推定原则》，载《中国法学》2021 年第 2 期。

88. 姚志坚、柯胥宁：《知识产权民事诉讼程序繁简分流改革的实践检视及完善路径——以南京法院知识产权审判实践为样本》，载《人民司法》2021 年第 19 期。

89. 伊然：《区块链技术在司法领域的应用探索与实践——基于北京互联网法院天平链的实证分析》，载《中国应用法学》2021 年第 3 期。

90. 余剑、潘自强：《刑事在线庭审的实践观察、法理检视和规则修缮》，载《人民司法》2021 年第 25 期。

91. 曾赟：《信用司法建设路径实证研究——以法官绩效考核为分析对象》，载《政法论丛》2021 年第 3 期。

92. 张鸿绪：《论我国远程作证中情态证据的程序保障——兼评〈人民法院在线诉讼规则〉》，载《政法论丛》2021 年第 4 期。

93. 张玲：《亚太经济一体化背景下跨境破产的区域合作》，载《政法论坛》2021 年第 1 期。

94. 张卫平：《民事诉讼智能化：挑战与法律应对》，载《法商研究》2021 年第 4 期。

95. 张新庆：《中国国际商事法庭建设发展路径探析》，载《法律适用》2021 年第 3 期。

96. 章志远：《新时代行政审判因应诉源治理之道》，载《法学研究》2021 年第 3 期。

97. 章志远：《行政诉讼繁简分流的制度逻辑》，载《东方法学》2021 年第 5 期。

98. 赵恒：《法官参与认罪认罚案件具结活动的模式和法律制度前瞻》，

载《政治与法律》2021年第1期。

99. 周蓉蓉：《数据治理：审判体系与审判能力现代转型跃迁之道——以技术类知识产权数据的一体化司法应用为中心视角》，载《中国应用法学》2021年第1期。

100. 周文章、聂友伦：《刑事诉讼证人出庭——基于80351份判决书的分析》，载《清华法学》2021年第5期。

101. 周玉华：《刑事辩护全覆盖制度应然状态及其实现途径》，载《中国刑事法杂志》2021年第6期。

102. 朱怡昂：《中国国际商事法庭管辖权研究》，载《法律适用》2021年第7期。

103. 自正法：《互联网法院的审理模式与庭审实质化路径》，载《法学论坛》2021年第3期。

104. 自正法：《生态环境检察监督的转型面向：法理基础与规范逻辑》，载《政治与法律》2021年第9期。

105. 左卫民：《AI法官的时代会到来吗——基于中外司法人工智能的对比与展望》，载《政法论坛》2021年第5期。

106. 左卫民：《后疫情时代的在线诉讼：路向何方》，载《现代法学》2021年第6期。

107. 祖鹏、李冬冬：《社会主义核心价值观融入司法裁判的机制研究》，载《法律适用》2021年第2期。

三、报纸类

1. 蔡长春、董凡超：《构建权责明晰责任链健全执法司法责任体系》，载《法治日报》2021年7月26日。

2. 蔡长春、刘洁：《推动新时代“枫桥经验”历久弥新大放异彩》，载《法治日报》2021年11月5日。

3. 曹奕阳：《域外人工智能在司法领域的应用》，载《人民法院报》2021年9月10日。

4. 柴鑫：《数智赋能　打造数字执行新格局》，载《人民法院报》2021年12月16日。

5. 陈东升、陈昭妃：《以最简程序最少流程解决纠纷》，载《法治日报》2021 年 10 月 12 日。

6. 陈立烽：《浅析执行联动机制的困境与对策》，载《人民法院报》2021 年 1 月 20 日。

7. 陈立烽、张文燕、林泰良：《完善执行责任制：龙岩的思考与探索》，2021 年 3 月 3 日。

8. 崔东凯、张冲：《推进两个“一站式”建设满足群众多元司法需求》，载《法治日报》2021 年 11 月 18 日。

9. 邓恒、关欣：《以“审判为中心”是认罪认罚从宽制度的重要保障》，载《人民法院报》2021 年 2 月 23 日。

10. 丁宇翔：《社会主义核心价值观融入商事裁判文书说理的利益衡量进路》，载《人民法院报》2021 年 4 月 2 日。

11. 范金鹏、左艳敏：《多措并举助力提升诉源治理效能》，载《检察日报》2021 年 12 月 15 日。

12. 桂佳立：《以全周期管理强化审判权运行监督制约》，载《人民法院报》2021 年 1 月 9 日；

13. 侯凯耀：《强化司法警察履职能力 提升法官安全保障水平》，载《人民法院报》2021 年 1 月 7 日。

14. 姜伟：《加强数字法治　为数字中国建设保驾护航》，载《人民法院报》2021 年 11 月 1 日。

15. 姜伟：《数字经济发展呼唤数据权利保护类法律》，载《人民法院报》2021 年 1 月 7 日。

16. 孔卫华、李婧婧：《完善“法官进基层”模式 助力网格化管理》，载《人民法院报》2021 年 11 月 14 日。

17. 李光明：《资源共享共用　夯实司法协作机制基础》，载《法治日报》2021 年 9 月 30 日。

18. 李光明、范天娇：《矛盾调处法院如何不越位不缺位》，载《法治日报》2021 年 9 月 28 日。

19. 李亮：《多元共治诉前解纷　同筑社会治理屏障》，载《人民法院报》2021 年 4 月 16 日。

20. 刘旭：《人民法院扁平化改革的主要特征》，载《人民法院报》2021

年11月4日。

21. 刘旭：《以新时代治理理念统筹司法体制综合配套改革》，载《人民法院报》2021年10月25日。

22. 蒲振峰、郭瀚：《顺应诉讼制度改革构建新型侦诉关系》，载《检察日报》2021年6月10日。

23. 沈亮：《凝聚共识　推进认罪认罚从宽制度深入有效实施》，载《人民法院报》2021年7月22日。

24. 孙海波：《社会主义核心价值观融入司法的原则及界限》，载《人民法院报》2021年3月22日。

25. 谭卫：《减少诉源提速增效　继续深化一站式建设》，载《人民法院报》2021年12月19日。

26. 谭晓琪、李昊：《强化行政诉讼诉源治理　实质化解行政争议纠纷》，载《人民法院报》2021年5月11日。

27. 滕艳军：《民事检察如何应对法院审级职能定位改革》，载《检察日报》2021年11月10日。

28. 王玲、王雪焕：《市域治理背景下“一站式机制”创新发展的探索》，载《人民法院报》2021年1月21日。

29. 王韶华：《以习近平法治思想为统领全面推进审判能力现代化》，2021年3月7日。

30. 王雨田：《加强制约监督　规范司法权力运行》，载《法治日报》2021年8月5日。

31. 王雨田：《扎实做好类案检索　切实维护公平正义》，载《人民法院报》2021年9月12日。

32. 王雨田、何伦波：《提升类案检索能力　确保法律适用统一》，载《人民法院报》2021年5月21日。

33. 王雨田 何伦波：《完善审判权运行制约监督机制》，载《人民法院报》2021年5月11日。

34. 王新亮、卢智勇：《聚焦规范化专业化稳定化　加强聘任书记员队伍建设》，载《人民法院报》2021年2月24日。

35. 吴来祥：《以智慧诉讼赋能数字正义》，载《人民法院报》2021年12月24日。

36. 徐乐盛：《人民法院数字化改革的三个维度》，载《人民法院报》2021 年 12 月 24 日。

37. 杨傲多：《诉讼事项一站式就近办跨域办》，载《法治日报》2021 年 11 月 12 日。

38. 杨甜甜：《“四类案件”发现机制的完善路径》，载《人民法院报》2021 年 1 月 21 日。

39. 姚振忠：《科学建设法官员额动态调整机制》，载《人民法院报》2021 年 10 月 26 日。

40. 于厚森、梁凤云、李小梅：《四级法院审级职能定位改革中行政审判工作的若干问题》，载《人民法院报》2021 年 11 月 22 日。

41. 张宏、李媛：《以“三全”司法技术体系服务高质量审判》，载《人民法院报》2021 年 11 月 4 日。

42. 张星磊：《重构与司法改革相匹配的法官绩效考核体系》，载《人民法院报》2021 年 1 月 21 日。

43. 赵锋：《社会主义核心价值观融入行政裁判文书说理——面向治理体系的规则引领和价值导向》，载《人民法院报》2021 年 5 月 14 日。

44. 赵国滨：《推进审判权力制约监督体系改革走深走实》，载《人民法院报》2021 年 9 月 16 日。

45. 赵婕：《智慧法院为推动节能降碳提供有益借鉴》，载《法治日报》2021 年 8 月 26 日。

46. 郑亚昕：《抓住“以审判为中心”推进刑事诉讼制度改革》，载《人民法院报》2021 年 4 月 10 日。

47. 郑重：《规范与重塑：社会主义核心价值观融入民事审判机制研究》，载《人民法院报》2021 年 4 月 16 日。

48. 钟明亮：《树立正确司法政绩观　破解诉源治理深层问题》，载《人民法院报》2021 年 4 月 16 日。

49. 朱宁宁：《完善独任制规定确保“独任不放任”》，载《法治日报》2021 年 10 月 26 日。